Dietlein/Hecker/Ruttig

Glücksspielrecht

Glücksspielrecht

Glücksspielstaatsvertrag
§§ 33c ff. GewO · SpielV · RennwLottG

Kommentar

Herausgegeben von

Univ.-Prof. Dr. Johannes Dietlein
Lehrstuhl für Öffentliches Recht
und Verwaltungslehre,
Universität Düsseldorf

Dr. Manfred Hecker
Rechtsanwalt, Fachanwalt
für Urheber- und Medienrecht,
Köln

Dr. Markus Ruttig
Rechtsanwalt, Fachanwalt
für Gewerblichen Rechtsschutz, Köln

Bearbeitet von

den Herausgebern sowie Univ.-Prof. Dr. *Dieter Birk*, Universität Münster; *Lennart Brüggemann*, Wiss. Mitarbeiter, Universität Münster; Univ.-Prof. Dr. *Jörg Ennuschat*, FernUniversität in Hagen; Prof. Dr. *Ihno Gebhardt*, LL.M.oec.int., Fachhochschule der Polizei des Landes Brandenburg, Potsdam; Prof. Dr. *Stefan Hertwig*, Rechtsanwalt, Köln; Dr. *Felix B. Hüsken*, Richter am VG Düsseldorf; *Lars Oldag*, LL.M., Oberregierungsrat, Bayerischer Landtag, München; Dr. *Martin Pagenkopf*, Rechtsanwalt, Richter am BVerwG a.D., Köln; *Dirk Postel*, Oberregierungsrat, Ministerium des Innern des Landes Sachsen-Anhalt, Magdeburg; *Christian Schmitt*, Rechtsanwalt, Köln und Prof. Dr. Dr. *Markus Thiel*, Fachhochschule für öffentliche Verwaltung Nordrhein-Westfalen, Köln.

2. Auflage 2013

C.H.BECK

Zitiervorschlag
Dietlein, in: Dietlein/Hecker/Ruttig, Glücksspielrecht, 2. Aufl. 2013,
§ ... Rn. ...

www.beck.de

ISBN 978 3 406 63774 2

© 2013 Verlag C. H. Beck oHG
Wilhelmstraße 9, 80801 München
Druck und Bindung: Beltz Bad Langensalza GmbH
Neustädter Straße 1–4, 99947 Bad Langensalza

Satz: Meta Systems, Wustermark

Gedruckt auf säurefreiem, alterungsbeständigem Papier
(hergestellt aus chlorfrei gebleichtem Zellstoff)

Vorwort

Mit der im Jahre 2008 erschienenen ersten Auflage dieses Werkes haben die Herausgeber und Autoren erstmals eine übergreifende Kommentierung des gesamten Glücksspielrechts in Deutschland vorgelegt. Dem mit diesem Ansatz eingeschlagenen Weg der integrierenden Betrachtung des Glücksspiels folgt der am 1. Juli 2012 in Kraft getretene „Erste Staatsvertrag zur Änderung des Staatsvertrags zum Glücksspielwesen in Deutschland" (GlüÄndStV bzw. GlüStV 2012). Dieser neue Staatsvertrag behandelt neben den „klassischen" Glücksspielen nunmehr auch das Recht der Spielhallen sowie die Pferdewetten. Allein das zunehmend divergent diskutierte gewerbliche Automatenspiel führt auch weiterhin ein normatives „Eigenleben", ohne sich freilich dem stärker werdenden Harmonisierungsdruck entziehen zu können. Entsprechend diesem zu konstatierenden „Zusammenwachsen" der Glücksspielregulierung in Deutschland finden die einschlägigen Bestimmungen der Gewerbeordnung sowie der Spielverordnung im vorliegenden Kommentar ebenso Berücksichtigung wie die Normen des GlüStV 2012 und des Rennwett- und Lotteriegesetzes. Die der Erstauflage beigefügten Annexkommentierungen weiterer Detailfragen wurden zum Zwecke einer schnelleren Orientierung des Lesers in die allgemeine Glücksspielkommentierung bzw. in die der Kommentierung neu vorangestellte „Einführung in das Glücksspielrecht" überführt.

Der umfassend überarbeitete Kommentar wendet sich an alle mit glücksspielrechtlichen Fragestellungen befassten Praktiker in der Anwaltschaft, in Unternehmen und Verbänden sowie in Verwaltung und Justiz. Zugleich zielt das Werk auf eine weitere wissenschaftliche Durchdringung glücksspielrechtlicher Fragestellungen und richtet sich damit auch an das interessierte Fachpublikum im wissenschaftlichen, politischen und gesellschaftlichen Umfeld.

Erneut sei an dieser Stelle auf die parallel mit dem Erscheinen der Erstauflage errichte Website www.glücksspieldatenbank.de hingewiesen, die einen schnellen Zugriff auf die wichtigsten Gesetze, Dokumente und Gerichtsentscheidungen im Bereich des Glücksspielrechts ermöglicht.

Besonderer Dank gebührt den Mitarbeitern am Lehrstuhl für Öffentliches Recht und Verwaltungslehre der Universität Düsseldorf, namentlich den Herren Sascha Peters und Thomas Kunze, sowie von Kölner Seite Herrn Roman Seifert, die gemeinsam wesentlich zum Gelingen dieser Neuauflage beigetragen haben.

Düsseldorf/Köln im Oktober 2012

Univ.-Prof. Dr. Johannes Dietlein   Dr. Manfred Hecker   Dr. Markus Ruttig

Inhaltsverzeichnis

1. Staatsvertrag zum Glücksspielwesen in Deutschland (Glücksspielstaatsvertrag – GlüStV) [Art. 1 GlüÄndStV]

Erster Abschnitt. Allgemeine Vorschriften

Zweiter Abschnitt. Aufgaben des Staates

Dritter Abschnitt. Lotterien mit geringerem Gefährdungspotential

Vierter Abschnitt. Gewerbliche Spielevermittlung

Fünfter Abschnitt. Besondere Vorschriften

Sechster Abschnitt. Datenschutz

Inhaltsverzeichnis

Inhaltsverzeichnis

3. Gewerbeordnung (GewO)

4. Spielverordnung (SpielV)

Abkürzungsverzeichnis

aA	anderer Ansicht
aaO	am angegebenen Ort
abgedr.	Abgedruckt
Abk.	Abkommen
abl.	ablehnend
Abs.	Absatz
abschl.	Abschließend
Abschn.	Abschnitt
abw.	abweichend
aE	am Ende
AEUV	Vertrag über die Arbeitsweise der Europäischen Union in der Fassung des am 1.12.2009 in Kraft getretenen Vertrages von Lissabon (ABl. EG Nr. C 115 vom 9.5.2008, S. 47)
aF	alte Fassung
AG	Ausführungsgesetz, Amtsgericht
AG GlüÄndStV NRW-E	Gesetz zur Ausführung des Ersten Glücksspieländerungsstaatsvertrages, Entwurf (LT-Drs. NRW 16/17)
AG GlüStV	Ausführungsgesetz zum Glücksspielstaatsvertrag
AGGlüStV Bay	Gesetz zur Ausführung des Staatsvertrages zum Glücksspielwesen in Deutschland Bayern vom 20. Dezember 2007 (GVBl., S. 524), zuletzt geändert durch das Gesetz zur Änderung des Gesetzes zur Ausführung des Staatsvertrages zum Glücksspielwesen in Deutschland und anderer Vorschriften vom 25. Juni 2012 (GVBl., S. 270)
AG GlüStV Bln	Ausführungsgesetz zum Glücksspielstaatsvertrag Berlin vom 15. Dezember 2007 (GVBl., S. 604) , zuletzt geändert durch das Zweite Landesgesetz über das öffentliche Glücksspiel vom 20. Juli 2012 (GVBl., S. 238)
AG GlüStV Saar	Saarländisches Gesetz zur Ausführung des Staatsvertrages zum Glücksspielwesen in Deutschland vom 21. November 2007 (ABl., S. 2427), zuletzt geändert durch das Gesetz zur Neuregelung des Glücksspielwesens im Saarland vom 20. Juni 2012 (ABl., S. 156)
AK	Alternativkommentar
Alt.	Alternative
aM	anderer Meinung
Änd.	Änderung
ÄndG	Änderungsgesetz
Anh.	Anhang
allg.	allgemein
Alt.	Alternative
amtl.	amtlich
Anh.	Anhang
Anl.	Anlage
Anm.	Anmerkung
AO	Abgabenordnung

Abkürzungsverzeichnis

Abkürzungsverzeichnis

Abkürzungsverzeichnis

Abkürzungsverzeichnis

Abkürzungsverzeichnis

Abkürzungsverzeichnis

InformationsRL	Informationsrichtlinie, Richtlinie 98/34/EG des Europäischen Parlaments und des Rates vom 22. Juni 1998 über ein Informationsverfahren auf dem Gebiet der Normen und technischen Vorschriften und der Vorschriften für die Dienste der Informationsgesellschaft
insb.	insbesondere
iRd	im Rahmen des/der
iRv	im Rahmen von
iS	im Sinne
iSd	im Sinne des/der
iSe	im Sinne einer/s
IStR	Internationales Steuerrecht (Zeitschrift)
iSv	im Sinne von
iVm	in Verbindung mit
JA	Juristische Arbeitsblätter (Zeitschrift)
JDBE	Jäde/Dirnberger/Bauer/Eisenreich, Die neue Bayerische Bauordnung (s. Literaturverzeichnis)
Jhrb.	Jahrbuch
JÖSchG	Gesetz zum Schutze der Jugend in der Öffentlichkeit
jurisPR-ITR	Juris Praxisreport IT-Recht
jurisPR-WettbR	Juris Praxisreport Wettbewerbs- und Immaterialgüterrecht
JuSchG	Jugendschutzgesetz
JZ	Juristenzeitung
Kap.	Kapitel
KG	Kommanditgesellschaft, Kammergericht
KJM	Kommission für Jugendmedienschutz
K&R	Kommunikation & Recht (Zeitschrift)
krit.	kritisch
KStZ	Kommunale Steuer-Zeitschrift
LG	Landgericht
LGlüG BW-E	Landesglücksspielgesetz Baden-Württemberg, Entwurf (abrufbar unter http://www.service-bw.de/zfinder-bw-web/showregulation.do;jsessionid=4E705E19C8964AA06093F69769754726?regulationId=2292766)
LGlüG RhPf	Landesgesetz zu dem Ersten Glücksspieländerungsstaatsvertrag und dem Staatsvertrag über die Gründung der GKL Gemeinsame Klassenlotterie der Länder vom 22. Juni 2012 (GVBl., S. 166)
lit.	littera (Buchstabe)
LK	Leipziger Kommentar
LKV	Landes- und Kommunalverwaltung (Zeitschrift)
LottStV	Lotteriestaatsvertrag
LS	Leitsatz
LSA	Land Sachsen-Anhalt
LT-Drs.	Landtagsdrucksache
m. Anm.	mit Anmerkung (en)
maW	mit anderen Worten
MD	Magazindienst (Zeitschrift)
MDStV	Staatsvertrag über Mediendienste

Abkürzungsverzeichnis

mE	meines Erachtens
mind.	mindestens
MüKo	Münchener Kommentar
MKP	Michel/Kienzle/Pauly, Gaststättengesetz (s. Literaturverzeichnis)
m. krit. Anm.	mit kritischer Anmerkung/mit kritischen Anmerkungen
MMR	MultiMedia und Recht (Zeitschrift)
mN	mit Nachweisen
MPK	Ministerpräsidentenkonferenz
MR-Int	Medien & Recht International (Zeitschrift)
MRK	Europäische Menschenrechtskonvention
M-V	Mecklenburg-Vorpommern
mwN	mit weiteren Nachweisen
MWSt	Mehrwertsteuer
MwStSysRL	Mehrwertsteuersystem Richtlinie
NdsVBl.	Niedersächsische Verwaltungsblätter (Zeitschrift)
nF	neue Fassung
NGlüÄndStV	Niedersächsisches Gesetz zum Ersten Glücksspieländerungsstaatsvertrag vom vom 21. Juni 2012 (Nds. GVBl. S. 190)
NGlüSpG	Niedersächsisches Glücksspielgesetz vom 17. Dezember 2007 (Nds. GVBl., S. 756), zuletzt geändert durch das Gesetz zur Änderung von Vorschriften über das Glücksspiel vom 21. Juni 2012 (GVBl., S. 190)
NJ	Neue Justiz (Zeitschrift)
NJW	Neue Juristische Wochenschrift (Zeitschrift)
NJW-RR	Neue Juristische Wochenschrift/Rechtsprechungsreport (Zeitschrift)
NKL	Norddeutsche Klassenlotterie
NotifizRL	Richtlinie 98/34/EG des Europäischen Parlaments und des Rates vom 22. Juni 1998 über ein Informationsverfahren auf dem Gebiet der Normen und technischen Vorschriften und der Vorschriften für die Dienste der Informationsgesellschaft
Nr./Nrn.	Nummer/Nummern
NRSU	Nikles/Roll/Spürck/Umbach, Jugendschutzrecht, Jugendschutzrecht (s. Literaturverzeichnis)
NSpielbG	Niedersächsisches Spielbankengesetz vom 16. Dezember 2004 (Nds. GVBl., S. 605), zuletzt geändert durch Artikel 3 des Gesetzes zur Änderung von Vorschriften über das Glücksspiel vom 21. Juni 2012 (Nds. GVBl. S. 190)
NStZ	Neue Zeitschrift für Strafrecht
NStZ-RR	Neue Zeitschrift für Strafrecht/Rechtsprechungsreport
NRW	Nordrhein-Westfalen
NVwZ	Neue Zeitschrift für Verwaltungsrecht
NVwZ-RR	Neue Zeitschrift für Verwaltungsrecht/Rechtsprechungsreport
NWVBl.	Nordrhein-Westfälische Verwaltungsblätter (Zeitschrift)
oa	oben angegebene/r/s
oÄ	oder Ähnliches
öffentl.	öffentlich
og	oben genannt/e/n
OHG	Offene Handelsgesellschaft

Abkürzungsverzeichnis

Abkürzungsverzeichnis

Abkürzungsverzeichnis

Abkürzungsverzeichnis

Abkürzungsverzeichnis

Literaturverzeichnis

Astl, Josef/Rathleff, Ernst-
Otto .... Das Glücksspiel, 1965

Bahr, Martin .... Glücks- und Gewinnspielrecht, 2. Auflage 2007
Berberich, Bernd .... Das Internet-Glücksspiel – Ein Beitrag zur systematischen Fort-
entwicklung des deutschen Glücksspielrechts, 2004
Birk, Dieter .... Steuerrecht, 14. Auflage 2011
Burmeister, Joachim/
Nierhaus, Michael/
Püttner, Günter ua
(Hrsg.) .... Verfassungsstaatlichkeit, Festschrift für Klaus Stern, 1997

Detterbeck, Steffen/
Rozek, Jochen/Coelln,
Christian von (Hrsg.) ... Recht als Medium der Staatlichkeit, Festschrift für Herbert
Bethge, 2009

Diegmann, Heinz/
Hoffmann, Christof/
Ohlmann Wolfgang .... Praxishandbuch für das gesamte Spielrecht, 2008

Ennuschat, Jörg/
Geerlings, Jörg/
Mann, Thomas
ua (Hrsg.) .... Wirtschaft und Gesellschaft im Staat der Gegenwart: Gedächtnisschrift für Peter J. Tettinger, 2007

Erbs, Georg/
Kohlhaas, Max .... Strafrechtliche Nebengesetze, Loseblatt, Stand: Juli 2012
Erman, Walter .... Bürgerliches Gesetzbuch, 13. Auflage 2011, herausgegeben von
Westermann, Harm Peter

Fezer, Karl-Heinz .... Lauterkeitsrecht, Kommentar zum Gesetz gegen den unlauteren
Wettbewerb (UWG), Band 1, §§ 1–4 UWG, 2. Auflage 2010
Fezer, Karl-Heinz .... Lauterkeitsrecht, Kommentar zum Gesetz gegen den unlauteren
Wettbewerb (UWG), Band 2, §§ 5–22 UWG, 2. Auflage 2010
Fischer, Jonas .... Das Recht der Glücksspiele im Spannungsfeld zwischen staatli-
cher Gefahrenabwehr und privatwirtschaftlicher Betätigungsfrei-
heit, 2009
Fischer, Thomas .... Strafgesetzbuch und Nebengesetze, 59. Auflage 2012
Friauf, Karl Heinrich ..... Kommentar zur Gewerbeordnung – GewO, Gewerberechtlicher
Teil, Loseblatt, Stand: März 2012
Fröhler, Ludwig/
Kormann, Joachim ..... Kommentar zur Gewerbeordnung, 1985

Gebhardt, Ihno/
Grüsser-Sinopoli,
Sabine Miriam .... Glücksspiel in Deutschland, 2008

Literaturverzeichnis

Hahn, Werner/
  Vesting, Thomas .... Beck'scher Kommentar zum Rundfunkrecht, 2. Auflage, 2008

Haltern, Ulrich R. .... Europarecht, 2. Auflage 2007

Hartmann, Alfred/
  Metzenmacher,
  Wilhelm .... Umsatzsteuergesetz, Kommentar, 7. Auflage 2011, Loseblatt, Stand 2012

Hartstein, Reinhard/
  Ring, Wolf-Dieter/
  Kreile, Johannes/
  Dörr, Dieter/
  Stettner, Rupert .... Rundfunkstaatsvertrag Kommentar, Loseblatt, Stand: April 2012

Heintschel-Heinegg,
  Bernd von .... Beck'scher Online-Kommentar StGB, Edition: 19, Stand: 15.06.2012

Hendler, Reinhard/
  Ibler, Martin/Soria, José
  Martinez (Hrsg.) .... Für Sicherheit, für Europa. Festschrift für Volkmar Götz zum 70. Geburtstag, 2005

Hermann, Christoph/
  Hufen, Friedhelm/
  Kauder, Siegfried ua ... Neuordnung des Glück- und Gewinnspielmarktes in Deutschland, 2012

Hoffmann-Riem, Wolf-
  gang/Schmidt-
  Aßmann, Eberhard/
  Voßkuhle, Andreas ..... Grundlagen des Verwaltungsrechts 1: Methoden – Maßstäbe – Aufgaben – Organisationen, 2. Auflage 2012

Holtschneider, Rainer/
  Schön, Walter .... Die Reform des Bundesstaates, 2006

Hufen, Friedhelm .... Die Einschränkung des gewerblichen Geld-Gewinnspiels – Verfassungsrechtliche Maßstäbe und Grenzen, 2012

Hüsken, Felix B. .... Staatsaufsicht über die Landesmedienanstalten und Sportwettenwerbung im Privatfernsehen – Unter besonderer Berücksichtigung des materiellrechtlichen Fernsehwerbeverbotes für Glücksspiele gemäß § 5 Abs. 3 Alt. 1 GlüStV, 2008

Isensee, Josef/
  Kirchhof, Paul .... Handbuch des Staatsrechts, Band V – Rechtsquellen, Organisation, Finanzen, 3. Auflage 2007

Jäde, Henning/
  Dirnberger, Franz/
  Bauer, Karl/
  Weiß, Josef .... Die neue Bayerische Bauordnung, Loseblatt-Kommentar, Stand: Januar 2012

Jähnke, Burkhard/
  Laufhütte, Heinrich
  Wilhelm/Odersky,
  Walter .... Strafgesetzbuch, Leipziger Kommentar, Großkommentar, Band 7, 11. Auflage 2005

Literaturverzeichnis

Jarass, Hans D./
  Pieroth, Bodo .... Grundgesetz für die Bundesrepublik Deutschland, Kommentar,
                            11. Auflage 2011

Kley, Max Dietrich,
  Sünner, Eckart
  Willemsen
  Arnold (Hrsg.) .... Festschrift für Wolfgang Ritter, 1997
Kluth, Wilfried .... Die Gesetzgebungskompetenz für das Recht der Spielhallen nach
                            der Neufassung des Art. 74 Abs. 1 Nr. 11 GG. 2012
Köhler, Helmut/
  Bornkamm, Joachim .. Gesetz gegen den unlauteren Wettbewerb, Kommentar, 30. Auf-
                            lage 2012
Kopp, Ferdinand O./
  Ramsauer, Ulrich .... Verwaltungsverfahrensgesetz, Kommentar, 13. Auflage 2012
Kopp, Ferdinand O./
  Schenke, Wolf-
  Rüdiger .... Verwaltungsgerichtsordnung, Kommentar, 18. Auflage 2012
Korte, Stefan .... Das staatliche Glücksspielwesen: Privatisierung staatlicher
                            Monopole am Beispiel des Lotterie, Sportwett- und Spielbank-
                            sektors, 2004
Kreutz, Doreen .... Staatliche Kontrolle und Beteiligung am Glücksspiel, 2005
Küper, Wilfried/
  Welp, Jürgen (Hrsg.) ... Beiträge zur Rechtswissenschaft - Festschrift für Walter Stree
                            und Johannes Wessels, 1993

Lackner, Karl/
  Kühl, Christian .... Strafgesetzbuch, Kommentar, 27. Auflage 2011
Landmann, Robert von/
  Rohmer, Gustav .... Gewerbeordnung und ergänzende Vorschriften, Kommentar,
                            Band I, Loseblatt, Stand: Februar 2012

Letzgus, Klaus/
  Hill, Hermann/Klein,
  Hans Hugo (Hrsg.) ua Für Recht und Staat. Festschrift für Herbert Helmrich zum 60.
                            Geburtstag, 1994

Liesching, Marc/
  Schuster, Susanne .... Jugendschutzrecht, Kommentar, 5. Auflage 2011

Manssen, Gerrit .... Telekommunikations- und Multimediarecht, Loseblatt, Stand:
                            26.6.2012
Maurer, Hartmut .... Allgemeines Verwaltungsrecht, 18. Auflage 2011
Metzner, Richard .... Gaststättengesetz, Kommentar, 6. Auflage 2002
Meyer, Gerhard .... Glücksspiel – Zahlen und Fakten, in: Deutsche Hauptstelle für
                            Suchtfragen e.V. (Hrsg.), Jahrbuch Sucht (S. 125 ff.), 2012
Michel, Elmar/Kienzle,
  Werner/Pauly, Renate Gaststättengesetz, Kommentar, 14. Auflage 2003
Mintas, Laila .... Glücksspiele im Internet – Insbesondere Sportwetten mit festen
                            Gewinnquoten (Oddset-Wetten) unter strafrechtlichen, verwal-
                            tungsrechtlichen und europarechtlichen Gesichtspunkten, 2009

Mirre, Ludwig/Baumann,
  Gustav .... Das Rennwett- und Lotteriegesetz, 2. Auflage 1934

Literaturverzeichnis

Müller (Hrsg.), Gerda/ Osterloh, Eilert (Hrsg.)/ Stein, Torsten (Hrsg.) .	Festschrift für Günter Hirsch, 2008
Münchener Kommentar	zum Lauterkeitsrecht (UWG), Band 2, §§ 5–22 UWG, 2006, herausgegeben von Heermann, Peter W./Hirsch, Günther
Münchener Kommentar	zum Bürgerlichen Gesetzbuch, Band 2 a, Schuldrecht Allgemeiner Teil, §§ 241–432, 6. Auflage 2012, herausgegeben von Rebmann, Kurt/Säcker, Franz Jürgen/Rixecker, Roland
Münchener Kommentar	zum Strafgesetzbuch, Band 4: §§ 263–358 StGB, §§ 1–8, 105, 106 JGG herausgegeben von Joecks, Wolfgang, Miebach, Klaus, 2. Auflage 2012
Mutius, Albert von	Rechtsgutachten zu den verfassungs- und europarechtlichen Vorgaben sowie der verwaltungs- und abgabenrechtlichen Ausgestaltung einer rechtsnormativ begrenzten und gesteuerten Teilliberalisierung des Sportwettenmarktes, 2007
Nikles, Bruno W./Roll, Sigmar/Spürck, Dieter/ Umbach, Klaus	Jugendschutzrecht, Kommentar zum Jugendschutzgesetz und zum Jugendmedienschutz-Staatsvertrag mit Erläuterungen zur Systematik und Praxis des Jugendschutzes, 2. Auflage 2005
Palandt, Otto	Bürgerliches Gesetzbuch, 61. Auflage 2001; 63. Auflage 2003; 71. Auflage 2012
Pielow, Johann-Christian	Beck'scher Online Kommentar Gewerberecht, Edition: 19, Stand: 01.07.2012
Rau, Günter/Dürrwächter, Erich	Umsatzsteuergesetz, Loseblatt-Kommentar, Stand: Juni 2012
Sachs, Michael	Grundgesetz, Kommentar, 6. Auflage 2011
Schmittmann, Michael/ Faber, Norman/Nolte, Martin ua	Auf dem Weg zum Glücksspielstaatsvertrag 2012, 2011
Schmitz, Erich	Rennwett- und Lotteriesteuer für die Praxis, 1951
Schönke, Adolf/ Schröder, Horst	Strafgesetzbuch, Kommentar, 28. Auflage 2010
Sieber, Ulrich/ Nolde, Malaika	Sperrverfügungen im Internet, 2008
Siedler, Frank/ Zeitler, Herbert	Bayerisches Wassergesetz, Loseblatt-Kommentar, 32. Auflage 2011, Stand 15. April 2011
Sölch, Otto/ Ringleb, Karl	Umsatzsteuergesetz, Kommentar, 67. Auflage 2012, Stand: März 2012
Staudinger	Kommentar zum Bürgerlichen Gesetzbuch mit Einführungsgesetz und Nebengesetzen, Buch 2, Recht der Schuldverhältnisse, §§ 311, 311 a, 312, 312 a–f (Vertragsschluss), 2005
Steegmann, Matthias	Die Haftung der Basisinfrastruktur bei rechtswidrigen Internetangeboten – Verantwortlichkeit von Internet- und Finanzdienstleistern im Rahmen des illegalen Online-Glücksspiels, 2010

Literaturverzeichnis

Steegmann, Matthias	Rennwett- und Lotteriegesetz, 2012
Stern, Klaus	Das Staatsrecht der Bundesrepublik Deutschland, Band III/2, Allgemeine Lehren der Grundrechte, 1994
Stern, Klaus	Das Staatsrecht der Bundesrepublik Deutschland, Band IV/1, Die einzelnen Grundrechte, 2006
Streinz	EUV/AEUV, Kommentar, 2. Auflage 2012
Tettinger Peter J./ Ennuschat, Jörg	Grundstrukturen des deutschen Lotterierechts, 1999
Tettinger, Peter J./Wank, Rolf/Ennuschat, Jörg .	Gewerbeordnung, Kommentar, 8. Auflage 2011
Tipke, Klaus/Kruse, Heinrich Wilhelm Kruse	Abgabenordnung - Finanzgerichtsordnung, Loseblatt-Kommentar, Stand: August 2012
Uwer, Dirk	Glücksspielrecht im Umbruch, 2010
Vogel, Alfred/ Schwarz, Bernhard	Umsatzsteuergesetz, Kommentar, 11. Auflage 1998, Stand: Juni 2012
Volk, Annette	Glücksspiel im Internet, 2006
Völker, Stefan	Preisangabenrecht, Recht der Preisangaben und Preiswerbung, 2. Auflage 2002
Walz, Simone	Nur wer mitspielt, kann gewinnen. Werbung für staatliche Glücksspielangebote als öffentliche Aufgabe?, 2009
Wilmer, Thomas/ Hahn, Harald	Fernabsatzrecht mit Finanzdienstleistungs-, Versicherungs- und Haustürgeschäfterecht, Kommentar und systematische Darstellung der besonderen Vertriebsformen des BGB, 2. Auflage 2005

Einführung in das Glücksspielrecht

Literatur: Bahr, Glücks- und Gewinnspielrecht, 2. Auflage, 2007; Becker, Wie weit geht der Ermessensspielraum des Gesetzgebers bei der Regulierung des Glücksspielmarktes, ZfWG 2009, S. 1 ff.; Beckemper/Janz, Rien ne va plus – Zur Strafbarkeit wegen des Anbietens privater Sportwetten nach der Sportwettenentscheidung des BVerfG v. 28.3.2006, ZIS 2008, S. 31 ff.; Becker/Baumann, Glücksspiel im Umbruch, 2007; Benert/Reeckmann, Die Spielbankabgabe zwischen Abschöpfung und Erdrosselung, ZfWG 2012, S. 87 ff.; Berberich, Das Internet-Glücksspiel, 2004; Bethge, Art. 12 Abs. 1 GG als Grundrecht der gewerblichen Veranstaltung und Vermittlung von Glücksspielen im Bereich von Sportwetten, WiVerw 2008, S. 77 ff.; Bethge, Die begrenzte Legitimation von „DDR-Lizenzen" für das Unternehmen von Glücksspielen in den alten Ländern, BayVBl. 2008, S. 97 ff.; Brückner/Scheel, Ausgezockt? – Zur verfassungs- und gemeinschaftsrechtlichen Zulässigkeit des staatlichen Sportwettenmonopols in Deutschland, in: Sander/Sasdi (Hrsg.), Sport im Spannungsfeld von Recht, Wirtschaft und europäischen Grundfreiheiten, 2009, S. 77 ff.; Brüning, „Nichts geht mehr?" – Zum grundrechtlichen Schutz der Berufsfreiheit vor staatlicher Wirtschaftstätigkeit, JZ 2009, S. 29 ff.; Brugger, Die Erlaubnispflichtigkeit von Glücksspielen nach dem neuen Staatsvertrag, ZfWG 2008, S. 20 ff.; Bumke, Die Pflicht zur konsistenten Gesetzgebung – Am Beispiel des Ausschlusses der privaten Vermittlung staatlicher Lotterien und ihrer bundesverfassungsgerichtlichen Kontrolle, Der Staat 49 (2010), S. 77 ff.; Bungenberg, Das Sportwettenmonopol zwischen deutschem und europäischem Wirtschaftsverfassungsrecht, DVBl. 2007, S. 1405 ff.; Diegmann, Rechtliche und rechtspolitische Fragen zur Spielsucht, ZRP 2007, S. 126 ff.; Diegmann/Hoffmann/Ohlmann, Praxishandbuch für das gesamte Spielrecht, 2008; Dietlein, Die Gesetzgebungszuständigkeit der Länder für das Spielhallenwesen, ZfWG 2008, S. 12 ff. sowie 77 ff.; Dietlein, Ist der Bundesstaat kartellrechtswidrig? – Das lotterierechtliche Regionalitätsprinzip vor dem Bundeskartellamt, ZfWG 2006, S. 197 ff.; Dietlein, Illegales Glücksspiel und staatliche Gefahrenabwehr – Herausforderungen an die staatliche Gefahrenabwehr im Informationszeitalter –, GewArch 2005, S. 89 ff.; Dietlein, „DDR-Verwaltungsakte" vor bundesdeutschen Gerichten – Aktuelle Auslegungsfragen zu Art. 19 EV, in: Festschrift für Ernst Kutscheidt, 2003, S. 119 ff.; Dietlein, Das staatliche Glücksspiel auf dem Prüfstand, BayVBl. 2002, S. 161 ff.; Dietlein, Rechtsfragen der übergangsweisen Fortgeltung des Sportwettenrechts der Länder, K&R 2006, S. 307 ff.; Dietlein, „Verfassungsrecht als abstrahiertes Verwaltungsrecht"? – Die Gesetzgebungszuständigkeit für das Spielhallenrecht in und nach der Föderalismusreform, Festschrift für Herbert Bethge, 2009, S. 3 ff.; Dietlein, Zur Zukunft der Sportwettenregulierung in Deutschland, ZfWG 2010, S. 159 ff.; Dörr, Das Verbot gewerblicher Internetvermittlung von Lotto auf dem Prüfstand der EG-Grundfreiheiten, DVBl. 2010, S. 69 ff.; Dörr, Der gemeinschaftsrechtliche Staatshaftungsanspruch in der Rechtsprechung des Bundesgerichtshofs, DVBl. 2006, S. 598 ff.; Dörr/Janich, Die verfassungsrechtliche Zulässigkeit einer Teilliberalisierung des deutschen Glücksspielmarktes, K&R-Beiheft 3/2010, S. 1 ff.; Dörr/Janich Zur Vereinbarkeit eines grundsätzlichen Verbots der Internetvermittlung von Lotterien mit dem unionsrechtlichen Kohärenzgebot vor dem Hintergrund einer abweichenden Regulierung durch Schleswig-Holstein K&R Beiheft 1/2012, 1 ff.; Dünchheim/Sadowski, Die Änderungen des GlüStV – eine unendliche Geschichte, ZfWG 2011, 322 ff.; Dürr, Änderungsbedarf der Spielverordnung, GewArch 2011, S. 142 ff.; Ennuschat, Aktuelle Rechtsfragen des staatlichen Lotteriemonopols in Deutschland, ZfWG 2008, S. 83 ff.; Ennuschat (Hrsg.), Aktuelle Probleme des Rechts der Glücksspiele: vier Rechtsgutachten, 2008; Ennuschat, Zur Verfassungskonformität eines staatlichen Sportwettenmonopols, ZfWG 2006, S. 31 ff.; Ennuschat/Brugger, Gesetzgebungskompetenzen im Spielhallenrecht nach der Föderalismusreform, ZfWG 2006, S. 292 f.; Fackler, Die normative Kraft des Faktischen, K&R 2006, S. 313 ff.; Fischer, Das Recht der Glücksspiele im Spannungsfeld zwischen staatlicher Gefahrenabwehr und privatwirtschaftlicher Betätigungsfreiheit, 2009; Frenz, Handbuch Europarecht, Band I, 2. Aufl. 2012; Freytag, Erteilung der Buchmachererlaubnis nach dem Rennwett- und Lotteriegesetz an juristische Personen,

GewArch 1994, S. 95 ff.; Frotscher/Kramer, Wirtschaftsverfassungsrecht/ Wirtschaftsverwaltungsrecht, 5. Aufl. 2008; Gebhardt/Postel, Der weite Weg zur Kohärenz - Erste Anmerkungen zum neuen Glücksspielstaatsvertrag (Teil 1), ZfWG 2012, S. 1 ff.; Gebhardt/Grüsser-Sinopoli (Hrsg.), Glücksspiel in Deutschland, 2008; Hardes/Uhly Grundzüge der Volkswirtschaftslehre, 9. Aufl. 2007; Haltern, Lotteriemonopol und Öffnung des Sportwettenmarktes - Teil 1, ZfWG 2011, S. 13 ff.; Hayer/Meyer, Sportwetten im Internet – Eine Herausforderung für suchtpräventive Handlungsstrategien, SuchtMagazin 1/04, S. 33 ff.; Hayer/Meyer, Das Suchtpotenzial von Sportwetten, SUCHT 2003, S. 212 ff.; Hecker, Der Glücksspielstaatsvertrag: Erfolgsmodell oder Auslaufmodell?, ZfWG 2010, S. 167 ff.; Hecker, Glücksspielrecht und Grundfreiheiten - Zur Auslegung der Kohärenzanforderungen des EuGH nach der Carmen Media und Markus Stoß-Rechtsprechung, DVBl. 2011, S. 1130 ff.; Hecker, Kommentar zum Urteil des Bundesverfassungsgerichts vom 28. 3.2006, ZfWG 2006, S. 35 ff.; Hecker, Quo vadis Glücksspielstaatsvertrag?, WRP 2012, S. 523 ff.; Hettich, Neue Fragen des öffentlichen Glücksspielrechts, 2006; v. Hippel, Zur Bekämpfung der Spielsucht, ZRP 2001, S. 558 ff.; Höfling/Rixen, Die Landes-Gesetzgebungskompetenzen im Gewerberecht nach der Föderalismusreform, GewArch 2008, S. 1 ff.; Horn, Die Rechtsprechung des BVerfG zum staatlichen Sportwettenmonopol, JZ 2006, S. 789 ff.; Hufen, Die Einschränkung des gewerblichen Geld-Gewinnspiels, 2012; Hufen, Verfassungsrechtliche Maßstäbe und Grenzen einer Einschränkung des gewerblichen Geldgewinnspiels – Insbesondere: Vertrauensschutz und Übergangsfristen in: Schmittmann, Neuordnung des Glücks- und Gewinnspielmarktes, 2012, S. 93 ff.; Hüsken, Die Auswirkungen des Welthandelsrechts (WTO-Recht) auf die deutsche Glücksspielregulierung, GewArch 2010, S. 49 ff.; Hüsken, Die verwaltungsrechtliche Zulässigkeit von Gewinnspielen im Internet, GewArch 2010, S. 336 ff.; Hüsken, Der Glücksspieländerungsvertrag – Inkrafttreten ohne Verzögerung?, ZfWG 3/2012 Editorial; Hüsken, Staatsaufsicht über die Landesmedienanstalten und Sportwettenwerbung im Privatfernsehen, 2008; Ibler, Gefahrenabwehr und Internet-Spielcasinos, in: Hendler/Ibler/Martínez Soria (Hrsg.), Für Sicherheit, für Europa, Festschrift für Volkmar Götz zum 70. Geburtstag, 2005, S. 421 ff.; Jacob, Die bauplanungsrechtliche Zulässigkeit von Spielhallen und Wettbüros – Systematik und aktuelle Regelungsansätze städtebaulicher Innenentwicklung, ZfWG 2012, 153 ff.; Janz, 1 : 0 für private Wettanbieter? Die Sportwettenentscheidung des BVerfG vom 28.3.2006, 1 BvR 1054/01, NVwBl. 2006, S. 248 ff.; Janz, Rechtsfragen der Vermittlung von Oddset-Wetten in Deutschland, NJW 2003, S. 1694 ff.; Jarass, Grundrechtliche Vorgaben für die Zulassung von Lotterien gemeinnütziger Einrichtungen, DÖV 2000, S. 753 ff.; Jarass, Verfassungs- und europarechtliche Fragen des Lotteriemonopols, Rechtsgutachten April 2010; Katko, Unlawful Internet Gambling Enforcement Act - Das Aus für das Internetglücksspiel in den USA?, MMR 2007, 278 ff.; Koenig/Ciszewski, Darlegungs- und Nachweismassstäbe bei regulatorischen Systemwidersprüchen im Glücksspielbereich, ZfWG 2008, S. 397 ff.; Koenig/Ciszewski, Das Online-Verbot der Veranstaltung und Vermittlung von Glücksspielen im Lichte der Dienstleistungsfreiheit, K&R 2007, S. 257 ff.; Koenig/Ciszewski, Novellierung der gesetzlichen Grundlagen des Glücksspielrechts durch eine duale Glücksspielordnung, DÖV 2007, S. 313 ff.; Koenig/Ciszewski, Sieg oder Niederlage für das Glücksspielmonopol nach Inkrafttreten des Glücksspielstaatsvertrages, WiVerw 2008, S. 103 ff.; Kolb, Die Veranstaltung von Glücksspielen, 2009; Korte, Das staatliche Glücksspielwesen, 2004; Korte, Das Gambelli-Urteil des EuGH, NVwZ 2004, S. 1449 ff.; Lindner, Konsequente Zweckverfolgung als Verfassungspflicht des Gesetzgebers, ZG 2007, S. 188 ff.; Mailänder, Aus aktuellem Anlass: Kartellrechtliche Überlegungen zur Kohärenzdebatte – eine Anmerkung zum Urteil des EuGH vom 08.09.2009 – Rs. C-42/07 Liga Portuguesa, ZfWG 2009, S. 334 f.; Meyer, Glücksspiel – Zahlen und Fakten, in: Deutsche Hauptstelle für Suchtfragen e.V. (Hrsg.), Jahrbuch Sucht 2012, 2012, S. 125 ff.; Meyer/Hayer, Das Gefährdungspotenzial von Lotterien und Sportwetten, 2005; Noll-Ehlers, Kohärente und systematische Beschränkung der Grundfreiheiten – Ausgehend von der Entwicklung des Gemeinschaftsrechts im Glücksspielbereich, EuZW 2008, S. 522 ff.; Ohlmann, Die deutschen Lotto- und Totounternehmen – Wettbewerbsakteure oder Kompetenzträger im kooperativen Lotterieföderalismus?, WRP 2001,

S. 672 ff.; Ohlmann, Lotterien in der Bundesrepublik Deutschland, WRP 1998, S. 1043 ff.; Ohlmann, Lotterien, Sportwetten, der Lotteriestaatsvertrag und Gambelli, WRP 2005, S. 48 ff.; Ohlmann, Lotterien und Glücksspiele in Deutschland, ZfWG 2007, S. 101 ff.; Pagenkopf, Der neue GlüStV – Neue Ufer, alte Gewässer, NJW 2012, 2918 ff.; Papier, Staatliche Monopole und Berufsfreiheit – dargestellt am Beispiel der Spielbanken, in: Festschrift für Klaus Stern, 1997, S. 543 ff.; Pestalozza, Das Sportwettenurteil des BVerfG, NJW 2006, S. 1711 ff.; Pieroth/Görisch, Gewerbliche Lotteriespielvermittlung als Gegenstand der konkurrierenden Bundesgesetzgebungskompetenz, NVwZ 2005, S. 1225 ff.; Postel, Gesetzliche Beschränkungen der Berufsfreiheit auf dem Prüfstand des Landesverfassungsrechts, LKV 2007, S. 537 ff.; Postel, Glücksspiel im europäischen Binnenmarkt nach Gambelli und Placanica und vor Winner Wetten, EuR 2007, S. 317 ff.; Postel, Gesetzliche Trennung von Erlaubnispflicht und Errichtung eines Monopols, ZfWG 2009, S. 47 ff.; Postel, Glücksspielrechtliche Wirkungen des tatsächlichen Inhalts der nach dem DDR-Gewerbegesetz erteilten Erlaubnisse, ZfWG 2007, S. 181 ff. sowie S. 328 ff.; Reeckmann, Gewerbliches Automatenspiel am Scheideweg, ZfWG 2010, S. 229 ff.; Ruttig, Auf Gambelli folgt Placanica – und keine Liberalisierung der Glücksspielmärkte in Europa, WRP 2007, S. 621 ff.; Ruttig, Anmerkung zu BVerfG, Urteil vom 28. März 2006 – I BvR 1054/01, ZUM 2006, S. 400 ff.; Samuelson/Nordhaus Volkswirtschaftslehre, 4. Aufl. 2010; Schmidt, Das Ende des staatlichen Glücksspielmonopols (?), WRP 2004, S. 576 ff.; Schmitz, Recht der Wirtschaft und regionale Arbeitsmarktpolitik, in: Holtschneider/Schön, Die Reform des Bundesstaates, 2006; Schneider, Das Recht der Spielhallen nach der Föderalismusreform – Zur Auslegung von Art. 74 Abs. 1 Nr. 11 GG und zur Vereinbarkeit darauf gestützter Beschränkungen des gewerblichen Spielbetriebs mit Art. 12 Abs. 1 GG, 2009; Schneider, Das Recht der „Spielhallen" nach der Föderalismusreform, GewArch 2009, S. 265 ff. und S. 343 ff.; Scholz/Weidemann, Das Staatsmonopol für Veranstaltung und Vermittlung von Sportwetten und anderen Glücksspielen, WiVerw 2007, S. 105 ff.; Scholz/Weidemann, Die Bundesweite Tatbestandswirkung von DDR-Sportwettenerlaubnissen und ihre Konsequenzen für den geplanten Glücksspielstaatsvertrag, ZfWG 2007, S. 83 ff.; Schönleiter, Föderalismusreform und Gewerberecht, GewArch 2006, 371 ff.; Schorkopf, Wahrhaftigkeit im Recht der Grundfreiheiten, DÖV 2011, S. 260 ff.; Stein, Die Notifizierung des Glücksspielstaatsvertrages - Notwendig? Nicht erforderlich? Missbraucht?, ZfWG 2007, S. 397 ff.; Stein, Zum Verbot von Glücksspielen im Internet, ZfWG 2009, S. 332 ff.; Stein, Zum „Glück" haben wir den EuGH, in: Müller/Osterloh/Stein (Hrsg.), Festschrift für Günter Hirsch, 2008, S. 185 ff.; Stober, Zur staatlichen Regulierung der gewerblichen Spielvermittlung, GewArch 2003, S. 305 ff.; Stögmüller, Glücksspiele, Lotterien und Sportwetten im Internet, K&R 2002, S. 27 ff.; Streinz/Herrmann/Kruis, Die Notifizierungspflicht des Glücksspielstaatsvertrags und der Ausführungsgesetze der Länder gem. der Richtlinie Nr. 98/34/EG (Informationsrichtlinie), ZfWG 2007, S. 402 ff.; Strejcek/Hoscher/Eder, Glücksspiel in der EU und in Österreich, 2001; Tettinger, Lotterien im Schnittfeld von Wirtschaftsrecht und Ordnungsrecht, DVBl. 2000, S. 868 ff.; Tettinger/Ennuschat, Grundstrukturen des deutschen Lotterierechts, 1999; Thaysen, Sportwetten in Deutschland – Zur rechtlichen Zulässigkeit des neuen Staatsmonopols und eines liberalisierten Sportwettenmarktes, 2009; Voßkuhle/Baußmann, Die Veranstaltung und Vermittlung von Sportwetten auf der Grundlage einer DDR-Gewerbegenehmigung, GewArch 2006, S. 395 ff.; Voßkuhle/Bumke, Rechtsfragen der Sportwette, 2002; Windorffer, Die Neuregelung des Glücksspielrechts vor dem Hintergrund unions- und verfassungsrechtlicher Rahmenbedingungen, DÖV 2012, 257 ff.; Wohlfarth, Der Beginn einer Länderoffensive gegen ungebremstes Wachstum von Spielhallen, LKRZ 2012, S. 81 ff.

Übersicht

I. Entstehungsgeschichte und Konzeption des GlüStV 2012 (GlüÄndStV)

1. Genese

1   Mit Wirkung vom 1. Juli 2012 ist der zum 31. Dezember 2011 ausgelaufene, seither kraft einer Auffangregelung durch die Ausführungsgesetze (außer in SchlH) fortgeltende Glücksspielstaatsvertrag durch den **Ersten Staatsvertrag zur Änderung des Staatsvertrages zum Glücksspielwesen in Deutschland** (Erster Glücksspieländerungsstaatsvertrag – im Folgenden **GlüStV 2012**) ersetzt worden. Nach dem Lotteriestaatsvertrag vom 22.6.2004 (LottStV 2004) sowie dem von

2008 bis 2011 geltenden Glücksspielstaatsvertrag (GlüStV 2008) handelt es sich um das nunmehr dritte Vertragswerk zur länderübergreifend koordinierten Regulierung des Glücksspiels. Der Änderungsstaatsvertrag ist bereits am 15. Dezember 2011 von den Ministerpräsidenten aller Bundesländer - mit Ausnahme des schleswig-holsteinischen Regierungschefs - unterzeichnet worden. Zugleich war in einer Protokollerklärung vereinbart worden, die Ratifikation des Staatsvertrags erst nach Abschluss des auf der Grundlage eines MPK-Beschlusses vom 9.6.2011 eingeleiteten **Notifizierungsverfahrens** (→ Rn. 24 ff. sowie § 10a Rn. 4) bzw. nach Eingang der abschließenden positiven Stellungnahme der Kommission in die Wege zu leiten, die schließlich mit Schreiben vom 20. März 2012 erfolgte (abgedruckt in ZfWG 2012, 171 ff. m. Anm. vom Koenig/Bovelet-Schober und Hecker). Ungeachtet der mit dem (zeitweiligen) Ausscheren des Landes Schleswig-Holstein verbundenen Irritationen (→ Rn. 7) setzen die Länder damit den Weg hin zu einer **abgestimmten und integrierten Regulierung des Glücksspiels** fort. Der GlüStV 2012 zielt auf eine verstärkte Integration auch solcher Glücksspiele, die bislang rein bundesrechtlich geregelt waren. In diesem Sinne regelt der GlüStV 2012 neben den **Lotterien, Sportwetten und Spielbanken** nunmehr erstmals auch Teile des Rechts der **Pferdewetten** und sowie den Betrieb von **Spielhallen**. Die Reichweite der Regelungszuständigkeit der Länder wird dabei, namentlich mit Blick auf das Spielhallenrecht, kontrovers diskutiert (→ Rn. 13). Wie bislang entfaltet der GlüStV 2012 zusätzlich eine Auffangfunktion für sämtliche sonstige Glücksspielformen, soweit diese keine bundesrechtliche Ausnormierung erfahren haben (zur Einordnung der TV-Gewinnspiele → § 2 Rn. 14). Mit dieser thematischen Erweiterung des Staatsvertrages reagieren die Länder auf die vom EuGH in den Entscheidungen Carmen Media und M. Stoss ua vom 8. September 2010 (NVwZ 2010, 1409 und 1422) fortentwickelten Anforderungen an eine **kohärente Glücksspielregulierung** in föderal organisierten Mitgliedstaaten (→ Rn. 51).

Mit der **Ratifikation** des GlüStV 2012 durch die Landesparlamente hat dieser innerhalb der beteiligten Länder die Qualität eines formellen Landesgesetzes angenommen. Damit entfaltet der Staatsvertrag zugleich unmittelbare Verbindlichkeit auch gegenüber privaten Dritten. Ergänzt werden die Bestimmungen des GlüStV 2012 durch sonstige landesrechtliche Regelungen namentlich im Bereich des Spielbanken- und Spielhallenrechts (→ Rn. 9, 13). Auch lässt der Staatsvertrag weiterhin Raum für ergänzende, insbesondere ausfüllende (ausführungsgesetzliche) Regelungen auf der Ebene der einzelnen Länder. Die **zeitliche Geltungsdauer** des Staatsvertrages ist zunächst auf neun Jahre befristet (§ 34 GlüStV). Vor Ablauf der Frist können die Ministerpräsidenten mit einer qualifizierten Mehrheit von 13 Stimmen das Fortgelten des Vertrages beschließen. Der Vertrag gilt in diesem Falle selbstverständlich nur unter den Ländern fort, die dem Beschluss zugestimmt haben. **2**

2. Inhaltliche Konzeption

Der neue GlüStV ist in seiner sucht- und gefahrenpräventiven Grundausrichtung" „in weiten Teilen der alte GlüStV" (Gebhardt/Postel ZfWG 2012, 1 (5); zur pathologischen Spielsucht als Krankheit → § 6 Rn. 1). Insbesondere die unangefochtenen Bestimmungen, etwa hinsichtlich der Lotterien mit geringem Gefährdungspotential, wurden weitgehend unverändert beibehalten. Ebenfalls beibehalten wird das aus der föderalen Ordnung des Grundgesetzes abgeleitete **3**

Grundprinzip der sog. **Lotteriehoheit der Länder**. Dies betrifft namentlich die dem Staatsvorbehalt unterliegenden Betätigungen. Explizit stellt der neu eingefügte § 10 Abs. 2 Satz 2 klar, dass die Erlaubnisanforderungen im Bereich verbliebener Staatsvorbehalte grundsätzlich nur durch die jeweils landeseigenen Gesellschaften erfüllt werden (hierzu eingehend → § 10 Rn. 16 f.). Immerhin bietet die neue Regelung nunmehr erstmalig die Möglichkeit eines länderübergreifenden Tätigwerdens, das allerdings zur Vermeidung spielanheizender Konkurrenzlagen nicht in der Form eines Anbieterwettbewerbs erfolgen darf, sondern ausschließlich als Handeln anstelle des landeseigenen Unternehmens oder als Handeln in Gestalt eines gemeinsamen (fusionierten) Unternehmens.

4   Eine nicht nur inhaltlich abgestimmte, sondern in der Tat „gemeinschaftliche" Wahrnehmung des Sicherstellungsauftrages aus § 10 Abs. 1 sieht der GlüStV 2012 explizit für **Klassenlotterien** (§ 10 Abs. 3) vor. Weitere Ausnahmen vom Grundsatz der einzelstaatlichen Aufgabenwahrnehmung eröffnet § 10 Abs. 2 mit der Möglichkeit der Gründung einer von allen Ländern getragenen Anstalt des öffentlichen Rechts bzw. mit der Möglichkeit bilateraler Kooperationen auf der Grundlage eines Verwaltungsabkommens, die damit im Umkehrschluss eine Ausnahme von der Regel der Landeslotteriehoheit enthalten. Unmittelbarer Ausdruck der Landeslotteriehoheit ist die Zuständigkeit der jeweiligen Länder für die Erteilung der nach § 4 Abs. 1 erforderlichen Erlaubnisse. Eine nur begrenzte Modifikation des Prinzips der Landeslotteriehoheit stellt die gem. § 19 Abs. 2 mögliche Bündelung der Erlaubnisse für den (terrestrischen und online-)Vertrieb durch **gewerbliche Spielvermittler** in mehreren Ländern dar. So handelt es sich nicht um eigentliche „Sammelerlaubnisse", sondern nur um „**gesammelte Einzelerlaubnisse**", auch wenn deren Erteilung zur länderübergreifenden Koordinierung durch das Glücksspielkollegium gesteuert wird. Da die vermittelten Glücksspiele am Ort der Teilnahme stets zugleich „veranstaltet" werden (§ 3 Abs. 4), impliziert die Landeslotteriehoheit eine gegenständliche Beschränkung der genehmigten Vermittlungstätigkeit auf die in dem jeweiligen Land zulässigerweise veranstalteten Lotterien (→ Rn. 11). Das hiermit inzident formulierte **Verbot der grenzüberschreitenden Vermittlung** dient sowohl der besseren Überwachung des (eigen-)staatlichen Angebots als auch der Vermeidung eines spielanheizenden Angebotswettbewerbs. Zwar werden die spielanheizenden Effekte eines grenzüberschreitenden Angebotswettbewerbs bei bundeseinheitlich konzipierten Glücksspielen geringer ausfallen als bei einem Wettbewerb unterschiedlich konfigurierter Glücksspielangebote. Vollständig beseitigt wird dieser Anheizungseffekt aber nicht. In diesem Sinne basiert gerade die umstrittene Entscheidung des BKartA vom 23.8.2006 (B 10-92713 – Kc – 148/05, ZfWG 2006, 224 mit Anm. Dietlein ZfWG 2006, 197) auf der Prämisse, dass sich auch hinsichtlich der einheitlich angebotenen Glücksspiele der Länder ein signifikanter – und damit aus ordnungsrechtlicher Sicht unerwünschter – Wettbewerb zwischen den staatlichen bzw. staatlich getragenen Anbietern herbeiführen lässt. Folgerichtig sah sich der BGH schon seinerzeit zu einer Korrektur des gegenläufigen Ansatzes des BKartA veranlasst (s. NJW-RR 2007, 1491). In neuerer Zeit ist die Verfassungsmäßigkeit einer Beschränkung der grenzüberschreitenden Vermittlung insbesondere durch das BVerfG(K) bestätigt worden (Beschl. v. 14.10.2008, ZfWG 2008, 351 (358 ff.)).

5   Eine inhaltliche **Weiterentwicklung** des bisherigen Regulierungskonzepts findet sich für die in der Vergangenheit heftig umkämpften **Sportwetten**, die auf der Basis einer sog. „**Experimentierklausel**" künftig auch im Rahmen eines auf die Vergabe von 20 Konzessionen limitierten Konzessionsmodells angeboten und vermittelt werden können. Neuartig ist in diesem Kontext auch die Erteilung der erforderlichen Konzessionen in einem sog. „**ländereinheitlichen Verfahren**" (§ 9a – vgl. hierzu die Verwaltungsvereinbarung über die Zusammenarbeit der Länder bei der Glücksspielaufsicht nach § 9 Abs. 3, die ländereinheitlichen Verfahren nach § 9a und die Errichtung des Fachbeirates nach § 10 Abs. 1 S. 2 GlüStV). Den Konzessionen nach § 9a Abs. 2 kommt Erlaubniswirkung „für alle Länder" zu. Eingeschränkt wird weiter das bisherige strikte Internetverbot für Glücksspiele, wobei die Zulassung von **Internetangeboten** freilich **als Ausnahmeregelung** konzipiert wurde und unter dem Vorbehalt der Vereinbarkeit mit den Zielvorgaben des § 1 steht. Beide Modifikationen des bisherigen Regulierungsmodells reagieren auf das durch den vorangegangenen GlüStV unbewältigt gebliebene Problem des rasanten Anstiegs unerlaubter Glücksspielangebote. Nur folgerichtig wird das Ziel der Schwarzmarktbekämpfung nunmehr als ein mit der Suchtprävention gleichwertiges Ziel der Glücksspielregulierung in § 1 GlüStV 2012 verankert. Im Lichte dieser besonderen Ausgangslage bedarf die vielfach diskutierte Frage nach der verfassungs- und unionsrechtlichen Kohärenz des – zumindest faktisch – „**dualen Systems**" von Lotterien und Sportwetten einer differenzierten Beantwortung (→ Rn. 20, 48, § 10a Rn. 11). Neu sind schließlich auch die landesrechtlichen Beschränkungen für das Angebot von **Pferdewetten** sowie für den **Betrieb von Spielhallen** (Abschnitt 7 und 8 GlüStV 2012). Speziell letztgenannte Regulierung stellt eine vorhersehbare Reaktion auf die mangelnde Bereitschaft des Bundes dar, die gebotenen und von den Ländern bereits 2008 angemahnten Reformen speziell der SpielV (→ Rn. 13) in Angriff zu nehmen. Nachdem der EuGH Ende des Jahres 2010 auf Wertungswidersprüche zwischen der klassischen Glücksspielregulierung und der gewerberechtlichen Regulierung des Automatenspiels hingewiesen (→ Rn. 48) und zudem eine vom Bundeswirtschaftsministerium beim Institut für Therapieforschung in München in Auftrag gegebenen Studie (Bühringer ua Abschlussbericht Untersuchung zur Evaluierung der Fünften Novelle der Spielverordnung vom 17.12.2005, München, 9.9.2010) ein erhebliches Gefährdungspotential des Automatenspiele festgestellt hatten, war der Zugriff der Länder auf die ihnen mit der Föderalismusreform von 2006 übertragene Spielhallengesetzgebung gleichsam „vorprogrammiert". Neben den staatsvertraglichen (Basis-) Regelungen zum Spielhallenwesen, die nunmehr auch Werbebeschränkungen, Aufklärungs- und Sozialkonzeptpflichten einbeziehen (§§ 5 – 7; vgl. ferner § 4 Abs. 3 und 4), sind auf Länderebene zunehmend spezielle **Landesspielhallengesetze** zu registrieren (zB in Bremen und im Saarland), die nunmehr an der GlüStV 2012 anzupassend sind (Wild ZfWG 2011, 385 (393)) bzw. bereits angepasst wurden. Die neuen Landesspielhallengesetze sind insbesondere hinsichtlich der Reichweite der Landesgesetzgebungskompetenz zT heftig umstritten (→ Rn. 13). Soweit die Regulierung der Pferdewetten kompetenzielle Fragen im Hinblick auf das nach hM als Bundesrecht fortgeltende RennwLottG (→ Rn. 12) aufwirft, sollen diese durch die geplante Änderung des § 25 RennwLottG gelöst werden (BRat-Drs. 761/11 – Beschluss).

3. DDR-Konzessionen

Aus der föderalen Konzeption zumal der Sportwettenregulierung ergibt sich, **6** dass die bisherige fachgerichtliche Einschätzung von der begrenzten territorialen Reichweite etwaiger noch fortgeltender **DDR-Sportwettenkonzessionen** (vgl.

aus der Rspr. BVerwG NVwZ 2011, 1319 (1325)); 2006, 1175; BGH MMR 2012, 191 (192); VGH München ZfWG 2010, 152 L, OVG Saarlouis ZfWG 2009, 369 ff. mwN.; aA VG Stuttgart ZfWG 2008, 391 ff.; ausführlich zur Problematik die Vorauß. OZ 9 Rn. 1 ff. sowie Dietlein FS Kutscheidt, 119 ff.) von der Neufassung des Staatsvertrages nicht tangiert wird (offen bleibt die Frage der Anrechenbarkeit der DDR-Konzessionen auf das zu vergebende Kontingent privater Konzessionen). Die Ausübung dieser Konzessionen unterliegt, soweit keine eigenen Sonderregelungen getroffen wurden, nach allgemeinen verwaltungsrechtlichen Grundsätzen den Bedingungen des jeweils geltenden Rechts (für die Werbeverbote des GlüStV etwa VGH München ZfWG 2010, 152 LS; nicht haltbar VG Stuttgart ZfWG 2008, 391 ff.: GlüStV auf DDR-Konzessionäre nicht anwendbar). Regelmäßig wird damit der Vertrieb von Sportwetten über das Internet von den Konzessionen nicht gesondert geregelt (stRspr., s. OVG Berlin-Brandenburg ZfWG 2010, 75 LS; OVG Lüneburg ZfWG 2009, 184 ff.; VG Postdam ZfWG 2010, 152 LS). Insofern gilt auch für DDR-Altkonzessionäre das Internetverbot des § 4 Abs. 4 GlüStV 2012. Etwas anderes ergibt sich insbesondere nicht aus dem Gedanken einer vermeintlichen „Gleichbehandlung" mit Konzessionären nach § 4a, da letztgenannte Konzessionen einem abweichenden und zudem länderübergreifend abgestimmten Regulierungsmodell entstammen.

4. Glücksspielgesetz Schleswig-Holstein

7   Mit dem am 1. Januar 2012 in Kraft getretenen Gesetz zur Neuordnung des Glücksspiels hat sich das Land Schleswig-Holstein – zumindest vorübergehend – von dem Konzept einer länderübergreifend koordinierten Regulierung gelöst und ein eigenes, wirtschaftsrechtliches Regulierungsmodell entwickelt (vgl. Gesetz vom 20.10.2011, GVOBl. 2011, 280; hierzu auch LT-Drucksache 17/1785). Auf der Basis dieses Gesetzes wurden – auch noch nach der am 6. Mai 2012 erfolgten Abwahl der geschäftsführend amtierenden alten Regierung – Konzessionen an private Glücksspielanbieter erteilt (Hüsken ZfWG 3/2012 – Editorial). Nachdem die neue Landesregierung einen Beitritt zum Glücksspielstaatsvertrag angekündigt hat (vgl. zur Beitrittsmöglichkeit zum GlüStV → Art. 2 Rn. 6, 8 f.), steht das Ende des schleswig-holsteinischen Sonderweges wohl unmittelbar bevor (vgl. hierzu LT-Drs. 18/79 bezüglich der Zustimmung zum GlüStV und LT-Drs. 18/104 vom 8.8.2012: Gesetzesentwurf zur Aufhebung des GlüG (Art. 4)). Wie die neue Landesregierung mit den erteilten Konzessionen verfahren wird, bleibt abzuwarten. Auf einen verfassungsrechtlichen Bestandsschutz werden sich die Konzessionäre wohl nicht berufen können (hierzu allgemein → Rn. 22), zumal der GlüStV 2012 hinreichende Möglichkeiten zur Überleitung von Sportwetten-Konzessionen in das dortige System bereit hält. Dem Grundsatz der Lotteriehoheit der Länder entspricht es zudem, dass die vom Land Schleswig-Holstein erteilten („Alt"-) Erlaubnisse nicht zu einem grenzüberschreitenden Tätigwerden in den übrigen 15 Bundesländern berechtigen. Dies gilt sowohl für terrestrische als auch für online-Aktivitäten in Schleswig-Holstein konzessionierter Unternehmen. Soweit einzelne Bestimmungen des bisherigen schleswig-holsteinischen Glücksspielgesetzes in eine entgegen gesetzte Richtung deuten (bes. § 35 Abs. 2 GlüG SchlH), steht deren Vereinbarkeit mit den kompetenziellen Vorgaben des Grundgesetzes durchaus in Zweifel. Dem Grundsatz der Bundestreue ist überdies eine Pflicht auch der administrativen Ebene zu entnehmen, einer sich anbahnenden missbräuchlichen Verwendung territorial begrenzter Genehmigungen entgegen zu treten.

II. Verfassungsrechtliche Aspekte

1. Kompetenzfragen

Das Grundgesetz kennt keine einheitliche Gesetzgebungszuständigkeit für das **8** Glücksspielrecht. Anstelle eines klaren und einheitlichen Kompetenztitels findet sich eine **föderale Zersplitterung der Gesetzgebungskompetenzen**, die eines der Haupthemmnisse für eine wirklich abgestimmte Regulierung dieses Lebensbereiches bildet. Verschärft wird die Problematik dadurch, dass die traditionelle Zuordnung der klassischen Glücksspielsektoren wie Lotterien, Sportwetten und Spielbanken zur sicherheitsrechtlichen Gesetzgebung der Länder sowie die Zuordnung des Automatenspiels und der Pferdewetten zum Bund zunehmend in die Diskussion geraten ist. So werden einerseits auch die klassischen Glücksspiele neuerdings vielfach der konkurrierenden (Wirtschafts-) Gesetzgebung des Bundes nach Art. 74 Abs. 1 Nr. 11 GG zugeordnet, wohingegen die bundesrechtliche Zuständigkeit für das gewerbliche Spielrecht durch die Abspaltung einer Landeszuständigkeit für das Spielhallenwesen (Art. 74 Abs. 1 Nr. 11 GG) im Rahmen der **Föderalismusreform I** aufgeweicht wurde, die Bundeskompetenz über die Pferdewetten zudem nach neueren differenzierenden Ansätzen allein auf die Zulassung von Buchmachern beschränkt wird (Gebhardt/Postel ZfWG 2012, 1 (9) unter Bezugnahme auf BVerwG NVwZ 1995, 481). Eine Bereinigung des derzeitigen Kompetenzwirrwarrs, etwa im Sinne einer umfassenden Länderzuständigkeit für das Glücksspiel, erscheint verfassungsrechtlich dringend geboten, dürfte aber auf absehbare Zeit politisch nicht realisierbar sein. De constitutione lata ist von folgender Aufteilung auszugehen:

a) Recht der Spielbanken. Als klassische Materie der **sicherheitsrechtli-** **9** **chen Regelungskompetenz der Länder** (Art. 70 Abs. 1 GG) ist das Recht der Spielbanken anzusehen. So handelt es sich bei dem Betrieb von Spielbanken, wie es das BVerfG formuliert hat, um eine an sich „unerwünschte Tätigkeit", die der Staat allein deshalb erlaubt, „um dem nicht zu unterdrückenden Spieltrieb der Menschen staatlich überwachte Betätigungsmöglichkeiten zu verschaffen und dadurch die natürliche Spielleidenschaft vor strafbarer Ausbeutung zu schützen" (BVerfG GewArch 2001, 62; iErg auch BVerfGE 28, 119 (148)). Angesichts dieser in der Rechtsprechung anerkannten Bewertung kann eine wirtschaftsrechtliche Zuordnung dieses Segments und damit eine Kompetenz des Bundesgesetzgebers, diesen Glücksspielsektor über Art. 74 Abs. 1 Nr. 11 GG einer wirtschaftsrechtlichen Regulierung zuzuführen, nicht angenommen werden (anders aber zB Degenhart in Sachs Art. 74 Rn. 47; Ennuschat in BeckOK GewO § 33i Rn. 3; Pieroth in Jarass/Pieroth Art. 74 Rn. 26). Dies gilt selbst dort, wo private Unternehmungen in die Wahrnehmung der ordnungsrechtlichen Zielsetzungen eingebunden sind. Die gefahrenabwehrrechtliche Zielrichtung des Spielbankenrechts hat das BVerfG zuletzt im Kammerbeschluss vom 26. 3.2007 (BVerfG NVwZ-RR 2008, 1 ff.) nochmals nachdrücklich bestätigt.

b) Sportwetten. Komplizierter stellt sich die Lage hinsichtlich der klassischen **10** Sportwettenregulierung dar. Denn nachdem auch hier ursprünglich eine ausschließlich ordnungsrechtliche Kompetenzzuordnung zugunsten der Länder angenommen wurde, hat das BVerfG im Grundsatzurteil vom 28.3.2006 neben den Ländern auch den Bund für befugt erklärt, „gestützt auf den Gesetzgebungstitel für das Recht der Wirtschaft nach Art. 74 Abs. 1 Nr. 11 GG, unter den Voraussetzungen des Art. 72 Abs. 2 GG tätig (zu) werden" (BVerfG ZfWG 2006, 16 ff., Rn. 155). Aus dieser Formulierung des Bundesverfassungsgerichts wird in neuerer Zeit vermehrt auf eine generelle **wirtschaftsrechtliche Ressortierung** des Sportwettenrechts (sowie des Lotterierechts) gefolgert (vgl. etwa Pieroth in Jarass/Pieroth Art. 74 GG Rn. 25; Degenhart in Sachs Art. 74 GG Rn. 52; Pestalozza NJW 2006, 1711 (1713); Ennuschat ZfWG 2006, 31 (32); Ennuschat in BeckOK GewO § 33i Rn. 3; Hecker ZfWG 2006, 35 (37)). Überzeugen kann diese Argumentation freilich nicht. Denn der Hinweis des Gerichts auf eine mögliche Anwendbarkeit des Gesetzgebungstitel aus Art. 74 Abs. 1 Nr. 11 GG steht ersichtlich in einem untrennbaren Verbund mit der Frage nach der konkreten inhaltlichen Konzeption der Sportwettengesetzgebung. In diesem Sinne ist von einer Anwendbarkeit des Art. 74 Abs. 1 Nr. 11 GG, auch als (subsidiärer) Kompetenztitel für die Landesgesetzgebung (Art. 72 Abs. 1 GG), nur unter der Voraussetzung auszugehen, dass der Gesetzgeber den Sportwettensektor unter Aufgabe seiner bisherigen schwerpunktmäßig gefahrenpräventiven Regelungsintention als Raum für eine privatwirtschaftliche Betätigung öffnen wollte und die gefahrenabwehrrechtlichen Aspekte fortan nur als „Annex" zu den wirtschaftlichen Regulierungen betrachtete (Fackler K&R 2006, 313 (315)). Solange dagegen der **Regelungsschwerpunkt** der sportwettenrechtlichen Regulierung im **Ordnungsrecht** verbleibt, kann folgerichtig eine ordnungsrechtliche Regelungskompetenz der Länder für das Sportwettenrecht nicht ernstlich bestritten werden (Dietlein K&R 2006, 307 (Fn 2); wie hier auch Hettich, 63 ff.; Beckemper/Janz ZIS 2008, 31 ff.; Lindner ZG 2007, 188 (189)). Worauf das BVerfG mit seinem Hinweis auf mögliche Alternativregulierungen aufmerksam machen will, ist somit nur, dass die Frage nach dem einschlägigen Kompetenztitel letztlich mit Blick auf die jeweilige gefahrenrechtliche Bewertung des Sachgebietes durch den zuständigen Gesetzgeber beantwortet werden kann. Eben dies aber muss dann notwendig dazu führen, dass im Falle der **veränderten Gefahrenbewertung** eine Ablösung gefahrenabwehrrechtlicher Normen durch wirtschaftsrechtliche Normen ebenso möglich ist wie umgekehrt die Ablösung vormals wirtschaftsrechtlicher Normen durch solche des Ordnungsrechts (vgl. hierzu bereits Dietlein K&R 2006, 307 ff.). Für die sportwettenrechtliche Regulierung des GlüStV 2012 ist damit auch weiterhin von einer ordnungsrechtlichen Regulierung auszugehen. Denn selbst wenn eine begrenzte erwerbswirtschaftliche Betätigung einzelner konzessionierter Privatanbieter nunmehr möglich ist, zielt das Gesetz schwerpunktmäßig nach wie vor nicht auf die Schaffung von Freiräumen für gewerbliches Handeln, sondern auf die Verwirklichung der sucht- und kriminalpräventiven Ziele des § 1, zumal auf die „Austrocknung" der überbordenden ungenehmigten Angebote. Deutlicher Ausdruck dieser gefahrenpräventiven Ausrichtung ist zumal der in § 4 Abs. 2 S. 3 GlüStV normierte Ausschluss eines Anspruchs auf Erlaubniserteilung, der in der Sache ein **„Repressivverbot mit Befreiungsvorbehalt"** konstituiert. Diese Sonderstellung der Privatanbieter im Rahmen der ordnungsrechtlichen Aufgabenerfüllung rechtfertigt es denn auch, die mit dieser Tätigkeit verbundenen wirtschaftlichen Vorteile zumindest teilweise durch die neu vorgesehene **Konzessionsabgabe** abzuschöpfen.

c) Lotterien. Eine entsprechende kompetenzrechtliche Einordnung ist auch **11**
für das Lotterierecht, einschließlich der dortigen Regulierung der gewerblichen
Spielvermittler, vorzunehmen, das folgerichtig ebenfalls Emanation der ordnungsrechtlichen Gesetzgebungskompetenz der Länder ist. Explizit formuliert das
BVerfG in seinem Kammerbeschluss vom 14.10.2008: „Das staatliche Glücksspiel
soll lediglich der Kanalisierung des menschlichen Spieltriebs dienen, nicht jedoch
einen förderungs- und ausbauwürdigen Wirtschaftszweig darstellen…" (NVwZ
2008, 1338 ff. Rz. 57). Entgegengesetzte Stellungnahmen, die zumindest in der
gewerblichen Spielvermittlung ein Gewerbe iS der GewO sehen wollen und die
diesbezüglichen Regelungen des StV daher als Ausprägung der Wirtschaftsgesetz-
gebung nach Art. 74 Abs. 1 Nr. 11 GG betrachten (hierfür etwa Pieroth/Görisch
NVwZ 2005, 1225 (1227 f.); Stober GewArch 2003, 305 (310 ff.); Schmidt WRP
2004, 576 (584); Horn JZ 2006, 789 (792)), überzeugen nicht. Auch insoweit
belegt namentlich der Ausschluss eines Anspruchs auf Erlaubniserteilung, der –
anders gewendet – ein sog. **„Repressivverbot mit Befreiungsvorbehalt"** formuliert (s. Ennuschat ZfWG 2008, 83 (85) für den GlüStV 2008), den ordnungsrechtlichen Schwerpunkt der Gesetzgebung. Auch erscheint eine einheitliche
Zuordnung von Lotterieveranstaltung und -vermittlung (einschließlich der
gewerblichen Vermittlung) schon deshalb unabdingbar, weil die betreffenden
Materien nicht sachgerecht voneinander getrennt werden können (so zu Recht
Postel WRP 2005, 833 (842)). Bestätigt wird die ordnungsrechtliche Zuordnung
der gewerblichen Spielvermittlung nicht zuletzt dadurch, dass das BVerfG wiederholt die Zulässigkeit landesstaatlicher Erlaubnisvorbehalte für gewerbliche Spielvermittler anerkannt hat (Beschl. v. 7.9.2005 NVwZ 2006, 326, sowie Beschl. v.
14.10.2008 ZfWG 2008, 351 (354 ff.)). Denn angesichts der in § 1 GewO normierten Gewerbe(zulassungs)freiheit wäre ein entsprechender landesstaatlicher
Erlaubnisvorbehalt kompetenz- und verfassungswidrig, wenn es sich bei der
gewerblichen Spielvermittlung tatsächlich um ein Gewerbe iSd Gewerbeordnung
handeln würde (zum Verbot landesrechtlicher Zugangssperren zur Gewerbeaus-
übung Frotscher/Kramer § 11 Rn. 243).

d) Pferdewetten. Nicht abschließend geklärt ist die kompetenzielle Zuord- **12**
nung des Rechts der Pferdewetten. Für die Bestimmungen des RennwLottG
wurde bislang überwiegend eine generelle wirtschaftsrechtliche Zuordnung zu
Art. 74 Abs. 1 Nr. 11 GG angenommen, was zur Folge hat, dass den Ländern
lediglich ergänzende Regulierungen möglich sind. Eine solche Zuordnung wird
in neuerer Zeit vielfach nur noch insoweit aufrecht erhalten, als es um die Zulassung von Buchmachern geht, deren Besteuerung zentrales Thema des Gesetzes
ist (s. Gebhardt/Postel ZfWG 2012, 1 (9); vgl. auch BVerwG NVwZ 1995, 481).
Restriktivere Auslegungen votieren gar für eine insgesamt gefahrenpräventive Einordnung des Gesetzes, was zu einer Zuordnung des RennwLottG zur ordnungsrechtlichen Gesetzgebungskompetenz der Länder und damit zu einer Fortgeltung
des vorkonstitutionellen Gesetzes als Landesrecht (Art. 123 ff. GG) führte (so Hettich, 59 ff. mwN; ähnlich aus dem älteren Schrifttum bereits Astl/Rathleff, 13:
„Glücksspielkomplex (ist) als eine Einheit zu betrachten" und „zum speziellen
Ordnungsrecht zu zählen"). Unter Verweis auf die mit dem Gesetz angestrebte
Förderung der Pferdezucht wird daneben teilweise auch eine Zuordnung des
RennwLottG zum Kompetenztitel der Förderung der land- und forstwirtschaftli-
chen Erzeugung (Art. 74 Abs. 1 Nr. 17 GG) angenommen (vgl. Ohlmann WRP
2005, 48 (54 Fn 55); in diese Richtung wohl auch Freytag GewArch 1994, 95

(97)). Letztgenannte Auffassungen haben sich freilich nicht durchsetzen können. Zur Entschärfung der kompetenziellen Problematik haben die Länder über den Bundesrat die bundesgesetzliche Normierung einer Öffnungsklausel eingeleitet (§ 25 Abs. 3), die Freiräume für die vorgesehenen landesstaatlichen Regelungen über das Veranstalten und Vermitteln von Pferdewetten schaffen soll (BRat-Drs. 761/11 v. 16.12.2011).

13   **e) Spielhallen.** Höchst kontroverse Diskussionen hat schließlich die durch die Föderalismusreform I neu in das Grundgesetz eingefügte **Spielhallenkompetenz** des Landesgesetzgebers nach Art. 74 Abs. 1 Nr. 11 iVm Art. 70 Abs. 1 GG ausgelöst. Die neue Gesetzgebungskompetenz gibt den Ländern das Recht zur Ablösung der bislang bundesrechtlichen Regelungen des Rechts der Spielhallen (Art. 125 a GG). Solange und soweit der Landesgesetzgeber von seiner Kompetenz keinen Gebrauch macht, gilt das Bundesrecht unverändert fort. **Inhalt und Umfang** der neuen Spielhallenkompetenz der Länder haben während der Verfassungsberatungen keine nähere Diskussion erfahren (aA Schneider Recht der Spielhallen, 11 ff.). Im aktuellen Schrifttum herrscht die Auffassung vor, dass mit der negativ („ohne das Recht der Spielhallen") formulierten Landeszuständigkeit zum Spielhallenwesen allein der Regelungsbereich des zur Zeit der Verfassungsberatungen bestehenden **§ 33i GewO** gemeint sei, so dass diese bundesrechtliche Regelung letztlich auch Art und Umfang der Gesetzgebungskompetenz definiere (statt aller Brugger ZfWG 2008, 20 (22); ähnlich Ennuschat/Brugger ZfWG 2006, 292: „zumindest § 33i GewO"; Schönleiter GewArch 2006, 371 (372); etwas vorsichtiger, wenngleich mit derselben Tendenz auch Schmitz in Holtschneider/Schön, 247 (250 Fn. 17)): „jedenfalls § 33i GewO"). Nach dieser Lesart wären namentlich die §§ 33c, d und e GewO einschließlich der gemäß § 33f GewO ergangenen Bestimmungen der SpielV a priori aus dem Zuständigkeitsbereich der Landesgesetzgebung ausgegliedert (so denn auch Schönleiter GewArch 2006, 371 (372); tendenziell ebenso BReg., BT-Drs. 16/2691 vom 22.9.2006, S. 3: „die . . . übertragene Zuständigkeit umfasst nur die (räumlich radizierte) Spielhallenerlaubnis in § 33i GewO, nicht dagegen das gewerbliche Spielrecht der §§ 33c bis g GewO"; hierzu auch der Evaluationsbericht des BMWi zur Novelle der SpielV, 2010, S. 63 ff.). Diese Sichtweise kann freilich kaum überzeugen (eingehend Dietlein ZfWG 2008, 12 ff.; ders. FS Bethge, 3 ff.; iErg auch Dürr GewArch 2011, 142 (145 Fn. 109); Reeckmann ZfWG 2010, 229 ff.; Wohlfarth LKRZ 2012, 81 (83)) und hat auch in der Rechtsprechung bislang keinen Niederschlag gefunden (vgl. VG Bremen Beschl. vv. 31.8.2011 – 5 V 514/11). Das Verfassungsrecht gilt gemäß Art. 20 Abs. 3 GG nicht nach Maßgabe des einfachen Rechts, sondern umgekehrt das einfache Recht nach Maßgabe des Verfassungsrechts. Insoweit ist darauf zu verweisen, dass Begriffsbildungen des einfachen Rechts im Kontext des Verfassungsrechts eine **eigenständige Interpretation** erfahren müssen. Hinzu kommt, dass sich das „Recht der Spielhallen" auch mit Blick auf das geltende Gewerberecht nicht allein aus § 33i GewO ergibt, sondern aus einer Vielzahl gewerberechtlicher Regelungen, die erst in ihrem thematischen Verbund das Spielhallenwesen regeln. Die neue Spielhallenkompetenz gibt den Ländern daher die Möglichkeit, den gesamten Regelungskomplex der Spielhallen nach eigenem Ermessen zu gestalten. Vor diesem Hintergrund umfasst die Regelungskompetenz des Landesgesetzgebers richtigerweise **sämtliche Aspekte des Spielhallenbetriebes,** angefangen von der Festlegung des Spielhallenbegriffes, über die Frage der Zulassung von Spielhallenbetrieben, die Modalitäten der Betriebsausübung einschließlich Art und Umfang der zugelassenen Spiele bis hin zu Fragen der Erlaubnisrücknahme und Betriebsschließung (wie hier auch Reeckmann ZfWG 2010, 229 ff.; Dürr GewArch 2011, 142 (145 Fn. 109); Wohlfarth LKRZ 2012, 81 (83); Pagenkopf, NJW 2012, 2918 (2922); zumindest für eine Regelungskompetenz hinsichtlich der Höchstzahl der aufzustellenden Geräte auch Höfling/ Rixen GewArch 2008, 1 (7)). Von dem neuen Zugriffsrecht der Länder betroffen sind damit zugleich zahlreiche Regelungsvorgaben der SpielV (so zu Recht Wohlfarth LKRZ 2012, 81 (83); für eine Ablösbarkeit allein der § 3 Abs. 2 sowie § 6 Abs. 4 Satz 2 SpielV Ennuschat/Brugger ZfWG 2006, 292 (293)). Kompetenziell nicht abgedeckt bleibt immerhin der Zugriff auf das allgemeine, nicht standortbezogene gewerbliche Spiele- und Automatenrecht, namentlich also auf das **technische Anforderungsprofil der Geräte** (Wohlfarth LKRZ 2012, 81 (83)). Die mit der Neufassung des Art. 74 Abs. 1 Nr. 11 GG verbundene weitere Zersplitterung der glücksspielrechtlichen Regelungszuständigkeiten gehört zweifellos nicht zu den Glanzlichtern der Föderalismusreform von 2006 und erschwert ohne Not die Bemühungen um eine abgestimmte Glücksspielregulierung. Als gesonderter Kompetenzbereich ist schließlich die **städtebauliche Steuerung** der Spielhallen anzusehen, die als Teil des Bodenrechts der **bundesrechtlichen Regelungskompetenz** aus Art. 74 Abs. 1 Nr. 18 GG unterliegt (zu diesem Fragen etwa Jacob ZfWG 2012, 153 ff.; Dziallas/Kullick NZBau 2012, 284).

f) Gewerbliches Automatenspiel. Weitgehend unstreitig ist die wirtschafts- **14** rechtliche Zuordnung des in der GewO sowie der SpielV geregelten Automatenrechts (aA Brückner/Scheel in Sander/Sasdi, 77 (96 f.), die auch das genuine „Automatenrecht" in die neue Spielhallenkompetenz der Länder einbezogen sehen). So dient das gewerbliche Automatenrecht – auch und gerade in seinen gefahrenabwehrenden Elementen – schwerpunktmäßig der Eröffnung von Spielräumen für eine erwerbswirtschaftliche Betätigung als Automatenaufsteller. Ob dieser tradierte Ansatz mit dem hohen Gefährdungspotential des modernen Automatenspiels kompatibel ist, wird zunehmend in Zweifel gezogen (hierzu zuletzt das „Fact-Sheed" des Fachbeirats zum Automatenglücksspiel vom 24.2.2012). Zudem stehen die offensichtlichen Defizite der gegenwärtigen bundesrechtlichen Regulierung des Automatenspiels in einem deutlichen Kontrast zu der erheblich stärker am Spielerschutz ausgerichteten Glücksspielregulierung der Länder. Wie dieses auch unionsrechtlich zunehmend problematische Nebeneinander verschiedener Regulierungsansätze (→ Rn. 44 ff.) aufgelöst werden kann, ist bislang unklar. Formal sperrt die bestehende wirtschaftsrechtliche Regulierung des Bundes nach hM einen auf die sicherheitsrechtliche Normsetzungkompetenz gestützten Zugriff der Länder auf das gewerbliche Automatenspiel. Ob diese Sperrwirkung des Bundesrechtes auch dann noch Geltung beanspruchen kann, wenn anderenfalls eine sinnvolle landesstaatliche Regulierung der „harten" Glücksspiele nicht möglich ist, erscheint allerdings keineswegs eindeutig. So wäre mit Blick auf das Zusammenwachsen der Regelungsmaterie „Glücksspiel" durchaus an eine Annexkompetenz der Länder zu denken.

g) Kompetenzielle Aspekte des glücksspielrechtlichen Sanktionssys- **14a** **tems.** Mit den Regelungen der §§ 284 bis 287 StGB hat der Bundesgesetzgeber strafrechtliche Sanktionsnormen betreffend die Veranstaltung, das Angebot sowie die Teilnahme an unerlaubten Glücksspielen formuliert, die innerhalb des geregelten Sachverhaltes eine konkurrierende Landesgesetzgebung sperren (Art. 72 Abs. 1 iVm. Art. 74 Abs. 1 Nr. 1 GG). Entgegen teilweise vertretener Auffassung kann den einschlägigen Strafnormen allerdings kein generell abschließender Charakter beigemessen werden (tendenziell anders Dannecker/Pfaffendorf NZWiSt 2012, 252 ff.). Soweit es daher um Handlungen geht, die nicht bereits durch die §§ 284 ff. StGB sanktioniert werden, bleibt es den Ländern unbenommen, ihre jeweiligen ordnungsrechtlichen Vorgaben durch eigenständige Straf- oder Ordnungswidrigkeitentatbestände abzusichern.

2. Materielle Fragen

15   **a) Grundlagen.** In materieller Hinsicht muss sich die Regulierung des Glücksspiels vor allem am Grundrecht der Berufsfreiheit aus Art. 12 GG messen lassen. Dass die Veranstaltung und die Vermittlung von Glücksspielen in den sachlichen Schutzbereich des Grundrechts der Berufsfreiheit fallen, steht heute außer Frage (aA noch BVerwGE 2, 110 (111); OVG Münster OVGE 34, 66 (68); OVG Koblenz GewArch 1991, 99 f.). Dies gilt auch für die sog. „harten" Glücksspiele wie die in Spielbanken angebotenen Casinospiele, selbst wenn es sich bei dem Betrieb von Spielhallen nach der Diktion des BVerfG um eine an sich „unerwünschte Tätigkeit" handelt (BVerfG GewArch 2001, 61 ff. m. Anm. Thiel GewArch 2001, 96 ff. und Dietlein BayVBl. 2002, 161 ff.). In personeller Hinsicht steht der grundrechtliche Schutz des als sog. „Deutschengrundrecht" konzipierten Grundrechts aus Art. 12 GG neben natürlichen Personen und inländischen juristischen Personen des Privatrechts auch privaten Unternehmen aus dem EU-Ausland zu, die in Deutschland tätig werden oder werden wollen (BVerfG NJW 2011, 3428). Versagt werden muss ein grundrechtlicher Schutz nach der neuesten Rechtsprechung des BVerfG dagegen den staatlichen getragenen oder „maßgeblich" dominierten Anbietern zB nach § 10 Abs. 2 GlüStV 2012. Erschien eine derartige Grundrechtsberechtigung nach der bisherigen Rechtsprechung durchaus noch diskutabel (s. Voraufl. § 12 Rn. 4), da die staatliche Lotteriegesellschaften zumindest nach Auffassung des Bundeskartellamtes (ZfWG 2006, 224) sowie der Kartellgerichte (grdl. BGH NJW-RR 1999, 1267) nicht in die Erfüllung öffentlicher Aufgaben eingebunden sein sollen (krit. hierzu Dietlein ZfWG 2006, 197), stellt das BVerfG in seinem Grundsatzurteil vom 22.2.2011 allein auf die öffentliche Beherrschung eines gemischt-wirtschaftlichen Unternehmens ab (NJW 2011, 1201 ff.). Auch im Falle einer – untergeordneten – Beteiligung Privater können die staatlichen Gesellschaften somit eine Grundrechtsberechtigung nicht geltend machen. Umgekehrt ergibt sich damit zugleich, dass die staatlichen Anbieter Teil der „öffentlichen Verwaltung im materiellen Sinne" sind und insoweit ihrerseits den grundrechtlichen, aber auch sonstigen, zB (verbands-) kompetenziellen Grenzen unterliegen (hierzu klarstellend nunmehr auch § 10 Abs. 2 S. 2 GlüStV 2012).

16   **b) Schrankendogmatik und Besonderheiten der Glücksspielregulierung.** Was die materiellen Anforderungen an eine Beschränkung der Berufsfreiheit angeht, hat das BVerfG in seiner glücksspielrechtlichen Judikatur eigenständige Bewertungsmaßstäbe entwickelt, die sich von den tradierten Rechtfertigungsanforderungen in den Bereichen des sonstigen Wirtschaftslebens deutlich abheben. Nach dem tradierten Ansatz, wie ihn das BVerfG in dem sog. Apothekenurteil vom 11. Juni 1958 (BVerfGE 7, 377 ff.) ausgeformt hat, bestimmen sich die Rechtfertigungsanforderungen für Eingriffe in Art. 12 GG danach, ob lediglich die Art und Weise (das „Wie") der Berufsausübung betroffen ist oder aber der Zugang zu einem Beruf selbst (das „Ob"). Dabei werden Berufsausübungsbeschränkungen regelmäßig als wenig intensive Eingriffe gewertet, die unter Wahrung des Verhältnismäßigkeitsgrundsatzes zur Verwirklichung jedes legitimen Gemeinwohlzweckes zulässig sind. Bei Beschränkungen des Berufszugangs bzw. der Berufswahl wird dagegen zwischen Beschränkungen differenziert, die den Berufszugang an das Vorliegen bestimmter subjektiver Zulassungsvoraussetzungen knüpfen (sog. „subjektive Berufszugangsbeschränkungen" wie zB besondere Fachkenntnisse oä), und solchen, die Beschränkungen losgelöst von personalen Voraussetzungen statuieren (sog. „objektive Berufszugangsbeschränkungen"). Während die erstgenannten Zugangsbeschränkungen zur Wahrung wichtiger Gemeinschaftsinteressen und unter strikter Wahrung des Verhältnismäßigkeitsgrundsatzes verfassungskonform sind, kommen objektive Berufszugangsbeschränkungen, etwa auch in der Gestalt staatlicher Monopolregelungen, nur zur „Abwehr nachweisbarer oder höchstwahrscheinlicher schwerer Gefahren für ein überragend wichtiges Gemeinschaftsgut" in Betracht (eingehend Dietlein Stern IV/1, 1890 ff.). Eben hinsichtlich jener objektiven Berufszugangsbeschränkungen hat das Bundesverfassungsgericht das Rechtfertigungsniveau für Regulierungen im Glücksspiel erstmals in seiner Spielbankenentscheidung vom 19.7.2000 (BVerfG NVwZ 2001, 790 (793)) spürbar abgesenkt und hierbei auf „atypische Besonderheiten" hingewiesen, die den Beruf des **Spielbankunternehmers** kennzeichneten. Namentlich ging es hierbei um die Einordnung des Spielbankenbetriebes als eine „an sich unerwünschte Betätigung". Diesen Besonderheiten wird nach Auffassung des Gerichts nicht angemessen Rechnung getragen, wenn der Staat Eingriffe in das Recht der freien Wahl des Berufs des Spielbankunternehmers nur unter den für konventionelle objektive Berufszugangsbeschränkungen geltenden strengen Voraussetzungen vornehmen darf. Vielmehr erfordern die Eigentümlichkeiten des betroffenen Regelungssegments nach Auffassung des Gerichts einen „breiteren Regelungs- und Gestaltungsspielraum des staatlichen Gesetzgebers". Konkret entschloss sich das Gericht dazu, bereits „wichtige Gemeinwohlbelange" für den vollständigen Ausschluss Privater vom Beruf des Spielbankunternehmers hinreichen zu lassen (BVerfG NJW 2006, 1261, Rn. 97 f.), Anforderungen also, die nach tradiertem Ansatz lediglich subjektive Berufungszugangsbeschränkungen zu rechtfertigen vermögen. Ungeachtet dogmatischer Kritik (hierzu Dietlein BayVBl. 2002, 161 (163); zuletzt Pestalozza NJW 2006, 1711) hat das Gericht diesen Ansatz auch in seine neuere sportwetten- und lotterierechtliche Rechtsprechung übernommen (BVerfG ZfWG 2006, 16 (25 Rz. 98) – Sportwetten; wohl auch BVerfG NVwZ 2008, 1338 (1340 Rz. 29) – offenlassend für den Lotteriebereich noch VG Düsseldorf NWVBl. 2002, 393; vgl. jetzt aber VG Düsseldorf NWVBl. 2007, 358). Soweit im Schrifttum Weiterungen dieser Rechtsprechung dahingehend befürchtet werden, dass künftig auch jenseits der Glücksspielregulierung „Tätigkeiten . . . mit leichterer Hand . . . verboten werden können" (Pestalozza NJW 2006, 1711 (1712 f.)), übersieht diese Kritik freilich den spezifischen und thematisch eng begrenzten Ansatz dieser bereichsspezifischen Modifikation, der damit zwar noch das gewerbliche Automatenglücksspiel erfasst, nicht aber zB das allgemeine (Computer-) Spielrecht uä (vgl. zu den erhöhten Anforderungen an die Regulierung von Spielen, die keine Glücksspiele darstellen, EuGH ZfWG 2007, 22). Ungeachtet der grundsätzlichen Anerkennung erweiterter Regulierungsbefugnisse des Staates im Bereich des Glücksspiels bleibt die Normierung glücksspielrechtlicher Staatsvorbehalte gleichwohl strengen Anforderungen unterworfen. Diese betreffen einerseits die Fixierung des Schutzziels (3.) sowie andererseits die konsequente und widerspruchsfreie Realisierung jenes verfolgten Ziels (4.).

17   **c) Zur Rechtfertigung von Staatsvorbehalten.** Höchste Anforderungen treffen namentlich die Normierung von Staatsvorbehalten im Glücksspielrecht. So wird das Sportwetten-Urteil des BVerfG vom 28.3.2006 bislang zumeist dahin interpretiert, dass allein **Ziele der Suchtbekämpfung und –vermeidung** als legitimer Zweck anzusehen sind, um Staatsvorbehalte im Bereich des Glücksspiels zu rechtfertigen (Gebhardt/Postel ZfWG 2012, 1 (5); Haltern ZfWG 2011, 77 ff.; tendenziell auch Dietlein ZfWG 2010, 159 ff.). Und in der Tat ist nicht zu übersehen, dass das BVerfG die beanstandeten bayerischen Landesnormen allein am Maßstab ihrer suchtpräventiven Zwecktauglichkeit geprüft (und verworfen) hat, ohne eine autonome Rechtfertigung der betreffenden Regelungen aus dem Ziel der Kriminalitätsprävention überhaupt nur in Erwägung zu ziehen. Eine solche alternative Rechtfertigung hätte ansonsten durchaus näher geprüft werden müssen, da Ziele der Kriminalitätsprävention über § 1 Nr. 4 des damaligen LottStV – auch für sonstige Glücksspiele wie Sportwetten – landesrechtlich mit verfolgt wurden. Auch in späteren Entscheidungen hat das BVerfG wiederholt speziell auf den hohen Rang der Suchtprävention verwiesen, um Staatsvorbehalte – auch im Lotteriebereich – zu rechtfertigen (Kammerbeschl. v. 14.10.2008 – ZfWG 2008, 351 (358); eingehend Haltern ZfWG 2011, 77 ff.; Dietlein ZfWG 2010, 159 ff.). In Abkehr von diesem – in der Tat sehr engen - Ansatz des BVerfG votieren zahlreiche neuere Stellungnahmen für eine großzügigere Bewertung, die nach Lage des Einzelfalles auch Aspekte der Kriminalitätsbekämpfung für hinreichend tragfähig erachtet, um Staatsvorbehalte zumindest im Bereich der Lotterieveranstaltung zu rechtfertigen (vgl. aus dem zahlreichen Schrifttum etwa Hilf/Ploeckl EuzW 2010, 694 f.; Dörr/Janich K&R Beihefter 3/2010, 1 (23 f.) u.a.). Auch der BGH hat in einer neueren Entscheidung Aspekte der Kriminalitätsprävention – zumindest neben der Suchtprävention – als überragend wichtige Gemeinschaftsinteressen eingestuft, die damit auch Staatsmonopole zu tragen imstande sind (ZfWG 2012, 23 (26), Rn. 32). Insofern könnte sich durchaus eine Abkehr von dem rigiden Ansatz des BVerfG aus dem Jahre 2006 andeuten. Wirklich entscheidungserheblich dürfte diese Streitfrage freilich auch nach der Novellierung des GlüStV nicht werden. Denn das nach dem GlüStV 2012 weiterhin vorgesehene staatliche Veranstaltermonopol für große Lotterien rechtfertigt sich – sofern man es überhaupt als Berufszugangsbeschränkung einordnet - gerade nicht allein durch Gründe der Kriminalitätsprävention, sondern weiterhin zumindest auch durch Aspekte der Suchtprävention (kritisch aber Gebhardt/Postel ZfWG 2012, (5)). Anerkanntermaßen keinen legitimen Zweck für die Errichtung von glücksspielrechtlichen Staatsvorbehalten bildet das Ziel der Generierung von Einnahmen mit der Folge, dass die Einnahmenerzielung in einem suchtpräventiven Konzept lediglich „Nebenfolge" sein darf (BVerfG Urt. v. 28.3.2006 – ZfWG 2006, 16 (26 Rz. 107)), wobei allerdings die „Abschöpfung" von Einnahmen im Rahmen der Spielbankenabgabe als Instrument zur Dämpfung zu hoher Gewinnausschüttungen zulässig bleibt, s. BVerfG DVBl. 2000, 1597 f.; bestätigend BVerfG NVwZ-RR 2008, 1 ff.; krit. Benert/Reeckmann ZfWG 2012, 87 ff.). Kein legitimes Ziel für Beschränkungen des Glücksspiels ist es nach Auffassung des BVerfG schließlich, privates Gewinnstreben beim Angebot von Glücksspielen generell ausschließen zu wollen (Urt. v. 28.3.2006 – ZfWG 2006, 16 (27 Rz. 110)).

18   **d) Verhältnismäßigkeit / Kohärenz als Verfassungsproblem.** Neben dem Nachweis legitimer Gemeinwohlzwecke müssen Staatsvorbehalte schließlich den Anforderungen der Verhältnismäßigkeit genügen. Besonderheiten ergeben sich bei der Anwendung des Verhältnismäßigkeitsgrundsatzes im Glücksspielbereich dadurch, dass dem Gesetzgeber hinsichtlich der von ihm für notwendig erachteten Maßnahmen regelmäßig eine **gerichtlich nur eingeschränkt überprüfbare Einschätzungsprärogative** zukommt. Diese betrifft sowohl die Frage des Interventionserfordernisses als solches als auch die Frage der Geeignetheit und Erforderlichkeit einer konkreten Maßnahme. In dem grundlegenden „Mühlenstruktur-Beschluss" heißt es hierzu: „Dem Gesetzgeber kann es . . . nicht verwehrt sein, auch künftigen, nicht auszuschließenden Gefahren rechtzeitig vorzubeugen . . . Dem dürfen die Gerichte nicht ihre eigenen – ebensowenig strikt beweisbaren – Überzeugungen über den voraussichtlichen Verlauf einer wirtschaftlichen Entwicklung entgegensetzen" (BVerfGE 25, 1 (17)). In diesem Sinne bekräftigte das Gericht auch in neueren Entscheidungen, dass der Prognose- und Beurteilungsspielraum des Gesetzgebers erst dort seine Grenze findet, wo dessen Erwägungen „so offensichtlich fehlsam sind, dass sie vernünftigerweise keine Grundlage für gesetzgeberische Maßnahmen abgeben können" (BVerfGE 77, 84 (106 ff.); ähnlich bereits BVerfGE 13, 97 (113)). Bei Lichte besehen billigt das BVerfG dem Gesetzgeber damit im Ergebnis sogar ein nicht geringes Maß an **Fehlprognosen** zu, die dann ggf. durch ein **gesetzgeberisches Nachfassen** zu korrigieren sind (zum Ganzen Dietlein Stern IV/1 § 111 V 4 d mwN). Gerechtfertigt wird diese Judikatur durch die Überlegung, dass Prognose- und Risikoentscheidungen notwendig mit einer politischen Verantwortung einhergehen müssen, die in einer parlamentarischen Demokratie richtigerweise allein bei den unmittelbar demokratisch legitimierten und verantwortlichen Gesetzgebungsorganen verortet sein kann, nicht dagegen bei den Gerichten.

Weitergehende Anforderungen stellt das Gericht immerhin an die Zumutbarkeit suchtpräventiv begründeter Staatsvorbehalte im Glücksspielrecht: Die Zumutbarkeit entfällt namentlich dann, wenn der Staat ordnungsrechtlich begründete Staatsvorbehalte zu fiskalischen Zwecken missbraucht. Folgerichtig prüft das BVerfG die **konsistente Ausgestaltung eines Präventionsmodells**, das sich nicht (etwa durch spielanheizende Werbeaktionen) in Widerspruch zu den verfolgten Zielen setzen darf. Für den GlüStV 2008 hat das BVerfG eine hinreichende Konsistenz des Regelwerkes explizit anerkannt (Kammerbeschl. V. 20.3.2009 - ZfWG 2009, 99 (Rz. 29). Insbesondere schlagen danach etwa zu registrierende administrative Vollzugsdefizite nicht auf die Verfassungsmäßigkeit eines konsistenten Regelwerkes durch. **19**

Noch nicht abschließend geklärt ist die Frage, ob und inwieweit die das Unionsrecht beherrschende (→ Rn. 48) Frage nach der - zumindest partiell - auch sektorübergreifenden **Kohärenz glücksspielrechtlicher Regulierungen** zugleich ein Verfassungsproblem darstellt. Die bisherige Rechtsprechung des BVerfG scheint recht eindeutig gegen eine parallele Problemlage zu sprechen; so heißt es in dem Kammerbeschluss des Gerichts vom 20.3.2009: „Das Sportwetten-Urteil ... lässt ausreichend deutlich erkennen, dass es aus verfassungsrechtlicher Sicht auf eine „Kohärenz und Systematik" des gesamten Glücksspielsektors einschließlich des ... Automatenspiels ... nicht ankommt ... Vielmehr verlangt das Sportwetten-Urteil ... nur eine konsequente und konsistente Ausgestaltung eines aus ordnungsrechtlichen Gründen beim Staat monopolisierten Sportwettangebotes" (BVerfG Kammerbeschl. v. 20.3.2009 - ZfWG 2009, 99 (Rz. 17)). Freilich betraf diese Entscheidung primär das Verhältnis der angegriffenen landesrechtlichen Regulierung des Lotterie- und Sportwettenrechts zur bundesrechtlichen Regulierung des Automatenspiels. In diesem föderalen Zusammenspiel erscheinen **20** systematische Abstimmungserfordernisse in der Tat kaum begründbar. Weniger eindeutig erscheint hingegen, ob den Ländern nicht innerhalb des von ihnen regulierten Kompetenzbereiches eine aus Art. 3 Abs. 1 GG abzuleitende Pflicht zur Wahrung eines Mindestmaßes an systematischer Stimmigkeit der Regulierung zukommt (s. Haltern ZfWG 2011, 13 (17); tendenziell bereits Dietlein ZfWG 2010, 159 (162 f.)). Insoweit könnte hier die Frage nach dem Verhältnis zwischen den unterschiedlichen Regulierungskonzepten im Lotteriebereich einerseits sowie im Sportwettenbereich andererseits aktuell werden. Zu berücksichtigen bleibt schließlich, dass der EuGH seine Kohärenzanforderung aus dem Kriterium der „Geeignetheit" legislativer Interventionen ableitet (→ Rn. 44 ff.) – ein Argumentationsansatz, der durchaus Raum für eine Integration in die Eingriffsdogmatik des Art. 12 GG böte. Im Ergebnis jedenfalls dürften echte „Systembrüche" innerhalb der landesstaatlichen Glücksspielregulierung durchaus auch von verfassungsrechtlicher Relevanz sein. Insoweit dürften die Länder mit der Teilliberalisierung der Sportwetten zugleich eine neue „Diskussionsfront" in Richtung des Lotteriemonopols eröffnet haben (→ § 10a Rn. 13 ff.). Bei alledem bleibt freilich darauf zu achten, die gerade im Bereich des Glücksspiels notwendigen und auch vom EuGH anerkannten (→ Rn. 44) Differenzierungsspielräume des Gesetzgebers nicht durch statische Gleichheitsbetrachtungen zu unterlaufen.

21   **e) Das Konzessionsmodell nach § 4 a GlüStV 2012 als Oligopol.** Als objektive Berufszugangsbeschränkung stellt sich auch das neue Konzessionssystem für Sportwetten (§§ 4a, 10a GlüStV 2012) dar, wenn es im Rahmen eines „Experimentiermodells" die Anzahl der Konzessionen kontingentiert und damit nach Ausschöpfung der zur Verfügung stehenden Anzahl von 20 Konzessionen eine Zugangssperre impliziert. Auch insoweit stehen freilich Gründe der Suchtbekämpfung und –vermeidung als rechtfertigende Gemeinwohlaspekte im Hintergrund. Der Gesetzgeber begründet die von ihm angenommene Eignung einer Einbeziehung kommerzieller Anbieter in das Präventionsmodell mit der Prognose, dass die zugelassenen Anbieter einerseits eine hinreichende Kanalisierung des in der Bevölkerung vorhandenen Spieltriebes werden leisten können, andererseits aber infolge ihrer zahlenmäßigen Begrenzung die Marktpotentiale lediglich insoweit ausschöpfen werden, als dies zur Beseitigung des Schwarzmarktes erforderlich ist (krit. hierzu → § 10a Rn. 12). Wörtlich führt die Begründung hierzu aus: „Durch die Begrenzung der Zahl der Konzessionen anstelle eines (zahlenmäßig unbegrenzten) Erlaubnissystems wird verhindert, dass es zu einer erheblichen Ausweitung von Wettangeboten kommt, die zu einer Zunahme von problematischem oder suchtbeeinflusstem Verhalten führen würde" (Erl. zum GlüStV zu § 4 Abs. 3). Was die verfassungsrechtliche Bewertung dieser Prognose angeht, ist zunächst hervorzuheben, dass dem Gesetzgeber – wie oben (→ Rn. 19) dargestellt - ein **weiter Prognosespielraum** zukommt, der erst dort endet, wo eine Prognose offensichtlich fehlsam ist oder allgemeinen Erfahrungsgrundsätzen widerspricht. Vor diesem Hintergrund ist davon auszugehen, dass Prognoseentscheidungen des Gesetzgebers, den überbordenden Schwarzmarkt durch eine Quasi-Indienstnahme kommerzieller Anbieter „austrocknen" zu können, gerade auch als – zunächst befristetes (§ 35 Abs. 1 GlüStV) - Experiment zur Gewinnung neuer Erkenntnisse verfassungsrechtlich Bestand haben wird (zu diesen Besonderheiten auch Dörr/Janich K&R-Beihefter 3/2010, 1 ff.). Ob die Prognose in jeder Hinsicht überzeugt, ist dagegen keine verfassungsrechtliche, sondern eine **rechtspolitische Frage**, auf die hier nur kursorisch eingegangen werden kann. Immerhin aber weisen volkswirtschaftliche Stellungnahmen auf eine besondere Anfälligkeit oligopolistisch geprägter Märkte für „strategische Interaktionen" sowie die hieraus folgende „Marktinstabilität" hin, die ebenso gut in ein kollusives Zusammenwirken der Oligopolisten („Quasimonopol") münden können wie in einen verstärkten Produktwettbewerb oder gar einen „Preiskrieg" (vgl. etwa etwa Samuelson/ Nordhaus Volkswirtschaftslehre, 297 ff., bes. 301; Hardes/Uhly Grundzüge der Volkswirtschaftslehre, 235 ff., 255). Auch das BVerfG selbst hat in seiner Grundsatzentscheidung vom 2006 ausgeführt, dass „eine Marktöffnung aufgrund des dann entstehenden Wettbewerbs zu einer erheblichen Ausweitung von Wettangeboten und diese Ausweitung auch zu einer Zunahme von problematischem und suchteinflusstem Verhalten führen würde" (BVerfG Urt. v. 28.3.2006 – 1 BvR 1054/01, Abs.-Nr. 113). Vor diesem Hintergrund erscheint die Prognose des Gesetzgebers zweifellos mit erheblichen Unsicherheiten behaftet. Immerhin aber impliziert die „Experimentierklausel" die Intention des Gesetzgebers, weitere Erfahrungen zu sammeln, um auf der dann vorhandenen Erfahrungsgrundlage eine endgültige Entscheidung treffen zu können. Vor diesem Hintergrund dürften sich auch die unterschiedlichen Regulierungsansätze für große Lotterien und Sportwetten (noch) rechtfertigen lassen (hierzu im europarechtlichen Kontext → Rn. 48).

f) Zur Notwendigkeit von Übergangs- und Ausgleichsregelungen. Die **22** erstmalige Integration speziell der Spielhallen in den Geltungsbereich des GlüStV 2012 wirft die Frage nach einer etwaigen verfassungsrechtlichen Pflicht des Gesetzgebers zur Gewährung von Übergangsfristen oder gar finanzieller Entschädigungen zugunsten etablierter Anbieter auf. Die Konzeption des Vertrages, Spielhallen mit gewerberechtlicher Altkonzession (Stichtag 28.10.2011) zunächst für fünf Jahre von der Erlaubnispflicht freizustellen und anschließend Härtefälle durch Einzelbefreiungen zu regulieren (§ 29 Abs. 4), ist im Schrifttum auf zT erhebliche verfassungsrechtliche Kritik gestoßen (vgl. Hufen Die Einschränkung des gewerblichen Geld-Gewinnspiels, 2012, bes. S. 60 ff. und 86 ff.; ders. in Schmittmann, 28 ff.; Odenthal, GewArch 2012, 345 (349)). Entgegen dem staatsvertraglichen Ansatz wird teilweise eine 15-jährige Übergangsfrist für verfassungsrechtlich erforderlich erachtet (Schneider GewArch 2011, 457 ff.; gegen ihn aber Wohlfarth LKRZ 2012, 81 (85 Fn. 40), der insoweit von einer „Gesetzsesvereitelung" spricht; krit. zu der in § 15 Abs. 1 hess. SpielhallenG-Entw. vorgesehenen 15-jährigen Übergangsfrist Hecker WRP 2012, 523 (532)). Bei genauerer verfassungsrechtlicher Analyse ergibt sich freilich ein differenzierteres Bild. Danach folgt aus dem Grundrecht der Berufsfreiheit (Art. 12 GG) für den Regelfall einer Neuordnung berufsrechtlich relevanter Lebensbereiche das Erfordernis der Normierung hinreichender Übergangsregelungen (grdl. BVerfG NJW 1967, 1317). Maßgebliche Faktoren zur Bestimmung der verfassungsrechtlichen Anforderungen an die Gewährung von Übergangsfristen waren hierbei neben der Schwere des anstehenden Grundrechtseingriffs allerdings stets zugleich (Vertrauensschutz-) Aspekte der Erkennbarkeit drohender Änderungen sowie Art und Umfang etwa konfligierender Interessen Dritter. Eine generelle Verpflichtung zur Normierung von Übergangsregeln ist von der Rechtsprechung zu keiner Zeit angenommen worden. Vielmehr bleiben selbst kurzfristig umsetzbare Restriktionen denkbar, soweit sie durch entsprechend schwerwiegende Gemeinschaftsinteressen legitimiert werden. Solche schwerwiegende Gemeinschaftsinteressen hat das BVerfG dort angenommen, wo der Gesetzgeber mit seiner Neuregelung Missständen begegnen will, die ein ausnahmsloses Handeln erfordern (BVerfGE 98, 265 (309 f.)). Gerade für den derzeit wohl problematischsten Bereich der öffentlichen Glücksspielangebote wird man daher weitreichende Spielräume des Gesetzgebers bei der Risikobewertung anerkennen müssen, die damit den eingeschlagenen Weg einer zeitnahen Umsetzung der für notwendig erachteten Maßnahmen des Spielerschutzes grundsätzlich legitimieren (so iErg auch VG Bremen Beschl. v. 31.8.2011 - 5 V 514/11 für das SpielhallenG Bremen). Dieser Grundlinie entspricht es, wenn das BVerfG zuletzt im Rahmen des vom Gericht selbst angestoßenen und mit dem GlüStV 2008 eingeführten Verbots des Online-Glücksspiels keine verfassungsrechtlichen Bedenken sah, Internetvermittler aus Gründen der Gefahrenprävention sogar ohne Übergangsfristen zur vollständigen Berufsaufgabe zu zwingen (BVerfGK Beschl. v. 14.10.2008 NVwZ 2008, 1338). Eine Befugnis der Länder, auf die vom Fachbeirat der Länder nach § 10 sowie zuletzt auch von der Drogenbeauftragten der Bundesregierung im Drogen- und Suchtbericht 2012 herausgestellten Fehlentwicklungen in der Regulierung des Automatenspiels zeitnah reagieren zu dürfen, wird man daher kaum ernstlich bestreiten können. Hinzu kommt, dass spätestens mit dem Sportwettenurteil des BVerfG vom 28.3.2006 (ZfWG 2006, 16 ff.) und der dortigen Kritik an der gesetzgeberischen Untätigkeit gegenüber den Gefahren des Automatenglücksspiels (ZfWG 2006, 16 ff., Rz. 100) die Notwendigkeit von Nachjustierungen im Bereich des Automatenspiels und der Spielhallen höchstrichterlich festgestellt geworden ist, so dass von einem schutzwürdigen Vertrauen in den Fortbestand der bisherigen defizitären Rechtslage ab diesem Zeitpunkt wohl nicht mehr gesprochen werden kann (anders Reeckmann ZfWG 2012, 255 (258), der auf den 28.11.2011 abstellt). Eine Verletzung des Art. 12 GG wird man insoweit nicht annehmen können. Nichts anderes dürfte sich hinsichtlich des von Art. 14 GG erfassten eigentumsrechtlichen Schutz des eingerichteten und ausgeübten Unternehmens ergeben, dessen Anwendbarkeit auf Regulierungen, die eher in die Freiheit der individuellen Betätigung eingreifen, ohnehin eher fraglich ist (für eine Nachrangigkeit des Art. 14 GG etwa Jarass in Jarass/Pieroth Art. 14 Rn. 10 unter Verweis auf BGHZ 161, 305 (312); die Frage der Einbeziehung des Gewerbebetriebes in die Eigentumsgarantie insges. offenlassend BVerfGE 77, 84 (118) – stRspr.). So ist daran zu erinnern, dass das BVerfG das Internetverbot des GlüStV 2008 und die hiermit verbundene Pflicht von Online-Lotterievermittlern zur vollständigen Betriebsaufgabe ausschließlich an Art. 12 GG gemessen hat, ohne eine Verletzung des Art. 14 GG – etwa durch fehlende Ausgleichs- oder Übergangsregeln - auch nur in Betracht zu ziehen. Aber auch wenn man dieser – gewiss rigiden – Auslegung nicht folgt, erscheint eine Verletzung des Art. 14 GG nicht ohne Weiteres begründbar. Insoweit ist zunächst klarzustellen, dass bloße „Gewinnerwartungen" von vornherein nach gesicherter Erkenntnis nicht von der Eigentumsgarantie des Art. 14 GG erfasst werden (BVerfGE 28, 119 (142) – stRspr.; eingehend Dietlein Stern IV/1, 2215) mit der Folge, dass bloße Umsatzeinbußen für die eigentumsrechtliche Prüfung ohne Relevanz sind. Ebenso wenig wird man aus Art. 14 GG einen Bestandsschutz für Unternehmensstrukturen ableiten können, die den Anforderungen an einen zeitgemäßen Spieler- und Jugendschutz nicht genügen. Insoweit liegt die Wahrung der notwendigen Schutzstandards im Verantwortungsbereich des jeweiligen Betriebsinhabers. Lediglich soweit jenseits dieses Verantwortungsbereichs Unternehmenswerte tangiert werden, die im Vertrauen auf den uneingeschränkten Fortbestand einer unbefristet erteilten Genehmigung geschaffen wurde, bliebe daher eine Anwendbarkeit der Eigentumsgarantie überhaupt denkbar. Etwa zu registrierende Eigentumseingriffe könnten dabei wegen ihres zweifelsfrei abstrakt-generellen Charakters allerdings nicht als Enteignung nach Art. 14 Abs. 3 GG interpretiert werden (in diese Richtung aber Schneider GewArch 2011, 458), sondern bildeten klassische Inhalts- und Schrankenbestimmungen iS des Art. 14 Abs. 1 und 2 GG (so auch Wohlfarth LKRZ 2012, 81 (85)). Folgerichtig käme es auch hier letztlich auf die Frage der Verhältnismäßigkeit bzw. des Vertrauensschutzes an, so dass auf die Ausführungen zu Art. 12 GG verwiesen werden kann. Im Lichte der bereits vom BVerfG im Jahre 2006 hervorgehobenen Schutzdefizite, die nach dem unlängst vorlegten Bericht der Bundesdrogenbeauftragten auch und zumal jüngere Spieler gefährden, erscheint die durch den GlüStV 2012 gewährte Übergangsfrist bis 2017 mit den anschließend denkbaren Härtefallregelungen verfassungsrechtlich durchaus tragfähig, um Investitionen, die im Vertrauen auf den Fortbestand der seinerzeitigen gewerberechtliche Lage getätigt wurden, angemessen abzufedern (zu der umgekehrten Frage, ob angesichts der umfangreichen Übergangsregelungen die aktuellen Kohärenzanforderungen der Unionsrechts gewahrt bleiben → Rn. 44 ff.).

III. Unionsrechtliche Aspekte

Neben den verfassungsrechtlichen Rahmenbedingungen der Glücksspielregu- **23** lierung ergeben sich auch aus dem Europarecht zahlreiche Anforderungen an die nationale Gesetzgebung im Glücksspielwesen. Diese betreffen in formeller Hinsicht namentlich die richtlinienrechtlichen Notifizierungserfordernisse sowie materiell die Wahrung der primärrechtlichen Grundfreiheiten. Die **Prüfung der unionsrechtlichen Anforderungen** obliegt grundsätzlich den **nationalen Gerichten** (EuGH NJW 2004, 139, Rn. 66 – Gambelli; ZfWG 2011, 251, Rn. 43 – Zeturf). Nicht eingegangen werden kann im Rahmen dieser Einführung auf EU-kartellrechtliche Fragen der nationalen Glücksspielregulierung (hierzu umfassend Mailänder in Gebhardt/Grüsser-Sinopoli § 16).

1. Notifizierung

Zumindest für die Praxis geklärt ist die Frage der Notifizierung glücksspielrecht- **24** licher Regelungen, die Beschränkungen des Internetglücksspiels formulieren. So gehen die Mitgliedstaaten wie die EU-Kommission übereinstimmend von einer Notifizierungsbedürftigkeit entsprechend der **Richtlinie 98/34/EG über ein Informationsverfahren auf dem Gebiet der Normen und technischen Vorschriften und der Vorschriften für die Dienste einer Informationsgesellschaft** (ABlEG Nr. L 204 vom 21.7.1998; geändert durch RL 98/48/EG) aus. Der Notifizierungspflicht unterfällt das betreffende Gesetz jeweils in seiner Gesamtheit (EuGH Slg. 1997 I-4743, Rn. 38-41 – Kommission ./. Italien), auch wenn sich die Prüfung der Kommission speziell auf die Vorschriften betreffend die Dienste der Informationsgesellschaft beschränkt. Eine verbindliche Feststellung der EU-Rechtskonformität des vorgelegten Entwurfs ist mit der positiven Stellungnahme der Kommission nicht verbunden. In der wissenschaftlichen Bewertung sieht sich die Praxis freilich noch grundlegenden Fragen ausgesetzt. Diese betreffen namentlich die gegenständliche Anwendbarkeit der Richtlinie.

a) Begriff der Vorschriften betreffend Dienste der Informationsgesell- 25 schaft. So erscheint die Einordnung von Regelungen zum Internetglücksspiel als

„Vorschriften betreffend Dienste der Informationsgesellschaft" oder „technische Vorschriften" (Art. 1 Abs. 5 iVm. Art. 8) nach Sinn und Zweck der RL durchaus fraglich (hiergegen etwa Stein ZfWG 2007, 397 (399 f.); ders. ZfWG 2009, 332 (333); ders. FS Hirsch, 185 (193) mwN; ihm folgend die Voraufl. InfRL OZ 4 Rn. 10 f.; bejahend: Streinz/Herrmann/Kruis ZfWG 2007, 402 (403 f.)). Nicht zu übersehen ist ferner, dass das Plädoyer von Generalanwalt Bot zugunsten einer Notifizierungspflicht von Regelungen zum Internetglücksspiel (Schlussanträge vom 14. Oktober 2008 in der Rs. C- 42/07 - Liga Portuguesa, BeckRS 2008, 71061, Rn. 151 ff.) in der Schlussentscheidung des EuGH mit keinem Wort aufgegriffen wurde (EuGH ZfWG 2009, 304 - Liga Portuguesa), was im Schrifttum zT als „beredtes Schweigen" gegen eine Anwendbarkeit der RL interpretiert wurde (Stein ZfWG 2009, 332 (333)). Gleichwohl aber haben die deutschen Fachgerichte eine Notifizierungspflicht für Regelungsnormen zum Internetglücksspiel zu keiner Zeit ernstlich in Frage gestellt (vgl. statt aller OVG Münster ZfWG 2009, 425 ff.; OVG Berlin-Brandenburg ZfWG 2009, 194 ff.), so dass eine Abkehr von der etablierten Praxis realistischer Weise nicht zu erwarten ist.

26   **b) Notifizierung des Staatsvertrages sowie sonstiger landesrechtlicher Regelungen.** Mit Blick auf die dargestellte Staatspraxis ist auch der GlüStV 2012 am 15.4.2011 notifiziert worden (→ Rn. 1). Soweit teilweise angenommen wird, dass auch die Ratifikationsgesetze zum GlüStV einer Notifizierung bedürfen (so für den GlüStV 2008 Streinz/Herrmann/Kruis ZfWG 2007, 402 (405 f.)), kann dem nicht gefolgt werden (so auch die stRspr. der Verwaltungsgerichte, vgl. etwa OVG Bautzen ZfWG 2010, 151 LS, VGH Mannheim ZfWG 2010, 24 ff.). Dies gilt auch im Hinblick auf die in den Ausführungsgesetzen vorgesehene Verlängerungsoption notifizierungspflichtiger Regelungen für den Fall des Auslaufens des GlüStV 2008, da die betreffenden Regelungen keine Veränderung der Rechtslage enthielten und zudem in § 28 Abs. 1 GlüStV 2008 bereits – wenn auch in anderer Konstellation – durchaus vorgesehen waren (s. zuletzt VG Karlsruhe Urt. v. 26.4.2012 - 3 K 330/10 mwN.; aA aber LG Bremen Urt. v. 10.5.2012 - 9 O 476/12). Anders stellt sich die Sachlage allerdings dar, sofern Ausführungsgesetze der Länder eigenständige Verschärfungen an der Glücksspielregulierung vornehmen. So sieht Art. 8 Abs. 1 UAbs. 3 der RL eine weitere Notifizierung vor, wenn die Mitgliedstaaten an dem Entwurf einer technischen Vorschrift wesentliche Änderungen vornehmen, die den Anwendungsbereich ändern oder Spezifikationen oder Vorschriften hinzufügen oder verschärfen. Als eine solche Verschärfung ist nach Auffassung der Kommission bereits die Normierung eines OWiG-Tatbestandes als Ergänzung eines bestehenden Verbotes für Veranstaltung und Vermitteln von Glücksspielen im Internet anzusehen (Schreiben vom 24.9.2007 ZfWG 2007, 418). Bedenkt man, dass der notifizierte GlüStV 2008 bereits entsprechende Sanktionen „dem Grunde nach" vorsah, erscheint die rigide Auslegung der Kommission zweifelhaft (gegen die Notifizierungspflicht des OWiG-Kataloges in § 17 HGlüSpG BGH WRP 2012, 201, Rn. 34 ff.). Immerhin ist nach der Rechtsprechung des EuGH (EuGH BeckRS 2004, 76306 (Rn. 26) - Kommission ./. Deutschland; EuZW 1996, 379, Rn. 29 - CIA Security International/Signalson) davon auszugehen, dass im Anwendungsbereich der RL auch die zur Durchführung einer bereits notifizierten Ermächtigungsgrundlage erlassenen Vorschrift notifiziert werden müssen, wenn sie eigene Rechtswirkungen entfaltet.

27   **c) Gang des Verfahrens und Folgen einer unterbliebenen Notifizierung.** Grundlage der Übermittlungspflicht ist Art. 8 der RL. Gem. Art. 9 Abs. 1

dürfen die Mitgliedstaaten innerhalb von drei Monaten nach der Notifizierung den vorgelegten Entwurf nicht in Kraft setzen (hierzu Stein ZfWG 2007, 397 (400)). Ausnahmsweise ausgesetzt wird diese Stillhaltefrist, wenn der Mitgliedstaat aus dringenden Gründen, die durch eine ernste und unvorhersehbare Situation entstanden sind und sich auf den Schutz der Gesundheit von Menschen, der Sicherheit oder die öffentliche Ordnung beziehen, zu einer unabgestimmten kurzfristigen Ausarbeitung und Inkraftsetzung der technischen Vorschrift gezwungen ist (Art. 9 Abs. 7). Der Ausnahmecharakter der Norm verlangt nach Sinn und Zweck eine restriktive Auslegung und Anwendung (s. hierzu auch EU-Kommission, Ausschuss "Normen und technische Vorschriften", Dok. S–42/98 – DE (endg.), Bl. 35). Zudem wird die Notifizierungspflicht selbst durch die Ausnahmeregelung nicht ausgesetzt. Was die Folgen einer rechtswidrig unterbliebenen Notifizierung betrifft, hat die Kommission sich in ihrer Mitteilung vom 1.10.1986 (ABlEG Nr. C 245 vom 1.10.1986, 4) betreffend die Vorgänger-RL 83/189/EWG auf den Standpunkt gestellt, dass eine Vorschrift, die in den Geltungsbereich der RL 83/189/EWG fällt und erlassen wurde, ohne dass deren Entwurf zuvor von der Kommission notifiziert und die Stillhalteverpflichtung eingehalten worden wäre, gegenüber Dritten nach der Rechtsordnung des betreffenden Mitgliedstaats nicht durchsetzbar ist. Der EuGH hat sich dieser Auffassung angeschlossen und ausgeführt, dass ein Verstoß gegen die Notifizierungspflicht zur Unanwendbarkeit der betreffenden Vorschriften führt, so dass diese Dritten nicht entgegen gehalten werden können (EuGH EuZW 1996, 379, Rn. 53–55 – CIA Security International/Signalson). Hinsichtlich der Reichweite der Unanwendbarkeit hat sich der EuGH hierbei nur zu den jeweils die **Notifizierungspflicht auslösenden Vorschriften** geäußert. Parallel hierzu hat der EuGH auch die Stillhaltepflicht des Art. 9 nicht auf das gesamte notifizierte Gesetz angewendet, sondern nur auf diejenigen Vorschriften, die die Notifizierungspflicht auslösen (EuGH BeckRS 2004, 75934, Rn. 42 – Kommission./.Italien). Insofern erscheint es nur folgerichtig, im Falle unterbliebenen Notifizierung auch die hieraus folgende Unanwendbarkeit nur auf diejenigen Vorschriften zu erstrecken, die die Notifizierungspflicht auslösen (so auch OVG Münster ZfWG 2009, 111 f.; aA Streinz/Kruis ZfWG 2007, 402 (406)). Ausnahmsweise verlängert sich die Stillhaltefrist nach Art. 9 RL auf vier Monate, wenn die Kommission innerhalb von drei Monaten eine ausführliche Stellungnahme abgibt, derzufolge die geplante Maßnahme die Dienstleistungs- oder Niederlassungsfreiheit beeinträchtigen könne. Ob man eine entsprechende Bewertung für die zum GlüÄndStV ergangene Stellungnahme der Kommission vom 20.3.2012 annehmen kann (hierfür Koenig/Bovelet-Schober, ZfWG 2012, 164 (165), die allerdings unzutreffend auf die für die Warenverkehrsfreiheit bezogene verlängerte Frist von 6 Monaten abstellen) erscheint fraglich, bleibt aber angesichts des zeitlichen Vorlaufs ohne Relevanz.

2. Materiell-rechtliche Anforderungen des Unionsrechts

a) Fehlende unionsrechtliche Harmonisierung der Glücksspielregulie- 28 rung. Nach wie vor handelt es sich beim **Glücksspiel** um eine unionsrechtlich **nicht harmonisierte Materie**. Namentlich die Ende Dezember 2006 in Kraft getretene **Dienstleistungsrichtlinie** (ABl. L 376/36 v. 27.12.2006) hat den Bereich der „Glücksspiele, die einen geldwerten Einsatz verlangen, einschließlich Lotterien, Glücksspiele in Spielkasinos und Wetten", in Art. 2 Abs. 2 lit. h ausdrücklich aus ihrem Anwendungsbereich ausgenommen und hierbei auf die spezi-

fische Natur der Materie verwiesen, die „von Seiten der Mitgliedstaaten Politikan-
sätze zum Schutz der öffentlichen Ordnung und zum Schutze der Verbraucher
bedingen" (Erwägungsgrund 25). Auf gleicher Linie bewegt sich die Rechtsprechung des EuGH, der in diesem Zusammenhang regelmäßig auf die beträchtlichen
sittlichen, religiösen, aber eben auch kulturellen und damit auch landeskulturellen
und historischen Unterschiede der Mitgliedstaaten im Umgang mit dem Glücksspiel zu verweisen pflegt (vgl. EuGH ZfWG 2010, 264, Rn. 37 – Sjöberg ua;
ZfWG 2009, 304, Rn. 57 – Liga Portuguesa). Sehr dezidiert hatte sich zumal
Generalanwalt Yves Bot dagegen gewandt, die Glücks- und Geldspiele über das
Gemeinschaftsrecht den allgemeinen Marktgesetzen zu unterwerfen, da die unbe-
strittenen Vorteile eines freien Marktes speziell im Bereich des Glücks- und Geld-
spiels „nicht zum Tragen (kommen)" (Schlussanträge v. 14. Oktober 2008 in der
Rs. C- 42/07 – Liga Portuguesa, BeckRS 2008, 71061, Rn. 245 f.). Gleichwohl
sind auch auf unionsrechtlicher Ebene Bestrebungen hin zu einer stärkeren Vereinheitlichung der nationalen Glücksspielregulierungen zu verzeichnen. Hinzuweisen
ist namentlich auf das sog. „Grünbuch" der EU-Kommission von März 2011
(KOM[2011] 128) sowie auf die Resolution des Europäischen Parlaments vom
15.11.2011, die die Frage einer europaweiten Regulierung des Online-Glücksspiels betrifft und mehr Transparenz, Wettbewerbsgleichheit und Rechtssicherheit
in diesem Bereich schaffen will (vgl. Verfahren 2011/2084 (INI)). Die bisherigen
Harmonisierungsbemühungen befinden sich freilich im Anfangsstadium und entfalten keine materielle Bindungswirkung ggü. den Mitgliedstaaten.

29   Unmittelbare juristische Konsequenz der fehlenden unionsrechtlichen Harmo-
nisierung des Glücksspiels ist zunächst, dass das Unionsrecht eine **gegenseitige
Anerkennung mitgliedstaatlicher Glücksspielerlaubnisse** nicht fordert und
nicht fordern kann. Vielmehr ist es „Sache der einzelnen Mitgliedstaaten, in diesen
Bereichen im Einklang mit ihrer eigenen Wertordnung zu beurteilen, welche
Erfordernisse sich aus dem Schutz der betroffenen Interessen ergeben" (EuGH
ZfWG 2010, 264, Rn. 37 – Sjöberg ua; ZfWG 2009, 304, Rn. 57 – Liga Portuguesa; vgl. auch EuGH ZfWG 2010, 332 Rn. 112 – M. Stoß ua; ZfWG 2010, 256,
Rn. 20 – Ladbrokes; BVerwG ZfWG 2011, 96; GA Mengozzi, Schlussanträge
vom 4. März 2010 in der Rs. C-316/07 ua – M. Stoß ua, ZfWG 2010, 55,
Rn. 100). Insofern darf ein Mitgliedstaat die Einholung einer Erlaubnis auch für
solche Unternehmen verlangen, die im EU-Ausland bereits über eine Konzession
verfügen; er muss sich insbesondere nicht auf die Anerkennung oder Überwachung der betreffenden Tätigkeiten durch die Behörden anderer Mitgliedstaaten
verweisen lassen (so explizit EuGH ZfWG 2011, 403, Rn. 96 ff. – Dickinger &
Ömer). Überaus kritisch zu begegnen ist insoweit der Erteilung von sog. „**Offshore-Lizenzen**" durch einige kleinerer EU-Mitgliedstaaten. Zu Recht spricht
Generalanwalt Mengozzi in deutlichen Worten von „nationale(n) Praktiken, die
geeignet sind, das gegenseitige Vertrauen (Art. 10 EG), auf das eine eventuelle
Harmonisierung des Sektors oder zumindest das System der gegenseitigen Anerkennung der Erlaubnisse im Bereich des Glücksspiels gestützt werden müsste,
selbst zu zerstören" (vgl. GA Mengozzi Schlussanträge vom 4. März 2010 in der
Rs. C-316/07 ua – M. Stoß ua, ZfWG 2010, 55, Rn. 104).

30   **b) Dienstleistungsfreiheit und Niederlassungsfreiheit als Prüfungsmaß-
stab der Glücksspielregulierung.** Die materiellen unionsrechtlichen Anforderungen an die nationale Glücksspielregulierung ergeben sich danach vorrangig
aus den **Grundfreiheiten**, die durch deren Einbeziehung in das Abkommen über

den Europäischen Wirtschaftsraum zugleich für nationale Regelungen gegenüber den Staatsangehörigen der vom EWR-Vertrag erfassten Drittstaaten gelten. Dass die **Veranstaltung sowie die Vermittlung von Glücksspielen** eine von den **europäischen Grundfreiheiten** erfasste unabhängige wirtschaftliche Betätigung darstellen, ist heute weithin unstreitig (für die Veranstaltung von Lotterien bereits EuGH NJW 1994, 2013, Rn. 19 und 35 – Schindler; zur generellen Erstreckung auf den Glücksspielsektor EuGH EuZW 2000, 151, Rn. 18 – Zenatti; EuZW 2000, 148, Rn. 17 – Läärä; anders für Preisausschreiben im Rahmen von Kreuzwort- und anderen Rätseln in Zeitungen EuGH, EuZW 1997, 470, Rn. 23 ff. – Familiapress: keine unabhängige wirtschaftliche Betätigung). Dabei wird das von der Glücksspielregulierung erfasste Verhalten regelmäßig eine **Dienstleistung im Sinne des Art. 56 AEUV** darstellen. So definiert Art. 57 AEUV den Begriff der Dienstleistungen als „Leistungen, die in der Regel gegen Entgelt erbracht werden, soweit sie nicht den Vorschriften über den freien Waren- und Kapitalverkehr und über die Freizügigkeit von Personen unterliegen". Insofern fallen auch alle Tätigkeiten, die darin bestehen, Verbrauchern gegen Entgelt die Teilnahme an einem Geldspiel oder an einer Lotterie zu ermöglichen, unter den unionsrechtlichen Dienstleistungsbegriff (EuGH ZfWG 2010, 332 Rn. 56 – M. Stoß ua). Gleiches gilt für die Werbung für Geldspiele und ihre Vermittlung, da eine solche Tätigkeit nur eine konkrete Einzelheit der Veranstaltung und des Ablaufs der jeweiligen Spiele darstellt (EuGH ZfWG 2010, 332 Rn. 56 – M. Stoß ua). In personeller Hinsicht kann sich sowohl der Dienstleistende als auch der Dienstleistungsempfänger auf die Dienstleistungsfreiheit berufen (EuGH ZfWG 2010, 256, Rn. 15 – Ladbrokes; ZfWG 2009, 304, Rn. 52 – Liga Portuguesa; ZfWG 2010, 264, Rn. 32 – Sjöberg ua).

Der für die Anwendbarkeit der Grundfreiheiten erforderliche **grenzüber-** 31 **schreitende Bezug** kann in vielfältiger Weise hergestellt werden. Dies etwa dadurch, dass sich der Leistende zur Leistungserbringung in einen anderen Mitgliedstaat begibt bzw. der Empfänger in einen anderen Mitgliedstaat reist, um die Leistung entgegen zu nehmen (s. EuGH NJW 1984, 1288 – Luisi und Carbone), aber auch dadurch, dass die Vertragspartner in ihren jeweiligen Ländern bleiben und lediglich die Dienstleistung die Grenze überschreitet (sog. „Korrespondenz-Dienstleistung" – EuGH NJW 1995, 2541, Rn. 26 ff. – Alpine Investments; vgl. hierzu zB EuGH ZfWG 2010, 407, Rn. 44 – Winner Wetten). Schließlich findet die Dienstleistungsfreiheit auch Anwendung auf Geschäftsbeziehungen zwischen in ein und demselben Mitgliedstaat ansässigen Vertragspartnern, sofern die Leistung selbst in einem anderen Mitgliedstaat erbracht werden soll (EuGH EuZW 2000, 20, Rn. 18 ff. – Vestergaard). Vor diesem Hintergrund wird das ohne Ortswechsel erfolgende Anbieten von Glücksspielen innerhalb der EU regelmäßig von der Dienstleistungsfreiheit erfasst werden, mag es telefonisch (EuGH NJW 1995, 2541, Rn. 22 – Alpine Investments) oder via Internet (EuGH NJW 2004, 139, Rn. 54 – Gambelli; ZfWG 2010, 344, Rn. 41 – Carmen Media) angeboten werden. Immerhin wird das **Verhältnis zwischen** (nationalen) **Wettvermittlern und Wettkunden** in Rechtsprechung und Literatur teilweise als rein **innerstaatliches Verhältnis** qualifiziert (Korte NVwZ 2004, 1449 (1452); OVG Koblenz Beschl. v. 28.9.2006 – 6 B 10895/06). Eine Anwendung der Dienstleistungsfreiheit kommt hiernach zunächst nur für die grenzüberschreitende Korrespondenzdienstleistung des EU-ausländischen Buchmachers in Betracht, auf dessen Grundfreiheit sich der Vermittler indes nicht berufen kann. Einen eigenen grenzüberschreitenden Bezug der Vermittlungstätigkeit vermochte speziell das OVG Koblenz nicht zu erkennen.

32 Nicht unerhebliche Bedeutung kommt neben der Dienstleistungsfreiheit auch der **Niederlassungsfreiheit** (Art. 49 AEUV) als dem Recht zu, in einem anderen Mitgliedstaat auf der Grundlage einer dortigen **primären oder sekundären Niederlassung** eine selbständige Erwerbstätigkeit auszuüben. Denn das Anbieten oder Vermitteln von Glücksspielen kann – zumal über die Indienstnahme lokal ansässiger Dritter – durchaus auch mit dem Aufbau einer Präsenz in einem anderen Mitgliedstaat einhergehen. Der Begriff der Niederlassung ist dabei weit auszulegen und erfasst im sekundären Bereich neben Zweigniederlassungen und Agenturen ggf. auch bloße Büros, selbst wenn diese nur von einer Person geführt werden (EuGH ZfWG 2010, 332 Rn. 59 – M. Stoß ua). Insofern reicht bereits der grenzüberschreitende Abschluss von Geschäftsverträgen mit Wirtschaftsteilnehmern oder Vermittlern über die Einrichtung von Datenübertragungszentren oder Annahmestellen aus, um den Anwendungsbereich der Niederlassungsfreiheit zu eröffnen (EuGH ZfWG 2010, 332 Rn. 60 – M. Stoß ua; ZfWG 2010, 407, Rn. 47 – Winner Wetten). Sofern ein Anbieter freilich Glücksspiele in einem anderen Mitgliedstaat ausschließlich über das Internet anbietet und sein Geschäft folglich ohne Etablierung einer Haupt- oder Zweigniederlassung in diesem Mitgliedstaat durchführt, scheidet eine Berufung auf die Niederlassungsfreiheit allerdings aus (EuGH ZfWG 2009, 304, Rn. 46 – Liga Portuguesa).

33 In der Gambelli-Entscheidung hat sich der EuGH für eine gemeinsame Prüfung beider Grundfreiheiten entschieden und den Fachgerichten der Mitgliedstaaten unter Berücksichtigung der Besonderheiten jedes Einzelfalls überlassen, über die konkret anwendbare Grundfreiheit zu befinden (EuGH NJW 2004, 139, Rn. 59 f. – Gambelli; abweichend noch die Schlussanträge von GA Alber vom 13.3.2003; auch EuGH ZfWG 2010, 332 Rn. 64 f. – M. Stoß ua).

34 Nicht einschlägig ist dagegen in aller Regel die **Freiheit des Kapital- und Zahlungsverkehrs** (Art. 63 ff. AEUV), da etwaige Beschränkungen zumeist lediglich die unvermeidbare Folge der für die Erbringung von Dienstleistungen auferlegten Beschränkungen sein werden (EuGH ZfWG 2009, 304, Rn. 47 – Liga Portuguesa). Auch das **allgemeine Diskriminierungsverbot** des Art. 18 AEUV entfaltet im Anwendungsbereich der Grundfreiheiten regelmäßig keine eigenständige Bedeutung mehr. Demgegenüber kann im Einzelfall eine Betroffenheit der Warenverkehrsfreiheit in Betracht kommen (so für Gewinnspielautomaten EuGH EuZW 2000, 148, Rn. 24 – Läärä, iErg aber offenlassend); Werbematerial und Lose sollen freilich wegen ihrer akzessorischen Funktion zur Veranstaltung von Lotterien nicht unter die Warenverkehrsfreiheit fallen (EuGH NJW 1994, 2013, Rn. 22 – Schindler).

35 **c) Zur Einschränkbarkeit der Grundfreiheiten.** Die Dienstleistungs- und Niederlassungsfreiheit stellen nicht lediglich spezielle **Diskriminierungsverbote** dar, sondern gewähren nach stRspr. des EuGH Schutz gegen alle Maßnahmen, die den freien Dienstleistungsverkehr bzw. die freie Niederlassung in einem anderen Mitgliedstaat unterbinden, behindern oder bereits weniger attraktiv machen (EuGH NJW 1994, 2013, Rn. 43 – Schindler; Slg. 2002, I–305 = BeckRS 2004, 77261, Rn. 22 – Kommission ./. Italien; Slg. 2001, I–1271 = BeckRS 2004, 74952, Rn. 21 – Analir ua). Damit werden nicht nur an die Staatsangehörigkeit anknüpfende Regulierungen von den Grundfreiheiten erfasst, sondern ebenso **alle anderen Maßnahmen gleicher Wirkung**. Die auf eine generelle Dämpfung

des Glücksspiels ausgerichteten **Regelungen des GlüStV** werden insoweit, auch wenn ihnen kein diskriminierender Charakter zukommt, regelmäßig als **Beschränkung der EU-Grundfreiheiten** zu qualifizieren sein. Dies gilt namentlich für die Regelungen zum Erlaubnisvorbehalt für das Angebot von Glücksspielen oder die vielfältigen Werbebeschränkungen des GlüStV. Auch die Regulierung einzelner Vertriebskanäle wie zB des Internets stellt eine Maßnahme gleicher Wirkung dar, da die Maßnahme Anbieter außerhalb des regulierenden Mitgliedstaates stärker beeinträchtigt und so nicht isd Keck-Rechtsprechung unterschiedslos gilt (vgl. insbes. EuGH ZfWG 2011, 251, Rn. 47 – Zeturf). Eine **diskriminierende Wirkung** hat der EuGH lediglich **in singulären Einzelfällen** angenommen, etwa wenn die Vergabe von Konzessionen an das Innehaben des Unternehmenssitzes im konzessionserteilenden Mitgliedstaat geknüpft wird (vgl. EuGH ZfWG 2010, 415, Rn. 32 ff. – Engelmann). In demselben Kontext hat der EuGH schließlich eine mittelbare Diskriminierung aufgrund der Staatsangehörigkeit angenommen, wenn die Vergabe von Konzessionen nicht in einem hinreichend transparenten Verfahren erfolgt (EuGH ZfWG 2010, 415, Rn. 51 – Engelmann; ansatzweise bereits EuGH NJW 2004, 139, Rn. 71 – Gambelli).

Aus der Betroffenheit der Grundfreiheiten kann nicht ohne weiteres auf eine **36** Verletzung des Unionsrechts gefolgert werden. Vielmehr gelten die Grundfreiheiten – ebenso wie die nationalen Grundrechte – nicht vorbehaltlos, so dass mitgliedstaatliche Beschränkungen durchaus gerechtfertigt werden können. Insoweit sind sowohl **geschriebene** als auch **ungeschriebene Begrenzungsvorbehalte** der Dienstleistungs- und Niederlassungsfreiheit in Betracht zu ziehen. Während Diskriminierungen aufgrund der Staatsangehörigkeit grds. nur einer Rechtfertigung durch die geschriebenen Rechtfertigungsgründe zugänglich sind (Frenz Hdb EuR I Rn. 545 ff. mwN auch zu neueren, zT weiteren Tendenzen des EuGH in Bezug auf mittelbare Diskriminierungen), hat der EuGH für Maßnahmen gleicher Wirkung darüber hinaus eine **Rechtfertigung aufgrund zwingender Gründe des Allgemeinwohls** anerkannt (vgl. hierzu im Kontext der Niederlassungs- und Dienstleistungsfreiheit grundlegend EuGH NJW 1996, 579, Rn. 37 – Gebhard; zur Übertragung dieser Grundsätze auf die Glücksspielregulierung vgl. zB EuGH EuZW 2000, 148, Rn. 31 – Läärä; EuZW 2000, 151, Rn. 29 – Zenatti; ZfWG 2009, 304, Rn. 55 f. – Liga Portuguesa; ZfWG 2011, 251, Rn. 37 – Zeturf; ZfWG 2011, 403, Rn. 42 – Dickinger & Ömer).

In der bisherigen glücksspielrechtlichen Rspr. des EuGH sind die geschriebenen **37** Vorbehalte der Art. 52, 62 AEUV praktisch ohne Bedeutung geblieben. Sie ermöglichen im Bereich der Niederlassungs- und Dienstleistungsfreiheit Beschränkungen bis hin zu einer Diskriminierung aufgrund der Staatsangehörigkeit, soweit solche Regelungen ausnahmsweise aus Gründen der öffentlichen Ordnung, Sicherheit oder Gesundheit gerechtfertigt sind. Obschon jedenfalls die Bekämpfung von Spielsucht durchaus auch unter den Gesundheitsschutz subsumiert werden könnte, hat der EuGH diesen Weg bislang nicht beschritten und ausschließlich auf den **ungeschriebenen Rechtsfertigungsgrund** der „**zwingenden Gründe des Gemeinwohls**" abgehoben (vgl. zB EuGH ZfWG 2009, 304, Rn. 55 f. – Liga Portuguesa; ZfWG 2011, 251, Rn. 37 – Zeturf; EuGH ZfWG 2011, 403, Rn. 42 – Dickinger & Ömer; auch die Einschlägigkeit der „öffentlichen Ordnung" hat der EuGH bislang offengelassen, vgl. EuGH ZfWG 2010, 415, Rn. 37 – Engelmann sowie EuGH ZfWG 2011, 403, Rn. 82 – Dickinger & Ömer), die freilich nur „sonstige Beschränkungen", nicht aber Diskriminierungen zu rechtfertigen vermögen (EuGH NJW 1996, 579, Rn. 37 – Gebhard;

für den Bereich des Glücksspiels EuGH EUZW 2000, 151, Rn. 29 - Zenatti; EuGH ZfWG 2007, 125, Rn. 49 - Placanica). Danach können Beschränkungen der Grundfreiheiten abseits der geschriebenen Rechtfertigungsgründe auch dann zulässig sein, wenn sie „zwingenden Gründen des Allgemeininteresses entsprechen, sie zur Erreichung des verfolgten Zieles geeignet sind und nicht über das hinausgehen, was zur Erreichung des Zieles erforderlich ist" (stRspr., vgl. zB EuGH EUZW 2000, 151, Rn. 29 - Zenatti; NJW 2004, 139 (Rn. 65) - Gambelli; Slg. 2006, I 10341 = BeckRS 2006, 70826 (Rn. 49) - Kommission ./. Griechenland; ZfWG 2009, 304, Rn. 60 - Liga Portuguesa). Für den Bereich des Glücksspiels hat der EuGH diese Vorgaben nochmals in Richtung einer vertikalen und horizontalen Kohärenzprüfung präzisiert (s. unten Rn. 44 ff.).

38   **d) Inhaltliche Anforderungen an (nicht diskriminierende) mitgliedstaatliche Beschränkungen.** Zumal bei der inhaltlichen Ausrichtung der Glücksspielregulierung verbleiben den Mitgliedstaaten nicht unerhebliche Spielräume. In Anerkennung der „sittlichen, religiösen oder kulturellen Besonderheiten und die sittlich und finanziell schädlichen Folgen für den Einzelnen wie für die Gesellschaft, die mit Spielen und Wetten einhergehen", betont der EuGH in stRspr. die Freiheit der Mitgliedstaaten, „die Ziele ihrer Politik auf dem Gebiet der Glücksspiele festzulegen und gegebenenfalls das angestrebte Schutzniveau genau zu bestimmen" (EuGH NJW 1994, 2013 (Rn. 61) - Schindler; EuZW 2000, 148, Rn. 35 - Läärä; ZfWG 2007, 125, Rn. 47 ff. - Placanica; ZfWG 2010, 256 (Rn. 19) - Ladbrokes; ZfWG 2009, 304, Rn. 57 - Liga Portuguesa; ZfWG 2010, 332, Rn. 91 - M. Stoß ua; ZfWG 2010, 344 (Rn. 58) - Carmen Media; ZfWG 2011, 251, Rn. 39 f. - Zeturf; ZfWG 2010, 264, Rn. 39 - Sjöberg ua; ZfWG 2011, 403, Rn. 45 und 47 - Dickinger & Ömer).

39   **aa) Als zwingende Gründe des Allgemeinwohls,** die eine Beschränkung des Glücksspiels rechtfertigen können, hat der EuGH dabei etwa den Verbraucherschutz, die Bekämpfung von Kriminalität, insbes. die Betrugsvorbeugung (vgl. insbes. EuGH ZfWG 2009, 304, Rn. 63 - Liga Portuguesa), die Vermeidung von Anreizen für die Bürger zu übermäßigen Ausgaben für das Spielen oder die Vermeidung von Störungen für die soziale Ordnung im Allgemeinen anerkannt (EuGH EuZW 2000, 148, Rn. 33 - Läärä; NJW 2004, 139 (Rn. 67) - Gambelli; ZfWG 2007, 125, Rn. 46 - Placanica; ZfWG 2010, 250 (Rn. 26) - Sporting Exchange; ZfWG 2010, 256 (Rn. 18) - Ladbrokes; ZfWG 2009, 304, Rn. 56 - Liga Portuguesa; ZfWG 2010, 332, Rn. 88 - M. Stoß ua; ZfWG 2010, 344 (Rn. 55) - Carmen Media; ZfWG 2010, 264, Rn. 36 - Sjöberg ua; eingehend Ennuschat in Gebhardt/Grüsser-Sinopoli § 12 Rn. 33 f.). In diesem Sinne akzeptiert der EuGH sogar das Bestreben, zu verhindern, dass Glücksspiele durch die Veranstalter oder Vermittler „zu einer Quelle persönlichen Gewinns" gemacht werden, als zwingendes Allgemeinwohlziel (EuGH Slg. 2006, I 10341 = BeckRS 2006, 70826 (Rn. 35) - Kommission./.Griechenland; NJW 1994, 2013 (Rn. 60) - Schindler; EUZW 2000, 151, Rn. 30 - Zenatti; ZfWG 2010, 264, Rn. 42 f. - Sjöberg ua). Ebenso wie das BVerfG geht aber auch der EuGH davon aus, dass **fiskalische Zielsetzungen**, namentlich die Generierung von staatlichen Einnahmen oder die Vermeidung eines Rückgangs von Steuereinnahmen nicht als legitime Allgemeininteressen herangezogen werden dürfen; diese dürfen also **nur „eine erfreuliche Nebenfolge"**, nicht aber der eigentliche Grund der betriebenen restriktiven Politik" sein (EuGH EUZW 2000, 151, Rn. 36 - Zenatti; NJW 2004, 139 (Rn. 61 f.) - Gambelli; ZfWG 2010, 332, Rn. 105 - M. Stoß ua; ZfWG

2011, 251, Rn. 52 – Zeturf; ZfWG 2011, 403, Rn. 55 und 61 – Dickinger & Ömer). Dies gilt auch dann, wenn die zu generierenden Einnahmen spezifisch gemeinnützigen Zwecken zugeführt werden sollen (EuGH NJW 2004, 139, Rn. 62 – Gambelli; EuGH ZfWG 2010, 332 Rn. 104 – M. Stoß ua; EuGH ZfWG 2011, 251, Rn. 51 f. – Zeturf).

bb) Angesichts der Weite legitimer Zielsetzungen für die nationale Glücksspiel- **40** regulierung setzt die eigentliche Prüfung des Gerichtshofs faktisch erst auf der (zweiten) Stufe der **Verhältnismäßigkeit der Zielverwirklichung** an. Auch hinsichtlich der Frage, welche Regulierungen die Mitgliedstaaten zur Erreichung der von ihnen verfolgten zwingenden Gründe des Allgemeinwohls vornehmen möchten, verbleibt ihnen freilich ein breites Ermessen. Insbesondere wird die Regelungskompetenz eines Mitgliedstaates nicht durch abweichende Regulierungen und Regulierungserfahrungen in anderen Mitgliedstaaten in Frage gestellt (EuGH EuZW 2000, 148, Rn. 36 – Läärä; EUZW 2000, 151, Rn. 34 – Zenatti; EuGH ZfWG 2009, 304, Rn. 58 – Liga Portuguesa; ZfWG 2010, 332, Rn. 80 – M. Stoß ua; ZfWG 2010, 264, Rn. 38 – Sjöberg ua; EuGH ZfWG 2011, 403, Rn. 46 – Dickinger & Ömer). Als grds. zulässige Maßnahmen zur Regulierung des Glücksspielsektors hat der EuGH diverse mitgliedstaatliche Kontrollformen anerkannt. Diese reichen von der ordnungsrechtlichen Aufsicht über die Anbieter durch vorherige Kontrolle und fortwährende Überwachung (zB EuGH ZfWG 2007, 125, Rn. 65 ff. – Placanica) über die kontingentierte Zulassung privater Anbieter (EuGH ZfWG 2007, 125, Rn. 53 und 57 – Placanica; ZfWG 2010, 344 (Rn. 59) – Carmen Media; ZfWG 2010, 415 (Rn. 44 ff.) – Engelmann) oder die Errichtung eines (staatlichen) Monopols oder anderer Ausschließlichkeitsrechte (EuGH ZfWG 2009, 304, Rn. 64 – Liga Portuguesa; ZfWG 2010, 250 (Rn. 30 f.) – Sporting Exchange; ZfWG 2010, 344 (Rn. 57) – Carmen Media; EuZW 2000, 148, Rn. 39 – Läärä; ZfWG 2011, 403, Rn. 48 – Dickinger & Ömer; EUZW 2000, 151, Rn. 35 – Zenatti) bis hin zum vollständigen Verbot eines Glücksspielsektors (für Lotterien: EuGH NJW 1994, 2013 (Rn. 48 ff.) – Schindler). Überdies hält der Gerichtshof auch die Regulierung spezifischer Vertriebswege (so zB des Internets, vgl. EuGH ZfWG 2010, 250 (Rn. 34 ff.) – Sporting Exchange; generell auch EuGH ZfWG 2010, 344 (Rn. 59 und 100) – Carmen Media), die Beschränkung von Werbemaßnahmen (EuGH ZfWG 2010, 264, Rn. 40 – Sjöberg ua) sowie die Vorgabe bestimmter Rechtsformen für konzessionierte Anbieter (EuGH ZfWG 2010, 415 (Rn. 30) – Engelmann) grds. für möglich.

Aus dem **Grundsatz der Verhältnismäßigkeit** ergeben sich freilich gewisse **41** Einschränkungen für die staatliche Zielverwirklichung. Denn auch nicht diskriminierende Beschränkungen der Grundfreiheiten sind nur dann zulässig, wenn sie **geeignet** sind, die Verwirklichung des mit ihnen verfolgten Zieles zu gewährleisten und wenn sie **nicht über das hinausgehen, was zur Erreichung dieses Zieles erforderlich** ist (→ Rn. 37). Dabei ist die Prüfung der Verhältnismäßigkeit maßgeblich vom konkret gewählten Regulierungsansatz des Mitgliedstaates, namentlich den mit der zur Prüfung stehenden Maßnahme verfolgten Zielen und dem angestrebten Schutzniveau abhängig (EuGH ZfWG 2009, 304, Rn. 58 – Liga Portuguesa; ZfWG 2010, 332, Rn. 91 – M. Stoß ua; ZfWG 2010, 344 (Rn. 58) – Carmen Media; ZfWG 2010, 264, Rn. 38 – Sjöberg ua; ZfWG 2011, 403, Rn. 46 – Dickinger & Ömer). Die **gemeinschaftsrechtlichen Anforderungen** an die Glücksspielregulierung sind damit in weitem Umfange **systemakzessorischer Natur** und können folgerichtig nur in ihrem jeweiligen Bezugsrahmen präzise definiert werden. Dabei hat der EuGH **zwei zentrale**

Regulierungssysteme explizit anerkannt, nämlich zum einen eine Regulierung mit dem Ziel, die Gelegenheit zum Spiel zu vermindern, zum anderen eine Regulierung mit dem Ziel, Straftaten vorzubeugen und die Glücksspieltätigkeiten in legale Bahnen zu lenken (EuGH ZfWG 2007, 125, Rn. 52 – Placanica; vgl. hierzu Anm. Dietlein ZUM 2007, 462 f.; hierzu auch Ennuschat in Gebhardt/ Grüsser-Sinopoli § 12 Rn. 39). Namentlich die Normierung von Staatsvorbehalten sieht der EuGH hierbei nur im Kontext eines auf „Gewährleistung eines besonders hohen Verbraucherschutzniveaus" gerichteten Systems für zulässig an (EuGH ZfWG 2010, 332, Rn. 83 – M. Stoß ua; ZfWG 2011, 251, Rn. 41 – Zeturf), während in Regulierungssystemen, die losgelöst vom Verbraucherschutz allein die Kriminalitätsprävention verfolgen, bereits die Kontingentierung privater Konzessionen problematisch werden kann (EuGH ZfWG 2007, 125, Rn. 58 – Placanica; vgl. hierzu Anm. Dietlein ZUM 2007, 462 f.). Explizit keine tragfähige Rechtfertigung finden staatliche Monopole dagegen in dem Ziel der Vermeidung erhöhter Kostenlasten oder anderer verwaltungstechnischer Nachteile einer Glücksspielaufsicht über konzessionierte Glücksspielanbieter (EuGH ZfWG 2011, 251, Rn. 48 – Zeturf)

42   Neben rein suchtpräventiv bzw. rein kriminalpräventiv ausgerichteten Ordnungsrahmen gibt es auch Mischformen, die beide Ansätze kombinieren. Zumal der GlüStV verfolgt – ebenso wie der GlüStV 2008 sowie der LotterieStV - sowohl die wirksame Suchtbekämpfung, den Jugend- und Spielerschutz, als auch das Ziel, das Glücksspielangebot in geordnete und überwachte Bahnen zu lenken sowie ferner den mit Glücksspielen verbundenen Kriminalitätsgefahren entgegen zu wirken. Der EuGH erkennt derartige **multipolare Regulierungsansätze** ausdrücklich an (vgl. zB EuGH EUZW 2000, 151, Rn. 31 – Zenatti; ZfWG 2010, 250, Rn. 30 – Sporting Exchange) und will im Rahmen der Verhältnismäßigkeitsprüfung die der mitgliedstaatlichen Regulierung zugrundeliegenden Ziele in ihrer Gesamtheit würdigen (EuGH NJW 1994, 2013, Rn. 58 – Schindler; EuZW 2000, 148, Rn. 33 – Läärä; EUZW 2000, 151, Rn. 31 – Zenatti). Freilich zeigt sich eine gewisse Tendenz des Gerichtshofs, aber auch der nationalen Gerichte, den Aspekt des Spielerschutzes zulasten sonstiger gesetzgeberischer Zielvorgaben in den Vordergrund zu rücken (vgl. zuletzt insbes. EuGH ZfWG 2011, 251, Rn. 38 – Zeturf; ZfWG 2011, 403, Rn. 44 – Dickinger & Ömer; ZfWG 2010, 332, Rn. 74 – M. Stoß ua). Im Rahmen der Verhältnismäßigkeitsprüfung ist jede mit den nationalen Rechtsvorschriften auferlegte Beschränkung gesondert zu untersuchen (EuGH ZfWG 2010, 344, Rn. 60 – Carmen Media).

43   **cc)** Über diese materiell-rechtlichen Aspekte hinausgehend verlangt der EuGH von den nationalen Gerichten die Prüfung, dass für den regulierten Glücksspielsektor tatsächlich die von den Mitgliedstaaten vorgebrachte Problemlage, zB ein staatlicherseits zu bekämpfender Schwarzmarkt, besteht (EuGH ZfWG 2011, 251, Rn. 72 – Zeturf; ZfWG 2010, 256, Rn. 29 – Ladbrokes; ZfWG 2011, 403, Rn. 66 – Dickinger & Ömer; bejaht in ZfWG 2007, 125, Rn. 56 – Placanica). Vor diesem Hintergrund bleiben die **Mitgliedstaaten** im Rahmen des von ihnen gewählten Regulierungsansatzes verpflichtet, den zuständigen Gerichten alle **Umstände vorzulegen**, anhand derer diese bemessen können, dass eine vorgesehene Beschränkung tatsächlich den Verhältnismäßigkeitsanforderungen genügt. Diese Darlegungspflicht impliziert allerdings **keine Beweispflicht** dahingehend, dass vor jeglicher Regulierungsmaßnahme eine abgeschlossene Untersuchung vorgelegt werden müsste (EuGH ZfWG 2010, 332, Rn. 71 – M. Stoß ua; ZfWG 2011, 403, Rn. 54 – Dickinger & Ömer). Gerade für Fälle verbleibender Unsicherheit hinsichtlich des Vorliegens oder der Bedeutung einer Gefahr für die menschliche Gesundheit hat der EuGH vielmehr explizit die Befugnis der Mitgliedstaaten anerkannt, „Schutzmaßnahmen treffen zu können, ohne warten zu müssen, bis der Beweis für das tatsächliche Bestehen dieser Gefahren vollständig erbracht ist" (EuGH, Urt. vom 19.5.2009, Rn. 30, BeckRS 2009, 70533– Doc Morris II).

e) Das Kohärenzgebot: vertikale und horizontale Reichweite. Nicht 44 zuletzt wohl aufgrund der Weite des mitgliedstaatlichen Ermessensspielraums bei der Festlegung der zwingenden Gründe des Allgemeinwohls ist das sog „**Kohärenzgebot**" zum **zentralen Maßstab der unionsrechtlichen Rechtfertigungsprüfung** avanciert. Nachdem der EuGH in seinen ersten glücksspielrechtlichen Entscheidungen noch auf die tradierten Anforderungen der Verhältnismäßigkeitsprüfung abgehoben hatte und ausreichen ließ, dass die mitgliedstaatliche Regelung geeignet sei, die Verwirklichung des mit ihm angestrebten Ziels zu gewährleisten und nicht über das zur Erreichung dieses Ziels Erforderliche hinaus gehe (EuGH EuZW 2000, 148, Rn. 31 - Läärä), hat er sein Prüfprogramm im Rahmen seiner glücksspielrechtlichen Rechtsprechung in der Folgezeit sukzessive erweitert und so die Rechtfertigungsanforderungen deutlich verschärft. So sah der Gerichtshof schon bald eine mitgliedstaatliche Begrenzung nur dann als zulässig an, „wenn sie in erster Linie wirklich dem Ziel dient, die Gelegenheiten zum Spiel zu vermindern" (EuGH EUZW 2000, 151, Rn. 36 - Zenatti; NJW 2004, 139, Rn. 62 - Gambelli; ZfWG 2010, 256, Rn. 22 - Ladbrokes; vgl. auch EuGH ZfWG 2010, 250, Rn. 29 - Sporting Exchange; ansatzweise bereits EuGH EuZW 2000, 148, Rn. 37 - Läärä). In nachfolgenden Urteilen hat der EuGH diesen Ansatz dahingehend präzisiert, dass die nationale Regelung kohärent und systematisch zur Erreichung des angestrebten Ziels beitragen müsse (EuGH NJW 2004, 139, Rn. 67 - Gambelli; ZfWG 2007, 125, Rn. 53 - Placanica). Die Prüfung des Kohärenzgebots hat sich inzwischen insbes. in der glücksspielrechtlichen Judikatur des Gerichtshofs fest etabliert; regelmäßig misst der Gerichtshof mitgliedstaatliche Regulierungen des Glücksspielsektors – freilich mit im Detail teilweise differierenden Formulierungen – an der Frage, ob sie „tatsächlich dem Anliegen gerecht werden, die [geltend gemachten Ziele] in kohärenter und systematischer Weise zu erreichen" (EuGH ZfWG 2009, 304, Rn. 61 - Liga Portuguesa; ZfWG 2010, 332, Rn. 83, 88 und 97 - M. Stoß ua; ZfWG 2011, 403, Rn. 56 - Dickinger & Ömer; ZfWG 2011, 251, Rn. 57 - Zeturf; ZfWG 2010, 264, Rn. 40 - Sjöberg ua; vgl. auch EuGH ZfWG 2010, 256, Rn. 21 - Ladbrokes; ZfWG 2007, 125, Rn. 53 - Placanica). Dem **Kohärenzgebot** ist vom EuGH in **zweierlei Richtung** Bedeutung zugemessen worden. Es bezieht sich einerseits vertikal auf die Kohärenz der Regulierung der einzelnen Glücksspielsektoren, verlangt aber nach neuerer Rechtsprechung auch in horizontaler Hinsicht eine – wenn auch begrenzte - sektorenübergreifende Betrachtung. Systematisch verortet der Gerichtshof das Kohärenzerfordernis in der Prüfung der Geeignetheit (vgl. insbes. EuGH ZfWG 2011, 251, Rn. 57 - Zeturf; ZfWG 2010, 344, Rn. 64 - Carmen Media; ZfWG 2011, 403, Rn. 61 - Dickinger & Ömer; aA aber wohl Lippert, EuR 2012, 90 (92 f.) mwN zu den verschiedenen Einordnungsversuchen in der Literatur).

aa) In vertikaler Hinsicht verlangt das Kohärenzgebot, dass ein Mitgliedstaat 45 im Wege seiner Regulierung auch tatsächlich die von ihm geltend gemachten zwingenden Gründe des Allgemeininteresses verfolgt. Den Mitgliedstaaten soll es verwehrt bleiben, unter dem Deckmantel der von ihm geltend gemachten Zwecke andere, für sich genommen nicht zur Rechtfertigung hinreichende Ziele zu verfolgen (EuGH ZfWG 2011, 403, Rn. 62 – Dickinger & Ömer). GA Mengozzi verwendet insofern plakativ den Begriff des „**hypocrisy test**", dh des „Scheinheiligkeitstests" (vgl. die Schlussanträge vom 4. März 2010 in den verbundenen Rs. C-316/07 ua – M. Stoß ua, ZfWG 2010, 55, Rn. 50); in der Literatur findet sich auch die Umschreibung des „Wahrhaftigkeitstests" (Schorkopf DÖV 2011, 260 (261)). Aufgrund des vom Gerichtshof angenommenen Ermessensspielraums der Mitgliedstaaten bei der Bestimmung des angestrebten Schutzniveaus (→ Rn. 44) führt freilich allein der Umstand, dass die einer Regulierung unterworfenen Glücksspiele nicht völlig verboten sind, sondern einem Staatsmonopol bzw. einem kontingentierten Angebot durch private Anbieter geöffnet werden, für sich genommen noch nicht zu einer Inkohärenz im Sinne der Rechtsprechung (schon EuGH EuZW 2000, 148, Rn. 37 – Läärä).

46   Die vertikale Kohärenzbetrachtung bezieht sich nicht nur auf die Schlüssigkeit des **normativen Rahmens der Regulierung** (hierzu EuGH ZfWG 2010, 332, Rn. 83 – M. Stoß ua), sondern schließt zugleich die **staatliche Vollzugspolitik** in die Betrachtung mit ein. In diesem Kontext fordert der EuGH etwa, dass die im Rahmen des Regulierungskonzepts vorgesehenen staatlichen Kontrollen wirksam durchgeführt werden und so die praktische Wirksamkeit der Regulierung sichergestellt ist (EuGH ZfWG 2011, 251, Rn. 62 – Zeturf; ZfWG 2011, 403, Rn. 56 f. – Dickinger & Ömer; vgl. auch EuGH ZfWG 2010, 332, Rn. 83 – M. Stoß ua). Durch die Einbeziehung der Anwendungsmodalitäten in die Kohärenzbetrachtung soll vermieden werden, dass ein Mitgliedstaat zwar einen normativ abgestimmten und damit kohärenten Regulierungsrahmen schafft, die vorgegebenen Ziele jedoch durch Untätigkeit der zuständigen Verwaltungsbehörden unterläuft. Es bedarf aber nach dem Gericht nicht der Prüfung der Kohärenz jeder Durchführungsmaßnahme im Einzelfall (EuGH ZfWG 2010, 256, Rn. 39 ff. – Ladbrokes); maßgeblich ist vielmehr, ob **strukturelle Vollzugsdefizite** vorliegen (in diese Richtung auch EuGH ZfWG 2010, 332, Rn. 107 – M. Stoß ua).

47   Im Rahmen der vertikalen Kohärenzanforderungen hat insbesondere die Frage der Zulässigkeit einer expansiven bzw. dynamischen **Geschäftspolitik staatlicher Monopolanbieter**, zB durch eine Angebotserweiterung oder intensive Werbung, erhebliche Bedeutung gewonnen; der Gerichtshof will diesem Aspekt im Rahmen der Kohärenzprüfung „**besondere Aufmerksamkeit**" beimessen (vgl. EuGH ZfWG 2011, 403, Rn. 61 – Dickinger & Ömer). Denn es entspricht der stRspr. des Gerichtshofs, dass die Generierung von staatlichen Einnahmen kein zulässiges Ziel der Glücksspielregulierung ist und allenfalls nützliche Nebenfolge sein darf (→ Rn. 39). Es besteht aber stets die Gefahr, dass einzelne Mitgliedstaaten unter dem Deckmantel der Kriminalitäts- oder Suchtprävention Ziele der Einnahmegenerierung verfolgen. Ebenso deutlich ist freilich zu sehen, dass die vom EuGH anerkannten zwingenden Gründe des Allgemeinwohls eine gewisse Attraktivität und Präsenz des staatlich kontrollierten Spielbetriebs keineswegs ausschließen, sondern ggf. sogar erforderlich machen. Denn auch diesen Regulierungskonzepten ist die Notwendigkeit immanent, die Spieler auf das erlaubte, dem Spielerschutz verpflichtete Spiel zu lenken bzw. zu beschränken (EuGH ZfWG 2007, 125, Rn. 54 f. – Placanica; ZfWG 2011, 403, Rn. 64 – Dickinger & Ömer). Insoweit hat der EuGH inzwischen auch für eine suchtpräventiv ausgerichtete Glücksspielregulierung anerkannt, dass eine gewisse **Expansion der Geschäftstätigkeit** mit diesem Regulierungsansatz in Einklang stehen kann (EuGH ZfWG 2011, 403, Rn. 63 – Dickinger & Ömer; ZfWG 2010, 332, Rn. 102 – M. Stoß ua). Allerdings müssen die Expansionstätigkeiten „**maßvoll und strikt** auf das **begrenzt** bleiben, was erforderlich ist, um die Verbraucher zu den kontrollierten Spielnetzwerken zu lenken. Hingegen darf eine solche **Werbung** insbes. nicht darauf abzielen, den natürlichen Spieltrieb der Verbraucher dadurch zu fördern, dass sie zu aktiver Teilnahme am Spiel angeregt werden, etwa indem das Spiel verharmlost, ihm wegen der Verwendung der Einnahmen für im Allgemeininteresse liegende Aktivitäten ein positives Image verliehen wird oder seine Anziehungskraft durch zugkräftige Werbebotschaften erhöht wird, die bedeutende Gewinne verführerisch in Aussicht stellen" (EuGH ZfWG 2011, 403, Rn. 68 - Dickinger & Ömer; ZfWG 2010, 332, Rn. 103 - M. Stoß ua). Der EuGH unterscheidet insofern zwischen einer (zulässigen) nachfragelenkenden und einer (unzulässigen) wachstumsorientierten Geschäftspolitik (EuGH ZfWG 2011, 403, Rn. 69 - Dickinger & Ömer). Bislang nicht geklärt ist freilich, ob – was gerade unter Einbeziehung einer sektorenübergreifenden Kohärenzprüfung (dazu → Rn. 48 ff.) naheläge – im Rahmen einer abgestimmten Gesamtregulierung verschiedener Glücksspielsektoren eine expansivere Werbung gerade in weniger suchtkritischen Sektoren zulässig sein kann, um die Verbraucher von zwar staatlich regulierten, aber suchtgefährlicheren Spielen in diese weniger gefährlichen Bahnen zu lenken.

bb) Entgegen bislang wohl überwiegender Sichtweise (zum damaligen Streit- **48** stand s. Vorauf. Art. 3 GG Rn. 4 sowie EGV Rn. 42 ff.) hat der EuGH die **Kohärenzprüfung** in seiner jüngsten Rechtsprechung nicht mehr auf eine rein sektorale Betrachtung beschränkt, sondern – wenn auch in moderater Form – **horizonal erweitert**. Insofern verlangt der Gerichtshof, dass eine auf ein staatliches Monopol setzende Glücksspielpolitik nicht durch gegenläufige Maßnahmen und Entscheidungen in anderen Bereichen der mitgliedstaatlichen Glücksspielregulierung konterkariert wird (EuGH ZfWG 2010, 344, Rn. 62 f. - Carmen Media; ZfWG 2010, 332, Rn. 95 f. und 106 - M. Stoß ua). Zu Recht zeigt sich der EuGH allerdings zugleich um eine Begrenzung dieser neuen Rechtsprechung bemüht: So führt allein der Umstand, dass verschiedene Arten von Glücksspielen innerhalb eines Mitgliedstaates einer unterschiedlichen Regulierungsintensität unterworfen sind, aufgrund der erheblichen Unterschiede der verschiedenen Glücksspielarten für sich genommen noch nicht zu einer Inkohärenz der Regelungen (EuGH ZfWG 2010, 332, Rn. 95 f. und 106 - M. Stoß u.a; ZfWG 2010, 344, Rn. 63 - Carmen Media). Anhaltspunkte für eine Inkohärenz der mitgliedstaatlichen Regulierung ergeben sich vielmehr erst dann, wenn die sektoralen Regulierungen dergestalt miteinander konfligieren, dass die Verwirklichung der mit der Regulierung verfolgten Ziele nicht mehr gewährleistet ist. Trotz des horizontalen Bezugs kommt es somit auch hier auf die **Funktionsfähigkeit des sektoralen Regulierungsmodells** an. Indizien für eine tatsächliche Funktionsuntauglichkeit ergeben sich nach der Rechtsprechung des EuGH im Falle einer suchtpräventiv ausgestalteten Regulierung namentlich dann, wenn der Gesetzgeber sich im Hinblick auf bestimmte Glücksspielarten für eine besonders strenge Regulierung (Staatsmonopol) entscheidet, gleichzeitig aber andere Glücksspielarten, denen ein höheres Suchtpotential innewohnt, weniger streng reguliert und insbes. einer auf Expansion gerichteten Glücksspielpolitik unterwirft (EuGH ZfWG 2010, 344, Rn. 68 und 71 - Carmen Media; ZfWG 2010, 332, Rn. 107 - M. Stoß ua; anders lag es in dem dem Urteil des EuGH NJW 1994, 2013 (→ Rn. 50 ff.) – Schindler zugrundeliegendem Sachverhalt, in dem Glücksspielarten mit geringerem Suchtpotential zulässig blieben). Finden sich entsprechende Indizien, obliegt die konkrete Prüfung und Feststellung einer womöglich inkohärenten Ausgestaltung der mitgliedstaatlichen Regulierung den nationalen Gerichten, die die konkreten Umstände zu gewichten und die **Folgen der konfligierenden Regulierung** für die Funktionstauglichkeit des angegriffenen Regulierungsmodells, also insbesondere drohendes „**Ausweichverhalten**" hin zu schwächer regulierten Glücksspielen mit höheren Risikopotential, abzuschätzen haben (EuGH ZfWG 2010, 344, Rn. 71 - Carmen Media; Hecker DVBl. 2011, 1130 (1131)).

49 (1) Die Anforderungen an die horizontale Kohärenz sind nach Ansicht des EuGH unabhängig von den **Kompetenzzuweisungen in einem föderal strukturierten Mitgliedstaat** wie der Bundesrepublik Deutschland, so dass Bund und Länder zur Vermeidung von Regulierungswidersprüchen in der Pflicht stehen, sich hinsichtlich der in ihrer jeweiligen Regelungszuständigkeit liegenden Glücksspiele (→ Rn. 8 ff.) inhaltlich zu koordinieren (EuGH ZfWG 2010, 344, Rn. 69 f. - Carmen Media; krit. hierzu Hecker DVBl. 2011, 1130 (1135 ff.), der in dieser Rechtsprechung eine Missachtung der nationalen Identität föderaler Staaten sieht). Hinsichtlich des bisherigen Nebeneinanders der gewerberechtlichen Regulierung des Automatenspiels auf der einen sowie der landesrechtlichen Regulierung von Sportwetten auf der anderen Seite sah der EuGH insoweit „berechtigten Anlass" zu Zweifeln an der Wahrung dieser Kohärenzanforderungen (EuGH ZfWG 2010, 344, Rn. 71 - Carmen Media m. Anm. von Stein ZfWG 2010, 353 ff. sowie Klöck/Klein ZfWG 2010, 356 ff.). Dieser erweiterte Prüfungsansatz des EuGH wurde zwischenzeitlich in die nationale Rechtsprechung integriert (BVerwG ZfWG 2011, 96 (105)); ihm trägt der GlüStV 2012 durch den verstärkten integrierenden Ansatz Rechnung, indem nunmehr etwa auch die Spielhallen und die Pferdewetten in den StV einbezogen werden (→ § 10a Rn. 10).

50 Die exakte Austarierung des Prüfungsmaßstabes durch die nationalen Gerichte zeigt sich freilich nach wie vor mit erheblichen Unsicherheiten behaftet. Einerseits wird die Prüfung nach den Entscheidungen des EuGH vom 8.9.2010 nicht mehr allein auf das Vorliegen eines „krassen Missverhältnisses" beschränkt bleiben können (so noch OVG Münster ZfWG 2008, 122 (129)), andererseits darf die horizontale Kohärenzprüfung nicht solchermaßen überdehnt werden, dass die vom EuGH explizit anerkannte Befugnis zu sektoralen Differenzierungen durch überspannte Kohärenzanforderungen hierdurch ausgehöhlt oder gar unterlaufen wird. Vor diesem Hintergrund erscheint eine enge Anlehnung an die Ausführungen des EuGH naheliegend, die letztlich auf die Frage der **Zwecktauglichkeit der jeweiligen sektoralen Regelung** abstellen (→ Rn. 48). Eine in allen Details abgestufte Gesetzgebung „aus einem Guss" wird auch vom EuGH nicht verlangt (s. explizit EuGH ZfWG 2010, 332, Rn. 95 f. - M. Stoß ua; ZfWG 2010, 344, Rn. 63 - Carmen Media) und würde die politischen Möglichkeiten der Koordination verschiedener gesetzgebender Körperschaften ersichtlich überschätzen. Insofern bleiben sektoral unterschiedliche Herangehensweisen auch weiterhin zulässig, soweit nicht inkompatible Regelungen die Zielerreichung in einem zugangsbeschränkten Marktsegment (→ Rn. 53) ausschließen.

51 (2) Noch nicht abschließend geklärt ist die Frage, ob im Rahmen der horizontalen Kohärenzprüfung in föderal strukturierten Mitgliedstaaten auch **divergierende Regelungskonzepte einzelner (Bundes-) Länder** zu einer Inkohärenz führen können, oder ob diesbezügliche Abweichungen keinerlei Auswirkungen auf die Kohärenz der nationalen Regulierung haben. Diskutiert wird die Frage aktuell namentlich im Kontext des Ausscherens des Landes Schleswig-Holstein aus dem Regulierungsverbund des Staatsvertrages (→ Rn. 7; für eine hieraus resultierende Inkohärenz der nationalen Regulierung etwa Windorffer DÖV 2012, 257 (263); Marberth-Kubicki/Hambach/Berberich K&R 2012, 27 ff.; Dörr/Janich K&R Beihefter 1/2012, 1 (2)). Die bislang vorliegenden Stellungnahmen des Generalanwaltes sowie des EuGH ergeben ein ambivalentes Bild. Denn während GA Mengozzi in seinen Schlussanträgen in der Rs. C-46/08 (Carmen Media) auf die (gesamt-) mitgliedstaatliche Ebene als Bezugsrahmen abstellte und somit eine Inkohärenz bereits bei Regulierungsdivergenzen auf gliedstaatlicher Ebene annahm (ZfWG 2010, 66, Rn. 57 und 59), hat der EuGH diesen Ansatz in seiner Entscheidung nicht aufgegriffen. Indem der Gerichtshof zudem mehrfach den Begriff der „regionalen (!) nationalen Monopole" verwendete (s. EuGH ZfWG 2010, 344, Rn. 71 und Urteilstenor Nr. 2 - Carmen Media), dürfte davon auszugehen sein, dass der EuGH sich die Sichtweise des Generalanwaltes nicht zu eigen machen wollte (vgl. auch EuGH NZA 2008, 537, Rn. 38 - Rüffert, wo die Inkohärenz einer Landesregelung zu vergabespezifischen Mindestlöhnen speziell mit Unstimmigkeiten innerhalb des landesrechtlichen Konzepts begründet wurde, nicht aber mit den offenkundig abweichenden Regelungen in anderen Ländern).

(3) Nicht eindeutig geklärt erscheint schließlich, ob die horizontale Kohärenz- **52** prüfung ausschließlich für die besonders eingriffsintensiven Beschränkungen in Gestalt staatlicher Monopolregelungen gelten soll oder für sämtliche nationale Regulierungen des Glücksspiels. Bislang hat der EuGH jedenfalls gerade bei weniger belastungsintensiven Beschränkungen der Grundfreiheiten durch mitgliedstaatliche Glücksspielregulierungen keine Festlegung getroffen, in eine sektorenübergreifende Kohärenzbetrachtung einzutreten.

IV. GATS

Für die deutsche Glücksspielregulierung bislang ohne Bedeutung sind die der **53** völkerrechtlichen Ebene zuzuordnenen Vorgaben der **WTO-Rechtsordnung**. Zwar entfaltet das unter dem Dach des WTO-Abkommens angesiedelte Allgemeine Übereinkommen über den Handel mit Dienstleistungen (**General Agreement on Trade in Service – GATS**) durchaus potentielle Auswirkungen auf die Regulierung des Glücksspiels, namentlich des Online-Glücksspiels (eingehend hierzu Hüsken GewArch 2010, 49 ff.; vgl. hierzu auch das berühmte Verfahren Antigua u. Barbuda ./. USA mit Entscheidung vom 21.12.2007 – WT/DS285/ARB; hierzu auch Katko MMR 2007, 278 (281)). Jedoch haben die EU und ihre Mitgliedstaaten die Bereiche „Glücksspiel und Wetten" ausdrücklich aus dem eigenen Verpflichtungskatalog ausgenommen (BGBl. 1994 II 1718, eingehend Ennuschat Voraufl. GATS Rz. 2 ff.). In der Verpflichtungsliste ist ferner festgelegt, dass „Dienstleistungen, die auf nationaler oder örtlicher Eben als öffentliche Aufgaben betrachtet werden, staatlichen Monopolen oder ausschließlichen Rechten privater Betreiber" vorbehalten bleiben können (BGBl. 1994 II 1679). Die nationalen Regulierungen sehen sich damit **keinerlei Beschränkungen** seitens des Welthandelsrechts unterworfen. Unabhängig hiervon dürften die dortigen Anforderungen inhaltlich kaum über jene des Verfassungs- und Unionsrechts hinausgehen. Hinter dem Verfassungs- und Unionsrechts zurück bleiben die Bestimmungen des GATS-Abkommens ohnehin insoweit, als sich private (Glücksspiel-) Anbieter – anders als die WTO-Mitglieder – nicht unmittelbar auf die dortigen Bestimmungen berufen könnten. Dies gilt namentlich auch für das sog. Streitbeilegungsverfahren nach dem WTO-Recht.

1. Staatsvertrag zum Glücksspielwesen in Deutschland (Glücksspielstaatsvertrag – GlüStV)

[Art. 1 GlüÄndStV]

vom 15. Dezember 2011

Erster Abschnitt. Allgemeine Vorschriften

§ 1 Ziele des Staatsvertrages

Ziele des Staatsvertrages sind gleichrangig
1. das Entstehen von Glücksspielsucht und Wettsucht zu verhindern und die Voraussetzungen für eine wirksame Suchtbekämpfung zu schaffen,
2. durch ein begrenztes, eine geeignete Alternative zum nicht erlaubten Glücksspiel darstellendes Glücksspielangebot den natürlichen Spieltrieb der Bevölkerung in geordnete und überwachte Bahnen zu lenken sowie der Entwicklung und Ausbreitung von unerlaubten Glücksspielen in Schwarzmärkten entgegenzuwirken,
3. den Jugend- und den Spielerschutz zu gewährleisten,
4. sicherzustellen, dass Glücksspiele ordnungsgemäß durchgeführt, die Spieler vor betrügerischen Machenschaften geschützt, die mit Glücksspielen verbundene Folge- und Begleitkriminalität abgewehrt werden und
5. Gefahren für die Integrität des sportlichen Wettbewerbs beim Veranstalten und Vermitteln von Sportwetten vorzubeugen.

Um diese Ziele zu erreichen, sind differenzierte Maßnahmen für die einzelnen Glücksspielformen vorgesehen, um deren spezifischen Sucht-, Betrugs-, Manipulations- und Kriminalitätsgefährdungspotentialen Rechnung zu tragen.

Ausführungsgesetze: § 1 LGlüG BW-E; Art. 1 AGGlüStV Bay; § 1 AG GlüStV Bln; § 3 Abs. 1 S. 2 Nr. 1 BbgGlüAG; § 2 BremGlüG; § 2 Abs. 1 HmbGlüÄndStVAG; § 2 Abs. 1 GlüStVAG M-V; § 1 Abs. 3 NGlüSpG; § 1 AG GlüÄndStV NRW-E; § 5 Abs. 1 Nr. 1 LGlüG RhPf; § 1 AG GlüStV-Saar; § 1 GlüG LSA; § 2 GlüÄndStV AG SchlH-E; § 1 ThürGlüG.

Übersicht

I. Grundlagen

1. § 1 als Systementscheidung

1 § 1 stellt die zentrale **Leitnorm** im System des GlüStV dar; die Norm dokumentiert die auf Begrenzung und Kontrolle des Glücksspielangebots hin angelegte Grundausrichtung des nationalen Rechts. Die Bestimmung ist nicht lediglich „Programmsatz", sondern **verbindliche Maßstabsnorm** für die Auslegung und Anwendung zahlreicher anderer Regelungen des Staatsvertrages, namentlich soweit es um die Erteilung von Erlaubnissen oder die Zulässigkeit von Werbung geht (hierzu → Rn. 14). Zugleich bilden die Zielvorgaben des § 1 die tragenden Rechtfertigungsgründe für die mit den landesrechtlichen Regulierungen einhergehenden Beschränkungen der Grundrechte und Grundfreiheiten (→ Einführung Rn. 15 ff., 28 ff.).

2 **a) Numerus clausus der Gesetzeszwecke.** Hinsichtlich der aufgeführten **fünf Ziele** des Gesetzes bewegt sich der GlüStV 2012 weitgehend in den Bahnen des vorangegangen Vertragswerkes. Ebenso wie die Vorgängerregelung versteht sich auch der GlüStV 2012 als eine der **Sucht- und Kriminalitätsprävention** (Nr. 1 und 4) sowie **dem Jugend- und Spielerschutz** (Nr. 3) verpflichtete Regulierung, die zugleich dem nicht zu unterdrückenden Spieltrieb in der Bevölkerung ein begrenztes legales Angebot zur Verfügung stellt (Nr. 2). Als Teilaspekt des unter Nr. 2 angesprochenen **Kanalisierungsauftrages** wird das Ziel der Bekämpfung des unerlaubten Glücksspiels in Schwarzmärkten nunmehr explizit genannt. Der Vertragsgesetzgeber reagiert hiermit auf den in der jüngsten Vergangenheit überbordenden Schwarzmarkt speziell beim Angebot von Sportwetten, dessen Rückführung nach der Konzeption des Gesetzes die Erprobung neuer Wege der Regulierung erforderlich machen kann (→ § 4a Rn. 3). Als weiteres Regulierungsziel benennt § 1 schließlich die Vorbeugung von Gefahren für die **Integrität des sportlichen Wettbewerbs** bei der Veranstaltung und dem Vertrieb von Sportwetten (Nr. 5), wobei dieses Ziel wohl schon bislang als Teilaspekt der Kriminalprävention unter § 1 Nr. 4 verstanden werden konnte.

3 Nicht zu den Zielsetzungen des GlüStV gehört – wie schon bislang – die **Generierung von Einnahmen** (hierzu auch → § 10 Rn. 27). Soweit § 10 Abs. 5 Festlegungen zur Verwendung der „Einnahmen aus Glücksspielen" trifft, handelt es sich nach Wortlaut und Systematik des Gesetzes nicht um eine – räumlich verlagerte – Zielbestimmung, sondern um die Abwicklung von Nebenfolgen insbesondere des staatlichen Glücksspielangebotes (→ § 10 Rn. 27). Die in der rechtspolitischen Diskussion häufig zu vernehmende Unterstellung, dass es sich bei den in § 1 normierten Gesetzeszwecke um „vorgeschobene" Zielsetzungen mit dem eigentlichen Ziel der Einnahmensicherung handele, steht in erkennbarem

Widerspruch zu den Bemühungen des Gesetzgebers um eine nachhaltige Eindämmung des Spielangebotes. Parallelen Einwänden begegnet im Übrigen die – allerdings herrschende – kartellrechtliche Einordnung der staatlichen Anbieter als auf Gewinnerzielung gerichteten Unternehmungen (zB BKartA ZfWG 2006, 224). Der kartellrechtliche, auf die Entfaltung von Wettbewerb zielende Ansatz steht in einem unüberbrückbaren Gegensatz zu der Zielsetzung des GlüStV, die spielanheizenden Wirkungen des Wettbewerbs durch staatliche Monopolmodelle zu unterbinden (Dietlein ZfWG 2006, 197; hierzu auch OLG Düsseldorf ZfWG 2008, 381; Mailänder ZfWG 2008, 407 ff.).

b) Dynamische Zielverwirklichung. Ungeachtet der weit gehenden Zielkontinuität ergeben sich aus der Neufassung des § 1 gleichwohl gewisse Modifikationen. Zu nennen ist zunächst der Hinweis in Satz 1 auf die **Gleichrangigkeit der genannten Zielsetzungen**. Zwischen den fünf Zielvorgaben besteht danach keine Werthierarchie in dem Sinne, dass sich bestimmte Ziele der uneingeschränkten Verwirklichung anderer (Primär-) Ziele unterzuordnen hätten (krit. Gebhardt/Postel ZfWG 2012, 1 (5)). Vielmehr müssen die Ziele im Einzelfall untereinander austariert und in praktische Konkordanz gebracht werden. Die Norm soll damit ua **administrative Handlungsspielräume** dahin eröffnen, die vorhandene Nachfrage unter suchtpräventiven Aspekten auf weniger gefährliche Spielarten zu lenken (Begr. zu § 1) – eine Überlegung, die im Kontext der Lotterie Eurojackpot wiederholt diskutiert worden ist. Auch wenn damit die für den vorangegangenen Staatsvertrag angenommene (s. Voraufl. Rn. 6) Vorrangigkeit der Suchtprävention nicht in der bisherigen Form fortgeführt wird, bleibt doch offen, ob mit der neuen Akzentuierung tatsächlich eine konstitutive Veränderung des Regulierungskonzeptes einhergeht. Hiergegen spricht, dass auch weiterhin jedes einzelne Ziel normative Verbindlichkeit beansprucht und damit Maßnahmen oder Entscheidungen entgegensteht, die dem konkreten Ziel zuwiderlaufen. Insofern bleibt etwa das Ziel der Suchtprävention (Nr. 1) namentlich im Hinblick auf die verbliebenen staatlichen Monopolregelungen auch künftig der zentrale Ausgangspunkt für die Prüfung speziell der Verhältnismäßigkeit (→ Einführung Rn. 18 ff.) sowie der unionsrechtlichen Kohärenz der (legislativen wie administrativen) Regulierung (hierzu → Einführung Rn. 44 ff.). Unabhängig hiervon wurden speziell die in § 1 Nr. 1 aufgeführten Ziele in der Vergangenheit ohnehin teilweise als bloße Oberbegriffe für die in Nr. 2 bis 4 aufgeführten weiteren Ziele angesehen (vgl. etwa Heermann WRP 2008, 479 (480)).

Von größerer Bedeutung dürfte insofern die in **§ 1 Satz 2 neu eingefügte** **Regelung** sein, mit der zum Ausdruck gebracht wird, dass die in Satz 1 genannten Zielvorgaben nicht in „schematischer" Form umzusetzen sind, sondern einer differenzierenden Bewertung nach Maßgabe der jeweiligen spezifischen Risiken der unterschiedlichen Glücksspiele bedürfen. Die Bestimmung reflektiert Aussagen des EuGH, der explizit auf vielfältige Unterschiede bei den verschiedenen Glücksspielarten hingewiesen und hieraus weit reichende Gestaltungsspielräume des nationalen Gesetzgebers abgeleitet hatte (zB EuGH ZfWG 2010, 344, Rn. 62 f. – Carmen Media, hierzu → Einführung Rn. 44). Diesem Ansatz folgend liegt nunmehr auch dem Staatsvertrag ein **dynamisierendes Verständnis der unterschiedlichen Gefährdungspotentiale** verschiedener Glücksspiele zugrunde, was unterschiedliche Vorgaben für das jeweilige Risikomanagement impliziert (→ Rn. 4). So stützt sich das verbliebene Veranstaltermonopol bei großen Lotterien etwa neben der Suchtprävention auf Aspekte der Kriminalitätsprävention (Erl. zum GlüStV zu § 10

Abs. 2 des Entwurfs), während das experimentell anvisierte Konzessionssystem für Sportwetten (§ 4a) maßgeblich auf die erheblichen Defizite in der Realisierung des Kanalisierungszieles reagiert. Der neue dynamische Regulierungsansatz verbietet die in der Vergangenheit häufig anzutreffenden schematisierenden Vereinfachungen dahin, dass die unter Suchtaspekten weniger gefährlichen Glücksspiele stets einer weniger strikten Regulierung unterworfen werden müssten als andere Glücksspiele (so zur alten Gesetzeslage tendenziell noch BGH Urt. v. 18.11.2010 - I ZR 156/07, Rn. 35). Künftig wird also deutlicher auf die Eigenheiten bzw. die spezifischen Gefahrenpotentiale der jeweiligen Glücksspielform abzustellen sein, was eine begrenzte bereichsübergreifende Kohärenzprüfung nicht ausschließt. Diese muss jedoch nach der einschlägigen Judikatur des EuGH deutlicher als bislang auf die Frage fokussiert werden, ob staatliche Restriktionen, namentlich verbliebene Monopolbestimmungen, aufgrund an anderer Stelle etwa auftretender staatlicher Expansionsbestrebungen von vornherein ungeeignet sind, das anvisierte Ziel zu erreichen (→ Einführung Rn. 48).

2. Vereinbarkeit mit Europarecht und Verfassungsrecht

6   Die Zielsetzungen des § 1 stehen in Einklang mit den vom EuGH sowie vom BVerfG formulierten Vorgaben für die Konstituierung von staatlichen Monopolen im Bereich des Glücksspiels.

7   **a) Gemeinschaftsrechtliche Vorgaben.** Für das europäische Gemeinschaftsrecht hat der EuGH in zahlreichen Grundsatzentscheidungen explizit die Freiheit der Mitgliedsstaaten betont, „die Ziele ihrer Politik auf dem Gebiet der Glücksspiele festzulegen und ggf. das angestrebte Schutzniveau genau zu bestimmen" (vgl. EuGH ZfWG 2010, 332 – Markus Stoß ua; ZfWG 2010, 344 – Carmen Media; ZfWG 2010, 250, Rn. 27 – Sporting Exchange; ZfWG 2010, 256, Rn. 19 – Ladbrokes; ZfWG 2009, 304 (309), Rn. 57 – Liga Portuguesa; EuZW 2007, 209, Rn. 48 – Placanica; hierzu Dietlein ZUM 2007, 462 f.). Als zwingende Gründe, die eine Beschränkung der Grundfreiheiten rechtfertigen können, hat der EuGH hierbei namentlich anerkannt den Verbraucherschutz, die Betrugsvorbeugung und die Vermeidung von Anreizen für die Bürger zu überhöhten Ausgaben für das Spielen sowie die Verhütung von Störungen der sozialen Ordnung im Allgemeinen (EuGH ZfWG 2009, 304 (309) – Liga Portuguesa; EuGH EuZW 2007, 209, Rn. 46 – Placanica). Zu den zwingenden Gründen hat der EuGH in anderen Entscheidungen ebenfalls das Ziel gezählt, „die Ausnutzung der Spielleidenschaft der Menschen zu begrenzen" (EuGH EuZW 2000, 148, Rn. 32 – Läärä), aber auch das Ziel, zu verhindern, dass Glücksspiele „zu einer Quelle persönlichen Gewinns" werden (EuGH ZfWG 2007, 22, Rn. 35). Letztgenannter Aspekt erscheint insoweit von besonderer Bedeutung, als der EuGH hiermit augenscheinlich äußerst restriktive Regulierungsoptionen auch jenseits wettbewerblicher Modelle akzeptiert. Die genannten zwingenden Gründe beziehen sich dabei nicht nur auf den **Sportwettensektor**, der der Placanica-Entscheidung zugrunde lag, sondern ebenso etwa auf **Lotterien** (vgl. EuGH ZfWG 2007, 22, Rn. 35). Besondere Rücksicht nimmt der EuGH dabei zumal auf die sittlichen, religiösen oder kulturellen Besonderheiten des jeweiligen Landes, was im Einzelnen auch divergierende Regelungen unterschiedlicher Sektoren des Glücksspiels legitimieren kann. Finanzielle Aspekte bleiben gemeinschaftsrechtlich unbeanstandet, solange sie „nur eine erfreuliche Nebenfolge, nicht aber der eigentliche Grund der betriebenen restriktiven Politik" sind (EuGH EuZW 2000, 148, Rn. 36 – Läärä; EuZW 2000, 151, Rn. 36 – Zenatti;

NJW 2004, 139, Rn. 62 – Gambelli). Soweit aus der Placanica-Entscheidung vom 6.3.2007 vereinzelt die Schlussfolgerung gezogen wird, dass die staatliche Glücksspielpolitik Präventions- und Kanalisationsziele nicht zugleich und nebeneinander verfolgen könne (Horn JZ 2007, 736 (737)), verkennt diese Auslegung, dass auch und gerade eine auf Suchtprävention ausgerichtete Glücksspielpolitik ohne die Kanalisation in legale Bahnen nicht auskommen kann (→ Rn. 8 f.). Was der EuGH in der Rechtssache Placanica (zu Recht) beanstandet hat, war vielmehr die Kontingentierung von Konzessionen in einem System, das nicht speziell auf Dosierung des Spielangebotes gerichtet war, sondern auf die Bekämpfung von Kriminalität. Dass eine Präventionspolitik im Bereich der Glücksspiele nur Sinn macht, wenn die Bürger nicht auf illegale Angebote ausweichen, wird vom EuGH nicht bestritten. Die in § 1 formulierten Zielvorgaben entsprechen den zwingenden Allgemeinwohlgründen für die Ausgestaltung eines Regulierungssystems, das darauf ausgerichtet ist, die Gelegenheit zum Spiel zu begrenzen. Hiervon unberührt bleibt das gemeinschaftsrechtliche (Verhältnismäßigkeits-)Erfordernis, dass die einzelnen mitgliedschaftlichen Maßnahmen auch tatsächlich den geltend gemachten Zielen entsprechen müssen (EuGH ZfWG 2007, 22, Rn. 35; ähnl. bereits NJW 1994, 2013, Rn. 60 – Schindler; EuZW 2000, 148, Rn. 32 f. – Läärä) und ferner nicht durch gegenläufige Regulierungen in anderen Glücksspielsektoren konterkariert werden (EuGH ZfWG 2010, 344 (349), Rn. 68 – Carmen Media). Soweit gesetzliche Regulierungen, wie nach § 1 der Fall, auf mehreren legitimen Zielsetzungen beruhen, ist die Stimmigkeit und Konsequenz nach der Rechtsprechung des (für das deutsche Recht allerdings nicht zuständigen) EFTA-Gerichtshof im Hinblick auf jede einzelne dieser legitimen Zielsetzungen zu prüfen (EFTA-Gerichtshof ZfWG 2007, 218). Die Feststellung der Verhältnismäßigkeit obliegt dabei zuvörderst den nationalen Gerichten; allerdings geht der EuGH in neuerer Zeit zunehmend zu einer eigenständigen Bewertung der mitgliedsstaatlichen Darlegungen sowie der Konsistenz des jeweiligen Ordnungsmodells über.

b) Verfassungsrechtliche Vorgaben. Mit seinem Sportwetten-Urteil vom **8** 28.3.2006 (BVerfG NJW 2006, 1261) hat sich das BVerfG hinsichtlich der legitimen Zielsetzungen einer nationalen Glücksspielregulierung weitgehend an die Rechtsprechung des EuGH angeglichen. Ausdrücklich wurde die Bekämpfung der Spiel- und Wettsucht als „besonders wichtiges Gemeinwohlziel" anerkannt, das Beschränkungen bis hin zur Monopolisierung von Glücksspielen rechtfertigen kann (BVerfG NJW 2006, 1261, Rn. 97). Als weitere legitime Ziele der Glücksspielregulierung anerkennt das BVerfG den Schutz der Spieler vor betrügerischen Machenschaften sowie einen darüber hinausgehenden Verbraucherschutz (BVerfG NJW 2006, 126, Rn. 102), aber auch die Abwehr von Folge- und Begleitkriminalität (BVerfG NJW 2006, 1261, Rn. 104). Fiskalische Ziele scheiden dagegen zur Rechtfertigung eines suchtpräventiv begründeten Staatsmonopols aus (BVerfG NJW 2006, 1261, Rn. 107). Von den fiskalischen Zielen zu differenzieren bleibt aber die ordnungsrechtlich motivierte Abschöpfung von Mitteln, also namentlich die Abschöpfung zur Verminderung der Gewinnchancen und damit der Spielanreize, die auch in Monopolmodellen grundsätzlich zulässig bleibt. Soweit private Unternehmungen in einem kontingentierten Umfeld mit Konzessionen tätig sind, können Gewinnabschöpfungen nach den Vorgaben des BVerfG außerdem zulässig sein, um hohe Gewinnmöglichkeiten auszugleichen (BVerfG NJW 2006, 1261, Rn. 108). Einen gegenüber dem EuGH engeren Ansatz verfolgt das BVerfG immerhin insoweit, als es allein den Ausschluss privater Gewinnerzielung nicht als legitimen Grund für Beschränkungen des Glücksspiels ansieht (BVerfG NJW 2006, 1261, Rn. 109).

9   In Anwendung der verfassungsrechtlichen Anforderungen zur Rechtfertigung staatlicher Glücksspielmonopole hatte das BVerfG in seinen Kammerbeschlüssen vom 14.10.2008 (BVerfG ZfWG 2008, 351) und 20.3.2009 (BVerfG ZfWG 2009, 99) die Verfassungsmäßigkeit des bisherigen staatsvertraglichen Regulierungsmodells grundsätzlich bestätigt (zur Bindungswirkung der Kammerbeschlüsse einerseits Hilf/Ploeckl ZfWG 2009, 8 ff.; andererseits Schwan ZfWG 2009, 80 ff.). Ob und inwieweit die Modifikation der (nunmehr kumulativ sucht- wie kriminalpräventiven) Begründung speziell des Lotteriemonopols an dieser verfassungsgerichtlichen Bewertung etwas zu ändern vermag, bleibt abzuwarten (skeptisch Gebhardt/Postel ZfWG 2012, 1 (5)).

II. Einzelkommentierung

10   Die Länder haben sich bei der Formulierung der Ziele in § 1 erkennbar an den Vorgaben des Sportwettenurteils des BVerfG v. 28.3.2006 (NJW 2006, 1261 (1263 f.)) orientiert und eine entsprechende Anpassung der vormals in § 1 LottStV formulierten Zielvorgaben vorgenommen. Insbesondere wurden die im LottStV enthaltenen Zielvorgaben, die Ausnutzung des Spieltriebs zu privaten und gewerblichen Gewinnzwecken auszuschließen (§ 1 Nr. 3 LottStV) sowie die Einnahmenverwendung zu öffentlichen Zwecken sicherzustellen (§ 1 Nr. 5 LottStV), ersatzlos gestrichen.

1. § 1 Nr. 1 Vermeidung und Bekämpfung von Glücksspiel- und Wettsucht

11   Erstgenanntes, wenngleich nicht länger dominierendes Ziel des GlüStV ist die „Verhinderung der Entstehung von Glücksspiel- und Wettsucht" (Nr. 1 Halbs. 1). Dabei verschärft § 1 das vom BVerfG genannte Ziel der „Bekämpfung" von Spiel- und Wettsucht, indem – vorgreifend - auf die „Verhinderung der Entstehung" von Glücksspielsucht und Wettsucht abgestellt wird (zur Einordung der Glücksspielsucht als Krankheit und der Krankheitshäufigkeit - Prävalenz - s. § 6 Rn. 1). Die Formulierung impliziert die auf Prävention ausgerichtete Zielrichtung des GlüStV. Der Gesetzgeber möchte also neben der Bekämpfung bereits vorhandener Spielsucht – zeitlich vorgelagert – schon die **Entstehung von Spielsucht verhindern.** Ein explizites Pendant zu diesem Ziel konnte dem außer Kraft getretenen LottStV nicht entnommen werden. Des Weiteren zielt § 1 Nr. 1 Alt. 2 darauf ab, „die Voraussetzungen für eine **wirksame Suchtbekämpfung** zu schaffen". Hiermit wird die vom BVerfG als defizitär gewürdigte Divergenz zwischen der seinerzeitigen rechtlichen und tatsächlichen Ausgestaltung des Sportwettenmonopols aufgegriffen. Zur Rechtfertigung des Eingriffs in Art. 12 Abs. 1 GG ist ein Glücksspielmonopol neben seiner rechtlichen Ausgestaltung auch in tatsächlicher Hinsicht auf die Bekämpfung und Begrenzung von Spiel- und Wettsucht auszurichten (vgl. BVerfG NJW 2006, 1261 (1264 f.)). Mithin nimmt § 1 Nr. 1 2. Alt. insbesondere Bezug auf die neu geschaffenen Verbote der Veranstaltung und Vermittlung von Glücksspielen im Internet (§ 4 Abs. 4) und das Verbot der Fernseh- und Internetwerbung für Glücksspiele (§ 5 Abs. 3) sowie auf die weiteren im GlüStV geregelten Maßnahmen zur Suchtprävention.

2. § 1 Nr. 2 Begrenzung und Kanalisierung des Glücksspielangebotes

Wenngleich nunmehr als gleichrangiges Ziel neben Nr. 1 formuliert, steht § 1 **12** Nr. 2 keineswegs isoliert neben Nr. 1, sondern erweist sich bei näherem Hinsehen als notwendiges Korrelat zu Nr. 1. Wichtigstes Mittel zur Durchsetzung des Präventionsziels ist nämlich die über Nr. 2 angestrebte Begrenzung des bestehenden Glücksspielangebotes und die Kanalisierung des Spieltriebs der Bevölkerung auf dieses suchtpräventiv ausgerichtete Angebot. Die bisherige Zielvorgabe der Verhinderung eines Ausweichens auf nicht erlaubte Glücksspiele wurde gegenüber dem GlüStV 2008 dahingehend präzisiert, der Entwicklung und Ausbreitung von unerlaubten Glücksspielen in Schwarzmärkten durch das **Angebot geeigneter Alternativen** zum nicht erlaubten Glücksspiel entgegen zu wirken. Hinter dieser Klarstellung steht der an sich selbstverständliche Grundgedanke, dass die legalen und auf Begrenzung des Spiels gerichteten Angebote nicht solchermaßen geschwächt sein dürfen, dass sie das Ziel der Kanalisierung des Spieltriebes in der Bevölkerung nicht mehr erfüllen können. Ebenso wie der GlüStV 2008 hält der neue GlüStV konsequenterweise an der Ergänzung des im LottStV formulierten **Kanalisierungsgedankens** (§ 1 Nr. 2 LottStV) durch einen zusätzlichen **Begrenzungsgedanken** fest. Dieser wird auch nicht dem Kanalisierungsgedanken „untergeordnet", sondern ist im Verbund mit diesem in einen angemessenen Ausgleich zu bringen (aA Becker/Barth Newsletter der Uni Hohenheim (FSt. GlüSp.) v. 3.7.2012, 3).

Als endgültig überwunden kann heute die Auffassung gesehen werden, dass es **13** sich bei den staatsvertraglichen Zielvorgaben der Suchtprävention in Gestalt der Begrenzung des Spielangebotes einerseits sowie der Kanalisierung des Spieltriebes andererseits um **„konträre"** (VG Berlin Beschl. v. 2.4.2008 - VG 35 A 52.08) oder gar sich gegenseitig ausschließende Zielsetzungen handele (so aber Horn JZ 2007, 736 (737)). Vielmehr handelt es sich um Zielsetzungen, die auch und gerade in einem suchtpräventiv ausgerichteten Ordnungsmodell unmittelbar und notwendig miteinander verknüpft sind. Denn gelingt es einem ordnungsrechtlichen Regulierungsmodell nicht, die Bürger auf das eigene, legale Angebot zu fokussieren, können die mit dem dosierten Angebot verfolgten suchtpräventiven Zwecke von vornherein nicht erreicht werden. Kurz gesagt: **Ohne Kanalisierung keine Prävention.** Charakteristikum eines konsistenten Präventionskonzeptes kann es daher nicht sein, das legale Spielangebot zu minimalisieren und damit einem Ausweichen der Bürger auf illegale Angebote mehr oder minder tatenlos zuzuschauen. Vielmehr geht es gerade umgekehrt darum, die Kanalisierung als Basis des ordnungsrechtlich ausgerichteten Angebotes nutzbar zu machen, um hiermit einem Überhandnehmen des Spiels mit Hilfe wohldosierter Spielangebote und einem effizienten Kontrollsystem entgegen zu wirken (ähnl. iErg Haltern Gemeinschaftsrechtliche Aspekte des Glücksspiels, 41). Insofern kann sogar eine moderate und kontrollierte Expansion des Spielangebotes durchaus mit dem Ziel der Spielsuchtbekämpfung vereinbar sein (vgl. auch EFTA-Gerichtshof ZfWG 2007, 218, Rn. 54 – Ladbrokes). Die dosierte Attraktivität des Angebotes erweist sich damit als ein legitimes Mittel, um die Spieler an das besondere, suchtpräventiv ausgerichtete Spielangebot zu binden. Umgekehrt muss das zu Zwecken der Kanalisierung erforderliche Maß an Attraktivität des Spielangebotes in einem Präventionskonzept stets mit dem eigentlichen Ziel einer Dosierung des Spielangebotes abgeglichen und „in praktische Konkordanz" gebracht werden (Haltern

Gemeinschaftsrechtliche Aspekte des Glücksspiels, 42 f.). Ordnungsrechtlich gesehen geht es somit um Prävention durch ein attraktives, aber dosiertes und kontrolliertes Spielangebot.

3. § 1 Nr. 3 Jugend- und Spielerschutz

14   § 1 Nr. 3 definiert als weiteres staatsvertragliches Ziel die Gewährleistung des Jugend- und Spielerschutzes. Die Bestimmung wurde unverändert aus dem GlüStV 2008 übernommen. Mit der Einbeziehung des Spielerschutzes im Allgemeinen und des Jugendschutzes im Besonderen reagiert der Gesetzgeber auf die vom BVerfG in der Sportwettenentscheidung als defizitär gerügte tatsächliche Monopolausgestaltung (BVerfG NJW 2006, 1261 (1265 ff.)). Nach der Einschätzung von Suchtexperten ist die Ausprägung eines **problematischen Spielverhaltens gerade bei Jugendlichen** – und hier bereits ab einem Alter von 13 Jahren – zu beobachten. Um dieser Entwicklung wirksam entgegen zu steuern, bedarf es etwa einer auf den Jugend- und Spielerschutz ausgerichteten Auswahl der Vertriebswege. Eine extensive Nutzung des **Internets** als Vertriebs- und Werbemedium für Glücksspiele, aber auch die Nutzung der **Fernsehwerbung**, stehen der formulierten Zielvorgabe entgegen. Insbesondere das Vertriebsmedium Internet eröffnet den Rezipienten eine direkte, niedrigschwellige Nutzung des Spielangebotes.

15   Während der Jugendschutz in den LottStV nur im Rahmen des § 4 LottStV (Allgemeine Bestimmungen) Eingang gefunden hatte, ist er durch Aufnahme in die Zielvorgaben des § 1 – entsprechend den verfassungsgerichtlichen Vorgaben – nunmehr erheblich aufgewertet worden. Indem die Zielvorgabe des § 1 Nr. 3 ausdrücklich von „Gewährleistung" des Jugend- und Spielerschutzes spricht, bildet sie den Ausgangspunkt für die vielfältigen im Staatsvertrag integrierten speziellen Jugendschutzregelungen (s. insbes. § 4 Abs. 3; § 19 Abs. 1).

4. § 1 Nr. 4 Ordnungsgemäße Durchführung, Abwehr von Folge- und Begleitkriminalität

16   Als weitere, ebenfalls unverändert fortgeltende Zielsetzung benennt § 1 die Sicherstellung der ordnungsgemäßen Durchführung von Glücksspielen, womit ersichtlich eine Verhinderung der beim Spiel möglicherweise auftretenden **Betrugskriminalität** angestrebt wird. Zweitens soll der mit Glücksspielen im Allgemeinen verbundenen **Folge- und Begleitkriminalität** vorgebeugt werden. Der Begriff der Begleitkriminalität meint in diesem Zusammenhang die typischerweise im Glücksspielbereich auftretenden Straftaten (vgl. hierzu etwa die in § 33c Abs. 2 GewO aufgezählten Straftatbestände sowie die Geldwäsche). Demgegenüber soll der Begriff Folgekriminalität kriminelle Beschaffungshandlungen des Spielers selbst zur fortlaufenden Befriedigung etwaig eingetretener Glücksspielsucht erfassen. Eine Parallelregelung war bereits in § 1 Nr. 4 LottStV enthalten. Diese erstreckte sich ausweislich ihres Wortlautes aber allein auf den Aspekt der „ordnungsgemäßen und nachvollziehbaren Durchführung von Glücksspielen". Mithin zielte auch diese Bestimmung auf eine während des Spiels etwaig auftretende Betrugsprävention, ohne indes die in der jetzigen Regelung enthaltene zusätzliche Fokussierung auf die Umfeldkriminalität zu berücksichtigen.

17   Zur Sicherstellung der in Nr. 4 genannten Ziele ist in § 9 eine mit umfassenden Befugnissen ausgestattete **Glücksspielaufsicht** geschaffen worden, welche in Anlehnung an die Vorgaben des BVerfG nicht bei den Finanzministerien angesiedelt sein sollte, um eine ausreichende Distanz zu den fiskalischen Interessen des Staates zu wahren (vgl. BVerfG NJW 2006, 1261 (1266 f.)). Dies ergibt sich ausdrücklich aus § 9 Abs. 6.

5. § 1 Nr. 5 Sicherung der Integrität des sportlichen Wettbewerbs beim Veranstalten und Vermitteln von Sportwetten

Als Reaktion auf spektakuläre Wettbetrügereien in der jüngeren Vergangenheit **18** hat der Vertragsgesetzgeber schließlich auch die Vorbeugung von Gefahren für die Integrität des sportlichen Wettbewerbs beim Veranstalten und Vermitteln von Sportwetten in den Zielkatalog des § 1 aufgenommen. Näher ausgestaltet werden die Vorbeugungsmaßnahmen in § 21 Abs. 3 Satz 2 und 3 (→ § 21 Rn. 46 f.).

III. § 1 im Kontext sonstiger staatsvertraglicher Regelungen

§ 1 entfaltet unmittelbare Verbindlichkeit bei Auslegung und Anwendung zahl- **19** reicher anderer Regelungen des Staatsvertrages. Hierzu zählen etwa § 4 Abs. 2 Satz 1 und Abs. 5, § 4a Abs. 3, § 5 Abs. 1, § 10 Abs. 1 und 4, § 10a Abs. 1, § 22 Abs. 1, § 24 Abs. 2 sowie § 29 Abs. 4. Bei der Auslegung der Zielvorgaben kommt den Behörden **kein administrativer „Beurteilungsspielraum"** zu (aA Engels WRP 2008, 470 (473), der einen Verstoß gegen den Bestimmtheitsgrundsatz annimmt, ohne Möglichkeiten einer verfassungskonformen Auslegung auszuloten); vielmehr verlangen die Normen eine „nachvollziehende Abwägung" unter Einschluss von Prognoseentscheidungen, deren Ergebnisse vollumfänglich **gerichtlicher Prüfung** unterliegen (vgl. zu parallelen Konstruktionen in anderen Rechtsgebieten zB VGH München RdL 1993, 65 (67)). Zugleich steuern die Zielvorgaben des § 1 auf der Rechtsfolgenseite die Ausübung von Ermessensentscheidungen nach dem GlüStV. Diese haben sich gemäß § 40 VwVfG an den in § 1 formulierten Gesetzeszwecken zu orientieren. Behördliche Ermessensentscheidungen dürfen sich danach zB nicht an fiskalischen Interessen orientieren.

IV. Besonderheiten der Länderausführungsgesetze

Die Ausführungsgesetze der Länder Berlin und Niedersachsen und Nordrhein- **20** Westfalen wiederholen die Vorgaben des § 1 und führen als **zusätzliche Ziele** die „Abwehr der Geldwäsche" sowie die „Gewährleistung eines sicheren und transparenten Spielbetriebs" auf. Diese Ergänzungen dürften vorwiegend **deklaratorischer Natur** sein, da sie der Sache nach als von den allgemein formulierten Zielen des § 1 miterfasst werden.

Zahlreiche Länderausführungsgesetze (Art. 1 AGGlüStV Bay; § 1 BremGlüG; **21** § 2 HmbGlüÄndStV AG; § 2 GlüStV AG M-V; § 1 NGlüSpG; § 1 AG GlüÄndStV NRW-E; § 5 LGlüG RhPf; § 2 AG GlüStV-Saar; § 2 GlüG LSA; § 4 GlüStV AG SchlH-E) bezeichnen zudem die Erreichung der Ziele des § 1 durch Sicherstellung eines ausreichenden Glücksspielangebotes als ordnungsrechtliche bzw. öffentliche Aufgabe (hierzu auch → § 10 Rn. 7 ff.).

§ 2 Anwendungsbereich

(1) **Die Länder regeln mit diesem Staatsvertrag die Veranstaltung, die Durchführung und die Vermittlung von öffentlichen Glücksspielen.**

(2) **Für Spielbanken gelten nur die §§ 1 bis 3, 4 Abs. 1 bis 4, §§ 5 bis 8, 20 und 23 sowie die Vorschriften des Neunten Abschnitts.**

(3) **Für Spielhallen, soweit sie Geld- oder Warenspielgeräte mit Gewinn-möglichkeit bereithalten, gelten nur die §§ 1 bis 3, 4 Abs. 1, 3 und 4, §§ 5 bis 7 sowie die Vorschriften des Siebten und Neunten Abschnitts. Als Geld- oder Warenspielgeräte mit Gewinnmöglichkeit gelten auch Erpro-bungsgeräte.**

(4) **Für Gaststätten (Schank- und Speisewirtschaften und Beherber-gungsbetriebe) und Wettannahmestellen der Buchmacher, soweit sie Geld- oder Warenspielgeräte mit Gewinnmöglichkeit bereithalten, gelten nur die §§ 1 bis 3, 4 Abs. 3 und 4, §§ 5 bis 7 sowie die Vorschriften des Neunten Abschnitts.**

(5) **Für Pferdewetten gelten nur die §§ 1 bis 3, 5 bis 7 sowie die Vor-schriften des Achten und Neunten Abschnitts.**

(6) **Für Gewinnspiele im Rundfunk (§ 2 Abs. 1 Satz 1 und 2 des Rund-funkstaatsvertrages) gilt nur § 8a des Rundfunkstaatsvertrages.**

Literatur: Grünwald/Koch, Nichts geht mehr? Sportwetten im Internet, MMR 2008, 711 ff.; Hüsken, Das Verhältnis zwischen glücksspielstaatsvertraglichem Glücksspielbegriff gemäß § 3 Abs. 1 GlüStV und rundfunkstaatsvertraglichem Gewinnspielbegriff gemäß § 8a Abs. 1 RStV – Echte Konkurrenz oder kollisionsloser Gleichauf?, ZfWG 2009, 153; Hüsken, Die verwaltungsrechtliche Zulässigkeit von Gewinnspielen im Internet, GewArch 2010, 336 ff.; Hüsken, Staatsaufsicht über die Landesmedienanstalten und Sportwettenwerbung im Privatfernsehen, 2008; Mailänder, Haus im Glück. Hausgewinne bei Internetspielen – wenn überhaupt, dann nur mit Geschick!, ZfWG 2009, 395; Mintas Glücksspiele im Internet, 2009; Postel, Gesetzliche Trennung von Erlaubnispflicht und Errichtung eines Monopols, ZfWG 2009, 47 ff.; Ruttig, Gewinnspiel oder Glücksspiel – Machen 50 Cent den Unter-schied?, WRP 2011, 174; Steegmann, Die Haftung der Basisinfrastruktur bei rechtswidrigen Internetangeboten, 2010.

Ausführungsgesetze: § 1 LGlüG BW-E; Art. 1 AGGlüStV Bay; § 6 AG GlüStV Bln; § 2 Bbg GlüAG; § 2 BremGlüG; § 4 HmbGlüÄndStVAG; § 6 HGlüG; § 3 GlüStV AG M-V; § 2 NGlüSpG; § 2 AG GlüÄndStV NRW-E; § 4 LGlüG RhPf; §§ 5, 6 AG GlüStV-Saar; § 3 SächsGlüStVAG; §§ 3, 4 GlüG LSA; § 2 GlüÄndStV AG SchlH-E; § 2 ThürGlüG.

Übersicht

I. Grundlagen

Die Vorschrift bestimmt den sachlichen Anwendungsbereich des Staatsvertrages **1**
und gleicht äußerlich den – inhaltlich allerdings thematisch begrenzten – „Vorgän-
gernormen" des § 2 LottStV und § 2 GlüStV 2008. Im Hinblick auf das unionsrechtliche Postulat einer widerspruchsfreien Gesamtregulierung (EuGH ZfWG
2010, 332 – Markus Stoß ua; ZfWG 2010, 344 – Carmen Media) zielt die
Neuregelung auf eine grundsätzlich umfassende Geltung des Staatsvertrages und
bezieht nunmehr ausdrücklich auch die bislang bundesrechtlich regulierten Bereiche des gewerblichen Automatenglücksspiels in Spielhallen (→ § 33c GewO
Rn. 1 ff.) und der Pferdewetten (→ § 27 Rn. 1 ff.) unter Ausnutzung der kompetenziellen Vorgaben in den Anwendungsbereich ein (vgl. BayLT-Drs. 16/11995,
21; zu den kompetenziellen Streitfragen um die Regulierung des Spielhallenwesens → Einführung Rn. 13). Zusätzlich werden neben den klassischen Regelungs-
feldern des Sportwetten- und Lotterierechts etwa auch andere Glücksspiele wie
Kartenglücksspiele (Poker, → § 33d GewO Rn. 1, 5; § 33h GewO Rn. 6; § 3
Rn. 4) oder **Glücksspiele in vergleichbaren Telemedien** (→ Rn. 29 ff.; § 3
Rn. 5 f.) vom Staatsvertrag erfasst (zu Konkretisierungen in den Ausführungsgesetzen → Rn. 14). Für Spielbanken ordnet § 2 eine lediglich eingeschränkte Geltung des GlüStV an, die auf die §§ 1 bis 3, 4 Abs. 1 bis 4, §§ 5 bis 8, 20 und
23, sowie die Vorschriften des Neunten Abschnitts (§§ 28–35) beschränkt bleibt.
Hintergrund dieser Entscheidung ist der Umstand, dass die Detailregelungen des
Spielbankenrechts in den Ländern ungeachtet der gefahrenabwehrrechtlichen
Grundausrichtung teilweise unterschiedlich sind, ohne dass diesbezüglich verfassungsrechtliche Bedenken bestehen (vgl. → § 20 Rn. 1 mwN). Soweit aus dem
differenzierenden Ansatz des § 2 verschiedentlich auf eine Inkonsistenz des gesam-
ten Vertragswerkes gefolgert wurde, kann dem spätestens mit der sachlichen
Erweiterung des Anwendungsbereiches des Staatsvertrages nicht gefolgt werden.
Nicht zuletzt verlangt das Unionsrecht keine gleichförmige Regulierung aller
Glücksspiele, sondern bietet durchaus Raum für bereichsspezifische Differenzierungen, solange hierdurch keine Regelungswidersprüche entstehen, die die

Erreichbarkeit der vom Gesetzgeber verfolgten Ziele ausschließen (zuletzt EuGH ZfWG 2010, 332 – Markus Stoß ua; ZfWG 2010, 344 – Carmen Media; ZfWG 2010, 250, Rn. 27 – Sporting Exchange; ZfWG 2010, 256, Rn. 19 – Ladbrokes; ZfWG 2009, 304, Rn. 57 – Liga Portuguesa; EuZW 2007, 209, Rn. 47 – Placanica).

II. Einzelkommentierung

1. § 2 Abs. 1 Genereller Anwendungsbereich

2   Bei der Auslegung des § 2 Abs. 1 ist zwischen dem sachlichen (gegenständlichen) und dem personellen Anwendungsbereich zu differenzieren.

3   **a) Sachlicher Anwendungsbereich.** In sachlicher Hinsicht differenziert § 2 Abs. 1 zwischen der Veranstaltung, der Durchführung und der Vermittlung öffentlicher Glücksspiele (zum Begriff des öffentlichen Glücksspiels vgl. → § 3 Rn. 2 ff. und Rn. 8 f.). Da sämtliche Ebenen von den Vorgaben des GlüStV erfasst werden, bleiben Unsicherheiten in der dogmatischen Abgrenzung der einzelnen Ebenen ohne praktischen Belang. Dies gilt namentlich für die nicht ganz eindeutige Differenzierung von Veranstaltung und Vermittlung. So ordnet die strafrechtliche Judikatur die ungenehmigte Vermittlung von Sportwetten in der Regel als Form der ungenehmigten Veranstaltung ein (so etwa VGH München Urt. v. 29.9.2004 - AN 5 K 03/443; OLG Hamburg MMR 2002, 471; ähnlich BGH DVBl. 2003, 669; offenlassend LG Bremen GewArch 2004, 214; vgl. auch OLG Bremen OLGR Bremen 2005, 171; OLG Hamburg MD 2005, 34: Veranstalter „in erster Linie" der Unternehmer, nicht der Vermittler; für strafbare Beihilfe Dietlein/ Hecker WRP 2003, 1175 (1178); vgl. auch OVG Münster NVwZ-RR 2003, 351; VGH Kassel Beschl. v. 27.10.2004 - 2 G 701/04). Ein Glücksspiel veranstaltet danach, wer dem Publikum die Gelegenheit zur Teilnahme eröffnet. Ganz ähnlich formuliert im Übrigen § 3 Abs. 4, der festlegt, dass ein Glücksspiel dort „veranstaltet und vermittelt" wird, wo dem Spieler die Möglichkeit zur Teilnahme eröffnet wird. Die Differenzierung des § 2 folgt insgesamt spezifisch ordnungsrechtlichen Bedürfnissen und dürfte die strafrechtliche Auslegung nicht präjudizieren.

4   **aa) Veranstaltung.** Der Begriff des Veranstaltens erfasst den Betrieb eines vom Veranstalter selbst vertriebenen oder/und durch Dritte vermittelten Glücksspiels. Ergänzend kann auf den strafrechtlichen Veranstalterbegriff in § 284 Abs. 1 StGB rekurriert werden (so auch OVG Münster Beschl. vom 12.1.2010 - 13 B 939/ 09), demzufolge ein Glücksspiel veranstaltet, wer verantwortlich und organisatorisch den äußeren Rahmen für die Abhaltung eines Glücksspiels schafft und dem Publikum Gelegenheit zur Beteiligung daran gibt (Beckemper in BeckOK StGB § 284 Rn. 19). Veranstalten setzt nicht voraus, dass es bereits zu einer Spielnachfrage oder -beteiligung gekommen ist. Ausreichend ist vielmehr das **Anbieten** des Abschlusses von Spielverträgen oder die **Annahme** auf den Abschluss von Spielverträgen gerichteter Angebote (vgl. Beckemper in BeckOK StGB § 284 Rn. 19 sowie die auf Lotterien bezogene Legaldefinition in § 287 StGB). Weiterhin ist die in § 3 Abs. 4 aufgenommene Legaldefinition zu beachten, die das Veranstalten in örtlicher Hinsicht konkretisiert.

5   **bb) Durchführung.** Unter der „Durchführung" eines Glücksspiels ist die konkrete Realisierung, namentlich also die organisatorische Abwicklung und

Umsetzung eines von dritter Seite getragenen Glücksspielangebotes anzusehen. Ihr zugrunde liegen regelmäßig Verträge zwischen dem konzessionierten Veranstalter und dem mit der Durchführung des Glücksspiels betrauten Dritten. Da der Durchführende hinsichtlich der Projektrealisierung weitgehend an die Stelle des Veranstalters tritt, sind die Vertriebs- und Werbebeschränkungen des § 4 Abs. 4 und § 5 auch von ihm zu beachten.

cc) Vermittlung. § 2 unterscheidet begrifflich zwischen der Veranstaltungs-   **6** und Vermittlungsebene. Der noch in § 2 Satz 1 LottStV enthaltene Zusatz, demzufolge als „Vermittlung" nur die „gewerbliche Vermittlung" erfasst wurde, wurde bereits mit dem GlüStV 2008 aufgegeben. Damit erfasst der GlüStV auch weiterhin **jegliche Form der Vermittlung** öffentlicher Glücksspiele, namentlich also auch die nur gelegentliche oder nicht-gewerbliche Vermittlung (s. auch Engels WRP 2008, 470 (473)). Unmittelbar einbezogen sind damit die in die Vertriebsorganisation eines staatlichen Veranstalters nach § 10 Abs. 2 eingegliederten Annahmestellen und Lotterie-Einnehmer. Dass Letztere gleichwohl keine genuin eigenständige Rechtsebene darstellen, zeigt § 29 Abs. 2. Nach dieser Bestimmung, die nicht lediglich als „Verfahrenserleichterung" gedeutet werden kann (so aber Engels WRP 2008, 470 (478)), können Erlaubnisanträge für Annahmestellen und Lotterie-Einnehmer **nur** von dem jeweiligen Veranstalter nach § 10 Abs. 2 gestellt werden. Die **Vertriebsstellen** bleiben damit materiell dem Veranstalter zugeordnet. Von einer Verselbständigung oder gar einer „Liberalisierung" der Vermittlungsebene kann daher richtigerweise nicht gesprochen werden (teilw. aA VG Freiburg Urt. vom 16.4.2008 - 1 K 2052/06). Dies gilt umso mehr, als es subjektive Zulassungsansprüche für die Tätigkeit als Vermittler, sei es im Rahmen einer Annahmestelle oder als gewerblicher Spielvermittler, nicht gibt (§ 4 Abs. 2 Satz 3).

b) Personeller Anwendungsbereich. § 2 Abs. 1 enthält keine Differenzie-   **7** rung hinsichtlich des Adressatenkreises. Demnach erstreckt sich der staatsvertragliche Anwendungsbereich gleichermaßen auf staatliche Anbieter iSd § 10 Abs. 2 wie auf sonstige Veranstalter, Durchführer oder Vermittler von öffentlichen Glücksspielen (vgl. OVG Bautzen ZfWG 2011, 456; VGH München ZfWG 2010, 175; OVG Berlin-Brandenburg GewArch 2010, 209; OVG Lüneburg ZfWG 2009, 184 (188); VGH München ZfWG 2008, 455 (459, 465); Hüsken, 168 f.; Mintas, 248 f.; Postel ZfWG 2009, 47 (48); aA wohl Grünwald/Koch MMR 2008, 711 (713)).

2. Übergangsfragen

Nicht abschließend geklärt ist, inwieweit über § 2 eine unmittelbare Bindung   **8** von etwaigen „Altkonzessionären" an die Regelungen des GlüStV bewirkt wird. Insoweit ist zu berücksichtigen, dass Änderungen der Gesetzeslage nicht ohne Weiteres den Genehmigungsinhalt erteilter Konzessionen modifizieren (arg. e § 49 Abs. 2 Nr. 4 VwVfG).

a) § 29 Abs. 1 als Sonderregelung. Soweit es zunächst um „Altkonzessio-   **9** nen" der (bis zum Inkrafttreten des GlüStV 2012) konzessionierten Anbieter iSd § 10 Abs. 2 und 3 geht, trifft § 29 Abs. 1 neben der bis zum Ablauf des Jahres 2012 befristeten Fortgeltungsanordnung hinsichtlich der erteilten Konzessionen, Genehmigungen oder Erlaubnisse zugleich die Anordnung einer grundsätzlichen Bindung an die Vorgaben des GlüStV (ausführlich → § 29 Rn. 9). Entsprechend dem dortigen „Maßgabevorbehalt" überlagern die neuen staatsvertraglichen

Regelungsvorgaben – vom Erlaubniserfordernis abgesehen – auch etwa entgegenstehende Erlaubnisinhalte.

10   **b) DDR-Erlaubnisinhaber.** Nicht eindeutig erscheint die Anwendbarkeit des § 29 Abs. 1 auf die umstrittenen DDR-Alterlaubnisse (→ Einführung Rn. 6). Selbst wenn man § 29 Abs. 1 über die zweite Alternative („gleichstehende Befugnisse") auch auf private Anbieter erstrecken wollte, dürfte das Erfordernis eines Gleichstehens „nach Landesrecht" auf Grund der bundesrechtlichen Qualität der Fortgeltungsanordnung nicht gegeben sein. Allerdings folgte aus eine Unanwendbarkeit des § 29 nicht die Unanwendbarkeit der staatsvertraglichen Regelungen. Vielmehr geht es § 29 – wie oben dargelegt – um die Umgestaltung etwa abweichender Erlaubnisinhalte. Soweit daher – wie bei den DDR-Konzessionen regelmäßig der Fall – Fragen etwa der Werbung oder der Internetnutzung durch die Konzessionen nicht speziell geregelt werden, greifen über § 2 ohnehin unmittelbar die neuen staatsvertraglichen Regelungen (so auch OVG Bautzen ZfWG 2011, 456; VGH München ZfWG 2010, 175; OVG Berlin-Brandenburg GewArch 2010, 209; OVG Lüneburg ZfWG 2009, 184 (188); VGH München ZfWG 2008, 455 (459, 465); Hüsken, 168 f.; Mintas, 248 f.; Postel ZfWG 2009, 47 (48); aA wohl Grünwald/Koch MMR 2008, 711 (713)). Vor diesem Hintergrund erscheint die beiläufig geäußerte These des VG Braunschweig (Beschl. v. 10.4.2008 - 5 B 4/08), derzufolge das Internet auf Grund der alten DDR-Erlaubnisse benutzt werden könne, nicht haltbar (s. auch OVG Hamburg ZfWG 2008, 136 ff.). Sollten die DDR-Konzessionen, was nicht ersichtlich ist, im Einzelfall ausnahmsweise konkrete Handlungsbefugnisse gewähren, die das gegenwärtige Präventionsmodell nicht mehr eröffnet, verbliebe, soweit nicht bereits über die Ausführungsgesetzgebung eine entsprechende Korrektur oder Aufhebung der Alterlaubnisse erfolgt ist (hierzu Postel ZfWG 2007, 328 (344 ff.)), über § 49 Abs. 2 Nr. 4 VwVfG notfalls die Möglichkeit eines (Teil-)Widerrufs der jeweiligen Konzession.

3. § 2 Abs. 2 Eingeschränkter Anwendungsbereich in Bezug auf Spielbanken

11   § 2 Abs. 2 trifft eine Sonderregelung für Spielbanken, die zwar in den Staatsvertrag einbezogen sind, indes nur von bestimmten, enumerativ aufgelisteten Regelungen erfasst werden.

12   **a) Begriff der Spielbanken.** Unter den Begriff der Spielbanken fallen nur die entsprechend den Spielbankengesetzen der Länder errichteten und genehmigten Einrichtungen (eingehend Gebhardt/Gohrke in Gebhardt/Grüsser-Sinopoli § 22 Rn. 1 ff.). Es handelt sich nach einer Definition des VGH München vom 2.6.1995 um solche Spielunternehmungen, „die nach ihrem räumlich, personellen und organisatorischen Zuschnitt sowie nach Ausstattung, Spielangebot und Erscheinungsbild nach außen die Gewähr dafür bieten, dass der Gesetzeszweck und die Anforderungen der Verordnung über öffentliche Spielbanken erfüllt werden" (VGH München VGHE 48, 76 (77), unter Verweis auf die zahlreichen ordnungsrechtlichen Durchführungsvorgaben sowie abgabenrechtlichen Vorschriften, „die effektiv nur von größeren Unternehmen erbracht werden können"). Nicht erfasst sind die „Spielhallen" und ähnlichen Unternehmen iSd § 33i GewO (→ § 33i GewO Rn. 5 ff.), die nunmehr - zumindest partiell - durch § 2 Abs. 3 erfasst und teilweise in ergänzenden Landesspielhallengesetzen geregelt werden (→ Rn. 39). Letztere unterscheiden sich von Spielbanken dadurch, dass sie keinen ordnungsrechtlichen Kanalisierungsauftrag (als streng reglementierter Raum für „riskantes Handeln") wahrnehmen und in ihnen Glücksspiele dementsprechend lediglich in der Gestalt von Spielgeräten mit Gewinnmöglichkeit (§ 33c GewO) zulässig sind, die gewerberechtlich dem „Unterhaltungssegment" zugedacht sind und deren Zulassung durch die §§ 11 ff. SpielV geregelt wird. Allerdings hat die in der Vergangenheit erfolgte umstrittene Erteilung sog. „Mehrfachkonzessionen" für Spielhallen (→ § 33i GewO Rn. 5, 22) sowie die Beschleunigung des Automatenspiels durch das umstrittene Punktesystem (hierzu → Vorb. SpielV Rn. 1; § 6a SpielV Rn. 2; § 13 SpielV Rn. 4, 9) zu einer vielfach problematischen Annäherung des äußeren Erscheinungsbildes von Spielhallen an jenes der Spielbanken geführt, was insbesondere unter dem Aspekt der Spielsuchtprävention heftig kritisiert wird.

b) Eingeschränkte Geltung des GlüStV. Für Spielbanken gelten ausschließ- **13** lich die allgemeinen Regelungen des Staatsvertrages (§§ 1, 3 und 4 Abs. 1 bis 4), die Vorschriften zur Werbung (§ 5) über Sozialkonzepte (§ 6), Aufklärung (§ 7) und zur Spielersperre (§§ 8, 20, 23), sowie die Übergangs- und Schlussbestimmungen des Neunten Abschnitts (§§ 28–35). Weiterhin anwendbar bleiben die bisherigen **Landesspielbankengesetze**, die auch nicht durch die Länderausführungsgesetzgebung zum GlüStV aufgehoben wurden. Nicht angetastet werden durch den GlüStV auch die bislang erteilten spielbankenrechtlichen Konzessionen. Soweit § 2 eine Anwendbarkeit staatsvertraglicher Regelungen auch für Spielbanken statuiert, gelten diese Bestimmungen grundsätzlich unmittelbar für die Spielbanken (VGH Mannheim ZfWG 2008, 131). Soweit den Spielbankenbetreibern freilich im Einzelfall ausnahmsweise Handlungsbefugnisse durch Altkonzessionen gewährt werden, die den §§ 1 bis 3, 4 Abs. 1 bis 4, §§ 5 bis 8, 20 und 23 nicht entsprechen, richtet sich der zulässige Handlungsrahmen nach den allgemeinen Regeln des Verwaltungsrechts nach dem wirksamen Verwaltungsakt (§ 43 Abs. 2 VwVfG). Dieser und nicht das abstrakte Gesetz sagt dem jeweiligen Adressaten, was für ihn rechtens sein soll (so auch OVG Lüneburg NdsVBl. 2008, 258: Fortdauernde Geltung einer Genehmigung zum Internet-Glücksspiel; hierzu Korte WiVerw 2008, 85 (88)). Allerdings kann mit Blick auf die Regelungsvorgaben des GlüStV ein (Teil-)Widerruf der betreffenden Genehmigung in Betracht kommen (§ 49 Abs. 2 Nr. 1, 4 oder – in seltenen Fällen – Nr. 5 VwVfG), der freilich in den Fällen des § 49 Abs. 2 Nr. 4 und 5 VwVfG uU nach Maßgabe des dortigen Abs. 6 zu entschädigen ist (so auch Korte WiVerw 2008, 85 (96 ff.)).

4. § 2 Abs. 3 Eingeschränkter Anwendungsbereich in Bezug auf Spielhallen

Entsprechend der Regelungssystematik des § 2 Abs. 2 erstreckt § 2 Abs. 3 den **14** Anwendungsbereich des Staatsvertrages partiell auch auf die bisher allein dem Gewerberecht unterliegenden Spielhallen.

a) Begriff der Spielhallen. Dem Begriff der Spielhallen unterfallen die bisher **15** nach § 33i GewO errichteten und genehmigten Einrichtungen. Dies lässt sich bereits der in § 3 Abs. 7 enthaltenen Legaldefinition entnehmen. Der staatsvertragliche Spielhallenbegriff erfasst damit zunächst sämtliche Unternehmen, die dem Spielhallenbegriff des § 33i GewO unterliegen (→ § 33i GewO Rn. 5). Vom Anwendungsbereich des GlüStV explizit ausgenommen sind allerdings solche Spielhallen, die keine Geld- oder Warenspielgeräte bereithalten, zu denen nach

§ 2 Abs. 3 Satz 2 auch Erprobungsgeräte zählen. Denn nur die Zufallsabhängigkeit der Gewinnentscheidung, mithin die Glücksspieleigenschaft der Geld- und Warenspielgeräte (→ § 33c GewO Rn. 4), rechtfertigt ihre Einbeziehung in den staatsvertraglichen Anwendungsbereich. Spielhallen, die ausschließlich geschicklichkeitsdominierte andere Spiele mit Gewinnmöglichkeit iSv § 33d GewO und/oder Unterhaltungsspiele ohne Gewinnmöglichkeit bereithalten, unterliegen weiterhin ausschließlich dem Regelungsregime des gewerblichen Spielrechts (§§ 33d und i GewO) oder/und – soweit vorhanden – den mit einem extensiveren Anwendungsbereich ausgestatteten Landesspielhallengesetzen (→ § 33i GewO Rn. 3; § 24 Rn 32; Odenthal, GewArch 2012, 345 (345 f.); Reeckmann ZfWG 2012, 255 (256 ff.); Wild ZfWG 2012, 247 (248 ff.)). So erfassen einige Landesspielhallengesetze auch das Angebot von anderen Spielen mit Gewinnmöglichkeit iSv § 33d GewO und/oder Unterhaltungsspielen ohne Gewinnmöglichkeit (so ua § 1 SpielhG Bln; § 1 BremSpielhG; eingehend hierzu Wohlfarth LKRZ 2012, 81 ff.; Wild ZfWG 2012, 247 (249 ff.)). Die partielle Ablösung spielhallenrechtlicher Regelungen durch Landesrecht dürfte den verfassungsrechtlichen Anforderungen an die Ablösbarkeit lediglich abgrenzbarer Bereiche entsprechen (hierzu allg. BVerfGE 111, 10 (29 ff.).

16　　**b) Eingeschränkte Geltung des GlüStV.** Für Spielhallen gelten lediglich die **allgemeinen Regelungen des Staatsvertrages** (§§ 1 bis 3, § 4 Abs. 1, 3 und 4) sowie die Vorschriften zur Werbung (§ 5), über Sozialkonzepte (§ 6) und Aufklärung (§ 7). Damit unterliegen sie insbesondere dem allgemeinen Erlaubnisvorbehalt, dem Jugendschutzbestimmungen und dem generellen und für Spielhallen ausnahmslos geltenden Internetverbot (§ 4 Abs. 1, 3 und 4). Das Erlaubniserfordernis des § 4 Abs. 1 tritt neben die fortgeltenden gewerberechtlichen Erlaubnispflichten der §§ 33c und i GewO. Über die allgemeinen Bestimmungen hinaus gelten die im **Siebten Abschnitt** enthaltenen **besonderen spielhallenrechtlichen Bestimmungen** (§§ 24 bis 26), die spielhallenbezogenen Bestimmungen der **Länderausführungsgesetze** und - soweit vorhanden - die **ergänzenden Landesspielhallengesetze** (hierzu Wild ZfWG 2011, 385 ff.; Wild ZfWG 2012, 247 ff.; Reeckmann ZfWG 2012, 255 f.; Odenthal GewArch 2012, 345 ff.; Schneider GewArch 2011, 457 ff.; Pieroth/Lammers GewArch 2012, 1 ff.). Ferner anwendbar sind die **Übergangs- und Schlussbestimmungen** des Neunten Abschnitts (§§ 28 bis 35). Von praktischer Relevanz sind hier die in § 29 Abs. 4 enthaltenen Übergangsbestimmungen für Spielhallen, die bei Inkrafttreten des GlüStV über eine Erlaubnis nach § 33i GewO verfügen (→ § 33i GewO Rn. 12). Für die bestehenden Spielhallenerlaubnisse iSv § 33i GewO wird die Vereinbarkeit mit den §§ 24 und 25 für fünf Jahre (Erlaubniserteilung vor dem 28.10.2011) bzw. ein Jahr (Erlaubniserteilung nach dem 28.10.2011) fingiert. Weitere Übergangstatbestände enthalten die Landesausführungsgesetze bzw. - soweit vorhanden - die Landesspielhallengesetze (zur Verfassungsmäßigkeit spielhallenrechtlicher Übergangsregelungen Ennuschat ZfWG 2012, 305 (311 ff.); Krewer/Untersteller ZfWG 2012, 320 ff.; Schneider GewArch 2011, 457 ff.; Wild ZfWG 2012, 247 (253 ff.)). Die bundesrechtlichen Regelungen der §§ 33i, 33f Abs. 1 GewO und der SpielV werden durch die spielhallenbezogenen Bestimmungen des GlüStV nicht vollständig ersetzt, so dass sie gemäß Art. 125a Abs. 1 GG neben dem Landesrecht fortgelten. Soweit einzelne Landesspielhallengesetze indes bestimmte Vorschriften des Bundesrechts vollständig ersetzen, gilt im Umfang der Ersetzung allein das jeweilige Landesrecht (hierzu → § 33i GewO Rn. 3; § 24 Rn. 8; Wild ZfWG 2011, 385 (387 f.)).

5. § 2 Abs. 4 Eingeschränkter Anwendungsbereich in Bezug auf Gaststätten und Wettannahmestellen

Die Anwendbarkeit einzelner Vorschriften des GlüStV wird über § 2 Abs. 4 **17** nunmehr auch auf Gaststätten und Wettannahmestellen der Buchmacher erstreckt, sofern dort Geld- oder Warenspielgeräte mit Gewinnmöglichkeit bereitgehalten werden. Die partielle Erweiterung des staatsvertraglichen Anwendungsbereiches bleibt indes vom Umfang her hinter der spielhallenbezogenen Regelung des § 2 Abs. 3 zurück.

a) Begriff der Gaststätten und Wettannahmestellen. Der Gaststättenbe- **18** griff des § 2 Abs. 4 umfasst ausweislich der enthaltenen Legaldefinition Schank- und Speisewirtschaften sowie Beherbergungsbetriebe. Nach der tradierten Terminologie des GastG handelt es sich um eine Schankwirtschaft, wenn in dem betreffenden Betrieb Getränke zum Verzehr an Ort und Stelle verabreicht werden (§ 1 Abs. 1 Nr. 1 GastG); eine Speisewirtschaft liegt vor, wenn zubereitete Speisen zum Verzehr an Ort und Stelle verabreicht werden (§ 1 Abs. 1 Nr. 2 GastG). Die vom GastG nicht mehr erfassten Beherbergungsbetriebe sind nach allgemeinem Sprachgebrauch primär dazu bestimmt, Übernachtungsmöglichkeiten zur Verfügung zu stellen. Entgegen vereinzelt vertretener Auffassung bestehen gegen die partielle landesstaatliche „Wiederbelebung" des beherbergungsbezogenen Gaststättenbegriffes keine verfassungsrechtlichen Bedenken. Für eine inhaltliche Bindung des verfassungsrechtlichen Gaststättenbegriffes in Art. 74 Abs. 1 Nr. 11 GG an die einfachrechtlichen Ausgestaltungen des GastG besteht keine Grundlage. Mit der Inbezugnahme von Wettannahmestellen der Buchmacher rekurrieren die Landesgesetzgeber ausschließlich auf die bundesrechtlich nach dem RennwLottG für die Annahme von Pferdewetten zugelassenen Annahmestellen.

Durch § 2 Abs. 4 sollen im Grundsatz alle gesetzlich zulässigen Aufstellorte **19** von Geld- und Warenspielgeräten partiell den staatsvertraglichen Restriktionen unterworfen werden. Die Terminologie von § 2 Abs. 4 ist demnach eng an die einschlägigen bundesrechtlichen Bestimmungen der §§ 33c und f GewO und §§ 1 und 2 SpielV angelehnt (→ § 33c GewO Rn. 1 ff.).

b) Eingeschränkte Geltung des GlüStV. Für Gaststätten und Wettannahme- **20** stellen, in denen Geld- oder Warenspielgeräte bereitgehalten werden, gelten lediglich die allgemeinen Regelungen des Staatsvertrages (§§ 1 bis 3, 4 Abs. 3 und 4) sowie die Vorschriften zur Werbung (§ 5), über Sozialkonzepte (§ 6) und Aufklärung (§ 7). Sie unterliegen insbesondere den Jugendschutzbestimmungen und dem für Geld- und Warenspielgeräte mangels Verweis auf § 4 Abs. 5 ausnahmslos geltenden Internetverbot (§ 4 Abs. 3 und 4). Mangels Bezugnahme auf den allgemeinen Erlaubnisvorbehalt des § 4 Abs. 1 bedarf die Aufstellung von Geld- und Warenspielgeräten in den genannten Örtlichkeiten neben den Erlaubnisvorgaben der GewO und SpielV, im Gegensatz zum Verweisumfang des § 2 Abs. 3, keiner zusätzlichen glücksspielrechtlichen Erlaubnis (Wild ZfWG 2012, 247 ff.). Anwendbar sind ferner die im Neunten Abschnitt (§§ 28 bis 35) enthaltenen Übergangs- und Schlussbestimmungen. Von praktischer Relevanz ist hier vor allem die **in § 28 enthaltene Ermächtigung** der einzelnen Bundesländer **Ausführungsbestimmungen** zu erlassen, die sich auch auf Gaststätten und Wettannahmestellen erstrecken können, die Geld- oder Warenspielgeräte mit Gewinnmöglichkeit bereithalten. Die im Wege der Föderalismusreform in Art. 74 Abs. 1 Nr. 11 GG aufgenommene Bereichsausnahme für das „Recht der Gaststätten", die für die genannte Materie eine ausschließliche Länderkompetenz begründet, ermöglicht es den Ländern im Einzelfall auch über den Verweis des § 2 Abs. 4 hinausgehende restriktivere Regelungen zu erlassen. Die für Geld- und Warenspielgeräte mit Gewinnmöglichkeit in Gaststätten und Wettannahmestellen durch § 2 Abs. 4 für anwendbar erklärten Bestimmungen des GlüStV treten neben die einschlägigen Vorschriften von GastG, RennwLottG, GewO und SpielV, da sie, sofern durch Art. 74 Abs. 1 Nr. 11 GG eine ausschließliche Landeskompetenz begründet wird, mangels vollständiger Ersetzung nach Art. 125a Abs. 1 GG fortgelten.

6. § 2 Abs. 5 Eingeschränkter Anwendungsbereich in Bezug auf Pferdewetten

21   § 2 Abs. 5 nimmt nunmehr auch Pferdewetten in den staatsvertraglichen Anwendungsbereich auf und unterwirft sie den in der Regelung explizit bezeichneten Vorschriften des GlüStV. Wie bei § 2 Abs. 2 bis 4 handelt es sich auch bei § 2 Abs. 5 lediglich um eine partielle Erweiterung des Anwendungsbereiches.

22   **a) Begriff der Pferdewetten.** Der in § 2 Abs. 5 enthaltene Begriff der Pferdewetten wird durch § 3 Abs. 1 Satz 4 legaldefiniert (→ § 3 Rn. 1). Nach der gesetzgeberischen Intention werden in erster Linie die bislang ausschließlich bundesrechtlich durch das RennwLottG geregelten Wettformen erfasst. Ziel der Regelung ist es, die bundesrechtliche Regulierung zu ergänzen und unter Berücksichtigung der Besonderheiten der Pferdewetten dem Regulierungskonzept der Sportwetten anzunähern (vgl. BayLT-Drs. 16/11995, 20, 31 f. hierzu auch → Einführung Rn. 1). Soweit eine Glücksspieleigenschaft iSv § 3 Abs. 1 vorliegt, ist die Erweiterung des staatsvertraglichen Anwendungsbereich durch § 2 Abs. 5 indes nicht auf die im RennwLottG normierten Sachverhalte beschränkt.

23   **b) Eingeschränkte Geltung des GlüStV.** Für Pferdewetten gelten über § 2 Abs. 5 lediglich die allgemeinen Regelungen des Staatsvertrages (§§ 1 bis 3) sowie die Vorschriften zur Werbung (§ 5), über Sozialkonzepte (§ 6) und Aufklärung (§ 7). Ferner gelten die im Achten Abschnitt enthaltene Sonderregelung des § 27 sowie die Übergangs- und Schlussbestimmungen des Neunten Abschnitts (§§ 28 bis 35). Bedingt durch die spezielle Verweistechnik im Hinblick auf § 27 wird der staatsvertragliche Anwendungsbereich über den Grundverweis des § 2 Abs. 5 hinaus im dort bezeichneten Umfang zusätzlich erweitert. § 27 Abs. 1 Satz 1 unterwirft die Veranstaltung und Vermittlung von Pferdewetten einem Erlaubnisvorbehalt, wobei an die Stelle einer landesrechtlichen Erlaubnis, die Erlaubnisse nach dem RennwLottG treten (→ § 27 Rn. 10 ff.; BayLT-Drs. 16/11995, 31 f.). Über § 27 Abs. 1 Satz 3 werden mit § 4 Abs. 2 Satz 1 ergänzend zum RennwLottG ein zusätzlicher Versagungsgrund normiert sowie die Jugendschutzbestimmungen des § 4 Abs. 3 für anwendbar erklärt. Nach dem bislang ausschließlich im RennwLottG enthaltenen Regelungsgefüge legitimiert die Buchmachererlaubnis nicht den Internetvertrieb von Pferdewetten (BVerwG ZfWG 2011, 332 (337 ff.)). In Ergänzung hierzu wird über § 27 Abs. 2 das in § 4 Abs. 4 enthaltene Internetverbot für grundsätzlich anwendbar erklärt, allerdings gleichzeitig mit § 4 Abs. 5 die Möglichkeit eröffnet, den Internetvertrieb von Pferdewetten zuzulassen. In

Bezug auf Festquotenwetten finden über § 27 Abs. 3 nunmehr auch § 8 Abs. 6 und § 21 Abs. 5 (Teilnahme am Sperrsystem) Anwendung. Infolge der Übergangs- regelung des § 29 Abs. 5 gelten nach dem RennwLottG erteilte Buchmacherer- laubnisse im bisherigen Umfang für den Zeitraum eines Jahres ab Inkrafttreten des GlüStV fort. Die partielle Anwendbarkeit des GlüStV im Bezug auf Pferdewetten begegnet unter kompetenziellen Gesichtspunkten keinen Bedenken (hierzu Ennu- schat ZfWG 2012, 309 (311 ff.)). Das RennwLottG unterfällt hinsichtlich der Zulassung von Buchmachern als „Recht der Wirtschaft" nach Art. 74 Abs. 1 Nr. 11 GG der konkurrierenden Gesetzgebung (hierzu → Einführung Rn. 12). Den Ländern steht es folglich frei, zusätzliche restriktive Bestimmungen zu schaf- fen, sofern der Bund durch das RennwLottG nicht bereits abweichende Regelun- gen getroffen hat. Verbleibende Problemlagen sollen durch die geplante Änderung des § 25 RennwLottG gelöst werden (BR-Drs. 761/11 – Beschluss).

7. § 2 Abs. 6 Bereichsausnahme für Gewinnspiele im Rundfunk

a) Gewinnspiele im Rundfunk. Durch § 2 Abs. 6 werden Gewinnspiele im **24** Rundfunk trotz etwaiger Glücksspieleigenschaft iSv § 3 Abs. 1 vom Anwendungs- bereich des GlüStV ausgenommen und ausschließlich die Regelung des § 8a RStV für anwendbar erklärt. Der Gesetzgeber hatte insoweit die in Fernsehen und Hörfunk vielfach veranstalteten Call-In-Gewinnspiele und Televoting-Shows im Blick (hierzu Hüsken ZfWG 2009, 153 ff.; allgemein zu den Konfliktzonen des Rundfunk- und Glücksspielrechts Gundel ZUM, 770 (776 ff.)).

aa) Begriff des Gewinnspiels und der Gewinnspielsendung im Rund- **25** **funk.** Der Gewinnspielbegriff ist im RStV nicht legaldefiniert. Ein **Gewinnspiel** liegt nach herkömmlichem Begriffsverständnis vor, wenn im Rahmen eines Spiels für den Erwerb einer Gewinnchance ein Teilnahmeentgelt verlangt wird und die Entscheidung über den Gewinn entweder von den körperlichen oder geistigen Fähigkeiten des Spielers bzw. ganz oder überwiegend vom Zufall abhängt. Der Gewinnspielbegriff erstreckt sich daher sowohl auf Glücksspiele als auch auf Geschicklichkeitsspiele. Innerhalb des vorgegebenen formellgesetzlichen Rah- mens wird der Gewinnspielbegriff für den Privatrundfunk durch die in § 2 Nr. 1 der gemeinsamen **Satzung der Landesmedienanstalten über Gewinnspiel- sendungen und Gewinnspiele** (GWS) enthaltene Begriffsbestimmung konkre- tisiert (hierzu Holznagel/Jahn in Spindler/Schuster § 8a RStV Rn. 7). Eine **Gewinnspielsendung** ist unter Zugrundelegung der Begriffsbestimmung in § 2 Abs. 2 Nr. 2 RStV ein inhaltlich zusammenhängender, geschlossener, zeitlich begrenzter Teil eines Rundfunkprogramms, bei dem die Veranstaltung und Durch- führung eines oder mehrerer Gewinnspiele den Schwerpunkt darstellt. Eine Kon- kretisierung für den Privatrundfunk enthält § 2 Nr. 2 GWS (hierzu Holznagel/ Jahn in Spindler/Schuster § 8a RStV Rn. 7). Im Umkehrschluss ist ein isoliertes Gewinnspiel iSe Einzelangebotes immer dann anzunehmen, wenn die Veranstal- tung und Durchführung des Gewinnspiels nicht den Schwerpunkt der Sendung darstellt und zeitlich eine untergeordnete Rolle einnimmt.

bb) Sachlicher Anwendungsbereich der Bereichsausnahme. Zur Bestim- **26** mung des Rundfunkbegriffes verweist § 2 Abs. 6 auf die in § 2 Abs. 1 Satz 1 und 2 RStV enthaltene Legaldefinition. Die staatsvertraglichen Erläuterungen (BayLT- Drs. 16/11995, 21) beziehen über den Wortlaut hinaus neben den Gewinnspielen auch Gewinnspielsendungen im Rundfunk in die Bereichsausnahme ein. Insoweit dürfte es sich um eine begründungstechnische Konkretisierung des Gewinnspielbegriffes handeln, die an die gleichlautende Terminologie des § 8a RStV angelehnt ist. Die Bereichsausnahme für Rundfunkgewinnspiele geht auf den weit gefassten ordnungsrechtlichen **Glücksspielbegriff in § 3 Abs. 1** zurück, der im Gegensatz zum bundesstrafrechtlichen, § 284 StGB zugrunde liegenden, Glücksspielbegriff **keine Bagatellgrenze** enthält (vgl. BVerwG ZfWG 2011, 332 (335 f.); BVerwG ZfWG 2011, 96 (103); VGH München ZfWG 2011, 416 (417 ff.); VGH München ZfWG 2012, 189 (190 f.); VGH München ZfWG 2012, 195 (197 f.); VGH Kassel ZfWG 2011, 425 (428); Hecker WRP 2012, 523 (527 f.); aA BGH ZfWG 2012, 23 (30 f.); Vesting AfP 2011, 105 (111); Kruis NVwZ 2012, 797 (799 f.); hierzu ausführlich → § 3 Rn. 6). Ohne die Existenz des § 2 Abs. 6 würden folglich sämtliche Rundfunkgewinnspiele, die vollständig oder überwiegend vom Zufall abhängen, vom Anwendungsbereich des GlüStV erfasst, selbst wenn deren Teilnahmeentgelt – das selbstverständlich über dem reinen Telefonverbindungsentgelt liegen muss – **0,50 Euro unterschreitet** (vgl. zur bisherigen Rechtslage VGH München ZfWG 2011, 416; Hüsken ZfWG 2009, 153 ff.).

27   Freilich nimmt § 2 Abs. 6 nur solche Gewinnspiele vom sachlichen Anwendungsbereich des GlüStV aus, die sich innerhalb der durch § 8a RStV gezogenen Grenzen bewegen. Demnach sind nur solche (vollständig oder überwiegend) zufallsabhängigen Gewinnspiele von der Erlaubnisfreistellung des § 8a Abs. 1 Sätze 1 und 6 RStV erfasst, deren Teilnahmeentgelt 0,50 Euro nicht übersteigt. Gewinnspielformate, deren Teilnahmeentgelt isoliert oder durch Aufsummierung bei **intendierter Mehrfachteilnahme** (hierzu → Rn. 35 f.) die 0,50 Euro Grenze überschreiten, fallen vorbehaltlich ihrer Glücksspieleigenschaft iSv § 3 Abs. 1 weiterhin in den Anwendungsbereich des GlüStV und unterliegen den dortigen allgemeinen Beschränkungsvorschriften (vgl. hierzu Gebhardt/Postel ZfWG 2012, 1 (9 ff.)). **Geschicklichkeitsdominierte Rundfunkgewinnspiele,** deren Teilnahmeentgelt 0,50 Euro isoliert oder durch Aufsummierung übersteigt, fallen grundsätzlich in den Anwendungsbereich der §§ 33d, 33e, 33h Nr. 3 GewO, die wegen ihrer Auffangfunktion nicht auf stationäre Spielgestaltungen beschränkt sind (hierzu → Rn. 36; § 33d GewO Rn. 5; Hüsken ZfWG 2009, 153 (161 f.); Hüsken GewArch 2010, 336 (338 ff.)).

28   **cc) Personeller Anwendungsbereich der Bereichsausnahme.** Entsprechend der Legaldefinition des Rundfunkbegriffes in § 2 Abs. 1 Sätze 1 und 2 RStV ist die Vorschrift des § 8a RStV für Gewinnspielsendungen und Gewinnspiele in Fernsehen und Hörfunk anwendbar und zeitigt insoweit Relevanz für die **privaten und öffentlich-rechtlichen Rundfunkveranstalter.** Begriffsbestimmungen und Konkretisierungen der in § 8a Abs. 1 RStV vorgesehenen inhaltlichen Vorgaben für die Durchführung von Gewinnspielformaten im privaten Rundfunk enthält die auf Grundlage der in § 46 Satz 1 RStV enthaltenen Satzungsermächtigung am 23.02.2009 in Kraft getretene **Satzung der Landesmedienanstalten über Gewinnspielsendungen und Gewinnspiele (GWS)** (zur grundsätzlichen Rechtmäßigkeit der GWS: vgl. VGH München ZUM-RD 2010, 102; VGH München ZUM-RD 2009, 683). Entsprechende Konkretisierungen für die öffentlich-rechtlichen Rundfunkanstalten enthalten die von ARD und ZDF inhaltsgleich auf Grundlage von § 16f RStV erlassenen **Richtlinien für Werbung, Sponsoring, Gewinnspiele und Produktionshilfe (GWRL)** in der Fassung vom 12.3.2010. Wegen des in § 13 Abs. 1 Satz 3 RStV enthaltenen Verbotes der Einnahmenerzielung aus Telefonmehrwertdiensten, welches durch § 8a Abs. 1 Satz 6 RStV ausdrücklich unberührt bleibt, können im öffentlich-rechtlichen Rundfunk freilich nur unentgeltliche Gewinnspiele angeboten werden. Über

das reine Entgelt für die telefonische Teilnahme hinaus dürfen keine zusätzlichen Teilnahmeentgelte erhoben werden (vgl. Ziffer 11.5 GWRL).

b) Gewinnspiele in vergleichbaren Telemedien. Die Bereichsausnahme **29** des § 2 Abs. 6 erstreckt sich ausweislich ihres Wortlautes und der Erl. zu § 2 (BayLT-Drs. 16/11995, 21) nur auf Gewinnspiele im Rundfunk, belässt es indes für **Gewinnspiele in vergleichbaren Telemedien** iSv § 58 Abs. 4 RStV, entsprechend der bisherigen Rechtslage (vgl. BVerwG ZfWG 2011, 332 (335 f.); BVerwG ZfWG 2011, 96, 103; VGH München ZfWG 2011, 416; VGH Kassel ZfWG 2011, 425 (428)), bei der umfassenden Anwendbarkeit des GlüStV.

aa) Begriff der vergleichbaren Telemedien. Im Zuge der partiellen Erwei- **30** terung des sachlichen Anwendungsbereiches des RStV auf Telemedien ist die Verweisungsnorm des § 58 Abs. 4 RStV in den Vertragstext aufgenommen worden, welche § 8a RStV für Gewinnspiele in vergleichbaren Telemedien (Telemedien, die an die Allgemeinheit gerichtet sind) für entsprechend anwendbar erklärt (vgl. allgemein zum Begriff der Telemedien BT-Drs. 16/3078, 13 f.; VG Münster ZfWG 2010, 364 (365 ff.); TWE GewO § 33h Rn. 29 ff.; Schulz in Hahn/Vesting § 2 RStV, Rn. 57; Held in Hahn/Vesting § 54 RStV Rn. 1 f. mwN). Der Telemedienbegriff wird durch § 2 Abs. 1 Satz 3 RStV und § 1 Abs. 1 TMG legaldefiniert. Hierunter fallen im Wesentlichen jegliche Waren- und Dienstleistungsangebote die online über das Internet zugänglich sind. § 58 Abs. 4 RStV ordnet die Geltung von § 8a RStV indes nur für vergleichbare Telemedien an. Infolge des grundsätzlichen Programmbezuges der rundfunkstaatsvertraglichen Regelungen sind vergleichbare Telemedien daher nur solche, die über ein Mindestmaß an redaktionellen Inhalten verfügen, dh für die Allgemeinheit bestimmte Informations- und Unterhaltungsangebote die zumindest partiell redaktionell ausgestaltet sind, wie zB Online-Presse Portale (vgl. TWE GewO § 33h Rn. 32; Hüsken GewArch 2010, 336 (337); Bolay ZfWG 2010, 88 (89); Bolay MMR 2010, 669 (672 f.); weitergehend VG Münster ZfWG 2010, 364 (367 f.); aA van der Hoff/Hoffmann ZGS 2011, 67 (75)). Nicht in den Verweis eingeschlossen sind daher solche Internetportale, auf denen neben der Veranstaltung von Gewinnspielen keinerlei redaktionelle Inhalte dargeboten werden. Gewinnspiele, die auf Internetportalen ohne redaktionelle Inhalte angeboten werden, mithin allein der Gewinnspielveranstaltung an sich dienen (zB Hausverlosungen, hierzu VGH München ZfWG 2012, 132; OVG Berlin-Brandenburg ZfWG 2012, 137), fallen damit nicht in den sachlichen Anwendungsbereich des rundfunkstaatsvertraglichen Gewinnspielrechts nach §§ 58 Abs. 4, 8a RStV. Die generelle Erlaubnisfreistellung des § 8a Abs. 1 RStV gilt insoweit nicht.

bb) Begriff des Gewinnspiels in vergleichbaren Telemedien. Der in § 58 **31** Abs. 4 RStV genannte Gewinnspielbegriff ist deckungsgleich mit dem des in Bezug genommenen § 8a Abs. 1 Satz 1 RStV unter Berücksichtigung der Tatsache, dass es sich bei Telemedien nicht um Rundfunk handelt (→ Rn. 30). Im Gegensatz zu § 8a RStV enthält § 58 Abs. 4 RStV nicht den Begriff der Gewinnspielsendung. Dies ist bedingt durch die Legaldefinition der Sendung als Teil eines Rundfunkprogramms. Denn Telemedien stellen kein Rundfunkprogramm dar, sondern Online-Inhalte zum Abruf bzw. zur Teilnahme bereit. Die Anwendbarkeit der GWS erstreckt sich entgegen dem Wortlaut des § 1 Abs. 1 GWS wegen **Überschreitens der Satzungsermächtigung** des § 46 Satz 1 RStV nicht auf vergleichbare Telemedien, da diese nicht von der Bezugnahmeklausel des § 1 Abs. 1 RStV erfasst werden; eine analoge Anwendung kommt nicht in Betracht (vgl. VGH München ZUM-RD 2010, 102 (112 f.) mwN). Die untergesetzliche GWS unterliegt der Verwerfungskompetenz der Fachgerichte. Die Anwendbarkeit der **anstaltsinternen GWRL** gemäß Ziffer 11.8 auf das Telemedienangebot der öffentlich-rechtlichen Rundfunkanstalten begegnet demgegenüber keinen durchgreifenden Bedenken. Den GWRL kommt keine unmittelbare Außenwirkung zu. Ihr Erlass ist von der generellen Ermächtigung zum Erlass von Satzungen und Richtlinien gemäß § 11e Abs. 1 RStV gedeckt, zumal das Angebot von Telemedien gemäß § 11a Abs. 1 RStV zum gesetzlich festgelegten Angebot der Rundfunkanstalten zählt.

32   **cc) Sachlicher Anwendungsbereich der §§ 58 Abs. 4, 8a RStV.** Da die Bereichsausnahme des § 2 Abs. 6 nur Gewinnspiele im Rundfunk, nicht aber solche in vergleichbaren Telemedien von der allgemeinen Anwendbarkeit des Glücksspielrechts ausnimmt und der Gewinnspielbegriff nach dem Wortlaut sowohl ganz oder überwiegend zufallsabhängige als auch geschicklichkeitsdominierte Spiele erfasst, unterliegen nur solche Gewinnspiele in vergleichbaren Telemedien der Erlaubnisfreistellung in §§ 58 Abs. 4, 8a Abs. 1 RStV, die nicht zugleich auch Glücksspiele isv § 3 Abs. 1 GlüStV darstellen (VGH München ZfWG 2011, 416 (417 ff.); Hüsken ZfWG 2009, 153 (157 ff.); Hüsken GewArch 2010, 336 ff.).

33   Angesichts der durch § 2 bestimmten umfassenden Geltung des Länderglücksspielrechts und des eigenständigen ordnungsrechtlichen Glücksspielbegriffs des § 3 Abs. 1 erfasst der GlüStV grundsätzlich alle zufallsabhängigen Spiele, für die irgendein Teilnahmeentgelt erhoben wird (→ § 3 GlüStV Rn. 5 f.; VG München ZfWG 2010, 204; VG München ZfWG 2009, 70 (72); Ruttig WRP 2011, 174 (175 ff.); Hüsken ZfWG 2009, 153 (155); Hüsken GewArch 2010, 336; Steegmann, 30; ebenso Mailänder ZfWG 2009, 395 (396); Mintas ZfWG 2009, 82 (84)). Der ordnungsrechtliche Glücksspielbegriff des § 3 Abs. 1 enthält im Gegensatz zum strafrechtlichen Glücksspielbegriff des § 284 StGB keine Bagatellgrenze. Er verlangt keinen erheblichen Einsatz, sondern lässt jedwedes Entgelt für die Annahme der Glücksspieleigenschaft ausreichen (vgl. eingehend VGH München ZfWG 2011, 416 (417 ff.); BVerwG ZfWG 2011, 332 (335 f.); BVerwG ZfWG 2011, 96 (103); VGH Kassel ZfWG 2011, 425 (428); aA BGH ZfWG 2012, 23 (30 f.); VGH Mannheim ZfWG 2012, 279 (281 ff.)). Dies entspricht der kompetenziellen Regelungszuständigkeit der Länder gemäß Art. 70, 30 GG, die einen vom strafrechtlichen Glücksspielbegriff abweichenden ordnungsrechtlichen Glücksspielbegriff qua Legaldefinition eingefügt haben, der grundsätzlich auch Gewinnspielkonstellationen in vergleichbaren Telemedien iSv §§ 58 Abs. 4, 8a Abs. 1 RStV erfassen sollte (VGH München ZfWG 2011, 416 (417 ff.); BayLT-Drs. 16/11995, 21; BayLT-Drs. 15/8486, 13; wohl auch VG Regensburg Beschl. v. 18.5.2010 – RO 5 S 10.505, ZfWG 2010, 227 LS). Die Glücksspielbegriffe des § 3 Abs. 1 GlüStV und § 284 StGB sind insoweit nicht deckungsgleich (hierzu auch → § 3 GlüStV Rn. 2). Daraus folgt, dass Gewinnspiele in vergleichbaren Telemedien, die aufgrund überwiegender Zufallsabhängigkeit der Gewinnentscheidung sowie einem Teilnahmeentgelt von bis zu 0,50 Euro und mehr als Glücksspiele isv § 3 Abs. 1 GlüStV zu qualifizieren sind, von vornherein nicht dem sachlichen Anwendungsbereich der §§ 58 Abs. 4, 8a Abs. 1 Sätze 1 und 6 RStV unterfallen. Gleiches gilt für Gewinnspiele, bei denen Zufalls- und Geschicklichkeitselemente miteinander kombiniert werden, sofern der Schwerpunkt auf der Zufallskomponente liegt (→ § 3 GlüStV Rn. 4). Derartige Spielvarianten sind ebenso erlaubnispflichtig und von denselben Erlaubnisvoraussetzungen

abhängig wie die übrigen dem GlüStV unterfallenden Spiele; für sie gelten zumal die Internetverbote des § 4 Abs. 4 und § 5 Abs. 3 (BVerwG ZfWG 2011, 332 (335 f.); BVerwG ZfWG 2011, 96 (103)). Die Genehmigungsfreistellung der §§ 58 Abs. 4, 8a Abs. 1 RStV beschränkt sich insoweit allein auf Geschicklichkeitsspiele mit einem Teilnahmeentgelt von bis zu 0,50 Euro und zufallsabhängige teilnahmeentgeltfreie Spiele (VGH München ZfWG 2011, 416 (421); Hüsken ZfWG 2009, 153 (157 ff.); Hüsken GewArch 2010, 336 (337); Ruttig WRP 2011, 174 (179 f.); vgl. Gebhardt/Postel in Gebhardt/Grüsser-Sinopoli § 21 Rn. 46 f.; aA Vesting AfP 2011, 105 (111); Gummer ZUM 2011, 105 (111 f.)). Ein zufallsabhängiges teilnahmeentgeltfreies Gewinnspiel ist in diesem Zusammenhang auch gegeben, wenn seitens des Spielers bei einer telefonischen Teilnahme allein das für den Aufbau der Telefonverbindung erforderliche und notwendige Entgelt anfällt (Hüsken ZfWG 2009, 153 (157)). Teilnahmeentgelte können neben der Abrechnung via Mehrwertdienst auch durch andere Bezahlverfahren (ua Banküberweisung, Lastschrifteinzug) erhoben werden.

Kritisch zu betrachten ist die Auffassung, die in teilweiser Anlehnung an die **34** verwaltungsgerichtliche Rechtsprechung im Bereich Turnierpoker (vgl. OVG Münster ZfWG 2008, 204 (205); OVG Koblenz, ZfWG 2009, 413 (415)) von der Deckungsgleichheit der Glücksspielbegriffe in § 3 Abs. 1 GlüStV und § 284 StGB ausgeht, ein Teilnahmeentgelt von bis zu 0,50 Euro von vornherein nicht als straf- und glücksspielrechtlich relevanten Einsatz bzw. relevantes Entgelt ansieht und den sachlichen Anwendungsbereich der in §§ 58 Abs. 4, 8a Abs. 1 RStV enthaltenen Erlaubnisfreistellung sowohl auf Spiele mit zufallsdominierter als auch mit geschicklichkeitsdominierter Gewinn- bzw. Verlustentscheidung ausdehnen will (so BGH ZfWG 2012, 23 (30 f.); VGH München ZUM-RD 2010, 102 (107) – obiter dictum; HRKDS Bd. I § 8a RStV Rn. 5, 10; Bolay MMR 2009, 669 (671 f.); Hambach/Münstermann K&R 2009, 457 (458 ff.); Liesching ZfWG 2009, 320 (322 f.); Lober/Neumüller MMR 2010, 295 (297); Vesting AfP 2011, 105 (111); Gummer ZUM 2011, 105 (111 ff.); Blaue ZUM 2011, 119 (120 ff.); van der Hoff/Hoffmann ZGS 2011, 67 (74 f.); Kruis NVwZ 2012, 797 (800 f.); differenzierend VG Regensburg Beschl. v. 18.05.2010 – RO 5 S 10.505, ZfWG 2010, 227 LS). Der Anwendungsbereich des GlüStV soll für derartige Gewinnspiele bereits nicht eröffnet sein bzw. §§ 58 Abs. 4, 8a Abs. 1 RStV die Regelungen des GlüStV verdrängen, sofern die Teilnahmeentgeltgrenze von 0,50 Euro nicht überschritten wird. Die hieraus resultierende Genehmigungsfreistellung für sämtliche zufallsabhängigen Gewinnspiele bis zu einem Teilnahmeentgelt von 0,50 Euro in vergleichbaren Telemedien findet im Wortlaut des § 2 Abs. 6, der eindeutigen Gesetzesbegründung in den Erl. zu § 2 (BayLT-Drs. 16/11995, 21) und der in Bezug genommenen obergerichtlichen Rechtsprechung keine belastbare Stütze.

Für die Bestimmung der zulässigen Entgeltobergrenze von 0,50 Euro iSv §§ 58 **35** Abs. 4, 8a Abs. 1 RStV ist grundsätzlich das isolierte Teilnahmeentgelt heranzuziehen. Sofern das jeweilige Gewinnspiel – wie in der überwiegenden Mehrzahl der Fälle – indes auf eine **Mehrfachteilnahme** ausgerichtet ist bzw. die potentiellen Spielteilnehmer zur Mehrfachteilnahme animiert werden, ist für die Bestimmung des Teilnahmeentgeltes im konkreten Fall auf die Summe der entstandenen Entgelte abzustellen (vgl. VG Düsseldorf ZfWG 2009, 300 (302); LG Köln ZfWG 2009, 131 (132); → § 3 Rn. 6; Fischer § 284 StGB Rn. 5; Hüsken ZfWG 2009, 153 (157); Hüsken GewArch 2010, 336 (337); Hecker/Ruttig GRUR 2005, 393 (398); Schulz CR 2006, 164 (167 f.); van der Hoff/Hoffmann ZGS 2011, 67 (75 f.); aA LG Freiburg MMR 2005, 547; HRKDS § 8a RStV Rn. 8; Bolay

MMR 2009, 669 (672); Hambach/Münstermann K&R 2009, 457 (458 ff.); Liesching ZfWG 2009, 320 (323 f.); Blaue ZUM 2011, 119 (122 ff.); wohl auch Lober/Neumüller MMR 2010, 295 (298)). Die **Aufsummierung** der isolierten Teilnahmeentgelte ist mithin zwecks genauer Bestimmung der Entgeltgrenze in § 8a Abs. 1 Satz 6 RStV zu berücksichtigen, um die ausdrückliche gesetzgeberische Entgeltbeschränkung nicht leerlaufen zu lassen. Gewinnspiele mit überwiegender Zufallsabhängigkeit, die auf Mehrfachteilnahme ausgerichtet sind und bei denen die aufsummierten Teilnahmeentgelte 0,50 Euro übersteigen, unterfallen unabhängig von einer etwaigen Deckungsgleichheit der Glücksspielbegriffe des § 3 Abs. 1 und § 284 StGB wegen Überschreitung der in §§ 58 Abs. 4, 8a Abs. 1 Satz 6 RStV normierten Teilnahmeentgeltgrenze sowohl dem Anwendungsbereich des GlüStV als auch der strafrechtlichen Verbotsnorm des § 284 StGB (vgl. Hüsken ZfWG 2009, 153 (157)).

36   Auch bei geschicklichkeitsdominierten Gewinnspielen, die seitens des Veranstalters auf Mehrfachteilnahme ausgerichtet sind bzw. hierzu animieren, sind zur Bestimmung der relevanten Teilnahmeentgeltgrenze von § 58 Abs. 4, § 8a Abs. 1 Satz 6 RStV die durch Mehrfachteilnahme aufsummierten Entgelte zu berücksichtigen. Bei Überschreiten der Entgeltgrenze wird das konkrete Spiel nicht mehr vom sachlichen Anwendungsbereich des § 58 Abs. 4, § 8a Abs. 1 RStV erfasst (Hüsken GewArch 2010, 336 (342)). Die Zulässigkeit derartiger Spielvarianten hängt mangels landesrechtlicher Regulierung davon ab, ob die Voraussetzungen der primär auf Geschicklichkeitsspiele zugeschnittenen bundesrechtlichen Erlaubnistatbestände der §§ 33d, 33e, 33h Nr. 3 GewO erfüllt sind. Diese Vorschriften sind nicht auf stationäre Spielgestaltungen beschränkt, sondern finden infolge ihrer Auffangfunktion auch auf Online-Sachverhalte in Telemedien Anwendung (VG Berlin ZfWG 2009, 380; VG Wiesbaden GewArch 2007, 490 (491); Hüsken ZfWG 2009, 153 (161 f.); Hüsken GewArch 2010, 336 (338 ff.) mwN; BLA Gewerberecht, dargestellt bei Schönleiter/Stenger GewArch 2010, 61 (64); differenzierend Bolay ZfWG 2010, 88 (90 ff.); aA Lober/Neumüller MMR 2010, 295; Liesching MMR 2009, 795 (796); Spindler K&R 2010, 450 (454 ff.)).

37   Der sachliche Anwendungsbereich von § 58 Abs. 4, § 8a Abs. 1 RStV erfasst im Ergebnis nur zufallsabhängige teilnahmeentgeltfreie bzw. geschicklichkeitsdominierte Gewinnspiele mit einem 0,50 Euro nicht übersteigenden Teilnahmeentgelt. Innerhalb seines sachlichen Anwendungsbereiches ist das Telemediengewinnspielrecht lex specialis gegenüber den relevanten Auffangvorschriften des gewerblichen Spielrechts in §§ 33d, 33e, 33h Nr. 3 GewO (BLA Gewerberecht, dargestellt bei Schönleiter/Stenger GewArch 2010, 61 (64); Hüsken ZfWG 2009, 153 (161 f.); Hüsken GewArch 2010, 336 (342)). Die Zulässigkeit von Gewinnspielkonstellationen mit 0,50 Euro übersteigenden Teilnahmeentgelten richtet sich bei zufallsdominierten Gewinnspielen nach den §§ 3 ff. und bei geschicklichkeitsdominierten Gewinnspielvarianten nach den Auffangvorschriften der §§ 33d, 33e, 33h Nr. 3 GewO (hierzu eingehend Hüsken GewArch 2010, 336 ff.).

38   **dd) Personeller Anwendungsbereich der §§ 58 Abs. 4, 8a RStV.** Der personelle Anwendungsbereich des § 58 Abs. 4, § 8a Abs. 1 RStV erstreckt sich auf die öffentlich-rechtlichen und privaten Rundfunkveranstalter sowie alle sonstigen Anbieter vergleichbarer Telemedien. Freilich fällt der praktische Anwendungsbereich für die öffentlich-rechtlichen Rundfunkveranstalter deutlich geringer aus, da diese gemäß § 13 Abs. 1 Satz 3 RStV, auf den § 8a Abs. 1 Satz 6 RStV ausdrücklich Bezug nimmt, aus Mehrwertdiensten keine Einnahmen generieren und insoweit nur unentgeltliche Gewinnspiele anbieten dürfen. Praktische Relevanz hat

die Vorschrift hingegen für die privaten Rundfunkveranstalter, da diese Gewinnspiele in ihrem Telemedienangebot wegen der fehlenden Gebührenfinanzierung als Programmfinanzierungsquelle nutzen können.

III. Besonderheiten der Länderausführungsgesetze

Die einschlägigen Länderausführungsgesetze konkretisieren den staatsvertraglichen Anwendungsbereich hinsichtlich der Arten zulässiger öffentlicher Glücksspiele (Konkretisierung in sachlicher Hinsicht). Als zulässige Glücksspiele nennen die Ausführungsgesetze Lotterien in Form von Zahlenlotterien, Losbrieflotterien, Endziffernlotterien, Sofortlotterien und Nummernlotterien. Teilweise ist auch die Möglichkeit der Veranstaltung von Zusatzlotterien vorgesehen. Sämtliche Gesetze sehen zudem die Veranstaltung von Klassenlotterien vor, die nunmehr ausschließlich durch die GKL auf Grundlage des GKL-Staatsvertrages veranstaltet werden (hierzu → § 31 Rn. 1 ff.). Ferner zulässig sind Ausspielungen und Zusatzausspielungen sowie Sonderauslosungen. Wetten dürfen grundsätzlich nur als Sportwetten veranstaltet und durchgeführt werden. Soweit der staatsvertragliche Anwendungsbereich sich nunmehr partiell auch auf die Veranstaltung und Vermittlung von Pferdewetten erstreckt, enthalten einige Ausführungsgesetze Regelungen, welche den Betrieb von Pferdewettvermittlungsstellen sowie die landesbehördlichen Zuständigkeiten hinsichtlich des Vollzuges der pferdewettenbezogenen Regelungen des Staatsvertrages betreffen. Teilweise wird die Zuständigkeit für den Vollzug der staatsvertraglichen Regelungen auf die für den Vollzug des RennwLottG zuständigen Behörden mit übertragen (so va § 9a AG GlüStV Bln). Eine vergleichbare Regelungssystematik findet sich hinsichtlich der partiellen Erweiterung des staatsvertraglichen Anwendungsbereiches auf Gaststätten und Wettannahmestellen der Buchmacher. Insoweit wird die Zuständigkeit in der Regel den Gewerbeaufsichtsbehörden übertragen (so va § 16 AG GlÜStV Bln). Hinsichtlich der partiellen Einbeziehung des Spielhallenrechts werden die spielhallenbezogenen Bestimmungen des Staatsvertrages durch die Ausführungsgesetzgebung konkretisiert und teilweise erweitert. Weitergehende Regelungen finden sich – soweit vorhanden – auch in den Landesspielhallengesetzen. In einigen Bundesländern finden sich spielhallenbezogene Bestimmungen ausschließlich in den Landesspielhallengesetzen. Die Zuständigkeit bezüglich der Erteilung der Spielhallenerlaubnis nach § 33i GewO und nach § 24 GlüStV wird in der Regel bei derselben Behörde gebündelt (so va § 10 Abs. 1 NGlüSpG; § 15 Abs. 3 LGlüG RhPf). Welche Glücksspiele in den jeweiligen Ländern im Einzelnen veranstaltet und durchgeführt werden dürfen, kann den im Vorspann genannten Bestimmungen der Ausführungsgesetze entnommen werden.

39

§ 3 Begriffsbestimmungen

(1) **Ein Glücksspiel liegt vor, wenn im Rahmen eines Spiels für den Erwerb einer Gewinnchance ein Entgelt verlangt wird und die Entscheidung über den Gewinn ganz oder überwiegend vom Zufall abhängt. Die Entscheidung über den Gewinn hängt in jedem Fall vom Zufall ab, wenn dafür der ungewisse Eintritt oder Ausgang zukünftiger Ereignisse maßgeblich ist. Wetten gegen Entgelt auf den Eintritt oder Ausgang eines**

zukünftigen Ereignisses sind Glücksspiele. Sportwetten sind Wetten zu festen Quoten auf den Ausgang von Sportereignissen oder Abschnitten von Sportereignissen. Pferdewetten sind Wetten aus Anlass öffentlicher Pferderennen und anderer öffentlicher Leistungsprüfungen für Pferde.

(2) Ein öffentliches Glücksspiel liegt vor, wenn für einen größeren, nicht geschlossenen Personenkreis eine Teilnahmemöglichkeit besteht oder es sich um gewohnheitsmäßig veranstaltete Glücksspiele in Vereinen oder sonstigen geschlossenen Gesellschaften handelt.

(3) Ein Glücksspiel im Sinne des Absatzes 1, bei dem einer Mehrzahl von Personen die Möglichkeit eröffnet wird, nach einem bestimmten Plan gegen ein bestimmtes Entgelt die Chance auf einen Geldgewinn zu erlangen, ist eine Lotterie. Die Vorschriften über Lotterien gelten auch, wenn anstelle von Geld Sachen oder andere geldwerte Vorteile gewonnen werden können (Ausspielung).

(4) Veranstaltet und vermittelt wird ein Glücksspiel dort, wo dem Spieler die Möglichkeit zur Teilnahme eröffnet wird.

(5) Annahmestellen und Lotterieeinnehmer sind in die Vertriebsorganisation von Veranstaltern nach § 10 Abs. 2 und 3 eingegliederte Vermittler.

(6) Gewerbliche Spielvermittlung betreibt, wer, ohne Annahmestelle, Lotterieeinnehmer oder Wettvermittlungsstelle zu sein,
1. einzelne Spielverträge an einen Veranstalter vermittelt oder
2. Spielinteressenten zu Spielgemeinschaften zusammenführt und deren Spielbeteiligung dem Veranstalter – selbst oder über Dritte – vermittelt,

sofern dies jeweils in der Absicht geschieht, durch diese Tätigkeit nachhaltig Gewinn zu erzielen.

(7) Eine Spielhalle ist ein Unternehmen oder Teil eines Unternehmens, das ausschließlich oder überwiegend der Aufstellung von Spielgeräten im Sinne des § 33c Abs. 1 Satz 1, der Veranstaltung anderer Spiele im Sinne des § 33d Abs. 1 Satz 1 der Gewerbeordnung in der Fassung vom 22. Februar 1999 (BGBl. I S. 202; zuletzt geändert durch Art. 4 Abs. 14 des Gesetzes vom 29. Juli 2009 BGBl I S. 2258) oder der gewerbsmäßigen Aufstellung von Unterhaltungsspielen ohne Gewinnmöglichkeit dient.

Ausführungsgesetze: §§ 10, 13-15, 18, 19 LGlüG BW-E; Art. 3 AGGlüStV Bay; §§ 8–13 AG GlüStV Bln; §§ 4, 5, 10–12 BbgGlüAG; §§ 4–7, 16, 18, 19 BremGlüG; §§ 5–8, 14, 15 HmbGlüÄndStVAG; §§ 10, 11, 13, 14 HGlüG; §§ 7–11a GlüStV AG M-V; §§ 5–8, 10 NGlüSpG; §§ 5–7, 13, 14, 16 AG GlüÄndStV NRW-E; §§ 6–12 LGlüG RhPf; §§ 6, 9–13 AG GlüStV-Saar; §§ 3, 7, 13, 14, 17–18a SächsGlüStVAG; §§ 5, 12, 13 GlüG LSA; §§ 3, 4 GlüÄndStV AG SchlH-E; § 4 ThürGlüG.

Übersicht

I. Grundlagen

§ 3 formuliert sog. **Legaldefinitionen** für zentrale Begrifflichkeiten des Staats- **1** vertrages. Der Vorschrift kommt Bedeutung für das gesamte Regelwerk zu, was auch durch ihre systematische Stellung im ersten Abschnitt des Staatsvertrages verdeutlicht wird. Eine parallele Vorschrift enthielt bereits § 3 LottStV, der in den Absätzen 1 bis 3 weitenteils wortgleich übernommen wurde. Immerhin hat Abs. 1 einige Ergänzungen erfahren, welche den (allgemeinen) Begriff der „Wette" und – seit 2012 – den Begriff der Sport- und Pferdewetten betreffen. In systematischer Hinsicht beschreiben Abs. 1 Satz 1 und 2 iVm. Abs. 2 den (allgemeinen) Tatbestand des öffentlichen Glücksspiels iSd GlüStV. Einzelausprägungen des Glücksspiels werden sodann in § 3 Abs. 1 Satz 3 (Wette), Satz 4 (Sportwette) und Satz 5 (Pferdewette) definiert. Abs. 3 definiert schließlich die Begriffe der Lotterie und Ausspielung. Unverändert beibehalten wurden die bereits im GlüStV 2008 normierten Regelungen der Absätze 4 bis 6 (mit redaktioneller Anpassung in Abs. 5). Neu hinzugefügt wurde schließlich Abs. 7, der sich dem Begriff der Spielhalle widmet.

II. Einzelkommentierung

1. § 3 Abs. 1 Glücksspiel und Wette

a) Sätze 1 und 2. Nach der Definition des § 3 Abs. 1 Satz 1 liegt ein **Glücks- 2 spiel** vor, wenn im Rahmen eines Spieles für den Erwerb einer Gewinnchance ein Entgelt verlangt wird und die Entscheidung über den Gewinn ganz oder überwiegend vom Zufall abhängt. Konstitutiv für das Vorliegen eines Glücksspiels iSd Staatsvertrages sind mithin die **Entgeltabhängigkeit** sowie die **Zufallssteuerung** hinsichtlich des Gewinns. Damit ähnelt die Legaldefinition des § 3 Abs. 1 dem klassischen strafrechtlichen Glücksspielbegriff (vgl. BGH NStZ 2003, 372 (373); BGH NJW 2002, 2175; BVerwG NJW 2001, 2648; Eser/Heine in Schönke/Schröder § 284 StGB Rn. 5;), ohne freilich mit diesem deckungsgleich zu sein (→ Rn. 5; aA OVG Münster ZfWG 2008, 204). Soweit Satz 1 auf das

Vorliegen eines Spiels abstellt, werden hiermit Handlungen im Bereich des genuinen Wirtschaftsrechts – schon aus kompetenziellen Gründen – aus dem Glücksspielbegriff ausgenommen. Allerdings verlieren Glücksspiele ihren Glücksspielcharakter nicht dadurch, dass sie in das Gewand eines allgemeinen Finanzproduktes gekleidet werden (vgl. etwa Zertifikate „auf den Ausgang sportlicher Ereignisse", die als Glücksspiele einzuordnen wären; zum Ganzen Salewski BKR 2012, 100).

3   **aa) Zufallsabhängigkeit der Gewinnentscheidung.** Von einer **Zufallsabhängigkeit** der Gewinnentscheidung ist nach Satz 2 in jedem Fall auszugehen, wenn hierfür ein zukünftiges Ereignis maßgeblich ist. Die Formulierung „in jedem Fall" bezieht sich ersichtlich auf die in Satz 1 geforderte vollständige oder überwiegende Zufallsabhängigkeit, so dass in den erfassten Fallkonstellationen keine gesonderte Bewertung des überwiegenden Elementes mehr zu erfolgen hat. Insoweit unterfallen vorbehaltlich der partiellen Bereichsausnahme des § 2 Abs. 6 bei entsprechendem Spieleinsatz etwa auch sog. „TV-Gewinnspiele" bzw. „Telefongewinnspiele" im Rundfunk (zum Problem der Entgeltlichkeit → Rn. 5 f.) dem Glücksspielbegriff, bei denen ein Zufallsgenerator über die Anrufweiterschaltung ins Studio entscheidet, denn von der rundfunkstaatsvertraglichen Erlaubnisfreistellung des § 8a Abs. 1 RStV werden insoweit nur zufallsabhängige teilnahmeentgeltfreie Spiele und Geschicklichkeitsspiele mit einem Teilnahmeentgelt von bis zu 0,50 Euro erfasst (eingehend VGH München ZfWG 2011, 416; VGH München ZfWG 2012, 189; VGH München ZfWG 2012, 195; VG München GewArch 2010, 359; Hüsken ZfWG 2009, 153 (155 ff.); Hüsken GewArch 2010, 336 ff.; Gebhardt/Postel in Gebhardt/Grüsser-Sinopoli § 21 Rn. 46 f.; Hecker/Ruttig GRUR 2005, 393 (397); aA VGH München ZUM-RD 2010, 102 (107) – obiter dictum; VG Regensburg Beschl. v. 18.5.2010 - RO 5 S 10.505, ZfWG 2010, 227 LS; Bolay ZfWG 2010, 88 ff.; Bolay MMR 2009, 669 (671 f.); Liesching ZfWG 2009, 320 (322 f.); Lober/Neumüller MMR 2010, 295 (297); Hambach/Münstermann K&R 2009, 457 (458 ff.); Engels WRP 2008, 470 (473); vgl. zur Problematik auch → § 2 Rn. 27); gleiches gilt für zufallsabhängige Gewinnspiele in vergleichbaren Telemedien (→ § 2 Rn. 33). Dies gilt selbst dann, wenn die Erlangung des Gewinnes von der Geschicklichkeit des Spielers im Rahmen eines nachgelagerten Spiels abhängt (Hüsken ZfWG 2009, 153 (156); Gebhardt/Postel in Gebhardt/Grüsser-Sinopoli § 21 Rn. 46 f.; Noltenius wistra 2008, 285 (287); Hecker/Ruttig GRUR 2005, 393 (397); OLG Düsseldorf MD 2005, 919; VG München ZfWG 2009, 70; zum Ganzen auch Kleinschmidt MMR 2004, 654 ff.).

4   Ein zentrales Problem bildet seit jeher die Abgrenzung des Glücksspiels vom **Geschicklichkeitsspiel** (hierzu Ennuschat GS Tettinger, 41 ff.; Fuchs GewArch 1998, 60 (62); Dickersbach GewArch 1998, 265 (268); Benischke ZG 1997, 369 (375 ff.); Schilling GewArch 1995, 318 ff.; auch → § 33d GewO Rn. 5 f.). Letzteres liegt vor, wenn die Entscheidung über Gewinn und Verlust von den (geistigen oder körperlichen) Fähigkeiten bzw. Fertigkeiten des Spielers und gerade nicht vom Zufall bestimmt wird (vgl. Eser/Heine in Schönke/Schröder § 284 StGB Rn. 5). Schwierigkeiten ergeben sich, wenn die konkrete Gewinnentscheidung sowohl durch Geschicklichkeits- als auch durch Zufallsaspekte beeinflusst wird. § 3 Abs. 1 Satz 1 verlangt in diesen Fällen eine wertende Gesamtbetrachtung, bei der das **überwiegende Element** den Ausschlag für die Zuordnung gibt (stRspr. seit BVerwGE 2, 110 (111); s. auch TWE GewO § 33d Rn. 6). „Überwiegt" das Zufallselement, liegt Glücksspiel vor, „überwiegt" die Geschicklichkeit, handelt es sich nicht um Glücksspiel, sondern um ein Geschicklichkeits-

spiel. Maßgeblich ist hierbei die Trefferquote eines **Durchschnittsspielers,** die mithin bei Geschicklichkeitsspielen oberhalb der 50%-Marke liegen muss (vgl. BVerwG NVwZ 2002, 862 (863)). Dass geübte Spieler höhere Trefferquoten erlangen können, bleibt außer Betracht (VG Wiesbaden GewArch 1996, 68). Lässt das in Rede stehende Spiel verschiedene Spielweisen zu, von denen nur eine als Glücksspiel anzusehen ist, handelt es sich dennoch insgesamt um ein Glücksspiel (BVerwG GewArch 1976, 87; BVerwG GewArch 1983, 63; Hahn in Friauf § 33d Rn. 9; im strafrechtlichen Kontext teilw. anders BGHSt 36, 74 gegen OLG Frankfurt NStZ 1988, 459: Hütchenspiel). **Im Zweifel** ist von einem **Glücksspiel** auszugehen. Zu den Geschicklichkeitsspielen (iSd § 33d GewO) gehören zahlreiche Karten- und Wurfspiele, zB Skat (BFH BStBl III 1951, 128), nicht aber **Black Jack** und **Poker** einschl. des **Turnierpoker** (für die Glücksspieleigenschaft von Turnierpoker VG Frankfurt ZfWG 2008, 219; Hüsken ZfWG 2009, 77 ff.; offenlassend VG Hamburg NVwZ-RR 2009, 63, da jedenfalls gewerberechtliche Unzulässigkeit vorliege; vgl. auch Fischhaber/Manz GewArch 2007, 405 ff.; Meyer/Hayer ZfWG 2008, 153 ff.; aA OVG Koblenz ZfWG 2009, 413; VG Trier ZfWG 2009, 66; Koenig/Ciszewski GewArch 2007, 402 ff.; differenzierend Kretschmer ZfWG 2007, 93 ff.; hierzu → § 33d GewO Rn. 5; zur Einordnung der Pokervariante Texas Hold'em als Geschicklichkeitsspiel Holznagel MMR 2008, 439 ff.; Rock/Fiedler ZfWG 2008, 412 ff.; Hambach/Hettich/Kruis MR-Int 2009, 41 ff.; offenlassend OVG Bautzen ZfWG 2012, 194). Explizit festgeschrieben wird der Glücksspielcharakter von Wetten (§ 3 Abs. 1 Satz 3), hinsichtlich derer der Staatsvertrag nochmals zwischen **Sportwetten zu festen Quoten** (hierzu → § 21 Rn. 11) und **Pferdewetten** (hierzu → § 27 Rn. 10) differenziert, die sonach beide keine Geschicklichkeitsspiele sind. Die Einordnung sog. **„Hausverlosungen"** bzw. „Hausgewinnspiele" über das Internet als Glücks- oder Geschicklichkeitsspiel hat je nach Ausgestaltung im konkreten Einzelfall unter Heranziehung der genannten Abgrenzungskriterien zu erfolgen (hierzu OVG Berlin-Brandenburg ZfWG 2012, 137; VGH München ZfWG 2012, 132; für eine Einordnung als Glücksspiel VG München ZfWG 2009, 70 ff., bezogen auf eine Hausverlosung; VG Göttingen MMR 2010, 135 f., bezogen auf eine Hotelverlosung; für eine Einordnung als Geschicklichkeitsspiel VG Berlin MMR 2009, 794 f., bezogen auf die Verlosung eines Pachtvertrages für ein Gasthaus nebst Inventar; vgl. auch Mailänder ZfWG 2009, 395 ff.; Mintas ZfWG 2009, 82 ff.; Pützenbacher IMR 2012, 167 ff.; BLA Gewerberecht, dargestellt bei Schönleiter/Stenger GewArch 2010, 61 (64); allgemein GewArch 2012, 336 ff.; zu steuerrechtlichen Aspekten der Hausverlosung Sterzinger NJW 2009, 3690 ff.).

bb) Entgeltlichkeit. Ein Glücksspiel iSd GlüStV liegt vor, wenn für den **5** Erwerb der Gewinnchance ein **Entgelt** verlangt wird. Fehlt es an einem Entgelt, handelt es sich idR um ein sog. **Gewinn-** oder **Unterhaltungsspiel** (s. § 14 HmbGlüÄndStVAG); bei einem nur ausnahmsweise unentgeltlichen Spielangebot kann ggf. Werbung für illegales Glücksspiel vorliegen (§ 5 Abs. 4; VG Frankfurt ZfWG 2007, 470; vgl. auch VG München MMR 2010, 59 f., zur Werbung für eine kostenlose Pokerschule; ebenfalls Hambach/Berberich, K&R 2010, 237 ff.). Zu beachten ist, dass Abs. 1 von einem „Entgelt", **nicht** aber von einem genuinen „Einsatz" spricht. Der legaldefinierte ordnungsrechtliche Glücksspielbegriff des § 3 Abs. 1 GlüStV weicht insofern von dem tradierten strafrechtlichen Glücksspielbegriff des § 284 StGB ab, als die im Rahmen der dortigen Glücksspieldefinition verwendeten Merkmale des „Einsatzes" und „Vermögensopfers" sowie die hiermit verbundene Debatte um die zT unangemessen hoch angesetzten Schwellenwerte oder Geringfügigkeitsgrenzen (s. nur Dannecker/Pfaffendorf NZWiSt 2012, 252: „mehr als 50 Euro pro Spiel bzw. mehr als 20 Euro pro Stunde") nicht aufgegriffen wird. Entgegen vielfach vertretener Auffassung (zuletzt VGH Mannheim ZfWG 2012, 279; ähnl. OVG Münster GewArch 2008, 407; OVG Lüneburg GewArch 2009, 406; OVG Koblenz ZfWG 2009, 413 (415); OVG Berlin-Brandenburg ZfWG 2009, 190 (191); VG Trier ZfWG 2009, 66 (68); Kruis NVwZ 2012, 797 ff.; Bolay MMR 2009, 669 (671); Reeckmann ZfWG 2008, 296 (297); Liesching ZfWG 2009, 320 (321 f.); Hambach/Münstermann K&R 2009, 457 (461); Lober/Neumüller MMR 2010, 295 (297)) können folgerichtig die heterogenen strafrechtlichen Diskussionsansätze zum Begriff des glücksspielrechtlichen Einsatzes nicht unbesehen auf Abs. 1 Satz 1 übertragen werden (wie hier etwa VGH München ZfWG 2011, 416; VGH Kassel ZfWG 2011, 425; VG München ZfWG 2009, 70 (72); VG Regensburg Beschl. v. 18.5.2010 – RO 5 S 10.505, ZfWG 2010, 227 LS; Hüsken ZfWG 2009, 77 f.; Hüsken GewArch 2010, 336 (337); Hüsken ZfWG 2009, 153 (155 ff.); Mintas ZfWG 2009, 82 (84); Mailänder ZfWG 2009, 395 (396); Steegmann Die Haftung der Basisinfrastruktur bei rechtswidrigen Internetangeboten, 30; differenzierend OVG Lüneburg, ZfWG 2009, 349 (350 f.); offenlassend OVG Magdeburg ZfWG 2009, 277 (278); OVG Lüneburg ZfWG 2009, 184 (189); VG Neustadt adW ZfWG 2008, 293 (294)). Vielmehr sind die mit dem GlüStV verfolgten ordnungsrechtlichen Ziele strukturell nicht identisch mit den strafrechtlich geschützten Interessen (VGH München ZfWG 2011, 416). Soweit der VGH Mannheim (ZfWG 2012, 279) entgegen dem hier vertretenen Ansatz die Gefahr eines Kompetenzübergriffs der Länder auf das gewerberechtlich geregelte Automatenrecht annimmt, dürfte sich dem durch eine teleologische Auslegung des GlüStV (→ Rn. 22) unproblematisch entgegen wirken lassen.

Vor diesem Hintergrund bleibt im Rahmen des § 3 ohne Relevanz, ob das zu entrichtende Entgelt als „Einsatz" für das Spiel oder als Kostendeckungsbeitrag für die Organisation der Veranstaltung verwendet wird (s. VG Münster Beschl. v. 3.4.2008 – 9 L 13/08, ZfWG 2008, 151 LS; aA OVG Münster ZfWG 2008, 204; OVG Bautzen ZfWG 2012, 194; VGH Mannheim ZfWG 2012, 279). Auch eine Finanzierung der Gewinne durch **(Voll-)Sponsoring** schließt somit einen Glücksspielcharakter iSd Abs. 1 Satz 1 nicht aus (wohl auch OVG Münster ZfWG 2012, 285 (286 f.); anders noch OVG Münster ZfWG 2008, 204). Als Entgelte erfasst werden somit auch „Teilnahmeentgelte" oder „Unkostenbeiträge" (iErg auch VG Frankfurt ZfWG 2008, 219; VG München Beschl. v. 8.5.2007 – M 22 S 07.900; VG Weimar ZfWG 2008, 62; VG Münster Beschl. v. 3.4.2008 – 9 L 13/08, ZfWG 2008, 151 LS; differenzierend VG Cottbus Beschl. v. 3.11.2006 – 2 L 386/06; AG Fürstenfeldbruck Urt. vom 29.8.2007 – 3 Cs Js 6775/07; aA OVG Bautzen ZfWG 2012, 194; Duesberg JA 2008, 270 (271); vgl. auch zum sog. „Turnierpoker" Hüsken ZfWG 2009, 77 ff. → § 33d GewO Rn. 5), ebenso Aufwendungen etwa in Gestalt von Mehrwert-Gebühren vermeintlicher „Telefongewinnspiele" (VGH München ZfWG 2011, 416; VG München GewArch 2010, 359; VG Regensburg Beschl. v. 18.5.2010 – RO 5 S 10.505, ZfWG 2010, 227 LS; Eichmann/Sörup MMR 2002, 142 (144)). Das Entgelt kann auch im Kaufpreis einer Ware enthalten sein (vgl. OLG Düsseldorf NJW 1958, 760; Eichmann/Sörup MMR 2002, 142; anders VG Stuttgart ZfWG 2012, 223), nicht aber bei nachträglicher Rückerstattung im Rahmen einer Werbeaktion, wenn ein zufallsabhängiges Ereignis eintritt (VG Regensburg ZfWG 2012, 291). Ein Entgelt liegt auch vor, wenn dieses nur im Verlustfall zu entrichten ist (Lackner/Kühl § 287 StGB Rn. 2).

Angesichts der Eigenständigkeit des staatsvertraglichen „Entgeltbegriffes" lassen 6 sich auch die strafrechtlichen Diskussionen um eine etwa notwendige **Erheblich-keitsschwelle** des Einsatzes nicht auf Abs. 1 Satz 1 übertragen (Hecker WRP 2012, 523 (527 f.)), so dass zB auch vermeintliche „Telefongewinnspiele" in Hörfunk und Fernsehen regelmäßig unter den Glücksspielbegriff des Abs. 1 Satz 1 fallen (VGH München ZfWG 2011, 416; VGH München ZfWG 2012, 189; VGH München ZfWG 2012, 195; VG München GewArch 2010, 359; Hüsken ZfWG 2009, 153 (155 ff.); Hüsken GewArch 2010, 336 ff.; Gebhardt/Postel in Gebhardt/Grüsser-Sinopoli § 21 Rn. 46 f.; aA VGH München ZUM-RD 2010, 102 (107) – obiter dictum; VG Regensburg Beschl. v. 18.5.2010 – RO 5 S 10.505, ZfWG 2010, 227 LS; Bolay ZfWG 2010, 88 ff.; Bolay MMR 2009, 669 (671 f.); Liesching ZfWG 2009, 320 (322 f.); Lober/Neumüller MMR 2010, 295 (297); Hambach/Münstermann K&R 2009, 457 (458 ff.)). Unabhängig hiervon dürfte auch die strafrechtliche Einordnung eines Einsatzes in Höhe von 0,49 Euro bei derartigen Gewinnspielen als „Bagatelleinsatz" (viel zu weit gehend Eichmann/Sörup MMR 2002, 142 (144 f.): max. Wertgrenze von 2,50 Euro für die gesamte Gewinnspielteilnahme; ebenfalls Fackler Fernsehen und Glücksspiel, 97 ff., der einen Entgeltrahmen von 15 bis 60 Euro als unerheblichen Einsatz ansieht) abzulehnen sein. Da die Teilnehmer regelmäßig zu Mehrfachanrufen animiert werden, darf die hiermit intendierte Summierung des Einsatzes nicht außer Betracht bleiben (für das Vorliegen eines Glücksspiels überzeugend VG Düsseldorf MMR 2009, 717; LG Köln MMR 2009, 485; Hüsken ZfWG 2009, 153 (157); Hüsken GewArch 2010, 336 (337 f.); Hecker/Ruttig GRUR 2005, 393 (398); wohl auch Fischer § 284 StGB Rn. 5; aA LG Freiburg MMR 2005, 547; Bolay MMR 2009, 669 (672); Liesching ZfWG 2009, 320 (323 f.); Lober/Neumüller MMR 2010, 295 (298); Hambach/Münstermann K&R 2009, 457 (458 ff.)). Über den genannten Betrag hinausgehende sowie zeitabhängige Verbindungsentgelte sind auch strafrechtlich ohne Weiteres als Einsatz zu werten (so auch Fischer § 284 StGB Rn. 5). Portokosten, die nur für den postalischen Transport einer Gewinnspielteilnahme entrichtet werden, bilden dagegen kein Entgelt für den Erwerb der Gewinnchance. Gleiches dürfte für Telefongewinnspiele gelten, bei denen allein die notwendigen Telekommunikationsverbindungsentgelte anfallen und keine darüber hinausgehenden Mehrwertgebühren (Hüsken ZfWG 2009, 153 (157)). Entrichtet der Teilnehmer eines zufallsabhängigen Gewinnspiels ein für die konkrete Teilnahmeform obligatorisches Entgelt, wird der Glücksspielcharakter richtigerweise nicht durch etwaige **unentgeltliche Teilnahmealternativen** ausgeschlossen. Nach dem Wortlaut des Abs. 1 Satz 1 reicht es vielmehr aus, wenn nach einer der möglichen Teilnahmevarianten ein Entgelt verlangt wird. Kein Entgelt stellt die **freiwillige Spende** dar, so dass reine „Charity-Pokerturniere" kein Glücksspiel iSd Abs. 1 Satz 1 darstellen (VG Münster Beschl. v. 3.4.2008 – 9 L 13/08, ZfWG 2008, 151 LS). Zielen derartige Turniere freilich auf ein entgeltliches Weiterspielen ab, liegt hierin eine Werbung für illegales Glücksspiel (VG Münster Beschl. v. 3.4.2008 – 9 L 13/08, ZfWG 2008, 151 LS). Entsprechendes ist im Falle einer obligatorischen Registrierung der Teilnehmer eines kostenlosen Pokerturnieres anzunehmen, da derartige Anforderungen branchentypisch auf eine Refinanzierung im Rahmen nachfolgender Veranstaltungen abzielen (s. VG Frankfurt ZfWG 2007, 470; diff. OVG Münster ZfWG 2008, 204 (205)). Keinerlei Rückbindung in Abs. 1 Satz 1 findet schließlich die für § 284 StGB vielfach vertretene Auffassung, dass ein Glücksspielcharakter entfalle, wenn nur ganz unbedeutende Vermögenswerte zum Gewinn anstehen (vgl. BVerwG NVwZ 2002, 862 (864); OLG Köln NJW 1957, 721; Eser/Heine in Schönke/Schröder § 284 StGB Rn. 6).

7   **b) Satz 3.** Satz 3 dient der Klarstellung, dass „Wetten auf den Eintritt oder Ausgang eines zukünftigen Ereignisses" Glücksspiele sind, wenn sie gegen Entgelt angeboten werden. Die Klarstellung war deshalb angezeigt, weil unter den bürgerlich-rechtlichen Begriff der „Wette" (§ 762 BGB) andere Sachverhalte subsumiert werden, als dies im praktischen Wettgeschäft, namentlich im Bereich der sog. „Sportwette" (→ § 21 Rn. 10 ff.), der Fall ist. So ist der Begriff der „Wette" im zivilrechtlichen Sprachgebrauch von dem Begriff des Glücksspiels abzugrenzen. Die Wette in diesem „technischen" Sinne bezieht sich allein auf den Meinungsstreit hinsichtlich der Richtigkeit bereits feststehender Tatsachen, wohingegen das Glücksspiel auf **zufällige künftige Ereignisse** („wer wird gewinnen") abstellt (hierzu Sprau in Palandt § 762 BGB Rn. 3). Wetten iSd § 3 Abs. 1 Satz 3 sind somit keine „Wetten" im zivilrechtlichen Sinne, sondern klassische Glücksspiele (unzutr. Dannecker/Pfaffendorf NZWiSt 2012, 252). Dies gilt namentlich für die in Abs. 3 Satz 4 geregelte Sportwette zu festen Quoten (iSe Glücksspiels bereits vorher die ganz hM, vgl. BVerfG NJW 2006, 1261; BVerwG NVwZ 2006, 1175 (1177); BVerwG NJW 2001, 2648; BGH NStZ 2003, 372 (373); BGH NJW 2001, 2175; eingehend zuletzt Steegmann ZfWG 2007, 410 ff.; aA etwa AG Karlsruhe-Durlach NStZ 2001, 254; Voßkuhle/Bumke, 17 ff., 25), aber auch für das klassische „Toto", wobei die Entwurfs-Begründung Totalisatorwetten als „spezielle Ausprägung von Lotterien" auffasst (Begr. zu § 28 Abs. 3; ebenso Hecker WRP 2012, 523 (527)), nicht aber als sonstige Wette iSd § 3 Abs. 1 Satz 3, was zB für die Anwendbarkeit des § 4 Abs. 5 oder den Anschluss an ein Sperrsystem durchaus von Bedeutung ist. Der auf Wetten zu festen Quoten begrenzte Sportwettenbegriff des § 3 Abs. 1 Satz 4 hebt sich damit von dem weiter gehenden Sportwettenbegriff des § 17 Abs. 2 Satz 1 RennwLottG ab (→ § 17 RennwLottG Rn. 22). Nach Auffassung des VG Karlsruhe unterfallen auch sog. „Finanzwetten", bei denen gegen Entgelt zB auf den Stand eines Börsenindex zu einem bestimmten Zeitpunkt gewettet wird, dem § 3 Abs. 1 Satz 3 GlüStV (ZfWG 2010, 220). Angesichts der expliziten glücksspielrechtlichen Zuordnung der Festquoten-Sportwette in Satz 3 kommt es auf die auch in neuerer Zeit noch gelegentlich diskutierte Frage, ob und inwieweit der Durchschnittsspieler den Erfolg der Sportwetten durch eigene Kenntnisse beeinflussen kann, nicht an. Erlaubnisfähig ist die Sportwette iSd § 3 Abs. 1 Satz 4 nur in den Formen des § 21 Abs. 1. Zur Frage, welche Themen als „Sportereignis" Gegenstand von Sportwetten sein können, → § 21 Rn. 22 ff.

2. § 3 Abs. 2 öffentliches Glücksspiel

8   § 3 Abs. 2 definiert, wann ein Glücksspiel **öffentlich** ist und damit dem Anwendungsbereich des Staatsvertrages (s. § 2) unterfällt. Dem gesetzgeberischen Willen zufolge soll sich der definierte Begriff des „öffentlichen" Glücksspiels an die strafrechtliche Rechtslage und Rechtsprechung anlehnen (vgl. Erl. zum GlüStV BayLT-Drs. 15/8486, 13 iVm Erl. zum LottStV, 7). Folgerichtig greift die Begriffsbestimmung auf Elemente des § 284 Abs. 2 StGB zurück. Ein öffentliches Glücksspiel liegt nach Abs. 2 1. Alt. zunächst dann vor, wenn für einen **größeren, nicht geschlossenen Personenkreis** eine Teilnahmemöglichkeit besteht. Konstitutiv

ist für das öffentliche Glücksspiel danach, dass die Beteiligungsmöglichkeit für einen beliebigen Personenkreis erkennbar ist (vgl. LG München I NJW 2002, 2656; Beckemper in BeckOK StGB § 284 Rn. 17; Eser/Heine in Schönke/Schröder § 284 StGB Rn. 9). Die Veranstaltung des Glücksspiels in einem allgemein zugänglichen und damit öffentlichen Raum reicht hierfür formal gesehen nicht aus; allerdings wird mit der Nutzung allgemein zugänglicher Räume zumeist die Erkennbarkeit einer allgemeinen Beteiligungsmöglichkeit verbunden sein.

Die zweite Alternative der Legaldefinition des Abs. 2 deckt sich inhaltlich mit **9** der in § 284 Abs. 2 StGB genannten Fallvariante der **gewohnheitsmäßigen Veranstaltung in Vereinen** oder **geschlossenen Gesellschaften.** Gewohnheitsmäßig wird eine Tätigkeit ausgeübt, wenn sie **ohne Gewinnabsicht** zu einer **dauernden** oder **wenigstens wiederkehrenden Beschäftigung** führt (vgl. hierzu auch → § 33g GewO Rn. 4). Einbezogen sind damit auch geschlossene Gesellschaften, sofern die Veranstaltung von Glücksspielen hierbei zu den regelmäßig ausgeübten Tätigkeiten zählt. Nicht erforderlich ist, dass die Gesellschaft zuvörderst oder gar ausschließlich zum Zwecke des Glücksspiels zusammenkommt, so dass etwa auch die regelmäßigen „internen" Sportwetten von Mitgliedern eines Fußballvereins öffentliches Glücksspiel darstellen. Ohne Bedeutung bleibt ebenfalls, ob ein Hang des einzelnen Teilnehmers zum Spiel besteht oder nicht (hierzu auch LK/v. Bubnoff § 284 StGB Rn. 16; Beckemper in BeckOK StGB § 284 Rn. 18; Schönke/Schröder § 284 StGB Rn. 10; aA Lackner/Kühl § 284 StGB Rn. 10). Aus der Gegenüberstellung beider Fallalternativen ergibt sich, dass von der zweiten Alternative auch kleinere Gesellschaften erfasst werden.

3. § 3 Abs. 3 Lotterie und Ausspielung

§ 3 Abs. 3 definiert in Satz 1 das **Lotteriespiel,** in Satz 2 die sog. **Ausspielung.** **10** Beide Begriffsbestimmungen sind an die parallele strafrechtliche Dogmatik zu § 287 StGB angelehnt. Gemäß Satz 2 sind die im Staatsvertrag enthaltenen lotterierechtlichen Vorschriften auf Ausspielungen jeweils entsprechend anzuwenden. Abs. 3 Satz 1 stellt zugleich klar, dass es sich sowohl bei der Lotterie als auch bei der Ausspielung um Glücksspiel „im Sinne des Absatzes 1" handelt.

a) Lotterien. Eine Lotterie ist nach der staatsvertraglichen Begriffsbestimmung **11** ein Glücksspiel, bei dem einer Mehrzahl von Personen die Möglichkeit eröffnet wird, nach einem bestimmten Plan gegen ein bestimmtes Entgelt die Chance auf einen Geldgewinn zu erlangen (hierzu auch BVerwGE 4, 294 (296); OVG Münster OVGE 11, 79 (80)). Die für eine Lotterie konstituierenden Merkmale sind die des „bestimmten Planes" und des „bestimmten Entgelts". Der vom Veranstalter festzusetzende Spielplan muss den Spielbetrieb im Allgemeinen und die Bedingungen der Teilnahme im Besonderen regeln (vgl. Heine in Schönke/Schröder § 287 StGB Rn. 3). Er hat insbesondere die möglichen Gewinne und Verluste nach Zahl und Höhe sowie deren Verteilung an die Mitspieler vorzugeben (vgl. Fischer § 287 StGB Rn. 6). Ferner ist die Höhe des Einsatzes im Spielplan zu bestimmen (Lackner/Kühl § 287 StGB Rn. 2). Dieser Einsatz muss nicht zwingend ein Geldeinsatz sein. Traditionell werden Lotterien als Zahlenlotterie (6 aus 49) oder als Nummernlotterie (GlücksSpirale, GKL vormals NKL/SKL) angeboten. Da die **Klassenlotterie** auf ein mehrmonatiges Mitspiel ausgerichtet ist und mit der Spielteilnahme grundsätzlich nur zu bestimmten Terminen im Jahr begonnen werden kann, handelt es sich um eine jeweils **einheitliche Lotterie**; dies auch dann, wenn uU tägliche Ziehungen stattfinden (zu Klassenlotterien eingehend

Rombach in Gebhardt/Grüsser-Sinopoli § 23 Rn. 1 ff.). Kann der Spieler über die Höhe seines Einsatzes frei entscheiden, liegt keine Lotterie iSd Abs. 3, sondern ein sonstiges Glücksspiel iSd Abs. 1 vor. Nicht ausreichend ist es, wenn der Veranstalter den Einsatz selbst trägt (Lackner/Kühl § 287 StGB Rn. 2). In diesem Fall liegt eine **Gratislotterie** vor, die mangels Entgeltlichkeit die Lotterie- und Glücksspieleigenschaft des Spieles entfallen lässt. Ist die Gratislotterie auf die entgeltliche Fortsetzung als ungenehmigte Lotterie gerichtet, kann immerhin Werbung für illegales Glücksspiel vorliegen (im Kontext des Pokerspiels VG Frankfurt ZfWG 2007, 470; OVG Münster ZfWG 2008, 204; VG München MMR 2010, 59). Als Lotterien kommen neben den klassischen **Zahlenlotterien** uU auch **Preisrätsel** in einer Zeitung in Betracht (RG 25, 256). In Ansehung der Sonderregelung des § 21 wird man das **Toto** nicht (mehr) unter den Begriff der Lotterie subsumieren können.

12   **b) Ausspielung.** Die Ausspielung unterscheidet sich von der Lotterie regelmäßig nur dadurch, dass anstelle von Geld **Sachen** oder **andere geldwerte Vorteile** gewonnen werden können. Als potenzielle Ausspielungsgewinne kommen etwa Fahrzeuge oder Urlaubsreisen in Betracht. Inhaltlich gelten die staatsvertraglichen Regelungen für Lotterien entsprechend (§ 3 Abs. 3 Satz 2). In strafrechtlicher Hinsicht ergibt sich aus der Sonderregelung des § 287 StGB für Lotterien und Ausspielungen die Konsequenz, dass die in § 284 Abs. 2 StGB formulierte Erweiterung des öffentlichen Glücksspiels auf die gewohnheitsmäßige Veranstaltung derartiger Glücksspiele in geschlossenen Gesellschaften – anders als im Rahmen des Staatsvertrages – keine Anwendung auf Ausspielungen und Lotterien findet. Sinn und Zweck dieser ordnungsrechtlichen Erweiterung sind es, einer Verfestigung schwer kontrollierbarer und intransparenter Spielstrukturen entgegen zu wirken.

4. § 3 Abs. 4 Veranstaltung und Vermittlung in örtlicher Hinsicht

13   **a) Abs. 4 als klarstellende Regelung.** § 3 Abs. 4 enthält eine gesetzliche Klärung der territorialen Zuordnung von Handlungen des „Veranstaltens" und „Vermittelns" von Glücksspielen (→ § 2 Rn. 4 ff.). Diese wird dann von Relevanz, wenn die Möglichkeit der Spielteilnahme an einem anderen Ort als dem Sitz des Anbieters eröffnet wird. Hintergrund dieser Klarstellung waren Auseinandersetzungen um das einschlägige Rechtsregime bei Tätigkeiten mit (bundes- oder landes-)grenzüberschreitender Wirkung, namentlich im Rahmen des Einsatzes neuer Medien. § 3 Abs. 4 stellt explizit klar, dass Veranstalter und Vermittler bei Tätigkeiten im Geltungsbereich des Staatsvertrages auch überall dort einer Erlaubnis bedürfen, wo potenziellen Spielern die Gelegenheit zum Spiel eröffnet wird. Im Kontext mit § 4 Abs. 1 zielt § 3 Abs. 4 damit auf die Wahrung der sog. **Lotteriehoheit** der Länder, wie sie sich verwaltungsrechtlich in dem sog. lotterierechtlichen „Regionalitätsgrundsatz" manifestiert (eingehend Dietlein ZfWG 2006, 197 (198 ff.)). § 3 Abs. 4 übernimmt eine schon bislang – namentlich auch in der strafrechtlichen Bewertung – vorherrschende Bewertung (vgl. OVG Münster ZfWG 2008, 122 ff.; eingehend Dietlein/Woesler K&R 2003, 458 ff.), so dass der Bestimmung im Wesentlichen klarstellende Bedeutung zukommt.

14   **b) Auswirkungen auf die Internetvermittlung.** Hinsichtlich etwaiger Internet-Angebote ergibt sich aus der Anwendung der Bestimmung, dass die betreffenden Glücksspiele in allen Bundesländern veranstaltet und vermittelt werden, von denen aus eine Spielteilnahme möglich ist. Hiergegen kann nicht eingewandt werden, dass die Veranstalter ihr Angebot nicht an bestimmte Internetnutzer richten (OVG Münster ZfWG 2008, 122). Es reicht hin, wenn die Internetpräsenz auf die Entgegennahme von Spielaufträgen zumindest auch aus dem betreffenden Land angelegt ist. Illegal sind damit in- und ausländische Internet-Glücksspiele, die ohne landesstaatliche Erlaubnis nach § 4 Abs. 1 in den Ländern angeboten werden (vgl. hierzu auch VGH Mannheim ZfWG 2008, 131 (132); BGH NJW 2004, 2158 (2160)), aber auch „an sich" erlaubte inländische Internetangebote, soweit hierbei Teilnahmemöglichkeiten außerhalb desjenigen (Bundes-)Landes eröffnet werden, das die Veranstaltung und Vermittlung gestattet hat. Internetanbieter ohne flächendeckende Erlaubnis in allen Ländern haben damit bei ihren Online-Angeboten eine **Geolokalisation** vorzunehmen (hierzu Hoeren MMR 2007, 3; Hoeren ZfWG 2008, 229 ff. und 311 ff.; OVG Münster ZfWG 2010, 140 (142) mwN). Gelingt eine solche Geolokalisation nicht, muss das Angebot konsequenterweise vollständig unterbleiben (vgl. hierzu BVerwG ZfWG 2011, 332, Rn. 16; VGH München Beschl. v. 24.1.2012 - 10 CS 11.1290, ZfWG 2012, 151 LS; VGH München Beschl. v. 22.7.2009 - 10 CS 09.1184, 10 CS 09.1185, ZfWG 2009, 387 LS; VGH München ZfWG 2008, 455; in technischer Hinsicht wohl überholt und auf eine besondere Formulierung der Untersagungsverfügung abstellend VGH München GewArch 2007, 338; VG Ansbach Beschl. v. 14.12.2006 - AN 4 S 06.3253). Die Lokalisationsproblematik wird in Zukunft durch die Möglichkeit eines län>dereinheitlichen Verfahrens (§ 9a, § 19 Abs. 2) deutlich entschärft, bleibt aber gleichwohl etwa mit Blick auf Altkonzessionen im Spielbankenbereich auch weiterhin denkbar (OVG Lüneburg NdsVBl. 2008, 258).

c) Postalische Vermittlung. Bei der postalischen Übermittlung von Spiel- **15** scheinen liegt der Veranstaltungsort beim Angebotsempfänger (BGH NJW 2002, 2175). Die Einbeziehung auch des Vermittlungsbegriffes bezweckt eine einheitliche Behandlung von Veranstaltung und Vermittlung und trägt damit dem Umstand Rechnung, dass die Vermittlung bei materieller Betrachtung Teil der Veranstaltung ist (→ § 2 Rn. 4, 6).

d) Inhaltliche Verknüpfung von Veranstaltung und Vermittlung. Von **16** Bedeutung ist, dass § 3 Abs. 4 im Umkehrschluss festlegt, dass ein Glücksspiel dort, wo es zur Teilnahme angeboten wird, gleichermaßen veranstaltet wie vermittelt wird. Dies bedeutet, dass eine Vermittlungserlaubnis allein nicht hinreicht, um Glücksspiele in einem (Bundes-)Land zu vermitteln, in dem eine auf das vermittelte Angebot bezogene Veranstaltungserlaubnis nicht vorliegt. Diese Besonderheit betrifft namentlich die sog. **gewerbliche Spielvermittlung,** die damit vom Grundsatz her auf die Vermittlung von Glücksspielen beschränkt bleibt, für die dem jeweiligen Veranstalter in dem betreffenden Land eine Veranstaltererlaubnis erteilt wurde. Diese Konzeption wird auch nicht durch die Möglichkeit der Erteilung einer Sammelerlaubnis in Frage gestellt, da es sich bei dieser allein um **„gesammelte Einzelerlaubnisse"** handelt, deren Erteilung zur länderübergreifenden Koordinierung durch das Glücksspielkollegium gesteuert wird (→ Einführung Rn. 4). Faktisch folgt aus dieser Konstruktion ein Verbot der grenzüberschreitenden Spielvermittlung (zur Verfassungsmäßigkeit BVerfG-K ZfWG 2008, 351 (358)). Diese Restriktion trägt dem Umstand Rechnung, dass die grenzüberschreitende Vermittlung regelmäßig auf die Etablierung eines Wettbewerbs um unterschiedliche Glücksspielangebote zielt und damit spielanheizende

Wirkungen zu entfalten vermag (VG Saarlouis Urt. v. 6.6.2012 - 6 K 177/10, ZfWG 2012, 304 LS).

17   **e) Ort des Unternehmenssitzes.** Vom Wortlaut des Abs. 4 nicht erfasst ist der Fall, dass ein Glücksspielanbieter seinen Sitz im Geltungsbereich des Staatsvertrages hat, dort aber keine Teilnahmemöglichkeiten gewährt. Allerdings lässt Abs. 4 aufgrund seiner speziellen Zielrichtung kaum den Schluss zu, dass insoweit eine relevante Veranstaltertätigkeit nicht vorliegt. Vielmehr entspricht es einer bis auf das Reichsgericht (ZfWG 2008, 104 ff.) zurückgehenden Rechtsprechung, dass eine Glücksspielveranstaltung an jedem Ort stattfindet, an dem Einrichtungen als **Bestandteile des einheitlichen Gesamtunternehmens** geschaffen wurden. Es ist nicht ersichtlich, dass der Staatsvertrag von dieser Rechtsprechung abweichen will. Insofern wird man § 3 Abs. 4 als eine nicht abschließende Regelung zum Veranstaltungsort interpretieren müssen (hierzu Schmitt ZfWG 2008, 114 f.).

5. § 3 Abs. 5 Annahmestellen und Lotterieeinnehmer

18   Abs. 5 definiert **Annahmestellen** und **Lotterieeinnehmer** als in die Vertriebsorganisation von Veranstaltern nach § 10 Abs. 2 und 3 eingegliederte Vermittler (zu arbeits- und handelsrechtlichen Aspekten im Verhältnis zu den Lotteriegesellschaften vgl. Salaw-Hanslmaier/Brunner, ZfWG 2012, 240 ff.). Diese Sprachregelung verdeutlicht erneut, dass Veranstaltung und Vertrieb materiell verflochten sind und im Staatsvertrag lediglich formalrechtlich getrennt werden (→ § 2 Rn. 4 ff.). Der Verweis auf die Einbindung in die Vertriebsorganisation der staatlichen Glücksspielveranstalter iSd § 10 Abs. 2 (hierzu ausführlich → § 10 Rn. 15 ff.) enthält zugleich die entscheidende Abgrenzung der Annahmestellen und Lotterieeinnehmer von der gewerblichen Spielvermittlung (vgl. Erl. zum GlüStV BayLT-Drs. 15/8486, 13; hierzu ferner → Rn. 20). Letztere sind also keine „Annahmestellen" iSd Gesetzes (hierzu auch → § 10 Rn. 30 ff.).

19   Der Begriff des **Lotterieeinnehmers** wird ua in § 6 Abs. 3 BremGlüG präzisiert. Lotterieeinnehmer ist, wer mit behördlicher Erlaubnis und aufgrund eines privatrechtlichen Vertrages mit der NKL oder der SKL bzw. nunmehr der GKL deren Angebote vertreibt (hierzu Rombach in Gebhardt/Grüsser-Sinopoli § 23 Rn. 28 ff.; zu den Vertriebsstrukturen der bisherigen Klassenlotterien Brugger ZfWG 2008, 20 (23) mwN).

6. § 3 Abs. 6 Gewerbliche Spielvermittlung

20   Die Abs. 5 und 6 des § 3 stehen in einem engen systematischen Zusammenhang. Sie dienen der Abgrenzung der staatlichen Vertriebsorganisation von der gewerblichen Spielvermittlung (hierzu die Erl. zum GlüStV BayLT-Drs. 15/8486, 13). Die vormals in § 14 Abs. 1 LottStV enthaltene Legaldefinition der gewerblichen Spielvermittler wird an vorgezogener Stelle und in inhaltlich modifizierter Form übernommen. Dabei verzichtet § 3 Abs. 6 darauf, die gewerbliche Spielvermittlung explizit als Tätigkeit „im Auftrag der Spielinteressenten" (§ 14 Abs. 1 LottStV) zu qualifizieren, ohne dass dies allerdings eine materielle Änderung darstellen dürfte. Die betreffende Passage des alten LottStV basierte auf der Rechtsprechung des BGH, die die gewerbliche Spielvermittlung gleichsam als „Plural der Einzelteilnahme" qualifiziert und aufgrund dieser Einschätzung von den Veranstalterbindungen des Ordnungs- und Strafrechts gelöst hatte (BGH NJW-RR 1999, 1267). Mit der Einrichtung eines eigenständigen Erlaubnisvorbehalts für

die gewerbliche Spielvermittlung durch den GlüStV 2008 hat sich der diesbezügliche Streit erledigt. Entsprechendes gilt für den Streit um die Zulässigkeit der grenzüberschreitenden Vermittlung, die seit dem GlüStV 2008 ebenfalls eine spezialgesetzliche Regelung erfahren hat (→ Rn. 16). Durch den GlüStV abschließend geklärt ist allerdings die Frage einer **Doppelverprovisionierung** der gewerblichen Spielvermittler. Da die gewerbliche Spielvermittlung per definitionem vom Vertrieb der Anbieter nach § 10 Abs. 2 abgegrenzt und auf eine Abgabe der Spielaufträge an die jeweils im Lande zugelassenen Veranstalter beschränkt ist (arg. e contr. § 3 Abs. 5), müssten Provisionszahlungen von dortiger Seite konsequenterweise ausscheiden. Mit Blick auf die abweichende Sichtweise namentlich des BKartA (ZfWG 2006, 224) hatten die Ausführungsgesetze in der Vergangenheit teilweise ein explizites Verbot der Doppelverprovisionierung festgeschrieben (vgl. § 13 Abs. 3 SächsGlüStVAG; → § 19 Rn. 6). Diese rein ordnungsrechtlich motivierte Entscheidung unterliegt nicht der kartellrechtlichen Bewertung und ist verfassungsrechtlich nicht zu beanstanden (s. BVerfG-K ZfWG 2008, 351 (354 und 357)). Erweitert wurde die Definition der gewerblichen Spielvermittlung um den Zusatz „ohne Annahmestelle oder Lotterieeinnehmer zu sein". Die materiellen Anforderungen an die gewerbliche Spielvermittlung werden in § 19 genannt (hierzu ausführlich → § 19 Rn. 6 ff.).

Kennzeichnende Merkmale der gewerblichen Spielvermittlung sind die **veran-** 21 **stalterungebundene Vermittlung** einzelner Spielverträge bzw. der Spielbeteiligung von Spielgemeinschaften sowie die **Absicht nachhaltiger Gewinnerzielung.** Gerade mit letztgenannter Komponente fällt die gewerbliche Spielvermittlung deutlich aus dem ordnungsrechtlichen Rahmen des Staatsvertrages, wie er insbesondere durch die Ziele des § 1 definiert wird (zur kompetenziellen Seite s. die Einführung Rn. 11). Abgefedert wird diese Systemverschiebung durch den Erlaubnisvorbehalt des § 4 Abs. 1 und 2, der auch für die gewerbliche Spielvermittlung explizit einen Rechtsanspruch auf Erlaubniserteilung ausschließt. Den Behörden bleibt somit hinreichender Spielraum, um einer Gefährdung der Zielvorgaben des § 1 im Rahmen des Erlaubnisverfahrens entgegen zu wirken. Dies gilt auch für diejenigen Länder, die einen Erlaubnisanspruch für den Regelfall bejahen (iSe „Soll-Vorschrift" etwa § 8 Abs. 1 S. 1 HmbGlüÄndStVAG; § 4 Abs. 1 S. 3 NGlüSpG; § 4 Abs. 1 S. 4 AG GlüÄndStV NRW-E; ausführlich Brugger ZfWG 2008, 20 (24)).

7. § 3 Abs. 7 Spielhallen

Erstmals integriert der Staatsvertrag mit § 3 Abs. 7 iVm §§ 24 ff. nunmehr auch 22 die Spielhallen in das glücksspielrechtliche Regulierungskonzept. Abs. 7 knüpft dabei an den gewerberechtlichen Spielhallenbegriff des § 33i GewO an (→ § 33i Rn. 5). Er erfasst also sämtliche Spielhallen, die der Aufstellung von Spielgeräten iSd § 33c Abs. 1 Satz 1 GewO, der Veranstaltung anderer Spiele iSd § 33d Abs. 1 Satz 1 GewO oder der gewerbsmäßigen Aufstellung von Unterhaltungsspielen ohne Gewinnmöglichkeit dienen, gleichviel, ob von der unter glücksspielrechtlichen Aspekten allein relevanten Variante des Angebots von Spielautomaten iSd § 33c GewO Gebrauch gemacht worden ist oder nicht. Allerdings beschränkt § 2 Abs. 3 die Anwendung des GlüStV auf solche Spielhallen, die Geld- und Warenspielgeräte mit Gewinnmöglichkeit bereithalten (→ § 33c GewO Rn. 4). Und auch für diese Spielhallen werden die anwendbaren Normen des GlüStV in § 2 Abs. 3 enumerativ aufgelistet. Die Errichtung und der Betrieb einer Spielhalle ohne glücksspielrechtlich relevantes Angebot unterliegt damit auch weiterhin nicht der Regulierung durch den GlüStV, was mit Blick auf die Regelungsintention des Staatsvertrages nur folgerichtig erscheint (vgl. Wild ZfWG 2012, 247 (248); Reeckmann ZfWG 2012, 255 (256); Odenthal, GewArch 2012, 345 (345 f.)).

III. Besonderheiten der Länderausführungsgesetze

23   Die Länderausführungsgesetze enthalten keine dem § 3 entsprechende Generalvorschrift. Einzelne definitorische Bestimmungen finden sich in § 2 SächsGlüStVAG, der im Wesentlichen bestimmte Lotteriearten legaldefiniert. Außerdem finden sich in den Ausführungsgesetzen einzelne über die Begriffsbestimmungen in § 3 Abs. 5 hinausgehende präzisierende Definitionen der Annahmestelle (§ 5 Abs. 1 HmbGlüÄndStVAG; § 10 Abs. 2 HGlüG; § 7 Abs. 1 GlüStV AG M–V; § 5 Abs. 1 NGlüSpG; § 5 Abs. 1 AG GlüÄndStV NRW–E) und des Lotterieeinnehmers (§ 6 Abs. 2 HmbGlüÄndStVAG; § 8 Abs. 1 GlüStV AG M–V; § 6 Abs. 2 AG GlüÄndStV NRW–E).

§ 4 Allgemeine Bestimmungen

(1) **Öffentliche Glücksspiele dürfen nur mit Erlaubnis der zuständigen Behörde des jeweiligen Landes veranstaltet oder vermittelt werden. Das Veranstalten und das Vermitteln ohne diese Erlaubnis (unerlaubtes Glücksspiel) sowie die Mitwirkung an Zahlungen im Zusammenhang mit unerlaubtem Glücksspiel sind verboten.**

(2) **Die Erlaubnis ist zu versagen, wenn das Veranstalten oder das Vermitteln des Glücksspiels den Zielen des § 1 zuwiderläuft. Die Erlaubnis darf nicht für das Vermitteln nach diesem Staatsvertrag nicht erlaubter Glücksspiele erteilt werden. Auf die Erteilung der Erlaubnis besteht kein Rechtsanspruch.**

(3) **Das Veranstalten und das Vermitteln von öffentlichen Glücksspielen darf den Erfordernissen des Jugendschutzes nicht zuwiderlaufen. Die Teilnahme von Minderjährigen ist unzulässig. Die Veranstalter und die Vermittler haben sicherzustellen, dass Minderjährige von der Teilnahme ausgeschlossen sind. Testkäufe oder Testspiele mit minderjährigen Personen dürfen durch die Glücksspielaufsichtsbehörden in Erfüllung ihrer Aufsichtsaufgaben durchgeführt werden.**

(4) **Das Veranstalten und das Vermitteln öffentlicher Glücksspiele im Internet ist verboten.**

(5) **Abweichend von Absatz 4 können die Länder zur besseren Erreichung der Ziele des § 1 den Eigenvertrieb und die Vermittlung von Lotterien sowie die Veranstaltung und Vermittlung von Sportwetten im Internet erlauben, wenn keine Versagungsgründe nach § 4 Abs. 2 vorliegen und folgende Voraussetzungen erfüllt sind:**
1. **Der Ausschluss minderjähriger oder gesperrter Spieler wird durch Identifizierung und Authentifizierung gewährleistet.**
2. **Der Höchsteinsatz je Spieler darf grundsätzlich einen Betrag von 1 000 Euro pro Monat nicht übersteigen. In der Erlaubnis kann zur Erreichung der Ziele des § 1 ein abweichender Betrag festgesetzt werden. Gewinne dürfen nicht mit Einsätzen der Spieler verrechnet werden.**

Die Beach(t)ung des Kreditverbots ist sichergestellt. Bei der Registrierung sind die Spieler dazu aufzufordern, ein individuelles tägliches, wöchentliches oder monatliches Einzahlungs- oder Verlustlimit festzulegen (Selbstlimitierung). Darüber hinaus ist den Spielern zu jeder Zeit die Möglichkeit einzuräumen, tägliche, wöchentliche oder monatliche Einzahlungs- und Verlustlimits neu festzulegen. Will ein Spieler das Einzahlungs- oder Verlustlimit erhöhen, so wird die Erhöhung erst nach einer Schutzfrist von sieben Tagen wirksam. Wenn Einzahlungsoder Verlustlimits verringert werden, greifen die neuen Limits für neue Spieleinsätze sofort.

3. Besondere Suchtanreize durch schnelle Wiederholung sind ausgeschlossen.
4. Ein an die besonderen Bedingungen des Internets angepasstes Sozialkonzept nach § 6 ist zu entwickeln und einzusetzen; seine Wirksamkeit ist wissenschaftlich zu evaluieren.
5. Wetten und Lotterien werden weder über dieselbe Internetdomain angeboten noch wird auf andere Glücksspiele verwiesen oder verlinkt.

(6) Die Veranstalter und Vermittler von Lotterien und Sportwetten im Internet haben der Geschäftsstelle und dem Glücksspielkollegium vierteljährlich die Zahl der Spieler und die Höhe der Einsätze jeweils geordnet nach Spielen und Ländern zum Zwecke der Evaluierung zu übermitteln.

Ausführungsgesetze: § 2, 10, 13, 18 – 20, 27, 28 LGlüG BW-E; Art. 2, 3 Abs. 1 AGGlüStV Bay; Art. 2 SpielbG Bay; §§ 7 – 11, 13, 14 AG GlüStV Bln; § 2 SpielbG Bln; §§ 3 – 6 BbgGlüAG; § 4 SpielbG Bbg; § 3 Abs. 3, § 4 – 7, 9, 16, 18 BremGlüG; § 3 BremSpielbG; §§ 3, 4 Abs. 6, § 5 – 9, 13, 14 HmbGlüÄndStVAG; § 2 HmbSpielbG; §§ 9, – 12, 14, 15 HGlüG; § 1 Abs. 2, § 3 HSpielbG; §§ 5 – 11 GlüStV AG M-V; §§ 1, 2, 4 SpielbG M-V; §§ 3 – 8 NGlüSpG; §§1, 2 NSpielbG; §§ 4 – 7, 11 AG GlüÄndStV NRW-E; § 2 – 5 SpielbG NRW §§ 5 – 8 LGlüG RhPf; §§ 1, 2 SpielbG RhPf; § 4, 9 – 12 AG GlüStV-Saar; §§ 5, 6 SpielbG Saar; §§ 3, 4, 7, 14, 17 SächsGlüStVAG; § 1 SächsSpielbG; §§ 4, 5, 13, 13a, 15 GlüG LSA; § 2 SpielbG LSA; §§ 3, 6 GlüÄndStV AG SchlH-E; §§ 2, 3 SpielbG SchlH; §§ 4 – 6, 8 ThürGlüG; § 2 ThürSpielbG.

Literatur: Bumke, Die Pflicht zur konsistenten Gesetzgebung. Am Beispiel des Ausschlusses der privaten Vermittlung staatlicher Lotterien und ihrer bundesverfassungsgerichtlichen Kontrolle, Der Staat, Vol. 49 (2010), Nr. 1, S. 77 ff.; Brugger, Die Erlaubnispflichtigkeit von Glücksspielen nach dem neuen Staatsvertrag, ZfWG 2008, S. 20 ff.; Gebhardt/Postel, Der weite Weg zur Kohärenz - Erste Anmerkungen zum neuen Glücksspielstaatsvertrag (Teil 1), ZfWG 2012, S. 1 ff.; Hecker, Quo vadis Glücksspielstaatsvertrag?, WRP 2012, S. 523 ff.; Heeg/Levermann, Glücksspielregulierung in Deutschland vor der Marktöffnung, MMR 2012, S. 20 ff.; Hüsken, Die verwaltungsrechtliche Zulässigkeit von Gewinnspielen im Internet - Glücksspielrechtliche, rundfunkrechtliche und gewerberechtliche Aspekte, GewArch 2010, S. 336 ff.; Ibler, Gefahrenabwehr und Internet-Spielcasinos, in: Hendler/Ibler/Martínez Soria (Hrsg.), Für Sicherheit, für Europa, Festschrift für Volkmar Götz zum 70. Geburtstag, 2005, S. 421 ff.; Koenig/Ciszewski, Novellierung der gesetzlichen Grundlagen des Glücksspielrechts durch eine duale Glücksspielordnung, DÖV 2007, S. 313 ff.; Korte, Die Veranstaltung und Vermittlung von Glücksspielen im Internet - zwei Seiten einer verbotenen Medaille? - Zugleich Besprechung der Nichtannahmebeschlüsse des BVerfG vom 14.10. und 17.12.2008, NVwZ 2009, S. 283 ff.; Leupold, Sportwetten im Internet: Alles beim Alten? - Anmerkungen zu den Entscheidungen des EuGH vom 08.09.2010 und der Handhabung des Internetverbots in § 4 Abs. 4 GlüStV durch die staatlichen Lotteriegesellschaften WRP 2011, S. 324 ff.; Liesching, Anmerkung zur Entscheidung des BGH vom 28.09.2011 - Zur Verfassungsmäßigkeit des Internetverbots von Sportwetten gem. § 4 Abs. 4 GlüStV, MMR 2012, S. 196 ff.; Liesching, Gewinnspiele im Rundfunk und in Telemedien – Straf- und jugendschutzrechtliche Anforderungen, Rechtsgutachten im Auftrag der Kommission für Jugendmedienschutz (KJM), 2008; Ohler, Mitgliedstaatliches Verbot des Vertriebs von Glücksspiel über das Internet – Anmerkung zum Urteil des EuGH vom 8. September 2009, Rs. C-42/07 – Liga Portuguesa de Futebol Profissional, Bwin International Ltd/ Departamento de Jogos da Santa Casa da Misericordia de Lisboa, EuR 2010, S. 253 ff.; Postel, Glücksspiel im europäischen Binnenmarkt nach Gambelli und Placanica und vor Winner Wetten, EuR 2007, S. 317 ff.; Postel, Zur Regulierung von öffentlichen Glücksspielen, WRP 2005, S. 833 ff.; Schorkopf, Wahrhaftigkeit im Recht der Grundfreiheiten – Zu Maßstab und Rechtsfolgen der Glücksspielurteile des Europäischen Gerichtshofs, DÖV 2011, S. 260 ff.; Schorkopf, Gutachten zu den Folgen für die Unionsrechtmäßigkeit des Glücksspielrechts der Länder aus dem Inkrafttreten des schleswig-holsteinischen Glücksspielgesetzes, Gutachten im Auftrag des Deutschen Lottoverbands e.V., 2012; Siara, Zur Legalität und Illegalität von Sportwetten – eine Bestandsaufnahme, ZfWG 2007, S. 1 ff.; Steegmann, Die Haftung der Basisinfrastruktur bei rechtswidrigen Internetangeboten, 2010, Strahl/Eich, Der lotteriesteuerrechtliche Begriff der Veranstaltung, UVR 2006, S. 246 ff.; Windoffer, Die Neuregelung des Glücksspielrechts vor dem Hintergrund unions- und verfassungsrechtlicher Rahmenbedingungen, DÖV 2012, S. 257 ff.

Übersicht

I. Grundlagen

1. Zweck und Bedeutung der Vorschrift

§ 4 bildet eine **zentrale und tragende Grundnorm** („Kernstück", vgl. Brug- **1** ger ZfWG 2008, 20 ff.; Schorkopf DÖV 2011, 260 (263); Heeg/Levermann MMR 2012, 20 (21)) im System des GlüStV sowie des gesamten weiteren Glücksspielrechts; er knüpft – teilweise ausdrücklich – an die Ziele und Begriffsbestimmungen in den §§ 1 und 3 an und ist **verbindliche Norm** für die Auslegung und Anwendung zahlreicher anderer Regelungen des Staatsvertrages sowie die Ausgestaltung der Erlaubnisvoraussetzungen und -verfahren in den unterschiedlichen Landesausführungsgesetzen. Er beinhaltet zwei der drei tragenden – und in der Öffentlichkeit am häufigsten diskutierten – Säulen des Glücksspielrechts, die sich als **unabhängig voneinander** geltende **Verbote** darstellen und daher **gesondert** (vgl. auch Haltern Gemeinschaftsrechtliche Aspekte des Glücksspiels, 18) für die jeweils damit auferlegte Beschränkung zu beurteilen sind: die umfassende Erlaubnispflicht (§ 4 Abs. 1) und ein Verbot von Glücksspielangeboten im Internet (§ 4 Abs. 4). Nicht in § 4, sondern – systematisch getrennt - in § 10 normiert ist die dritte Säule: ein sog Staatsvorbehalt für bestimmte Arten von Glücksspielen (→ § 10 Rn. 1, 12).

Mit der Vorschrift wird in den Abs. 1 und 2 festgelegt, dass es außer dieser **2** Erlaubnis grundsätzlich keine andere **Art hoheitlicher Entscheidung** geben kann, mit der ein Glücksspielangebot im Anwendungsbereich des Staatsvertrages (vgl. § 2 GlüStV) gestattet werden kann. Die Einführung einer generellen **staatsvertraglichen** und insofern **ordnungsrechtlichen Erlaubnispflicht** für das Veranstalten und Vermitteln öffentlicher Glücksspiele ist eine Reaktion auf die verfassungsgerichtliche Vorgabe, dass die rechtlichen Vorkehrungen, die eine konsequente Ausrichtung auf die Zielerreichung sicherstellen, gegenüber allen Stellen, auch den Trägern eines Monopols, **rechtlich verbindlich** sein müssen (BVerfG NVwZ-RR 2008, 1 (3)) und das **Gefährdungs- und Suchtpotential von Vermittlungstätigkeiten** bereits in der Vergangenheit als nicht geringer angesehen wurde als dasjenige der Glücksspielveranstaltung selbst (BayVerfGH GewArch 2008, 114; OLG Hamburg GRUR-RR 2007, 402; Berberich, 82 ff.; Postel WRP 2005, 833 (838); vgl. auch Erl. zu § 14 LottStV; LT-Drs. BW 14/2205, 30; aA Korte NVwZ 2009, 283).

Abs. 3 stellt landesgesetzlich wie bisher klar, dass, wie und mit welchem Schutz- **3** niveau die **Erfordernisse des Jugendschutzes** im Bereich des Glücksspiels zu beachten sind. Mit der neuen Regelung in Abs. 3 Satz 4 soll die Überwachung durch die Glücksspielaufsichtsbehörden (→ § 9 Rn. 23) auf eine rechtlich gesicherte Grundlage gestellt werden.

4   Mit Abs. 4 wird trotz einer nunmehr vorgesehenen Befreiungsmöglichkeit in Abs. 5 wegen der besonderen Gefahren an einem ausdrücklich geregelten **Verbot** des **Vertriebsweges „Internet"** festgehalten. Das Internet ist kein Mittel einseitiger Kommunikation, das wie Telefax oder E-Mail die Briefpost ersetzen kann, sondern ein Aliud; der Vertrieb im Internet tritt, soweit rechtlich zulässig, als **selbständiger Vertriebsweg** neben traditionelle Vertriebswege und die Nutzung des Internets kann dazu führen, dass die mit dem Glücksspiel verbundenen Gefahren über diejenigen hinaus verstärkt werden, die mit den über traditionelle Kanäle vertriebenen Glücksspielen einhergehen (vgl. BGH Urt. v. 4.3.2008 – KZR 36/05, Rn. 38; BVerfG NVwZ 2008, 1338 (1340 f.), Rn. 40, 48; EuGH Urt. v. 30.6.2011 – Rs. C–212/08, Rn. 78 ff. – Zeturf; aA Bumke Staat 49 (2010), 77 (102 ff.)). Zur Sicherstellung der Ziele des § 1 hielten es die Landesgesetzgeber daher für geboten, im Glücksspielbereich den Vertriebsweg "Internet" – unabhängig von einem Angebot in staatlicher oder privater Regie – grundsätzlich zu verbieten (vgl. LT-Drs. Bay 16/11995, 22 mwN; Erl. zum GlüStV aF, 15; m. krit. Anm. Koenig/Ciszewski DÖV 2007, 313 (316)).

5   Abs. 5 ermöglicht im Gegensatz zum bisherigen ausnahmslosen Verbot eine kontrollierte **„Wiederzulassung"** des Vertriebsweges Internet nicht nur für Lotterien, sondern auch für Sportwetten. Damit soll den von den Staatsvertragsgebern angenommenen Tendenzen zur Abwanderung in nicht erlaubte und somit nicht kontrollierte Angebote eine legale, sichere und den Spielerschutz gewährleistende Alternative gegenüber gestellt werden, um so zur besseren Erreichung der Ziele des § 1, insbes. der Nrn. 1, 2 und 4, beizutragen. Die – besonderen – Voraussetzungen zur Erlaubnis von Glücksspielen im Internet orientieren sich im Einzelnen an der Übergangsregelung des § 25 Abs. 6 GlüStV aF (vgl. jeweils LT-Drs. Bay 16/11995, 22 f.).

6   Mit der neuen Regelung des Abs. 6 werden den Anbietern von Lotterien und Sportwetten im Internet **Mitwirkungspflichten** zum Zwecke der Evaluierung (→ § 32 Rn. 1 ff.) auferlegt.

2. Systematische Einordnung

7   **a) Anwendungsbereich.** Als zentrale **Grundnorm** knüpft § 4 an die **Glücksspieleigenschaft** an (vgl. VGH Mannheim Urt. v. 23.5.2012 – 6 S 389/11, Rn. 36) und findet daher für sämtliche Glücksspiele iSd § 3 ausnahmslos Anwendung, sofern nicht § 2 eine eingeschränkte Geltung anordnet (→ § 2 Rn. 13, 16, 20, 23). Er gilt daher mit Ausnahme der Abs. 5 und 6 für **Spielbanken** (§ 2 Abs. 2), mit Ausnahme der Abs. 2, 5 und 6 für bestimmte **Spielhallen** (§ 2 Abs. 3) und mit Ausnahme der Abs. 1 und 2 S. 2 und 3 für **Pferdewetten** (§ 3 Abs. 1 S. 5). Die Annahme in der Begründung des Staatsvertrages, nach der § 27 den glücksspielrechtlichen Erlaubnisvorbehalt des Abs. 1 auf das Recht der Pferdewetten erstrecke, findet im Gesetzestext keine Stütze. § 2 Abs. 5 iVm § 27 Abs. 1 S. 1 bestimmt ausdrücklich, dass (nur) die Erlaubnis nach dem RennwettLottG – angereichert durch landesgesetzliche Anforderungen in § 27 (→ § 27 Rn. 10 ff.) – erforderlich ist. Für bestimmte **Gaststätten** iSd § 1 Abs. 1 Nr. 1 und 2 GastG/ § 1 Abs. 1 Nr. 1 SpielV und **Beherbergungsbetriebe** iSd § 1 Abs. 1 Nr. 3 GastG aF/§ 1 Abs. 1 Nr. 1 SpielV (→ § 2 Rn. 18; BT-Drs. V/205, 13) und **Wettannahmestellen der Buchmacher** iSd § 2 Abs. 2 RennwettLottG/§ 1 Abs. 1 Nr. 2

SpielV gelten nur die Abs. 3 und 4 (§ 2 Abs. 4; → § 2 Rn. 20). Für **Glücksspiele im Rundfunk** gilt § 4 ausnahmslos nicht (§ 2 Abs. 6; vgl. dazu Gebhardt/Postel ZfWG 2012, 1 (10)). Ferner ist für die Abs. 1, 2, 4, 5 und 6 deklaratorisch normiert, dass sie auch auf die Konzessionierung von Sportwetten nach § 4a entsprechende Anwendung finden (§ 4a Abs. 1 S. 2, § 4a Abs. 2 S. 2, § 4a Abs. 4 S. 2, § 10a Abs. 4 und 5 S. 2).

b) Systematische Einordnung innerhalb des Staatsvertrags. Die aus § 4 **8** Abs. 1 und 2 folgenden Inhalte (→ Rn. 21 ff, 43 ff.) entfalten unmittelbare Verbindlichkeit namentlich durch ausdrückliche Bezugnahmen auch für die Auslegung und Anwendung zahlreicher anderer Regelungen des Staatsvertrages. Hierzu zählen sowohl die nunmehr ermöglichte „Interneterlaubnis" in § 4 Abs. 5 (→ Rn. 80 ff.), die neu geschaffene Konzessionierung von Sportwetten in § 4a iVm § 10a (→ § 4a Rn. 8), die unterschiedlichen Bestimmungen zur Glücksspielaufsicht in § 4e und § 9, das Werbeverbot in § 5 Abs. 5 (→ § 5 Rn. 32), die ländereinheitlichen Verfahrensbestimmungen in § 9a und die Erlaubnisvoraussetzungen und Anforderungen für Andere iSd Dritten Abschnitts (→ § 12 Rn. 11) und gewerbliche Spielvermittler (→ § 19 Rn. 7 ff.) ebenso wie die Vorgaben der Besonderen Vorschriften in den §§ 21, 22 (→ § 21 Rn. 33 ff. und § 22 Rn. 1 ff.), die Erlaubnispflicht und –voraussetzungen für Spielhallen in § 24 und § 25 (→ § 24 Rn. 29 ff. und § 25 Rn. 2 ff.) und die Übergangs- und Schlussbestimmungen in den §§ 29, 30 und 31 Abs. 2 (→ § 29 Rn. 9 ff., § 30 Rn. 1, § 31 Rn. 1). Spezielle staatsvertragliche Ausgestaltungen der aus Abs. 1 folgenden Erlaubnis- **9** bedürftigkeit sind § 4a Abs. 1 mit einer weitgehend an Abs. 1 und 2 angelehnten Konzessionsbedürftigkeit („Sonderform der Erlaubnis", → § 4a Rn. 8; vgl. § 10a Abs. 4 S. 3) und die neue aus § 4 Abs. 1 iVm § 24 Abs. 1 folgende Erlaubnisbedürftigkeit für Spielhallen (§ 2 Abs. 3; vgl. Wild ZfWG 2011, 385 (392 f.); s. bspw. § 11 Abs. 1 GlüStVAG M–V). Trotz der Erweiterung des Anwendungsbereichs des GlüStV um (bestimmte) Gaststätten, Wettannahmestellen der Buchmacher und Pferdewetten folgt für diese die ordnungsrechtliche Erlaubnisbedürftigkeit unverändert aus dem jeweiligen Spezialrecht (§ 2 Abs. 2 S. 1 GastG bzw die jeweilige landesgesetzliche Ersetzung und § 2 RennwLottG), da auf diese § 4 Abs. 1 keine Anwendung findet (§ 2 Abs. 4 und 5, § 27 Abs. 1 S. 1). Demgegenüber gibt es für Glücksspiele im Rundfunk wegen der Herausnahme aus dem Anwendungsbereich des GlüStV (§ 2 Abs. 6) keinerlei ordnungsrechtliche Erlaubnisbedürftigkeit mehr (vgl. dazu Gebhardt/Postel ZfWG 2012, 1 (10)).

Kein unmittelbarer Zusammenhang der Abs. 1 und 2 besteht zu § 10 Abs. 1 **10** und 2, bei dem es sich lediglich um die gegenseitige Verpflichtung der Länder handelt, die Veranstaltung und Durchführung von Glücksspielen in dem Sinne zu monopolisieren, dass Glücksspiele nur durch die Länder selbst, durch juristische Personen des öffentlichen Rechts oder durch privatrechtliche Gesellschaften veranstaltet und durchgeführt werden dürfen, an denen juristische Personen des öffentlichen Rechts unmittelbar oder mittelbar maßgeblich beteiligt sind (BVerfGE 115, 276 (302); vgl. auch OLG Bremen Urt. v. 12.2.2010 – 2 U 96/08 (S. 29) „Ermächtigung" zur Monopolisierung). Der **Erlaubnisvorbehalt** in § 4 Abs. 1 gilt **unabhängig** davon und das in § 10 Abs. 1 und 2 vorgesehene **Veranstaltermonopol** für bestimmte Glücksspielbereiche (→ § 10 Rn. 12 ff.) eröffnet lediglich keine **Erlaubnismöglichkeit** (vgl. auch VGH Kassel NVwZ 2005, 99; Siara ZfWG 2007, 1 (8) zu dem Erlaubniserfordernis in § 284 StGB). Demnach ist das aus § 4 Abs. 1 folgende Verbot (mit Befreiungsvorbehalt) nicht

„**monopolakzessorisch**"; vielmehr hat diese allgemeine, dh nicht **monopol-
spezifische** (vgl. bereits BVerfG NVwZ 2009, 295 (297); vgl. Gebhardt/Postel
ZfWG 2012, 1 (2 ff.)) Regelung des GlüStV unabhängig von der Wirksamkeit
der Monopolregelungen **eigenständig Bestand** und ist in jedem Fall sowohl von
staatlich beherrschten als auch von anderen Veranstaltern (und Vermittlern) zu
beachten (vgl. BVerwG NVwZ 2011, 549, Rn. 72 ff.; OVG Lüneburg Urt. v.
21.6.2011 - 11 LC 348/10, Rn. 64 ff. mwN; OVG Magdeburg Urt. v. 17.2.2010
- 3 L 6/08; vgl. ferner bereits BVerfGK 6, 276, Rn. 19, wonach "auch für den
Fall der Notwendigkeit einer gemeinschaftskonformen Auslegung einzelner
Erlaubnisvoraussetzungen […] die Norm hinsichtlich der davon unabhängigen
und selbständigen weiteren Voraussetzungen das Einholen einer präventiven Kon-
trollerlaubnis notwendig macht" und ebenso BVerfG NVwZ 2009, 295 (297),
wonach der StV „eine Reihe nicht monopolspezifischer Regelungen enthält […],
die als präventive Anforderungen an die gewerbliche (Spiel-)Vermittlung auch
unabhängig von der Herstellung eines Mindestmaßes an Konsistenz im staatlich
verantworteten Wettangebot durchsetzbar sind"; aA Schorkopf DÖV 2011, 260
(264 ff.)). Der **glücksspielrechtliche Erlaubnisvorbehalt** in Abs. 1 rechtfertigt
daher eine **vollständige Untersagung** der Veranstaltung und Vermittlung von
Glücksspielen nicht erst dann, wenn die fehlende Erlaubnisfähigkeit umfassend
und abschließend festgestellt worden ist (vgl. BVerwG Beschl. v. 24.5.2012 – 8 B
33.12, vgl. nunmehr VG Regensburg, Urt. v. 5.7.2012 – RO 5 K 12.568, Rn. 70;
a.A. wohl VG Magdeburg, Urt. v. 12.7.2012 – 3 A 137/11, Rn. 31). Und da die
landesrechtliche Erlaubnis zur Veranstaltung und Vermittlung von Glücksspielen
räumlich vorbehaltlich einer abweichenden staatsvertraglichen Regelung auf das
Gebiet des jeweiligen Landes beschränkt ist, können Erlaubnisse für Glücksspiele
auch von Land zu Land unterschiedlich erteilt werden (vgl. BVerwGE 126, 149
(158 f.); → § 9 Rn. 9, 17). Auch am Maßstab des unionsrechtlichen Kohärenzerfordernisses hat die Erteilung nicht bundeseinheitlich, sondern wegen der vom
GG gewährleisteten Eigenständigkeit der Länder (Art. 20 Abs. 1, Art. 79 Abs. 3
iVm. Art. 23 Abs. 1 S. 3 GG) länderspezifisch zu erfolgen (Postel LKV 2007,
537 (542); Gebhardt/Postel ZfWG 2012, 1 (2 f.) mwN; vgl. BVerwG Beschl. v.
16.2.2012 – 8 B 91.11), was seit 2009 durch Art. 4 Abs. 2 S. 1 EUV noch deutlicher zum Tragen kommt (vgl. auch Schorkopf Gutachten 2012, 16 f.; EuGH Urt.
v. 8.9.2010 - Rs. C-46/08, Rn. 59 - Carmen Media; Urt. v. 16.7.2009 - Rs. C-
428/07, Rn. 54 ff. - Horvath).

11   Daneben ist für die Anwendung und Auslegung der Erlaubnisvoraussetzungen
und Rechtsfolgen des § 4 Abs. 1 und 2 insbesondere die **landesgesetzliche Ausgestaltung maßgeblich**, so dass in jedem Fall der Regelungszusammenhang
und das **Zusammenwirken** mit den jeweiligen **Landesausführungsgesetzen**
zwingend – und ggf entscheidungserheblich – zu berücksichtigen sind; dies gilt
insbesondere vor dem Hintergrund, dass sich von Land zu Land **signifikante
Abweichungen** in der Ausgestaltung der Erlaubnisvorschrift und den –voraussetzungen ergeben (Brugger ZfWG 2008, 20 (25)).

12   Auch das in Abs. 4 enthaltene **(Internetvertriebs-)Verbot** entfaltet unmittelbare Verbindlichkeit durch ausdrückliche Bezugnahmen für die Auslegung und
Anwendung anderer Regelungen des Staatsvertrages. Dies gilt insbesondere für die
nunmehr ermöglichte „Interneterlaubnis" in § 4 Abs. 5 (→ Rn. 80 ff.), die neu
geschaffene Konzessionierung von Sportwetten in § 4a iVm § 10a (→ § 4a Rn. 8),
die Werbebeschränkungen in § 5 Abs. 3 (→ § 5 Rn. 53 ff.) und den nunmehr
erlaubnisfähigen Internetvertrieb von Pferdewetten in § 27 Abs. 2 (→ § 27

Rn. 19 f.). Wie das aus Abs. 1 folgende Verbot (mit Befreiungsvorbehalt) ist auch das speziellere Vertriebsverbot (mit Befreiungsvorbehalt) in Abs. 4 nicht „**monopolakzessorisch**" (BVerwGE 140, 1 ff. mwN; BGH Urt. v. 28.9.2011 – I ZR 93/10, Rn. 23 ff., vgl. nunmehr VG Karlsruhe, Urt. v. 12.7.2012 – 3 K 2445/10, S. 11 ff.; Deiseroth jurisPR–BVerwG 17/2011, Anm. 6; aA Schorkopf DÖV 2011, 260 (265 ff.); Liesching MMR 2012, 196 (197); Leupold WRP 2011, 324 (332)).

c) Systematische Einordnung außerhalb des Staatsvertrages. Der in § 4 **13** Abs. 1 normierte umfassende Erlaubnisvorbehalt ist **unabhängig** und auch selbstständig zu **anderen erforderlichen Erlaubnissen**. Er begründet durch dessen Transformation in Landesrecht ein **landesverwaltungsrechtliches Veranstaltungs- und Vermittlungsverbot** für das Veranstalten und Vermitteln ohne Erlaubnis (vgl. BVerfG Beschl. v. 30.11.2010 – 1 BvL 3/07), das **grundsätzlich beziehungslos** neben anderen **Erlaubnisvorschriften bundes- oder landesrechtlicher Art** steht.

Ein „**Rückgriff**" auf die Strafnormen der als **Repressivverbot** verstandenen **14** §§ 284, 287 StGB (BVerwGE 126, 149) ist auch für solche landesgesetzlich gestalteten Rechtsbereiche nicht mehr erforderlich, für die etwa ein – uU staatliches - Monopol (nur) auf einer Auslegung von § 284 StGB und dessen Zusammenwirken mit einem Landesgesetz beruhte, das ein Erlaubnisverfahren für andere Anbieter nicht vorsah (BVerfG NVwZ 2008, 301 (302 f.); BVerfG ZfWG 2008, 42 (43); aA offenbar Weidemann NVwZ 2008, 278 (279)). Damit entspricht ein solcher landesverwaltungsrechtlicher Erlaubnisvorbehalt auch den bisher schon regelmäßig im Landesspielbankenrecht oder vereinzelt auch in anderen Glücksspielbereichen vorzufindenden Erlaubnisvorbehalten, die **unabhängig** von der Anwendung und Auslegung der §§ 284 ff. StGB grundsätzlich verfassungskonforme landesgesetzliche Beschränkungen von einem solchen allgemeinen Vorbehalt bis hin zu als Erlaubnisvoraussetzungen und –bedingungen gestalteten Limitierungen, Kontingentierungen oder – uU auch staatlichen – Monopolen vorsahen (vgl. BVerfGE 102, 197 (223); BVerfGE 28, 119 (148); StGH Niedersachsen NdsVBl. 2007, 239 (243); ebenso Papier in FS Stern, 543).

Ungeachtet dessen handelt es sich bei einer nach § 4 Abs. 1 iVm dem jeweiligen **15** Ausführungsgesetz (§ 28 S. 2) erteilten Erlaubnis um eine „**behördliche Erlaubnis**" iSd § 284 Abs. 1, § 287 Abs. 1 StGB und damit erfüllt ein Veranstalten oder Vermitteln ohne diese Erlaubnis regelmäßig auch den (insofern verwaltungs(akt)akzessorischen) Straftatbestand des § 284 Abs. 1 oder § 287 Abs. 1 StGB (vgl. OVG Münster Beschl. v. 8.12.2011 – 4 A 250/08, Rn. 49; VGH Mannheim Urt. v. 23.5.2012 – 6 S 389/11, Rn. 23 ff.; KG Urt. v. 2.12.2012 – 1 Ss 552/11, Rn. 12 ff.; DHO Praxishandbuch Spielrecht, Rn. 127; auf die **Verwaltungsaktsakzessorietät** abstellend BGH NJW 2002, 2175 (2176); Bahr Glücks- und Gewinnspielrecht Rn. 140; Dehne-Niemann wistra 2008, 361 (362)). Da zudem die „strafrechtliche Legalisierungswirkung" der Erlaubnis mit ihrer verwaltungsrechtlichen Regelungswirkung identisch ist und der Verstoß gegen das strafrechtliche Verbot der §§ 284 ff. StGB demnach nur entfällt, soweit die Erlaubnis reicht, hat es im Übrigen mit dem Verbot sein Bewenden (vgl. BVerwGE 126, 149 (158); BGH Beschl. v. 8.5.2007 – KVR 31/06, Rn. 42).

Ferner handelt es sich bei einer nach § 4 Abs. 1 iVm dem jeweiligen Ausfüh- **16** rungsgesetz erteilten Erlaubnis um eine „staatliche Genehmigung" iSd § 763 Abs. 1 BGB. Ein Spielvertrag ohne diese Erlaubnis („staatliche Genehmigung") macht diesen nach § 134 BGB iVm §§ 284 ff. StGB grundsätzlich nichtig (vgl.

BGHZ 47, 393 (398); OLG Schleswig Urt. v. 31.7.2009 – 3 U 27/09 (S. 9 ff.); OLG Hamburg Urt. v. 23.7.2009 – 3 U 53/09 (S. 7 f.); OVG Münster Beschl. v. 3.12.2009 – 13 B 775/09, Rn. 59; Armbrüster in MüKo BGB § 134 Rn. 101 mwN; aA offenbar BGH Urt. v. 3.4.2008 - III ZR 190/07, Rn. 18 f.). Dies gilt allerdings regelmäßig nur dann, wenn das Handeln bereits im Zeitpunkt der Vornahme verbotswidrig war, so dass der Widerruf einer glücksspielrechtlichen Erlaubnis nicht generell zur (nachträglichen) Nichtigkeit führt (OLG Berlin-Brandenburg Urt. v. 22.11.2011 - Kart U 4/09, Rn. 52 ff.).

17   Nicht von Bedeutung für den in § 4 Abs. 1 normierten Erlaubnisvorbehalt ist auch die Frage, inwieweit die jeweilige (erlaubnispflichtigen) Glücksspielangebote einer gewerberechtlichen Anzeigepflicht nach § 14 Abs. 2 GewO unterliegen. Das **Gewerberecht** des Bundes genießt insofern **keinen Vorrang** vor glücksspielrechtlichen Bestimmungen der Länder, da einerseits der Grundsatz der Gewerbefreiheit (§ 1 Abs. 1 GewO) keine Tätigkeiten einschließt, die – ungeachtet des Vorliegens einer behördlichen Erlaubnis – den Tatbestandalternativen der §§ 284 ff. StGB unterfallen (vgl. BVerfG Beschl. v. 30.11.2010 - 1 BvL 3/07, Rn. 50) und sich andererseits auch aus der GewO ergibt, dass sie auf Vertriebsmodalitäten im Zusammenhang mit Glücksspielen nur Anwendung findet, sofern und soweit dies ausdrücklich normiert ist (vgl. § 6 Abs. 1 S. 2, § 14 Abs. 2, § 33h, § 35 Abs. 9, § 56 Abs. 1 Nr. 1h GewO; siehe Erl. zum GlüStV aF, 13; vgl. auch Hahn GewArch 2007, 1). Auch **(gewerberechtliche) Erlaubnisse für Glücksspiele** (iSd §§ 284 ff. StGB), die im Anwendungsbereich des § 33c oder § 33d GewO unter den dort genannten Voraussetzungen grundsätzlich möglich sind (vgl. BVerwGE 115, 179 (185 ff.)), ersetzen keine Erlaubnis iSd § 4 Abs. 1 (vgl. VGH Mannheim Urt. v. 23.5.2012 – 6 S 389/11; VG Wiesbaden GewArch 2007, 490, jeweils zum straf- und verwaltungsrechtlichen Glücksspielbegriff). Die **GewO** findet daher auch nicht „subsidiär" Anwendung, zumal § 33h GewO klarstellt, dass diese auf die Veranstaltung und Vermittlung von Glücksspielen **grundsätzlich nicht anwendbar** ist (vgl. BVerfG Beschl. v. 30.11.2010 - 1 BvL 3/07, Rn. 50 mwN; BVerfG NVwZ 2008, 1338 (1340), Rn. 25; kritisch dazu Korte NVwZ 2009, 283).

18   **Keine Relevanz** für die in Abs. 1 normierte Erlaubnisbedürftigkeit hat auch das **Telemediengesetz** (TMG), das in seinem § 4 normiert, dass Telemedien im Rahmen der Gesetze zulassungs- und anmeldefrei sind. Denn es regelt nicht die Veranstaltung und den Vertrieb von Glücksspielen (im Internet oder anderen Telemedien; vgl. auch § 3 Abs. 4 Nr. 4 TMG). Anderweitige gesetzliche Regelungen, die sich auf die Nutzung von Telemedien auswirken, bleiben angesichts des weiten **Gesetzesvorbehalts** des § 4 TMG („im Rahmen der Gesetze") ausdrücklich unberührt (BVerwG Urt. v. 1.6.2011 – 8 C 5.01, Rn. 19).

19   Der in Abs. 1 normierte Erlaubnisvorbehalt ist auch **unabhängig** von einer in der ehemaligen DDR erteilten Erlaubnis. Dies gilt selbst dann, sofern einer auf Grundlage des **DDR-Gewerberechts** erteilten Erlaubnis kraft Einigungsvertrages (EV) auch im gesamten Bundesgebiet Geltung beigemessen werden sollte (idS wohl nur noch VG Stuttgart Urt. v. 7.10.2008 – 4 K 3230/06 entgegen BVerwG NVwZ 2006, 1175; BVerwGE 140, 1). Die von den Behörden der DDR für das Hoheitsgebiet der damaligen DDR erteilten Erlaubnisse gelten zwar nach Art. 19 S. 1 EV auch nach dem Wirksamwerden des Beitritts fort, sofern sie nicht von Beginn an nichtig waren (vgl. VG Magdeburg ZfWG 2007, 386), durch Zeitablauf unwirksam geworden sind (vgl. VG Berlin Teilurt. v. 22.4.2008 – VG 35 A 102.06) oder in der Folge gesetzlich aufgehoben wurden (vgl. Dietlein/Postel Voraufl.

EV/SlgLottVO-DDR Rn. 30 f.). Aber selbst wenn sie fortgalten, erfolgte durch den EV keine inhaltliche Änderung oder räumliche Erweiterung. Dies schließt ein, dass die Erlaubnis auch räumlich nach dem Wirksamwerden des Beitritts auf das Beitrittsgebiet beschränkt blieb und außerhalb keine Befugnisse verlieh (BVerwGE 140, 1 (19), Rn. 46 ff.; OVG Greifswald Beschl. v. 20.1.2009 – 2 M 151/08; vgl. Hahn in Friauf § 33h Rn. 27; Dietlein/Postel Voraufl. EV/SlgLottVO-DDR Rn. 16; aA (auf das Sitzland der ausstellenden Behörde beschränkt) OVG Berlin-Brandenburg GewArch 2010, 209, Rn. 8 ff.; in diese Richtung wohl auch bereits OVG Magdeburg Beschl. v. 26.4.2005 – 1 L 188/03). Zudem war – auch verfassungsgerichtlich – bereits vor Inkrafttreten des GlüStV aF entschieden, dass es den Anbietern, die sich auf „DDR-Erlaubnisse" beriefen, zumutbar war, ohne entsprechendes Angebot eine abschließende fachgerichtliche Klärung sowohl hinsichtlich der **räumlichen Reichweite im Gebiet der neuen Länder** als auch der **gegenständlichen Erstreckung** der Erlaubnisse auf das Internetwettgeschäft in den jeweiligen Hauptsacheverfahren abzuwarten (BVerfG ZfWG 2006, 136 (137); BVerfG MMR 2007, 168). Im Übrigen ist geklärt, dass die im Jahr 1990 durch einzelne DDR-Behörden auf Grundlage des GwG-DDR erteilten Erlaubnisse nach ihrem Inhalt nur die Zulassung des Gewerbes regelten, nicht hingegen die Art und Weise seiner Ausübung. Nach § 1 Abs. 1 GewG-DDR vom 6. März 1990 bestand das Recht, ein Gewerbe auszuüben, nur insoweit, als nicht das DDR-Gewerbegesetz, andere Gesetze oder (andere) Rechtsvorschriften Beschränkungen festlegten. Dies galt auch für diejenigen Gewerbe, für deren Ausübung nach § 4 Abs. 1 GewG-DDR eine Erlaubnis erforderlich war. Zu diesen Rechtsvorschriften gehörten – ungeachtet der zuvor schon in den jeweiligen Ländern geltenden Bestimmungen – seit dem 1. Januar 2008 ua die Verbote des § 4 Abs. 1 und 4 GlüStV aF, die auch im Beitrittsgebiet in Kraft gesetzt worden sind. Sie galten daher unmittelbar, ohne dass die erteilten DDR-Erlaubnisse von den hierfür zuständigen (sächsischen und thüringischen) Behörden insoweit (teilweise) widerrufen werden mussten (BVerwGE 140, 1 (21), Rn. 50; VG Ansbach Beschl. v. 18.8.2009 – AN 4 S 09.01413, S. 9 f.), es sei denn, es gab spezielle Fortgeltungs- und Übergangsregelungen im jeweiligen Landesrecht (vgl. Postel Voraufl. GlüStV § 24 Rn. 9; zu § 12 ThürGlüG vgl. VG Ansbach Beschl. v. 18.8.2009 – AN 4 S 09.01413 (S. 10)). Keine konstitutive Bedeutung für die Erlaubnisbedürftigkeit nach § 4 Abs. 1 dürfte auch der neue § 21 Sächs-GlüStVAG entfalten, der zunächst als Tatbestandsmerkmal nach seinem Satz 1 eine **geltende** nach DDR-Gewerberecht erteilte **Erlaubnis voraussetzt**, und lediglich normiert, dass diese vom Ersten GlüÄndStV unberührt bleibt. Denn die „DDR-Erlaubnisse" konnten in Sachsen bereits mit Inkrafttreten der Verbote des § 4 Abs. 1 und 4 GlüStV aF – mangels vorheriger Fortgeltungsklausel im sächsischen Ausführungsgesetz zum GlüStV aF – keine Relevanz mehr entfalten (zur vorherigen Rechtslage vgl. OVG Bautzen Beschl. v. 29.10.2009 – 3 B 81/08 (S. 7)). Ungeachtet dessen wäre schon nicht erkennbar, inwiefern die „DDR-Erlaubnis"-Inhaber mehrere Jahre nach Inkrafttreten der Regelungen des GlüStV aF noch Vertrauensschutz genießen sollten, denn für eine Neuregelung des Glücksspielrechts war eine Übergangsfrist von etwas mehr als einem Jahr als angemessen angesehen worden (BVerfGE 115, 276 (319)) und auch die Übergangsregelungen in § 25 GlüStV aF sahen lediglich eine Frist von einem Jahr für die Geltungsdauer von bereits erteilten Konzessionen, Genehmigungen und Erlaubnissen vor. Zudem sind keine Gesichtspunkte dafür ersichtlich, dass eine den Grundsatz der Verhältnismäßigkeit voll berücksichtigende Übergangsregelung den

Inhabern eine günstigere Position hätte einräumen müssen als sie tatsächlich inne-
hatten und eine mögliche Übergangsregelung auf die in der Zwischenzeit tätigen
Inhaber auch mehrere Jahre nach Inkrafttreten der Erlaubnispflicht in § 4 Abs. 1
GlüStV aF noch hätte angewandt werden müssen (vgl. BVerfG Beschl. v.
30.11.2010 – BvL 3/07, Rn. 59 ff.; OVG Magdeburg ZfWG 2009, 355 ff.;
BVerfGE 43, 242 (290); Postel Voraufl. GlüStV § 24 Rn. 10; Dietlein/Postel
Voraufl. EV/SlgLottVO–DDR Rn. 34).

20   Der in Abs. 1 normierte Erlaubnisvorbehalt ist auch **unabhängig** von in einem
anderen Mitgliedstaat der Europäischen Union erteilten Erlaubnissen. Dies gilt
selbst dann, sofern der auf anderer Rechtsgrundlage erteilten Erlaubnis kraft Unionsrechts (generell oder automatisch) im gesamten Bundesgebiet Geltung beimessen werden sollte (so wohl noch OLG München NJW 2006, 3588 zu § 284 Abs. 1
StGB). Eine Anerkennung von in einem anderen Mitgliedstaat der Europäischen
Union erteilten Erlaubnis ist sowohl vom Wortlaut ausgeschlossen als auch unionsrechtlich nicht geboten. Jeder Mitgliedstaat, auf dessen Hoheitsgebiet sich ein
Glücksspielangebot erstreckt, behält die Befugnis, diesem die Beachtung der in
seinen einschlägigen Rechtsvorschriften aufgestellten Beschränkungen vorzuschreiben, sofern diese Beschränkungen, insbesondere in Bezug auf ihre Diskriminierungsfreiheit und ihre Verhältnismäßigkeit, den Anforderungen des Unionsrechts genügen (vgl. BVerwG Urt. v. 24.11.2010 – 8 C 15/09, Rn. 64 mwN;
OVG Magdeburg ZfWG 2010, 277 ff.; EuGH Urt. v. 8.9.2010 – Rs. C–46/08,
Rn. 44 – Carmen Media).

II. Einzelkommentierung

1. § 4 Abs. 1 Erlaubnispflicht

21   **a) Grundlagen der Erlaubnispflicht.** § 4 Abs. 1 normiert wie bereits im
GlüStV aF einen Erlaubnistatbestand betreffend die Veranstaltung und Vermittlung
von öffentlichen Glücksspielen und mit der landesgesetzlichen Umsetzung hat das
jeweilige Landesrecht eine Regelung, die anknüpfend an die Glücksspieleigenschaft das Erfordernis für eine Erlaubnis begründet. Die Landesgesetzgeber bringen damit schon durch den unmittelbar aus dem Wortlaut zu erkennenden Regelungsgehalt des § 4 Abs. 1 Satz 1 zum Ausdruck, dass sowohl die Veranstaltung als
auch die Vermittlung von öffentlichen Glücksspielen nur mit **vorheriger Erlaubnis** vorgenommen werden soll, also nur auf Grundlage eines vorangegangenen
Verwaltungsaktes zulässig ist. Sie wird in § 29 Abs. 1 Satz 1 ausdrücklich als
„Erlaubniserfordernis" bezeichnet.

Dies beinhaltet **kehrseitig** bereits das damit einhergehende **ordnungsrechtliche Verbot** der unerlaubten Veranstaltung und Vermittlung öffentlicher Glücksspiele (vgl. BVerfG Beschl. v. 30.11.2010 – 1 BvL 3/07, Rn. 42 ff.; BVerfG NVwZ
2008, 1338 (1340 f.), Rn. 32 ff.). Für die dieser Erlaubnispflicht unterliegenden
Tätigkeiten ist eine selbstbestimmt unkontrollierte Aufnahme von Aktivitäten
damit verboten und es bedarf einer **individualisierenden Verwaltungsent-
scheidung**, mit der das begehrte **Handeln freigegeben**, also – in einem weit
verstandenen Sinne – „genehmigt" wird. In § 4 Abs. 1 Satz 2 wird dieses Verbot
nochmals ausdrücklich hervorgehoben, indem insofern deklaratorisch normiert
wird, dass das Veranstalten und das Vermitteln ohne diese Erlaubnis verboten ist.

Abs. 1 soll daher ausweislich des ausdrücklichen Wortlauts und der Motive der **22** Staatsvertragsgeber sowie der Landesausführungsgesetzgebung **Mittel** zur **kohärenten** und **systematischen Erreichung** der **mehrdimensionalen Ziele** des § 1 sein (BVerfG NVwZ 2008, 1338 (1340 f.), Rn. 32 ff.; BVerwG NVwZ 2011, 549, Rn. 72 ff.; BGH Beschl. v. 14.8.2008 - KVR 54/07, Rn. 65 ff.; EuGH Urt. v. 8.9.2010 - Rs. C-46/08, Rn. 72 ff. - Carmen Media). Mithilfe des gewählten **Prinzips** des **Verbots** mit **Befreiungsvorbehalt** wird ein Kanalisierungseffekt erreicht, mit dem das Angebot an Glücksspielen beschränkt und die Transparenz des Spielbetriebs gefördert wird; die zuständigen Behörden werden durch das Erlaubniserteilungsverfahren in die Lage versetzt, einen genauen Überblick zu erhalten und unmittelbar Einfluss auf die Zahl und die Personen der auf dem Glücksspielmarkt tätigen Veranstalter und Vermittler zu nehmen (vgl. BVerfG NVwZ 2008, 1338 (1340 ff.), Rn. 32, 45; kritisch dazu Korte NVwZ 2009, 283).

Darüber hinaus beinhaltet Abs. 1 S. 2 eine **Legaldefinition** (vgl. OVG Lüne- **23** burg Urt. v. 21.6.2011 – 11 LC 348/10, Rn. 24) des Begriffs „unerlaubtes Glücksspiel", die auch in anderen Bestimmungen des Staatsvertrages herangezogen wird (vgl. § 1 S. 1 Nr. 2, § 4 Abs. 1 S. 2 Alt. 2, § 4e Abs. 4 S. 3, § 5 Abs. 5, § 9 Abs. 1 und 2 S. 2, § 32). **Unerlaubtes Glücksspiel** ist danach „das Veranstalten und das Vermitteln ohne diese Erlaubnis". Dabei lässt sich dem Wort „diese" im vorliegenden Regelungszusammenhang ohne Weiteres die Bezugnahme auf den zuvor genannten Abs. 1 S. 1 und daher entnehmen, dass nur eine nach § 4 Abs. 1 S. 1 erteilte Erlaubnis der zuständigen Behörde des jeweiligen Landes (vgl. § 9 Abs. 4 S. 1) dazu führen kann, dass kein „unerlaubtes Glücksspiel" iSd Legaldefinition vorliegt.

Durch den einer abweichenden Auslegung nicht zugänglichen Wortlaut wird **24** damit auch verbindlich normiert, dass eine auf anderer Rechtsgrundlage (auch in einem anderen Mitgliedstaat der Europäischen Union oder in der ehemaligen DDR) erteilten Erlaubnis ausnahmslos nicht als eine Erlaubnis iSd § 4 Abs. 1 S. 1 angesehen werden kann (→ Rn. 19 f.; aA wohl nur VG Schwerin Beschl. v. 14.10.2008 - 7 B 196/07 (S. 7 f.); vgl. auch Postel EuR 2007, 317 (322 ff.) zu § 284 StGB). Auch nach dem **Staatsvertrag über die Regionalisierung** von Teilen der von den Unternehmen des Deutschen Lotto- und Totoblocks erzielten Einnahmen konnte keine Erlaubnis iSd § 4 Abs. 1 S. 1 erteilt werden (Postel Voraufl. GlüStV § 4 Rn. 23; vgl. auch OVG Magdeburg ZfWG 2006, 81 (82)). Da es sich zudem um eine Erlaubnis „des jeweiligen Landes" (vgl. auch § 9 Abs. 4 S. 1) handelt, sind auch die von anderen Ländern erteilten Erlaubnisse nicht anzuerkennen, sofern nicht im GlüStV selbst ausdrückliche abweichende Regelungen getroffen wurden (→ § 4a Rn. 9, § 9a Rn. 3). Es wäre auch nicht nachvollziehbar, warum die Gliedstaaten eines Bundesstaates Glücksspielerlaubnisse gegenseitig anerkennen müssten, wenn eine im solcher Zwang zwischen Mitgliedstaaten nicht besteht (vgl. BGH Beschl. v. 8.5.2007 – KVR 31/06, Rn. 42). Selbst für den Fall der Notwendigkeit einer **verfassungs- oder unionsrechtskonformen Auslegung** einzelner Erlaubnisvoraussetzungen (→ Rn. 43 ff.) macht die so zu verstehende **ordnungsrechtliche Erlaubnisbedürftigkeit** iSd § 4 Abs. 1 S. 1 daher das Einholen einer vorherigen Erlaubnis **in jedem** Fall notwendig (vgl. bereits BVerfG NVwZ 2006, 326; BVerfGK 6, 276).

Spezielle Ausgestaltungen der Erlaubnispflicht iSd § 4 Abs. 1 S. 1 finden sich **25** staatsvertraglich in § 4a Abs. 1 („Sonderform der Erlaubnis"; vgl. auch § 10a Abs. 4 S. 3) und in § 24 Abs. 1 sowie ausführungsgesetzlich (→ § 28 Rn. 15) regelmäßig in den Spielbankgesetzen. Auch § 12 Abs. 1 normiert keine eigenständige Erlaub-

nispflicht, sondern nimmt lediglich auf die bereits in § 4 Abs. 1 statuierte Erlaubnispflicht ausdrücklich Bezug und normiert die Erlaubnisvoraussetzungen
(→ § 12 Rn. 11 ff.).

26   Neben dem in Abs. 1 S. 2 enthaltenen deklaratorischen Verbot des unerlaubten
Glücksspiels wurde der S. 2 um ein ordnungsrechtliches Verbot der Mitwirkung an
Zahlungen im Zusammenhang mit unerlaubtem Glücksspiel ergänzt. Das Verbot
richtet sich primär an die am Zahlungsverkehr Beteiligten und die Dienstleistungs-
unternehmen, die die finanziellen Transaktionen abwickeln, insbesondere die Kre-
dit- und Finanzdienstleistungsinstitute (Banken, Sparkassen, Kreditkartenunter-
nehmen und sonstige Internetzahlungsdienstleister) und soll die Möglichkeiten
der Inanspruchnahme Dritter als verantwortliche Störer erweitern (LT-Drs. Bay
16/11995, 21 f.), indem es nun ausdrücklich als der Befugnis des § 9 Abs. 1 S. 2
Nr. 4 zugrundeliegend normiert wurde (→ § 9 Rn. 36). Dabei handelt es sich
im Wesentlichen um eine Klarstellung, denn bereits nach bisherigem Recht wurde
jedenfalls die wissentliche Mitwirkung an Zahlungen als strafbare Beihilfe nach
§§ 284, 287, 27 StGB bewertet (Erl. zum GlüStV aF, 19; vgl. OLG Jena GRUR-
RR 2006, 134; Hecker/Steegmann WRP 2006, 1293 ff.; Steegmann Die Haftung
der Basisinfrastruktur bei rechtswidrigen Internetangeboten, 114 f.). Das neue
ausdrückliche ordnungsrechtliche Verbot ergänzt damit insbesondere die Möglichkeiten, das unerlaubte Glücksspiel im Internet einzuschränken (BVerwGE 140, 1
(7), Rn. 21; vgl. auch VG Potsdam Beschl. v. 9.9.2010 – 3 L 242/10).

27   **b) Reichweite der Erlaubnispflicht.** Dem **Erlaubnisvorbehalt** in Abs. 1
S. 1 unterliegen sowohl das Veranstalten als auch das Vermitteln öffentlicher
Glücksspiele. Er ist damit **umfassend angelegt** und erfasst sämtliche Unterneh-
mungen, die dem Spieler die Teilnahme am Glücksspiel ermöglichen (Erl. zum
GlüStV aF, 12).

28   Sowohl für den Begriff „Glücksspiel" als auch den Begriff „öffentlich" kann
auf die Begriffsbestimmungen in § 3 Abs. 1 bis 3 zurückgegriffen werden. Zwar
sind demgegenüber die **Begriffe Veranstalten und Vermitteln** dort nicht ausdrücklich definiert, allerdings ergibt sich aus dem systematischen Zusammenhang
zum **Regelungsgehalt des Veranstaltungs- und Vermittlungsortes** iSd § 3
Abs. 4 sowie aus den gesetzgeberischen Regelungsmotiven (vgl. zB LT-Drs. Bay
16/11995, 31 zu § 27 Abs. 1) und dem sich aus diesen ergebenden Zweck hinreichend deutlich, welche Unternehmungen der Erlaubnispflicht unterliegen sollen.
Als **Veranstalter** unterliegt demnach der **Erlaubnispflicht** nach Abs. 1 S. 1, wer
die planmäßige Ausführung des gesamten Unternehmens selbst oder durch andere
ins Werk setzt und danach in erster Linie derjenige, der als Inhaber der entsprechenden Erlaubnis zur Veranstaltung Schuldner des Gewinnanspruchs ist, als solcher durch die ihm erteilte Erlaubnis die Abhaltung der Glücksspiele ermöglicht
und dabei das Spiel- oder Wettgeschehen in tatsächlicher oder rechtlicher Hinsicht
maßgeblich gestaltet (OVG Münster Beschl. v. 30.6.2010 – 13 B 645/10,
Rn. 22 ff.; VG Düsseldorf Beschl. v. 20.5.2010 – 27 L 28/10, Rn. 26 ff.; BFH
BFH/NV 2005, 1379 mwN zum lotteriesteuerrechtlichen Veranstalterbegriff;
dazu auch Strahl/Eich UVR 2006, 246; VG Hannover Beschl. v. 22.9.2008 – 10
B 4362/07 (S. 11 f.) zur Kontrolle über ein Internetangebot). Eine Veranstaltung
iSd § 4 Abs. 1 S. 1 kann auch in der Weise durchgeführt werden, dass sich Unternehmer an ein bereits bestehendes anderes Glücksspiel anschließen oder anhängen
und ihren Teilnehmern die Zahlung von Gewinnen versprechen, welche aus der
Entscheidung innerhalb jenes Glücksspiels hervorgehen (vgl. BGH ZfWG 2007,

216; Fruhmann MDR 1993, 822; Eser/Heine in Schönke/Schröder § 287 Rn. 13b). Bei gesellschaftsrechtlichen Verflechtungen können auch Tochter- und Muttergesellschaften gleichzeitig verantwortliche (Mit-)Veranstalter sein (OVG Münster Beschl. v. 8.12.2009 – 13 B 958/09, Rn. 48; vgl. VGH Kassel Beschl. v. 24.6.2010 – 8 B 2939/09; VGH Mannheim Beschl. v. 29.4.2010 – 6 S 1997/09). Demgegenüber unterliegt als **Vermittler** (vgl. § 3 Abs. 4 und 5) regelmäßig der **Erlaubnispflicht**, wer lediglich die Spielverträge zwischen Veranstalter und Spieler weiterleitet und in diesem Zusammenhang Dienstleistungen erbringt (Erl. zum GlüStV, 12; vgl. BVerfG NVwZ 2007, 1297; BVerfG EuR 2008, 558 ff.; Postel WRP 2005, 833 ff.). Dazu gehören in jedem Fall die gewerblichen **Spielvermittler** (§ 3 Abs. 6), die **Annahmestellen** der Lotterieunternehmen und die **Lotterieeinnehmer** der Klassenlotterien (§ 3 Abs. 5; Erl. zum GlüStV aF, 12). Die gewerblichen Spielvermittler und die Lotterieeinnehmer der Klassenlotterien werden als Beispiele für Vermittler ausdrücklich in § 29 Abs. 2 S. 1 genannt. Für (erlaubnispflichtige) Vermittlungstätigkeiten sind eine Vielzahl von Gestaltungen denkbar (BGH Beschl. v. 19.5.2011 – I ZR 215/08, Rn. 12 ff.; OLG Frankfurt Urt. v. 4.6.2009 – 6 U 93/07, S. 50; VGH Potsdam Beschl. v. 25.8.2010 – 3 L 73/10, Rn. 8 ff.); auch Sparkassen können als Vermittler angesehen werden (vgl. OVG Lüneburg NdsVBl. 2008, 352). Die Vermittlung umfasst nicht nur die Entgegennahme des Spielauftrags sondern auch die Übermittlung desselben an den Veranstalter; die Einspeisung von Daten über eine „virtuelle Schnittstelle" ist Teil der Vermittlung (OLG Schleswig Urt. v. 31.7.2009 – 3 U 27/09 (S. 11 f.); OLG Frankfurt Beschl. v. 17.3.2009 – 11 W 8/09 (Kart) (S. 6 ff.); OLG Hamburg Urt. v. 23.7.2009 – 3 U 53/09 (S. 7 f.)). Auch (gewerbliche Spiel-)Vermittler, die nicht die tatbestandlichen Voraussetzungen des § 3 Abs. 6 Nr. 2 erfüllen, unterliegen der Erlaubnispflicht (vgl. OLG Düsseldorf Urt. v. 12.11.2008 – VI-U (Kart) 10/08, Rn. 33 ff.; OLG Düsseldorf Urt. v. 6.6.2007 – VI-U (Kart) 26/06, Rn. 42 ff.; OLG Oldenburg Urt. v. 18.9.2009 – 1 W 66/08 zu einem „Lotteriedienstleister"). Unerheblich für die Erlaubnispflicht der Vermittlung ist es, ob an einen Veranstalter iSd § 10 Abs. 2 und 3 Spielverträge vermittelt werden oder eine Vermittlung im Rahmen einer nach dem Dritten Abschnitt erlaubten Veranstaltung erfolgt. Auch ein eigenes finanzielles Risiko muss weder mit dem Veranstalten noch mit dem Vermitteln verbunden sein (Erl. zum GlüStV aF, 12). Mit der Erlaubnispflicht des Vertriebs wird auch dem Umstand Rechnung getragen, dass die Art des Vertriebs von Glücksspielen maßgeblich mitbestimmt, ob die in § 1 definierten Ziele tatsächlich erreicht werden (BGH Beschl. v. 8.5.2007 – KVR 31/06, Rn. 45; OVG Lüneburg NdsVBl 2008, 352). Demnach unterliegen auch nicht nur neue oder erheblich erweiterte Vertriebswege der Erlaubnispflicht (einschließlich der besonderen Anforderungen des § 9 Abs. 5), sondern auch bloße "technische Neuerungen" im Rahmen des bisher ausgeübten „terrestrischen" Vertriebs werden regelmäßig bereits der Erlaubnispflicht des Abs. 1 unterliegen, sofern die bisherige Erlaubnis die Änderung nicht erfasst (vgl. OVG Lüneburg NdsVBl 2008, 352 zu einem gänzlich neuen „terrestrischen" Vertriebsweg). Es unterliegt demnach jeglicher **Vertrieb** von Glücksspielen einer **Erlaubnispflicht** und auch die Art des Vertriebs ist nicht durch den Veranstalter innerhalb der Reichweite seiner Erlaubnis nach seinem Belieben wählbar. Beginn der Veranstaltung oder Vermittlung kann bereits die Registrierung sein (VG Göttingen Beschl. v. 12.11.2009 – 1 B 247/09).

Etwas anderes ergibt sich auch nicht, soweit Veranstalter oder Vermittler ihren **29** Sitz außerhalb des **Geltungsbereichs** des jeweiligen Landesgesetzes – oder außerhalb Deutschlands – haben. Denn Anknüpfungspunkt für den Anwendungsbereich des § 4 Abs. 1 S. 1 ist das Veranstalten und Vermitteln im Geltungsbereich des jeweiligen Gesetzes (§§ 2, 3 Abs. 4). Unbeschadet der Frage, an welchem Ort etwaige Spielverträge (zivilrechtlich) geschlossen werden, ist der Anwendungsbereich des Gesetzes und damit die Erlaubnispflicht in § 4 Abs. 1 S. 1. 1 eröffnet, wenn eine **Teilnahme** am Glücksspiel von dem jeweiligen Land aus **ermöglicht** wird (Erl. zum GlüStV aF, 12). Als direkter Ausfluss der Hoheitsgewalt eines Staates – und damit des jeweiligen Landes – gilt dies auch ohne ausdrückliche Anordnung für einen Sachverhalt, der innerhalb des **Territoriums des jeweiligen Landes** verwirklicht wird (vgl. VG Regensburg Urt. v. 21.10.2010 – RO 5 K 10.31 (S. 16 f.)); OLG Hamburg GRUR-RR 2007, 402; im Einzelnen Berberich, 113 f.). Aus dem in § 3 Abs. 4 festgeschriebenen Anknüpfen an den Ort, an dem „dem Spieler die Möglichkeit zur Teilnahme eröffnet wird", folgt bei der Veranstaltung oder Vermittlung per Internet der Ort, an dem sich der **Internetzugang des Spielers** befindet (BVerfG NVwZ 2008, 1338 (1341 f.), Rn. 34, 46; OVG Münster Beschl. v. 13.7.2010 – 13 B 676/10, Rn. 55 ff.; Ohler EuR 2010, 253 (260)).

30   Von dem Anknüpfungspunkt für die ordnungsrechtliche Erlaubnisbedürftigkeit für die Tätigkeit innerhalb des **Territoriums des jeweiligen Landes** ist die frühere Praxis für den Internetvertrieb zu unterscheiden, wonach etwa von den Landeslotterieunternehmen nur Teilnehmer mit (angegebener oder gemeldeter) Wohnung im „eigenen" Land zum Spiel zugelassen wurden. Eine solche Beschränkung auf den **Wohnort statt** auf den **Aufenthaltsort** ist ordnungsrechtlich nicht gerechtfertigt, da der Schutz von Spielern in anderen Ländern den dortigen Behörden obliegt (BGH Beschl. v. 8.5.2007 – KVR 31/06, Rn. 49; EuGH Urt. v. 15.9.2011 Rs. C-347/09, Rn. 89 ff. – Dickinger/Ömer; Ibler in FS Götz, 421 (429); Ohler EuR 2010, 253 (259 f.)). Parallel dazu gilt bei der Besteuerung von Sportwetten die Anknüpfung an den Wohnort (§ 17 Abs. 2 S. 1 Nr. 2 RennwLottG) auch nur dann, wenn der Spieler sich bei Abschluss des Wettvertrages **nicht außerhalb** des Geltungsbereiches des Gesetzes **aufhält** und die zur Entstehung des Wettvertrages erforderlichen Handlungen **dort vorgenommen** werden (§ 17 Abs. 2 S. 2 RennwLottG).

31   Abzugrenzen ist die Veranstaltung und Vermittlung von der Durchführung, bei der es sich nicht um eine Vermittlung iSd § 4 Abs. 1 S. 1 handelt. § 4 Abs. 1 S. 1 sieht insoweit **keine eigenständige Erlaubnispflicht** für die **Durchführung** vor, obwohl diese Art der Tätigkeit mehrfach staatsvertraglich normiert ist (ua § 2 Abs. 1 S. 1, § 9 Abs. 1 S. 3, § 13 Abs. 1 S. 2, § 14 Abs. 2, § 15 Abs. 2 bis 4). Allerdings wird auch die Art und Weise der Durchführung regelmäßig – ggf. durch Nebenbestimmungen – in den Erlaubnissen der Veranstaltung oder Vermittlung verbindlich festgelegt werden müssen (vgl. § 9 Abs. 1 S. 3), sofern sich nicht jeweils ohnehin eine **eigenständige Erlaubnispflicht als Veranstaltung oder Vermittlung** ergibt oder ein entsprechender Erlaubnisinhalt für die (Veranstaltungs-)Erlaubnis vorgegeben ist (vgl. § 17 S. 2 Nr. 1).

32   Auch **untergeordnete Dienstleistungen**, bei denen es sich (noch) nicht um eine Vermittlung handelt, unterliegen nicht der **eigenständigen Erlaubnispflicht** nach § 4 Abs. 1 S. 1. Dabei handelt es sich um **Hilfsdienste von Dritten**, die nicht im direkten Zusammenhang mit der Veranstaltungs- oder Vermittlungstätigkeit stehen und die durch den Veranstalter oder Vermittler lediglich zur Erbringung anderweitiger Unterstützungsleistungen in Anspruch genommen werden und auf Grund ihrer **untergeordneten Bedeutung** keine Relevanz für den mit der Erlaubnispflicht angestrebten Zweck haben. Keiner eigenständigen

Erlaubnispflicht nach § 4 Abs. 1 S. 1 unterliegen danach auch „Dritte", derer sich
gewerbliche Spielvermittler ausweislich des § 3 Abs. 6, § 19 Nr. 2 bedienen dürfen
(„im Sinne des § 3 Abs. 6 beauftragte Dritte"; vgl. OLG Düsseldorf Urt. v.
12.11.2008 - VI-U (Kart) 10/08, Rn. 33 ff.). Allerdings wird es auch dabei entscheidend auf die Art und Weise der Tätigkeit ankommen, so dass auch die
Aufnahme von Nebenbestimmungen zu einer solchen „Untervermittlung" (vgl.
dazu BVerfGK 13, 418; OLG München Urt. v. 29.6.2006 - U (K) 3416/05) in den
Vermittlungserlaubnissen naheliegend sein kann, sofern sich eine Aufnahmepflicht
nicht bereits aus der Ausführungsgesetzgebung ergibt (vgl. etwa die „Geltungsfik-
tion" in § 13 Abs. 1 S. 2 GlüG LSA). Kein (eigenständig) erlaubnispflichtiger
Vertrieb ist es, wenn Ansprüche aus Spielverträgen, nachdem die Spielverträge in
den (erlaubnispflichtigen) Annahmestellen geschlossen wurden, ohne Zutun des
Veranstalters an Dritte abgetreten werden.

c) **Ausnahmen von der Erlaubnispflicht.** § 29 Abs. 1 S. 1 und Abs. 2 S. 1 **33**
stellen im Verhältnis zum Erlaubniserfordernis in § 4 Abs. 1 S. 1 staatsvertraglich
normierte **(befristete) Ausnahmeregelungen** dar. Danach wird auf das Erlaubniserfordernis unter dort näher konkretisierten Voraussetzungen bis zum
31.12.2012 verzichtet (→ § 29 Rn. 9). Die weiteren materiellen Anforderungen
an die Veranstaltung und Vermittlung finden jedoch unmittelbar Anwendung und
sind behördlich ungeachtet des nicht erforderlichen förmlichen Erlaubnisverfahrens umzusetzen (aA offenbar KG ZfWG 2010, 94, Rn. 20 zu § 25 Abs. 1 GlüStV
aF). Weitere spezielle Übergangsvorschriften in Bezug auf das Erlaubniserfordernis
des § 4 Abs. 1 (iVm der besonderen Ausgestaltung in § 24 Abs. 1) sieht § 29 Abs. 4
vor (→ § 29 Rn. 16).

Für den Erlaubnisvorbehalt des § 4 Abs. 1 gelten hinsichtlich der Klassenlotte- **34**
rieveranstaltungen der GKL (§ 10 Abs. 3 iVm § 2 Abs. 1 GKL-StV) seit Inkrafttreten keine abweichenden Regelungen (§ 31 Abs. 2 S. 2 iVm § 6 Abs. 2 S. 1 GKL-
StV). Die **vor Inkrafttreten** des GlüStV der NKL und SKL nach § 4 erteilten
Erlaubnisse gehen allerdings – insofern abweichend von § 9 Abs. 4 S. 4 - **gesetzlich** auf die GKL über (§ 31 Abs. 2 S. 1 iVm § 12 Abs. 1 GKL-StV; vgl. LT-Drs.
Bay 16/11995, 33).

Eine weitere **Ausnahmemöglichkeit** besteht für „die Länder" nach § 18 **35**
(→ § 18 Rn. 17). Für die dort näher bezeichneten und insoweit inhaltlich strikt
begrenzten Lotterien besteht die Möglichkeit, „von den Regelungen des Staatsvertrages" und damit auch von dem Erlaubniserfordernis des § 4 Abs. 1 S. 1 abzuweichen. Adressat der Regelungsmöglichkeit sind die Landesgesetzgeber, die zwar
Regelungen zu § 18 getroffen haben, dabei allerdings das Erlaubniserfordernis des
§ 4 Abs. 1 S. 1 entweder ausdrücklich beibehalten oder ein solches voraussetzen
und lediglich der Erteilung einer allgemeinen Erlaubnis (Allgemeinverfügung iSv
§ 35 VwVfG; → § 30 Rn. 13) mit gesetzlich bestimmten Abweichungen von
anderen Bestimmungen des Staatsvertrages ermöglicht haben.

Durch die mit den §§ 18, 29, 31 **abschließenden staatsvertraglichen 36
Bestimmungen** ergibt sich im Umkehrschluss, dass **kein** weitergehender **Gestaltungsspielraum** für die Länder besteht, (weitere) Ausnahmen vom Erlaubniserfordernis des § 4 Abs. 1 S. 1 in der Ausführungsgesetzgebung vorzusehen. Die
Länder haben insoweit nur die Möglichkeit, die im Staatsvertrag selbst ausdrücklich vorgesehenen Ausnahmen näher auszugestalten. Etwaige Bestimmungen in
den Landesausführungsgesetzen zu **vorübergehenden Gestattungen, vorläufigen Erlaubnissen** usw (vgl. bspw. § 13 Abs. 1a und 8 GlüG LSA) widersprechen

den staatsvertraglichen Vorgaben des § 4 Abs. 1 nur dann nicht, sofern die Verfahren eine vorherige behördliche Überprüfung in einem rechtsförmlichen und zur Zielerreichung geeigneten Verfahren (→ Rn. 99) sicherstellen, und sind vor diesem Hintergrund auszulegen. Vom Gestaltungsspielraum des § 28 erfasst sind demgegenüber Erweiterungen des Erlaubniserfordernisses (vgl. etwa § 17 BremGlüG zu glücksspielähnlichen Spielen).

37   **d) Bedeutung des Fehlens einer Erlaubnis oder einer nicht ausreichenden Erlaubnis.** Wer öffentliche Glücksspiele **ohne** die **Erlaubnis** nach § 4 Abs. 1 S. 1 veranstaltet oder vermittelt, wird nach sämtlichen Landesausführungsgesetzen mit **Bußgeld** bedroht (→ § 28 Rn. 18) und kann sich nach den §§ 284, 285, 287 StGB oder ergänzenden Landesstrafnormen strafbar machen (→ Rn. 38 ff.).

38   In einem solchen Fall kann die zuständige Behörde insbesondere nach § 9 Abs. 1 S. 2, 3 Nr. 3 GlüStV die Veranstaltung, Durchführung und Vermittlung dieser – demnach unerlaubten (§ 4 Abs. 1 S. 2) – Glücksspiele untersagen. Insofern ist grundsätzlich unerheblich, ob der jeweilige Anbieter als Vermittler oder auch als Veranstalter iSd § 4 Abs. 1 S. 1 (bzw § 3 Abs. 4) anzusehen wäre (vgl. aber OVG Schleswig Beschl. v. 27.5.2010 – 4 MB 19/10 zur erforderlichen Unterscheidung Veranstalter und Vermittler). Ob darüber hinaus von einer **Strafbarkeit** nach den §§ 284 ff. StGB auszugehen wäre, ist in einem solchen Zusammenhang unerheblich (→ § 9 Rn. 10). Die ordnungsrechtliche Erlaubnisbedürftigkeit (**formelle Rechtswidrigkeit**) ist darüber hinaus grundsätzlich auch geeignet, ein besonderes **öffentliches Interesse** an der **sofortigen Vollziehung** einer Verfügung zu begründen, mit der die Veranstaltung oder Vermittlung von öffentlichen Glücksspielen ohne vorherige Erlaubnis untersagt wird (BVerfGK 6, 276; BVerfG NVwZ 2006, 326). Aus einem verfassungs- und unionsrechtlich nicht zu beanstandenden Verbot folgt selbst dann ein besonderes öffentliches Interesse an der ordnungsrechtlichen Unterbindung nicht erlaubter Angebote, wenn von dem Verbot lediglich eine auf staatliche oder staatlich getragene Angebote beschränkte Ausnahme erlaubt ist und bei dem die dem **Verbot zugrundeliegenden Schutzzwecke** gerade durch den generellen Ausschluss anderer Angebote erreicht werden sollen (BVerfG Beschl. v. 27.12.2007 – 1 BvR 2578/07 unter Hinweis auf BVerfG WM 2006, 1644). Der glücksspielrechtliche Erlaubnisvorbehalt nach § 4 Abs. 1 GlüStV setzt daher für eine **vollständige Untersagung des unerlaubten Glücksspiels** gerade nicht voraus, dass die fehlende Erlaubnisfähigkeit umfassend und abschließend festgestellt worden ist (aA (wohl) VGH München Urt. v. 24.1.2012 - 10 BV 10.2665; vgl. dazu BVerwG Beschl. v. 24.5.2012 – 8 B 33.12, Rn. 1; in diese Richtung bereits BVerwG Urt. v. 11.7.2011 – 8 C 11.10, Rn. 53; BVerwG Urt. v. 1.6.2011 – 8 C 2.10, Rn. 55; vgl. nunmehr auch VG Regensburg, Urt. v. 5.7.2012 – RO 5 K 12.568, Rn. 70). Das Verbot des unerlaubten öffentlichen Veranstaltens oder Vermittelns von Glücksspielen in § 4 Abs. 1 enthält auch keine Unterscheidungen zwischen sog staatlichen und privaten Anbietern, sondern knüpft allein an das **Fehlen einer erforderlichen Erlaubnis** an. Auf die Frage der Erlaubnisfähigkeit (**materielle Rechtswidrigkeit**) kommt es daher im Rahmen eines Untersagungsverfahrens allenfalls an, sofern der Anbieter offensichtlich einen Anspruch auf Erteilung einer Erlaubnis hätte (VG Hannover ZfWG 2006, 256 (258 ff.)), was jedoch schon nach § 4 Abs. 2 S. 3 (→ Rn. 41) grundsätzlich ausscheidet (OVG Magdeburg ZfWG 2006, 81 (84 f.)). Es spricht einiges dafür, dass es Rechtsmitteln gegen **Untersagungsanordnungen** daher bereits an einem **Rechtsschutzbedürfnis** fehlt (OVG Berlin-Brandenburg Beschl. v. 19.1.2010 –

1 S 121.09, Rn. 7; VG München Beschl. v. 8.5.2008 – M 22 S 08.1464, S. 8; aA VG Berlin Urt. v. 7.7.2008 – VG 35 A 108.07, Rn. 28), da Zweifel an der Vereinbarkeit des § 4 Abs. 1 S. 1 oder einzelner seiner – ggf. ausführungsgesetzlichen – Voraussetzungen mit höherrangigem Verfassungs- oder anwendungsvorrangigem Unionsrecht zunächst innerhalb des **gesetzlich vorgesehenen Verfahrens** vorzubringen sind (BVerfGK 6, 276; BVerfG NVwZ 2006, 326; aA wohl BayVGH Beschl. v. 21.3.2011 – 10 AS 10.2499, Rn. 34).

Darüber hinaus stellt die Verwirklichung eines objektiven Straftatbestandes **39** grundsätzlich auch eine Störung der öffentlichen Sicherheit im Sinne der gefahrenabwehrrechtlichen Generalklausel (zB § 13 SOG LSA) dar, unabhängig davon, ob die weiteren Voraussetzungen für die Strafbarkeit und die Bedingungen der Strafverfolgung gegeben sind (vgl. BVerwGE 64, 55 (61); BVerfGK 5, 196).

Nicht anders verhält es sich bei einer **nicht ausreichenden Erlaubnis**. Der **40** Fragenbereich ist im GlüStV nicht unmittelbar angesprochen (vgl. aber § 15 Abs. 1 S. 5, § 16 Abs. 2), insbesondere in § 4 nicht eigens erwähnt. Grundsätzlich wird aber die Erlaubnispflicht so zu verstehen sein, dass jede neue oder jede bestehende, aber rechtlich nicht (oder nicht mehr) von der Erlaubnis (einschließlich der Nebenbestimmungen) gedeckte Veranstaltung oder Vermittlung, aber auch jedes Mehr bei einer erlaubten Betätigung einer **neuen (erweiterten) Erlaubnis** bedarf (vgl. etwa VG Hannover Urt. v. 20.8.2007 – 10 A 3139/07; VG Düsseldorf Urt. v. 4.11.2009 – 18 K 551/09 (S. 11, 15); Brandt, 81, 151 zu den §§ 284 ff. StGB); dies ergibt sich im Übrigen bereits aus dem besonderen Erlaubnisverfahren in § 9 Abs. 5. Einige Länderausführungsgesetze sehen allerdings auch Änderungen oder Verlängerungen von Erlaubnissen vor, so dass in einem solchen Fall keine neue Erlaubnis erforderlich wäre (vgl. § 8 Abs. 4 ThürGlüG; § 4 Abs. 3 Sächs-GlüStVAG). Auch die strafrechtliche Legalisierungswirkung der Erlaubnis ist mit ihrer verwaltungsrechtlichen Regelungswirkung identisch; der Verstoß gegen das strafrechtliche Repressivverbot in den §§ 284 ff. StGB entfällt nur, soweit die verwaltungsrechtliche Erlaubnis reicht; im Übrigen (bei einer **nicht ausreichenden Erlaubnis)** hat es mit dem (strafrechtlichen) Verbot sein Bewenden (BVerwGE 126, 149 (158); BGH Beschl. v. 8.5.2007 – KVR 31/06, Rn. 42; aA wohl BGH Urt. v. 3.4.2008 – III ZR 190/07, Rn. 18).

e) **Rechtsnatur und Inhalt der Erlaubnis.** Bei der Erlaubnis handelt es sich **41** um einen **Verwaltungsakt** (formell und materiell) **begünstigender Natur**, der allerdings mit **Nebenbestimmungen** im erforderlichen Umfang zu verbinden ist (vgl. VGH Mannheim ZfWG 2012, 44 (46)). Da ein Anspruch auf Erlaubniserteilung ausgeschlossen ist (§ 4 Abs. 2 S. 3), bedeutet dies im Umkehrschluss, dass durch die Hinzufügung von gesetzlich vorgesehenen Erlaubniszusätzen **Anspruchspositionen der Antragsteller** grundsätzlich nicht verletzt werden können. Es sind im Übrigen die allgemein für Verwaltungsakte geltenden Grundsätze anzuwenden, insbesondere, was die Frage der **Anfechtbarkeit** oder **Nichtigkeit** betrifft (vgl. dazu das jeweils einschlägige Landesverwaltungsverfahrensrecht). Spezielle für sämtliche Erlaubnisse geltende staatsvertragliche Inhalts- und Verfahrensregelungen finden sich in § 4 Abs. 5 Nr. 2 S. 2 (→ Rn. 91), in § 9 Abs. 3 S. 2 sowie in § 9 Abs. 4 (→ § 9 Rn. 50, 52). Ferner sind in § 12 Abs. 2 (→ § 12 Rn. 19 ff.) und § 17 (→ § 17 Rn. 3 ff.) – teilweise verpflichtende – Vorgaben für **Form** und **Inhalt** der Erlaubnisse, die nach dem Dritten Abschnitt erteilt werden können, und in § 21 Abs. 1 S. 2 (→ § 21 Rn. 33 ff.), § 22 Abs. 1 (→ § 22 Rn. 4 ff.), § 24 Abs. 2 (→ § 24 Rn. 29 ff.) Pflichtinhalte für weitere Erlaubnisse vorgesehen.

42   Es handelt sich bei den staatsvertraglichen Bestimmungen allerdings lediglich um **Mindestanforderungen** an den Inhalt (VGH Mannheim ZfWG 2012, 44 (46)). So gehört beispielsweise ungeachtet der Festlegungspflicht der „Vertriebsform" in der Erlaubnis, die staatsvertraglich nur in § 17 S. 2 Nr. 5 vorgesehen ist – und damit dem Wortlaut nach verpflichtend nur für Erlaubnisse nach dem Dritten Abschnitt –, die Bestimmung der Vertriebswege auch zu den unverzichtbaren Mindestbestandteilen einer glücksspielrechtlichen Erlaubnis (VG Hannover Urt. v. 20.8.2007 - 10 A 3139/07; nachfolgend OVG Lüneburg NdsVBl. 2008, 352). Im Einzelnen umgesetzt wurden die **Vorgaben für** die **Erlaubnisinhalte** regelmäßig in den Landesausführungsgesetzen, in denen sich wiederum teilweise erhebliche **Abweichungen** in der Ausgestaltung **von Land zu Land** ergeben. Für das Rechtsmittelverfahren gelten allgemein die Vorschriften der Verwaltungsgerichtsordnung (zur Revision vgl. § 33).

2. § 4 Abs. 2 Erlaubnisvoraussetzungen und Rechtsfolge

43   a) Grundlagen der Erlaubnisvoraussetzungen. Unter welchen Voraussetzungen eine Erlaubnis erteilt werden kann, ist in § 4 Abs. 1 nicht geregelt. Hierfür ist für alle Angebote staatsvertraglich vor allem Abs. 2 S. 1 und 3 maßgebend.
    Spezielle Erlaubnisvoraussetzungen für die **Einführung neuer Glücksspielangebote** durch die in § 10 Abs. 2 genannten Veranstalter sowie neuer oder die erhebliche **Erweiterung** bestehender **Vertriebswege** durch Veranstalter oder Vermittler finden sich ausführlich geregelt in § 9 Abs. 5 (→ § 9 Rn. 61). Die §§ 12 ff. legen die besonderen Anforderungen an eine Erlaubnis für die nach dem Dritten Abschnitt erlaubnisfähigen Veranstaltungen weitestgehend abschließend fest; Anforderungen an eine (erlaubte) Tätigkeit des gewerblichen Spielvermittlers ergeben sich aus § 19 (→ § 19 Rn. 7 ff.) und an (erlaubte) Spielhallen aus § 24 f. (→ § 24 Rn. 29 ff.).

44   Daneben ist für die Anwendung und Auslegung der Erlaubnisvoraussetzungen und Rechtsfolgen des § 4 Abs. 2 insbesondere die **landesgesetzliche Ausgestaltung maßgeblich** (→ § 28 Rn. 15), so dass in jedem Fall der Regelungszusammenhang und das **Zusammenwirken** mit den jeweiligen **Landesausführungsgesetzen** und den dort zur Ausführung des § 4 Abs. 1 und 2 vorgesehenen Regelungen (→ Rn. 101) zwingend – und ggf. entscheidungserheblich – zu berücksichtigen sind; dies gilt insbesondere vor dem Hintergrund, dass sich von Land zu Land **signifikante Abweichungen** in der Ausgestaltung der Erlaubnisvorschrift und den –voraussetzungen ergeben (Brugger ZfWG 2008, 20 (25)), was wiederum zu dem damit einhergehenden Risiko des Leerlaufens des § 33 führt.

45   b) Versagungsgründe. § 4 Abs. 2 S. 1 regelt den Widerstreit, der zwischen dem beabsichtigten Glücksspielangebot eines Einzelnen und den Interessen der Allgemeinheit bestehen kann. Die Regelung ist vor dem Hintergrund zu interpretieren, dass zwar ein gewisses Mindestangebot an Glücksspielen letztlich garantiert bleibt (vgl. § 1 Nr. 2, § 10 Abs. 1 S. 1), das Angebot jedoch nur im Rahmen und in Übereinstimmung mit den Zielen des Staatsvertrages zulässungsfähig ist.

46   Ist ungeachtet der Einhaltung sämtlicher weiterer Erlaubnisvoraussetzungen ein – nicht durch Nebenbestimmungen abwendbares – **Zuwiderlaufen** iSd Abs. 2 S. 1 und damit letztlich eine Beeinträchtigung des Gemeinwohls zu erwarten, so hat die Behörde die beantragte Erlaubnis zu versagen. Ihr steht insoweit

kein Ermessensspielraum zu; die Versagung einer Erlaubnis ist zwingend (Erl. zum GlüStV aF, 13) und jede andere (positive) Entscheidung wäre dann fehlerhaft. Bereits als Erlaubnisvoraussetzung ist daher in einem **ersten Prüfungsabschnitt** ua das Zuwiderlaufen und damit die Beachtung der Ziele von Suchtbekämpfung und -verhinderung, Begrenzung des Glücksspielangebotes und Kanalisierung des Spieltriebs, Gewährleistung des Jugend- und Spielerschutzes sowie der ordnungsgemäßen Durchführung von Glücksspiel und der Abwehr von damit verbundener Kriminalität zwingend zu prüfen (vgl. VG Regensburg Urt. v. 21.10.2010 – RO 5 K 10.31 (S. 12); → § 1 Rn. 11 ff., 19). Daneben ist im Rahmen dieses ersten Prüfungsabschnitts die vorgesehene Vielzahl weiterer Erlaubnisvoraussetzungen zu prüfen, deren Ausgestaltung ausdrücklich den Ausführungsgesetzen der Länder anheim gestellt worden ist (§ 28 S. 2). Die Länder haben dabei zahlreiche Möglichkeiten genutzt, auf Tatbestandsebene den § 4 Abs. 2 auszugestalten bzw. über § 4 Abs. 1 und 2 hinaus weitere Erlaubnisbedingungen vorzusehen (Brugger ZfWG 2008, 20 (23)). § 4 Abs. 1 und 2 iVm den Ausführungsgesetzen gestalten damit bereits die Erlaubnisvoraussetzungen trotz der zum Teil restriktiven, auf ein repressives Verbot hindeutenden Voraussetzungen zumindest auch im Sinne einer präventiven behördlichen Kontrolle aus (vgl. bereits BVerfGK 6, 276 zu § 13 GlüG LSA).

47 Erst in einem **zweiten Prüfungsabschnitt**, den ein Antrag auf Erlaubnis zu durchlaufen hat, nämlich der Rechtsfolgenseite nach Feststellung des **kumulativen Vorliegens** sämtlicher Voraussetzungen, ist der Behörde ein **Ermessen eröffnet** (→ Rn. 51 ff.).

48 **c) Staatsvertragliches Vermittlungsverbot.** § 4 Abs. 2 S. 2 stellt klar, dass eine Erlaubnis für das Vermitteln nach diesem Staatsvertrag nicht erlaubter Glücksspiele nicht erteilt werden darf (vgl. Erl. zum GlüStV aF, 13) und wiederholt zunächst lediglich ausdrücklich das bereits aus § 4 Abs. 1 S. 1 und 2 herzuleitende Ergebnis (→ Rn. 21).

49 Der **systematischen Stellung** nach handelt es sich ebenfalls um einen zwingenden Versagungsgrund. Vor dem Hintergrund der Erlaubnispflicht sowohl für die Veranstaltung als auch die Vermittlung wird damit jedoch auch die **Erlaubnisfähigkeit** des Vermittelns nach diesem Staatsvertrag nicht erlaubter Glücksspiele **generell ausgeschlossen:** Während damit bspw. ein ausdrückliches und generelles Verbot des Vermittelns an Veranstaltungen, die sich auf eine in einem anderen **Mitgliedstaat der Europäischen Union erteilte Erlaubnis** berufen, bereits staatsvertraglich normiert ist, schließt diese Bestimmung die landesgesetzliche Umsetzung der Normierung einer Erlaubnisfähigkeit des Vermittelns nach diesem Staatsvertrag in einem anderen Land nach § 4 Abs. 1 erlaubter Glücksspiele nicht generell aus. So sehen einige Landesausführungsgesetze die Möglichkeit vor, unter bestimmten Voraussetzungen und auf Grundlage einer – ggf. noch zu erlassenden – Rechtsverordnung eine solche grenzüberschreitende Vermittlung von Glücksspielen anderer als der im jeweiligen Land erlaubten Veranstaltungen von Veranstaltern iSd § 10 Abs. 2 zu erlauben (vgl. Art. 2 Abs. 2 S. 3 iVm Art. 8 Nr. 4 AGGlüStV Bay; § 7 Abs. 3 iVm § 16 Nr. 4 HmbGlüÄndStVAG), während andere eine solche – dem § 4 Abs. 2 S. 2 nicht widersprechende – Möglichkeit im Ausführungsgesetz ausdrücklich ausgeschlossen haben (§ 14 Abs. 1 HGlüG; § 13 Abs. 3 Nr. 1 GlüG LSA).

50 Jedenfalls soweit sich durch eine entsprechende **ausführungsgesetzliche Normierung** eine **unbeschränkte Erlaubnisfähigkeit** des Vermittelns der (nur) in einem anderen Land nach § 4 Abs. 1 erlaubten Veranstaltungen ergäbe, scheinen erhebliche Bedenken an der Rechtfertigung einer Monopolregelung angebracht, die die Begründung zum Ausführungsgesetz in BW sehr konkret wiedergibt (vgl. LT-Drs. BW 14/2205, 30).

51   **d) Pflichtgemäßes Ermessen.** § 4 Abs. 2 S. 3 schließt – klarstellend – einen **Anspruch** auf die **Erteilung** der Erlaubnis nach Abs. 1 S. 1 aus und versperrt damit schon ausweislich des Wortlauts die Möglichkeit einer Auslegung der Norm im Sinne einer gebundenen behördlichen Entscheidung zur Erteilung einer Erlaubnis bei Vorliegen der Erlaubnisvoraussetzungen (OVG Berlin-Brandenburg Beschl. v. 21.1.2010 – 1 S 94.09, Rn. 7). Nach ihrem materiellen Gehalt handelt es sich bei dem Erlaubnisvorbehalt des § 4 Abs. 1 iVm Abs. 2 um ein – verwaltungsrechtlich gesprochen – **legislatorisches Verbot mit einem Befreiungsvorbehalt**, zumal eine (präventive) Erlaubnis mit Verbotsvorbehalt als Mittel nicht ausreichen würde, um die gesetzlich vorgegebene Zielerreichung gewährleisten zu können (vgl. Postel Voraufl. GlüStV § 4 Rn. 67; insofern ebenso Schorkopf Gutachten 2012, 36; zuvor bereits Reichert Gutachten 2006, S. 38; vgl. auch Windoffer, DÖV 2012, 257 (258) zu § 4 Abs. 5). Die Erlaubnis ist damit nicht lediglich eine zur präventiven Kontrolle vorgesehene formelle Voraussetzung für die rechtmäßige Ausübung einer an sich nicht verbotenen Betätigung, sondern enthält der Sache nach die Aufhebung eines repressiven Verbotes des objektiven Rechts; sie ist somit eine **materielle Voraussetzung** für das Recht überhaupt (vgl. Masing in HSV Bd. I Rn. 170 zu § 7 mwN; Maurer § 9 Rn. 55; Schorkopf DÖV 2011, 260 (264)).

52   Zwar gilt Abs. 2 S. 3 nicht für die bisher (nur) bundesgesetzlich geregelten Glücksspielbereiche (§ 2 Abs. 3 bis 5), in Anbetracht der nunmehr landesgesetzlich (gefahrenabwehrrechtlich) ausgestalteten Erlaubnisvoraussetzungen erscheint es jedoch naheliegend, auch den zuvor bestehenden Anspruch auf Erlaubniserteilung für Spielhallen (vgl. BVerwGE 70, 180 (181); BVerwG NVwZ 2003, 602) als nicht mehr gegeben anzusehen (vgl. auch Gebhardt/Postel in Gebhardt/Grüsser-Sinopoli § 21 Rn. 17, 49 ff.), zumal diese Einordnung für die Abweichung von Sperrzeitvorschriften ohnehin schon galt (vgl. BVerwG GewArch 1977, 24 (25); OVG Magdeburg GewArch 2002, 342; vgl. LT-Drs. LSA 6/1253, 70). Die Einordnung des § 4 Abs. 1 iVm Abs. 2 S. 1 und 3 als (repressives) Verbot mit Befreiungsvorbehalt berechtigt freilich nicht zu der Schlussfolgerung, Erlaubnisse dürften nur **in vereinzelten Fällen** erteilt werden. Ein erlaubtes Glücksspielangebot muss zur Zielerreichung in ausreichendem Umfang in ausreichendem Maße in Anspruch genommen werden können (§ 1 Nr. 1 und 2, § 10 Abs. 1 S. 1), was andererseits ein „Massengeschäft" von erlaubten Glücksspielen, das dies zu einem "normalen" Gut des täglichen Lebens werden ließe, wiederum nicht ermöglicht (BVerfG 115, 276 (315); aA offenbar Hecker WRP 2012, 523 (528)). Entscheidend für die am Wortlaut, den gesetzgeberischen Motiven und der Systematik orientierten Auslegung zur verwaltungsrechtlichen Einordnung als Verbot mit einem Befreiungsvorbehalt ist die daraus zu ziehende Folgerung, dass der Gesichtspunkt der Zielerreichung und damit der **Gefahrenabwehr und Gefahrenvorsorge** (vgl. § 1 GlüG LSA: „...und dient dem Schutz und der Vorsorge vor den vom Glücksspiel ausgehenden Gefahren.") bei der behördlichen Entscheidung über die Erlaubnis **Vorrang vor den unternehmerischen Interessen** eingeräumt werden kann und ggf. auch muss (vgl. Hahn in Friauf § 33h Rn. 24).

Mit dem normierten Maßstab wird der Verwaltung freilich **kein unbeschränk-** 53
tes, freies Ermessen eingeräumt (aA offenbar Koenig/Ciszewski DÖV 2007,
313 (320)). Denn bei dem in § 4 Abs. 1 iVm Abs. 2 vorgesehenen (repressiven)
Verbot mit Befreiungsvorbehalt steht die immer nur als Ausnahme in Betracht
kommende Erlaubnis – sofern die Voraussetzungen für eine Ermessensausübung
vorliegen – im pflichtgemäßen (und selbstverständlich **grundrechtlich gebundenen) Ermessen** der Verwaltungsbehörde (Erl. zum GlüStV aF, 14; § 8 Abs. 3 S. 1
VwV-GlüStV; BGH Urt. v. 14.8.2008 – KVR 54/07, Rn. 67; VG Regensburg
Urt. v. 21.10.2010 – RO 5 K 10.31, S. 12, 25 f.). Es ist dabei auch unter dem
Gesichtspunkt der Gesetzmäßigkeit der Verwaltung nicht zu beanstanden, wenn die
erforderliche Abwägung dem pflichtgemäßen Ermessen der Verwaltung überlassen
bleibt, denn die enge **Begrenzung des Ermessens** durch den Gesetzeszweck
und die Grundsätze der Verhältnismäßigkeit und des Übermaßverbotes schließen
eine willkürliche Handhabung des Befreiungsvorbehalts durch die Behörden aus
und ermöglichen eine rechtsstaatlichen Erfordernissen genügende **richterliche
Kontrolle** im Einzelfall (vgl. BVerfGE 38, 348 (367)). Dies gilt umso mehr, als
der Gesetzgeber – abgesehen davon, dass es ein völlig freies Ermessen ohnehin
nicht gibt (vgl. BVerfGE 18, 353 (363)) – den Rahmen des der Erlaubnisbehörde
zustehenden Ermessens schon durch § 1, also insbesondere durch die normierten
Ziele, hinreichend bestimmbar abgesteckt hat (BVerfG NVwZ 2008, 1338 (1340),
Rn. 26). Damit ist zugleich sichergestellt, dass die für einen Antragsteller im glücksspielrechtlichen Erlaubnisverfahren aus der Einräumung des Ermessens resultierende Rechtsunsicherheit sich in **rechtsstaatlich hinnehmbaren Grenzen** hält.
Das Erlaubniserfordernis darf also zB nicht dazu dienstbar gemacht werden, andere
Ziele als die in § 1 normierten zu verfolgen, etwa allgemein unerwünschte Entwicklungen zu verhindern, das von den Veranstaltern nach § 10 Abs. 2 angebotene
Glücksspiel zu bevorzugen oder anderweitige – insbesondere fiskalische – Zwecke
zu verfolgen (Erl. zum GlüStV aF, 14; BGH Urt. v. 14.8.2008 – KVR 54/07,
Rn. 67). Darüber hinaus werden die ausführungsgesetzlich bestimmten zuständigen Behörden ergänzend zu § 9 Abs. 1 und 6 auch hinsichtlich ihrer Aufgaben
und Befugnisse ausdrücklich auf die Zielerreichung und damit verbundene Gefahrenabwehr und -vorsorge verpflichtet, so dass **fiskalische Gesichtspunkte nicht**
erwähnt werden und deshalb weder **rechtlicher Maßstab der Aufsicht** sein noch
solche Gesichtspunkte bei aufsichtsrechtlichen Erwägungen herangezogen werden
können (BVerfG NVwZ-RR 2008, 1 (3)). Dementsprechend liegt jedenfalls mit
der ausführungsgesetzlichen Ausgestaltung des Erlaubnisverfahrens und dem **subjektiven Anspruch auf fehlerfreies Ermessen** ein Erfordernis vorheriger
behördlicher Erlaubnis vor, das auf objektiven und nicht diskriminierenden Kriterien beruht, die den betroffenen Antragstellern im Voraus bekannt sind, und ferner
dem Ermessen der zuständigen Behörden gesetzliche Grenzen gesetzt sind, die
eine missbräuchliche Ausübung verhindern (vgl. auch EuGH Urt. v. 8.9.2010 –
Rs. C-46/08, Rn. 78 ff. – Carmen Media).

3. § 4 Abs. 3 Jugendschutzrechtliche Bestimmungen

a) Grundlagen. § 4 Abs. 3 beinhaltet – systematisch durch die Fortentwick- 54
lung aus dem LottStV bedingt und daher nicht in einem eigenständigen Paragra-
fen – jugendschutzrechtliche Bestimmungen, die unmittelbar der Zielerreichung
in Bezug auf den Jugendschutz dienen (vgl. § 1 S. 1 Nr. 3), dem eigenständig
aufgrund des in Art. 6 Abs. 2 S. 1 GG verbrieften elterlichen Erziehungsrechtes

und der Gewährleistungen von Art. 1 Abs. 1 und Art. 2 Abs. 1 GG Verfassungs-
rang zukommt (BVerfG NVwZ 2009, 905, Rn. 23 mwN; vgl. auch Postel in
Gebhardt/Grüsser-Sinopoli § 17 Rn. 13 ff.). Die Landesgesetzgeber durften die
bisherigen Erkenntnisse mit dem Ziel der Abwehr einer höchstwahrscheinlichen
Gefahr zum Anlass für Prävention nehmen – dies gilt insbesondere im Hinblick
auf den Jugendschutz (BVerfGE 115, 276 (305)). Gerade die Vertriebswege sind
so auszuwählen und einzurichten, dass Möglichkeiten zur Realisierung (auch) des
Jugendschutzes sachgerecht genutzt werden (vgl. Erl. zum GlüStV aF, 5; BVerfGE
115, 276 (318)). Durch die Erweiterung des Anwendungsbereichs des GlüStV
finden die jugendschutzrechtliche Bestimmungen nunmehr auch ausdrücklich auf
Spielhallen, Gaststätten und Pferdewetten Anwendung (§ 2 Abs. 3 und 4, § 27
Abs. 1 S. 3).

55   **b) Erfordernisse des Jugendschutzes.** In § 4 Abs. 3 S. 1 wird (wie schon in
§ 4 Abs. 2 S. 1 LottStV) normiert, dass die Erfordernisse des **Jugendschutzes** im
Bereich des Glücksspiels **besonders zu beachten** sind. Ausweislich der Erläuterungen handelt es sich dabei um eine Klarstellung (vgl. Erl. zum GlüStV aF, 14)
und S. 1 soll insoweit keine neuen gesetzlichen Verpflichtungen schaffen. Ziel des
Satzes 1 ist es daher klarzustellen, dass sowohl das Jugendschutzrecht des Bundes
(§ 6 JuSchG) als auch das Jugendmedienschutzrecht der Länder (§§ 4, 7 JMStV)
auf den landesgesetzlich geregelten Glücksspielbereich Anwendung finden (Postel
Voraufl. GlüStV § 4 Rn. 76; vgl. auch Postel in Gebhardt/Grüsser-Sinopoli § 17
Rn. 23 ff.). Zwar wurde die Anwendbarkeit in der Vergangenheit teilweise in
Zweifel gezogen oder auch – teilweise mit dem Wortlaut kaum in Einklang zu
bringen – ausdrücklich als nicht gegeben erachtet (vgl. etwa Liesching in Erbs/
Kohlhaas § 6 Rn. 13), ebenso aber auch bereits mit zutreffenden Erwägungen
bejaht (vgl. etwa NRSU § 6 Rn. 14; HRKDS Bd. III § 4 JMStV Rn. 63d; vgl.
auch Postel in Gebhardt/Grüsser-Sinopoli § 17 Rn. 49). Jedenfalls mittels des § 4
Abs. 3 S. 1 ist klargestellt, dass diese Normen Anwendung finden sollen (aA OLG
Koblenz Urt. v. 1.12.2010 – 9 U 258/10) und das Veranstalten und das Vermitteln
von Glücksspielen den dortigen Vorgaben nicht zuwiderlaufen darf (vgl. BVerfGE
115, 276 (301 ff.); OVG Magdeburg GewArch 2006, 163 zu bisherigen Vollzugs-
defiziten).

56   Eine eigenständige Aufgabe oder gar Befugnis, die jugendschutzrechtlichen
Bestimmungen des JuSchG und des JMStV auch durch die glücksspielrechtlich
zuständigen Behörden durchzusetzen, ist im S. 1 allerdings nicht zu erkennen,
auch wenn die Erläuterungen unter Bezugnahme auf das JuSchG hervorheben,
dass die (glücksspielrechtlichen) Anforderungen durch Nebenbestimmungen konkretisiert werden können (Erl. zum GlüStV aF, 14).

57   **c) Verbot der Teilnahme Minderjähriger.** § 4 Abs. 3 S. 2 enthält – über
das allgemeine Jugendschutzrecht im JuSchG und JMStV hinausgehend – ein
uneingeschränktes Verbot der **Teilnahme** von **Minderjährigen** an öffentlichen
Glücksspielen (so bereits § 4 Abs. 2 S. 2 LottStV). Dieses Verbot trägt dem
Umstand Rechnung, dass die Gefahr der Ausnutzung des Spieltriebs Jugendlicher
in besonders hohem Maß besteht, da Jugendliche in der Regel durch die in
Aussicht gestellten Gewinne für das Glücksspiel leichter zu begeistern sind als
Erwachsene (vgl. Erl. zum GlüStV aF, 14).

58   Als grundlegende jugendschutzrechtliche Bestimmung im GlüStV findet sich
die Bezugnahme auf das Verbot der Teilnahme Minderjähriger in den Voraussetzungen für den Internetvertrieb in § 4 Abs. 5 Nr. 1, dem Konzessionsverfahren

in § 4b Abs. 2 S. 3 Nr. 3, den Werbebeschränkungen des § 5 Abs. 2 (→ § 5 Rn. 48 ff.) sowie den Aufklärungspflichten in § 7 Abs. 1 (→ § 7 Rn. 3, 10) wieder. Teilweise ähnliche Bestimmungen enthalten bereits § 6 Abs. 2, 4 und 6 JMStV sowie § 3 Abs. 1 JuSchG, die jedenfalls über Abs. 3 S. 1 ebenfalls Anwendung finden.

Der Begriff „Minderjährige" ist im Gesetz nicht ausdrücklich bestimmt, es kann **59** jedoch ohne Weiteres auf den allgemeinen Sprachgebrauch oder die Bestimmungen in anderen Gesetzen zurückgegriffen werden. Danach gilt eine Person als minderjährig bis zum Eintritt der Volljährigkeit, also sofern sie das **achtzehnte Lebensjahr** noch nicht vollendet hat (§ 2 BGB; § 1 Abs. 1 Nr. 2 JuSchG; § 3 Abs. 1 JMStV). Eine Differenzierung nach Glücksspielarten oder eine Abstufung nach Altersgrenzen ist nicht vorgesehen. Der Begriff „Teilnahme" kann in Anlehnung an die „Beteiligung" iSd § 285 StGB ausgelegt werden (vgl. Liesching Gutachten 2008, 89 f.), so dass sämtliche Sicherstellungspflichten (Satz 3; Abs. 5 Nr. 1) bereits zu diesem Zeitpunkt umgesetzt sein müssen. Die „automatische" Gewinngutschrift auf dem Sparkonto eines Minderjährigen im Rahmen einer Gewinnsparlotterie ist (noch) keine Teilnahme (VG Bremen Beschl. v. 23.4.2010 – 5 V 143/10).

Dem Wortlaut nach verbietet der § 4 Abs. 3 S. 2 die Teilnahme und nicht die **60** Gestattung der Teilnahme; das Verbot richtet sich demnach – anders als etwa § 6 Abs. 2 JuSchG – unmittelbar (nur) an Minderjährige (vgl. Liesching Gutachten 2008, S. 90 ff. zur „Gestattung"). Wie sich allerdings aus den entsprechenden Bußgeldbewehrungen in einigen Landesausführungsgesetzen ergibt, soll offenbar nicht nur die Teilnahme durch Minderjährige (die regelmäßig nicht bußgeldbewehrt ist) sondern auch das **Teilnehmenlassen** nach § 4 Abs. 3 S. 2 **verboten** sein (vgl. etwa Art. 13 Abs. 1 Nr. 2 AGGlüStV Bay; § 15 Abs. 1 Nr. 4 AG GlüStV Saar; § 16 Abs. 1 Nr. 2 LGlüG RhPf; § 17 Abs. 1 Nr. 1 AG GlüStV Bln; § 18 Abs. 1 Nr. 2 HmbGlüStV AG).

Ferner besteht im Rahmen des § 18 für die Landesgesetzgeber auch eine **Aus-** **61** **nahmemöglichkeit** für das Verbot des § 4 Abs. 2 S. 2, von der einige Länder Gebrauch gemacht und die Teilnahme Minderjähriger ermöglicht haben (vgl. etwa Art. 3 Abs. 3 S. 1 Nr. 2 AGGlüStV Bay; LT-Drs. Bay 15/8601, 9), während dies andere ausdrücklich abgelehnt haben (§ 16 Abs. 1 GlüG LSA; vgl. LT-PlPr ST 5/32, S. 2136).

d) Sicherstellung durch Veranstalter und Vermittler. Mit § 4 Abs. 3 S. 3 **62** wird eine **eigenständige Pflicht** der Veranstalter und Vermittler begründet, **sicherzustellen**, dass Minderjährige von der Teilnahme am Glücksspiel ausgeschlossen werden (Erl. zum GlüStV aF, 14). Er ist nicht nur ein Programmsatz, sondern konkrete Ausgestaltung des sich aus Art. 5 Abs. 2 GG ergebenden Regelungsauftrags zur **Sicherung** eines **effektiven Jugendschutzes** (vgl. auch Hertel in Hahn/Vesting § 4 JMStV Rn. 12 zu § 4 JMStV).

Etwaige Unklarheiten über den Adressatenkreis dieser Verpflichtung **63** (→ Rn. 60) sind nunmehr ausgeschlossen; das Gebot der effektiven Zugangsbeschränkung richtet sich ausdrücklich an Veranstalter und Vermittler (→ Rn. 62), die dieser Verpflichtung je für ihre Verantwortungssphäre zu genügen haben. Das Gebot setzt demnach in erster Linie beim Verursacher der Gefahr an, um so mögliche Jugendgefährdung möglichst effektiv zu verhindern. Soweit den Motiven – und ergänzend einigen Ausführungsgesetzen (vgl. § 13a Abs. 1 GlüG LSA; Art. 8 Nr. 6 AGGlüStV Bay) - zu entnehmen ist, dass ein Veranstalter für einen vertraglich gebundenen Vermittler nur bei einem entsprechenden Organisationsverschulden verantwortlich sein soll (LT-Drs. Bay 16/11995, 22), bleiben solche Vermittler (vgl. zB § 3 Abs. 5) auch dann trotz ihrer rechtlichen Selbständigkeit Beauftragte iSd § 8 Abs. 2 UWG mit der Folge, dass für den Veranstalter wettbewerbsrechtlich eine Haftung (ohne Entlastungsmöglichkeit) besteht (vgl. OLG Koblenz Urt. v. 1.12.2010 – 9 U 258/10; bestätigt durch BGH Urt. v. 17.8.2011 - I ZR 223/10; insofern zutreffend Hecker WRP 2012, 523 (528)).

64   Eine Konkretisierung des Begriffs „sicherstellen" lässt sich den gesetzlichen Bestimmungen nicht entnehmen. Die Verpflichtung geht jedenfalls **über** die allgemeinen **Anforderungen des JuSchG** und die **Anforderungen des § 5 Abs. 1 und 3 Nr. 1** JMStV hinaus, die ersichtlich geringere Anforderungen als die sich aus Satz 3 ergebende Pflicht stellen (VG Regensburg Urt. v. 28.1.2010 – RO 5 K 08.2047; insofern zutreffend Hecker WRP 2012, 523 (528)). Denn nach § 2 Abs. 2 S. 3 JuSchG haben Veranstalter und Gewerbetreibende bei Personen, bei denen Altersgrenzen zu beachten sind, (nur) in Zweifelsfällen das Lebensalter zu überprüfen und sie trifft ausweislich des Wortlauts der Norm keine generelle Prüfungspflicht (Liesching in Erbs/Kohlhaas § 2 JuSchG Rn. 6). Damit ist es – vor dem Hintergrund des niedrigeren Schutzniveaus der §§ 2 Abs. 2, 6 Abs. 2 JuSchG – auch nicht ausreichend, sofern Veranstalter oder Vermittler (nur) in Zweifelsfällen iSd § 2 Abs. 2 JuSchG und damit nur dann eine Alterskontrolle vornehmen, wenn sich (lediglich) aus dem äußeren Erscheinungsbild, aus Äußerungen oder dem Verhalten von Spielinteressierten Anhaltspunkte für das Nichterreichen der Altersgrenze ergeben, sondern das Erreichen der Altersgrenze muss positiv festgestellt werden (vgl. § 4 Abs. 1 S. 2 SpielhG LSA; § 20 Abs. 2 S. 2, § 21 Abs. 5 S. 2, § 22 Abs. 2 S. 2).

65   Die Vorschrift des § 4 Abs. 3 S. 3 statuiert demzufolge ein **uneingeschränktes Verbot** mit – wie aus der Formulierung „sicherstellen" hervorgeht – deutlich **restriktivem Anspruch**. Schon aus den gesetzgeberischen Motiven für die Ergänzung des § 4 Abs. 3, dem Hintergrund des verfassungsrechtlich verbürgten Jugendschutzes und den verfassungsgerichtlichen Vorgaben zur Neuregelung des Glücksspielrechts lässt sich folgern, dass an die Sicherstellung, die Minderjährige von der Teilnahme an Glücksspielen ausschließen soll, **hohe Anforderungen** zu stellen sind (vgl. LT-Drs. Bay 16/11995, 18; in diese Richtung auch Dörr GewArch 2011, 99 (102)). Eine **Umgehung des Verbots** durch Minderjährige darf **nur in besonderen Ausnahmefällen** – etwa aufgrund nicht vorhersehbarer besonderer Kenntnisse, Fertigkeiten oder Anstrengungen Minderjähriger – denkbar sein. Erforderlich sind daher jedenfalls diejenigen Maßnahmen durch Veranstalter und Vermittler, die geeignet sind, eine Gefährdung des Kindes oder des Jugendlichen **mit an Sicherheit grenzender Wahrscheinlichkeit** auszuschließen oder zu beseitigen (VGH Kassel Urt. v. 3.3.2011 – 8 A 2423/09, Rn. 34 ff.; VG Regensburg Urt. v. 28.1.2010 – RO 5 K 08.2047; vgl. auch zur Forderung einer „**effektiven Barriere**" BVerwGE 116, 5 (14 ff.); BGH NJW 2008, 1882).

66   Bei Nutzung eines Vertriebsweges, bei dem eine **Überwachung durch Personal** möglich ist (bspw. über Annahmestellen mit persönlichem Kontakt) muss zunächst zuverlässig (vgl. dazu auch § 6 S. 1) gewährleistet sein, dass die vor Ort angebotenen Glücksspiele (Lose, Spielscheine etc) tatsächlich nur an Volljährige abgegeben werden. Dafür wiederum genügt nicht die Erklärung des Vertragsinteressenten, er sei volljährig. Dies gilt auch dann, wenn zum Beleg für die Behauptung der Volljährigkeit Ablichtungen von Dokumenten vorgelegt werden, aus denen sich Name und Geburtsdatum ergeben, weil bei der Herstellung solcher Kopien manipuliert werden kann. Eine **zuverlässige Alterskontrolle** ist nur anzunehmen, wenn vor oder während des Vertragsschlusses ein **persönlicher Kontakt** mit dem späteren Vertragspartner stattfindet und in diesem Zusammenhang eine **zuverlässige Kontrolle** seines Alters anhand **amtlicher und mit Lichtbild versehener Dokumente** und der Aufzeichnung darin enthaltener Daten, namentlich der Ausweisnummer, vorgenommen wird. Andere Verfahrensweisen zur Feststellung des Alters müssen ein eben **solches Maß an Gewissheit** bewirken, dass der Vertrag nur Volljährigen angeboten und mit solchen abgeschlossen wird (VG Regensburg Urt. v. 28.1.2010 – RO 5 K 08.2047; kritisch, aber unklar Bumke Staat 49 (2010), 77 (101)). Erst dann ist iSd § 4 Abs. 3 S. 3 sichergestellt, dass Minderjährige von der Teilnahme ausgeschlossen sind und die Annahme einer „**effektiven Barriere**" (vgl. BVerwGE 116, 5 (14 ff.); BGHSt 48, 278 (285 f.); BGH WRP 2007, 1173; VGH Kassel Urt. v. 3.3.2011 – 8 A 2423/09, Rn. 34 ff.) zwischen der Glücksspielteilnahme und dem Minderjährigen gerechtfertigt. Schon in Anbetracht der Tatsache, dass entsprechende Anforderungen auch in anderen jugendschutzrechtlich relevanten Bereichen erfüllt werden, stellt sich dieses Schutzniveau auch keinesfalls als unerfüllbar dar (BGH WRP 2008, 771; BGH WRP 2007, 1173, jeweils mwN; aA Hecker WRP 2012, 523 (528)) und der in diesem Zusammenhang gebräuchliche Hinweis auf ein „Massengeschäft im erlaubten Glücksspielbereich" relativiert nicht nur die gesetzgeberische Entscheidung sondern auch den Verfassungsauftrag zur **Sicherung** eines **effektiven Jugendschutzes** (vgl. zum „Potential an tendenzieller Missachtung des Jugendschutzes" auch VG Freiburg Urt. v. 9.7.2008 – 1 K 547/07, Rn. 47).

Die Sicherstellungspflicht differenziert auch im Übrigen nicht zwischen unter- **67** schiedlichen Vertriebswegen (VG Regensburg Urt. v. 28.1.2010 – RO 5 K 08.2047). Demzufolge ist dem Normzweck hinreichend Rechnung getragen, wenn bei **anderweitigen Vertriebswegen** (Post/Versandhandel, Telemedien, Rundfunk, Telekommunikationsanlagen etc) von einem im Hinblick auf die Effektivität der Überwachung durch Personal **gleichwertigen technischen und personalen Schutz** vor Jugendgefährdungen auszugehen sein kann (VGH Kassel Urt. v. 3.3.2011 – 8 A 2423/09, Rn. 38 ff.). Dazu hat die Rechtsprechung in den letzten Jahren ein weitestgehend **einheitliches Schutzniveau für unterschiedliche Vertriebswege** und –arten entwickelt (vgl. BGH WRP 2008, 771; BGH WRP 2007, 1173; BVerwGE 116, 5 (14 ff.), jeweils mwN).

Die Auslegung wird zudem nicht nur durch Wortlaut und Motive der Rege- **68** lung, sondern auch durch die Systematik des GlüStV bestätigt, denn Abs. 5 Nr. 1 ist als Konkretisierung der jugendschutzrechtlichen Anforderungen an eine „Sicherstellung" iSd Abs. 3 S. 3 speziell für den Vertriebsweg Internet anzusehen (vgl. Postel Voraufl. GlüStV § 4 Rn. 92). Die in Abs. 5 Nr. 1 genannten Anforderungen für die „Gewährleistung" des „Ausschlusses" Minderjähriger bei einem Vertriebsweg Internet entsprechen materiell den Anforderungen, die die Kommission für Jugendmedienschutz an § 4 Abs. 2 S. 2 JMStV stellt (zu den Anforderungen vgl. Ehrlichmann in Manssen H § 14 Rn. 14; OVG Lüneburg K&R 2008, 123). Die Länder haben sich dort folglich erneut bewusst für das **Schutzniveau des § 4 Abs. 2 S. 2 JMStV** – und nicht für das niedrigere in § 5 Abs. 3 JMStV – entschieden (zum Unterschied vgl. Günther/Schindler RdJB 2006, 341). Auch der **Zweck des § 4 Abs. 3 S. 3** ist demnach erkennbar darauf gerichtet, für den glücksspielrechtsspezifischen Jugendschutz etwa in Telemedien – sofern entsprechende Angebote im Übrigen erlaubnisfähig sind – ebenso wie in den traditionellen Medien ein **einheitliches hohes Schutzniveau** (vgl. LT-Drs. Bay 16/11995, 8) zu gewährleisten. Es ist daher auch geboten, die Auslegung des § 4 Abs. 3 S. 3

an den Maßstäben auszurichten, die für den Jugendschutz im Internet in Abs. 5
Nr. 1 konkretisiert und entwickelt worden sind (vgl. Postel in Gebhardt/Grüsser-
Sinopoli § 17 Rn. 37 ff.).

69   Ferner differenziert die Sicherstellungspflicht in § 4 Abs. 3 S. 3 nicht zwischen
der erstmaligen Teilnahme vor und nach Inkrafttreten des Staatsvertrags; auch
Übergangsvorschriften sind zu diesen Aspekten nicht vorgesehen. Dementsprechend umfasst die Sicherstellungspflicht bspw. auch „Alt-" oder „Dauerspieler",
die sich bereits vor Inkrafttreten zu einer dauerhaften oder länger andauernden
Teilnahme entschlossen hatten, und ist nicht auf Neukunden beschränkt (vgl.
OLG Oldenburg Urt. v. 18.9.2009 – 1 W 66/08). Auch hinsichtlich solcher
„Bestandskunden" ist daher grundsätzlich eine **Sicherstellung anhand des
einheitlichen Schutzniveaus** erforderlich.

70   Bei einem unmittelbar an die Spieler gerichteten Angebot der Veranstalter oder
Vermittler verletzt eine Teilnahme Minderjähriger zugleich die Sicherstellungspflicht. Der **Verstoß** gegen die Sicherstellungspflicht kann seinerseits im Landes-
ausführungsgesetz als Ordnungswidrigkeit **bußgeldbewehrt** oder auch – bei vor-
sätzlichem oder wiederholtem Verstoß – zum Anlass für den **Widerruf der
Erlaubnis** genommen werden (Erl. zum GlüStV aF, 15). In den ausführungsgesetzlichen Bestimmungen ist (auch) die **Sicherstellungspflicht** des § 4 Abs. 3
S. 3 regelmäßig als zwingende **Erlaubnisvoraussetzung** („darf nur") für jegliche
(staatlich getragene oder private) Veranstaltung und Vermittlung normiert. Ausführungsgesetzliche Bestimmungen, die hinter dem beschriebenen Schutzniveau
zurückbleiben, sind ausweislich der staatsvertraglichen Motive weder gewollt
(„hohe Standards", „wirksamer Jugendschutz", „sichere Identifizierung und
Authentifizierung", „Dämpfung des Angebotes" durch „technische Sicherungen
des Ausschlusses im Internet", vgl. LT-Drs. Bay 16/11995, 18, 20, 22, 24) noch
von § 28 gedeckt und widersprechen insofern den Vorgaben des Abs. 3 S. 3. Im
Rahmen des § 28 kann den Ländern demgegenüber **weitergehende Anforderungen an das Schutzniveau** der „Sicherstellung" iSd Abs. 3 S. 3 möglich (vgl.
bspw § 13a Abs. 1 S. 2 GlüG LSA, der das **Gebot einer effektiven Barriere**
aus Abs. 3 S. 3 dadurch erweitert, dass Veranstalter und Vermittler in ihrem jeweiligen Verantwortungsbereich darüber hinaus auch alles **organisatorisch Notwendige zu veranlassen** haben, damit Minderjährige schon **von sich aus** nicht an
Glücksspielen teilnehmen (wollen) und das **Interesse einer Umgehung** des Verbots **durch Minderjährige möglichst gering** gehalten wird; dies dürfte im
Wesentlichen durch zusätzliche – über Abs. 3 S. 3 hinausgehende – aktive Aufklä-
rungs- und Überwachungsmaßnahmen umzusetzen sein).

71   **e) Teilnahme Minderjähriger in Erfüllung von Aufsichtsaufgaben.** Die
Erweiterung in Abs. 3 S. 4 greift eine Forderung des Fachbeirats (§ 10 Abs. 1 S. 2)
auf und soll die Teilnahme Minderjähriger durch die Glücksspielaufsichtsbehörden
in Form von Testkäufen oder Testspielen auf eine rechtlich gesicherte Grundlage
stellen (vgl. LT-Drs. Bay 16/11995, 22), auch wenn diese bereits zuvor grundsätzlich zulässig waren (BGH Beschl. v. 19.5.2011 – I ZR 215/08, Rn. 24; OLG
Koblenz Urt. v. 1.12.2010 – 9 U 258/10).

72   Für die Glücksspielaufsichtsbehörde schafft Abs. 3 S. 4 eine – auch strafrechtlich
(§ 285 StGB) wirksame – Befugnis, sich am Glücksspiel zu beteiligen; ein unerlaubtes Glücksspiel wird durch die Beteiligung der Glücksspielaufsichtsbehörde
im Rahmen der Teilnahmebefugnis aber nicht legalisiert. Testkäufe sollen die
Beweise für unerlaubtes oder von den in der Erlaubnis festgelegten Inhalts- und

Nebenbestimmungen abweichendes Glücksspiel erbringen, die dann ein effektives Vorgehen, ggf. auch im Bußgeldverfahren, ermöglichen. Etwaige Bedenken hinsichtlich des Grundsatzes eines fairen Verfahrens werden damit beseitigt, sofern nicht die Schwelle zur sog. Tatprovokation überschritten wird. Diese Schwelle würde (unzulässig) überschritten, wenn Testkäufer ein vom „normalen" Kunden abweichendes Verhalten an den Tag legen, das geeignet ist, **Bedenken** des Verkäufers **aktiv** zu **zerstreuen**, der Kunde habe nicht das notwendige Mindestalter (vgl. OLG Bremen NStZ 2012, 220; vgl. auch Hecker WRP 2012, 523 (528) zum agent provocateur).

Soweit Private oder private Unternehmen von der Glücksspielaufsichtsbehörde **73** als Verwaltungshelfer eingesetzt werden, werden sie nach Weisung und im Rahmen der Befugnis aus Abs. 3 S. 4 tätig.

Die Befugnis beinhaltet **kein kehrseitiges Verbot** von Testteilnahmen durch andere als die Glücksspielaufsichtsbehörden oder von ihnen eingesetzte Helfer. Auch lauterkeitsrechtlich sind Testkäufe bei Wettbewerbern daher weiterhin grundsätzlich zulässig (vgl. BGH Beschl. v. 19.5.2011 – I ZR 215/08, Rn. 24). Unklar ist, ob ein etwaiges Verbot landesgesetzlich begründet werden könnte (vgl. aber § 13a Abs. 2 GlüG LSA).

4. § 4 Abs. 4 Verbot der Veranstaltung und Vermittlung im Internet

a) Anwendungsbereich. § 4 Abs. 4 enthält weiterhin das **Verbot** der Veran- **74** staltung und Vermittlung öffentlicher **Glücksspiele im Internet** und erstreckt sich sowohl auf alle Arten der im Staatsvertrag geregelten Glücksspiele als auch auf alle Arten von Angeboten; die Veranstaltung ebenso wie die Vermittlung, staatliche ebenso wie private Angebote und auch unabhängig davon, ob es sich um erlaubte oder unerlaubte Glücksspiele handelt (vgl. Erl. zum GlüStV aF, 15; BVerwGE 140, 1, Rn. 12 f., 24 ff.).

Für Spielhallen ist die Geltung des Abs. 4 ausdrücklich angeordnet (§ 2 Abs. 3); **75** zudem ist und war der Einsatz des Internets für Spielhallenangebote nach § 33c oder § 33d GewO nicht erlaubnisfähig und nach § 284 StGB verboten (vgl. VG Hamburg Urt. v. 4.11.2010 – 4 K 26/07, Rn. 66 ff. mwN; Postel ZfWG 2009, 246 ff.). Für Pferdewetten (§ 3 Abs. 1 S. 5) ordnet – außerhalb der Systematik des § 2 Abs. 5 – der § 27 Abs. 2 S. 1 die Anwendung des Abs. 4 an. Ungeachtet dessen ist und war der Einsatz des Internets auch bisher von der Buchmachererlaubnis nach § 2 RennwLottG nicht umfasst (BVerwG Urt. v. 1.6.2011 – 8 C 5.10, Rn. 37 ff.; VG Hamburg Urt. v. 4.11.2010 – 4 K 26/07, Rn. 64 f.).

§ 2 Abs. 6 entfaltet für den Anwendungsbereich des § 4 Abs. 4 keine Relevanz, **76** denn für Glücksspiele im Internet verbleibt es bei der allgemeinen **Anwendbarkeit** (auch) des **Internetvertriebsverbotes** des § 4 Abs. 4 neben § 8a RStV (LT-Drs. Bay 16/11995, 21), obwohl Glücksspiele im Internet ein spezieller Fall der Gewinnspiele in vergleichbaren Telemedien sind (§ 2 Abs. 1, § 8a, § 58 Abs. 4 RStV; BVerwG Urt. v. 1.6.2011 – 8 C 5.10, Rn. 27; BVerwG Urt. v. 24.11.2010 – 8 C 15.09, Rn. 54; VGH München Urt. v. 25.8.2011 – 10 BV 10.1176, Rn. 29 ff.).

Ungeachtet dieses materiellen Verbots für einen bestimmten Vertriebsweg nach **77** Abs. 4 gilt auch der Erlaubnisvorbehalt des Abs. 1 S. 1; beide Verbote sind **weder** „**monopolakzessorisch**" (vgl. BVerwG Beschl. v. 24.11.2011 – 8 C 13.11, Rn. 4 ff.; BVerwGE 140, 1 (14 ff.), Rn. 12 f.; BGH Urt. v. 28.9.2011 – I ZR 93/10, Rn. 46 ff.; OVG Berlin-Brandenburg Beschl. v. 8.2.2012 – 1 S 20.11, Rn. 6 ff.;

OVG Berlin-Brandenburg Beschl. v. 21.1.2010 – 1 S 94.09; Deiseroth, jurisPR-BVerwG 17/2011, Anm. 6) **noch akzessorisch zueinander;** denn niemand kann sich der Gültigkeit eines Verbotes mit der Begründung entziehen, er sei schon aus anderen Gründen nicht berechtigt, die verbotene Tätigkeit auszuüben (BGH Urt. v. 28.9.2011 – I ZR 93/10, Rn. 24 ff.).

78   **b) Reichweite.** Die Reichweite des Verbots erfasst die Veranstaltung und Vermittlung im Internet. Was unter der Wendung **„im Internet"** zu verstehen ist, ergibt sich nicht unmittelbar aus § 4 Abs. 4. Zu berücksichtigen ist zunächst, dass **andere Vertriebswege** neuerer Art für die Veranstaltung und Vermittlung – wie etwa Telekommunikationsanlagen (zB SMS, E-Mail) oder Telemedien – demgegenüber weder **generell noch eigenständig (mit Befreiungsvorbehalt) verboten** sind (vgl. aber § 5 Abs. 3 S. 1 für Werbung), sondern nur dem allgemeinen Erlaubnisvorbehalt des Abs. 1 S. 1 unterliegen. Ferner wurde früher regelmäßig zwischen dem Vertrieb bestimmter Glücksspielangebote **über das Internet** – als ein weiterer **alternativer Verkaufs- und Kommunikationsdienst** etwa zur Bestellung eines Loses – und dem Glücksspielangebot **im Internet** unterschieden, bei dem mit Hilfe des Spielers ein ggf. softwaregesteuerter Prozess mit einem regelmäßig sehr kurzfristig erfolgenden Ergebnis in Gang gesetzt wird (vgl. im Einzelnen Berberich, 125 ff.). Aus den Erläuterungen ergibt sich jedoch, dass für die besondere Gefährdung des Internetvertriebs die Anonymität des Spielenden und das Fehlen jeglicher sozialen Kontrolle zu Grunde gelegt wurde und die Staatsvertragsgeber nicht zwischen einer Veranstaltung im Internet und einer solchen über das Internet unterschieden haben, sondern zur Sicherung der Ziele des § 1 GlüStV maßgeblich auf den „Vertriebsweg Internet" abstellten, der dem Glücksspielbereich generell untersagt werden sollte (vgl. Erl. zum GlüStV aF, 15). Daher dürfte es zwar (noch) keine Veranstaltung oder Vermittlung im Internet iSd § 4 Abs. 4 darstellen, sofern im Rahmen eines Internetauftritts eines Glücksspielanbieters lediglich die Möglichkeit besteht, um eine **unverbindliche Zusendung von Losen** (außerhalb des Internets; etwa per Postversand) zu bitten, auch wenn dabei freilich die weiteren staatsvertraglichen und ausführungsgesetzlichen Ge- und Verbote (insbes. § 4 Abs. 3 S. 3 und § 5 Abs. 3; s. dazu LG München Urt. v. 11.3.2008 - 33 O 1694/08 (S. 22)) einzuhalten sind. Jedoch erscheint es geboten, dass bei einer Nutzung des Internets der **gesamte Bestell- und Zahlungsvorgang außerhalb des Internets** abzuwickeln ist, um dem **Verbot** des § 4 Abs. 4 nicht erfasst zu sein. Daher dürfen über den Internetauftritt auch weder zum Zahlungsverkehr gehörende Daten – bspw. für Einzugsermächtigungen oder von Kontoverbindungen – angefordert, noch die mögliche Aufforderung zur unverbindlichen Loszusendung mit der Erteilung einer Einzugsermächtigung verbunden werden (im Einzelnen VG Mainz Urt. v. 22.3.2010 – 6 K 1135/08.MZ (S. 10 ff.)). Ein Angebot, das über eine Internetseite zugänglich ist, verliert den Charakter einer nach Abs. 4 verbotenen Veranstaltung "im Internet" auch noch nicht allein dadurch, dass die Eingabe „im Internet" über einen Vermittler und eine **Standleitung** erfolgt (vgl. OVG Berlin-Brandenburg Beschl. v. 6.2.2012 - 1 S 161.11, Rn. 5 f. mwN). Die Vermittlung im Internet umfasst nicht nur die Entgegennahme des Spielauftrags sondern auch die Übermittlung desselben an den Veranstalter; die Einspeisung von Daten über eine **„virtuelle Schnittstelle"** ist Teil der Vermittlung (OLG Schleswig Urt. v. 31.7.2009 – 3 U 27/09 (S. 9 ff.); OLG Frankfurt Beschl. v. 17.3.2009 – 11 W 8/09 (Kart) (S. 6 ff.); OLG Hamburg Urt. v. 23.7.2009 – 3 U 53/09 (S. 7 f.)). Ebenso ist die Erfüllung des Tatbestandmerkmals unabhängig davon zu beurteilen, ob daneben noch eine telefonische oder postalische Reservierung für Lose ermöglicht wird oder nur die Vertragsdurchführung und -abwicklung auf andere Weise erfolgt (OVG Berlin-Brandenburg Beschl. v. 8.2.2012 – 1 S 20.11, Rn. 17). Daher entfällt das Tatbestandsmerkmal „im Internet" nicht dadurch, dass für die Glücksspielteilnahme ein Identifizierungsverfahren (zB Post-Ident-Verfahren) „außerhalb des Internets" bzw. „offline" durchgeführt wird. Denn andernfalls würde die Durchführung der für ein Angebot im Internet nach Abs. 5 Nr. 1 ohnehin zwingend vorgeschriebenen Identifizierung und Authentifizierung dazu führen, dass ein Angebot „im Internet" gar nicht vorläge. Allerdings kann bspw. der Umstand, dass eine andere Person in einer Annahmestelle „zwischengeschaltet" ist, wegen der damit nur noch eingeschränkten Anonymität des Vorgangs dazu führen, dass der Anwendungsbereich des Verbots nicht mehr greift. Denn dem Verbot „im Internet" unterfallen nicht solche Tätigkeiten, bei denen der Zahlungsverkehr nicht über das Internet, sondern vor Ort in dem entsprechenden Betrieb abgewickelt wird und die Annahme des Angebots die Präsenz des Spielers in einer Annahmestelle erfordert (vgl. VG Hamburg Urt. v. 4.11.2010 – 4 K 26/07, Rn. 71 ff.; weitergehend allerdings OVG Berlin-Brandenburg Beschl. v. 19.11.2010 – 1 S 204.10, Rn. 13). Dementsprechend ist nicht ein auf eine bestimmte „Internet-Technik" festgelegtes, sondern ein **gefahrenorientiertes,** schon an der Ermöglichung der Teilnahme ansetzendes **Verständnis des Tatbestandsmerkmals** „im Internet" angezeigt (OVG Berlin-Brandenburg Beschl. v. 8.2.2012 – 1 S 20.11, Rn. 15 mwN). Gerade wegen der Vielzahl unterschiedlicher technischer Möglichkeiten der Aufspaltung zwischen der reinen Informationsvermittlung im Internet und den weiteren Schritten (Vertragsschluss, Vertragsabwicklung sowie Auslosung; Möglichkeiten einer softwaregestützten (automatischen) Registrierung bzw. automatisch generierten Kontaktierung per E-Mail, Telefon, Briefpost oder „offline") eine **wertende Gesamtbetrachtung** unerlässlich (vgl. OVG Berlin-Brandenburg Beschl. v. 8.2.2012 – 1 S 20.11, Rn. 13; vgl. auch Hüsken GewArch 2010, 336 ff.). Jedenfalls sind internetbasierte **Selbstbedienungsterminals** außerhalb von Annahmestellen (vgl. dazu § 7 Abs. 2 S. 3 SächsGlüStVAG; OVG Lüneburg Urt. v. 21.6.2011 – 11 LC 348/10, Rn. 83) ebenso vom Verbot des Abs. 4 erfasst wie der sog. **E-Postbrief** (vgl. dazu OVG Lüneburg Urt. v. 21.6.2011 – 11 LC 348/10, Rn. 84; VG Hamburg Urt. v. 4.11.2010 – 4 K 26/07, Rn. 76; VG Wiesbaden Urt. v. 1.2.2011 – 5 K 718/10.WI).

Die – der Ausführungsgesetzgebung vorbehaltene – **Befreiungsmöglichkeit** 79 zu § 4 Abs. 4, die befristet in § 25 Abs. 6 GlüStV aF vorgesehen war (dazu Postel Voraufl. GlüStV § 25 Rn. 37 ff.), ist nunmehr in § 4 Abs. 5 aufgenommen.

5. § 4 Abs. 5 Befreiung vom Verbot des Internetvertriebs

a) Grundlagen. Abs. 5 ermöglicht im Gegensatz zum bisherigen generellen 80 Verbot eine kontrollierte und begrenzte „Wiederzulassung" des Vertriebsweges Internet. Ein Veranstalten und Vermitteln im Internet unterlag seit dem 1.1.2008 der in Abs. 1 vorgesehenen Erlaubnispflicht mit dem ergänzend in den Ausführungsgesetzen normierten Erlaubnisverfahren zu § 25 Abs. 6 GlüStV aF; ohne eine solche Erlaubnis war das Veranstalten und Vermitteln im Internet seit dem 1.1.2008 verboten (§ 4 Abs. 1 S. 2) und seit dem 1.1.2009 mangels Erlaubnisfähigkeit generell verboten. Nunmehr soll den von den Staatsvertragsgebern angenommenen Tendenzen zur Abwanderung in nicht erlaubte und somit nicht kontrollierte Angebote eine legale, sichere und den Spielerschutz gewährleistende Alternative gegenüber gestellt werden, um so zur besseren Erreichung der Ziele des § 1, insbesondere der Nrn. 1, 2 und 4, beizutragen. Die − besonderen − Voraussetzungen zur Erlaubnis von Glücksspielen im Internet orientieren sich im Einzelnen an der Übergangsregelung des § 25 Abs. 6 GlüStV aF (vgl. jeweils LT-Drs. Bay 16/11995, 22 f.).

81   Systematisch stellt sich **Abs. 5 als ein eigenständiges Erlaubnisverfahren** mit besonderen Erlaubnisvoraussetzungen für den (grundsätzlich nach Abs. 4 verbotenen) Vertriebsweg „Internet" dar, die erfüllt sein müssen, um eine Erlaubnis erhalten zu können. Auch die „Vorgängernorm" des § 25 Abs. 6 GlüStV aF befreite nicht von dem Erlaubniserfordernis des Abs. 1, sondern ausdrücklich nur (vorübergehend) von dem generellen Verbot in Abs. 4 (Postel Voraufl. GlüStV § 25 Rn. 38). Nach ihrem materiellen Gehalt handelt es sich (auch) bei § 4 Abs. 4 iVm Abs. 5 um ein − verwaltungsrechtlich gesprochen − **legislatorisches Verbot mit einem Befreiungsvorbehalt** (vgl. Windoffer DÖV 2012, 257 (258)). Die Zuständigkeit für die Erlaubnis nach § 4 Abs. 5 bestimmt sich nach den allgemeinen Vorschriften der Ausführungsgesetze bzw. für das ländereinheitliche Verfahren nach § 9a Abs. 1 und 2. Gerade die **Interneterlaubnisse** werden jedoch grundsätzlich **weder ländereinheitlich noch gebündelt** erteilt (vgl. dazu Dörr/Janich Gutachten 2012, 6).

82   Wenig überzeugend ist die Systematik der Abs. 4 und 5 vor dem Hintergrund, dass auch andere neuere Vertriebswege ähnliche Gefahrenpotentiale beinhalten (BVerfGE 115, 276, Rn. 139; VGH Mannheim ZfWG 2012, 44 (46 ff.)), aber die speziellen Erlaubnisvoraussetzungen des Abs. 5 dem Wortlaut nach auf diese keine Anwendung finden (VGH Kassel Urt. v. 3.3.2011 - 8 A 2423/09, Rn. 29). Die Verknüpfung des Abs. 5 mit Abs. 4 schließt es freilich nicht aus, die speziellen Voraussetzungen des Abs. 5 im Rahmen der sonstigen Versagungsgründe bzw. Erlaubnisvoraussetzungen nach Abs. 2 iVm den Ausführungsgesetzen auch für andere Vertriebswege entsprechend heranzuziehen (VGH Kassel Urt. v. 3.3.2011 - 8 A 2423/09, Rn. 29 ff.). Ebenso kann den **spezifischen Gefahren vergleichbarer Vertriebswege** (zB SMS, E-mail) auch bei der Prüfung der allgemeinen Anforderungen vor allem im Blick auf die Datensicherheit und den Schutz vor Manipulationen Rechnung getragen werden (vgl. LT-Drs. Bay 16/11995, 22).

83   **b) Länderöffnungsklausel.** Adressat der Regelung sind ausweislich des Wortlauts „die Länder" und damit beinhaltet der Abs. 5 lediglich die **Möglichkeit** für die Landesgesetzgeber, im Rahmen der Ausführungsgesetzgebung (→ § 28 Rn. 8) von dieser ausdrücklichen **Länderöffnungsklausel** Gebrauch zu machen (so schon VG Schleswig ZfWG 2008, 69 (71) zu § 25 Abs. 6 GlüStV aF). Aus Bestimmtheitsgründen sowie zur Vermeidung von Rechtsunsicherheiten wird es im Regelfall angezeigt sein, die Frage, ob der Landesgesetzgeber von der Öffnungsklausel Gebrauch machen will, im Ausführungsgesetz ausdrücklich anzusprechen. Vor diesem Hintergrund hat die Mehrheit der Länder den Abs. 5 − regelmäßig unter fast identischen Voraussetzungen − für anwendbar erklärt (vgl. Art. 2 Abs. 3 AGGlüStV Bay; § 9 Abs. 1 S. 1 Nr. 5 HmbGlüÄndStVAG; § 5 Abs. 4 LGlüG RhPf; § 4 Abs. 5 AG GlüStV Saar; § 4 Abs. 9, § 13 Abs. 10 GlüG LSA; § 5 Abs. 2 ThürGlüG). Ob in den anderen Ländern von der Anwendbarkeit auszugehen ist, sofern sich zu dieser Frage den Gesetzgebungsmaterialien keinerlei Hinweis entnehmen lässt, erscheint zweifelhaft.

84   **c) Anwendungsbereich.** Die Öffnungsklausel in Abs. 5 ist ausweislich des ausdrücklichen Wortlauts auf „Lotterien" (§ 3 Abs. 3 S. 1) und Sportwetten (§ 3 Abs. 1 S. 4) beschränkt und ermöglicht damit keine Befreiung für Spielbanken

oder andere Glücksspiele etwa in Spielhallen und Gaststätten (§ 2 Abs. 3 und 4); für solche Angebote verbleibt es beim generellen Verbot nach Abs. 4 (vgl. Hecker WRP 523 (532); Windoffer DÖV 2012, 257 (259)). Für Pferdewetten (§ 3 Abs. 1 S. 5) ordnet § 27 Abs. 2 nicht nur das Verbot des Abs. 4, sondern auch die Befreiungsmöglichkeit des Abs. 5 unter denselben Voraussetzungen an (→ § 27 Rn. 20; vgl. Windoffer DÖV 2012, 257 (259)). Bei der Befreiungsmöglichkeit für Pferdewetten handelt es sich jedoch nicht um eine Länderöffnungsklausel (→ 27 Rn. 3 ff.), sondern die Erlaubnismöglichkeit ist bereits staatsvertraglich für Behörden vorgesehen (§ 27 Abs. 2 S. 2). Zweifelhaft ist allerdings, ob vor dem Hintergrund des – weiterhin geltenden - **Internetvertriebsverbots für Pferdewetten im RennwLottG** (→ Rn. 74 ff.) die Befreiungsmöglichkeit für das Veranstalten und Vermitteln von Pferdewetten in § 27 Abs. 2 S. 2 von der bundesgesetzlichen Öffnungsklausel des § 25 Abs. 3 RennwLottG umfasst ist, denn diese ermöglicht weitergehende landesrechtliche Vorschriften lediglich für das Vermitteln – und nicht für das Veranstalten - im Internet (→ § 27 Rn. 3 ff.).

Schließlich umfasst der Abs. 5 das „Veranstalten und Vermitteln im Internet" **85** nur für Sportwetten und deckt sich (nur) insoweit mit dem Anwendungsbereich des Verbots in Abs. 4 (→ Rn. 74). Ausweislich des einer anderen Auslegung nicht zugänglichen Wortlauts und auch den Motiven des Staatsvertrags (vgl. LT-Drs. Bay 16/11995, 18) beschränkt sich die **Befreiungsmöglichkeit für Lotterien nur auf den „Eigenvertrieb und die Vermittlung".** Daher steht nicht in Zweifel, dass es für die **Veranstaltung von Lotterien im Internet** mangels Befreiungsmöglichkeit bei dem **generellen Verbot** des Abs. 4 verbleibt. Der Begriff „Eigenvertrieb" ist weder in den Begriffsbestimmungen des § 3 definiert noch kann den Motiven des Staatsvertrages etwas zum Begriff oder der Unterscheidung von Veranstalten entnommen werden. Auch die schleswig-holsteinische Regelung zum „Eigenvertrieb" in § 3 Abs. 9 S. 5 GlSpG SchlH führt nicht hinreichend weiter, da dort abweichende Begriffsbestimmungen normiert und auch der „Eigenvertrieb" eigenständig legaldefiniert ist. Allerdings ergibt sich aus dem allgemeinen Sprachgebrauch, der Gegenüberstellung zur Vermittlung in Abs. 5 und dem weiteren systematischen Zusammenhang, dass mit dem Eigenvertrieb nur die Vertriebsart gemeint ist, bei dem **zwischen Spieler und Veranstalter keine Zwischenstufe (Vermittler)** eingezogen ist, sondern der Vertrieb (die Vermittlung) durch den Veranstalter selbst erfolgt. Beschränkt sich die Befreiungsmöglichkeit bei Lotterien daher auf den Eigenvertrieb („Vermittlung durch den Veranstalter") sowie die Vermittlung und umfasst nicht das Veranstalten selbst, soll damit auch die Möglichkeit der maßgeblichen Gestaltung des Spielgeschehens im Internet als Kriterium für die Veranstaltung (→ Rn. 28) generell nicht erlaubnisfähig und damit ausgeschlossen sein. **Erlaubnisfähig** iSd Abs. 1 und 5 ist daher **nur der Internetvertrieb einer auch „offline" bzw. „terrestrisch" angebotenen Lotterie.** Die Gestaltung einer eigenständigen „Online-Variante" einer Lotterie (bspw. „Rubbellose") bleibt demzufolge – selbst bei Vorliegen der weiteren Voraussetzungen der Nrn. 1 bis 5 - nach Abs. 4 (ohne Befreiungsmöglichkeit) generell verboten. Da sog. Totalisatorwetten (bspw. „Toto") als spezielle Ausprägung der Lotterie aufzufassen sind (vgl. LT-Drs. Bay 16/11995, 32; ebenso Hecker WRP 2012, 523 (527)) und sie demnach nicht unter die Begriffbestimmung des § 3 Abs. 1 S. 3 fallen, gilt auch für sie nur die auf den Eigenvertrieb und die Vermittlung beschränkte Befreiungsmöglichkeit. Sportwetten demgegenüber können bei Nutzung der Befreiungsmöglichkeit auch eigenständig (iSe Veranstaltung) gestaltet werden und zudem auch **nur im Internet** (ohne „terrestrisches" Angebot) zugänglich gemacht werden (vgl. § 10a Abs. 4 S. 1).

Im Übrigen ist die Befreiungsmöglichkeit abstrakt-generell gefasst und ermöglicht gerade nicht nur für einzelne, sondern für alle vom Anwendungsbereich der Norm umfasste Anbieter unter den dort genannten Voraussetzungen eine Erlaubnis; sie ist damit also weder rechtlich noch faktisch diskriminierend.

86 **d) Voraussetzungen.** Die Nummern 1 bis 5 orientieren sich im Einzelnen an der Übergangsregelung des § 25 Abs. 6 (vgl. LT-Drs. Bay 16/11995, 22; BVerfG NVwZ 2008, 1338 zur Auslegung und Verfassungskonformität). Vorgegeben für die (mögliche) Umsetzung in Landesrecht sind die in Abs. 5 Nrn. 1 bis 5 festgelegten Voraussetzungen, die in jedem Fall erfüllt werden müssen (Erl. zum GlüStV aF, 29). Ebenso dürfen keine **Versagungsgründe** nach § 4 Abs. 2 (→ Rn. 45 ff.) vorliegen. Weiter(gehend)e Voraussetzungen (→ § 28 Rn. 13 ff.) sind der **landesgesetzlichen oder behördlichen Ausführung** überlassen. Dabei wird den spezifischen Gefahren des Internets vor allem im Blick auf die Datensicherheit und den Schutz vor Manipulationen (§ 4 Abs. 2 S. 1 iVm § 1 Nr. 4) Rechnung zu tragen sein (vgl. LT-Drs. Bay 16/11995, 22). Für die Einhaltung der kumulativ zu erfüllenden Voraussetzungen kommt es nicht auf die Gestaltung durch den Vermittler oder im Rahmen des Eigenvertriebs, sondern auf die **Gestaltung durch den Veranstalter** an, so dass ein Vermittler nicht unabhängig vom Veranstalter die Einhaltung gewährleisten kann.

87 Nach Abs. 5 Nr. 1 ist der Ausschluss **minderjähriger oder gesperrter** Spieler durch **Identifizierung und Authentifizierung** zu gewährleisten. Die Vorgabe dient einerseits der **Sicherstellung** des in den gesetzgeberischen Motiven besonders hervorgehobenen **effektiven Jugendschutzes**. Sie konkretisiert die jugendschutzrechtlichen Anforderungen an eine „Sicherstellung" iSd § 4 Abs. 3 S. 3 speziell für den Vertriebsweg Internet (Rn. 68). Andererseits ist eine sichere Identifizierung und Authentifizierung auch zur Prävention illegaler Finanztransaktionen, zur Suchtprävention und -bekämpfung, und zum Spielerschutz geboten. Welche Spieler minderjährig sind, ist in § 4 Abs. 3 S. 2 (→ Rn. 59) bestimmt. Für den Ausschluss gesperrter Spieler konkretisiert die Vorschrift nicht lediglich, wie der in § 20 Abs. 2 S. 2, § 21 Abs. 5 S. 2, § 22 Abs. 2 S. 2 und § 27 Abs. 3 vorgeschriebene Abgleich mit der Sperrdatei bei Nutzung des Internetvertriebs zu gewährleisten ist. Aus den staatsvertraglichen Motiven und der Systematik ergibt sich vielmehr, dass ein Ausschluss durch den **Abgleich mit der Sperrdatei** unabhängig von der Glücksspielart und damit **eigenständig für den Internetvertrieb** durchzuführen ist, zumal in den Abs. 4 und 5 eine besonders gefährliche Spielform nicht in Bezug auf die Art des Glücksspiels sondern allein in der Vertriebsform „Internet" unterstellt wird.

88 Eine Konkretisierung der Begriffe **„Identifizierung und Authentifizierung"** lässt sich den gesetzlichen Bestimmungen nicht unmittelbar entnehmen. Für die Gewährleistung der „Identifizierung und Authentifizierung" nach Abs. 5 Nr. 1 sind jedoch ausweislich der Motive (vgl. LT-Drs. Bay 16/11995, 22) weiterhin die Richtlinien der **Kommission für Jugendmedienschutz** (KJM) zur **geschlossenen Benutzergruppe** („Identifizierung und Authentifizierung") zu beachten, ohne dass in der Schutzwirkung **gleichwertige** Lösungen ausgeschlossen wären. Die KJM dient der jeweils zuständigen Landesmedienanstalt als Organ bei der Erfüllung der Einhaltung der für die Anbieter geltenden Bestimmungen nach dem JMStV (§ 14 Abs. 1, 2 JMStV; vgl. Ehrlichmann in Manssen § 14

Rn. 1 ff.). Sie hat für die in § 4 Abs. 2 S. 2 JMStV seit dem 1.4.2003 vorgeschriebenen **geschlossenen Benutzergruppen** Eckwerte für deren praktische Umsetzung formuliert und ein **Verfahren der Positivbewertung** entwickelt. Eine **Altersverifikation für geschlossene Benutzergruppen** nach dieser Norm ist demnach durch zwei Schritte, einer einmaligen **Identifizierung** mittels **Face-to-Face-Kontrolle** und einer **Authentifizierung** beim einzelnen Nutzungsvorgang, sicherzustellen. Die in Abs. 5 Nr. 1 genannten Anforderungen für die „Gewährleistung" des „Ausschlusses" Minderjähriger bei einem Vertriebsweg Internet entsprechen daher unverändert den Anforderungen, die die KJM an § 4 Abs. 2 S. 2 JMStV stellt (→ Rn. 87). Zwar hat die KJM keine gesetzliche Befugnis Richtlinien zu erlassen, jedoch sind die von der KJM in der Praxis entwickelten Anforderungen durch die auf der Grundlage des § 15 Abs. 2, § 8 Abs. 1 und § 9 Abs. 1 JMStV erlassenen **Jugendschutzrichtlinien der Landesmedienanstalten** (JuSchRiL) vom 8./9. März 2005 anerkannt worden. Auch nach Nr. 5.1 JuSchRiL sind von Seiten der Anbieter die Anforderungen an § 4 Abs. 2 S. 2 JMStV durch die beschriebenen Schritte sicherzustellen. Die Rechtsprechung hat in den letzten Jahren das so entwickelte **Schutzniveau einhellig bestätigt** (vgl. BGH WRP 2008, 771; OVG Lüneburg K&R 2008, 123, jeweils mwN; VG Regensburg, Urt. v. 28.1.2010 – RO 5 K 08.2047; vgl. auch BVerfG, MMR 2010, 48; kritisch dazu Stadler jurisPR-ITR 23/2009, Anm. 2). Die unmittelbare Anwendbarkeit des § 4 Abs. 2 S. 1 Nr. 3 JMStV für Glücksspielangebote im Internet wurde zwar ohnehin schon vor Inkrafttreten des GlüStV aF angenommen (vgl. etwa HRKDSt Bd III § 4 JMStV Rn. 63d; KJM 2. Bericht 16 f.; vgl. auch NRSU § 6 JuSchG Rn. 14). Die Länder haben sich jedoch auch für Glücksspiele im Internet nochmals bewusst und ausdrücklich für das **hohe Schutzniveau des § 4 Abs. 2 S. 2 JMStV** – und nicht für das **niedrigere in § 5 Abs. 3 JMStV** (vgl. BGH Urt. v. 22.4.2009 – I ZR 215/06) – entschieden (zum Unterschied vgl. Günther/Schindler RdJB 2006, 341).

89 Eine weitere Abstufung des Schutzniveaus für unterschiedliche Arten von Lotterien oder Sportwetten sieht Abs. 5 Nr. 1 nicht vor. Die Differenzierung erfolgt bereits insoweit, als dass besonders gefährliche Glücksspiele – wie Spielbank- und Spielhallenangebote – im Internet weiterhin generell verboten und auch nicht unter den Voraussetzungen des Abs. 5 erlaubnisfähig sind (vgl. Hecker WRP 2012, 523 (532)). Spielbank- und Spielhallenangebote entsprechen damit dem in § 4 Abs. 1 JMStV vorgesehenen Schutzniveau.

90 Zuständig für die Bewertung, ob ein Glücksspielangebot im Internet die Anforderungen des Abs. 5 Nr. 1 erfüllt, sind die nach den Ausführungsgesetzen zuständigen Glücksspielaufsichtsbehörden. Weder dem Abs. 5 noch sonstigen Bestimmungen des GlüStV oder den Ausführungsgesetzen ist eine neu begründete **Zuständigkeit der KJM** für die Prüfung der Einhaltung des Abs. 5 Nr. 1 zu entnehmen. Wenn sich Unternehmen mit ihren Konzepten an die KJM wenden, überprüft die KJM, ob das Konzept geeignet ist, die **Anforderungen einer geschlossenen Benutzergruppe** iSd § 4 Abs. 2 S. 2 JMStV zu erfüllen (vgl. PM der KJM 12/2007 v. 7.8.2007, 4/2008 vom 23.1.2008 und vom 10.4.2008). Für die Glücksspielaufsichtsbehörden dürfte es keine Veranlassung geben, an ein von der KJM nach dem JMStV als positiv bewertetes System abweichende Anforderungen für eine Einhaltung des Abs. 5 Nr. 1 zu stellen. Ebenso wenig erscheinen es nachvollziehbar, geringere Anforderungen hinsichtlich des insofern einheitlichen Schutzniveaus zu stellen, denn nur in der **Schutzwirkung gleichwertige Lösungen** erfüllen die Gewährleistungs- und Sicherstellungspflicht aus Abs. 5 Nr. 1.

91   Nach Abs. 5 Nr. 2 wird dem Spieler die Möglichkeit eröffnet, ein individuelles tägliches, wöchentliches oder monatliches **Einzahlungs- oder Verlustlimit** (Selbstlimitierung) festzulegen (S. 5). Dies ergänzt für den Internetvertrieb die bereits in Nr. 1e des Anhangs zu § 6 S. 2 statuierte Pflicht der Veranstalter, den Spielern zu ermöglichen, ihre Gefährdung einzuschätzen. Dabei ist eine Höchstgrenze von 1.000 EUR je Monat sicherzustellen (S. 1), wenn nicht in der Erlaubnis nach Abs. 5 – über den § 9 Abs. 4 hinausgehend - Abweichendes festgelegt wird (Satz 2; vgl. VG Regensburg Urt. v. 21.10.2010 – RO 5 K 10.31 (S. 19 f.)). In der Erlaubnis nach Abs. 5 kann aus – gesetzlich nicht näher spezifizierten - sachlichen Gründen sowohl eine **höhere oder niedrigere Grenze** festgelegt, als auch die Möglichkeit geschaffen werden, dem Spieler die Wahl eines über dem Regellimit liegenden Limits zu gestatten, sofern dieser dem Veranstalter oder Vermittler gegenüber eine entsprechende **wirtschaftliche Leistungsfähigkeit** in geeigneter und nachprüfbarer Weise **nachweist** (vgl. LT-Drs. Bay 16/11995, 22). Durch das vorherige Einstellen eines Limits kann der Spieler zumindest kurzfristig für den von ihm gewählten Zeitraum davor bewahrt werden, innerhalb des "Soges des Spiels" über den von ihm zunächst für das Glücksspiel eingeplanten Betrag hinaus immer höhere Einsätze zu verspielen. Bei dieser Einschätzung bietet die Möglichkeit, vor Spielbeginn eine Selbstlimitierung zu setzen, **nicht spielsüchtigen Nutzern** eine sinnvolle Hilfestellung (BGH Urt. v. 3.4.2008 - III ZR 190/07, Rn. 21; vgl. auch VG Regensburg Urt. v. 21.10.2010 – RO 5 K 10.31, S. 20 f.). Bei **spielsüchtigen Nutzern** erscheint es allerdings schon fraglich, ob sie vor der Spielteilnahme noch unbefangen und realistisch einschätzen können, in welchem finanziellen Rahmen sie vertretbar spielen können. Effektiv kann ein Limit zudem nur sein, wenn überprüft werden kann, ob das gewählte Limit angemessen ist, also entweder die Vermögens- und Einkommensverhältnisse des Spielers bekannt sind oder deren Offenbarung verlangt werden kann (vgl. BGH Urt. v. 3.4.2008 - III ZR 190/07, Rn. 22). Die Sicherstellung ist schließlich nur umsetzbar, sofern auf eine **zuverlässige Identifizierung und Authentifizierung** zurückgegriffen werden kann. Die Einsatzgrenze betrifft ausweislich des Wortlauts in Abs. 5 nur das Internetangebot, kann allerdings durch Nebenbestimmungen zur Erlaubnis nach Abs. 1 auch auf das sonstige Angebot erweitert werden (vgl. auch VG Regensburg Urt. v. 21.10.2010 – RO 5 K 10.31 (S. 21 f.)).

92   Zudem dürfen Gewinne nicht mit den Einsätzen verrechnet werden. Mit der in § 25 GlüStV aF noch nicht enthaltenen Beschränkung soll ausweislich der Motive eine erhöhte Transparenz für den Spieler hinsichtlich seines Spielverhaltens erzeugt werden (vgl. LT-Drs. Bay 16/11995, 22). Ob für die Auslegung des (in der strafrechtlichen Rechtsprechung üblichen) Begriffs „Einsatz" auf den Entgeltbegriff iSd § 3 Abs. 1 S. 1 zurückgegriffen werden kann, erscheint zweifelhaft, denn auch der **Glücksspielbegriff des GlüStV** stimmt nicht in jeder Hinsicht mit dem **strafrechtlichen Glücksspielbegriff** des **§ 284 StGB** überein (vgl. zum Streitstand VGH Mannheim Urt. v. 23.5.2012 – 6 S 389/11, Rn. 23). Ob durch die begriffliche Unterscheidung eine (in der strafrechtlichen Rechtsprechung für den Begriff „Einsatz" übliche) „Geringfügigkeitsgrenze" für das Verrechnungsverbot statuiert werden soll, bleibt unklar.

93   Ferner ist das **Kreditverbot** sicherzustellen. Eine Konkretisierung des Begriffs „Kreditverbot" lässt sich zwar weder den gesetzlichen Bestimmungen noch den Motiven entnehmen. Das Kreditverbot ist allerdings in spielbankrechtlichen Bestimmungen nicht unüblich: Dort ist die Vergabe von Krediten an die Besucher durch Bedienstete der Spielbank und ihrer Nebenbetriebe regelmäßig verboten

(§ 9 SpielO Bay); die Spielbanken sind ferner regelmäßig nicht berechtigt, Auszahlungen aufgrund des Lastschriftverfahrens oder sonstiger Formen der Kreditierung zu leisten (§ 10 SpielbG LSA). Zudem ist ein Wechsel, dem ein zu Spielzwecken gewährter Kredit zu Grunde liegt, sittenwidrig isd § 138 BGB (BGH ZIP 1991, 1447; vgl. auch BGH NJW 1995, 1152). Ein Kreditverbot kann zumindest die Folgen der Spielsucht mildern und zudem erschwert es eine Ausnutzung von Spielleidenschaft oder -sucht (BVerfG NVwZ-RR 2008, 1 (3)). In Bezug auf das Kreditverbot ist allerdings (nur) die Beachung (?) sicherzustellen. Als Berichtigung des im Staatsvertrag enthaltenen Wortes käme zwar sowohl Beach*t*ung als auch Beu*w*achung in Betracht, näherliegend dürfte aber unter Berücksichtigung des § 25 Abs. 6 Nr. 2 GlüStV aF das Wort Beach*t*ung sein. Auch wenn das Grundgesetz keine Vorschriften über die Berichtigung von Gesetzesbeschlüssen enthält, rechtfertigen es die Erfordernisse einer funktionsfähigen Gesetzgebung, in Anknüpfung an die überkommene Staatspraxis im Gesetzesbeschluss enthaltene Druckfehler und andere **offenbare Unrichtigkeiten** ohne nochmalige Einschaltung der gesetzgebenden Körperschaften berichtigen zu können. Problematisch erweist sich im vorliegenden Fall zwar, dass die offenbare **Unrichtigkeit bereits im Staatsvertrag** und nicht erst in den Zustimmungsgesetzen enthalten ist. Viele Landesgesetzgeber (bspw. Bbg, Hmb, S, SN, Thür; anders in Bay, LSA) haben sich aber über etwaige **Bedenken hinweggesetzt** und im Gesetzestext den Begriff Beachtung aufgenommen. Sprachlich besser erschließt sich der materielle Gehalt der Sicherstellungspflicht jedoch auch dadurch nicht, denn das an die Veranstalter und Vermittler gerichtete Gebot der Sicherstellung dürfte sich nur auf das Kreditverbot selbst und nicht auf die „Beachtung" beziehen. Andernfalls würde mit der **Sicherstellung der Beachtung** eine **besondere Aufmerksamkeit als Pflicht** auferlegt, die jedoch als **innere Tatsache** nicht durch eine bestimmte **nach Außen wahrnehmbare Handlung** feststellbar ist und auch bei Einhaltung des **Kreditverbots** wäre das **Beachtungsgebot** bereits verletzt, sofern nicht die abverlangte besondere Aufmerksamkeit gewährleistet wäre (vgl. OVG Magdeburg Beschl. v. 19.6.2012 – 2 M 293/11 (S. 4)). Demzufolge ist isd Abs. 5 Nr. 2 sicherzustellen, dass keine **Zahlungsmittel** Verwendung finden können, denen ein **zu Spielzwecken gewährter Kredit** zu Grunde liegt (vgl. auch weitergehend § 4 Abs. 3 SpielhG LSA).

Abs. 5 Nr. 3 beinhaltet eine Abgrenzung anhand der Suchtpotentiale von **94** Glücksspielen (vgl. § 1 S. 2) und trägt zur Binnendifferenzierung des GlüStV bei. Die Vorgabe soll die Gestaltung auf Lotterie- und Wettangebote lenken, soll nicht durch eine hohe Ereignisfrequenz zum Weiterspielen animieren, denn nur solche Lotterien und Sportwetten sind einer Erlaubnis zugänglich, bei denen **besondere Suchtanreize durch schnelle Wiederholung ausgeschlossen** sind. Das Regelbeispiel in § 25 Abs. 6 Nr. 3 GlüStV aF (Lotterien mit nicht mehr als zwei Gewinnentscheiden pro Woche) ist zwar nicht übernommen worden, kann jedoch zur Auslegung weiterhin herangezogen werden, zumal ausweislich der Motive in jedem Fall **Rubbel- und Sofortlotterien nicht erlaubnisfähig** sind, obwohl diese ohnehin schon außerhalb des Anwendungsbereichs des Abs. 5 (→ Rn. 85) liegen. Darüber hinaus sind auch **in kurzer Folge dem Spieler offerierte Lotterie- und Wettangebote** von der Erlaubnisfähigkeit ausgeschlossen (vgl. LT-Drs. Bay 16/11995, 22; ebenso Hecker WRP 2012, 523 (529) „keine hohe Ereignisfrequenz"). Folglich werden wohl regelmäßig die **häufiger als zweimal pro Woche** veranstalteten Glücksspiele – dementsprechend weiterhin auch die tägliche Lotterie „Keno" oä – für den Internetvertrieb nicht erlaubnisfähig sein, denn jedenfalls im Bereich der Lotterien mit planmäßigem Jackpot gehen die Staatsvertragsgeber für diese Ereignisfrequenz von einer gesteigerten Gefährlichkeit aus (vgl. § 22 Abs. 1 S. 2, Abs. 2 S. 1). Für die Einhaltung der Voraussetzung kommt es zudem nicht auf die Gestaltung durch den Vermittler, sondern auf die Gestaltung durch den Veranstalter an, so dass ein Vermittler nicht unabhängig vom Veranstalter die Einhaltung des Abs. 5 Nr. 3 sicherstellen kann. Der Wortlaut differenziert zudem nicht zwischen herkömmlichen Vertriebswegen und dem Internetvertrieb einer Lotterie, so dass die Voraussetzung auch dann nicht als erfüllt angesehen werden kann, sofern eine nach § 4 Abs. 1 **erlaubte ("terrestrische") Art der Veranstaltung** lediglich hinsichtlich des **Internetvertriebs** auf ein zulassungsfähiges Maß begrenzt würde.

95   Nach Abs. 5 Nr. 4 ist ein an die besonderen Bedingungen des Internets angepasstes **Sozialkonzept** (§ 6) zu entwickeln und einzusetzen. In Sozialkonzepten ist darzulegen, mit welchen Maßnahmen den sozialschädlichen Auswirkungen des Glücksspiels vorgebeugt werden soll und wie diese behoben werden sollen (§ 6 S. 3). Ein solches Sozialkonzept muss an die besonderen **Bedingungen des Internets** angepasst sein und seine Wirksamkeit ist wissenschaftlich zu evaluieren. Weitergehende Anforderungen an das Sozialkonzept als die des § 6 S. 3 sind – neben den besonderen Bedingungen des Internets – Abs. 5 Nr. 4 nicht zu entnehmen. Die **wissenschaftliche Evaluierung** ist – im Gegensatz zu § 32 – vom Anbieter selbst auf seine Kosten zu veranlassen (vgl. LT-Drs. Bay 16/11995, 22).

96   Durch Abs. 5 Nr. 5 wird der Grundsatz der **Trennung der verschiedenen Glücksspielangebote** im Internet vorgegeben. Damit wird dem Hinweis aus der strukturierten Anhörung zur Zukunft des Glücksspielwesens Rechnung getragen, dass das Internet auch wegen des einfachen Wechsels zwischen verschiedenen **Glücksspielarten auf einer Plattform für suchtgefährdete Spieler spezifische Gefahren** mit sich bringt (vgl. LT-Drs. Bay 16/11995, 22). Mit der Internetdomain (deutsch: Domäne) ist der im Internet weltweit einmalige und eindeutige und unter gewissen Regeln frei wählbare Name unterhalb einer **Top-Level-Domain**, die dabei den letzten Namen dieser Folge darstellt, gemeint. Sie ermöglicht regelmäßig den unmittelbaren Zugang zur Tätigkeit eines Unternehmens oder einer Person (vgl. auch § 2 S. 1 Nr. 5a TMG). Computer im Internet erkennen sich untereinander über so genannte IP-Adressen, die jeden Rechner eindeutig identifizieren. Das Domain Name System verknüpft diese IP-Adressen mit Hostnamen, die als Domains unterhalb von so genannten Top-Level-Domains registriert werden können. Dieselbe **Second-Level-Domain** (etwa „glueckspiel") kann unter einer Top-Level-Domain (etwa „.de") aus technischen Gründen nur einmal vergeben werden. Aus einem Vertragsschluss mit der DENIC e.G. erwirbt der Inhaber einer Internetdomain „.de" als Gegenleistung für die an die DENIC e.G. zu zahlende Vergütung das Recht, für seine IP-Adresse eine bestimmte Domain zu verwenden – und damit ein relativ wirkendes, vertragliches Nutzungsrecht. Auf dieser Domain dürfen nicht gleichzeitig Wetten (§ 3 Abs. 1 S. 3) und Lotterien (§ 3 Abs. 3 S. 1) angeboten werden. Ebenso darf von dieser Domain nicht auf andere Glücksspiele (§ 3 Abs. 1 und 3; in erster Linie spielbank- und spielhallentypische Spiele) verwiesen oder verlinkt werden. Erlaubnisfähig sind demnach verschiedene Lotterien auf einer Domain und die Verlinkung zu anderen Lotterieangeboten. Dass verschiedene Seiten im Rahmen eines Internetauftritts miteinander „verlinkt" sind, ist eigentlich typisch für das Internet, soll allerdings durch Nr. 5 ausgeschlossen werden, sofern es sich bei den anderen Seiten um Glücksspielangebote handelt. Nicht maßgeblich ist, ob sich der Linksetzer den verlinkten Inhalt überhaupt zu eigen macht (vgl. dazu auch BVerfGK 10, 153 (156 f.)). Eine generelle gesetzliche Regelung zur Zulässigkeit und zu den Grenzen von Hyperlinks existiert nicht (vgl. BVerfG Beschl. v. 15.12.2011 – 1 BvR 1248/ 11, Rn. 24). Ein inhaltlicher Unterschied zur **Internetdomäne auf der obersten Stufe** iSd § 4a Abs. 4 Nr. 3d) ist vermutlich nicht gewollt und insofern lediglich rechtsförmlich zweifelhaft.

Die in § 25 Abs. 6 Nr. 4 GlüStV a. F. enthaltene Vorgabe, durch **Lokalisierung** 97 **nach dem Stand der Technik** sicherzustellen, dass nur Personen teilnehmen können, die sich im Geltungsbereich der Erlaubnis aufhalten, wurde in Abs. 5 zwar nicht mehr ausdrücklich übernommen (vgl. aber § 5 Abs. 4 S. 2 LGlüG RP). Gleichwohl folgt auch **ohne ausdrückliche Normierung schon aus der Regelungs- bzw Erlaubnissystematik des GlüStV,** insbesondere aus dem in § 3 Abs. 4 festgeschriebenen Anknüpfen an den Ort, an dem „dem Spieler die Möglichkeit zur Teilnahme eröffnet wird", die **Notwendigkeit einer Lokalisierung** (BVerfG NVwZ 2008, 1338 (1342), Rn. 46; vgl. auch Ibler in FS Götz, 421 (425 ff.); aA Heeg/Levermann MMR 2012, 20 (24)). Unter Lokalisierung ist dabei eine – nach dem Stand der Technik zumutbare – **Standortfeststellung** zu fassen, die auch in anderen Rechtsbereichen nicht unbekannt ist (Ibler in FS Götz, 421 (425 ff.); Hoeren MMR 2007, 3 f.; zur technischen Realisierung der Lokalisierung des Standorts eines Mobiltelefons durch den Mobilfunknetzbetreiber vgl. BVerfGK 9, 62). Nur durch sie kann sichergestellt werden, dass der Spieler sich im **Geltungsbereich der Erlaubnis** aufhält, dass also mit anderen Worten auch das Veranstalten oder Vermitteln des Glücksspiels im Geltungsbereich der Erlaubnis erfolgt, denn der Veranstaltungs- oder Vermittlungsort im Internet ist der Ort, an dem sich der Internetzugang des Spielers befindet (BVerfG NVwZ 2008, 1338 (1341 f.), Rn. 34, 46; Ohler EuR 2010, 253 (259 f.)). Damit wird letztlich auch eine Sicherstellung des im GG verankerten Bundestreueprinzips (**Grundsatz der Ländertreue**) umgesetzt, nachdem ein Land bei der Ausübung seiner Kompetenzen auf die Interessen anderer Länder Rücksicht zu nehmen hat. Denn für Glücksspielangebote im Internet ist dieser Grundsatz einschlägig, soweit die ins Netz eingestellten Spielangebote auch außerhalb des Landes genutzt werden können, in dem sie eingespeist werden. Davon ist angesichts des grundsätzlich ländergrenzenüberwindenden Internets auszugehen, da Internetangebote von einem Territorium aus genutzt werden (könnten), das nicht der Hoheitsgewalt des erlaubniserteilenden Landes untersteht. Gelänge dem zulassenden Land kein hinreichender Schutz der Länder, die sich gegen eine Erlaubnismöglichkeit iSd Abs. 5 („Öffnungsmöglichkeit"; → Rn. 83) oder die jeweilige konkrete Erlaubnis (es ist grundsätzlich kein ländereinheitliches Verfahren vorgesehen; → Rn. 81) von Internet-Glücksspielen entschieden haben, müsste es von der Erlaubnisfähigkeit von Spielangeboten im Internet generell absehen (vgl. Ibler in FS Götz, 421 (426)). Eine hinreichend zuverlässige **Lokalisierung** von Spielern von Nationalstaaten über die **IP-Adresse** steht zur Verfügung, so dass der zumutbare Ausschluss von Spielern ohne weiteres technisch zu erreichen ist (OVG Münster Beschl. v. 13.7.2010 – 13 B 676/10, Rn. 47; vgl. Ohler EuR 2010, 253 (259 f.)). Eine weitergehende Lokalisierung ist insbesondere über eine **Mobilfunkortung** möglich und wohl auch **zumutbar,** da etwa für eine Authentifizierung einige Anbieter bereits darauf zurückgegriffen haben (vgl. Postel Voraufl. GlüStV § 25 Rn. 52; Ibler in FS Götz, 421 (429 f.)). Die Anbringung eines **disclaimers** auf der Internetseite ist für sich allein **nicht ausreichend** (VGH Mannheim Beschl. v. 20.1.2011 – 6 S 1685/10 (Rn. 18);

Postel 111

OVG Münster Beschl. v. 13.7.2010 – 13 B 676/10, Rn. 47; aA Heeg/Levermann
MMR 2012, 20 (24)).

6. § 4 Abs. 6 Mitwirkungspflichten zum Zwecke der Evaluierung

98   Abs. 6 begründet für die Anbieter von Lotterien und Sportwetten im Internet
Mitwirkungspflichten zum Zwecke der Evaluierung (§ 32), denn die (mögliche
und kontrollierte) Öffnung des Internets für eine begrenzte Zahl legaler Angebote
stellt einen Eckpunkt des GlüStV dar, der auch bei der vorgeschriebenen Evaluierung zentral zu berücksichtigen sein wird. Daher müssen die Veranstalter und
Vermittler von den im Internet erlaubten Glücksspielen vierteljährlich die Zahl
der Spieler und die Höhe der Einsätze jeweils geordnet nach Spielen und Ländern
übermitteln. Da für Lotterien im Internet lediglich der Eigenvertrieb und die
Vermittlung erlaubnisfähig ist (→ Rn. 85), wird mit dem „Veranstalter von Lotterien im Internet" derjenige Anbieter gemeint sein, der die Veranstaltung „offline"
maßgeblich verantwortet. Die an die Veranstalter und Vermittler gerichtete Mitwirkungspflicht besteht gegenüber dem **Glücksspielkollegium** (§ 9a Abs. 5 und
6) und der **Geschäftsstelle** (§ 9a Abs. 7). Ein nachvollziehbarer Grund für die
Differenzierung zwischen Glücksspielkollegium und Geschäftsstelle ist jedoch
nicht erkennbar, zumal die Geschäftsstelle für das Glücksspielkollegium gebildet
wird (§ 9a Abs. 7 S. 1, § 17 VwV-GlüStV).

III. Landesausführungsgesetzgebung

99   Gerade für die zentrale Grundnorm des § 4 hat die Ausführungsgesetzgebung
der Länder eine besondere Bedeutung, denn die Länder haben jedenfalls für § 4
Abs. 1 und 2 – wie schon § 28 S. 2 nahelegt – **weiter(gehend)e Anforderungen**
insbesondere zu den Voraussetzungen des Veranstaltens und Vermittelns von
Glücksspielen festgelegt und regelmäßig ein **rechtsförmiges und vorausset-
zungsvolles Verfahren zur Erlangung einer Erlaubnis** für Veranstaltungs-
und Vermittlungstätigkeiten geschaffen, soweit dies für bestimmte Angebote nicht
bereits durch das Konzessionierungsverfahren iSd §§ 4a ff. oder die Bestimmungen
des Dritten Abschnitts normiert ist. Entsprechende Verfahren wurden – trotz
der Verfassungskonformität entsprechender bayerischer Bestimmungen (BVerfG
NVwZ-RR 2008, 1) – regelmäßig auch in die spielbankrechtlichen Bestimmungen aufgenommen. Darüber hinaus findet sich eine entsprechende Ausgestaltung
der Erlaubnisverfahren und –voraussetzungen nunmehr auch in einer Vielzahl von
speziellen Landesspielhallengesetzen.

100   Demgegenüber bedurften die jugendschutzrechtlichen Bestimmungen kaum
einer weiteren Ausgestaltung; dementsprechend finden sich nur in wenigen Ländern Ergänzungen. Ebenso verhält es sich mit dem in § 4 Abs. 4 normierten
generellen Verbot, dass – mit Ausnahme der möglichen Ausgestaltung zu Abs. 5 –
keiner Ausführung bedurfte. Sofern die Ausführungsgesetze – ungeachtet der
Anordnung der Anwendung des Abs. 5 (→ Rn. 80) – die Vorgaben des Abs. 5
Nr. 1 bis 5 wiederholen, sind sie lediglich deklaratorischer Natur. Über die Vorgaben des Abs. 5 hinausgehende Regelungen sind regelmäßig von § 28 gedeckt,
haben jedoch eine über das Regelwerk GlüStV hinausgehende konstitutive Wir-

kung. Ob dies für die einheitliche Auslegung und Anwendung der Bestimmungen von Vorteil ist (vgl. § 33), bleibt zu klären.

1. Ausgestaltung der Erlaubnisvoraussetzungen und Rechtsfolgen

In den Ausführungsgesetzen finden sich ausnahmslos **zahlreiche weitere** **101** **Bedingungen** und auch im Erlaubnisverfahren zu berücksichtigende Ge- und Verbote (vgl. Brugger ZfWG 2008, 20 (23)). Ferner haben einige Länder die jeweiligen staatsvertraglichen Gebote und Verbote nochmals landesausführungsgesetzlich wiederholt, andere auf solche Wiederholungen verzichtet. In einigen Landesausführungsgesetzen wird zwischen den Erlaubnisverfahren für die Veranstaltung einerseits und die Vermittlung andererseits unterschieden, in anderen sind die Erlaubnisvoraussetzungen grundsätzlich identisch mit ggf. speziellen Anforderungen in weiteren Bestimmungen. Die Ausgestaltung umfasst in fast allen Ländern die **Sicherstellung staatsvertraglicher Vorgaben** (etwa der § 4 Abs. 3, §§ 5 – 8) als Erlaubnisvoraussetzung sowie regelmäßig das Erfordernis der **Zuverlässig**-**keit** für die Anbieter, für die dies noch nicht staatsvertraglich normiert ist (siehe § 14 Abs. 1 S. 1 Nr. 2). Ferner gibt es beispielsweise die Normierung zusätzlicher **Versagungsgründe** (siehe etwa § 13 Abs. 4 GlüG LSA) oder auch **Widerrufs**-**gründe** (siehe etwa § 4 Abs. 7, § 12 Abs. 5 AG GlüStV Saar; § 10 Abs. 10, § 11 Abs. 4 HGlüG). Ebenso mit **signifikanten Unterschieden** ausgestaltet wurde die Rechtsfolgenseite. Während einige Länder den ausdrücklichen Anspruchsausschluss aus § 4 Abs. 2 S. 3 im Gesetz wiederholen (siehe etwa § 4 Abs. 1 S. 6, § 13 Abs. 1 S. 3 GlüG LSA), heben fast alle Länder ausweislich der Motive die Ausgestaltung als Ermessensvorschrift hervor und wählen fast ausnahmslos die Formulierung „darf nur" im Rahmen der Umsetzung der Erlaubnisnorm. Wieder andere Gesetze gehen gar nicht auf die Frage des Ermessens ein, normieren auch für das Ermessen nochmals Grundsätze in Form der Bindung an die Ziele des § 1 (siehe etwa § 1 S. 2 ThürGlüG; § 3 Abs. 1 S. 3 BbgGlüAG; § 4 Abs. 2 S. 3 GlüStV AG S; § 9 Abs. 1 S. 4 HGlüG) oder weichen insofern ab, als die Erlaubnis erteilt werden „soll", sofern die Erlaubnisvoraussetzungen erfüllt sind (siehe etwa § 9 Abs. 1 HmbGlüÄndStVAG). Auch letztere Landesausführungsgesetze dürften allerdings den staatsvertraglichen Vorgaben nicht widersprechen (so auch Brugger ZfWG 2008, 20 (25)), zumal sich in diesen Fällen regelmäßig aus den Gesetzesmaterialien ergibt, dass sich daraus kein Anspruch auf Erlaubniserteilung ergibt (siehe etwa LT-Drs. Hmb 18/7229, 30). Das in mehreren Landesausführungsgesetzen (als Erlaubnisvoraussetzung) geregelte Verbot der Zahlung von Provisionen oder sonstigen finanziellen Vergütungen an gewerbliche Spielvermittler, dem die verfassungsrechtlich unbedenkliche Einschätzung zugrunde liegt, wonach die Zahlung einer Vergütung für die Vermittlung von Spielverträgen verstärkte akquisitorische Bemühungen der Vermittler nach sich zieht, ist – kaum nachvollziehbar und im Gegensatz zu § 15 Abs. 2 S. 2 und Nr. 3 des Anhangs zu § 6 S. 2 (Verbot der umsatzabhängigen Vergütung; vgl. VG Freiburg Urt. v. 16.4.2008 – 1 K 2683/07, Rn. 45) – regelmäßig wieder aufgehoben worden, obwohl dieser Effekt als unerwünscht, wenn nicht sogar als gefährlich gelten muss, wenn das staatliche Glücksspielangebot im Interesse der Suchtprävention begrenzt werden soll (vgl. BVerfG NVwZ 2008, 1338 (1343), Rn. 60) und obwohl die gebündelte Erlaubniserteilung (§ 19 Abs. 2) landesspezifische Besonderheiten (§ 28 S. 2) aufgrund der Glücksspielhoheit der Länder geradezu voraussetzt.

2. Ergänzung jugendschutzrechtlicher Bestimmungen

102   Eine **Ergänzung jugendschutzrechtlicher Bestimmungen** findet sich –
mit Ausnahme der Ausgestaltung der Sicherstellung als Erlaubnisvoraussetzung –
regelmäßig in den zur staatsvertraglichen Ausführung geänderten Spielbankgesetzen. Dort wurden darüber hinausgehende **Aufenthaltsverbote** und/oder zusätzliche Ausgestaltungen der **Identifizierungspflichten** begründet (§ 5 SpielbG
BbG; § 6 SpielbG LSA). Ähnlich verhält es sich mit den zur staatsvertraglichen
Ausführung erlassenen oder geänderten Spielhallengesetzen. Ferner gibt es
bestimmte Ausgestaltungen der Sicherstellungspflicht aus § 4 Abs. 3 S. 3, die sich
entweder als Konkretisierung oder als weitergehende Anforderung darstellen (vgl.
§ 5 Abs. 2 S. 3 ThürGlüG; § 8 Abs. 6 AGGlüStV Bay).

3. Ergänzungen zur Befreiung vom Verbot des Internetvertriebs

103   Auch ist – die grundsätzliche Erlaubnisfähigkeit des Internetvertriebs unterstellt
– durchaus denkbar, dass die Länder Einzelheiten dieses Vertriebs aus ordnungs-
rechtlichen Gründen abweichend regeln. Es könnten etwa unterschiedliche
Anforderungen hinsichtlich der Registrierung der Spieler oder der maximalen
Höhe des Einsatzes bestehen. Das ist aufgrund der sog. ordnungsrechtlichen
Glücksspielhoheit der Länder zulässig und wird ebenfalls vom GlüStV vorausge-
setzt (vgl. BGH Urt. v. 14.8.2008 – KVR 54/07, Rn. 137; § 5 Abs. 4 S. 2 LGlüG
RhPf).

§ 4a Konzession

(1) **Soweit § 10 Abs. 6, insbesondere im Rahmen einer zeitlich befristeten Experimentierklausel für Sportwetten, nicht anwendbar ist, dürfen
die dortigen Veranstalter nach § 10 Abs. 2 und 3 vorbehaltenen Glücksspiele nur mit einer Konzession veranstaltet werden. § 4 Abs. 1 Satz 2 ist
entsprechend anzuwenden.**

(2) **Die Konzession wird für alle Länder von der zuständigen Behörde
für einen in der Bekanntmachung (§ 4 b) Abs. 1) festzulegende Dauer
erteilt. Auf die Erteilung der Konzessionen besteht kein Rechtsanspruch.**

(3) **Die Zahl der Konzessionen ist zur Erreichung der Ziele des § 1 zu
beschränken. Sie kann aufgrund von Ergebnissen der Evaluierung (§ 32)
sowie einer wissenschaftlichen Untersuchung oder der Bewertung des
Fachbeirats entsprechend § 9 Abs. 5 durch einen Beschluss der Ministerpräsidentenkonferenz mit mindestens 13 Stimmen festgelegt, erhöht oder
gesenkt werden, um die Erreichung der Ziele des § 1 besser zu gewährleisten.**

(4) **Die Konzession darf nur erteilt werden, wenn**
1. **(erweiterte Zuverlässigkeit)**
   a) **die Inhaber- und Beteiligungsverhältnisse beim Konzessionsnehmer
      vollständig offengelegt sind; bei Personengesellschaften sind die
      Identität und die Adressen aller Gesellschafter, Anteilseigner oder
      sonstiger Kapitalgeber, bei juristischen Personen des Privatrechts
      von solchen, die mehr als 5 v.H. des Grundkapitals halten oder mehr
      als 5 v.H. der Stimmrechte ausüben, sowie generell alle Treuhand-
      verhältnisse anzugeben.**

b) der Konzessionsnehmer und die von ihm beauftragten verantwortlichen Personen, die für die Veranstaltung öffentlicher Glücksspiele erforderliche Zuverlässigkeit und Sachkunde besitzen und die Gewähr dafür bieten, dass die Veranstaltung ordnungsgemäß und für die Spielteilnehmer sowie die Erlaubnisbehörde nachvollziehbar durchgeführt wird; bei juristischen Personen und Personengesellschaften müssen alle vertretungsbefugten Personen die Voraussetzungen der Zuverlässigkeit und Sachkunde besitzen.

c) die rechtmäßige Herkunft der für die Veranstaltung öffentlicher Glücksspiele erforderlichen Mittel dargelegt ist.

2. (Leistungsfähigkeit)

a) der Konzessionsnehmer über genügend Eigenmittel für eine dauerhafte Geschäftstätigkeit verfügt und zugleich Gewähr für ein einwandfreies Geschäftsverhalten bietet.

b) die Wirtschaftlichkeit des beabsichtigten Glücksspielangebots unter Berücksichtigung der Abgaben dargelegt ist.

c) die erforderlichen Sicherheitsleistungen vorbereitet und die zum weitergehenden Schutz der Spieler notwendigen Versicherungen abgeschlossen sind.

3. (Transparenz und Sicherheit des Glücksspiels)

a) die Transparenz des Betriebs sichergestellt sowie gewährleistet ist, dass eine Überwachung des Vertriebsnetzes jederzeit möglich ist und nicht durch Dritte oder am Betrieb Beteiligte vereitelt werden kann.

b) der Konzessionsnehmer einen Sitz in einem Mitgliedsstaat der Europäischen Union oder einem Vertragsstaat des Abkommens über den europäischen Wirtschaftsraum hat.

c) der Konzessionsnehmer, sofern er über keinen Sitz im Inland verfügt, der zuständigen Behörde einen Empfangs- und Vertretungsbevollmächtigen im Inland benennt, der die Zuverlässigkeit i.S.v. Nr. 1 b) besitzt.

d) bei Angeboten im Internet auf der obersten Stufe eine Internet-Domain „de." errichtet ist.

e) der Konzessionsnehmer für alle Spiel- und Zahlungsvorgänge in Deutschland eine eigene Buchführung einrichtet und spielbezogene Zahlungsvorgänge über ein Konto im Inland oder bei einem in einem Mitgliedsstaat der Europäischen Union beheimateten Kreditinstitut abwickelt.

f) der Konzessionsnehmer Schnittstellen zur Prüfung aller .Spielvorgänge in Echtzeit zur Verfügung stellt.

g) gewährleistet ist, dass vom Spieler eingetragene Beträge unmittelbar nach Eingang der Zahlung beim Erlaubnisinhaber auf dem Spielkonto gutgeschrieben werden, ein etwaiges Guthaben dem Spieler auf Wunsch jederzeit ausgezahlt wird, die auf den Spielkonten deponierten Kundengelder vom sonstigen Vermögen getrennt verwaltet und nicht zum Risikoausgleich verwendet werden, sowie das gesamte Kundenguthaben jederzeit durch liquide Mittel gedeckt ist.

§ 4 Abs. 2 Satz 1 ist entsprechend anzuwenden.

Ausführungsgesetze: §§ 2, 20 LGlüG BW-E; Art. 2, Art. 8 Nr. 1 AGGlüStV Bay; §§ 7, 9, 19 Abs. 1 Nr. 1 AG GlüStV Bln; §§ 3, 4, 15 BbgGlüAG; §§ 3 ff. BremGlüG; § 8, 9, 16

Nr. 1 HmbGlüÄndStVAG; §§ 9, 9a, 10 HGlüG; §§ 5, 6, 10, 20 S. 1 Nr. 1GlüStVAG M-V; §§ 3, 4, 8 NGlüSpG; §§ 4, 13, 22 Abs. 1 Nr. 1 AG GlüÄndStV NRW-E; §§ 5, 7 LGlüG RhPf; §§ 4, 11, 14 AG GlüStV-Saar; §§ 3, 4, 7 SächsGlüStVAG; §§ 3 ff., 18 GlüG LSA; §§ 4 ff., 14 ThürGlüG.

Literatur: Hecker, Die Stellungnahme der EU-Kommission vom 30.3.2012 zu den Regelungen des Glücksspieländerungsstaatsvertrages: Ein interpretatorischer Tummelplatz für Gegner und Befürworter des neuen Glücksspielrechts, ZfWG 2012, 167 ff.; Hertwig/Kingerske, Aus dem Westen nichts Neues – Keine Ausschreibungspflicht für Glücksspielmonopole in Deutschland, ZfWG 2010, 83 ff.; Koenig/Bovelet, Sportwetten und Online Glücksspiel nach dem Entwurf des Ersten Glücksspieländerungsstaatsvertrags in der Fassung vom 14. April 2011 auf dem EU-rechtlichen Prüfstand, ZfWG 2011, 236 ff.; Koenig, Zur Ausschreibungsbedürftigkeit der Verleihung von Ausschließlichkeitsrechten im deutschen Glücksspielsektor, ZfWG 2010, 77 ff.; ders. (Hrsg.), Die Stellungnahme der Kommission vom 30.3.2012 zu dem notifizierten Entwurf eines Glücksspieländerungsstaatsvertrages: Die unionsrechtlichen Insuffizienzen sind nicht behoben, ZfWG 2010, 164 ff..

Übersicht

I. Grundlagen

1. Systematik

1   § 4a benennt als allgemeine Bestimmung die Konzession betreffend für alle Interessenten die Voraussetzungen, die für eine Konzessionserteilung vorliegen müssen, während die nachfolgenden Bestimmungen der §§ 4b bis 4e das Konzessionsverfahren einschließlich der Konzessionserteilung sowie den möglichen Konzessionsentzug regeln.

2. Gesetzeserläuterung

2   Entsprechend § 27 GlüStV 2008 sind die Regierungschefs der Länder auf der Grundlage des Evaluierungsberichts zu dem Ergebnis gekommen, dass das ordnungsrechtliche Ziel, ein ausreichendes Glücksspielangebot sicherzustellen und den Bedarf der Bevölkerung an Glücksspielen in legale Bahnen zu lenken, nicht in jeder Hinsicht in dem von den Ländern mit dem GlüStV 2008 avisierten Umfang erreicht worden ist. Die Länder haben im Jahre 2010 aufbauend auf einer weiteren **international vergleichenden Analyse** des Schweizerischen Instituts

für Rechtsvergleichung, dem Institut Créa de macroéconomie appliquée der Universität Lausanne sowie der Arbeitseinheit „Angewandte Glücksspielforschung" des Instituts für Psychologie und Kognitionsforschung an der Universität Bremen aus dem Jahre 2009 eine umfassende strukturierte Anhörung aller Beteiligten zum Thema „Zukunft des Glücksspielwesens in Deutschland" durchgeführt. Auf Grundlage dieser Ergebnisse haben sich die Ministerpräsidenten der Länder am 10.3.2011 für den Erhalt des Lotteriemonopols und für ein Konzessionssystem bei Sportwetten ausgesprochen (LT-Drs. Bay 16/11995, 18 f.).

Die Evaluierung habe belegt, so die Gesetzesbegründung weiter (LT-Drs. Bay **3** 16/11995, 18), dass es zuletzt kaum noch gelungen sei, die erhebliche Nachfrage in diesem Bereich auf das nach Angebot und Vertriebsweg eng begrenzte Sportwettangebot der staatlichen Veranstalter zu kanalisieren. Vielmehr habe sich, zu Lande wie im Internet, ein **Schwarzmarkt** herausgebildet, dessen Bekämpfung sich als schwierig erwiesen habe. Im Rahmen einer Experimentierklausel solle nun erprobt werden, durch ein kontrolliertes Angebot privater Konzessionäre, welche hohen Auflagen, staatlicher Kontrolle und einer Beschränkung des Produktportfolios unterliegen, den Schwarzmarkt in ein legales Feld zu überführen.

In den allgemeinen Erläuterungen weisen die Länder außerdem darauf hin, **4** dass nach der international vergleichenden Analyse des Glücksspielwesens die Konzession begrifflich als **System** definiert worden ist, in dem eine im Voraus zahlenmäßig beschränkte Menge an Lizenzen für die Erbringung von Glücksspieldienstleistungen im entsprechenden Marktsegment erteilt und die Erbringung solcher Dienstleistungen ohne Lizenzen gesetzlich verboten wird. Vor dem Hintergrund der Rechtsprechung des Europäischen Gerichtshofes (EuGH - C-46/ 08 - Carmen Media, ZfWG 2010, 344 Rn. 84; C-338/04 - Placanica, ZfWG 2007, 125 Rn. 53; C-212/08 – Zeturf, ZfWG 2011, 251 Rn. 41 f.) und eines Gutachtens (vgl. v. Mutius, Rechtsgutachten zu den verfassungs- und europarechtlichen Vorgaben sowie der verwaltungs- und abgaberechtlichen Ausgestaltung eines rechtsnormativ begrenzten und gesteuerten Teilliberalisierung des Sportwettenmarktes, 28 f.) hält der Gesetzgeber daher nicht nur das Konzessionssystem an sich, sondern auch die Begrenzung der Zahl der Konzessionen für eine zulässige Beschränkung des freien Dienstleistungsverkehrs nach Art. 56 AEUV.

3. Notifizierungsverfahren

Die Bundesrepublik Deutschland hat gemäß dem in der Richtlinie 98/34 EG **5** über ein Informationsverfahren auf dem Gebiet der Normen und technischen Vorschriften vorgesehenen Notifizierungsverfahren am 15.4.2011 den GlüStV bei der Kommission notifiziert. In ihrer ersten Antwort vom 18.7.2011 ging die Kommission insbesondere auf § 4a Abs. 3 ein, in dem sie, wie auch in § 10a und § 20, eine Beschränkung des freien Dienstleistungsverkehrs erblickte. Allgemein bemängelte die Kommission in ihrer ersten Stellungnahme, dass die deutschen Behörden die Gründe für die vorgeschlagenen Beschränkungen nicht explizit aufgeführt und die Verhältnismäßigkeit der Maßnahmen nicht nachgewiesen hatten.

Des Weiteren betonte die Kommission in ihrer ersten Stellungnahme, es sei **6** von höchster Wichtigkeit, dass die deutschen Behörden bei der Prüfung von Anträgen die Nachweise und Sicherheiten berücksichtigen, die der Leistungserbringer für die Ausübung seiner Tätigkeit im Mitgliedstaat der Niederlassung beigebracht hat (vgl. EuGH - C-279/80 – Webb, Slg. 1981, I-3305 Rn. 20).

7   Der Entwurf des GlüStV 2012 wurde daraufhin nachgebessert. Nach der **Antwort der Bundesregierung** vom 7.12.2011 stellte die Kommission in ihrer abschließenden Stellungnahme vom 20.3.2012 (ZfWG 2012, 171) fest, dass sie den von den deutschen Bundesländern angewandten vorsichtigen Ansatz nicht in Frage stelle, jedoch noch einmal betonen wolle, dass die Geeignetheit und Verhältnismäßigkeit der Maßnahmen ordnungsgemäß nachzuweisen sei. Außerdem erinnerte die Kommission daran, dass das Verfahren zur Erteilung einer Konzession in einer transparenten und diskriminierungsfreien Art und Weise zu organisieren sei, damit erreicht werde, dass **etablierte und neue Betreiber** den gleichen Bedingungen und dem gleichen Zeitplan unterliegen. Ausdrücklich begrüßt wird von der Kommission die Zusage der deutschen Behörden, der Kommission innerhalb von zwei Jahren ab Inkrafttreten des Vertrages eine **Erstbewertung** betreffend den einzurichtenden regulatorischen Mechanismus zukommen zu lassen, die mit dem Ziel erstellt wird, die Geeignetheit und Effizienz des Systems mit Blick auf die Erreichung der Zielsetzungen des Vertrages zu bewerten (vgl. dazu Hecker ZfWG 2012, 167; Koenig ZfWG 2012, 164 zur Europarechtskonformität vgl. auch OLG Naumburg, Urt. v. 27.9.2012 – 9 U 73/11, S. 33).

II. Einzelkommentierung

1. Experimentierphase (Abs. 1)

8   Abs. 1 stellt sowohl in Satz 1 als auch in Satz 2 klar, dass während der siebjährigen Experimentierphase nach § 10a alle Veranstalter und Vermittler von Sportwetten zu festen Gewinnquoten einer Konzession bedürfen. Das Veranstalten und das Vermitteln ohne diese Erlaubnis stellen unerlaubtes Glücksspiel dar und sind, ebenso wie die Mitwirkung an Zahlungen im Zusammenhang mit unerlaubten Glücksspiel verboten (→ § 4 Rn. 21). Satz 1 lässt sich außerdem entnehmen, dass während der Experimentierphase auch anderen Anbietern als den staatlichen Lotteriegesellschaften das Veranstalten und Vermitteln von Sportwetten zu festen Gewinnquoten erlaubt ist (zum Begriff der Sportwetten → § 21 Rn. 10 ff.). Durch den Verweis auf die §§ 10 Abs. 6 und 10a Abs. 1 wird außerdem deutlich, dass die Konzession, die als Sonderform der Erlaubnis gleichsteht, nur für den Bereich der Sportwetten gilt, bei dieser Glücksspielform aber für alle Veranstalter, unabhängig von der Rechtsform.

2. Zuständigkeit (Abs. 2)

9   Zuständige Behörde, die mit Wirkung für alle Bundesländer die Konzession erteilen kann und bei der folglich Anträge einzureichen sind, ist das Hessische Ministerium des Innern und für Sport. Abs. 2 S. 1 sieht vor, dass Konzessionen, abweichend von § 4 Abs. 1 S. 1 und § 9 Abs. 4 S. 1 GlüStV von der zuständigen Behörde mit Wirkung für alle Länder erteilt werden.
Auf die Erteilung der Konzession besteht kein Rechtsanspruch. Die Erteilung einer Konzession stellt sich, so die Gesetzesbegründung zu Abs. 2, daher als Akt einer besonderen staatlichen Verleihung dar. Der **Vergabestelle** kommt insoweit ein Ermessen zu. Dabei ist jedoch zu beachten, dass die Vergabe der Konzessionen auf objektiven, nicht diskriminierenden und im Voraus bekannten Kriterien beruht, damit der Ermessensausübung durch die Vergabestelle Grenzen gesetzt

werden (EuGH C-72/10, C-77/10 – Costa, ZfWG 2012, 105 Rn. 56; EuGH - C-64/08 – Engelmann, ZfWG 2010, 415 Rn. 55 mwN). Diese Kriterien finden sich in den folgenden Absätzen und Paragraphen.

3. Beschränkung der Zahl der Konzessionen (Abs. 3)

Abs. 3 S. 1 bestimmt lediglich, dass die Zahl der Konzessionen zur Erreichung **10** der Ziele des § 1 zu beschränken ist. Wie viele Konzessionen erteilt werden dürfen, ist - ein wenig versteckt - § 10a Abs. 3 zu entnehmen. Der Regelungsgehalt von Abs. 3 S. 1 tritt hinter jene Bestimmung zurück. Umgekehrt genießt Abs. 3 S. 2, in dem die Änderungsmöglichkeit der **Konzessionsanzahl** durch die Ministerpräsidentenkonferenz festgelegt ist, Vorrang vor § 10a Abs. 3.

Der GlüStV lässt offen, wie die konzessionserteilende Stelle sich verhalten soll, **11** wenn weniger als 20 Bewerber die Anforderungen an die Erteilung einer Konzession erfüllen. Da § 10a Abs. 3 während der Experimentierzeit eine Vergabe von „höchstens" zwanzig Konzessionen fordert, besteht nach dem GlüStV folglich keine ausdrückliche Verpflichtung, die eventuell verbliebenen Konzessionen nach Abschluss des Auswahlverfahrens weiterhin anzubieten. Sofern die **Höchstzahl** der zu vergebenden Konzessionen wesentlich unterschritten wird, stellt sich aber die Frage, ob das Veranstaltungsangebot den Vorgaben des § 1 Nr. 2 gerecht wird, nach dem der Ausbreitung des illegalen Glücksspiels in den Schwarzmärkten durch ein legales - aber kontrolliertes - Glücksspiel entgegen zu wirken ist. Insoweit ist mit Blick auf die Ziele des § 1 eine Entscheidung über die Vergabe weiterer Konzessionen zu treffen.

Das Ziel, die Gelegenheit zum Spiel zu vermindern als auch das Ziel, dadurch **12** Straftaten vorzubeugen, dass die im Glücksspielsektor tätigen **Wirtschaftsteilnehmer** einer Kontrolle unterworfen und Glücksspieltätigkeiten in Bahnen gelenkt werden, die diesen Kontrollen unterliegen, erfordern und rechtfertigen dabei unter dem Gesichtspunkt einer Einschränkung der Dienstleistungsfreiheit nach Art. 56 AEUV eine zahlenmäßige Begrenzung der Konzessionen, so die Gesetzesbegründung unter Hinweis auf die Rechtsprechung des Europäischen Gerichtshofes (EuGH C-338/04 - Placanica, ZfWG 2007, 125 Rn. 52; C-203/ 08 – Sporting Exchange, ZfWG 2010, 250 Rn. 58; C-46/08 – Carmen Media, ZfWG 2010, 344). Daneben könne, so die Gesetzesmaterialien weiter, zB auch das Ziel der Schwarzmarktbekämpfung verfolgt werden, was einer zahlenmäßigen Beschränkung nicht entgegen stehe. Vielmehr seien die Ziele in ihrer Gesamtheit zu würdigen (EuGH - C-67/98 – Zenatti, Slg. 1999, I-7289 Rn. 35; vgl. auch EuGH - C-258/08 – Ladbrokes, ZfWG 2010, 256 Rn. 26).

Werde auch das Ziel verfolgt, die Gelegenheit zum Spiel zu mindern, müsse **13** sichergestellt bleiben, dass **Beschränkungen der Anzahl der Wirtschafsteilnehmer** im Glücksspielsektor in jedem Fall, d.h. auch bei Verfolgung weiterer legitimer Ziele, dem Anliegen gerecht werden müssen, die Gelegenheiten zum Spiel wirklich zu vermindern und die Tätigkeiten in diesem Bereich kohärent und systematisch zu begrenzen, so die Gesetzesbegründung in Bezug auf die Rechtsprechung des EuGH (EuGH C-338/04 - Placanica, ZfWG 2007, 125 Rn. 53; EuGH – C-67/98 – Zenatti, Slg. 1999, I-7289 Rn. 35, 36).

Die Bekämpfung der Spiel- und Wettsucht sowie die Betrugs- und Manipulati **14** onsvorbeugung stellen, nicht nur nach Ansicht des Gesetzgebers, im Hinblick auf den mit der zahlenmäßig begrenzten konzessionierten Öffnung verbundenen Eingriff in die Berufsfreiheit der Veranstalter von Glücksspielen besonders gewichtige Gemeinwohlziele dar. Eine zahlenmäßig begrenzte konzessionierte Öffnung sei im verfassungsrechtlichen Sinne zur Bekämpfung dieser Gefahren geeignet, weil dadurch der entstandene, mit sicherheitsrechtlichen Mitteln allein nicht ausreichend kontrollierbare Schwarzmarkt bekämpft werde und an seine Stelle ein mit Spieler- und Jugendschutzanforderungen verbundenes System trete, so die Gesetzesbegründung zur Verfassungskonformität des Konzessionsmodells.

15   Auch die verfassungsrechtliche Erforderlichkeit sehen die Länder gewahrt und führen begründend aus: „Insoweit kommt dem Gesetzgeber ein **Beurteilungs- und Prognosespielraum** zu. Ihm steht insbesondere in Bezug auf die Bewertung und die Auswahl der für das beabsichtigte Regelungsvorhaben in Erwägung zu ziehenden Maßnahmen ein weiter Bereich des Ermessens zu, der sich auch auf die Einschätzung der späteren Wirkungen der gesetzlichen Normierung erstreckt. Infolge dieser Einschätzungsprärogative können Maßnahmen, die der Gesetzgeber zum Schutz der genannten wichtigen Gemeinschaftsgüter für erforderlich hält, verfassungsrechtlich nur beanstandet werden, wenn nach den dem Gesetzgeber bekannten Tatsachen und im Hinblick auf die bisher gemachten Erfahrungen feststellbar ist, dass Beschränkungen, die als Alternativen in Betracht kommen, die gleiche Wirksamkeit versprechen, die Betroffenen indes weniger belasten (vgl. BVerfGE 102, 197 (218)). Durch die Begrenzung der Zahl der Konzessionen anstelle eines (zahlenmäßig unbegrenzten) **Erlaubnissystems** wird verhindert, dass es zu einer unbegrenzten Ausweitung von Wettangeboten kommt, die zu einer Zunahme von problematischem und suchtbeeinflusstem Verhalten führen würde. Ein Erlaubnissystem verspricht zur Bekämpfung dieser Gefahren daher nicht die gleiche Wirksamkeit wie eine zahlenmäßig begrenzte konzessionierte Öffnung, die in Maßen und Umfang auf das beschränkt wird, was angesichts des festgestellten Schwarzmarktes erforderlich ist."

4. Allgemeine Erteilungsvoraussetzungen (Abs. 4)

16   In Abs. 4 werden in den einzelnen Konzessionsvoraussetzungen die Grundforderungen einer erweiterten Zuverlässigkeit und Leistungsfähigkeit des Konzessionsnehmers sowie der Transparenz und Sicherheit des von ihm angebotenen Glücksspiels verankert. Der EuGH hat wiederholt festgestellt, dass die Verringerung der Gelegenheiten zum Spiel sowie die Bekämpfung der Kriminalität, indem die im Glücksspielsektor tätigen Wirtschaftsteilnehmer einer Kontrolle unterworfen und die Tätigkeiten des Glücksspiels somit in kontrollierte Bahnen gelenkt werden, zu den Zielen gehören, die von der Rechtsprechung als zur Rechtfertigung von Beschränkungen von Grundfreiheiten auf dem Gebiet des Glücksspiels geeignet angesehen werden dürfen (EuGH C-72/10, C-77/10 – Costa, ZfWG 2012, 105 Rn. 61; C-338/04 – Placanica, ZfWG 2007, 125 Rn. 46, 52).

17   **a) Erweiterte Zuverlässigkeit.** Eine zentrale Erteilungsvoraussetzung ist die erweitere Zuverlässigkeit. Der Begriff der Zuverlässigkeit ist dem **Vergaberecht** entliehen. Zuverlässig ist im vergaberechtlichen Sinn ein Bewerber, wenn er unter Berücksichtigung aller in Betracht kommenden Umstände eine ordnungsgemäße und vertragsgerechte Ausführung der Leistung erwarten lässt (vgl. § 2 Abs. 1 Nr. 1 VOB/A bzw. § 2 EG Abs. 1 S. 1 VOL/A). Hierbei kann das gesamte geschäftliche Verhalten des Bewerbers in den letzten Jahren herangezogen werden. Die Zuverlässigkeit wird etwa durch die Begehung bestimmter Straftaten oder sonstige schwere Verfehlungen ausgeschlossen.

Der GlüStV stellt demgegenüber mit der „erweiterten Zuverlässigkeit" bedingt **18** durch das spezifische Gefahrenpotential von Sportwetten höhere Anforderungen auf. So müssen neben dem Bewerber selbst auch alle von ihm für die Sportwettenveranstaltung benannten verantwortlichen Personen sowie bei juristischen Personen die vertretungsbefugten Personen (lit. b) und der Empfangs- und Vertretungsbevollmächtigte nach Abs. 4 Nr. 3 lit. c die Zuverlässigkeit erfüllen. Darüber hinaus soll über die Betrachtung unternehmerischer und persönlicher Verflechtungen weitergehend eine Beteiligung unzuverlässiger Personen an der Glücksspielveranstaltung ausgeschlossen werden.

Zum Nachweis der erweiterten Zulässigkeit ist es nach lit. a erforderlich, Anga **19** ben zu den Inhaber- und Beteiligungsverhältnissen zu machen, um der Vergabestelle die Beurteilung zu ermöglichen, wer in welchem Umfang Einfluss auf die Ausgestaltung des Glücksspiels nehmen kann.

Als zweite Voraussetzung verlangt lit. b, dass der Konzessionsnehmer und von **20** ihm beauftragte verantwortliche Personen zuverlässig und sachkundig sind. Der Begriff der „Sachkunde" ist angelehnt an den vergaberechtlichen Begriff der **Fachkunde**. Fachkundig im vergaberechtlichen Sinn und damit sachkundig im Sinn des GlüStV ist ein Bewerber, wenn er über die speziellen auftragsbezogenen Sachkenntnisse, Erfahrungen und Fertigkeiten verfügt, die zur ordnungsgemäßen Leistungserbringung erforderlich sind (vgl. VK Bund Beschl. v. 10.12.2003 – VK 1-116/03). Hinsichtlich des Erfordernisses der Sachkunde wäre an eine Anlehnung an die Anforderungen der §§ 2, 3 RennwLottG und damit etwa an eine Tätigkeit als **Buchmacher** oder den Nachweis einer mehrjährigen Berufserfahrung mit der Veranstaltung von Glücksspielen zu denken. Ähnliche Nachweise könnten auch nach Abs. 4 Nr. 1 lit. b verlangt werden.

Sodann ist nach lit. c die rechtmäßige Herkunft der für die Veranstaltung öffent **21** licher Glücksspiele erforderlichen Mittel darzulegen. Auffällig erscheint hier zunächst, dass der **Umfang der erforderlichen Mittel** nicht näher spezifiziert ist (vgl. dazu aber Nr. 2 lit. a, → Rn. 22). Die Sicherheitsleistung nach § 4c Abs. 3 in Form einer selbstschuldnerischen Bankbürgschaft kann jedenfalls nicht gemeint sein, da die rechtmäßige Herkunft dieser Mittel augenscheinlich ist. Insoweit ist unter Berücksichtigung von Nr. 2 lit. a offenbar das erforderliche **Eigenkapital** gemeint, dessen Höhe nicht nur von der Gesellschaftsform des Konzessionsnehmers, sondern auch davon abhängig ist, welche und wie viele Wetten er unter der Konzession anzubieten gedenkt. Der Konzessionsnehmer wird also letztlich selbst anzugeben haben, welche Mittel er für erforderlich hält; die Angaben sind dann von der Vergabestelle zu prüfen. Die rechtmäßige Herkunft des Eigenkapitals kann etwa durch testierte Geschäftsberichte, Jahresabschlüsse und andere Belege nachgewiesen werden. (Zu den weitergehenden Verpflichtungen nach dem Entwurf des Gesetzes zur Ergänzung des Geldwäschegesetzes (GwGErgG) vom 10.8.2012 → Rn. 32)

b) Leistungsfähigkeit. Der Begriff der Leistungsfähigkeit ist wiederum dem **22** Vergaberecht entliehen, meint in diesem Zusammenhang allerdings nur die wirtschaftliche Leistungsfähigkeit. Die Leistungsfähigkeit hat der Bewerber ebenfalls durch Erfüllung von drei gesonderten Anforderungen nachzuweisen. Nr. 2 lit. a verlangt insoweit erneut, wenn auch dieses Mal ausdrücklich, dass der Konzessionsnehmer über genügend Eigenmittel für eine dauerhafte Geschäftstätigkeit verfügt und zugleich Gewähr für ein einwandfreies Geschäftsverhalten bietet. Da die Anforderungen des ersten Halbsatzes inzident im Nachweis nach Nr. 1 lit.

c vorausgesetzt werden und der Nachweis einwandfreien **Geschäftsgebarens** ebenfalls durch die Anforderungen in Nr. 1 abgedeckt ist, kommt der Norm eher deklaratorischer, bzw. klarstellender Charakter zu.

23   Nr. 2 lit. b verlangt die Vorlage eines **Wirtschaftlichkeitskonzepts**. Im Rahmen der Konkretisierung der Anforderungen an das Wirtschaftlichkeitskonzept dürfte ein Vertriebskonzept gefordert werden, in dem insbesondere darzulegen ist, welche und wie viele Wetten geplant sind und welche Vertriebswege für das Angebot genutzt werden sollen. Zum Beleg der ökonomischen Tragfähigkeit des Konzepts wird man auch eine Wirtschaftlichkeitsberechnung verlangen können, die den Eigen- und Fremdanteil sowie die prognostizierten Erträge und Aufwendungen aus den geplanten Vertriebsformen darstellt (→ § 4b Rn. 31 f.).

24   Als dritten und letzten Nachweis für die Leistungsfähigkeit des Bewerbers verlangt Nr. 2 lit. c, dass die erforderlichen **Sicherheitsleistungen** vorbereitet und die zum weitergehenden Schutz der Spieler notwenigen Versicherungen abgeschlossen sind. Eine Bürgschaft muss damit im Bewerbungsverfahren nicht vorgelegt werden; ausreichend ist die Erklärung einer Bank, die Bürgschaft im Falle einer Konzessionserteilung zu stellen. Die Bürgschaft muss allerdings im Zeitpunkt der Erteilung vorliegen und kann damit gleichsam als letzte Voraussetzung vor Konzessionserteilung von der Vergabestelle abgefragt werden (→ § 4c Rn. 14). Da die Spieler durch die Bürgschaft vor dem Verlust ihrer Einsätze geschützt sind, muss sich der weitergehende Versicherungsschutz für die Spieler auf andere Gefahren beziehen. Zu denken wäre daher hier an eine **Betriebshaftpflichtversicherung**, die Schäden und Unfälle etwa beim Aufenthalt in einer Wettannahmestelle erfasst.

25   **c) Transparenz und Sicherheit des Glücksspiels.** Anforderungen an Transparenz und Sicherheit des Glücksspiels unter Nr. 3 ergänzen das den Anbieter betreffende Anforderungsprofil. Das geplante Glücksspielangebot muss sieben im Detail geregelten Standards genügen. Hierzu zählen Vorgaben für die Transparenz des terrestrischen Betriebsnetzes, den Unternehmenssitz, die Erreichbarkeit im Inland, die **Topleveldomain** beim Online-Vertrieb, die Buchführung, die Anbindung an eine behördliche Schnittstelle zur Überprüfung des Angebots sowie die Spielerkontenverwaltung.

26   Soweit die Transparenz des Betriebes (Nr. 3 lit. a) sicherzustellen ist, sind Angaben erforderlich, die über die nach Ziff 1 lit. a erforderlichen Angaben die Inhaber- und Beteiligungsverhältnisse betreffend, hinausgehen. Es geht hier also nicht um eine **Verschleierung der Beteiligungsverhältnisse**, sondern um die Führung des Betriebes selbst. Sicherzustellen ist daher u.a. eine hinreichende Erkennbarkeit und Erreichbarkeit aller für den Veranstalter betriebener Ladenlokale, ergänzt durch das Erfordernis der jederzeitigen Überwachbarkeit. Der Veranstalter wird sich daher im Verhältnis zu seinen Vermittlern entsprechende Berechtigungen vertraglich zusichern lassen müssen.

27   Nr. 3 lit. b bestimmt, dass der Konzessionsnehmer einen Sitz in einem Mitgliedstaat der Europäischen Union oder in einem Vertragsstaat des Abkommens über den Europäischen Wirtschaftsraum haben muss. Dieses Sitzformerfordernis stößt auf keine europarechtlichen Bedenken, da ein Sitz im Inland damit gerade nicht gemeint ist. Auch die weitergehende Verpflichtung aus Nr. 3 lit. c, der zuständigen Behörde einen **Empfangs- und Vertretungsberechtigten** im Inland zu benennen, ist europarechtskonform. Der Gesetzgeber selbst begründet dieses Erfordernis in der Gesetzbegründung, in dem er ausführt, dass ausländische Konzessionsneh-

mer wahlweise einen Sitz in Deutschland einrichten oder einen in Deutschland ansässigen Ansprechpartner benennen können, der für die zuständige Behörde als Empfangs- und Vertretungsbevollmächtigter zur Verfügung steht (Nr. 3 lit. c). Da das Glücksspielwesen unionsrechtlich nicht harmonisiert ist und auch nicht unter die Dienstleistungsrichtlinie fällt, könne sich ein Mitgliedstaat auch dann, wenn der Glücksspielanbieter bereits in einem anderen Mitgliedsstaat eine Zulassung besitzt, das Erfordernis eines innerstaatlichen Empfangs- und Vertretungsbevoll-mächtigten vorbehalten.

Der Gesetzgeber nimmt hier erkennbar Bezug auf das Urteil des EuGH in der **28** Rs. Liga Portuguesa de Futebol, in dem der Gerichtshof ebenfalls festgestellt hat, dass der Sektor der über das Internet angebotenen Glücksspiele in der Gemein-schaft nicht harmonisiert ist und ein Mitgliedstaat deshalb die Auffassung vertreten dürfe, dass der Umstand allein, dass ein Wirtschaftsteilnehmer wie bwin zu diesem Sektor gehörende Dienstleistungen in einem anderen Mitgliedstaat, in dem er niedergelassen ist und in dem er grundsätzlich bereits rechtlichen Anforderungen und Kontrollen durch die zuständigen Behörden dieses anderen Mitgliedstaats unterliegt, rechtmäßig über das Internet anbietet, nicht als hinreichende Garantie für den **Schutz der nationalen Verbraucher** vor den Gefahren des Betrugs und anderer Straftaten angesehen werden könne, wenn man die Schwierigkeiten berücksichtigt, denen sich die Behörden des Sitzmitgliedstaats in einem solchen Fall bei der Beurteilung der Qualitäten und der Redlichkeit der Anbieter bei der Ausübung ihres Gewerbes gegenüber sehen können (EuGH – C-42/07 – Liga Portuguesa, ZfWG 2009, 304 Rn. 69).

Der EuGH hat außerdem bereits festgestellt, dass jeder Mitgliedstaat, auf dessen **29** Hoheitsgebiet sich ein Wettangebot erstreckt, die Befugnis behält, dem Veranstal-ter die Beachtung der in seinen einschlägigen Rechtsvorschriften aufgestellten Beschränkungen vorzuschreiben, sofern diese Beschränkungen, insbesondere in Bezug auf ihre Diskriminierungsfreiheit und ihre Verhältnismäßigkeit, den Anfor-derungen des Unionsrechts genügen (EuGH – C-46/08 – Carmen Media, ZfWG 2010, 344 Rn. 44). Eine Unverhältnismäßigkeit ist hier ebenso wenig wie eine Diskriminierung zu erkennen, da auch die Unternehmen mit Sitz im Inland durch ihre Ansässigkeit im Inland über einen Empfangs- und Vertretungsbevollmächtig-ten verfügen. Dass außerdem zur Sicherstellung einer hinreichenden Kontrolle weitere Maßnahmen trotz im Ausland erteilter Erlaubnis vorgesehen werden kön-nen, belegt die Liga Portuguesa-Entscheidung deutlich (EuGH – C-42/07 – Liga Portuguesa, ZfWG 2009, 304 Rn. 69).

Die Vorschrift des Abs. 4 S. 1 Nr. 3 lit. d ist selbsterklärend. Ihre Beachtung **30** erfordert eine Registrierung über die **DENIC eG** und dient der Überwachung des ordnungsgemäßen Spielablaufs sowie der Gewährleistung eines wirksamen Jugend- und Spielerschutzes bei Online-Angeboten, so die Gesetzesbegründung. Die Norm folgt vergleichbaren Anforderungen in Italien und Frankreich, erfor-dert jedoch nicht die Einrichtung von Servern in Deutschland und dürfte damit auch nicht den Bedenken begegnen, die der EuGH in der Costa-Entscheidung aufgezeigt hat (vgl. EuGH C-72/10, C-77/10 – Costa, ZfWG 2012, 105 Rn. 87 ff.).

Die Verpflichtung des Konzessionsnehmers zur Abwicklung seiner spielbezoge- **31** nen Zahlungsvorgänge in Deutschland über ein Konto im Inland oder bei einem in einem Mitgliedstaat der Europäischen Union beheimateten Kreditinstitut (Nr. 3 lit. e) ist nach der Gesetzesbegründung erforderlich, um insbesondere zum Schutz vor Geldwäsche spielbezogene Zahlungsvorgänge beim Konzessionsnehmer kontrollieren zu können. Sie betrifft den Konzessionsnehmer, beschränkt aber nicht den Kunden in der Wahl des Zahlungsweges oder der Abwicklung seiner Zahlungen.

32 Auch die Anbindung der EDV über eine **Schnittstelle** dient der Kontrolle des Wettangebots durch die Aufsichtsbehörden. Dieses Kontrollinstrument ist ebenfalls nicht neu und hat Vorbilder in Italien und im Glücksspielgesetz des Landes Schleswig-Holstein von Oktober 2011. Die technischen Anforderungen für die Einrichtung der Schnittstelle sind gleichwohl nicht unerheblich und sollten im Rahmen des Auswahlverfahrens von der Vergabestelle konkretisiert werden, um dem Bewerber hier entsprechende Angaben zu ermöglichen. Wenn auch von der Vergabestelle nicht zu prüfende, jedoch parallel zu erfüllende und weitergehende Anforderungen speziell für Online-Spielangebote sieht der Entwurf der Bundesregierung für ein Gesetz zur **Ergänzung des Geldwäschegesetzes** (GwGErgG) vom 10.8.2012 (BR-Drs. 459/12) vor. Der Entwurf ist eine Reaktion auf die Öffnung des Internets im GlüStV und berücksichtigt die mit dem Glücksspiel im Internet verbundenen erhöhten Geldwäscherisiken (vgl. Levi, Money Laundering Risks and E-Gaming: A European Overview and Assessment, 2009). In § 9a GwGErgG sind interne Sicherungsmaßnahmen für Online-Glücksspielanbieter genannt, zu denen u.a. ein **angemessenes Risikomanagement** sowie Verfahren und Grundsätze gehören, die der Verhinderung von Geldwäsche und Terrorismusfinanzierung dienen. § 9b GwGErgG sieht eine **Spieleridentifizierung** vor und § 9c GwGErgG erweitert die Verpflichtungen der Anbieter in Bezug auf die Spielerkonten und die Transparenz der Zahlungsströme.

33 Angesichts der Vorgaben des GwGErgG in § 9c erscheinen die Pflichten der Online-Anbieter gegenüber den Spielern aus dem GlüStV in Bezug auf die Kontoführung einfach zu erfüllen und dürften keinerlei verfassungs- oder europarechtlichen Bedenken unterliegen. Der Gesetzgeber kann und muss zum Schutz des Verbrauchers sicherstellen, dass die vom Spieler eingezahlten Beträge unmittelbar nach Eingang beim Erlaubnisinhaber auf dem Spielerkonto gut geschrieben werden und auf Wunsch jederzeit ausgezahlt werden müssen. Über die üblichen **Online-Bezahlsysteme** dürfte dies auch keinen Schwierigkeiten unterliegen oder erhöhte Nachweispflichten erfordern. Die Einhaltung ist aber von der Aufsichtsbehörde über die Schnittstelle zu kontrollieren.

5. Erreichung der Ziele des § 1

34 In Abs. 4 S. 2 erfolgt lediglich eine Klarstellung dergestalt, dass der Versagungsgrund des Widerspruchs zu den Zielen des § 1 für das Konzessionsverfahren anwendbar ist. Hierdurch kann auf neue Problemlagen, die in den benannten Konzessionsvoraussetzungen nicht erfasst sind, angemessen reagiert werden, so die Gesetzesbegründung.

§ 4b Konzessionsverfahren, Auswahlkriterien

(1) **Die Konzession wird nach Aufruf zur Bewerbung und Durchführung eines transparenten, diskriminierungsfreien Auswahlverfahrens erteilt. Die Bekanntmachung ist im Amtsblatt der Europäischen Union mit einer angemessenen Frist für die Einreichung von Bewerbungen zu veröffentlichen.**

(2) **Die Bewerbung bedarf der Schriftform. Sie muss alle Angaben, Auskünfte, Nachweise und Unterlagen in deutscher Sprache enthalten, die**

in der Bekanntmachung bezeichnet sind, welche für die Prüfung der Voraussetzungen nach § 4a Abs. 4 erforderlich sind und die Auswahl nach Absatz 5 ermöglichen. Dazu gehören insbesondere:

1. eine Darstellung der unmittelbaren und mittelbaren Beteiligungen sowie der Kapital- und Stimmrechtsverhältnisse bei dem Bewerber und den mit ihm im Sinne des Aktiengesetzes verbundenen Unternehmen sowie Angaben über Angehörige im Sinne des § 15 Abgabenordnung unter den Beteiligten; gleiches gilt für Vertreter der Person oder Personengesellschaft oder des Mitglieds eines Organs einer juristischen Person. Daneben sind der Gesellschaftsvertrag und die satzungsrechtlichen Bestimmungen des Bewerbers sowie Vereinbarungen, die zwischen an dem Bewerber unmittelbar oder mittelbar Beteiligten bestehen und sich auf die Veranstaltung von Glücksspielen beziehen, vorzulegen,

2. eine Darstellung der Maßnahmen zur Gewährleistung der öffentlichen Sicherheit und Ordnung und der sonstigen öffentlichen Belange unter besonderer Berücksichtigung der IT- und Datensicherheit (Sicherheitskonzept),

3. ein Sozialkonzept einschließlich der Maßnahmen zur Sicherstellung des Ausschlusses minderjähriger und gesperrter Spieler,

4. eine Darstellung der Wirtschaftlichkeit unter Berücksichtigung der Abgabenpflichten (Wirtschaftlichkeitskonzept),

5. eine Erklärung der Übernahme der Kosten für die Überprüfung des Sicherheits-, Sozial- und Wirtschaftlichkeitskonzepts und, soweit erforderlich, sonstiger Unterlagen durch einen von der zuständigen Behörde beigezogenen Sachverständigen oder Wirtschaftsprüfer,

6. eine Verpflichtungserklärung des Bewerbers, weder selbst noch durch verbundene Unternehmen unerlaubtes Glücksspiel in Deutschland zu veranstalten oder zu vermitteln und

7. eine Erklärung des Bewerbers, dass die vorgelegten Unterlagen und Angaben vollständig sind.

Nachweise und Unterlagen aus einem anderen Mitgliedstaat der Europäischen Union oder einem anderen Vertragsstaat des Abkommens über den Europäischen Wirtschaftsraum stehen inländischen Nachweisen und Unterlagen gleich, wenn aus ihnen hervorgeht, dass die Anforderungen der in Satz 2 genannten Voraussetzungen erfüllt sind. Die Unterlagen sind auf Kosten des Antragstellers in beglaubigter Kopie und beglaubigter deutscher Übersetzung vorzulegen.

(3) Die zuständige Behörde kann die Bewerber zur Prüfung der in Absatz 2 Satz 2 genannten Voraussetzungen unter Fristsetzung zur Ergänzung und zur Vorlage weiterer Angaben, Nachweise und Unterlagen in deutscher Sprache auffordern. Sie ist befugt, Erkenntnisse der Sicherheitsbehörden des Bundes und der Länder, insbesondere zu den Voraussetzungen nach § 4a Abs. 4 Satz 1 Nr. 1 Buchst. c, abzufragen. Ist für die Prüfung im Konzessionsverfahren ein Sachverhalt bedeutsam, der sich auf Vorgänge außerhalb des Geltungsbereiches dieses Staatsvertrages bezieht, so hat der Bewerber diesen Sachverhalt aufzuklären und die erforderlichen Beweismittel zu beschaffen. Er hat dabei alle für ihn bestehenden rechtlichen und tatsächlichen Möglichkeiten auszuschöpfen. Der Bewerber kann sich nicht darauf berufen, dass er Sachverhalte nicht auf-

klären oder Beweismittel nicht beschaffen kann, wenn er sich nach Lage des Falles bei der Gestaltung seiner Verhältnisse die Möglichkeit dazu hätte beschaffen oder einräumen lassen können.

(4) Die im Rahmen des Konzessionsverfahrens Auskunfts- und Vorlagepflichtigen haben jede Änderung der maßgeblichen Umstände nach Bewerbung unverzüglich der zuständigen Behörde mitzuteilen und geplante Veränderungen von Beteiligungsverhältnissen oder sonstigen Einflüssen während des Konzessionsverfahrens der zuständigen Behörde schriftlich anzuzeigen.

(5) Die Auswahl unter mehreren geeigneten Bewerbern ist insbesondere danach zu treffen, welcher Bewerber nach Beurteilung der zuständigen Behörde am besten geeignet ist,
1. bei der Veranstaltung von öffentlichen Glücksspielen die Erreichung der Ziele des § 1, insbesondere den Schutz der Spieler und der Jugendlichen, zu gewährleisten,
2. weitgehende Informations-, Einwirkungs- und Kontrollbefugnisse der zuständigen Behörden sicherzustellen,
3. seine nachhaltige finanzielle Leistungsfähigkeit nachzuweisen,
4. einen wirtschaftlichen Betrieb zu gewährleisten und
5. eine Erfüllung der Abgabenpflichten zu gewährleisten.

Ausführungsgesetze: §§ 2, 20 LGlüG BW-E; Art. 2, Art. 8 Nr. 1 AGGlüStV Bay; §§ 7, 9, 19 Abs. 1 Nr. 1 AG GlüStV Bln; §§ 3, 4, 15 BbgGlüAG; §§ 3 ff. BremGlüG; § 8, 9, 16 Nr. 1 HmbGlüÄndStVAG; §§ 9, 9a, 10 HGlüG; §§ 5, 6, 10, 20 S. 1 Nr. 1 GlüStVAG M-V; §§ 3, 4, 8 NGlüSpG; §§ 4, 13, 22 Abs. 1 Nr. 1 AG GlüÄndStV NRW-E; §§ 5, 7 LGlüG RhPf; §§ 4, 11, 14 AG GlüStV-Saar; §§ 3, 4, 7 SächsGlüStVAG; §§ 3 ff., 18 GlüG LSA; §§ 4 ff., 14 ThürGlüG.

Literatur: Hertwig/Kingerske, Aus dem Westen nichts Neues - Keine Ausschreibungspflicht für Glücksspielmonopole in Deutschland, ZfWG 2010, 83 ff. Ortner, Roderic, Vergabe von Dienstleistungskonzessionen, Köln, 2007.

Übersicht

I. Allgemeines

§ 10a sieht im Rahmen der Experimentierklausel für Sportwetten vor, dass für **1** einen Zeitraum von sieben Jahren ab Inkrafttreten des GlüStV das Staatsmonopol nicht gilt und innerhalb dieses Zeitraums Sportwetten nur mit einer Konzession veranstaltet werden dürfen. Insoweit sollen bis zu zwanzig Konzessionen vergeben werden, welche die Konzessionäre exklusiv berechtigen und verpflichten, Sportwetten im Geltungsbereich des GlüStV zu veranstalten (→ § 10a Rn. 19). Nach der Gesetzesbegründung zu § 10a steht es den Konzessionsnehmern dabei frei, zu entscheiden, ob sie dem Verbraucher ihr Angebot über terrestrische Wettvermittlungsstellen oder im Internet oder unter Nutzung beider Vertriebswege unterbreiten wollen.

Für die Vergabe dieser Konzessionen gibt § 4b den maßgeblichen **verfahrens-** **2** **rechtlichen Rahmen** vor. Die teilweise divergierenden Vorschriften in den Ausführungsgesetzen der Länder sind mit der Entscheidung zur Durchführung eines ländereinheitlichen Verfahrens (vgl. § 4a Abs. 2 S. 1) nach § 9a außer Kraft gesetzt.

Das in § 4b geregelte **Verfahren** um die Vergabe von Konzessionen zur Veran- **3** staltung von Sportwetten, das für öffentliche und private Bewerber gleichermaßen gilt, gibt einen Rechtsrahmen vor, der von der konzessionserteilenden Stelle bei der Durchführung des Verfahrens konkretisiert werden muss. Im Einzelnen regelt § 4b neben allgemeinen Grundsätzen an die Konzessionsvergabe (Abs. 1) in Ergänzung zu § 4a Abs. 4 die zu konkretisierenden Mindestanforderungen, welche eine Bewerbung um die Konzession erfüllen muss (Abs. 2). Um diese Mindestanforderungen sowie die weiteren von der konzessionserteilenden Stelle im Verfahren vorgegebenen Anforderungen an die Bewerbung effektiv prüfen zu können, statuieren Abs. 3 und Abs. 4 Kontrollrechte der konzessionserteilenden Stelle, die aus Prüfrechten und Mitteilungspflichten des Bewerbers bestehen. Abs. 5 gibt weiterhin vor, nach welchen Kriterien die Auswahl erfolgen muss, sofern mehr Bewerber die Voraussetzungen für die Konzessionserteilung erfüllen, als Konzessionen zu vergeben sind.

Konzessionserteilende Stelle für die Vergabe der Sportwettenkonzessionen **4** im ländereinheitlichen Verfahren nach § 9a Abs. 2 Nr. 3 ist das Land Hessen.

II. Einzelkommentierung

1. Grundsätze des Verfahrens (Abs. 1 S. 1)

5   Nach Abs. 1 S. 1 wird die Konzession nach Aufruf zur Bewerbung und Durchführung eines transparenten und diskriminierungsfreien Auswahlverfahrens erteilt.

6   **a) Gemeinschaftsrechtliche Vorgaben.** Die Vergabe von Dienstleistungskonzessionen unterliegt nicht der europäischen Vergaberichtlinie 2004/18/EG, da es sich bei Konzessionen – anderes als bei den in der Vergaberichtlinie geregelten „öffentlichen Aufträgen" – um keine entgeltlichen Verträge handelt (vgl. hierzu Hertwig/Kingerske ZfWG 2010, 83 (85)). Der Europäische Gerichtshof hat aber in den Entscheidungen „Telaustria" (EuGH – C-324/98, Slg 2000, I-10745) und „Parking Brixen" (EuGH – C-458/03, Slg 2005, I-8585) entschieden, dass auch die aus den Art. 40 AEUV (Niederlassungsfreiheit) und Art. 52 AEUV (Dienstleistungsfreiheit) folgenden Grundsätze der Gleichbehandlung und der Transparenz eine öffentliche Stelle verpflichten, Verträge über öffentliche Dienstleistungskonzessionen in einem transparenten und diskriminierungsfreien Verfahren zu vergeben (vgl. nur EuGH – C-64/08 – Engelmann, ZfWG 2010, 415 Rn. 49, 50). Die Vergabe einer limitierten Anzahl von Konzessionen im Wege der vorherigen behördlichen Erlaubnis ist Dienstleistungskonzessionsverträgen zwar nach der Rechtsauffassung des Europäischen Gerichtshofs nicht gleichzustellen. Vergleichbar mit den unionsrechtlichen Anforderungen an die Ausschreibung eines Dienstleistungskonzessionsvertrages hat ein System der vorherigen behördlichen Erlaubnis aber dennoch auf objektiven, nicht diskriminierenden und im Voraus bekannten Kriterien zu beruhen, um der Ermessensausübung durch die nationalen Behörden zum Schutz vor willkürlichen Entscheidungen hinreichende Grenzen zu setzen (EuGH – C-203/08 – Sporting Exchange, ZfWG 2010, 250 Rn. 50). Zudem muss jedem, der von einer auf einem solchen Eingriff beruhenden Maßnahme betroffen ist, ein wirkungsvoller Rechtsweg offenstehen (EuGH – C-64/08 – Engelmann, ZfWG 2010, 415 Rn. 55).

7   **b) Verfahrensart.** Neben der Verpflichtung zur Vergabe der Konzessionen in einem transparenten und diskriminierungsfreien Verfahren trifft § 4b keine Aussage zur Art des Verfahrens. Die konzessionserteilende Stelle kann folglich frei entscheiden, welcher Verfahrensart sie sich – gegebenenfalls in Anlehnung an die im europäischen Vergaberecht aufgezeigten Vergabearten – bedient. Dies bedeutet gleichzeitig, dass sie für die Vergabe der Konzessionen entweder ein einstufiges Verfahren vorsehen oder die Anforderungen an eine Konzessionserteilung in mehreren Stufen abfragen kann. Bei der Wahl des Verfahrens sollte sie aber berücksichtigen, dass die in der Begründung des Gesetzgebers formulierten Anforderungen an die Ausgestaltung des in Abs. 5 geregelten Auswahlverfahrens konsequent nur im Rahmen mehrerer Wertungsstufen umgesetzt werden können (→ Rn. 51 ff.). Soweit sich die konzessionserteilende Stelle für ein mehrstufiges Verfahren entscheidet, bietet es sich zur Abgrenzung der einzelnen Stufen an, die Zuverlässigkeit und Sachkunde der Bewerber getrennt von deren Leistungsfähigkeit abzufragen. Dies hat den Vorteil, dass sich die konzessionserteilende Stelle nicht mit der Prüfung der im Rahmen des Bewerbungsverfahrens einzureichenden Konzepte befassen muss, wenn dem Bewerber bereits die für die Konzession erforderliche Zuverlässigkeit oder Sachkunde fehlt.

c) Rechtsweg. Für die **gerichtliche Nachprüfung der Auswahlentschei-** 8
dung ist der Verwaltungsrechtsweg (§ 40 VwGO) eröffnet, da es sich um eine
öffentlich-rechtliche Streitigkeit handelt. Anders als bei den Dienstleistungskonzessionen, bei denen es darauf ankommt, ob der zugrunde liegende Vertrag öffentlich-
oder zivilrechtlicher Natur ist, handelt es sich bei der Konzessionserteilung um
einen begünstigenden Verwaltungsakt auf dem Gebiet des Sicherheits- und damit
des öffentlichen Rechts. Um den Bewerbern eine effektive Überprüfung der Auswahlentscheidung der konzessionserteilenden Stelle zu ermöglichen, hat das OVG
Berlin-Brandenburg (vgl. Beschl. v. 30.11.2010 - 1 S 107.10) für die Vergabe von
Dienstleistungskonzessionen entschieden, dass die Bieter **zwei Wochen vor der**
Konzessionsentscheidung über die geplante Zuschlagsentscheidung zu informieren sind. Fraglich ist aber, ob die Entscheidung des OVG Berlin-Brandenburg
überhaupt auf das vorliegende Konzessionsverfahren übertragbar ist. Zwar hat der
Europäische Gerichtshof für die Vergabe einer limitierten Anzahl von Erlaubnissen
zur Veranstaltung von Glücksspielen ebenso wie für die Vergabe von Dienstleistungskonzessionen gefordert, dass den Bewerbern ein wirkungsvoller Rechtsweg
offen stehen muss (vgl. EuGH - C-64/08 – Engelmann, ZfWG 2010, 415 Rn. 55).
Anders als bei den Dienstleistungskonzessionen erfolgt die Vergabe der Sportwetten-
Konzessionen aber nicht über Verträge, sondern über eine Erlaubnis in Form eines
Verwaltungsaktes. Dieser kann gegebenenfalls auch noch nach der Konzessionserteilung im Wege der Konkurrentenklage angegriffen werden.

2. Bekanntmachung der Vergabeabsicht (Abs. 1 S. 2)

a) Bekanntmachung im Amtsblatt der Europäischen Union. Die Forde- 9
rung nach Wettbewerb, Transparenz und diskriminierungsfreiem Verhalten setzt
voraus, dass alle interessierten Unternehmen – auch die aus anderen Mitgliedsstaaten der europäischen Union – die Möglichkeit erhalten, von der Vergabeabsicht
der konzessionserteilenden Stelle Kenntnis zu nehmen (vgl. EuGH - C-324/07
- Coditel Brabant, Slg 2008, I-8457 Rn. 25). Nach Abs. 1 S. 2 ist die Konzessionsvergabe im Amtsblatt der Europäischen Union bekannt zu machen. Damit schreibt
der GlüStV die Veröffentlichung in dem Medium mit der größten Reichweite
vor, um einen angemessenen Grad an Öffentlichkeit sicherzustellen und eine
Öffnung des Wettbewerbs zu ermöglichen.

Das Amtsblatt der Europäischen Gemeinschaften (Supplement zum Amtsblatt 10
oder Abl. S) ist über ein kostenloses Online-Tool zur Erstellung von Bekanntma-
chungen für das öffentliche Auftragswesen und deren Veröffentlichung im Supplement zum Amtsblatt der Europäischen Union verfügbar (simap.europa.eu). Die
dort bereitgestellten Standardformulare, die auf die europäischen Vergaberichtlinien
zugeschnitten sind, haben den Nachteil, dass sie für die Vergabe von Konzessionen
zur Veranstaltung von Sportwetten nicht modifiziert werden können. Dies hat zB
zur Konsequenz, dass die Konzessionsvergabe unzutreffend als „öffentlicher Auftrag"
im Sinne der Vergaberichtlinien klassifiziert werden muss, um die Veröffentlichung
zu erreichen. Außerdem zwingen die Vorgaben der Formulare die konzessionserteilende Behörde, die in § 4a Abs. 4 und § 4b Abs. 2 beschriebenen Mindestanforderungen an eine Bewerbung daraufhin zu untersuchen, inwieweit es sich hierbei um
Eignungskriterien im Sinne der Rubrik „Teilnahmebedingungen" handelt.

b) Inhalt der Bekanntmachung. aa) Gemeinschaftsrechtliche Vorga- 11
ben. Der Europäische Gerichtshof hat in seinen Entscheidungen keine Aussage

darüber getroffen, welche Anforderungen der Grundsatz der Transparenz an die Inhalte der Bekanntmachung stellt. Insoweit kann aber auf die Mitteilung der Kommission zu „Auslegungsfragen in Bezug auf das Gemeinschaftsrecht, das für die Vergabe öffentlicher Aufträge gilt, die nicht oder nur teilweise unter die Vergaberichtlinien fallen" vom 23.6.2006 ((2006/C-179/02), S. 5) zurück gegriffen werden, die auch auf Dienstleistungskonzessionen Anwendung findet. Nach dieser Mitteilung kann sich der Inhalt der Bekanntmachung auf eine Kurzbeschreibung der wesentlichen Punkte der zu vergebenden Konzession und des Vergabeverfahrens sowie die Aufforderung beschränken, die konzessionserteilende Stelle bei Interesse zu kontaktieren. Bei Bedarf kann die Bekanntmachung durch Zusatzinformationen ergänzt werden, die im Internet oder auf Anfrage bei dem Auftraggeber erhältlich sind. Die Bekanntmachung und jegliche zusätzlichen Unterlagen sollten jedoch die Informationen enthalten, die ein Unternehmen aus einem anderen Mitgliedstaat normalerweise für die Entscheidung darüber benötigt, ob es Interesse an dem Auftrag bekunden soll.

12   In der Bekanntmachung sind daher neben Angaben zu der konzessionserteilenden Stelle insbesondere auch Aussagen zu der Anzahl der zu vergebenden Konzessionen, deren zeitlicher Befristung und der Anzahl der in den einzelnen Bundesländern zulässigen Wettvermittlungsstellen zu treffen. Angaben zu der Anzahl der Wettvermittlungsstellen sowie deren Verteilung auf die Konzessionsnehmer und den Anforderungen an die Lage und Ausgestaltung der Wettvermittlungsstellen sind den Vorschriften des GlüStV sowie den Ausführungsgesetzen der Länder zu entnehmen, welche den GlüStV ergänzen.

13   **bb) Vorgaben des GlüStV.** Der Wortlaut des Abs. 1 S. 2 verschärft die gemeinschaftsrechtlichen Vorgaben an die Bekanntmachung, indem er fordert, dass nach der Veröffentlichung der Bekanntmachung nicht nur eine Interessensbekundung durch die an der Konzessionserteilung Interessierten erfolgt, sondern dass diese bereits auf Basis der Bekanntmachung ihre Bewerbungen einreichen. Für den Inhalt der Bekanntmachung bedeutet dies, dass die Mindestanforderungen an die Bewerbung entweder in der Bekanntmachung angegeben werden müssen oder in der Bekanntmachung darauf hinzuweisen ist, wo und auf welchem Wege die erforderlichen Auskünfte abgerufen werden können. Sofern sich die konzessionserteilende Stelle für die Durchführung eines mehrstufigen Verfahrens entscheidet, können die Angaben in der Bekanntmachung auf die jeweiligen Konzessionsvoraussetzungen beschränkt werden, die in der ersten Stufe geprüft werden. In diesem Fall muss die konzessionserteilende Stelle in der Bekanntmachung aber darlegen, wie das Verfahren insgesamt ablaufen soll. Außerdem muss mit einem Hinweis auf den GlüStV klar gestellt werden, dass die Konzessionserteilung noch von weiteren, in der zweiten Stufe näher zu spezifizierenden Voraussetzungen abhängt.

14   **c) Abstimmung der Bekanntmachung.** Ausweislich der Begründungen des Gesetzgebers stimmen die Glücksspielaufsichtsbehörden der Länder die Bekanntmachung gemeinsam im Vorfeld ab. Die Länder haben deswegen ein Glücksspielkollegium gegründet, dem Vertreter sämtlicher am GlüStV beteiligter Bundesländer angehören.

15   **d) Frist für die Einreichung der Bewerbungen.** Die konzessionserteilende Stelle muss in der Bekanntmachung angeben, bis zu welchem Zeitpunkt die Bewerbungen einzureichen sind. Bewerbungen, die nach Ablauf dieser Frist eingehen, sind von der konzessionserteilenden Stelle aus Gründen der Gleichbehandlung auszuschließen, sofern der verspätete Eingang nicht auf Umstände zurück zu führen ist, die vom Bewerber nicht zu vertreten sind. Nach Auffassung des VG Wiesbaden (Beschl. v. 13.9.2012 Az.: 5 L 1081/12 W) ist insoweit § 32 VwVGG entsprechend anwendbar.

Nach Abs. 1 S. 2 muss die Frist für die Einreichung der Bewerbungen angemes- **16** sen sein. Anhand welcher Maßstäbe die Angemessenheit der Frist zu beurteilen ist, gibt § 4b hingegen nicht vor. Aus Gründen der Gleichbehandlung muss die Frist aber so bemessen sein, dass alle Interessenten – auch die aus anderen Mitgliedsstaaten der Europäischen Union – ausreichend Gelegenheit haben, die mit Einreichung der Bewerbung geforderten Erklärungen und Nachweise zu beschaffen. Die konkrete Ausgestaltung der Frist ist daher davon abhängig, ob die konzessionserteilende Stelle ein einstufiges Bewerbungsverfahren wählt, oder die für die Erteilung der Konzession erforderlichen Anforderungen in mehreren Stufen abfragt.

3. Anforderungen an die Bewerbung (Abs. 2)

a) Formale Anforderungen an die Bewerbung. Die Bewerbung bedarf **17** nach Abs. 2 S. 1 der Schriftform. Des Weiteren schreibt Abs. 2 S. 2 vor, dass die mit der Bewerbung einzureichenden Angaben, Auskünfte, Nachweise und Unterlagen zumindest dann in deutscher Sprache übermittelt werden müssen, wenn sie zur Prüfung der Eignung des Bewerbers und der Auswahl zwischen mehreren geeigneten Bewerbern erforderlich sind.

b) Mindestanforderungen an die Bewerbung. Nach Abs. 2 S. 2 muss die **18** Bewerbung alle Angaben, Auskünfte, Nachweise und Unterlagen enthalten, die in der Bekanntmachung bezeichnet sind, für die Prüfung der Voraussetzungen nach § 4a Abs. 4 erforderlich sind und die Auswahl nach Abs. 5 ermöglichen.

Zur Verdeutlichung der mit der Bewerbung zwingend beizubringenden Erklä- **19** rungen und Nachweise ist in Abs. 2 S. 2 ein Katalog mit Vorgaben definiert, denen die Bewerbung insbesondere entsprechen muss. Die dort aufgeführten Bewerbungsvoraussetzungen zeichnen sich dadurch aus, dass sie die Mindestvorgaben des § 4a Abs. 4 in Teilen wiederholen und unter Nr. 5–7 um weitere zwingend erforderliche Erklärungen ergänzen.

Im Übrigen stellt Abs. 2 S. 2 der konzessionserteilenden Stelle ausdrücklich **20** frei, über die Vorgaben des GlüStV hinaus weitere Anforderungen an die Konzessionsvergabe in das Konzessionsverfahren einzubringen.

c) Pflicht zur Konkretisierung der Mindestanforderungen durch die **21** **konzessionserteilende Stelle.** Nach der Begründung des Gesetzgebers sind mit den unter Nr. 3 aufgeführten Mindestanforderungen für den Wettbewerb von Anfang an erkennbare Kriterien für die Auswahlentscheidung fest gelegt worden, welche die Nachprüfung ermöglichen, ob die Vergabe unparteiisch erfolgte. Die einzelnen Voraussetzungen und Kriterien sollen im Rahmen der Ausschreibung jedoch weiter konkretisiert werden, um so ein transparentes und auf Grundlage objektiver und nicht diskriminierender Kriterien verlaufendes Konzessionsverfahren zu gewährleisten. Damit trägt der Gesetzgeber der **Kritik der Europäischen Kommission** in ihrer ausführlichen Stellungnahme im Rahmen des Notifizierungsverfahrens betreffend den Ersten Staatsvertrag zur Änderung des Staatsvertrages über Glücksspiel in Deutschland (C (2011) 5319) Rechnung, wonach die als Grundlage für die Entscheidung über die Bewerbungen aufgeführten Kriterien der Behörde einen zu großen Ermessensspielraum einräumen, um den Vorgaben des EuGH gerecht zu werden. Dieser hat in seiner aktuellsten Rechtsprechung

(C-72/10, C-77/10 – Costa, ZfWG 2012, 105 Rn. 73 mit Verweis auf EuGH – C-496/99 P – Kommission/CAS Succhi di Frutta, Slg. 2004, I-3801 Rn. 111; C-250/06 – United Pan-Europe Communications Belgium u. a., Slg. 2007, I-11135 Rn. 45 und 46) noch einmal betont, dass a) alle Bedingungen und Modalitäten des Vergabeverfahrens klar, genau und eindeutig formuliert sein müssen, b) alle durchschnittlich fachkundigen Bieter bei Anwendung der üblichen Sorgfalt die genaue Bedeutung dieser Informationen verstehen und sie in gleicher Weise auslegen können und c) dem Ermessen der konzessionserteilenden Stelle Grenzen gesetzt werden, damit die Bewerber tatsächlich überprüfen können, ob die Gebote der Bewerber die für das Verfahren geltenden Kriterien erfüllen.

22   Bei der **Konkretisierung der Konzessionsvergabekriterien** muss die konzessionserteilende Behörde ein besonderes Augenmerk auf die **Wahrung des Gleichbehandlungsgrundsatzes** legen. Die Kriterien müssen so definiert sein, dass „alle potentiellen Bieter die gleichen Chancen haben und impliziert somit, dass sie denselben Bedingungen unterliegen" (EuGH – C-72/10, C-77/10 – Costa, ZfWG 2012, 105 Rn. 57). Die Konzessionsvergabekriterien dürfen daher weder Marktzutrittsschranken für private Unternehmen noch Regelungen enthalten, welche bisherige Konzessionäre gegenüber privaten Unternehmen bevorteilen. Anbieter aus anderen Mitgliedstaaten müssen die gleiche Chance wie inländische Unternehmen haben, sich für eine Konzession zu bewerben (EuGH – C-72/10, C-77/10 – Costa, ZfWG 2012, 105 Rn. 66)

23   **d) Mindestanforderungen im Einzelnen.** Bei den in Absatz 2 beschriebenen Mindestanforderungen handelt es sich um eine enumerative nicht abschließende Auflistung. Dies ergibt sich bereits aus der Formulierung „insbesondere", mit der die Einzelkriterien eingeleitet werden. Weiterhin wird dies aber auch durch einen Abgleich der im GlüStV insgesamt an die Konzessionserteilung festgelegten Anforderungen mit den in § 4b Abs. 2 für die Bewerbung vorgesehenen Mindestanforderungen deutlich.

24   **aa) Informationen über das Unternehmen des Bewerbers (Abs. 2 Nr. 1).** Mit der in Nr. 1 geforderten Erklärung werden in Nr. 1 S. 1 zunächst **die gesellschaftsrechtlichen Beteiligungstatbestände** einschließlich der **Kapital- und Stimmrechtsverhältnisse** des Bewerbers und der mit ihm im Sinne des Aktiengesetzes verbundenen Unternehmen abgefragt. Die Angaben sollen die Beurteilung ermöglichen, wer in welchem Umfang Einfluss auf die Ausgestaltung des Glücksspiels nehmen kann. § 4a Abs. 1 lit. a führt hierzu ergänzend aus, dass die Inhaber- und Beteiligungsverhältnisse beim Konzessionsnehmer vollständig offen zu legen sind: Bei Personengesellschaften sind die Identität und die Adressen aller Gesellschafter, Anteilseigner oder sonstiger Kapitalgeber, bei juristischen Personen des Privatrechts von solchen, die mehr als fünf v.H. des Grundkapitals halten oder mehr als fünf v.H. der Stimmrechte ausüben, sowie generell alle Treuhandverhältnisse anzugeben. Außerdem muss der Bewerber seiner Darstellung der gesellschaftsrechtlichen Beteiligungstatbestände eine Erläuterung beifügen, inwieweit sich unter den Gesellschaftern des Bewerbers und der mit ihm verbundenen Unternehmen sowie der Mitgliedern der vertretungsberechtigten Organe des Bewerbers und der mit ihm verbundenen Unternehmen „Angehörige" im Sinne des § 15 AO befinden.

25   Korrespondierend zur Unternehmensform soll der Bewerber **unternehmens- und satzungsrechtliche Einflusskonstellationen** offen legen. Zu diesem Zweck fordert Abs. 2 Nr. 1 S. 2 Unterlagen zur konkreten unternehmens-

rechtlichen Verfasstheit, wie den Gesellschaftsvertrag und die satzungsrechtlichen Bestimmungen des Bewerbers. Gemeint ist damit das konstitutive Gründungsdokument des jeweiligen Unternehmens.

Die Erklärungspflicht des Bewerbers betreffend das Unternehmen wird durch **26** die Pflicht zur Vorlage **sonstiger Vereinbarungen**, die zwischen dem Bewerber und unmittelbar und mittelbar Beteiligten bestehen, abgerundet. Hierbei gilt aber die Einschränkung, dass sich diese Vereinbarungen auf die Veranstaltung von Glücksspiel beziehen müssen.

bb) Sicherheitskonzept (Abs. 2 Nr. 2). Abs. 2 S. 2 Nr. 2 sieht vor, dass der **27** Bewerber eine Darstellung der Maßnahmen zur Gewährleistung der öffentlichen Sicherheit und Ordnung und der sonstigen öffentlichen Belange unter Berücksichtigung der IT- und Datensicherheit vorzulegen hat. Die vom Bewerber vorzulegenden Maßnahmen, die an den Schutzzielen **Vertraulichkeit, Verfügbarkeit** und **Integrität** auszurichten sind, werden als unverzichtbarer Bestandteil ganzheitlicher Informationssicherheit verstanden und müssen den **technischen Schutz vor IT-Angriffen** und den **sicheren Umgang mit Daten** berücksichtigen. Der Bewerber muss daher in seinem Konzept darlegen, wie er mittels der Implementierung von Sicherheitsmaßnahmen vertrauliche Kundendaten zu jedem Zeitpunkt vor unbefugter und unnötiger Veröffentlichung, Verwendung und Weitergabe schützen, bei dem Betrieb von Informationssystemen jederzeit die Verfügbarkeit, Integrität und Vertraulichkeit von Daten gewährleisten (zB durch den Einsatz von Verschlüsselungsmechanismen, **Zugriffskontrollen** und **Virenschutzprogrammen**) und alle relevanten Daten regelmäßig sichern und deren Wiederherstellung gewährleisten will.

In den Konzeptvorgaben ist nach der Gesetzbegründung weiterhin vorzusehen, **28** dass die Sicherheitsmaßnahmen sich **an internationalen Standards**, wie der ISO-2700X-Reihe, COBIT oder PCI – DSS, orientieren müssen. Insoweit besteht für die Konzessionsnehmer die Möglichkeit, sich beim Bundesamt für Sicherheit in der Informationstechnik (BSI) um international anerkannte BSI-Zertifikate (BSI-Standards 100-1 bis 100-4) zu bemühen.

cc) Sozialkonzept (Abs. 2 Nr. 3). Des Weiteren sollen die Bewerber um die **29** Glücksspielkonzession ihrer Bewerbung ein Sozialkonzept einschließlich Maßnahmen zur Sicherstellung des Ausschlusses minderjähriger und gesperrter Spieler vorlegen. Damit setzt Abs. 3 zunächst die Vorgabe des § 6 um, nach der die Veranstalter und Vermittler von öffentlichen Glücksspielen verpflichtet sind, die **Spieler zu verantwortungsbewusstem Spiel anzuhalten** und der **Entstehung von Glücksspielsucht vorzubeugen**. Zu diesem Zweck haben sie Sozialkonzepte zu entwickeln, ihr Personal zu schulen und die Vorgaben des Anhangs „Richtlinien zur Vermeidung und Bekämpfung von Glücksspielsucht" zu erfüllen (→ § 6 Rn. 6).

Die Verpflichtung zur Aufnahme von Maßnahmen zur Sicherstellung des Aus- **30** schlusses minderjähriger und gesperrter Spieler baut dagegen auf den Vorgaben des § 4 auf. Dieser sieht in Abs. 3 vor, dass das Veranstalten und Vermitteln von Glücksspielen den Erfordernissen des Jugendschutzes nicht zuwider laufen darf. Die Bewerber haben daher in ihren Sozialkonzepten Maßnahmen darzulegen, mittels derer die Veranstalter und Vermittler von öffentlichen Glücksspielen sicherstellen, dass Minderjährige von der Teilnahme ausgeschlossen sind (→ § 4 Rn. 54 ff.). Daneben fordert § 4 Abs. 5 Nr. 1, dass der Ausschluss minderjähriger und gesperrter Spieler durch **Identifizierung** und **Authentifizierung** gewährleistet wird. Der von den Bewerbern hierfür zu erarbeitende Maßnahmenkatalog muss die **Richtlinien der Kommission für Jugendmedienschutz** beachten, ohne dass in der Schutzwirkung gleichwertige Lösungen hier ausgeschlossen würden (→ § 4 Rn. 62 ff). Im Bereich der Identifizierung und Authentifizierung hat das Sozialkonzept Berührungspunkte mit dem nach Abs. 2 Nr. 2 geforderten Sicherheitskonzept, da der Bewerber für die hier vorgeschlagenen Maßnahmen auch aufzeigen muss, inwieweit er die hierfür erforderlichen technischen Sicherheitsstandards gewährleisten will.

31   **dd) Wirtschaftlichkeitskonzept (Abs. 2 Nr. 4).** Nach Abs. 2 Nr. 4 muss der Bewerber eine Darstellung der Wirtschaftlichkeit des beabsichtigten Glücksspielangebotes unter Berücksichtigung der Abgaben darlegen. Diese Forderung befindet sich inhaltsgleich unter den in § 4a Abs. 4 Nr. 2. lit. b beschriebenen Mindestanforderungen an eine Konzessionserteilung.

32   Im Rahmen der Konkretisierung der Anforderungen an das Wirtschaftlichkeitskonzept könnte zB ein Vertriebskonzept gefordert werden, das neben Angaben zu den vorgesehenen Vertriebsarten (online, terrestrisch, Fernabsatz) Aussagen zu Art und Anzahl der geplanten Wetten und eine Beschreibung der geplanten Werbe-, bzw. Marketingmaßnahmen enthält. Auf Basis des Vertriebskonzeptes sollte der Bewerber eine Wirtschaftlichkeitsberechnung vorlegen, die den Eigen- und Fremdkapitalanteil sowie die prognostizierten Erträge und Aufwendungen darstellt.

33   **ee) Kostenübernahmeerklärung (Abs. 2 Nr. 5).** Nr. 5 stellt sicher, dass sämtliche Kosten, die der konzessionserteilenden Behörde im Rahmen des Bewerbungsverfahrens durch einen für die Überprüfung der Unterlagen beizuziehenden Wirtschaftsprüfer oder Sachverständigen entstehen, von dem Bewerber übernommen werden müssen. Insbesondere betrifft dies die Überprüfung der vom Bewerber vorzulegenden Sicherheits-, Sozial- und Wirtschaftlichkeitskonzepte, bei denen sich bereits vor dem Konzessionsverfahren absehen lässt, dass diese Kosten entstehen werden.

34   **ff) Verpflichtung, kein unerlaubtes Glücksspiel zu veranstalten oder zu vermitteln (Abs. 2 Nr. 6).** Nr. 6 verpflichtet den Bewerber eine Erklärung abzugeben, dass er weder selbst noch durch verbundene Unternehmen unerlaubtes Glücksspiel in Deutschland veranstaltet oder vermittelt. Diese Erklärung fließt in die Zuverlässigkeitsprüfung des Bewerbers ein, die § 4a Abs. 4 Nr. 1 lit. b vorsieht.

35   Die konzessionserteilende Stelle muss hier im Rahmen des Konzessionsverfahrens Aussagen treffen, ab welchem Zeitpunkt die Verpflichtung greifen soll. Als spätester Zeitpunkt ist hier der Tag der Konzessionserteilung anzusehen.

36   **gg) Vollständigkeitserklärung (Abs. 2 Nr. 7).** Mit der Vollständigkeitserklärung bekundet der Bewerber, dass die von ihm mit der Bewerbung geforderten Unterlagen vollständig sind. Die Erklärung, die der Beschleunigung des Verfahrens dient, enthebt die konzessionserteilende Stelle von der Pflicht, bei den eingereichten Unterlagen eine umfassende Formalprüfung durchzuführen. Ergeben sich seitens der konzessionserteilenden Stelle an der Richtigkeit und Vollständigkeit der eingereichten Unterlagen Zweifel, ist sie allerdings auf Basis des Amtsermittlungsgrundsatzes gehalten, diesen nachzugehen.

37   Da sich die Erklärung immer nur auf die Unterlagen beziehen kann, welche die konzessionserteilende Behörde bis zum Zeitpunkt der Angabe der Vollständigkeitserklärung gefordert hat, muss die konzessionserteilende Stelle im Falle der Durchführung eines mehrstufigen Verfahrens in jedem Verfahrensabschnitt eine Vollständigkeitserklärung verlangen.

e) Vorgaben an die Nachweise und Unterlagen ausländischer Bewerber 38
(Abs. 2 S. 4). Abs. 2 S. 4 stellt klar, dass bei der Prüfung der Bewerbungsvoraussetzungen Nachweise und Unterlagen aus einem Mitgliedstaat der Europäischen
Union oder einem anderen Vertragsstaat des Abkommens über den europäischen
Wirtschaftsraum inländischen Nachweisen und Unterlagen gleichstehen, wenn
aus ihnen hervorgeht, dass die in Satz 2 genannten Mindestanforderungen erfüllt
sind. Mit der Vorschrift, die auf eine Empfehlung der Europäischen Kommission
in ihrer ausführlichen Stellungnahme im Notifizierungsverfahren zurückzuführen
ist, wird dem Grundsatz Rechnung getragen, dass inländische und ausländische
Bewerber gleich zu behandeln sind. Ohne die Berechtigung zur Vorlage im Ausland erworbener gleichwertiger Nachweise oder Unterlagen würde den Unternehmen aus anderen Mitgliedstaaten nämlich in der Regel die Möglichkeit
genommen, sich an dem Verfahren um die Vergabe von Konzessionen zu beteiligen. Die damit verbundene Marktzutrittssperre würde einen Verstoß gegen das
Diskriminierungsverbot darstellen und wäre damit mit europäischem Recht nicht
vereinbar (vgl. EuGH – C-279/80 – Webb, Slg. 1981, 03305 Rn. 20).

Die Unterlagen sind auf Kosten des Antragstellers in beglaubigter Kopie und 39
beglaubigter deutscher Übersetzung vorzulegen.

4. Prüfrechte der konzessionserteilenden Stelle (Abs. 3)

Um die Erfüllung der für die Konzession erforderlichen Voraussetzungen ange- 40
messen beurteilen zu können, werden der konzessionserteilenden Stelle in Abs. 3
entsprechende Prüfrechte an die Hand gegeben. Hierzu gehört neben der Möglichkeit zur Nachforderung ergänzender Unterlagen (Abs. 3 S. 1) auch das Recht,
Erkenntnisse der Sicherheitsbehörden des Bundes und der Länder abzufragen
(Abs. 3 S. 2).

a) Recht zur Nachforderung ergänzender Unterlagen (Abs. 3 S. 1). 41
Nach Abs. 3 S. 1 kann die zuständige Behörde die Bewerber zur Prüfung der in
Abs. 2 S. 2 genannten Voraussetzungen unter Fristsetzung zur Ergänzung oder
zur Vorlage weiterer Angaben, Nachweise und Unterlagen in deutscher Sprache
auffordern. Die Regelung ist im Sinne des Transparenzgebotes dahingehend einschränkend auszulegen, dass die Nachforderung sich nur auf solche Angaben,
Nachweise und Unterlagen beziehen darf, welche der Überprüfung der im Konzessionsverfahren geforderten Bewerbungsvoraussetzungen dienen.

b) Abruf von Erkenntnissen der Sicherheitsbehörden des Bundes und 42
der Länder (Abs. 3 S. 2). Die der zuständigen Behörde nach Abs. 3 S. 2 einge-
räumte Befugnis, die Erkenntnisse der Sicherheitsbehörden des Bundes und der
Länder in Gestalt von Polizei und Verfassungsschutz, abzufragen, dient laut der
Begründung des Gesetzgebers der Überprüfung der Konzessionsbewerber. Die
Abfrage darf aber allein zur Erfüllung der im Rahmen von § 9 Abs. 1 zugewiesenen
Aufgaben und Befugnisse erfolgen (→ § 9 Rn. 5 ff.). Nach § 9 Abs. 1 hat die
Glücksspielaufsicht die Aufgabe, die Erfüllung der nach dem GlüStV begründeten
öffentlich-rechtlichen Verpflichtungen zu überwachen sowie darauf hinzuwirken,
dass unerlaubtes Glücksspiel und die Werbung hierfür unterbleiben.

Für die konzessionserteilende Stelle bedeutet dies, dass diese zunächst die nach 43
dem GlüStV bestehenden oder auf Grund des GlüStV zu begründenden **öffentlich-rechtlichen Verpflichtungen** überprüfen darf. Bezogen auf die Erkenntnisse der Sicherheitsbehörden des Bundes und der Länder kann es sich hierbei

nur um die Überprüfung solcher Angaben handeln, welche die Zuverlässigkeit des Bewerbers bzw. der von ihm für die Veranstaltung von Glücksspielen vorgesehenen verantwortlichen Personen betreffen.

44   Darüber hinaus wird der konzessionserteilenden Stelle mit dem Verweis auf § 9 Abs.1 das Recht eingeräumt, **unerlaubtes Glücksspiel** zu unterbinden. Hieraus ergeben sich aber nur Abfragerechte in Bezug auf die Veranstaltung illegalen Internetglücksspiels (vgl. BGH ZfWG 2012, 23 (28); BVerwG ZfWG 2011, 332 (335) zu § 4 Abs. 4 GlüStV 2008). Hinsichtlich der Abfrage von Erkenntnissen über die Durchführung illegalen terrestrischen Glücksspiels in Deutschland ist es der konzessionsvergebenden Stelle nach der Costa-Entscheidung des EuGH (C-72/10, C-77/10 – Costa, ZfWG 2012, 105) untersagt, diese negativ im Rahmen des Konzessionsverfahrens zu berücksichtigen (→ Rn. 22).

45   Eine Grundlage für elektronische Abrufverfahren der Glücksspiel-Aufsichtsbehörden wird laut der Begründung des Gesetzgebers mit Abs. 3 S. 2 nicht geschaffen.

5. Mitwirkungspflichten des Bewerbers (Abs. 3 und 4)

46   **a) Mitwirkungspflichten bei Auslandssachverhalten (Abs. 3 S. 3–5).** Abs. 3 S. 3–5 tragen dem Umstand Rechnung, dass die Ermittlungsbefugnisse der zuständigen Behörden und damit ihre Erkenntnismöglichkeiten auf den Geltungsbereich des Glücksspielstaatsvertrages, dh die Bundesrepublik Deutschland, beschränkt sind. Dem Bewerber um die Konzession wird deswegen die Pflicht auferlegt, alle ihm zumutbaren tatsächlichen und rechtlichen Möglichkeiten zu ergreifen, um der konzessionserteilenden Behörde auch dann eine umfassende Prüfung seiner für die Konzessionserteilung erforderlichen persönlichen Voraussetzungen zu ermöglichen, wenn diese Sachverhalte das Ausland betreffen.

47   Um diese Mitwirkungspflicht des Bewerbers effektiv durchsetzen zu können, ist in Abs. 3 S. 5 in Abkehr zu dem in § 24 VwVfG statuierten Untersuchungsgrundsatz festgelegt, dass die Nichterfüllung bzw. Nichterweislichkeit der vom Bewerber aufzuklärenden Sachverhalte zu seinen Lasten gehen. Die damit verbundene Beweislastumkehr greift entsprechend dem **Grundsatz der Beweissphären** indes nur für solche entscheidungserheblichen Sachverhalte, die der von dem Bewerber beherrschten Informations- und Tätigkeitssphäre angehören (vgl. dazu analog FG Köln, Urt. v. 6.10.2010 – 13 K 4188/07, Rn. 67).

48   **b) Mitteilung der Änderung der maßgeblichen Umstände (Abs. 4).** Mit den in Abs. 4 statuierten **Mitteilungspflichten** stellt der GlüStV sicher, dass selbst im Falle eines längerfristigen Konzessionsverfahrens nur solche Bewerber eine Konzession erhalten, die tatsächlich die hierfür geforderten Voraussetzungen erfüllen. Damit wird der konzessionserteilenden Stelle ein Kontrollinstrument an die Hand gegeben, das ihr eine wesentlich effektivere Überprüfung der Konzessionsvoraussetzungen ermöglicht als sie zB im Vergabeverfahren nach dem europäischen Vergaberecht vorgesehen ist. Dort ist die Vergabestelle bei ihrer Prüfung der Vergabebedingungen auf die Unterlagen beschränkt, die ihr von den Bietern zu dem im Verfahren vorgesehenen Zeitpunkt vorgelegt werden. Soweit sie darüber hinaus überhaupt berechtigt ist, nachträgliche Veränderungen zu berücksichtigen, ist sie hier auf reine Zufallserkenntnisse angewiesen.

49   Um das Vorliegen der Konzessionsvoraussetzungen dauerhaft sicherzustellen, setzt sich die Anzeigepflicht seitens des Konzessionsnehmers nach Erteilung der Konzession gem. § 4e Abs. 1 und 2 gegenüber der Aufsichtsbehörde fort.

Hinsichtlich des Inhalts der Auskunftspflicht des Abs. 4 wird auf die Kommen- **50**
tierung zu den inhaltsgleichen Mitteilungspflichten des Konzessionsnehmers
gegenüber der Aufsichtsbehörde in § 4e Abs. 1 und 2 (→ § 4e Rn. 2 ff.) verwiesen.

6. Auswahl zwischen mehreren geeigneten Bewerbern (Abs. 5)

a) Klassifizierung der Auswahlkriterien. Mit Abs. 5 werden der konzessi- **51**
onserteilenden Stelle unter Nrn. 1–5 Kriterien an die Hand gegeben, mittels derer
sie im Falle von mehr als zwanzig Bewerbern – welche die Mindestanforderungen
an die Bewerbung erfüllt haben – eine „Bestenauslese" vornehmen soll. Der Ter-
minus „insbesondere" macht dabei deutlich, dass die in Abs. 5 aufgeführten Kriterien nicht abschließend sind. Gleichzeitig kann der Formulierung aber auch entnommen werden, dass die unter Nrn. 1–5 aufgelisteten Auswahlkriterien
kumulativ anzuwenden sind. Letzteres ist insoweit problematisch, als sich nach
der Gesetzesbegründung „die Anforderungen in Abs. 5 Nrn. 3–5 im Wesentlichen
auf Eignungskriterien (beziehen), während Abs. 5 Nrn. 1 und 2 die maßgeblichen
Zuschlagskriterien festlegen". Die Begriffe „Eignungs"- und „Zuschlagskriterien" entstammen dem europäischen Vergaberecht: Im Rahmen der Eignung
wird die wirtschaftliche, finanzielle und technische Leistungsfähigkeit des Bieters
bezogen auf seine Person bzw. sein Unternehmen beurteilt, während es sich bei
den Zuschlagskriterien um auftragsbezogene Anforderungen an das Angebot handelt. Für das europäische Vergaberecht hat der Europäische Gerichtshof (C–532/
06 – Lianakis, Slg 2008, I-251) entschieden, dass Eignungs- und Zuschlagskriterien strikt voneinander zu trennenden Wertungsstufen angehören. Auch wenn
das Verbot der Durchmischung von Eignungs- und Zuschlagskriterien vom Europäischen Gerichtshof bislang nicht für die Ausgestaltung eines Verfahrens zur
Vergabe einer limitierten Anzahl von Konzessionen zur Veranstaltung von Glücksspielen gefordert worden ist, lässt die Gesetzbegründung zu Abs. 5 doch auf ein
solches Trennungsgebot schließen. Die konzessionserteilende Stelle ist daher
gehalten, für die „Bestenauslese" unter den Bewerbern zumindest zwei voneinander zu trennende Wertungsstufen hintereinander zu schalten.

b) Konkretisierung der Auswahlkriterien. Die konzessionserteilende Stelle **52**
muss die in Abs. 5 aufgeführten Auswahlkriterien konkretisieren, um der Ermessensausübung durch die nationalen Behörden zum Schutz vor willkürlichen Entscheidungen hinreichende Grenzen zu setzen (vgl. hierzu EuGH – C–203/08 –
Sporting Exchange, ZfWG 2010, 250 Rn. 50). Bei der geforderten Konkretisierung bietet es sich für die konzessionserteilende Stelle an, eine **Bewertungsmatrix** zu erstellen, in der sie die für die Auswahl relevanten Unterkriterien aufführt
und selbige entsprechend ihrer Bedeutung für die Auswahlentscheidung gewich-
tet. Der erste Schritt bei der Erstellung einer Bewertungsmatrix ist die Erarbeitung
eines **Kriterienkataloges**. In diesem sind die Auswahlkriterien und die diesen
zuzuordnenden Unter- und Unter-Unterkriterien aufzulisten. Die **Unterkriterien** müssen sich dabei aus der Bandbreite des jeweiligen Oberkriteriums ergeben
und sollten keine Überschneidungen zu anderen Kriterien aufweisen. Anschließend sind die Kriterien zu gewichten. Dies geschieht, indem die Auswahlkriterien
und ihre Unter- und Unter-Unterkriterien mit **Gewichtungspunkten** versehen
werden, die den Wert und die Bedeutung des jeweiligen Kriteriums widerspie-
geln. Alternativ kann die Gewichtung auch prozentual verdeutlicht werden. Bei

der Gewichtung der Auswahlkriterien des Abs. 5 ist zu berücksichtigen, dass die Reihenfolge in Abs. 5 laut der Gesetzesbegründung die **Rangfolge der Kriterien** angeben soll.

53   Bei der anschließenden Wertung sollte die konzessionserteilende Stelle für sämtliche Kriterien, Unter- und Unter-Unterkriterien Leistungspunkte vergeben. Zu diesem Zweck kann zB eine Notenskala mit mindestens fünf Leistungsstufen festgelegt werden, die den Zielerreichungsgrad der für die Auswahlentscheidung abgefragten Inhalte wiedergibt. Die Leistungspunkte, die für die jeweiligen Unter- und Unter-Unterkriterien vergeben worden sind, müssen dann für jedes Hauptkriterium addiert werden.

54   Insgesamt stellt sich für die konzessionserteilende Stelle bei der Erarbeitung der Bewertungsmatrix das Problem, dass die unter Abs. 5 Nrn. 1–5 aufgeführten Auswahlkriterien nicht trennscharf von den Mindestanforderungen an die Bewerbung abgegrenzt werden können. Die konzessionserteilende Stelle muss daher bei der Konkretisierung der Auswahlkriterien eine strikte Trennung der unter den Mindestanforderungen beschriebenen Forderungen von den bei den Auswahlkriterien in Abs. 5 geforderten Inhalten vornehmen. Sofern dies nicht möglich ist, kann die Wertung hier aber auch über eine Bewertung der Übererfüllung einer Mindestanforderung erfolgen. Dies bedeutet, dass bei den in der Notenskala festgelegten Leistungsstufen im unteren Bereich des Leistungsspektrums eine Mindestpunktzahl anzugeben ist, ab der die von der konzessionserteilenden Stelle aufgestellten Mindestanforderungen als erfüllt gelten. Die weitere Auswahl (Punktevergabe) richtet sich sodann danach, wie weit die Mindestanforderungen von einem Bewerber übertroffen werden.

55   Die Bewertungsmatrix ist den Bewerbern um die Konzession so rechtzeitig bekannt zu geben, dass diese bei der Vorbereitung ihres Konzessionsantrages wissen, welche Gesichtspunkte die konzessionsvergebende Behörde im Rahmen des Auswahlverfahrens berücksichtigen will.

§ 4c Konzessionserteilung

(1) **Die Konzession wird schriftlich erteilt. Sie darf nur nach Zustimmung der zuständigen Behörde einem Dritten übertragen oder zur Ausübung überlassen werden**

(2) **In der Konzession sind die Inhalts- und Nebenbestimmungen festzulegen, die zur dauernden Sicherstellung der Konzessionsvoraussetzungen sowie zur Einhaltung und Überwachung der nach diesem Staatsvertrag bestehenden und im Angebot übernommenen Pflichten erforderlich sind.**

(3) **Die Erteilung der Konzession setzt voraus, dass der Konzessionsnehmer zur Sicherstellung von Auszahlungsansprüchen der Spieler und von staatlichen Zahlungsansprüchen eine Sicherheitsleistung in Form einer unbefristeten selbstschuldnerischen Bankbürgschaft eines Kreditinstituts mit Sitz in der Europäischen Union oder in einem Vertragsstaat des Abkommens über den Europäischen Wirtschaftsraum erbringt. Die Sicherheitsleistung beläuft sich auf fünf Millionen Euro. Sie kann von der Behörde, die die Konzession erteilt, bis zur Höhe des zu erwartenden Durchschnittsumsatzes zweier Wochen, maximal auf 25 Millionen Euro, erhöht werden.**

Ausführungsgesetze: §§ 2, 20 LGlüG BW-E; Art. 2, Art. 8 Nr. 1 AGGlüStV Bay; §§ 7, 9, 19 Abs. 1 Nr. 1 AG GlüStV Bln; §§ 3, 4, 15 BbgGlüAG; §§ 3 ff. BremGlüG; § 8, 9, 16 Nr. 1 HmbGlüÄndStVAG; §§ 9, 9a, 10 HGlüG; §§ 5, 6, 10, 20 S. 1 Nr. 1GlüStVAG M-V; §§ 3, 4, 8 NGlüSpG; §§ 4, 13, 22 Abs. 1 Nr. 1 AG GlüÄndStV NRW-E; §§ 5, 7 LGlüG RhPf; §§ 4, 11, 14 AG GlüStV-Saar; §§ 3, 4, 7 SächsGlüStVAG; §§ 3 ff., 18 GlüG LSA; §§ 4 ff., 14 ThürGlüG.

Literatur: Dietlein, Johannes, Nachfolge im öffentlichen Recht, staats- und verwaltungsrechtliche Grundlagen, Berlin 1999.

I. Allgemeines

Nach Abschluss des Verfahrens um die Vergabe von Konzessionen erteilt die 1
konzessionserteilende Stelle die Konzessionen in Form **begünstigender Verwaltungsakte** im Sinne von § 35 Landes-VwVfG. Dabei hat sie die Vorgaben des § 4b an Form und Inhalt zu beachten.

II. Einzelkommentierung

1. Form und Übertragung der Konzessionserteilung (Abs. 1)

Abs. 1 regelt neben der für eine wirksame Konzessionserteilung erforderlichen 2
Schriftform die Übertragung der Konzession bzw. die Überlassung der Ausübung an Dritte. Die Vorgabe, dass Konzessionen schriftlich zu erteilen sind, bedeutet eine Einschränkung des § 37 Abs. 2 VwVfG des Landes Hessen.

Bei der **Übertragung** wird die Konzession von dem bisherigen Konzessionär 3
auf einen Dritten mit der Folge weiter geleitet, dass die Konzession nicht an die Behörde zurück fällt, sondern der Dritte im Wege der Einzelrechtsnachfolge in die Rechte und Pflichten des „Altkonzessionärs" eintritt (vgl. Dietlein, Nachfolge im Öffentlichen Recht, 379). Bei der **Überlassung der Ausübung** auf Dritte bleibt das Verwaltungsrechtsverhältnis mit dem bisherigen Konzessionär dagegen bestehen, die Veranstaltung der Sportwetten wird aber mittels eines zivilrechtlichen Vertrages auf den Dritten übertragen.

Da es sich bei der Konzession um einen **personenbezogenen** Verwaltungsakt 4
handelt, ordnet Abs. 1 S. 2 an, dass die Übertragung oder Überlassung der **Zustimmung der zuständigen Behörde** bedarf. Dies wirft die Frage auf, unter welchen Voraussetzungen die zuständige Behörde die Zustimmung erteilen muss bzw. darf. Insoweit ist zunächst festzustellen, dass sowohl die Übertragung der Konzession als auch die Überlassung der Konzession zur Ausübung an Dritte zwingend voraussetzen, dass die eintretende Person bzw. das eintretende Unternehmen die **persönlichen** und **sachlichen Voraussetzungen** erfüllen muss, welche bereits gegenüber dem Konzessionär festgeschrieben wurden. Die zuständige Behörde steht daher in der Pflicht, insbesondere die für die Erteilung der Konzession erforderlichen Zuverlässigkeitskriterien im Hinblick auf den eintretenden Dritten zu überprüfen. Soweit die Konzession im Rahmen eines Auswahlverfahrens nach § 4b Abs. 5 vergeben wurde, muss der die Veranstaltung von Sportwetten übernehmende Dritte den Standard nachweisen, mit dem sich der (bisherige) Konzessionär für die Konzessionsvergabe qualifiziert hat (→ § 4b Rn 51 ff.)

5 Für die Übertragung der Konzession ergibt sich darüber hinaus aus **Art. 3 Abs. 1 GG** und **Art. 12 Abs. 1 GG** die Pflicht, die im Auswahlverfahren nach § 4b unterlegenen Bewerber durch die Übertragung nicht unzulässig zu benachteiligen. Die Auswahl des Neukonzessionärs darf daher nicht zur freien Disposition des „Altkonzessionärs" stehen, sondern nur unter eng begrenzten persönlichen und sachlichen Gründen erteilt werden (vgl. hierzu ausführlich Dietlein, Nachfolge im Öffentlichen Recht, 379 ff.).

6 Eine weitere Reglementierung erfahren die schon auf Basis des nationalen Rechts eng auszulegenden Zustimmungstatbestände durch das **europäische Primärrecht**. Nach dem Europäischen Gerichtshof können die – auch für die limitierte Vergabe von Dienstleistungskonzessionen geltenden – Grundsätze der Transparenz des Verfahrens und der Gleichbehandlung (→ § 4b Rn. 6) nämlich nur sicher gestellt werden, wenn wesentliche Änderungen der Bestimmungen einer Dienstleistungskonzession während der Laufzeit zu einer **Neuvergabe** im Wettbewerb verpflichten (EuGH – C-91/08 – Wall, Slg 2010, I-2815). Grundsätzlich ist eine Änderung dabei als wesentlich anzusehen, wenn sie Bedingungen einführt, die die Zulassung anderer als der ursprünglich zugelassenen Bieter (hier: Konzessionäre) oder die Annahme eines anderen als des ursprünglich angenommenen Angebots erlaubt hätten. Insoweit ist nach dem Europäischen Gerichtshof zu unterstellen, dass die **Ersetzung des Vertragspartners** die Grundlagen des betreffenden Vertragsverhältnisses wesentlich berührt und damit zu einer Neuvergabe verpflichtet (EuGH – C-454/06 – Pressetext Nachrichtenagentur GmbH/Republik Österreich, Slg. 2008, I-04401). Eine Ausnahme soll nach dem Europäischen Gerichtshof nur dann gelten, wenn sich der Wechsel als **interne Neuorganisation des Vertragspartners** (hier: Konzessionärs) darstellt. In einem vom Europäischen Gerichtshof als zulässig angesehenen Fall war der ursprüngliche Dienstleistungserbringer Alleingesellschafter des neuen Dienstleistungserbringers, kontrollierte diesen, erteilte ihm Weisungen und übernahm auch künftig die Haftung für die Einhaltung der vertraglichen Verpflichtungen (EuGH – C-454/06 – Pressetext Nachrichtenagentur GmbH/Republik Österreich, Slg. 2008, I-04401). Angesichts der mit diesem Fall einhergehenden Besonderheiten ist davon auszugehen, dass eine Übertragung der Konzession auf einen Dritten in aller Regel als ein Vorgang zu werten ist, welcher der Neuvergabe bedarf. Wendet man diese Rechtsprechung auf die Erteilung von Konzessionen für Sportwetten an, dann dürfte dies zur Konsequenz haben, dass die in Abs. 1 S. 2 vorgesehene Übertragung der Konzession auf Dritte bei europarechtskonformer Auslegung nahezu leer läuft.

2. Inhalts- und Nebenbestimmungen (Abs. 2)

7 Die Zulassung soll mit Inhalts- und Nebenbestimmungen verbunden werden, die zur dauernden Sicherstellung der Konzessionsvoraussetzungen sowie zur Einhaltung und Überwachung der nach dem GlüStV bestehenden und im Angebot übernommenen Pflichten erforderlich sind.

8 Inhalt und Auswahl der Inhalts- und Nebenbestimmungen hat die konzessionserteilende Stelle mangels spezieller Vorgaben in GlüStV an den Regelungen des 36 VwVfG auszurichten. Nach § 4a Abs. 2 S. 2 besteht kein Rechtsanspruch auf die Konzession. Es steht daher nach § 36 Abs. 2 VwVfG im **pflichtgemäßen Ermessen** der konzessionserteilenden Stelle, welche der in § 36 Abs. 2 VwVfG aufgeführten Nebenbestimmungen sie nach den Vorgaben des Abs. 2 für erforder-

lich erachtet. Nach § 36 Abs. 3 VwVfG dürfen die Nebenbestimmungen dem Zweck der Konzession dabei nicht zuwider laufen.

Die Konzession kann nach § 36 Abs. 2 VwVfG mit einer Befristung, einer **9** Bedingung, dem Vorbehalt eines Widerrufs oder einer Auflage verbunden werden. Dabei ist zu beachten, dass der **Hinweis auf bestehende gesetzliche Verpflichtungen** nach dem GlüStV oder anderer Verpflichtungen nach öffentlichem und privaten Recht, die mit der Veranstaltung von Sportwetten verbunden sind, mangels unmittelbarer Rechterheblichkeit keine Nebenbestimmungen sind (vgl. hierzu Kopp/Ramsauer VwVfG § 36 Rn. 7 f.).

Regelmäßig erforderlich sind Nebenbestimmungen zu den nachfolgend erörterten Bereichen (→ Rn. 10 ff.).

a) Laufzeit der Konzession. Nach § 10a wird das Staatsmonopol auf das **10** Veranstalten von Sportwetten für einen Zeitraum von sieben Jahren ab Inkrafttreten des GlüStV nicht angewandt. Da der GlüStV keine verbindliche Geltungsdauer der Konzession innerhalb der Experimentierphase des § 10a angibt, muss diese in die Konzession aufgenommen werden.

b) Aufnahme des Geschäftsbetriebes. Nach § 1 Nr. 2 besteht ein Ziel des **11** GlüStV darin, den natürlichen Spieltrieb der Bevölkerung durch die Vergabe einer begrenzten Zahl von Konzessionen in geordnete und überwachte Bahnen zu lenken und damit der Entwicklung und Ausbereitung von unerlaubten Glücksspielen in Schwarzmärkten entgegenzuwirken. Diese Kanalisierungswirkung kann nur erzielt werden, wenn die Konzessionsnehmer mit der Konzessionserteilung auch verpflichtet werden, ihren Geschäftsbetrieb innerhalb einer von der konzessionserteilenden Stelle festzulegenden Zeitspanne zu den im Konzessionsverfahren festgelegten Bedingungen aufzunehmen und während der Laufzeit der Konzession aufrechtzuerhalten. Insoweit bietet es sich an, die Aufnahme und Aufrechterhaltung des Geschäftsbetriebes durch einen Widerrufsvorbehalt mit der Konzessionserteilung zu verbinden.

c) Sicherstellung der Konzessionsvoraussetzungen. Im Hinblick auf die **12** im Vergabeverfahren vorgegebenen Mindestanforderungen und die Auswahlkriterien muss durch entsprechende Nebenbestimmungen sicher gestellt werden, dass die von den Bewerbern hierzu formulierten Angebote während der gesamten Laufzeit der Konzession umgesetzt werden.

d) Weitere Vorgaben des GlüStV. Des Weiteren ergeben sich aus dem **13** GlüStV Verpflichtungen, welche die konzessionserteilende Stelle im Rahmen der Nebenbestimmungen konkretisieren muss. Dies betrifft zB das Teilnahme am Sperrdateiverfahren, eine Teilnahme des Konzessionärs am Frühwarnsystem, die Datenerhebung und –weitergabe zur Erfüllung der Evaluationspflichten etc.

3. Sicherheitsleistung (Abs. 3)

Die Erteilung der Konzession setzt voraus, dass der Konzessionsnehmer zur **14** Sicherstellung von Auszahlungsansprüchen der Spieler und von staatlichen Zahlungsansprüchen vor der Erteilung der Konzession eine Sicherheitsleistung in Form einer unbefristeten selbstschuldnerischen Bankbürgschaft (vgl. §§ 765 ff. BGB) eines Kreditinstituts mit Sitz in der Europäischen Union oder in einem Vertragsstaat des Abkommens über den Europäischen Wirtschaftsraum beibringt.

Die Höhe der Bürgschaftssumme ist für jeden Konzessionsnehmer gesondert **15** zu ermitteln; sie darf aber nicht weniger als 5 Mio. EUR und nicht mehr als 25

Mio. EUR betragen. Der genaue Betrag ist von dem Durchschnittsumsatz zweier Wochen abhängig, welchen der Konzessionsnehmer seiner Wirtschaftlichkeitsprognose im Bewerbungsverfahren zugrunde gelegt hat.

§ 4d Konzessionsabgabe

(1) **Es wird eine Konzessionsabgabe erhoben. Der Konzessionsnehmer ist verpflichtet, diese an die zuständige Behörde des Landes Hessen zu entrichten.**

(2) **Die Konzessionsabgabe beträgt 5 v. H. des Spieleinsatzes.** Sie wird von der zuständigen Behörde nach Absatz 1 vereinnahmt, gesondert ausgewiesen und nach dem Königsteiner Schlüssel auf die Länder verteilt. Sie ist in den Anlagen zum jeweiligen Haushaltsplan gesondert auszuweisen.

(3) **Der Konzessionsnehmer hat der zuständigen Behörde nach Absatz 1 spätestens innerhalb von zehn Werktagen nach Ablauf eines Kalendermonats die in diesem Kalendermonat erzielten Spieleinsätze mitzuteilen und die daraus berechnete monatliche Konzessionsabgabe zu entrichten.**

(4) **Auf Antrag eines Konzessionsnehmers kann die zuständige Behörde nach Absatz 1 die Abrechnung zum Ende eines Quartals zulassen. Der Konzessionsnehmer hat zu diesem Termin die erzielten Spieleinsätze mitzuteilen und die daraus berechnete Konzessionsabgabe zu entrichten.**

(5) **Der Konzessionsnehmer hat der zuständigen Behörde nach Absatz 1 auf Verlangen seine Bücher und Aufzeichnungen vorzulegen und Auskünfte zu erteilen, die für die Feststellung der Höhe der Konzessionsabgabe erforderlich sind.**

(6) **Zur Sicherung der Ansprüche auf Zahlung der Konzessionsabgabe kann die zuständige Behörde nach Absatz 1 vom Konzessionsnehmer Sicherheit in Form einer unbefristeten selbstschuldnerischen Bankbürgschaft verlangen. Anstelle der Bürgschaft kann auch eine gleichwertige Sicherheit anderer Art geleistet werden.**

(7) **Vom Konzessionsnehmer in Ausübung der Konzession gezahlte Steuern auf der Grundlage des Rennwett- und Lotteriegesetzes sind auf die Konzessionsabgabe anzurechnen.**

(8) **Auf die Konzessionsabgabe sind ergänzend die Vorschriften der Abgabenordnung über die Führung von Büchern und Aufzeichnungen (§§ 140 bis 148), über Steuererklärungen (§§ 149 bis 153), über die Steuerfestsetzung (§§ 155 bis 168), über die Festsetzungsverjährung (§ 169 Abs. 1, 2 Satz 1 Nr. 2, Satz 2 und 3, §§ 170 und 171), über die Bestandskraft (§§ 172 bis 177), über das Erhebungsverfahren (§§ 218 bis 222, 224, 234, 240 bis 248), über die Vollstreckung (§§ 249 bis 346) und des Umsatzsteuergesetzes über Aufzeichnungspflichten (§ 22) sinngemäß anzuwenden.**

Ausführungsgesetze: § 16 Abs. 6 HGlüG; § 10 AG GlüÄndStV NRW-E; § 9 Abs. 3 GlüG LSA.

Literatur: Birk, „Vorteilsabschöpfung" durch Abgaben, in: Festschrift für Wolfgang Ritter, 1997, S. 41 ff.; Drömann, Nichtsteuerliche Abgaben im Steuerstaat – Ein Beitrag zur dogmatischen Bewältigung der Verleihungsgebühren, 2000; Friauf, „Verleihungsgebühren" als Finanzierungsinstrument für öffentliche Aufgaben?, in: Festschrift der Rechtswissenschaftlichen Fakultät zur 600-Jahr-Feier der Universität zu Köln, 1988, S. 679 ff.; Grzeszick, Verfassungs- und unionsrechtliche Bewertung des Entwurfs des Ersten Glücksspieländerungsstaats-vertrags, Gutachterliche Stellungnahme im Auftrag von Betfair Limited, 2011; Heimlich, Die Verleihungsgebühr als Umweltabgabe – zugleich ein Beitrag zur Dogmatik des allgemeinen Gebührenrechts, 1996; Herzig/Stock, Bemessungsgrundlage für Glücksspielabgaben – Rohertrag oder Spieleinsatz, ZfWG 2012, S. 12 ff.; Hohmann, Berufsfreiheit (Art. 12 GG) und Besteuerung – Eine Würdigung der Rechtsprechung des Bundesverfassungsgerichts, DÖV 2000, S. 406 ff.; Jarass, Nichtsteuerliche Abgaben und lenkende Steuern unter dem Grundgesetz, 1999; F. Kirchhof, Die Verleihungsgebühr als dritter Gebührentyp – Zugleich ein Beitrag zur ihrer Eignung als Umweltabgabe, DVBl 1987, S. 554 ff.; Kleinschmidt, Die Versteigerung von Telekommunikationslizenzen, 2004; Meyer/Bachmann, Spielsucht – Ursache, Therapie und Prävention von glücksspielbezogenem Suchtverhalten, 3. Auflage, 2011; Müller-Franken, Sportwettenkonzessionsabgabe und Grundgesetz – Verfassungsrechtliche Fragen einer Abgabenbelastung von Sportwettenkonzessionen durch die Länder nach dem neuen Glücksspiel-staatsvertrag, VerwArch 2012, S. 315 ff.; Pietzcker, Abgrenzungsprobleme zwischen Benutzungsgebühr, Verleihungsgebühr, Sonderabgabe und Steuer – Das Beispiel „Wasserpfennig", DVBl 1987, S. 774 ff.; Wieland, Die Konzessionsabgaben – Zur Belastung wirtschaftsverwaltungsrechtlicher Erlaubnisse mit Abgaben, 1991

Übersicht

I. Entstehungsgeschichte der Vorschrift

Mit der Öffnung des Glücksspielmarkts für private Sportwettenanbieter auf der **1** Grundlage eines Konzessionsmodells (→ § 4a Rn. 8) haben sich die dem Ersten Glücksspieländerungsstaatsvertrag beitretenden Länder entschieden, für die Erteilung einer Konzession nach § 4d eine Abgabe zu erheben. Im Rahmen des Gesetzgebungsverfahrens stand weniger die Erhebung selbst in der Diskussion, vielmehr die Höhe des Abgabensatzes (vgl. Grzeszick, 4), der im Entwurf noch 16 2/3 von Hundert betrug und nun auf 5 von Hundert gesenkt wurde.

II. Erhebung der Konzessionsabgabe (Abs. 1)

1. Tatbestand

§ 4d Abs. 1 S. 1 ordnet die Erhebung einer Konzessionsabgabe an und nennt **2** in Satz 2 den Konzessionsnehmer als Abgabepflichtigen. Die Erhebung setzt voraus, dass eine Konzession, dh die behördliche Erlaubnis zur Veranstaltung von Sportwetten, erteilt wurde und der Konzessionsnehmer von der Konzession auch Gebrauch macht, indem er die Sportwetten tatsächlich veranstaltet. Dies folgt aus der Festlegung des Spieleinsatzes als Bemessungsgrundlage (Abs. 2 S. 1). Unerheblich ist, ob der Abgabenpflichtige im In- oder Ausland ansässig ist. Zuständige Behörde im Land Hessen nach Satz 2 ist nach § 16 Abs. 6 HGlüG iVm der zur Zeit in Vorbereitung befindlichen RVO das Ministerium des Innern und für Sport.

2. Verfassungsmäßigkeit der Konzessionsabgabe

3   Gegen die Konzessionsabgabe bestehen verfassungsrechtliche Bedenken. Es fehlt an der Gesetzgebungskompetenz der Länder (→ Rn. 4 ff.), zudem ist die Abgabe mit Art. 12 Abs. 1 GG nicht vereinbar (→ Rn. 12 f.).

4   **a) Gesetzgebungskompetenz. aa) Art. 105 Abs. 2 GG.** Die Gesetzgebungskompetenz zur Erhebung der Konzessionsabgabe ergibt sich nicht aus Art. 105 Abs. 2 GG, da die Konzessionsabgabe keine Steuer ist (aA BReg, vgl. BT-Drs. 17/8494, 13). Nach stRspr. des BVerfG sind Steuern einmalige oder laufende Geldleistungen, die nicht eine Gegenleistung für eine besondere Leistung darstellen und von einem öffentlich-rechtlichen Gemeinwesen zur Erzielung von Einkünften allen auferlegt werden, bei denen der Tatbestand zutrifft, an den das Gesetz die Leistungspflicht knüpft (BVerfGE 3, 407 (435); 49, 343 (353); 93, 319 (346); vgl. auch § 3 Abs. 1 AO). Die Konzessionsabgabe knüpft an die behördliche Erteilung der Konzession an und weist damit einen konkreten Bezug zu einer staatlichen Gegenleistung auf. Dafür genügt es, dass der Staat den Bürger von einem Verbot befreit und so eine Möglichkeit zu einem bestimmten Handeln eröffnet (BVerfGE 93, 319 (346); BVerfG NVwZ 2003, 467 (470)). Hiergegen spricht nicht, dass die Spielbankabgabe als Steuer angesehen wird (BFHE 177, 276 (283 ff.)); durch BVerfG offen gelassen, BVerfGE 28, 119 (150 f.)), da diese vom Verfassungsgesetzgeber ausdrücklich in den Steuerkatalog aufgenommen worden ist (Art. 106 Abs. 2 Nr. 5 GG: „Aufkommen der folgenden Steuern"). Zwar ist hierbei von der Spielbankabgabe und nicht von der Spielbanksteuer die Rede. Dies ist aber wohl auf die durch § 5 Abs. 1 der Verordnung über öffentliche Spielbanken vom 27.7.1938 (RGBl. I 1938, 955) eingeführte Bezeichnung zurückzuführen. Für den Steuercharakter der Spielbankabgabe spricht auch, dass sie vom Spielertrag (= gewinnabhängig) und nicht (wie bei der Konzessionsabgabe) vom Spieleinsatz (= abhängig vom Gebrauchmachen der Erlaubnis) erhoben wird.

5   **bb) Art. 70 GG.** Für **nichtsteuerliche Abgaben** richtet sich die Gesetzgebungskompetenz nach den allgemeinen Regeln der Art. 70 ff. GG (Pieroth in Jarass/Pieroth Art. 105 Rn. 8 mit Verweis auf BVerfGE 4, 7 (13); 81, 156 (187); 108, 1 (13 f.)). Ausgangspunkt ist hierbei Art. 70 Abs. 1 GG, wonach die Länder das Recht zur Gesetzgebung haben, soweit das Grundgesetz nicht dem Bunde Gesetzgebungsbefugnisse verleiht. Originär zuständig sind die Länder im Rahmen der Gefahrenabwehr. Hierzu zählt auch die Konzessionierung von Sportwettveranstaltungen aus Gründen der Suchtprävention, einschließlich der damit verknüpften Konzessionsabgabe (→ Einführung Rn. 10). Insofern können sich die Länder zwar grds. auf eine Gesetzgebungskompetenz aus Art. 70 Abs. 1 GG berufen, allerdings bedürfen nichtsteuerliche Abgaben – schon um der Abgrenzbarkeit zur Steuer willen – einer besonderen Rechtfertigung (BVerfGE 93, 319 (342 f.); 108, 1 (16 f.); 108, 186 (215 f.); 110, 370 (387 f.); Kirchhof in Isensee/Kirchhof HbStR V § 119 Rn. 13).

(1) Gebühren und Beiträge. Die Konzessionsabgabe erfüllt weder die Voraus- **6**
setzungen einer Gebühr noch eines Beitrags. Denn mit ihr soll nicht eine Amtshandlung oder die Benutzung einer öffentlichen Einrichtung entgolten werden,
sondern es soll der wirtschaftliche Vorteil abgeschöpft werden, der durch das
Gebrauchmachen von der Konzession (Veranstaltung von Sportwetten) entsteht.
Zwar könnte man erwägen, eine sog. **Verleihungsgebühr** anzunehmen, die die
Gegenleistung für die Einräumung eines Rechts durch den Staat darstellen soll (F.
Kirchhof DVBl 1987, 554 (555)), da dem Konzessionsnehmer die Erlaubnis und
damit ein Recht eingeräumt wird, Sportwetten zu veranstalten. Dies setzt allerdings
voraus, dass dem Staat ein **finanzieller Aufwand** entsteht. Ein solcher ist für die
Gebühr typisch und dient der Abgrenzung zur Steuer, die vorrangiges Finanzie-
rungsmittel des Staates ist („Kostenverantwortung" des Gebührenschuldners, s.
Kirchhof in Isensee/Kirchhof HbStR V § 119 Rn. 38; Birk FS Ritter, 41 (43); vgl.
auch Friauf FS Rechtswissenschaftliche Fakultät, 679 (682 f., 692 f.); Pietzcker
DVBl 1987, 774 (777); Jarass Nichtsteuerliche Abgaben, 31 f.; aA Heimlich Verleihungsgebühr, 106 ff., 119 ff.; Drömann Nichtsteuerliche Abgaben, 282 ff.).

(2) Sonderabgaben. Die Konzessionsabgabe erfüllt auch nicht die Anforde- **7**
rungen an eine Sonderabgabe. Unter Sonderabgaben versteht man hoheitlich
auferlegte Geldleistungspflichten, denen keine unmittelbare Gegenleistung gegen-
übersteht und die den Abgabenschuldner über die allgemeine Steuerpflicht hinaus
mit Abgaben belasten (Pieroth in Jarass/Pieroth Art. 105 Rn. 9). Sie sind doppelt
rechtfertigungsbedürftig, da sie durch die Gegenleistungsunabhängigkeit in Konkurrenz zur Steuer treten und ihr Aufkommen nicht in den allgemeinen Staats-
haushalt fließt (Pieroth in Jarass/Pieroth Art. 105 Rn. 9). Die Konzessionsabgabe
nach § 4d lässt sich nicht in die klassischen Formen der Sonderabgaben einfügen
(vgl. zu den Erscheinungsformen Birk StR, Rn. 121 ff.). Die von der Rechtsprechung aufgestellten Zulässigkeitsvoraussetzungen liegen nicht vor (vgl. hierzu
BVerfGE 55, 274 (304 ff.); 67, 256 (276 f.); 82, 159 (179 ff.); 122, 316 (334 f.);
123, 132 (142)). Hier dürfte es insbesondere an der vom BVerfG aufgestellten
Voraussetzung der Gruppennützigkeit (inwiefern kommt das Aufkommen der
Gruppe der Abgabepflichtigen wieder zugute?) fehlen. Zudem ist die Konzessionsabgabe gegenleistungsabhängig (→ Rn. 4).

(3) Vorteilsabschöpfungsabgaben. Neben Gebühren, Beiträgen und Son- **8**
derabgaben existieren auch sog. Vorteilsabschöpfungsabgaben. Als solche hat das
BVerfG bisher die Fehlbelegungsabgabe (BVerfGE 78, 249 (268)) und das Wasserentnahmeentgelt (BVerfGE 93, 319 (345)) eingeordnet. Kennzeichnend für eine
Vorteilsabschöpfungsabgabe ist, dass der Einzelne einen **Sondervorteil** empfängt,
der vom Staat durch die Abgabe **abgeschöpft** wird. Die Vorteilsabschöpfungsabgabe unterscheidet sich von der Gebühr dadurch, dass damit keine Leistung des
Staates „abgerechnet" werden soll, sondern dass entweder der Gedanke der „unge-
rechtfertigten Bereicherung" (Fehlbelegungsabgabe) oder der Privilegierung
(Wasserentnahmeentgelt) im Vordergrund steht, die Abgabe also gewissermaßen
als Instrument der Rückabwicklung oder Kompensation dient (Birk FS Ritter, 41
(51)). Mit der Fehlbelegungsabgabe wird der Sondervorteil, öffentlich geförderten
Wohnraum zu einem verbilligten Mietzins weiter beziehen zu können, obwohl
die Bezugsberechtigung weggefallen ist, bereinigt (BVerfGE 78, 249 (267 f.)).
Beim Wasserentnahmeentgelt wird der Sondervorteil, die natürlich begrenzte
Ressource Wasser aufgrund einer Erlaubnis in höherem Maße als die Allgemeinheit nutzen zu können, abgeschöpft (BVerfGE 93, 319 (345 f.), krit. dazu Birk
FS Ritter, 41 ff.). Beiden Entscheidungen ist gemein, dass der Abgabepflichtige

mit der **Hilfe des Staates** in eine **verbesserte Rechtsstellung** versetzt und er insofern verpflichtet wird, den erlangten Sondervorteil finanziell auszugleichen. Die besondere Rechtfertigung der Vorteilsabschöpfungsabgabe findet sich dabei in der **Ausgleichsfunktion** wieder (BVerfGE 93, 319 (346)).

9 Die **Ausgleichsfunktion** vermag jedoch die Erhebung der Konzessionsabgabe **nur unter bestimmten Voraussetzungen zu rechtfertigen.** Im Unterschied zu den vom BVerfG entschiedenen Fällen ist nämlich das Objekt, an das die Abgabe anknüpft (Veranstalten von Sportwetten), nicht natürlich begrenzt, es werden keine knappen Güter (Wohnraum, Wasserressourcen) bewirtschaftet. Die Begrenzung entsteht vielmehr durch ein **künstliche Verknappung** in einem Sektor, der grundsätzlich der freien wirtschaftlichen Betätigung offen steht (dazu → Einführung Rn. 15). Nur die künstliche Verknappung durch die Erlaubnis, die nicht von der Eignung, sondern von subjektiv nicht beeinflussbaren Kriterien (zahlenmäßige Obergrenze) abhängt, führt zu einer vom Staat geschaffenen **Privilegierung** der Konzessionsinhaber. Wollte man die künstliche Verknappung durch die bloße Statuierung der Erlaubnispflicht (Konzessionierung) genügen lassen, böte sich dem Staat zudem ein nahezu unbegrenztes Feld für die Erhebung nichtsteuerlicher Abgaben. Der Staat könnte etwa aus gesundheitlichen Gründen den Verkauf von Zigaretten einer Erlaubnis unterwerfen und dann eine Abgabe erheben. Auch bestehende gewerberechtliche Erlaubnispflichten könnten ggf. als Anknüpfung für Abgaben herangezogen werden. Damit bestünde die Gefahr der **Aushöhlung der Finanzverfassung**, die als Finanzierungsmittel des Staates grundsätzlich die Steuer vorsieht („Prinzip des Steuerstaats" BVerfGE 78, 249 (266 f.); 82, 159 (178); 93, 319 (342)), denn der Staat könnte sich zuhauf Finanzierungsmittel verschaffen, indem er Lebensbereiche zunächst konzessioniert und im Anschluss daran eine Konzessionsabgabe erhebt (so bereits Friauf FS Rechtswissenschaftliche Fakultät, 679 (693); Kirchhof in Isensee/Kirchhof HdBStR V § 119 Rn. 37).

10 Die Verknappung *allein* kann zur Rechtfertigung der Konzessionsabgabe aber nicht genügen (aA Müller-Franken VerwArch 2012, 315 (329, 331)). Im Gegensatz zur natürlichen Knappheit hätte es der Staat nämlich selbst in der Hand, abschöpfungsfähige Privilegien zu schaffen. Er müsste lediglich einen tragfähigen Grund für die begrenzte Konzessionierung finden. Die Abgabenerhebung stünde dann zu seiner freien Disposition, was mit dem Prinzip des Steuerstaats nicht vereinbar wäre. Verstärkt wird dieser Konflikt durch die Tatsache, dass es keine wirksame Begrenzung der Abgabenhöhe auf den Wert der Konzession gibt, da diese nicht beitragsmäßig bemessen werden kann, während die Abgabe in der Regel aufkommensstarke Lebensbereiche, wie zB Veranstaltung von Sportwetten, betrifft.

11 Konzessionsabgaben können deshalb – wenn überhaupt – nur in **engen Grenzen** zulässig sein. *Erstens* muss die Anzahl der Konzessionen begrenzt sein (Verknappung). Nur dann kann der Gedanke der Privilegierung eingreifen. *Zweitens* müssen Konzessionierung und Verknappung selbst mit Europa- und Verfassungsrecht vereinbar sein (→ Einführung Rn. 15 ff., 23 ff.). Ansonsten fehlt es an einem tauglichen Anknüpfungspunkt für die Abgabe. *Drittens* muss durch die Konzession die **Rechtsstellung** oder **wirtschaftliche Position** des Einzelnen zunächst **materiell erweitert** werden, dh die Konzession darf nicht dazu führen, dass der Einzelne seine ihm verfassungsrechtlich zustehenden Freiheitsräume erst durch die Abgabe „erkaufen" muss (Friauf FS Rechtswissenschaftliche Fakultät, 679 (683 f.); Wieland Konzessionsabgaben, 303; Drömann Nichtsteuerliche Abga-

ben, 314 f.; Kleinschmid Die Versteigerung von Telekommunikationslizenzen, 85; Heimlich Verleihungsgebühr, 247 ff.).

Letztlich muss *viertens* der Abgabepflichtige eine **besondere Verantwortung** 12 tragen, die es rechtfertigt, gerade ihn zur Entrichtung der Konzessionsabgabe heranzuziehen. Hierbei kann nicht auf die Bevorzugung durch die Konzessionserteilung abgestellt werden. Sofern man nämlich allein der künstlichen Knappheit maßgebliches Gewicht zumessen wollte, würde man zugleich auf vom Staat selbst geschaffene und damit *seiner* Sphäre zuzuordnenden Umstände abstellen. Entscheidend ist vielmehr der *Inhalt* der Bevorzugung. Insofern muss es einen **spezifischen Zusammenhang** geben zwischen der Freiheitsbetätigung des Abgabepflichtigen, die ihm durch die Konzessionserteilung gewährt wird und der Verantwortung des Staates für diesen Bereich. Hieraus lässt sich die besondere Verantwortung des Abgabepflichtigen ableiten. Denn gerade aus der wirtschaftlichen Betätigung in einem problematischen (schutzbedürftigen) Bereich fließt ihm der abschöpfungsfähige **Sondervorteil** bzw. das abschöpfungsfähige **Privileg** zu.

Ein spezifischer Zusammenhang liegt dementsprechend vor, wenn dem Abga 13 bepflichtigen seine freiheitliche Betätigung in einem Bereich gewährt wird, den die Verfassung unter den besonderen Schutz des Staates stellt, und eben dieser **Schutzauftrag** aufgrund des zugrunde liegenden (wirtschaftlichen) Interesses des Abgabepflichtigen **gefährdet** wird. Der Staat muss aber in diesen Fällen die **Abgabe konsequent und widerspruchsfrei** am Schutzauftrag ausrichten. Denn auf den Schutzauftrag und die durch die Betätigung des Abgabepflichtigen hervorgerufene Gefährdung kann sich der Staat zur Begründung der Abgabe dann nicht berufen, wenn die Konzeption der Abgabe andere Zwecke als die der Erfüllung des Schutzauftrags verfolgt (z. B. allein finanzielle Interessen) oder sie das Erreichen des Schutzauftrags sogar konterkariert.

Diesen Voraussetzungen genügt die Konzessionsabgabe nach § 4d Erster Glü 14 ÄndStV nicht. Der Staat kann zwar auf den **staatlichen Schutzauftrag aus Art. 2 Abs. 2 S. 1 GG** verweisen (offen gelassen in BVerfGE 115, 276 (304 f)). Denn die Veranstaltung von Sportwetten fördert den Spieltrieb und kann zur Spielsucht führen, die der „körperlichen Unversehrtheit" entgegensteht. Je nach Erscheinungsform hat die Spielsucht nämlich physische Beeinträchtigungen zur Folge (Meyer/Bachmann Spielsucht S. 65f) und überschreitet damit die „biologisch physiologische Grenze" (vgl. BVerfGE 56, 54 (73)).

Es sprechen aber gute Gründe dafür, dass der insoweit bestehende spezifische 15 Zusammenhang zwischen der freiheitlichen Betätigung des Veranstalters und der Verantwortung des Staates für diesen Bereich die Abgabe nicht rechtfertigt, da der Gesetzgeber die **Abgabe nicht konsequent und widerspruchsfrei am Schutzauftrag ausgerichtet** hat. Zwar hat dieser die Eindämmung der Spielsucht berücksichtigt (vgl. Erläuterungen zum Ersten Glücksspieländerungsstaatsvertrag, BremLT-Drs. 18/329, S. 26 f). Wenn der Gesetzgeber allerdings bei der Bemessungsgrundlage nicht an den Rohertrag, sondern den Spieleinsatz anknüpft, ist es sehr zweifelhaft, ob er die Spielsucht entscheidend eindämmen kann. Illegalen, nicht kontrollierten und damit die Spielsucht in besonderem Maße fördernden Veranstaltern fehlen nämliche gewichtige Anreize in den konzessionierten Markt einzutreten (zum Ganzen vgl. Herzig/Stock ZfWG 2012, 12 (15 f)). Ist die Abgabe aber nicht geeignet, den Schutzauftrag zu fördern, steht sie diesem vielmehr entgegen, da der Veranstalter im illegalen Glücksspielmarkt verbleibt, kann der Gesetzgeber den Konzessionsnehmer nicht zur Entrichtung der Konzessionsabgabe nach § 4d Erster GlüÄndStV heranziehen. Die Konzessionsabgabe findet in der vorliegenden Form keine Rechtfertigung in der Ausgleichsfunktion und ist damit mangels Gesetzgebungskompetenz verfassungswidrig.

16   **b) Vereinbarkeit mit Art. 12 Abs. 1 GG.** Überdies ist die Erhebung der Konzessionsabgabe nach § 4d auch mit der **Berufsfreiheit** aus Art. 12 Abs. 1 GG unvereinbar.

aa) Eingriff in die Berufswahl. Die Berufsfreiheit schützt die Wahl und Ausübung des Berufs, also die gesamte berufliche Tätigkeit (BVerfGE 7, 377 (397); 54, 301 (313); 97, 228 (252 f.), stRspr.). Unter einem Beruf ist jede Tätigkeit zu verstehen, die in ideeller wie in materieller Hinsicht der Schaffung und Erhaltung einer Lebensgrundlage dient (BVerfGE 102, 197 (212); 105, 252 (265); 110, 304 (321); 111, 10 (28)). Hierzu gehört auch die Veranstaltung von Sportwetten (BVerfGE 115, 276 (300)). Zwar zielen Abgaben nicht primär auf die Regulierung des Berufs, stellen aber dennoch einen Eingriff in die Berufsfreiheit dar, wenn sie in einem **engen Zusammenhang mit der Ausführung des Berufs** stehen und objektiv eine **berufsregelnde Tendenz** deutlich erkennen lassen (BVerfGE 13, 181 (186)). Schon begrifflich knüpft die Konzessionsabgabe an die Erteilung der Konzession, mithin der Erlaubnis zur Veranstaltung von Sportwetten an und weist damit eine berufsregelnde Tendenz auf. Da die Konzessionsabgabe eine **Zulassungsvoraussetzung** für den Beruf darstellt (vgl. BVerfGE 13, 181 (186)), handelt es sich um eine **Berufswahlregelung**. Von ihrer Entrichtung ist die **Erteilung** oder zumindest der **Fortbestand der Erlaubnis abhängig** (vgl. BVerfGE 13, 181 (186); Hohmann DÖV 2000, 406 (412 ff)).

Für die Abhängigkeit der Erteilung der Konzession von der Entrichtung der Abgabe spricht vor allem § 4a Abs. 4 Nr. 2b, wonach die Wirtschaftlichkeit unter Berücksichtigung der **Abgaben** ein Zulassungskriterium darstellt. Eine Konzession wird nicht erteilt, wenn im Voraus festgestellt wird, dass der Veranstalter die Abgaben nicht entrichten kann. Sie kann zudem gemäß § 4e Abs. 4 S.1 Var. 3, S. 2 Nr. 4 **widerrufen** werden, wenn der Abgabenpflichtige nicht zahlt. Insofern handelt es sich bei der Abgabe um eine **subjektive Berufswahlregelung**, da an die finanzielle Leistungsfähigkeit des Pflichtigen angeknüpft wird (BVerwGE 22, 16 (17); BFHE 151, 194 (198)).

17   **bb) Rechtfertigung.** Der Gesetzgeber hat mit der Konzessionsabgabe eine weitere Hürde für Veranstalter von Sportwetten aufgestellt. Im Verhältnis zur Konzession stellt die daran anknüpfende Abgabe einen zusätzlichen Eingriff in die Berufsfreiheit dar, der – neben der Rechtfertigung der Konzessionierung – einer besonderen Rechtfertigung bedarf. Nach der Rechtsprechung des BVerfG sind subjektive Berufswahlregelungen nur dann zulässig, "soweit dadurch ein überragendes Gemeinschaftsgut, das der Freiheit des Einzelnen vorgeht, geschützt werden soll" (BVerfGE 55, 185 (196); 69, 209 (218)). Diese Voraussetzungen liegen nicht vor. Der durch § 4d bewirkte Eingriff in die Berufswahl ist unverhältnismäßig.

Ob die Bekämpfung der Spielsucht angeführt werden, ist schon deshalb fragwürdig, weil diese vornehmlich durch die Konzessionierung erreicht wird. Im Übrigen ist die Eignung der Abgabe zur Erreichung des Ziels (Suchtbekämpfung) sehr zweifelhaft (→ Rn. 15).

Auch der mit der Abgabe verfolgte Zweck der Vorteilsabschöpfung, mithin der **Ausgleich** des dem Abgabepflichtigen zugewandten **Sondervorteils**, rechtfertigt den Eingriff in die Berufswahl nicht. Zwar könnte in der **Herstellung von Gleichheit** (Art. 3 Abs. 1 GG, vgl. Heimlich Verleihungsgebühr, 135 ff.) ein überragendes Gemeinschaftsgut gesehen werden, das durch die Abgabe geschützt wer-

den soll. Die Abgabe kann aber die Ungleichbehandlung auf der Ebene der ungleichen Erlaubniserteilung nicht kompensieren. Denn die Rechtsposition des
konkurrierenden Bewerbers, der die Zulässigkeitskriterien genauso erfüllt, wegen
des ausgeschöpften Konzessionskontingents jedoch abgelehnt wird, verbessert sich
durch die Abgabe nicht. Auch verschlechtert die Abgabe die Rechtsposition des
begünstigten Konzessionsnehmers nicht so weit, dass eine Gleichheit zwischen
Konzessionsnehmer und abgelehnten Bewerber bestände. Zudem versagt die Ausgleichsfunktion auch deshalb als Rechtfertigung für den Eingriff in die Berufsfreiheit, da sie die Konzessionsabgabe als solche nicht zu rechtfertigen vermag
(→ Rn. 14 f) und dem Gesetzgeber wegen des zusätzlichen Eingriffs durch die
Abgabe eine besondere Rechtfertigungslast obliegt.

III. Abgabenhöhe und Verteilung (Abs. 2)

Aus § 4d Abs. 2 S. 1 ergibt sich, dass der **Spieleinsatz** die Bemessungsgrundlage   **18**
der Konzessionsabgabe darstellt. Unberücksichtigt bleiben insofern der Spielausgang sowie der Umstand, ob der Veranstalter einen Gewinn oder Verlust erwirtschaftet, was regelmäßig zu einer Kostenüberwälzung auf den Spieler führen wird
(Herzig/Stock ZfWG 2012, 12 (14)). Hierdurch wird das Angebot des Konzessionsnehmers jedoch unattraktiver, sodass es an gewichtigen Anreizen fehlt, dem
regulierten Glücksspielmarkt beizutreten (Herzig/Stock ZfWG 2012, 12 (15)).
Insofern gefährdet die Anknüpfung an den Spieleinsatz, die Erreichung der Ziele
des GlüStV.
   Hinsichtlich der Abgabenhöhe ist man den rechtlichen Bedenken gefolgt und
hat den Abgabensatz von 16 2/3 von Hundert auf 5 von Hundert gesenkt. Satz 2
regelt hingegen die Vereinnahmung, gesonderte Ausweisung und Verteilung der
Abgabe durch das Ministerium des Innern und für Sport des Landes Hessen.
Die Verteilung auf die Länder erfolgt nach dem Königsteiner Schlüssel, einem
besonderen Verfahren zur Aufteilung des Länderanteils bei gemeinsamen Finanzie-
rungen (Aufteilung für das Jahr 2012: BAnz. 2011, 178).

IV. Erhebungsverfahren (Abs. 3, 4)

In den Abs. 3 und 4 des § 4d wird das Verfahren zur Erhebung der Konzessions-   **19**
abgabe beschrieben. Hierbei sieht das Gesetz in Abs. 3 als Regelfall die Entrichtung der Abgabe innerhalb von 10 Tagen nach Ablauf des Kalendermonats vor,
woraus auch deutlich wird, dass die Konzessionsabgabe nicht einmalig für das
Erteilen der Konzession, sondern **monatlich** für das Gebrauchmachen von der
Konzession erhoben wird. Dabei obliegt dem Konzessionsnehmer die Mitteilung
der Spieleinsätze. Nach Abs. 4 ist auf Antrag die Entrichtung der Abgabe zum
Quartalsende möglich, wobei die Entscheidung im Ermessen der Behörde steht.

V. Vorlage und Auskunftspflichten (Abs. 5)

Abs. 5 regelt, welche speziellen Mitwirkungspflichten der Abgabepflichtige hat.   **20**
Danach hat er auf Verlangen Bücher und Aufzeichnungen herauszugeben und

Auskünfte zu erteilen. Ähnliche Vorschriften finden sich in §§ 93 Abs. 1 S. 1, 97 Abs. 1 S. 1 AO.

VI. Sicherheitsleistung (Abs. 6)

21   Als Besonderheit sieht Abs. 6 vor, dass die zuständige Behörde befugt ist, vom Konzessionsnehmer eine Sicherheitsleistung in Form einer **unbefristeten selbst- schuldnerischen Bankbürgschaft** (S. 1) oder alternativ eine **andere gleich- wertige Sicherheitsleistung** (S. 2) zu verlangen. Im Gegensatz zu § 4c Abs. 3 S. 1, bei dem die Leistung einer unbefristeten selbstschuldnerischen Bankbürg- schaft zwingende Voraussetzung für die Erteilung der Konzession ist, steht die Sicherheitsleistung nach § 4d Abs. 6 im **Ermessen** der Behörde. Vom Wortlaut des § 4c Abs. 3 S. 1 („staatliche Zahlungsansprüche") ist an sich auch die Zahlung der Konzessionsabgabe erfasst, jedoch ist § 4d Abs. 6 für die Konzessionsabgabe die speziellere Norm, so dass nur sie zur Anwendung kommt.

VII. Verhältnis zum Rennwett- und Lotteriegesetz (Abs. 7)

22   Um eine Doppelbelastung durch die Zahlung von monatlicher Konzessionsab- gabe und Sportwettensteuer nach § 17 Abs. 2 RennwLottG (→ § 17 RennwLottG Rn. 20) zu vermeiden, ist eine Anrechnung in Abs. 7 geschaffen.

VIII. Verweis auf Vorschriften der Abgabenordnung (Abs. 8)

23   In Abs. 8 findet sich ein Verweis auf die Anwendung bestimmter Vorschriften der AO. Da es sich bei der Konzessionsabgabe nicht um eine Steuer handelt (→ Rn. 4), kommt insofern nur eine sinngemäße Anwendung in Frage.

§ 4e Konzessionspflichten; Aufsichtliche Maßnahmen

(1) **Der Konzessionsnehmer ist verpflichtet, jede Änderung der für die Erteilung der Konzession maßgeblichen Umstände unverzüglich der zuständigen Behörde mitzuteilen. § 4b Abs. 2 bis 4 finden entsprechende Anwendung. Die Aufhebung eines Vertretungsverhältnisses nach § 4a Abs. 4 Satz 1 Nr. 3 Buchst. c erlangt gegenüber den zuständigen Behör- den erst durch die Bestellung eines neuen Empfangs- und Vertretungsbe- vollmächtigten und schriftliche Mitteilung Wirksamkeit.**

(2) **Bei Personengesellschaften ist jede geplante Veränderung von Betei- ligungsverhältnissen oder sonstigen Einflüssen, bei juristischen Personen nur solche, die mehr als fünf v. H. des Grundkapitals oder des Stimm- rechts betreffen, der zuständigen Behörde schriftlich anzuzeigen. Anzei- gepflichtig ist der Konzessionsnehmer und die an ihm unmittelbar oder mittelbar Beteiligten. Die Veränderungen dürfen nur dann von der zuständigen Behörde als unbedenklich bestätigt werden, wenn unter den veränderten Voraussetzungen eine Konzession erteilt werden könnte.**

Wird eine geplante Veränderung vollzogen, die nicht nach Satz 3 als unbedenklich bestätigt werden kann, ist die Konzession zu widerrufen; das Nähere des Widerrufs richtet sich nach Landesrecht. Unbeschadet der Anzeigepflichten nach Satz 1 ist der Konzessionsnehmer und die an ihm unmittelbar oder mittelbar Beteiligten jeweils nach Ablauf eines Kalenderjahres verpflichtet, unverzüglich der zuständigen Behörde gegenüber eine Erklärung darüber abzugeben, ob und inwieweit innerhalb des abgelaufenen Kalenderjahres bei den Beteiligungs- und Zurechnungstatbeständen eine Veränderung eingetreten ist.

(3) Der Konzessionsnehmer hat abweichend von Nummer 1 Buchst. b des Anhangs („Richtlinien zur Vermeidung und Bekämpfung von Glücksspielsucht") jährlich zu berichten. Die Richtigkeit der Erhebung und Übermittlung der Daten kann in regelmäßigen Abständen durch eine unabhängige Stelle überprüft werden. Mit dem Bericht ist auch der Prüfbericht einer geeigneten externen und unabhängigen Stelle über die Einhaltung der technischen Standards und die Wirksamkeit der im Sicherheitskonzept vorgesehenen und in der Konzession vorgeschriebenen Sicherheitsmaßnahmen vorzulegen. Auf Anforderung der zuständigen Behörde hat der Konzessionsnehmer zudem Kontodaten zur Verfügung zu stellen, soweit die Umsätze nicht über ein inländisches Konto abgewickelt werden.

(4) Verletzt ein Konzessionsnehmer eine nach Absatz 1, Absatz 2 Satz 5 und Absatz 3 bestehende Mitteilungspflicht, die nach § 4c Abs. 2 festgelegten Inhalts- und Nebenbestimmungen der Konzession oder eine nach § 4d bestehende Pflicht, kann die zuständige Behörde ihn unter Setzung einer angemessenen Frist zur Einhaltung der Pflichten auffordern. Werden nach Ablauf der Frist die Pflichten nicht oder nicht vollständig erfüllt, kann die zuständige Behörde unter Berücksichtigung der Schwere des Verstoßes insbesondere folgende Maßnahmen ergreifen:
1. öffentliche Abmahnung mit erneuter Fristsetzung,
2. Aussetzung der Konzession für drei Monate,
3. Reduzierung der Dauer der Konzession um ein Viertel der gesamten Laufzeit oder
4. Widerruf der Konzession.
Gleiches gilt für den Fall, dass der Konzessionsnehmer selbst oder ein mit ihm verbundenes Unternehmen im Geltungsbereich dieses Staatsvertrages unerlaubte Glücksspiele veranstaltet oder vermittelt. Die § 49 des Verwaltungsverfahrensgesetzes entsprechenden Vorschriften der Verwaltungsverfahrensgesetze der Länder bleiben anwendbar. § 9 Abs. 4 Satz 3 ist anzuwenden.

Ausführungsgesetze: § 16 Abs. 1, Abs. 5 HGlüG.

I. Entstehungsgeschichte, Allgemeines

Der durch den 1. GlüÄndStV eingefügte § 4e regelt das Rechtsverhältnis zwi- **1** schen **Konzessionsnehmer** und **Glücksspielaufsicht** nach Konzessionserteilung. Zuständige Behörde iSv § 4e ist gem. § 9a Abs. 2 S. 1 Nr. 3, Abs. 3 S. 2 iVm

§ 16 Abs. 1 HGlüG im Außenverhältnis ländereinheitlich das Hess. Ministerium des Innern und für Sport. Gem. § 16 Abs. 5 HGlüG kann die Zuständigkeit jedoch durch Rechtsverordnung auf das Regierungspräsidium Darmstadt übertragen werden. Entscheidungsorgan ist stets das **Glücksspielkollegium der Länder** (§ 9a Abs. 5-8).

II. Einzelkommentierung

1. Abs. 1 Änderung nach Konzessionserteilung

2   Mit der in Abs. 1 S. 1 festgelegten Pflicht der Konzessionsnehmer, **nachträgliche Änderungen** der für die Konzessionserteilung maßgeblichen Umstände der zuständigen Behörde mitzuteilen, kann behördlich überwacht werden, dass die Konzessionsvoraussetzungen aus § 4a Abs. 4 dauerhaft vorliegen (vgl. amtl. Begr., LT-Drs. Bay 16/11995, 25). Abs. 1 S. 2 erklärt hierzu die für das Konzessionsverfahren geltenden nachweis- u. vorlagebezogenen Regelungen aus § 4b Abs. 2-4 für entsprechend anwendbar (→ § 4b Rn. 17 ff.). Abs. 1 S. 3 stellt sicher, dass der zuständigen Behörde bei **Konzessionsnehmern** ohne Sitz im Inland stets ein **Empfangs- und Vertretungsbevollmächtigter** im Inland iSv § 4a Abs. 4 S. 1 Nr. 3 lit. c zur Verfügung steht, an den ua wirksam zugestellt werden kann (→ § 4a Rn. 27).

2. Abs. 2 Änderung der Beteiligungsverhältnisse

3   Die in Abs. 2 geregelten **Anzeige- und Erklärungspflichten** bzgl. geplanter Änderungen der Beteiligungsverhältnisse oder sonstiger Einflüsse beim Konzessionsnehmer stellen dessen **Zuverlässigkeit** und Leistungsfähigkeit sowie die **Transparenz** iSv § 4a Abs. 4 S. 1 auch nach Erteilung der Konzession sicher; dadurch wird gewährleistet, dass sich Konzessionsnehmer ihrer an den ordnungsrechtlichen Zielen des § 1 ausgerichteten Verantwortung nicht durch nachträgliche Änderungen entziehen können (vgl. amtl. Begr., LT-Drs. Bay 16/11995, 25). Abs. 2 ist ggü. Abs. 1 lex specialis.

4   Nach Anzeige iSv Abs. 2 S. 1 durch die nach Abs. 2 S. 2 Pflichtigen erteilt die Konzessionsbehörde gem. Abs. 2 S. 3 den Anzeigenden eine schriftliche **Unbedenklichkeitsbestätigung**, sofern die Voraussetzungen aus § 4a Abs. 4 vorliegen, unter denen eine Konzession erteilt werden könnte. Anderenfalls informiert die Konzessionsbehörde über die Unzulässigkeit der geplanten Änderungen und weist auf die Rechtsfolgen des Abs. 2 S. 4 Hs. 1 hin; hierbei handelt es sich mangels Regelungswirkung nicht um einen Verwaltungsakt. Eine vollzogene Änderung, die nicht als unbedenklich bestätigt werden kann, führt gem. Abs. 2 S. 4 Hs. 1 zwingend zum **Widerruf** der Konzession; Abs. 2 S. 4 Hs. 2 stellt klar, dass es sich hierbei um einen Fall des § 49 Abs. 2 S. 1 Nr. 1/3 LVwVfG handelt. Abs. 2 S. 5 begründet eine allg. jährliche Erklärungspflicht, die neben die anlassbezogenen Anzeigepflichten aus Abs. 2 S. 1 tritt.

3. Abs. 3 Jährliche Berichtspflichten

5   Nach Abs. 3 S. 1 haben die Konzessionsnehmer über die Auswirkungen der von ihnen angebotenen Glücksspiele auf die Entstehung von Glücksspielsucht und den Erfolg von Maßnahmen zum Spielerschutz – abweichend von der grds.

zweijährlichen **Berichtspflicht** aus Nr. 1. lit. b des Anhangs „Richtlinien zur Vermeidung und Bekämpfung von Glücksspielsucht" – jährlich zu berichten. Dadurch soll gewährleistet werden, dass Konzessionsnehmer die Konzession nicht dazu einsetzen, das Verhalten der Bürger entgegen den ordnungsrechtlichen Zielen des § 1 auf übermäßiges Spiel hinzulenken und den Spieltrieb auszunutzen (amtl. Begr., LT-Drs. Bay 16/11995, 26). Abs. 3 S. 2 sieht hierzu die Möglichkeit einer regelmäßigen Überprüfung der Datenerhebung und -übermittlung durch eine unabhängige Stelle vor (vgl. § 4b Abs. 2 S. 3 Nr. 5). Der gem. Abs. 3 S. 3 gleichzeitig einzureichende Prüfbericht zur Wirksamkeit der vorgesehenen und vorgeschriebenen Sicherheitsmaßnahmen umfasst den gesamten im **Sicherheitskonzept** isV § 4b Abs. 2 S. 3 Nr. 2 darzustellenden Bereich unter besondere Berücksichtigung der IT- u. Datensicherheit (amtl. Begr., LT-Drs. Bay 16/11995, 26). Abs. 3 S. 4 dient dem Schutz vor **Geldwäsche** bei Umsatzabwicklung über Konten im EU-Ausland (vgl. § 4a Abs. 4 S. 1 Nr. 3 lit. e; amtl. Begr., LT-Drs. Bay 16/11995, 24).

4. Abs. 4 Verstöße gegen Konzessionspflichten

Mit dem in Abs. 4 geregelten Verfahren wird der zuständigen Behörde die **6** Möglichkeit an die Hand gegeben, unter Wahrung des Grundsatzes der Verhältnismäßigkeit bei Verstößen gegen die in Abs. 4 S. 1 genannten **Konzessionspflichten** – jährliche Mitteilungspflichten nach Abs. 2 S. 5 u. Abs. 3, Einhaltung von **Inhalts- und Nebenbestimmungen** gem. § 4c Abs. 2, Pflichten im Zusammenhang mit d. Konzessionsabgabe nach § 4d – abgestufte Maßnahmen zu ergreifen (amtl. Begr., LT-Drs. Bay 16/11995, 26).

Abs. 4 ist dem französischen Recht entlehnt (amtl. Begr., LT-Drs. Bay 16/ **7** 11995, 26). Die Norm ist im Wesentlichen Art. 43 des im Mai 2010 in Kraft getretenen französischen Gesetzes zum Internetglücksspiel (Loi n° 2010-476 du 12 mai 2010; vgl. hierzu Décret n° 2010-495 du 14 mai 2010) nachgebildet.

Die Auswirkungen von Verstößen gegen die in Abs. 4 S. 1 genannten **Konzes- 8 sionspflichten** auf die erteilte Konzession sind in Abs. 4 bzgl. Rechtsfolgen und Verfahren – vorbehaltlich Abs. 4 S. 4 – abschließend geregelt. Bei sonstigen Rechts- und Pflichtverstößen verbleibt es bei den allg. Grundsätzen, Abs. 4 ist nicht einschlägig. Durch Abs. 4 werden nicht konzessionsbezogene Maßnahmen ggü. Konzessionsnehmern nach § 9 Abs. 1 S. 2/3 bzw. § 9a Abs. 3 S. 1 Hs. 2 – zB die Untersagung unerlaubten bzw. unkonzessionierten Glücksspiels in Fällen des Abs. 4 S. 3 – nicht gesperrt.

a) Abs. 4 S. 1 Formlose Aufforderung nebst Fristsetzung. Durch die **9** obligatorisch vorgeschaltete **formlose Aufforderung** zur Einhaltung der Konzessionspflichten nebst Fristsetzung wird dem Konzessionsnehmer Gelegenheit gegeben, ohne Einleitung eines förmlichen Sanktionsverfahrens isV Abs. 4 S. 2 rechtmäßige Zustände zu schaffen. Ausweislich des Wortlauts („kann") steht es im pflichtgemäßen **(Entschließungs-)Ermessen** der Behörde, ob sie im Falle der aufgeführten Verstöße den Konzessionsnehmer unter angemessener **Fristsetzung** zur Einhaltung seiner Pflichten auffordert, um so die Voraussetzungen für Maßnahmen nach Abs. 4 S. 2 zu schaffen. Als Anhaltspunkt für die Angemessenheit der Fristsetzung kann mit Blick auf die Genese der Vorschrift Art. 43 Abs. 2 S. 1 Loi n° 2010-476 dienen, der eine Regelfrist von mindestens einem Monat vorsieht.

10   Die formlose Aufforderung nebst Fristsetzung nach Abs. 4 S. 1 stellt mangels
Regelungswirkung keinen **Verwaltungsakt** dar. Der formlosen Aufforderung
unter Fristsetzung kommt jedoch mit Blick auf ggf. nachfolgende behördliche
Maßnahmen nach Abs. 4 S. 2 idR zugleich der Charakter einer **Anhörung** iSv
§ 28 LVwVfG zu.

11   **b) Abs. 4 S. 2 Förmliches Sanktionsverfahren.** Abs. 4 S. 2 ist Rechtsgrundlage für sämtliche konzessionsbezogenen behördlichen Maßnahmen bei
auch nach formloser Aufforderung nebst Fristsetzung fortdauernden Verstößen
gegen die in Abs. 4 S. 1 genannten Konzessionspflichten. **Konzessionsbezogene
Maßnahmen** nach Abs. 4 S. 2 stellen als ländereinheitliche Einzelfallanordnungen
iSv § 9a Abs. 3 idR **Verwaltungsakte** dar, die gem. § 9a Abs. 3 S. 3 iVm § 9
Abs. 2 kraft Gesetzes sofort vollziehbar und mittels **Zwangsgeld** durchsetzbar
sind (vgl. amtl. Begr., LT-Drs. Bay 16/11995, 26).

12   Die klassischen Mittel der **Verwaltungsvollstreckung** – zB **Zwangsgeld,
Ersatzvornahme oder unmittelbarer Zwang** – sowie sonstige konzessionsbezogene Maßnahmen der Glücksspielaufsicht sind neben den in Abs. 4 S. 2 Nr. 1-
4 ausdrücklich aufgeführten Instrumentarien – vgl. Wortlaut „insbesondere" – als
sonstige atypische Maßnahmen iSv Abs. 4 S. 2 nicht ausgeschlossen (vgl. amtl.
Begr., LT-Drs. Bay 16/11995, 26). IdS können insbes. die in Abs. 4 S. 2 Nr. 2/3
genannten Maßnahmen bzgl. ihrer zeitlichen Reichweite modifiziert werden. Aus
der Verweisung in Abs. 4 S. 5 auf den im Erlaubnisbereich geltenden § 9 Abs. 4
S. 3 folgt, dass die Konzession als behördliche Reaktion auf Verstöße des Konzessionsnehmers gem. Abs. 4 S. 2 auch nachträglich mit **Nebenbestimmungen** versehen werden kann, die geeignet sind, die künftige Einhaltung des geltenden Rechts
zu gewährleisten (→ § 9 Rn. 55). Bei den in Abs. 4 S. 2 Nr. 1-4 genannten Maßnahmen handelt es sich daher – vgl. § 9 Abs. 1 S. 3 – um bloße abgestufte **Regelmaßnahmen**, die in typischen Fallkonstellationen bei Konzessionsverstößen zur
Anwendung gelangen können.

13   Die **Regelmaßnahmen** in Abs. 4 S. 2 Nr. 1-4 sind in ihrer Eingriffsintensität
ansteigend konzipiert. Ein starres **Rangverhältnis** dahingehend, dass vor Ergreifen einer behördlichen Maßnahme stets zuvor die jeweils niedrigeren Eskalations-
stufen erfolglos zu durchlaufen wären, besteht nicht. Vielmehr kann sich zB im
Einzelfall unter Berücksichtigung der besonderen Schwere des Verstoßes unmittelbar an die erfolglose formlose Aufforderung aus Abs. 4 S. 1 auch der **Widerruf**
der Konzession gem. Abs. 4 S. 2 Nr. 4 anschließen. Dies wird insbes. im Fall der
Beteiligung des Konzessionsnehmers an unerlaubtem oder unkonzessioniertem
Glücksspiel in Betracht zu ziehen sein (Abs. 4 S. 3 → Rn. 19).

14   Die behördliche Entscheidung im Rahmen pflichtgemäßen **(Aus-
wahl-)Ermessens** für eine bestimmte Maßnahme iSv Abs. 4 S. 2 ist im Bescheid
stets unter besonderer Berücksichtigung des Grundsatzes der Verhältnismäßigkeit
einzelfallbezogen zu begründen, wobei die Anforderungen an die Begründungs-
tiefe mit zunehmender Eingriffsintensität steigen.

15   Die **öffentl. Abmahnung** nach Abs. 4 S. 2 Nr. 1 als eingriffsschwächste
behördliche Maßnahme wird in Dauer und beschwerender Wirkung durch die
erneute Fristsetzung bestimmt; zur Veröffentlichung sind die üblichen Mittel der
Öffentlichkeitsarbeit der öffentl. Hand – zB Pressemitteilung, Internet, Verbrau-
chermedien – heranzuziehen (amtl. Begr., LT-Drs. Bay 16/11995, 26). Soweit
auch die erneute Fristsetzung – die zugleich Anhörungscharakter iSv § 28

LVwVfG hat – fruchtlos bleibt, können behördlicherseits unmittelbar nach Fristablauf weitere Maßnahmen insbes. nach Abs. 4 S. 2 Nr. 2-4 ergriffen werden.

Die **Aussetzung** der Konzession für drei Monate nach Abs. 4 S. 2 Nr. 2 als 16 zweite Eingriffsstufe wird in Dauer und beschwerender Wirkung durch den Aussetzungszeitraum bestimmt. Nach Ablauf dieses Zeitraums hat sich der Verwaltungsakt erledigt. Während der Aussetzung ist die Konzession suspendiert, für die betreffende Glücksspieltätigkeiten gilt § 4a Abs. 1 S. 2.

Auf der dritten Eingriffsstufe ist nach Abs. 4 S. 2 Nr. 3 eine **Reduzierung** der 17 gem. § 4a Abs. 2 S. 1 iVm § 4b Abs. 1 bereits in der öffentl. bekanntgemachten Ausschreibung festgelegten Dauer der Konzession um ein Viertel der gesamten Laufzeit vorgesehen. Sollte der Konzessionsnehmer nach dieser behördlichen Maßnahme die hierfür ursächlichen Verstöße abstellen, so hat dies grds. – soweit im Reduzierungsbescheid nicht abweichend geregelt bzw. keine nachträgliche Aufhebung des Reduzierungsbescheids erfolgt – keine Auswirkungen auf die (endgültig) reduzierte **Laufzeit** der Konzession.

Zur konsequenten Ausrichtung an den ordnungsrechtlichen Zielen des § 1 ist 18 es gerechtfertigt, als mögliche schärfste Sanktion von Konzessionsverstößen in Abs. 4 S. 2 Nr. 4 auch den **Widerruf** der Konzession vorzusehen (amtl. Begr., LT-Drs. Bay 16/11995, 26). Abs. 4 S. 4 stellt ua klar, dass Abs. 4 S. 2 Nr. 4 einen Anwendungsfall von § 49 Abs. 2 S. 1 Nr. 1 Alt. 1, Nr. 2 LVwVfG darstellt, ein Widerruf der Konzession jedoch jenseits des Anwendungsbereichs von Abs. 4 auch gem. § 49 Abs. 2 S. 1 Nr. 1 Alt. 2, Nr. 3-5 LVwVfG zulässig ist.

c) Abs. 4 S. 3 Beteiligung an unerlaubtem Glücksspiel. Abs. 4 S. 3 stellt 19 den Tatbestand, dass der Konzessionsnehmer – entgegen seiner gem. § 4b Abs. 2 S. 2 Nr. 6 bereits im Konzessionsverfahren vorgelegten **Verpflichtungserklärung** – selbst oder ein mit ihm verbundenes Unternehmen im Geltungsbereich des GlüStV unerlaubte (§ 4 Abs. 1 S. 2 Alt. 1) oder unkonzessionierte (§ 4a Abs. 1 S. 2) Glücksspiele veranstaltet oder vermittelt, Verstößen gegen die in Abs. 4 S. 1 genannten Konzessionspflichten gleich.

§ 5 Werbung

(1) **Art und Umfang der Werbung für öffentliches Glücksspiel ist an den Zielen des § 1 auszurichten.**

(2) **Sie darf sich nicht an Minderjährige oder vergleichbar gefährdete Zielgruppen richten. Irreführende Werbung für öffentliches Glücksspiel, insbesondere solche, die unzutreffende Aussagen über die Gewinnchancen oder Art und Höhe der Gewinne enthält, ist verboten.**

(3) **Werbung für öffentliches Glücksspiel ist im Fernsehen (§ 7 des Rundfunkstaatsvertrages), im Internet sowie über Telekommunikationsanlagen verboten. Davon abweichend können die Länder zur besseren Erreichung der Ziele des § 1 Werbung für Lotterien und Sport- und Pferdewetten im Internet und im Fernsehen unter Beachtung der Grundsätze nach den Absätzen 1 und 2 erlauben. Werbung für Sportwetten im Fernsehen unmittelbar vor oder während der Live-Übertragung von Sportereignissen auf dieses Sportereignis ist nicht zulässig. § 9a ist anzuwenden.**

(4) **Die Länder erlassen gemeinsame Richtlinien zur Konkretisierung von Art und Umfang der nach den Absätzen 1 bis 3 erlaubten Werbung (Werberichtlinie). Sie stützen sich auf die vorliegenden wissenschaftlichen**

Erkenntnisse zur Wirkung von Werbung auf jugendliche sowie problematische und pathologische Spieler. Vor Erlass und wesentlicher Änderung der Werberichtlinie ist den beteiligten Kreisen Gelegenheit zur Stellungnahme zu geben. § 9a Abs. 6 bis 8 ist entsprechend anzuwenden. Die Werberichtlinie ist in allen Ländern zu veröffentlichen.

(5) **Werbung für unerlaubte Glücksspiele ist verboten.**

Ausführungsgesetze: § 2 Abs. 1 S. 3 Nr. 2 lit c, § 22 Nr. 3, § 23 Nr. 1 lit. c, § 28 Abs. 2 S. 2 Nr. 11, § 44 LGlüG BW-E; Art. 2 Abs. 1 S. 1 Nr. 2 lit. c, Art. 13 Abs. 1 Nr. 3 AGGlüStV Bay; § 7 Abs. 1 S. 3 Nr. 2, § 15 Abs. 2 S. 2, § 17 Abs. 1 Nr. 2 AG GlüStV Bln; § 3 Abs. 1 S. 2 Nr. 2, § 16 Abs. 1 Nr. 3, Nr. 4 BbgGlüAG; § 3 Abs. 1 Nr. 2 lit. c, § 6 Abs. 2 S. 1, § 16 Abs. 1 Nr. 3 BremGlüG; § 9 Abs. 1 Nr. 3, § 14 Abs. 3 HmbGlüÄndStVAG; § 9 Abs. 1 Nr. 2, § 18 Abs. 1 Nr. 4, Nr. 5 HGlüG; § 5 Abs. 1 S. 2 Nr. 2, § 6 Nr. 4, § 11 Abs. 2 Nr. 2 lit. c, § 11a Abs. 4 S. 1, § 21 Abs. 1 Nr. 3, Nr. 4 GlüStVAG M-V; § 4 Abs. 1 S. 1 Nr. 3, § 11 Abs. 1 S. 2, § 26 Abs. 1 Nr. 5 NGlüSpG; § 4 Abs. 1 Nr. 2 lit. c, § 14 Abs. 5; § 16 Abs. 2 S. 3 Nr. 2 lit c, § 19 Abs. 4 Nr. 2, § 20 Abs. 2, Abs. 3, § 23 Abs. 1 Nrn. 3-5 AG GlüÄndStV NRW-E; § 2 Abs. 1 S. 2 Nr. 2, § 5 Abs. 1 Nr. 2 lit. b, § 11 Abs. 1 Nr. 2 lit. b, Abs. 3, § 13 Abs. 3 Nr. 2, Nr. 3, § 16 Abs. 1 Nrn. 3-5, Nr. 17 LGlüG RhPf; § 4 Abs. 1 Nr. 4, Abs. 7 Nr. 3, § 6 Abs. 4 Nr. 6, § 15 Abs. 1 Nr. 8 GlüStV-Saar; § 4 Abs. 1 Nr. 2, § 6 Abs. 1 Nr. 4, § 16 Nr. 4, § 18a Abs. 1 S. 3, § 20 Abs. 1 Nr. 4, Nr. 9, § 21 SächsGlüStVAG; § 4 Abs. 2 Nr. 2 lit. c, § 16, § 20 Abs. 1 Nr. 4 GlüG LSA; § 3 Abs. 1 Nr. 2 lit. c, § 11 Abs. 1 Nr. 4, 5 GlüÄnd StV AG SchlH-E; § 5 Abs. 1 Nr. 2 lit. c, Abs. 2 S. 1, § 10 Abs. 1 Nr. 3 ThürGlüG.

Literatur: Becker, Werbung für Produkte mit einem Suchtgefährdungspotential, 2010; Blaue, Der Glücksspielstaatsvertrag und dessen Evaluierung aus Sicht des privaten Rundfunks, ZUM 2011, 119 ff.; Bornemann, Wertung für Glücksspirale im Fernsehen, K&R 2012, 653 ff.; Brock, Online-Sportwetten im neuen (Glücks-) Spielrecht, CR 2011, 517 ff.; Brugger, Werbeverbote und –beschränkungen des GlüStV für staatliches Glücksspiel im Fokus der Rechtsprechung, ZfWG 2009, 256 ff.; Dhom, Aktuelle Fragen des Glücksspielrechts, ZUM 2011, 98 ff.; Ennuschat, Glücksspielrechtliche Kohärenz und Werbung, ZfWG 2011, 153 ff.; Gebhardt/Postel, Der weite Weg zur Kohärenz - Erste Anmerkungen zum neuen Glücksspielstaatsvertrag (Teil 1), ZfWG 2012, 1 ff.; Gummer, Gewinnspielaufsicht und Glücksspielrecht aus Sicht der Landesmedienanstalten, ZUM 2011, 105 ff.; Hamacher/Soldner, Placanica: Grenzen des Spielens oder Spielen oder Grenzen?, SpuRt 2007, 89 ff.; Hecker/Schmitt, Zur Strafbarkeit des privaten Anbieters von Sportwetten gem. § 284 StGB (Teil 1), ZfWG 2006, 59 ff.; Heeg/Levermann, Glücksspielregulierung in Deutschland vor der Marktöffnung, MMR 2012, 20 ff.; Keber, Die Internet-Verbote des Glücksspielstaatsvertrags und das unionsrechtliche Kohärenzgebot, ZfWG 2011, 83 ff.; Klöck/Klein, Die Glücksspiel-Entscheidungen des EuGH und die Auswirkungen auf den Glücksspielstaatsvertrag, NVwZ 2011, 22 ff.; Korte, Das staatliche Glücksspielwesen, 2004; Leupold, Werbung für staatlich organisiertes Glücksspiel verstößt gegen Glücksspielstaatsvertrag und Europarecht, GRUR-Prax 2011, 162 ff.; Leupold/Bachmann/Pelz, Russisches Roulette im Internet?, MMR 2000, 648 ff.; Mahne/Jouran, Die erlaubte Werbung für Glücksspiele nach dem Glücksspielstaatsvertrag, NVwZ 2009, 1190 ff.; Marbeth-Kubicki/Hambach/Berberich, K&R 2012, 27 ff.; Meyer, Jahrbuch Sucht 2007; Meyer Jahrbuch Sucht 2012; Ohlmann, Lotterien, Sportwetten, der Lotteriestaatsvertrag und Gambelli, WRP 2005, 48 ff.; Pagenkopf, Glücksspielrechtliche Variationen, NVwZ 2011, 513 ff.; Ruiss/Slopek, Wettbewerbsrechtliche Grenzen der Glücksspielwerbung: Zwischen Monopol- und Verbraucherschutz, WRP 2011, 28 ff.; Ruttig, Die deutsche Glücksspielregulierung - Eine nicht enden wollende Geschichte?, K&R 2010, 714 ff.; Schmits, Betrachtung von Werbeverboten unter anderem für Lotterien im Rundfunk, ZfWG 2007, 197 ff.; Schmittmann, Systemcrash Leipzig: Online-Glücksspiele und das BVerwG, CR 2011, 805 ff.; ders. (Hrsg.), Auf dem Weg zum Glücksspielstaatsvertrag 2012; Streinz/Kruis, Unionsrechtliche Vorgaben und mitgliedstaatliche Gestaltungsspielräume im Bereich des

Glücksspielrechts, NJW 2010, 3745 ff.; Volk, Werbung für Produkte mit einem Suchtgefährdungspotential, 2010; Wächter, Glücksspiel im Internet nach altem und neuem Recht: Erlaubt ist, was nicht verboten ist, WRP 2011, 1278 ff.; Wiring, Das deutsche Glücksspielmonopol – politisch gewollt, gemeinschaftlich nicht haltbar?, ZfWG 2007, 203 ff.

Übersicht

I. Entstehungsgeschichte, Allgemeines

Wie bisher normiert der neue § 5 Werbebegrenzungen für alle Arten der im **1** Staatsvertrag geregelten Glücksspiele, insbesondere für Lotterien, Sportwetten und Spielbanken. Neu ist, dass gemäß § 2 Abs. 3 die Werbebeschränkungen auch für Spielhallen und gemäß § 2 Abs. 4 auch für Gaststätten sowie Wettannahmestellen der Buchmacher gelten, soweit sie Geld- oder Warenspielgeräte mit Gewinnmöglichkeit bereithalten. Die Norm gilt nach wie vor für Veranstalter und gem. § 19 Abs. 1 (→ § 19 Rn. 7) für Vermittler in gleichem Maße. Wie aus der Gesetzeserläuterung zu § 5 GlüStV 2008 zu entnehmen war und nach wie vor gültig, findet § 5 auch auf Glücksspiele Anwendung, die rechtmäßig im Ausland veranstaltet und im Inland beworben werden, auch wenn im Inland keine – die Erlaubnispflicht nach § 4 Abs. 1 S. 1 auslösende – Teilnahmemöglichkeit besteht, wie etwa die Werbung für ausländische Kasinos in Deutschland (beachte aber nunmehr EuGH – C-176/11 – Hit Larix WRP 2012, 1071).

2   In § 5 ist gegenüber der Vorgängerversion aus dem Jahr 2008 jedoch ein anderer Regelungsansatz gewählt worden, so die neue Gesetzesbegründung, weil an die Stelle detaillierter materieller Verbote in § 5 Abs. 1 und 2 GlüStV 2008 ein zielorientierter, prozedural ausgestalteter Ansatz getreten ist. Damit will der Gesetzgeber sowohl den Forderungen nach größerer Differenzierung als auch der Erkenntnis aus der Evaluierung Rechnung tragen, wonach eine Vielzahl teils divergierender gerichtlicher Entscheidungen ein erhebliches Maß an Rechtsunsicherheit über die im konkreten Einzelfall zu beachtenden Anforderungen aufscheinen ließ.

3   Mit dem neuen Ansatz sollen Art und Umfang der Werbung stärker an den gleichrangigen Zielen des § 1 ausgerichtet und entsprechend neu akzentuiert werden. Dabei wird entsprechend § 1 Abs. 2 zwischen den einzelnen Glücksspielformen und den jeweils von ihnen in unterschiedlichem Maße ausgehenden Gefahren zu differenzieren sein. Die Umsetzung in der Praxis erfolgt durch Werberichtlinien der Länder, die – im Gegensatz zu den auch zu § 5 GlüStV 2008 bestehenden Richtlinien (vgl. dazu Gebhardt/Postel ZfWG 2012, 1, (7)) – im Staatsvertrag in Art und Verfahren als normkonkretisierende, Behörden und Gerichte bindende Verwaltungsvorschriften ausgestaltet werden.

4   Im Übrigen wurde das bereits aus § 4 LottStV bekannte Irreführungsverbot, das auch in § 5 Abs. 2 S. 2 GlüStV 2008 enthalten war, beibehalten. Neu hinzugekommen sind Ausnahmen von den strikten Werbeverboten in § 5 Abs. 3 GlüStV 2008, so dass Werbung für Lotterien sowie für Sport- und Pferdewetten im Internet und im Fernsehen unter Beachtung der Grundsätze nach den Absätzen 1 und 2 erlaubt werden kann.

1. Systematik

5   Innerhalb des Normengefüges sind systematisch nach wie vor die Zusammenhänge mit § 1 sowie mit dem Werbeverbot des § 284 Abs. 4 StGB zu beachten, das in § 5 Abs. 5 ohne eine strafrechtliche Sanktion wiederholt wird. Das spezielle Werbeverbot für Sportwetten in § 21 Abs. 2 S. 2 GlüStV 2008 ist entfallen. Dafür sind gesonderte Bestimmungen für Spielhallen in § 26 hinzugekommen. Besonders zu beachten sind außerdem die nach Abs. 4 S. 1 zu erlassenden **Richtlinien** zur Konkretisierung von Art und Umfang der nach den Absätzen 1 bis 3 erlaubten Werbung. Die „Richtlinien zur Bekämpfung von Glücksspielsucht", die in Nr. 2 bestimmten, dass „eine Information über Höchstgewinne [. . .] mit der Aufklärung über die Wahrscheinlichkeit von Gewinn und Verlust zu verbinden" ist, wurden in den neuen Staatsvertrag nicht übernommen.

6   Schließlich existiert ein spezielles Werbeverbot für Glücksspiele außerhalb des GlüStV. Die **Richtlinie über unlautere Geschäftspraktiken** (RL 2005/29/EG), die im Jahre 2008 in das deutsche Lauterkeitsrecht transformiert worden ist, sieht in Nr. 16 des Anhangs I (sog. **„black list"**) vor, dass es unter allen Umständen unlauter ist, zu behaupten, Produkte könnten die **Gewinnchancen** bei Glücksspielen erhöhen. Durch die in Nr. 16 des Anhangs zu § 3 Abs. 3 UWG übernommene Regelung ist eine Harmonisierung der mitgliedsstaatlichen

Glücksspielordnungen weder erfolgt noch beabsichtigt. Entsprechend heißt es in Erwägungsgrund Nr. 9 der Richtlinie, diese berühre „ferner nicht die gemeinschaftsrechtlichen und nationalen Vorschriften in den Bereichen [. . .] einschließlich solcher Vorschriften, die sich im Einklang mit dem Gemeinschaftsrecht auf Glücksspiele beziehen." Wie bereits in der Vergangenheit mehrfach durch Kommission und Parlament ausdrücklich betont, sollte der Bereich der Glücksspiele durch die Richtlinie über unlautere Geschäftspraktiken nicht harmonisiert werden. Auch in anderen Gesetzesvorhaben hat die Kommission bislang stets davon abgesehen, Regelungen aus dem Bereich des Glücksspielwesens zu treffen und dadurch diesen Bereich zu harmonisieren.

Gemäß Nr. 16 des Anhangs zu § 3 Abs. 3 UWG ist es verboten, Produkte **7** oder Dienstleistungen mit dem Hinweis anzubieten oder zu bewerben, durch sie könnten die Gewinnchancen bei Glücksspielen verbessert werden, so etwa durch die Aussage, durch das Spielen spezieller Zahlen könne die Gewinnwahrscheinlichkeit bei LOTTO erhöht werden (vgl. LG Köln Beschl. v. 24.6.2008 - 31 O 371/08). Dabei dürfte es nicht darauf ankommen, ob die Produkte lediglich die Wahrscheinlichkeit, überhaupt einen Gewinn zu erzielen, erhöhen sollen, oder ob sie darauf zielen, die voraussichtliche Gewinnhöhe zu verbessern. Auch die pauschale Werbung mit einem **„Hochquotensystem"** ist damit glücksspiel- und wettbewerbsrechtlich unzulässig und folglich verboten bzw. unlauter.

2. Die Vorgaben der Rechtsprechung

Die Werberegulierung hat vor dem Hintergrund der seit Inkrafttreten des **8** GlüStV 2008 ergangenen umfänglichen Rechtsprechung eine doppelte Bedeutung: Zuvorderst ist § 5 und den Werberichtlinien zu entnehmen, welche Werbeinhalte einzelner Werbemaßnahmen für welche Glücksspielart zulässig sind. Angesichts der Rechtsprechung insbesondere des EuGH (C-316/07 – Markus Stoß ua, ZfWG 2010, 332) kann es aber nicht zweifelhaft sein, dass der zulässige Werbeumfang Einfluss auch auf die Europarechtskonformität von die Dienstleistungsfreiheit beschränkenden Maßnahmen wie etwa das Lotteriemonopol oder die beschränkte Erlaubnispraxis bei den Sportwetten hat. Denn wie der EuGH festgestellt hat, kann ein primär fiskalischen Zwecken dienendes **Gesamtwerbeverhalten** staatlicher Glücksspielanbieter neben anderen Kriterien zur Inkohärenz freiheitsbeschränkender Maßnahmen gegenüber privaten Anbietern führen (Ennuschat ZfWG 2011, 153 (157)).

a) Rechtsprechung des Europäischen Gerichtshofs. In drei Entscheidun- **9** gen vom 8.9.2010 (EuGH - C-46/08 - Carmen Media, ZfWG 2010, 344; C-316/07 – Markus Stoß ua, ZfWG 2010, 332 und C-409/06 - Winner Wetten GmbH, ZfWG 2010, 407) hat sich der EuGH erstmals mit dem deutschen Glücksspielrecht, wenn auch nicht mit den Bestimmungen des Glücksspielstaatsvertrages, befasst. Obwohl die Rechtsprechung des EuGH auf Sachverhalten beruht, die vor Inkrafttreten des Glücksspielstaatsvertrages am 1.1.2008 datierten, sind insbesondere die Urteile in der Rs. Carmen Media (EuGH - C-46/08 - Carmen Media, ZfWG 2010, 344) sowie in der Rs. Markus Stoß ua (EuGH - C-316/ 07 – Markus Stoß ua, ZfWG 2010, 332) für die Werberegulierung bedeutsam. Der EuGH hebt erneut hervor, dass die sittlichen, religiösen oder kulturellen Besonderheiten und die mit Spielen und Wetten einhergehenden sittlich und finanziell schädlichen Folgen für den Einzelnen wie für die Gesellschaft ein ausreichendes Ermessen der staatlichen Stellen rechtfertigen können, im Einklang mit ihrer eigenen Wertordnung festzulegen, welche Erfordernisse sich aus dem Schutz der Verbraucher und der Sozialordnung ergeben (EuGH - C-316/07 – Markus Stoß ua, ZfWG 2010, 332 Rn. 76 mHa EuGH - C-338/04 - Placanica, EuZW 2007, 209 Rn. 47 und EuGH - C-42/07 – Liga Portuguesa de Futebol, ZfWG 2009, 304 Rn. 57). Aufgrund dieser Unterschiede liegt es auch im Ermessen der Mitgliedstaaten, zum einen die Ziele zu wählen, die diese mit ihren Beschränkungsmaßnahmen verfolgen und zum anderen das angestrebte Schutzniveau im Hinblick auf die verfolgten Ziele festzulegen (Streinz/Kruis NJW 2010, 3745 (3746) mHa EuGH – C-275/92 – Schindler, NJW 1994, 2013 Rn. 59 f.; EuGH - C-46/08 – Carmen Media, ZfWG 2010, 344 Rn. 58).

10   In der Zeturf-Entscheidung (EuGH - C-212/08 – Zeturf, ZfWG 2011, 251) wiederholt der EuGH seine st. Rspr., wonach es zur Kanalisierung erforderlich sein kann, „dass die zugelassenen Veranstalter eine verlässliche und zugleich attraktive Alternative zu nicht geregelten Tätigkeit bereitstellen, was als solches das Angebot einer breiten Palette von Spielen, einen gewissen Werbeumfang und den Einsatz neuer Vertriebstechniken mit sich bringen kann" (vgl. auch EuGH Urt. v. 6.3.2007 Rs. C-338/04, C-359/04; EuGH - C-338/04 - Placanica, EuZW 2007, 209 Rn. 55 und EuGH - C-316/07 – Markus Stoß ua, ZfWG 2010, 332 Rn. 101). Wichtig sei es, auch bei Regelungen, die nicht nur Betrug und andere Straftaten im Glücksspielbereich bekämpfen, sondern auch den Verbraucherschutz gewährleisten sollen, das richtige Gleichgewicht zu finden zwischen dem Erfordernis einer kontrollierten Expansion der zugelassenen Glücksspiele, um das Glücksspielangebot für die Öffentlichkeit attraktiv zu machen, und der Notwendigkeit, die Spielsucht der Verbraucher so weit wie möglich zu verringern (EuGH - C-258/08 – Ladbrokes, WRP 2010, 859 Rn. 32).

11   Insbesondere der Markus Stoß-Entscheidung lassen sich sodann folgende Vorgaben zur Ausgestaltung der Werbung innerhalb eines Monopolsystems entnehmen: Danach muss die vom Inhaber eines Monopols durchgeführte Werbung maßvoll und strikt auf das begrenzt bleiben, was erforderlich ist, um die Verbraucher zu den genehmigten Spielnetzwerken zu lenken. Hingegen dürfe eine solche Werbung nicht darauf abzielen, den **natürlichen Spieltrieb** der Verbraucher dadurch zu fördern, dass sie zur aktiven Teilnahme am Spiel angeregt werden, etwa indem das Spiel verharmlost oder ihm ein positives Image verliehen wird, das daran anknüpft, dass die Einnahmen für Aktivitäten im Allgemeininteresse verwendet werden, oder indem die Anziehungskraft des Spiels durch **zugkräftige Werbebotschaften** erhöht wird, die bedeutende Gewinne verführerisch in Aussicht stellen (EuGH - C-316/07 – Markus Stoß ua, ZfWG 2010, 332 Rn. 103). Im Weiteren präzisiert der EuGH die zentrale Vorgabe, dass ein Staatsmonopol für Glücksspiele und seine Bewerbung nicht primär fiskalischen Zwecken dienen dürfen.

12   **b) Rechtsprechung des Bundesverfassungsgerichts.** Das Bundesverfassungsgericht hat in einem sehr ausführlich begründeten Nichtannahmebeschluss vom 14.10.2008 (ZfWG 2008, 351) auf die Verfassungsbeschwerde eines gewerblichen Spielvermittlers zur Verfassungskonformität der glücksspielstaatsvertraglichen Bestimmungen Stellung genommen und seine zum LottStV ergangene Rechtsprechung aus der Sportwetten-Entscheidung präzisiert (ZfWG 2006, 16, 29 Rn. 131). Für § 5 GlüStV 2008 stellte das BVerfG fest, dass die Regelungen den rechtsstaatlichen Anforderungen an die Normklarheit und Justitiabilität (vgl. BVerfGE 21, 73 (79)) entsprachen. Dies gelte sowohl hinsichtlich der in § 5 Abs. 2 S. 1 GlüStV

2008 enthaltenen Bezugnahmen auf die „Ziele des § 1" als auch mit Blick auf das Verbot der „auffordernden, anreizenden oder ermunternden" Werbung sowie der Internetwerbung in § 5 Abs. 2 S. 1 bzw. Abs. 3 GlüStV 2008. Aus der Zielsetzung des Staatsvertrags, dem sachlichen Zusammenhang der Vorschriften mit der Rechtsprechung des Bundesverfassungsgerichts (vgl. ZfWG 2006, 16) sowie den Materialien zu dem Staatsvertrag ließen sich Zweck und Inhalt ausreichend ermitteln und objektive Kriterien gewinnen, die eine willkürliche Handhabung durch die Behörden und Gerichte ausschlössen.

§ 5 GlüStV 2008 beachtete auch den Verhältnismäßigkeitsgrundsatz. Die Norm **13** diene vorrangig dem Ziel, die Bevölkerung, insbesondere Kinder und Jugendliche, vor den Gefahren der Glücksspielsucht und der mit Glücksspielen verbundenen Folge- und Begleitkriminalität zu schützen (vgl. § 1). Damit würden überragend wichtige Gemeinwohlziele verfolgt, die selbst objektive Berufswahlbeschränkungen zu rechtfertigen vermögen (vgl. ZfWG 2006, 16, 26). Das BVerfG betonte, dass unterschiedliche Glücksspielformen ein unterschiedliches Suchtpotenzial besäßen, wobei das von der Beschwerdeführerin vermittelte Lottospiel nicht zuletzt aufgrund seiner relativ niedrigen Ereignisfrequenz weniger zu problematischem oder gar pathologischem Spielverhalten beitrage als beispielsweise Geld- oder Glücksspielautomaten sowie Kasinospiele. Die Länder seien jedoch, so das BVerfG weiter, nicht gehalten gewesen, das Zahlenlotto als eine nach ihrem Dafürhalten „harmlose" und nicht suchtgefährdende Art des Glücksspiels von dem Geltungsbereich des Glücksspielstaatsvertrags und der ihn ergänzenden Landesgesetze auszunehmen. Werde der Gesetzgeber – wie hier – zur Verhütung von Gefahren für die Allgemeinheit tätig, so belasse ihm die Verfassung bei der Prognose und Einschätzung der in den Blick genommenen Gefährdung einen Beurteilungsspielraum, der vom Bundesverfassungsgericht bei der verfassungsrechtlichen Beurteilung zu beachten sei. Dieser Beurteilungsspielraum sei erst dann überschritten, wenn die Erwägungen des Gesetzgebers so offensichtlich fehlsam sind, dass sie vernünftigerweise keine Grundlage für die angegriffenen gesetzgeberischen Maßnahmen abgeben können (vgl. BVerfGE 117, 163 (183) mwN).

Im Ergebnis seien die in § 5 Abs. 1 bis 4 GlüStV 2008 normierten Werbeverbote **14** und Werbebeschränkungen geeignet, zur Umsetzung der Ziele des Staatsvertrags beizutragen, urteilte das BVerfG in der Sportwettenentscheidung weiter. Es erfolge eine unmittelbare Verknüpfung mit dem Zielkatalog des § 1 GlüStV 2008. Die Regelung vermeide Werbung mit Aufforderungscharakter und sei damit ein geeignetes Mittel, um zur Verhinderung und Bekämpfung von Glücksspielsucht beizutragen. Die in § 5 Abs. 1 bis 4 GlüStV 2008 normierten Werbeverbote und Werbebeschränkungen seien auch erforderlich, um die mit dem Staatsvertrag angestrebten Ziele – namentlich die Verhinderung und Bekämpfung der Glücksspielsucht – zu erreichen. Nach Einschätzung der Landesgesetzgeber sei Spielleidenschaft zwar an sich unerwünscht, aber nicht völlig zu verhindern. Allerdings könne durch das Verbot unangemessener und unsachlicher Werbung, die zur Teilnahme am Glücksspiel auffordert, anreizt oder ermuntert und damit die Glücksspielsucht fördert, einer Ausweitung der Spielleidenschaft entgegengewirkt werden. Alternativen zu den Werbeverboten seien nicht ersichtlich, zumal es widersprüchlich wäre, zunächst **appellative Formen der Werbung** zuzulassen, um anschließend die hierdurch geförderte Spielleidenschaft der Bevölkerung begrenzen zu wollen, so das BVerfG.

Schließlich bescheinigt das Bundesverfassungsgericht der Vorgängernorm **15** auch, verhältnismäßig im engeren Sinne gewesen zu sein: Das Verbot der Werbung in Fernsehen, im Internet oder per Telefon gemäß § 5 Abs. 3 GlüStV 2008 stütze sich gerade darauf, dass mit der Nutzung dieser Medien nach Einschätzung der Länder eine besonders starke **Anreizwirkung** verbunden sei. Eine solche Art der Werbung sei jedoch unvereinbar mit dem Ziel der Glücksspiel- und Wettsuchtbekämpfung. Das staatliche Glücksspielangebot solle lediglich der **Kanalisierung** des menschlichen Spieltriebs dienen, nicht jedoch einen förderungs- und ausbauwürdigen Wirtschaftszweig darstellen (vgl. BVerfG ZfWG 2006, 16, 29, Rn. 131 ff.).

16   **c) Rechtsprechung des Bundesverwaltungsgerichts.** Die Rechtsprechung des EuGH ist ebenso wie die Vorgaben des Bundesverfassungsgerichts (ZfWG 2006, 16 ff.; ZfWG 2008, 351 ff.) vom Bundesverwaltungsgericht (ZfWG 2006, 16 ff.) rezipiert und dergestalt interpretiert worden, dass es dem verfassungsrechtlichen Erfordernis der konsequenten Ausrichtung eines Monopols am Ziel der Suchtbekämpfung widerspreche, wenn in der Werbung gezielt zum Mitspielen angereizt werde. Eine konsequent am Ziel der Begrenzung der Wettleidenschaft und der Bekämpfung der Spielsucht ausgerichtete Werbung dürfe nicht zum Wetten auffordern, anreizen oder ermuntern. Damit sei nicht zu vereinbaren, die Teilnahme an Wetten als sozialadäquate oder gar positiv bewertete Unterhaltung darzustellen. Vielmehr habe die Werbung für das Monopolangebot sich bei Wahrung des Ziels, legale Wettmöglichkeiten anzubieten, auf eine Information und Aufklärung über die Möglichkeit zum Wetten zu beschränken (BVerfG ZfWG 2006, 16 ff.).

17   Mit diesen Vorgaben stehe noch in Einklang, dass die Pflicht zur Beschränkung der Werbung auf die Information und Aufklärung über legale Wettmöglichkeiten nach § 5 Abs. 1 GlüStV 2008 dem angegriffenen Urteil zufolge konkretisiert wird durch das in Abs. 2 der Vorschrift geregelte Verbot einer zur Teilnahme auffordernden oder irreführenden Werbung sowie durch die ebenfalls dort verankerte Pflicht, den Jugendschutz zu beachten und über Risiken und Gefahren des Wettens zu belehren. Diese systematische Auslegung verkürze weder das Aufforderungsverbot, noch lasse sie das Ziel der Suchtbekämpfung hinter das Ziel einer Kanalisierung der Wettleidenschaft zurücktreten. Sachliche Werbung dürfe nur auf eine Lenkung des bereits vorhandenen Wettwillens gerichtet sein, ohne noch nicht zum Wetten Entschlossene zur Teilnahme anzureizen.

18   Dem verfassungsrechtlichen Erfordernis der konsequenten Ausrichtung des Monopols am Ziel der Suchtbekämpfung widerspreche aber die Annahme, dies verbiete nur den gezielten Anreiz zum Mitspielen. Dass die Entscheidung des Bundesverfassungsgerichts zum Lotteriestaatsvertrag für die Übergangszeit bis zur Neuregelung der Sportwetten jede über die sachliche Information zur Art und Weise der Wettmöglichkeit hinausgehende, gezielt zum Wetten auffordernde Werbung untersagt hat (BVerfG ZfWG 2006, 16, 29), relativiere die gebotene Beschränkung auf sachliche Information nicht durch ein zusätzliches Kriterium der Absicht des Werbenden oder der erkennbaren Zielrichtung seiner Werbung, so das Bundesverwaltungsgericht. Der Beschränkung auf die sachliche Information über legale Wettmöglichkeiten widersprechen nicht nur der absichtliche Anreiz und die direkte Aufforderung zum Wetten, sondern alle Werbemaßnahmen, die von einem noch nicht zum Wetten entschlossenen **durchschnittlichen Empfänger** der Botschaft als Motivierung zum Wetten zu verstehen seien. Entscheidend sei also nicht die Intention, sondern der nach dem Horizont des durchschnittlichen Empfängers zu bestimmende Aussagegehalt.

Für diese Beurteilung könne, so das Bundesverwaltungsgericht weiter, nicht **19** zwischen einer auf die sachliche Information beschränkten Werbebotschaft und einer darüber hinaus zulässigen **werbetypischen Umrahmung oder Aufmachung** unterschieden werden. Die Botschaft oder der Aussagegehalt einer Werbung sei nicht unabhängig vom Kontext der Aufmachung zu ermitteln, sondern werde durch diese mit bestimmt. Entscheidend sei daher, dass die aus Text und Aufmachung zusammengesetzte Werbeaussage vom durchschnittlichen Empfänger nicht als **Anreiz** zum Wetten zu verstehen ist, sondern nur als **Hinweis** auf eine legale Möglichkeit, einen vorhandenen Entschluss zum Wetten umzusetzen.

Das Ziel, die Wettleidenschaft durch den Hinweis auf legale Wettangebote zu **20** lenken, verlange und rechtfertige keine über die sachliche Information hinausgehende, zum Wetten selbst motivierende Aussage. Unzulässig seien danach beispielsweise Darstellungen des Wettens als aussichtsreiche Möglichkeit materiellen Zugewinns, als attraktive Unterhaltung oder als sozialadäquate Beschäftigung. Erst recht dürfe die Teilnahme an Wetten nicht als positiv zu beurteilendes, wünschenswertes oder sozial verantwortliches Handeln aufgewertet werden, so das Bundesverwaltungsgericht unter Bezug auf die Rechtsprechung des Bundesverfassungsgerichts (vgl. BVerfG ZfWG 2006, 16, (29); ZfWG 2008, 351 ff.).

Die Verwendung einer **Dachmarke** sei dadurch nicht ausgeschlossen, wohl **21** aber jede Form der Image- oder Sympathiewerbung, die über Hinweise auf die Legalität der Monopolangebote hinaus Sympathien für das Wetten selbst weckt (BVerwG ZfWG 2011, 96, 102).

d) Rechtsprechung der ordentlichen Gerichte zu § 5 GlüStV 2008. Wie **22** sich bereits in der Kommentierung der Vorauflage (Rn. 37 ff.) angedeutet hat, spielte insbesondere die **Jackpot-Werbung** der Landeslotteriegesellschaften eine besondere Rolle für die Interpretation von § 5 Abs. 1 und 2 GlüStV 2008 und lieferte viele, teils auch divergente oberlandesgerichtliche Entscheidungen. Private Anbieter und ein eigens von diesen gegründeter Verband griffen unterschiedliche Plakatgestaltungen und –präsentationen verschiedener Landeslotteriegesellschaften an. Während zumeist ein Missverhältnis zwischen den nach § 5 Abs. 2 S. 3 GlüStV 2008 sowie den Richtlinien zur Bekämpfung von Glücksspielsucht einerseits und der Angabe der **Höhe des Jackpots** andererseits gerügt wurde (OLG München WRP 2008, 972 (975); KG ZfWG 2009, 174 (180); OLG Hamm, Urt. v. 29.4.2010 – 4 U 198/09), wurde vereinzelt sogar das Anbringen der an sich zulässigen Jackpot-Werbung auf einem Gehwegaufsteller verboten (OLG Brandenburg Urt. v. 18.8.2009 – 6 U 103/08).

Auch Produktbezeichnungen wurden in lauterkeitsrechtlichen Verfahren an **23** den glücksspielrechtlichen Werbebestimmungen gemessen. Während das OLG Koblenz das „Goldene 7"-Los als unzulässig einstufte (WRP 2010, 148), konnte das OLG Frankfurt a. M. für die gleiche Losgestaltung keinen Verstoß gegen § 5 GlüStV 2008 feststellen, weil § 5 GlüStV 2008 keinen vollständigen Verzicht auf eine attraktive Gestaltung und Darstellung des erlaubten Glücksspiels verlange (GRUR-RR 2011, 14 f.). Das OLG Brandenburg hingegen erkannte in der bloßen Bezeichnung „L-Dorado" für das Angebot einer Spielgemeinschaft einen Verstoß gegen § 5 Abs. 2 GlüStV 2008 (Urt. v. 3.5.2011 - 6 U 41/10).

Ebenfalls in lauterkeitsrechtlichen Verfahren verboten wurden von den Zivilge- **24** richten wegen Verstoßes gegen § 5 GlüStV 2008 Werbung mit einem **Mehrwochen-Spielschein** (OLG Oldenburg GRUR-RR 2009, 67), die österliche Gestaltung eines Spielscheins mit der Aufschrift „Frohe Ostern" (OLG Schleswig

Urt. v. 14.12.2010 – 6 U 14/09; OLG Hamburg Urt. v. 11.8.2011 – 3 U 23/
11), die **Verlosung von Konzertkarten** bei Teilnahme an einer Sonderziehung
(OLG Frankfurt a. M. GRUR–RR 2010, 301), Werbung auf einem Linienbus
(OLG Hamburg GRUR–RR 2012, 21), Werbung mit einem Lotto-Trainer und
der Aussage „Viel Glück!" (KG ZfWG 2009, 341 (343)), Werbung für eine Spielbank mit der Abbildung einer festlich gekleideten Frau unter der Überschrift
„Tatendrang" (OLG München WRP 2009, 1014), Werbung für eine **Sonderauslosung** mit der Abbildung zahlreicher Luxuskarossen in Gestalt eines Mercedes-
Sterns (OLG Bremen Urt. v. 27.5.2011 – 2 U 81/10) sowie Angaben zum Spielangebot auf der eigenen **Homepage** (OLG Hamburg Urt. v. 11.8.2011 – 3 U 181/
10).

25   Der Bundesgerichtshof stellte immerhin klar, dass es den staatlichen Lottogesell-
schaften nach § 5 Abs. 1 und 2 GlüStV 2008 nicht allgemein verboten sei, mögliche Höchstgewinne von über 10 Mio. EUR anzukündigen, sofern die Ankündi-
gung in ihrer konkreten Gestaltung eine sachliche Information darstelle. Denn
der **Höchstgewinn** sei ein wesentliches Merkmal des angebotenen Glücksspiels,
das bei der Entscheidung für oder gegen eine Spielteilnahme typischerweise von
erheblicher Bedeutung sei. Die Information über den Höchstgewinn müsse deshalb den Spielinteressenten in tarnsparenter Form bereitgestellt werden. Auch
wenn der schlichten Information über einen Jackpot im zweistelligen Millionen-
bereich eine Anlockwirkung zukomme, so sei diese angesichts des Kanalisierungsauftrages in § 1 Abs. 2 GlüStV 2008 hinzunehmen. Der imperative Titel „Spiel
mit" einer **Kundenzeitschrift** sei hingegen ebenso unzulässig nach § 5 Abs. 1
GlüStV 2008 wie Werbung mit der Aussage „Täglich spielen – Täglich gewinnen"
gemäß § 4 Abs. 3 iVm § 1 LStV (BGH WRP 2011, 565).

3. Regelungsstruktur der Norm

26   § 5 Abs. 1 2008 ist ersatzlos gestrichen worden. Das vormals in Abs. 2 enthaltene
Verbot, wonach Werbung nicht in Widerspruch zu den Zielen des § 1 stehen
durfte, wird im neuen Abs. 1 in eine Verpflichtung umgestaltet. Dadurch werden
das Ziel der Kanalisierung in den Vordergrund gerückt und eine deutlichere
Differenzierung nach Art und Gefährlichkeit der jeweiligen Glücksspiele, wie sie
in der höchstrichterlichen Rechtsprechung angelegt sind, ermöglicht.

27   Entfallen sind auch das Verbot, mit Werbung gezielt zur Spielteilnahme aufzufordern, anzureizen oder zu ermuntern sowie die vormals in Abs. 2 S. 3 enthaltene
Pflicht, bestimmte Angaben in der Werbung zur Suchtgefahr zu machen und auf
das Teilnahmeverbot Minderjähriger hinzuweisen. Damit löst sich der vormals
bestehende Widerspruch auf, der darin begründet lag, dass Werbung per definitionem Aufforderungscharakter besitzt. Ohne die entsprechenden gesetzlichen Verpflichtungen ist bei der Prüfung der Zulässigkeit einer Werbemaßnahme allein
nach § 5 und damit ohne Berücksichtigung der Werberichtlinien nunmehr ein
großzügiger Maßstab anzuwenden. Neben den allgemeinen lauterkeitsrechtlichen
Voraussetzungen, insbesondere aus § 4 Abs. 1 UWG, ist Werbung de lege lata
ausschließlich und für jede Glücksspielform gesondert darauf hin zu überprüfen,
ob sie hinsichtlich ihrer Art und ihres Umfang mit den in § 1 genannten Zielen
zu vereinbaren ist. Dabei können und sollen die einzelnen Ziele je nach Glücksspielart durchaus unterschiedlich zu gewichten sein.

28   Übernommen hat der Gesetzgeber des 1. Änderungsstaatsvertrages hingegen
das Verbot der irreführenden Werbung, dessen es aufgrund des generellen Irrefüh-

rungsverbots in § 5 UWG indes nicht ein weiteres Mal bedurft hätte (so auch Jacobs in: Schmittmann, Auf dem Weg zum Glücksspielstaatsvertrag, 55 (60)) sowie das Verbot, Werbung gezielt an Minderjährige oder andere vergleichbar gefährdete Zielgruppen zu richten.

Das nach wie vor in Abs. 3 enthaltene Verbot für Glücksspielwerbung im Fern- **29** sehen, Internet und über Telekommunikationsanlagen enthält zur besseren Erreichung der Ziele des § 1 Ausnahmemöglichkeiten. § 5 Abs. 4 ist ebenfalls ein Novum und bildet die staatsvertragliche Grundlage für gemeinsame Richtlinien der Länder zur Konkretisierung von Art und Umfang erlaubter Werbung. In ihnen werden sich die hier dargestellten Anforderungen der Rechtsprechung an die Glücksspielwerbung wiederfinden. Abs. 5 ist der alte Abs. 4 im gleichen Gewand.

II. Zielorientierte Werbung (§ 5 Abs. 1)

Noch für § 5 Abs. 1 2008 hatte der BGH (ZfWG 2011, 179 (181)) festgestellt, **30** dass es Sinn der Bestimmung sei, den Ländern die Veranstaltung von Glücksspielen mit besonderem Gefährdungspotential im Interesse der nach § 1 Nr. 2 bezweckten Kanalisierung des Glücksspielangebots vorzubehalten. Diese Einschätzung ist nun insoweit zu revidieren, als die Zielerreichung gemäß § 1 auch die Veranstaltung und Vermittlung von Glücksspielen durch Private betrifft, die erlaubterweise Glücksspiele im Geltungsbereich des Staatsvertrages anbieten. Durch die Bezugnahme auf § 1 insgesamt ist bei der Beurteilung einer Werbemaßnahme jetzt auch darauf zu achten, dass zur Zielerreichung differenzierte Maßnahmen für die einzelnen Glücksspielformen vorzusehen sind, um deren spezifischen Sucht-, Betrugs-, Manipulations- und Kriminalitätsgefährdungspotentialen Rechnung zu tragen (vgl. dazu auch schon Becker, Werbung für Produkte mit einem Suchtgefährdungspotential, 2010, S. 65 f. sowie ZfWG 2012, 229 ff.).

Durch die stärkere Fokussierung auf die gleichrangigen Ziele rückt aber nicht **31** nur der Kanalisierungsauftrag deutlicher in den Vordergrund (so Ennuschat ZfWG 2011, 153 (159)), sondern auch die anderen Ziele aus § 1, auch wenn nicht zu verkennen ist, dass der EuGH gerade den Kanalisierungsauftrag in einem Monopolsystem besonders betont hat (EuGH - C-212/08 – Zeturf, ZfWG 2011, 251). § 5 gilt aber nicht nur bezüglich Werbung für sog. Großen Lotterien, sondern auch für Sportwetten sowie für Werbung in Casinos, Spielhallen und Gaststätten. Dies werden die Länder bei der Erstellung der Richtlinien nach Abs. 4 zu berücksichtigen haben.

Ausweislich der Gesetzesbegründung wünscht sich der Gesetzgeber mit Verweis **32** auf das Ladbrokes-Urteil des Gerichtshofs (EuGH - C-258/08 – Ladbrokes, WRP 2010, 859 Rn. 32), dass das richtige Gleichgewicht gefunden wird, zwischen dem Erfordernis einer kontrollierten Expansion der zugelassenen Glücksspiele, um das Glücksspielangebot attraktiv für die Öffentlichkeit zu machen, und der Notwendigkeit, die Spielsucht der Verbraucher soweit wie möglich zu verringern. Den legalen Veranstaltern müsse es möglich sein, so die Gesetzesbegründung weiter, auf ihr Spielangebot aufmerksam zu machen und Glücksspiel so anzubieten, dass es nach seiner Art und Ausgestaltung geeignet ist, die Teilnehmer von unerlaubten Angeboten fernzuhalten und ein weiteres Anwachsen des Schwarzmarktes zu verhindern.

1. Werbebegriff

33   Der Gesetzgeber geht von dem auch im Wettbewerbsrecht geltenden Werbebegriff aus, wie er in Art. 2 Nr. 1 der **Irreführungsrichtlinie** (Richtlinie 84/450/EWG, ABl. L 250 vom 19.9.1984, S. 17 ff.) definiert und wie er auch vom BGH verstanden wird. Danach ist Werbung „jede Äußerung bei der Ausübung eines Handelsgewerbes, Handwerks oder freien Berufs mit dem Ziel, den Absatz von Waren oder die Erbringung von Dienstleistungen zu fördern" (BGH NJW 2005, 3716). Wettbewerbsrechtlich kann der Tatbestand der verbotenen Werbung daher über die §§ 3, 4 Nr. 11 UWG auch von einem Dritten erfüllt werden, der selbst mit dem betroffenen Marktteilnehmer nicht in einem Wettbewerbsverhältnis steht, sofern die Äußerung im Rahmen oder im Zusammenhang mit einer unternehmerischen Tätigkeit erfolgt (Bornkamm in KB § 5 UWG Rn. 2.19).

2. Dynamisches Regelungsmodell

34   **a) Öffentliches Glücksspiel.** Öffentlich ist das Glücksspiel, wenn für einen größeren, nicht geschlossenen Personenkreis eine Teilnahmemöglichkeit besteht oder es sich um gewohnheitsmäßig veranstaltete Glücksspiele in Vereinen oder sonstigen geschlossenen Gesellschaften handelt; der Begriff ist in § 3 Abs. 2 legal definiert (→ § 3 Rn. 8 f.). Öffentlich in diesem Sinne sind daher insbesondere auch Glücksspiele, die via Internet angeboten werden und damit gerade auf einen möglichst großen und untereinander in keiner Weise verbundenen Teilnehmerkreis ausgerichtet sind (Hecker/Schmitt ZfWG 2006, 59 (60)).

35   Ein Glücksspiel liegt nach der Legaldefinition des § 3 Abs. 1 (→ § 3 Rn. 2 ff.) vor, wenn im Rahmen eines Spiels für den Erwerb einer Gewinnchance ein Entgelt verlangt wird und die Entscheidung über den Gewinn ganz oder überwiegend vom Zufall abhängt. Bei Lotterien, Sportwetten zu festen Gewinnquoten und auch bei **Poker** handelt es sich daher um Glücksspiele (→ § 3 Rn. 4).

36   **b) Unterscheidung nach Art der Glücksspiele.** Gesetzeswortlaut und -begründung stellen klar, dass die Werberestriktionen nach den Glücksspielformen und -angeboten differenzieren. Bereits in der Vorauflage (Rn. 10) war unter Hinweis auf Abs. 2 S. 1 GlüStV 2008 vertreten worden, dass eine Differenzierung angezeigt ist. Insbesondere die Zivilgerichte sind dem jedoch bislang nicht gefolgt (→ Rn. 22 ff) Nunmehr gilt, dass das unterschiedliche Sucht-, Betrugs- und Manipulationspotenzial sowie die sonst von den einzelnen Glücksspielformen ausgehenden Gefahren nicht unberücksichtigt bleiben dürfen, wenn Ziel des GlüStV nach wie vor die Verhinderung von Glücksspielsucht und Wettsucht ist (hier unterscheidet der Staatsvertrag nach wie vor) und durch den GlüStV außerdem die Spieler geschützt, Folge- und Begleitkriminalität entgegengewirkt und Gefahren für die Integrität des Sport vorgebeugt werden sollen. Auch um nicht in Konflikte mit dem **Übermaßverbot** zu geraten, ist bei der Beurteilung der Frage, ob eine Werbung den Zielen des § 1 widerspricht, daher zwischen den einzelnen Glücksspielformen zu unterscheiden. Für das weniger gefährliche LOTTO ist danach ein großzügigerer Maßstab anzulegen als etwa für Casinospiele oder Sportwetten zu festen Gewinnquoten.

37   Aus diesem Blickwinkel ist, was unter Geltung von § 5 GlüStV 2008 unterblieben ist, auch die Frage zu beantworten, welche konkreten Werbemaßnahmen nach Art und Darstellung als (noch) zulässig anzusehen sind. Wenn die Spielleidenschaft ein gesellschaftliches Phänomen ist, führt die vollständige Prohibition zur

Verdrängung dieses nicht zu unterbindenden Bedürfnisses in einen illegalen und nicht kontrollierbaren Markt. Den Kanalisierungsauftrag aus § 1 Nr. 2 billigt die höchstrichterliche Rechtsprechung aber ausdrücklich als Rechtfertigungsgrund (→ Rn. 15). Daher muss eine Werbung für das legale und kanalisierende Angebot zulässig sein, die in hinreichendem Umfang und mit einer die Wahrnehmbarkeit begründenden Attraktivität und Auffälligkeit auf das legale Angebot aufmerksam macht.

Durch die Neuregelung wird deutlicher als zuvor, was ebenfalls bereits in der **38** Vorauflage vertreten worden ist, nämlich dass die Regelungsinhalte der Norm keine starren Vorgaben in Bezug auf die Zulässigkeit oder Unzulässigkeit einzelner Werbemaßnahmen und -darstellungsarten beinhalten können, sondern einer flexiblen und dynamischen Handhabung bedürfen, die den aktuellen Marktgegebenheiten Rechnung trägt. Stellt sich etwa, so das jetzt in die Gesetzesbegründung aufgenommene Beispiel, auf Grund der Marktpräsenz eines illegalen Angebotes ein verstärktes Bedürfnis heraus, diesem mit einer eigenen legalen Alternative zu begegnen, kann es angezeigt sein, dieses konkrete Angebot – aber nur dieses und nicht auch andere angebotene Glücksspielarten – verstärkt zu bewerben. Es besteht somit eine **Wechselwirkung** zwischen der Intensität der Bewerbung einerseits und dem Erfordernis einer kanalisierenden Marktpräsenz andererseits (→ § 1 Rn. 12 f.). Unter diesen Gesichtspunkten ist stets und für alle Glücksspiele gesondert und für den jeweiligen Einzelfall zu beurteilen, ob die Werbung zur Zielerreichung nach § 1 geeignet und erforderlich ist.

c) Verhältnis zu den Zielen aus § 1. aa) Kanalisierungsauftrag. Zur Errei- **39** chung des in § 1 Nr. 2 festgelegten Ziels, durch ein begrenztes Spielangebot den natürlichen Spieltrieb der Bevölkerung in geordnete und überwachte Bahnen zu lenken, sowie der Entwicklung und Ausbreitung eines Schwarzmarktes entgegenzuwirken, ist ein gewisses Maß an Werbung zweifellos unerlässlich. In Anbetracht des außerdem in § 1 Nr. 1 statuierten Ziels, das Entstehen von Glücksspielsucht und Wettsucht zu verhindern und die Voraussetzungen für eine wirksame Suchtbekämpfung zu schaffen, ist es andererseits mit der Rechtsprechung von EuGH, BVerfG und BVerwG unzulässig, wenn Werbung den **Spieltrieb fördert** und zur aktiven Teilnahme am Spiel stimuliert (Ennuschat ZfWG 2011, 153 (157)).

Soweit insbesondere das BVerwG (ZfWG 2011, 96, (102), Rn. 52) hieraus aber **40** den Schluss gezogen hat, Werbemaßnahmen dürften von einem noch nicht zum Wetten entschlossenen durchschnittlichen Empfänger der Botschaft nicht als Motivierung zum Wetten zu verstehen sein, dürfte dieses Verständnis nur schwer mit dem Werbebegriff und der grundsätzlichen Zulässigkeit der Werbung in Einklang zu bringen sein. Sowohl für die legalen staatlichen als auch für die privaten Anbieter ist es schlicht unmöglich, ihre Werbung ausschließlich an bereits zum Spielen Entschlossene zu richten. Woher sollen die Anbieter Motive der Verbraucher kennen und wie soll eine nach Motiven differenzierende Ansprache erfolgen? Eine **Geisteshaltung** ist von außen nicht erkennbar. Und ein weiteres kommt hinzu: Zum Spielen Entschlossene dürften durch zugkräftige Werbung, im Zweifel von illegalen Anbietern, zum Spielen motiviert worden sein. Wie sollte die vom Bundesverwaltungsgericht allein zugelassene bloße Information über die Existenz eines legalen Angebots diese Spielerschicht zu den zugelassenen Anbietern lenken? Die Einschätzung des BGH in der Spiel-mit-Entscheidung (ZfWG 2011, 178 (180)) scheint demgegenüber wesentlich praxisnäher zu sein. Denn der BGH verkennt nicht, dass Werbung sehr leicht eine Anlockwirkung zukommt, die jedoch angesichts des Kanalisierungsauftrages in § 1 Abs. 2 GlüStV 2008 hinzunehmen sei.

41 Auch die Rechtsprechung des EuGH scheint so weit nicht zu gehen, wenn sie eine **maßvolle Werbung** verlangt, die den natürlichen Spieltrieb nicht durch die Aufforderung zur aktiven Teilnahme anregt, indem das Spiel verharmlost oder ihm dadurch ein positives Image verliehen wird, dass die Einnahmen überwiegend für Allgemeinwohlinteressen verwendet wird (→ Rn. 11). Ob dies auch in einem liberalisierten Markt gilt, erscheint indes fraglich. Denn warum muss dem aufgeklärten Verbraucher, der die Wahl zwischen verschiedenen Angeboten hat, diese Information zwingend vorenthalten werden? Unwesentlich erscheint sie nicht zu sein.

42 Neben der Verharmlosung benennt der EuGH (→ Rn. 11) ein weiteres Beispiel unzulässiger, vom Kanalisierungsauftrag nicht gedeckter Werbung: Das verführerische Inaussichtstellen bedeutender Gewinne durch zugkräftige Werbebotschaften. Man kann dies wohl als **Sachlichkeitsgebot** interpretieren, zu dem sich das **Transparenzgebot** aus der Rechtsprechung des BGH gesellt (→ Rn. 25). Die bloße Nennung oder Abbildung von Geld- oder Sachgewinnen ist damit nicht ausgeschlossen. Im Übrigen hat der EuGH auch nie seine Auffassung revidiert, wonach es „erforderlich" sein kann, dass „die zugelassenen Betreiber eine verlässliche und zugleich attraktive Alternative zur verbotenen Tätigkeit bereitstellen, was das Angebot einer breiten Palette von Spielen, einen gewissen Werbeumfang und den Einsatz **neuer Vertriebstechniken** mit sich bringen kann" (EuGH – C-338/04 – Placanica, ZfWG 2007, 125 (130) Rn. 55).

43 Durch eine Fortführung der in Abs. 2 S. 3 GlüStV 2008 enthaltenen Pflicht zur Veröffentlichung bestimmter Hinweise in den Richtlinien dürfte der mit jeder Werbung intendierten „Verführungswirkung" auch künftig weiter entgegengewirkt werden. Ein Umstand, den der EuGH in seiner Rechtsprechung noch gar nicht berücksichtigen konnte. Darüber hinaus bewirkt der Wegfall von Abs. 2 S. 3 GlüStV 2008, dass sich insbesondere die mit der Normenkontrolle betrauten Wettbewerbsgerichte nicht vorschnell und undifferenziert an die Stelle des durchschnittlichen Verbrauchers setzen und Werbemaßnahmen ohne wissenschaftliche Untersuchungen Suchtgefahr attestieren dürfen. Wenn sowohl der europäische Richtliniengeber als auch der EuGH (C-210/96 – Gut Springheide - EuZW 1998, 526 Rn. 37) bei der Definition des Werbebegriffs vom durchschnittlich informierten, verständigen und situationsadäquat aufmerksamen Verbraucher ausgehen, dann wird dieser sich etwa durch die bloße Abbildung oder Nennung eines Gewinns ebenso wenig in die Spielsucht treiben lassen, wie er innerhalb der Grenzen der lauteren Werbung eine irrationale Kauf-, sprich Teilnahmeentscheidung treffen wird. In den Werberichtlinien kann und muss nun entsprechend differenziert werden.

44 **bb) Spielsuchtprävention.** Vor allem die Spielsuchtprävention wird nicht länger unterschiedslos zur Rechtswidrigkeit einer Werbemaßnahme führen, ohne die Suchtgefahren des beworbenen Glücksspiels zu ermitteln und zu beachten. Insbesondere bei den Lotterien mit planmäßigem Jackpot (→ § 22 Rn. 5) und ihrer Bewerbung durch Veranstalter und Vermittler wird man das geringe Suchtrisiko, das schon aus der Art und Weise der Ausgestaltung des Glücksspiels folgt, beachten und demzufolge im Rahmen der Kanalisierungsbemühungen einen großzügigeren Maßstab anwenden können als etwa bei den Sportwetten oder den Automatenspielen. Bereits unter Geltung des GlüStV 2008 haben die Gerichte fast immer ohne Begutachtung durch Suchtexperten und dadurch nicht selten vorschnell angenommen,

dass der angegriffenen Werbung ein Gefährdungspotential im Hinblick auf die Spielsucht innewohnte (→ Rn. 23). Auch hier gilt aber, was der Bundesgerichtshof für die Jackpot-Werbung festgestellt hat: Eine gewisse, der Werbung per se innewohnende Anlockwirkung ist hinzunehmen, wenn die Verbraucher zu den erlaubten Spielen gelenkt werden sollen (BGH ZfWG 2011, 179 (180)). Die Lenkung führt nicht immer und erst recht nicht automatisch in die Sucht.

cc) Jugend- und Spielerschutz. Das in § 1 Nr. 3 normierte Ziel wird durch **45** Abs. 2 S. 1 vollumfänglich umgesetzt, wonach Werbung nicht an Minderjährige oder vergleichbar gefährdete Zielgruppen zu adressieren ist. Eine solche Adressierung könnte auch bei sog. Testimonials, also etwa dem Einsatz bestimmter Stars, die besonders Jugendliche ansprechen, gegeben sein. Eine Aufklärungspflicht oder die Pflicht zur Verwendung von Warnhinweisen in der Werbung, wie sie in § 5 Abs. 2 GlüStV 2008 enthalten waren, kann unter Bezug auf diese Zielbestimmung nicht in § 5 hineininterpretiert werden. Hier müsste der Richtliniengeber ergänzend tätig werden, wenn die entsprechenden Verpflichtungen auch künftig fortbestehen sollen.

dd) Schutz vor Folge- und Begleitkriminalität. Inwieweit Werbung neben **46** ihrer Kanalisierungsfunktion die am Glücksspiel interessierten Verbraucher vor Folge- und Begleitkriminalität schützen kann, ist bislang wenig erwiesen. Nur unter äußerst engen und praktisch kaum handhabbaren Voraussetzungen dürfte es den legalen Anbietern möglich sein, in der Werbung auf konkrete kriminelle Aktivitäten der Konkurrenz hinzuweisen und den Verbraucher hiervor zu warnen (vgl. aber EuGH – C-316/07 – Markus Stoß ua, ZfWG 2010, 332). Eine Verpflichtung hierzu gibt es ohnedies nicht; sie folgt auch nicht aus dem Verweis in § 5 auf § 1 Nr. 4.

ee) Integrität des Sports. Die Integrität des Sports zielt vor allem auf die **47** Werbung für Sportwetten ab. Insoweit sieht Abs. 3 S. 3 (→ Rn. 66 f.) vor, dass Werbung für Sportwetten im Fernsehen nicht unmittelbar vor oder während der Live-Übertragung von Sportereignissen auf dieses Sportereignis zulässig ist. Darüber sollte aber jedenfalls bei Erlass der Werberichtlinien kritisch geprüft werden, welche Grenzen dem sog. Sportsponsoring gezogen werden können. Der EuGH hat in der Liga Portuguesa-Entscheidung (C-42/07, ZfWG 2009, 304) die Gefahren aufgezeigt, die mit dem **Sponsoring** einer Fußballliga durch einen Wettanbieter einhergehen können und hat in der Folge entsprechende Werbebeschränkungen für zulässige Beschränkungen der Dienstleistungsfreiheit erachtet. Auch vom Sponsoring einzelner Vereine gehen solche Gefahren aus. Gerade die jüngste Vergangenheit hat gezeigt, wie anfällig gerade der Fußball für Wettmanipulationen ist. **Trikotwerbung** von oder **Premiumpartnerschaften** zwischen Fußballvereinen und Wettanbietern sollten daher durch die Werberichtlinien näher reguliert werden.

III. Adressierung an Minderjährige und vergleichbar gefährdete Zielgruppen (§ 5 Abs. 2)

Werbung für Glücksspiele darf sich nicht gezielt an Minderjährige richten. Für **48** den Bereich der Sportwetten hat das BVerfG (ZfWG 2006, 16 (20), Rn. 151) den Präventionsauftrag des Gesetzgebers in diesem Bereich besonders betont. Ähnliche Regelungen zum Schutz der Jugend enthalten § 6 Abs. 5 JMStV, der

Art. 13, 15 FsRL umsetzt, sowie Art. 15 Abs. 2 der Europakonvention für die Bewerbung von alkoholischen Getränken im Fernsehen (vgl. Schmits, ZfWG 2007, 197 (201)).

49   Der Gesetzgeber hat in der Gesetzesbegründung klargestellt, dass zu der geschützten Zielgruppe neben den Jugendlichen vor allem **Glücksspielsüchtige** oder suchtgefährdete Personen zählen. Weitere Personengruppen erscheinen kaum denkbar. Anders als etwa bei § 4 Nr. 2 UWG, für den eine Anwendbarkeit auf bestimmte Gruppen geschäftlich Unerfahrener wie etwa Aussiedler und Einwanderer angenommen wird (vgl. BGH GRUR 1998, 1041 (1042)), lassen sich solche Zielgruppen neben den nunmehr in der Gesetzesbegründung Genannten im Bereich der Erwachsenen bei § 5 schwerlich identifizieren. Denn auf das Ausnutzen der geschäftlichen Unerfahrenheit kommt es bei § 5 nicht an. Das Verbot der Werbeansprache Minderjähriger geht daher auch weiter als dasjenige in § 4 Nr. 2 UWG, weil nicht die geschäftliche Unerfahrenheit der Minderjährigen entscheidend ist. Während für § 4 Nr. 2 UWG anerkannt ist, dass Werbung gegenüber Jugendlichen für Waren und Dienstleistungen des täglichen Bedarfs zulässig ist, weil die Minderjährigen diese nach ihrem Nutzen und Wert beurteilen und auch mit ihrem Taschengeld finanzieren können (vgl. Köhler in KB § 4 UWG Rn. 2.17 a), ist eine entsprechende Befreiung vom Verbot in § 5 nicht möglich, da die Teilnahme Minderjähriger am Glücksspiel strikt und generell verboten ist.

50   Von einer Zielrichtung auf Minderjährige lässt sich insbesondere dann ausgehen, wenn Sponsoring gezielt bei Ereignissen mit überwiegender Beteiligung Minderjähriger, etwa bei **Freizeitveranstaltungen** oder beim **Trikotsponsoring** von Jugendmannschaften erfolgt. Auch **Werbeflyer** in Jugendzeitschriften oder Hinweise in **Kinder- und Jugendsendungen** fallen daher unter das Verbot von § 5 Abs. 2, wie auch eine Ansprache Jugendlicher in Wort und/oder Bild. Nach den **Richtlinien der Glücksspielaufsichtsbehörden** der Länder zu § 5 Abs. 1 und 2 GlüStV 2008 waren von dem Verbot insbesondere umfasst: Darstellungen von Minderjährigen bei der Teilnahme am Glücksspiel, Werbung für Glücksspiele über Medien, die sich primär an Minderjährige richten, Werbung mittels Personen, die bei Jugendlichen besonders beliebt sind (etwa Moderatoren einer Jugendmusiksendung oder Animationsfiguren), Werbung, die von ihrer Eigenschaft oder Gestaltung primär Minderjährige anspricht (etwa gezeichnete Märchenfiguren oder Comics) sowie Werbung im Rahmen von Veranstaltungen für Jugendliche. All diese Maßnahmen bleiben selbstverständlich auch nach dem neuen Recht verboten.

IV. Irreführungsverbot (§ 5 Abs. 2)

51   Das ebenfalls in Abs. 2 enthaltene Irreführungsverbot knüpft an § 5 UWG an. Die zur lauterkeitsrechtlichen Norm gewonnen Erkenntnisse lassen sich daher ohne weiteres auf § 5 Abs. 2 übertragen. Darüber hinaus gilt es, dem Irreführungsverbot im Kontext der gewerblichen Spielvermittlung besondere Beachtung zu schenken, da im Interesse des Spielerschutzes zum einen stets eine hinreichende Unterscheidbarkeit zwischen gewerblichen Spielvermittlern einerseits und den staatlichen Anbietern andererseits und zum anderen vor allem Transparenz über den Preis der Teilnahme und die Höhe der ggf. anfallenden Vermittlungsgebühr der gewerblichen Spielvermittlung gewährleistet sein müssen (vgl. LG Köln Urt.

v. 20.12.2007 - 84 O 129/06; näher → § 19 Rn. 14 ff.). Selbstverständlich umfasst das Irreführungsverbot auch Äußerungen, mit denen **falsche Gewinnvorstellungen** beim Teilnehmer hervorgerufen werden (vgl. Korte, Das staatliche Glücksspielwesen, S. 364), auch wenn dieser Gefahr bislang durch die Richtlinien im Anhang des Staatsvertrages (doppelt) vorgebeugt wurde.

V. Werbeverbote für bestimmte Vertriebswege (§ 5 Abs. 3)

§ 5 Abs. 3 begründet ein Werbeverbot für Glücksspiele im Internet, im Fernse- **52** hen durch Spot-Werbung oder Dauerwerbesendung iSd § 7 RStV sowie über Telekommunikationsanlagen. Das vormals in Abs. 3 enthaltene Verbot des **Sponsorings** iSd § 8 RStV ist nicht mehr in der Norm enthalten, so dass diese Werbeform nunmehr grundsätzlich zulässig sein dürfte. Außerdem lässt die Vorschrift in S. 2 zur besseren Erreichung der Ziele aus § 1 Ausnahmemöglichkeiten im ländereinheitlichen Verfahren für Werbung für Lotterien und Sport- und Pferdewetten im Internet sowie im Fernsehen zu. Verboten bleibt nach S. 3 aber Werbung für Sportwetten im Fernsehen unmittelbar vor oder während der Live-Übertragung von Sportereignissen auf dieses Sportereignis. Strikt verboten bleibt außerdem Werbung für Geldspielgeräte und Casinospiele im Fernsehen, im Internet sowie über Telekommunikationsanlagen.

Der Gesetzgeber zieht damit zum einen die Konsequenz daraus, dass einige **53** Glücksspielangebote auch wieder im Internet zugelassen sind und damit eine Kanalisierung auf dieses legale Angebot erforderlich wird. Dies ist in der Tat folgerichtig. Im Übrigen entstünden bei einem unverändert strikten Internetwerbeverbot aufgrund des weiten Werbebegriffs (→ Rn. 33) unauflösliche Widersprüche auch lediglich zur Präsentation eines legalen Online-Angebots (→ Rn. 69). Zum anderen ist an dieser Stelle im Gesetz die Differenzierung nach der Gefährlichkeit der unterschiedlichen Spiele unmittelbar angelegt. Vom strikten Fernsehwerbeverbot sind daher Ausnahmen für bestimmte Spiele möglich, so lange dem Ziel der Suchtprävention durch die Werberestriktionen aus den Abs. 1 und 2 sowie durch eine differenzierte Richtliniengebung gemäß Abs. 4 genügt wird. Durch das gesonderte Verbot in S. 3 sollen zusätzliche werbliche Anreize für ereignisbezogene Wetten im Fernsehen verhindert werden.

1. Europarechtskonformität

a) Notifizierung. Das im Nachgang zur Notifizierung des GlüStV 2008 einge- **54** leitete Vertragsverletzungsverfahren Nr. 2007/4866 (abgedruckt in ZfWG 2008, 32) wird von der Kommission der Europäischen Gemeinschaften nicht weiter betrieben. Nach ordnungsgemäßer Notifizierung auch des GlüStV 2012 ist mit einem erneuten Vertragsverletzungsverfahren jedenfalls innerhalb der nächsten zwei Jahre nicht zu rechnen.

Die Kommission hatte in ihrer ersten Stellungnahme auf die Notifizierung des **55** GlüStV 2012 zunächst angemerkt, dass sie es begrüßen würde, wenn die deutschen Behörden in Bezug auf die Werbung für Glücksspieldienste weiterführende Erläuterungen dazu machen könnten, wie die Bundesländer gewährleisten werden, dass Art und Umfang der Werbung für öffentliches Glücksspiel an den Zielen des § 1 ausgerichtet sind und wie sich das Verbot von Werbung für Sportwetten im Fernsehen im Umfeld von Sportsendungen begründet. Unklar schien der Kommission insbesondere die Formulierung „im Umfeld von Sportsendungen" zu sein, da diese offen lasse, ob auch Trikotsponsoring und Bandenwerbung erfasst würden.

56   Im Hinblick auf § 5 Abs. 3 wollte die Kommission wissen, ob die audiovisuelle Weiterübertragung einer Veranstaltung, die von einem nicht konzessionierten Online-Glücksspielbetreiber gesponsert wird, vom Verbot auch dann erfasst wird, wenn die betreffende Veranstaltung außerhalb des deutschen Hoheitsgebiets stattfindet. Für den Fall, dass diese Frage bejaht würde, sollte der Kommission mitgeteilt werden, ob dieses Verbot auch für einen Online-Glücksspielbetreiber gilt, der nicht beabsichtigt, Kunden auf dem deutschen Markt zu erreichen.

57   Nach Antwort der Bundesregierung, die weitgehend der Gesetzesbegründung entspricht, hat die Kommission in ihrer **abschließenden Stellungnahme** vom 20.3.2012 ihre Bedenken ersichtlich nicht aufrecht erhalten und lediglich darum gebeten, ihr die nach Abs. 4 zu erlassenden Richtlinien zu übersenden.

58   **b) Stellungnahme.** Die Europarechtskonformität der unterschiedslos geltenden Verbote, wie etwa das Werbeverbot für alle Glücksspielarten mittels Telekomunikationseinrichtungen, ist vom BGH erst jüngst bestätigt worden (GRUR 2012, 201). Fraglich erscheint daher nur, ob die nunmehr statuierten Ausnahmen vom generellen Verbot der Fernseh- und Internetwerbung europa-, bzw. verfassungsrechtskonform sind. Dass für alle nicht von den Verboten Dispensierten ein Eingriff in die Dienstleistungs- bzw. die Berufsausübungsfreiheit vorliegt, steht außer Zweifel. Entscheidend ist daher, ob die Eingriffe gerechtfertigt werden können, ob sie mithin geeignet, erforderlich und verhältnismäßig im engeren Sinne sowie kohärent sind. Unter **inhaltlicher Kohärenz** ist dabei der inhaltiche Zusammenhang der Einzelmaßnahmen zu einem stimmigen Gesamtkonzept zu verstehen (Ennuschat ZfWG 2011, 153 (156)). Ob die Verbotsregelungen stimmig und widerspruchsfrei sind, wird von der Ausgestaltung der Werberegelungen abhängen. Weder der EuGH noch das Bundesverfassungsgericht haben bislang strikte Werbeverbote gefordert, wenngleich entsprechende Restriktionen für Online-Angebote bereits die Billigung des EuGH erfahren haben (C-46/08 - Carmen Media, ZfWG 2010, 344 Rn. 105). Entscheidend wird die Eignung der Verbote und ihrer Ausnahmen zur Kanalisierung des Spieltriebs, also zur Lenkung der Spieler vom verbotenen zum legalen sowie vom gefährlichen zum weniger gefährlicheren Glücksspiel sein.

59   Bereits in der Vorauflage war außerdem darauf hingewiesen worden, dass allein ein Fehlen von Werbeverboten für Glücksspiele mit einem potenziell höheren Suchtpotenzial als denjenigen, die vom GlüStV erfasst werden, zur Inkohärenz der Werberegelung führen könne. Dies ist aber nach der Neuregelung erst recht nicht der Fall. Denn § 5 erfasst nach wie vor die von **Spielbanken** geschaltete Werbung (OLG München WRP 2009, 1014), so dass ein Widerspruch bereits de jure nicht vorliegen kann. De facto ist auch eine Beeinflussung aus dem Bereich der **Pferdewetten** ausgeschlossen. Zum einen beläuft sich dieses Segment lediglich auf 0,2 % des gesamten Glücksspielmarkts (vgl. Meyer, Jahrbuch Sucht 2012, 131 f.) und ist damit keine Glücksspielart, die eine „höhere Spielsuchtgefahr" aufweist. Das Gegenteil ist richtig. Pferdewetten beziehen sich nur auf ein „enges und deshalb leichter überschaubares Sportgeschehen und sind in einer besonderen wirtschaftlichen Situation zur Bekämpfung des „Winkelbuchmachertums" der privaten Veranstaltung zugänglich gemacht worden" (BVerwG NJW 2001, 2648 (2650); GewArch 1995, 63 (64)). Nach Auffassung des BVerwG verbieten daher die ungleichen Erfahrungen mit Pferdewetten die Annahme einer Gleichbehandlung von Sportwetten zu festen Gewinnquoten und Pferdewetten. Werbung für **Glücksspielautomaten** schließlich ist ebenfalls nur in den Grenzen von § 5 erlaubt und mangels Ausnahmemöglichkeiten, wie auch die Casinospiele, entsprechend ihrer Gefährlichkeit am stärksten reglementiert.

Berücksichtigt man außerdem, dass die Werbung über bestimmte Medien des- **60** halb verboten wird, weil diesen entweder eine besondere Einflussmöglichkeit zukommt oder sie aber eine unmittelbare Reaktion des Spielers ermöglichen, wie es beim Internet oder bei der Telekommunikation der Fall ist, so scheint die vom Gesetzgeber hierzu getroffene Differenzierung angesichts der unmittelbaren Einflussmöglichkeit, der Breitenwirkung und Zielgruppenorientierung dieser Medien durchaus nachvollziehbar und kohärent zu sein, zumal dem Gesetzgeber auch hier ein weiter Ermessensspielraum zukommt (OVG Hamburg ZfWG 2008, 136). Nach Auffassung des Bundesverfassungsgerichts war § 5 GlüStV 2008 daher verfassungskonform ($\rightarrow$ Rn. 12).

Auch in Bezug auf die französische „Loi Evin" wurde argumentiert, die Vor- **61** schriften der französischen Fernsehwerbung für Alkohol seien inkohärent, weil sie nur Werbung für **alkoholische Getränke** mit mehr als 1,2% Alkohol, nicht aber Werbung für **Tabakprodukte** verboten. Der EuGH (C–262/02 – Frankreich/Kommission, Slg. 2004, I-6569) hat dieses Vorbringen unter Hinweis auf das von ihm auch im Glücksspielsektor stets betonte Ermessen der Mitgliedstaaten im Bereich der Gesundheitspolitik ausdrücklich verworfen. Eine Diskriminierung ausländischer Veranstalter liegt schließlich schon deshalb nicht vor, weil diese von den Werbeverboten in gleichem Maße erfasst werden wie alle inländischen Glücksspielanbieter. Das Verbot ist unterschiedslos anwendbar.

2. Fernsehen

a) Reichweite des Verbots. Die Verwendung des Begriffs „Fernsehen" ist **62** ungewöhnlich, da regelungstechnisch Hörfunk und Fernsehen parallel verlaufen und daher üblicherweise gemeinsam als Rundfunk bezeichnet werden. Fehlt daher eine Legaldefinition des Begriffs im deutschen Rundfunkrecht, so definiert doch Art. 1 a) FsRL den Begriff der Fernsehsendung (vgl. dazu Schulz in Hahn/Vesting § 2 RStV Rn. 26). Da die Klammerdefinition der Neufassung nicht länger auf § 8 RStV Bezug nimmt, ist davon auszugehen, dass Sponsoring im Sinne von § 8 RStV grundsätzlich erlaubt und nicht mehr vom Fernsehwerbeverbot erfasst ist. Das Fernsehwerbeverbot erstreckt sich somit nur noch auf die klassische **Spotwerbung**, sowie auf **Teleshopping**, **Produktplatzierungen** und damit wohl auch auf **Spielshows**.

Wenn auch schon unter der Vorgängernorm Sendungen wie die **Ziehung der** **63** **Lottozahlen** vom Verbot ausgenommen waren, weil bei ihnen ohnedies fraglich ist, ob sie überhaupt Werbung darstellen, so wird hierauf in den Werberichtlinien noch einmal ausdrücklich hinzuweisen und eine entsprechende Ausnahme festzuschreiben sein. Gleiches gilt für die **„Aktion Mensch"**, deren Bewerbung nach § 12 Abs. 2 S. 1 GlüStV 2008 ausdrücklich erlaubt war und nun erlaubt werden kann.

Nach wie vor verboten bleibt jedoch die immer weiter um sich greifende **64** Werbung für Poker und sog. **Pokerschulen**, vor allem in privaten Fernsehprogrammen. Da die beworbenen Internetseiten zumeist schon bei der Registrierung die Anlage eines Kontos verlangen, lässt sich nicht einwenden, hierbei handle es sich mangels Einsatzes nicht um ein Glücksspiel. Das Spiel gegen Entgelt ist auf den beworbenen Internetseiten stets nur „einen Klick weit entfernt" (vgl. VG Münster, Beschl. v. 3.4.2008 – 9 L 13/08).

65   **b) Ausnahmen vom Verbot.** Gemäß Abs. 3 S. 2 können die Länder zur besseren Erreichung der Ziele des § 1 Werbung für Lotterien und Sport- und Pferdewetten im Fernsehen unter Beachtung der Grundsätze nach den Absätzen 1 und 2 erlauben. Der Gesetzgeber betont in der Gesetzesbegründung, dass bei der Ausdifferenzierung des Regel-Ausnahme-Verhältnisses innerhalb der Richtliniengebung das im Vergleich zu Lotterien **höhere Suchtpotential der Sportwetten** zu berücksichtigen sei. Das bedeutet, dass ein Dispens für die Bewerbung von Sportwetten im Fernsehen und Internet schwerer zu erlangen sein muss als für die weniger gefährlichen Lotterien. Keine Ausnahmen sind für die Bewerbung von Geldspielgeräten und Casinospielen im Fernsehen und Internet vorgesehen. Für diese Glücksspielarten bleibt es aufgrund ihrer besonderen Gefährlichkeit bei einem unterschiedslos anwendbaren **Total-Werbeverbot** im Fernsehen sowie im Internet.

66   **c) Fernsehwerbung für Sportwetten bei Live-Übertragungen.** Ein gesondertes Verbot hat die Werbung für Sportwetten (nicht: Pferdewetten) im Fernsehen unmittelbar vor oder während der **Live-Übertragung** von Sportereignissen auf dieses Sportereignis erfahren. Der Gesetzgeber will durch dieses spezielle Werbeverbot im Fernsehen dazu beitragen, dass keine zusätzlichen werblichen Anreize für ereignisbezogene Wetten unmittelbar vor oder während der Live-Übertragung von Sportereignissen im Fernsehen gesetzt werden. Hier sind dem Richtliniengeber also sehr enge Grenzen gezogen, die er allerdings im Bereich der Pferdewetten verlassen darf. Soweit Sportereignisse im Internet live übertragen werden, gilt das Werbeverbot analog auch im Internet. Denn die Gefahren, die von einer Bewerbung bei unmittelbarem Übergang zur Wette bestehen, sind die gleichen, sie sind im Internet sogar noch größer.

67   Fraglich ist, ob wegen des Wortlauts „Werbung für Sportwetten" und „auf dieses Sportereignis" auch Werbung für Sportwettunternehmen und mithin reine **Imagewerbung** oder Werbung für Sportwetten auf andere Ereignisse von dem Verbot erfasst ist. Einer solchen Erstreckung der Verbotsnorm wird man neben dem Wortlaut auch mit Hinweis auf die Gesetzesbegründung entgegen treten können.

3. Internet

68   Um den Umfang des Werbeverbots im **Internet** genauer zu bestimmen, ist der Begriff des „Internets" auszulegen (zum Begriff der Internet-Werbung vgl. auch Köhler in KB § 4 UWG Rn. 1.206; Hoeren in Fezer § 4-3 UWG Rn. 73.96). In diesem Zusammenhang wurden bereits vor Inkrafttreten des GlüStV im Rahmen von § 284 Abs. 4 StGB als unzulässig und strafbar folgende Handlungen angesehen: ein **Verzeichnis** mit den „besten Online-Casinos" auf einer Webpage, ein Verzeichnis mit Seiten, die deutschsprachige Spielversionen enthalten, **Banner** (OLG Hamburg ZfWG 2008, 120), durch die mittels Text oder Bild auf eine andere Seite hingewiesen wird sowie **Bannerlinks** (Leupold/Bachmann/Pelz MMR 2000, 648 (655); Volk, S. 70; grundsätzlich zustimmend wohl auch KG MMR 2002, 119 (120)). Diese Werbeformen sind nunmehr nach Abs. 3 im Grundsatz ebenso wenig zulassungsfähig wie **Keyword Advertising**

oder **Interstitials,** also Werbung, die vor dem Aufruf der gewünschten Webseite erscheint.

Eine Einschränkung des Verbots ist nicht dadurch möglich, dass man die Abs. 1 **69** und 2 in Abs. 3 hineinliest, also zusätzlich einen inhaltlichen Verstoß verlangt. Der Gesetzgeber hat jedoch mit der Neuregelung auch für das Internet die Möglichkeit von Ausnahmeregelungen getroffen. Danach können die Länder zur besseren Erreichung der Ziele des § 1 Werbung für Lotterien, Sport- und Pferdewetten auch im Internet unter Beachtung der Grundsätze nach den Absätzen 1 und 2 erlauben. Die Lockerung des bisherigen Totalverbots ist für das Internet nur folgerichtig, wie der Gesetzgeber in der Gesetzesbegründung selber ausführt. Denn die nunmehr mögliche Veranstaltung von Glücksspielen im Internet, die automatisch eine Bewerbung darstellt, macht die begrenzte Zulässigkeit der Werbung erforderlich. Außerdem muss das legale Angebot auch anders als über die eigene Homepage auf sich aufmerksam machen können, da die angestrebte Kanalisierung sonst nicht erreicht werden kann.

Einfache **Hyperlinks** in einem Fließtext, insbesondere in Beiträgen der Presse, **70** hat die Rechtsprechung bereits bislang nicht als verbotene Werbung im Sinne von § 284 Abs. 4 StGB angesehen (BGHZ 187, 240 Rn. 15, 19, 20 ff.). Es ist daher davon auszugehen, dass jegliche neutrale Berichterstattung über legale wie illegale Glücksspielaktivitäten auch im Internet oder Fernsehen nicht gegen Abs. 3 verstößt. Nicht ausgeschlossen ist hingegen die Mithaftung auch der Presse sowie des Fernsehsenders für die Schaltung bzw. Sendung verbotener Glücksspielwerbung (vgl. OLG Celle ZUM 2007, 540; LG München I Beschl. v. 19.6.2006 – 9 HK O 10688/06).

4. Telekommunikationsanlagen

Unter Telekommunikationsanlagen sind gemäß § 3 Nr. 23 TKG technische **71** Einrichtungen oder Systeme zu verstehen, die als Nachrichten identifizierbare elektromagnetische oder optische Signale senden, übertragen, vermitteln, empfangen, steuern oder kontrollieren können. Unter diese Kommunikationsform fällt daher jegliche Werbung über das Telefon und den Mobilfunk, sei es in akustischer oder in Textform (**SMS, MMS**). Auch die Werbung per Fax rechnet hierzu, da Telefaxgeräte Nachrichten als identifizierbare elektromagnetische Signale senden und empfangen können (BGH WRP 2008, 1376 (1381)).

Untersagt ist außerdem das lauterkeitsrechtlich verbotene **Cold Calling,** also **72** unerbetene Anrufe zum Zwecke der Aufforderung zur Spielteilnahme. Der Gesetzeserläuterung lässt sich umgekehrt entnehmen, dass Anrufe des Spielers beim Veranstalter oder Vermittler (ausnahmsweise) zulässig sein sollen. Damit sind nicht allein Nachfragen beim Kundenservice oder der **Kundenhotline** vom Verbot freigestellt, vielmehr kann der Spieler von sich aus eine Spielteilnahme auch auf diesem Wege selbst initiieren und dann entsprechend werblich angesprochen werden (so VG Regensburg Urt. v. 21.10.2010 – 105 K 10.31, Rn. 64; VG Karlsruhe Urt. v. 14.4.2010 – 103 K 3851/09, S. 21).

Das Verbot der Werbung über Telekommunikationsanlagen gilt ansonsten ohne **73** Einschränkungen. Auch die Werberichtlinien können nicht, ohne selbst rechtswidrig zu sein, hinter das Verbot zurückfallen und Ausnahmen statuieren. Dies wird in der Praxis zu Problemen führen, da nach Auffassung des BGH die Nutzung von **E-Mail** über Telekommunikationsanlagen erfolgt und daher bereits nach § 5 Abs. 3 GlüStV 2008 verboten war (BGH WRP 2008, 1376 (1381)).

Angesichts des weiten Werbebegriffs (→ Rn. 33) ist damit jegliche E-Mail Kommunikation der legalen online Anbieter mit ihren Kunden untersagt und auch über die Werberichtlinien nach Abs. 4 nicht genehmigungsfähig. **Gewinnmitteilungen** sind nach Abs. 3 folglich ebenso rechtswidrig wie **Newsletter**, selbst wenn der Verbraucher wirksam in ihren Erhalt eingewilligt haben sollte.

5. Sonstige Werbeformen

74   Alle nicht in Abs. 3 genannten Vertriebsformen dürfen von den legalen Anbietern zu Werbezwecken genutzt werden. Nicht betroffen vom Verbot des Abs. 3 sind demnach **Werbeanzeigen** in der Presse, auf Plakaten und Litfaßsäulen, **Zeitungsbeilagen**, **Postwurfsendungen**, Werbung im **Kino** sowie Werbesendungen im **Radio**, wobei für Sportwetten die Einschränkung in § 21 Abs. 4 S. 1 zu beachten ist (→ § 21 Rn. 48 ff.). Teilweise wurde zu diesen Werbeformen schon für § 5 Abs. 3 GlüStV 2008, wenngleich ohne nähere Begründung oder Prüfung, vertreten, durch das Werbeverbot in nur einzelnen elektronischen Medien würde dieses allein zugunsten der bisherigen Monopolunternehmen durchbrochen (so etwa Wiring ZfWG 2007, 203 (207)). Diese Kritik war und ist weder im Hinblick auf die Gesetzeserläuterung noch auf die Marktlage berechtigt, wenn man bedenkt, dass einige gewerbliche Spielvermittler hauptsächlich den Postweg für ihre Werbeansprache nutzen (kritisch zu Recht Korte, Das staatliche Glücksspielwesen, S. 97 f.). Auch der Vorwurf, die Norm sei zu unbestimmt, ist bei näherer Betrachtung nicht haltbar. Allein die Verwendung unbestimmter und damit durch die Rechtsprechung konkretisierungsbedürftiger Rechtsbegriffe führt nicht zu einem Verstoß gegen das Bestimmtheitsgebot. Andernfalls wären auch Bestimmungen wie die §§ 3 oder 5 UWG, also Normen, die auch dem Verbraucherschutz und damit dem Allgemeininteresse zu dienen bestimmt sind, wegen mangelnder Bestimmtheit verfassungswidrig (→ Rn. 12).

75   Der Richtliniengeber wird zu beachten haben, dass das BVerfG (GewArch 2007, 242) für Spielbanken bereits nach dem Recht des LottStV unbeanstandet gelassen hat, wenn auf diese im regionalen Nahbereich und im Zusammenhang mit besonderen Veranstaltungen wie **Tombolas** und **Vernissagen** oder auf die Kooperation der Spielbanken mit den Fremdenverkehrsverbänden im Rahmen der Tourismusförderung durch informative Funk- und Anzeigenwerbung hingewiesen wird. Die sog. **Imagewerbung** dürfte demnach ebenfalls stets zulässig sein (vgl. dazu bereits Ohlmann WRP 2005, 48 (61)). Da auch ein Engagement im Sport- und Kulturbereich nicht als den Zielen der Spielsuchtprävention zuwiderlaufend angesehen worden ist, ist auch das **Sponsoring** in den Grenzen von Abs. 3 und für Sportwetten in jenen des § 21 Abs. 4 S. 1 grundsätzlich zulässig (ähnlich Hamacher/Soldner SpuRt 2007, 89 (94)).

VI. Werberichtlinien

76   Ein Fortbestand der auf Basis des GlüStV 2008 geltenden Werberichtlinien ist durch die Neuausrichtung von § 5 und die damit erfolgte Differenzierung nach den unterschiedlichen Gefahren der jeweiligen Glücksspiele ausgeschlossen. Mit Geltung des neuen Rechts treten die alten Richtlinien ebenso wie § 5 GlüStV 2008 außer Kraft.

Rechtstechnisch stellen die neuen Werberichtlinien normkonkretisierende Ver- **77** waltungsvorschriften dar, die auch für die Gerichte Bindungswirkung entfalten (kritisch Bornemann, K&R 2012, 653 (657)). Von ihrer Wirksamkeit und Ausgestaltung hängen die Verfassungs- und Europarechtskonformität weiter Teile des § 5 sowie der übrigen Beschränkungen von Dienstleistungs- und Berufsfreiheit durch den neuen Staatsvertrag ab. Denn es kann nicht übersehen werden, dass § 5 ohne Werberichtlinien einen Rückfall in die Zeit des LottStV darstellt, der durch eine sachgerechte, differenzierende Richtliniengebung aufgefangen werden muss. Besondere Bedeutung wird daher im Vorfeld des Erlasses der Anhörung der beteiligten Kreise und hier insbesondere der Suchtverbände zukommen. Denn gerade die Anhörung der Suchtverbände und ihr Wissen um die Rezeption von Werbung durch Suchtkranke und Suchtgefährdete wird erstmals eine aus berufendem Munde erfolgende Unterscheidung der Suchtgefährdungspotentiale der einzelnen Glücksspiele ermöglichen.

Abzuwarten ist, welches Regelungsmodell die Bundesländer für die Erlaubnis- **78** erteilung in den Richtlinien wählen, ob also jede grundsätzlich verbotene aber erlaubnisfähige Werbemaßnahme behördlich geprüft und genehmigt oder abstrakte Anforderungen aufgestellt werden, bei deren Erfüllung eine Werbemaßnahme als erlaubt gilt. Eine Vorlagepflicht würde sich vor allem auf die Veranstalter und Vermittler beziehen, wobei im Falle von **Affiliate-Werbung** diese auch die Werbung der Affiliates genehmigen lassen müssten.

1. Fernsehen

Werbung für Lotterien im Fernsehen sollte in den Werberichtlinien oder auf **79** Antrag grundsätzlich erlaubt werden. Jedoch ist zwischen den einzelnen Lotterien und ihren unterschiedlichen Gefährdungspotenzialen zu unterscheiden. Lotterien wie „Quicky" und „Keno" dürften daher strengeren Anforderungen unterworfen werden als die Soziallotterien, LOTTO oder die neue Lotterie EUROJACKPOT, mit zwei bzw. einer Ziehung wöchentlich. Durch die Werberichtlinien sollte auch klargestellt werden, dass für die **Aktion Mensch** oder die **GlücksSpirale** im Fernsehen ebenso geworben werden darf wie mit der Ziehung der Lottozahlen. Für eine großzügigere Zulassungspraxis bei Lotterien im Rahmen des Kanalisierungsauftrags sollte es auch eine Rolle spielen, dass mit der Kanalisierung auch die Hinführung von gefährlicheren Spielen zu ungefährlichen, ereignis- und frequenzarmen Spielen gemeint ist und im Rahmen von § 1 verfolgt werden soll.

Inhaltlich sind indes auch bei grundsätzlicher Zulassung der TV-Werbung Gren- **80** zen jenseits des Wettbewerbsrechts zu beachten. Ein reiner Irreführungsschutz reicht hier nicht aus, weil Glücksspiel nicht als sozialadäquate Tätigkeit präsentiert werden darf und auch grundsätzlich ungefährlich ausgestaltetes Glücksspiel gefährlich beworben werden kann, etwa indem dem Spieler eine Kontrollillusion oder der Eindruck vermittelt wird, Glücksspiel stelle eine Möglichkeit dar, sich ein Einkommen zu erwirtschaften. Auch der bislang verbotene Einsatz von **Verkaufsförderungsmaßnahmen**, wie Gratis-Teilnahmen, Bonusse, Gewinnspielkopplungen, Rabatte oder **Kundenbindungssysteme** müsste in jedem Fall für die TV-Werbung und hier unterschiedslos für alle Glücksspielformen fortgeschrieben werden. Werbung für Sportwetten, die suggeriert, dass man durch die Teilnahme „in" ist, „dazu gehört" oder dass die Teilnahme an Sportwetten zum Sportereignis „dazu gehört", dürfte sowohl den Zielen des Jugendschutzes als auch dem Ziel widersprechen, die Integrität des Sports zu wahren und wäre daher nicht zu erlauben (ähnlich Becker, Werberichtlinien für Glücksspiele, Stuttgart 13.2.2012, bisher n. v., S. 38).

81   **Eigenwerbekanäle** und **Teleshopping** für Lotterien sollten unmöglich und **Dauerwerbesendungen** nur für die ungefährlichen Soziallotterien möglich sein. Zur Erreichung der Ziele des § 1 böte es sich an, in Ergänzung der lauterkeitsrechtlichen Vorschriften und unter Zugrundelegung des europäischen Verbraucherleitbildes bei den am wenigsten suchtgefährlichen Spielen, jedenfalls die vormals in § 5 Abs. 2 S. 3 GlüStV 2008 statuierten **Hinweis- und Aufklärungspflichten** nicht fortzuschreiben. Bei Sportwetten zu festen Gewinnquoten und auch bei Pferdewetten wären entsprechende Hinweise indes angezeigt und würden ohne den inflationären Gebrauch vom Verbraucher auch deutlicher wahrgenommen werden.

82   Sollte sich der Richtliniengeber jedoch ganz oder auch nur in Einzelfällen für den Verbleib der Hinweispflichten entscheiden, ist die Statuierung einer Ausnahmeregelung entsprechend § 4 Abs. 6 HWG für sog. **Erinnerungswerbung** zu empfehlen, damit insbesondere die bloße Nutzung bzw. **Nennung von Marken oder Firmen** und ihre Nutzung etwa auf einem Trikot ohne entsprechende Hinweise möglich ist. Wie außerdem die Gerichtsverfahren zu § 5 Abs. 2 S. 3 GlüStV 2008 gezeigt haben, sollte außerdem die Art und Weise der Verwendung der Hinweise bis ins Detail (Inhalt, Dauer, Größe, etc.) für jedes Medium festgeschrieben werden. Nur so können Unklarheiten darüber vermieden werden, ob die Hinweise „deutlich" genug sind. Die Auslegung sollte nicht erneut den Wettbewerbsgerichten überlassen werden, die in ihren Urteilen keine eigenen Vorgaben machen, sondern nur für jeden Einzelfall entscheiden, ob dem Gebot der **Deutlichkeit** genügt worden ist oder nicht.

83   Für Geldspielgeräte und Casinospiele kann und darf es schon nach § 5 Abs. 3 S. 2 keine Ausnahmemöglichkeiten vom Verbot der Fernsehwerbung geben. Das strikte Verbot macht weitere diesbezügliche Regelungen in den Werberichtlinien nicht nur entbehrlich; es schließt sie aus.

2. Internet

84   Hier werden ähnliche Grundsätze aufzustellen sein wie bei der TV-Werbung, wobei zusätzlich zu beachten ist, dass bei der Bewerbung von Glücksspielen im Internet die Gefahr der sofortigen Teilnahme hinzukommt. Werbung und Veranstaltung rücken hier viel enger zusammen; entsprechend „näher" ist die eigentliche Spielteilnahme.

85   Um Widersprüche zu den Vorschriften über die TV-Werbung zu vermeiden, ist klarstellend zu regeln, dass Online-Werbung in Form bewegter Bilder den gleichen Grenzen unterliegt wie die TV-Werbung.

86   Begrüßenswert wäre eine Klarstellung, wonach das Unterhalten einer eigenen Homepage mit zulässigen Lotterie- oder Sportwettangeboten keine Werbung im Sinne der Norm darstellt, wenn auf der Homepage nur eine Darstellung des Unternehmens und der Produkte stattfindet und keine Verkaufsförderungsmaßnahmen, wie etwa Gratisteilnahmen, Rabatte, Clubmitgliedschaften, etc. angeboten werden. Auch außerhalb der eigenen Homepage müssten Verkaufsförderungsmaßnahmen verboten bleiben. Das bloße Sponsoring der Internet**homepage** eines Dritten wird vor diesem Hintergrund zulässig sein.

87   Kritisch zu betrachten dürfte auch Werbung in sozialen Netzwerken sein (so auch Becker, Werberichtlinien für Glücksspiele, Stuttgart 13.2.2012, bisher n. v., S. 38), da hier das Glücksspiel, auch das ungefährliche, als sozial adäquate Tätigkeit

innerhalb einer Gruppe angesehen werden könnte. Ob und inwieweit – insbesondere für den jeweiligen Spieltyp – hier jedoch tatsächlich eine Suchtgefahr besteht, kann juristisch nicht abschließend beurteilt werden, sondern obliegt der Einschätzung der Suchtexperten.

3. Sonstige Werbeformen

Medienübergreifend könnte sich der Richtliniengeber teilweise an den Werbe- **88** richtlinien der Glücksspielaufsichtsbehörden der Länder zu § 5 Abs. 1 und 2 und insbesondere an folgenden Verboten orientieren: Werbung, die den „Kick" des Glücksspiels thematisiert; Werbung, die suggeriert, das Glücksspiel eine vernünftige **Strategie** sei, um die eigene finanzielle Situation zu verbessern; Werbung, die suggeriert, durch Glücksspiel könnten alle persönlichen, physischen oder finanziellen Sorgen gelindert oder sogar gelöst werden; Werbung mit in der Vergangenheit erzielten Gewinnen; **Dringlichkeitsappelle**; Werbung, die suggeriert, dass der Spieler das Spiel kontrollieren kann.

Bei der Bewerbung von Sportwetten wäre außerdem an folgende Verbote zu **89** denken: Werbung mit besonders erfolgreichen oder aktiven Sportlern; Werbung, die suggeriert, Wetten gehöre zum Sport; Werbung, die suggeriert, Wetten seien leicht; Werbung, die „Freude" am Wetten in den Mittelpunkt stellt; Werbung, die Wetten mit sozial unproblematischem Verhalten gleichsetzt.

Werbung für Geldspielgeräte und Casinospiele muss zwingend Hinweise auf **90** die Suchtgefahren, auf Hilfsangebote, das Verbot der Teilnahme Minderjähriger und ggf. die **Ausschüttungsquote** des jeweiligen Gerätes enthalten. Ob hier gesteigerte Anforderungen gegenüber den Hinweisen bei Sportwetten und Lotterien zu erfolgen haben, ist mit den Suchtexperten abzustimmen. Werbung für Geldspielgeräte muss sich in besonders engem und strengem Maße an den Vorgaben der Suchtexperten ausrichten. Daher muss hier intensiv geprüft werden, welche Anlockwirkung die bildliche Darstellung oder auch das bloße Inaussichtstellen vermeintlich hoher Gewinne hat. Das, was die Rechtsprechung bislang ohne Rückkopplung mit Spielsuchtexperten für zu anreizend und daher für unvereinbar mit den Zielen des § 1 gehalten hat, dürfte für die Bewerbung von Glücksspielen an Geldspielgeräten Gültigkeit behalten. Bilder, die sich freuende Menschen zeigen oder Bezeichnungen von Spielen oder **Spielkomponenten** (Super-Jackpot), die hohe Gewinne suggerieren oder Gewinne besonders hervorheben, wären danach zu untersagen.

Angesichts des Erscheinungsbildes vieler Spielhallen und unter Beachtung von **91** § 26 Abs. 1 könnte in den Richtlinien außerdem klargestellt werden, dass von der äußeren Gestaltung einer Spielhalle keine Werbung für den Spielbetrieb oder die in der Spielhalle angebotenen Spiele ausgehen und durch eine besonders **auffällige Gestaltung** kein zusätzlicher Anreiz für den Spielbetrieb geschaffen werden darf.

VII. Werbeverbot für unerlaubte Glücksspiele (§ 5 Abs. 5)

§ 5 Abs. 5 entspricht wortgleich Abs. 4 GlüStV 2008 und damit nach wie vor dem **92** Wesen nach dem Verbotscharakter des § 284 Abs. 4 StGB. Die Bestimmung statuiert ergänzend ein Werbeverbot außerhalb strafrechtlicher Bestimmungen (Schmits ZfWG 2007, 197 (199)), auf das in einzelnen Ausführungsgesetzen der Bundesländer innerhalb des Ordnungswidrigkeitstatbestands Bezug genommen wird.

VIII. Ausblick

93   Durch die Rechtsprechung ist bereits bestätigt, dass die Bestimmungen in § 5 Abs. 1, Abs. 2 S. 1 Marktverhaltsregelungen im Sinne von § 4 Nr. 11 UWG sind (so BGH ZfWG 2011, 179). Dies bedeutet, dass die Norm von Mitbewerbern oder nach § 8 Abs. 3 UWG Klagebefugten in wettbewerbsrechtlichen Streitigkeiten herangezogen werden kann.

94   Zu beachten ist darüber hinaus, dass Verstöße gegen § 5 allgemein oder einzelne Absätze der Norm in den Ausführungsgesetzen der Bundesländer als Ordnungswidrigkeiten sanktioniert sind. Die Fundstellen der Ordnungswidrigkeitentatbestände in den Ausführungsgesetzen der Länder sind einleitend wiedergegeben.

§ 6 Sozialkonzept

Die Veranstalter und Vermittler von öffentlichen Glücksspielen sind verpflichtet, die Spieler zu verantwortungsbewusstem Spiel anzuhalten und der Entstehung von Glücksspielsucht vorzubeugen. Zu diesem Zweck haben sie Sozialkonzepte zu entwickeln, ihr Personal zu schulen und die Vorgaben des Anhangs „Richtlinien zur Vermeidung und Bekämpfung von Glücksspielsucht" zu erfüllen. In den Sozialkonzepten ist darzulegen, mit welchen Maßnahmen den sozialschädlichen Auswirkungen des Glücksspiels vorgebeugt werden soll und wie diese behoben werden sollen.

Anhang zum Glücksspielstaatsvertrag:
„Richtlinien zur Vermeidung und Bekämpfung von Glücksspielsucht":

Zur Vermeidung und Bekämpfung von Glücksspielsucht gelten die folgenden Richtlinien:
1. Die Veranstalter
   a) benennen Beauftragte für die Entwicklung von Sozialkonzepten,
   b) erheben Daten über die Auswirkungen der von ihnen angebotenen Glücksspiele auf die Entstehung von Glücksspielsucht und berichten hierüber sowie über den Erfolg der von ihnen zum Spielerschutz getroffenen Maßnahmen alle zwei Jahre den Glücksspielaufsichtsbehörden,
   c) schulen das für die Veranstaltung, Durchführung und gewerbliche Vermittlung öffentlichen Glücksspiels eingesetzte Personal in der Früherkennung problematischen Spielverhaltens, wie z. B. dem plötzlichen Anstieg des Entgelts oder der Spielfrequenz,
   d) schließen das in den Annahmestellen beschäftigte Personal vom dort angebotenen Glücksspiel aus,
   e) ermöglichen es den Spielern, ihre Gefährdung einzuschätzen, und
   f) richten eine Telefonberatung mit einer bundesweit einheitlichen Telefonnummer ein.
2. Eine Information über Höchstgewinne ist mit der Aufklärung über die Wahrscheinlichkeit von Gewinn und Verlust zu verbinden.
3. Die Vergütung der leitenden Angestellten von Glücksspielveranstaltern darf nicht abhängig vom Umsatz berechnet werden.

Ausführungs-, Spielbanken- und Spielhallengesetze: § 2 Abs. 1 Nr. 2, § 7, § 17 Abs. 3, § 22 Nr. 4, § 23 Nr. 1 lit. d, § 28 Abs. 2 Nr. 7, § 29 Abs. 1 S. 3, § 41 Abs. 2 Nr. 3,

Abs. 3, § 43 Abs. 2 Nr. 1, § 47 Abs. 5 S. 3, § 48 Abs. 1 Nr. 19, § 51 Abs. 6 LGlüG BW-E; Art. 2 Abs. 1 S. 1 Nr. 2 lit. d, Art. 9 Abs. 1 Nr. 2 lit. d AGGlüStV Bay, Art. 2 Abs. 5 Nr. 2 SpielbG Bay; § 7 Abs. 1 S. 4 Nr. 3, § 15 Abs. 5 S. 4, § 17 Abs. 1 Nr. 4, § 19 Abs. 2 S. 2 AG GlüStV Bln; § 3 Abs. 1 Nr. 2 BbgGlüAG, § 4 Abs. 2 Nr. 2 BbgSpielbG; § 3 Abs. 1 Nr. 2 lit. d BremGlüG; § 3 Abs. 3 Nr. 2, Abs. 4 Nr. 2 BremSpielbG, § 2 Abs. 2 Nr. 6, § 4 Abs. 2 S. 2, Abs. 6, § 10 Abs. 1 Nr. 5, § 11 Abs. 2 S. 2 BremSpielhG; § 9 Abs. 1 Nr. 4; § 14 Abs. 3 HmbGlüÄndStVAG, § 6 Abs. 3 Nr. 1 HmbSpielhG-E; § 3, § 9 Abs. 1 Nr. 4 HGlüG, § 5 Abs. 4 HSpielbG; § 3 HSpielhG; § 5 Abs. 1 Nr. 3, § 11 Abs. 2 Nr. 2 lit. d GlüStVAG M-V, § 3 Abs. 2 Nr. 7, § 6 Abs. 3 Nr. 2 SpielbG M-V; § 1 Abs. 5, § 4 Abs. 1 S. 1 Nr. 4, § 26 Abs. 1 Nr. 6 NGlüSpG, § 2 Abs. 5 Nr. 2, § 3 Abs. 2 S. 2 Nr. 6, Abs. 6 S. 2 Nr. 5, § 10 Abs. 1 S. 3, Abs. 3 S. 2 NSpielbG; § 4 Abs. 1 Nr. 4, § 16 Abs. 2 S. 2 Nr. 2 lit. d, § 23 Abs. 1 Nr. 6 AG GlüÄndStV NRW; § 2 Abs. 1 S. 2, § 5 Abs. 1 Nr. 1 lit. c, § 11 Abs. 1 Nr. 2 lit. c, § 13 Abs. 3 Nr. 2, § 16 Abs. 1 Nr. 6 LGlüG RhPf, § 4 Abs. 4 Nr. 12, § 13 Abs. 1 Nr. 11 SpielbG RhPf; § 4 Abs. 1 Nr. 4, § 4 Abs. 7 Nr. 4, § 15 Abs. 1 Nr. 9 AG GlüStV-Saar; § 5, § 11 Abs. 1 Nr. 6 SpielhG Saar; § 21 Abs. 1 Nr. 5 SpielbG-Saar; § 4 Abs. 1 Nr. 2, § 6 Abs. 1 Nr. 5, § 20 Abs. 1 Nr. 9 SächsAGGlüStV; § 2 Abs. 3 Nr. 1, § 3 Abs. 4 Nr. 2 SächsSpielbG; § 4 Abs. 2 Nr. 2 lit. d, § 9 Abs. 5 Nr. 5, § 18 Abs. 1 Nr. 2 GlüG LSA; § 2 Abs. 4 Nr. 3 lit. c, Abs. 7 Nr. 15, § 4 Abs. 3 S. 3 Nr. 7, 8, § 4 Abs. 6 Nr. 1 SpielbG LSA; § 3 Abs. 1 Nr. 2 lit. d GlüÄndStV AG SchlH-E, § 3 Abs. 2 Nr. 4 lit. c SpielbG SchlH, § 5 SpielhG SchlH; § 4 Abs. 3, § 5 Abs. 1 Nr. 2 lit. d ThürGlüG, § 4 Abs. 5, § 7 Abs. 1 Nr. 11 ThürSpielhG

I. Allgemeine Grundlagen

1. Pathologisches Glücksspiel als Krankheit

Das **pathologische Glücksspiel** wird spätestens seit Aufnahme in die interna- 1 tionale Klassifikation psychischer Störungen durch die Weltgesundheitsorganisation (WHO) im Jahre 1991 (International Statistical Classification of Diseases and Related Health Problems Version 10: ICD-10, Kapitel F Kategorie 63.0) als **Krankheit** eingestuft. Bereits 11 Jahre zuvor hatte die American Psychiatric Association (APA) eine entsprechende Einordnung vorgenommen (Diagnostic and Statistical Manual of Mental Disorders Version 3: DSM-III). Auch seitens der Spitzenverbände der Krankenkassen und Rentenversicherungsträger wird das pathologische Spielverhalten seit 2001 als rehabilitationsbedürftige Krankheit anerkannt. In der suchtpsychologischen und suchtmedizinischen Diskussion findet neben dem pathologischen Spielverhalten auch das sog. „problematische Spielverhalten" Beachtung. Hierbei wird ein **problematisches Spielverhalten** - im unmittelbaren Vorfeld einer klinischen Diagnose - angenommen, wenn bei einem Spieler drei oder vier der DSM-IV-Kriterien (F63.0) vorliegen (alternativ drei bzw. vier Punkte im South Oaks Gambling Screen – SOGS), während von einem **pathologischen Spielverhalten** im Sinne einer klinisch relevanten Ausprägung die Rede ist, wenn fünf oder mehr Kriterien des DSM-IV erfüllt (bzw. fünf oder mehr Punkte im SOGS erreicht) sind (eingehend Meyer Jahrbuch Sucht 2012, 125 (136)). Nach aktuellen Studien ist davon auszugehen, dass rund 275.000 Personen in Deutschland ein problematisches Spielverhalten aufweisen, während zusätzlich 264.000 Personen bereits als pathologische Spieler einzustufen sind (Meyer Jahrbuch Sucht 2012, 125 (138)). Trotz der nicht unerheblichen Anzahl betroffener Personen liegen die Zahlen in Deutschland bei einem internationalen Vergleich eher im unteren Bereich (eingehend Meyer/Heyer Bundesgesundheitsblatt 53/4, 295 ff.). Dabei bleibt aber zu beachten, dass das pathologische Glücksspiel in besonderer Weise auch auf das soziale, insbesondere das familiäre Umfeld des Betroffenen ausstrahlt (Meyer Jahrbuch Sucht 2012, 125 (140)). Die Zahl der durch eine entsprechende Erkrankung in Mitleidenschaft gezogenen Personen dürfte damit ungleich höher liegen (nach Meyer um den Faktor 8 bis 10; umfassend hierzu auch Becker Glücksspielsucht in Deutschland, 2009, 10 ff.).

2. Idee und Reichweite der Pflicht zu aktiver Präventionsarbeit

2   § 6 wurde unverändert aus dem GlüStV 2008 übernommen. Die Bestimmung verfolgt das Ziel, die **Anbieter von öffentlichen Glücksspielen** nicht nur einer staatlichen Regulierung zu unterwerfen, sondern sie zu **aktiver Präventionsarbeit** zu verpflichten. Dem Auftrag zur Sicherstellung eines verantwortungsvollen Spiels dürften überdies gewisse erzieherische Elemente immanent sein. Mit der Regelung reagierte der Vertragsgesetzgeber ua auf Kritik des BVerfG an der vormals durch § 4 Abs. 3 Satz 2 LottStV geregelten unzureichenden Präventionsarbeit der staatlichen Sportwettenanbieter (ZfWG 2006, 16 (29), Rn 141). Mit dem GlüStV 2012 wird die Forderung nach einem Suchtkonzept nunmehr erstmalig auch auf die **Betreiber von Spielhallen**, Anbieter von gewerblichen **Automatenspielen in Gaststätten** sowie auf **Buchmacher** erstreckt (§ 2 Abs. 3 und 4). Mit der Einbeziehung der Betreiber von Spielhallen und Gaststätten nimmt der Vertragsgesetzgeber eine Anregung der sog. „Bühringer-Studie" auf (Abschlussbericht – Untersuchung zur Evaluierung der Fünften Novelle der Spielverordnung vom 17.12.2005, vom 9.9.2010, 161). Der dortige Vorschlag, entsprechende Sozialkonzepte zum verpflichtenden Bestandteil der nach § 33c GewO erforderlichen Genehmigung zur Aufstellung von Automatenspielen zu machen, hat inzwischen einen Eingang in den **Entwurf zur Änderung der Gewerbeordnung** gefunden (§ 33c Abs. 2 Nr. 3 GewO, s. BR-Drs. 472/12 vom 10.8.2012). Das hiernach aufzustellende Konzept soll auf das gesamte Unternehmen des Aufstellers (einschl. der Beschäftigten) bezogen sein und durch öffentlich anerkannte Institutionen, insbesondere Einrichtungen der Suchthilfe, entwickelt werden.

3. Systematik des § 6

3   **Satz 1** bildet die **Basisnorm** des § 6. Sie verpflichtet die Veranstalter und Vermittler von öffentlichen Glücksspielen, die Spieler zu verantwortungsbewusstem Spiel anzuhalten und der Entstehung der Spielsucht vorzubeugen. **Satz 2** nennt – ohne dass ihm insoweit abschließender Charakter zukäme – **obligatorische Anforderungen** an die Umsetzung **der Grundpflicht** aus Satz 1, namentlich die Pflicht zur Entwicklung eines Sozialkonzepts, die Pflicht zur Schulung des Personals sowie die Pflicht zur Erfüllung der Vorgaben des Anhangs „Richtlinien zur Vermeidung und Bekämpfung von Glücksspielsucht" (abgedr. unter → § 6). Satz 3 konkretisiert schließlich die inhaltlichen Anforderungen an das zu erstellende Sozialkonzept.

II. Einzelkommentierung

1. Grundpflicht des Satz 1

4   Satz 1 bindet die Anbieter von Glücksspielen aktiv in die Verwirklichung der **Zielvorgaben des § 1 Nrn. 1 und 3** ein. Der Norm kommt insoweit **unmittel-**

bare rechtliche Verbindlichkeit zu, als ein Handeln entgegen den Vorgaben der Grundsatznorm zur Versagung bzw. Aufhebung einer erteilten Erlaubnis berechtigen kann. Wesentliche Konturen erfährt die Grundpflicht freilich durch die nachfolgenden Umsetzungspflichten, denen allerdings keine abschließende Wirkung zukommt.

2. Sozialkonzept

Im Zentrum der Anforderungen an Veranstalter und Vermittler steht die Forde- **5** rung nach der Entwicklung von Sozialkonzepten. Die erstmals in den GlüStV 2008 implementierte Forderung lehnt sich an Vorbilder im europäischen Ausland, insbesondere der Schweiz an, wo **Sozialkonzepte** im Bereich der Spielbanken seit Jahren etabliert sind (vgl. SpielbankenVO des Schweizerischen Bundesrats vom 24.9.2004, Drs. 935.521, http://www.admin.ch/ch/d/sr/c935_521.html). Die inhaltlichen Anforderungen an Sozialkonzepte konkretisiert Satz 3. Sie dienen der ganzheitlichen Prävention und der Früherkennung von Problemspielern. Aufgabe der Sozialkonzepte ist es nach der durch die Sätze 1 und 2 vorgegebenen Zielsetzung, konkrete Maßnahmen zur Prävention und Behandlung von Glücksspielsucht zu entwickeln, zu dokumentieren und diese mit den Glücksspielaufsichtsbehörden abzustimmen. Dazu zählen insbesondere Maßnahmen wie die Schärfung des Problembewusstseins, die frühzeitige Erkennung und Ansprache gefährdeter Spieler sowie die Beratung und therapeutische Begleitung durch regionale Fachstellen (s. auch Diegmann ZRP 2007, 126 (128)). Dementsprechend haben die Anbieter darzulegen, wie sie Abhängigkeitsrisiken frühzeitig erkennen und der Entwicklung problematischen oder pathologischen Spielverhaltens entgegensteuern wollen. Zwischenzeitlich haben zahlreiche Anbieter Konzepte entwickelt und öffentlich gemacht. Zu den Präventionsmaßnahmen zählen danach etwa Aufklärungs- und Informationsarbeit, Informationen über die Möglichkeiten einer Sperre, effektive Schulung und Kontrolle des Personals sowie Begrenzungen des Angebots, der Werbung und der Gewinne. Entsprechend den Besonderheiten der einzelnen Glücksspielformen werden die nach § 9 Abs. 1 Nr. 2 zulässigen Anforderungen der Glücksspielaufsichtsbehörden an die Entwicklung und Umsetzung des Sozialkonzepts im Einzelfall variieren. Teil eines Sozialkonzepts kann – unter Wahrung datenschutzrechtlicher Anforderungen - auch der **Einsatz technischer Maßnahmen** sein, etwa in Gestalt von Fingerabdruck-Lesegeräten oder computerisierter Kundenkarten. Entsprechende Instrumente können es ermöglichen, auffällige Spieler frühzeitig zu identifizieren und ggf. notwendige Schutz- und Vorbeugemaßnahmen zu treffen. Die Effektivität dieser und anderer Maßnahmen wurde im Jahr 2001 in den Niederlanden durch eine Umfrage überprüft (http://www.toezichtkansspelen.nl/cijfers/visitors_hc_2001.pdf.). Soweit derzeit für den Bereich des gewerblichen Automatenspiels die Einführung von **nicht personengebundenen Spielerkarten** vorgeschlagen wird (zum Gesetzesentwurf oben → Rn. 2), bleibt dieser Vorschlag weit hinter den Erwartungen an einen zeitgemäßen Spielerschutz zurück.

3. Personalschulung

Eine weitere zentrale Säule des aktiven Spielerschutzes bildet die ebenfalls in **6** Satz 2 vorgeschriebene **Schulung** des Personals. Inhalt dieser Schulung ist im Lichte des Satzes 1 die Vermittlung von Kenntnissen über problematisches und pathologisches Spielverhalten sowie dessen Früherkennung, die Sensibilisierung für die Gefahren der Spielsucht und das Trainieren von Handlungskonzepten. Die Schulungspflicht steht in unmittelbarem Konnex zu den Regeln der Spielersperre (§ 8 Abs. 2 S. 1), die ua auf die „Wahrnehmung des Personals" abstellen. In die Schulung einzubeziehen sind im Zweifel alle dem unternehmerischen Bereich zuzuordnenden Personen, die auf das Spielverhalten einwirken können. Besondere Probleme ergeben sich bei der Aufstellung **gewerblicher Automatenspiele in Gaststätten** (sog. Gaststättenaufstellung), da hier die Person des Aufstellers und die Person des vor Ort anwesenden Gastwirtes idR auseinander fallen, der Gastwirt also nicht zugleich „Aufsteller" und damit Veranstalter des Glücksspiels ist. Jüngste **Reformentwürfe zu § 33c** (s. oben → Rn. 2) sehen eine Schulung nicht nur des Aufstellers selbst, sondern auch der vor Ort tätigen Mitarbeiter des Aufstellers vor. Dieser Vorschlag erscheint allenfalls dann akzeptabel, wenn auch der Gastwirt selbst als „Mitarbeiter" iS des Gesetzes angesehen werden kann.

4. Richtlinien zur Vermeidung und Bekämpfung von Glücksspielsucht

7   Weitere Konkretisierungen der Grundpflicht aus Satz 1 finden sich schließlich in den **Richtlinien** zur Vermeidung und Bekämpfung von Spielsucht **im Anhang zum Staatsvertrag** (abgedr. unter → § 6). Entgegen dem etwas missverständlichen Wortlaut des Satzes 2 Hs. 2 handelt es sich bei den „Richtlinien" nicht etwa um bloße Verwaltungsvorschriften, sondern um integrale Bestandteile des Staatsvertrages, denen damit **Gesetzesqualität** zukommt (→ Einführung Rn. 2). Folgerichtig genügen die dortigen Restriktionen den Anforderungen des Vorbehalts des Gesetzes. Die in den Richtlinien genannten Verpflichtungen decken sich zT mit den vorgenannten Anforderungen (Nr. 1 lit. c: Schulung des Personals), gehen aber auch hierüber hinaus (Nr. 1 lit. d: Ausschluss des Annahmestellenpersonals vom Spiel; Nr. 3: Verbot einer umsatzabhängigen Vergütung von leitenden Angestellten von Glücksspielveranstaltern).

5. Besonderheiten der Landesausführungs-, -spielbanken- und -spielhallengesetze

8   Sämtliche Landesausführungsgesetze knüpfen die Erteilung der Erlaubnis iSd § 4 Abs. 1 GlüStV an die Einhaltung des § 6 GlüStV, insbesondere also an die Entwicklung eines Sozialkonzepts (bspw. Art. 2 Abs. 1 S. 1 Nr. 2 lit. d AGGlüStV Bay; § 9 Abs. 1 Nr. 4 HGlüG; § 4 Abs. 1 Nr. 4 AG GlüÄndStV NRW-E). Zugleich wird die Nichterfüllung der dortigen Verpflichtungen vielfach als Widerrufsgrund (vgl. § 4 Abs. 7 Nr. 4 AG GlüStV-Saar; § 6 Abs. 1 Nr. 5 SächsGlüStVAG) genannt und als OWiG sanktioniert (s. etwa § 26 Abs. 1 Nr. 6 NGlüSpG; § 16 Abs. 1 Nr. 6 GlüG RhPf). Nähere inhaltliche Vorgaben finden sich z. B. in § 7 LGlüG BW-E bzw. § 4 Abs. 2 S. 2 BremSpielhG. Nach diesen Bestimmungen muss das Sozialkonzept etwa regeln, welche Maßnahmen zur Verhinderung problematischen und pathologischen Glücksspielverhaltens durch den Veranstalter ergriffen werden, wie von Glücksspielsucht betroffene Personen in ein Hilfesystem vermittelt werden sollen, wie die Einhaltung des Sozialkonzepts überwacht und wie mit Verstößen gegen das Sozialkonzept umgegangen wird. Außerdem wird die Benennung der für die Umsetzung verantwortlichen Personen verlangt. Andere Ausführungsgesetze enthalten Ermächtigungsgrundlagen für Rechtsverordnungen, in denen die Mindestanforderungen an das Sozialkonzept und an die Schulung des Personals

festgelegt werden können (vgl. etwa § 19 Abs. 2 Satz 2 AG GlüStV Bln; § 18 Abs. 1 Nr. 2 GlüG LSA). Nähere Vorgaben zur Erstellung von Sozialkonzepten finden sich auch in den 9 Spielbanken- bzw. Spielhallengesetzen der Länder. Dabei wird auch den Inhabern einer (Alt-)Erlaubnis zum Betrieb einer Spielhalle eine – meist halbjährige – Frist zur Vorlage eines Sozialkonzepts gesetzt, soweit die entsprechenden Ausführungs- bzw. Spielhallengesetze bislang ein Sozialkonzept nicht vorsahen (s. § 51 Abs. 6 LGlüG BW-E; § 15 Abs. 5 S. 4 AG GlüStV Bln).

§ 7 GlüStV Aufklärung

(1) **Die Veranstalter und Vermittler von öffentlichen Glücksspielen haben den Spielern vor der Spielteilnahme die spielrelevanten Informationen zur Verfügung zu stellen, sowie über die Suchtrisiken der von ihnen angebotenen Glücksspiele, das Verbot der Teilnahme Minderjähriger und Möglichkeiten der Beratung und Therapie aufzuklären.**

Als spielrelevante Informationen kommen insbesondere in Betracht:
1. **alle Kosten, die mit der Teilnahme veranlasst sind,**
2. **die Höhe aller Gewinne,**
3. **wann und wo alle Gewinne veröffentlicht werden,**
4. **der Prozentsatz der Auszahlungen für Gewinne vom Einsatz (Auszahlungsquote),**
5. **Informationen zu den Gewinn- und Verlustwahrscheinlichkeiten,**
6. **der Annahmeschluss der Teilnahme,**
7. **das Verfahren, nach dem der Gewinner ermittelt wird, insbesondere die Information über den Zufallsmechanismus, der der Generierung der zufallsabhängigen Spielergebnisse zu Grunde liegt,**
8. **wie die Gewinne zwischen den Gewinnern aufgeteilt werden,**
9. **die Ausschlussfrist, bis wann Gewinner Anspruch auf ihren Gewinn erheben müssen,**
10. **der Name des Erlaubnisinhabers sowie seine Kontaktdaten (Anschrift, E-Mail, Telefon),**
11. **die Handelsregisternummer (soweit vorhanden),**
12. **wie der Spieler Beschwerden vorbringen kann und**
13. **das Datum der ausgestellten Erlaubnis.**
Spieler und Behörden müssen leichten Zugang zu diesen Informationen haben.

(2) **Lose, Spielscheine, Spielquittungen und vergleichbare Bescheinigungen müssen Hinweise auf die von dem jeweiligen Glücksspiel ausgehende Suchtgefahr und Hilfsmöglichkeiten enthalten.**

Ausführungsgesetze: § 2 Abs. 1 S. 3 Nr. 2 lit. e, § 18 Abs. 2 Nr. 2; 22 Nr. 5; § 23 S. 1 Nr. 1 lit. e LGlüG BW-E; Art. 2 Abs. 1 S. 1 Nr. 2 lit. e AGGlüStV Bay; § 7 Abs. 1 Nr. 2, § 15 Nr. 4, 5 AG GlüStV Bln; § 3 Abs. 1 Nr. 2 BbgGlüAG; § 3 Abs. 1 Nr. 2 lit. e, § 16 Abs. 1 Nr. 7, § 6 Abs. 2 BremGlüG; § 9 Abs. 1 Nr. 3 HmbGlüÄndStVAG; § 9 Abs. 1 Nr. 2, § 18 Abs. 1 Nr. 7, 8 HGlüG; § 5 Abs. 1 S. 2 Nr. 2, § 6 Nr. 6, § 21 Abs. 1 Nr. 6, 7 GlüStV AG M-V; § 4 Abs. 1 Nr. 3, § 26 Abs. 1 Nr. 7 NGlüSpG; § 4 Abs. 1 Nr. 2 lit. d, § 23 Abs. 1 Nr. 7 AG GlüÄndStV NRW-E; § 5 Abs. 1 Nr. 2 lit. d, § 16 Abs. 1 Nr. 7, 8 LGlüG RhPf; § 4 Abs. 1 Nr. 4, Abs. 7 Nr. 5, § 14 Abs. 9 Nr. 3, § 15 Abs. 1 Nr. 10, 11 AG GlüStV-Saar; § 4 Abs. 1 Nr. 2, § 14, § 16 Nr. 6, § 20 Abs. 1 Nr. 6 SächsGlüStVAG; § 4 Abs. 2 Nr. 2 lit. e, f, § 13 Abs. 3

Nr. 3, § 20 Abs. 1 Nr. 5 GlüG LSA; § 3 Abs. 1 Nr. 2 lit. e GlüÄndStV AG SchlH-E; § 5 Abs. 1 Nr. 2 lit. e, § 8 Abs. 2 Nr. 3, § 10 Abs. 1 Nr. 5 ThürGlüG.

Literatur: Korte, Das staatliche Glücksspielwesen, 2004; Walz, Nur wer mitspielt, kann gewinnen. Werbung für staatliche Glücksspielangebote als öffentliche Aufgabe?, 2009

I. Grundlagen

1   § 7 begründet detaillierte gesetzliche **Aufklärungspflichten** der Veranstalter und Vermittler von öffentlichen Glücksspielen iSv § 3 Abs. 1 und 2. Die Vorschrift delegiert die Wahrnehmung der aus der Gefahrenabwehraufgabe des Staates resultierenden Informationsverantwortung an diejenigen, die wirtschaftlichen Gewinn aus dem Glücksspiel ziehen. Zugleich verpflichtet die Vorschrift die Anbieter zu größtmöglicher Transparenz im Interesse der Spielteilnehmerinnen und Spielteilnehmer. Bereits im Vorfeld, spätestens aber mit der Teilnahme am Glücksspiel soll zur Vermeidung problematischen Spielverhaltens beigetragen werden. § 7 konkretisiert – wie etwa auch § 6 – namentlich die in § 1 Nrn. 1 und 3 niedergelegten Ziele des Vertrags, „das Entstehen von Glücksspielsucht und Wettsucht zu verhindern und die Voraussetzungen für eine wirksame Suchtbekämpfung zu schaffen" sowie „den Jugend- und den Spielerschutz zu gewährleisten". Damit trägt die Bestimmung, die dem **aktiven Spielerschutz** dient, auch den verfassungsgerichtlich konturierten Vorgaben Rechnung – so hat das BVerfG in seiner „Oddset"-Entscheidung gefordert, dass sich die Werbung für das Wettangebot zur Vermeidung eines Aufforderungscharakters bei Wahrung des Ziels, legale Wettmöglichkeiten anzubieten, auf eine Information und Aufklärung über die Möglichkeit zum Wetten zu beschränken habe, und dass die Staatliche Lotterieverwaltung aktiv über die Gefahren des Wettens aufklären müssen (BVerfG NJW 2006, 1261, Rn. 151, 160; zur Abgrenzung von Aufklärung und Werbung → Rn. 4).

2   **Adressaten** der Regelung sind die Veranstalter und Vermittler (vgl. § 3 Abs. 4) von öffentlichen Glücksspielen. Aufgrund der eingeschränkten Verweisung in § 2 Abs. 2 findet § 7 auch auf Spielbanken Anwendung. Ferner gilt die Bestimmung für Spielhallen, Gaststätten und Wettannahmestellen der Buchmacher, soweit sie Warenspielgeräte mit Gewinnmöglichkeit bereithalten (§ 2 Abs. 3 bzw. 4), sowie für Pferdewetten (§ 2 Abs. 5).

II. Einzelkommentierung

1. § 7 Abs. 1

3   **a) Gegenstand der Aufklärungspflicht (Sätze 1, 2).** Aufzuklären ist über **tatsächliche und rechtliche Umstände** in vier verschiedenen Bereichen: 1. die spielrelevanten Informationen (→ Rn. 6 ff.), 2. die Suchtrisiken der angebotenen Glücksspiele, 3. das Verbot der Teilnahme Minderjähriger und 4. Möglichkeiten der Beratung und Therapie (→ Rn. 10).

4   **Aufklärung** bedeutet im Kontext des § 7 die bloße Vermittlung von **Informationen**. Sie soll über deren Entgegennahme hinaus kein Interesse am Glücksspiel wecken und ist damit von der **Werbung** (insb. iSv § 5) abzugrenzen, die durch die Absicht und ein Moment des Anreizes und der Aufforderung gekennzeichnet ist (eingehend Walz). Keine unzulässige Werbung ist es, wenn Personen durch die Aufklärung erstmals von einem bestimmten Spiel Kenntnis erlangen.

Die Aufklärung nach Absatz 1 hat **vor der Spielteilnahme** zu erfolgen. Als **5** **Medien und Mittel der Aufklärung** benennt die Begründung zum Entwurf des GlüStV „Aushänge, Broschüren oder Hinweise im Internet". Zur Information der (potenziellen) Spieler eignen sich daher: Der Internetauftritt des Veranstalters bzw. Vermittlers, schriftliche Warnhinweise in Annahmestellen und Spielbanken, Aufkleber und andere Kennzeichen an Spielautomaten oder die Aushändigung von Informationsbroschüren mit den Teilnahmebedingungen etc. Erforderlich sind schriftliche, gegebenenfalls je nach Ort der Spielveranstaltung auch in Fremdsprachen abgefasste Informationen – etwa in Spielbanken mit signifikantem Anteil nicht des Deutschen mächtiger Spielteilnehmer; Piktogramme werden regelmäßig zur Vermittlung der komplexen und vielfältigen Informationen nicht ausreichen. Die entsprechenden Hinweise müssen deutlich, also **optisch klar erkennbar** und **inhaltlich eindeutig formuliert** sein. Art und Umfang der Aufklärung hängen zudem vom Gefahrenpotenzial des jeweiligen Spiels ab.

aa) Spielrelevante Informationen. Aufzuklären ist zunächst über **spielrele-** **6** **vante Informationen**. Satz 2 enthält eine Reihe von Informationen, die typischerweise als spielrelevant „in Betracht kommen". Die Aufzählung ist lediglich beispielhaft und nicht abschließend (sog. „Regelbeispiele"); soweit die in Nummern 1 – 13 genannten Informationen allerdings im Hinblick auf das fragliche Glücksspiel vorliegen, werden sie regelmäßig als spielrelevant zu qualifizieren und Gegenstand der Aufklärungspflicht sein. Insoweit ist die Formulierung „in Betracht kommen" zu schwach.

Die spielrelevanten Informationen sind den Spielern **zur Verfügung zu stel- 7 len**. Mit Blick auf die Zielrichtung der Aufklärungspflicht kann dies nicht im Sinne eines „auf Nachfrage zur Verfügung zu stellen" verstanden werden; vielmehr werden die spielrelevanten Informationen **unaufgefordert** bereitgestellt werden müssen (zu den Medien und Vermittlungsformen → Rn. 5).

Die Aufzählung in Satz 2 nennt die wesentlichen spielrelevanten Informationen. **8** So sind alle **Kosten, die mit der Teilnahme veranlasst sind** (Nr. 1), anzugeben. Dies erfasst in erster Linie die Spiel- und Wetteinsätze, die für den potenziellen Spieler klar ermittelbar sein müssen. Spielrelevante Information ist ferner die **Höhe aller Gewinne** (Nr. 2). Damit dürfte zum einen die Angabe der Gesamthöhe, also der Summe aller Gewinne, zum anderen die Nennung aller Einzelgewinne gemeint sein. Zur Verfügung zu stellen sind zudem Informationen zu den **Gewinn- und Verlustwahrscheinlichkeiten** (Nr. 5). Die Pflicht zur Publikation dieser Angaben trägt der Erkenntnis der Suchtforschung Rechnung, dass die Einschätzung der Gewinnwahrscheinlichkeit eines Glücksspiels häufig auf unrealistischen Annahmen des Spielers beruht. Damit ergänzt die Anordnung in Nr. 5 das in § 4 Abs. 3 Satz 2 LottStV enthaltene Verbot irreführender Werbung, das darauf abzielte, keine falschen Gewinnvorstellungen beim Spieler hervorzurufen. Der (potenzielle) Spielende soll in die Lage versetzt werden, seine Chancen bei der Spielteilnahme realistisch einzuschätzen; insoweit folgt auch der GlüStV dem Leitbild des Verbraucherschutzrechts, dem „mündigen Bürger" eine eigene Bewertung zu überlassen (vgl. Korte, 364). Nach Nr. 2 des Anhangs „Richtlinien zur Vermeidung und Bekämpfung von Glücksspielsucht" ist eine Information über Höchstgewinne mit der Aufklärung über die Wahrscheinlichkeit von Gewinn und Verlust zu verbinden. Zu informieren ist ferner darüber, wann und wo alle

Gewinne veröffentlicht werden (Nr. 3), zu welcher Zeit, an welchem Ort und auf welche Weise also der Spielende darüber in Kenntnis gesetzt wird bzw. sich informieren kann, ob und was er gewonnen hat. Spielrelevante Information ist zudem die **Auszahlungsquote** (Nr. 4), also der Prozentsatz der Auszahlungen für Gewinne vom Einsatz. Ferner ist über den **Annahmeschluss der Teilnahme** zu unterrichten (Nr. 6); dieser wird im Regelfall kalendarisch bestimmt und unmissverständlich anzugeben sein. Gegenstand der Aufklärungspflicht ist das **Gewinnermittlungsverfahren** (Nr. 7). Dies erfasst zum einen („insbesondere") Informationen über den Zufallsmechanismus, der der Generierung der zufallsabhängigen Spielergebnisse zu Grunde liegt. Darüber hinaus sind alle weiteren Verfahrensschritte zur Ermittlung der Gewinner offenzulegen. Zur Verfügung zu stellen sind insbesondere auch Informationen darüber, wie die **Gewinne** zwischen den Gewinnern **aufgeteilt** werden (Nr. 8). Von besonderer Bedeutung ist die Angabe der **Ausschlussfrist**, innerhalb derer Gewinner Anspruch auf ihren Gewinn erheben müssen (Nr. 9), um nicht mit ihrem Gewinnanspruch ausgeschlossen zu sein. Zu informieren ist auch über die **Beschwerdemöglichkeiten** des Spielers (Nr. 12). Anzugeben sind zudem der **Name des Erlaubnisinhabers** sowie seine Kontaktdaten (Nr. 10). **Kontaktdaten** sind die postalische Anschrift, eine E-Mail-Adresse (soweit vorhanden) sowie die Telefonnummer. Schließlich sind das **Datum**, unter dem die **Erlaubnis** ausgestellt worden ist (Nr. 13), und – soweit vorhanden – die **Handelsregisternummer** des Erlaubnisinhabers zu benennen (Nr. 11).

9 Da die Aufzählung in Abs. 1 S. 2 Nrn. 1 – 13 nicht abschließend ist, kommen als transparent zu machende spielrelevante Informationen auch **weitere Angaben** in Betracht. Die Vorschrift ist damit „entwicklungsoffen" im Hinblick auf neuartige Gewinnspiele und ermöglicht es den zuständigen Behörden, die Erfüllung von Informationspflichten der Veranstalter und Vermittler von Glücksspielen auch im Hinblick auf andere Informationen einzufordern (zu den sich nach Landesrecht richtenden Sanktionsmöglichkeiten bei der Nichterfüllung der Pflichten nach § 7 → Rn. 14).

10 **bb) Weitere Informationspflichten.** Ferner ist über die **Suchtrisiken** der angebotenen Glücksspiele aufzuklären. Pauschale Angaben wie etwa „Glücksspiel kann süchtig machen" genügen nicht; die Informationen müssen sich auf das konkrete Glücksspiel beziehen (vgl. Engels WRP 2008, 470 (477 f.)). Hinzuweisen ist darüber hinaus – unabhängig vom Gefahrenpotenzial des Spiels – ausdrücklich auf das **Verbot der Teilnahme Minderjähriger** sowie auf die **Möglichkeiten der Beratung und Therapie**. Der Spieler muss dabei klar erkennen können, an welche Stellen und Personen er sich wenden kann.

11 **b) Leichter Zugang (Satz 3).** Nach Satz 3 müssen Spieler und Behörden **leichten Zugang** zu den Informationen nach den Sätzen 1 und 2 haben. Der Begriff „leichter Zugang" ist unbestimmt; dem Zweck der Vorschrift nach muss zunächst der potenzielle Spieler vor seiner Entscheidung, am Spiel teilzunehmen, die Möglichkeit haben, die genannten Informationen barrierefrei zur Kenntnis zu nehmen. „Leichter" Zugang bedeutet nicht etwa, dass der Veranstalter oder Vermittler die Informationen lediglich auf Nachfrage umgehend zu präsentieren hat, vielmehr wird man im Regelfall einen gut lesbar angebrachten, hinreichend großen Aushang zu fordern haben. Gleichermaßen müssen die Informationen für die Behörden leicht zugänglich sein, etwa bei der behördlichen Nachschau oder Nachforschungen im Internet.

2. § 7 Abs. 2

Absatz 2 trifft eine zusätzliche **Pflicht zur Kennzeichnung** von **Losen, Spiel- 12 scheine, Spielquittungen** und **vergleichbaren Bescheinigungen.** Damit sind entsprechende Warnhinweise nicht nur zB in den Räumlichkeiten der Veranstalter und Vermittler anzubringen, sondern auch auf den von den Spielenden typischerweise an sich genommenen bzw. diesen ausgehändigten oder zugesandten Gegenständen. Erforderlich sind auf das jeweilige Spiel bezogene Informationen („von dem jeweiligen Glücksspiel ausgehende Suchtgefahr"), so dass auch hier allgemein gehaltene Aussagen wie etwa „Glücksspiel kann süchtig machen" nicht genügen. Die Erweiterung des Abs. 2 durch „vergleichbare Bescheinigungen" gegenüber dem GlüStV 2008 trägt der Praxis der gewerblichen Spielevermittler Rechnung, an die Teilnehmenden lediglich Bestätigungsschreiben hinsichtlich der Spielteilnahme zu überlassen. Auch diese Schreiben unterliegen nunmehr den Kennzeichnungsanforderungen. Dem Schutzziel der Vorschrift werden die Veranstalter und Vermittler nur dann gerecht, wenn die angebrachten Hinweise **deutlich sichtbar** angebracht sind.

Der Umfang der anzubringenden Hinweise hinsichtlich der **Suchtgefahr** hängt 13 entscheidend vom jeweiligen Gefahrenpotenzial des angebotenen Spiels ab. Die Pflicht entspricht jedoch nicht in vollem Umfang derjenigen zur Aufklärung über die Suchtrisiken iSv Abs. 1. Ausführlichen Informationen sind ohnehin meist durch die Größe der Lose, Spielscheine und Spielquittungen und durch deren drucktechnische Gestaltung Grenzen gesetzt. Hinsichtlich der **Hilfsmöglichkeiten** werden an die Hinweise ebenfalls keine allzu hohen Anforderungen zu stellen sein. Man wird die Angabe einer telefonischen Rufnummer (etwa der Suchtberatung des jeweiligen Bundeslandes bzw. die bundesweit einheitliche Rufnummer nach Nr. 1 lit. f) des Anhangs „Richtlinien zur Vermeidung und Bekämpfung der Glücksspielsucht") für ausreichend erachten können.

III. Sanktionsmöglichkeiten nach Landesrecht

Die **Sanktion eines Verstoßes** gegen die Aufklärungspflichten nach § 7 Abs. 1 **14** und 2 richtet sich nach den landesgesetzlichen Ausführungsgesetzen (vgl. die Ermächtigung in § 28 S. 3 GlüStV). Denkbar ist vor allem eine Normierung als **Ordnungswidrigkeit** (vgl. etwa § 23 Abs. 1 Nr. 7 AG GlüÄndStV NRW-E), aber auch als **Straftat,** wobei die Ahndung je nach Regelung eine vorherige Abmahnung des fehlsam handelnden Veranstalters bzw. Vermittlers voraussetzen kann.

§ 8 Spielersperre

(1) **Zum Schutz der Spieler und zur Bekämpfung der Glücksspielsucht wird ein übergreifendes Sperrsystem (§ 23) unterhalten.**

(2) **Spielbanken und Veranstalter von Sportwetten und Lotterien mit besonderem Gefährdungspotential sperren Personen, die dies beantragen (Selbstsperre) oder von denen sie aufgrund der Wahrnehmung ihres Personals oder aufgrund von Meldungen Dritter wissen oder aufgrund sonstiger tatsächlicher Anhaltspunkte annehmen müssen, dass sie spielsuchtgefährdet oder überschuldet sind, ihren finanziellen Verpflichtungen**

nicht nachkommen oder Spieleinsätze riskieren, die in keinem Verhältnis zu ihrem Einkommen oder Vermögen stehen (Fremdsperre).

(3) Die Sperre beträgt mindestens ein Jahr. Die Veranstalter teilen die Sperre dem betroffenen Spieler unverzüglich schriftlich mit.

(4) Die Veranstalter haben die in § 23 Abs. 1 genannten Daten in eine Sperrdatei einzutragen. Ein Eintrag ist auch zulässig, wenn nicht alle Daten erhoben werden können.

(5) Eine Aufhebung der Sperre ist frühestens nach einem Jahr und nur auf schriftlichen Antrag des Spielers möglich. Über diesen entscheidet der Veranstalter, der die Sperre verfügt hat.

(6) Zum Schutz der Spieler und zur Bekämpfung der Glücksspielsucht sind die Vermittler von öffentlichen Glücksspielen verpflichtet, an dem übergreifenden Sperrsystem (§ 23) mitzuwirken. Zu diesem Zweck übermitteln die Vermittler die bei ihnen eingereichten Anträge auf Selbstsperren unverzüglich an den Veranstalter nach § 10 Abs. 2, in dessen Geltungsbereich der Spieler seinen Wohnsitz hat.

Ausführungsgesetze: § 4, § 5, § 48 Abs. 1 Nr. 13, Nr. 14, Nr. 17, Nr. 21 LGlüG BW-E; Art. 6, Art. 8 Nr. 2 AGGlüStV Bay; Art. 4a, Art. 4b SpielbG Bay; § 3 Abs. 1–3, § 7 Abs. 1 Nr. 5, § 13 Abs. 4, § 17 Nr. 2 AG GlüStV Bln; § 9, § 16 Nr. 11, § 17 BbgGlüAG; § 4 Abs. 1 Nr. 6, Nr. 7, Abs. 6 Nr. 6, § 10 Abs. 7, Abs. 9 BremGlüG; § 12, § 18 Abs. 1 Nr. 5 HmbGlü-ÄndStV AG; § 9 Abs. 1 Nr. 4 HGlüG; § 17 GlüStVAG M–V; § 12, § 21 Abs. 3, § 23 Abs. 1 Nr. 14 GlüÄndStV AG NRW-E; § 6, § 11 SpielbG NRW; § 3, § 16 Abs. 1 Nr. 12, § 17 Abs. 1 LGlüG RhPf; § 9 Abs. 1 S. 2, Abs. 5 Nr. 6, § 10 Abs. 5 Nr. 7, § 13 Abs. 2, § 17 Abs. 4, Abs. 7 Nr. 7, § 20 Abs. 1 Nr. 8, Nr. 9 AG GlüStV-Saar; § 11 SächsGlüStV AG; § 7 SächsSpielbG; § 14 GlüG LSA; § 7, § 10 Nr. 2, § 11 Abs. 1 Nr. 12 GlüÄndStV AG SchlH-E; § 7, § 10 Abs. 1 Nr. 6 ThürGlüG.

Literatur: Bundesministerium für Familie, Senioren, Frauen und Jugend, Überschuldung privater Haushalte – Eine Information nach Stichworten, Oktober 2004; Hecker, Steine statt Brot oder effizienter Spielerschutz?, JR 2012, 458 ff.; Meyer/Bachmann, Spielsucht, 2000; Peters, Die Sperre des Glücksspielers nach dem Glücksspielstaatsvertrag der Länder, NJOZ 2010, 1197 ff.; Pohl, Sperrsysteme zur Spielsuchtprävention, Universität Hohenheim, 2007.

Übersicht

I. Grundlagen

1   § 8 legt in Abs. 1 die gesetzliche Grundlage zur Unterhaltung eines übergreifenden Sperrsystems für von den Gefahren des Glücksspiels betroffene Personen. Die

Norm regelt darüber hinaus, unter welchen Voraussetzungen eine Person zu sperren ist (Abs. 2), die Dauer der Sperre (Abs. 3), deren Umsetzung (Abs. 4) und
Aufhebung (Abs. 5). Daneben konstituiert § 8 Abs. 2 für Spielbanken und Veranstalter von Sportwetten und Lotterien mit besonderem Gefährdungspotential die
Pflicht, den Spieler zu sperren, wenn die Voraussetzungen für eine Sperre vorliegen. Der neu eingeführte Abs. 6 verpflichtet erstmals auch die Vermittler von
öffentlichen Glücksspielen zum Mitwirken an dem Sperrsystem. Die genauen
Anforderungen an die Ausgestaltungen des übergreifenden Sperrsystems regelt
hingegen § 23. Auch die Folgen der Sperre für den Spieler sind nicht in § 8
normiert, sondern finden sich an etwas versteckter Stelle bei den speziellen Regelungen zu den Spielbanken, Sportwetten, Lotterien mit besonderem Gefährdungspotential und Pferdewetten (§ 20 bis § 22 und § 27). Konsequenz einer erfolgten
Sperre ist, dass der Spieler am Spielbetrieb in Spielbanken (§ 20 Abs. 2 S. 1), an
Sportwetten (§ 21 Abs. 5 S. 1), an Lotterien, die häufiger als zweimal pro Woche
veranstaltet werden (§ 22 Abs. 2 S. 1), sowie an Pferdewetten zu festen Gewinnquoten (§ 27 Abs. 3 iVm § 21 Abs. 5) nicht teilnehmen darf.

Die Norm übernimmt in weiten Teilen die Regelungen der Vorgängervor-   2
schrift des § 8 GlüStV 2008. Daher können die Erläuterungen des Gesetzgebers,
die bisherige Rechtsprechung und die in der Literatur vertretenen Ansichten zu
§ 8 GlüStV 2008 weitestgehend auf § 8 übertragen werden. Allerdings enthält § 8
im Verhältnis zu § 8 GlüStV 2008 in Abs. 1 auch eine grundlegende Änderung.
Künftig wird das bislang von den Spielbanken und den staatlichen Lotteriegesellschaften unterhaltene Sperrsystem bundesweit zentral von einer einzigen Behörde
geführt.

§ 8 GlüStV 2008 galt als eine wesentliche Neuerung des Glücksspielstaatsver-   3
trags (Nagel Voraufl. § 8 Rn. 1). Bis zu dessen Inkrafttreten am 1.1.2008 war die
Möglichkeit der Spielersperre nur im Bereich der Spielbanken bekannt. Aber auch
dort existierten keine explizit gesetzlichen Grundlagen, sondern die Spielersperre gestaltete sich ausschließlich nach dem Privatrecht im Verhältnis zwischen
Spieler und Spielbank (vgl. Peters NJOZ 2010, 1197), entweder in der Form
eines einseitigen Hausverbots (BGH NJW 1996, 248) oder als gegenseitiger Sperrvertrag (BGH ZfWG 2012, 32; NJW 2006, 362).

Die gesetzlich geregelte Möglichkeit der Spielersperre ist eine zentrale Maß-   4
nahme des **Spielerschutzes** bei Glücksspielen mit erhöhtem Suchtpotential (amtl.
Begr. GlüStV 2008 LT-Drs. Bay 15/8486, 16; Peters NJOZ 2010, 1197; Gebhardt/
Gohrke in Gebhardt/Grüsser-Sinopoli § 22 Rn. 30). Die Schaffung eines übergreifenden Sperrsystems auch außerhalb des Bereichs der Spielbanken stellte eine Kern-
forderung der an der Entstehung des Glücksspielstaatsvertrages 2008 beteiligten
Suchtexperten dar (amtl. Begr. GlüStV 2008 LT-Drs. Bay 15/8486, 11, 16). Auch
das Bundesverfassungsgericht hat die Möglichkeit der Selbstsperre als Maßnahme
des Spielerschutzes verlangt (BVerfG NJW 2006, 1261 Rn. 152). Im Hinblick auf
den von § 8 bezweckten Spielerschutz dient die Norm der Verwirklichung der
Zielsetzung des § 1 Nr. 3. Daneben verfolgt § 8 auch die Bekämpfung der Glücksspielsucht und damit die Umsetzung der in § 1 Nr. 1 genannten Ziele.

Da die Spielersperre nach § 8 ein übergreifendes Teilnahmeverbot für verschie-   5
dene und auch von unterschiedlichen Veranstaltern angebotene Glücksspiele aus-
löst, ist eine **anonyme Teilnahme** an diesen Glücksspielen ausgeschlossen (Nagel
Voraufl. § 8 Rn. 3). Den betroffenen Veranstaltern obliegt daher unabhängig von
einer etwaigen Sperre eine Identitätskontrolle der teilnehmenden Spieler. Im terrestrischen Vertrieb haben die staatlich beherrschten Veranstalter und die Spielban-

ken die erforderliche Identitätskontrolle in der Vergangenheit durch die Verwendung von Kundenkarten oder die Vorlage des Personalausweises oder eines entsprechenden Ausweisdokuments realisiert. Private Anbieter von Sportwetten, die bislang Identitätskontrollen in lokalen Wettbüros regelmäßig nicht durchgeführt haben, werden künftig vergleichbare Systeme vorhalten müssen. Bei einer Spielteilnahme im Internet erfolgt die Identifizierung des Spielers regelmäßig durch ein personalisiertes Kundenkonto. Im Anschluss an die erstmalige Registrierung des Spielers ist allerdings durch ein geeignetes Verfahren (zB Postident-Verfahren) die Identität des Spielers sicherzustellen.

II. Einzelkommentierung

1. § 8 Abs. 1 Übergreifendes Sperrsystem

6   Gem. § 8 Abs. 1 wird zum Schutz der Spieler und zur Bekämpfung der Glücksspielsucht ein übergreifendes Sperrsystem unterhalten. Die Norm bildet die gesetzliche Grundlage für die Errichtung und Unterhaltung eines Sperrsystems für bestimmte in Abs. 2 näher definierte Personengruppen. Darüber hinaus nennt § 8 Abs. 1 ausdrücklich den Sinn und Zweck eines übergreifenden Sperrsystems, nämlich den Schutz des Spielers und die Bekämpfung der Glücksspielsucht. Einen weitergehenden Regelungsgehalt hat die Norm nicht.

7   Abs. 1 ist im Verhältnis zu seiner Vorgängernorm maßgeblich geändert worden. § 8 Abs. 1 GlüStV 2008 adressierte sich an die Spielbanken und die staatlichen oder staatlich beherrschten Veranstalter iSd § 10 Abs. 2 GlüStV 2008. Diese traf danach die Verpflichtung, das übergreifende Sperrsystem zu unterhalten. Dies hat sich durch die Neufassung von Abs. 1 strukturell grundlegend geändert. Zum einen führt nach § 23 Abs. 1 S. 1 die Sperrdatei nunmehr allein die zuständige Behörde des Landes Hessen. Die Sperrdatei wird also jetzt von einer Ordnungsbehörde und nicht mehr von den Veranstaltern selbst verwaltet. Zum anderen ist die Sperrdatei im Geltungsbereich des Staatsvertrages zentral zu führen (zum Unterschied zwischen einem dezentralen und einem zentralen Sperrsystem vgl. Pohl, Sperrsysteme zur Spielsuchtprävention, 2 ff.). Diese strukturelle Änderung trägt dem Umstand Rechnung, dass neben den Veranstaltern nach § 10 Abs. 2 und den Spielbanken nun auch weitere Veranstalter verpflichtet sind, am Sperrsystem teilzunehmen (amtl. Begr. LT-Drs. Bay 16/11995, 27). Dies betrifft namentlich die Konzessionsinhaber nach § 4a, § 10a. Nach dem Willen des Gesetzgebers soll durch diese Änderung die ordnungsrechtliche Verantwortung der Länder für einen aktiven Spielerschutz durch die zentrale Führung der Sperrdatei bei einer staatlichen Aufsichtsbehörde stärker hervorgehoben werden (amtl. Begr. LT-Drs. Bay 16/11995, 27). Insbesondere aber werden die bislang von den Spielbanken und den verpflichteten Veranstaltern geführten Sperrdateien zu einem einheitlichen übergreifenden Sperrsystem zusammengeführt (amtl. Begr. LT-Drs. Bay 16/11995, 27). Schon bei der Konstituierung des Glücksspielstaatsvertrages 2008 hat sich der Gesetzgeber versprochen, dass durch die Errichtung eines übergreifenden Sperrsystems gewährleistet werden soll, dass Spieler, die für eine Form des Glücksspiels gesperrt sind, auch von sonstigen Glücksspielen ausgeschlossen sind (amtl. Begr. GlüStV 2008 LT-Drs. Bay 15/8486, 11, 16). Das übergreifende Sperrsystem trägt damit der aus der Suchtforschung gewonnenen Erkenntnis Rechnung, dass viele Spieler mit problematischem Spielverhalten mehrere Glücksspielangebote parallel wahrnehmen oder nach unterschiedlichen Glücksspielarten süchtig sind (amtl. Begr. GlüStV 2008 LT-Drs. Bay 15/8486, 16; Rombach in Gebhardt/ Grüsser-Sinopoli § 23 Rn. 54). Das sich über verschiedene Glücksspiele von verschiedene Veranstaltern erstreckende System soll den unverzüglichen Austausch der in der Sperrdatei gespeicherten Daten ermöglichen und durch deren Abgleich die Durchsetzung der gesetzlichen Teilnahmeverbote gewährleisten (Nagel Voraufl. § 8 Rn. 2).

2. § 8 Abs. 2 Selbst- und Fremdsperre

Nach § 8 Abs. 2 sind Spielbanken und Veranstalter von Sportwetten und Lotte- **8** rien mit besonderem Gefährdungspotential beim Vorliegen der Voraussetzungen der Selbstsperre oder der Fremdsperre verpflichtet, die betroffene Person zu sperren. In Ansehung der durch diesen Staatsvertrag konstituierten Liberalisierung des Sportwettenwesens ist im Verhältnis zur Vorgängerregelung der Adressatenkreis erweitert worden und schließt private Anbieter von Sportwetten mit ein. Nicht zu den von der Norm Verpflichteten zählen hingegen die Veranstalter von Pferdewetten zu festen Gewinnquoten, obwohl bei einer Sperre eine Teilnahme auch an diesen Wetten verboten ist.

Auf der Tatbestandsseite enthält die Norm zwei Alternativen, welche die Pflicht **9** zur Sperre auslösen, nämlich die Möglichkeit der Selbstsperre und der Fremdsperre. Beide Bergriffe sind in § 8 Abs. 2 legaldefiniert.

Die **Selbstsperre** setzt voraus, dass die betroffene Person die Sperre selbst **10** beantragt. Der Antrag ist gegenüber den in § 8 Abs. 2 genannten Veranstaltern zu stellen (amtl. Begr. LT-Drs. Bay 16/11995, 27). Wie sich aus Abs. 6 ergibt, kann der Antrag aber auch bei den Vermittlern von öffentlichem Glücksspiel gestellt werden. Nach dem Willen des Gesetzgebers soll die Antragstellung die persönliche Anwesenheit des Spielers bedingen, der zu diesem Zweck seine Identität nachweisen muss (amtl. Begr. GlüStV 2008 LT-Drs. Bay 15/8486, 16). Der Fachbeirat (vgl. § 10 Abs. 1 S. 2) fordert hingegen, dass der Spieler den Antrag auf Selbstsperre andernorts ausfüllen und an den Veranstalter übermitteln können muss (Empfehlung 3/2011 des Fachbeirats vom 28.2.2011). Dem ist beizupflichten, soweit mit der Antragstellung eine hinreichende Identifizierung erfolgt. Denn dem Antrag auf Selbstsperre liegt regelmäßig die kritische Selbsterkenntnis einer spielsüchtigen oder durch Spielsucht gefährdeten Person in einer Phase zugrunde, in der sie zu einer solchen Einschränkung und Selbstbeurteilung fähig ist (BGH ZfWG 2007, 419 Rn. 10). Muss sich der Spieler erst zum Veranstalter begeben, besteht die Gefahr, dass er diese kritische Selbsterkenntnis zwischenzeitlich einbüßt. Außerdem bedarf es hierzu einer gesteigerten Selbstüberwindung, weil der Spieler einem anwesenden Dritten persönlich und nicht anonym mit seinem Begehren und den damit verbundenen Unannehmlichkeiten gegenübertreten muss. Die Adressaten der Norm sind nicht berechtigt, Anträge auf Selbstsperre abzulehnen (Nagel Voraufl. § 8 Rn. 5). Sie dürfen nicht einmal nach einer näheren Begründung fragen, sondern haben dem Antrag ohne Wenn und Aber stattzugeben (VG Berlin Urt. v. 18.5.2012 - VG 35 K 199.10; Peters NJOZ 2010, 1197).

Vor der Geltung des GlüStV 2008 ist der Antrag auf Sperre des Spielers und **11** die darauffolgende Sperre durch die Spielbank privatrechtlich regelmäßig als **Sperrvertrag** qualifiziert worden (BGH ZfWG 2012, 32; 2007, 419; NJW 2006, 362). Mit einer solchen Vereinbarung geht der Veranstalter die vertragliche Verpflichtung ein, mit dem Spieler keine Spielverträge mehr abzuschließen und ihn vor den mit dem Glücksspiel zu befürchtenden wirtschaftlichen Schäden zu bewahren (BGH ZfWG 2007, 419 Rn. 10; OLG Düsseldorf Urt. v. 14.4.2011 - I-6 U 111/10; zum Schadensersatzanspruch bei einer Verletzung des Sperrvertrages → Rn. 32 f.). Seit der gesetzlichen Regelung der Spielersperre durch den GlüStV 2008 hat sich an dieser Interessenlage grundliegend nichts geändert. Daher kann die Selbstsperre weiterhin einen zivilrechtlichen Sperrvertrag mit dem Veranstalter begründen, wenn der Spieler eine Sperre beantragt und der Veranstalter dies annimmt (OLG Düsseldorf Urt. v. 14.4.2011 - I-6 U 111/10; Peters NJOZ 2010, 1197). Nach wie vor will sich der Spieler durch die Selbstsperre mit der Hilfe des Veranstalters selbst schützen. Der Veranstalter erkennt dieses Interesse an und akzeptiert es als berechtigt. Diese Interessenlage rechtfertigt grundsätzlich die Annahme des Spielers, dass der Veranstalter die ihm gesetzlich auferlegte Aufgabe des Spielerschutzes wahrnehmen und rechtsverbindlich den Schutz des Spielers und seines Vermögens vor den Gefahren der Spielsucht übernehmen will (OLG Düsseldorf Urt. v. 14.4.2011 - I-6 U 111/10). Auch der Umstand, dass der Veranstalter mittlerweile gesetzlich zur Sperre verpflichtet ist und durch die Sperre des Spielers seiner gesetzlichen Verpflichtung nachkommt, ändert hieran nichts (OLG Düsseldorf Urt. v. 14.4.2011 - I-6 U 111/10; Peters NJOZ 2010, 1197). Das öffentliche Glücksspiel wird privatrechtlich abgewickelt durch den Abschluss von Spielverträgen nach § 763 BGB. Dann ist es auch naheliegend, das Sperrverhältnis zwischen Veranstalter und Spieler als privatrechtlich zu qualifizieren (OLG Düsseldorf Urt. v. 14.4.2011 - I-6 U 111/10).

12 Ob Spieler und Veranstalter allerdings tatsächlich einen zivilrechtlichen Sperrvertrag schließen, hängt von den konkreten Umständen des Einzelfalls ab und kann nicht pauschal für jeden Fall gleich bewertet werden. Kommt der Veranstalter dem Antrag auf Selbstsperre des Spielers kommentarlos nach, so liegt der Abschluss eines privatrechtlichen Sperrvertrages nahe (Peters NJOZ 2010, 1197). Soweit der Veranstalter durch formularmäßige Erklärungen, etwa in einem Informationsblatt oder Antragsformular, versucht, sich den Abschluss eines Sperrvertrages zu verwahren, dürfte dies regelmäßig einer AGB-Kontrolle nicht standhalten und gegen das Transparenzgebot nach § 307 Abs. 1 S. 2 BGB verstoßen (OLG Düsseldorf Urt. v. 14.4.2011 - I-6 U 111/10; Peters NJOZ 2010, 1197). Hingegen ist es nicht per se ausgeschlossen, den Abschluss eines Sperrvertrages individuell abzubedingen (so im Ergebnis wohl auch Peters NJOZ 2010, 1197).

13 Die Voraussetzungen der **Fremdsperre** sind erfüllt, wenn der betroffene Veranstalter aufgrund der Wahrnehmung seines Personals oder aufgrund von Meldungen Dritter von Personen weiß oder aufgrund tatsächlicher Anhaltspunkte annehmen muss, dass sie spielsuchtgefährdet oder überschuldet sind, ihren finanziellen Verpflichtungen nicht nachkommen oder Spieleinsätze riskieren, die in keinem Verhältnis zu ihrem Einkommen oder Vermögen stehen. Im Gegensatz zur Selbstsperre wird die Fremdsperre nicht durch den Spieler selbst, sondern auf Initiative dritter Personen verfügt und ist damit Ausdruck des aktiven Spielerschutzes (amtl. Begr. GlüStV 2008 LT-Drs. Bay 15/8486, 16; Nagel Voraufl. § 8 Rn. 7). Die Norm ist unmittelbar drittschützend und zwar zugunsten derjenigen, die von der Suchtgefahr, der finanziellen Not und dem Spielverhalten des Spielers unmittelbar betroffen sind. Seine drittschützende Wirkung bringt § 8 Abs. 2 ferner dadurch zum Ausdruck, dass die Adressaten der Norm Meldungen von Dritten zwingend zu berücksichtigen haben.

14 Die Fremdsperre, die ohne Zutun und gegen den Willen des Spielers erfolgen kann, greift in dessen allgemeines Persönlichkeitsrecht nach Art. 2 Abs. 1 GG in

Ausgestaltung des Rechts auf allgemeine Handlungsfreiheit ein (OLG Köln MD 2011, 1004; LG München I Urt. v. 18.5.2011 – 37 O 5607/11). Im Rahmen der Anhörung zum Glücksspielstaatsvertrag 2008 ist gegen die Regelung teilweise eingewandt worden, dass der pauschale Rückgriff auf Wahrnehmungen des Personals nicht ausreiche, den mit der Sperre verbundenen Eingriff in die verfassungsrechtlich geschützte Position des Spielers zu rechtfertigen (Nagel Voraufl. § 8 Rn. 7). Eine Fremdsperre, die sich allein auf Wahrnehmungen oder Annahmen des Personals oder auf Meldungen in der Vorschrift nicht näher bezeichneter Dritter stütze, beinhalte die Gefahr von missbräuchlichem Verhalten, Schikane und Denunziation (Nagel Voraufl. § 8 Rn. 7). Im Hinblick auf das Spannungsverhältnis zwischen dem Schutz des Spielers einerseits und dem Schutz seiner von der Verfassung eingeräumten Grundrechtsposition andererseits ist eine restriktive Handhabe der Vorschrift angezeigt. Dies umso mehr, als bereits ein „Annehmen-Müssen" des Veranstalters über jene, die Fremdsperre begründenden Umstände ausreicht. Wie aus der Formulierung „sonstiger tatsächlicher Anhaltspunkte" folgt, müssen sich die Wahrnehmung des Personals oder die Meldungen Dritter ausschließlich auf Tatsachen stützen. Rein subjektive Eindrücke und Vorbehalte oder pauschale Verdächtigungen genügen diesen Anforderungen nicht. Dies begrenzt das Risiko, dass Spieler mutwillig daran gehindert werden, am Glücksspiel teilzunehmen (Nagel Voraufl. § 8 Rn. 7).

Die Voraussetzungen für eine Fremdsperre sind einerseits begründet, wenn der **15** Veranstalter zu der Erkenntnis gelangt bzw. annehmen muss, dass die betroffene Person **spielsuchtgefährdet** ist. Dem Wortlaut zufolge genügt bereits die konkrete Gefährdung des Spielers, der Spielsucht zu verfallen. Er muss hingegen nicht spielsüchtig sein. Allerdings erfüllt eine bereits bestehende Spielsucht den Tatbestand der Spielsuchtgefährdung ebenfalls, auch wenn § 8 Abs. 2 die Spielsucht als Tatbestandsvariante nicht ausdrücklich nennt (ähnlich Peters NJOZ 2010, 1197). Ob ein Spieler spielsuchtgefährdet ist, wird sich vor allem an seinem Spielverhalten zeigen. Ein besonders riskantes Spielverhalten, übermäßig hohe Einsätze und auffällig häufiges Spiel können Indiz für eine Gefährdung sein. Die Fremdsperre wegen Spielsuchtgefährdung setzt voraus, dass das bei den Spielbanken und den übrigen Adressaten der Norm beschäftigte Personal in der Wahrnehmung problematischen Spielverhaltens geschult ist, pathologische Spieler identifizieren kann und daraus im Interesse des Spielers Konsequenzen zieht (amtl. Begr. GlüStV 2008 LT-Drs. Bay 15/8486, 16; Nagel Voraufl. § 8 Rn. 7). Sichergestellt wird diese Voraussetzung durch die Verpflichtung der Veranstalter nach § 6 S. 2, wonach diese ihr Personal zu schulen haben.

Andererseits sind die Voraussetzungen für eine Fremdsperre erfüllt, wenn der **16** Veranstalter weiß oder annehmen muss, dass der Spieler überschuldet ist, finanziellen Verpflichtungen nicht nachkommen kann oder Spieleinsätze riskiert, die in keinem Verhältnis zu seinem Einkommen oder Vermögen stehen. Von einer **Überschuldung** ist auszugehen, wenn das Einkommen des Spielers über einen längeren Zeitraum nach Abzug der Lebenshaltungskosten trotz Reduzierung des Lebensstandards nicht zur fristgerechten Schuldentilgung ausreicht (BMFSFJ, Überschuldung privater Haushalte – Eine Information nach Stichworten, Oktober 2004). Finanzielle Verpflichtungen meinen jeden durchsetzbaren, also fälligen sowie einwendungs- und einredefreien Anspruch eines Dritten. Nach dem Wortlaut soll der Tatbestand bereits erfüllt sein, wenn der Spieler diesen Verpflichtungen gleich aus welchem Grund nicht nachkommt. Im Hinblick auf die gebotene restriktive Auslegung der Norm ist der Begriff „nicht nachkommen" im Sinne von „nicht nachkommen können" aus wirtschaftlichen Gründen zu verstehen. Anders als die Überschuldung und die finanzielle Impotenz knüpft das von der Regelung erwähnte Missverhältnis zwischen riskierten Spieleinsätzen und Einkommen oder Vermögen des Spielers an das konkrete Spielverhalten an, nicht aber an die aufgrund eines bestimmten Spielverhaltens bedingte finanzielle Gefährdung oder gar den finanziellen Ruin des Spielers. Nicht erforderlich ist daher, dass das Missverhältnis dazu führt, dass der Spieler in eine finanzielle Notlage gerät. Vielmehr kann ein Missverhältnis insbesondere bei einkommensstarken oder vermögenden Spielern auch dann begründet sein, wenn diese trotz ihres Spielverhaltens nicht Gefahr laufen, sich zu überschulden oder ihren finanziellen Verpflichtungen nicht nachkommen zu können. Da die Norm den Plural „Spieleinsätze" verwendet, muss dem riskanten Spielverhalten allerdings eine bestimmte Beständigkeit innewohnen. Ein einmalig riskierter unverhältnismäßiger Spieleinsatz genügt demnach nicht. Wann ein Missverhältnis anzunehmen ist, unterliegt keinen starren Grenzen, sondern ist stets eine Frage des Einzelfalls. Zu berücksichtigende Faktoren sind etwa die finanzielle Stärke des Spielers, die Höhe der Einsätze oder die Regelmäßigkeit des Spiels. Ein Missverhältnis ist nicht schon per se bei einem Spieler anzunehmen, der Arbeitslosengeld II empfängt oder der sich in Privatinsolvenz befindet (LG München I Urt. v. 18.5.2011 - 37 O 5607/11; LG Trier Urt. v. 1.6.2011- 7 HK O 84/11). Auch dem Insolvenzschuldner und dem Arbeitslosengeld-II-Empfänger steht der Gesetzgeber Freibeträge zur Lebenssicherung zu, die er eigenverantwortlich einsetzen darf. Wie die zur Verfügung stehenden Mittel verwandt werden, ist bewusst der Selbstverantwortung des Einzelnen überlassen (LG München I Urt. v. 18.5.2011 - 37 O 5607/11; LG Trier Urt. v. 1.6.2011 - 7 HK O 84/11). Hingegen soll nach der Rechtsprechung des LG Köln (Urt. v. 5.5.2011 - 81 O 18/11) der einmalige Einsatz von rund 50,00 EUR eines Arbeitslosengel-II-Empfängers, der über 364,00 EUR monatliches Einkommen verfügt, genügen, um ein Missverhältnis zu begründen (aA LG München I Urt. v. 18.5.2011 - 37 O 5607/11; offen gelassen von OLG Köln MD 2011, 1004).

17   Auch die den Antrag auf Selbstsperre ergänzende Begründung oder dessen Begleitumstände können gleichzeitig den Tatbestand der Fremdsperre erfüllen und als „sonstiger tatsächlicher Anhaltspunkt" zu qualifizieren sein (vgl. BGH ZfWG 2012, 32 Rn. 13). Der Antrag auf Selbstsperre schließt damit nicht die Verhängung einer Fremdsperre aus. Allerdings wird der Veranstalter mit Blick auf die Gesetzessystematik nicht allein aus dem Umstand, dass eine Person einen Antrag auf Selbstsperre stellt, annehmen müssen, dass einer der die Fremdsperre auslösenden Gründe vorliegt. Dann hätte die Selbstsperre keinen eigenen Regelungsgehalt, weil sie stets eine Fremdsperre begründete. Vielmehr müssen sich aus dem Antrag tatsächliche Anhaltspunkte ergeben, welche das Annehmen-müssen der Spielsuchtgefährdung, der Überschuldung, der sonstigen finanziellen Notlage oder des auffälligen Spielverhaltens begründen. Ergibt sich aus dem Antrag auf Selbstsperre, dass gleichzeitig die Voraussetzungen für eine Fremdsperre vorliegen, so hat der Veranstalter zunächst dem Antrag auf Selbstsperre zu entsprechen und dann ggfs. eine weitergehende Fremdsperre unter Einhaltung des dafür vorgesehenen Verfahrens (→ Rn. 20 f.) zu verhängen. Praktische Relevanz kann dies für das rechtliche Verhältnis zwischen Spieler und Veranstalter (→ Rn. 11 und Rn. 22) und für die Dauer der Sperre haben (→ Rn. 23).

18   Die Regelung verpflichtet auf der Rechtsfolgenseite Spielbanken und Veranstalter von Sportwetten und Lotterien mit besonderem Gefährdungspotential die betroffenen Personen zu sperren. Wie dem Wortlaut „sperren" zu entnehmen ist,

handelt es sich um eine gebundene Entscheidung, die dem Adressaten kein Ermessen eröffnet. Ist der Tatbestand erfüllt, ist die betroffene Person zwangsläufig zu sperren. Wie die Veranstalter dieser Pflicht zur Sperre nachzukommen haben, ist in Abs. 4 und weitergehend teilweise in den Ausführungsgesetzen der Länder geregelt. Die unmittelbare Folge einer erfolgten Sperre für den Spieler ist das Verbot der Teilnahme am Spielbetrieb in Spielbanken und an Sportwetten, an Lotterien, die häufiger als zweimal pro Woche veranstaltet werden, sowie an Pferdewetten zu festen Gewinnquoten. Dies ergibt sich nicht unmittelbar aus § 8, sondern aus den einzelnen gesetzlichen Teilnahmeverboten nach § 20 Abs. 2 S. 1, § 21 Abs. 5 S. 1, § 22 Abs. 2 S. 1 und § 27 Abs. 3 iVm § 21 Abs. 5. Lotterien mit einem geringeren Gefährdungspotential, zu denen wegen ihrer niedrigen Ereignisfrequenz auch **LOTTO** und **Eurojackpot** zählen, unterliegen keinem Teilnahmeverbot. An diesen Glücksspielen kann eine Person trotz einer Sperre teilnehmen.

Weitergehende Rechtsfolgen als die Pflicht zur Sperre lassen sich aus § 8 Abs. 2 **19** nicht herleiten. Insbesondere resultiert bei Vorliegen der Voraussetzungen einer Fremdsperre für die betroffenen Veranstalter nicht die Pflicht, den zu sperrenden Spieler bis zur erfolgten Sperre unverzüglich von der Spielteilnahme auszuschließen. Ein solches **sofortiges Teilnahmeverbot** für zu sperrende Spieler folgt weder aus § 8 Abs. 2 unmittelbar, noch mangels Regelungslücke aus einer analogen Anwendung der gesetzlichen Teilnahmeverbote (OLG Köln MD 2011, 1004; LG München I Urt. v. 18.5.2011 – 37 O 5607/11; aA LG Köln Urt. v. 5.5.2011 – 81 O 18/11, aufgehoben durch OLG Köln MD 2011, 1004). Der Gesetzgeber hat in § 8 die Voraussetzungen für eine Spielersperre normiert und darauf aufbauend in den gesetzlichen Teilnahmeverboten bestimmt, dass gesperrte Spieler an bestimmten Glücksspielen nicht teilnehmen dürfen. Dieses Regelungssystem ist abschließend, weil der Gesetzgeber hierdurch zum Ausdruck gebracht hat, auf welche Art und Weise er dem Spielerschutz Rechnung tragen will (LG München I Urt. v. 18.5.2011 – 37 O 5607/11). Im Hinblick auf die Pflicht zur vorherigen Anhörung des Spielers (→ Rn. 20) bestehen im Falle der Fremdsperre sogar Bedenken an einem vorläufigen Teilnahmeverbot (OLG Köln MD 2011, 1004).

Im Fall der Fremdsperre ist der betroffene Spieler wegen des hiermit verbunde- **20** nen Eingriffs in dessen allgemeines Persönlichkeitsrecht vor der Sperre zwingend anzuhören. Das Erfordernis einer **Anhörung** ist in manchen Ausführungsgesetzen und Spielbankengesetzen der Länder ausdrücklich geregelt (vgl. zB § 9 Abs. 3 S. 1 BbgGlüAG). Sofern eine solche Regelung fehlt, folgt die Pflicht zur Anhörung aus der Verpflichtung zur Gewährung rechtlichen Gehörs (OLG Köln MD 2011, 1004; LG München Urt. v. 18.5.2011 – 37 O 5607/11; Peters NJOZ 2010, 1197). Es entspricht fundamentalen rechtsstaatlichen Grundsätzen, vor belastenden Maßnahmen wie einer Sperre und dem damit verbundenen Ausschluss von der Teilnahme an öffentlichem Glücksspiel dem Betroffenen Gelegenheit zur Stellungnahme und zur Ausräumung des bekannt gewordenen Verdachts zu geben (OLG Köln MD 2011, 1004).

Daneben sehen manche Ausführungsgesetze und Spielbankengesetze der Län- **21** der vor, dass die betroffenen Veranstalter im Falle der verweigerten Zustimmung des Spielers die zur Begründung der Fremdsperre angeführten Tatsachen durch geeignete Maßnahmen zu überprüfen haben. Eine derartige **Überprüfungspflicht** bestimmt beispielsweise § 9 Abs. 3 BbgGlüAG. Sofern in anderen Bundesländern entsprechende Regelungen nicht existieren, bleibt dem betroffenen Veranstalter bei einer verweigerten Zustimmung des Spielers nicht viel anderes übrig, als entsprechende Überprüfungen selbstständig einzuleiten (Peters NJOZ 2010, 1197), um sich Gewissheit darüber zu verschaffen, ob er zur Verhängung der Sperre verpflichtet ist oder nicht.

22   Fraglich ist, ob auch die Fremdsperre einen privatrechtlichen **Sperrvertrag** zwischen Spieler und Veranstalter begründen kann. Gänzlich ausgeschlossen scheint dies nicht (Peters NJOZ 2010, 1197). Die Bewertung, ob Spieler und Veranstalter einen Sperrvertrag abschließen, hängt maßgeblich von dem Verlauf des Anhörungsverfahrens ab. Verhängt der Veranstalter einseitig eine Fremdsperre, ohne dass der Spieler zustimmt oder gar widerspricht, handelt es sich lediglich um einen einseitigen Akt, der kein Vertragsverhältnis begründet (Peters NJOZ 2010, 1197). Stimmt der Spieler der Fremdsperre im Anhörungsverfahren hingegen zu, so kann dies je nach den konkreten Umständen des Einzelfalls ebenfalls den Abschluss eines Sperrvertrags bedeuten (Peters NJOZ 2010, 1197).

3. § 8 Abs. 3 Mindestdauer / Mitteilung

23   § 8 Abs. 3 S. 1 bestimmt die **Mindestdauer** der Spielersperre. Diese beträgt ein Jahr. Da es sich um eine Mindestdauer der Sperre handelt, kann deren Dauer auch darüber hinaus gehen. Gleichzeitig folgt daraus, dass Spielersperren von Anfang an zeitlich befristet werden können. Wie sich aus der Systematik von Abs. 3 und Abs. 5 ergibt, kann die Sperre auch auf unbestimmte Zeit verhängt werden. Denn § 8 Abs. 5 S. 1 sieht eine Aufhebung der Sperre vor. Der Aufhebung einer Sperre bedarf es grundsätzlich aber nur dann, wenn diese nicht von vornherein bloß für eine bestimmte Zeit ausgesprochen wurde. Die Entscheidung über die Dauer trifft derjenige, der die Sperre anordnet (Nagel Voraufl. § 8 Rn. 10). Im Fall der Selbstsperre hat der Veranstalter allerdings die vom Spieler gewünschte Dauer der Sperre zu berücksichtigen (Nagel Voraufl. § 8 Rn. 10), insbesondere wenn der Antrag auf Selbstsperre ohne Begründung erfolgt. Er ist hieran aber nicht gebunden. Ergibt sich nämlich aus einer möglichen Begründung oder den Begleitumständen des Antrags auf Selbstsperre, dass gleichzeitig die Voraussetzungen für eine Fremdsperre vorliegen, hat der Veranstalter die Dauer der Sperre zu bestimmen. Die tatsächliche Dauer der zu verhängenden Sperre hängt von den Umständen ab, die zur Spielersperre geführt haben (Nagel Voraufl. § 8 Rn. 10). Ein Grund für eine über die Mindestdauer hinausgehende oder gar unbefristete Sperre liegt zumindest dann vor, wenn der Veranstalter zu der Erkenntnis gelangt, dass der zu sperrende Spieler spielsüchtig ist. Gleiches kann gelten, wenn der Spieler in der Vergangenheit bereits einmal gesperrt gewesen und jetzt wegen desselben Verhaltens wieder zu sperren ist.

24   § 8 Abs. 3 S. 2 regelt die Pflicht des Veranstalters, dem betroffenen Spieler die Sperre unverzüglich mitzuteilen. Die Ausführungsgesetze und Spielbankengesetze der Länder regeln teilweise den konkreten Umfang der Mitteilung. So müssen etwa nach § 14 Abs. 1 S. 2 GlüG LSA dem Spieler Grund und Dauer der Sperre unverzüglich bekanntgegeben werden. Die Mitteilung über die Sperre muss schriftlich erfolgen.

4. § 8 Abs. 4 Eintrag in die Sperrdatei

25   Nach § 8 Abs. 4 S. 1 haben die Veranstalter die in § 23 Abs. 1 genannten Daten in eine Sperrdatei einzutragen, d. h. zu verarbeiten und an die zentrale **Sperrdatei** zu übermitteln (amtl. Begr. LT-Drs. Bay 16/11995, 27). Welche Daten im Einzelnen in die Sperrdatei einzutragen sind, regelt § 23 Abs. 1 S. 2. Ein Eintrag in die

Sperrdatei ist nach § 8 Abs. 4 S. 2 auch zulässig, wenn nicht alle der in § 23 Abs. 1 aufgeführten Daten erhoben werden können. Die Möglichkeit eines Eintrags in die Sperrdatei, ohne dass sämtliche Daten des Spielers vorhanden sind, hat der Gesetzgeber im Interesse des Spielerschutzes eingeräumt (amtl. Begr. GlüStV 2008 LT-Drs. Bay 15/8486, 16). Der sperrende Veranstalter muss allerdings sicherstellen, dass Verwechslungen ausgeschlossen werden und der Spieler aufgrund der eingetragenen Daten eindeutig zu identifizieren ist (Nagel Voraufl. § 8 Rn. 11). Daher sollte neben dem vollständigen Namen zumindest das Geburtsdatum, idealerweise in Verbindung mit dem Geburtsort gespeichert werden.

Die Ausführungs- und die Spielbankgesetze zahlreicher Länder sehen aus daten- **26** schutzrechtlichen Gründen einen **Auskunftsanspruch** gesperrter Spieler vor. Dieser bezieht sich regelmäßig auf den Umfang der gespeicherten Daten, den Verwendungszweck, die Rechtsgrundlage und die Empfänger regelmäßiger Datenübermittlungen.

Der Eintrag der personenbezogenen Daten in die Sperrdatei bewirkt faktisch **27** die Sperre des Spielers. Denn die Durchsetzung der durch die Sperre bedingten gesetzlichen Teilnahmeverbote erfolgt jeweils durch eine Identitätskontrolle des Spielers und deren Abgleich mit der Sperrdatei (vgl. etwa § 20 Abs. 2 S. 2).

5. § 8 Abs. 5 Aufhebung der Sperre

§ 8 Abs. 5 regelt die **Aufhebung der Sperre**. Im Einklang mit § 8 Abs. 3 S. 1, **28** wonach die Sperre mindestens ein Jahr beträgt, ist nach § 8 Abs. 5 S. 1 die Aufhebung der Sperre frühestens nach einem Jahr möglich. Die Tatsache, dass der Gesetzgeber eine Aufhebung der Spielersperre vorgesehen hat, bedeutet gleichzeitig, dass der Veranstalter eine Spielersperre ohne zeitliche Begrenzung verhängen kann (→ Rn. 23). Denn eine von Anfang an befristete Sperre bedarf der Aufhebung nicht, gleichwohl sie auch – nach Ablauf der Mindestdauer von einem Jahr – aufgehoben werden kann. Die Entscheidung über die Aufhebung setzt nach S. 1 einen schriftlichen Antrag des gesperrten Spielers gerichtet auf Aufhebung der Sperre voraus.

Nach § 8 Abs. 5 S. 2 entscheidet über den Antrag des Spielers auf Aufhebung **29** der Sperre der Veranstalter, der die Sperre verfügt hat. Die Aufhebung der Sperre bedarf einer sorgfältigen Prüfung im Einzelfall unter Berücksichtigung der objektiven Interessen des gesperrten Spielers (Nagel Voraufl. § 8 Rn. 12). Die Voraussetzungen an die Aufhebung sind teilweise in den Ausführungsgesetzen der Länder geregelt. So hat zB nach § 3 Abs. 3 AG GlüStV Bln der betroffene Veranstalter die Spielersperre aufzuheben, wenn die Gründe, die zu einer Spielersperre geführt haben, entfallen sind und die Voraussetzungen des § 8 Abs. 5 S. 1 vorliegen. Dieser Aufhebungsgrund gilt aber auch in den Bundesländern, deren Ausführungsgesetze eine entsprechende Regelung nicht ausdrücklich vorsehen. Dies entspricht auch der Rspr. des BGH (ZfWG 2012, 32 Rn. 11) zur Rechtslage vor der Geltung des GlüStV 2008, wonach bei einer Aufhebung des Sperrvertrages gewährleistet sein muss, dass sich nicht gerade die Risiken verwirklichen, die durch den Abschluss ausgeschlossen werden sollten. Dementsprechend ist eine Spielersperre nach Ablauf der gesetzlichen Mindestdauer nicht auf den Wunsch des Spielers hin aufzuheben (BGH ZfWG 2012, Rn. 13; kritisch hierzu Hecker, JR 2012, 458 ff.). Den Nachweis, dass die seinerzeit maßgeblichen Gründe nicht mehr bestehen, hat der Spieler zu führen (BGH ZfWG 2012 Rn. 11). War Anlass der Sperre ein pathologisches Verhalten des Spielers, so unterliegt deren Aufhebung besonders

hohen Anforderungen (Nagel Voraufl. § 8 Rn. 12 mHa Meyer/Bachmann, Spielsucht, 301). Der BGH (ZfWG 2012, 32 Rn. 11 f.) verlangt bei einer Sperre auf
Grundlage einer Spielsuchtgefährdung hinreichend sichere Nachweise, dass diese
nicht mehr besteht und der Spieler zu einem kontrollierten Spiel in der Lage
ist, etwa anhand einer sachverständigen Begutachtung oder Bescheinigung einer
fachkundigen Stelle (so auch VG Berlin Urt. v. 18.5.2012 – VG 35 K 199.10). Der
Fachbeirat (vgl. § 10 Abs. 1 S. 2) ist der Auffassung, dass bei einer Sperre, die wegen
einer diagnostizierten Glücksspielsucht verhängt worden ist, eine Aufhebung in
der Regel nicht in Betracht kommt (Empfehlung 3/2011 des Fachbeirats vom
28.2.2011). Der Fachbeirat beruft sich in dieser Empfehlung auf eine Lehrmeinung,
wonach die Glücksspielsucht eine chronische, nicht heilbare Krankheit sei, bei der
lebenslange Abstinenz zur Genesung zwingend sei.

30   Die Aufhebung der Spielersperre erfolgt durch den sperrenden Veranstalter.
Dies ist schon deswegen zweckmäßig, weil der sperrende Veranstalter am besten
die Tatsachen kennt, die zur Sperre geführt haben. Er kann daher auch in aller
Regel am ehesten entscheiden, ob diese Umstände in der Person des Spielers
noch bestehen oder nicht. Kommt der Veranstalter dem Antrag des Spielers auf
Aufhebung der Sperre nicht nach, so ist der Rechtsweg zu den ordentlichen
Gerichten eröffnet (VG Berlin Urt. v. 18.5.2012 – VG 35 K 199.10).

6. § 8 Abs. 6 Mitwirkungspflicht der Vermittler

31   Nach § 8 Abs. 6 S. 1 trifft die Vermittler von öffentlichen Glücksspielen die
Pflicht, an dem übergreifenden Sperrsystem mitzuwirken. Wie in der Norm ausdrücklich festgehalten ist, dient die **Mitwirkungspflicht** dem Schutz der Spieler
und der Bekämpfung der Glücksspielsucht. Adressat der Norm sind die Vermittler
von öffentlichen Glücksspielen. Da anders als im Rahmen des § 8 Abs. 2 hinsichtlich der Veranstalter eine Eingrenzung des Kreises der Vermittler nicht vorgesehen
ist, meint die Regelung sämtlich Vermittler öffentlichen Glücksspiels und nicht
bloß diejenigen, die öffentliches Glücksspiel der in Abs. 2 genannten Veranstalter
vermitteln. Vermittler sind Annahmestellen und Lotterieeinnehmer der Veranstalter nach § 10 Abs. 2, gewerbliche Spielvermittler, die Vermittler von Sport- und
Pferdewetten und alldiejenigen, die Dritten die Teilnahme am öffentlichen
Glücksspiel gewerbsmäßig eröffnen. Der Umfang der Mitwirkungspflicht ist in
S. 2 geregelt. Danach übermitteln die Vermittler die bei ihnen eingereichten
Anträge auf Selbstsperren unverzüglich an den Veranstalter nach § 10 Abs. 2, in
dessen Geltungsbereich der Spieler seinen Wohnsitz hat.

III. Schadensersatzansprüche gesperrter Spieler

32   In der Vergangenheit ist es immer wieder zu zivilgerichtlichen Auseinandersetzungen zwischen gesperrten Spielern und Spielbanken gekommen, die Schadens-
ersatzforderungen des Spielers gegen die Spielbank zum Gegenstand hatten, weil
diese dem Spieler trotz dessen Sperre die Spielteilnahme ermöglicht hat (zB BGH
ZfWG 2012, 32; 2007, 419; NJW 2006, 362). Für den Fall vom Spieler
begehrten und anschließend von der Spielbank ausgesprochenen Sperre ist die
Rechtsprechung vor Geltung des Glücksspielstaatsvertrages 2008 davon ausgegangen, dass zwischen Spieler und der Spielbank ein zivilrechtlicher **Sperrvertrag**
zustande kommt, aus welchem der Spielbank die Pflicht zur Wahrung der Vermö-

gensinteresses des Spielers erwächst (BGH ZfWG 2012, 32 Rn. 8; 2007, 419 Rn. 7 und 10). Lässt die Spielbank den gesperrten Spieler dennoch am Glücksspiel pflichtwidrig teilnehmen, etwa weil sie die ihr obliegende Eingangskontrollpflicht vernachlässigt oder missachtet, so ist die Spielbank dem Spieler aus dem Gesichtspunkt der Verletzung einer Vertragspflicht zu dem hieraus entstandenen Schaden in Form der vom Spieler geleisteten Spieleinsätze verpflichtet (BGH ZfWG 2012, 32 Rn. 9; 2007, 419 Rn. 7). Nach der Rspr. des BGH (ZfWG 2012, 32 Rn. 11) stellt sogar die Aufhebung eines Sperrvertrages durch eine Spielbank auf Antrag des Spielers hin eine Verletzung desselben dar, wenn nicht der Spieler gegenüber der Spielbank zuvor den hinreichend sicheren Nachweis führt, dass die Gründe, welche dem Antrag auf Sperre zugrunde gelegen haben, nicht mehr vorliegen (kritisch hierzu Hecker, JR 2012, 458 ff.). Hingegen erwuchsen nach bisherigem Recht dem Betroffenen aus einer einseitigen durch die Spielbank veranlassten Spielsperre keinerlei Rechte (BGH NJW 2006, 362; BGHZ 131, 136 (139)).

Seit der neuen Rechtslage zum 1.1.2008, zu der – soweit ersichtlich – bislang **33** noch keine gerichtlichen Entscheidungen ergangen sind, ist wegen der gesetzlich geregelten Spielersperre und der daraus resultierenden gesetzlichen Teilnahmeverbote eine erhebliche Erweiterung des Haftungsrisikos der Veranstalter eingetreten. Als Haftungsgrundlage kommt neben § 280 BGB wegen einer **Vertragspflichtverletzung** aus dem Sperrvertrag (so zumindest für die Eigensperre Peters NJOZ 2010, 1197) das allgemeine Deliktsrecht in Betracht. Bei den gesetzlichen Teilnahmeverboten handelt es sich nämlich um **Schutzgesetze** nach § 823 Abs. 2 BGB (Peters NJOZ 2010, 1197). Ist der Veranstalter öffentlich-rechtlicher Natur, so ergeben sich aus den Teilnahmeverboten drittgerichtete **Amtspflichten** iSd § 839 BGB (Peters NJOZ 2010, 1197). Ein deliktischer Schadensersatzanspruch des Spielers gegen den Veranstalter ist – genau wie ein Anspruch nach § 280 BGB – regelmäßig dann begründet, wenn der Veranstalter trotz einer bestehenden Sperre und damit entgegen einem gesetzlichen Teilnahmeverbot den Spieler schuldhaft am Glücksspiel teilnehmen lässt, etwa weil eine Identitätskontrolle und ein Abgleich mit der Sperrdatei nicht oder nicht hinreichend erfolgen. Erschleicht sich indes der gesperrte Spieler die Teilnahme am Glücksspiel, etwa durch die Vorlage gefälschter Ausweispapiere oder der Kundenkarte eines Dritten, so kann es an einem Verschulden des Veranstalters fehlen (BGH NJW 2006, 362; Peters NJOZ 2010, 1197). Ferner findet eine Ausdehnung der Haftung des Veranstalters deswegen statt, weil seine Schadensersatzpflicht nicht nur wie bisher bei einer auf Antrag des Spielers erteilten Spielsperre in Betracht kommt (BGH ZfWG 2007, 419 Rn. 10). Selbst im Fall der einseitigen Fremdsperre ohne Zustimmung des Spielers können Schadensersatzansprüche des Spielers nach § 823 Abs. 2 BGB begründet sein (so auch Peters NJOZ 2010, 1197). Darüber hinaus können neben den Spielbanken auch die übrigen von § 8 Abs. 2 adressierten Veranstalter haften. Außerdem kann neben demjenigen Veranstalter, der die Sperre verhängt hat, auch jeder andere Veranstalter schadensersatzpflichtig werden. Denn auch diesen Veranstalter trifft die Pflicht, die gesetzlichen Teilnahmeverbote zu beachten, selbst wenn die Sperre ein anderer Veranstalter veranlasst hat. Tut er dies nicht, kann er dafür haftbar gemacht werden. Den Vorwurf eines **Mitverschuldens** nach § 254 BGB muss sich der Spieler nicht schon deswegen gefallen lassen, weil er trotz einer bestehenden Sperre versucht, am Glücksspiel teilzunehmen, oder das Personal nicht auf eine Sperre hinweist. Denn „einfaches" Fehlverhalten kann der Veranstalter dem Spieler nicht entgegenhalten, weil es gerade Sinn der Kontrollpflicht ist, ein solches zu verhindern (BGH ZfWG 2007, 419 Rn. 16).

Zweiter Abschnitt. Aufgaben des Staates

§ 9 Glücksspielaufsicht

(1) Die Glücksspielaufsicht hat die Aufgabe, die Erfüllung der nach diesem Staatsvertrag bestehenden oder auf Grund dieses Staatsvertrages begründeten öffentlich-rechtlichen Verpflichtungen zu überwachen sowie darauf hinzuwirken, dass unerlaubtes Glücksspiel und die Werbung hierfür unterbleiben. Die zuständige Behörde des jeweiligen Landes kann die erforderlichen Anordnungen im Einzelfall erlassen. Sie kann insbesondere

1. jederzeit Auskunft und Vorlage aller Unterlagen und Nachweise verlangen, die zur Prüfung im Rahmen des Satzes 1 erforderlich sind, sowie zum Zwecke dieser Prüfung während der üblichen Geschäfts- und Arbeitszeiten die Geschäftsräume und -grundstücke betreten, in denen öffentliches Glücksspiel veranstaltet oder vermittelt wird,
2. Anforderungen an die Veranstaltung, Durchführung und Vermittlung öffentlicher Glücksspiele und die Werbung hierfür sowie an die Entwicklung und Umsetzung des Sozialkonzepts stellen,
3. die Veranstaltung, Durchführung und Vermittlung unerlaubter Glücksspiele und die Werbung hierfür untersagen und
4. den am Zahlungsverkehr Beteiligten, insbesondere den Kredit- und Finanzdienstleistungsinstituten, nach vorheriger Bekanntgabe unerlaubter Glücksspielangebote die Mitwirkung an Zahlungen für unerlaubtes Glücksspiel und an Auszahlungen aus unerlaubtem Glücksspiel untersagen.

Sofern unerlaubtes Glücksspiel in mehreren Ländern veranstaltet oder vermittelt wird oder dafür in mehreren Ländern geworben oder in sonstiger Weise gegen öffentlich-rechtliche Verpflichtungen im Sinne des Satzes 1 verstoßen wird, kann jedes betroffene Land die zuständige Behörde eines anderen Landes ermächtigen, auch mit Wirkung für das betroffene Land die erforderlichen Anordnungen im Einzelfall zu erlassen und zu vollstrecken. Die Vollstreckung richtet sich nach dem Recht des ermächtigten Landes.

(2) Widerspruch und Klage gegen diese Anordnungen haben keine aufschiebende Wirkung. Im Falle der Vollstreckung von Anordnungen nach Absatz 1 mittels Zwangsgeld soll dieses das wirtschaftliche Interesse, das der Pflichtige an der Vornahme oder am Unterbleiben der Handlung hat, erreichen. Reicht das gesetzliche Höchstmaß hierzu nicht aus, so kann es überschritten werden. Das wirtschaftliche Interesse des Pflichtigen ist nach pflichtgemäßem Ermessen zu schätzen.

(3) Die Länder arbeiten bei der Glücksspielaufsicht zusammen; sie können auch mit den zuständigen Aufsichtsbehörden der Mitgliedstaaten der Europäischen Union und der Vertragsstaaten des Abkommens über den Europäischen Wirtschaftsraum zusammenarbeiten und zu diesem Zweck Daten austauschen, soweit dies zur Erfüllung ihrer Aufgaben erforderlich ist. Soweit nach diesem Staatsvertrag nichts anderes bestimmt ist, stim-

men die Länder die Erlaubnisse für die in § 10 Abs. 2 genannten Veranstalter im Benehmen ab.

(4) Die Erlaubnis wird von der zuständigen Behörde für das Gebiet des jeweiligen Landes oder einen Teil dieses Gebietes erteilt. Sie ist widerruflich zu erteilen und zu befristen. Sie kann, auch nachträglich, mit Nebenbestimmungen versehen werden. Die Erlaubnis ist weder übertragbar noch kann sie einem Anderen zur Ausübung überlassen werden.

(5) Die Erlaubnis zur Einführung neuer Glücksspielangebote durch die in § 10 Abs. 2 und 3 genannten Veranstalter setzt voraus, dass

1. der Fachbeirat (§ 10 Abs. 1 S. 2) zuvor die Auswirkungen des neuen Angebotes unter Berücksichtigung der Ziele des § 1 auf die Bevölkerung untersucht und bewertet hat und

2. der Veranstalter im Anschluss an die Einführung dieses Glücksspiels der Erlaubnisbehörde über die sozialen Auswirkungen des neuen Angebotes berichtet.

Neuen Glücksspielangeboten steht die Einführung neuer oder die erhebliche Erweiterung bestehender Vertriebswege durch Veranstalter oder Vermittler gleich.

(6) Angaben über persönliche und sachliche Verhältnisse einer natürlichen oder juristischen Person oder einer Personengesellschaft sowie Betriebs- oder Geschäftsgeheimnisse, die den zuständigen Behörden, ihren Organen, ihren Bediensteten oder von ihnen beauftragten Dritten im Rahmen der Durchführung ihrer Aufgabenerfüllung anvertraut oder sonst bekannt geworden sind, dürfen nicht unbefugt offenbart werden. Soweit personenbezogene Daten verarbeitet werden, finden die landesrechtlichen Datenschutzbestimmungen Anwendung.

(7) Die Glücksspielaufsicht darf nicht durch eine Behörde ausgeübt werden, die für die Finanzen des Landes oder die Beteiligungsverwaltung der in § 10 Abs. 2 und 3 genannten Veranstalter zuständig ist.

Ausführungsgesetze: § 3, § 47, § 48 Abs. 1 Nr. 6 f. LGlüG BW-E; Art. 1 Abs. 2 S. 1, Art. 2 Abs. 1 S. 1 Nr. 4, Abs. 4 S. 1, Art. 4, Art. 13 Abs. 1 Nr. 4 AGGlüStV Bay; § 1 Abs. 2, § 7 Abs. 1 S. 4 Nr. 4, Abs. 2 Nr. 7, § 11, § 16 Abs. 1 S. 1 Hs. 2, § 17 Abs. 1 Nr. 7-10 AG GlüStV Bln; § 3 Abs. 1 S. 2 Nr. 4, Abs. 3, § 14, § 16 Abs. 1 Nr. 5 f. BbgGlüAG; § 2 Abs. 1, § 3 Abs. 2, § 9, § 10, § 14, § 16 Abs. 1 Nr. 4 BremGlüG; § 2, § 8 Abs. 1 Nr. 5, § 16 Abs. 1 Nr. 3 HmbGlüStVAG; § 7 Abs. 1 S. 2, § 9 Abs. 1 S. 1 Nr. 5, Abs. 2, § 16, § 18 Abs. 1 Nr. 9-11 HGlüG; § 2, § 5 Abs. 1 Nr. 5, Abs. 4, § 19, § 21 Abs. 1 Nr. 9 GlüStVAG M-V; § 4 Abs. 1 S. 1 Nr. 6, Abs. 3, § 22, § 23, § 26 Abs. 1 Nr. 8-10 NGlüSpG; § 1 Abs. 2, § 2 Abs. 2 S. 1, § 4 Abs. 1 S. 1 Nr. 6, Abs. 3, § 19 Abs. 1 S. 2, § 20, § 23 Abs. 1 Nr. 8 f. AG GlüÄndStV NRW-E; § 5 Abs. 1 S. 1 Nr. 4, Abs. 4 S. 2, Abs. 5, § 13, § 15 Abs. 6 S. 2, § 16 Abs. 1 Nr. 9 f. LGlüG RhPf; § 1 Abs. 1 f., § 4 Abs. 1 S. 1 Nr. 3, Abs. 6, Abs. 7 Nr. 7, Abs. 8, § 14, § 15 Abs. 1 Nr. 14 f. AG GlüStV-Saar; § 4 Abs. 2 f., § 6 Abs. 1 S. 1 Nr. 8, § 18 Abs. 1 S. 2, § 18a Abs. 3, § 19, § 20 Abs. 1 Nr. 8-10 SächsGlüStVAG; § 4 Abs. 2 Nr. 3, § 17, § 17a, § 20 Abs. 1 Nr. 8 GlüG LSA; § 2 Abs. 1, § 3 Abs. 1 S. 1 Nr. 4, § 6, § 11 Abs. 1 Nr. 6 GlüStV AG SchlH-E; § 5 Abs. 1 S. 1 Nr. 4, § 10 Abs. 1 Nr. 7, § 11 ThürGlüG.

Literatur: Bundesregierung, Mitteilung an die Europ. Kommission v. 20.5.2008, ZfWG 2008, 173 ff.; Büssow/Schmeling, Die Internetaufsicht über unerlaubtes Glücksspiel, ZfWG 2010, 239 ff.; Frey/Rudolph/Oster, Internetsperren und der Schutz der Kommunikation im Internet, MMR-Beil. 3/2012, 1 ff.; Ennuschat/Klestil, Sperrverfügungen gegenüber dem Access-Provider als Instrument zur Bekämpfung des illegalen Online-Glücksspiels?, ZfWG

2009, 389 ff.; Hübsch, Veranstaltung und Vermittlung von Sportwetten ohne Erlaubnis – ein Glücksspiel?, GewArch 2004, 313 ff.; Manthey/Rubin, Der Fachbeirat nach § 10 Abs. 1 S. 2 GlüStV als Kläger im Verwaltungsprozess, ZfWG 2010, 324 ff.; Manthey, Anm. zu VG Wiesbaden Urt. v. 1.2.2011 – 5 K 718/10.W1, ZfWG 2011, 167 ff.; Pagenkopf, Zur Staatshaftung bei glücksspielrechtlichen Verfügungen, ZfWG 2012, 77 ff.; ders., Der neue GlüStV, NJW 2012, 2918 ff.; Postel, Gesetzliche Trennung von Erlaubnispflicht und Errichtung eines Monopols, ZfWG 2009, 47 ff.; Sieber/Nolde, Sperrverfügungen im Internet, 2008.

Übersicht

I. Entstehungsgeschichte, Allgemeines

1 Das Glücksspielrecht ist seit jeher Teil des besonderen **Ordnungsrechts der Länder** (amtl. Begr., LT-Drs. Bay 15/8486, 9 f.; LT-Drs. Bay. 16/6335, 2). Entsprechend ist die **Glücksspielaufsicht** in § 9 zT eng an bestehende Vorschriften – zB der Bau- oder Gewässeraufsicht – angelehnt. Die Norm schafft die notwendigen strukturellen Voraussetzungen, um die wirksame Durchsetzung der den ordnungsrechtlichen Zielen des § 1 dienenden Regelungen des GlüStV zu gewährleisten (amtl. Begr., LT-Drs. Bay 15/8486, 16). Die Präzisierung der Eingriffs- und Vollstreckungsbefugnisse in Abs. 1/2 durch den 1. GlüÄndStV dient ua dem konkretisierten Ziel aus § 1 S. 1 Nr. 2 (amtl. Begr., LT-Drs. Bay 16/11995, 17/21). Eine konsequente und effektive **Glücksspielaufsicht** ist für die verfassungs- und unionsrechtliche Rechtfertigung des GlüStV von besonderer Bedeutung, da es insoweit nicht nur auf die rechtliche, sondern auch und gerade auf die **tatsächliche Ausgestaltung** des Glücksspielwesens ankommt (BVerfGE 115, 276 (316); → Rn. 3). IdS ist nicht erst seit Inkrafttreten des GlüStV eine Vielzahl verwal-

tungsgerichtlicher Verfahren zu verzeichnen, die behördliche Untersagungen verbotener öffentl. Glücksspiele – insbes. im Internetbereich – zum Gegenstand haben (vgl. Büssow/Schmeling ZfWG 2010, 239); in diesem Kontext werden zT auch Fragen der **Amts- bzw. Staatshaftung** diskutiert (hierzu Pagenkopf ZfWG 2012, 77). § 9 gilt nicht für **Spielbanken, Spielhallen, Gaststätten, Wettannahmestellen der Buchmacher, Pferdewetten** oder – seien es auch Glücksspiele iSv § 3 – **Gewinnspiele** im Rundfunk (§ 2 Abs. 2–6). In den Ausführungsgesetzen können der Gewerbeaufsicht bzgl. **Spielhallen** die Befugnisse aus Abs. 1/2 eröffnet werden (amtl. Begr., LT-Drs. Bay 16/11995, 31). Unabhängig vom Ordnungsrecht können Verstöße gegen den GlüStV mit **Geldbußen** geahndet oder – jenseits der §§ 284 ff. StGB – über das **Strafrecht** verfolgt werden, soweit dies in den **Ausführungsgesetzen** vorgesehen ist (§ 28 S. 3).

II. Einzelkommentierung

1. § 9 Abs. 1 S. 1 Aufgabeneröffnung

Die **Überwachungsaufgaben** aus Abs. 1 S. 1 Alt. 1 – die iW Art. 68 Abs. 1 **2** S. 1 BayWG idF bis zum 28.2.2010 nachgebildet sein dürften – umfassen sowohl die vorgehende Prüfung glücksspielrechtlich relevanter Tätigkeiten in Erlaubnisbzw. Konzessionsverfahren nebst Überwachung erteilter Zulassungen (zB Durchsetzung von **Inhalts- und Nebenbestimmungen, Widerruf**) als auch den Erlass von Anordnungen zur **Gefahrenabwehr** im Einzelfall zB nach Abs. 1 S. 2/3 oder § 9a Abs. 3 S. 1 Hs. 2 (vgl. Gößl in Siedler/Zeitler BayWG Stand: Okt. 2005 Art. 68 Rn. 5). Denn Abs. 1 S. 1 Alt. 2 betrifft nur Anordnungen, die an den formellen Tatbestand unerlaubten Glücksspiels anknüpfen – und nicht an hiervon unabhängige materielle Pflichten (→ Rn. 32). Soweit sich Abs. 1 S. 1 Alt. 1 auf die Erfüllung unmittelbar nach dem GlüStV bestehender **öffentl.-rechtlicher Verpflichtungen** bezieht, zielt die Norm auf die Überwachung der Einhaltung des GlüStV durch diejenigen ab, an die sich die jeweiligen Normen richten. Aufgrund des GlüStV begründete **öffentl.-rechtliche Verpflichtungen** können sich aus den **Ausführungsgesetzen** (§ 28 S. 1 f.) oder aus glücksspielrechtlichen Verwaltungsakten ergeben, insbes. aus in Erlaubnissen bzw. Konzessionen enthaltenen Inhalts- oder Nebenbestimmungen (vgl. Gößl in Siedler/Zeitler BayWG Stand: Okt. 2005 Art. 68 Rn. 7).

Die **Hinwirkungsaufgaben** des Abs. 1 S. 1 Alt. 2 betreffen Anordnungen zur **3** Unterbindung unerlaubten Glücksspiels und der Werbung hierfür (ua gem. Abs. 1 S. 3 Nr. 3). Diese ausdrückliche – neben Abs. 1 S. 1 Alt. 1 deklaratorische – Aufgabenzuweisung belegt nochmals die besondere Bedeutung einer konsequenten Glücksspielaufsicht (vgl. OVG Lüneburg ZfWG 2011, 349 (363 f.); → Rn. 1).

Die **Aufgabeneröffnung** iSv Abs. 1 S. 1 setzt nach allg. ordnungsrechtlichen **4** Grundsätzen nur eine **abstrakte Gefahr** voraus, dh eine Sachlage, aus der nach allg. Lebenserfahrung bei ungehindertem Geschehensablauf hinreichend wahrscheinlich konkrete Gefahren im Einzelfall entstehen können (vgl. VerfGH Bayern BayVBl 2006, 339 (342)). Die **Aufgabeneröffnung** berechtigt nur zu schlichthoheitlichem Handeln – zB zu Beratungs- und Aufklärungsarbeit, Hinweisen, Belehrungen, Warnungen oder zur routinemäßigen Sichtung zB der Innenstadt oder des Internets –, nicht jedoch zu Rechtseingriffen (vgl. VGH Mannheim NVwZ 1989, 279 (280); → Rn. 5).

2. § 9 Abs. 1 S. 2 Generalbefugnis

5 Abs. 1 S. 2 begründet eine umfassende **Generalbefugnis** der Glücksspielaufsicht zum Erlass sämtlicher Einzelfallanordnungen, die zur **Aufgabenerfüllung** iSv Abs. 1 S. 1 erforderlich sind. Hintergrund ist, dass nach dem **Rechtsstaatsprinzip** des Art. 20 Abs. 3 GG Behörden nur aufgrund einer ausdrücklichen Befugnis zum Erlass von belastenden Verwaltungsakten berechtigt sind (BVerwG NJW 1981, 242 f.; → Rn. 4).

6 Glücksspielaufsichtliche Anordnungen sind idR **Verwaltungsakte** iSv § 35 LVwVfG. Hierbei ist grds. auch ein Vorgehen durch **Allgemeinverfügung** iSv § 35 S. 2 LVwVfG möglich (OVG Münster ZfWG 2010, 125 f.), soweit eine konkret-generelle Einzelfallregelung ohne abstrakt-generelle normähnliche Wirkung vorliegt (OVG Saarlouis NVwZ 2011, 190 (191 f.)). Die einfache **Bekanntgabe** einer Verfügung ist mangels Völkerrechtsverstoßes auch im Ausland wirksam iSd §§ 41, 43 LVwVfG (VGH München Beschl. v. 19.7.2011 – 10 CS 10.1923, Rn. 49-52); im Übrigen gelten die landesrechtlichen Bestimmungen zu **Zustellungen im Ausland** (vgl. etwa Art. 14 VwZVG Bay).

7 Die Generalbefugnis aus Abs. 1 S. 2 wird durch die in Abs. 1 S. 3 beispielhaft aufgeführten (vgl. Wortlaut „insbesondere") wichtigsten **Regelbefugnisse** nur ergänzt und konkretisiert; Abs. 1 S. 3 schließt daher bei Nichteinschlägigkeit einen **Rückgriff** auf Abs. 1 S. 2 nicht aus (amtl. Begr., LT-Drs. Bay 16/11995, 27; LT-Drs. Bay 15/8601, 9; → Rn. 23). IdS ist auch ein **Austausch der Rechtsgrundlagen** im Verwaltungsprozess möglich, da dieselben Ermessenserwägungen maßgeblich sind (vgl. VGH Mannheim ZfWG 2010, 24 (42)). Abs. 1 S. 2 ist **lex specialis** zu Befugnisnormen des allg. Ordnungsrecht und wird nicht durch spezialgesetzliche Befugnisse – zB § 59 Abs. 3 RStV – verdrängt (vgl. VGH München NVwZ-RR 2009, 202 (203); LT-Drs. Bay 15/8601, 9). Grenzen sind Abs. 1 S. 2 gesetzt durch die sog. **Polizeifestigkeit** des Presserechts aus Art. 5 Abs. 1 S. 3 GG (vgl. Hübsch GewArch 2004, 313 (315)); gleiches gilt für das Gebot der **Staatsferne des Rundfunks** aus Art. 5 Abs. 1 S. 2 GG bzgl. der Durchsetzung von **Werbeverboten** gegenüber Rundfunkanbietern (aA wohl VGH München ZUM 2007, 239 (243)). Für Erlaubnis- bzw. Konzessionsnehmer ist zT § 9a Abs. 3 S. 1 Hs. 2 **lex specialis** (→ § 9a Rn. 10).

8 **a) Maßgeblicher Beurteilungszeitpunkt.** (Untersagungs-)Anordnungen nach Abs. 1 S. 2 sind idR **Dauerverwaltungsakte**, deren Wirkung nicht zu einem bestimmten Zeitpunkt, sondern während eines bestimmten – ggf. zukunftsoffenen – Zeitraums eintritt, so dass für die verwaltungsgerichtliche Beurteilung idR die Sach- u. Rechtslage im **Zeitpunkt der gerichtlichen Entscheidung** maßgeblich ist (BVerwG NVwZ 2011, 1328 f.). Hat sich jedoch die Sach- oder Rechtslage seit Erlass eines Dauerverwaltungsakts in erheblicher Weise verändert, so bestimmt der Kläger, für welche Zeiträume er die Anordnung überprüfen lassen will; maßgeblich kann sodann auch der einen vergangenen Zeitraum abschließende Zeitpunkt sein (BVerwG ZfWG 2012, 115 (117 f.)). Soweit kein Dauerverwaltungsakt vorliegt, ist bei Anfechtungsklagen der **Zeitpunkt der letzten Behördenentscheidung** maßgeblich (vgl. BVerwG NVwZ 2011, 1328 f.).

9 **b) Formelle Voraussetzungen.** Die **sachliche Zuständigkeit** der Glücksspielaufsicht folgt aus Abs. 1 S. 2. Die **örtliche Zuständigkeit** ergibt sich aus § 3 Abs. 1 Nr. 2 LVwVfG iVm § 3 Abs. 4, der – bedeutsam im Internetbereich – auf den Ort der Möglichkeit zur Spielteilnahme abstellt (→ § 3 Rn. 13). Die

zuständige Behörde bestimmt sich nach den **Ausführungsgesetzen** (§ 28 S. 1). Jede Glücksspielaufsichtsbehörde ist in ihrer Verwaltungshoheit nach dem **Territorialitätsprinzip** grds. auf ihr Landesgebiet beschränkt (**Verbandskompetenz**); Ausnahmen hiervon bedürfen ausdrücklicher Regelung (OVG Münster Beschl. v. 28.12.2009 – 13 B 903/09, Rn. 9 mwN), vgl. Abs. 1 S. 4, § 9a Abs. 2 S. 2, Abs. 3 S. 1. Eine ausdrücklich räumlich beschränkte – zB länderbezogene – Verfügung, die nur bzgl. der (technischen) Umsetzung **faktische Auswirkungen** auch auf andere Gebiete hat, ist von der **Verbandskompetenz** der Erlassbehörde gedeckt; Drittwirkungen – insbes. im Internetbereich – sind Fragen der **Verhältnismäßigkeit** (BVerwG ZfWG 2011, 332 (334); → Rn. 15, 22).

c) Materielle Voraussetzungen. aa) Befugniseröffnung. Aus der systema- **10** tischen Stellung von Abs. 1 S. 2 folgt, dass entsprechende Einzelfallanordnungen stets der **Aufgabenerfüllung** iSv Abs. 1 S. 1 zu dienen haben. Nach allg. ordnungsrechtlichen Grundsätzen bedarf es zur Befugniseröffnung einer **konkreten Gefahr**, dh eines Zustands, in dem bei ungehindertem Geschehensablauf im Einzelfall in absehbarer Zukunft mit einem Schadenseintritt hinreichend wahrscheinlich gerechnet werden muss (BVerwG Urt. v. 28.6.2004 – 6 C 21/03). IdS setzt Abs. 1 S. 2 tatbestandlich eine zumindest drohende Verletzung öffentl.-rechtlicher Verpflichtungen aus Abs. 1 S. 1 voraus (VGH München ZfWG 2010, 175). Irrelevant ist die **konkrete Gefährlichkeit** der Tätigkeit (BVerfG NVwZ 2009, 1221 (1225)). Gleiches gilt für die **Strafbarkeit** des Verhaltens iRd §§ 284 ff. StGB (BVerwG ZfWG 2011, 96 (98)).

Maßnahmen nach Abs. 1 S. 2 sind ua Anordnungen, die nicht am formellen **11** Tatbestand unerlaubten Glücksspiels iSv Abs. 1 S. 3 Nr. 3, sondern an unabhängig hiervon bestehende materielle Pflichten anknüpfen, zB an die Verbote aus § 4 Abs. 4 oder § 5 Abs. 3 S. 1 (vgl. VGH München NVwZ-RR 2009, 202 (203)). Auch die **Gewinnauszahlung** aus verbotenem Glücksspiel kann untersagt werden (OVG Münster ZfWG 2010, 187 (188)). Abs. 1 S. 2 ist grds. auch Rechtsgrundlage für ein Vorgehen gegen am Zugang zu verbotenem Glücksspiel beteiligte **Diensteanbieter** iSd TMG (→ Rn. 39). Zudem kann unter Fristsetzung die Stellung eines Erlaubnisantrags angeordnet werden (→ Rn. 34).

bb) Maßnahmerichtung. Soweit eine ordnungsrechtliche Befugnis – wie **12** Abs. 1 S. 2 – nicht regelt, gegen wen sich die Anordnungen zu richten haben, sind die allg. Bestimmungen der Länder über die Heranziehung von **Störern** und **Nichtstörern** zur Gefahrenabwehr maßgeblich (VGH München Beschl. v. 24.1.2012 – 10 CS 11.1670, Rn. 17; vgl. BVerwG Beschl. v. 16.6.2005 – 3 B 129/04). IdS können Maßnahmen ua gegen sog **Handlungs-, Zustands- oder Anscheinsstörer, Verrichtungsgehilfen, Zweckveranlasser** und – unter besonderen Voraussetzungen – **ordnungsrechtlich Nichtverantwortliche** gerichtet werden (vgl. §§ 17 ff. OBG NRW). Ordnungsrechtlich verantwortlich ist verschuldensunabhängig, wer unmittelbar die Gefahr oder Störung verursacht (BVerwG VkBl 1982, 136).

Wer als (Mit-)Veranstalter oder Vermittler unzulässigen Glücksspiels tätig wird, **13** ist **Handlungsstörer** (VGH München Beschl. v. 24.1.2012 – 10 CS 11.1670, Rn. 19 mwN). Dies gilt insbes. für Gesellschaften mit beherrschendem Einfluss auf **Tochter- oder Enkelgesellschaften** (VGH Mannheim Beschl. v. 29.4.2010 – 6 S 1997/09 mwN; → § 4 Rn. 28). Die ordnungsrechtliche Inanspruchnahme im Ausland ansässiger, via Internet im Inland tätiger Glücksspielanbieter ist völkerrechtlich durch das **Territorialitätsprinzip** gedeckt (VGH Mün-

GlüStV § 9   14–17   Glücksspielstaatsvertrag

chen Beschl. v. 19.7.2011 – 10 CS 10.1923, Rn. 53-55). Auch wer als **Vermieter** duldet, dass in seinen Räumen verbotenes Glücksspiel stattfindet, ist ordnungsrechtlich verantwortlich (OVG Münster Beschl. v. 16.11.2010 – 6 S 3205/08 mwN).

14   **cc) Verhältnismäßigkeit.** Eine glücksspielaufsichtliche Anordnung setzt verfassungs- und unionsrechtlich stets die Wahrung der **Verhältnismäßigkeit** voraus (amtl. Begr., LT-Drs. Bay 16/11995, 27; vgl. allg. BVerfGE 19, 342 (348 f.)). Anordnungen zur Unterbindung von Verstößen gegen geltendes Recht sind grds. nicht unverhältnismäßig; insbes. besteht kein Anspruch, aus wirtschaftlichen Gründen die mit dem GlüStV bekämpften Gefahren für wichtige Rechtsgüter herbeiführen zu dürfen (BVerwG ZfWG 2011, 332 (334)).

15   Kann eine (Untersagungs-)Verfügung – insbes. im Internetbereich – nur befolgt werden, indem eine Tätigkeit auch jenseits der räumlichen Regelungswirkung eingestellt wird, ist dies **nicht unzumutbar**, wenn die Tätigkeit auch in den faktisch betroffenen Gebieten ohnehin rechtlich unzulässig ist; denn ein schützenswertes Interesse besteht insoweit von vornherein nicht (BVerwG ZfWG 2011, 332 (334); vgl. BVerfG Beschl. v. 14.7.2009 – 1 BvR 880/09; → Rn. 9, 22). IdS kann ein Ausschluss von Personen, die sich zum gem. § 3 Abs. 4 maßgeblichen Zeitpunkt der Spielteilnahme in Gebieten befinden, in denen die jeweilige Tätigkeit untersagt oder unzulässig ist, im Internet durch **Geolokalisation** erfolgen, deren technische Eignung und hinreichende Genauigkeit jedenfalls auf Nationalstaatsebene anerkannt ist (VGH München Beschl. v. 24.1.2012 – 10 CS 11.1290 mwN). Bei Anbietern mit Auslandsbezug ist diesbezüglich jedenfalls eine **Umsetzungsfrist** von 4 Wochen angemessen (vgl. VGH München Beschl. v. 19.5.2010 – 10 CS 09.2672).

16   **dd) Ermessen.** Gem. Abs. 1 S. 2 („kann") steht es im Ermessen der Glücksspielaufsicht, ob (**Entschließungsermessen**) sowie gegen wen und in welcher Weise (**Auswahlermessen**) sie bei Verstößen einschreitet; es gilt das allg. ordnungsrechtliche **Opportunitätsprinzip** (VGH München ZfWG 2010, 175 (177); anders § 22 Abs. 4 S. 2 NGlüSpG: gebundene Entscheidung). Opportunitätsprinzip und Ermessen decken jedoch nur eine **pflichtgemäße Ermessensausübung** (BVerwGE 11, 95 (96 f.)). Der Zweck der Ermächtigung iSv § 40 Alt. 1 LVwVfG wird iRd Abs. 1 S. 2 durch die ordnungsrechtlichen Ziele des § 1 bestimmt. Die gesetzlichen Grenzen des Ermessens iSv § 40 Alt. 2 LVwVfG werden bei **Ermessensfehlern (Ausfall, Defizit, Fehleinschätzung, Disproportionalität)** oder Verstößen gegen höherrangiges Recht überschritten. Im Lichte des allg. **Gleichheitsgrundsatzes** aus Art. 3 Abs. 1 GG ist nur eine iW **einheitliche Verwaltungspraxis** ermessensfehlerfrei (VGH München Beschl. v. 22.7.2009 – 10 CS 09.1184/85).

17   Die Glücksspielaufsicht hat iRd Ermessens alle nach Lage der Dinge sich aufdrängenden Gesichtspunkte zu berücksichtigen (VGH München NVwZ-RR 2009, 202). Eine abweichende **Verwaltungspraxis** in anderen Ländern ist irrelevant (VGH Mannheim ZfWG 2012, 44 (49)). Jedenfalls bei Verstößen gegen staatsvertragliche Verbote – zB § 4 Abs. 4, § 5 Abs. 3 S. 1 – ist im Lichte der ordnungsrechtlichen Ziele des § 1 grds. eine **Ermessensreduktion auf Null** gegeben, so dass eine behördliche Verpflichtung zur Untersagung besteht (vgl. BVerwG ZfWG 2011, 96 (105 f.)); dies gilt erst recht bei gleichzeitiger Strafbarkeit iSd §§ 284 ff. StGB (OVG Münster ZfWG 2008, 264). IÜ gilt zumindest stets ein **intendiertes Ermessen**, so dass ein Einschreiten weder einer besonderen

208   *Oldag*

Ermessensabwägung noch einer besonderen Begründung bedarf (vgl. allg. BVerwG Beschl. v. 28.8.1980 – 4 B 67/80).

Bei mehreren ordnungsrechtlich Verantwortlichen kann die Glücksspielaufsicht **18** nach pflichtgemäßem **Auswahlermessen** einen oder mehrere Störer heranziehen. Ermessensleitend ist die **Effektivität der Gefahrenabwehr**, daneben können Leistungsfähigkeit, Sach- und Ortsnähe sowie andere Kriterien von Relevanz sein (VGH München Beschl. v. 24.1.2012 – 10 CS 11.1670, Rn. 21). Ein starres **Rangverhältnis** zwischen Handlungs- und Zustandsstörer besteht nicht (vgl. allg. VGH Mannheim VBlBW 1995, 281).

ee) Vereinbarkeit mit höherrangigem Recht. Voraussetzung der Rechtmä- **19** ßigkeit einer Anordnung iSv Abs. 1 S. 2 ist stets, dass die zugrunde liegende öffentl.-rechtliche Verpflichtung iSv Abs. 1 S. 1 mit höherrangigem Recht, insbes. Verfassungsrecht – Art. 12 Abs. 1 GG – und Unionsrecht – Art. 49, 56 AEUV –, vereinbar ist. Während die Befugnis des Abs. 1 S. 2 grds. verfassungs- und unionsrechtlich unbedenklich ist (vgl. Bundesregierung ZfWG 2008, 173 (174)), kommt es daher idR zu einer verwaltungsgerichtlichen **Inzidentprüfung** insbes. staatsvertraglicher Verbote (zB § 4 Abs. 4, § 5 Abs. 3 S. 1). Insoweit wird auf die Einzelkommentierung der jeweiligen Vorschriften verwiesen.

ff) Sonstiges. Verbote können durch **gesetzeswiederholende Einzelfallan- 20 ordnungen** konkretisiert werden, um bei andauernden Verstößen einen Vollstreckungstitel zu schaffen (VGH München ZfWG 2011, 216 (218)). Auch bei Auslandsbezug ist gem. § 23 Abs. 1 LVwVfG eine Verfügung in deutscher **Sprache** ausreichend (OVG Münster Beschl. v. 3.8.2011 – 13 B 733/11 mwN).

Untersagt eine Verfügung die Veranstaltung, Vermittlung und/oder Bewerbung **21** öffentlichen Glücksspiels iSv § 3 im Internet, soweit diese Inhalte von einem bestimmten Gebiet aus abrufbar sind, so genügt die räumliche und sachliche Reichweite der Verfügung dem **Bestimmtheitsgebot** aus § 37 Abs. 1 LVwVfG (vgl. BVerwG ZfWG 2011, 332 (332)). Eine Verfügung ist grds. auch dann hinreichend bestimmt, wenn sie nicht aufzeigt, wie der Pflichtige das **Unterlassungsgebot** erfüllen kann (VGH Mannheim Beschl. v. 29.4.2010 – 6 S 1997/09 mwN).

Eine Verfügung, die nur befolgt werden kann, indem die untersagte Tätigkeit **22** faktisch auch jenseits der räumlichen Regelungswirkung der Verfügung – zB ländereinheitlich oder insgesamt – eingestellt wird, verlangt grds. nichts Unmögliches iSv § 44 Abs. 2 Nr. 4 LVwVfG; denn ein Gebot zur Aufrechterhaltung der untersagten Tätigkeit in anderen Gebieten enthält eine solche Verfügung nicht (vgl. BVerwG ZfWG 2011, 332 (333 f.); → Rn. 9, 15).

3. § 9 Abs. 1 S. 3 Regelbefugnisse

In Abs. 1 S. 3 werden beispielhaft die wichtigsten Einzelbefugnisse der Glücks- **23** spielaufsicht aufgeführt (amtl. Begr., LT-Drs. Bay 15/8486, 16; → Rn. 7). Die Ausführungen zu Abs. 1 S. 2 gelten entsprechend, soweit nicht abweichend dargestellt. § 4 Abs. 3 S. 4 enthält eine spezielle Befugnis zu **Testkäufen und -spielen** mit Minderjährigen (→ § 4 Rn. 71 ff.).

a) Abs. 1 S. 3 Nr. 1 Maßnahmen zur Sachverhaltsermittlung. Abs. 1 S. 3 **24** Nr. 1 betrifft nicht nur erlaubte bzw. konzessionierte, sondern sämtliche glücksspielrechtlich relevanten Tätigkeiten (vgl. amtl. Begr., LT-Drs. Bay 16/11995, 27: „insbesondere solche nicht genehmigter Art"). Zwar sind Ermittlungen ins Blaue hinein unzulässig (VG Wiesbaden Urt. v. 17.2.2011 – 5 K 1328/09.WI). Jedoch ist nach allg. ordnungsrechtlichen Grundsätzen (vgl. OVG Lüneburg NVwZ 2009,

1050 (1051 f.)) für Maßnahmen der **Sachverhaltsermittlung** bzw. **Gefahrerforschung** ein begründeter, auf Tatsachen gestützter **Gefahrenverdacht** ausreichend (vgl. VG Regensburg Urt. v. 21.10.2010 – RO 5 K 10.31).

25   Abs. 1 S. 3 Nr. 1 Alt. 1, der Abs. 1 S. 3 Nr. 1 aF entspricht, ist trotz fehlender Benennung der **Auskunftspflichtigen** und fehlenden **Auskunftsverweigerungsrechten** eine rechtlich tragfähige Befugnis (aA VG Mainz LKRZ 2008, 433; vgl. LT-Drs. RhPf 15/2755, 4 f., 8). Denn wenn eine ordnungsrechtliche Befugnis die Maßnahmerichtung nicht regelt, gelten die allg. Grundsätze zur Heranziehung von Störern und Nichtstörern (OVG Magdeburg Beschl. v. 4.9.1995 – 1 O 4/95; → Rn. 12). IdS kommt als Adressat jeder in Betracht, der über Informationen bzgl. der Erfüllung von Verpflichtungen aus Abs. 1 S. 1 verfügt. Ein **Auskunftsverweigerungsrecht** ist weder iRd Rechtmäßigkeit der Norm noch der Auskunftsanordnung, sondern erst iRd Vollstreckung von Relevanz (VGH München Beschl. v. 1.12.2011 – 14 ZB 11.140). Mit Erfüllung der Auskunfts- bzw. Vorlagepflicht tritt Erledigung ein (VG München Urt. v. 17.3.2009 – M 16 K 08.2825).

26   Das durch den 1. GlüÄndStV in Abs. 1 S. 3 Nr. 1 Alt. 2 eingefügte **Betretungsrecht** ermöglicht der Glücksspielaufsicht – ähnlich der Bau- oder Lebensmittelaufsicht –, zur Aufgabenerfüllung iSv Abs. 1 S. 1 auch gegen den Willen des Inhabers Betriebs- und Geschäftsräume während der üblichen Geschäftszeiten zu betreten, sofern dies im Einzelfall verhältnismäßig ist. Dies wird insbes. dann der Fall sein, wenn ernsthafte Zweifel an der Richtigkeit der vom Glücksspielanbieter vorgelegten Unterlagen bestehen oder der **Verdacht** unerlaubten bzw. unkonzessionierten Glücksspiels iSv § 4 Abs. 1 S. 2 Alt. 1 naheliegt (vgl. amtl. Begr., LT-Drs. Bay 16/11995, 27).

27   Zwar beinhaltet der Grundrechtsschutz des Art. 13 GG einen weit auszulegenden **Wohnungsbegriff**, der grds. auch Arbeits-, Betriebs- und Geschäftsräume erfasst (amtl. Begr., LT-Drs. Bay 16/11995, 27). Jedoch ist das glücksspielaufsichtliche Recht zur Betretung von Geschäfts- und Betriebsräumen bereits kein Eingriff in Art. 13 GG, da es auf die üblichen Geschäfts- und Arbeitszeiten beschränkt ist (vgl. BVerfGE 32, 54 (76 f.)). Ein derartiges **Betretungsrecht** stellt auch keine **Durchsuchung** iSv Art. 13 Abs. 2 GG dar; mangels Eingriffs iSv Art. 13 Abs. 7 GG ist auch kein entsprechender Hinweis nach dem **Zitiergebot** des Art. 19 Abs. 1 S. 2 GG erforderlich (vgl. BVerwGE 78, 251 (255)).

28   Die Ausübung des **Betretungsrechts** ist mangels Regelungswirkung ein bloßer **Realakt** (vgl. VGH Mannheim NVwZ 2001, 574). Bei fehlendem Einverständnis des Betroffenen ist der Erlass einer **Duldungsanordnung** nach Abs. 1 S. 3 Nr. 1 Alt. 2 nötig, um ggf. Vollstreckungsmaßnahmen ergreifen zu können (vgl. VGH München BayVBl 1987, 21 (22)).

29   **b) Abs. 1 S. 3 Nr. 2 Anforderungen an erlaubtes Glücksspiel.** Abs. 1 S. 3 Nr. 2 ermöglicht bzgl. der in der Norm genannten Bereiche ein glücksspielaufsichtliches Einschreiten auch nach Erlaubniserteilung. Der Wortlaut „Anforderungen... stellen" ist dem Bauordnungsrecht entlehnt (vgl. zB Art. 54 Abs. 4 BayBO). IdS ermächtigt die Norm zu sämtlichen **nachträglichen Anordnungen** im Einzelfall, die erforderlich sind, um **konkrete Gefahren** einer Verletzung öffentl.-rechtlicher Verpflichtungen aus Abs. 1 S. 1 ganz oder zum Teil abzuwehren (vgl. Jäde in JDBW Art. 54 Rn. 227), die mit der Veranstaltung, Durchführung oder Vermittlung erlaubter öffentl. Glücksspiele (§§ 3 ff.), der Werbung hierfür (§ 5) sowie der Entwicklung und Umsetzung des Sozialkonzepts (§ 6) zusammenhän-

gen. Die **Maßnahmerichtung** ergibt sich aus der Befugnis selbst. Materiell-rechtliche Anforderungen können nur ggü. jenen gestellt werden, die die genannten Tätigkeiten als Erlaubnisinhaber ausüben; ein Rückgriff auf allgemeine Grundsätze ordnungsrechtlicher Verantwortlichkeit (→ Rn. 12) erfolgt nicht. Maßnahmen iSv Abs. 1 S. 3 Nr. 2 können neben Untersagungen auch Anord- **30** nungen zur Vornahme von Handlungen sein. Hervorzuheben ist die Befugnis, Anforderungen an die Entwicklung und Umsetzung des **Sozialkonzepts** iSv § 6 zu stellen (amtl. Begr., LT-Drs. Bay 15/8486, 16). Dass der mögliche Inhalt der Anforderungen nicht näher festgelegt ist, ist verfassungsrechtlich unbedenklich, da nur verhältnismäßige Anordnungen rechtmäßig sind (vgl. VGH München BayVBl 1974, 342).

Abs. 1 S. 3 Nr. 2 betrifft nur die materielle Rechtslage und lässt die Erlaubnis **31** unberührt. Die Norm ermöglicht insbes. nicht den **Widerruf** der Erlaubnis oder den Erlass nachträglicher **Nebenbestimmungen**; hier ist Abs. 4 S. 2/3 einschlägig. Nebenbestimmungen der Erlaubnis können auch unabhängig von Abs. 1 S. 3 Nr. 2 nach allg. Regeln im Wege der **Verwaltungsvollstreckung** durchgesetzt werden.

c) Abs. 1 S. 3 Nr. 3 Untersagungen bzgl. unerlaubten Glücksspiels. **32**
Abs. 1 S. 3 Nr. 3 knüpft tatbestandlich an die formellen **Verbote** der Veranstaltung und Vermittlung unerlaubten (§ 4 Abs. 1 S. 2 Alt. 1) bzw. unkonzessionierten (§ 4a Abs. 1 S. 2) Glücksspiels und der Werbung hierfür (§ 5 Abs. 5) an. Auch die entsprechende Durchführung ist trotz fehlenden ausdrücklichen Verbots in § 4 Abs. 1 S. 2 Alt. 1 umfasst. Aufgrund des Rückbezugs auf § 4 Abs. 1 S. 2 Alt. 1 ist tatbestandlich nur die **formelle Illegalität** der Tätigkeit erforderlich (Postel ZfWG 2009, 47). Denn der allg. **Erlaubnisvorbehalt** des § 4 Abs. 1 an sich ist verfassungs- und unionsrechtlich unbedenklich und unabhängig von der Erlaubnisfähigkeit – dh insbes. der Existenz oder Rechtmäßigkeit staatlicher Glücksspielmonopole – zu sehen (BVerwG ZfWG 2011, 96; → § 4 Rn. 10). Zweifel an der Rechtmäßigkeit des Erlaubnisvorbehalts oder einzelner Erlaubnisvoraussetzungen sind grds. im Erlaubnisverfahren vorzubringen und – ggf. verwaltungsgerichtlich – zu klären (vgl. BVerfG NVwZ 2006, 326 (327)). Eine unionsrechtliche Pflicht zur **gegenseitigen Anerkennung von Erlaubnissen** besteht nicht (→ § 4 Rn. 20; zu sog **DDR-Erlaubnissen** → § 4 Rn. 19). Abs. 1 S. 3 Nr. 3 eröffnet keine Befugnis, soweit eine Verfügung an unabhängig vom formellen Tatbestand unerlaubten Glücksspiels bestehende materielle Pflichten anknüpft (→ Rn. 11). Die **Maßnahmerichtung** folgt aus der Befugnis selbst (→ Rn. 29).

Zur **Ermessensausübung** hat das BVerwG entschieden, dass eine allein auf **33** den monopolbedingten Ausschluss Privater gestützte Untersagung bei fehlender Vereinbarkeit der **Monopolvorschriften** mit höherrangigem Recht nicht bereits unabhängig davon rechtmäßig sei, soweit die Glücksspielaufsicht ihr Ermessen nicht mit Blick auf sonstige rechtliche Gesichtspunkte ausgeübt habe. Dies gelte zum einen bzgl. des formellen Verbots unerlaubten Glücksspiels in § 4 Abs. 1 S. 2 Alt. 1. Zum anderen rechtfertige auch der Erlaubnisvorbehalt aus § 4 Abs. 1 eine vollständige Untersagung nur bei Fehlen der **Erlaubnisfähigkeit**; bei Zweifeln bzgl. der Beachtung von Vorschriften über die Art und Weise der Glücksspieltätigkeit kämen zunächst Nebenbestimmungen in Betracht. Jenseits einer **Ermessensreduktion auf Null** könnten Ermessenserwägungen im gerichtlichen Verfahren gem. § 114 S. 2 VwGO jedoch nur ergänzt, nicht völlig ausgewechselt werden (BVerwG NVwZ 2011, 1328 (1333)).

34   Diese BVerwG-Rspr., deren grundsätzliche Klärung aussteht (Revisionszulas-
      sung in BVerwG Beschl. vom 19.9.2012 – 8 B 45.12 sowie vom 24.5.2012 – 8
      B 33.12), ist jedoch nicht so zu verstehen, dass stets eine auf das formelle Verbot
      unerlaubten Glücksspiels aus § 4 Abs. 1 S. 2 Alt. 1 gestützte Untersagung nur
      ermessensfehlerfrei wäre, soweit die fehlende **Erlaubnisfähigkeit** der Tätigkeit
      feststeht. Aus ihr dürfte allenfalls folgen, dass der formale Verstoß gegen die Erlaub-
      nispflicht dem Betroffenen solange nicht ermessensfehlerfrei entgegengehalten
      werden kann, wie die Erfüllung dieser Verpflichtung unter Verstoß gegen höher-
      rangiges Recht nicht möglich war bzw. ist (vgl. VGH München Beschl. v.
      26.1.2012 – 10 CS 11.1889, Rn. 19). Generell ist jedoch nach allg. verwaltungs-
      aufsichtlichen Grundsätzen (vgl. BVerwG Beschl. v. 4.11.1992 – 7 B 160/92) eine
      auf die **formelle Illegalität** iSv § 4 Abs. 1 S. 2 Alt. 1 gestützte Untersagung grds.
      ermessensfehlerfrei, soweit nicht ausnahmsweise die jeweilige Glücksspieltätigkeit
      offensichtlich erlaubnisfähig ist (OVG Bautzen Beschl. v. 4.10.2011 – 3 B 347/
      10, Rn. 8 mwN; vgl. Pagenkopf, NJW 2012, 2918, 2919 f.). Denn bereits die
      Erlaubnispflicht an sich ist geeignet, ein besonderes öffentl. Interesse an der
      sofortigen Vollziehung einer Untersagung unerlaubten Glücksspiels zu begründen
      (vgl. BVerfG NVwZ 2006, 326 (327)). Nur so kann § 4 Abs. 1 S. 2 Alt. 1 seine
      Funktion erfüllen, die Betroffenen auf das vorrangige Erlaubnisverfahren zu ver-
      weisen (→ Rn. 32). Bei nur **formeller Illegalität** ist es jedenfalls stets ermessens-
      fehlerfrei, gem. Abs. 1 S. 2 unter Fristsetzung die Stellung eines begründeten
      Zulassungsantrags anzuordnen (→ Rn. 11).

35   **d) Abs. 1 S. 3 Nr. 4 Vorgehen gegen am Zahlungsverkehr Beteiligte.**
      Die **Durchsetzung** glücksspielaufsichtlicher Anordnungen ggü. Anbietern mit
      Sitz im Ausland ist insbes. im Internetbereich idR schwierig (BR-Drs. 176/11/
      B, 19 f.). Die Regelbefugnis des Abs. 1 S. 3 Nr. 4 zielt daher darauf ab, die für
      die Abwicklung unerlaubten Glücksspiels maßgeblichen **Zahlungsströme** zu
      unterbrechen (vgl. Bundesregierung ZfWG 2008 173 (181 f., 188)). Vorbild sind
      Regelungen zB in den USA (UIGEA 2006, www.federalreserve.gov) und Norwe-
      gen (Notifizierung 2008/9001/N, www.eftasurv.int).

36   Abs. 1 S. 3 Nr. 4 ist durch den 1. GlüÄndStV geändert worden. Neben redak-
      tionellen Klarstellungen ist eine Konkretisierung erfolgt bzgl. des neuen eigenstän-
      digen ordnungsrechtlichen Verbots der Mitwirkung an Zahlungen im Zusammen-
      hang mit unerlaubtem bzw. unkonzessioniertem Glücksspiel aus § 4 Abs. 1 S. 2
      Alt. 2, an das die Regelbefugnis nunmehr im Wege einer **dynamischen Rechts-
      verweisung** anknüpft (vgl. amtl. Begr., LT-Drs. Bay 16/11995, 27; → § 4
      Rn. 26).

37   Die **Maßnahmerichtung** ergibt sich aus der Befugnisnorm selbst (→ Rn. 29).
      Mögliche Adressaten sind gem. Abs. 1 S. 3 Nr. 4 nunmehr ausdrücklich sämtliche
      am Zahlungsverkehr unerlaubten bzw. unkonzessionierten Glücksspiels Beteilig-
      ten, zu denen insbes. die bereits bisher in der Norm genannten **Kredit- und
      Finanzdienstleistungsinstitute** sowie sog **E-Geld-Institute** zählen (vgl. amtl.
      Begr., LT-Drs. Bay 16/11995, 27). Eine **ordnungsrechtliche Inanspruch-
      nahme** dieser unmittelbar gegen das Verbot aus § 4 Abs. 1 S. 2 Alt. 2 verstoßenden
      Betroffenen ist zulässig, soweit zuvor durch die Glücksspielaufsicht ein Hinweis –
      etwa iRd Anhörung – auf die verbotene Mitwirkung erfolgt ist (vgl. amtl. Begr.,
      LT-Drs. Bay 16/11995, 21 f., 27). Ein Vorgehen nach Abs. 1 S. 3 Nr. 4 ist stets
      subsidiär und setzt nach pflichtgemäßem **Auswahlermessen** voraus, dass Veran-
      stalter oder Vermittler des unzulässigen Glücksspiels zuvor vergeblich – insbes.

wegen eines **Auslandsbezugs** – in Anspruch genommen wurden (vgl. amtl. Begr., LT-Drs. Bay 16/11995, 27).

IRv Abs. 1 S. 3 Nr. 4 besteht grds. die Gefahr, dass neben (Aus-)Zahlungen **38** für unerlaubtes Glücksspiel auch (Aus-)Zahlungen bzgl. erlaubten Glücksspiels oder sonstige – nicht glücksspielbezogene – rechtmäßige Zahlungsvorgänge erfasst werden (BR-Drs. 176/11/B, 19 f.). Jedoch dürfte die **Darlegungslast** für ausnahmsweise rechtmäßige Zahlungen beim betroffenen Glücksspielanbieter liegen. Für länderübergreifende Sachverhalte besteht gem. § 9a Abs. 2 S. 2 eine ländereinheitliche Zuständigkeit des Landes Niedersachsen (→ § 9a Rn. 9).

e) Abs. 1 S. 3 Nr. 5 aF Vorgehen gegen am Zugang beteiligte Dienste- 39 anbieter. Im Einklang mit der Rspr. zu ordnungsrechtlichen **Sperrverfügungen** (OVG Münster MMR 2003, 348) enthielt Abs. 1 S. 3 Nr. 5 aF als Instrument einer effektiven Glücksspielaufsicht im Internet (VGH München ZfWG 2009, 27 (45); BR-Drs. 176/11/B, 19 f.) eine Regelbefugnis zum Vorgehen gegen **Diensteanbieter iSd TDG**, die am Zugang zu unerlaubtem Glücksspiel mitwirken (vgl. Bundesregierung ZfWG 2008 173 (181 f.)). Die Norm ist durch den 1. GlüÄndStV gestrichen worden. Nach Wegfall der Regelbefugnis ist jedoch Abs. 1 S. 2 Rechtsgrundlage für ein entsprechendes Vorgehen zB gegen **Host-, Access-Provider oder Registrare** (→ Rn. 7, 11). Eine abweichende historische Auslegung scheidet angesichts des umfassenden Wortlauts von Abs. 1 S. 2 und des Fehlens einer entsprechenden amtlichen Begründung des 1. GlüÄndStV aus.

Jedoch enthält Abs. 1 – anders als der 1. GlüÄndStV-E, der einen geänderten **40** Abs. 1 S. 3 Nr. 5 vorsah (LT-Drs. NRW 15/2091, 3) – keinen dem **Zitiergebot** aus Art. 19 Abs. 1 S. 2 GG entsprechenden Hinweis auf eine Einschränkung des **Fernmeldegeheimnisses** aus Art. 10 Abs. 1 GG (vgl. BT-Drs. 16/12850, 3/7). Dies könnte zur Teilnichtigkeit von Abs. 1 führen (vgl. BVerfGE 113, 348 (366)). Auch fehlt in Abs. 1 ein Hinweis iSv § 88 Abs. 3 S. 3 TKG. Ob Art. 10 Abs. 1 GG durch behördliche **Sperrverfügungen** eingeschränkt wird, ist jedoch str. (verneint: Ennuschat/Klestil ZfWG 2009, 389 (393); bejaht: Frey/Rudolph/Oster MMR-Beil. 3/2012, 1 (8)) und dürfte vom Sperrverfahren abhängen (Sieber/Nolde, 79–91: verneint für **DNS-Sperre**).

Auch ein Vorgehen ggü. Diensteanbietern iSd TMG setzt (nur) eine ordnungs- **41** rechtliche Verantwortlichkeit nach allg. Grundsätzen voraus (vgl. OVG Münster MMR 2010, 349 (350); → Rn. 12). Eine auch **telemedienrechtliche Verantwortlichkeit** iSd §§ 8-10 TMG ist – nach Streichung von Abs. 1 S. 3 Nr. 5 aF mit der ausdrücklichen Bezugnahme hierauf (vgl. Büssow/Schmeling ZfWG 2010, 239 (244)) – nicht erforderlich (vgl. zur aF VG Köln ZfWG 2012, 56; VG Düsseldorf K&R 2012, 228). Denn ohne Geltungsanordnung im GlüStV betreffen die §§ 8-10 TMG nur die straf- oder zivilrechtliche Verschuldenshaftung (BT-Drs. 16/8518, 3). Gem. § 7 Abs. 2 S. 2 TMG – der iW § 8 Abs. 2 S. 2 TDG 2001 bzw. § 5 Abs. 4 TDG 1997 entspr. – bleibt idS die verschuldensunabhängige ordnungsrechtliche Verantwortlichkeit nach den allgemeinen Gesetzen – einschließlich des GlüStV – von einer **telemedienrechtlichen Nichtverantwortlichkeit** iSd §§ 8-10 TMG unberührt (BT-Drs. 16/8518, 3; BT-Drs. 14/1191, 10 f.; BT-Drs. 13/8153, 9-12; BT-Drs. 13/7385, 19 f.). Die ordnungsrechtliche Verantwortlichkeit setzt im Lichte von § 7 Abs. 2 S. 1 TMG voraus, dass die Diensteanbieter zuvor durch Dritte – zB eine Behörde – Kenntnis von der Nutzung ihres Dienstes für die Verbreitung rechtswidriger Inhalte erlangen (LT-Drs. NW 15/2091, 3: „nach vorheriger Bekanntgabe unerlaubter Glücksspielangebote"; BT-Drs. 14/6098, 23; OVG Münster MMR 2010, 349 (350)). IRd **Auswahlermessens** ist darzulegen, weshalb ein Vorgehen insbes. gegen den Veranstalter des unzulässigen Glücksspiels als **Content-Provider** keinen Erfolg verspricht oder erfolglos geblieben ist (→ Rn. 16).

42   Bei ordnungsrechtlicher **Nichtverantwortlichkeit** ist grds. eine – ggf. entschädigungspflichtige – Inanspruchnahme der Diensteanbieter als **Nichtstörer** denkbar (vgl. OVG Münster MMR 2010, 349 (350); → Rn. 12).

4. § 9 Abs. 1 S. 4/5 Ermächtigung anderer Länder

43   Die Befugnisse der Glücksspielaufsicht werden in Abs. 1 S. 4 aus Gründen der **Verfahrensökonomie** ergänzt um die Möglichkeit der gegenseitigen Ermächtigung bei länderübergreifenden Verstößen (vgl. amtl. Begr., LT-Drs. Bay 15/8486, 16). Eine Ermächtigung durch ein anderes Land bewirkt eine entsprechende Erweiterung der **Verbandskompetenz** und **örtlichen Zuständigkeit** im konkreten Einzelfall (VG Düsseldorf Beschl. v. 9.3.2011 – 27 L 1323/10, Rn. 11 mwN; → Rn. 9). Voraussetzung ist eine ordnungsgemäße Ermächtigungserklärung durch die zuständige Behörde des ermächtigenden Landes (VGH Kassel Beschl. v. 5.10.2011 – 8 B 1798/10 mwN).

44   Nach dem durch den 1. GlüÄndStV geänderten Wortlaut erfasst Abs. 1 S. 4 neben den Verboten unerlaubten Glücksspiels (§ 4 Abs. 1 S. 2 Alt. 1) und der Werbung hierfür (§ 5 Abs. 5) auch alle sonstigen länderübergreifenden Verstöße gegen **öffentl.-rechtliche Verpflichtungen** iSv Abs. 1 S. 1. Eine Ermächtigung ist daher nunmehr grds. bei sämtlichen Einzelfallanordnungen iSv Abs. 1 S. 2/3 möglich. Ferner ist durch den 1. GlüÄndStV eine Klarstellung erfolgt, dass die Ermächtigung neben dem Erlass der Einzelfallanordnung auch deren Vollstreckung umfassen kann. Im Zweifel umfasst eine Ermächtigungserklärung das Verwaltungsverfahren insgesamt einschließlich der **Vollstreckung** (OVG Schleswig ZfWG 2011, 213 (214)). Einer Ermächtigung gem. Abs. 1 S. 4 bedarf es nicht, soweit ohnehin ein spezielles ländereinheitliches Verfahren besteht (§ 9a Abs. 2 S. 2, Abs. 3 S. 1). Die verwaltungsgerichtliche **örtliche Zuständigkeit** richtet sich bei Ermächtigung nach § 52 Nr. 3 VwGO (VG Wiesbaden Beschl. v. 20.5.2009 – 5 K 569/09.WI).

45   Der durch den 1. GlüÄndStV eingefügte Abs. 1 S. 5 stellt klar, dass sich die Vollstreckung nach dem Recht des ermächtigten Landes richtet, soweit nicht Abs. 2 S. 2-4 als **leges speciales** Anwendung finden (vgl. VG Düsseldorf Beschl. v. 9.3.2011 – 27 L 1323/10, Rn. 15).

5. § 9 Abs. 2 S. 1 Ausschluss der aufschiebenden Wirkung

46   Abs. 2 S. 1, der Abs. 2 aF entspricht, ordnet die **sofortige Vollziehbarkeit** von Anordnungen iSv Abs. 1 S. 2/3 kraft Gesetzes an (§ 80 Abs. 2 S. 1 Nr. 3 VwGO). Die Norm gilt nicht für isoliert anfechtbare **Nebenbestimmungen** in Erlaubnis- oder Konzessionsbescheiden; diese müssen ggf. gem. § 80 Abs. 2 S. 1 Nr. 4, Abs. 3 VwGO ausdrücklich für sofort vollziehbar erklärt werden.

47   Ausgehend von der Rspr. des BVerfG haben die Normgeber in Abs. 2 S. 1 im Rahmen ihres Beurteilungsspielraums eine Grundentscheidung für den Ausschluss der aufschiebenden Wirkung getroffen (vgl. amtl. Begr., LT-Drs. Bay 15/8486, 16; VGH München NVwZ-RR 2009, 202 (203)). Hierdurch verschiebt sich grds. die **Darlegungslast** eines Antragstellers, der vorläufigen Rechtsschutz iSv § 80 Abs. 5 S. 1 VwGO begehrt; für eine ausnahmsweise Anordnung der aufschie-

benden Wirkung bedarf es der Darlegung besonderer individueller Umstände (vgl.
VGH Kassel Beschl. v. 28.1.2009 − 7 B 2539/08; vgl. allg. BVerwG Beschl. v.
19.4.2005 − 4 VR 1001/04). Abs. 2 S. 1 verstößt nicht gegen das verfassungs-
und unionsrechtliche **Gebot effektiven Rechtsschutzes** (VGH München
NVwZ-RR 2009, 202 (203)).

6. § 9 Abs. 2 S. 2–4 Bemessung der Höhe von Zwangsgeldern

Die durch den 1. GlüÄndStV eingefügten Abs. 2 S. 2–4 sind den wortgleichen **48**
Art. 31 Abs. 2 S. 2–4 VwZVG Bay nachgebildet. Sie verdrängen in ihrem Anwendungsbereich das jeweilige Landesvollstreckungsrecht und dienen einer effektiven
und flexiblen Durchsetzung der Anordnungen iSv Abs. 1 S. 2/3 (vgl. amtl. Begr.
Art. 31 VwZVG Bay, LT-Drs. Bay 12/13482, 80). Insbes. ermöglicht Abs. 2 S. 3
der Glücksspielaufsicht, bei der Vollstreckung des **Zwangsgeldes** das **wirtschaftliche Interesse** des Pflichtigen über ein nach dem jeweiligen Landesrecht geltendes **Höchstmaß** hinaus zu berücksichtigen (amtl. Begr., LT-Drs. Bay 16/11995,
27). Zuvor war es der Glücksspielaufsicht zT nicht möglich, Zwangsgelder in
einer Höhe anzudrohen, die im Lichte des jeweiligen **wirtschaftlichen Vorteils**
auch geeignet war, die Adressaten − zB international tätige Unternehmen mit
beträchtlichen Umsätzen − erfolgreich dazu anzuhalten, den ihnen auferlegten
Pflichten zeitnah nachzukommen (vgl. amtl. Begr. Art. 31 VwZVG Bay, LT-Drs.
Bay 12/13482, 80).

Bei der Bemessung von Zwangsgeldern ist gem. Abs. 2 S. 2 va das **wirtschaftli-** **49**
che Interesse des Pflichtigen maßgeblich, daneben das **öffentliches Interesse**
an der Durchsetzung, die wirtschaftliche Verhältnisse des Pflichtigen, der objektive Grad des Ungehorsams sowie die Dauer und Intensität der Pflichtverletzung
(vgl. VGH München Beschl. v. 12.1.2012 − 10 ZB 10.2439; amtl. Begr. Art. 31
VwZVG Bay, LT-Drs. Bay 4/1746, 23 f.). Das wirtschaftliche Interesse stellt nach
dem Wortlaut von Abs. 2 S. 2 („soll... erreichen") nur die zulässige Untergrenze
von Zwangsgeldern dar. Eine behördliche Verpflichtung, bei der Schätzung des
Zwangsgelds einen Nachweis des wirtschaftlichen Interesses zu führen oder dieses
besonders zu begründen, besteht iRd Abs. 2 S. 4 grds. nicht; es genügt, wenn die
jeweiligen Beträge durch die **Lebenserfahrung** gedeckt sind (vgl. VGH München Beschl. v. 29.4.2008 − 15 CS 08.455; Giehl VerwVerfR Bay Art. 31 VwZVG
Bay VI.). Bei Schätzung des wirtschaftlichen Interesses ist eine Orientierung an
den Glücksspielumsätzen des Pflichtigen selbst oder − mangels anderer Informationen − einer **Muttergesellschaft** nicht ermessensfehlerhaft (VGH München
Beschl. v. 12.1.2012 − 10 ZB 10.2439).

7. § 9 Abs. 3 Zusammenarbeit der Glücksspielaufsichtsbehörden

Die Zusammenarbeit der Länder nach Abs. 3 S. 1 Hs. 1 zur Vereinheitlichung **50**
des Vollzugs betrifft insbes. den Bereich der Gefahrenabwehr im Einzelfall iSv
Abs. 1 S. 2/3 (amtl. Begr., LT-Drs. Bay 15/8486, 16). Ausdruck der Zusammen-
beit ist zudem § 9a. Gem. § 7 VwV-GlüStV umfasst die **länderübergreifende
Zusammenarbeit** die Bereiche Internet, Zahlungsströme, Glücksspielaufsicht,
Abstimmung von Erlaubnissen und Evaluierung; hierzu können länder- und fach-
übergreifende Arbeitsgruppen eingerichtet werden. Zur Unterstützung besteht
beim Hess. Ministerium des Innern und für Sport eine Gemeinsame **Geschäftsstelle** (§ 17 Abs. 1/3 VwV-GlüStV). Hintergrund der durch den 1. GlüÄndStV
in Abs. 3 S. 1 Hs. 2 eingefügten Befugnis zur internationalen Zusammenarbeit

ist, dass va Online-Anbieter von Glücksspielen idR ihren Sitz im europ. Ausland haben, jedoch verbotene Glücksspiele auch in Deutschland anbieten (amtl. Begr., LT-Drs. Bay 16/11995, 27).

51   Hintergrund des Abstimmungsgebots aus Abs. 3 S. 2 ist, dass die überwiegende Zahl der Glücksspiele der Landeslotteriegesellschaften in jedem Land mit gemeinsamem **Spielplan** veranstaltet werden und daher ländereinheitliche Erlaubnismodalitäten zweckmäßig sind, zumal auch länderübergreifende Kooperationen möglich sind (§ 10 Abs. 2 S. 2). Das durch den 1. GlüÄndStV zur Klarstellung eingefügte **Benehmenserfordernis** ist eine anhörungsartige Beteiligungsform, bei der die für die Erteilung der entsprechenden Veranstaltungserlaubnisse zuständigen Behörden der anderen Länder zu einem übermittelten Erlaubnisantrag Gelegenheit zur Stellungnahme innerhalb angemessener Frist erhalten (vgl. BVerwG Beschl. v. 29.12.1994 – 7 VR 12/94). Im Anwendungsbereich von § 9a Abs. 2 S. 1 Nr. 2 gilt Abs. 3 S. 2 nicht (teleologische Reduktion).

8. § 9 Abs. 4 Erlaubnismodalitäten

52   Abs. 4 regelt das für Erlaubnisse iSv § 4 geltende Verfahren, das iW § 6 Abs. 2 S. 1 LottStV und § 11 Abs. 2/3 LottStV entnommen ist (amtl. Begr., LT-Drs. Bay 15/8486, 17). Für Konzessionen iSd §§ 4a ff. gilt Abs. 4 nicht. Die systematische Stellung in § 9 – und nicht in § 4 – bewirkt den Ausschluss der Regelungen ua für Spielbanken und Spielhallen (→ Rn. 1). Abs. 4 ist verfassungsgemäß (BVerfG NVwZ 2008, 1338 (1342 f.)).

53   Abs. 4 S. 1 ist Ausfluss der ordnungsrechtlichen **Glücksspielhoheit der Länder** aus Art. 30, 70 GG. IRd landeseigenen Verwaltung können naturgemäß grds. nur Erlaubnisse mit Wirkung für das (Teil-)Gebiet des jeweiligen Landes erteilt werden (BVerfG NVwZ 2008, 1338 (1343)); die räumliche Geltung der Erlaubnis überschreitende Angebote sind unerlaubtes Glücksspiel iSv § 4 Abs. 1 S. 2 Alt. 1 (vgl. amtl. Begr. § 11 LottStV, LT-Drs. Bay 15/716, 10).

54   Die gem. Abs. 4 S. 2 zwingend widerrufliche und befristete Erlaubniserteilung sichert die staatlichen Kontroll- und Überwachungsmöglichkeiten und ermöglicht es den Erlaubnisbehörden, Entwicklungen im Glücksspielbereich kurzfristig berücksichtigen zu können (vgl. amtl. Begr. § 11 LottStV, LT-Drs. Bay 15/716, 13). Der obligatorische Widerrufsvorbehalt iSv § 36 Abs. 2 Nr. 3 LVwVfG führt dazu, dass die Erlaubnis jederzeit nach pflichtgemäßem **Ermessen** gem. § 49 Abs. 2 S. 1 Nr. 1 LVwVfG widerrufen werden kann, so dass kein schutzwürdiges Vertrauen in den Bestand der Erlaubnis besteht (vgl. BVerwGE 112, 263). Der **Widerruf** muss sich jedoch iRd gesetzlichen Zwecks der Ermächtigung halten, durch sachliche Gründe gerechtfertigt und verhältnismäßig sein (VGH Mannheim Beschl. v. 20.8.2009 – 6 S 54/09). IRd obligatorischen **Befristung** iSv § 36 Abs. 2 Nr. 1 LVwVfG ist die **Erlaubnislaufzeit** nach pflichtgemäßem Ermessen festzusetzen (VG Düsseldorf Urt. v. 4.11.2009 – 18 K 551/09). Eine Begrenzung auf max. ein Jahr – wie noch § 11 Abs. 3 S. 1 Hs. 2 LottStV – enthält Abs. 4 S. 2 bewusst nicht (LT-Drs. Bay 15/7884, 28). Ermessensfehlerfrei ist insbes. eine Orientierung an der Geltungsdauer des GlüStV (VG Regensburg Urt. v. 21.10.2010 – RO 5 K 10.31).

55   Die Befugnis zur – auch nachträglichen – Anordnung von Nebenbestimmungen aus Abs. 4 S. 3 verfolgt dieselbe gesetzgeberische Intention wie Abs. 4 S. 2 (vgl. amtl. Begr. § 11 LottStV, LT-Drs. Bay 15/716, 13). Da gem. § 4 Abs. 2 S. 3 keine **gebundene Entscheidung** iSv § 36 Abs. 1 LVwVfG vorliegt, kann die

Erlaubnis bei Erlass bereits gem. § 36 Abs. 2/3 LVwVfG nach pflichtgemäßem Ermessen mit Nebenbestimmungen versehen werden (VGH Mannheim ZfWG 2012, 44 (46)), Abs. 4 S. 3 ist insoweit nur deklaratorisch. Konstitutiv ist Abs. 4 S. 3 als erforderliche spezialgesetzliche Rechtsgrundlage für **nachträgliche Nebenbestimmungen** (vgl. allg. VGH Mannheim NVwZ-RR 2008, 751 (752)). Nebenbestimmungen sind iRd § 36 Abs. 2/3 LVwVfG nur dann nach pflichtgemäßem Ermessen iSv § 40 LVwVfG zulässig, wenn sie dem Zweck des Verwaltungsaktes in der Hauptsache bzw. den gesetzlichen Regelungen dienen, die für den Erlass des Verwaltungsaktes maßgeblich sind (VG Regensburg Urt. v. 6.5.2010 – RO 5 K 10.217 mwN). Ermessensleitend sind iRd Abs. 4 S. 3 die ordnungsrechtlichen Ziele des § 1 und die zu ihrer Erreichung erlassenen Vorschriften (vgl. VGH Mannheim ZfWG 2012, 44 (46)). **Gesetzeswiederholende Auflagen** sind nur zulässig, soweit eine gesetzliche Verpflichtung, deren Umfang umstritten ist – zB iRd § 5 –, fall- bzw. fallgruppenbezogen mit potentieller Verbindlichkeit konkretisiert wird, um die Einhaltung der gesetzlichen Verpflichtung ggf. mit Zwangsmitteln durchsetzen zu können (VG Regensburg Urt. v. 3.8.2009 – RO 5 K 08.2050 mwN).

Abs. 4 S. 4 stellt klar, dass es sich im GlücksspielR um eine **personenbezogene 56 Erlaubnis** handelt, da auch die materiellen Erlaubnisvoraussetzungen an persönliche Eigenschaften des Anbieters anknüpfen (vgl. amtl. Begr. § 11 LottStV, LT-Drs. Bay 15/716, 13).

9. § 9 Abs. 5 Einführung neuer Glücksspielangebote

Das **Fachbeiratsverfahren** des Abs. 5 schafft die notwendigen fachlichen 57 Voraussetzungen, um behördlicherseits beurteilen zu können, ob ein **neues Glücksspielangebot** den ordnungsrechtlichen Zielen des § 1 iSv § 4 Abs. 2 S. 1 zuwiderläuft (vgl. amtl. Begr., LT-Drs. Bay 15/8486, 17). Abs. 5 ist für die konsequent ordnungsrechtliche Ausrichtung des Glücksspielrechts verfassungsrechtlich von besonderer Bedeutung (vgl. BVerfG NVwZ 2009, 1221 (1224)). Auch unionsrechtlich trägt die Norm zu einer wirksamen Kontrolle bzgl. der Schaffung neuer Glücksspielangebote bei (vgl. amtl. Begr., LT-Drs. Bay 16/11995, 27 mwN).

Der durch den 1. GlüÄndStV geänderte Wortlaut von Abs. 5 S. 1 Nr. 1 („unter 58 Berücksichtigung der Ziele des § 1") soll verdeutlichen, dass der Untersuchungsauftrag des Fachbeirats ganzheitlich ausgerichtet ist und neben der **Bekämpfung von Glücksspielsucht** auch den nunmehr gleichrangigen Zielen der **Kanalisierung des Spieltriebs** sowie der **Kriminalitätsbekämpfung** hinreichend Rechnung zu tragen hat (vgl. amtl. Begr., LT-Drs. Bay 16/11995, 27).

Dem unabhängigen **Fachbeirat** iSv § 10 Abs. 1 S. 2 kommt bzgl. der sozialen 59 Auswirkungen neuer Glücksspielangebote die Funktion eines **amtlichen Sachverständigen** – ähnlich etwa den bay. Wasserwirtschaftsämtern – zu. Abs. 5 S. 1 Nr. 1 begründet eine verfahrensrechtliche Beteiligungspflicht – und ein hiermit korrespondierendes, verwaltungsgerichtlich durchsetzbares Beteiligungsrecht –, jedoch kein **Zustimmungserfordernis** (VG Wiesbaden ZfWG 2011, 143 (145); ZfWG 2010, 377 (378)). Der Fachbeirat ist vor der behördlichen Entscheidung zu beteiligen, damit bei dieser die entsprechende Stellungnahme berücksichtigt werden kann (Manthey/Rubin ZfWG 2010, 324 (325 f.)). Eine Verletzung von Abs. 5 führt zur **formellen Rechtswidrigkeit** der behördlichen Entscheidung (Manthey ZfWG 2011, 167 (168)). Der Stellungnahme des Fachbeirats kommt bzgl. der Frage, ob der zwingende Versagungsgrund aus § 4 Abs. 2 S. 1 gegeben ist oder entspr. Nebenbestimmungen veranlasst sind, maßgebliche Bedeutung zu; denn die Erlaubnisbehörde selbst verfügt grds. über keine entsprechende Sachkunde (vgl. VGH München BayVBl 2005, 726 (727)). Näheres zum Fachbeiratsverfahren regelt § 8 Abs. 3 VwV-GlüStV.

60   Entscheidend für ein **„neues Glücksspielangebot"** isv Abs. 5 S. 1 ist, ob im Einzelfall ein zusätzliches Glücksspielangebot vorliegt (vgl. amtl. Begr., LT-Drs. Bay 15/8486, 17). Dies ist nur bei spezifischen Glücksspielen nicht der Fall, die der jeweilige staatliche Anbieter bereits am 31.12.2007 – vor Inkrafttreten des GlüStV – zulässigerweise veranstaltet hat und die zugleich auch seit 1.1.2008 ununterbrochen Teil der Veranstaltungserlaubnis sind. Die bloße Änderung eines bestehenden Glücksspielangebots ist grds. nicht fachbeiratspflichtig; etwas anderes gilt, soweit die Änderungen derart wesentlich sind, dass es sich mit Blick auf die ordnungsrechtlichen Ziele des § 1 im Kern um ein neues Glücksspielangebot handelt. Die Erfüllung der **Berichtspflicht** aus Abs. 5 S. 1 Nr. 2 setzt eine fachliche Begleitung voraus (vgl. amtl. Begr., LT-Drs. Bay 15/8486, 17).

61   Für die in Abs. 5 S. 2 geregelte **Einführung neuer oder erhebliche Erweiterung bestehender Vertriebswege** durch (auch nicht-staatliche) Veranstalter oder Vermittler gelten im Wesentlichen dieselben Grundsätze wie bei „neuen Glücksspielangeboten" (→ Rn. 60). IRd Abs. 5 S. 2 kann ua eine räumliche wie zeitliche Erleichterung des Spielteilnahme von Bedeutung sein (VG Wiesbaden ZfWG 2011, 143 (145)). Trotz der Grundentscheidung der Staatsvertragsgeber im 1. GlüÄndStV zur allg. **Öffnung des Internetvertriebs** – zB per **E-Postbrief** – dürften entsprechende Erlaubnisse stets fachbeiratspflichtig sein, da auch § 4 Abs. 5 ausdrücklich voraussetzt, dass im Einzelfall der Versagungsgrund des § 4 Abs. 2 S. 1 nicht gegeben ist.

10. § 9 Abs. 6 Geheimhaltungspflichten, Datenschutz

62   Der durch den 1. GlüÄndStV eingefügte Abs. 6 enthält eine auch in anderen Rechtsbereichen übliche **Vertraulichkeitsregel** und **Datenschutzbestimmung** (amtl. Begr., LT-Drs. Bay 16/11995, 27). Abs. 6 ist iW § 24 RStV nachgebildet, der für die Landesmedienanstalten sowie ihre Organe, Bedienstete und von ihnen beauftragte Dritte gilt. Die im GlüStV enthaltenen Vorlage-, Nachweis- und Auskunftspflichten – vgl. Abs. 1 S. 3 Nr. 1 Alt. 1, § 4b Abs. 2/3 – betreffen auch sensible persönliche und geschäftliche Daten; diese werden durch Abs. 6 vor unbefugter Weitergabe geschützt (vgl. amtl. Begr. § 24 RStV, LT-Drs. Bay 13/5683, 29; VG Berlin MMR 1999, 180). Dies gilt gem. § 9a Abs. 6 S. 4 auch iRd **Glücksspielkollegiums**. Ein Verstoß gegen Abs. 6 ist gem. § 203 Abs. 2 StGB strafbar.

11. § 9 Abs. 7 Unabhängige Glücksspielaufsicht

63   Hintergrund von Abs. 7, der iW Abs. 6 aF entspricht, ist die Maßgabe des BVerfG, dass ein der Bekämpfung der Glücksspielsucht dienendes staatliches **Glücksspielmonopol** geeignete **Kontrollinstanzen** erfordert, die die ordnungsrechtliche Ausrichtung des Glücksspielrechts sicherstellen und eine ausreichende Distanz zu den fiskalischen Interessen des Staates aufweisen (BVerfGE 115, 276 (318); vgl. amtl. Begr., LT-Drs. Bay 15/8486, 17). Diesen Anforderungen wird Abs. 7 gerecht (BVerfG NVwZ 2009, 1221 (1224); BVerwG ZfWG 2011, 96 (101)). Vertreter einer Behörde isv Abs. 7 sind gem. § 2 Abs. 2 S. 1 VwV-GlüStV auch von der Mitgliedschaft im **Glücksspielkollegium** ausgeschlossen.

Soweit im Land Niedersachsen gem. § 1 S. 2 NSpielbG das Finanzministerium 64
die **Spielbankenaufsicht** ausübt, steht dies nicht im Widerspruch zu Abs. 7, da
dieser gem. § 2 Abs. 2 für Spielbanken nicht gilt (vgl. LT-Drs. N 15/4090, 52 f.).
Soweit im Land Rheinland-Pfalz das Finanzministerium gem. § 15 Abs. 1 LGlüG
RhPf für die Glücksspielaufsicht zuständig ist bzgl. **Lotterien mit geringerem
Gefährdungspotenzial** iSd §§ 12 ff., die nicht kleine Lotterien iSv § 18 sind
und nicht unter § 30 Abs. 1 fallen – somit iW für die **Soziallotterien „Aktion
Mensch"** und **„Deutsche Fernsehlotterie"** –, ist dies verfassungsrechtlich
unbedenklich, da hier kein staatliches Monopol besteht (vgl. LT-Drs. RhPf 16/
1179, 68). Jedoch dürfte § 15 Abs. 1 LGlüG RhPf nach dem Wortlaut von Abs. 7
(„Glücksspielaufsicht"), der auch **Privatlotterien** iSd §§ 12 ff. umfasst, staatsver-
tragswidrig sein. IdS ist auch die seit dem 1. GlüÄndStV gem. § 9a Abs. 2 S. 1
Nr. 4 bestehende ländereinheitliche Zuständigkeit des Finanzministeriums Rheinland-Pfalz kritisch zu sehen (→ § 9a Rn. 8).

§ 9a Ländereinheitliches Verfahren

(1) **Der Anstalt nach § 10 Abs. 3 sowie deren Lotterie-Einnehmern wird
die Erlaubnis von der zuständigen Glücksspielaufsichtsbehörde des Landes, in dessen Gebiet die Anstalt ihren Sitz hat, für das Gebiet aller Länder
erteilt (Freie und Hansestadt Hamburg).**

(2) **Unbeschadet des Absatzes 1 erteilt die Glücksspielaufsichtsbehörde
eines Landes für alle Länder
1. die Erlaubnis für Werbung für Lotterien und Sportwetten im Internet
und im Fernsehen nach § 5 Abs. 3 das Land Nordrhein-Westfalen,
2. die Erlaubnisse für eine gemeinsam geführte Anstalt nach § 10 Abs. 2
Satz 1 das Land Baden-Württemberg,
3. die Konzession nach § 4a und die Erlaubnis nach § 27 Abs. 2 das Land
Hessen und
4. die Erlaubnis nach § 12 Abs. 3 Satz 1 das Land Rheinland-Pfalz.
Bei unerlaubten Glücksspielen, die in mehr als einem Land angeboten
werden, ist für Maßnahmen nach § 9 Abs. 1 Satz 3 Nr. 4 die Glücksspielaufsichtsbehörde des Landes Niedersachsen zuständig.**

(3) **Die nach den Absätzen 1 und 2 zuständigen Behörden üben gegenüber den Erlaubnis- und Konzessionsnehmern auch die Aufgaben der
Glücksspielaufsicht nach § 9 Abs. 1 mit Wirkung für alle Länder aus; sie
können die erforderlichen Anordnungen im Einzelfall erlassen und nach
ihrem jeweiligen Landesrecht vollstrecken sowie dazu Amtshandlungen
in anderen Ländern vornehmen. Die zuständige Behörde nach Absatz 2
Satz 1 überwacht insbesondere die Einhaltung der Inhalts- und Nebenbestimmungen der Konzession und entscheidet über Maßnahmen nach
§§ 4a bis 4e. § 9 Abs. 2 gilt entsprechend.**

(4) **Die nach den Absätzen 1 und 2 zuständigen Behörden erheben für
Amtshandlungen in Erfüllung der Aufgaben nach den Absätzen 1 bis 3
Kosten (Gebühren und Auslagen). Für die Erteilung einer Erlaubnis oder
Konzession für das Veranstalten eines Glücksspiels wird bei genehmigten
oder voraussichtlichen Spiel- oder Wetteinsätzen
a) bis zu 30 Millionen Euro eine Gebühr in Höhe von 1,0 v.T. der Spiel-
oder Wetteinsätze, mindestens 50 Euro,**

b) über 30 Millionen Euro bis 50 Millionen Euro eine Gebühr in Höhe von 30000 Euro zuzüglich 0,8 v.T. der 30 Millionen Euro übersteigenden Spiel- oder Wetteinsätze,

c) über 50 Millionen Euro bis 100 Millionen Euro eine Gebühr in Höhe von 46000 Euro zuzüglich 0,5 v.T. der 50 Millionen Euro übersteigenden Spiel- oder Wetteinsätze

d) über 100 Millionen Euro eine Gebühr in Höhe von 71000 Euro zuzüglich 0,3 v.T. der 100 Millionen Euro übersteigenden Spiel- oder Wetteinsätze

erhoben; zugrunde zu legen ist die Summe der genehmigten oder voraussichtlichen Spiel- oder Wetteinsätze in allen beteiligten Ländern. Wird die Erlaubnis oder Konzession für mehrere aufeinanderfolgende Jahre oder Veranstaltungen erteilt, erfolgt die Berechnung gesondert für jedes Jahr und jede Veranstaltung, wobei sich die Gebühr nach Satz 2 für jedes Folgejahr oder jede Folgeveranstaltung um 10 v.H ermäßigt. Für die Erteilung einer Erlaubnis für das Vermitteln eines Glücksspiels wird eine Gebühr in Höhe von 50 v.H. der Gebühr nach Satz 2 erhoben; Satz 3 ist entsprechend anzuwenden. Für Anordnungen zur Beseitigung oder Beendigung rechtswidriger Zustände sowie für sonstige Anordnungen der Glücksspielaufsichtsbehörden wird eine Gebühr von 500 Euro bis 500.000 Euro erhoben; dabei sind der mit der Amtshandlung verbundene Verwaltungsaufwand aller beteiligten Behörden und Stellen zu berücksichtigen. Im Übrigen gelten die Kostenvorschriften des jeweiligen Sitzlandes der handelnden Behörde.

(5) Zur Erfüllung der Aufgaben nach den Absätzen 1 bis 3 besteht das Glücksspielkollegium der Länder. Dieses dient den nach den Abs. 1 bis 3 zuständigen Behörden als Organ bei der Erfüllung ihrer Aufgaben.

(6) Das Glücksspielkollegium der Länder besteht aus 16 Mitgliedern. Jedes Land benennt durch seine oberste Glücksspielaufsichtsbehörde je ein Mitglied sowie dessen Vertreter für den Fall der Verhinderung. Das Glücksspielkollegium gibt sich einvernehmlich eine Geschäftsordnung. § 9 Abs. 6 gilt entsprechend.

(7) Die Länder bilden für das Glücksspielkollegium eine Geschäftsstelle im Land Hessen. Die Finanzierung der Behörden nach Absatz 2, des Glücksspielkollegiums und der Geschäftsstelle sowie die Verteilung der Einnahmen aus Verwaltungsgebühren nach § 9a werden in einer Verwaltungsvereinbarung der Länder geregelt.

(8) Das Glücksspielkollegium fasst seine Beschlüsse mit einer Mehrheit von mindestens zwei Drittel der Stimmen seiner Mitglieder. Die Beschlüsse sind zu begründen. In der Begründung sind die wesentlichen tatsächlichen und rechtlichen Gründe mitzuteilen. Die Beschlüsse sind für die nach den Absätzen 1 bis 3 zuständigen Behörden und die Geschäftsstelle bindend; sie haben die Beschlüsse innerhalb der von dem Glücksspielkollegium gesetzten Frist zu vollziehen.

Ausführungsgesetze: § 2 Abs. 3 S. 2, § 3 Abs. 1 S. 2, § 10 Abs. 2 S. 2, § 19 Abs. 4, § 47 Abs. 1 S. 1, Abs. 7 LGlüG BW-E; Art. 1 Abs. 2 S. 2, Art. 2 Abs. 2 S. 2 AGGlüStV Bay; § 7 Abs. 1 S. 1, § 9a, § 11 AG GlüStV Bln; § 3 Abs. 2 u. 6, § 5 Abs. 1 S. 2, § 13 Abs. 4, § 14 Abs. 4, § 16 Abs. 4 S. 1 BbgGlüAG; § 1 Abs. 2, § 10 Abs. 1 S. 2, Abs. 2 Nr. 1 f. BremGlüG;

§ 6 Abs. 1, § 7 Abs. 2 HmbGlüStVAG; § 9a, § 16 Abs. 1, Abs. 5 HGlüG; § 2 Abs. 2 S. 2, § 5 Abs. 2, Abs. 6 S. 2 GlüStVAG M-V; § 4 Abs. 10, § 22 Abs. 2, § 23 Abs. 1 S. 1, S. 2 Nr. 5, S. 3, Abs. 3 NGlüSpG; § 2 Abs. 2 S. 2, § 13 Abs. 1 S. 2, § 19 Abs. 2, Abs. 4 Nr. 2, Abs. 6 AG GlüÄndStV NRW-E; § 5 Abs. 3 S. 2, § 13 Abs. 3 S. 3, § 15 Abs. 1-2, Abs. 4 LGlüG RhPf; § 1 Abs. 1 S. 2, Abs. 3, § 4 Abs. 4, § 14 Abs. 1-2, Abs. 4, Abs. 6 AG GlüStV-Saar; § 4 Abs. 1 S. 4, Abs. 10, § 13 Abs. 1 S. 1 Hs. 2, § 17 GlüG LSA; § 5 Abs. 5, § 11 Abs. 2 ThürGlüG.

Literatur: Gebhardt/Postel, Der weite Weg zur Kohärenz - Erste Anmerkungen zum neuen Glücksspielstaatsvertrag (Teil 1), ZfWG 2012, 1 ff.; Liesching/Schuster, Jugendschutzrecht, 5. Aufl. 2010; Pagenkopf, Der neue GlüStV – Neue Ufer – alte Gewässer, NJW 2012, 2918 ff.

I. Entstehungsgeschichte, Allgemeines

Der durch den 1. GlüÄndStV eingefügte § 9a sieht ein **ländereinheitliches** **1** **Verfahren** in Teilbereichen der Glücksspielaufsicht iSv § 9 Abs. 1 S. 1 vor. Ziel ist eine einheitliche Beurteilung nur ländereinheitlich zu treffender Entscheidungen in den in Abs. 1-3 genannten Bereichen und deren effektive Umsetzung (vgl. amtl. Begr., LT-Drs. Bay 16/11995, 27). Dies ist ua mit Blick auf das unionsrechtliche **Kohärenzgebot** von besonderer Bedeutung (Gebhardt/Postel ZfWG 2012, 1 (7)).

In Abs. 1-3 wird der Grundsatz verankert, dass für die dort genannten Entschei- **2** dungen nur jeweils eine bestimmte Landesbehörde für alle Länder zuständig ist, für die dann gem. Abs. 5-8 ein neu gebildetes **Glücksspielkollegium der Länder** entscheidet. Diese Lösung bildet das Modell der Kommission für Jugendmedienschutz (KJM – vgl. §§ 14-17 JMStV) und der Kommission für Zulassung und Aufsicht (ZAK – vgl. § 35 RStV) nach. § 9a überwindet so für ländereinheitlich zu treffende Entscheidungen die bisherige Zersplitterung der föderalen Aufsichtsstrukturen aufgrund der abschließenden Beurteilung durch das Glücksspielkollegium, ermöglicht jedoch zugleich klare und einheitliche Entscheidungen, da es im Außenverhältnis bei der zentralen Zuständigkeit einzelner Landesbehörden verbleibt (vgl. amtl. Begr., LT-Drs. Bay 16/11995, 28). Bzgl. § 9a zT erhobene verfassungs- und unionsrechtliche Bedenken überzeugen gerade mit Blick auf die bloße Nachbildung geltenden Rechts nicht (Gebhardt/Postel ZfWG 2012, 1 (7 f.); vgl. Pagenkopf, NJW 2012, 2918, (2920 f.)).

II. Einzelkommentierung

1. § 9a Abs. 1 und 2 Ländereinheitliche Zuständigkeiten

Von den ländereinheitlichen Zuständigkeiten im Erlaubnis- bzw. Konzessions- **3** bereich aus Abs. 1, Abs. 2 S. 1 Nr. 2-4 ist jeweils auch die Erteilung von Erlaubnissen nach § 4 Abs. 5 für die Veranstaltung oder Vermittlung im Internet umfasst (vgl. amtl. Begr., LT-Drs. Bay 16/11995, 22, 27). § 19 Abs. 2 S. 1 regelt zudem eine ländereinheitliche Zuständigkeit des Landes Niedersachsen für die Zulassung länderübergreifend tätiger **gewerblicher Spielvermittler**.

Abs. 1 begründet – ausgehend vom **Sitzlandprinzip** – eine ländereinheitliche **4** Zuständigkeit der Freien und Hansestadt Hamburg für die Erteilung der Veranstaltungserlaubnis der neu gegründeten **Gemeinsamen Klassenlotterie** (§ 10 Abs. 3) und die Vermittlungserlaubnisse der in die Vertriebsorganisation eingegliederten **Lotterieeinnehmer** (§ 3 Abs. 5 Alt. 2), unabhängig von deren Sitz. Abs. 1 umfasst nicht die Erteilung der speziellen Erlaubnis für Werbung im Internet und Fernsehen gem. § 5 Abs. 3 S. 1; hieran ändert auch der Wortlaut von Abs. 2 S. 1 („Unbeschadet des Absatzes 1") nichts, der nur die Anwendbarkeit von Abs. 1 betrifft, ohne jedoch dessen Anwendungsbereich zu erweitern. Zuständige Behörde ist gem. § 1 Abs. 1 HmbGlüSpielbkZustAnO die Hbg. Behörde für Inneres und Sport.

5   Die Zuständigkeit zur Erteilung der Erlaubnis für Werbung für Lotterien und Sportwetten im Internet und Fernsehen (§ 5 Abs. 3 S. 1) wird gem. Abs. 2 S. 1 Nr. 1 iVm § 5 Abs. 3 S. 4 gesondert im Land NRW zusammengeführt, um auch allg. Erlaubnisse in Form von **Allgemeinverfügungen** zu ermöglichen (vgl. amtl. Begr., LT-Drs. Bay 16/11995, 27 f.). Die Norm gilt auch für den Klassenlotteriebereich (→ Rn. 4). Zuständige Behörde ist gem. § 19 Abs. 4 Nr. 2 AG Glü-ÄndStV NRW-E die Bezirksregierung Düsseldorf.

6   Abs. 2 S. 1 Nr. 2 sieht eine ländereinheitliche Zuständigkeit des Landes Baden-Württemberg für die Erteilung der Veranstaltungserlaubnis einer – bislang nicht errichteten – gemeinsam von allen Ländern geführten öffentl. **Anstalt** iSv § 10 Abs. 2 S. 1 vor. Zuständige Behörde ist gem. § 47 Abs. 1 S. 1 LGlüG BW-E das Regierungspräsidium Karlsruhe.

7   Abs. 2 S. 1 Nr. 3 begründet eine ländereinheitliche Zuständigkeit des Landes Hessen für die **Konzessionserteilung** im Sportwettenbereich (§ 4a). Gleiches gilt für die Erteilung von internetbezogenen Erlaubnissen im Pferdewettenbereich (§ 27 Abs. 2 S. 2). Zuständige Behörde ist gem. § 16 Abs. 1 HGlüG das hessische Ministerium des Innern und für Sport. Gem. § 16 Abs. 5 HessGlüG kann die Zuständigkeit bzgl. § 27 Abs. 2 S. 2 durch Rechtsverordnung auf das Regierungspräsidium Darmstadt übertragen werden.

8   Die Zuständigkeit zur Erteilung der Durchführungserlaubnis für **Lotterien mit geringerem Gefährdungspotential**, die mit einem einheitlichen länderübergreifenden Spielplan in allen Ländern veranstaltet werden (§ 12 Abs. 3 S. 1), wird gem. Abs. 2 S. 1 Nr. 4 im Land Rheinland-Pfalz gebündelt. Zuständige Behörde ist gem. § 15 Abs. 1/2 LGlüG RhPf das rheinland-pfälzische Finanzministerium (→ § 9 Rn. 64) bzw. iRd §§ 18, 30 Abs. 1 das rheinland-pfälzische Ministerium des Innern, für Sport und Infrastruktur.

9   Bei verbotenen unerlaubten (§ 4 Abs. 1 S. 2) bzw. unkonzessionierten (§ 4a Abs. 1 S. 2) Glücksspielen, die in mehr als einem Land angeboten werden, ist gem. Abs. 2 S. 2 für Maßnahmen ggü. den am **Zahlungsverkehr** Beteiligten nach § 9 Abs. 1 S. 3 Nr. 4 das Land Niedersachsen ländereinheitlich zuständig. Zuständige Behörde ist gem. § 23 Abs. 1 S. 1, S. 2 Nr. 5 NGlüSpG das niedersächsische Ministerium für Wirtschaft, Arbeit und Verkehr.

*2. § 9a Abs. 3 Ländereinheitliche Glücksspielaufsicht durch Erlassbehörden

10   Abs. 3 S. 1 Hs. 1 erstreckt insbes. im Lichte der konkretisierten Ziele aus § 1 S. 1 Nr. 2 (amtl. Begr., LT-Drs. Bay 16/11995, 21) die ländereinheitliche Zuständigkeit für die Erlaubnis- und Konzessionserteilung aus Abs. 1, Abs. 2 S. 1 auf die **Aufgaben der Glücksspielaufsicht** iSv § 9 Abs. 1 S. 1, soweit es die Tätigkeit der Erlaubnis- und Konzessionsnehmer im in der Zulassung geregelten Bereich –

zB bei Abs. 2 S. 1 Nr. 3 Alt. 1 die Veranstaltung von Sportwetten, egal ob konzessioniert oder nicht – betrifft. Dies gilt gem. § 19 Abs. 2 S. 2 auch für ländereinheitlich zugelassene **gewerbliche Spielvermittler**. Abs. 3 S. 1 Hs. 1 betrifft ua die Überwachung und Durchsetzung von Inhalts- und Nebenbestimmungen, den Widerruf der Zulassung sowie den Erlass von Anordnungen im Einzelfall (→ § 9 Rn. 2). Abs. 3 S. 1 Hs. 2 enthält eine ordnungsrechtliche **Generalbefugnis** für ländereinheitliche Einzelfallanordnungen nach Abs. 3, die § 9 Abs. 1 S. 2/3 verdrängt (→ § 9 Rn. 7); zudem regelt die Norm – ähnlich wie § 9 Abs. 1 S. 5 im Falle der Ermächtigung (→ § 9 Rn. 45) – Fragen der ländereinheitlichen **Vollstreckung**. Gem. Abs. 3 S. 2 beinhaltet die ländereinheitliche Zuständigkeit aus Abs. 3 S. 1 iRv Abs. 2 S. 1 Nr. 3 neben der Überwachung der Einhaltung von Inhalts- und Nebenbestimmungen iSv 4c Abs. 2 ua auch Maßnahmen nach § 4d Abs. 5, Abs. 8 iVm der AO und § 4e Abs. 4.

Gem. Abs. 3 S. 3 iVm § 9 Abs. 2 S. 1 sind Einzelfallanordnungen – nicht jedoch **11** **Inhalts- und Nebenbestimmungen** der Zulassung –, die iRd ländereinheitlichen Zuständigkeit von Abs. 3 erlassen werden, kraft Gesetzes **sofort vollziehbar** (vgl. amtl. Begr., LT-Drs. Bay 16/11995, 26 zu § 4e Abs. 4 S. 2). Über Abs. 3 S. 3 ist auch § 9 Abs. 2 S. 2–4 entsprechend anwendbar.

3. § 9a Abs. 4 Kostenerhebung bei ländereinheitlicher Zuständigkeit

Nach dem **Äquivalenzprinzip** sind Gebühren so zu bemessen, dass zwischen **12** der den Verwaltungsaufwand berücksichtigenden Höhe der Gebühr einerseits und der Bedeutung, dem wirtschaftlichen Wert oder dem sonstigen Nutzen der Amtshandlung für den Betroffenen andererseits ein angemessenes Verhältnis besteht (vgl. amtl. Begr., LT-Drs. Bay 16/11995, 28).

Hiervon ausgehend richtet sich in Abs. 4 S. 2 die Höhe der Gebühr für die **13** Erteilung einer Erlaubnis oder Konzession für das Veranstalten eines Glücksspiels nach dem **Verwaltungsaufwand** aller an der Amtshandlung beteiligten Behörden und Stellen sowie nach der Bedeutung der Angelegenheit für die Beteiligten. Die jeweiligen **Gebührenansätze** basieren auf den bisherigen Erfahrungen der Glücksspielaufsichtsbehörden. Anhand des bei der Gebührenbildung zu berücksichtigenden Kriteriums der Bedeutung der Angelegenheit für den Kostenschuldner sind die Gebühren in Abs. 4 S. 2 in Form eines degressiven Gebührensatzes nach dem Umsatz, dh dem **Bruttospiel- oder Wetteinsatz** vor Steuern und Abzügen, gestaffelt. Damit wird insbes. bei Erlaubnissen mit beträchtlichem Spielkapital der hohen Bedeutung der Angelegenheit für den Kostenschuldner Rechnung getragen (vgl. amtl. Begr., LT-Drs. Bay 16/11995, 28).

Hintergrund der in Abs. 4 S. 3 geregelten Gebührenermäßigung für Folgejahre **14** oder -veranstaltungen um 10 % ist der aufgrund der im Vergleich zu einer nur für ein Jahr erteilten Zulassung geringere **Verwaltungsaufwand**. Die Bedeutung der Angelegenheit für den Kostenschuldner verändert sich auch bei einer Zulassung für mehrere Jahre nicht, so dass sich hieraus keine Gebührenermäßigung ergibt (vgl. amtl. Begr., LT-Drs. Bay 16/11995, 28).

Für die Erteilung einer Vermittlungserlaubnis wird gem. Abs. 4 S. 4 eine **15** Gebühr von 50 % der in Abs. 4 S. 2 vorgesehenen Höhe angesetzt. Für Einzelfallanordnungen iSv Abs. 2 S. 2, Abs. 3 S. 1 Hs. 2 sieht Abs. 4 S. 5 eine weite Rahmengebühr vor. Gem. Abs. 4 S. 6 gilt iÜ das Kostenrecht des Sitzlandes der handelnden Behörde subsidiär (vgl. amtl. Begr., LT-Drs. Bay 16/11995, 28).

4. § 9a Abs. 5-8 Glücksspielkollegium der Länder

16   Abs. 5 ist § 35 Abs. 2 RStV (ZAK) bzw. § 14 Abs. 2 JMStV (KJM) nachgebildet.
Abs. 5 S. 2 regelt die organisationsrechtliche Zuordnung des **Glücksspielkollegiums** zur jeweils nach außen zuständigen Behörde; trotz der strikten Bindungswirkung seiner Beschlüsse hat das Glücksspielkollegium daher nicht die Stellung eines
selbständigen Verwaltungsträgers mit eigener Rechtspersönlichkeit (vgl. VGH
München Beschl. v. 3.4.2007 – 7 C 06.3009). Das Glücksspielkollegium ist
begrifflich an das Hauptentscheidungsorgan „collège" der 2010 errichteten französischen Internet-Glücksspielaufsicht (ARJEL – vgl. Art. 35 Loi n° 2010-476)
angelehnt. Das Glücksspielkollegium entscheidet auch über die ländereinheitliche
Zulassung **gewerblicher Spielvermittler** (§ 19 Abs. 2 S. 2) sowie den Erlass der
Werberichtlinie (§ 5 Abs. 4 S. 4).

17   Die Regelungen zur Zusammensetzung des Glücksspielkollegiums in Abs. 6
S. 1 u. 2 sind § 35 Abs. 3 RStV (ZAK) bzw. § 14 Abs. 3 JMStV (KJM) nachempfunden. Beim Beschluss der **Geschäftsordnung** ist gem. Abs. 6 S. 3 – abweichend
von Abs. 8 S. 1 – Einstimmigkeit erforderlich. Das Verfahren der Entscheidungsfindung im Glücksspielkollegium, dessen Einzelheiten §§ 1-6 VwV-GlüStV regeln,
soll zeitnahe Entscheidungen sichern (vgl. amtl. Begr., LT-Drs. Bay 16/11995,
28). Die Mitglieder des Glücksspielkollegiums unterliegen gem. Abs. 6 S. 4 der
Verschwiegenheitspflicht nach § 9 Abs. 6 (amtl. Begr., LT-Drs. Bay 16/11995,
28).

18   Die in Abs. 7 S. 1 vorgesehene Einrichtung einer Geschäftsstelle für das Glücksspielkollegium findet ihr Vorbild in § 35 Abs. 7 RStV (ZAK u. KJM). Die entsprechenden Aufgaben nimmt gem. § 17 VwV-GlüStV die bereits vor dem 1. Glü-
ÄndStV bestehende **Gemeinsame Geschäftsstelle** beim Hess. Ministerium des
Innern und für Sport wahr (vgl. amtl. Begr., LT-Drs. Bay 16/11995, 28). Gem.
§ 17 Abs. 1 u. 2 VwV-GlüStV unterstützt die Geschäftsstelle die Tätigkeit des
Glücksspielkollegiums. Die in Abs. 7 S. 2 angesprochenen Finanzierungsfragen
regeln §§ 19 f. VwV-GlüStV.

19   Abs. 8 ist iW § 35 Abs. 9 RStV (ZAK) bzw. § 17 Abs. 1 JMStV (KJM) nachgebildet. Das Prinzip der Mehrheitsentscheidung in Abs. 8 S. 1 soll zeitnahe Entscheidungen sichern (vgl. amtl. Begr., LT-Drs. Bay 16/11995, 28), wobei die
Norm abweichend von den Vorbildregelungen in RStV und JMStV das Erfordernis einer **qualifizierten Zweidrittelmehrheit** vorsieht. Hierbei ist auf die
Gesamtzahl der Mitglieder des Glücksspielkollegiums abzustellen, nicht auf die
anwesenden Mitglieder (vgl. amtl. Begr. § 17 JMStV, LT-Drs. Bay 14/10246,
23). Begründungspflicht und -anforderungen aus Abs. 8 S. 2 u. 3 sind vor dem
Hintergrund der gebotenen Wahrung der Rechte des Betroffenen zu sehen (vgl.
amtl. Begr. § 17 JMStV, LT-Drs. Bay 14/10246, 23). Die in Tenor und Begründung bindenden Beschlüsse des Glücksspielkollegiums – die mangels Außenwirkung keine **Verwaltungsakte** darstellen (vgl. Liesching/Schuster JMStV § 17
Rn. 7) – bedürfen der verwaltungsmäßigen Umsetzung durch die im Außenverhältnis zuständige Behörde, die die entsprechenden Bescheide ihrerseits gem. § 39
LVwVfG – insbes. bei Ermessensentscheidungen (vgl. VG Hannover Urt. v.
27.1.2011 – 7 A 5630/08) – hinreichend zu begründen hat (vgl. amtl. Begr. § 35
RStV, LT-Drs. Bay 15/9667, 18).

20   Ein nur eingeschränkt gerichtlich überprüfbarer **Beurteilungsspielraum** (vgl.
BVerwG MMR 2011, 265) kommt dem Glücksspielkollegium bzgl. seiner
Beschlüsse nicht zu; denn diese sollen nur verfahrensrechtlich eine ländereinheitli-

che Entscheidungsfindung nebst Vollzug ermöglichen, ohne jedoch inhaltlich von einer komplexen fachlichen Bewertung bei geringer gesetzlicher Determiniertheit abzuhängen, die an Weisungen nicht gebundene Mitglieder vornehmen würden. Ein Beschluss des Glücksspielkollegiums im **Umlaufverfahren**, der sich eine Beschlussvorlage zu eigen macht, ist zulässig (vgl. OVG Lüneburg MMR 2009, 203 (204 f.)). Die Tenor und Begründung umfassende Bindungswirkung der Beschlüsse des Glücksspielkollegiums aus Abs. 8 S. 4 Hs. 1 im Innenverhältnis zur jeweils nach außen zuständigen Behörde (vgl. Liesching/Schuster JMStV § 17 Rn. 12) sowie die Vollzugsverpflichtung aus Abs. 8 S. 4 Hs. 2 sollen den mit der Errichtung des Glücksspielkollegiums angestrebten Erfolg ländereinheitlicher Entscheidungsfindung verfahrensmäßig absichern (vgl. amtl. Begr. § 17 JMStV, LT-Drs. Bay 14/10246, 23).

§ 10 Sicherstellung eines ausreichenden Glücksspielangebotes

(1) Die Länder haben zur Erreichung der Ziele des § 1 die ordnungsrechtliche Aufgabe, ein ausreichendes Glücksspielangebot sicherzustellen. Sie werden dabei von einem Fachbeirat beraten. Dieser setzt sich aus Personen zusammen, die im Hinblick auf die Ziele des § 1 über besondere wissenschaftliche oder praktische Erfahrungen verfügen.

(2) Auf gesetzlicher Grundlage können die Länder diese öffentliche Aufgabe selbst, durch eine von allen Vertragsländern gemeinsam geführte öffentliche Anstalt, durch juristische Personen des öffentlichen Rechts oder durch privatrechtliche Gesellschaften, an denen juristische Personen des öffentlichen Rechts unmittelbar oder mittelbar maßgeblich beteiligt sind, erfüllen. Auf der Grundlage eines Verwaltungsabkommens ist auch eine gemeinschaftliche Aufgabenerfüllung oder eine Aufgabenerfüllung durch die Unternehmung eines anderen Landes möglich, das die Voraussetzungen des Satzes 1 erfüllt.

(3) Klassenlotterien dürfen nur von einer von allen Vertragsländern gemeinsam getragenen Anstalt des öffentlichen Rechts veranstaltet werden.

(4) Die Länder begrenzen die Zahl der Annahmestellen zur Erreichung der Ziele des § 1.

(5) Es ist sicherzustellen, dass ein erheblicher Teil der Einnahmen aus Glücksspielen zur Förderung öffentlicher oder gemeinnütziger, kirchlicher oder mildtätiger Zwecke verwendet wird.

(6) Anderen als den in den Absätzen 2 und 3 Genannten darf nur die Veranstaltung von Lotterien und Ausspielungen nach den Vorschriften des Dritten Abschnitts erlaubt werden.

Ausführungsgesetze: §§ 9, 10, 13 LGlüG BW-E; Art. 1, 5, 7 AGGlüStV Bay; §§ 5, 6, 8 AG GlüStV Bln; § 2 DKLB-G Bln; §§ 2, 4 BbgGlüAG; §§ 2, 6 BremGlüG; §§ 2, 4 – 6 HmbGlüÄndStVAG; § 1 HmbLotG; §§ 6, 8, 10, 11 HGlüG; §§ 2 – 4, 7, 8, 10 GlüStV AG M-V; §§ 2, 5, 6, 8, 13 – 21 NGlüSpG; §§ 2, 3 AG GlüÄndStV NRW-E; §§ 4, 6, 7, LGlüG RhPf; §§ 1, 5 – 7, 9 – 11 AG GlüStV-Saar; §§ 3, 7, 10 SächsGlüStVAG; §§ 2 – 5, 9, 13 GlüG LSA; § 2, 8, 9 GlüÄndStV AG SchlH-E; §§ 2, 6, 9 ThürGlüG

Literatur: Bumke, Die Pflicht zur konsistenten Gesetzgebung. Am Beispiel des Ausschlusses der privaten Vermittlung staatlicher Lotterien und ihrer bundesverfassungsgerichtlichen Kontrolle, Der Staat, Vol. 49 (2010), Nr. 1, S. 77 ff.; Dietlein, Ist der Bundesstaat kartellrechtswidrig? - Das lotterierechtliche Regionalitätsprinzip vor dem BKartellA, ZfWG 2006, S. 197 ff.; Dörr, Das Verbot gewerblicher Internetvermittlung von Lotto auf dem Prüfstand der EG-Grundfreiheiten, DVBl 2010, 69 ff.; Dörr, Die verfassungsrechtliche Zulässigkeit einer Teilliberalisierung des deutschen Glücksspielmarktes, K&R-Beihefter 3/2010; Fremuth, Vereinbarkeit mitgliedstaatlicher Glücksspielmonopole mit dem EG-Wettbewerbsrecht, illustriert am Entwurf eines Glücksspielstaatsvertrags der Länder vom 13.12.2006, EuZW 2007, 565 ff.; Gebhardt/Grüsser-Sinopoli, Glücksspiel in Deutschland, 2008; Jarass, Verfassungs- und europarechtliche Fragen des Lotteriemonopols, Rechtsgutachten, 2010; Ohlmann, Lotterien, Sportwetten, der Lotteriestaatsvertrag und Gambelli, WRP 2005, S. 48 ff.; Postel, Der Begriff „Glücksspiel(monopol)" und die Einheit der Rechtsordnung, JurPC Web-Dok. 71/2005, Abs. 1 – 10; Postel, Zur Regulierung von öffentlichen Glücksspielen, WRP 2005, 833 ff.; Postel, Gesetzliche Trennung von Erlaubnispflicht und Errichtung eines Monopols, ZfWG 2009, S. 47 ff.; Terhechte, Mehr Wettbewerb im Lotteriewesen?, Anmerkung zum Beschluss des BKartellA vom 23.08.2006, ZfWG 2006, S. 203 ff.

Übersicht

I. Grundlagen

1   § 10 bildet wie bereits nach dem GlüStV aF die Grundlage für das staatsvertragliche System eines grundsätzlichen **Staatsvorbehalts** für das Angebot bestimmter Glücksspiele. Während § 4 Abs. 1 Satz 1 eine Erlaubnisbedürftigkeit für jegliche Art von Glücksspielen im Anwendungsbereich des GlüStV begründet (→ § 4

Rn. 27), verpflichtet Abs. 1, 2 iVm Abs. 6 die Länder, die Erlaubnisvoraussetzungen so zu gestalten, dass die Erlaubnisfähigkeit für die Veranstaltung bestimmter Glücksspielarten durch „andere" als die nach Abs. 2 und 3 vorgesehenen Stellen generell ausgeschlossen ist. Eine „Monopolakzessorietät" der Erlaubnispflicht aus § 4 Abs. 1 Satz 1 ist damit nicht verbunden (vgl. BVerwG NVwZ 2011, 549, Rn. 77 ff.; → § 4 Rn. 10), denn sämtliche „monopolisierte" Glücksspielarten sind ebenso erlaubnispflichtig und von denselben Erlaubnisvoraussetzungen abhängig wie die übrigen dem GlüStV unterfallenden Glücksspiele (vgl. auch BVerwGE 140, 1, Rn. 27). § 10 übernimmt weitgehend die Vorgängernorm des § 10 GlüStV aF, enthält im Detail allerdings Präzisierungen hinsichtlich der Zusammensetzung des Fachbeirats sowie der Organisationsvorgabe für die Ausgestaltung der Monopolträgerschaft. Während ein subjektiv-öffentliches Recht auf Erlaubniserteilung für die Veranstaltung und Vermittlung von Glücksspielen weiterhin nicht besteht (§ 4 Abs. 2 Satz 3, → § 4 Rn. 51), ist es die Aufgabe der Länder, durch die **Sicherstellung eines ausreichenden Glücksspielangebotes** die Ziele des § 1 zu verwirklichen. Indem Abs. 1 Satz 1 explizit von einer „ordnungsrechtlichen Aufgabe" spricht, wird klargestellt, dass es sich bei der Tätigkeit der Länder um **öffentliche Verwaltung im materiellen Sinne** handelt. Als materielles Verwaltungshandeln unterliegt das Handeln der Länder notwendig den kompetenziellen Grenzen jeglichen Verwaltungshandelns, insbesondere in territorialer Hinsicht (sog. Verbandskompetenz). Abs. 1 Satz 1 verkörpert insoweit zugleich das häufig missverstandene glücksspielrechtliche „**Regionalitäts-**" bzw. „**Territorialitätsprinzip**", nach dem auch die zuständigen Behörden im Rahmen der landeseigenen Verwaltung grundsätzlich nur Erlaubnisse mit Wirkung für das Gebiet des jeweiligen Landes erteilen können (BVerfG ZfWG 2008, 351 (358); BVerwGE 126, 149 (158 f.); BGH ZfWG 2008, 359, Rn. 99; → § 9 Rn. 53) und der Schutz von Spielern in anderen Ländern den dortigen Behörden obliegt (BGH ZfWG 2008, 359, Rn. 90).

Von dem grundsätzlichen Sicherstellungauftrag des Abs. 1 zu unterscheiden **2** sind die organisationsrechtlichen Vorgaben für die Wahrnehmung dieses Auftrages, die durch Abs. 2 und 3 näher definiert werden und durch die Ausführungsgesetze auszugestalten sind. Denn dabei handelt es sich lediglich um eine **gegenseitige Verpflichtung der Länder**, die Veranstaltung von Glücksspielen in dem Sinne zu monopolisieren, dass Glücksspiele nur durch die Länder selbst, durch juristische Personen des öffentlichen Rechts oder durch privatrechtliche Gesellschaften, an denen juristische Personen des öffentlichen Rechts maßgeblich beteiligt sind, veranstaltet und durchgeführt werden dürfen. Damit einher geht der Ausschluss gewerblicher Veranstaltung durch private Unternehmen, es ist aber nicht Ausdruck eines hoheitlichen Charakters der betreffenden Tätigkeiten (vgl. BVerfGE 115, 276 (302)).

Mit den Erweiterungen der Organisationsvorgabe in Abs. 2 Satz 1 2. Alt. und **3** Abs. 2 Satz 2 wird eine Abweichung vom Grundsatz ermöglicht, nach dem jedes Land für die Aufgabenerfüllung nach Abs. 1 selbst und ausschließlich verantwortlich ist. Denn bisher reichte die maßgebliche Beteiligung der öffentlichen Hand anderer Länder an einer der in Abs. 2 genannten Personen oder Gesellschaften allein nicht aus, da die größere Effektivität eines staatlich getragenen Monopols mit einem nachhaltigeren Einfluss durch interne Kontrolle unter Inanspruchnahme allgemeiner haushalts- und gesellschaftsrechtlicher Kontroll- und Ingerenzbefugnisse grundsätzlich nur bei einem landeseigenen Unternehmen im eigenen Land als gewährleistet angesehen wurde (vgl. zu „Umgehungen" Postel ZfWG 2009, 47 (49)).

4   In unmittelbarem Zusammenhang mit Abs. 2 steht ferner die Regelung des Abs. 6. Sie öffnet die in Abs. 2 enthaltene Verpflichtung der Länder, bestimmte Glücksspiele mit besonderem Gefährdungspotential den in Abs. 2 und 3 genannten staatlichen oder staatlich beherrschten Veranstaltern vorzubehalten und die nach § 4 Abs. 1 Satz 1 ausnahmslos erforderliche Erlaubniserteilung für andere Anbieter generell auszuschließen. Sie trägt dem Umstand Rechnung, dass es speziell im Bereich der **Lotterien** Glücksspiele **mit unterschiedlichem Gefährdungspotential** gibt. Auch die vormaligen Regelungen in § 5 Abs. 2 und 4 LottStV trugen – wie sich aus den Erläuterungen zum LottStV ergibt – bereits dieser Erkenntnis Rechnung. Zu beachten ist zudem, dass Abs. 6 auf das Veranstalten von Sportwetten für einen Zeitraum von sieben Jahren ab Inkrafttreten nicht angewandt wird und die insoweit bisher für die Sportwettveranstaltung vorgesehene Monopolisierung in staatlicher Trägerschaft zu Gunsten eines sog. Konzessionsmodells öffnet (§ 10a Abs. 1 → § 10a Rn. 1, 6, 16 ff.).

Sonderregelungen für die in Abs. 2 und 3 genannten Veranstalter finden sich insbesondere in § 14 Abs. 1, § 29 Abs. 1 und § 30 Abs. 1.

Die spielbankenrechtlichen Bestimmungen werden ausweislich des durch § 2 Abs. 2 beschränkten Anwendungsbereiches von der Regelungswirkung des § 10 nicht erfasst. Daher ergibt sich keine Verpflichtung der Länder für die Errichtung eines – staatlich getragenen – Spielbankenmonopols aus dem GlüStV; es ist den Ländern aber unbenommen, dies in den Spielbankengesetzen zu normieren (vgl. dazu Gebhardt/Gohrke in Gebhardt/Grüsser-Sinopoli § 22 Rn. 34; Dörr K&R-Beiheft 3/2010, 4).

Eher außerhalb der durch die Abs. 1 bis 3 und 6 formulierten Systematik stehen die Abs. 4 und 5, die flankierende bzw. ergänzende Vorgaben für die Ausführungsgesetze enthalten.

II. Einzelkommentierung

1. § 10 Abs. 1 Glücksspielangebot

5   Der Vorschrift des Abs. 1 ist im Vergleich zu der Vorgängernorm kaum modifiziert worden; die Neufassung der Sätze 2 und 3 ist lediglich eine Folgeänderung im Hinblick auf die neu festgeschriebene Gleichrangigkeit der Ziele in § 1 und sieht weiterhin die unterstützende Beratung durch Experten hinsichtlich der in Abs. 1 Satz 1 formulierten Aufgabe vor.

6   **a) Sicherstellung eines ausreichenden Glücksspielangebotes Abs. 1 Satz 1.** Abs. 1 Satz 1 verpflichtet die Länder zur aktiven Sicherstellung eines ausreichenden Glücksspielangebotes. Dieser **Sicherstellungsauftrag** dokumentiert die zentrale Bedeutung des sog. „Kanalisierungszieles" als Basis für die Umsetzung des Konzepts des Staatsvertrages. „**Ausreichend**" ist ein solches Angebot, das den Spieltrieb der Bevölkerung zu kanalisieren vermag und Abwanderungen in die Illegalität entgegen wirkt (vgl. § 1 Nr. 2). Zugleich muss das zu Zwecken der Kanalisierung erforderliche Maß an Verfügbarkeit und Attraktivität des Spielangebotes in einem Gesamtkonzept, wie der Bezug auf § 1 deutlich macht, mit dem Ziel einer Begrenzung des Spielangebotes abgeglichen und „in praktische Konkordanz" gebracht werden. Ordnungsrechtlich gesehen geht es somit um Gefahrenvorsorge und -abwehr durch ein zwar begrenztes und kontrolliertes, aber – im Rahmen der staatsvertraglichen Vorgaben – dennoch hinreichend attraktives Glücksspielangebot (→ § 1 Rn. 12).

b) Ordnungsrechtliche Aufgabe. Die Qualifizierung des Sicherstellungsauf 7
trages als „ordnungsrechtliche Aufgabe" in Abs. 1 Satz 1 und „öffentliche Aufgabe" in Abs. 1 Satz 2 belegt, dass dieser **keine** auf Gewinnerzielung gerichtete **privatwirtschaftliche Tätigkeit,** sondern öffentliches Verwaltungshandeln im materiellen Sinne darstellt. Die ordnungsrechtliche Ausrichtung des Monopols wird insbesondere nicht durch die Bandbreite der in Abs. 2 genannten Organisationsformen in Frage gestellt (aA wohl Terhechte ZfWG 2006, 203 (204 f.)). Dem entspricht die systematische Einordnung des Abs. 2 und 3 als einer **organisationsrechtlichen Regelung,** die die materielle Zuordnung der Aufgabenträgerschaft unberührt lässt (vgl. auch OLG Köln Urt. v. 3.9.2010 – 6 U 196/09). So sind die staatlich beherrschten Unternehmen nicht unmittelbarer Träger ordnungsrechtlicher Gefahrenabwehr, sondern das Mittel, das die Länder unter anderem zur Zielerreichung einsetzen (BGH ZfWG 2008, 359, Rn. 34).

In den Ausführungsgesetzen haben die Länder regelmäßig normiert, dass zur   8
Erreichung der Ziele des § 1 das jeweilige Land die Glücksspielaufsicht, die Sicherstellung eines ausreichenden Glücksspielangebots und die Sicherstellung der wissenschaftlichen Forschung zur Vermeidung und Abwehr von Suchtgefahren durch Glücksspiele als **öffentliche Aufgaben** wahrnimmt (siehe etwa Art. 1 Abs. 1 AGGlüStV Bay; § 1 Abs. 2 AG GlüStV Bln; § 2 Abs. 2 Bbg GlüAG; § 2 Abs. 1 BremGlüG; § 2 Abs. 1 HmbGlüÄndStVAG; § 2 Abs. 1 GlüStV AG M-V; § 1 Abs. 4 Satz 1 NGlüSpG; § 1 Abs. 2 AG GlüÄndStV NRW-E; § 1 Abs. 1 AG GlüStV Saar) und für die jeweilige öffentliche Aufgabe umzusetzen ist (siehe etwa Art. 1 Abs. 2 – 4, Art. 4, Art. 5 Abs. 2 AGGlüStV Bay; § 1 Abs. 2 AG GlüStV Bln; § 2 Bbg GlüAG; § 2 BremGlüG; § 1 Abs. 5 NGlüSpG; § 2 GlüÄndStV AG NRW-E). Zur Vermeidung von Fehlinterpretationen haben einige Länder den öffentlichen Auftrag – über den Anwendungsbereich des § 10 hinaus - auch in den **spielbankgesetzlichen Bestimmungen** klargestellt (etwa § 1 Abs. 2 Bbg SpielbG; § 2 SpielbG Saar).

c) Beratung durch einen Fachbeirat. Nach dem Wortlaut des Abs. 1 Satz 2   9
und 3 werden die Länder bei der in Satz 1 definierten Aufgabe durch einen Fachbeirat beraten, der sich aus **Experten** zusammensetzt, die über besondere wissenschaftliche oder praktische Erfahrungen in Bezug auf die Erreichung der in § 1 definierten Ziele verfügen. Die **Funktion des Fachbeirates** liegt einerseits in der Beurteilung der suchtfördernden – und damit grundsätzlich den Zielen des § 1 zuwiderlaufenden - Wirkung des bereits existierenden Glücksspielangebotes. Hierbei obliegt den Experten zumal die Einschätzung, ob das bestehende Angebot seine Kanalisierungsfunktion optimal erfüllt bzw. ob es hierüber womöglich hinausgeht oder aus anderen Gründen den Zielen zuwiderläuft. Hierzu kann er Vorschläge für wissenschaftliche Untersuchungen unterbreiten und Empfehlungen zu Fragen des Spielerschutzes aussprechen. Zudem erfüllt der Fachbeirat eine Schlüsselfunktion bei der Einführung neuer Glücksspielangebote im Vorbehaltsbereich und bei der Einführung neuer oder der erheblichen Erweiterung bestehender Vertriebswege durch Veranstalter oder Vermittler. Diese Unternehmungen unterliegen nicht nur den üblichen Erlaubnisvoraussetzungen (→ § 4 Rn. 43 ff.), sondern sind nach § 9 Abs. 5 an die Durchführung eines sog.

Fachbeiratsverfahrens gebunden und können nur unter Einhaltung der dort genannten Voraussetzungen erfolgen (hierzu ausführlich → § 9 Rn. 57 ff.). Die Beteiligung dieses sachverständigen Gremiums dient der Willensbildung der Behörde unter Berücksichtigung besonderer fachlicher Aspekte. Das Ergebnis der Beteiligung bildet eine informatorische Grundlage, die in die Entscheidung der Behörde einfließen soll (vgl. VG Wiesbaden ZfWG 2011, 143 ff.). Nach § 32 soll der Fachbeirat auch bei der Evaluierung des Staatsvertrages mitwirken, die wiederum bei dem Beschluss über die Befristung der Experimentierklausel zu berücksichtigen ist (§ 35 Abs. 1).

10   Konzeptionell legt Abs. 1 Satz 2 eine **rein beratende Funktion** des Fachbeirates fest. Die sachliche Entscheidungszuständigkeit, etwa über die Einführung neuer Angebote, bleibt danach allein bei den Glücksspielaufsichtsbehörden (Haltern ZfWG 2009, 313 (318)). Die Fachbeiratskonzeption weicht damit deutlich von den in anderen Gesetzeswerken (zB JuSchG) realisierten Modellen eines mit eigenem Entscheidungsrecht ausgestatteten Sachverständigengremiums ab. Ebenfalls zu unterscheiden sind die Beschlussfassungen des Fachbeirates von intern verbindlichen „Verwaltungsvorschriften", wie sie − teilweise ebenfalls unter Einbindung von Expertengremien − vor allem im Umwelt- und Technikrecht zu finden sind. Die Glücksspielaufsichtsbehörden sind folgerichtig weder verpflichtet noch berechtigt, das Votum des Fachbeirates unbesehen an die Stelle einer eigenen Entscheidung zu setzen. Gelangt die Behörde − bedingt zB durch weitere sachverständige Stellungnahmen − zu einer abweichenden Einschätzung, so muss sie der Sachentscheidung die eigene Einschätzung zugrunde legen. Die Möglichkeit einer von dem Votum des Fachbeirates **abweichenden Beschlussfassung der Behörde** liegt damit durchaus in der Konsequenz der gesetzlichen Konzeption, mag sich insoweit auch ein erhöhter Begründungsaufwand ergeben (eingehend Haltern ZfWG 2009, 313 (318)).

11   Da der Fachbeirat durch abweichende Einschätzungen der Glücksspielaufsichtsbehörde nicht in eigenen Rechten betroffen wird, steht ihm gegen die behördliche Sachentscheidung kein **Klagerecht** zu (VG Wiesbaden ZfWG 2011, 143 ff.). Im Wege eines **verwaltungsgerichtlichen Innenrechtsstreits** durchsetzbar sind aber immerhin die durch den Staatsvertrag zugestandenen Beteiligungsrechte des Beirats (vgl. VG Wiesbaden ZfWG 2011, 143 ff.). Aufgrund der ausdrücklichen Gleichwertigkeit der Zielsetzungen des § 1 muss die **Zusammensetzung des Fachbeirats** ganzheitlich ausgerichtet sein. Diese Normierung stellt gegenüber der Vorgängernorm des Abs. 1 Satz 1 GlüStV aF eine **Verbreiterung des Sachverstandes** dar, auch wenn sie weiterhin auf die vom BVerfG im Sportwettenurteil aufgestellte Forderung nach einer rechtlichen wie tatsächlichen Ausrichtung des Monopols am Ziel der Suchtbekämpfung sowie strukturellen Vorgaben, etwa die Einschaltung einer neutralen Kontrollinstanz, zurückzuführen ist. Um seine unterstützende und nunmehr an sämtlichen Zielen des Staatsvertrages ausgerichtete Aufgabe wahrnehmen zu können, muss es sich bei dem Fachbeirat um ein im Verhältnis sowohl zu den Anbietern iSd Abs. 2 und 3 als auch zu den zuständigen Behörden **unabhängiges Organ** handeln (vgl. Erl. zum GlüStV 2008, 20, 22). Der Fachbeirat ist an den in Abs. 1 begründeten Auftrag gebunden und im Rahmen der ihm übertragenen Aufgaben **nicht weisungsgebunden** (vgl. § 8 Abs. 2 VwV-GlüStV; LT-Drs. NRW 15/1314, S.7). Diese unabhängige Stellung und die Ausstattung mit **Beteiligungs- und Vorschlagsrechten** zeigen auch, dass der Beirat kein in die Behördenorganisation eingegliedertes und weisungsgebundenes Organ der Landesverwaltung ist. Wirtschaftliche oder organisatorische Verflech-

tungen des Expertengremiums mit den betroffenen Anbietern sind auszuschließen. Zur näheren Ausgestaltung des Fachbeirats(verfahrens) haben die Länder eine gegenüber der vorherigen Verwaltungsvereinbarung erweiterte **Verwaltungsvereinbarung Glücksspielstaatsvertrag (VwV-GlüStV)** geschlossen (nähere Einzelheiten hierzu in LT-Drs. NRW 15/1314).

2. § 10 Abs. 2 Grundtatbestand

Abs. 2 bezieht sich inhaltlich unmittelbar auf Abs. 1 Satz 1 und trifft organisati-   **12** onsrechtliche Vorgaben für die **Umsetzung des Sicherstellungsauftrages** in dem durch Abs. 2 iVm Abs. 6 abgegrenzten monopolisierten Bereich. Der Begriff eines **Monopols** kennzeichnet dabei die Verleihung und Innehabung von Ausschließlichkeitsrechten bzw. konkretisiert die durch § 10 Abs. 1 bis 3 iVm Abs. 6 staatsvertraglich vorgegebene exklusive Befugnis zur Veranstaltung von bestimmten Glücksspielen, die die Erlaubniserteilung an andere Anbieter ausschließt. Der Begriff des staatlichen Monopols wiederum bezieht sich auf den Inhaber des Ausschließlichkeitsrechts: Ein solches kommt bei einem **staatlichen Monopol** nur einer Person zu, die entweder ein öffentlich-rechtlicher Rechtsträger ist oder aber als privater Rechtsträger einer spezifischen staatlichen Beherrschung unterliegt (sog. „Staatsvorbehalt"; § 10 Abs. 2 und 3). Demgegenüber sieht das Spielbankenrecht in einigen Ländern ein privat getragenes Monopol vor (§§ 2, 3 SpielbG LSA, vgl. LT-Drs. LSA 5/1785, 43 ff.).

Die angestrebten **Durchgriffsmöglichkeiten des Staates** auf die Anbieter   **13** nach Abs. 2 und 3 stellen das wesentliche Element für die Rechtfertigung glücksspielrechtlicher Staatsvorbehalte dar. So hat die verfassungs- und unionsgerichtliche Rechtsprechung explizit die gesetzgeberische Einschätzung gebilligt, dass sich die Verwirklichung der normierten Ziele im Rahmen eines staatlich verantworteten Angebots **effektiver** beherrschen lässt, als dies im Rahmen der Kontrolle privater Unternehmen möglich wäre (BVerfG 102, 197 (217); BVerfG 115, 276 (309); LVerfG Sachsen-Anhalt LKV 2007, 558 (559); BVerfG NVwZ-RR 2008, 1 (2); EuGH Urt. v. 30.6.2011– Rs. C-212/08, Rn. 42 – Zeturf; Urt. v. 8.9.2010 – Rs. C-316/07, Rn. 82 – Markus Stoß ua; Erl. zum GlüStV, LT-Drs. Bay 16/11995, S. 18; Fremuth EuZW 2007, 565 (568); vgl. auch BVerfGE 126, 112 zur Eingliederung des privaten in den öffentlichen Rettungsdienst). In diesem Sinne zielt Abs. 2 auf eine organisationsrechtliche Verknüpfung zwischen dem Land und dem dort tätigen Unternehmen; eine solche Verknüpfung wird grundsätzlich nur bei einer landeseigenen Beteiligung bestehen (vgl. Postel LKV 2007, 537 (542)). Ferner betont auch der EFTA-Gerichtshof, dass eine kohärente und systematische Politik zur Bekämpfung der Spielsucht auch eine effektive Überwachung der Aktivitäten des Inhabers der ausschließlichen Berechtigung umfasst, sodass ein Monopolanbieter, „der einer effektiven Überwachung durch die zuständigen staatlichen Behörden unterworfen ist, den legitimen Anliegen im Rahmen der Bekämpfung der Spielsucht tendenziell besser gerecht werden kann als ein gewerbsmäßiger Anbieter oder als Organisationen, deren humanitäre oder gemeinnützige Aktivitäten teilweise auf den Einnahmen aus den Glücksspielautomaten beruhen." (EFTA-Gerichtshof Urt. v. 30.05.2007 ZfWG 2007, 218 ff., Rn. 19). Die **rechtliche und tatsächliche Ausgestaltung** der Durchgriffsmöglichkeit des Staates ist freilich **konsequent und ausschließlich** in den Dienst einer aktiven Zielerreichung zu stellen und ein Konflikt mit fiskalischen Interessen des Staates darf nicht zu Gunsten dieser ausgehen.

14   Die Wahrnehmung des Sicherstellungsauftrages hat nach Abs. 2 auf **gesetzli-cher Grundlage** zu erfolgen. Die konkreten organisatorischen Ausgestaltungen können folgerichtig den jeweiligen Landesausführungsgesetzen zum GlüStV ent-nommen werden (siehe ua § 2 Bbg GlüAG; § 3 Abs. 1 AG GlüÄndStV NRW-E; § 4 HmbGlüÄndStVAG iVm § 1 Abs. 1 HmbLottG, vgl. LT-Drs. Hmb 18/7228; §§ 1, 2 GKL–StV).

Für die ausführungsgesetzliche Ausgestaltung stellt Abs. 2 grundsätzlich **drei Organisationsvarianten** zur Verfügung, nämlich zum einen die landesstaatliche „Eigenwahrnehmung", zum zweiten deren Erfüllung durch juristische Personen des öffentlichen Rechts und zum dritten deren Erfüllung durch privatrechtliche Gesellschaften, an denen juristische Personen des öffentlichen Rechts unmittelbar oder mittelbar maßgeblich beteiligt sind. Diese Varianten wurden nunmehr durch länderübergreifende Kooperationsmöglichkeiten und -pflichten ergänzt.

15   **a) Staatliche Eigenwahrnehmung.** Gemäß der 1. Alt. des Abs. 2 Satz 1 kön-nen die Länder die Sicherstellungsaufgabe unmittelbar in eigener Person wahrneh-men („selbst"). Die Aufgabenwahrnehmung erfolgt hierbei regelmäßig durch eine Behörde des jeweiligen Landes (§ 1 Abs. 4 VwVfG) im Wege **unmittelbarer Staatsverwaltung.** Exemplarisch zu nennen ist die bayerische Staatslotterieve-waltung als Behörde des Freistaates Bayern (vgl. Art. 1 Abs. 3, Art. 5 AGGlüStV Bay). Staat und Anbieter sind in dieser Konstellationen subjektidentisch (Dietlein ZfWG 2006, 197 (199)) mit allen kompetenziellen und materiellen Folgen. Man-gels völliger rechtlicher Selbständigkeit nimmt das rechtsfähige **Sondervermögen** „Staatslotterien Lotto und Toto" in Mecklenburg-Vorpommern (vgl. § 3 Abs. 1, § 4 GlüStV AG M-V) eine **Zwischenstellung** ein. Da es im Rechtsverkehr gemäß § 4 Abs. 1 GlüStV AG M-V unter seinem Namen handeln, klagen und verklagt werden kann und mithin als teilrechtsfähig zu qualifizieren ist, steht es gewissermaßen zwischen der 1. und 2. Alt., ist indes, soweit seine Teilrechtsfähig-keit reicht, bei der 2. Alt. zu verorten (vgl. Maurer, 527 f.).

16   **b) Juristische Personen des öffentlichen Rechts.** Anders als im Falle der unmittelbaren staatlichen Eigenwahrnehmung des Sicherstellungsauftrages ist die Aufgabenwahrnehmung durch juristische Personen des öffentlichen Rechts als Ausprägung der sog. „**mittelbaren Staatsverwaltung**" zu deuten. Als öffentliche Rechtsträger kommen traditionell Körperschaften, Anstalten oder Stiftungen in Betracht (hierzu allgemein Maurer, 527 (601 ff.)). Als **Anstalten des öffentlichen Rechts** organisiert sind etwa die Deutsche Klassenlotterie Berlin (vgl. § 5 Abs. 2 AG GlüStV Bln) und die Gemeinsame Klassenlotterie der Länder (§ 1 Abs. 1 GKL–StV) sowie bis zum Inkrafttreten des GKL-StV auch die zuvor bestehenden Klassenlotterien (Art. 1 Abs. 2 SKL-Staatsvertrag sowie § 1 Abs. 1 NKL-Staatsver-trag). Auch für die Träger dieser mittelbaren Staatsverwaltung ist die Rückbindung an die kompetenziellen und materiellen Bindungen der öffentlichen Hand des jeweiligen Landes unbestritten. Allerdings verschieben sich die mit dem **Hierar-chieprinzip** verbundenen Möglichkeiten der Aufsicht, von Weisungen und Ein-trittsrechten. So begründet beispielsweise die **Fachaufsicht** ein höheres Maß an Verantwortung der übergeordneten Stelle als die **Rechtsaufsicht** zB über selbständige Anstalten des öffentlichen Rechts (§§ 6, 7 GKL-StV; vgl. aber auch zur Bindungswirkung gegenüber einer Anstalt VerfGH Sachsen NVwZ-RR 2010, 1).

Mit der Ergänzung der Organisationsvorgabe in Satz 1 2. Alt. wird erstmals staatsvertraglich die Möglichkeit geschaffen, als „Unterfall" der juristischen Personen des öffentlichen Rechts eine **gemeinsam geführte** öffentliche **Anstalt** mit der Aufgabe zu „betrauen". Dies normiert nunmehr eine Abweichung vom Grundsatz, nach dem jedes Land für die Aufgabenerfüllung nach Abs. 1 selbst und ausschließlich verantwortlich ist, und ermöglicht länderübergreifende Kooperationen in Form einer gemeinsam geführten öffentlichen Anstalt. Damit ist zugleich klargestellt, dass ein Wettbewerb von mehreren Anstalten oder einer Anstalt und anderen staatlich beherrschten Unternehmen innerhalb desselben Glücksspielangebotes ausgeschlossen ist, zumal das Erlaubniserfordernis aus § 4 Abs. 1 von der Ermöglichung einer länderübergreifenden Kooperation unberührt bleibt (Erl. zum GlüStV, LT-Drs. Bay 16/11995, 28) und § 4 keine willkürliche oder auf sachfremden Erwägungen gestützte Entscheidung ermöglicht, da über die Erlaubnis nach pflichtgemäßem Ermessen zu entscheiden ist und ermessensfehlerhaft insbesondere eine Erlaubnis zum Zweck einer Einnahmemaximierung der staatlich beherrschten Unternehmen wäre (BGH ZfWG 2008, 359, Rn. 67; → § 4 Rn. 53).

Auch dieser „Unterfall" setzt jedoch eine „gesetzliche Grundlage" voraus, die daher wegen der Eigenstaatlichkeit der Länder wiederum als Staatsvertrag und dessen Transformation in Landesrecht auszugestalten ist. Bisher einziger Anwendungsfall dieser „gemeinsam **geführten Anstalt**" ist die GKL (§ 1 Abs. 1 GKL-StV; vgl. Erl. zum GKL-StV, LT-Drs. LSA 6/815, 15), auch wenn der Wortlaut des Abs. 3 – „gemeinsam **getragene Anstalt**" – ein abweichendes Verständnis nahe legen könnte und im GKL-StV zwischen Trägerschaft der Anstalt (§ 4 GKL-StV) und Führung der Anstalt (§ 5 Abs. 1 GKL-StV) unterschieden wird (→ Rn. 22).

c) Privatrechtliche Gesellschaften mit staatlicher Mehrheitsbeteili- 17 gung. aa) Grundsätzliche Rechtslage. Ausweislich des Wortlautes der 3. Alt. des Abs. 2 Satz 1 kann die in Rede stehende öffentliche Aufgabe auch durch **privatrechtliche Gesellschaften**, an denen juristische Personen des öffentlichen Rechts unmittelbar oder mittelbar maßgeblich beteiligt sind, erfüllt werden. Die Länder können sich zur Aufgabenwahrnehmung grundsätzlich sämtlicher zur Verfügung stehenden privatrechtlichen Gesellschaftsformen bedienen. Allerdings werden auch diese Unternehmungen rechtlich im Rahmen des ordnungsrechtlichen Auftrages tätig und sind damit ungeachtet der als Nebenfolge ihrer Tätigkeit anfallenden Einnahmen **keine genuinen „Wirtschaftsunternehmen"** (vgl. Dietlein ZfWG 2006, 197 (199); Ohlmann WRP 2005, 48 (59)). Denn auch die unmittelbare Grundrechtsbindung betrifft nicht nur öffentliche Unternehmen, die vollständig im Eigentum der öffentlichen Hand stehen, sondern auch gemischtwirtschaftliche Unternehmen, wenn diese von der öffentlichen Hand beherrscht werden. Dies ermöglicht auch, dass die Unternehmen **öffentlichrechtlich tätig** werden, wenn die betreffende juristische Person durch Gesetz oder aufgrund eines Gesetzes mit öffentlich-rechtlichen Entscheidungsbefugnissen ausgestattet ist (BVerwGE 97, 282 (295)). Dazu bedarf es ausführungsgesetzlicher Vorschriften („auf gesetzlicher Grundlage"), die ausdrücklich anordnen oder nach ihrem Zusammenhang ergeben, dass der Träger etwa als Beliehener tätig wird (vgl. Postel WRP 2005, 833 (845)). Genauso wie die unmittelbare Grundrechtsbindung öffentliche Unternehmen betrifft, wenn diese von der öffentlichen Hand beherrscht werden, ist die Grundrechtsfähigkeit bei Unternehmen zu verneinen, wenn sich diese mehrheitlich in öffentlicher Hand befinden (vgl. BVerfGE 128,

226 Rn. 49 ff.; BVerfG NJW 2011, 1339, Rn. 26 f.; hierzu auch → Einführung Rn. 15).

18   **bb) Maßgebliche Beteiligung.** Der staatsvertragliche Begriff der „maßgeblichen Beteiligung" ist gesetzlich nicht näher definiert und auch im Übrigen nicht rechtlich festgelegt. Insbesondere lässt sich dem Wortlaut nicht entnehmen, ob es für die Maßgeblichkeit der Beteiligung auf eine bestimmte Quantität der **Kapitalanteile** oder aber eine bestimmte Qualität der **gesellschaftsrechtlichen Mitbestimmungsrechte** ankommt. In anderen Rechtsbereichen wird mit Blick auf die **Regelungsintention** nicht statisch auf die Verteilung der Kapitalanteile abgestellt, sondern auf die **Möglichkeit einer Einflussnahme** auf die Entscheidungen im Unternehmen (vgl. BGHZ 148, 123 ff.; BGH NJW 2001, 2973 (2974); BGH ZIP 1999, 1314 ff.; zuletzt BGH NZG 2012, 1033 ff.). Für öffentliche Unternehmen in Privatrechtsform, die vollständig im Eigentum der öffentlichen Hand stehen, ist allgemein anerkannt, dass auch die Grundrechtsbindung nicht nur den oder die öffentlichen Träger des jeweiligen Unternehmens trifft, sondern das Unternehmen selbst; Aktivitäten solcher öffentlicher Unternehmen bleiben unabhängig von der Ausgestaltung der gesellschaftsrechtlichen Einflussrechte eine Form staatlicher Aufgabenwahrnehmung, bei der die Unternehmen selbst unmittelbar an die Grundrechte gebunden sind. Entsprechendes gilt nach der Rechtsprechung des BVerfG auch für gemischt-wirtschaftliche Unternehmen, die durch die öffentliche Hand „beherrscht" werden (BVerfGE 128, 226 ff.; vgl. auch BGH NZG 2012, 1033, Rn. 13 ff.). Konsequenterweise wird auch im vorliegenden Kontext auf den Aspekt der „**Beherrschung**" abzustellen sein, von der regelmäßig dann auszugehen ist, wenn mehr als die Hälfte der Anteile im Eigentum der öffentlichen Hand stehen. Insoweit kann grundsätzlich an entsprechende zivilrechtliche Wertungen angeknüpft werden (vgl. §§ 16, 17 AktG, Art. 2 Abs. 1 lit. f Richtlinie 2004/109/EG). Zur Begriffsbestimmung ist somit primär auf die **Intention des Gesetzes** abzustellen, die - wie dargestellt - darin liegt, eine hinreichende „**Durchgriffswirkung**" der öffentlichen Hand zu gewährleisten und hierdurch eine möglichst effektive Zielerreichung sicherzustellen. Die Länder gehen dabei davon aus, dass ein auf die Zielerreichung ausgerichtetes **Monopol** mit staatlich verantwortetem Angebot in der Regel **effektiver beherrscht** werden kann als im Wege einer Kontrolle privater Veranstalter (Erl. zum GlüStV LT-Drs. Bay 16/11995, 18; → Rn. 3). Der entscheidende Vorteil von Staatsvorbehalten liegt demnach in der Möglichkeit der Einflussnahme auf die Geschäftsführung und damit einer unmittelbaren Sicherstellung der gesetzlich intendierten Vorgaben nach dem GlüStV. Auch die Rechtsprechung stellt auf eine effektive Zielbefolgung und Zielerreichung durch den Träger des Monopols ab (→ Rn.13). Es ist daher davon auszugehen, dass die Staatsvertragsgeber mit dem Erfordernis der „maßgeblichen Beteiligung" einen beherrschenden Einfluss der öffentlichen Hand auf die beauftragte Gesellschaft sichergestellt wissen wollten, der qualitativ demjenigen über öffentlich-rechtlich organisierte Anbieter iSd Abs. 2 Alt. 1 und 2 gleichkommt. Dieser Einfluss muss sich insbesondere auf die **Beschlussmehrheiten in der Gesellschafterversammlung** beziehen. Hinsichtlich der Geschäftspolitik legt die Idee des Staatsvorbehalts zudem nahe, dass der staatliche Einfluss nicht allein über den Umweg der Beschlussfassung in der Gesellschafterversammlung, sondern zusätzlich durch ein unmittelbares und unverzüglich umzusetzendes **Weisungsrecht gegenüber der Geschäftsführung** geltend gemacht werden kann. Ein solcher Einfluss kann gesellschaftsrechtlich mit mindestens einer einfachen Mehrheit, also mit einer Beteiligung von mehr als 50 % der Gesellschaftsanteile

(des Stammkapitals bei AG) bei entsprechendem Stimmanteil in der Gesellschafterversammlung ivm einem auf gesellschaftsrechtlicher Ebene unwiderruflich vereinbarten unmittelbaren Weisungsrecht gegenüber der Geschäftsführung umgesetzt werden. Die Beteiligung staatlicher Hoheitsträger kann unmittelbarer oder mittelbarer Natur sein. Eine mittelbare Beteiligung ergibt sich dort, wo die maßgebliche **Beteiligung** öffentlicher Rechtsträger durch private Gesellschaften „**mediatisiert**" wird. Abs. 2 Satz 1 3. Alt. ermöglicht hiermit nicht unerhebliche Verflechtungen in den Beteiligungsverhältnissen. Unter teleologischen Aspekten wird man freilich verlangen müssen, dass die Verflechtungen nicht ihrerseits so verzweigt sind, dass staatliche Einwirkungsmöglichkeiten de facto nicht mehr in der oben dargestellten Art und Intensität umsetzbar sind (vgl. auch BGH NZG 2012, 1033, Rn. 13 ff.).

Das privatrechtliche Organisationsmodell stellt die in der Praxis häufigste **19** Organisationsform dar. Einige Länder haben von der Gestaltungsmöglichkeit des Abs. 2 ivm § 28 Gebrauch gemacht und ausführungsgesetzlich das Kriterium der Mehrheitsbeteiligung konkret ausgestaltet und regelmäßig verschärft (vgl. § 3 Abs. 2 GlüG LSA; § 5 Abs. 2 AG GlüStV Saar). Naheliegend wäre es auch, neben dem Weisungsrecht an die Geschäftsführung bereits (ausführungs-)gesetzlich zu bestimmen, dass bei Unternehmen in der Rechtsform einer Gesellschaft mit beschränkter Haftung die Glücksspielaufsichtsbehörde den Mitgliedern des Aufsichtsrats, die vom Land benannt werden, Weisungen erteilen kann oder im Gesellschaftsvertrag bestimmt wird, dass anstelle der abbedungenen aktienrechtlichen Vorschriften ein **Weisungsrecht der Glücksspielaufsichtsbehörde gegenüber** den vom jeweiligen Land vorgeschlagenen **Mitgliedern des Aufsichtsrats** vereinbart ist. Denn ein ungeschriebener allgemeiner gesellschaftsrechtlicher Grundsatz der **Weisungsunabhängigkeit** von Aufsichtsratsmitgliedern ist für den fakultativen Aufsichtsrat einer GmbH **nicht begründbar**. Ein freiwillig gebildeter Aufsichtsrat einer GmbH muss gerade nicht die Mindestanforderungen eines unabhängigen Überwachungsorgans erfüllen (vgl. BVerwG NJW 2011, 3735). Selbst im kommunalen Bereich ist die Bindung der auf Vorschlag des Gemeinderates bestellten oder gewählten Mitglieder des Aufsichtsrates an die Beschlüsse des Gemeinderates ein Ausfluss des Demokratieprinzips, das gebietet, dass eine Gemeinde durch **Einwirkungs- und Kontrollrechte** hinreichend Einfluss auf den Betreiber nehmen kann, wenn sie sich zum Betrieb einer Versorgungseinrichtung einer juristischen Person des Privatrechts bedient (vgl. BVerwG NJW 2011, 3735). Ob und inwieweit die öffentliche Hand eine (Minderheiten-)Beteiligung Privater an Unternehmen iSd Abs. 2 Satz 1 Alt. 3 eröffnet, obliegt damit ihrem ordnungsrechtlich gebundenen Ermessen (zu den Folgen der Beteiligung von Privatrechtssubjekten siehe VG Hannover Urt. v. 20.8.2007 - 10 A 3139/07). Eine Öffnungspflicht sieht Alt. 3 nicht vor. Unabhängig von der konkreten Art der **rechtlichen Ausgestaltung** der (maßgeblichen) Einflussmöglichkeit ist dieser Einfluss auch in der **tatsächlichen Anwendung ausschließlich** in den Dienst einer aktiven Zielerreichung zu stellen und ein Konflikt mit fiskalischen Interessen des Staates darf nicht zu Gunsten dieser ausgehen.

Aus dem Wortlaut des Abs. 2 Satz 1, insbesondere aber aus der in Abs. 1 wiedergegebenen Gesetzgebungsintention wird deutlich, dass (auch) die „maßgebliche Beteiligung" grundsätzlich durch das jeweilige Land zu halten ist, um die Sicherstellung des „ausreichenden Glücksspielangebotes" nach Abs. 1 zu erfolgen hat. Die **maßgebliche Beteiligung** der öffentlichen Hand **anderer Länder** an **20** einer der in Abs. 2 genannten Personen oder Gesellschaften allein reicht grundsätzlich nicht (vgl. auch Postel LKV 2007, 537 (542)). Dies ergibt sich bereits aus der föderalistischen Monopolstruktur, auf Grund derer jedes Land für die Aufgabenerfüllung nach Abs. 1 **selbst und ausschließlich** verantwortlich ist. Dies schließt es zugleich aus, dass die öffentliche Beteiligung ggf. unkoordiniert durch mehrere öffentliche Stellen erfolgt. Ob und inwieweit **Sondervereinbarungen** etwa auf staatsvertraglicher Grundlage möglich blieben, war bislang weitgehend ungeklärt. Der neue Abs. 2 Satz 2 behebt die Unsicherheiten in der Auslegung der bisherigen Fassung und vereinfacht hierdurch den Weg für länderübergreifende Kooperationen. Der Effizienzvorteil des Staatsvorbehalts soll über das vorzusehende Verwaltungsabkommen sichergestellt werden. Gleiches gilt nach Auffassung der Staatsvertragsgeber, wenn ein Land die ihm obliegende Aufgabenerfüllung über die **Unternehmung eines anderen Landes** realisieren will. Auch in einem solchen Fall lasse sich sicherstellen, dass die **Funktionsvorteile des Staatsvorbehalts** z. B. durch eine **treuhänderische Ausübung** der Einwirkungsmöglichkeiten des beteiligten Landes auf das betreffende Unternehmen bestehen bleibe. Auf der Grundlage dieser Regelung können die Länder Aufgaben zur **gemeinsamen Wahrnehmung** auf die neu zu errichtende Anstalt des öffentlichen Rechts für die Klassenlotterien nach Absatz 3 oder ein anderes staatlich beherrschtes Landesunternehmen übertragen (Erl. zum GlüStV LT-Drs. Bay 16/11995, 28). Abs. 2 Satz 2 eröffnet damit verschiedenste Formen der **organisatorischen Zusammenführung** zweier oder mehrerer staatlich beherrschter Unternehmungen für die Aufgabenerfüllung nach Satz 1. Dies unterstellt zugleich, dass es aus Sicht des Unternehmens unerheblich ist, ob der – nach außen einheitliche – fremde Unternehmerwille, dem eine Unternehmung unterworfen sein soll, von einem anderen oder von mehreren anderen Ländern gebildet wird (vgl. auch BGH NZG 2012, 1033, Rn. 13), da die Länder ein abgestimmtes Regulierungskonzept verfolgen. Auch dieser Unternehmerwille ist jedoch ausschließlich darauf auszurichten, dass ein Konflikt mit fiskalischen Interessen des Staates nicht zu Gunsten dieser ausgeht.

21 Der Wortlaut der Öffnung bestätigt zudem, dass die jeweilige Aufgabe im jeweiligen Land (auch) zukünftig grundsätzlich nur von einem – staatlich getragenen – Unternehmen gemeinsam für die anderen (Vertrags-)Länder durchgeführt wird und die organisatorische Zusammenführung nicht zu einem Wettbewerb unterschiedlicher staatlich beherrschter Unternehmen in einem Land führt. Ein solcher dem § 1 widersprechender Wettbewerb zwischen staatlich beherrschten Unternehmen innerhalb desselben Glücksspielangebotes ist ungeachtet dessen schon wegen des unberührt bleibenden (Erl. zum GlüStV LT-Drs. Bay 16/11995, 28) Erlaubnisverfahrens nach § 4 ausgeschlossen (→ Rn. 16). Wenn die Ausweitung eines (auch gleichartigen) Spielangebots auf ein anderes Land mit dessen öffentlichen Interessen unvereinbar sein sollte, ist dort die unverändert erforderliche Erlaubnis für dieses Spielangebot zu versagen (→ Rn. 1, § 4 Rn. 44). Und die landesrechtliche Erlaubnis zur Veranstaltung von Glücksspielen ist räumlich – vorbehaltlich der Bestimmungen des § 9a – auf das Gebiet dieses Landes beschränkt; Erlaubnisse für Glücksspiele können von Land zu Land unterschiedlich erteilt werden (BVerwGE 126, 149 (158 f.); vgl. auch Ibler FS Götz, 421 (428)). Demgegenüber ist eine Vertriebsbeschränkung der staatlich beherrschten Unternehmen auf ihre Sitzländer rechtlich nicht geboten und der ordnungsrechtlichen Zielen verpflichtete GlüStV sieht eine derartige Beschränkung auch nicht vor, zumal der Schutz von Spielern in anderen Ländern – vorbehaltlich der

Bestimmungen des § 9a – den dortigen Behörden obliegt (BGH ZfWG 2008, 359, Rn. 90).

3. Sonderregelungen zu Klassenlotterien

Die Organisationsvorgabe wird in Abs. 3 als speziellerer Fall des Abs. 2 für den **22** Bereich der Klassenlotterien dahingehend zu einer **gegenseitigen Verpflichtung der Länder** weiterentwickelt, dass die Veranstalterfunktion bei Klassenlotterien zwingend bei einer gemeinsamen, als Anstalt des öffentlichen Rechts organisierten Einrichtung aller Länder konzentriert werden muss. Damit wird eine institutionelle Vorgabe für eine **bundeseinheitliche Ausübung** des Kanalisierungsauftrags aus Abs. 1 speziell für Klassenlotterien geschaffen und das zuvor praktizierte **staatlich getragene Duopol** im Bereich der Klassenlotterien (vgl. § 12 Abs. 3 GlüG LSA aF; zum Angebotswettbewerb staatlich getragener Unternehmen vgl. auch Postel ZfWG 2009, 47 (48 f.)) wird zur Vermeidung eines spielanreizenden Wettbewerbs auf ein Monopol zurückgeführt.

Die bisher nebeneinander bestehenden, länderübergreifend tätigen öffentlichen Anbieter, die SKL und die NKL, verlieren mit dem Inkrafttreten des Ersten GlüÄndStV ihren Status als Veranstalter von Klassenlotterien und diese können nur noch von der in Abs. 3 vorgesehenen, von allen Ländern gemeinsam getragenen Anstalt des öffentlichen Rechts veranstaltet werden. Zu ihrer Gründung bedarf es – wie in Abs. 2 Satz 1 vorgegeben – eines weiteren Staatsvertrages, der die Einzelheiten regelt (GKL-StV). Die Unterscheidung in gemeinsam „geführte" und gemeinsam „getragene" Anstalt in Abs. 2 Satz 1 und Abs. 3 dürfte ein Redaktionsversehen sein, auch wenn der Wortlaut des GKL-StV zwischen „Trägerschaft" der Anstalt (§ 4 GKL-StV) und „Führung" der Anstalt (§ 5 Abs. 1 GKL-StV) unterscheidet. **Klassenlotterien** sind weder im GlüStV noch im GKL-StV legaldefiniert und können entsprechend des Wortlauts nur als **Unterfall einer Lotterie** iSd § 3 Abs. 3 Satz 1 angesehen werden. § 2 Abs. 1 GKL-StV sieht als Anstaltszweck neben der Veranstaltung von Klassenlotterien **ähnliche Spielangebote** vor, bei denen es sich ausweislich der Begründung um die Anpassung traditioneller Klassenlotterieprodukte an zukünftige Entwicklungen handeln soll („klassenlotteriespezifische Glücksspiele", vgl. Erl. zum GKL-StV LT-Drs. LSA 6/815, 17). Zur Vermeidung von unbestimmbaren und der Zielerreichung des § 1 widersprechenden Erweiterungen von Klassenlotterien wird daher auf die bisherige **Legaldefinition** in § 12 Abs. 1 Satz 1 GlüG LSA zurückgegriffen werden können, nach der eine Lotterie im Sinne von § 3 Abs. 3 Satz 1, die in einzelne, aufeinander folgende und aufeinander aufbauende Zeitabschnitte eines Gesamtspielraums eingeteilt sind und deren Plan die Höhe der Geldgewinne im Voraus unabhängig von der Anzahl der veräußerten Lose bestimmt, eine Klassenlotterie ist (vgl. auch LT-Drs. LSA 6/914, 38).

Korrespondierend zum **kraft Gesetzes** eintretenden **Wegfall der Veranstaltereigenschaft** bei der SKL und NKL, die durch Abs. 3 organisationsrechtlich vorgegeben ist und durch §§ 1, 12, 20 GKL-StV umgesetzt wird, ordnet § 31 Abs. 2 den Übergang der Veranstaltererlaubnisse an, ohne dass ein behördlicher Umsetzungsakt erforderlich wäre. Zukünftige Erlaubnisse (§ 6 Abs. 2 GKL-StV iVm § 4 Abs. 1, § 31 Abs. 2 Satz 2) werden ländereinheitlich (§ 9a Abs. 1, 2) erteilt. Auch der bisher schon bestehende Vorrang des GlüStV gegenüber den speziellen Klassenlotterie-Staatsverträgen wird um den GKL-StV erweitert (§ 31 Abs. 1).

4. § 10 Abs. 4 Annahmestellenbegrenzung

23 **a) Regelungsauftrag.** Ein wesentliches Mittel zur staatsvertraglichen Zielerreichung bildet die Begrenzung der Zahl der Annahmestellen. Abs. 4 formuliert insoweit einen **Handlungsauftrag**, der mit seiner Anbindung an die Zielvorgaben einerseits durchaus **unmittelbare normative Verbindlichkeit** aufweist (hierzu → § 1 Rn. 19), andererseits aber zugleich bewusst Spielräume für die ausführungsgesetzliche Konkretisierung und Ausgestaltung (→ § 28 Rn. 8) belässt. Soweit Abs. 4 daher „die Länder" als Regelungsadressaten anspricht, richtet sich diese Verpflichtung an den **Ausführungsgesetzgeber**, der ein Regelungskonzept zur Begrenzung der Zahl der Annahmestellen entwickeln bzw. einen entsprechenden Entwicklungsauftrag an den Verordnungsgeber delegieren kann (vgl. etwa LT-Drs. LSA 5/903, 73 f.). Nicht ausgeschlossen ist allerdings auch eine unmittelbare **administrative Umsetzung** des Handlungsauftrages im Rahmen einer „nachvollziehenden Abwägung" (hierzu oben → § 1 Rn. 19) der verbindlichen Vorgaben des Abs. 4.

24 **b) Inhalt des Regelungsauftrags.** Mit der Regelung des Abs. 4 reagiert der Staatsvertrag auf die Kritik des BVerfG an dem zuvor kaum reglementierten Vertrieb, durch den die Möglichkeit zum Glücksspielen entgegen der Zielsetzung des LottStV „zu einem allerorts verfügbaren normalen Gut des täglichen Lebens" wurde (BVerfG ZfWG 2006, 16 (29)). Von dem **Begrenzungsauftrag** betroffen sind folgerichtig allein die in den Vertrieb der Veranstalter nach Abs. 2 eingebundenen Annahmestellen (s. § 3 Abs. 5). Entsprechende Begrenzungsaufträge finden sich nunmehr in § 10a Abs. 5 Satz 1 für Wettvermittlungsstellen und in § 20 Abs. 1 für Spielbanken (vgl. Erl. zum GlüStV LT-Drs. Bay 16/11995, 29 f.). Durch den Begriff „begrenzen" wird nochmals der Bezug zu der Zielvorgabe des § 1 Nr. 2 hergestellt (→ § 1 Rn. 12). Eine pauschale **Reduzierung der Annahmestellen** ist durch die Vorgabe des Abs. 3 weder dem Wortlaut noch der Intention nach zwingend vorgeschrieben. Erst recht ist der Ausführungsgesetzgeber nicht verpflichtet, eine **zahlenmäßige Konkretisierung** der zulässigen Anzahl der Annahmestellen vorzunehmen, zumal ansonsten die Wahl des im allgemeinen Sprachgebrauch üblichen Begriffs „Anzahl" nahegelegen hätte. Auch dem BVerfG ging es **nicht** um eine **rein quantitative Bewertung** des Vertriebsnetzes, sondern die Vertriebswege seien „so auszuwählen und einzurichten, dass Möglichkeiten zur Realisierung des Spieler- und Jugendschutzes genutzt werden" (BVerfGE 115, 276 (318)). Nach Ablauf der Übergangsfrist waren damit ausreichende strukturelle gesetzliche Vorgaben zu schaffen, die dafür sorgen, dass die fiskalischen Interessen hinter die Schutzzwecke des Gesetzes zurücktreten (BVerfGE 115, 276 (312)). Die konkreten Anforderungen an den Vertrieb können außer über die ausführungsgesetzlichen Bestimmungen auch in **Verordnungen** oder in den jeweiligen **Erlaubnissen** vorgesehen werden (BVerfG NVwZ-RR 2008, 1 (3)). Abs. 4 enthält insoweit hinreichend verbindliche Regelungsvorgaben (BVerwG NVwZ 2011, 554 Rn. 39 ff.).

25 **c) Staatsvertragliche Vorgaben zur Begrenzung der Annahmestellen.** Losgelöst von der Dichte und der Art des Vertriebsnetzes hat der Staatsvertrag zahlreiche **Sicherungsvorkehrungen** getroffen, die einen den Zielen des § 1 zuwider laufenden Vertrieb ausschließen. Allen voran sind insoweit die **Jugend- und Spielerschutzvorschriften** des GlüStV zu nennen, die etwa mittels der Erlaubnispflicht in § 4 (→ § 4 Rn. 54 ff.) durch die Glücksspielaufsicht in § 9 sichergestellt werden müssen. Zu nennen sind ferner der grundsätzliche **Ausschluss** bestimmter **gefahrenträchtiger Vertriebswege** wie des Internets (§ 4 Abs. 4) und – für bestimmte Glücksspiele – ein „Verknüpfungsverbot" (§ 21 Abs. 4) sowie die **Schulungspflichten** nach § 6 Satz 1. Die Begrenzung der Zahl der Annahmestellen bildet vor diesem Hintergrund lediglich einen weiteren möglichen, nicht aber den entscheidenden Baustein zur Umsetzung des Regelungsauftrags des Abs. 4. Dies gilt vor diesem Hintergrund umso mehr, als auch die Ziele des § 1 (→ § 1 Rn. 13) ua eine effektive „Kanalisation" auf erlaubte Glücksspiele erfordern und insoweit nicht ohne einen effizienten und geschulten Vertrieb auskommen. Es geht mithin nicht um einen allgemeinen „Rückzug" des erlaubten Glücksspielangebotes, der gleichsam ein Vakuum für unerlaubte Anbieter schaffen würde, sondern um eine **Implementierung des Schutzkonzepts** in die Vertriebsstrukturen (vgl. auch BVerwG NVwZ 2011, 554 Rn. 39 ff.; zweifelnd Bumke Der Staat 49 (2010), 77 (104)).

d) Umsetzung des Regelungsauftrags. Die Länder haben eine Vielzahl von **26** ausführungsgesetzlichen Regelungskonzepten entworfen, die bereits gesetzlich teilweise qualitative, teilweise quantitative Vorgaben enthalten und die fortentwickelt wurden oder werden können. Bezifferte **Obergrenzen** für die Anzahl der Annahmestellen gibt es etwa in Bayern, Rheinland-Pfalz, Sachsen und Thüringen (Art. 1 Abs. 3 Satz 2 AGGlüStV Bay: Zahl der Annahmestellen ist auf maximal 3.700 zu begrenzen; § 6 Abs. 1 LGlüG RhPf: bis zum 1.7.2014 soll es in Rheinland-Pfalz nicht mehr als 1.000 Annahmestellen geben; § 7 Abs. 2, 3 SächsGlüStVAG: Begrenzung der Zahl der Annahmestellen auf 1.300; § 2 Abs. 5 S. 2 ThürGlüG: Gesamtzahl von 750 Annahmestellen in Thüringen darf nicht überschritten werden). Regelmäßig wird ferner normiert, dass nicht mehr Annahmestellen unterhalten werden dürfen, als zur Sicherstellung eines ausreichenden Glücksspielangebots **erforderlich** sind. Ebenso enthalten einige Gesetze bereits Vorgaben zu den **einzelnen Annahmestellen** – wie zur Ausstattung, der Lage oder der Einteilung – ebenso wie zu den Annahmestellenbetreibern.

Den gesetzlichen Bestimmungen ist regelmäßig nicht zu entnehmen, mit welchem Warenangebot zusammen Glücksspielangebote vertrieben werden dürfen oder welche Entfernung die Annahmestelle zu besonders vom Jugendlichen genutzten Einrichtungen wie Schulen, Jugendzentren oder Ähnlichem einzuhalten hat (vgl. aber § 4 Abs. 1 Bbg GlüAG; § 5 Abs. 2 – 4 GlüG LSA). Zeitliche Beschränkungen (dazu BVerfGE 102, 197 (218)) finden sich beispielhaft in Thüringen (vgl. § 6 Abs. 2 Nr. 8 ThürGlüG). Diesbezügliche Regelungsvorgaben können freilich Inhalt der Verordnungen sein, zu denen die Gesetzgeber in einer Vielzahl von Ländern auch im Zusammenhang mit dem Vertrieb über Annahmestellen ermächtigt haben (etwa zu Festlegungen zur Anzahl und teilweise zum Einzugsgebiet, zu Räumlichkeiten und zu Anforderungen an das Personal der Annahmestellen § 16 HmbGlüÄndStVAG, § 20 GlüStV AG M-V, § 24 NGlüSpG, § 22 AG GlüÄndStV NRW-E, § 14 Abs. 9 AG GlüStV Saar; § 18 GlüG LSA, zu Art und Umfang der Glücksspiele § 20 GlüStV AG M-V; § 18 GlüG LSA; zur Verfügbarkeit und zu Vertriebswegen von Glücksspielen § 18 GlüG LSA).

5. § 10 Abs. 5 Einnahmenverwendung

a) Regelungsauftrag. Abs. 5 formuliert als Aufgabe des Staates die Sicherstel- **27** lung, dass ein erheblicher Teil der Einnahmen aus Glücksspielen zur Förderung öffentlicher oder gemeinnütziger, kirchlicher oder mildtätiger Zwecke verwendet wird. Es handelt sich sowohl nach dem ausdrücklichen Wortlaut als auch der unzweifelhaften Systematik nicht um eine Zielbestimmung, sondern um einen **akzessorischen Regelungsauftrag** betreffend die Abwicklung der Nebenfolgen von Glücksspielangeboten (aA VG Berlin Urt. v. 7.7.2008 – VG 35 A 149.07, Rn. 95 ff.), die als Aufgabe und Verpflichtung des Staates für sämtliche Glücksspiele – unabhängig von der Veranstaltung in staatlicher oder privater Regie – Anwendung findet. Die Bestimmung schreibt die **Zweckbindung der Einnahmen** vor, die sich aus der Veranstaltung von Glücksspielen als **zwangsläufige Nebenfolge** ergeben; die Regelung zielt nicht auf eine Intensivierung dieser Einnahmen, sondern stellt durch die Zweckbindung der Verwendung gerade sicher, dass ein erheblicher Teil der Mittel abfließt und nicht etwa für die Intensivierung des staatlich getragenen Glücksspiels eingesetzt wird. Im Übrigen ist dagegen, dass die Mittel auch für Zwecke eingesetzt werden sollen, für deren Verfolgung andernfalls Haushaltmittel eingesetzt werden müssen, nichts zu erinnern. Daraus folgt nämlich noch nicht, dass mit dem Glücksspielangebot Gelder zur **Substituierung von Haushaltsmitteln** erwirtschaftet werden und öffentliche Haushalte zielgerichtet entlastet werden (OVG Berlin-Brandenburg Beschl. v. 20.1.2010 – 1 S 207.08, Rn.6; vgl. auch Jarass, 37). Zweifel an dieser Ausrichtung des Abs. 5 sind nicht begründet; sie lassen sich insbesondere nicht aus der verlautbarten Motivation einzelner Parlamentarier, der Neuregelung ihre Zustimmung zu geben, herleiten. Gegenstand der Prüfung ist nämlich der Normgehalt, nicht irgendwelche **Vorstellungen des Gesetzgebers**, schon gar nicht einzelner Abgeordneter, solange diese keinen Niederschlag in der Norm gefunden haben (vgl. OVG Berlin-Brandenburg Beschl. v. 20.1.2010 – 1 S 207.08, Rn.6). Insofern ist Inhalt des Abs. 5 ausweislich des unzweideutigen Wortlauts die **Einnahmenverwendung** und nicht die **Einnahmenerzielung** (aA Dörr DVBl 2010, 69 (75)). Abs. 5 konkretisiert staatsvertraglich den schon traditionell geltenden glücksspielrechtlichen Grundsatz, nach dem Einnahmen aus dem Glücksspiel möglichst sozialnützlich zu verwenden sind, sofern sie entsprechend der Zielerreichung des § 1 Nr. 2 – möglichst wenig sozial schädlich (§ 1 Nr. 1) – erlaubt werden (vgl. bereits Tettinger GewArch 2002, 89 (91); in diese Richtung auch Jarass, 37).

28   **b) Inhalt des Regelungsauftrags.** Abs. 5 enthält - jedenfalls teilweise – einen **Regelungsauftrag** an die Ausführungsgesetzgebung. Die Länder sollen im Ausführungs- oder Haushaltsgesetz oder jedenfalls auf **gesetzlicher Grundlage** über die Art und Weise entscheiden, wie der Verpflichtung aus Abs. 5 Rechnung getragen wird (Erl. zum GlüStV aF, 23). Dies ist freilich nur soweit erforderlich, wie der Staatsvertrag selbst nicht bereits entsprechende Vorkehrungen trifft, die innerstaatliche Verbindlichkeit erlangen. Für die nicht im Rahmen eines staatlich getragenen Monopols tätigen Anbieter, nämlich insbesondere diejenigen, die nach dem Dritten Abschnitt eine Erlaubnis zur Glücksspielveranstaltung erhalten können, stellen die Erlaubnisvoraussetzungen des Dritten Abschnitts – oder die dort enthaltenen Umsetzungsvorgaben (s. § 18 Nr. 2) – bereits iSd des Abs. 5 sicher, dass es zu einer entsprechenden – regelmäßig gemeinnützigen – **Ertragsverwendung durch sog. private Anbieter** kommt (§ 14 Abs. 1 Satz 1 Nr. 1, § 18 Nr. 2, § 30 Abs. 1, 2). Da § 14 Abs. 1 Satz 2 die in Abs. 2 und 3 genannten Veranstalter von dem Erfordernis der Gemeinnützigkeit im Sinne des § 5 Abs. 1 Nr. 9 KStG befreit und ihnen im Übrigen die Veranstaltung von Lotterien mit geringerem Gefähr-

dungspotential zu denselben Bedingungen wie sog. privaten Veranstaltern erlaubt werden kann (Erl. zum GlüStV aF, 24 f.), erstreckt sich der Regelungsauftrag des Abs. 5 vor diesem Hintergrund (nur) auf die Veranstalter iSd des Abs. 2 und 3. Zu den Besonderheiten der nach den §§ 4a, 10a erlaubten Veranstalter und die von diesen zu leistende Konzessionsabgabe (→ § 4d Rn. 17). Hinsichtlich der Begriffe „**gemeinnütziger, kirchlicher oder mildtätiger Zwecke**" kann im Wesentlichen auf die Auslegung der entsprechenden Bestimmungen in der AO zurückgegriffen werden.

c) Umsetzung des Regelungsauftrags. Von dem umfassenden Gestaltungs- **29** spielraum haben die Länder in kaum überschaubarem Umfang Gebrauch gemacht. Die konkrete landesgesetzliche Ausführung ist im Wesentlichen durch die Ausgestaltung des jeweiligen Monopols – insbesondere die Rechtsform des Trägers des Monopols – bedingt. Zum Teil finden sich konkrete Festlegungen in den Ausführungsgesetzen, wonach etwa im Rahmen der Erlaubnisvoraussetzungen Festlegungen zur Verwendung eines Reinertrags (§ 16) zu treffen oder bestimmte Konzessions- oder Zweckabgaben zu leisten und gesetzlich festgelegt zu verwenden sind (§ 12 LGlüG BW-E; § 9 GlüG LSA). Die konkrete Verwendung der Einnahmen wird regelmäßig über das Haushaltsgesetz, in einigen Ländern auch über einen sehr umfangreichen Katalog im Ausführungsgesetz selbst (§§ 13 ff. NGlüSpG; § 8 HGlüG) geregelt. Bei „**öffentlichen Zwecken**" dürfte es sich um einen Auffangtatbestand handeln, unter den – ausweislich der landesgesetzlichen Umsetzung – wohl auch die Vereinnahmung im Landeshaushalt – ggf. mit einer Zweckbindung – zu verstehen sein kann (vgl. auch § 4d Abs. 2 Satz 3). Soweit eine andere Verwendung in den jeweiligen Ausführungsgesetzen gewählt wurde, bleibt festzustellen, dass (nur) ein erheblicher Teil der Einnahmen dieser Sicherstellungspflicht unterliegt.

6. § 10 Abs. 6 Erlaubnisfähigkeit nach dem Dritten Abschnitt

Abs. 6 stellt im Verhältnis zum grundsätzlichen Vorbehalt des Abs. 2 eine **Aus-** **30** **nahmeregelung** dar. Nach Abs. 6 darf „Anderen" als den in Abs. 2 Genannten nur die Veranstaltung von Lotterien und Ausspielungen nach den Vorschriften des Dritten Abschnitts erlaubt werden. Die Bestimmung ist damit wortidentisch aus der Vorvorgängerregelung des § 5 Abs. 4 LottStV übernommen worden. Der Begriff „Ausspielungen" dürfte an dieser Stelle keine eigenständige Bedeutung haben, denn dies gilt nach § 3 Abs. 3 Satz 2 ohnehin (→ § 3 Rn. 12).

Infolge des systematischen Zusammenhanges zwischen Abs. 2 und 6 verbietet sich eine rein isolierte Betrachtungsweise der Ausnahmebestimmung. Beiden Absätzen kommt eine **konstituierende Funktion** iRd staatsvertraglichen Vorgabe zur Begründung eines (partiellen) Monopols für bestimmte Glücksspielarten zu, weshalb sie einer **Gesamtbetrachtung** bedürfen. Letztlich ist das geschaffene Regel-Ausnahme-Verhältnis Ausfluss und denknotwendige Folge differierender Gefahrenpotentiale bei den unterschiedlichen Glücksspielarten (im Einzelnen zur Abgrenzung VG Düsseldorf ZfWG 2007, 233).

Die Reichweite des in Abs. 6 verwendeten Begriffes „Andere" ist danach in Zusammenschau mit Abs. 2 zu bestimmen. Wenn nach letztgenanntem Absatz eine privatrechtliche Gesellschaft allenfalls bei Mehrheitsbeteiligung der öffentlichen Hand Glücksspiele veranstalten darf, so ergibt sich daraus im Umkehrschluss, dass für eine Glücksspielveranstaltung iSd Abs. 6 **keine staatliche Gesellschaftsbeteiligung** vorliegen muss bzw. eine **Minderheitsbeteiligung** vorliegen kann. Die Bestimmung führt allerdings nicht dazu, dass die in Abs. 6 genannten Glücksspiele nunmehr ausschließlich von Gesellschaften, an denen die Länder nicht bzw. nicht mehrheitlich beteiligt sind, veranstaltet werden dürfen. Nach dem ausdrücklichen Wortlaut können die entsprechenden Glücksspiele auch von Anbietern iSd Abs. 2 zur Verfügung gestellt werden (vgl. auch Erl. zum GlüStV aF, 24 f.).

Anderen Anbietern iSd Abs. 6 steht nur die Erlaubnisfähigkeit der „Veranstaltung von Lotterien und Ausspielungen" nach den Vorschriften des Dritten Abschnitts (§§ 12–18) offen. Die Regelungssystematik der in Rede stehenden Absätze beantwortet damit zugleich inzident die Frage nach der **Monopolsituation im Glücksspielbereich.** Einen genuinen grundsätzlichen Staatsvorbehalt (§ 10 Abs. 2 und 3) formuliert der Staatsvertrag demzufolge grundsätzlich allein für die Bereiche des Sportwettenrechts sowie der Lotterien mit besonderem Gefährdungspotential (zB Jackpot-Lotterien). Die in den §§ 12–18 geregelten Lotterien (und Ausspielungen) mit geringerem Gefährdungspotential sind der „privaten" Glücksspieltätigkeit demgegenüber ebenso wenig vorenthalten wie während der Dauer der Anwendbarkeit der Experimentierklausel des § 10a die Sportwetten iSd § 3 Abs. 1 S. 4. Insoweit kann namentlich für den Bereich der Lotterien und der Sportwetten iSd § 3 Abs. 1 S. 4 nicht (mehr) unbesehen von einer objektiven Berufszugangsbeschränkung gesprochen werden. Es bedarf vielmehr einer differenzierenden Betrachtung im Einzelfall (so auch Postel JurPC Web-Dok. 71/2005, Abs. 8; VG Düsseldorf ZfWG 2007, 233).

III. Besonderheiten der Länderausführungsgesetze

31   Die Ausführungsgesetze der Länder zum GlüStV enthalten auf die inhaltlichen Vorgaben des § 10 bezogene nähere Konkretisierungen und setzten in sehr unterschiedlicher Art und Weise die jeweiligen Regelungsvorgaben (Abs. 2 – 5) um. Es finden sich Regelungen hinsichtlich der Ausgestaltung der Sicherstellungsaufgabe als ordnungsrechtliche/öffentliche Aufgabe sowie zu den zulässigen Rechtsträgern für das staatlich beherrschte Monopolangebot. Nicht zuletzt enthalten die ausführungsgesetzlichen Bestimmungen Vorgaben zur Begrenzung der Zahl der Annahmestellen sowie zur Verwendung der Glücksspieleinnahmen. Sofern die entsprechenden Bestimmungen der Ausführungsgesetze die Vorgaben des § 10 wiederholen, sind sie lediglich deklaratorischer Natur. Da sie die enthaltenen Regelungsaufträge jedoch regelmäßig erst ausfüllen, sind sie (auch) von § 28 gedeckt und haben eine über das Regelwerk des GlüStV hinausgehende konstitutive Wirkung.

§ 10a Experimentierklausel für Sportwetten

(1) Um eine bessere Erreichung der Ziele des § 1, insbesondere auch bei der Bekämpfung des in der Evaluierung festgestellten Schwarzmarktes, zu erproben, wird § 10 Abs. 6 auf das Veranstalten von Sportwetten für einen Zeitraum von sieben Jahren ab Inkrafttreten des Ersten Glücksspieländerungsstaatsvertrages nicht angewandt.

(2) Sportwetten dürfen in diesem Zeitraum nur mit einer Konzession (§§ 4a bis 4e) veranstaltet werden.

(3) Die Höchstzahl der Konzessionen wird auf 20 festgelegt.

(4) Die Konzession gibt dem Konzessionsnehmer nach Maßgabe der gemäß § 4c Abs. 2 festgelegten Inhalts- und Nebenbestimmungen das Recht, abweichend vom Verbot des § 4 Abs. 4 Sportwetten im Internet zu veranstalten und zu vermitteln. § 4 Abs. 5 und 6 ist entsprechend anzuwenden. Der Geltungsbereich der Konzession ist auf das Gebiet der Bundesrepublik Deutschland und der Staaten, die die deutsche Erlaubnis für ihr Hoheitsgebiet anerkennen, beschränkt.

(5) Die Länder begrenzen die Zahl der Wettvermittlungsstellen zur Erreichung der Ziele des § 1. Die Vermittlung von Sportwetten in diesen Stellen bedarf der Erlaubnis nach § 4 Abs. 1 Satz 1; § 29 Abs. 2 Satz 2 ist entsprechend anzuwenden.

Übersicht

I. Entstehungsgeschichte

Eine aus Spitzenfunktionären des Sports (Vertreter des Deutschen Sportbundes **1** e.V., des Deutschen Fußballbundes e.V. und der Deutschen Fußball Liga GmbH) und Vertretern einiger Landesregierungen (Staats- und Senatskanzleien Bayern, Berlin, Nordrhein-Westfalen und Rheinland-Pfalz) bestehende Arbeitsgruppe, die sog. „**Kommission Sportwetten**", einige Landtagsabgeordnete und die Medienwirtschaft haben bereits Anfang 2006 das Modell einer gesetzlich beschränkten Zulassung von Sportwettenanbietern vorgeschlagen (vgl. LT-Drs. LSA 5/804, 1). Die Medienwirtschaft (Verband Privater Rundfunk und Telekommunikation e.V. [VPRT] und der „Arbeitskreis Wetten" [ein Zusammenschluss von Bild.T-Online.de AG & Co KG, DSF Deutsches SportFernsehen GmbH, EM.TV, ProSiebenSat.1 Media AG, Premiere AG, RTL Television GmbH sowie bestwetten.de) stützten ihre Forderung einer **dualen Glücksspielordnung** (in Anlehnung an das duale, durch ein staatliches und ein privates Angebot geprägte Rundfunkwesen) ua auf die sog. Deloitte & Touche-Studie (Studie zu ausgewählten Aspekten des deutschen Sportwettenmarktes vom 11.10.2006), die verdeutlichen sollte, dass das Marktvolumen des staatlich lizensierten Sportwettenmarktes und damit zugleich die in diesem Glücksspielsegment erzielten Steuereinnahmen seit 2000 stagnierten, während die Umsätze der nicht lizensierten – nach Länderauffassung illegalen – Sportwettenanbieter überproportional wuchsen (Einzelheiten hierzu siehe bei Kümmel in Gebhardt/Grüsser-Sinopoli, 113 (120)). Argumentativ unterfüttert wurde diese Forderung durch den bereits in der Presseerklärung des BVerfG vom 28.3.2006 zu dessen grundlegendem **Sportwetten-Urteil** (BVerfGE 115, 276) gegebenen Hinweis, dass ein verfassungsmäßiger Zustand der Glücksspielregulierung (auch) durch eine gesetzlich normierte und kontrollierte Zulassung gewerblicher Veranstaltung durch private Wettunternehmen erreicht werden könne (hierzu auch → Einführung Rn. 10). Im Zuge der Erarbeitung des ersten Glücksspielstaatsvertrages wurden die Vorschläge der „Kommission Sportwetten" und der Medienwirtschaft gleichwohl nicht aufgegriffen, weil diese nach einer durch die Glücksspielreferenten der Länder geleisteten und noch immer zutreffenden Analyse die rechtlich-ökonomischen Nachteile einer Monopollösung mit denen einer rein gewerberechtlichen Lösung (einem präventivem Verbot mit Erlaubnisvorbehalt) zusammengeführt hätte (s. hierzu sogleich II.).

2   Demgegenüber haben sich die Befürworter einer Teilliberalisierung des Sportwettenmarktes bei den Verhandlungen des Ersten Änderungsstaatsvertrages zum Glücksspielstaatsvertrag durchsetzen können. Die Schaffung einer auf dieses Ziel gerichteten **Experimentierklausel** und eines die Konzessionsvergabe und – anforderungen regelnden Abschnittes im Ersten Glücksspieländerungsstaatsvertrag lässt sich ua mit dem personellen Wechsel und damit zugleich einer veränderten Sichtweise der politischen Führungsspitze des bayerischen Innenressorts, mit dem durch die Glücksspielgesetzgebung in Schleswig-Holstein (vgl. hierzu das **Notifizierungsverfahren** bei der EU-Kommission 2011/63/D) erzeugten Einigungsdruck und der „schwarz-gelben" Regierungspolitik in weiteren Ländern (insbesondere zeitweise Nordrhein-Westfalen) erklären. Im Ergebnisprotokoll der **Ministerpräsidentenkonferenz** vom 10.3.2011 haben sich die Regierungschefs der Länder – sachlich gestützt auch auf die Ergebnisse der (bereits in der MPK am 15.12.2010 „verhandelten") vom Schweizerischen Institut für Rechtsvergleichung in Lausanne, dem Institut Créa de macroéconomie appliquée der Universität Lausanne und der Arbeitseinheit „Angewandte Glücksspielforschung" des Instituts für Psychologie und Kognitionsforschung an der Universität Bremen durchgeführten international vergleichende Analyse des Glücksspielwesens – für die Schaffung eines Konzessionsmodells zur Regulierung der Sportwetten ausgesprochen, um sodann die weitere Erarbeitung den Innenressorts weitgehend zu entziehen und durch die „eigene" **CdS-(Chefs der Staatskanzleien)Arbeitsgruppe „Glücksspielstaatsvertrag"** zu gewährleisten.

3   In einer Protokollerklärung (zu diesem Ergebnisprotokoll) haben die Länder Berlin, Brandenburg, Bremen, Hamburg, Mecklenburg-Vorpommern, Nordrhein-Westfalen und Rheinland-Pfalz völlig zu Recht darauf hingewiesen, dass es „aus verfassungs- und europarechtlichen Gründen geboten [ist], dass kein Wettbewerb zwischen einzelnen Konzessionären stattfindet. Die Regulierungsziele des Staatsvertrages stehen einem auf die Expansion des Sportwettenmarktes angelegten Wettbewerbsmodell entgegen." Als Ergebnis der bereits am 6. April 2011 folgenden Sonderkonferenz der Regierungschefinnen und -Chefs der Länder haben diese dem vorgelegten Staatsvertragsentwurf mit den folgenden Maßgaben grundsätzlich zugestimmt (Auszug):

> „a. Im Sportwettenbereich werden im Rahmen einer **Experimentierklausel** sieben bundesweite Konzessionen vergeben.

b. Fünf Jahre nach Inkrafttreten des **Konzessionssystems** erfolgt eine **Evaluation**, ob und inwieweit die Zielsetzung des GlüStV realisiert werden konnten.

c. Die Experimentierklausel läuft nach sieben Jahren aus, wenn nicht von den Regierungschefinnen und Regierungschefs der Länder auf Basis der Evaluation unter Zustimmung von mindestens 13 Ländern das Fortgelten beschlossen wird. Der Vertrag läuft bis zum 31.12.2020.

d. Die Konzessionsnehmer verpflichten sich, selbst und durch verbundene Unternehmen keine anderen nicht legalen Glücksspielangebote auf dem deutschen Markt zu vertreiben; die Verpflichtung wird durch Zwangsgelder und bei dauerhaften Verstößen durch Entzug der erteilten Konzessionen abgesichert.

e. Die Regelungen zu **Konzessionsabgaben** und Steuern müssen gewährleisten, dass keine Mehrbelastung inländischer gegenüber ausländischen Anbietern eintritt, d.h. die Konzessionsabgabe beträgt 16 2/3 vom Hundert des Spieleinsatzes.

f. **Live-Wetten** sind nur auf das Endergebnis zulässig.

g. **Trikot- und Bandenwerbung** für Sportwetten sind zulässig, Werbung für Sportwetten im Fernsehen ist im Umfeld von Sportsendungen nicht zulässig. Diese Regelung wird nach fünf Jahren evaluiert."

Schleswig-Holstein hat sich, „weil es Ziffer 2 a. heute nicht zustimmen kann" der Stimme enthalten (→ Einführung Rn. 7).

Der in diesem Sinne durch die CdS-AG überarbeitete Staatsvertragsentwurf **4** wurde sodann – auf der Grundlage eines MPK-Beschlusses vom 9.6.2011 – der Kommission zur **Notifizierung** zugeleitet. Neben grundsätzlichen Bedenken zur Verhältnismäßigkeit der mit dem neuen Glücksspielstaatsvertrag verbundenen Beschränkungen des freien Dienstleistungsverkehrs, und hier insbesondere der durch § 4a Abs. 3, 10a und 20 Abs. 3 GlüStV bewirkten Regelungen, hat die EU-Kommission moniert, dass die Zahl der Konzessionen für Online-Dienste im Bereich der Sportwetten auf 7 festgelegt war, „während gemäß § 20 Abs. 3 die Möglichkeit besteht, 16 Konzessionen für Online-Casinospiele – eine Online-Spieltätigkeit, die ein ebenso hohes, wenn nicht sogar höheres Suchtrisiko birgt – zu erteilen." Die Kommission kann auch nicht erkennen, „wie die Beschränkung der Gesamtzahl der Konzessionen dazu geeignet wäre, diese Ziele (gemeint sind die Ziele der Bekämpfung von Verbrechen und Betrug) zu erreichen." (Schreiben des Kommissionsmitgliedes Algirdas Semeta [C (2011) 5319, Notifizierung Nr. 2011/188/D, mit den wesentlichen Inhalten abgedruckt in ZfWG 2011, 325 ff.]).

Die schließlich von den (bislang 14) Landesparlamenten verabschiedete Fassung **5** des GlüStV 2012 trägt der Kritik der Kommission an der willkürlich wirkenden Zahl von bundesweit sieben Sportwetten-Konzessionen Rechnung, indem als Ergebnis wohl auch einer Analyse der französischen Situation (bis Juni 2010: 17 Online-Sportwettenlizenzen für 11 Anbieter) – nach der amtlichen Begründung als Ergebnis der Evaluierung des GlüStV gem. § 27 GlüStV und der Erkenntnisse der Glücksspielaufsichtsbehörden aus dem Vollzug des GlüStV – in § 10a Abs. 3 GlüStV 2012 die Anzahl von 20 Konzessionen festgesetzt wird.

II. Allgemeines

6   Mit § 10a GlüStV werden die „Monopolregelungen" des § 10 Abs. 2 und 6 GlüStV mit den sich aus diesen ergebenden Wirkungen für das Veranstalten von Sportwetten für einen Zeitraum von sieben Jahren – also vom 1.7.2012 bis zum 30.6.2019 und damit zugleich für nahezu den gesamten vereinbarten Geltungszeitraum des GlüStV 2012 – dispensiert. Mit der **Experimentierklausel** soll ausweislich des Begründungstextes der Sportwettenmarkt durch die Erteilung von Konzessionen für private Sportwettenanbieter zeitlich und im Umfang begrenzt geöffnet werden. Das Ziel dieser Öffnung im Rahmen eines **Konzessionsmodells** liege aber nicht in der Expansion des Wettmarktes, „sondern vielmehr [in der] Bekämpfung des entstandenen Schwarzmarktes …, ohne das Ziel der strikten Regulierung des Glücksspiels zum Schutz der Spieler und der Allgemeinheit und das Instrument des staatlichen Monopols grundsätzlich in Frage zu stellen, … [Dementsprechend] soll die konzessionierte Öffnung im Maß und Umfang auf das beschränkt werden, was angesichts des festgestellten Schwarzmarktes und unter Berücksichtigung des bereits bestehenden erlaubten Angebots der staatlichen Lotteriegesellschaften erforderlich ist." (Amtl. Begründung zu § 10a GlüStV)

7   Die **Teilliberalisierung des Sportwettenmarktes** im Rahmen der sog. Experimentierklausel des § 10a GlüStV 2012 stellt sich aus Sicht der Glücksspielindustrie als wichtigster (bisheriger) Schritt hin zu einer vollständigen Liberalisierung des gesamten deutschen Glücksspielmarktes in der letzten Dekade dar. Die Gründe für diese Annahme sind vielfältig:

8   Aus unionsrechtlicher Perspektive muss(te) sich ein **staatliches Sportwettenmonopol** in ein insgesamt – horizontal – kohärentes Gesamtregelwerk des Glücksspielwesens in Deutschland einpassen lassen, um den aus der Dienstleistungsfreiheit (Art. 49 AEUV) oder alternativ der Niederlassungsfreiheit (Art. 56 AEUV) folgenden unionsrechtlichen Anforderungen zu entsprechen. Die EU-Kommission hat in ihrer Stellungnahme zum GlüStV 2012 (und damit bereits zum Sportwetten-Konzessionsmodell) auf die Rspr. des EuGH hingewiesen, wonach Art. 56 AEUV Dienstleistungen umfasse, die ein Leistungserbringer mit Sitz in einem Mitgliedstaat über das Internet – und damit ohne Ortswechsel – in einem anderen Mitgliedstaat ansässigen Leistungsempfängern anbietet. Daraus folge, dass jegliche Beschränkung dieser Tätigkeiten eine Beschränkung der freien Erbringung von Dienstleistungen durch einen solchen Leistungserbringer darstelle (Schreiben des Kommissionsmitgliedes Algirdas Semeta [C (2011) 5319, Notifizierung Nr. 2011/188/D, mit den wesentlichen Inhalten abgedruckt in ZfWG 2011, 325 ff., unter Hinweis auf die Rechtssache C-243/01, Gambelli ua, Rn. 54].

9   Regelungen, mit denen die in Rede stehenden gemeinschaftsrechtlichen **Grundfreiheiten** eingeschränkt werden, sind nach der st. Rspr. des EuGH nur dann gerechtfertigt, wenn sie Zielen des Allgemeinwohls dienen und die Umsetzung der Regelungen durch Maßnahmen erfolgt, die kohärent und systematisch an der Verwirklichung des Allgemeinwohlzieles orientiert sind (vgl. EuGH ZfWG 2011, 251 ff. mit einer Zusammenfassung aller bisherigen Entscheidungen zu dieser Frage). Hieran, an einer in diesem Sinne „systematischen und kohärenten" Umsetzung, bestehen berechtigte Zweifel, wenn der staatliche Monopolinhaber zB intensive Werbekampagnen veranstaltet, die darauf abzielen, den Wetttrieb der Verbraucher zu fördern, statt das Glücksspiel lediglich in kontrollierte Bahnen zu lenken (vgl. EuGH ZfWG 2010, 332 - M. Stoß ua).

Der BayVGH (Beschl. v. 21.3.2011 - Az. 10 AS 10.2499) hat zudem zu Recht **10** darauf hingewiesen, dass ein **staatliches Sportwettenmonopol** auch dann mit dem Europarecht unvereinbar sei, wenn gleichzeitig – während des Geltungszeitraumes des ersten GlüStV – die Zahl der zugelassenen Geldspielautomaten in Spielhallen mit einem deutlich größeren Suchtpotenzial als Sportwetten kontinuierlich ansteige. Hierdurch werde das Ziel einer systematischen und kohärenten Begrenzung der Spiel- und Wetttätigkeit verfehlt (Pressemitteilung des BayVGH vom 23.3.2011). Die Erstreckung glücksspielstaatsvertraglicher, der Spielsuchtvermeidung und Spielsuchtbekämpfung dienender Regelungen des GlüStV auf das Spielhallenwesen ist demgemäß eine zwingende Konsequenz zur Herstellung und Bewahrung der Gesamtkohärenz des deutschen Glücksspielregelungswerkes.

Mit derselben Logik muss sich ein staatliches Lotteriemonopol in ein **systema-** **11** **tisch und kohärent** an der Vermeidung und Bekämpfung der Spielsucht ausgerichtetes glücksspielrechtliches Gesamtregelwerk einfügen lassen. Insoweit ist ein staatliches Lotteriemonopol mit dem **unionsrechtlichen Kohärenzgebot** unvereinbar, wenn gleichzeitig – auf der Grundlage einer sog. Experimentierklausel für Sportwetten des § 10a GlüStV – die Zahl der zugelassenen Sportwettenanbieter mit der Folge einer erheblichen Marktausweitung für Sportwetten erhöht wird. Auch hierdurch wird das Ziel einer systematischen und kohärenten Begrenzung der Spiel- und Wetttätigkeit zumindest gefährdet. Das Verdikt der unionsrechtlichen Inkohärenz eines Glücksspielregelungswerkes in seiner Gesamtheit ist allerdings nicht die zwingende Folge, sofern sich die Gerichte die Auffassung zu eigen machen, dass der EuGH den nationalen Gesetzgebern in seiner Entscheidung in Sachen Placanica (EuGH NJW 2007, 1515 = ZfWG 2007, 125, Rn. 48) einen gewissen Spielraum mit der Formel „die Ziele ihrer Politik auf dem Gebiet der Glücksspiele festzulegen und gegebenenfalls das angestrebte Schutzniveau genau zu bestimmen" eingeräumt hat. Hierin liegt jedenfalls – ausweislich der amtlichen Begründung zur „Experimentierklausel mit Konzessionsmodell für Sportwetten" – ein Anknüpfungspunkt für die mögliche Etablierung eines Sportwettenkonzessionsmodells: Da sich zu Lande wie im Internet ein Schwarzmarkt herausgebildet habe, dessen Bekämpfung sich als schwierig erwiesen habe, „soll im Rahmen einer Experimentierklausel erprobt werden, durch ein kontrolliertes Angebot privater Konzessionäre, welche hohen Auflagen, staatlicher Kontrolle und einer Beschränkung ihres Produktportfolios unterliegen, den Schwarzmarkt zurückzuführen bzw. in ein legales Feld zu überführen. Eine solche Kanalisierung soll sowohl die vom Sportwettbetrug ausgehenden Gefahren für die Integrität sportlicher Wettbewerbe als auch die von der Spielteilnahme ausgehenden Risiken für den Verbraucher reduzieren." Am Ende muss unionsrechtlich die Frage beantwortet werden, ob das Nebeneinander staatlicher Lotteriemonopole und ein teilprivatisierter, durch einen Mindestwettbewerb und Expansionstendenzen geprägter Sportwettenmarkt als (noch) kohärentes Regelungswerk beschrieben werden kann; auch die bereits aus der Vergangenheit bekannten Vollzugsdefizite werden in die unionsrechtliche Gesamtbeurteilung einfließen (eingehend → Einführung Rn. 44 ff.).

Der **verfassungsrechtliche Problemhaushalt** des bei gleichzeitigem Erhalt **12** der Lotteriemonopole eingeführten Sportwettenkonzessionswesens ist nicht minder schwierig: Das – gemessen an der bisherigen glücksspielstaatsvertraglichen Systematik – dogmatisch einen Fremdkörper bildende Konzessionswesen (das eine Regelungskonzeption erfordert, die in ähnlicher Weise – im Glücksspielbereich – bislang nur in den Spielbankgesetzen der Länder anzutreffen war) führt bei gleichzeitigem Erhalt der glücksspielstaatsvertraglichen – ordnungsrechtlich geprägten – Grundkonzeption zu kaum auflösbaren Zielkonflikten: Die Konzessionserteilung an private Sportwettenveranstalter darf auch aus verfassungsrechtlicher Perspektive nicht zu einer erheblichen Marktausweitung führen, um nicht das in § 1 GlüStV 2012 kodifizierte glücksspielstaatsvertragliche Kernziel, die Spielsuchtvermeidung und -bekämpfung, zu gefährden. Diese Einschätzung folgt aus den – zwischenzeitlich nicht korrigierten (weder durch den Nichtannahmebeschluss des BVerfG zum Bayerischen Spielbankengesetz vom 26.3.2007 – 1 BvR 2228/02, vgl. Rn. 44, noch durch den Kammerbeschluss vom 20.3.2009, ZfWG 2009, 99 f.; siehe Einzelheiten bei Dietlein ZfWG 2010, 159 (161 ff.)) – **bundesverfassungsgerichtlichen Vorgaben** in der Sportwettenentscheidung vom 28.3.2006, wonach andere gesetzgeberische Ziele als die **Spielsuchtvermeidung und -bekämpfung** durchaus verfassungslegitim sein können, aber nicht die höchsten Rechtfertigungsanforderungen einer objektiven Berufszulassungsschranke erfüllen (zu dieser Frage auch → Einführung Rn. 17). Auch der einfachgesetzliche Hinweis des § 1 GlüStV auf die „Gleichrangigkeit" der hier abgebildeten Ziele ändert – auf der Grundlage der bisherigen bundesverfassungsgerichtlichen Rechtsprechung [!] – nichts an der besonderen Bedeutung der Spielsuchtvermeidung und -bekämpfung im Rahmen der (Lotterie-) Monopolrechtfertigung. Da die Wirkung des Konzessionsmodells auf den „einundzwanzigsten Bewerber" (nach Vergabe von 20 Konzessionen wird dessen Antrag ohne Rücksicht auf dessen Qualifikation und glücksspielrechtliche „Zuverlässigkeit" zurückgewiesen) als objektive Berufswahlregelung zu qualifizieren ist (→ Einführung Rn. 21), bestehen dementsprechend Zweifel daran, dass sich die Eingriffsrechtfertigung „Spielsuchtvermeidung und -bekämpfung" durch das Ziel einer Eindämmung des Sportwetten-Schwarzmarktes ersetzen lässt.

13   Richtigerweise hat das BVerfG in seinem Kammerbeschluss vom 20.3.2009 (ZfWG 2009, 99 f.) darauf verzichtet, einen unter dem Gleichheitsgesichtspunkt anzustellenden Rechtsvergleich zwischen den gewerberechtlichen Glücksspielregulierungen des Bundes und den Glücksspielgesetzen der Länder vorzunehmen, da der **verfassungsrechtliche Gleichheitssatz** und die aus ihm abgeleiteten Maßstäbe (insbesondere die **Systemgerechtigkeit** legislativen Handelns) den Gesetzgeber nur innerhalb des jeweils zugewiesenen Kompetenzrahmens bindet (→ Einführung Rn. 20). Aber auch für die insgesamt in den Kompetenzbereich der Landesgesetzgeber fallenden glücksspielrechtlichen Regulierungen wird teilweise angezweifelt, dass unterschiedliche Regelungskonzeptionen ein gleichheitsrechtliches Problem verursachen: Im Falle einer Teilliberalisierung des Sportwettenmarktes bei gleichzeitigem Erhalt der Lotteriemonopole bestehe die aus dem Lottorecht folgende berufsfreiheitsrechtliche Maximalbelastung für den Grundrechtsträger unverändert fort (so Dörr/Janich K&R Beihefter 3/2010, 17). Mit dieser Einschätzung ist allerdings keine Entwarnung verbunden, da die freiheitsrechtliche Erforderlichkeit eines Lotteriemonopols bei Ersetzung des Sportwettenmonopols durch ein Konzessionswesen auch und gerade mit Blick auf die unterschiedlichen Gefahrenpotenziale dieser beiden Glücksspielarten kaum noch begründbar ist. Exakt dieser Gesichtspunkt hat im Rahmen der Erarbeitung des GlüStV 2012 zum Vorschlag der Auswechselung der Monopolbegründung geführt (hierzu Haltern ZfWG 2011, 13 (17 ff.), der diesem Ansatz insbesondere die gesundheitspolitischen, sozialpolitischen Konsequenzen entgegensetzt).

14   Ohne die – rechtlich problematische – erhebliche quantitative und qualitative Marktausweitung ist der bislang durch die staatlichen Oddset-Wetten präsentierte – legale – Markt kaum hinreichend attraktiv, um die angestrebte **Kanalisie-rungswirkung** zu entfalten. Es drängt sich daher auch unter wirtschaftlichen Gesichtspunkten die Frage auf, ob künftig (weiterhin) staatliche Anbieter neben den möglicherweise in den Markt drängenden privaten Konzessionsnehmern ein Sportwettenangebot aufrechterhalten können. Unter der Prämisse, dass auch der bislang illegale Sportwettenmarkt als „Marktbestandteil" isd GlüStV 2012 qualifi-ziert wird, ist eine „Kanalisierung" ohne Marktausweitung vorstellbar. In diesem Falle werden aber nicht bislang illegal wahrgenommene Aktivitäten hin zu legalen Angeboten kanalisiert; es werden vielmehr einige der in der Vergangenheit fest-stellbaren illegalen Angebote legalisiert („Kanalisierung durch Legalisierung").

Sollte sich erweisen, dass den spezifischen Gefahren des Sportwettenwesens **15** durch ein Konzessionsmodell ebenso gut oder, insbesondere durch eine gelungene Kanalisierung des Sportwetttriebes, besser begegnet werden kann als durch die bislang bestehenden Sportwettenmonopole der Länder, hätte dies zur Konsequenz, dass die Richtigkeit der auch weiterhin für andere Glücksspielsegmente formulier-ten Behauptung, ein staatliches Glücksspielmonopol sei zur Bekämpfung der glücksspielspezifischen Gefahren besser geeignet als die zur Überwachung privater Glücksspielanbieter verfügbaren Kontrollinstrumente, deutlicher als bisher unter-setzt werden müsste.

III. Einzelkommentierung

1. § 10a Abs. 1 Dispens von der Monopolregelung für Sportwetten

Die allgemeine Begründung zur Experimentierklausel versucht, „den Stier bei **16** den Hörnern zu packen", wenn bereits im Eingangssatz auf das im Vergleich zu Lotterien „andere" Gefahrenpotenzial hingewiesen wird: Von Manipulation bedroht sei bei ihnen weniger die Wettveranstaltung selbst als vorrangig das bewet-tete Ereignis. Allerdings könnten Sportwetten, vor allem dann, wenn sie als **Live-oder Ereigniswetten** angeboten würden, ein nicht unerhebliches Suchtpotenzial entwickeln. Mit Blick auf das im Vergleich zu den üblichen Lotterien (6 aus 49 und ähnliche Angebote) – je nach konkreter Ausgestaltung – um ein vielfaches höhere **Suchtpotenzial der Sportwette** wird deutlich, dass der gewählte Begründungsansatz der gerichtlichen Überprüfung nur bei Billigung der „Gleich-rangigkeit" der mit dem GlüStV in § 1 verfolgten Ziele standhalten wird. Dies gilt insbesondere dann, wenn die Wetten hinreichend attraktiv ausgestaltet werden, um die angestrebte Kanalisierungswirkung auch tatsächlich entfalten zu können, womit die Konzessionsnehmer allerdings der spielaffinen Bevölkerung regelmäßig ein Glücksspielangebot mit höherem Suchtpotenzial machen müssen.

§ 10a Abs. 1 GlüStV verdeutlicht, dass es sich bei dem Konzessionsmodell um eine **zeitlich befristete Ausnahme** zu dem sonst „staatlichen Auftrag einer (in wesentlichen Teilen) staatlichen Glücksspielversorgung" der Bevölkerung handelt. Die Begründung für den systematischen Standort des § 10a GlüStV dürfte mit anderen Worten darin liegen, den Ausnahmecharakter dieses Teilregelwerks inner-halb des GlüStV hervorzuheben.

Durch die Befristung des Konzessionsmodells (und des Staatsvertrages insgesamt **17** mit einheitlicher Begründung, vgl. § 35 GlüStV) wird der Entstehung eines gestei-gerten, über den zeitlichen Ablauf dieser Ausnahmeregelung zu § 10 GlüStV hinauswirkenden, insbesondere eigentumsrechtlichen Vertrauensschutzes entgegengewirkt. Das mit der Konzessionserteilung erworbene, eigentumsrechtlich relevante Recht ist bereits im Entstehungszeitpunkt mit der die „Wertigkeit" prägenden Begrenzung belastet.

18   Bei Beurteilung des Erfolgs des Konzessionsmodells und des GlüStV insgesamt wird der Gesetzgeber eine Gewichtung des (Miss-)Erfolges der miteinander widerstreitenden Teilziele vorzunehmen haben (Kanalisierung ohne erhebliche Marktausweitung und/oder jedenfalls keinen feststellbaren erheblichen Anstieg der „Problemspieler"-Zahlen und Spielsüchtigen, Kriminalitätsbekämpfung, Jugendschutz, ua). Werden die mit der Teilliberalisierung verknüpften Ziele als Ergebnis dieser bewertenden Analyse verfehlt, stehen der Rückführung der Sportwette in das staatliche Veranstaltermonopol unions- oder verfassungsrechtliche Gesichtspunkte nicht entgegen.

2. § 10a Abs. 2 Sportwettenkonzession

19   Die nach § 10a iVm. §§ 4a bis 4e GlüStV erforderliche **Sportwettenkonzession** ist eine besondere Form der Erlaubnis iSd § 4 Abs. 1 GlüStV (zu den Einzelheiten → § 4 Rn. 21 ff.). Hiermit und durch die Regelung der Konzessionsabgabe in § 4d GlüStV ist – systemkonform (vgl. § 4 Abs. 2 Satz 3 GlüStV) – klargestellt, dass ein Rechtsanspruch auf Konzessionserteilung nicht besteht. Andernfalls wäre mangels eines **Sondervorteils des Konzessionsnehmers** die teilweise „Abschöpfung" dieses Vorteils durch eine Abgabe bereits kompetenziell unzulässig (→ Einführung Rn. 10 aE)..

20   Bei der Sportwettenkonzession nach § 10a iVm. §§ 4a bis 4e GlüStV handelt es sich um eine – durch die staatsvertragliche Regelung von vornherein zeitlich befristete – sog. **gemischte oder sachgebundene Personalkonzession.** Die Konzessionserteilung wird neben zahlreichen sachbezogenen Voraussetzungen davon abhängig gemacht, dass der „Konzessionsnehmer und die von ihm beauftragten verantwortlichen die für die Veranstaltung öffentlicher Glücksspiele erforderliche Zuverlässigkeit und Sachkunde besitzen und die Gewähr dafür bieten, dass die Veranstaltung ordnungsgemäß und für die Spielteilnehmer sowie die Erlaubnisbehörde nachvollziehbar durchgeführt wird; bei juristischen Personen und Personengesellschaften müssen alle vertretungsbefugten Personen die Voraussetzungen der Zuverlässigkeit und Sachkunde besitzen" (§ 4a Abs. 4 Nr. 1 lit. b) GlüStV). Insofern findet sich eine deutliche Parallele zu den Zulassungsregelungen im Spielbankenrecht aller Länder, wo ebenfalls persönliche Eigenschaften, Fähigkeiten und Verhältnisse als Voraussetzung für den Konzessionsbescheid (in einigen Ländern auch dem Konzessionsvertrag) geregelt werden (Gebhardt/Gohrke in Gebhardt/Grüsser-Sinopoli, 464 (473) unter Hinweis auf Pieroth/Störmer GewArch 1998, 177 (183)). Ob die Sportwettenkonzession auch als sog. „**Dienstleistungskonzession**" zu qualifizieren ist, kann dahinstehen, da in § 4b GlüStV alle gemeinschaftsrechtlich relevanten Anforderungen an das Auswahlverfahren geregelt werden (Einzelheiten hierzu siehe → § 4b Rn. 6).

3. § 10a Abs. 3 Höchstzahl

21   § 10a Abs. 3 GlüStV trägt der im Rahmen des Notifizierungsverfahrens erhobenen Kritik der EU-Kommission an der ursprünglich beabsichtigten Höchstzahl von bundesweit sieben Sportwetten-Konzessionen Rechnung. Der Vergleich mit der tatsächlichen Situation in Frankreich, wo bis zum Juni 2010 17 Sportwett-

Lizenzen an 11 Anbieter vergeben worden sind, lässt eine Begrenzung auf 20 Konzessionen in Deutschland sachgerecht erscheinen, zumal nicht alle Lizenzinhaber in Frankreich auch von dieser Gebrauch machen. Der amtlichen Begründung des GlüStV fehlen allerdings hinreichend präzise Angaben zu der Ermittlung dieser gesetzgeberischen Höchstzahl; der allgemeine Hinweis auf die Evaluierungsergebnisse zum GlüStV ist angesichts der – insbesondere von der EU-Kommission beschriebenen – zunehmenden Anforderungen an die Transparenz gesetzgeberischen Handelns nicht hinreichend. Auch ist nicht nachvollziehbar, warum nicht der **Fachbeirat der Länder** nach § 10 Abs. 1 Satz 2 GlüStV mit dieser Frage befasst worden ist, zumal dieses Beratungsgremium durch § 4a Abs. 3 Satz 2 GlüStV ausdrücklich in die Pflicht genommen wird. Hinzuweisen ist in diesem Zusammenhang auf die in § 4a Abs. 3 Satz 2 GlüStV verankerte Möglichkeit, die Anzahl der Konzessionen während der Laufzeit dieses Staatsvertrages durch Mehrheitsbeschluss der MPK (mindestens 13 Länder) zu erhöhen oder zu senken, um die Ziele des § 1 GlüStV besser zu gewährleisten.

4. § 10a Abs. 4 Internetsportwetten, Inhalts- und Nebenbestimmungen, Geltungsbereich der Konzession

Die Sportwettenkonzessionsnehmer bedürfen keiner eigenständigen Erlaubnis **22** zur Veranstaltung von **Internet-Sportwetten**; die Prüfung der Anforderungen aus § 4 Abs. 5 und 6 GlüStV ist daher integraler Bestandteil des Konzessionsvergabeverfahrens. Werden diese besonderen Anforderungen nicht erfüllt, muss die Sportwettenkonzession auf den terrestrischen Vertriebsweg beschränkt werden. Dieser Fall wird allerdings keinerlei Praxisrelevanz haben.

§ 10a iVm. § 4c Abs. 2 GlüStV ist im Verhältnis zu § 9 Abs. 4 Sätze 2 und 3 **23** GlüStV eine Spezialregelung, die allerdings – untypisch im Ermessensbereich – der Dogmatik des § 36 Abs. 1 der Verwaltungsverfahrensgesetze der Länder folgt: Demnach sind nur Nebenbestimmungen zulässig, die im Sinne einer Überwindung der aus § 4c Abs. 2 GlüStV folgenden Tatbestandshindernisse „zur dauernden Sicherung der Konzessionsvoraussetzungen sowie zur Einhaltung und Überwachung der nach diesem Staatsvertrag bestehenden und im Angebot übernommenen Pflichten erforderlich sind."

§ 10a Abs. 4 Satz 3, 1. HS GlüStV drückt die optimistische Haltung der Ent- **24** wurfsverfasser aus, dass auch alle Länder der Bundesrepublik Deutschland den GlüStV ratifizieren und in das innerstaatliche (Landes-)Recht transformieren. Verweigerten einzelne Länder dem Staatsvertrag ihre Anerkennung, führte dies zur Notwendigkeit einer Korrektur des Geltungsbereichs durch entsprechende verfassungskonforme Auslegung. § 10a Abs. 4 Satz 3, 2. HS GlüStV regelt mit dem Anerkennungserfordernis durch Drittstaaten eine völkerrechtliche und mangels eines das europäische Glücksspielrecht beherrschenden **Prinzips der wechselseitigen Anerkennung von Glücksspielerlaubnissen** auch unionsrechtliche Selbstverständlichkeit (→ Einführung Rn. 29).

5. § 10a Abs. 5 Zahl der Wettvermittlungsstellen

§ 10a Abs. 5 Satz 1 ist das Pendant zu § 10 Abs. 4 (Lottoannahmestellen). Die **25** Länder haben demnach nunmehr neben den Annahmestellenkonzepten auch Wettvermittlungsstellen-Konzepte zu regeln (→ § 10 Rn. 23).

Durch die in Satz 2 geregelte Erlaubnispflicht nach § 4 Abs. 1 Satz 1 GlüStV **26** wird klargestellt, dass auch die Vermittlungsstellen einer eigenständigen Erlaubnis bedürfen; diese dürfen maW nicht „erlaubnisfrei" arbeiten. Eine **Begrenzung der Anzahl der Wettvermittlungsstellen** im terrestrischen Vertriebsnetz erfolgt durch § 10a Abs. 5 GlüStV – anders als in Vorentwürfen (B-Länder: 400 Wettvermittlungsstellen, A-Länder: bis zu 2.000 Stellen im Geltungsbereich dieses Staatsvertrages, Fassung vom 4.4.2011) – nicht.

27   Durch Verweis auf die Regelung des § 29 Abs. 2 Satz 2 GlüStV wird weiterhin klargestellt, dass der Sportwettenveranstalter den Antrag auf Erteilung der erforderlichen Erlaubnis nach § 4 Abs. 1 GlüStV (auch) für die für ihn tätigen Vermittler zu stellen hat. Andernfalls drohte eine überflüssige Zersplitterung der Antragsverfahren, die zu zusätzlichen Schwierigkeiten bei der Beurteilung der rechtlichen Zulässigkeit des jeweiligen Einzelantrages vor dem Hintergrund der aus § 1 GlüStV folgenden Zielsetzungen führen könnte.

§ 11 Suchtforschung

Die Länder stellen die wissenschaftliche Forschung zur Vermeidung und Abwehr von Suchtgefahren sicher.

Ausführungsgesetze: § 9 Abs. 6 LGlüG BW; Art. 1 Abs. 1 AGGlüStV Bay; §§ 1 Abs. 2, 2 AG GlüStV Bln; § 8 BbgGlüAG; §§ 2 Abs. 1, Abs. 4, 14 BremGlüG; § 2 Abs. 1, 11 HmbGlüÄndStVAG; § 4 HGlüG; § 2 Abs. 1, 12 Abs. 1, 16 GlüStVAG M-V; §§ 1 Abs. 4, 9 Abs. 7, 14 Abs. 2 S. 1 Nr. 10 NGlüSpG; §§ 1 Abs. 2, 9, 10 AG GlüÄndStV NRW; § 2 Abs. 2-4, LGlüG RhPf; §§ 1 Abs. 1, 3 AG GlüStV-Saar; § 10 SächsGlüStVAG; §§ 3, 9 Abs. 4, Abs. 5 Nr. 1 GlüG LSA; § 2 Abs. 1, § 8 Abs. 5 GlüÄndStV AG SchlH-E; § 2 Abs. 6 ThürGlüG

Literatur: Becker, Glücksspielsucht in Deutschland – Prävalenz bei verschiedenen Glücksspielformen, 2009; Diegmann, Rechtliche und rechtspolitische Fragen zur Spielsucht ZRP 2007, 126 ff.; Glücksspielverhalten und Glücksspielsucht in Deutschland. Ergebnisse aus drei repräsentativen Bevölkerungsbefragungen 2007, 2009 und 2011, Bundeszentrale für gesundheitliche Aufklärung, Januar 2011; Grüsser/Plöntzke/Albrecht/Mörsen, The addictive potential of lottery gambling, Journal of Gambling Issues: Issue 19, January 2007, http://www.camh.net/egambling/issue19/pdfs/grusser.pdf; Gutachten d. Schweizerischen Instituts für Rechtsvergleichung, Lausanne in Zusammenarbeit mit dem Institut für Psychologie und Kognitionsforschung, Juli 2009, Universität Bremen; PAGE-Studie der Universitäten Greifswald und Lübeck 2011 – wird fortgeführt; Hayer/Meyer, SUCHT 2003; Hecker, Die Stellungnahme der EU-Kommission vom 20.03.2012 zu den Regelungen des Glücksspieländerungsstaatsvertrages: Ein interpretatorischer Tummelplatz für Gegner und Befürworter des neuen Glücksspielrechts, ZfWG 2012, 167 ff.; Hecker, Glücksspielrecht und Grundfreiheiten – Zur Auslegung der Kohärenzanforderungen des EuGH nach der Carmen Media und Markus Stoß-Rechtsprechung, DVBl 2011, 1130 ff.; Kalke/Farnbacher/Verthein/Haasen, Suchtmedizin 2006; Kalke/Meyer/Haasen/Hayer, Glücksspielsucht-Forschung in Deutschland: Stand und Perspektiven, Konturen 01/2008, 20 ff.; Kellermann, Glücksspielsucht und Beschaffungsdelinquenz, StV 2005, 287 ff.; ders. (Hrsg.), Glücksspielsucht – ein überflüssiges Suchtproblem, häb 10/04, 462 ff.; Koenig, Die Stellungnahme der Kommission vom 20.03.2012 zu dem notifizierten Entwurf des Glücksspieländerungsstaatsvertrages (GlüÄndStV-E): Die unionsrechtlichen Insuffizienzen sind nicht behoben!, ZfWG 2012, 164 ff.; Meyer, Glücksspiel - Zahlen und Fakten in Jahrbuch Sucht 2012, 125 ff.; Meyer/Bachmann, Ursachen, Therapie und Prävention von glücksspielbezogenem Suchtverhalten, 2011; Meyer/Hayer, Das Gefährdungspotential von Sportwetten und Lotterie, 2005; Plöntzke/Albrecht/Grüsser, Wetten und Tippen: Formen potenziell problematischen Glücksspiels, psychomed 2004, 142 ff.; Schwickenrath/Simons/Senft, Praxis Klinische Verhaltensmedizin und Rehabilitation, 2004; Steegmann, Sportwetten zu festen Gewinnquoten als Glücksspiele im Sinne des § 284 StGB, ZfWG 2007, 410 ff.

I. Allgemeines

Die Vorschrift ist unverändert aus dem GlüStV2008 übernommen und perpe- **1** tuiert damit ungeachtet der bereits vorliegenden Gutachten und Analysen (zB Gutachten d. Schweizerischen Instituts für Rechtsvergleichung, Lausanne in Zusammenarbeit mit dem Institut für Psychologie und Kognitionsforschung, Juli 2009, Universität Bremen; PAGE-Studie der Universitäten Greifswald und Lübeck 2011 – wird fortgeführt) die Verpflichtung der Länder zur wissenschaftlichen Erforschung der Suchtgefahren und der Möglichkeiten, diese zu vermeiden und abzuwehren. Diese Pflicht trägt der weiten Einschätzungsprärogative des Gesetzgebers Rechnung, welche die Verfassung hinsichtlich des von Glücksspielen ausgehenden **Gefährdungspotenzial** gewährt (→ EinführungRn. 18), das nach wie vor gem. § 1 Nr. 1 eine tragende Begründung für die Beschränkungen der Berufszulassungs- und –ausübungsfreiheit gem. Art 12 GG, aber auch für die Beschränkungen der Dienstleistungsfreiheit gem. Art. 56 AEUV darstellt. Verfassungsrechtlich ist es nicht zu beanstanden, wenn der Gesetzgeber noch keine gesicherten Erkenntnisse über Art, Umfang und Auswirkungen des Gefahrenpotentials besitzt. Denn die Ungewissheit über die Auswirkungen eines Gesetzes in einer ungewissen Zukunft kann nicht die Befugnis des Gesetzgebers ausschließen, ein Gesetz zu erlassen, auch wenn dieses von großer Tragweite ist. (BVerfG NJW 1997, 699 (701)). Stellen sich seine Prognosen später ganz oder teilweise als Irrtum heraus, ist der Gesetzgeber zur Korrektur verpflichtet (BVerfG NJW 1997, 699 (702 mwN)).

Der EuGH stellt klar, dass es auch aus europarechtlicher Sicht nicht erforderlich **2** ist, bereits vor Erlass restriktiver Maßnahmen deren **Erforderlichkeit** durch entsprechende Untersuchungen zu belegen, wie vereinzelt aus der Lindman-Rechtsprechung des EuGH abgeleitet worden ist (EuGH – Markus Stoß, ZfWG 2010, 332 Rn. 70, 72). Diese Ansicht beruhe auf einem „fehlerhaften Verständnis des genannten Urteils". Allerdings fordert der EuGH, dass der Mitgliedstaat im gerichtlichen Verfahren über die Frage der Rechtfertigung der Beschränkungen „alle Umstände vorlegen muß, anhand deren das Gericht sich vergewissern kann, dass die Maßnahme tatsächlich den sich aus dem Grundsatz der Verhältnismäßigkeit ergebenden Anforderungen genügt." (EuGH – Markus Stoß, ZfWG 2010, 332 Rn. 71). Bis zum Vorliegen hinreichender belastbarer wissenschaftlicher Erkenntnisse zum Suchtpotenzial und zu den damit verbundenen Suchtgefahren von Sportwetten waren und sind die zuständigen Stellen nicht gehindert, nach Maßgabe des Glücksspielstaatsvertrages präventiv restriktive Maßnahmen zu ergreifen, ohne das Ausmaß negativer Entwicklungen im Einzelnen zu kennen oder gar abwarten zu müssen (BVerwG NWVBl 2011, 307 Rn. 74; → Einführung Rn. 43).

Besteht also im Zeitpunkt der gesetzgeberischen Entscheidung nicht das Erfor- **3** dernis eines gutachterlichen Nachweises der Richtigkeit seiner prognostischen Einschätzung, so verdichtet sich diese Pflicht allerdings mit zunehmendem Zeitablauf. Der Gesetzgeber ist damit zur laufenden Kontrolle verpflichtet, ob die von ihm gewählten Instrumente greifen und ob ihre sozialen Kosten noch zu verkraften sind (VG Potsdam Urt. v. 9.5.2012 - VG 6 K 1532/09; Mitt. 792 der EU-Kommission v. 20.3.2012 – SG(2012) D/50777 ZfWG 2012, 171 mit Anmerkungen Koenig ZfWG 2012, 164 und Hecker ZfWG 2012, 167).

4   Vor dem Hintergrund dieser verfassungs- und europarechtlichen Anforderungen versteht sich die Pflicht des Gesetzgebers in Bezug auf die Sicherstellung der wissenschaftlichen Forschung zur Vermeidung und Abwehr von Suchtgefahren. Ausdrücklich eingefordert sind die Ergebnisse wissenschaftlicher Forschung in § 5 Abs. 4 S. 4 und in § 32.

II. Verfassungs- und Europarechtliche Anforderungen

5   Bereits das BVerfG hatte in seinem Grundsatzurteil vom 28.3.2006 (NJW 2006, 1261) die Bedeutung der Spielsuchtbekämpfung und -prävention hervorgehoben. Die Beschränkungen des GlüStV dienen vorrangig dem Ziel, die Bevölkerung vor den Gefahren der Glücksspielsucht zu schützen, insbesondere auch dem Schutz vor Folge- und Begleitkriminalität. In der Folge sind diese Gesetzesziele von der höchstgerichtlichen Rechtsprechung als Gründe anerkannt worden, die Eingriffe in das Grundrecht der Berufsfreiheit rechtfertigen können (BVerfG ZfWG 2008, 351 (354); 2009, 99 (102); BVerwG ZfWG 2011, 332 (333); BGH ZfWG 2012, 23 (26); → EinführungRn. 15 ff.)

6   Der EuGH betont in seiner ständigen Rechtsprechung (seit der Gambelli-Entscheidung C-243/01, GewArch 2004, 30; → EinführungRn. 35), dass auch im Bereich des Glücksspiels jegliche Beschränkung der freien Erbringung von Dienstleistungen einen rechtfertigungsbedürftigen Eingriff in die Grundfreiheiten des Art. 56 AEUV darstellt. Als Gründe für eine gerechtfertigte Beschränkung akzeptiert der EuGH insbesondere auch die Vermeidung der mit Spielen und Wetten einhergehenden Gefahren für den Einzelnen und die Gesellschaft (vgl. EuGH – C-316/07 – Markus Stoß ua, ZfWG 2010, 332 Rn. 76; C-46/08 – Carmen Media, ZfWG 2010, 344 Rn. 45 jeweils mwN). Dieses Rechtfertigungserfordernis beschränkt sich aber nicht auf die rein formale Gesetzesbegründung. Vielmehr muss die Eignung und Angemessenheit der Maßnahme zur Erreichung des eine Beschränkung der EU-Grundfreiheiten rechtfertigenden Zieles im Zweifel durch Gutachten oder Untersuchungen nachgewiesen werden. Im Rahmen der Eignungsprüfung obliegt es sodann den nationalen Gerichten, „sich im Lichte insbesondere der konkreten Anwendungsmodalitäten der betreffenden restriktiven Regelung zu vergewissern, dass sie tatsächlich dem Anliegen entspricht, die Gelegenheit zum Spiel zu verringern und die Tätigkeiten in diesem Bereich in kohärenter und systematischer Weise zu begrenzen" (EuGH – C-347/09 – Dickinger/ Ömer, ZfWG 2011, 403 Rn. 56). In seinem Lindman-Urteil (C-42/02, Slg 2003, I-13519 Rn. 25 mwN) hat der EuGH festgestellt, dass die Gründe, die von einem Mitgliedstaat zur Rechtfertigung der Beschränkung von EU-Freiheitsrechten geltend gemacht werden können, von einer Untersuchung zur Zweckmäßigkeit und Verhältnismäßigkeit der von diesem Staat erlassenen beschränkenden Maßnahme begleitet werden müssen.

7   Ausdrücklich für die Frage der Europarechtskonformität des Sportwettenmonopols wird die Relevanz der tatsächlichen Auswirkungen der Glücksspielpolitik vom EuGH bei der sog. Kohärenzprüfung betont. Werden nämlich einzelne Glücksspielarten aus Spielerschutzgründen monopolisiert, andere hingegen der gewerblichen und expansiven Bewirtschaftung geöffnet, insbesondere um Einnahmen zu generieren, kann die Glücksspielpolitik des betreffenden Landes inkohärent werden, wenn dieses Nebeneinander unterschiedlicher Regelungsstrukturen

„zur Folge hat, dass das der Errichtung dieses Monopols zugrunde liegende Ziel, Anreize zu übermäßigen Ausgaben für das Spielen zu vermeiden und die Spielsucht zu bekämpfen, mit ihm nicht mehr wirksam verfolgt werden kann, so dass es im Hinblick auf die Art. 43 EG und 49 EG auch nicht mehr gerechtfertigt werden kann." (EuGH – C-316/07 – Markus Stoß ua, ZfWG 2010, 332 Rn. 106; C-46/08 – Carmen Media, ZfWG 2010, 344 Rn. 68). Es bedarf also einer quantitativen und qualitativen **Folgenabschätzung** über die Auswirkungen des gewerblich betriebenen Glücksspiels auf die tatsächliche Erreichung der mit den Beschränkungen der EU-Grundfreiheiten verfolgten Ziele (hierzu ausführlich: Hecker DVBl 2011, 1130). Eine Reihe instanzgerichtlicher Judikate hat bereits aus dem Nebeneinander des gewerblich bewirtschafteten, sich expansiv entwickelnden Automatenspiels einerseits und den nach dem GlüStV 2008 im Staatsmonopol restriktiv geregelten Sportwetten und Lotterien sowie auf Grund der als übermäßig angesehenen Werbung der staatlichen Gesellschaften andererseits auf eine nach der EuGH-Rechtsprechung bestehende Inkohärenz der Glücksspielpolitik und damit eine Unwirksamkeit des Monopols geschlossen (zB OVG Münster ZfWG 2011, 428; VGH München ZfWG 2012, 118; OVG Bautzen ZfWG 2011, 133; anders dagegen: VGH Kassel ZfWG 2011, 187). Die dabei unterbliebene Folgenabschätzung dieser Politik in der Praxis ist nunmehr Gegenstand verschiedener Revisionsverfahren bei dem BVerwG (8 C 10.12; 8 C 13.12; 8 C 14.12; 8 C 16.12). Das BVerwG hat es als grundsätzlich klärungsbedürftige Frage angesehen, „ob die Vereinbarkeit des staatlichen Sportwettenmonopols mit dem unionsrechtlichen Kohärenzerfordernis von einer Folgenabschätzung im Sinne einer Wanderbewegung hin zu liberaler geregelten anderen Glücksspielbereichen abhängt". Sofern das BVerwG zu dem Ergebnis gelangen sollte, dass die Feststellung einer Europarechtswidrigkeit der die EU-Freiheitsrechte beschränkenden nationalen Regelungen davon abhängt, ob die liberaler geregelten, aber suchtgefährlicheren Glücksspiele (sic. Automatenspiele) die Ziele der restriktiven Politik in anderen Glücksspielbereichen konterkarieren („...nicht mehr wirksam verfolgt werden kann..." EuGH – C-316/07 – Markus Stoß ua, ZfWG 2010, 332 Rn. 106; C-46/08 – Carmen Media, ZfWG 2010, 344 Rn. 68), obliegt es eines entsprechenden Nachweises dieser Auswirkungen in der Praxis durch die einschlägige Suchtforschung, welche nach § 11 durch die Länder sicherzustellen ist.

Auf diese Grundsätze greift auch die Kommission zurück. In ihrer Ausführlichen Stellungnahme zum Notifizierungsverfahren vom 18.7.2011 erkennt sie zwar die Absicht der Behörden, „durch die Begrenzung des Glücksspielangebots auf geeignete Alternativen zu unerlaubtem Glücksspiel und die Begrenzung der Online-Wettspielangebote, [...] den natürlichen Spieldrang der Bevölkerung in geordnete und überwachte Bahnen zu lenken und das illegale Glücksspiel zu bekämpfen." (ZfWG 2011, 325 (327)). Sie bezweifelt aber, dass die im Gesetzentwurf vorgesehenen Beschränkungen zur Erreichung dieser Ziele geeignet seinen und fordert daher die deutschen Behörden auf, „eine Untersuchung zur Geeignetheit und Verhältnismäßigkeit der diesbezüglichen Beschränkungen vorzulegen."

Auch nach der Umsetzung einer Reihe von Änderungen des notifizierten Gesetzentwurfs mahnt die Kommission in ihrer ergänzenden Stellungnahme vom 20.3.2012 (ZfWG 2012, 171) ausdrücklich weitergehende Evaluationsergebnisse hinsichtlich der Eignung verschiedener Restriktionen an, welche die Dienstleistungsfreiheit tangieren. Die Kommission merkt zwar an und begrüßt es, dass die deutschen Behörden in dem überarbeiteten Gesetzesentwurf verschiedene Bedingungen geändert haben. Sie stimmt mit den Deutschen Behörden überein, dass die Bekämpfung des Schwarzmarktes, die Suchtbekämpfung, die Kriminalitätsbekämpfung und die Bekämpfung der Betrugsrisiken, die mit den Glücksspielen einher gehen, überragende Gründe des Gemeininteresses darstellen, die das Interesse an einer unbeschränkten Ausübung der Dienstleistungsfreiheit überwiegen können. Die Kommission bestätigt ferner, dass ein Mitgliedstaat grundsätzlich berechtigt ist, aus diesen Gründen Glücksspielaktivitäten zu beschränken, indem er ein Erlaubnissystem und eine Beschränkung der Anbieterzahl einführt. Ausdrücklich auch in Bezug auf die quantitativen und qualitativen Beschränkungen der Online-Sportwettenlizenzen erinnert die Kommission allerdings daran, dass die Geeignetheit und Verhältnismäßigkeit der Maßnahmen ordnungsgemäß nachzuweisen ist (ZfWG 2012, 171 f.). Daher hält sie eine kontinuierliche Evaluierung der Umsetzung und Anwendung des neuen Gesetzes für notwendig und begrüßt die Zusage der deutschen Behörden, der Kommission innerhalb (nicht erst nach Ablauf) von 2 Jahren nach Inkrafttreten des Gesetzes eine erste Evaluierung zur Verfügung zu stellen, die dazu dient, die Nachhaltigkeit und Wirksamkeit des Gesetzes zu beurteilen (ZfWG 2012, 171 (172)).

10   Mit dieser 2-Jahresfrist gehen die Anforderungen der Kommission allerdings über die vom Gesetz in § 32 vorgesehen Evaluationsfrist von 5 Jahren hinaus (→ § 32 Rn. 6). Kein Zweifel kann allerdings daran bestehen, dass die Nagelprobe der Europarechtskonformität an einer wissenschaftlich substantiierten Evaluation der rechtlichen und tatsächlichen Zusammenhänge erfolgen wird, die zu einem möglichst frühen Zeitpunkt eingeleitet werden sollte, um fristgerecht aussagekräftige und belastbare Ergebnisse präsentieren zu können. Dabei sind die Anforderungen des Europarechts an die Beschränkbarkeit der Grundfreiheiten ebenso zu berücksichtigen, wie die hierauf abzustimmende Fokussierung der in der Feldforschung zu erhebenden Daten. Durch die Auswertung von Zwischenergebnissen dürfte sich ein möglicher Handlungsbedarf alsbald abzeichnen, auf den die Politik sachgemäß und zeitnah reagieren kann, um europarechtliche Beschwerden abzuwehren.

III. Umfang des Sicherstellungsauftrages zur Vermeidung und Abwehr von Suchtgefahren

11   Der gesetzliche **Sicherstellungsauftrag** zielt darauf ab, breitere wissenschaftliche Erkenntnisse zu den Ursachen von Glücksspielsucht, den Möglichkeiten der **aktiven Suchtprävention** und zur Wirksamkeit der bereits eingesetzten Schutzmechanismen zu erlangen (vgl. Erläuterungen zum GlüStV2008, Kap. B. zu § 11).

1. Von Glücksspielen ausgehende Suchtgefahr

12   Bei der **Glücksspielsucht** handelt es sich um eine sog. stoffungebundene Suchterkrankung (bzgl. der nosologischen Zuordnung wird auch eine Einordnung als Impulskontrollstörung vertreten, im Einzelnen hierzu Meyer/Bachmann, Ursachen, Therapie und Prävention von glücksspielbezogenem Suchtverhalten, 49 ff.; Becker, Glücksspielsucht in Deutschland, 10 ff.), bei welcher die psychische Abhängigkeit noch klarer als Kern des Abhängigkeitssyndroms zu erkennen ist, als bei den substanzgebundenen Suchtformen. Besonders gefährlich ist dabei der absolute Kontrollverlust, welcher als das sicherste Symptom der Abhängigkeit gilt (Diegmann ZRP 2007, 126 (127); Kellermann häb 10/04, 462). Pathologisch

Glücksspielsüchtige weisen die höchsten Schulden im Vergleich zu allen anderen Suchtkranken auf (Meyer in Jahrbuch Sucht 2012, 140 f.), setzen ihren Beruf aufs Spiel oder handeln ungesetzlich, um an Geld zu kommen (vgl. Becker, Glücksspielsucht in Deutschland, 24 ff.; Kellermann StV 2005, 287 (288)). Wegen der drohenden Verschuldung des Betroffenen und seiner Familie sowie wegen der nicht selten mit der Sucht verbundenen Folge- und Begleitkriminalität, birgt die Spielsucht große Gefahren für die Gemeinschaft (vgl. Schlußanträge des Generalanwalts Yves Bot is EuGH – C-258/08 – Ladbrokes, WRP 2010, 859 Rn. 59). Dabei geht insbesondere von **Sportwetten** eine außerordentlich hohe Gefahr aus, weil diese ihren speziellen Reiz durch die Verknüpfung des Glücksspiels mit Sportbegeisterung, verbunden mit vermeintlichem Spezialwissen sowie einer hohen Ereignisfrequenz finden. Hierdurch werden Spannung und Nervenkitzel enorm gesteigert (vgl. Becker, Glücksspielsucht in Deutschland, 35; Hayer/Meyer, SUCHT 2003, 212 (214); Steegmann ZfWG 2007, 410 (417)). Auch der EuGH erkennt daher die „sittlich und finanziell schädlichen Folgen für den Einzelnen wie für die Gesellschaft" an, die mit dem Spielen und speziell dem Wetten einhergehen (EuGH – C-316/07 – Markus Stoß ua, ZfWG 2010, 332 Rn. 76).

2. Wissenschaftliche Untersuchungen

Ein Nachweis der Vermeidung und Abwehr von **Suchtgefahren** mittels wissenschaftlicher Untersuchungen ist wegen einer sehr hohen Dunkelziffer und der daraus resultierenden unbestimmbaren Zahl der Spielsüchtigen besonders bedeutsam. In Deutschland ist in den letzten Jahren, insbesondere im Internet, ein beträchtliches Vorkommen von Glücksspielen zu beobachten und es ist zu befürchten, dass die Zahl der Spielsüchtigen weiter ansteigen wird (vgl. Bundeszentrale für gesundheitliche Aufklärung (2011). Glücksspielverhalten und Glücksspielsucht in Deutschland. Ergebnisse aus drei repräsentativen Bevölkerungsbefragungen 2007, 2009 und 2011, S. 12 mwN). Die Tragfähigkeit der Gefahrenprognose durch den Gesetzgeber wird dabei bereits jetzt durch zahlreiche sachverständige Untersuchungen belegt (vgl. Meyer/Hayer, Das Gefährdungspotential von Sportwetten und Lotterie, 2005, 157 ff.; Grüsser/Plöntzke/Albrecht/Mörsen, Journal of Gambling Issues: Issue 19, January 2007, http://www.camh.net/egambling/issue19/pdfs/grusser.pdf; Plöntzke/Albrecht/Grüsser, Psychomed 2004, 142 ff.; Kalke/Farnbacher/Verthein/Haasen, Suchtmedizin 2006, 183 ff.; Schwickerath/Simons/Senft, Praxis Klinische Verhaltensmedizin und Rehabilitation 2004, 88 ff.; Gutachten d. Schweizerischen Instituts für Rechtsvergleichung, Lausanne in Zusammenarbeit mit dem Institut für Psychologie und Kognitionsforschung, Juli 2009, Universität Bremen; PAGE-Studie der Universitäten Greifswald und Lübeck 2011 – wird fortgeführt).

Die gesetzlich verankerte Sicherstellung einer kontinuierlichen Suchtforschung erscheint daher zweckdienlich. Denn Experten sind sich einig, dass durch den GlüStV Chancen eröffnet werden, die Suchtforschung auf dem Gebiet des Glücksspielwesens voranzutreiben (Kalke/Meyer/Haasen/Hayer, Konturen 01/2008, 20 ff.). Ohne dass im Gesetz eine Festlegung erfolgt wäre, schlagen sie für die anstehenden Untersuchungen zehn ausgewählte **Forschungsfelder** vor: Epidemiologische Forschung; Grundlagenforschung zu den Ursachen der Glücksspielsucht; Forschung zu Online-Glücksspielen; Entwicklung, Erprobung und Evaluation von primärpräventiven Interventionen; Evaluation der Sozialkonzepte; Früherkennung und -intervention bei Problemspielern; Wirksamkeit der Spiels-

perren; Bestandsaufnahme zum Hilfesystem für Risikospieler und pathologische
Spieler; Evaluation von Behandlungsansätzen und Therapieformen; Gesundheits-
ökonomische Untersuchungen (Kalke/Meyer/Haasen/Hayer, Konturen 01/2008,
20, 22 f.). Mit einer solchen Festlegung von Forschungsschwerpunkten kann das
Problem der Spielsucht zielgerichtet untersucht und damit auch systematisch
bekämpft werden. Gemeinschaftsrechtlich würde mit solchen Sachverständigen-
gutachten eine hinreichende Grundlage geschaffen, um den Vorgaben des EuGH
und den Erwartungen der Kommission an ein Glücksspielmonopol gerecht zu
werden.

IV. Besonderheiten der Länderausführungsgesetze

15   Zwischen den Bundesländern ist beabsichtigt neben dem GlüStV2012 auch
eine Verwaltungsvereinbarung über die Zusammenarbeit der Länder nach § 9
Abs. 3, die ländereinheitlichen Verfahren nach § 9 a und die Einrichtung des
Fachbeirats nach § 10 Abs. 1 Satz 2 Glücksspielstaatsvertrag (VwVGlüStV) abzuschließen. Im Fachbeirat (§ 10 Abs. 1 S. 2 und 3 GlüStV2012) sollen Persönlichkeiten mitwirken, die über besonderen Sachverstand insbesondere im Bereich der
nationalen und internationale Glücksspielsucht- und Wettsuchtforschung sowie
der Suchtprävention verfügen (§ 9 Abs. 1 Nr. 1 VwVGlüStV) verfügen.

16   In den Ausführungsgesetzen der Bundesländer sind entsprechende Regelungen
enthalten, die den Forschungsauftrag sicherstellen sollen (zB § 4 Abs. 1 HGlüG;
§ 11 Abs. 1 HmbGlüÄndStVAG). Vorgesehen ist in den Ausführungsgesetzen
auch, dass die Länder gemeinsam Forschungsprojekte fördern sollen (zB § 11
Abs. 1 HmbGlüÄndStVAG).Verschiedene Ausführungsgesetze enthalten darüber
hinaus auch spezielle Ermächtigungen zur Nutzung anderweitiger Daten für Zwecke der Glücksspielforschung (zB § 8 Abs. 7 NGlüSpG; § 4 Abs. 2 HGlüG; § 11
Abs. 2 HmbGlüÄndStVAG).

Dritter Abschnitt. Lotterien mit geringerem Gefährdungspotential

§ 12 Erlaubnis

(1) Die Erlaubnis gemäß § 4 Abs. 1 darf nur erteilt werden, wenn
1. der Veranstaltung keine Versagungsgründe nach § 13 entgegenstehen,
2. die in §§ 14, 15 Abs. 1 und 2, § 16 Abs. 3 genannten Voraussetzungen vorliegen,
3. mit der Veranstaltung keine wirtschaftlichen Zwecke verfolgt werden, die über den mit dem Hinweis auf die Bereitstellung von Gewinnen verbundenen Werbeeffekt hinausgehen, und
4. nicht zu erwarten ist, dass durch die Veranstaltung selbst oder durch die Verwirklichung des Veranstaltungszwecks oder die Verwendung des Reinertrages die öffentliche Sicherheit oder Ordnung gefährdet wird oder die Beziehungen der Bundesrepublik Deutschland zu anderen Staaten beeinträchtigt werden.

Satz 1 Nr. 3 gilt nicht für Lotterien in der Form des Gewinnsparens, wenn von einem Teilnahmebetrag ein Teilbetrag von höchstens 25 v.H. als Losanteil für die Gewinnsparlotterie verwendet wird.

(2) In der Erlaubnis ist auch zu entscheiden, inwieweit die Anforderungen der §§ 6 und 7 zu erfüllen sind.

(3) Soll eine Lotterie mit einem einheitlichen länderübergreifenden Spielplan in allen Ländern veranstaltet werden, so wird die Erlaubnis zu deren Durchführung ländereinheitlich erteilt. Soll eine Lotterie mit einem einheitlichen länderübergreifenden Spielplan nur in einigen Ländern veranstaltet werden, so kann das Land, in dem der Veranstalter seinen Sitz hat, die Erlaubnis auch mit Wirkung für die Länder erteilen, die dazu ermächtigt haben.

Ausführungsgesetze: §§ 15, 16 LGlüG BW; Art. 3 AGGlüStV Bayern; §§ 11, 12 AG GlüStV Berlin; §§ 10–12 BbgGlüAG; § 6 BremGlüG; § 13 HmbGlüÄndStVAG; §§ 12, 13 HGlüG; §§ 13, 14 GlüStVAG M-V; §§ 11, 12 NGlüSpG; §§ 14, 15 AG GlüÄndStV NRW; § 10 LGlüG RhPf; § 13 AG GlüStV-Saar; §§ 17, 18 SächsGlüSpVAG; §§ 15, 16 GlüG LSA; § 4 GlüÄndStV AG SchlH-E; § 4 Abs. 6, Abs. 7 ThürGlüG.

Literatur: Engels, Glücksspielstaatsvertrag 2008, Marketing und Vertrieb für erlaubtes Glücksspiel, WRP 2008, 470 ff.; Ohlmann, Die deutschen Lotto- und Totounternehmen - Wettbewerbsakteure oder Kompetenzträger im kooperativen Lotterieföderalismus?, WRP 2001, 672 ff.; Ohlmann, Lotterien und Glücksspiele in Deutschland. Schlaglichter der rechtshistorischen Entwicklung vom 18. bis zum 20. Jahrhundert, ZfWG 2007, 101 ff.; Tettinger, Lotterien im Schnittfeld von Wirtschaftsrecht und Ordnungsrecht, DVBl. 2000, 868 ff.

Übersicht

I. Entstehungsgeschichte, Allgemeines

1   Die Vorschriften des Dritten Abschnitts (§§ 12–18) entsprechen inhaltlich im Wesentlichen den Regelungen des gleichen Abschnitts aus dem GlüStV 2008 und dem LottStV aus dem Jahr 2004. Allerdings verdeutlicht bereits die Überschrift des Abschnitts, dass trotz überwiegender Kontinuität im Detail der Vorschriften seit 2008 nicht mehr der Veranstalter im Vordergrund der Regelungen steht (früher: „Lotterien anderer Veranstalter"), sondern der mindere Grad der Gefährlichkeit der Lotterien (heute: „Lotterien mit geringerem Gefährdungspotential").

2   Vorgänger von § 12 ist die Bestimmung des § 6 LottStV. War in § 6 Abs. 1 S. 1 LottStV noch ausdrücklich geregelt, dass die Behörde über die Erteilung der Erlaubnis nach pflichtgemäßem Ermessen entscheidet, gilt für § 12, dass die Veranstaltung einer Lotterie mit geringerem Gefährdungspotential einer Erlaubnis gem. § 4 Abs. 1 bedarf (zum Ermessen → § 4 Rn. 63). § 6 Abs. 2 S. 1 LottStV konnte entfallen, weil § 4 Abs. 1 nunmehr auch die Veranstaltung und Vermittlung der im Ersten Abschnitt geregelten Glücksspiele von der Erlaubnis der zuständigen Behörde „des jeweiligen Landes" abhängig macht (vgl. Erläuterung zu § 12). Im Übrigen sind die Regelungen von § 12 und § 6 LottStV weitgehend identisch. Der noch in § 6 Abs. 2 S. 2 LottStV enthaltene Hinweis auf die Geltung des **Regionalitätsprinzips** (→ § 3 Rn. 13; § 19 Rn. 40) ist in § 12 nicht mehr enthalten. Eines solchen Hinweises bedarf es durch die Inbezugnahme auf § 4 Abs. 1, in dem festgestellt wird, dass öffentliche Glücksspiele nur mit Erlaubnis der zuständigen Behörde des jeweiligen Landes veranstaltet oder vermittelt werden dürfen, auch nicht mehr.

3   Vor Inkrafttreten des LottStV im Jahre 2004 fand eine landesrechtliche Konturierung des zum Polizei- und Ordnungsrecht zählenden Lotterierechts innerhalb der bestehenden Gestaltungsspielräume entweder durch Übernahme vorgefundener reichsrechtlicher Regelungen oder durch eigenständige Regelungen statt (vgl. zur Historie Ohlmann ZfWG 2007, 101). Als Ausgangspunkt diente die Verordnung über die Genehmigung öffentlicher Lotterien und Ausspielungen **(Lotterieverordnung)** vom 6.3.1937 (RGBl. I, 283). Sofern die ReichslotterieVO nicht durch nachkonstitutionelles Recht der Länder ersetzt worden ist, galt sie nach Inkrafttreten des GG gemäß Art. 23 Abs. 1 GG als Landesrecht fort (vgl. BVerwGE 4, 294 (295); Tettinger DVBl. 2000, 868 (871)). In allen Bundesländern konnten nach dieser alten Rechtslage im Lotteriebereich private Veranstalter nicht uneingeschränkt tätig werden, sei es, weil die Zuständigkeit hierfür in den entsprechenden Landesgesetzen dem jeweiligen Land ausdrücklich zugesprochen wurde, sei es, weil an die Organisation des Veranstalters bestimmte Voraussetzungen geknüpft wurden (vgl. Tettinger DVBl. 2000, 868 (871 mwN)). Entsprechend ist auch § 12 als repressives Verbot mit Erlaubnisvorbehalt zu verstehen (vgl. OVG Lüneburg GewArch 2000, 116).

1. Systematik

Der Dritte Abschnitt des GlüStV regelt die „Lotterien mit geringerem Gefähr- **4** dungspotential". Bei **Lotterien mit geringerem Gefährdungspotential** handelt es sich im Vergleich zu den in den vorangehenden Abschnitten sowie in § 22 geregelten Glücksspielen um solche, die ein verhältnismäßig geringes Gefährdungspotential aufweisen. Dabei gilt es innerhalb des Dritten Abschnitts zu unterscheiden zwischen den sog. „Kleinen Lotterien" im Sinne von § 18 (→ § 18 Rn. 2) und anderen Lotterien wie etwa den Gewinnsparlotterien, der „ARD-Fernsehlotterie" oder der Lotterie „Aktion Mensch".

2. Durchbrechung des Lotteriemonopols

Während in einigen wenigen Mitgliedstaaten der Europäischen Union die Ver- **5** anstaltung von Glücksspielen in größerem Umfang durch private Unternehmen erfolgt, ist das Glücksspielrecht in den meisten Mitgliedstaaten geprägt durch eine häufig öffentlich-rechtliche **Monopolstruktur.** In Deutschland gilt dies im Bereich der sog. Lotterien mit planmäßigem Jackpot (vormals **Große Lotterien**) ebenso wie beispielsweise in Belgien (Loterie Nationale), Dänemark (Danske Lotteri Spil A/S), Finnland (Veikhaus OY), Schweden (AB Svenska Spel), Frankreich (Française des Jeux), den Niederlanden (De Lotto), Portugal (Santa Casa da Misericórdia de Lisboa) und Spanien (Sociedad Estatal Loterías Y Apuestas del Estado).

Entsprechend hatte der EuGH bereits sehr früh auf das ausschließlich mit den **6** Lotterien mit planmäßigem Jackpot verbundene Gefahrenpotential hingewiesen: „Sodann ist festzustellen, dass die Lotterien angesichts der Höhe der Beträge, die durch sie eingenommen werden können, und der Höhe der Gewinne, die sie den Spielern bieten können, vor allem wenn sie in größerem Rahmen veranstaltet werden, die Gefahr von Betrug und anderen Straftaten erhöhen. Außerdem verleiten sie zu Ausgaben, die schädliche persönliche und soziale Folgen haben können" (EuGH – C-275/92 – Schindler, NJW 1994, 2013, (2016)).

II. Grundsatz der Erlaubnispflicht

§ 12 Abs. 1 normiert auch für Lotterien mit geringerem Gefährdungspotential **7** eine grundsätzliche Erlaubnispflicht. Insoweit werden alle vom GlüStV geregelten Glücksspielformen einheitlich behandelt.

1. Lotteriebegriff

Nach dem Dritten Abschnitt können nur **Lotterien** genehmigt werden. Sämt- **8** liche anderen Arten von Glücksspielen sind danach nicht genehmigungsfähig, insbesondere sind dies Wetten einschließlich Sportwetten, Veranstaltungen nach dem Rennwett- und Lotteriegesetz sowie Casinospiele und die gewerberechtlich geregelten Glücksspiele.

9   Der Lotteriebegriff ist in § 3 Abs. 3 S. 1 legal definiert als Unterfall der allgemeinen Definition von Glücksspielen (→ § 3 Rn. 10 f.); aufgrund von § 3 Abs. 3 S. 2
finden die Vorschriften des Dritten Abschnitts auch Anwendung auf **Ausspielungen,** d. h. Veranstaltungen, die sich von Lotterien nur durch die Art der zu
erlangenden Gewinne, insbesondere Sachen oder andere geldwerte Vorteile statt
Geld, unterscheiden. Die gesetzliche Definition des Lotteriebegriffs sieht als aus-
schlaggebendes Unterscheidungskriterium für die Lotterien und Ausspielungen
von anderen Glücksspielen den „bestimmten **Plan**" an, nach dem sich die Chance
auf einen Gewinn bemisst. Der Spielplan muss allgemeine Regeln für den Spielbetrieb und die Zulassungsvoraussetzungen für die Spieler enthalten (→ § 3 Rn. 11).

2. Anwendungsbereich

10   Eine ausdrückliche Definition, welche Lotterien ein im Sinne der Vorschriften
geringeres **Gefährdungspotential** aufweisen, existiert nicht, sondern ergibt sich
im Umkehrschluss aus § 13 und § 22. Prinzipiell kommt damit jede Lotterie, die
nicht die Kriterien von § 22 erfüllt, d. h. gemäß § 13 Abs. 2 keine **planmäßige
Jackpotbildung** vorsieht, deren Gewinn nicht über 2 Mio. EUR liegt und die
nicht häufiger als zweimal wöchentlich veranstaltet wird, für eine Erlaubnis nach
§ 12 iVm § 4 Abs. 1 in Betracht. Vereinfachte Genehmigungsvoraussetzungen sieht
darüber hinaus § 18 für „Kleine Lotterien" vor, deren Reichweite lokal oder
regional begrenzt ist und bei denen die Summe der zu entrichtenden Entgelte
den Betrag von EUR 40 000 nicht übersteigt (→ § 18 Rn. 2).

III. Voraussetzungen der Erlaubniserteilung, Abs. 1

1. Keine Versagungsgründe nach § 13

11   Die Erlaubnis zur Veranstaltung einer Lotterie mit geringerem Gefährdungspotential nach § 12 Abs. 1 darf nur erteilt werden, wenn keine Versagungsgründe
nach § 13 entgegenstehen. Damit bekräftigt der Gesetzgeber die og und vom
EuGH bestätigte Gefahrenprognose für Lotterien mit planmäßigem Jackpot und
stellt klar, dass eine Erlaubnis nur für solche Lotterien in Betracht kommt, bei
denen die Bekanntgabe der Ziehungsergebnisse nicht öfter als zweimal wöchentlich erfolgt, der Höchstgewinn nicht den Wert von 2 Mio. EUR übersteigt und
kein planmäßiger Jackpot enthalten ist. Ein Grund zur Versagung ist bereits dann
gegeben, wenn auch nur einer der in § 13 genannten Versagungsgründe vorliegt.

2. Weitere Genehmigungsvoraussetzungen

12   Leitsatzartig bekräftigt § 12 Abs. 1 S. 1 Nr. 2, dass neben § 13 hinsichtlich Inhalt,
Art und Ausgestaltung der Veranstaltung sowie der Person des Veranstalters selbst
die in den dort genannten Folgebestimmungen geforderten Voraussetzungen
erfüllt und ihr Vorliegen von der Behörde vor Erlaubniserteilung geprüft werden
müssen. Ein Dispens auch nur von einer dieser Anforderungen ist daher ausgeschlossen.

3. Veranstaltungszweck und Werbebegrenzung

13   § 12 Abs. 1 S. 1 Nr. 3 verbietet die Veranstaltung von Lotterien für wirtschaftliche Zwecke, soweit diese über den zwangsläufig mit dem Hinweis auf die Bereit-

stellung der Gewinne verbundenen Werbeeffekt hinausgehen. Die Erläuterungen zu § 6 Abs. 1 S. 3 Nr. 3 LottStV begründeten die im LottStV gleichlautende Vorschrift mit dem Hinweis darauf, dass hierdurch eine Ausnutzung des natürlichen Spieltriebs der Bevölkerung aus privatem oder gewerblichem Gewinnstreben entsprechend § 1 Nr. 3 LottStV verhindert werden sollte. Auch wenn diese Zielvorgabe nicht in § 1 übernommen worden ist, dürfte der Rechtfertigungsgrund fortbestehen, da sowohl das BVerfG (NJW 2006, 1261 Rn. 110) als auch der EuGH stets betont haben, dass es zu den zwingenden Gründen des Allgemeininteresses zählt, „**die Ausnutzung der Spielleidenschaft** der Menschen zu begrenzen" (EuGH - C-124/97 - Läärä, EuZW 2000, 148 Rn. 32) und zu verhindern, dass das Glücksspiel „zu einer **Quelle persönlichen Gewinns**" wird (EuGH – C-275/92 – Schindler, NJW 1994, 2013 Rn. 60; C-65/05 - Kommission / Griechenland, Slg. 2006, I-10341 Rn. 35).

Der VGH München hatte in einem länger zurück liegenden Fall entschieden, **14** dass es nicht als Ermessensmissbrauch angesehen werden könne, wenn Lotterien mit wirtschaftlichem Bezug generell nicht zugelassen werden (BayVBl. 1983, 467 (469)). Das Gericht bestätigte damit die behördliche Entscheidung, einer Lotterie die Zulassung zu verweigern, deren Ertrag zwar Zwecken zugute kommen sollte, die allgemeiner Billigung im Sinne der ReichslotterieVO sicher sein konnten, deren Trägermedium aber eine Zeitschrift war, deren Absatz durch diese Lotterie befördert wurde. Die Vorschrift verbietet daher nicht nur die Verfolgung der wirtschaftlichen Zwecke des Veranstalters selbst, sondern auch die Verfolgung solcher Zwecke zu Gunsten eines Dritten. Die Genehmigung kann daher auch einem gemeinnützigen Veranstalter versagt werden, wenn die Lotterie im Zusammenhang mit dem Vertrieb von eigenen oder fremden Waren oder zum Zwecke der Veranstaltungen von **Wirtschaftswerbung** für den Veranstalter selbst oder für Dritte durchgeführt werden soll (Tettinger/Ennuschat, Grundstrukturen des deutschen Lotterierechts, S. 50). Nach der Ausweitung des Anwendungsbereichs durch den GlüStV mit Erstreckung der Norm auch auf staatliche Angebote ist § 12 Abs. 1 S. 1 Nr. 3 umfassender zu verstehen und schließt fiskalische Interessen des Staates ein. Bereits existierende und mit Erfolg durchgeführte Lotterien mit geringerem Gefährdungspotential zeigen überdies, dass nicht generell unterstellt werden kann, die Bestimmung würde jegliche Erlaubniserteilung an Private verhindern (so aber Engels WRP 2008, 470 (474)). Einer europaweiten Studie zufolge (Entwicklung des staatlich konzessionierten europäischen Lotterie und Wettspielmarktes) entfällt neben den Lotterien mit besonderem Gefährdungspotential (einschl. Euromillionen) ein Marktanteil von 11,3% auf sonstige Nummernlotterien. Der Bestimmung kann somit auch keine erdrosselnde Wirkung unterstellt werden.

§ 12 Abs. 1 S. 1 Nr. 3 enthält somit eine doppelte Zielrichtung: Einerseits wird **15** untersagt, dass die Veranstaltung der Lotterie intentional wirtschaftliche Zwecke verfolgt. Damit ist der Einsatz dieser Lotterien zu Zwecken des unmittelbar finanziell motivierten erwerbswirtschaftlichen Strebens untersagt. Insoweit korrespondiert diese Norm mit § 14 Abs. 1 Nr. 1, wonach als Veranstalter nur solche Personen in Betracht kommen, deren Tätigkeit steuerbegünstigte Zwecke verfolgt (→ § 14 Rn. 3). Gleichzeitig trägt der Gesetzgeber der Tatsache Rechnung, dass bei derartigen Lotterien die ausgelobten Preise häufig im Wege des Sponsorings zur Verfügung gestellt werden. Wäre hier jeglicher Werbeeffekt untersagt, würde dies auch den Hinweis auf ein solches **Sponsoring** und damit im Ergebnis auch die Bereitschaft der Sponsoren zum Sponsoring verhindern. Da viele der in § 14

Abs. 1 Nr. 1 genannten Veranstalter aber auf derartige Zuwendungen Dritter angewiesen sind, hat der Gesetzgeber den mit dem Hinweis auf die Bereitstellung der Gewinne im Wege des Sponsoring verbundenen Werbeeffekt als zulässig, gleichzeitig aber auch als oberste Grenze der Akzeptanz formuliert. Diese Grenze wird durch die Werberichtlinien nach § 5 (→ § 5 Rn. 76 ff.) neu justiert werden. Es ist davon auszugehen, dass Lotterien mit geringerem Gefährdungspotential zwar grundsätzlich den **Werbebeschränkungen** aus § 5 unterliegen, wie sich jetzt auch deutlich aus den Erläuterungen des Gesetzgebers zur Änderung von § 12 Abs. 2 ergibt, diese jedoch zu ihren Gunsten deutlich abgeschwächt werden, weil es sich bei den Lotterien mit geringerem Gefährdungspotential um eine im Vergleich zu den anderen Glücksspielarten eher ungefährlichere Variante handelt.

4. Gefahren für die öffentliche Sicherheit oder Ordnung

16   § 12 Abs. 1 S. 1 Nr. 4 enthält in seiner ersten Alternative eine Generalklausel hinsichtlich möglicher Gefahren, die mit der beantragten Lotterie für die öffentliche Sicherheit oder Ordnung einhergehen könnten. Diese Gefahren sind abstrakt offen formuliert und reichen über den Anwendungsbereich der Normen des Staatsvertrags hinaus. Im Übrigen gelten hinsichtlich der Gefahreneinschätzung die allgemeinen Regeln des Rechts der öffentlichen Sicherheit und Ordnung, dh es muss sich um eine konkrete Gefahr handeln. Die ein wenig pathetisch anmutende Besorgnis um eine Beeinträchtigung der Beziehungen der Bundesrepublik Deutschland zu anderen Staaten auf Grund der Zulassung einer Lotterie mit geringerem Gefährdungspotential scheint daher auf den ersten Blick und angesichts der weltweiten Entwicklung der Glücksspielmärkte eine eher anachronistische Anleihe aus § 6 Abs. 1 S. 3 Nr. 4 LottStV zu sein. Die Begründung der Norm des LottStV bezeichnet als Fallbeispiel die erkennbare Absicht des Lotterieveranstalters, seine Lose entgegen ausländischem Recht in anderen Staaten anzubieten (vgl. EuGH – C-275/92 – Schindler, NJW 1994, 2013). Angesichts der in anderen Mitgliedstaaten bestehenden (Un-)Sitte, für bestimmte Glücksspiele sog. „Offshore-Lizenzen" (→ Einführung 29) zu erteilen, besitzt diese Regelung jedoch durchaus – wenn auch mehr politische, denn praktische – Relevanz.

5. Ausnahmen für Gewinnsparlotterien

17   § 12 Abs. 1 S. 2 nimmt Lotterien in der Form des **Gewinnsparens,** dh jene Lotterien, die regelmäßig über Kreditinstitute angeboten werden und dadurch gekennzeichnet sind, dass von einem einzusetzenden Betrag nur ein kleiner Teil für das Glücksspiel verwandt, die restliche Summe jedoch gespart wird, ausdrücklich von den in S. 1 Nr. 3 geregelten Werbe- und Zielbeschränkungen aus (zur Steuerpflicht für Gewinnsparlotterien nach § 17 Rennwett- und Lotteriegesetz vgl. BFH WM 1969, 128).

18   Mit Blick auf die lange Tradition und weil das Gewinnsparen aus ordnungsrechtlicher Sicht nie zu grundsätzlichen Beanstandungen Anlass gegeben hat, hatten sich die Länder bereits im LottStV dafür entschieden, diesbezüglich Ausnahmeregelungen zu schaffen. Diese wurden fortgeschrieben und durch den Ersten Änderungsstaatsvertrag lediglich insoweit modifiziert, als dass nunmehr 25 statt wie bislang 20% des Kaufpreises als Losanteil verwendet werden dürfen. Zu beachten ist, dass für das Gewinnsparen § 14 Abs. 1 S. 2 Anwendung findet.

IV. Allgemeine Ausnahmebestimmungen, Abs. 2

Die vormals in § 12 Abs. 2 GlüStV 2008 enthaltene Möglichkeit für die Erlaub- **19**
nisbehörden, Befreiungen vom Verbot der Fernsehwerbung zu ermöglichen, ist
durch die Änderung von § 5 und die dort ($\to$ § 5 Rn. 65) enthaltene generelle
Befreiungsmöglichkeit für Lotterien und Sportwetten gegenstandslos geworden
und folglich entfallen.

Der Gesetzgeber ermöglicht den Erlaubnisbehörden in der Erlaubnis darüber **20**
zu entscheiden, inwieweit den Anforderungen der §§ 6 und 7 zu genügen ist.
Selbstverständlich kommt eine Befreiung im Sinne von Abs. 2 nur dann in
Betracht, wenn diese vom Antragsteller entsprechend beantragt und die Voraussetzungen für eine solche Befreiung glaubhaft gemacht worden sind.

Keine näheren Hinweise enthalten allerdings der Wortlaut der Norm oder die **21**
Erläuterungen dazu, welche Voraussetzungen erfüllt sein müssen, damit die
Behörde eine **Befreiung** gem. Abs. 2 aussprechen kann. Diese sind daher aus Sinn
und Zweck der Befreiungsnorm unter Berücksichtigung der Schutzfunktionen der
§§ 6 und 7 zu ermitteln. Sozialkonzept (§ 6) und Aufklärung (§ 7) verstehen sich
vor dem Hintergrund der mit den Glücksspielen einhergehenden unterschiedlichen Gefahren- und damit vor allem mit dem Suchtpotential. Inwieweit das
Korrektiv der in den §§ 6 und 7 vorgesehenen Maßnahmen zur Begrenzung der
Suchtgefahren auch bei den Lotterien mit geringerem Gefährdungspotential zur
Anwendung kommen muss, entscheidet sich daher in Abhängigkeit von der individuellen Ausgestaltung der jeweiligen Lotterie. Es ist also von der Erlaubnisbehörde abzuwägen, welches Suchtgefährdungspotential sie in der beantragten Lotterie erblickt und in welchem Umfang daher Maßnahmen nach §§ 6 und 7
erforderlich erscheinen.

Aus dem Wortlaut der Norm „. . . inwieweit die Anforderungen [. . .] zu erfül- **22**
len sind" wird deutlich, dass die Behörde keineswegs lediglich zwischen einer
vollumfänglichen Erfüllung der Anforderungen aus §§ 6 und 7 und einem gänzli-
chen Verzicht darauf wählen kann, sondern sie durchaus auch nur eine teilweise,
verminderte oder modifizierte Anforderung stellen kann. Der weitergehende
Wortlaut „In der Erlaubnis ist auch zu entscheiden, . ." ist hingegen nicht in dem
Sinne zu verstehen, dass die Behörde erst mit Erteilung der Erlaubnis gegenüber
dem Veranstalter Stellung zu Art und Umfang der Anforderungen nehmen darf.
Nicht nur weil die Erlaubniserteilung ohnehin ein mitwirkungsbedürftiger Verwaltungsakt ist, sondern auch weil gerade die Vorschriften über das Sozialkonzept
(§ 6) sowie die Aufklärungsverpflichtung (§ 7) ein erhebliches eigenes Handeln
des Antragstellers vor der Entscheidung erfordern, kann eine diesbezügliche Beurteilung der Anforderungen zumeist erst nach Darlegung durch den Antragsteller
erfolgen. In der Praxis wird die Behörde dem Antragsteller daher vielfach vor
Erteilung der Erlaubnis und nach Kenntnis des geplanten Konzepts mitteilen,
welche Anforderungen sie im Rahmen des Abs. 2 festzulegen gedenkt. Ob und
in welchem Umfang die Anforderungen gestellt werden, steht im pflichtgemäßen
Ermessen der Behörde.

Ausweislich der nach wie vor zu berücksichtigenden Gesetzesbegründung zu **23**
§ 12 Abs. 2 GlüStV 2008 geht der Gesetzgeber davon aus, dass an dieser Stelle
insbesondere weitreichende Ausnahmen vor allem bei den Kleinen Lotterien iSv
§ 18 in Betracht kommen. Auch diese Ausnahmebestimmung ist somit Folge des

Beurteilungsspielraums des Gesetzgebers, wonach er das Gefährdungspotential sog. Kleiner Lotterien nach § 18 geringer einschätzt als das von LOTTO bzw. anderer Glücksspiele wie etwa Sportwetten zu festen Gewinnquoten. Da die von § 12 erfassten Glücksspielarten auch weder flächendeckend angeboten, noch entsprechend beworben werden, erscheinen die Ausnahmebestimmungen folgerichtig. Sicherzustellen ist stets, dass Jugendliche von der Teilnahme ausgeschlossen werden.

V. Lotterien mit ländereinheitlichem und länderübergreifendem Spielplan, Abs. 3

24   Die Vorschrift trägt dem Umstand Rechnung, dass auch Lotterien mit geringerem Gefährdungspotential, anders als Kleine Lotterien, nicht auf ein Bundesland beschränkt sein müssen, sondern einheitlich in mehreren Ländern oder bundesweit veranstaltet werden können. Zu beachten ist, dass ein einheitlicher Spielplan nicht bereits dann vorliegt, wenn die Lotterie identisch in mehreren Ländern angeboten wird oder eine Entlastung der Verwaltung beabsichtigt ist. Entscheidend für die **Einheitlichkeit des Spielplans** ist der länderübergreifende Charakter der Veranstaltung. Die Regelung soll es dem Veranstalter einer länderübergreifenden, insbesondere einer bundesweiten Lotterie erleichtern, Erlaubnisse in allen Bundesländern zu erhalten, in denen die Lotterie spielbar sein soll. Anders als bislang reicht es aber bei einer bundesweiten Veranstaltung nicht aus, wenn der Veranstalter in dem Bundesland, in dem er seinen Sitz hat, einen Antrag auf Erteilung der Erlaubnis stellt. Vielmehr muss er nun eine Erlaubnis in allen Bundesländern beantragen, wofür er erwarten kann, dass diese eine abgestimmte, einheitliche Erlaubnis erteilen. Warum hier ein anderer Weg vorgesehen ist, als für den Fall, dass die Lotterie nicht in allen, sondern nur „in einigen Ländern" spielbar sein soll, ist nicht recht verständlich. Eine Rechtfertigung für die unterschiedlichen Verfahrensarten, insbesondere wenn eine Veranstaltung nur in 15 statt in 16 Ländern geplant ist, erscheint nicht ersichtlich.

25   Offen ist nach wie vor, ob es sich im Falle der bloß länderübergreifenden Veranstaltung um eine „Generalermächtigung" in dem Sinne handelt, dass die ermächtigte Behörde nach eigener Prüfung berechtigt ist, mit hoheitlicher Wirkung für das andere Land zu handeln, oder ob in jedem Einzelfall zunächst und vor Erteilung der Ermächtigung die Einhaltung des jeweiligen Landesrechts durch die zuständige Landesbehörde zu prüfen ist, so dass erst aufgrund des vom Sitzland erstellten Entwurfs der konkreten Genehmigung die individuelle Ermächtigung erfolgen kann (**„Individualermächtigung"**). Hier wird es auf die jeweiligen Regelungen in den entsprechenden Rechtsverordnungen der Länder ankommen. Grundsätzlich ist das Verfahren der Länderermächtigung rechtsstaatlich bedenkenfrei. Die Bestimmung stellt insbesondere keine Ausnahme oder gar Abkehr vom staatsrechtlichen **Regionalitätsprinzip** (vgl. dazu Ohlmann WRP 2001, 672 (675 f.)) dar. Die Ermächtigung muss jedoch, da es sich insoweit um einen verwaltungshoheitlichen Übergriff auf ein anderes Land handelt, (formal-)gesetzlich eingeräumt sein. Der Staatsvertrag ist insoweit eine solche Ausnahmeregelung. Der genaue Ablauf dieser Ermächtigungserteilung ist in Rechtsverordnungen der Länder näher zu bestimmen, da es sich bei der Erlaubniserteilung um Hoheitsverwaltung handelt. Soweit die Ausführungsgesetze hierzu keine Befugnis enthalten, wäre die Ermächtigung über die Landesregierung des jeweiligen Bundeslandes einzuholen, da diese das Land nach außen vertritt. Eine Klage gegen eine erteilte Ermächtigung wäre gegen das Land zu richten, das die Genehmigung erteilt hat. Die Länder, die eine Ermächtigung erteilt haben, wären beizuladen, § 65 VwGO.

§ 13 Versagungsgründe

(1) **Eine Erlaubnis darf nicht erteilt werden, wenn die Veranstaltung § 4 Abs. 2 bis 6 widerspricht. Dies ist vor allem der Fall, wenn nicht auszuschließen ist, dass die Veranstaltung der Lotterie wegen des insgesamt bereits vorhandenen Glücksspielangebotes, insbesondere im Hinblick auf die Zahl der bereits veranstalteten Glücksspiele oder deren Art oder Durchführung, den Spieltrieb in besonderer Weise fördert.**

(2) **Eine Erlaubnis darf insbesondere nicht erteilt werden, wenn**
1. **der Spielplan vorsieht, dass**
   a) **die Bekanntgabe der Ziehungsergebnisse öfter als zweimal wöchentlich erfolgt,**
   b) **der Höchstgewinn einen Wert von 2 Million Euro übersteigt oder**
   c) **Teile des vom Spieler zu entrichtenden Entgeltes zu dem Zweck angesammelt werden, Gewinne für künftige Ziehungen zu schaffen (planmäßiger Jackpot), oder**
2. **eine interaktive Teilnahme in Rundfunk und Telemedien mit zeitnaher Gewinnbekanntgabe ermöglicht wird.**

Ausführungsgesetze: §§ 15, 16 LGlüG BW; Art. 3 AGGlüStV Bayern; §§ 11, 12 AG GlüStV Berlin; §§ 10–12 BbgGlüAG; § 6 BremGlüG; § 14 HmbGlüÄndStVAG; §§ 12, 13 HGlüG; §§ 13, 14 GlüStVAG M-V; §§ 11, 12 NGlüSpG; §§ 14, 15 AG GlüÄndStV NRW; § 10 LGlüG RhPf; § 13 AG GlüStV-Saar; §§ 17, 18 SächsGlüStVAG; §§ 15, 16 GlüG LSA; §§ 4, 5 GlüÄndStV AG SchlH-E; § 4 Abs. 6, Abs. 7 ThürGlüG.

Literatur: Jarass, Grundrechtliche Vorgaben für die Zulassung von Lotterien gemeinnütziger Einrichtungen, DÖV 2000, 753 ff.; Kalke/Haasen, Gutachten zum Erkenntnisstand über das Gefährdungs- und Abhängigkeitspotential von Lotterien, 2006; Meyer/Hayer, Das Gefährdungspotential von Lotterien und Sportwetten, 2005; Ossenbühl, Der Entwurf eines Staatsvertrages zum Lotteriewesen in Deutschland – Verfassungs- und europarechtliche Fragen, DVBl. 2003, 881 ff.; Voßkuhle, Glücksspiel zwischen Staat und Markt, VerwArch 1996, 395 ff.

I. Entstehungsgeschichte, Allgemeines

In § 13 Abs. 1 S. 1 werden die Versagungsgründe nach § 4 Abs. 2 iVm § 1 und **1** die zwingenden Vorschriften des § 4 Abs. 3 bis 6 für anwendbar erklärt. Im Übrigen entspricht die Vorschrift dem früheren § 7 LottStV (vgl. die Gesetzeserläuterung zu § 12). Die Norm verlangt von der zuständigen Behörde eine gerichtlich kontrollierbare Abwägungsentscheidung, die zu einer systematischen Genehmigungspraxis zwingt. Hätte der GlüStV lediglich einzelne unzulässige Lotterieangebote identifiziert und andere Lotterien grundsätzlich freigestellt, bestünde die Gefahr eines erheblichen Anwachsens dieser freigestellten Angebote im Wettbewerb, was nicht mehr mit den Zielen des GlüStV in Einklang stünde. Durch den Änderungsstaatsvertrag wurde lediglich die Summe des Höchstgewinns von 1 Mio. EUR auf 2 Mio. EUR angehoben und dies mit der Preisentwicklung sowohl in den zurückliegenden Jahren sowie innerhalb der Laufzeit des Staatsvertrages begründet.

1. Systematik

2   Die Gesetzeserläuterungen zu § 13 GlüStV 2008 verweisen darauf, dass diese Norm mit Ausnahme der Verweisungstechnik in Abs. 1 S. 1 dem alten § 7 LottStV entspricht. Somit ist für die Auslegung auch auf die Erläuterungen zu dieser Norm des LottStV zurückzugreifen. Abs. 1 S. 1 enthält die grundlegende Bestimmung über die Zulassung von Lotterien mit geringerem Gefährdungspotential (→ § 12 Rn. 11 ff.). Ausweislich der Gesetzeserläuterung zu § 7 Abs. 1 S. 2 LottStV gibt Abs. 1 S. 2 der zuständigen Behörde einen nicht abschließenden Kriterienkatalog vor, an Hand dessen sie ihre Entscheidung über die Erlaubniserteilung vorrangig auszurichten hat (→ Rn. 10 ff.). Abs. 2 regelt somit die Fälle, in denen stets anzunehmen ist, dass bei deren Vorliegen ein besonderes Gefährdungspotential der Lotterie gegeben ist.

3   Wie der Erläuterung zum LottStV weiter zu entnehmen ist, ergibt sich aus dem Regelungsgehalt der Bestimmung, dass – wie schon nach der Rechtslage vor Inkrafttreten des LottStV – das **repressive Verbot mit Befreiungsvorbehalt** auch für Lotterien mit geringerem Gefährdungspotential fortbesteht. Lotterien mit einem planmäßigen Jackpot dürfen nur zur Kanalisierung des Spieltriebs und von den in § 10 Abs. 2 Genannten veranstaltet werden.

2. Verfassungskonformität

4   Nach Auffassung des Gesetzgebers handelt es sich bei den die Modalitäten einer Lotterieveranstaltung betreffenden Versagungsgründen des § 13 Abs. 2 um **Berufsausübungsregelungen** (vgl. VG Düsseldorf NWVBl. 2002, 293; VG Düsseldorf NWVBl. 2007, 358), die durch die in § 1 zum Ausdruck kommende Zielsetzung des GlüStV gerechtfertigt sind. Die in der Gesetzesbegründung unterstellte Verfassungskonformität der Vorschrift, genauer gesagt, der wortgleichen Vorgängerbestimmung aus § 7 Abs. 2 LottStV, ist umgehend in der rechtswissenschaftlichen Literatur angezweifelt (Ossenbühl DVBl. 2003, 881) und zur Überprüfung der Gerichte gestellt worden. In dem äußerst dezidiert begründeten und rechtskräftigen Urteil des VG Düsseldorf (NWVBl. 2007, 358) wird jedoch festgestellt, dass kein Verstoß gegen das Grundrecht der Berufsfreiheit aus Art. 12 GG bzw. gegen den Gleichheitsgrundsatz aus Art. 3 GG vorliegt. Danach unterliegt die Veranstaltung von Lotterien und anderen Glücksspielen durch private Anbieter dem grundrechtlichen Schutz (vgl. BVerfGE 102, 197 (213); BVerwGE 96, 293 (299); Tettinger/Ennuschat, Grundstrukturen des deutschen Lotterierechts, S. 52 ff.; Jarass DÖV 2000, 753 (755)). Auch gemeinnützigen Lotterien kommt daher der Schutz des Art. 12 Abs. 1 GG zu, da es verfassungsrechtlich für einen Beruf oder ein Gewerbe nicht darauf ankommt, ob die Tätigkeit auf Gewinn ausgerichtet ist, sondern allein, ob es sich um eine auf Erwerb gerichtete Beschäftigung handelt, unabhängig von der späteren Verwendung des Erworbenen (so zutreffend Ossenbühl DVBl. 2003, 881 (882)).

5   **a) Kein Verstoß gegen Art. 12 Abs. 1 GG.** Nach Auffassung des VG Düsseldorf sind die durch die inhaltsgleiche Vorgängerbestimmung von § 13 Abs. 2 ver-

ursachten Eingriffe in Art. 12 Abs. 1 GG aber verfassungsrechtlich gerechtfertigt. Das Gericht geht davon aus, dass es sich nicht um solche Schranken handelt, die den Zugang zu einem Beruf objektiv verwehren. Für die insoweit inhaltsgleiche Vorgängerbestimmung des § 7 LottStV hat das VG Düsseldorf festgestellt, dass die Norm vielmehr Bedingungen und Modalitäten regelt, unter denen eine Lotterieveranstaltung von privaten Anbietern grundsätzlich durchgeführt werden dürfe (subjektive Berufszulassungsbeschränkung). Insbesondere vermochte das VG Düsseldorf der Bestimmung aus Abs. 2 keine wirtschaftlich erdrosselnde Wirkung beizumessen (VG Düsseldorf NWVBl. 2007, 358 (359)). Den in Abs. 2 enthaltenen Beschränkungen ließen sich keine berufsbildprägenden Wirkungen entnehmen (aA Ossenbühl DVBl. 2003, 881 (884)).

Selbst wenn es sich aber bei Abs. 2 um eine objektive Berufszulassungsvoraussetzung handeln sollte, so wäre diese nach der Rspr. des BVerfG zulässig, wenn sie **6** zur Abwehr nachweisbarer oder höchstwahrscheinlich schwerer Gefahren für ein besonders wichtiges Gemeinwohlgut zwingend erforderlich wäre (vgl. BVerfGE 7, 377 (405); 11, 168 (183); BVerwG NVwZ 1995, 475; NJW 2001, 2648 (2649)). Als derartige Gemeinwohlgründe von überragender Bedeutung sind hier die in § 1 verankerten Ziele anzusehen. Bereits nach der Rechtslage zum LottStV hatte das VG Düsseldorf daher in seiner oben zitierten Entscheidung aus dem Jahre 2005 betont, dass in diesem Kontext insbesondere die Bekämpfung der Spiel- und Wettsucht nach Auffassung des BVerfG ein besonders wichtiges Gemeinwohlziel darstellt, da nach dem gegenwärtigen Stand der Forschung feststehe, dass Glücksspiele und Wetten zu krankhaftem Suchtverhalten führen könnten. Diese Erwägungen hält das VG Düsseldorf auch für auf Lotterien übertragbar (aA noch VG Düsseldorf NWVBl. 2002, 393 (394 f.)).

Angesichts neuerer Erkenntnisse zum Thema **Spielsuchtgefahren** bei Lotte- **7** rien könne an der gegenteiligen Einschätzung des Gerichts aus dem Jahre 2001 bezüglich der von Lotterien ausgehenden Gefahren nicht mehr in der aufgezeigten Weise festgehalten werden (vgl. dazu Meyer/Hayer, Das Gefährdungspotential von Lotterien und Sportwetten, S. 51 ff.; Kalke/Haasen, Gutachten zum Erkenntnisstand über das Gefährdungs- und Abhängigkeitspotential von Lotterien mwN). Insbesondere könne von einer bloß theoretischen Möglichkeit einer Ausuferung der Spielleidenschaft nicht mehr die Rede sein. Aktuelle Gutachten und Forschungsergebnisse zeigten vielmehr, dass auch die Teilnahme an Lotterieveranstaltungen durchaus mit problematischem bis pathologischem Spielverhalten einhergehen könne, auch wenn die Gefahren geringer eingeschätzt werden als im Bereich der Sportwetten (→ § 11 Rn. 12). Dies dürfte kaum zu beanstanden sein, denn schließlich sind sich Wissenschaft und Politik gleichermaßen auch im Bereich der psychoaktiven Substanzen einig, Suchtprävention auch bei denjenigen suchtaffinen Produkten durchzuführen, die ein vergleichsweise niedriges Suchtpotential aufweisen wie etwa Cannabis (Kalke/Haasen, Gutachten zum Erkenntnisstand über das Gefährdungs- und Abhängigkeitspotential von Lotterien, S. 7).

Als weiteres überragendes Gemeinschaftsgut zur Rechtfertigung des Eingriffs **8** in die Berufsausübungsfreiheit sieht das VG Düsseldorf die Verhinderung von **Missbrauchs- und Manipulationsgefahren** an. Wenn auch das Suchtgefährdungspotential bei Sportwetten höher als bei Lotterien zu bewerten sei, seien insbesondere Manipulationsrisiken, deren Verhinderung das BVerfG ebenfalls als legitimen Zweck ansieht (vgl. BVerfG NJW 2006, 1261 Rn. 105 f.), bei Lotterieveranstaltungen durchaus zu besorgen. Auch daraus lasse sich eine Rechtfertigung für ein gesetzgeberisches Handeln herleiten, so das VG Düsseldorf (NWVBl. 2007, 358 (360)).

9   Schließlich ist – auch nach Auffassung der Rechtsprechung – zu berücksichtigen, dass dem Gesetzgeber bei der Entscheidung, welche Maßnahmen er zur Gefahrenabwehr für erforderlich erachtet, ein weiter Beurteilungs- und Gestaltungsspielraum zuzuerkennen. Ein Mittel ist bereits dann im verfassungsrechtlichen Sinne geeignet, wenn mit seiner Hilfe der gewünschte Erfolg gefördert werden kann, wobei die Möglichkeit der Zweckerreichung genügt (vgl. BVerfGE 96, 10 (23); 103, 293 (307)). Der Entscheidung des Gesetzgebers kommt dabei ein Einschätzungs- und Prognosevorrang zu. Es ist vornehmlich seine Sache, unter Beachtung der Sachgesetzlichkeiten des betreffenden Sachgebiets zu entscheiden, welche Maßnahmen er im Interesse des Gemeinwohls ergreifen will (vgl. BVerfG NVwZ-RR 2008, 1 Rn. 39; NJW 2006, 1261 (1264)). Zu diesen Maßnahmen gehört auch die Verhinderung der nach den vorangegangenen Ausführungen dem Grunde nach anzunehmenden Gefährdungen im Zusammenhang mit Lotterien (vgl. BVerfG NVwZ 2001, 790 (794); NJW 2006, 1261 Rn. 112). Es trägt zumindest zur Bekämpfung von Suchtgefahren und auch zur Verhinderung von Missbrauch und Manipulation bei, wenn private Anbieter nur in kleinerem und damit letztlich auch ungefährlicherem Rahmen Lotterien anbieten dürfen und dies im Übrigen dem Staat mit der Möglichkeit der **effektiveren Selbstkontrolle** vorbehalten bleibt (st. Rspr. BVerfG NVwZ 2001, 790; NJW 2006, 1261 Rn. 116; GewArch 2007, 242).

10   **b) Kein Verstoß gegen Art. 3 Abs. 1 GG.** Die in § 13 Abs. 2 Nr. 1 enthaltenen Versagungsgründe verstoßen auch nicht gegen Art. 3 Abs. 1 GG. Zwar werden private Lotterieveranstalter gegenüber staatlichen Veranstaltern zumindest hinsichtlich einzelner Kriterien (zB bzgl. der in gem. Abs. 2 Nr. 1 lit. b) beschränkten Gewinnhöhe oder des in lit. c) geregelten Jackpotverbotes) ungleich behandelt, da das staatliche Angebot, wie LOTTO, diesen Beschränkungen nicht unterliegt. Art. 3 Abs. 1 GG verbietet jedoch keine Ungleichbehandlung schlechthin. Ein Verstoß gegen Art. 3 Abs. 1 GG liegt vielmehr nur dann vor, wenn es für die Ungleichbehandlung von im Wesentlichen gleichen Sachverhalten oder Personen keinen sachlichen Differenzierungsgrund gibt oder wenn der Grund für die Ungleichbehandlung geringer zu gewichten ist als das Interesse der ungleich behandelten Gruppe (vgl. VG Düsseldorf NWVBl. 2007, 358 (360) mHa BVerfGE 49, 148 (165); 88, 87 (96); BVerfG DVBl. 1993, 787). Nach diesen Maßstäben ist der Gleichheitssatz aus Art. 3 Abs. 1 GG durch die in § 13 Abs. 2 Nr. 1 enthaltenen Regelungen nicht verletzt. Der sachliche Differenzierungsgrund bzw. die höhere Gewichtung des Grundes für die Ungleichbehandlung gegenüber dem Interesse der privaten Lotterieveranstalter ergibt sich aus den gleichen Gründen, aus denen der Eingriff in Art. 12 Abs. 1 GG verfassungsrechtlich gerechtfertigt ist, selbst wenn man davon ausginge, dass es sich bei den in Abs. 2 normierten Beschränkungen um objektive Berufszulassungsbeschränkungen handelte.

II. Versagungsgründe nach § 4 und Bedürfnisprüfung

11   Abs. 1 S. 1 bindet das Ermessen der Erlaubnisbehörde an die absoluten Versagungsgründe aus § 4 Abs. 2 bis 6 (→ § 4 Rn. 45 ff.). § 13 Abs. 1 enthält damit die

grundlegende Bestimmung über die Zulassung von Lotterien anderer als der in § 10 Abs. 2 genannten Veranstalter, wobei Abs. 1 S. 1 an die Generalklausel des § 4 und damit vor allem auch an die staatsvertraglichen Zielbestimmungen des § 1 anknüpft. Durch den Verweis auf § 4 Abs. 5 ist klargestellt, dass – mit entsprechender Erlaubnis – auch Lotterien mit geringem Gefährdungspotential im Internet veranstaltet werden können.

Nach der auch für die Auslegung von § 13 heranzuziehenden Gesetzeserläute- **12** rung der entsprechenden Norm im LottStV kann, richtig wohl: muss, die Behörde bei der Beurteilung des bereits vorhandenen Glücksspielangebots zum Beispiel auch die Anzahl der zugelassenen Anbieter, das Volumen des gesamten im Veranstaltungsraum zugelassenen Spielkapitals von Lotterien oder das Angebot an vorhandenen (sonstigen) Glücksspielen (zum Beispiel in Spielbanken, bestimmte Wetten) berücksichtigen. Ob die Art und Durchführung der beantragten Lotterie den Spieltrieb in besonderer Weise fördert, soll sich nach der konkreten Lotterieveranstaltung richten. Dabei sollen zB die Höhe des maximalen **Spieleinsatzes je Los** sowie die **Gewinnwahrscheinlichkeit** und **Gewinnausschüttung** von Bedeutung sein. Die Gesetzeserläuterung zu § 7 Abs. 1 S. 2 LottStV stellte außerdem fest: Kann eine Lotterie wegen der Zahl der bereits vorhandenen Glücksspiele nicht erlaubt werden, hat die Behörde im Rahmen ihres Zulassungsermessens ggf. unter mehreren Zulassungsanträgen eine an den staatsvertraglichen Zielen orientierte Auswahlentscheidung zu treffen. Mit dieser einzelfallbezogenen Beurteilung verzichtet der Staatsvertrag bewusst, anders als beispielsweise die in einzelnen Ländern getroffenen Regelungen zur Zulassung von Spielbanken, auf starre **zahlenmäßige Obergrenzen.**

Eine **Bedürfnisprüfung** wie unter der Rechtslage vor Inkrafttreten des **13** LottStV ist damit jedoch nicht gemeint. Das vormals generell geltende Kriterium des „hinreichenden öffentlichen Bedürfnisses" als Erfordernis für eine Genehmigungserteilung hatte berechtigte Kritik erfahren. Im Hinblick auf das seinerzeit bestehende Lotterieangebot, insb. durch die Lotterie „6aus49" sowie die „GlücksSpirale", wurde diesem Kriterium ein rein theoretischer Stellenwert beigemessen, wenngleich die Schutzfunktion, wonach ein Abwandern der Bevölkerung zu illegalen Angeboten verhindert werden sollte, bejaht wurde (vgl. OVG Lüneburg GewArch 2000, 116 mHa Voßkuhle VerwArch 1996, 395 (428); VGH München GewArch 2002, 23). Nach der Rechtslage vor 2004 konnte sich ein hinreichendes öffentliches Bedürfnis für eine Lotterieveranstaltung daher daraus ergeben, dass der Überschuss (Zweckertrag) der Lotterie gemeinnützigen Zwecken zugute kommen sollte, die von den bereits zugelassenen Lotterien nicht hinreichend gefördert wurden (bestätigt durch BVerwG NVwZ 2001, 435 (436)).

Der VGH München hatte im Falle der **Umweltlotterie** zudem bestätigt, dass **14** im Hinblick auf den Spielzweck und den niedrigen Gewinnanteil eine Sozialschädlichkeit nicht gegeben war (VGH München GewArch 2002, 23 (24)). Indes hat auch der VGH München nicht in Abrede gestellt, dass jedes zusätzliche Glücksspiel mit dem Prinzip der Eindämmung und Kanalisierung des Spieltriebs vereinbar sein muss. Um dem befürchteten starken Ansteigen der Genehmigungsanträge angemessen zu begegnen, müsse der Gesetzgeber daher angemessene Auswahlkriterien entwickeln, wie es erstmals in § 7 LottStV geschehen ist (vgl. VGH München GewArch 2002, 23 (24)) und nunmehr in § 13 Abs. 2 fortgeschrieben wird.

III. Besondere Anforderungen an die Lotterieveranstalter

15   Die speziellen Versagungsgründe des § 13 Abs. 2 benennen Veranstaltungsmerkmale, bei denen zwingend davon auszugehen ist, dass mit ihnen ein erhöhtes und nicht mehr tolerierbares Gefährdungspotential verbunden ist. Hinter diesen Vorgaben dürfen die Ausführungsgesetze der Länder daher nicht zurückbleiben.

1. Bekanntgabe der Ziehungsergebnisse

16   Die Beschränkung der Bekanntgabe des Ziehungsergebnisses (Nr. 1 lit. a)) soll vor allem verhindern, dass das Interesse an einer Spielteilnahme durch permanente Mitteilungen zu sehr gesteigert wird.

2. Begrenzung des möglichen Höchstgewinns und Jackpotverbot

17   Nach wissenschaftlichen Erkenntnissen bergen hohe Gewinne und Jackpots ein erhöhtes Gefährdungspotential. Deshalb beschränkt Abs. 2 Nr. 1 lit. b) den Höchstgewinn und verbietet Abs. 2 Nr. 1 lit. c) die Bildung eines planmäßigen Jackpots. Die Erfahrungen im Glücksspielbereich haben gezeigt, dass sich mit zunehmendem Höchstgewinn der Spielanreiz deutlich erhöht. Die Begrenzung des Höchstgewinns auf zwei Millionen EUR trägt diesem Umstand Rechnung, berücksichtigt aber auch das Interesse privater gemeinnütziger Veranstalter, wirtschaftlich tragfähige Lotterien veranstalten zu können. Das Verbot, Teile des vom Spieler zu entrichtenden Entgelts zu dem Zweck anzusammeln, Gewinne für künftige Ziehungen zu schaffen, ist als Legaldefinition für einen **planmäßigen Jackpot** ausgestaltet. Beide Einschränkungen sind, ebenso wir Nr. 1 lit. a) vom VG Düsseldorf (NWVBl 2007, 358) als rechtmäßige Einschränkung der Berufsfreiheit angesehen worden (→ Rn. 6).

3. Verbot des interaktiven Spiels mit zeitnaher Gewinnbekanntgabe

18   Angesichts der Änderungen in § 4 Abs. 5 und der Bezugnahme darauf in § 13 Abs. 1 kann Abs. 2 Nr. 2 nicht länger als ein generelles Verbot interaktiver Teilnahme im Internet verstanden werden. Hier werden künftig Ausnahmen möglich sein. Für eine interaktive Teilnahme im Rundfunk besteht der Widerspruch zu § 4 Abs. 5 hingegen nicht, so dass es hier bei einem entsprechenden Verbot des interaktiven Spiels ohne Befreiungsmöglichkeit verbleibt.

19   Für Online-Angebote von Lotterien mit geringem Gefährdungspotential ist Abs. 2 Nr. 2 hingegen – wie auch bislang – so zu interpretieren, dass mit dieser Norm vermieden werden soll, dass Spieler aufgrund der schnellen, wenn nicht sogar unmittelbaren Abfolge von Erfolg und Misserfolg gesteigerten Spielanreizen ausgesetzt werden. Dem beugt auch Abs. 2 Nr. 1 lit. a) vor. Bei solchen Spielformen (zB bei Sofortlotterien oder **Rubbellosen**) bestünde zudem die Gefahr, dass keine ausreichende soziale oder staatliche Kontrolle stattfinden könnte. So kann zB der Internetspieler in der Anonymität der Spielsituation seine wirtschaftliche Existenz im wahrsten Sinne des Wortes aufs Spiel setzen, ohne dass dies jemand bemerken würde. Das Internet kann die Bereitschaft fördern, vor der Realität und sozialen Kontakten in die Spielsituation zu flüchten. Die größere Verfügbarkeit und Griffnähe von Glücksspielen in neuen Medien (Erreichbarkeit rund um die Uhr) kann zu einem erheblichen Anstieg problematischen Spielverhaltens führen.

§ 14 Veranstalter

(1) Eine Erlaubnis darf nur erteilt werden, wenn der Veranstalter
1. die Voraussetzungen des § 5 Abs. 1 Nr. 9 des Körperschaftsteuergesetzes erfüllt und
2. zuverlässig ist, insbesondere die Gewähr dafür bietet, dass die Veranstaltung ordnungsgemäß und für die Spieler sowie die Erlaubnisbehörde nachvollziehbar durchgeführt und der Reinertrag zweckentsprechend verwendet wird.

Satz 1 Nr. 1 gilt nicht für die von den in § 10 Abs. 2 und 3 genannten Veranstaltern und von der Körperschaft des öffentlichen Rechts „Bayerisches Rotes Kreuz" veranstalteten Lotterien und für Veranstaltungen in der Form des Gewinnsparens (§ 12 Abs. 1 Satz 2).

(2) Soll die Veranstaltung ganz oder überwiegend von einem Dritten durchgeführt werden, darf die Erlaubnis nur erteilt werden, wenn nicht die Gefahr besteht, dass durch die Durchführung die Transparenz und Kontrollierbarkeit der Veranstaltung beeinträchtigt wird und der Dritte
1. die Anforderungen des Absatzes 1 Nr. 2 erfüllt und
2. hinsichtlich der Durchführung der Veranstaltung den Weisungen des Veranstalters unterliegt und keinen maßgeblichen rechtlichen oder tatsächlichen Einfluss auf den Veranstalter hat.

Ausführungsgesetze: §§ 15, 16 LGlüG BW; Art. 3 AGGlüStV Bayern; §§ 11, 12 AG GlüStV Berlin; §§ 10–12 BbgGlüAG; § 6 BremGlüG; § 13 HmbGlüÄndStVAG; §§ 12, 13 HGlüG; §§ 13, 14 GlüStVAG M-V; §§ 11, 12 NGlüSpG; §§ 14, 15 AG GlüÄndStV NRW; § 10 LGlüG RhPf; § 13 AG GlüStV-Saar; §§ 17, 18 SächsGlüStVAG; §§ 15, 16 GlüG LSA; §§ 3, 5 GlüÄndStV AG SchlH-E; § 4 Abs. 6, Abs. 7 ThürGlüG.

I. Entstehungsgeschichte, Allgemeines

§ 14 ist mit Ausnahme des hinzugekommenen Verweises auf § 10 Abs. 3 inhalts- **1** gleich mit der Vorgängerbestimmung, die wiederum auf § 8 LottStV zurückgeht. Daher kann für die Motive des Gesetzgebers auf die Erläuterung zu § 8 LottStV Bezug genommen werden. So wie nach dem alten Recht ergeben sich auch aus § 14 die zentralen materiellen Anforderungen an den Lotterieveranstalter, ohne deren Vorliegen eine Lotterieveranstaltung durch ihn nicht erlaubt werden darf.

II. Einzelkommentierung

Die wesentlichen Anforderungen an den Veranstalter einer Lotterie mit gerin- **2** gerem Gefährdungspotential betreffen seine Gemeinnützigkeit sowie seine Zuverlässigkeit.

1. Gemeinnützigkeit des Veranstalters

3   § 14 Abs. 1 S. 1 Nr. 1 legt fest, dass die Erlaubnis nur erteilt werden darf, wenn der Veranstalter die Voraussetzungen des § 5 Abs. 1 Nr. 9 **Körperschaftssteuergesetz** erfüllt. Es muss sich also um eine Körperschaft, Personenvereinigung oder Vermögensmasse handeln, die „nach der Satzung, dem Stiftungsgeschäft oder der sonstigen Verfassung und nach der tatsächlichen Geschäftsführung ausschließlich und unmittelbar gemeinnützigen, mildtätigen oder kirchlichen Zwecken" dient. Wird ein wirtschaftlicher Geschäftsbetrieb unterhalten, ist die Steuerbefreiung insoweit ausgeschlossen. Maßgeblich für diese Beschränkung der zur Veranstaltung zugelassenen Personen ist nach den Erläuterungen zu § 14 auch hier die „Unterscheidung unter dem Aspekt der Vermeidung und Bekämpfung von Glücksspielsucht, nicht dagegen die Rechtsform des Veranstalters", womit deutlich gemacht werden soll, dass es dem Gesetzgeber nicht (jedenfalls in erster Linie) darauf ankommt sicherzustellen, dass durch diese Lotterien Beiträge für gemeinnützige Aktivitäten generiert und ausschließlich durch eigennützige Interessen gesteuerte Gewerbetreibende ausgeschlossen werden. Es wird vielmehr betont, dass auch der Ausschluss anderer als der hier Genannten vornehmlich den Zielen des § 1 Nr. 1 dient. Die besonderen Anforderungen des Körperschaftssteuer- und Abgabenrechts, insbesondere die §§ 51 ff. AO, stellen sicher, dass die beim Lotterieveranstalter anfallenden Einnahmen lediglich im Rahmen der besonderen Zweckbestimmung der Körperschaft verwendet werden und nicht sonstigen privaten oder gewerblichen Zwecken zufließen können. Zum Nachweis dieser Voraussetzung genügt der Anerkenntnisbescheid des Finanzamtes.

2. Zuverlässigkeit des Veranstalters

4   Der Veranstalter muss kumulativ die Voraussetzungen nach § 14 Abs. 1 S. 1 Nr. 2 erfüllen. Danach ist weitere Voraussetzung für die Erteilung der Erlaubnis, dass der Veranstalter zuverlässig ist. Von einer Zuverlässigkeit ist auszugehen, wenn der Veranstalter die Gewähr dafür bietet, dass die Veranstaltung ordnungsgemäß und für die Spielteilnehmer sowie die Erlaubnisbehörde nachvollziehbar durchgeführt und der Reinertrag zweckentsprechend verwendet wird.

5   Für eine Konkretisierung des Begriffs der **Zuverlässigkeit** ist auf Rechtsprechung und Literatur zum gewerberechtlichen Zuverlässigkeitsbegriff zurückzugreifen (vgl. BVerwG GewArch 1971, 200; 1982, 233; 1997, 244; 1999, 72; Marcks in Landmann/Rohmer GewO § 35 Rn. 29). Die Feststellung der Unzuverlässigkeit setzt somit weder ein Verschulden im Sinne eines moralischen oder ethischen Vorwurfs noch einen Charaktermangel voraus (so Marcks in Landmann/Rohmer GewO § 35 Rn. 30). Bei der Unzuverlässigkeit handelt es sich danach um einen unbestimmten Rechtsbegriff; der Begriff ist außerdem rein final- und zweckorientiert. Die Entscheidung, ob Zuverlässigkeit vorliegt oder nicht, ist also Rechts- und nicht Ermessensentscheidung, die vom Gericht in vollem Umfang nachgeprüft werden kann (BVerwG GewArch 1968, 53; BVerfG DÖV 2005, 118). Die Unzuverlässigkeit muss sich folglich, wie es in § 35 Abs. 1 S. 1 GewO ausdrücklich erwähnt wird, aus Tatsachen ergeben. Dies wird man auch für den Zuverlässigkeitsbegriff aus § 14 annehmen müssen. Danach ist der Veranstalter von der Behörde auf Grundlage der über ihn bekannten Tatsachen daraufhin zu beurteilen, ob sie auf seine Zuverlässigkeit oder Unzuverlässigkeit in der Zukunft und konkret für das betriebene Gewerbe, hier also eine Lotterie mit geringerem Gefährdungspotential, schließen lassen. Verstöße, seien sie strafrechtlicher, wettbewerbsrechtlicher oder ordnungsrechtlicher Natur, gegen glücksspielrechtliche Bestimmungen aus der Vergangenheit dürften daher ebenso Bedenken an der Zuverlässigkeit eines Veranstalters begründen, wie Hinweise darauf, dass der Veranstalter in steuerrechtlichen Angelegenheiten nicht die gesetzlichen Bestimmungen beachtet hat. Anhaltspunkte für eine Vorverurteilung wegen Untreue dürften ebenfalls gegen die Annahme der Zuverlässigkeit des Veranstalters iSv § 14 Abs. 1 S. 1 Nr. 2 sprechen.

3. Ausnahmebestimmungen

§ 14 Abs. 1 S. 2 dispensiert die in § 10 Abs. 2 und 3 genannten Veranstalter **6** sowie das Bayerische Rote Kreuz von den Anforderungen aus § 14 Abs. 1 S. 1 Nr. 1. Außerdem werden die Veranstaltungen in Form des Gewinnsparens (→ § 12 Rn. 17 f.), die üblicherweise von den Sparkassen angeboten werden, befreit. Die Privilegierung des traditionellen Gewinnsparens erfolgt vor dem Hintergrund, dass diese Glücksspielform der Förderung des **Spargedankens** dient und die Lotterie damit vor allem dem Spieler und nicht dem Veranstalter zugute kommt (vgl. BFH WM 1969, 128).

Die Ausnahmeregelung zugunsten des Bayerischen Roten Kreuzes trägt der **7** besonderen länderspezifischen Organisationsform des Roten Kreuzes in Bayern als Körperschaft des öffentlichen Rechts Rechnung. Da gleichwohl sichergestellt ist, dass auch hier die Veranstaltung von Lotterien nicht privaten oder gewerblichen Gewinnzwecken dient, sondern die Reinerträge dazu bestimmt sind, die Aufgaben der Körperschaft zu finanzieren, wurde vom Erfordernis der körperschaftssteuerrechtlichen Anerkennungsfähigkeit abgesehen, so die auf Grund der Identität des Wortlautes in Bezug zu nehmende Gesetzeserläuterung zu § 8 Abs. 1 LottStV. Der Hinweis auf die in § 10 Abs. 2 und 3 genannten Veranstalter in Abs. 1 S. 2 befreit außerdem die staatlichen oder staatlich beherrschten Veranstalter von § 5 Abs. 1 Nr. 9 KStG und ermöglicht ihnen die Veranstaltung von Lotterien mit geringerem Gefährdungspotential zu denselben Bedingungen wie privaten Veranstaltern.

4. Durchführung der Lotterie durch Dritte

Gem. § 14 Abs. 2 darf die Veranstaltung der Lotterie ganz oder überwiegend **8** nur dann von einem Dritten durchgeführt werden, wenn nicht die Gefahr besteht, dass durch die Durchführung die Transparenz und Kontrollierbarkeit der Veranstaltung beeinträchtigt wird und sichergestellt ist, dass der Dritte die Anforderungen des Abs. 1 Nr. 2 erfüllt, sowie hinsichtlich der Durchführung der Veranstaltung den Weisungen des Veranstalters unterliegt und keinen maßgeblichen rechtlichen oder tatsächlichen Einfluss auf den Veranstalter hat. Die Bestimmung des § 14 Abs. 2 erfasst die in der Praxis häufig bei landesweit oder länderübergreifend veranstalteten Lotterien – also nicht bei den Kleinen Lotterien iSv § 18 – zu beobachtende Einschaltung sog. **Lotteriedurchführer** („vom Veranstalter beauftragte Dritte"). Diese sind regelmäßig nicht in die Organisation des Veranstalters eingebunden und können – ähnlich einem „Generalübernehmer" – maßgeblichen Einfluss auf den Ablauf der Veranstaltung nehmen. Beauftragter Dritter idS bzw. Durchführer ist hingegen nicht, wer nur einzelne Hilfsfunktionen bei der Durchführung der Lotterie übernimmt.

Wie der Begründung zu dem weitgehend inhaltsgleichen § 8 Abs. 2 LottStV **9** zu entnehmen ist, sollen die Anforderungen gewährleisten, dass auch bei Einschaltung gewerblich tätiger Dritter die ordnungsrechtlichen Ziele des Lotterierechts gewahrt werden. Die Beauftragung eines Dritten ist bei der Prüfung des Antrages zu berücksichtigen und im Erlaubnisbescheid gesondert festzuhalten (→ § 17 Nr. 1). Sie ist auch mit einzelnen materiellen Anforderungen, insbesondere hinsichtlich der Veranstaltungskosten, verbunden (→ § 15 Abs. 2). Mit der grundsätzlichen Zulassung der Beauftragung Dritter soll auf die Verantwortlichkeit des Lotterieveranstalters nicht verzichtet werden. § 14 Abs. 2 stellt ausdrücklich klar, dass die Durchführung durch einen Dritten die Transparenz und Kontrollierbarkeit der Veranstaltung nicht beeinträchtigen darf. Verschachtelte Vertragsverhältnisse bzw. vernetzte Vertragskonstruktionen mit unklaren Verantwortlichkeiten des beauftragten Dritten widersprechen den ordnungsrechtlichen Geboten von Transparenz und Kontrollierbarkeit und schließen deshalb die Erteilung einer Lotterieerlaubnis zugunsten des auftraggebenden Veranstalters aus.

§ 15 Spielplan, Kalkulation und Durchführung der Veranstaltung

(1) **Nach dem Spielplan müssen der Reinertrag, die Gewinnsumme und die Kosten in einem angemessenen Verhältnis zueinander stehen; die Kosten der Veranstaltung sind so gering wie möglich zu halten. Reinertrag ist der Betrag, der sich aus der Summe der Entgelte nach Abzug von Kosten, Gewinnsumme und Steuern ergibt. Für den Reinertrag und die Gewinnsumme sollen im Spielplan jeweils mindestens 30 v. H. der Entgelte vorgesehen sein und es darf kein Grund zu der Annahme bestehen, dass diese Anteile nicht erreicht werden. Bei der Antragstellung ist eine Kalkulation vorzulegen, aus der sich die voraussichtlichen Kosten der Veranstaltung, die Gewinnsumme, die Steuern und der Reinertrag ergeben. Zeigt sich nach Erteilung der Erlaubnis, dass die kalkulierten Kosten voraussichtlich überschritten werden, ist dies der Erlaubnisbehörde unverzüglich anzuzeigen und eine neue Kalkulation vorzulegen.**

(2) **In den Kosten der Lotterie dürfen Kosten von Dritten im Sinne des § 14 Abs. 2 nach Art und Umfang nur insoweit berücksichtigt werden, als sie den Grundsätzen wirtschaftlicher Betriebsführung entsprechen. Die Vergütung des Dritten soll nicht abhängig vom Umsatz berechnet werden.**

(3) **Der Veranstalter hat der zuständigen Behörde alle Unterlagen vorzulegen und alle Auskünfte zu erteilen, die zur Überprüfung der ordnungsgemäßen Durchführung der Lotterie erforderlich sind. Insbesondere hat er eine Abrechnung vorzulegen, aus der sich die tatsächliche Höhe der Einnahmen, des Reinertrages, der Gewinnausschüttung und der Kosten der Veranstaltung ergibt.**

(4) **Die zuständige Behörde kann auf Kosten des Veranstalters einen staatlich anerkannten Wirtschaftsprüfer beauftragen oder dessen Beauftragung vom Veranstalter verlangen, damit ein Gutachten zur Überprüfung der ordnungsgemäßen Planung oder Durchführung der Lotterie, insbesondere zur Angemessenheit der Kosten der Lotterie, erstattet und der Behörde vorgelegt wird. Die Kosten des Gutachtens sind Kosten der Lotterie.**

Ausführungsgesetze: §§ 15, 16 LGlüG BW; Art. 3 AGGlüStV Bayern; §§ 11, 12 AG GlüStV Berlin; §§ 10–12 BbgGlüAG; § 6 BremGlüG; § 13 HmbGlüÄndStVAG; §§ 12, 13

HGlüG; §§ 13, 14 GlüStVAG M–V; §§ 11, 12 NGlüSpG; §§ 14, 15 AG GlüÄndStV NRW; § 10 LGlüG RhPf; § 13 AG GlüStV-Saar; §§ 17, 18 SächsGlüStVAG; §§ 15, 16 GlüG LSA; §§ 4, 5 GlüÄndStV AG SchlH–E; § 4 Abs. 6, Abs. 7 ThürGlüG.

I. Entstehungsgeschichte, Allgemeines

Die Norm hat durch den Änderungsstaatsvertrag keine Neuerungen erfahren. **1** Anders als die Erwägungen zu dem weitgehend inhaltsgleichen § 9 LottStV können sich die Anforderungen aus § 15 an Spielplan, Kalkulation und Durchführung der Veranstaltung nicht ausdrücklich auf staatsvertragliche Zielbestimmungen aus § 1 stützen. Die Ausnutzung des Spieltriebs zu privaten oder gewerblichen Gewinnzwecken sowie die Gewährleistung, dass ein erheblicher Teil der Einnahmen aus Glücksspielen zur Förderung öffentlicher oder steuerbegünstigter Zwecke im Sinne der Abgabenordnung verwendet wird, gehören schon seit 2008 nicht mehr zu den gesetzlichen Zielvorgaben aus § 1, obwohl das BVerfG die Verhinderung der Ausnutzung des Spieltriebs ausdrücklich als legitimes Ziel anerkannt hat (BVerfG NJW 2006, 1261, Rn. 110). Auch die Verhinderung privaten Gewinnstrebens ist als Rechtfertigungsgrund nicht gänzlich obsolet, da der EuGH stets betont, dass zu den zwingenden Gründen des Allgemeininteresses zählt, „die Ausnutzung der Spielleidenschaft der Menschen zu begrenzen" (EuGH – C–124/97 – Läärä, EuZW 2000, 148 Rn. 32) und zu verhindern, dass das Glücksspiel „zu einer Quelle persönlichen Gewinns" wird (EuGH – C–275/92 – Schindler, NJW 1994, 2013 Rn. 60; C–65/05 – Kommission / Griechenland, Slg. 2006, I-10341 Rn. 35). Die Bestimmung stellt des Weiteren sicher, dass die Sozialschädlichkeit von Lotterien zumindest teilweise dadurch gemindert wird, dass der Reinertrag der Bevölkerung zugute kommt (vgl. Tettinger/Ennuschat, Grundstrukturen des deutschen Lotterierechts, S. 50).

II. Einzelkommentierung

§ 15 enthält die wesentlichen Bestimmungen in Bezug auf den Spielplan, die **2** Kalkulation sowie die Durchführung der Veranstaltung. Da Inhalt der Erlaubnis nach § 17 S. 2 Nr. 5 ua der **Spielplan** ist, sind der Behörde die entsprechenden Angaben vor Genehmigungserteilung vorzulegen. Die zur Beurteilung einer Erlaubnisfähigkeit nach § 13 weiter abzuleitenden Anforderungen an Antragsunterlagen und Veranstalter sollen eine umfassende wirtschaftliche Kontrolle der Lotterieveranstaltung sicherstellen. Dies erfordert auch eine Prüfung der **Personalkosten**, der Kosten der Geschäftsführung sowie der Kosten beauftragter Dritter nach den Grundsätzen **wirtschaftlicher Betriebsführung**. Diese Überprüfung ergänzt die sich aus Körperschaftsteuergesetz und Abgabenordnung ergebenden Anforderungen an den Veranstalter.

1. Anforderungen an den Spielplan

Der vom Veranstalter festzusetzende Spielplan muss den Spielbetrieb im Allge- **3** meinen und die **Bedingungen der Teilnahme** im Besonderen regeln (vgl. Heine in Schönke/Schröder StGB § 287 Rn. 3). Er hat damit insbesondere die möglichen Gewinne und Verluste nach Zahl und Höhe sowie deren Verteilung an die Mitspieler wiederzugeben (Beckemper in BeckOK StGB § 287 Rn. 6; Fischer StGB § 287 Rn. 6). Der Spielplan für eine Lotterie mit geringerem Gefährdungspotential muss außerdem den **Reinertrag,** die Gewinnsumme sowie die **Kosten** enthalten, die durch die Lotterie voraussichtlich entstehen. Als Fixgrößen normiert § 15 Abs. 1 S. 3 insoweit, dass mindestens 30 vom Hundert der Entgelte als Gewinn an die Teilnehmer ausbezahlt und weitere 30 vom Hundert der Entgelte als Reinertrag einem gemeinnützigen Zweck zugeführt werden müssen. Der Gesetzgeber selbst definiert den Begriff des Reinertrages in § 15 Abs. 1 S. 2 so, dass hierunter der Betrag zu verstehen ist, der sich aus der Summe der Entgelte nach Abzug von Kosten, Gewinnsumme und Steuern ergibt. Da überdies die Steuerpflicht nach § 17 Abs. 1 Satz 3 RennwLottG zu berücksichtigen ist, dürften die Kosten nicht viel mehr als 20% der Entgelte übersteigen. Die Ausgestaltung des § 15 Abs. 1 S. 3 als Sollvorschrift macht deutlich, dass die dort statuierte 30%-Quote zu erreichen ist und nur im Fall des Vorliegens besonderer Umstände, etwa angesichts der erhöhten Kosten in der Anlaufphase einer neuen Lotterie, hiervon abgewichen werden darf.

2. Kosten der Lotterie

4   Der Veranstalter ist zum einen gesetzlich (§ 15 Abs. 1 S. 1 2. Hs.) verpflichtet, die Kosten der Veranstaltung so gering wie möglich zu halten. Darüber hinaus dürfen gem. § 15 Abs. 2 S. 1 in den Kosten der Lotterie die Kosten von Dritten iSd § 14 Abs. 2 nach Art und Umfang nur insoweit berücksichtigt werden, als sie den Grundsätzen wirtschaftlicher Betriebsführung entsprechen. Hierdurch soll vermieden werden, dass die Gemeinnützigkeit der Veranstaltung dadurch umgangen wird, dass als Kosten getarnte Gewinne beim Dritten entstehen, der nicht den Anforderungen nach § 5 Abs. 1 Nr. 9 Körperschaftssteuergesetz unterliegt. Darüber hinaus wird der Veranstalter jedoch auch tatsächlich aufgrund der Abgabeverpflichtungen von Reinertrag und Gewinnsumme in Höhe von 60% sowie der ihn treffenden Steuerlast gehalten sein, die Kosten der Veranstaltung möglichst gering zu halten. Die Marge, die hier besteht, liegt de facto bei etwas mehr als 20% der Einnahmeentgelte.

5   Zu beachten ist schließlich in diesem Zusammenhang die Verpflichtung aus § 15 Abs. 2 S. 2, wonach die Vergütung des Dritten, sollte dieser mit der Durchführung der Lotterie beauftragt werden, nicht abhängig vom Umsatz berechnet werden soll. Für eine anderweitige Handhabung wird der Veranstalter daher besondere Gründe vortragen müssen. Ziel der Bestimmung ist es auszuschließen, dass der gewinnorientierte, mit der Durchführung beauftragte Dritte mit Blick auf seine eigenen Interessen bei der Durchführung übermäßige Spielanreize schafft. Da zugleich das Gebot der Angemessenheit und Kostengenehmigung besteht, ist im Einzelfall zu prüfen, ob und inwieweit eine Verringerung der Kosten möglich ist. Daraus kann sich insbesondere die Forderung an den Veranstalter ergeben, höhere Reinerträge vorzusehen.

3. Kalkulation

6   Bezüglich der Kalkulation ist bei der Planung der Lotterieveranstaltung gem. § 15 Abs. 1 S. 4 vor allem zu beachten, dass sich aus der Kalkulation die voraussichtlichen Kosten der Veranstaltung, die Gewinnsumme, die Steuern und der Reinertrag, also alle **Fixkosten** der Lotterie, ergeben müssen. Bereits zum Zeit-

punkt der Antragstellung sollte der Antragsteller jedoch zusätzlich die mögliche Belastung mit weiteren Kosten aus § 15 Abs. 4 im Blick haben, weil die zuständige Behörde auf Kosten des Veranstalters einen staatlich anerkannten Wirtschaftsprüfer beauftragen oder dessen Beauftragung vom Veranstalter verlangen darf, damit ein Gutachten zur Überprüfung der ordnungsgemäßen Planung oder Durchführung der Lotterie, insbesondere zur Angemessenheit der Kosten der Lotterie, erstellt wird.

4. Vorlagepflicht

Die Pflicht des Veranstalters aus § 15 Abs. 3 S. 1, der zuständigen Behörde alle **7** Unterlagen vorzulegen und alle Auskünfte zu erteilen, die zur Überprüfung der ordnungsgemäßen Durchführung der Lotterie erforderlich sind, ist sehr allgemein gehalten. Sie erstreckt sich sowohl auf das Erlaubnisverfahren nach § 12 als auch auf die laufende Überwachung des Veranstalters und der Veranstaltung in der Folgezeit. Die bewusste Nichtnennung einzelner von der Behörde geforderter und sachlich begründeter Auskünfte dürfte idR zumindest Zweifel an der Erfüllung der Voraussetzungen insoweit begründen. § 15 Abs. 3 normiert – wie zuvor § 9 Abs. 3 S. 1 LottStV – korrespondierend mit dem an die Behörde gerichteten Gebot, die ordnungsgemäße Durchführung der Lotterie zu überprüfen, die Verpflichtung des Veranstalters, der zuständigen Behörde alle Unterlagen vorzulegen und alle Auskünfte zu erteilen, die zu dieser Überprüfung erforderlich sind (vgl. zur früheren Rechtslage VG Düsseldorf ZfWG 2007, 233 (234)). Die Weigerung, Auskünfte zu und/oder Angaben über einen in die Veranstaltungsabwicklung eingebundenen Dritten gem. Abs. 2 zu erteilen, kann einen Grund zur Ablehnung eines Antrages auf Zulassung oder die spätere Einbindung eines solchen Dritten Grund zum Widerruf einer Erlaubnis sein (VG Düsseldorf ZfWG 2007, 233 (234)).

Zwar ist § 15 Abs. 3 S. 2 zu entnehmen, dass der Veranstalter insbesondere eine **8** **Abrechnung** vorzulegen hat, aus der sich die tatsächliche Höhe der Einnahmen, des Reinertrages, der Gewinnausschüttung und der Kosten der Veranstaltung ergeben. Offen gelassen hat der Gesetzgeber indes, wie häufig und wann eine solche Vorlagepflicht besteht. In § 17 S. 2 Nr. 3 ist insoweit lediglich bestimmt, dass in der Erlaubnis festzulegen ist, zu welchem Zeitpunkt der Veranstalter den **Verwendungsnachweis** bezüglich des Reinertrages zu erbringen hat. Die dort geregelte Nachweispflicht ist von derjenigen in § 15 Abs. 3 zu unterscheiden. Richtigerweise wird man jedoch davon ausgehen können, dass die Vorlagepflicht jedenfalls im Zeitpunkt der Beantragung der Lotterie besteht. Um hier eine ordnungsgemäße Überwachung sicherstellen zu können, ist außerdem davon auszugehen, dass diese Verpflichtung auch dann fortbesteht, wenn die Lotterie genehmigt ist und veranstaltet wird. Die Vorlagepflicht, insbesondere die Frage ihrer Häufigkeit, ist in Abhängigkeit zur Frequenz, also dem Veranstaltungsturnus der jeweiligen Lotterie zu bestimmen und sollte ebenfalls in die Erlaubnis aufgenommen werden. Bei einer wöchentlichen Lotterieveranstaltung ist deshalb anzunehmen, dass eine häufigere Vorlagepflicht erforderlich ist als bei einer monatlichen, viertel- oder gar halbjährlichen Lotterieveranstaltung.

5. Wirtschaftsprüfervorbehalt

Der in § 15 Abs. 4 enthaltene **Wirtschaftsprüfervorbehalt,** mit dem die **9** Behörde die Kalkulation bzw. Abrechnung der Veranstaltung kontrollieren kann, steht im Ermessen der Behörde. Die Behörde darf dieses grundsätzlich freie Ermessen nicht willkürlich und in unangemessen kurzen Abständen ausüben. In angemessenen Zeiträumen, die in der Anfangsphase kürzer bemessen sein dürften als bei etablierten Veranstaltungen, wird man der Behörde auch ohne Vorliegen von Tatsachen, die auf beanstandungsfähige Sachverhalte hindeuten, keinen Ermessensfehlgebrauch vorwerfen können, wenn sie von dem Prüfungsrecht nach Abs. 4 Gebrauch macht. Eine solche Maßnahme ist allerdings immer angezeigt, wenn tatsächlicher Anlass besteht, davon auszugehen, dass der Veranstalter von seiner ursprünglich vorgelegten Kalkulation abweicht oder abzuweichen droht.

§ 16 Verwendung des Reinertrages

(1) **Der Reinertrag der Veranstaltung muss zeitnah für den in der Erlaubnis festgelegten Zweck verwendet werden.**

(2) **Will der Veranstalter den Reinertrag für einen anderen als den in der Erlaubnis festgelegten gemeinnützigen, kirchlichen oder mildtätigen Zweck verwenden oder kann der Verwendungszweck nicht oder nicht zeitnah verwirklicht werden, hat der Veranstalter dies der zuständigen Behörde unverzüglich anzuzeigen. Diese kann nach Anhörung des Veranstalters den Verwendungszweck neu festlegen.**

(3) **Ein angemessener Anteil des Reinertrages soll in dem Land verwendet werden, in dem die Lotterie veranstaltet wird.**

Ausführungsgesetze: §§ 15, 16 LGlüG BW; Art. 3 AGGlüStV Bayern; §§ 11, 12 AG GlüStV Berlin; §§ 10–12 BbgGlüAG; § 6 BremGlüG; § 13 HmbGlüÄndStVAG; §§ 12, 13 HGlüG; §§ 13, 14 GlüStVAG M-V; §§ 11, 12 NGlüSpG; §§ 14, 15 AG GlüÄndStV NRW; § 10 LGlüG RhPf; § 13 AG GlüStV-Saar; §§ 17, 18 SächsGlüStVAG; §§ 15, 16 GlüG LSA; §§ 4, 5 GlüÄndStV AG SchlH-E; § 4 Abs. 6, Abs. 7 ThürGlüG.

I. Entstehungsgeschichte, Allgemeines

1   § 16 konkretisiert unverändert die Verpflichtung des Lotterieveranstalters, den Reinertrag der Lotterieveranstaltung zeitnah zur Förderung des in der Erlaubnis vorgesehenen Zwecks zu verwenden und regelt Informationspflichten und Mitwirkungspflichten im Verhältnis zur Lotterieaufsichtsbehörde. Auch diese Regelung soll, so die fortgeltende Erwägung des LottStV zur analogen Norm des § 10 LottStV, sicherstellen, dass ein erheblicher Teil der Einnahmen aus Glücksspielen zur Förderung steuerbegünstigter Zwecke im Sinne der Abgabenordnung verwendet wird.

II. Einzelkommentierung

2   In § 16 finden sich Bestimmungen über die zeitliche Verwendung des Reinertrages sowie zu der Frage, was im Fall einer – offensichtlich möglichen – Umwidmung des Verwendungszwecks zu geschehen hat.

1. Zeitnahme Verwendung

§ 16 Abs. 1 verpflichtet den Veranstalter, den Reinertrag der Veranstaltung **3** „zeitnah" für den in der Erlaubnis festgelegten Zweck zu verwenden. Anders als in Abs. 2, in welchem der Gesetzgeber den Veranstalter zu einer **unverzüglichen Anzeigepflicht** gegenüber der Behörde für den Fall verpflichtet, dass der Verwendungszweck nicht oder nicht zeitnah verwirklicht werden kann, ist bereits der begrifflichen Unterschiedlichkeit zu entnehmen, dass eine vergleichbare Eilbedürftigkeit in Abs. 1 nicht besteht. Die Verwendung des unbestimmten Begriffs „zeitnah" in § 16 Abs. 1 dürfte damit zusammenhängen, dass die konkrete Verwendung des Reinertrages von der Art und Weise, insbesondere der Spielfrequenz der Veranstaltung und damit vom Einzelfall abhängt. Die Zeitnähe der Verwendung des Reinertrags für eine wöchentliche Lotterie ist daher anders und weniger großzügig zu bemessen als diejenige einer monatsweise stattfindenden Veranstaltung, weil auch der Zeitpunkt ein anderer ist, an dem die Einnahmen für den abgeschlossenen Ziehungszeitraum feststehen. Im Hinblick auf die Regelung in § 17 S. 2 Nr. 3, wonach in der Erlaubnis jedenfalls der Zeitpunkt festzuhalten ist, zu dem der Veranstalter den Verwendungsnachweis zu erbringen hat, dürfte als äußerster Zeitpunkt der tatsächlichen Verwendung des Reinertrages ein Zeitpunkt (kurz) vor dem in der Erlaubnis festgelegten Mitteilungszeitpunkt zu sehen sein.

2. Zweckänderung

§ 16 Abs. 2 statuiert eine unverzügliche Anzeigepflicht für den Veranstalter für **4** den Fall, dass er den Reinertrag für einen anderen als den in der Erlaubnis festgelegten gemeinnützigen, kirchlichen oder mildtätigen Zweck verwenden will oder nicht verwenden kann. Aufgrund der Tatsache, dass es sich bei der Frage der Verwendung des Reinertrages um einen wesentlichen Punkt der Erlaubnis handelt, ist davon auszugehen, dass der Veranstalter bei einer Zweckänderung neu zu bescheiden ist. Andererseits muss dem Veranstalter ein hinreichender Spielraum verbleiben, um ggf. auch kurzfristig eine Zweckänderung vornehmen zu können. Deshalb ist der Veranstalter vor einer Entscheidung anzuhören, § 16 Abs. 2 S. 2. Von der Anhörung kann nur in den gesetzlich bestimmten Ausnahmefällen abgesehen werden, § 28 Abs. 2 und 3 VwVfG. Eine Gefährdung der Ziele aus § 1 ist im Falle einer Neubestimmung des Verwendungszwecks nicht zu befürchten, weil es grundsätzlich bei der Verpflichtung des Veranstalters bleibt, den Reinerlös für gemeinnützige, kirchliche oder mildtätige Zwecke zu verwenden.

3. Länderbezogene Verwendung

Eine § 16 Abs. 3 entsprechende Klausel ist dem Wirtschaftsverwaltungsrecht **5** nicht fremd; entsprechende Regelungen finden sich etwa im Bereich der Filmförderung für die Verwendung von Fördergeldern. Bei der Beurteilung einer diesbezüglichen Ermessensentscheidung über eine Erlaubniserteilung bereits vor Inkrafttreten des LottStV hatte das LG Hannover daher darauf hingewiesen, dass durchaus zu berücksichtigen sei, ob die Zweckerträge „zumindest teilweise der Bevölkerung im Veranstaltungsgebiet zugute kommen" (Urt. v. 12.6.1998 - 10 A 163/98). Diese Erwägung knüpft an die Erkenntnis an, dass die soziale Schädlichkeit von Lotterien zumindest teilweise dadurch gemindert werden kann, dass der Reinertrag der Bevölkerung im Einzugsbereich der Veranstaltung zugute kommt (Tettinger/Ennuschat, Grundstrukturen des deutschen Lotterierechts, S. 50). Die Forderungen, einen angemessenen Anteil des Reinertrages in dem Land zu verwenden, in dem die Lotterie veranstaltet wird, entspricht der überwiegenden Genehmigungspraxis. Dies wird auch bislang von verschiedenen Landesgesetzen verlangt. Die Tatsache, dass der Gesetzgeber die Formulierung so wählt, dass ein angemessener Teil im Veranstalterland verwendet werden soll, deutet darauf hin, dass die Behörde ihr Ermessen nur im Ausnahmefall anders ausüben darf. Bei länderübergreifenden Veranstaltungen ist auf eine proportionale Verwendung in allen betroffenen Ländern zu achten.

§ 17 Form und Inhalt der Erlaubnis

Die Erlaubnis wird schriftlich erteilt. In ihr sind insbesondere festzulegen
1. **der Veranstalter sowie im Fall des § 14 Abs. 2 der Dritte,**
2. **Art, Ort oder Gebiet sowie Beginn und Dauer der Veranstaltung,**
3. **der Verwendungszweck des Reinertrages, die Art und Weise des Nachweises der Verwendung und der Zeitpunkt, zu dem der Nachweis zu erbringen ist,**
4. **der Spielplan und**
5. **die Vertriebsform.**

Ausführungsgesetze: §§ 15, 16 LGlüG BW; Art. 3 AGGlüStV Bayern; §§ 11, 12 AG GlüStV Berlin; §§ 10–12 BbgGlüAG; § 6 BremGlüG; § 13 HmbGlüÄndStVAG; §§ 12, 13 HGlüG; §§ 13, 14 GlüStVAG M-V; §§ 11, 12 NGlüSpG; §§ 14, 15 AG GlüÄndStV NRW; § 10 LGlüG RhPf; § 13 AG GlüStV-Saar; §§ 17, 18 SächsGlüStVAG; §§ 15, 16 GlüG LSA; §§ 4, 5 GlüÄndStV AG SchlH-E;§ 4 Abs. 6, Abs. 7 ThürGlüG.

I. Entstehungsgeschichte, Allgemeines

1   Die durch den neugefassten GlüStV 2012 unangetastete Vorschrift ist inhaltsgleich mit § 11 Abs. 1 LottStV. Für die Gesetzeserläuterung zu § 17 verwies daher bereits der Gesetzgeber des GlüStV 2008 auf die entsprechenden Ausführungen zum LottStV. Dort wird festgehalten, dass es sich bei der Bestimmung um die Mindestanforderungen handelt, die an den Inhalt der Lotterieerlaubnis zu stellen sind.

2   Fallengelassen hatte der Gesetzgeber bereits 2008 das Verbot der Übertragbarkeit aus § 11 Abs. 2 LottStV. Ebenfalls nicht übernommen hatte der Gesetzgeber die Vorschrift aus § 11 Abs. 3 LottStV, wonach die Erlaubnis widerruflich erteilt werden kann und höchstens auf ein Jahr zu befristen war. § 11 Abs. 3 S. 2 LottStV sah außerdem vor, dass eine Erlaubnis nachträglich mit Nebenbestimmungen versehen werden konnte. Entsprechende Bestimmungen finden sich nunmehr jedoch in den Ausführungsgesetzen der einzelnen Bundesländer (→ Rn. 6 ff.).

II. Form der Erlaubnis

3   Bezüglich der Form der Erlaubnis ordnet der Gesetzgeber die **Schriftform** an. Damit schränkt die Bestimmung § 37 Abs. 2 S. 1 VwVfG ein, wonach ein Verwaltungsakt schriftlich, elektronisch, mündlich oder in anderer Weise erlassen

werden kann. Eine Erteilung via Email ist folglich nicht möglich, da diese als elektronische Form der Übermittlung von der Schriftform zu unterscheiden ist. Der Schriftform genügt indes ein Telefax sowie das gerichtliche Protokoll, das die Erklärung enthält, mit der der Vertreter einer Behörde die in Frage stehende Erlaubnis uÄ zur Niederschrift erklärt hat (Kopp/Ramsauer VwVfG § 37 Rn. 28).

III. Inhalt der Erlaubnis

1. Festlegung des Veranstalters

Veranstalter der Lotterie kann nur der unmittelbar in der Erlaubnis Genannte, **4** also der Adressat des Verwaltungsaktes, sein. Eine Übertragung der Genehmigung verbietet das Gesetz zwar nicht ausdrücklich; die Unübertragbarkeit dürfte aber eine Selbstverständlichkeit sein, weil es sich um eine höchstpersönliche Erlaubnis handelt, die an besondere Voraussetzungen auf Seiten des Veranstalters geknüpft ist, wie § 14 belegt (OVG Bautzen Beschl. v. 22.12.2004 – 3 BS 405/03). Eine Übertragung etwa im Zuge einer Änderung der Rechtsform (sog. formwechselnde Übertragung) oder der Firma setzt voraus, dass die Identität des Gewerbetreibenden gewahrt bleibt (OVG Bautzen Beschl. v. 22.12.2004 – 3 BS 405/03); für eine Nichtigkeit nach Ablauf der Befristung vgl. VG Berlin Urt. v. 22.4.2008 – VG 35 A 102.06). Gleichwohl ist in engen Grenzen die Beauftragung eines Dritten mit der Durchführung der Veranstaltung möglich. Dieser Delegatar ist bereits in der Erlaubnis zu benennen, seine Beauftragung ist der Behörde also im Genehmigungsantrag mitzuteilen.

2. Sonstige Anforderungen

Im Übrigen verlangt § 17 von der Behörde, in der Erlaubnis Art, Ort oder **5** Gebiet sowie Beginn und Dauer der Veranstaltung festzulegen. Außerdem müssen der Spielplan und die Vertriebsform in der Erlaubnis enthalten und der Verwendungszweck des Reinertrages sowie die Art und Weise des Nachweises seiner Verwendung bestimmt sein. Schließlich ist festzulegen, bis zu welchem Zeitpunkt der Veranstalter den Nachweis darüber zu erbringen hat, ob er den Reinertrag in der festgelegten Art und Weise verwendet hat. Wie dieser Nachweis zu führen ist, bestimmt § 15 Abs. 3 S. 2. § 15 Abs. 4 statuiert die Überprüfungsmöglichkeiten der Behörde.

IV. Ausführungsgesetze

Einige Bundesländer haben von der Möglichkeit nach § 17 Gebrauch gemacht **6** und in ihren Ausführungsgesetzen über § 17 hinausgehende Anforderungen an die Erlaubniserteilung normiert, die im Folgenden überblicksartig wiedergegeben sind. Dass solche weitergehenden Regelungen staatsvertraglich zulässig sein sollen, ergibt sich bereits aus dem Wortlaut des Satzes 2, wonach in der schriftlichen Erlaubnis „insbesondere" die im Weiteren gesetzlich aufgeführten Elemente festgelegt werden sollen.

Zu beachten ist, dass die Ausführungsgesetze nicht immer klar zwischen gene- **7** rellen Bestimmungen für Lotterien mit geringerem Gefährdungspotential einerseits sowie den sog. Kleinen Lotterien nach § 18 andererseits unterscheiden. § 18 räumt den Ländern die Möglichkeit ein, von den Regelungen des Staatsvertrages für nicht länderübergreifend veranstaltete, also insbesondere nur lokal oder regional veranstaltete Lotterien abzuweichen, wovon nahezu alle Länder Gebrauch gemacht haben (zu den Voraussetzungen → § 18 Rn. 2 f.).

8   Im baden-württembergischen LGlüG sind in § 15 weitergehende Regelungen vorgesehen. So sieht § 15 Abs. 3 LGlüG BW eine Befristung der Erlaubnis vor. In § 47 Abs. 2 LGlüG BW wird die Zuständigkeit den Orts- und Kreispolizeibehörden übertragen.

9   Im AGGlüStV Bay finden sich keine ergänzenden Bestimmungen. Art. 3 AGGlüStV Bay befasst sich lediglich mit Zuständigkeitsfragen, wobei die Erteilung von Erlaubnissen für Lotterien mit geringerem Gefährdungspotential entweder bei der Gemeinde, der Regierung eines Regierungsbezirks oder der Regierung der Oberpfalz liegt, je nach Größe der geplanten Lotterie.

10   Auch § 11 AG GlüStV Bln bestimmt lediglich, dass sich bei Lotterien mit geringerem Gefährdungspotential die Erteilung sowie Inhalt und Form der Erlaubnis nach den §§ 12–17 des Glücksspielstaatsvertrages richten. Gleiches gilt für § 10 BbgGlüAG, der anordnet, dass sich die Erteilung sowie Form und Inhalt der Erlaubnis bei Lotterien und Ausspielungen mit geringerem Gefährdungspotential nach den §§ 12–17 GlüStV richten.

11   § 6 BremGlüG enthält einen Verweis auf die §§ 12–17 GlüStV sowie auf § 4 Abs. 1 BremGlüG, wonach dem Antrag auf Erlaubnis zur Veranstaltung eines öffentlichen Glücksspieles zusätzlich die Teilnahmebedingungen beizufügen sind. Diese müssen mindestens enthalten: die Voraussetzungen unter denen ein Spiel- oder Wettvertrag zustande kommt (Abs. 1 S. 2 Nr. 1); Gewinnpläne und Ausschüttungsquoten (Abs. 1 S. 2 Nr. 2); die Frist, in der ein Gewinnanspruch geltend gemacht werden kann (Abs. 1 S. 2 Nr. 3); die Bekanntmachung des Ergebnisses der Entscheidung über den Gewinn und die Auszahlung der Gewinne (Abs. 1 S. 2 Nr. 4); die Verwendung der Gewinne, auf die ein Anspruch nicht rechtzeitig geltend gemacht worden ist (Abs. 1 S. 2 Nr. 5). Die Teilnahmebedingungen werden zum Gegenstand der Erlaubnis, § 4 Abs. 1 S. 3.

12   § 14 Abs. 1 S. 2 HmbGlüÄndStVAG ermöglicht es der zuständigen Behörde, die Erlaubnis für die Veranstaltung einer Lotterie mit geringerem Gefährdungspotential in Form einer Allgemeinverfügung zu erteilen. § 14 Abs. 3 HmbGlüÄndStVAG reglementiert zudem die Ausnahme der Lotterien mit geringem Gefährdungspotential vom Werbeverbot des § 5 Abs. 3 GlüStV und vom Gebot zur Vorlagepflicht eines Sozialkonzepts nach § 6 GlüStV, sofern nicht im Einzelfall die durch Tatsachen begründete Besorgnis eines Verstoßes gegen die Ziele des Glücksspielstaatsvertrages entgegensteht. Zudem kann die zuständige Behörde eine allgemein erlaubte Veranstaltung gem § 14 Abs. 4 Nr. 1–3 HmbGlüÄndStVAG untersagen wenn gegen Vorschriften des HmbGlüÄndStVAG, des GlüStV oder gegen wesentliche Bestimmungen der allgemeinen Erlaubnis verstoßen wird; die Gefahr besteht, dass durch die Verwendung des Reinertrages öffentliche Ordnung oder Sicherheit verletzt werden; keine Gewähr für die ordnungsgemäße Durchführung der Veranstaltung bzw. die zweckentsprechende Verwendung des Reinertrages gegeben ist.

13   § 12 HGlüG verweist lediglich auf die §§ 12–17 GlüStV und enthält folglich keine weitergehenden Regelungen.

14   Im Ausführungsgesetz von Mecklenburg-Vorpommern sind ergänzend nur landesrechtliche Regelungen zur Erlaubniserteilung niedergeschrieben und zwar in den §§ 13 Abs. 2, 14 GlüStVAG M-V.

Im niedersächsischen NGlüSpG wurden keine konkretisierenden Regelungen **15** getroffen. Selbiges gilt für das nordrhein-westfälische AG GlüÄndStV NRW. Rheinland-Pfalz beschränkt sich auf eine Zuständigkeitsregelung in § 15 Abs. 1 **16** LGlüG RhPf. Im GlüStV-Saar findet sich ebenso eine Zuständigkeitsregelung. § 14 Abs. 4 GlüStV-Saar überträgt das Erlaubnisverfahren und die Befugnisse nach § 9 Abs. 1 GlüStV vorbehaltlich der § 9a GlüStV und § 14 Abs. 6 GlüStV-Saar an die jeweilige Gemeinde, dem jeweiligen Landkreis, dem Regionalverband Saarbrücken oder der Landeshauptstadt Saarbrücken bzw. dem Landesverwaltungsamt. Maßgebliches Kriterium für die Zuordnung sind hierbei das Spielkapital und die Reichweite der Lotterie.

§ 18 Abs. 2 SächsGlüStVAG bestimmt, dass für den Fall, dass Lose ausgegeben **17** werden sollen, die den sofortigen Gewinnentscheid enthalten, Prämien- oder Schlussziehungen nicht vorgesehen werden dürfen. Hierauf ist in der Erlaubnis nach § 17 Abs. 1 GlüStV hinzuweisen.

§ 15 Abs. 1 GlüG LSA regelt lediglich, dass anderen als denen in § 10 Abs. 2 **18** GlüStV Genannten eine Erlaubnis für die Veranstaltung und Durchführung von Lotterien und Ausspielungen ua nur vorbehaltlich der Vorschriften des dritten Abschnitts des Glücksspielstaatsvertrages erteilt werden darf. Auch im ThürGlüG finden sich keine Ausführungen, die über den Regelungsgehalt des Dritten Abschnitts des GlüStV hinausgehen.

§ 18 Kleine Lotterien

Die Länder können von den Regelungen des Staatsvertrages für Lotterien abweichen, bei denen
1. **die Summe der zu entrichtenden Entgelte den Betrag von 40 000 Euro nicht übersteigt,**
2. **der Reinertrag ausschließlich und unmittelbar für gemeinnützige, kirchliche oder mildtätige Zwecke verwandt wird und**
3. **der Reinertrag und die Gewinnsumme jeweils mindestens 25 v. H. der Entgelte betragen.**

Ausführungsgesetze: §§ 15, 16 LGlüG BW; Art. 3 AGGlüStV Bayern; §§ 11, 12 AG GlüStV Berlin; §§ 10–12 BbgGlüAG; § 6 BremGlüG; § 13 HmbGlüÄndStVAG; §§ 12, 13 HGlüG; §§ 13, 14 GlüStVAG M-V; §§ 11, 12 NGlüSpG; §§ 14, 15 AG GlüÄndStV NRW; § 10 LGlüG RhPf; § 13 AG GlüStV-Saar; §§ 17, 18 SächsGlüStVAG; §§ 15, 16 GlüG LSA; §§ 4, 5 GlüÄndStV AG SchlH-E; § 4 Abs. 6, Abs. 7 ThürGlüG.

I. Entstehungsgeschichte, Allgemeines

In Anbetracht der geringen ordnungspolitischen Bedeutung der in aller Regel **1** nur auf lokaler oder regionaler Ebene veranstalteten **Kleinlotterien,** für welche die Kölner Dombaulotterie ein Beispiel ist, bleibt es den Ländern überlassen, ob und inwieweit sie in den Grenzen des § 18 von den Regelungen des Staatsvertrages abweichen wollen, so die Erläuterungen des Gesetzgebers aus dem Jahre 2008 zur inhaltsgleichen Vorgängerbestimmung in § 13 LottStV. Durch den GlüStV 2012 hat die Norm nur wenige sprachliche Glättungen erfahren.

I. Voraussetzungen Kleiner Lotterien

2   Eine sog. **Kleine Lotterie,** für welche die Ausführungsgesetze abweichende Regelungen für eine vereinfachte Erlaubniserteilung vorsehen können, liegt bei allen Lotterien und Ausspielungen vor, bei denen die Summe der zu entrichtenden Entgelte den Betrag von 40 000 EUR nicht übersteigt. Damit ist gemeint, dass der Gesamtpreis für alle Lose den genannten Schwellenwert nicht überschreiten darf. Das Saarland hat dieses Kriterium verschärft, indem es eine Gesamteinsatzgrenze von maximal 10 000 EUR vorsieht (→ Rn. 15). Auch das Land Sachsen-Anhalt hat die Gesamteinsatzgrenze entgegen der Vorgaben des § 18 auf 15 000 EUR gesenkt. (→ Rn. 17)

3   Kleine Lotterien müssen außerdem, also kumulativ, zwei weitere Voraussetzungen erfüllen, nämlich festlegen, dass der Reinertrag ausschließlich und unmittelbar für gemeinnützige, kirchliche oder mildtätige Zwecke verwandt wird und sicherstellen, dass Reinertrag und Gewinnsumme jeweils mindestens 25 vom Hundert der Entgelte betragen. Unter Reinertrag ist der Betrag zu verstehen, der sich aus der Summe der Entgelte nach Abzug von Kosten, Gewinnsumme und Steuern ergibt (vgl. § 15 Abs. 1 S. 2 sowie VG Düsseldorf NWVBl. 2007, 358). Damit werden der gemeinwohlorientierte Zweck einerseits sowie das Spielerinteresse an einem **Mindestausschüttungsbetrag** andererseits gesichert.

C. Umsetzung in den Ländern

4   So gut wie alle Bundesländer haben von der in § 18 eröffneten Möglichkeit der Sonderregelung für die Kleinen Lotterien Gebrauch gemacht.

5   Art. 3 Abs. 3 AGGlüStV Bay enthält lediglich eine Zuständigkeitsregelung und bestimmt, dass bei Kleinen Lotterien im Sinne von § 18 die Erlaubnis auch in Form einer Allgemeinverfügung erteilt werden kann.

6   § 12 AG GlüStV Bln enthält die nach § 18 vorgesehene Öffnungsklausel. § 12 Abs. 1 Nr. 4 AG GlüStV Bln verlangt für die vereinfachte Erlaubniserteilung außerdem, dass der Losverkauf die Dauer von zwei Monaten nicht überschreitet. Außerdem ist nach § 12 Abs. 2 AG GlüStV Bln in der Erlaubnis zu bestimmen, dass bei den Veranstaltungen, bei denen Lose ausgegeben werden sollen, die den sofortigen Gewinnentscheid enthalten, Prämien- oder Schlussziehungen nicht vorgesehen werden dürfen. Die allgemeine Erlaubnis für Kleine Lotterien ist nach § 12 Abs. 3 AG GlüStV Bln zu befristen. Sie ist außerdem im Amtsblatt für Berlin bekanntzumachen. Schließlich ordnet § 12 Abs. 4 AG GlüStV Bln an, dass in der Erlaubnis bestimmt werden kann, dass die Veranstaltungen Kleiner Lotterien vorher bei der zuständigen Behörde anzuzeigen sind. Die Behörde wird außerdem in § 12 Abs. 4 S. 2 AG GlüStV Bln ermächtigt, für eine allgemein erlaubte Veranstaltung im Einzelfall Auflagen zu erteilen.

7   § 11 Abs. 1 BbgGlüAG ergänzt und verschärft die Voraussetzungen für die Erteilung einer Erlaubnis für Kleine Lotterien. Ebenso wie in Berlin verlangt § 11 Abs. 1 Nr. 2 BbgGlüAG, dass der Losverkauf eine bestimmte Dauer, hier drei Monate, nicht überschreiten darf. § 11 Abs. 1 S. 3 BbgGlüAG bestimmt darüber hinaus, dass der Reinertrag und die Gewinnsumme jeweils mindestens ein Drittel der Entgelte ausmachen müssen. Eine solche Erhöhung gegenüber § 18 Nr. 3 ist zulässig, weil § 18 Nr. 3 davon spricht, dass „mindestens" 25 vom Hundert der Entgelte auf den Reinertrag und die Gewinnsumme entfallen müssen. § 11 Abs. 2 BbgGlüAG ordnet außerdem, genau wie bei den Lotterien mit geringerem Gefährdungspotential, an, dass in der Erlaubnis zu bestimmen ist, dass bei den Veranstaltungen, bei denen Lose ausgegeben werden sollen, die den sofortigen Gewinnentscheid enthalten, Prämien- oder Schlussziehungen nicht vorgesehen werden dürfen. In § 11 Abs. 3 BbgGlüAG findet sich die Pflicht zur Befristung der Erlaubnis. § 11 Abs. 3 S. 2 BbgGlüAG begründet außerdem eine Verpflichtung und nicht nur eine Kann-Bestimmung, die vorgesehene Veranstaltung mindestens zwei Wochen vor Beginn der zuständigen Behörde und dem für den Veranstalter zuständigen Finanzamt schriftlich anzuzeigen. Die Möglichkeit, für Kleine Lotterien und Ausspielungen im Einzelfall Auflagen zu erlassen, ist in § 12 Abs. 1 BbgGlüAG verortet. Die Zuständigkeiten werden in § 13 geregelt und hängen von der Reichweite der geplanten Lotterie ab.

Die Öffnungsklausel im Bremischen Glücksspielgesetz enthält § 6 Abs. 2 Brem- **8** GlüG. Das Bremische Glücksspielgesetz sieht keine Befristung der Veranstaltung vor. § 6 Abs. 2 BremGlüG fordert jedoch, in die Erlaubnis aufzunehmen, dass bei den Veranstaltungen, bei denen Lose ausgegeben werden sollen, die den sofortigen Gewinnentscheid enthalten, Prämien- oder Schlussziehungen nicht vorgesehen werden dürfen.

Die durch § 18 eröffnete Möglichkeit, von den Regelungen in § 4 Abs. 3 S. 2 **9** und 3, § 14 Abs. 1 S. 1 Nr. 1, § 15 Abs. 1 S. 4 und 5, Abs. 3 S. 2 und § 17 abzuweichen, findet sich für die Freie und Hansestadt Hamburg in § 14 Abs. 2 HmbGlü- ÄndStVAG.

§ 13 HGlüG enthält in Abs. 1 eine Bestimmung, wonach abweichend von § 15 **10** Abs. 1 bei Kleinen Lotterien iSv § 18 der Reinertrag und die Gewinnsumme nur jeweils 25 vom Hundert der Entgelte betragen müssen. Hierbei dürfte es sich indes nicht um eine wirkliche Abweichung handeln, weil als Kleine Lotterie iSv § 18 nur eine solche Veranstaltung angesehen wird, bei der Reinertrag und Gewinnsumme mindestens 25 vom Hundert der Entgelte betragen. § 13 Abs. 1 Nr. 3 HGlüG limitiert den Losverkauf bzw. den Vertriebszeitraum auf eine Dauer von 3 Monaten. Die allgemeine Erlaubnis ist gem. § 13 Abs. 3 S. 1 HGlüG zu befristen. § 13 Abs. 3 S. 2 HGlüG begründet die Pflicht, die vorgesehene Veranstaltung mindestens zwei Wochen vor Beginn der zuständigen Behörde und dem für den Veranstalter zuständigen Finanzamt schriftlich anzuzeigen.

Entsprechend den Ausführungsgesetzen in den anderen Bundesländern erteilt **11** § 13 GlüStVAG M-V in Abs. 2 einen Dispens von den allgemeinen Erlaubnisbestimmungen des GlüStV für Kleine Lotterien. Abweichend von § 18 begrenzt § 11 Abs. 1 Nr. 2 GlüStVAG M-V außerdem die Summe der zu entrichtenden Entgelte auf 25 000 EUR statt 40 000 EUR. § 11 Abs. 1 Nr. 3 GlüStVAG M-V sieht weiter vor, dass der Spielplan einen Reinertrag von mindestens 30 vom Hundert der zu errichtenden Entgelte ausweisen muss. § 11 Abs.1 Nr. 5 GlüSt-VAG M-V bestimmt ergänzend, dass bei Kleinen Lotterien der Losverkauf die Dauer eines Monats nicht überschreiten darf. § 11 Abs. 3 GlüStVAG M-V ist zu entnehmen, dass die allgemeine Erlaubnis zu befristen ist. Die Behörde kann nach § 11 Abs. 3 S. 2 GlüStVAG M-V anordnen, dass die vorgesehene Veranstaltung ihr gegenüber außerdem anzuzeigen ist.

Einen Sonderfall stellt § 11 NGlüSpG dar, weil in Abs. 1 eine **Erlaubnisfiktion** **12** enthalten sein könnte. Danach gilt die Erlaubnis für die Veranstaltung von Kleinen Lotterien und Kleinen Ausspielungen iSd § 18 als erteilt, wenn 1. sich die Veranstaltung nicht über das Gebiet einer Gemeinde hinaus erstreckt, 2. der Veranstalter seinen Sitz in der Gemeinde hat, in der die Veranstaltung stattfindet, und 3. es sich um einen besonderen Veranstalter, nämlich a) eine Organisation oder eine Teilorganisation der freien Wohlfahrtspflege oder der Jugendarbeit, b) einen Gebietsverband oder eine andere Teilorganisation einer politischen Partei, c) eine Untergliederung einer Gewerkschaft, d) einen Verein, e) eine Stiftung oder f) eine juristische Person des öffentlichen Rechts oder eine ihrer Einrichtungen handelt. Zu einer Ausgestaltung als Erlaubnisfiktion passt jedoch wenig die nachfolgende Einschränkung in § 11 Abs. 2 NGlüSpG, wonach vor der Durchführung einer solchen Lotterie festgelegt sein muss, dass 1. der Reinertrag mindestens ein Drittel des Spielkapitals beträgt und 2. für welchen im Rahmen des § 18 Nr. 2 liegenden Zweck der Reinertrag zu verwenden ist. Diese Voraussetzungen müssten ebenso wie die weiteren in § 18 genannten Anforderungen durch die die Erlaubnis erteilende Behörde kontrolliert werden. Es ist daher davon auszugehen, dass § 11 Abs. 1 NGlüSpG nicht die Erteilung einer Erlaubnis entbehrlich macht, sondern lediglich das Ermessen der Behörde dahingehend reduziert, dass bei Vorliegen der entsprechenden Voraussetzungen eine Erlaubnis zu erteilen ist. Unmittelbar aus dem Gesetz, nämlich aus § 11 Abs. 3 NGlüSpG, folgt, dass der Verkauf der Lose nicht länger als drei Monate dauern darf und dass im Zusammenhang mit der Lotterie oder Ausspielung keine Wirtschaftswerbung betrieben werden darf, die über den Hinweis auf die Bereitstellung von Gewinnen durch Dritte hinausgeht. Letztere Bestimmung stellt eine Konkretisierung der auch für Kleine Lotterien geltenden Verpflichtung aus § 12 Abs. 1 Nr. 3 dar, wohingegen § 11 Abs. 3 S. 3 NGlüSpG zusätzlich anordnet, dass Gewinne nicht unter Ausschluss der Öffentlichkeit ermittelt werden dürfen, und § 11 Abs. 5 NGlüSpG ergänzt, dass die Veranstaltung der Glücksspielaufsichtsbehörde sowie dem Finanzamt mindestens einen Monat vor Beginn anzuzeigen ist. Die Möglichkeit für eine nach § 11 Abs. 1 NGlüSpG allgemein erlaubten Veranstaltung Auflagen zu erlassen, ist in § 12 Abs. 1 NGlüSpG geregelt.

13   Gemäß § 14 Abs. 1 Nr. 1 AG GlüÄndStV NRW darf sich die Veranstaltung der Kleinen Lotterie bzw. Ausspielung nicht über das Gebiet einer kreisfreien Stadt oder eines Kreises hinaus erstrecken. § 14 Abs. 1 Nr. 3 AG GlüÄndStV NRW beschränkt die allgemeine Erlaubniserteilung für Kleine Lotterien zusätzlich darauf, dass es sich um eine Veranstaltung handelt, bei der der Losverkauf die Dauer von drei Monaten nicht überschreitet. § 14 Abs. 2 AG GlüÄndStV NRW ordnet darüber hinaus an, dass in der allgemeinen Erlaubnis zu bestimmen ist, dass bei den Veranstaltungen, bei denen Lose ausgegeben werden sollen, die den sofortigen Gewinnentscheid enthalten, Prämien- oder Schlussziehungen nicht vorgesehen werden dürfen. Darüber hinaus ist die allgemeine Erlaubnis nach § 14 Abs. 3 S. 1 AG GlüÄndStV NRW zu befristen und begründet nach S. 2 die Pflicht, die vorgesehene Veranstaltung mindestens zwei Wochen vor ihrem Beginn der zuständigen Behörde und dem für den Veranstalter zuständigen Finanzamt schriftlich anzuzeigen. Abweichend von § 18 erhöht § 15 Abs. 4 AG GlüÄndStV NRW den Anteil des Reinertrags und der Gewinnsumme am Entgelt auf mindestens ein Drittel. § 15 Abs. 1 AG GlüÄndStV NRW ermöglicht den Ordnungsbehörden im Einzelfall Auflagen für Veranstaltungen zu erlassen.

14   Die noch in § 10 Abs. 1 Nr. 3 LGlüG RhPf aF normierte Beschränkung der Summe der zu entrichtenden Entgelte auf den Betrag von 10 000 EUR wurde angepasst und deckt sich nun mit den vorgegebenen 40 000 EUR des § 18. Ansonsten sieht § 10 Abs. 1 Nr. 5 LGlüG RhPf ebenso wie die meisten Ausfüh-

rungsgesetze, eine Befristung der Veranstaltung auf die Dauer von einem Monat vor. Außerdem ist auch in Rheinland-Pfalz die Erlaubnis für Kleine Lotterien nach § 10 Abs. 3 LGlüG RhPf zu befristen und kann in der Erlaubnis die Verpflichtung festgeschrieben werden, die vorgesehene Veranstaltung bei der zuständigen Behörde anzuzeigen, wenngleich eine Frist hierfür nicht gesetzt wird.

Im Saarland ist für die Erteilung einer allgemeinen Erlaubnis – neben der **15** Zweckgebundenheit gem. § 18 – nach § 13 AG GlüStV-Saar Voraussetzung, dass die Veranstaltung regional begrenzt ist (Abs. 1 Nr. 1), der Losverkauf die Dauer von einem Monat nicht überschreitet (Abs. 1 Nr. 2) und die Summe der für den Erwerb aller Lose zu entrichtenden Entgelte den Betrag von 10 000 EUR nicht übersteigt (Abs. 1 Nr. 3). Ausweislich von § 15 Abs. 2 AG GlüStV-Saar ist die Anzeigepflicht des Veranstalters nicht in das Ermessen der Behörde gestellt, son-dern ist diese verpflichtet, in die Erlaubnis eine entsprechende Verpflichtung auf-zunehmen.

§ 17 SächsGlüStVAG übernimmt weitgehend die Voraussetzungen aus § 18, **16** sieht zusätzlich jedoch in § 17 Abs. 1 Nr. 4 SächsGlüStVAG vor, dass der Losver-kauf die Dauer von drei Monaten nicht überschreiten darf. Außerdem sind nach § 17 Abs. 2 Kleinlotterien fünf Tage vor deren Beginn der zuständigen Behörde von Gesetzes wegen anzuzeigen. § 18 Abs. 2 SächsGlüStVAG versagt zudem die Prämien- bzw. Schlussziehung, bei Losausgabe mit sofortigen Gewinnentscheid.

Sachsen-Anhalt fordert in § 16 Abs. 1 Nr. 1 GlüG LSA, dass der Veranstalter **17** Sitz oder Wohnung im Gebiet, in welchem die Ausspielung veranstaltet wird, haben muss und die Voraussetzungen des § 5 Abs. 1 Nr. 9 Körperschaftssteuerge-setz erfüllt. Der Spielplan muss zudem einen Reinertrag von einem Drittel und eine Gewinnsumme von mind. 25 v. H. der Erträge vorsehen, § 16 Abs. 1 Nr. 3 GlüG LSA. Die Summe der zu entrichtenden Entgelte darf entgegen den Vorga-ben des § 18 einen Betrag von 15 000 EUR nicht übersteigen, § 16 Abs. 1 Nr. 4 GlüG LSA; der Losverkauf darf die Dauer von zwei Monaten nicht überschreiten, § 16 Abs. 1 Nr. 5 GlüG LSA. Zudem setzt die allgemeine Erlaubniserteilung nach § 16 Abs. 1 Nr. 6 GlüG LSA voraus, dass eine Verwendung der Reinerträge im Land Sachsen-Anhalt vorgesehen ist. In der Erlaubnis ist gemäß § 16 Abs. 2 GlüG LSA insbesondere festzulegen, dass: Gewinne oder die für Gewinne zu verwen-denden Beträge mit solchen anderer Ausspielungen nicht zum Zwecke einheitli-cher Ermittlung und Ausreichung der Gewinne zusammengelegt werden; die Ausspielung der Behörde spätestens fünf Werktage vor Beginn anzuzeigen ist; mit der Veranstaltung keine wirtschaftlichen Zwecke verfolgt werden dürfen, die über den mit dem Hinweis auf die Bereitstellung von Gewinnen verbundenen Werbeef-fekt hinausgehen. Die Erlaubnis kann gem. § 16 Abs. 3 GlüG LSA mit Nebenbe-stimmungen versehen werden.

Im Thüringer ThürGlüG sind im Hinblick auf die Kleinen Lotterien gem. § 18 **18** keine über den Dritten Abschnitt hinausgehenden Regelungen getroffen worden.

Vierter Abschnitt. Gewerbliche Spielevermittlung

§ 19 Gewerbliche Spielvermittlung

(1) Neben den §§ 4 bis 8 und unbeschadet sonstiger gesetzlicher Regelungen gelten für die Tätigkeit des gewerblichen Spielvermittlers folgende Anforderungen:

1. Der gewerbliche Spielvermittler hat mindestens zwei Drittel der von den Spielern vereinnahmten Beträge für die Teilnahme am Spiel an den Veranstalter weiterzuleiten. Dies hat er durch einen zur unabhängigen Ausübung eines rechts- oder steuerberatenden Berufs befähigten Beauftragten zur Vorlage bei der Erlaubnisbehörde bestätigen zu lassen. Er hat die Spieler vor Vertragsabschluss in Textform klar und verständlich auf den für die Spielteilnahme an den Veranstalter weiterzuleitenden Betrag hinzuweisen sowie ihnen unverzüglich nach Vermittlung des Spielauftrages den Veranstalter mitzuteilen.
2. Gewerbliche Spielvermittler und von ihnen oder den Spielinteressenten im Sinne des § 3 Abs. 6 beauftragte Dritte sind verpflichtet, bei jeder Spielteilnahme dem Veranstalter die Vermittlung offen zu legen.
3. Gewerbliche Spielvermittler sind verpflichtet, dafür Sorge zu tragen, dass bei Vertragsabschluss ein zur unabhängigen Ausübung eines rechts- oder steuerberatenden Berufes befähigter Treuhänder mit der Verwahrung der Spielquittungen und der Geltendmachung des Gewinnanspruches gegenüber dem Veranstalter beauftragt wird. Dem Spieler ist bei Vertragsabschluss ein Einsichtsrecht an den Spielquittungen, die in seinem Auftrag vermittelt worden sind, einzuräumen. Wird ein Gewinnanspruch vom Spielteilnehmer nicht innerhalb einer Frist von drei Monaten beim Treuhänder geltend gemacht, so ist der Gewinnbetrag an den Veranstalter abzuführen.

(2) Werden gewerbliche Spielvermittler in allen oder mehreren Ländern tätig, so werden die Erlaubnisse nach § 4 Abs. 1 Satz 1 gebündelt von der zuständigen Glücksspielaufsichtsbehörde in Niedersachsen erteilt. § 9a Abs. 3, 5 bis 8 ist hierbei anzuwenden.

(3) § 4 Abs. 6 ist entsprechend anzuwenden.

Ausführungsgesetze: Art. 2 Abs. 2, Art. 13 Abs. 1 Nr. 5 AGGlüStV Bay; § 13, § 17 Abs. 1 Nr. 11 AG GlüStV Bln; § 3 Abs. 2, § 5, § 16 Abs. 1 Nr. 10 BbgGlüAG; § 5 Abs. 1, § 7, § 16 Abs. 1 Nr. 5 BremGlüG; § 7, § 9 Abs. 1 Nr. 9, § 18 Abs. 1 Nr. 4 HmbGlüÄndStVAG; § 14, § 15 Abs. 3, § 18 Abs. 1 Nr. 13, Nr. 14 HGlüG; § 9, § 21 Abs. 1 Nr. 11, Nr. 14 GlüSt-VAG M-V; § 7, § 25, § 26 Abs. 1 Nr. 12 NGlüSpG; § 7, § 23 Abs. 1 Nr. 13 AG GlüÄndStV NRW-E; § 8, § 16 Abs. 1 Nr. 11 LGlüG RP; § 12, § 20 Abs. 1 Nr. 14 AG GlüStV-Saar; § 13, § 20 Abs. 1 Nr. 11, Nr. 12, Nr. 17 SächsGlüStVAG; § 13, § 19, § 20 Nr. 10–18 GlüG LSA; § 3 Abs. 1 S. 1 Nr. 6, § 11 Abs. 1 Nr. 7 GlüÄndStV SchlH; § 5 Abs. 1 Nr. 8, Abs. 4, § 10 Abs. 1 Nr. 9 ThürGlüG.

Literatur: Dietlein/Hecker, Die Vermittlung von Oddset-Wetten zwischen Gefahrenabwehr und Wettbewerbsschutz, WRP 2003, 1175 ff.; Fruhmann, Das Spiel im Spiel – Strafbarkeit gewerblicher Spielgemeinschaften, MDR 1993, 822 ff.; Ohlmann, Die deutschen Lotto- und Totounternehmen – Wettbewerbsakteure oder Kompetenzträger im kooperativen Lotterieföderalismus?, WRP 2001, 672 ff.; ders. (Hrsg.), Lotterien, Sportwetten, der Lotteriestaatsvertrag und Gambelli, WRP 2005, 48 ff.; ders. (Hrsg.), Strafbarkeit des Veranstalters einer Lotterie außerhalb des Genehmigungsgebietes, ZfWG 2007, 20 ff.; Otto, Gewerbliche Lottospielgemeinschaften als Lotterie, Jura 1997, 385 ff.; Pieroth/Görisch, Gewerbliche Lotteriespielvermittlung als Gegenstand der konkurrierenden Bundesgesetzgebungskompetenz, NVwZ 2005, 1225 ff.; Postel, Zur Regulierung von öffentlichen Glücksspielen, WRP 2005, 833 ff.; Ristelhuber/Schmitt, Lotto im Internet, ZfWG 2007, 261 ff.; Schmidt, Das Ende des staatlichen Glücksspielmonopols (?), WRP 2004, 576 ff.; Schmitt, Die wettbewerbswidrige Übernahme der LOTTO-Zahlen bei schwarzen Lotterien, ZfWG 2009, 23 ff.; ders. (Hrsg.), Zur gewerblichen Spielvermittlung, ZfWG 2007, 375 ff.; ders. (Hrsg.), Erlaubnisfrei oder erlaubnispflichtig? – Die gewerbliche Spielvermittlung nach der Rechtsprechung des EuGH in den Rechtssachen Winner Wetten, Stoss u.a. und Carmen Media Group, ZfWG 2011, 22 ff.; Stober, Zur staatlichen Regulierung der gewerblichen Spielevermittlung, GewArch 2003, 305 ff.

Übersicht

I. Grundlagen

1   § 19 Abs. 1 erstreckt die §§ 4 bis 8 auf die gewerbliche Spielvermittlung und bestimmt nicht abschließende Anforderungen an die Tätigkeit des gewerblichen Spielvermittlers. Der neu eingefügte Abs. 2 statuiert eine Erleichterung des Erlaubnisverfahrens für diejenigen gewerblichen Spielvermittler, die bundesweit oder in mehreren Bundesländern tätig werden wollen. Über den ebenfalls mit diesem Staatsvertrag erstmals eingeführten Abs. 3 findet die Übermittlungspflicht hinsichtlich Spielerzahlen und Einsatzhöhen nach § 4 Abs. 6 entsprechend Anwendung auf die gewerbliche Spielvermittlung.

2   Der Begriff der **gewerblichen Spielvermittlung** ist in § 3 Abs. 6 legaldefiniert. Danach betreibt gewerbliche Spielvermittlung, wer, ohne Annahmestelle, Lotterieeinnehmer oder Wettvermittlungsstelle zu sein, einzelne Spielverträge an einen Veranstalter vermittelt oder Spielinteressenten zu Spielgemeinschaften zusammenführt und deren Spielbeteiligung dem Veranstalter – selbst oder über Dritte – vermittelt, sofern dies jeweils in der Absicht geschieht, durch diese Tätigkeit nachhaltig Gewinn zu erzielen. In der Praxis wird immer wieder versucht, durch verschachtelte gesellschaftsrechtliche Konstruktionen eine Form der Spielbeteiligung an von Dritten veranstalteten Glücksspielen zu schaffen, die nicht gewerbliche Spielvermittlung sein soll, um so die besonderen Anforderungen an die gewerbliche Spielvermittlung zu umgehen. Ein beliebtes Umgehungskonstrukt ist es, zunächst eine GbR zu gründen. Diese schließt dann einen Spielvertrag mit einem Glücksspielveranstalter und mehrt auf diese Weise das eigene Gesellschaftsvermögen um einen möglichen Gewinnanspruch. Anschließend werden Gesellschaftsanteile der GbR an Dritte veräußert, auf die bei einer erfolgreichen Teilnahme anteilig der erzielte Gewinn fällt. Der BGH hat denjenigen, der bei einem derartigen Konstrukt die GbR-Anteile vermittelt, als gewerblichen Spielvermittler qualifiziert (BGH Beschl. v. 19.5.2011 – I ZR 215/08 Rn. 12 ff., Hinweis in ZfWG 2011, 378; so auch LG Hamburg Urt. v. 22.3.2011 – 407 O 163/09; LG Köln Urt. v. 20.12.2007 – 84 O 129/06). Die Erwerber der GbR-Anteile bildeten miteinander eine Spielgemeinschaft, die von dem Vermittler zusammengeführt werde, der damit die Zusammensetzung der Spielgemeinschaft beeinflusse. Die Spielbeteiligung der Spielgemeinschaft werde dem Veranstalter durch Erwerb eines Spielscheins für die GbR vermittelt.

Dabei war für den BGH auch ausschlaggebend, dass die verbraucherschützenden Pflichten des gewerblichen Spielvermittlers nicht durch Einschaltung eines Maklers umgangen werden dürften (BGH Beschl. v. 19.5.2011 - I ZR 215/08 Rn. 20).

Die Regelungen in Abs. 1 entsprechen bis auf die Ergänzung in § 19 Abs. 1 **3** Nr. 1 S. 2 nahezu wortgleich jenen der Vorgängervorschrift des § 19 GlüStV 2008. Nach den Erläuterungen zum GlüStV 2008 hatte der Gesetzgeber seinerzeit schon an den bis dato geltenden Anforderungen des § 14 LottStV festgehalten und diese nahezu unverändert übernommen (amtl. Begr. GlüStV 2008 LT-Drs. Bay 15/8486, 19). Die Erläuterungen des Gesetzgebers zu § 19 GlüStV 2008 und § 14 LottStV, die bislang zu diesen Regelungen ergangene Rechtsprechung und die in der Literatur vertretenen Ansichten können daher vollumfänglich auf § 19 Abs. 1 übertragen werden. § 19 Abs. 1 Nr. 1 S. 1 enthält mit der sog. ⅔-Regel eine Weiterleitungsverpflichtung der vom Spieler vereinnahmten Beträge. § 19 Abs. 1 Nr. 1 S. 2 regelt erstmals eine auf die ⅔-Regel bezogene Bestätigungspflicht. § 19 Abs. 1 Nr. 1 S. 3 bestimmt Hinweis- und Mitteilungspflichten gegenüber dem Spieler. § 19 Abs. 1 Nr. 2 regelt eine Offenlegungspflicht der Spielvermittlung gegenüber dem Veranstalter. § 19 Abs. 1 Nr. 3 verpflichtet den gewerblichen Spielvermittler, Aufgaben der gewerblichen Spielvermittlung teilweise an einen Treuhänder zu übertragen und dem Spieler ein Einsichtsrecht an den Spielquittungen einzuräumen. Außerdem sieht § 19 Abs. 1 Nr. 3 unter bestimmten Voraussetzungen eine Abführungsverpflichtung des Gewinns an den Veranstalter vor.

Die Regelungen in § 19 dienen der Durchsetzung der Ziele des § 1. Es handelt **4** sich um Verbraucherschutzvorschriften des innerstaatlichen Rechts (BGH Beschl. v. 19.5.2011 – I ZR 215/08 Rn. 20, Hinweis in ZfWG 2011, 378), welche die Verbraucher vor Beeinträchtigungen oder ernsthaften und schwerwiegenden Gefahren schützen sollen. Sie sollen für den Spieler die nötige Transparenz schaffen, da sich aus der Einschaltung eines Spielvermittlers und den damit für den Spieler verbundenen zusätzlichen Kosten und Risiken ein besonderes Bedürfnis nach Offenlegung ergibt (Erl. LottStV LT-Drs. Bay 15/8601, 13 f.; VerfGH Bay ZfWG 2007, 424 (426); OLGR Hamburg 2007, 407; OLG Düsseldorf ZfWG 2007, 368 m. Anm. Schmitt). Im Hinblick auf die Zielsetzung bestehen keine Bedenken an der Vereinbarkeit des § 19 mit höherrangigem Verfassungs- und Europarecht (VerfGH Bay ZfWG 2008, 424; OLG Hamburg Urt. v. 16.5.2012 – 5 U 22/09; OLGR Hamburg 2007, 407; OLG Düsseldorf ZfWG 2007, 368 (372 f.); LG Köln Urt. v. 20.12.2007 – 84 O 129/06; VG Düsseldorf ZfWG 2009, 464; VG Saarlouis Urt. v. 6.6.2012 – 6 K 177/10; VG Wiesbaden Urt. v. 17.2.2011 – 5 K 1328/09.WI; aA Stober GewArch 2003, 305; Pieroth/Görisch NVwZ 2005, 1225; zu § 19 Nr. 1 S. 1 → Rn. 9).

Wegen ihres verbraucherschützenden Charakters sind die Vorschriften des § 19 **5** gleichzeitig Schutzvorschriften iSd § 4 Nr. 11 UWG und können von Mitbewerbern, zu denen auch Glücksspielveranstalter zählen, in wettbewerbsrechtlichen Verfahren herangezogen werden (BGH Beschl. v. 19.5.2011 – I ZR 215/08 Rn. 20, Hinweis in ZfWG 2011, 378; OLGR Hamburg 2007, 407; OLG Düsseldorf GRUR 2006, 782; OLG Düsseldorf ZfWG 2007, 368; OLG Köln Urt. v. 24.8.2007 – 6 U 92/07; LG Saarbrücken ZfWG 2007, 384; Schmitt ZfWG 2007, 375 (377)). Daneben finden die Regelungen auch Anwendung auf die Tätigkeit von im Ausland ansässigen gewerblichen Spielvermittlern, sofern sich deren Angebot gezielt an Inländer richtet (OLGR Hamburg 2007, 407; OLG Düsseldorf ZfWG 2007, 368 (371); Schmitt ZfWG 2007, 375 (376)).

6 Die Ausführungsgesetze der Bundesländer ergänzen teilweise die Anforderungen an die Tätigkeit des gewerblichen Spielvermittlers (→ Rn. 38 ff.). Verbreitet ist beispielsweise das Verbot des Vertriebs über örtliche Verkaufsstellen (zB § 13 Abs. 2 AG GlüStV Bln, → Rn. 39). Daneben normieren die Ausführungsgesetze der Bundesländer vielfach Ordnungswidrigkeiten beim Verstoß gegen die Anforderungen des § 19 (→ Rn. 47). Hingegen wurden die bis dato teilweise in den Ausführungsgesetzen vorgesehenen **Provisionsverbote** (zB § 6 Abs. 3 LotGBbG aF; vgl. auch Schmitt, Voraufl., § 19 GlüStV Rn. 35 ff.) abgeschafft. Neben den Maßgaben des § 19 und den weiterreichenden Regelungen der Ausführungsgesetze der Bundesländer sind für die gewerbliche Spielvermittlung auch bundesrechtliche Vorschriften relevant (→ Rn. 48 ff.), wie etwa §§ 284 ff. StGB.

II. Einzelkommentierung

1. Anwendbarkeitserklärung/Öffnungsklausel

7 § 19 Abs. 1 bestimmt allgemein, dass die §§ 4 bis 8 für die Tätigkeit des gewerblichen Spielvermittlers gelten. Die gewerbliche Spielvermittlung unterliegt damit bundesweit einem Erlaubnisvorbehalt (zu dessen Vereinbarkeit mit höherrangigem Unionsrecht vgl. Schmitt ZfWG 2010, 22), der gewerbliche Spielvermittler hat die Werbebeschränkungen des § 5 zu beachten, gemäß § 6 ein Sozialkonzept zu erstellen und sich an die Aufklärungspflichten des § 7 zu halten. Erstmals mit Inkrafttreten dieses Staatsvertrages sind auch die Vermittler von öffentlichen Glücksspielen nach § 8 Abs. 6 an der Mitwirkung an dem übergreifenden Sperrsystem nach § 23 verpflichtet (→ § 8 Rn. 31). In Konsequenz dieser Neuerung erklärt § 19 Abs. 1 nunmehr auch § 8 auf die gewerbliche Spielvermittlung für anwendbar. Die Erstreckung der §§ 4 bis 8 auf die gewerbliche Spielvermittlung ist im Hinblick auf die Umsetzung der in § 1 bestimmten Zielsetzung zwingend notwendig, weil das Gefährdungs- und Suchtpotenzial der gewerblichen Spielvermittlung ebenso hoch einzustufen ist wie bei der Glücksspielveranstaltung selbst (OLGR Hamburg 2007, 407; OLG Düsseldorf ZfWG 2007, 368 (371); Ohlmann WRP 2005, 48 (66); Postel WRP 2005, 833 (838); Schmidt WRP 2004, 576 (590)).

8 Daneben enthält § 19 Abs. 1 entsprechend der Regelung in § 14 Abs. 2 LottStV durch die Formulierung „unbeschadet sonstiger gesetzlicher Regelungen" eine **Öffnungsklausel**, die es dem Landesgesetzgeber ermöglicht, weitere Anforderungen an die Tätigkeit des gewerblichen Spielvermittlers zu normieren. Von dieser Befugnis haben die Bundesländer in den Ausführungsgesetzen zum Glücksspielstaatsvertrag in verschiedenem Umfang Gebrauch gemacht (→ Rn. 38 ff.). Die Öffnungsklausel bringt damit gleichzeitig zum Ausdruck, dass die Anforderungen des § 19 im Hinblick auf die Zielsetzung in § 1 das absolut erforderliche Minimum an gesetzlicher Restriktion für das Tätigkeitsfeld der gewerblichen Spielvermittlung darstellen (vgl. Erl. LottStV LT-Drs. Bay 15/8601, 13 f.).

2. ⅔–Regelung (§ 19 Abs. 1 Nr. 1 S. 1 und S. 2)

9 **a) Allgemeines.** Gem. § 19 Abs. 1 Nr. 1 S. 1 hat der gewerbliche Spielvermittler mindestens zwei Drittel der von den Spielern vereinnahmten Beträge für

die Teilnahme am Spiel an den Veranstalter weiterzuleiten. Die Regelung soll
verhindern, dass der natürliche Spieltrieb zu gewerblichen Gewinnzwecken ausge-
beutet wird und der Spieler für eine Dienstleistung unangemessen hohe Entgelte
zu leisten hat. Ferner verhindert die ⅔–Regelung, dass der gewerbliche Spielvermittler eine im Verhältnis zu den Einnahmen aufwendige und kostenintensive
Vertriebs- und Werbetätigkeit aufnimmt und dadurch Spieler zur verstärkten
Spielteilnahme verleitet. Hingegen hat die Norm keine einnahmesichernde Funktion für Glücksspielveranstalter (Erl. LottStV LT-Drs. Bay 15/8601, 13 f.; VerfGH
Bay ZfWG 2007, 424; OLGR Hamburg 2007, 407; VG Saarlouis Urt. v. 6.6.2012
- 6 K 177/10). Da die Norm zur Umsetzung der von ihr verfolgten Ziele geeignet
und erforderlich ist und darüber hinaus den gewerblichen Spielvermittler auch
nicht unverhältnismäßig belastet, bestehen an ihrer Vereinbarkeit mit höherrangigem Verfassungs- und Europarecht keine Bedenken (VerfGH Bay ZfWG 2007,
424; OLGR Hamburg 2007, 407; VG Saarlouis Urt. v. 6.6.2012 - 6 K 177/10;
VG Wiesbaden Urt. v. 17.2.2011 - 5 K 1328/09.WI; aA Pieroth/Görisch NVwZ
2005, 1225). Auch begründet die Weiterleitungsverpflichtung in der konkreten
Höhe keine nicht hinnehmbaren wirtschaftlichen Nachteile für gewerbliche Spielvermittler, die ein erfolgreiches einstweiliges Vorgehen im Wege des § 32 Abs. 1
BVerfGG hätten rechtfertigen können (BVerfG Beschl. v. 10.1.2006 - 1 BvR
939/05).

b) Inhalt. Mindestens ⅔ der von den Spielern vereinnahmten Beträge muss **10**
der gewerbliche Spielvermittler „für die Teilnahme am Spiel" weiterleiten. Der
weiterzuleitende Mindestbetrag ist also zweckgebunden und muss zur Erfüllung
der Verpflichtung des Spielers aus dem Spielvertrag mit dem Veranstalter aufgewendet werden. „Für die Teilnahme am Spiel" aufgewendete Gelder sind daher
nicht nur Spieleinsätze, sondern auch vom Veranstalter uU erhobene Bearbeitungsgebühren, wie etwa die Scheinbearbeitungsgebühr bei **LOTTO.**

Um die ⅔-Regelung zu umgehen, bieten gewerbliche Spielvermittler häufig **11**
Kopplungsangebote an (vgl. auch VG Karlsruhe Urt. v. 14.4.2010 - 3 K 3851/
09; VG Saarlouis Urt. v. 6.6.2012 - 6 K 177/10). Die Teilnahme an dem Vermittlungsangebot ist an die Inanspruchnahme zusätzlicher entgeltlicher Dienstleistungen gebunden. Häufig werden dabei dem Spieler zu vermeintlich günstigen Preisen in verschiedenen Bereichen Vorteile in Aussicht gestellt, wie etwa der
vergünstigte Erwerb von Waren oder Reisen etc. Bei der Ermittlung des an den
Veranstalter weiterzuleitenden Mindestbetrages zieht der gewerbliche Spielvermittler den für die zusätzliche Dienstleistung zu zahlenden Preis von dem insgesamt vom Spieler vereinnahmten Betrag ab. ⅔ des verbleibenden Differenzbetrages
leitet er dann entsprechend weiter. Ungeachtet dessen, dass besondere Preisangabepflichten zu beachten sind (→ Rn. 20), sind diese Kopplungen auch im Hinblick auf § 19 Abs. 1 Nr. 1 S. 1 kritisch zu betrachten. Ein Verstoß gegen § 19
Abs. 1 Nr. 1 S. 1 liegt immer dann nahe, wenn die zusätzliche Dienstleistung
inhaltlich im unmittelbaren Zusammenhang mit dem gewerblichen Spielvermittlungsangebot steht und sich aus der Sicht des Verbrauchers als ein funktionell
einheitliches Angebot darstellt (zustimmend VG Karlsruhe Urt. v. 14.4.2010 - 3
K 3851/09; VG Saarlouis Urt. v. 6.6.2012 - 6 K 177/10). Dann gehört der für
das zusätzliche Angebot separat veranschlagte Preis zu dem „von dem Spieler
vereinnahmten Betrag", so dass zwei Drittel des für das gesamte Angebot zu
zahlenden Preises an den Veranstalter weiterzuleiten sind. Ein solcher inhaltlich
unmittelbarer Zusammenhang ist anzunehmen, wenn das zusätzliche Angebot

Elemente enthält, die typischerweise der Tätigkeit gewerblicher Spielvermittler zuzuordnen sind (so auch VG Karlsruhe Urt. v. 14.4.2010 – 3 K 3851/09). Weiteres Indiz für einen inhaltlichen Zusammenhang ist der Umstand, dass das zusätzliche Angebot Elemente enthält, die typischerweise nicht als separate Dienstleistungen auf dem Markt angeboten werden (VG Saarlouis Urt. v. 6.6.2012 – 6 K 177/10). Ein entsprechender inhaltlicher Zusammenhang besteht daher zu Dienstleistungen wie etwa eine separate Gewinnbenachrichtigung, sog. Hochquotensysteme, die Gewährung einer „Geld-zurück-Garantie" und dergleichen. Auch wenn die Attraktivität des Kopplungsangebots maßgeblich von der gewerblichen Spielvermittlung abhängt, so etwa bei dem Erwerb von Plastikkarten als Werbeträger einerseits, die den Inhaber der Karte aufgrund gewerblicher Spielvermittlung zur Teilnahme an der Lotterie „Lotto 6 aus 49" andererseits berechtigt, besteht ein inhaltlich unmittelbarer Zusammenhang und damit ein Verstoß gegen § 19 Abs. 1 Nr. 1 S. 1, sofern nicht zwei Drittel des insgesamt vereinnahmten Betrages weitergeleitet werden (LG Köln Urt. v. 15.12.2005 – 31 O 677/05). Die Vorschrift soll allerdings dann nicht einschlägig sein, wenn das zusätzliche Angebot neben die Spielteilnahme tritt und offensichtlich ist, dass diese Zusatzleistung frei wählbar ist (VG Karlsruhe Urt. v. 14.4.2010 – 3 K 3851/09).

12 Mit diesem Staatsvertrag neu eingeführt wurde die Regelung nach § 19 Abs. 1 Nr. 1 S. 2, die in unmittelbarem Zusammenhang zu der ⅔-Regelung gem. § 19 Abs. 1 Nr. 1 S. 1 steht. Danach hat der gewerbliche Spielvermittler die Umsetzung der ⅔-Regelung durch einen zur unabhängigen Ausübung eines rechts- oder steuerberatenden Berufs befähigten Beauftragten zur Vorlage der Erlaubnisbehörde bestätigen zu lassen. Wie aus der Formulierung „zur Vorlage der Erlaubnisbehörde" folgt, bezweckt die Regelung in erster Linie, dass sich die zuständige Behörde bei der Erlaubniserteilung ein Bild von dem konkreten Angebot des gewerblichen Spielvermittlers machen kann, um anhand dessen über die Erteilung einer Erlaubnis zur gewerblichen Spielvermittlung zu befinden. Die Vorschrift dient nach dem Ausführungen des Gesetzgebers aber auch einer effizienten Vollzugskontrolle (amtl. Begr. LT-Drs. Bay 16/11995, 29). Die Bestätigungspflicht des § 19 Abs. 1 Nr. 1 S. 2 unterstreicht die zentrale Bedeutung der ⅔-Regelung im Regime der gewerblichen Spielvermittlung.

3. Hinweispflicht auf die Verteilung der vereinnahmten Beträge (§ 19 Abs. 1 Nr. 1 S. 3 Hs. 1)

13 **a) Allgemeines.** Nach § 19 Abs. 1 Nr. 1 S. 3 Hs. 1 hat der gewerbliche Spielvermittler die Spieler vor Vertragsabschluss in Textform klar und verständlich auf den für die Spielteilnahme an den Veranstalter weiterzuleitenden Betrag hinzuweisen. Die Norm dient dem Schutz des Spielteilnehmers und soll dessen Informationsbedürfnis Geltung verschaffen sowie die nötige Transparenz des gewerblichen Spielvermittlungsangebots gewährleisten (Erl. LottStV LT-Drs. Bay 15/8601, 13 f.; OLG Hamburg Urt. v. 16.5.2012 – 5 U 22/09). Unter Berücksichtigung dieser Zielsetzung ist die Regelung als reine Berufsausübungsregelung verfassungs- und europarechtskonform (OLG Hamburg Urt. v. 16.5.2012 – 5 U 22/09). Auch ist die Hinweispflicht materiell mit Art. 7 der Richtlinie 2005/29/EG vereinbar. Aus den Erwägungsgründen zu dieser Richtlinie folgt, dass die Mitgliedstaaten im Bereich des Glücksspielwesens weitergehende Informationsanforderungen statuieren dürfen (OLG Hamburg Urt. v. 16.5.2012 – 5 U 22/09). Neben § 19 Abs. 1 Nr. 1 S. 3 Hs. 1 ist hinsichtlich der Angabe der Preisstruktur auch § 1 PAngV

(→ Rn. 60 ff.) sowie die Rechtsprechung des BGH zum Wettbewerbsrecht (GRUR 2002, 976 – Koppelungsangebot I) zu beachten.

b) Inhalt. Der gewerbliche Spielvermittler muss auf den Anteil des vom Spieler **14** zu zahlenden Gesamtpreises hinweisen, den er an den Veranstalter des Glücksspiels für die Spielteilnahme, also zur Erfüllung der Verpflichtung des Spielvertrages weiterleitet. Dem Wortlaut „Betrag" und dem Gesetzeszweck entsprechend ist eine **absolute Angabe** zu machen (ähnlich OLG Hamburg Urt. v. 16.5.2012 – 5 U 22/09 im Zusammenhang mit dem Tatbestandsmerkmal „klar und verständlich"; LG Hamburg ZfWG 2009, 119). Der anzugebende Anteil muss also beziffert sein. Nicht ausreichend ist hingegen eine relative Angabe in Prozent oder Anteilen. Daneben entspricht es dem im Wortlaut der Norm nicht wiederzufindenden Willen des Gesetzgebers, dass der Spielvermittler nicht nur den Betrag ausweist, den er weiterleitet, sondern gleichzeitig auch den von ihm einbehaltenen Anteil (Erl. LottStV LT-Drs. Bay 15/8601, 13 f.; ablehnend OLG Hamburg Urt. v. 16.5.2012 – 5 U 22/09). Auch fordert die Regelung im Hinblick auf die Grundsätze von Preisklarheit und -wahrheit einen inhaltlich zutreffenden Hinweis.

c) Form. Die Norm verlangt einen Hinweis in **Textform** und nimmt damit **15** Bezug auf § 126b BGB (OLG Hamburg Urt. v. 16.5.2012 – 5 U 22/09; LG Hamburg ZfWG 2009, 119), der den Begriff der Textform legaldefiniert. Danach muss die Erklärung in einer Urkunde oder auf andere zur dauerhaften Wiedergabe in Schriftzeichen geeignete Weise abgegeben, die Person des Erklärenden genannt und der Abschluss der Erklärung durch Nachbildung der Namensunterschrift oder anders erkennbar gemacht werden. Bei der zwischenzeitlich wieder unter bestimmten Voraussetzungen möglichen Vermittlung unter ausschließlicher Verwendung des Internets genügt der Hinweis dem Textformerfordernis, wenn er per **E-Mail** erfolgt (Thüsing in Staudinger BGB § 312c Rn. 45; BT-Drs. 14/2658, 41). Ausreichend sind ebenfalls Hinweise per Computerfax oder SMS (OLG Hamburg Urt. v. 16.5.2012 – 5 U 22/09). Es muss nur sichergestellt sein, dass der Inhalt der Datei zur dauerhaften Verwendung des Empfängers konserviert werden kann (OLG Hamburg Urt. v. 16.5.2012 – 5 U 22/09). Es reicht aber auch ein Hinweis auf der Internetseite selbst, wenn der Hinweis heruntergeladen werden kann und es während des Bestellvorgangs zwingend zu einem Download durch den Spieler kommen muss (OLG Hamburg Urt. v. 16.5.2012 – 5 U 22/09; OLG Köln GRUR-RR 2008, 88 (89 f)).

Der Hinweis muss **klar und verständlich** sein. Diese Voraussetzung verkörpert **16** das allgemeine **Transparenzgebot.** Der Gesetzgeber fordert einen Hinweis an hervorgehobener Stelle (Erl. LottStV LT-Drs. Bay 15/8601, 13 f.; so auch LG Hamburg ZfWG 2009, 119). Ein Hinweis im Fließtext von AGB genügt daher nicht (so auch LG Hamburg ZfWG 2009, 119). Weitergehende Ausführungen enthält die Gesetzesbegründung allerdings nicht. Da der zu erteilende Hinweis die Preisgestaltung der Dienstleistung und damit neben der Qualität das für die Kaufentscheidung des Verbrauchers wichtigste Kriterium betrifft (Köhler in Köhler/Bornkamm UWG Vorb. PAngV Rn. 2), sind die Anforderungen an das Transparenzgebot hoch anzusetzen. Zur Auslegung der Norm kann auf die Maßgaben des § 1 Abs. 6 S. 2 PAngV zurückgegriffen werden, die auch bei über die PAngV hinausgehenden und nach lauterkeitsrechtlichen Aspekten begründeten Preisangabepflichten einschlägig sind (BGH GRUR 2002, 976 (978) – Koppelungsangebot I). Danach sind Angaben dem Angebot eindeutig zuzuordnen sowie

Schmitt 297

leicht erkennbar und **deutlich lesbar** oder sonst **gut wahrnehmbar** zu machen (→ Rn. 65).

17   **d) Maßgeblicher Zeitpunkt.** Der Hinweis ist **vor Vertragsabschluss** zu erteilen. Wie aus der Zielsetzung des § 19 und aus einem Vergleich mit der, insoweit gleichlautenden, ebenfalls verbraucherschützenden und eine Hinweispflicht normierenden Regelung des § 312c Abs. 1 BGB aF bzw. § 2 Abs. 2 FernAbsG folgt, soll die Hinweispflicht sicherstellen, dass der Spieler die Informationen zur Kenntnis nehmen und eine informierte Entscheidung treffen kann (vgl. BT-Drs. 14/2658, 38). Damit bezeichnet „vor Vertragsabschluss" einen Zeitpunkt, zu dem der Spieler noch keine verbindliche Entscheidung über den möglichen Vertragsschluss und damit keine Vermögensdisposition getroffen hat (vgl. Heinrichs in Palandt BGB 63. Aufl. § 312c Rn. 3; 61. Aufl. § 2 FernAbsG Rn. 3). Der Hinweis muss also vor Abgabe derjenigen Willenserklärung des Spielers erfolgen, die auf Abschluss des **Spielvermittlungsvertrages** mit dem gewerblichen Spielvermittler gerichtet ist (LG Hamburg ZfWG 2009, 119). Denn regelmäßig mit Abschluss des Spielvermittlungsvertrages und nicht erst etwa mit Abschluss des Spielvertrages zwischen Spieler und Veranstalter verpflichtet sich der Spieler zur Zahlung eines Entgelts an den Spielvermittler.

18   **e) Einzelfälle.** Bei einer Vermittlung von **LOTTO** bündeln gewerbliche Spielvermittler Spielaufträge einzelner Spieler häufig auf einem Spielschein, um die von den einzelnen Landeslotteriegesellschaften erhobenen Scheinbearbeitungsgebühren gering zu halten (**Bündelung von Spielaufträgen,** vgl. zu einer solchen Konstellation OLG Hamburg Urt. v. 16.5.2012 – 5 U 22/09; LG Hamburg ZfWG 2009, 119). In diesen Fällen kann der gewerbliche Spielvermittler die Teilnahme zu einem geringeren Preis anbieten als die jeweilige Landeslotteriegesellschaft, weil die Scheinbearbeitungsgebühr nur einmal anfällt und unter den verschiedenen vermittelten Spielaufträgen aufgeteilt wird. Häufig verlangt der gewerbliche Spielvermittler allerdings für die Spielteilnahme den Preis, den der Spieler bei der unmittelbaren Teilnahme über eine Landeslotteriegesellschaft zu zahlen hätte, und behält die Differenz zwischen vom Spieler vereinnahmten und tatsächlich weitergeleiteten Betrag ein. Auch hier besteht die Hinweispflicht nach § 19 Abs. 1 Nr. 1 S. 3 Hs. 1 (OLG Hamburg Urt. v. 16.5.2012 – 5 U 22/09; LG Hamburg ZfWG 2009, 119). Der einbehaltene Differenzbetrag stellt letztlich nichts anderes dar als eine **versteckte Vermittlungsgebühr.** Kommt der gewerbliche Spielvermittler dieser Hinweispflicht nicht nach, so dürfte sein Verhalten auch strafrechtlich kritisch zu beurteilen sein. Auch darf ein derartiges Vermittlungsangebot im Hinblick auf das Verbot irreführender Werbung nach § 5 UWG nicht pauschal als kostenlos beworben werden (OLG Hamburg Urt. v. 16.5.2012 – 5 U 22/09; LG Hamburg ZfWG 2009, 119).

19   Erhebliche Schwierigkeiten kann die Hinweispflicht nach § 19 Abs. 1 Nr. 1 S. 3 Hs. 1 den gewerblichen Spielvermittlern bei der Vermittlung von **LOTTO** sowie anderen bundesweit angebotenen Glücksspielen bereiten (vgl. OLG Hamburg Urt. v. 16.5.2012 – 5 U 22/09; LG Hamburg ZfWG 2009, 119). LOTTO veranstaltet zwar jede Landeslotteriegesellschaft auf dem Hoheitsgebiet des jeweiligen Bundeslandes selbst und ausschließlich, LOTTO hat aber wegen der bundesweiten sog. Poolung der Einsätze einen einheitlichen Gewinnplan und die Gewinnermittlung erfolgt ebenfalls einheitlich. Bei LOTTO vermitteln daher gewerbliche Spielvermittler – unter Missachtung des Regionalitätsprinzips (→ Rn. 40 ff.) – oft den in dem einen Bundesland entgegengenommenen Spiel-

auftrag rechtswidrig an die Landeslotteriegesellschaft eines anderen Bundeslandes. In diesem Fall kommen aus Sicht des gewerblichen Spielvermittlers für einen akquirierten Spielauftrag zur Teilnahme an LOTTO 16 potentielle Veranstalter in Betracht, an die er den Auftrag vermitteln kann. Bei der Vermittlung über das Internet weiß der gewerbliche Spielvermittler vor Abschluss des Spielvermittlungsvertrages aus technischen Gründen im Hinblick auf die Übermittlung des Spielauftrages häufig noch nicht, an welchen Veranstalter er den Spielauftrag überhaupt vermitteln kann. Er kennt also den Veranstalter noch nicht. Dies ist deswegen problematisch, weil die einzelnen Landeslotteriegesellschaften bei LOTTO unterschiedliche Bearbeitungsgebühren vereinnahmen, der gewerbliche Spielvermittler dem Spieler die Teilnahme an LOTTO regelmäßig aber zu einem einheitlichen Preis anbietet. In solchen Konstellationen variiert der Anteil des vom gewerblichen Spielvermittler an den Veranstalter für die Spielteilnahme weitergeleiteten Betrages. Zwangsläufig ist der gewerbliche Spielvermittler dann nicht in der Lage, die Hinweispflicht in dem vom Gesetz geforderten Umfang zu erfüllen. Vereinnahmt er vom Spieler für die Teilnahme an LOTTO einen einheitlichen Preis und kennt zum maßgeblichen Zeitpunkt den Veranstalter noch nicht, so kann er wegen der unterschiedlichen Bearbeitungsgebühren der Landeslotteriegesellschaften auch den genauen zur Spielteilnahme weiterzuleitenden Betrag nicht beziffern, auf den er den Spieler aber hinzuweisen hat. Dennoch entfällt in einer derartigen Konstellation die Hinweispflicht nach § 19 Abs. 1 Nr. 1 S. 3 Hs. 1 nicht (OLG Hamburg Urt. v. 16.5.2012 - 5 U 22/09). Die Hinweispflicht ist auch nicht verfassungskonform einschränkend dahin auszulegen, dass anstatt des konkreten Betrages eine Spanne der Mindest- und Höchstbeträge mitzuteilen wären (OLG Hamburg Urt. v. 16.5.2012 - 5 U 22/09; aA LG Hamburg ZfWG 2009, 119). Vielmehr ist der Spielvermittler gehalten, sein Angebot so zu gestalten, dass er der Hinweispflicht uneingeschränkt im gesetzlich geforderten Umfang nachkommen kann (OLG Hamburg Urt. v. 16.5.2012 - 5 U 22/09). Daher ist es auch nicht rechtswidrig, wenn eine Ordnungsbehörde dem gewerblichen Spielvermittler aufgibt, den Hinweis auf den zur Spielteilnahme an den Veranstalter weiterzuleitenden Betrag mit der Angabe des Veranstalters zu verbinden (VG Wiesbaden Urt. v. 17.2.2011 - 5 K 1328/09.WI).

Bei den in der gewerblichen Spielvermittlung häufig auftretenden **Kopplungs-** 20 **angeboten** (→ Rn. 11) sind neben der Hinweispflicht nach § 19 Abs. 1 Nr. 1 S. 3 Hs. 1 und der Pflicht zur Endpreisangabe (→ Rn. 60 ff.) auf Grundlage der BGH-Rechtsprechung unter wettbewerbsrechtlichen Gesichtspunkten weitergehende Preisangabeverpflichtungen zu beachten. Bei Kopplungsangeboten besteht generell keine Verpflichtung, Preise gesondert zu bewerben. Wettbewerbswidrig ist es jedoch, in der Werbung allein den günstigen Preis einer Teilleistung herauszustellen, ohne gleichzeitig in klarer Zuordnung leicht erkennbar und deutlich lesbar auf das Entgelt hinzuweisen, das für den anderen Teil des Kopplungsangebots verlangt wird (BGH GRUR 2002, 976 (978) − Koppelungsangebot I). Unter Berücksichtigung dieser Rechtsprechung und wegen der Hinweispflicht des § 19 Abs. 1 Nr. 1 S. 3 Hs. 1 ist der gewerbliche Spielvermittler bei Kopplungsangeboten zu einer dezidierten Aufgliederung der Preisstruktur verpflichtet. Die Hinweispflicht des § 19 Abs. 1 Nr. 1 S. 3 Hs. 1 verlangt neben der Angabe des an den Veranstalter zur Spielteilnahme weiterzuleitenden Betrages ebenfalls die Mitteilung über den Preis für das gesamte gewerbliche Spielvermittlungsangebot. Andernfalls ist es dem Spieler nämlich nicht möglich, den Anteil des von ihm für die gewerbliche Spielvermittlung vereinnahmten Betrages zu ermitteln, der beim gewerblichen Spielvermittler verbleibt. Dies muss nach den Erläuterungen des Gesetzgebers allerdings gewährleistet sein (Erl. LottStV LT-Drs. Bay 15/8601, 13 f.). Um der vom BGH geforderten **einheitlichen Preisbewerbung** bei Kopplungsangeboten zu entsprechen, kommt der gewerbliche Spielvermittler daher nicht umhin, auch den Preis für das zusätzliche Angebot zu nennen. Auch hier hat der gewerbliche Spielvermittler der Rechtsprechung des BGH entsprechend in formeller Hinsicht sämtliche Preisangaben hinreichend transparent, also in klarer Zuordnung zum jeweiligen Angebot leicht erkennbar und deutlich lesbar zu erteilen. Transparent wird der Hinweis auf die verschiedenen Preisbestandteile nur sein, wenn jeder einzelne Hinweis im unmittelbaren räumlichen Zusammenhang mit den übrigen Preisangaben erteilt wird.

4. Pflicht zur Mitteilung des Veranstalters (§ 19 Abs. 1 Nr. 1 S. 3 Hs. 2)

21   **a) Allgemeines.** § 19 Abs. 1 Nr. 1 S. 3 Hs. 2 verlangt vom gewerblichen Spielvermittler, den Spielern unverzüglich nach der Vermittlung des Spielauftrages den Veranstalter mitzuteilen. Die Mitteilungspflicht soll sicherstellen, dass der Spieler einen möglichen **Gewinnanspruch** auch unmittelbar gegenüber dem Veranstalter des vermittelten Glücksspiels geltend machen kann. Dies setzt zwingend voraus, dass der Spieler den Veranstalter als Partner seines Spielvertrages kennt (Erl. LottStV LT-Drs. Bay 15/8601, 13 f.; VG Saarlouis Urt. v. 6.6.2012 - 6 K 177/ 10). Dem trägt die Norm Rechnung.

22   Die Norm ist auch nicht obsolet im Hinblick auf und steht auch nicht im Widerspruch zu § 19 Abs. 1 Nr. 3 S. 1, wonach die Geltendmachung des Gewinnanspruchs gegenüber dem Veranstalter dem vom gewerblichen Spielvermittler zu beauftragenden Treuhänder obliegt (LG München I Urt. v. 15.7.2008 - 33 O 21602/07). Zum einen ist nicht gewährleistet, dass der gewerbliche Spielvermittler seiner Verpflichtung aus § 19 Abs. 1 Nr. 3 S. 1 nachkommt und tatsächlich einen Treuhänder bestimmt. Zum anderen kann nicht davon ausgegangen werden, dass ein Treuhänder stets seine Pflichten ordnungsgemäß erfüllt. In beiden Fällen kann der Spieler darauf angewiesen sein, seinen möglichen Gewinnanspruch gegenüber dem Veranstalter selbst geltend zu machen.

23   **b) Inhalt.** Im Hinblick auf die Zielsetzung der Norm genügt der häufig formularmäßig verwendete Hinweis auf einen Verbund von möglichen Veranstaltern (wie etwa „DLTB" oder „eine Gesellschaft des DLTB") nicht (LG München I Urt. v. 15.7.2008 - 33 O 21602/07). Vielmehr ist der Veranstalter, also der Partner des Spielvertrages, vollständig namentlich zu nennen. Nur so ist die Möglichkeit der Geltendmachung eines Gewinnauszahlungsanspruchs durch den Spieler unmittelbar gewährleistet. Die Mitteilung hat **unverzüglich nach Vermittlung** zu erfolgen, also nach Abschluss des Spielvertrages zwischen Spieler und Veranstalter durch die Vermittlungstätigkeit des gewerblichen Spielvermittlers. Unverzüglich meint in Anlehnung an die Legaldefinition des § 121 Abs. 1 S. 1 BGB, die für das gesamte Privatrecht gilt (Ellenberger in Palandt BGB § 121 Rn. 3) und daher auf die Rechtsbeziehungen zwischen gewerblichem Spielvermittler und Spieler übertragen werden kann, ohne schuldhaftes Zögern. Die Mitteilung muss danach zwar nicht sofort erfolgen; da die Norm allerdings bezweckt, dass der Spieler einen Gewinnauszahlungsanspruch gegebenenfalls unmittelbar geltend machen kann, wird auch im Hinblick auf eine Gleichstellung mit einem Spieler, der direkt über den Veranstalter teilnimmt, die Mitteilung spätestens erfolgen müssen, wenn ein Gewinnauszahlungsanspruch gegen den Veranstalter durchgesetzt werden kann. Bei LOTTO beispielsweise ist dies spätestens dann der Fall, wenn die Ziehung der Gewinnzahlen stattgefunden hat und der Gewinn jeder einzelnen Gewinnklasse ermittelt wurde (zustimmend VG Saarlouis Urt. v. 6.6.2012 – 6 K 177/10).

5. Pflicht zur Offenlegung der Vermittlung (§ 19 Abs. 1 Nr. 2)

§ 19 Abs. 1 Nr. 2 verpflichtet gewerbliche Spielvermittler und von ihnen oder **24** den Spielinteressenten im Sinne des § 3 Abs. 6 beauftragte Dritte, bei jeder Spielteilnahme dem Veranstalter die Vermittlung offen zu legen. Die Norm hat bislang in Rechtsprechung und Literatur kaum Beachtung gefunden. Dies dürfte an der geringen praktischen Bedeutung liegen, da ein Verstoß hiergegen kaum feststellbar ist. Die Vorschrift dient der Kontrollierbarkeit und Transparenz des Spiels (Erl. LottStV LT-Drs. Bay 15/8601, 13 f.). Die Norm ist somit ebenfalls verbraucherschützend und verfolgt nicht etwa die Funktion, Einnahmen zugunsten der Landeslotteriegesellschaften zu sichern.

6. Pflicht zur Beauftragung eines Treuhänders (§ 19 Abs. 1 Nr. 3 S. 1)

a) Allgemeines. Gemäß § 19 Abs. 1 Nr. 3 S. 1 sind gewerbliche Spielvermitt- **25** ler verpflichtet, dafür Sorge zu tragen, dass bei Vertragsabschluss ein zur unabhängigen Ausführung eines rechts- oder steuerberatenden Berufs befähigter **Treuhänder** mit der Verwahrung der Spielquittungen und der Geltendmachung des Gewinnanspruches gegenüber dem Veranstalter beauftragt wird. Die Regelung soll die Transparenz und Kontrollierbarkeit der Spielteilnahme bei der Vermittlung über gewerbliche Spielvermittler sicherstellen (Erl. LottStV LT-Drs. Bay 15/8601, 13 f.). Des Weiteren dürfte der Statuierung dieser Verpflichtung der Gedanke zugrunde gelegen haben, dass die Spielquittungen und der Gewinn in Einzelfällen einen erheblichen Vermögenswert in Millionenhöhe verkörpern können, der im Sinne des Spielerschutzes bis zu einer Auskehrung an den Spieler von einer besonders vertrauenswürdigen Person verwaltet werden soll. Im Hinblick auf die Zwecksetzung bestehen an der Regelung weder verfassungs- noch europarechtliche Bedenken (VG Wiesbaden Urt. v. 17.2.2011 – 5 K 1328/09.WI).

b) Person und Aufgaben des Treuhänders. Die Norm verlangt, dass der **26** Treuhänder **Rechtsanwalt** oder **Steuerberater** ist. Diese Voraussetzung kann nur eine natürliche Person erfüllen, nicht hingegen eine Gesellschaft, der Steuerberater oder Rechtsanwälte angehören. Eine Gesellschaft ist nicht Berufsträger, wie es jedoch der Wortlaut „zur Ausübung eines Berufs befähigter Treuhänder" fordert. Außerdem sind dem Spieler wegen der dem Treuhänder anvertrauten erheblichen Vermögenswerte eine Haftungsprivilegierungen auf der Seite des Treuhänders wie beispielsweise bei einer GmbH zuzumuten.

Der Treuhänder hat die Aufgabe, die **Spielquittungen** zu verwahren. Spiel- **27** quittung meint die vom Veranstalter ausgestellte originäre Quittung über den Abschluss des Spielvertrages zwischen dem Veranstalter und dem Spieler und nicht etwa eine Quittung des Spielvermittlers. Für dieses Verständnis spricht schon der Wortlaut „Spielquittung", der ebenfalls dem Sprachgebrauch der AGB der Landeslotteriegesellschaften entspricht. Auch wäre es dem Treuhänder ohne die

Spielquittung des Veranstalters letztlich gar nicht möglich, seiner zweiten Aufgabe nachzukommen, nämlich der **Geltendmachung der Gewinnansprüche** gegenüber dem Veranstalter. Nach den AGB der Landeslotteriegesellschaften ist für die Geltendmachung des Gewinns nämlich die Vorlage der (von der jeweiligen Gesellschaft ausgestellten) Spielquittung erforderlich. Die Geltendmachung des Gewinnanspruchs beinhaltet nicht bloß das Anmelden der Forderung gegenüber dem Veranstalter. Vielmehr ist auch und insbesondere die Entgegennahme des Gewinns umfasst.

7. Einsichtsrecht (§ 19 Abs. 1 Nr. 3 S. 2)/Auskunftsanspruch

28   **a) Einsichtsrecht.** Nach § 19 Abs. 1 Nr. 3 S. 2 ist dem Spielteilnehmer bei Vertragsabschluss ein **Einsichtsrecht an den Spielquittungen,** die in seinem Auftrag vermittelt worden sind, einzuräumen. Auch diese Norm soll nach dem Willen des Gesetzgebers der Transparenz des Spiels dienen. Die umständlich formulierte Vorschrift kann nur so verstanden werden, dass der gewerbliche Spielvermittler, der als Vertreter des Spielers für diesen mit dem **Treuhänder** einen **Treuhandvertrag** abschließt, bei Abschluss des Treuhandvertrages darauf hinzuwirken hat, dass der Treuhandvertrag zugunsten des Spielers ein Einsichtsrecht enthält. Hingegen soll die Norm kein Einsichtsrecht des Spielers gegenüber dem gewerblichen Spielvermittler statuieren, da dieser wegen § 19 Abs. 1 Nr. 3 S. 1 nicht im Besitz der Spielquittungen ist, ein Einsichtsrecht ihm gegenüber mithin nicht durchsetzbar wäre. Das im Treuhandvertrag einzuräumende Einsichtsrecht besteht nach dem Wortlaut der Norm an den „im Auftrag des Spielers vermittelten Spielquittungen". Da der gewerbliche Spielvermittler im Auftrag des Spielers keine Spielquittungen, sondern lediglich Spielverträge an den Veranstalter vermittelt, meint die Formulierung die Spielquittungen über die im Auftrag des Spielers vermittelten Spielverträge.

29   **b) Auskunftsanspruch.** Unter rechtlichen Gesichtspunkten ist die Regelung des § 19 Abs. 1 Nr. 3 S. 2 allerdings überflüssig, weil der Spieler gegenüber dem **Treuhänder** aus dem **Treuhandvertrag** und gegenüber dem Spielvermittler aus dem Spielvermittlungsvertrag, der **Geschäftsbesorgungsvertrag** ist, weitergehende Rechte hat. Der Treuhänder ist nämlich aus dem Treuhandvertrag verpflichtet, dem Spieler **Auskunft** hinsichtlich des vollständigen Inhalts der in seinem Auftrag vermittelten und treuhänderisch verwalteten Spielquittungen zu erteilen. Dieser Auskunftsanspruch folgt aus § 675 Abs. 1 BGB iVm § 666 BGB resultierend aus der Treuhänderstellung gegenüber dem Spieler (BGH ZIP 1996, 384; OLG Hamm NJW-RR 2001, 1504; LG Berlin NZG 2001, 375). Sofern es sich um eine Spielgemeinschaft handelt, kann der Spieler als Gesellschafter dieser GbR Auskunft unmittelbar an sich verlangen (vgl. BGH ZIP 1996, 384).

30   Umfang und Ausgestaltung des **Auskunftsanspruchs** reichen weiter, als das in den Treuhandvertrag aufzunehmende Einsichtnahmerecht. Der Treuhänder muss dem Spieler sämtliche Informationen mitteilen, der dieser bedarf, um seine Ansprüche gegenüber dem Veranstalter und dem gewerblichen Spielvermittler durchsetzen zu können (vgl. Grüneberg in Palandt BGB § 259 Rn. 1). Je nachdem, welche Mitteilungen der gewerbliche Spielvermittler dem Spieler vorenthalten hat, umfasst der Auskunftsanspruch folgende Positionen: Den Betrag, der tatsächlich für die Teilnahme am Glücksspiel aufgewendet wurde, die im Auftrag des Spielers gespielten Gewinnzahlen oder den Zeitraum des Mitspiels. Nur so kann der Spieler nachvollziehen, welche Gewinne tatsächlich angefallen sind. Ferner muss der Treuhänder dem Spieler den Namen des Veranstalters mitteilen, an den die Spielteilnahme vermittelt wurde. Dieser ist unmittelbarer Anspruchsgegner eines möglichen Gewinnauszahlungsanspruchs. Bei Spielgemeinschaften ist es zur Gewinnermittlung ferner erforderlich, dass dem Spieler die Anzahl der Gesellschafter seiner Spielgemeinschaft und die Verteilung der Gesellschaftsanteile unter den Gesellschaftern mitgeteilt werden. Ferner müssen dem Spieler in diesem Fall auch die Namen und eine ladungsfähige Anschrift der übrigen Gesellschafter der Spielgemeinschaft genannt werden. Andernfalls ist es dem Spieler nicht möglich, den Gewinnauszahlungsanspruch geltend zu machen, da der Gesellschafter der Spielgemeinschaft Leistung nicht an sich unmittelbar, sondern nur an alle Gesellschafter gemeinsam verlangen kann.

In formeller Hinsicht ist der Treuhänder verpflichtet, schriftlich Auskunft zu **31** erteilen und anhand von geeigneten Belegen nachzuweisen (vgl. Grüneberg in Palandt BGB § 259 Rn. 8; Sprau in Palandt BGB § 666 Rn. 4). Ein entsprechender Nachweis dürfte letztlich nur anhand der Spielquittungen zu führen sein.

Dieselben Ansprüche stehen dem Spieler auch unmittelbar gegen den gewerbli- **32** chen Spielvermittler zu. Rechtsgrundlage für diesen Auskunftsanspruch ist der Geschäftsbesorgungsvertrag zwischen Spieler und gewerblichem Spielvermittler. Relevanz hat dieser Anspruch vor allem dann, wenn der gewerbliche Spielvermittler rechtswidrig keinen Treuhänder beauftragt hat.

8. Abführungsverpflichtung (§ 19 Abs. 1 Nr. 3 S. 3)

§ 19 Abs. 1 Nr. 3 S. 3 verlangt, dass der Gewinnbetrag an den Veranstalter **33** abzuführen ist, wenn ein Gewinnanspruch vom Spielteilnehmer nicht innerhalb einer Frist von drei Monaten beim Treuhänder geltend gemacht wird. Die Norm greift ein, wenn der Treuhänder den Gewinnanspruch des Spielers gegenüber dem Veranstalter bereits durchgesetzt und den Gewinn noch nicht an den Spieler ausgekehrt hat. Meldet der Spieler in diesem Fall innerhalb von drei Monaten keine Rechte beim Treuhänder auf Auskehrung des im Besitz des Treuhänders befindlichen Gewinns an, so ist der Gewinnbetrag an den Veranstalter zurückzuführen. Letztlich bedingt die Regelung damit, dass ein durch Übergabe und Einigung mit dem Treuhänder als Vertreter des Spielers bereits im Eigentum des Spielers stehender Gewinn an den Veranstalter abgeführt werden muss. Der Zugriff des Spielers auf sein Eigentum wird damit erheblich erschwert, weil sich der Spieler nunmehr an den Veranstalter wenden muss. Zu dem Veranstalter steht er im Gegensatz zum Treuhänder in keinem Vertragsverhältnis mehr, da Ansprüche aus dem Spielvertrag durch Auskehrung des Gewinns an den Treuhänder erfüllt wurden. Weil das Gesetz nicht regelt, wie der Veranstalter mit dem Gewinn zu verfahren hat und dieser frei darüber verfügen kann, bedeutet die Vorschrift letztlich eine wohl nicht intendierte, aber im Ergebnis nicht hinnehmbare Schlechterstellung des Spielers.

9. Vereinfachtes Erlaubnisverfahren (§ 19 Abs. 2)

Werden gewerbliche Spielvermittler in allen oder mehreren Bundesländern **34** tätig, so werden nach § 19 Abs. 2 S. 1 die Erlaubnisse nach § 4 Abs. 1 S. 1 gebündelt von der zuständigen Glücksspielaufsichtsbehörde in Niedersachsen erteilt. Die Regelung soll gewerblichen Spielvermittlern das Verfahren zur Erlangung der für die Vermittlung von Glücksspielen erforderlichen Erlaubnisse der einzelnen

Bundesländer vereinfachen. Die Norm bezweckt den Abbau bürokratischer Hemmnisse im Erlaubnisverfahren und die diskriminierungsfreie Gleichbehandlung der Antragsteller (amtl. Begr. LT-Drs. Bay 16/11995, 29). Handlungsbedarf für eine gesetzliche Vereinfachung des Erlaubnisverfahrens bestand deswegen, weil bislang gewerbliche Spielvermittler zur Legitimierung einer bundesweiten Tätigkeit in jedem Bundesland bei der dort zuständigen Behörde ein gesondertes Erlaubnisverfahren zu durchlaufen hatten, was mit erheblichem bürokratischem Aufwand und damit einhergehenden Kosten auf beiden Seiten verbunden war (vgl. hierzu BVerfG ZfWG 2008, 351 Rn. 53). Nach dem neu eingeführten § 19 Abs. 2 werden die Verfahren gebündelt, so dass die Anträge bei einer Stelle gestellt und insbesondere von derselben Stelle verbeschieden und überwacht werden (amtl. Begr. LT-Drs. Bay 16/11995, 29).

35   Hingegen befreit die Regelung den gewerblichen Spielvermittler nicht von der Pflicht, weiterhin für jedes Bundesland, in dem er tätig werden möchte, eine Erlaubnis zu beantragen und erteilt zu bekommen. Die Regelung hält an der Lotteriehoheit der Länder und dem damit verbundenen Erfordernis einer Erlaubnis in jedem einzelnen Land fest (amtl. Begr. LT-Drs. Bay 16/11995, 29). Dabei hat die Erlaubnisbehörde auch die materiellrechtlichen Besonderheiten eines jeden Ausführungsgesetzes an die Erlaubniserteilung für das jeweilige Bundesland zu beachten (amtl. Begr. LT-Drs. Bay 16/11995, 29), die teilweise voneinander abweichen. § 19 Abs. 2 regelt damit ausschließlich eine formelle Vereinfachung des Antrags- und Erlaubniserteilungsverfahrens.

36   Für die Erlaubniserteilung durch die zuständige Behörde des Landes Niedersachsen erklärt § 19 Abs. 2 S. 2 die Regelung des § 9a Abs. 3, 5 bis 8 für anwendbar. Diese Behörde nimmt damit nach § 9a Abs. 3 die Aufgabe der Glücksspielaufsicht für alle Länder wahr. An die Stelle der Einzelermächtigung durch jedes einzelne Land tritt nach § 9a Abs. 5 die gemeinsame Entscheidung im **Glücksspielkollegium** der Länder. In der Konsequenz werden die Erlaubnisse für einen Antragsteller regelmäßig zum selben Zeitpunkt erteilt werden und inhaltlich so weit wie möglich identisch gefasst sein (amtl. Begr. LT-Drs. Bay 16/11995, 29).

10. Mitwirkungspflichten nach § 4 Abs. 6 (§ 19 Abs. 3)

37   Nach § 19 Abs. 3 ist § 4 Abs. 6 entsprechend anzuwenden. Danach haben die Veranstalter und Vermittler von Lotterien und Sportwetten im Internet der Geschäftsstelle und dem Glücksspielkollegium vierteljährlich die Zahl der Spieler und die Höhe der Einsätze jeweils geordnet nach Spielen und Ländern zum Zwecke der **Evaluierung** zu übermitteln. Diese **Mitwirkungspflichten** gelten nach § 19 Abs. 3 entsprechend für gewerbliche Spielvermittler, soweit diese im Internet tätig sind. Da es sich bei der teilweisen Öffnung des Internets um eine zentrale Änderung dieses Staatsvertrages handelt, ist die hierauf gründende tatsächliche Entwicklung für die Evaluierung nach § 32 besonders bedeutsam (amtl. Begr. LT-Drs. Bay 16/11995, 23). Da gewerbliche Spielvermittlung künftig im Internet stattfinden kann und – unter Berücksichtigung der Marktpräsenz in der Vergangenheit – einen erheblichen Marktanteil ausmachen dürfte, ist es im Hinblick auf diese Zielsetzung erforderlich, dass die Mitwirkungspflichten des § 4 Nr. 6 auch für gewerbliche Spielvermittler gelten. Diesem Erfordernis trägt § 19 Abs. 3 Rechnung.

III. Besondere Anforderungen der Ausführungsgesetze

1. Allgemeines

Die Bundesländer haben von der durch die Öffnungsklausel des § 19 (→ Rn. **38** 8) eingeräumten Möglichkeit in verschiedenem Umfang Gebrauch gemacht und zusätzlich zu den dort normierten Anforderungen weitergehende gesetzliche Regelungen die gewerbliche Spielvermittlung betreffend geschaffen. Neben ergänzenden materiellen Anforderungen haben die Bundesländer auf Grundlage des § 28 S. 3 insbesondere diverse Ordnungswidrigkeitstatbestände bei Zuwiderhandlung gegen die Bestimmungen des § 19 und der besonderen landesrechtlichen Normen geregelt.

2. Verbot lokaler Verkaufsstellen

Einzelne landesrechtliche Regelungen beschränken den sog. **terrestrischen** **39** **Vertrieb** gewerblicher Spielvermittler, also die Vermittlung über **lokale Verkaufsstellen,** die teilweise etwa in Drogerie- und Supermärkten, Tankstellen oder Kiosken existieren. So bestimmen § 13 Abs. 2 AG GlüStV Bln, § 5 Abs. 2 BbgGlüAG, § 9 Abs. 2 GlüStVAG M-V, § 8 Abs. 2 LGlüG RhPf und § 12 Abs. 2 AG GlüStV-Saar, dass **örtliche Geschäftslokale** bzw. Verkaufsstellen gewerblicher Spielvermittler unzulässig sind. Die Vorschriften statuieren ein Verbot des terrestrischen Vertriebs durch gewerbliche Spielvermittler. Hintergrund des Verbots sind die Beanstandungen des BVerfG im Sportwettenurteil (NJW 2006, 1261 Rn. 138) hinsichtlich des breit gefächerten Netzes an Annahmestellen sowie die Zielsetzung in § 1 und den einzelnen Ausführungsgesetzen, das Glücksspielangebot zu begrenzen (VG Wiesbaden Beschl. v. 22.1.2009 – 5 L 418/08.WI). Nach der Gesetzesbegründung konterkarieren gewerbliche Spielvermittler die bundesverfassungsgerichtlichen Maßgaben und die Zielsetzung des Gesetzes, soweit sie örtliche Verkaufsstellen eingerichtet haben oder noch einrichten (zB LT-Drs. Bbg 4/5156, 32 f. und LT-Drs. Saar 13/1617, 47). Unter Berücksichtigung dieser Zielsetzung ist ein derartiges Vertriebsverbot verfassungs- und europarechtlich unbedenklich (VG Wiesbaden Beschl. v. 22.1.2009 – 5 L 418/08.WI).

3. Ausweitung des Regionalitätsprinzips auf die gewerbliche Spielvermittlung

a) Grundsatz. Teilweise sind in den Ausführungsgesetzen der Bundesländer **40** Regelungen enthalten, die dem sog. **Regionalitätsprinzip** (→ § 3 Rn. 13) auch im Bereich der gewerblichen Spielvermittlung Rechnung tragen. Wesentliches Merkmal des Regionalitätsprinzips ist, dass die von einem Bundesland erteilte Erlaubnis zur Veranstaltung oder Durchführung von Glücksspielen Legalisierungswirkung nur auf dem Hoheitsgebiet dieses Bundeslandes entfaltet (BVerwG NVwZ 2006, 1175 Rn. 56). Für die gewerbliche Spielvermittlung hingegen galt bis zum Inkrafttreten des Glücksspielstaatsvertrages 2008, dass Spielaufträge abgesehen von einzelnen landesrechtlichen Ausnahmen bundesweit akquiriert und an gleich welche Landeslotteriegesellschaft vermittelt werden durften. Schranken setzten lediglich die §§ 284 ff. StGB. Die Strafvorschriften konnte der gewerbliche Spielvermittler verwirklichen, wenn die Vermittlung nicht eindeutig der Sphäre des Spielers zuzuordnen war, sondern sich als integraler Bestandteil der grenzüberschreitenden Vertriebsstruktur des jeweiligen Veranstalters darstellte (→ Rn. 51). Die maßgeblichen Regelungen der Ausführungsgesetze transferieren das Regionalitätsprinzip auf die gewerbliche Spielvermittlung und lassen dementsprechend auf ihrem Hoheitsgebiet gewerbliche Spielvermittlung nur für dort erlaubte Glücksspiele zu. Die Ausweitung des Regionalitätsprinzips auf die gewerbliche Spielvermittlung ist daneben und in noch stärkerem Maße im Glücksspielstaatsvertrag selbst fundiert. Da in § 3 Abs. 4 für den Ort der Spielteilnahme die Vermittlung und Veranstaltung festgelegt wird, heißt dies letztlich nichts anderes, als dass in einem Bundesland gewerblich grundsätzlich nur vermittelt werden darf, was dort auch als Veranstaltung erlaubt ist (→ § 3 Rn. 16).

41   Die einzelnen landesrechtlichen Regelungen weichen hinsichtlich ihrer Formulierungen voneinander ab. Manche erklären die gewerbliche Spielvermittlung ausschließlich von in dem jeweiligen Bundesland oder nach dem jeweiligen Ausführungsgesetz erlaubten „Glücksspielen" für zulässig (zB § 13 Abs. 1 AG GlüStV Bln oder § 14 Abs. 2 HGlüG). Andere Bestimmungen knüpfen die Erteilung der Erlaubnis zur gewerblichen Spielvermittlung daran, dass ausschließlich in dem jeweiligen Bundesland erlaubte Glücksspiele vermittelt werden, wie zB § 3 Abs. 2 S. 1 BbgGlüAG. Der Regelungsgehalt ist trotz der unterschiedlichen Anknüpfungspunkte letztlich einheitlich. Grundsätzlich verbieten die Bestimmungen auf dem Hoheitsgebiet des jeweiligen Bundeslandes die gewerbliche Spielvermittlung an Landeslotteriegesellschaften anderer Bundesländer oder sonstige Veranstalter, die nicht über eine Veranstaltererlaubnis des betreffenden Bundeslandes verfügen, weil deren Glücksspielangebot grundsätzlich jeweils nur im eigenen Bundesland erlaubt ist (vgl. zB LT-Drs. Thür 4/3341, 32). Damit bestätigen die Ausführungsgesetze die zu §§ 284 ff. StGB im Zusammenhang mit der gewerblichen Spielvermittlung ergangene Rechtsprechung, wonach ebenfalls unter Berücksichtigung des Regionalitätsprinzips die Tätigkeit eines gewerblichen Spielvermittlers, der in einem Bundesland den Abschluss von Spielverträgen zu dem nur in einem anderen Bundesland erlaubten Glücksspielangebot vermittelt oder bewirbt, strafbar sein kann (→ Rn. 46).

42   Nach der Rechtsprechung des Bundesverfassungsgerichts begegnet das Regionalitätsprinzip keinen verfassungsrechtlichen Bedenken (BVerfG ZfWG 2008, 351 Rn. 53; bestätigt durch VG Darmstadt ZfWG 2009, 463; VG Düsseldorf Urt. v. 4.11.2009 - 18 K 551/09; VG Hannover ZfWG 2010, 190; VG Karlsruhe Urt. v. 14.4.2010 - 3 K 3851/09; VG Potsdam Urt. v. 14.6.2012 - VG 6 K 327/10; VG Regensburg Urteil v. 21.10.2010 - RO 5 K 10.31; VG Saarlouis Urt. v. 19.1.2012 - 6 K 521/10 und Urt. v 6.6.2012 - 6 K 177/10; VG Wiesbaden Urt. v. 17.2.2011 - 5 K 1328/09.WI; aA VG Berlin Urt. v. 22.9.2008 - VG 35 A 15.08; VG Chemnitz Urt. v. 3.3.2011 - 3 K 448/09; VG Gelsenkirchen Urt. v. 6.4.2011 - 7 K 6737/08). Es dient ebenfalls der Verwirklichung der Ziele des § 1. Nur über das Verbot der grenzüberschreitenden Vermittlung kann einem konsistenten Präventionsmodell Rechnung getragen werden, wonach ein spielanheizender grenzüberschreitender Wettbewerb zwischen den Spielangeboten mehrerer Länder verhindert werden muss (VG Karlsruhe Urt. v. 14.4.2010 - 3 K 3851/09). Im Hinblick auf die durch das Regionalitätsprinzip garantierte Glücksspielhoheit der Länder sind die damit für die gewerbliche Spielvermittlung verbundenen Einschränkungen hinzunehmen. Hingegen dient das Regionalitätsprinzip nicht der Sicherung der staatlichen Lotteriemonopole, um den Landeslotteriegesellschaften Einnahmen zu sichern (so aber VG Gelsenkirchen Urt. v. 6.4.2011 - 7 K 6737/08). Die gegenteilige Auffassung verkennt, dass das Regionalitätsprinzip auf der verfassungsrechtlich vorgesehenen Kompetenzverteilung beruht und daher nicht der Disposition der Länder unterliegt (VG Potsdam Urt. v. 14.6.2012 - VG 6 K 327/10). Im länderrechtlich geregelten Glücksspielrecht besteht das Regionalitätsprinzip ungeachtet dessen, ob das Gesetz ein Monopolsystem oder einen einfachen Erlaubnisvorbehalt mit der Option eines Marktzutritts für private Anbieter konstituiert.

Verstöße gegen das Regionalitätsprinzip sind schließlich unter wettbewerbs- **43** rechtlichen Gesichtspunkten beachtlich. Vermittelt ein gewerblicher Spielvermittler die Spielteilnahme eines Spielers nicht an die Landeslotteriegesellschaft desjenigen Bundeslandes, in welchem sich der Spieler zum Zeitpunkt der Spielteilnahme aufhält, so stellt dies wegen Verstoßes gegen § 4 Nr. 11 UWG iVm den das Regionalitätsprinzip begründenden Regelungen der Ausführungsgesetze bzw. § 3 Abs. 4 ein unlauteres Verhalten dar (LG Hamburg Beschl. v. 9.2.2009 - 312 O 63/09).

b) Ausnahmen. Ausnahmen von dem Grundsatz, wonach gewerbliche Spiel- **44** vermittlung in einem Bundesland nur an dort erlaubte Glücksspielveranstaltungen zulässig ist, sehen ausdrücklich die Ausführungsgesetze Bayerns und Hamburgs vor. Gem. Art. 2 Abs. 2 S. 3 AGGlüStV Bay kann das Vermitteln solcher öffentlicher Glücksspiele erlaubt werden, die von Veranstaltern iSd § 10 Abs. 2 veranstaltet werden und in der Verordnung nach Art. 8 Nr. 4 AGGlüStV Bay festgelegt sind. Sofern also ein bestimmtes Glücksspiel in diese Verordnung aufgenommen werden sollte, kann in Bayern die gewerbliche Spielvermittlung zu diesem Glücksspiel auch an in anderen Bundesländern zugelassene Veranstalter erlaubt werden, ohne dass diese Veranstalter im Besitz einer Erlaubnis Bayerns für die Veranstaltung dieses Glücksspiels sind (LT-Drs. Bay 15/8601, 8). Bei den in die Verordnung aufzunehmenden Glücksspielen wird es sich in erster Linie um solche handeln, die bundesweit nach einem einheitlichen Spielplan angeboten werden sollen (vgl. zB LT-Drs. Bay 15/8601, 11), wie etwa LOTTO.

Weitergehend ist die entsprechende Regelung in § 7 Abs. 3 HmbGlü- **45** ÄndStVAG. Danach ist die Erlaubnis der gewerblichen Spielvermittlung in der Freien und Hansestadt Hamburg auch auf das Vermitteln solcher öffentlicher Glücksspiele zu erstrecken, die von den Veranstaltern anderer Länder im Sinne des § 10 Abs. 2 GlüStV veranstaltet werden. Ist also das vermittelte Spiel in die Verordnung nach § 16 HmbGlüÄndStVAG aufgenommen worden und verfügt der gewerbliche Spielvermittler über eine Erlaubnis zur gewerblichen Spielvermittlung der zuständigen Behörde der Freien und Hansestadt Hamburg, so ist die Vermittlung von Glücksspielen aus Hamburg heraus in Landeslotteriegesellschaften anderer Bundesländer zulässig, auch ohne dass eine hamburgische Erlaubnis für diese Veranstaltung vorliegt (LT-Drs. Hmb 18/7229, 30). Im Gegensatz zu der Regelung in Bayern steht es also nicht im Ermessen der zuständigen Behörde, eine Erlaubnis für die Vermittlung zu erteilen. Vielmehr ist dem gewerblichen Spielvermittler die Erlaubnis zwingend zu erteilen, sofern die Tatbestandsvoraussetzungen des § 7 Abs. 2 HmbGlüÄndStVAG vorliegen.

4. Vorlage eines Wirtschaftsprüferberichts

Manche Ausführungsgesetze der Bundesländer regeln die Pflicht zur Vorlage **46** eines **Wirtschaftsprüferberichts**. So ist beispielsweise nach § 5 Abs. 4 S. 1 ThürGlüG über die gewerbliche Vermittlung von Glücksspielen eine gesonderte und von einem Wirtschaftsprüfer bestätigte Abrechnung zu erstellen und der zuständigen Glücksspielaufsichtsbehörde bis zum 31. Mai des Folgejahres vorzulegen.

Nach § 13 Abs. 3 SächsGlüStVAG ist der gewerbliche Spielvermittler verpflichtet, der zuständigen Behörde innerhalb von sechs Monaten nach Ende eines jeden Geschäftsjahres den nach handelsrechtlichen Vorschriften von einem Wirtschaftsprüfer geprüften Jahresabschluss über seinen Geschäftsbetrieb vorzulegen. Teilweise haben Behörden derartige Regelungen auch als Nebenbestimmungen in Erlaubnisbescheiden vorgesehen (vgl. VG Düsseldorf Urt. v. 4.11.2009 - 18 K 551/09). In der Rechtsprechung sind derartiger Regelungen insbesondere wegen der damit verbundenen finanziellen Belastung teilweise als europarechtswidrig bzw. unverhältnismäßig eingeordnet worden (VG Düsseldorf Urt. v. 4.11.2009 - 18 K 551/09; VG Wiesbaden Urt. v. 17.2.2011 - 5 K 1328/09.WI). Im Hinblick auf die Zielsetzung einer solchen Verpflichtung, sind diese Zweifel unberechtigt. Die Pflicht zur Vorlage eines Wirtschaftsprüferberichts dient dem legitimen Zweck der Kontrolle der gewerblichen Spielvermittlung und soll im Sinne des § 1 sicherstellen, dass Glücksspiele ordnungsgemäß durchgeführt, die Spieler vor betrügerischen Machenschaften geschützt und die mit dem Glücksspiel verbundene Folge- und Begleitkriminalität eingeschränkt werden. Unter Berücksichtigung dieser Intention sind die mit dieser Pflicht einhergehenden Belastungen für den gewerblichen Spielvermittler hinzunehmen (VG Karlsruhe Urt. v. 14.4.2010 - 3 K 3851/09; VG Saarlouis Urt. v. 6.6.2012 - 6 K 177/10).

5. Ordnungswidrigkeiten

47   Sämtliche Ausführungsgesetze der Bundesländer enthalten **Ordnungswidrigkeitstatbestände,** welche die gewerbliche Spielvermittlung betreffen. **Ordnungswidrigkeiten** normieren Art. 13 Abs. 1 Nr. 5 AGGlüStV Bay, § 17 Abs. 1 Nr. 11 AG GlüStV Bln, § 16 Abs. 1 Nr. 10 BbgGlüAG, § 16 Nr. 5 BremGlüG, § 18 Abs. 1 Nr. 4 HmbGlüStVAG, § 18 Abs. 1 Nr. 13, Nr. 14 HGlüG, § 21 Abs. 1 Nr. 11, Nr. 14 GlüStVAG MV, § 26 Abs. 1 Nr. 12 NGlüSpG, § 16 Abs. 1 Nr. 11 LGlüG RhPf, § 20 Abs. 1 Nr. 14 AG GlüStV-Saar, § 20 Abs. 1 Nr. 11, Nr. 12, Nr. 17 SächsGlüStVAG, § 20 Abs. 1 Nrn. 10 bis 18 GlüG LSA und § 10 Abs. 1 Nr. 9 ThürGlüG. Die einzelnen Ordnungswidrigkeitstatbestände weichen hinsichtlich ihres Umfangs teilweise von einander ab. Als Ordnungswidrigkeit sanktioniert werden jedoch allgemein – in Niedersachsen allerdings erst nach erfolgter Abmahnung – Verstöße gegen einzelne oder sämtliche Anforderungen des § 19. Exemplarisch sei auf § 21 Abs. 1 Nr. 11 GlüStVAG M-V und Art. 13 Abs. 1 Nr. 5 AGGlüStV Bay verwiesen. Nach § 21 Abs. 1 Nr. 11 GlüStVAG M-V handelt ordnungswidrig, wer vorsätzlich oder fahrlässig entgegen § 19 gewerbliche Spielvermittlung betreibt. Gemäß Art. 13 Abs. 1 Nr. 5 AGGlüStV Bay kann mit Geldbuße bis zu 500 000 EUR belegt werden, wer vorsätzlich oder fahrlässig entgegen § 19 Abs. 1 S. 1 Nr. 1 nicht mindestens ⅔ der vereinnahmten Beträge an den Veranstalter weiterleitet. Sofern in einzelnen Bundesländern weitergehende Anforderungen an die gewerbliche Spielvermittlung bestehen, stellt ein Verstoß hiergegen ebenfalls teilweise eine Ordnungswidrigkeit dar, etwa gemäß § 21 Abs. 1 Nr. 14 GlüStVAG M-V bei der gewerblichen Spielvermittlung über örtliche Verkaufsstellen.

IV. Bundesgesetzliche Anforderungen

48   Neben den Anforderungen des § 19 und der einzelnen landesrechtlichen Regelungen der Ausführungsgesetze existieren bundesrechtliche Normen, die sich

nachhaltig auf die Tätigkeit des gewerblichen Spielvermittlers auswirken und zu berücksichtigen sind.

1. §§ 284 ff. StGB

Die § 284 Abs. 1 StGB und § 287 Abs. 1 StGB stellen die Veranstaltung von **49** öffentlichen Glücksspielen und Lotterien ohne die erforderliche behördliche Erlaubnis unter Strafe. Grundsätzlich verwirklicht die Tätigkeit der gewerblichen Spielvermittlung nicht den Tatbestand dieser Strafvorschriften, sofern die Vermittlung eines erlaubten Glücksspielangebots erfolgt (BGH NJW-RR 1999, 1266 (1267) – Lottospielgemeinschaft). Je nach der konkreten Ausgestaltung des Angebots gewerblicher Spielvermittlung sind allerdings auch die Vorschriften der §§ 284 ff. StGB betroffen.

a) Verstoß gegen das Regionalitätsprinzip. Das landesrechtlich geregelte **50** Glücksspiel wird maßgeblich bestimmt durch das sog. **Regionalitätsprinzip** (vgl. Ohlmann WRP 2001, 672 (675 f.)). Danach kann entsprechend der föderalen Struktur der Bundesrepublik und der Gesetzgebungskompetenz eines jeden Bundeslandes für sein Hoheitsgebiet das Glücksspiel von Land zu Land unterschiedlich geregelt sein (BVerwG NVwZ 2006, 1175 Rn. 49). Ausfluss des Regionalitätsprinzips ist, dass nach Landesrecht erteilte Erlaubnisse zur Veranstaltung eines Glücksspiels Legalisierungswirkung nur auf dem Gebiet des betreffenden Bundeslandes entfalten können (BVerwG NVwZ 2006, 1175 Rn. 56). Dieser allgemein anerkannte Grundsatz hat Niederschlag in § 9 Abs. 4 S. 1 gefunden, wonach eine Erlaubnis zur Veranstaltung von Glücksspielen lediglich für das Gebiet des jeweiligen Landes oder einen Teil dieses Gebiets erteilt wird.

Im Hinblick auf die Beschränkung der Legalisierungswirkung glücksspielrecht- **51** licher Erlaubnisse auf das Hoheitsgebiet des die Erlaubnis erteilenden Bundeslandes verwirklicht die Tätigkeit eines gewerblichen Spielvermittlers, der im Bundesland A die Vermittlung zu einer lediglich im Bundesland B erlaubten und veranstalteten Lotterie anbietet oder bewirbt, unter Umständen den objektiven Tatbestand des § 287 Abs. 1 oder Abs. 2 StGB oder stellt die strafbare Beihilfe gem. § 27 StGB zu einer **illegalen Lotterieveranstaltung** dar (Schmidt WRP 2004, 576 (583 ff.); Ohlmann WRP 2001, 672 (684 f.)). Die Verwirklichung des § 287 StGB liegt nahe, wenn der gewerbliche Spielvermittler integraler Bestandteil der **grenzüberschreitenden Vertriebsstruktur** des Veranstalters ist (Dietlein/Hecker WRP 2003, 1175 (1177 f.)). So befand das OLG Braunschweig in mehreren Entscheidungen (NJW 1954, 1777 ; Urt. v. 23.4.1955 – Ss 44/55; Urt. v. 31.8.1955 – Ss 205/55) den Annahmestellenleiter eines in Berlin lizenzierten Lotterieveranstalters der Beihilfe zur Veranstaltung einer unerlaubten Lotterie gem. § 286 StGB aF für schuldig, der – nach dem heutigen Verständnis gleich einem gewerblichen Spielvermittler – in zwei anderen Bundesländern Dritte beauftragte, dort für das Berliner Glücksspiel zu werben und Spielteilnehmern aus diesen Bundesländern die Teilnahme daran zu vermitteln. Der BGH hat die Frage nach der Strafbarkeit des von dem Annahmestellenleiter beauftragten Dritten gem. § 27 StGB iVm § 286 StGB aF mangels Entscheidungserheblichkeit ausdrücklich offen gelassen (Urt. v. 24.9.1957 – 5 StR 519/56), die Vorinstanz (LG Osnabrück Urt. v. 23.12.1955 – 3 KMs 11/55 (77)) hatte sie angenommen (vgl. ferner BGH ZfWG 2007, 16; hierzu Ohlmann ZfWG 2007, 20). Auch unter kartellrechtlichen Gesichtspunkten wird man eine Strafbarkeit des gewerblichen Spielvermittlers nicht von der Hand weisen können. Wegen der auf das jeweilige Bundesland begrenzten Erlaubnis zur Veranstaltung von Glücksspielen ist auch nach der Rechtsprechung des Kartellsenats des BGH vor einem Tätigwerden in einem anderen Bundesland stets die Erteilung einer Erlaubnis des anderen Landes erforderlich und sind mithin landesrechtliche Monopole oder einfache Erlaubnisvorbehalte zu beachten (BGH NJW-RR 2007, 1491 Rn. 47, 53; Ristelhuber/Schmitt ZfWG 2007, 261 (266)).

52   **b) Kein unmittelbarer Gewinnauszahlungsanspruch.** Der objektive Tatbestand des § 287 Abs. 1 StGB ist ferner erfüllt, wenn der Spieler oder die Spielgemeinschaft selbst keinen **unmittelbaren Gewinnauszahlungsanspruch** gegenüber dem eigentlichen Veranstalter des Glücksspiels erlangen, zu diesem in keine rechtliche Beziehung treten und sich wegen einer möglichen Gewinnauszahlung ausschließlich an den Spielvermittler halten müssen (BGH ZfWG 2007, 216 hierzu Ohlmann ZfWG 2007, 20; BGH NJW-RR 1999, 1266 (1267) – Lottospielgemeinschaft; BFH Urt. v. 2.4.2008 – II R 4/06; RGSt 37, 438 (440); OLG München NStZ-RR 1997, 327 (328); v. Bubnoff in LK StGB 11. Aufl. § 287 Rn. 12; Fruhmann MDR 1993, 822 f.; kritisch Otto Jura 1997, 385).

53   Als Veranstaltung einer unerlaubten Lotterie sind zunächst sog. **schwarze Lotterien** zu qualifizieren. Von schwarzen Lotterien spricht man, wenn der Unternehmer den Gewinnplan und die Gewinnermittlung einer bestehenden Lotterie übernimmt, ohne dass er oder der Spielteilnehmer mit dem Veranstalter der ursprünglichen Lotterie in eine vertragliche Beziehung treten. Der teilnehmende Spieler erhält dabei denjenigen Gewinnanspruch gegen den Veranstalter der schwarzen Lotterie, den er bei einer identischen, hypothetischen Teilnahme an der ursprünglichen Lotterie gegen den dortigen Veranstalter erlangt hätte. Derartige Angebote erfreuen sich in der jüngeren Vergangenheit großer Beliebtheit und zwar in Form von Wetten auf den Ausgang der von den Landeslotteriegesellschaften angebotenen Lotterien, insbesondere LOTTO (vgl. LG Kiel Urt. v. 23.12.2011 – 14 O 29/11). Der Spieler tippt bei dieser „Wette" die Gewinnzahlen von LOTTO und erhält von dem Veranstalter denjenigen Gewinn, den er bei einer regulären Teilnahme an LOTTO mit dem von ihm vorhergesagten Gewinnzahlen erhalten hätte. Schon das Reichsgericht hat diese Form der Lotterie als strafbare Veranstaltung eines Glücksspiels gemäß § 286 StGB aF qualifiziert (RGSt 27, 233 (237); 37, 438 (440)). Regelmäßige Begleiterscheinung illegaler Schwarzlotterien ist, dass gegen die einschlägigen Vorschriften der Besteuerung von Lotterieerträgen und der Verteilung der Zweckerträge verstoßen wird, da beide nicht abgeführt werden (zur Steuerpflichtigkeit solcher Lotterien BFH/NV 2008, 276).

54   Die Veranstaltung einer eigenen **illegalen Lotterie** gemäß § 287 Abs. 1 StGB liegt auch vor, wenn nicht der Spieler, sondern der gewerbliche Spielvermittler oder ein Dritter unmittelbarer Partner des mit dem Veranstalter geschlossenen Spielvertrages wird. Auch in diesem Fall erwirbt lediglich der gewerbliche Spielvermittler, nicht aber der Spieler einen unmittelbaren Auszahlungsanspruch eventueller Gewinne gegen den Glücksspielveranstalter (BGH ZfWG 2007, 216). Im Unterschied zur Schwarzlotterie schließt hier der Veranstalter der illegalen Lotterie einen Spielvertrag mit dem Veranstalter der ursprünglichen Lotterie ab. Der daraus resultierende Auszahlungsanspruch des illegalen Veranstalters gegen den Veranstalter der ersten Lotterie dient sozusagen als Rückversicherung, sollte ein Spieler bei der von ihm veranstalteten illegalen Lotterie einen erheblichen Gewinn erzielen.

55   Die in den Rn. 52 f. aufgeführten Fälle der Veranstaltung einer illegalen Lotterie sind bei einer Anlehnung an LOTTO gleichzeitig unlauter iSv § 3 UWG. Das

Ausnutzen der Ausspielung der Lottozahlen zur Ermittlung von Gewinn und Gewinner des eigenen Glücksspiels ist wegen schmarotzerischer **Leistungsübernahme** und **Rufausbeutung** wettbewerbswidrig (OLG Köln v. 18.9.1998 mit Anm. Schmitt ZfWG 2009, 23).

c) Abänderung des Gewinnplans. Ausgehend von den oben dargestellten 56 Grundsätzen des Reichsgerichts und des BGH (→ Rn. 51 f.) liegt eine **illegale Lotterieveranstaltung** nicht nur dann vor, wenn dem Spieler unter rein rechtlichen Aspekten kein unmittelbarer Gewinnauszahlungsanspruch gegen den Erstveranstalter zusteht. Es handelt sich auch um ein tatbestandsmäßiges Verhalten iSd § 287 Abs. 1 StGB, wenn es dem Spieler de facto unmöglich ist, einen de jure bestehenden Auszahlungsanspruch gegenüber dem Erstveranstalter durchzusetzen. Denn auch in einem solchen Fall sind die dem Glücksspiel immanenten Gefahren, wie insbesondere die Manipulation bei der Verteilung der Gewinne, im Verhältnis zwischen Spieler und gewerblichem Spielvermittler angelegt (OLG München NStZ-RR 1997, 327 (328); v. Bubnoff in LK StGB 11. Aufl. § 287 Rn. 12; Heine in Schönke/Schröder StGB § 287 Rn. 13 b mwN)

Als illegale Veranstaltung einer Lotterie gemäß § 287 Abs. 1 StGB wird daher 57 auch die sog. **Abänderung des Gewinnplans** vor allem in AGB von gewerblichen Spielvermittlern angesehen. Das OLG München (NStZ-RR 1997, 327) sah unter zwei Gesichtspunkten die illegale Veranstaltung einer Lotterie durch eine Regelung in AGB eines gewerblichen Spielvermittlers begründet, der die Spielteilnahme zahlreicher Einzelspieler vermittelte. Nach der Regelung in den AGB wurden die durch einzelne Spieler in einer bestimmten Gewinnklasse der vermittelten Lotterie erzielten Gewinne nicht an diese Spieler unmittelbar ausgezahlt, sondern in einem Pool zusammengefasst und unter sämtlichen Spielteilnehmern der gewerblichen Spielvermittlung zu gleichen Teilen aufgeteilt. Zum einen ist bei dieser Abänderung des Gewinnplans eine illegale Lotterieveranstaltung im Verhältnis zu den Spielern zu sehen, die nach dem Gewinnplan des Erstveranstalters in dieser Gewinnklasse einen Gewinn erzielen. Zwar erwerben sie durch den in ihrem Namen abgeschlossenen Spielvertrag einen unmittelbaren Anspruch gegen den Erstveranstalter auf Auszahlung der Gewinne dieser Gewinnklasse. Allerdings sind sie nach den AGB des Spielvermittlers verpflichtet, diese Ansprüche nicht geltend zu machen und es hinzunehmen, dass der Spielvermittler diese Gewinne unter sämtlichen Spielteilnehmern der Vermittlung verteilt. Die Gewinner dieser Gewinnklasse erwerben allerdings keinen durchsetzbaren Anspruch gegen den Erstveranstalter, sondern ausschließlich einen Anspruch auf Auskehrung des auf sie nicht nach den eigentlichen Gewinnregeln, sondern nach den Gewinnregeln der AGB des gewerblichen Spielvermittlers entfallenden Anteils gegen den Vermittler oder die Spielgemeinschaft. In dieser Umverteilung der Gewinne einer bestimmten Gewinnklasse sieht das OLG München die Veranstaltung einer illegalen Lotterie. Zum anderen liegt die Veranstaltung einer nicht erlaubten Lotterie im Verhältnis zu den Spielern vor, die nach dem Gewinnplan des Erstveranstalters in dieser Gewinnklasse keinen Gewinn erzielen. Nach diesen Gewinnregeln erwirbt dieser Spieler keinen Gewinnauszahlungsanspruch gegen den Erstveranstalter. Ihm steht jedoch nach den AGB des Spielvermittlers ein Anspruch auf Auszahlung des auf ihn entfallenden Anteils des aus den Gewinnen anderer Spieler gebildeten Pools zu. Dieser Anspruch richtet sich nicht gegen den Erstveranstalter und hängt nach Grund und Höhe vom Zufall ab, da beides nach den ursprüngli-

chen Gewinnregeln für diese Gewinnklasse des Erstveranstalters ermittelt wird.
Er ist damit ein rein lotterierechtlicher Anspruch.

58   Eine **Abänderung des Gewinnplans** und damit die Veranstaltung einer **illegalen Lotterie** stellt danach grundsätzlich die häufig in AGB gewerblicher Spielvermittler vorgesehene Umverteilung von Gewinnen dar, wie etwa die pauschale
Vergütung des Vermittlers in prozentualer Höhe des erzielten Gewinns oder die
Zuwendung von Gewinnen bei Sonderauslosungen oder Gewinnen unterhalb
eines bestimmten Höchstbetrages an gemeinnützige Einrichtungen und dergleichen (LG Köln Urt. v. 15.12.2005 – 31 O 677/05). Auch hier erwirbt der Spieler
zwar de jure einen Gewinnauszahlungsanspruch gegen den Erstveranstalter, kann
diesen aber de facto nicht durchsetzen. Hingegen steht dem Begünstigten nach
den AGB ein Gewinnauszahlungsanspruch zu, der dem Grunde und der Höhe
nach vom Zufall bestimmt wird und damit als lotterierechtlicher Anspruch zu
qualifizieren ist.

59   **d) Gewinngarantie.** Auch die von gewerblichen Spielvermittlern häufig verwendete Auslobung einer sog. **„Gewinngarantie"** oder **„Geld–zurück–Garantie"** stellt die Veranstaltung einer **illegalen Lotterie** gem. § 287 Abs. 1 StGB dar
(LG Hamburg Urt. v. 7.5.2002 – 312 O 154/02; LG Köln Urt. v. 26.10.2006 – 31
O 402/06). Bei diesen Verkaufsförderungsmaßnahmen verspricht der gewerbliche
Spielvermittler dem Spieler einen geldwerten Vorteil, wie etwa die Rückerstattung der geleisteten Beiträge oder eine Gratis-Spielteilnahme, sofern der Spieler
bei einer Teilnahme an dem Spielvermittlungsangebot während eines bestimmten
Zeitraums bei dem vermittelten Glücksspiel keinen oder einen Gewinn lediglich
in einer bestimmten Höhe erzielt. Hier erwirbt der Spieler gegen den gewerblichen Spielvermittler einen Anspruch auf Auszahlung bzw. Gewährung eines
Gewinns in Form des ausgelobten geldwerten Vorteils. Die Entstehung des
Anspruchs dem Grunde nach hängt vom Zufall ab, nämlich davon, ob der Spieler
bei dem vermittelten Glücksspiel gewinnt oder nicht. Damit ist letztlich die
Gewinnermittlung des vermittelten Glücksspiels auch maßgeblich für die Bestimmung des Gewinners der Lotterie „Gewinngarantie". Es handelt sich somit um
einen lotterierechtlichen Anspruch. Da der Spieler auch einen Einsatz zu leisten
hat, dieser ist in einem anteiligen Betrag der an den Spielvermittler abzuführenden
Gebühren zu sehen (LG Hamburg Urt. v. 7.5.2002 – 312 O 154/02), liegt im
Ergebnis die Veranstaltung einer illegalen Lotterie gem. § 287 Abs. 1 StGB vor.
Diese ist daneben auch unlauter iSd UWG (→ Rn. 55) und verstößt darüber
hinaus gegen § 5 (→ § 5 Rn. 51; LG Kassel ZfWG 2008, 217).

2. Preisangabenverordnung

60   Bei der gewerblichen Spielvermittlung ist hinsichtlich der Aufklärung über
die Preisstruktur des Angebots in Ergänzung zu § 19 Abs. 1 Nr. 1 S. 2 Hs. 1
(→ Rn. 11 ff.) und wie auch sonst im gewerblichen Rechtsverkehr die **Preisangabenverordnung** zu berücksichtigen.

61   **a) Inhalt.** Nach § 1 Abs. 1 S. 1 PAngV hat, wer Letztverbrauchern gewerbs-
oder geschäftsmäßig Waren oder Leistungen anbietet oder als Anbieter von Waren
oder Leistungen gegenüber Letztverbrauchern unter Angabe von Preisen wirbt,
die Preise anzugeben, die einschließlich der Umsatzsteuer und sonstiger Preisbestandteile zu zahlen sind **(Endpreise).** Die Norm soll gewährleisten, dass der
Letztverbraucher den zu entrichtenden Preis nicht selbst ermitteln muss (Köhler

in Köhler/Bornkamm UWG § 1 PangV Rn. 1). „Endpreis" meint das tatsächlich zu zahlende **Gesamtentgelt** (BGH GRUR 1983, 665 (666) – qm-Preisangaben). Den gewerblichen Spielvermittler trifft also die Verpflichtung, den vom Spieler für eine einmalige Teilnahme an dem Vermittlungsangebot zu zahlenden Gesamtpreis anzugeben, der sich aus dem Entgelt des Veranstalters für die Spielteilnahme und regelmäßig den Gebühren des gewerblichen Spielvermittlers zusammensetzt. Die Endpreisangabe muss nach § 1 Abs. 6 S. 1 PAngV dem Grundsatz der **Preiswahrheit** entsprechen. Die ausgewiesenen Endpreise müssen daher wahr, zutreffend und vollständig sein.

Oft bieten gewerbliche Spielvermittler Teilnahmemöglichkeiten über einen län- **62** geren Zeitraum oder mit unbefristeter Vertragslaufzeit an. Solche Spielvermittlungsverträge sind idR erst nach Ablauf einer Mindestteilnahmedauer kündbar. Bei einer solchen Angebotsgestaltung muss der gewerbliche Spielvermittler dem Spieler den Preis mitteilen, den er für die einmalige Teilnahme bis zur **ersten Kündigungsmöglichkeit** aufzuwenden hat, also den Preis für eine Teilnahme während der Mindestlaufzeit des Vertrages (vgl. für Zeitungsabonnements OLG Köln NJWE–WettbR 1997, 9; Ernst in MünchKomm UWG Anh. §§ 1–7, § 1 PAngV Rn. 19; Völker § 1 PAngV Rn. 40; Wenglorz in Fezer UWG § 4–S14 Rn. 108). § 1 Abs. 1 S. 1 PAngV verlangt nämlich, dass, wenn unter Angabe von Preisen für Leistungen geworben wird, die aus der Sicht der Letztverbraucher als einheitliches Leistungsangebot und Gegenstand eines einheitlichen Vertragsschlusses erscheinen, sich auch das einheitliche Leistungsangebot insgesamt beziehender Endpreis anzugeben ist (BGH GRUR 2001, 1166 (1168) – Flugreisewerbung ohne Endpreisangabe). Die Angabe des für einen Teil der Mindestvertragslaufzeit zu zahlenden Preises, wie etwa den Preis pro Ziehung oder Woche/Monat genügt daher nicht.

b) Fernabsatz. Spielvermittlungsverträge werden häufig im **Fernabsatz** **63** geschlossen (→ Rn. 68 ff.). Für diesen Fall ist § 1 Abs. 2 S. 1 Nr. 1 PAngV von Bedeutung. Danach hat, wer Letztverbrauchern gewerbs- oder geschäftsmäßig oder regelmäßig in sonstiger Weise Waren oder Leistungen zum Abschluss eines Fernabsatzvertrages anbietet auch anzugeben, dass die für Waren oder Leistungen geforderten Preise die **Umsatzsteuer** und sonstige Preisbestandteile enthalten. Der Zusatz „incl MWSt" genügt dabei (Köhler in Köhler/Bornkamm UWG § 1 PAngV Rn. 25).

c) Form. Die formellen Anforderungen an Angaben nach der PAngV, die auch **64** für die Form der Hinweispflicht nach § 19 Abs. 1 Nr. 1 S. 2 Hs. 1 heranzuziehen sind, sind in § 1 Abs. 6 PAngV geregelt. Nach § 1 Abs. 6 S. 1 PAngV müssen die Angaben nach der PAngV der allgemeinen Verkehrsauffassung und den Grundsätzen von **Preisklarheit** und Preiswahrheit entsprechen. Der angegebene Endpreis muss daher genau beziffert sein (Köhler in Köhler/Bornkamm UWG § 1 PAngV Rn. 15).

Satz 2 konkretisiert den Begriff der Preisklarheit dahingehend, dass die Angaben **65** dem Angebot oder der Werbung eindeutig zuzuordnen sowie **leicht erkennbar** und **deutlich lesbar** oder sonst **gut wahrnehmbar** zu machen sind. Diese Kriterien setzen voraus, dass die Preisangabe nicht in einer Fülle anderer Angaben wie etwa einem längeren Fließtext verschwindet (OLG Düsseldorf GRUR 1987, 727 (729); Völker § 1 PAngV Rn. 126; Ernst in MünchKomm UWG Anh. §§ 1–7, § 1 PAngV Rn. 60). Die Preisangabe in AGB genügt daher dem Erfordernis der leichten Erkennbarkeit nicht. Auch genügt es nicht, dass die Preisangabe nach langem Suchen irgendwo in der Werbung aufgefunden werden kann (OLG Düsseldorf GRUR 1987, 727).

66   Bei einer Aufgliederung von Preisen sind nach S. 3 die Endpreise **besonders hervorzuheben**. Diese Vorschrift ist bei der gewerblichen Spielvermittlung wegen der Hinweispflicht nach § 19 Abs. 1 Nr. 1 S. 2 Hs. 1 stets zu berücksichtigen. Der Hinweis auf den an den Veranstalter für die Spielteilnahme weiterzuleitenden Betrag stellt letztlich nichts anderes als eine Aufgliederung von Preisen iSd § 1 Abs. 6 S. 3 PAngV dar, weil hierzu bereits die Nennung einzelner Preisbestandteile zählt (Völker § 1 PAngV Rn. 133).

67   **d) Wettbewerbsrechtlicher Bezug.** Die Regelungen der Preisangabenverordnung sind Schutzvorschriften iSd § 4 Nr. 11 UWG. Ein Verstoß hiergegen begründet daher gleichzeitig einen Verstoß gegen §§ 3, 4 Nr. 11 UWG (BGH GRUR 2004, 435 (436) – FrühlingsFlüge; zu § 1 UWG aF BGH GRUR 2003, 971 (972) – Telefonischer Auskunftsdienst).

3. Fernabsatzrecht/elektronischer Geschäftsverkehr/ Widerrufsrecht

68   **a) Allgemeines.** Spielvermittlungsverträge zwischen gewerblichem Spielvermittler und Spieler werden regelmäßig im **Fernabsatz** geschlossen. Dies hat zur Folge, dass die für **Fernabsatzverträge** einschlägigen Vorschriften des BGB häufig auch auf gewerbliche Spielvermittlungsverträge Anwendung finden und zu berücksichtigen sind. Den gewerblichen Spielvermittler trifft daher insbesondere die Pflicht, den Spieler nach Maßgabe des § 312c BGB zu unterrichten. Zu beachten sind dabei vor allen Dingen die Informationspflichten nach der **BGB-InfoV**. Daneben verfügt der Spieler nach § 312d BGB über ein **Widerrufsrecht** (→ Rn. 69 f.). Schließlich sind die weitergehenden Pflichten des § 312e BGB zu berücksichtigen, sofern ein Vertragsschluss im **elektronischen Geschäftsverkehr** vorliegt, wie etwa bei der Vermittlung über das Internet oder über **elektronische Selbstbedienungsterminals**.

69   **b) Widerrufsrecht.** Besondere Beachtung verdienen die Regelungen in § 312d BGB zum **Widerrufsrecht**. Gemäß § 312d Abs. 1 S. 1 BGB steht dem Verbraucher bei einem **Fernabsatzvertrag** ein Widerrufsrecht nach § 355 BGB zu. § 312d Abs. 4 Nr. 4 BGB zufolge besteht das Widerrufsrecht ausnahmsweise nicht bei Fernabsatzverträgen zur Erbringung von **Wett- und Lotterie-Dienstleistungen**, es sei denn, dass der Verbraucher seine Vertragserklärung telefonisch abgegeben hat. Maßgeblich für die Anwendbarkeit des Ausnahmetatbestands ist, dass den betroffenen Dienstleistungen ein spekulatives Element immanent ist (BT-Drs. 14/2658, 44). Umfasst sind daher Spielverträge mit dem Glücksspielveranstalter selbst. Nach zutreffender Auffassung ist der Tatbestand allerdings dahingehend teleologisch zu reduzieren, dass es sich um ein behördlich erlaubtes Glücksspiel handeln muss (Thüsing in Staudinger BGB § 312d Rn. 65; Grüneberg in Palandt BGB § 312d Rn. 12; Saenger in Erman BGB § 312d Rn. 25; aA OLG Karlsruhe GRUR 2002, 730 (731); Wendehorst in MünchKomm BGB § 312d Rn. 40)). Eine Ausnahme von der Ausnahme ist nach der Neufassung der Norm gegeben und ein Widerrufsrecht besteht, wenn der Spieler seine Vertragserklärung telefonisch abgibt.

70   Auf den Spielvermittlungsvertrag zwischen Spieler und gewerblichem Spielvermittler ist § 312d Abs. 4 Nr. 4 BGB hingegen nicht anwendbar (OLG Karlsruhe

GRUR 2002, 730 (731); Thüsing in Staudinger BGB § 312d Rn. 64; Saenger in
Erman BGB § 312d Rn. 25; Hahn in Wilmer/Hahn BGB § 312d Rn. 33; OLG
Düsseldorf GRUR 2006, 782 geht ebenfalls von einem Widerrufsrecht aus, ohne
auf § 312d Abs. 4 Nr. 4 BGB einzugehen). Grund ist, dass der Spielvermittlungsvertrag keine aleatorischen und spekulativen Elemente aufweist, die nach der
Gesetzesbegründung allerdings zwingende Voraussetzung sind. Der Spielvermittlungsvertrag als Geschäftsbesorgungsvertrag bietet dem Spieler für seine Gegenleistung nämlich keine Gewinnchance, sondern lediglich die Vermittlung des Spielauftrages an den Veranstalter und dessen Abwicklung. Die Eigenart von Wett-
und Lotteriedienstleistungen ist hingegen die Chance auf einen Gewinn, über
den ein ungewisses Ereignis entscheidet, auf dessen Eintritt die Beteiligten keinen
Einfluss haben (OLG Karlsruhe GRUR 2002, 730 (731); Thüsing in Staudinger
BGB § 312d Rn. 64). Solche Elemente besitzt der Spielvermittlungsvertrag nicht.
Das Widerrufsrecht ist daher auch dann nicht ausgeschlossen, wenn der gewerbliche Spielvermittler sofort nach Abschluss des Vermittlungsvertrages – etwa bei der
Online-Vermittlung – den Spielauftrag an den Veranstalter weiterleitet (Saenger in
Erman BGB § 312d Rn. 25). Allerdings kann der gewerbliche Spielvermittler in
den Fällen, in denen er bereits vor Ablauf der Widerrufsfrist mit der Ausführung
der von ihm geschuldeten Dienstleistung beginnt, das Widerrufsrecht unter den
engen Voraussetzungen des § 312d Abs. 3 Nr. 2 BGB zum Erlöschen bringen.

c) **Wettbewerbsrechtlicher Bezug.** Die besonderen Regelungen des Fernab- **71**
satzrechts und beim Vertragsschluss im elektronischen Geschäftsverkehr stellen
auch bei der gewerblichen Spielvermittlung Schutzvorschriften iSd § 4 Nr. 11
UWG dar, so dass ein Verstoß hiergegen gleichzeitig einen Verstoß gegen §§ 3, 4
Nr. 11 UWG bedeutet (OLG Karlsruhe GRUR 2002, 730). Verstöße können
daher von Mitbewerbern in wettbewerbsrechtlichen Verfahren geltend gemacht
werden.

Fünfter Abschnitt. Besondere Vorschriften

§ 20 Spielbanken

(1) **Zur Erreichung der Ziele des § 1 ist die Anzahl der Spielbanken in den Ländern zu begrenzen.**

(2) **Gesperrte Spieler dürfen am Spielbetrieb in Spielbanken nicht teilnehmen. Die Durchsetzung des Verbots ist durch Kontrolle des Ausweises oder eine vergleichbare Identitätskontrolle und Abgleich mit der Sperrdatei zu gewährleisten.**

Ausführung in den Ausführungs- und Spielbankgesetzen: § 27 LGlüG BW-E; Art. 1, 2, 4a, 4b SpielbG Bay; § 2 SpielbG Bln; §§ 4, 6 SpielbG Bbg; §§ 2, 3b BremSpielbG; § 2 HSpielbG; § 1 Abs. 3 SpielbG M-V; § 2 HmbSpielbG; § 2, § 10a, § 10b NSpielbG; § 2 Abs. 2, § 6 SpielbG NRW; §§ 3, 15 Abs. 1 Nr. 3 SpielbG RhPf; §§ 5, 8, 9 SpielbG Saar; §§ 2, 6, 7 SächsSpielbG; § 2 Abs. 3, § 5 SpielbG LSA; § 2, § 3 Abs. 2 Nr. 5 GlüÄndStV AG SchlH-E; §§ 1, 2 ThürSpielbG.

I. Grundlagen

1. Ordnungsrechtliche Grundstruktur

1   § 20 zählt zu den wenigen auch spielbankenrechtlich relevanten Regelungsvorgaben des GlüStV (zum Begriff der Spielbank → § 2 Rn. 12). Da die **gefahrenabwehrrechtliche Ausrichtung** der Landesspielbankengesetze verfassungsrechtlich **außer Streit** steht (BVerfGE 28, 119 ff.; BVerfG NVwZ 2001, 790, betreffend den Sonderfall des **„Bestandsschutzes"** für bewährte Altbetreiber; zum bayerischen Spielbankenrecht BVerfG NVwZ-RR 2008, 1 ff.; → Einführung Rn. 9), war eine komplette Einbeziehung der Spielbanken in den GlüStV nicht angezeigt. Immerhin hat das BVerfG mit Beschl. vom 26.3.2007 (NVwZ-RR 2008, 1 ff.) deutlich gemacht, dass das Gericht die Legitimation des Spielbankmonopols anhand derselben Kriterien bewertet, die es für die Rechtfertigung des Monopols für die Veranstaltung von Sportwetten mit Urt. v. 28.3.2006 (NJW 2006, 1261 ff.) aufgestellt hat. Die Regelung des § 20 versteht sich insoweit als Ergänzung der neben dem Staatsvertrag fortgeltenden **Landesspielbankengesetze.**

2   Ungeachtet der grundsätzlichen Einigkeit dahingehend, dass Spielbanken keine Gebilde des wirtschaftlichen Lebens und ihr Betrieb keine wirtschaftliche Betätigung darstellen (→ Einführung Rn. 9), weisen die Landesspielbankengesetze im Detail nicht unerhebliche konzeptionelle Unterschiede auf. Dies gilt namentlich im Hinblick auf die möglichen Konzessionsnehmer. Die **Mehrheit** der Länder hat sich im Ergebnis für einen **Staatsvorbehalt** entschieden, der allerdings auf unterschiedliche Weise realisiert wird. So kann die erforderliche Genehmigung zT nur dem Land selbst (Art. 2 Abs. 2 SpielbG Bay) oder einzelnen gesetzlich näher benannten Gemeinden (§ 3 Abs. 1 iVm § 3 Abs. 1 HSpielbG) bzw. einer ausschließlich im (mittelbaren oder unmittelbaren) Anteilsbesitz der öffentlichen Hand stehenden Gesellschaft erteilt werden (§ 3 Abs. 1 SpielbG Bbg; § 2 Abs. 1 SächsSpielbG). Andere Landesspielbankengesetze verlangen eine Mehrheitsbeteili-

gung des Landes (§ 5 Abs. 3 SpielbG Saar) bzw. eine Beherrschung des Betreibers durch das Land (§ 3 Abs. 1 SpielbG NRW; § 2 BremSpielbG). Die übrigen Landesgesetze basieren gleichermaßen auf einem ordnungsrechtlichen Monopolansatz, treffen aber keine oder zumindest keine abschließenden Festlegungen im Hinblick auf die Rechtsform und etwaige staatliche Beteiligungen, so dass über die jeweilige Erlaubniserteilung behördlicherseits entschieden wird (§ 27 Abs.1 LGlüG BW-E; § 2 SpielbG Bln; § 2 NSpielbG; § 4 SpielbG RhPf; § 2 ThürSpielbG). Erwähnenswert ist das SpielbG M-V (§ 4 SpielbG M-V), das ein staatliches Anteilseigentum an Betreibergesellschaften explizit ablehnt. In Hamburg darf eine Erlaubnis außer an natürliche Personen nur dann an juristische Personen erteilt werden, wenn juristische Personen des öffentlichen Rechts unmittelbar oder mittelbar sämtliche Gesellschaftsanteile halten (§ 2 Abs. 3 HmbSpielbG). Die Konzessionsvergabe erfolgt idR im Wege der Ausschreibung. Nicht abschließend geklärt ist, ob die Vergabe der Erlaubnis aus europarechtlichen Gründen eines formalen **Bieterwettbewerbs** bedarf (hierfür im Kontext der Konzessionsvergabe nach § 25 Abs. 3 aF etwa OLG Düsseldorf Beschl. vom 30.3.2008 – VI-Kart 19/07 (V); aA OVG Koblenz Beschl. v. 22.8.2007 – 6 B 10741/07; OVG Koblenz Beschl. v. 15.10.2007 – 6 B 10935/07.OVG; allg. hierzu auch Hertwig ZfWG 2010, 83 ff.; Koenig, ebda., 77 ff.). Die meisten Spielbankengesetze enthalten zugleich Vorschriften über die Zahl der zulassungsfähigen Spielbanken, das Erlaubnisverfahren, die Gewährleistung des Jugend- und Spielerschutzes einschließlich der Zugangskontrolle und der Spielersperre, die Aufsicht, die Anforderungen an die **Spielordnung** und die **Spielbankabgabe.**

2. Der Spielbetrieb

Die Einzelheiten des Spielbetriebes innerhalb der Spielbanken werden traditio- 3
nell und ohne verfassungsgerichtliche Beanstandung in sog. **Spielordnungen** geregelt, die – teilweise als RVO – von den Aufsichts- oder Genehmigungsbehörden erlassen werden (abweichend BW: Erlass unmittelbar durch den Spielbankenbetreiber). Gegenstand der Spielordnungen sind etwa auch die Höhe der Spieleinsätze oder Fragen der Gewinnauszahlung. Eine Bindung des Spielbankenbetriebes an die gewerberechtlichen Vorgaben der §§ 33c ff. GewO, namentlich auch an die dortigen konstruktionsbezogenen Merkmale für Spielautomaten, besteht nicht (→ § 33h GewO Rn. 2). Entgegen teilweise vertretener Auffassung bedeutet dies keineswegs eine schwächere Regulierung der Spielhallen, da im Gegenteil keinerlei Zulassungsansprüche für das Angebot von Glücksspielen in Spielbanken bestehen und jedes Angebot gesondert genehmigt werden muss, während grundsätzlich jedermann einen Anspruch auf das Angebot der nach der GewO zulässigen Angebote hat. Was das tatsächliche Spielangebot der Spielbanken angeht, wird traditionell zwischen dem sog. „Großen Spiel" (Tischspiel) und dem sog. „Kleinen Spiel" (Automatenspiel) differenziert (hierzu etwa Kreutz Staatliche Kontrolle und Beteiligung am Glücksspiel, S. 70 ff.). Zum „Großen Spiel" zählen namentlich **(Casino-)Spiele** wie Roulette, Black Jack, Baccara oder Poker, zum „Kleinen Spiel" etwa sog. „einarmige Banditen" **(Slotmachines),** aber auch in Automatenform angebotene Casinospiele. In der Regel findet das Automatenspiel in gesonderten Räumen statt, teilweise sogar in ausgelagerten Dependancen. Das von den Spielbanken angebotene Glücksspiel verfügt über ein vergleichsweise hohes **Suchtpotential.** So liegen die sog. Casino-Spiele, hier namentlich das vom Umsatz her führende „Kleine Spiel", nach Einschätzung der Suchtexperten in

der Suchtstatistik an zweiter Stelle hinter dem gewerblichen Automatenspiel (vgl. Hayer/Meyer Journal of Public Health 2004, 293 (296)). Europäische Nachbarländer wie Frankreich, die Niederlande, Österreich und die Schweiz hatten daher bereits vor dem Inkrafttreten des GlüStV 2008 **Zugangskontrollen** und **Spielverbote** für gesperrte Spieler eingeführt. Initiativen einzelner Länder, diese Standards auch in Deutschland einzuführen, waren zunächst nicht erfolgreich, obwohl der BGH bereits mit Urt. vom 15.12.2005 (JZ 2006, 468 ff.) gefordert hatte, Identitätskontrollen auch für das Kleine Spiel einzuführen. Mit Beschl. vom 26.3.2007 (NVwZ-RR 2008, 1 ff.) hat das BVerfG nochmals die für die ordnungsrechtliche Regulierung des Spielbankenwesens notwendige konsequente Ausrichtung des Spielbetriebes auf das Ziel der Bekämpfung von Spielsucht und problematischem Spielverhalten eingefordert. Unter den danach erforderlichen materiell-rechtlichen Regelungen und strukturellen Sicherungen, die ein Monopol rechtfertigen können, hat das Gericht ua die **Zugangskontrolle im Kleinen Spiel** aufgeführt. Dieser Ansatz deckt sich mit einem Beschluss der Konferenz der Innenminister vom 7./8.7.2004, mit dem diese übereingekommen waren, die Zugangskontrollen im Kleinen Spiel aus Gründen des Spieler- und Jugendschutzes einheitlich und gleichzeitig in allen Ländern an die im Großen Spiel der Spielbanken anzugleichen.

4   Umstritten blieb bis zum Inkrafttreten des GlüStV der **Internet-Betrieb** staatlich konzessionierter Spielbanken (zu kompetenziellen Aspekten auch VerfGH Hamburg MMR 2004, 169). Zwar ist angesichts des großen illegalen Angebotes durchaus ein besonderes Kanalisierungsinteresse anzuerkennen (Dietlein GewArch 2005, 89 ff.). Angesichts der Gefährlichkeit von Online-Casinos blieben Kanalisierungsversuche freilich von Anfang an eine Gratwanderung. Seit Inkrafttreten des GlüStV 2008 gilt das Internetverbot für die Veranstaltung und Vermittlung von Glücksspielen nunmehr grundsätzlich auch für Spielbanken (§§ 2, 4 Abs. 4; zur Problematik von Alterlaubnissen eingehend → § 2 Rn. 8; § 29 Rn. 9).

3. Spielbankenrecht in der Deutschen Wiedervereinigung

5   Bis zum Jahre 1990 gab es in der DDR, von Veranstaltungen im Rahmen internationaler Messen abgesehen, keine regulären Spielbanken. Erstmals vorgesehen wurde die Errichtung von Spielbanken durch die Anordnung zum Betreiben von Spielcasinos in der DDR vom 10.3.1990 (**Spielkasinoanordnung DDR**; zum Ganzen Kreutz Staatliche Kontrolle und Beteiligung am Glücksspiel, 61). Eine gesetzliche Regelung folgte in Gestalt der Verordnung über die Zulassung öffentlicher Spielcasinos vom 4.7.1990 (**SpielcasinoVO-DDR**, DDR GBl. I Nr. 50, 952). Als Inhaber einer Erlaubnis kamen nur juristische Personen des öffentlichen Rechts in Betracht. Nach der Wiedervereinigung galt die SpielcasinoVO-DDR zunächst über § 9 EV als Landesrecht fort (Kreutz Staatliche Kontrolle und Beteiligung am Glücksspiel, 61). Sie wurde in der Folgezeit durch die Spielbankengesetze der Neuen Länder abgelöst.

II. Einzelkommentierung

6   § 20 ist mit Inkrafttreten des GlüStV 2012 um den jetzigen Abs. 1 ergänzt worden. Die bisherige Regelung bildet nunmehr Abs. 2 der Bestimmung. Abs. 1 versteht sich als Reaktion auf die (vertikalen) Kohärenzanforderungen des EuGH.

Namentlich der suchtpräventiven Ausrichtung der Spielbankenmonopole entspricht es, die Zahl der Spielbanken begrenzt zu halten. Der Bestimmung kann **kein Auftrag zu einer Reduktion** der gegenwärtigen Anzahl von Spielhallen entnommen werden, zumal die Zahlen zT sehr niedrig sind (NRW mit vier Standorten → Rn. 9). Allerdings bleiben die Landesgesetzgeber verpflichtet, im Rahmen der ausführungsgesetzlichen Regelungen dafür Sorge zu tragen, dass die Zielvorgaben des § 1 nicht durch eine überhöhte Anzahl von Spielbanken konterkariert werden.

Der in § 20 Abs. 2 geregelte **Ausschluss gesperrter Spieler** und die Durchsetzung dieses **Teilnahmeverbots** gewährleisten grundlegende Anforderungen an den Spieler- und Jugendschutz in Spielbanken. Damit wird den Forderungen der Suchtexperten Rechnung getragen, die diese im Rahmen der Anhörung zum Entwurf des Staatsvertrages zum Glücksspielwesen geltend gemacht haben (zu den Voraussetzungen der Sperre → § 8 Rn. 10 ff.). Obligatorische **Einlasskontrollen,** bei denen sich jeder Besucher ausweisen muss, dienen dem Ausschluss gesperrter Spieler und verhindern insbesondere, dass sie in das Kleine Spiel ausweichen. Da Automatenspiele in Spielbanken zu den Glücksspielen mit dem höchsten Suchtpotential zählen, ist es besonders wichtig, den Zutritt zu den Automatensälen effektiv zu kontrollieren. Je größer der Anteil des Kleinen Spiels an den Einnahmen der Casinos ist, desto mehr muss der Spieler darauf vertrauen können, dass er auch vom Automatenspiel wirksam gesperrt ist. Vor diesem Hintergrund verpflichtet Satz 2 die Spielbanken zu einer **Zugangskontrolle** sämtlicher Personen, die am Spielbetrieb in Spielbanken teilnehmen wollen.

Zur Durchsetzung des Spielverbots ist gem. Satz 2 regelmäßig eine lückenlose **7 Ausweiskontrolle** und ein Abgleich der Besucherdaten mit der **Sperrdatei** erforderlich. „Ausweis" im Sinne dieser Regelung sind nicht nur Pass und Personalausweis, sondern auch andere Dokumente wie zB Führerscheine uä, soweit diese etwa durch Angabe des Namens, des Geburtsjahrs sowie ein Lichtbild die Identität und das Alter des Spielers belegen. Bei der „Sperrdatei" handelt es sich um die in §§ 8 Abs. 4, 23 Abs. 1 Satz 1 erwähnte Datei. Soweit Satz 2 alternative Formen der Identitätskontrolle zulässt, ist zu beachten, dass der Wortlaut der Regelung – im Unterschied zur Erläuterung – keine „Gleichwertigkeit", sondern lediglich eine „Vergleichbarkeit" verlangt. Entscheidend ist, dass das Ziel einer Erkennung der gesperrten Spieler zuverlässig erreicht werden kann. Eine „vergleichbare Identitätskontrolle" können mittelfristig etwa **biometrische Verfahren** darstellen (hierzu auch Kreutz Staatliche Kontrolle und Beteiligung am Glücksspiel, 87). Sobald die Entwicklung dieser Verfahren so weit fortgeschritten ist, dass sie eine den ordnungs- und datenschutzrechtlichen Anforderungen genügende Alternative zur Ausweiskontrolle mit Datenabgleich darstellen, wäre eine Zugangskontrolle auch durch den Einsatz dieser Verfahren möglich.

Die Daten gesperrter Spielerinnen und Spieler dürfen nur für die Kontrolle **8** der Spielersperre verwendet werden (vgl. § 4 Abs. 5 HmbSpielO, § 9a Abs. 3 ThürSpielbG). Die Erstellung von **Kundenprofilen** (Player-Tracking) ist ohne die Einwilligung der Besucher nicht zulässig.

III. Besonderheiten der Länderausführungsgesetze

Die in § 20 Abs. 1 vorgesehene Begrenzung der Anzahl der Spielbanken erfolgt **9** in den Länderausführungsgesetzen bzw. den dortigen Spielbankengesetzen größtenteils durch die Festlegung einer bestimmten, dh absoluten Zahl von auf dem Landesgebiet zulassungsfähigen Spielbanken (vgl. etwa § 2 Abs. 2 SpielbG NRW). Mitunter werden auch die Orte bezeichnet, an denen die Spielbanken zugelassen werden können (vgl. § 2 SpielbG RhPf). Das SpielbG Bay bestimmt, dass in einem Regierungsbezirk für jeweils eine Million Einwohner höchstens eine Spielbank zugelassen werden darf.

10   Das in § 20 Abs. 2 Satz 1 formulierte Spielverbot gesperrter Spieler wird in den Ausführungsgesetzen, den Spielbankgesetzen und den Spielordnungen der Länder teilweise nochmals gesondert aufgeführt, so etwa in Bayern, Brandenburg, Bremen, Nordrhein-Westfalen, Niedersachsen, Saarland und Sachsen-Anhalt. Im Übrigen gelten die Bestimmungen des GlüStV als unmittelbares Landesrecht. In diesem Sinne regelt zB § 18 HGlüG, dass die Vorschriften des HSpielbG unberührt bleiben, soweit sich aus dem Staatsvertrag nichts anderes ergibt. Ähnliches gilt in Bezug auf die Regelung der Zugangskontrolle nach § 20 Abs. 2 Satz 2. Gewisse Unterschiede bestehen auch in der Ausgestaltung des **Minderjährigenschutzes.** Während hier ein generelles Mindestalter von 18 Jahren für die Teilnahme am Spiel gilt, finden sich in einigen Ländern erhöhte Mindestaltersregelungen von 21 Jahren (Baden-Württemberg, ähnl. Bayern, soweit nicht in Begleitung einer mindestens 21-jährigen Person).

§ 21 Sportwetten

(1) **Wetten können als Kombinationswetten oder Einzelwetten auf den Ausgang von Sportereignissen oder Abschnitten von Sportereignissen erlaubt werden. In der Erlaubnis sind Art und Zuschnitt der Sportwetten im Einzelnen zu regeln.**

(2) **In einem Gebäude oder Gebäudekomplex, in dem sich eine Spielhalle oder eine Spielbank befindet, dürfen Sportwetten nicht vermittelt werden.**

(3) **Die Veranstaltung und Vermittlung von Sportwetten muss organisatorisch, rechtlich, wirtschaftlich und personell getrennt sein von der Veranstaltung oder Organisation von Sportereignissen und dem Betrieb von Einrichtungen, in denen Sportveranstaltungen stattfinden. Beteiligte, die direkt oder indirekt auf den Ausgang eines Wetteereignisses Einfluss haben, sowie von diesen Personen beauftragte Dritte, dürfen keine Sportwetten auf den Ausgang oder den Verlauf des Sportereignisses abschließen, noch Sportwetten durch andere fördern. Die zuständige Behörde kann weitere geeignete Maßnahmen zur Vermeidung von Wettmanipulationen wie die Einrichtung eines Frühwarnsystems verlangen.**

(4) **Die Verknüpfung der Übertragung von Sportereignissen in Rundfunk und Telemedien mit der Veranstaltung oder Vermittlung von Sportwetten ist nicht zulässig. Wetten während des laufenden Sportereignisses sind unzulässig. Davon abweichend können Sportwetten, die Wetten auf das Endergebnis sind, während des laufenden Sportereignisses zugelassen werden (Endergebniswetten); Wetten auf einzelne Vorgänge während des Sportereignisses (Ereigniswetten) sind ausgeschlossen.**

(5) **Gesperrte Spieler dürfen an Wetten nicht teilnehmen. Die Durchsetzung des Verbots ist durch Kontrolle des Ausweises oder eine vergleich-**

bare Identitätskontrolle und Abgleich mit der Sperrdatei zu gewährleisten.

Ausführungsgesetze: §§ 20, 48 Abs. 1 Nr. 14 Abs. 1 Nr. 12 LGlüG BW-E; Art. 7, Art. 13 Abs. 1 Nr. 6 AGGlüStV Bay; §§ 9, 17 Abs. 1 Nr. 12 AG GlüStV Bln; §§ 4, 16 Abs. 1 Nr. 1, Nr. 11 BbgGlüAG; §§ 5 Abs. 4, 8 Abs. 5, 16 Nr. 6 BremGlüG; §§ 8, 13 S. 1 Nr. 3, 18 Abs. 1 Nr. 5 HmbGlüÄndStVAG; §§ 8, 10, 18 Nr. 16 HGlüG; §§ 10, 21 Abs. 1 Nr. 12, Nr. 15 GlüStVAG M–V; §§ 8, 13 ff., 24 S. 1 Nr. 5, 25, 26 Abs. 1 Nr. 13 NGlüSpG; §§ 13, 22 Abs. 1 Nr. 3, 23 Abs. 1 Nr. 14, Nr. 17 AG GlüÄndStV NRW-E; §§ 7, 9, 16 Abs. 1 Nr. 12, Nr. 13 LGlüG RhPf; §§ 11, 14 Abs. 9, 15 Abs. 1 Nr. 24–26 AG GlüStV-Saar; §§ 7, 9, 19a, 20 Abs. 1 Nr. 12, Nr. 18 SächsGlüStVAG; §§ 3 ff., 18, 19, 20 Abs. 1 Nr. 18–21 GlüG LSA; §§ 3 Abs. 1 Nr. 5, Abs. 3 Nr. 5, Abs. 4 Nr. 4 GlüÄndStV AG SchlH; §§ 6, 10 Abs. 1 Nr. 6, 14 Abs. 1 Nr. 4, Nr. 6 ThürGlüG.

Literatur: Adams/Rock, Sportwetten und Spielmanipulation, ZfWG 2010, 381; Becker, Wie weit geht der Ermessensspielraum des Gesetzgebers bei der Regulierung des Glücksspielmarktes, ZfWG 2009, 1; ders., Entwicklung eines pathologischen Spielverhaltens, Universität Hohenheim, 2011; Bundeszentrale für gesundheitliche Aufklärung (BzGA), Glücksspielerverhalten und Glücksspielsucht in Deutschland. Ergebnisse aus drei repräsentativen Bevölkerungsbefragungen 2007, 2009 und 2011, Januar 2012; Dhom, Aktuelle Fragen des Glücksspielrechts. Wirtschaftliche Bedeutung des Glücksspielmarkts in Deutschland, ZfWG 2010, 394 ff.; Dietlein, Zur Zukunft der Sportwettenregulierung in Deutschland – Abschied von der Gesamtkohärenz: ein Freibrief für beliebige Teilliberalisierungen?, ZfWG 2010, 159; Ennuschat, Zur Unterscheidung der Glücksspiele von Geschicklichkeitsspielen in Gedächtnisschrift für Tettinger, 41 ff.; Hayer, Geldspielautomaten und Suchtgefahren – Wissenschaftliche Erkenntnisse und suchtpolitischer Handlungsbedarf, Sucht aktuell 2010, 47 ff.; Hayer/Meyer, Sportwetten im Internet – eine Herausforderung für suchtpräventive Handlungsstrategien, Suchtmagazin 2004, 33 ff.; Haltern, Lotteriemonopol und Öffnung des Sportwettenmarktes, ZfWG 2011, 13 (Teil 1), 77 (Teil 2); Hecker, Glücksspielrecht und Grundfreiheiten. Zur Auslegung der Kohärenzanforderungen des EuGH nach der Carmen Media und Markus Stoß-Rechtsprechung, DVBl 2011, 1130 ff.; Meyer, Glücksspiel – Zahlen und Fakten, Jahrbuch Sucht 2012 der Deutschen Hauptstelle für Suchtfragen, 125 ff.; Koenig/Bovelet, Sportwetten und Online-Glücksspiele nach dem Entwurf des Ersten Glücksspieländerungsstaatsvertrags (GlüÄndStV-E) in der Fassung vom 14. April 2011 auf dem EU-rechtlichen Prüfstand, ZfWG 2011, 236; Krewer/Wagner, Staatliches und gewerbliches Glücksspiel nach den Entscheidungen des EuGH vom September 2010 – Eine Schicksalsgemeinschaft?, ZfWG 2011, 90; Pfister, Rechtsprobleme der Sportwette, 1989; Röthig/Prohl, Sportwissenschaftliches Lexikon, 2003; Schmidt/Kähnert, Konsum von Glücksspielen bei Kindern und Jugendlichen – Verbreitung und Prävention. Abschlussbericht an das Ministerium für Gesundheit, Soziales, Frauen und Familie des Landes Nordrhein-Westfalen; 2003; Schuller, Probleme bei der Festlegung des Begriffs „Sport", Sportwissenschaft 15 (4) 1985, 423 ff.; Schürmann, Ob Tüten kleben ein Sport ist. Zur Gegenstandsbestimmung von Sport, Forum Wissenschaft 19 (2) 2002, 6 ff.; Wissenschaftlicher Beirat des DSB, Zur Definition des Sports, Sportwissenschaft 10 (4) 1980, 437 ff.

Übersicht

I. Grundlagen

1   Sportwetten beschäftigen Justiz, Rechtswissenschaft und vor allem die anwaltli-
che Praxis seit Ende der 80er Jahre (Ennuschat in GS Tettinger, 41). Eine vertiefte
Behandlung verschiedener Aspekte der Sportwetten findet sich – soweit ersicht-
lich – erstmals bei Pfister (Rechtsprobleme der Sportwette, 1989). Vor allem diese
Glücksspielart darf sich rühmen, wie kein zweites Thema in kürzester Zeit eine
Fülle von Gerichtsentscheidungen aller Gerichtszweige und -instanzen hervorge-
bracht zu haben. Zwei wesentliche Gründe sind für diese seit Mitte der 1990er
Jahre zu beobachtende Entwicklung verantwortlich: Zum einen das **ökonomische
Potential**, das dem Glücksspiel insgesamt anhaftet. Für das Jahr 2009 wird der
Glücksspielumsatz in Deutschland auf ca. 34 Mrd. EUR geschätzt. Davon entfallen
auf den Bereich der Sportwetten ca. 6,1 Mrd. EUR (sämtliche Zahlen aus Dhom
ZfWG 2010, 394). Zum anderen haben zahlreiche, insbesondere im europäischen
Ausland ansässige Glücksspielanbieter unter Außerachtlassung des geschriebenen
Rechts und unter Berufung auf dessen vermeintliche **Verfassungs- und Europarechtswidrigkeit** ihre Glücksspiel- und Sportwettenangebote vornehmlich über
das **Internet** in Deutschland beworben und vertrieben (alleine 3,7 Mrd. EUR der
geschätzten 6,1 Mrd. Umsatz im Bereich der Sportwetten entfielen auf den Vertrieb
über das Internet). Gerichtliche Untersagungsverfügungen wurden durch alle Instanzen angegriffen, sodass es angesichts der langen Verfahrensdauer und vielfältigen
Aussetzungen der vorläufigen Vollstreckung in verwaltungsgerichtlichen Verfahren,
aber auch durch die Unsicherheit über die Rechtsbeständigkeit der restriktiven
Normen des GlüStV 2008 zu einer faktischen Aushebelung aller gesetzlichen Restriktionen im Bereich des Internetglücksspiels kam. Die gerichtlichen Verfahren

haben gezeigt, dass auch in der instanzgerichtlichen Judikatur verbreitet Bedenken gegen die **Verfassungs- und Europarechtskonformität** insbesondere der Monopolregelungen nach dem GlüStV 2008 bestanden.

1. Vorgaben der Rechtsprechung

Erst jüngst – und damit nach Inkrafttreten des GlüStV 2012 – kommt es in den **2** höchstgerichtlichen Instanzen zu Entscheidungen über die zentralen Fragen der Regelungen des GlüStV 2008, die allerdings auch für die Auslegung des neuen Rechts von grundlegender Bedeutung sein dürften. So wird das BVerwG (8 C 10/12 sowie 8 C 13 bis 16/12) voraussichtlich Anfang 2013 über die Auslegung des vom EuGH angemahnten **Kohärenzerfordernisses** der Glücksspielpolitik als Voraussetzung für ein entsprechendes Monopol entscheiden (→ Systematische Einführung Rn. 44 ff.). Zwar erkennt der EuGH an, dass der Glücksspielmarkt nicht mit den üblichen Dienstleistungsmärkten vergleichbar ist. Angesichts der besonderen Gefahren, die mit dem Glücksspiel einhergehen, sind die Mitgliedstaaten aus zwingenden Gründen des **Allgemeinwohls** berechtigt, die Dienstleistungsfreiheit durch förmliche Gesetze zu beschränken, wenn diese Maßnahme geeignet ist, das angestrebte Ziel zu erreichen und nicht über das erforderliche Maß hinausgeht (EuGH - C-243/01 – Gambelli, Slg. 2003, I-1331 Rn. 67). Allerdings betont der EuGH, dass die Maßnahme dazu beitragen müsse, „die Wetttätigkeit in kohärenter und systematischer Weise zu begrenzen". In seinen die deutsche Rechtslage vor 2008 und damit nach dem LottStV betreffenden Urteilen vom 08.09.2010 (EuGH - C-46/08 - Carmen Media, ZfWG 2010, 344; C-316/07 – Markus Stoß ua, ZfWG 2010, 332) hat der EuGH die Kohärenzanforderungen präzisiert und ein Prüfungsschema für die nationalen Gerichte aufgestellt, die allein befugt sind, über die Frage der Kohärenz oder Inkohärenz der gesetzlichen Beschränkungen der Dienstleistungsfreiheit zu entscheiden. Sind im Gesetzessystem eines Mitgliedstaates einige Glücksspielarten aus Spielerschutzgründen monopolisiert, andere Glücksspielarten mit höherem Suchtpotential hingegen der gewerblichen Bewirtschaftung zugänglich und lässt sich bei den gewerblich bewirtschafteten Glücksspielen eine auf Expansion ausgelegte Glücksspielpolitik insbesondere zum Zwecke der Einnahmemaximierung feststellen, so kann das nationale Gericht Anlass zu der Schlussfolgerung haben, dass „das der Errichtung dieses Monopols zugrunde liegende Ziel, Anreize zu übermäßigen Ausgaben für das Spielen zu vermeiden und die Spielsucht zu bekämpfen, mit ihm nicht mehr wirksam verfolgt werden kann, so dass es im Hinblick auf die Art. 43 EG und 49 EG auch nicht mehr gerechtfertigt werden kann" (EuGH ZfWG 2010, 332 (341), Rn. 106 – Markus Soß ua).

Nahezu sämtliche Instanzgerichte haben in der Folgezeit bereits das Nebenei- **3** nander der im staatlichen Monopol betriebenen Lotterien und Sportwetten einerseits und des gewerblich expansiv betriebenen Automatenspiels andererseits als ausreichend angesehen, um eine Inkohärenz des Sportwettenmonopols anzunehmen (vgl. dazu auch Dietlein, ZfWG 2010, 159, (162); Koenig/Bovelet, ZfWG 2011, 236, (241); Haltern, ZfWG 2011, 77, (79)). Die Frage, ob die expansiv betriebene gewerbliche Glücksspielpolitik tatsächlich die Eignung des Monopols in den anderen Glücksspielbereichen entfallen läßt, wurde von den Instanzgerichten als nicht relevant angesehen (vgl. nur OVG Münster ZfWG 2011, 428; VGH München ZfWG 2012, 118). Verwaltungsrechtliche Verbotsverfügungen wurden aufgehoben, wettbewerbsrechtliche Unterlassungsklagen, die auf das staatliche

Sportwettenmonopol gestützt waren, wurden von den Instanzgerichten wegen dessen vermeintlicher Europarechtswidrigkeit abgewiesen, sodass faktisch für die in irgendeinem EU-Mitgliedstaat (insb. Malta oder Gibraltar) niedergelassenen Glücksspielanbieter Deutschland zu einem erlaubnisfreien Angebotsraum wurde.

4   Das BVerwG hat indes nunmehr im Rahmen mehrerer Beschlüsse über Nichtzulassungsbeschwerden (zB BVerwG v. 16.02.2012 - 8 C 10/12 gegen OVG Münster ZfWG 2011, 428; BVerwG v. 24.5.2012 - 8 B 33.12 gegen BayVGH) die betreffenden vorinstanzlichen Urteile aufgehoben und die Revision zugelassen. In Bezug auf die Feststellung einer europarechtlichen Inkohärenz eines nebeneinander von im Monopol und im Wettbewerb vertriebenen Glücksspielformen hat das BVerwG ua der Frage rechtsgrundsätzliche Bedeutung beigemessen, ob die Vereinbarkeit des staatlichen Sportwettenmonopols mit dem unionsrechtlichen Kohärenzerfordernis von einer **Folgenabschätzung** im Sinne einer Wanderbewegung hin zu liberaler geregelten anderen Glücksspielbereichen abhängt (zur Problematik ausführlich Hecker DVBl 2011, 1130; Krewer/Wagner, ZfWG 2011, 90).

5   Die Klärung dieser Frage wird auch für die europarechtliche Beurteilung der restriktiven Regelungen des GlüStV in Bezug auf eine quantitative Beschränkung der Konzessionen für private Sportwettenanbieter nach § 10a Abs. 3 (→ § 10a Rn. 21) und das staatliche Monopol auf sog. Lotterien mit planmäßigem Jackpot gem. § 4 Abs. 1 iVm § 10 Abs. 2 (→ § 10 Rn. 12 ff.) von erheblicher Bedeutung sein. Denn angesichts der bisher nicht ersichtlichen Eindämmung oder gar Rückführung des bis in die jüngste Vergangenheit übermäßig expansiven **Gewerblichen Automatenspiels** (vgl. Meyer, Jahrbuch Sucht 2012, 125 (126 ff.)) könnten die Kohärenzbedenken der Instanzgerichtsbarkeit (→ Rn. 3) in Hinsicht auf die Zulässigkeit einer Beschränkung der Dienstleistungsfreiheit auch hier einschlägig werden.

2. Gesetzeserläuterung

6   Ungeachtet der offen gelassenen Frage nach der Erfüllung der europarechtlichen Kohärenzanforderungen haben sich die Ministerpräsidenten der Länder am 10.03.2011 für ein **Konzessionsmodell** bei Sportwetten ausgesprochen. Die Umsetzung der neuen Sportwettenregelungen sieht hierzu die probeweise Vergabe einer begrenzten Zahl von Sportwettenkonzessionen für den Zeitraum von sieben Jahren vor. Zur Begründung dieser nach wie vor bestehenden Beschränkung der Dienstleistungsfreiheit gem. Art. 56 AEUV verweist der Gesetzgeber auf die **Manipulationsgefahren** der bewetteten Sportereignisse und das nicht unerhebliche **Suchtpotential**, insbesondere der **Live- und Ereigniswetten**. Das Ziel einer effektiven **Kanalisierung** der illegal insbesondere über das Internet angebotenen Sportwetten sei jedoch durch die bisherige Beschränkung auf das nach Angebot und Vertriebsweg eng begrenzte Sportwettensortiment der staatlichen Veranstalter nicht erreicht worden. Zur Bekämpfung des umfangreichen Schwarzmarktes weicht der Gesetzgeber von dem bisherigen staatlichen Veranstaltungsmonopol ab und erlaubt im Rahmen einer Experimentierklausel ein kontrolliertes Angebot durch 20 private Konzessionäre, welche hohen Auflagen, staatlicher Kontrolle und einer Beschränkung des Produktportfolios unterliegen (amtl. Begr. LT-Drs. Bay 16/11995, 18 f.). Durch die damit verbundene Kanalisierung sollen die Manipulationsgefahren für die bewetteten Sportereignisse und die mit einer Spielteilnahme verbundenen Risiken für die Spieler reduziert werden. Der Gesetzgeber betont,

dass es sich dabei um eine Kanalisierung, nicht aber um eine Ausweitung des Marktes handele, was die quantitative Beschränkung der Konzessionäre rechtfertige (amtl. Begr. LT-Drs. Bay 16/11995, 18 f.).

Um den **Schwarzmarkt** einzudämmen, hat sich der Gesetzgeber entschlossen, **7** nicht nur im Rahmen der Experimentierklausel nach § 10a 20 Konzessionen für Sportwetten auf einen Zeitraum von 7 Jahren zuzulassen, sondern auch die scharfen Restriktionen des § 21 GlüStV 2008 zu lockern, zB durch die Zulassung von Halbzeitwetten und einer Zulassungsmöglichkeit von Live-Sportwetten in der Form von Endergebniswetten. Angesichts der besonderen Manipulationsgefährdung der Sportveranstaltung wurde ein Wettverbot für alle am Sportereignis beteiligten Personen aufgenommen.

Der Gesetzgeber nimmt in der Gesetzesbegründung Bezug auf die Rechtspre- **8** chung des BVerfG, das bereits in seinen Entscheidungen vom 14.10.2008 (ZfWG 2008, 351) und vom 14.07.2009 (1 BvR 880/09) die Verfassungskonformität des GlüStV 2008 festgestellt hat. Demgegenüber habe der EuGH das staatliche Wettmonopol wegen der Entwicklung in anderen nicht vom GlüStV 2008 erfassten Glücksspielen, namentlich dem gewerblichen Automatenspiel, unionsrechtlich auf den Prüfstand gestellt. Ungeachtet dessen verweist der Gesetzgeber auf den weiten **Beurteilungs- und Gestaltungsspielraum**, den der EuGH den Mitgliedstaaten eingeräumt hat. Sie seien berechtigt, im Einklang mit ihrer eigenen Wertordnung zu beurteilen, welche Erfordernisse sich aus dem Schutz der Gemeinschaftsgüter im Glücksspielbereich ergeben, und unter Beachtung des Verhältnismäßigkeitsgrundsatzes die Ziele ihrer Politik festzulegen sowie das angestrebte Schutzniveau zu bestimmen (vgl. dazu Becker, ZfWG 2009, 1). Unter Bezug auf die das deutsche Sportwettenmonopol betreffenden Urteile des EuGH vom 08.09.2010 (EuGH – C-46/08 – Carmen Media, ZfWG 2010, 344; C-316/07 – Markus Stoß ua, ZfWG 2010, 332) betont der Gesetzgeber, dass weder Vollzugsschwierigkeiten im Internet, noch der Umstand, dass einige Glücksspiele einem staatlichen Monopol unterliegen, andere hingegen nicht, der Geeignetheit des Staatsmonopols entgegenstehen (amtl. Begr. LT-Drs. Bay 16/11995, 1 ff.). Er verweist jedoch auf die in diesen Entscheidungen des EuGH konkretisierten Kohärenzgrundsätze, ohne ausdrücklich zu der Frage Stellung zu nehmen, ob er angesichts der tatsächlichen Ausgestaltung des gewerblichen Automatenspiels von einer europarechtlichen Inkohärenz des im GlüStV 2008 enthaltenen Sportwettenmonopols ausgeht. Vielmehr betont der Gesetzgeber, der EuGH habe jedenfalls sowohl den allgemeinen Erlaubnisvorbehalt, als auch das der Spielsuchtbekämpfung dienende Internetverbot als unionsrechtskonform gebilligt.

3. Systematik

§ 21 enthält Sonderbestimmungen, vor allem betreffend den **Zuschnitt** und **9** die **Vermarktung** zulässiger **Sportwettangebote** sowie zum Schutz der **Integrität** der bewetteten Sportereignisse. Neben den bisher allein zulässigen Wetten auf den Ausgang eines Sportereignisses sind nach § 21 Abs. 1 S. 1 zukünftig auch Wetten auf den Ausgang von Abschnitten einzelner Sportereignisse erlaubt. Zur Vermeidung einer übermäßigen Ausnutzung des Spieltriebes wurde in § 21 Abs. 2 das Verbot der Vermittlung von Sportwetten in und im Bereich von Spielhallen und Spielbanken eingeführt. § 21 Abs. 3 S. 2 erweitert das nach wie vor in § 21 Abs. 3 S. 1 enthaltene Trennungsgebot der Veranstaltung von Sportereignis und Sportwetten um ein Teilnahmeverbot der Akteure. In § 21 Abs. 3 S. 3 wird der zuständigen Behörde ein Spielraum zur Einführung von Maßnahmen zur Vermeidung von Wettmanipulationen eingeräumt. § 21 Abs. 4 S. 1 enthält ein spezielles Veranstaltungs- und Vermittlungsverbot im Rundfunk und über Telemedien. Das bisherige Werbeverbot auf **Trikots und Banden** ist entfallen. Nach wie vor besteht nach § 21 Abs. 4 S. 2 ein grundsätzliches Verbot von Livewetten. Endergebniswetten können jedoch als Livewetten zugelassen werden. Ereigniswetten bleiben hingegen ausnahmslos verboten (→ § 3 Rn. 7). Zur Wahrung der Ziele nach § 1 sind neben § 21 das Internetverbot aus § 4 Abs. 4 für die Veranstaltung und Vermittlung von Sportwetten bedeutsam. Hier ist allerdings die Ausnahmevorschrift zum Internetverbot gem. § 4 Abs. 5 iVm Abs. 6 zu beachten. Ferner besteht ein grundsätzliches Werbeverbot in § 5 Abs. 3 S. 1 für Sportwetten im Fernsehen, Internet und über Telekommunikationsanlagen. Allerdings eröffnet § 5 Abs. 3 S. 2 auch hier eine Ausnahmemöglichkeit für Werbung im Internet und Fernsehen, nicht allerdings für Werbung über Telekommunikationsanlagen, also per E-Mail (→ § 5 Rn. 73). Schließlich übernimmt der Gesetzgeber in Abs. 5 die bisherigen Ausschlussregeln für gesperrte Spieler gem. § 21 Abs. 3 GlüStV 2008.

II. Einzelkommentierung

1. Sportwetten als Glücksspiele

10   Die **Legaldefinition der Sportwette** findet sich in § 3 Abs. 1 S. 4. Es handelt sich dabei um eine besondere Form der nach § 3 Abs. 1 S. 3 stets als Glücksspiel zu qualifizierenden Wette (→ § 3 Rn. 7). Von dem dort definierten Oberbegriff der entgeltlichen Wette auf den Eintritt oder Ausgang zukünftiger Ereignisse qualifiziert sich die Sportwette dadurch, dass es sich bei dem entscheidenden Parameter um den Ausgang von Sportereignissen oder Abschnitten von Sportereignissen handeln muss. Damit steht zum einen fest, dass Sportwetten Glücksspiele sind (so auch BVerwG ZfWG 2011, 341 Rn. 22), auf welche die besonderen Regelungen über Sportwetten (insb. § 21, § 4 Abs. 5 und 6, § 4a, § 4b sowie § 10a) Anwendung finden.

11   Zum anderen wird deutlich zwischen **Sportwetten zu festen Quoten** und Totalisatorwetten nach dem RennwettLottG differenziert. Totalisatorwetten gelten demnach nicht mehr als Sportwetten iSd GlüStV 2012. Mit der Beschränkung der Sportwetten auf solche Wetten, die „zu festen Quoten auf das Ergebnis" abgeschlossen werden, fällt insbesondere auch das traditionelle **TOTO** nicht mehr unter den Begriff der Sportwetten. Da TOTO zwar eine Totalisatorwette, nicht aber eine Pferdewette i. S. d. § 3 Abs. 5 GlüÄndStV ist, fehlt es für TOTO gänzlich an einer spezifischen Kategorisierung. Man wird diese Glücksspielart daher zukünftig der Gattung der Lotterien gem. § 3 Abs. 3 zuordnen müssen.

12   Ferner stellt der Gesetzgeber in § 3 Abs. 1 S. 5 klar, dass **Pferdewetten** Glücksspiele sui generis im Sinne dieses Gesetzes sind, nicht aber unter den Begriff der Sportwetten fallen. Die bisher nicht vom GlüStV 2008 erfassten Pferdewetten sind nunmehr in § 27 geregelt (→ § 27 Rn.1 ff.). Ferner findet das RennWett-LottG vom 8.4.1922 (RGBl I 335, 393, zuletzt geändert durch das Gesetz zur Besteuerung von Sportwetten (SportWettBestG; BGBl I 2012, 1424, in Kraft getreten am 1.7.2012)) Anwendung.

2. § 21 Abs. 1 S. 1: Gegenstand der Sportwetten

a) Gegenstand der Sportwetten. Das BVerfG hatte bereits in seiner Sport- **13** wettenentscheidung vom 28.03.2006 (ZfWG 2006, 16 Rn. 149 ff.) den Gesetzgeber aufgefordert, den Bereich der Sportwetten unter „Ausübung seines rechtspolitischen Gestaltungsspielraumes" neu zu regeln. Dieses Petitum bezog sich ua auf „inhaltliche Kriterien betreffend Art und Zuschnitt der Sportwetten". Hiervon hatte die Legislative bereits durch die Regelung in § 21 Abs. 1 GlüStV 2008 Gebrauch gemacht und dort die Grundzüge für die Zulässigkeit von Sportwetten definiert. Die bisherige Regelung wird in § 21 Abs. 1 übernommen, wobei allerdings eine Ausdehnung der zulässigerweise bewettbaren Ereignisse auch auf „Abschnitte von Sportereignissen" erfolgt.

Gegenstand einer Wette dürfen nur **„Sportereignisse"** sein. Welche Arten **14** von Veranstaltungen bzw. Tätigkeiten unter den Begriff „Sportereignis" fallen, lässt der Gesetzgeber offen. Was unter dem Begriff des „Sports" zu subsummieren ist, ist allerdings keineswegs selbsterklärend oder durch die Rechtsprechung bzw. den allgemeinen Sprachgebrauch verbindlich determiniert.

Der Begriff **„Sport"** hat sich nämlich zumindest seit Beginn des 20. Jahrhun- **15** derts zu einer sprachlich für die unterschiedlichsten Aktivitäten verwendeten Bezeichnung entwickelt. Was im Allgemeinen unter Sport verstanden wird, ist überwiegend „vom alltagstheoretischen Gebrauch sowie von den historisch gewachsenen und tradierten Einbindungen in soziale, ökonomische, politische und rechtliche Gegebenheiten bestimmt. Darüber hinaus verändert, erweitert und differenziert das faktische Geschehen des Sporttreibens selbst das Begriffsverständnis von Sport." (Röthig/Prohl, Sportwissenschaftliches Lexikon, 2003, 493; Schuller Sportwissenschaft 1985, 423). Die den Begriff „Sport" prägende Bedeutung ist ganz wesentlich durch den sprachlichen Gebrauch und den Kontext geprägt, in dem die Bezeichnung Sport verwendet wird (Schürmann Forum Wissenschaft 19 (2) 2002, 6). Auch unterliegen die Vorstellungen über diejenigen Aktivitäten, welche als „Sport" bezeichnet bzw. anerkannt werden, einer gewissen Dynamik. So wurde beispielsweise Skateboardfahren in den ersten Jahren seiner Entwicklung nicht als Sport anerkannt.

Als Abgrenzungskriterium könnte die Rechtsprechung zur Anerkennung der **16** **Gemeinnützigkeit** sportlicher Verbandsaktivitäten herangezogen werden. Der Begriff "Sport" i.S. des § 52 Abs. 2 Nr. 2 AO 1977 umfasst nach Ansicht des Bundesfinanzhofes (BFH/NV 2000, 1071 Rn. 35) Betätigungen, „welche die allgemeine Definition des Sports erfüllen und der körperlichen Ertüchtigung dienen. Vorauszusetzen ist eine körperliche, über das ansonsten übliche Maß hinausgehende Aktivität, die durch äußerlich zu beobachtende Anstrengungen oder durch die einem persönlichen Können zurechenbare Kunstbewegung gekennzeichnet ist. Die Ausführung eines Spiels in Form von **Wettkämpfen** und unter einer besonderen Organisation allein machen es noch nicht zum Sport i.S. des § 52 Abs. 2 Nr. 2 AO 1977". **Skat** und **Bridge** werden daher vom BFH nicht als „Sport" anerkannt (Senatsbeschl. v. 16.12.1987 - I B 68/87). Auch für den Deutschen Olympischen Sportbund (DOSB) steht die motorische Aktivität im Vordergrund. **Denkspiele**, die **Dressur von Tieren**, sowie **Motorsport** ohne Einbeziehung motorischer Aktivitäten entsprechen daher nicht dem Sport-Verständnis des DOSB (Wissenschaftlicher Beirat des DSB Sportwissenschaft 10 (4) 1980, 437). Dennoch hat der DOSB **Schach** als Sportart anerkannt und das Internationale Olympische Komitee (IOC) sogar Schach und **Bridge**.

17   Es erscheint jedenfalls naheliegend, als **bewettbares „Sportereignis"** nur solche Veranstaltungen zuzulassen, deren Gegenstand von der Rechtsprechung oder durch anerkannte europäische Interessenverbände als „Sport" determiniert wird. Zweifelsfrei verboten bleiben damit Wetten auf andere Ereignisse, etwa **kultureller, politischer** oder **allgemein gesellschaftlicher** Art (zB wer nächster Bundespräsident wird), wie sie insbesondere in Großbritannien sehr beliebt sind. Wetten auf sonstige Ereignisse, sind daher andere Glücksspiele gem. § 3 Abs. 1 S. 3 und unterfallen den Allgemeinen Bestimmungen des § 4.

18   Offen ist ferner die Frage, ob unter einem „Sportereignis" auch der Ausgang einer Veranstaltung zu verstehen ist, die aus einer **Vielzahl von einzelnen Sportereignissen** besteht. So könnte unter dem „Ausgang eines Sportereignisses" auch der Gesamtsieg eines Landes bei der **Fußballweltmeisterschaft**, das Abschneiden eines Bundesligavereines in einer Saison, eines Tennisspielers bei den All England Lawn Tennis Championships oder der Medaillenspiegel bei der **Olympiade** verstanden werden. Gegen eine Einbeziehung solcher Ergebnisse von Gesamtveranstaltungen spricht die offensichtliche Regelungsintention des Gesetzgebers, der ersichtlich auf das einzelne Sportereignis (vgl. amtl. Begr. LT-Drs. Bay 16/11995, 30 „dies erfasst etwa Halbzeitwetten"), nicht aber auf das Gesamtergebnis einer aus der Vielzahl von sportlichen Wettkämpfen bestehenden Veranstaltung abstellt. Andererseits dürfte das mit solchen Wetten verbundene Gefahrenpotential für die Zielerreichung des § 1 im Vergleich zu den Wetten auf isolierte Sportereignisse geringer einzuschätzen sein. Denn zum einen sind die Ereignisfrequenz und damit das Suchtpotential und zum anderen angesichts der Komplexität solcher Großveranstaltung die Gefahren für die Integrität des Sports niedriger einzuschätzen. Sinn und Zweck der Norm legen daher eine Zulässigkeit der Bewettung solcher Ereignisse nahe.

19   Hinsichtlich der **bewettbaren** verschiedenen **Sportarten** hat der Gesetzgeber keine Beschränkung vorgesehen. Bewettbar sind somit nicht nur die bekannten Sportarten, wie Fußball, Tennis, Eishockey etc. Auch in Deutschland weniger populäre oder bekannte Sportarten (zB American Football, Lacrosse, Dart, Cricket) sind daher grundsätzlich Gegenstand bewettbarer Sportereignisse.

20   Es kommt auch nicht darauf an, ob die bewettbaren Ereignisse in Deutschland oder im Ausland stattfinden. Allerdings steht einem Missbrauch durch Auswahl allzu exotischer Sportarten oder Austragungsorte und der damit verbundenen Intransparenz und Manipulationsanfälligkeit das Korrektiv des nach § 4 Abs. 1 bestehenden Erlaubnisvorbehalts und der Beschränkung hinsichtlich Art und Zuschnitt der Sportwetten gem. § 21 Abs. 1 S. 2 gegenüber. Das einzige bisher in Deutschland behördlich zugelassene Sportwettenangebot **ODDSET** bietet Sportwetten aus ca. zehn verschiedenen Sportarten an. Bei privaten Angeboten aus dem Ausland sind es mehr als 90 verschiedene Sportarten pro Tag.

21   Wie in der Gesetzesbegründung zu § 21 GlüStV 2008 ausgeführt, auf die bei allen Regelungen, welche unverändert fortgelten, zurückgegriffen werden kann (amtl. Begr. LT-Drs. Bay 16/11995, 17), sind in der Erlaubnis „von den Glücksspielbehörden gem. Abs. 1 Satz 2 die zur Erreichung der Ziele des § 1 erforderlichen Genehmigungsinhaltsbestimmungen und Auflagen zu Art und Zuschnitt der erlaubten Sportwetten (ua Beschränkung des Höchsteinsatzes) festzulegen" (amtl. Begr. GlüStV 2008, LT-Drs. Bay 15/8486, 10), sodass Wetten auf besonders intransparente oder manipulationsanfällige Sportarten in der Erlaubnis untersagt werden können.

b) Zugelassene Wettarten. § 21 Abs. 1 S. 1 beschränkt die Zulässigkeit von **22** Wettmöglichkeiten dahingehend, dass nur auf den „Ausgang des Sportereignisses" oder auf den Ausgang von „Abschnitten von Sportereignissen" (beides sog. Ergebniswetten) gewettet werden darf. Unter dem „Ausgang des Sportereignisses" (auch „**Endergebniswetten**" genannt) ist der Gewinnentscheid nach dem offiziell festgestellten finalen Spielstand zu verstehen. Dieser umfasst auch das Spielergebnis nach eventuellen Verlängerungen der regulären Spielzeit oder nach Unterbrechungen des Spieles, zB aus witterungsbedingten Gründen. Verboten sind damit auch Wetten auf fiktive oder **fingierte Sportereignisse**, wie etwa eine vom Zufallsgenerator nachgespielte Europameisterschaft.

c) Handicapwette. Unzulässig ist danach die sog. **Handicapwette.** Bei dieser **23** Wettart erhält ein Team ein oder mehrere Tore (bzw. äquivalente entscheidungsrelevante Punkte) Vorsprung, welche am Schluss der Begegnung zum regulären Ergebnis hinzugerechnet werden. Gewinnentscheidend ist hierdurch nicht das offiziell festgestellte Ergebnis, sondern dieses Ergebnis zuzüglich der bewetteten Vorgabe. Diese Wettform wird besonders dann gerne genutzt, wenn ein Team als wesentlich stärker eingeschätzt wird als sein Gegner. Durch das Handicap wird das Ungleichgewicht zwischen der stärkeren und schwächeren Mannschaft ausgeglichen. Hierdurch können bessere Gewinnquoten auf einen tatsächlich klar überlegenen Favoriten erzielt, bzw. die Gewinnchancen auf einen normalerweise schwächeren Gegner erhöht werden. Diese künstliche Nivellierung unterschiedlicher Vorleistungen führt zur Unzulässigkeit entsprechender Wettangebote, da hierdurch gerade nicht der **tatsächliche Ausgang** des Sportereignisses für den Gewinnentscheid herangezogen wird, sondern ein durch das Handicap verändertes Spielergebnis.

d) Ereigniswette. Unzulässig sind – wie bereits nach den Vorschriften des **24** GlüStV 2008 – Wetten auf **einzelne Ereignisse** während eines Sportwettkampfes, wie etwa Wetten auf die nächste gelbe Karte, den nächsten Einwurf oder den nächsten Platzverweis (sog. **Ereigniswetten**). Auch die bisher stark verbreiteten **Torwetten** (gewettet wird auf das Team, welches das erste Tor schießt) sind als Ereigniswette unzulässig. Ereigniswetten, insbesondere wenn sie sich auf häufiger eintretende (insbesondere durch die Spieler herbeiführbare) Sachverhalte beziehen, sind nicht nur extrem anfällig für **Manipulationen** (amtl. Begr. LT-Drs. Bay 16/11995, 30). Sie bergen auch eine deutlich höhere Suchtgefahr als die einfache Sportwette, weil sich auf diese Weise durch die „Zerstückelung" eines Ereignisses in eine beliebige Vielzahl bewettbarer Einzelereignisse Wetten im Sekundentakt anbieten lassen (Bundeszentrale für gesundheitliche Aufklärung (BzGA), Glücksspielverhalten und Glücksspielsucht in Deutschland, S. 7; amtl. Begr. LT-Drs. Bay 16/11995, 18).

e) Abschnittswette. Wetten auf den **Ausgang von „Abschnitten von** **25** **Sportereignissen"** (Spielabschnittswetten) stellen eine Erweiterung der bisher zulässigerweise bewettbaren Endergebnisse dar. Damit soll dem Bedürfnis der Wettinteressenten nach einer breiteren Palette von bewettbaren Faktoren Rechnung getragen werden, ohne aber hierdurch alle **Ereignisse** einer Sportveranstaltung als Gegenstand der Wette zuzulassen. Der Gesetzgeber hat es indes unterlassen, näher zu definieren, was er unter „Abschnitten von Sportereignissen" verstanden wissen will. In der amtl. Begründung verweist er zwar insoweit exemplarisch auf **Halbzeitwetten** (amtl. Begr. LT-Drs. Bay 16/11995, 30). Allerdings gibt es „Halbzeiten" nur bei einzelnen Sportarten, zB beim Fußball. Gegenstand der Sportwette können aber beliebige Sportarten sein (→ Rn. 19 ff.), bei denen eine „Halbzeit" nicht vorgesehen ist. So gibt es zB „**Auszeiten**" beim American Football oder Basketball, „**Sätze**" beim Tennis oder „**Drittel**" beim Eishockey. Auch die Ergebnisse solcher Spielabschnitte sind nach der Intention des Gesetzes bewettbar.

26   Unklar ist, wo die Grenze zwischen dem bewettbaren „Abschnitt eines Sportereignisses" und einer nicht bewettbaren **Spielunterbrechung** zu ziehen ist. So wäre es denkbar, auch den Ergebnisstand eines Sportereignisses bis zum ersten (zweiten, dritten etc) **Abpfiff**, **Einwurf**, **Eckball**, **Foul** oder einer sonst wie definierten Spielunterbrechung als „Abschnitt des Sportereignisses" anzusehen. Durch die Bezugnahme auf Ereignisse dieser Art im Spielverlauf, insbesondere auf solche, die von den Spielern bewusst herbeigeführt werden können, würde allerdings das Verbot der Ereigniswette (amtl. Begr. LT-Drs. Bay 16/11995, 30; vgl. → § 3 Rn. 7; → Rn. 24) unterlaufen und angesichts der Beeinflussbarkeit solcher Spielunterbrechungen durch die Spielbeteiligten wäre auch die nach § 1 Nr. 5 geschützte **Integrität** des Sports gefährdet.

27   Schwierig könnte die Abgrenzung bei Sportarten sein, deren Spielregeln eine Vielzahl von Abschnitten vorsehen, welche idR nicht von den Spielern willkürlich herbeigeführt werden können, zB beim **Tennis** die Abschnitte zwischen den einzelnen Spielen oder gar den Seitenwechseln.

28   Will man eine beliebige **Zerstückelung** der Sportereignisse in eine Vielzahl bewettbarer Abschnitte verhindern, insbesondere zur Ermöglichung eines „kontrollierten Angebots privater Konzessionäre" und einer „engmaschigen Kontrolle" (amtl. Begr. LT-Drs. Bay 16/11995, 18), zur Verringerung der Gelegenheiten zum Spiel und zur Verknappung des Wettangebotes (amtl. Begr. LT-Drs. Bay 16/11995, 18 f.) sowie zur Verbesserung des präventiven Schutzes „der Spieler und der Allgemeinheit vor den Gefahren des Glücksspiels" im Sinne der Ziele des § 1 (amtl. Begr. LT-Drs. Bay 16/11995, 19), erscheint es unter Berücksichtigung der jeweiligen Spielregeln angezeigt, als bewettbare Abschnitte eines Sportereignisses nur solche Spielabschnitte zuzulassen, die a) nach den Spielregeln unabhängig von akzidentiellen Ereignissen des Spielverlaufs vorgesehen sind (zur Vermeidung einer beliebigen Aufgliederung des Sportereignisses) und b) von den Spielbeteiligten nicht willkürlich herbeigeführt werden können (insbesondere zum Schutz der Integrität des Sports) sowie c) deren Spielstände üblicherweise in der Medienberichterstattung als ergebnisrelevante Zäsuren einer Sportveranstaltung angesehen und publiziert werden (zur Ermöglichung der Kontrolle des ordnungsgemäßen Wettgeschehens).

29   Die Klärung, in wie weit die Aufteilung eines Sportereignisses in einzelne bewettbare Spielabschnitte zulässig ist, bleibt – voraussichtlich individuell für die jeweiligen Sportarten und unter besonderer Berücksichtigung der verfassungsrechtlichen Anforderungen an die Beschränkbarkeit der Berufsfreiheit gem. Art. 12 GG (→ Systematische Einführung Rn. 15 ff.) – der künftigen Rechtsentwicklung vorbehalten.

30   **f) Kombinationswette.** Unter Kombinationswetten sind Sportwetten zu verstehen, bei denen mehrere Wetten derart miteinander kombiniert werden, dass ein Gewinn nur dann anfällt, wenn eine vorherbestimmte Zahl von bewetteten Ergebnissen zutreffend eingetreten ist. Hier existieren unterschiedliche Wettformen, bei denen entweder ein Gewinn nur dann anfällt, wenn sämtliche bewetteten

Ergebnisse zutreffen (**Vollkombinationswette**), oder aber die Gewinnsumme umso höher vereinbart ist, je mehr der vorhergesagten Ergebnisse eintreten (**Teilkombinationswette**). Durch die Kombination mehrerer Einzelwetten erhöht sich zwar die potenzielle Gewinnsumme, wohingegen sich allerdings die Gewinnwahrscheinlichkeit reduziert. Gewinnwahrscheinlichkeit und -höhe hängen von der Anzahl der getippten und miteinander kombinierten Ergebnisse ab. Angesichts der hierdurch beliebig steigerbaren Gewinnhöhen und den damit verbundenen Spielsuchtgefahren dürfte diese Wettform nur eingeschränkt zulässig sein.

Nicht gesetzlich geregelt und daher grundsätzlich nicht beschränkt sind Kombi-   **31** nationswetten, bei denen Sportereignisse aus unterschiedlichen **Veranstaltungsarten** in einer Wette miteinander kombiniert werden dürfen. So können in einer Kombinationswette nicht nur Wetten auf gleichartige Sportereignisse (zB nur Wetten auf Ergebnisse von verschiedenen Fußballspielen) sondern auch Wetten auf eine Kombination verschiedenen Sportarten (zB Fußball und Tennis) angeboten werden. Entsprechendes gilt für die Kombination von Abschnittswetten mit Endergebniswetten.

g) Einzelwette. Am weitesten verbreitet sind die **Einzelwetten**. Bei einer   **32** Einzelwette wird auf den Ausgang eines konkreten Wettkampfs aus dem Bereich des Sports (→ § 3 Rn. 7) gesetzt, wobei es im Falle von Einzelwetten nunmehr vier Varianten gibt, da auf Sieg oder Niederlage sowie auf ein Unentschieden und entsprechende Ergebnisse der Abschnitte von Spielereignissen gesetzt werden kann.

3. § 21 Abs. 1 S. 2: Erlaubniserteilung; Art und Zuschnitt der Sportwetten

§ 21 Abs. 1 S. 2 stellt klar, dass Sportwetten einer **Erlaubnis** bedürfen. Die   **33** Erlaubnis wird im Rahmen der zeitlich befristeten Experimentierklausel gem. § 4a Abs. 1 als Konzession erteilt. Dabei handelt es sich ausweislich der Gesetzesbegründung um eine Sonderform der Erlaubnis (vgl. amtl. Begr. LT-Drs. Bay 16/ 11995, 23; → § 4a Rn. 8). Diese Konzession wird gem. § 4a Abs. 2 für alle Länder von „der zuständigen Behörde" erteilt (→ § 4a Rn. 9). Zuständige Behörde für die Erteilung von Sportwettenkonzessionen ist gem. § 9a Abs. 2 Nr. 3 das Land Hessen (→ § 9a Rn. 7).

Durch dieses ländereinheitliche Verfahren ist sichergestellt, dass **Art und**   **34** **Zuschnitt der Sportwetten** im Geltungsbereich des GlüStV gleichartig gestaltet sind und damit ein einheitliches Sportwettenangebot durch die Konzessionäre vorgehalten werden kann.

Der Maßstab für die Grenzen, in denen sich Art und Zuschnitt der Sportwetten   **35** zu halten haben, ist den amtl. Begründungen des Gesetzgebers für die Zulassung eines Angebotes privater Konzessionäre (amtl. Begr. LT-Drs. Bay 16/11995, 18) zu entnehmen. Erlaubnisfähig ist danach nur ein „kontrolliertes Angebot privater Konzessionäre, welche hohen Auflagen, staatlicher Kontrolle und einer Beschränkung ihres Produktportfolios unterliegen". Eine Beschränkung des Produktportfolios soll demnach „sowohl die vom Sportwettenbetrug ausgehenden Gefahren für die Integrität sportlicher Wettbewerbe als auch die von der Spielteilnahme ausgehenden Risiken für den Verbraucher reduzieren". Gefordert wird die Möglichkeit einer „engmaschigen Kontrolle". Um diesen Anforderungen des Gesetzgebers gerecht werden zu können, muss das Wettangebot sowohl vom **Wett- und Einsatzgeschehen**, als auch von der **Gewinnermittlung** und vom **Spielablauf** des bewetteten Sportereignisses bis hin zur Wahrnehmbarkeit durch die Aufsichtsbehörden eine **hinreichende Transparenz** aufweisen.

36   In der Erlaubnis ist die **Art** der zugelassenen Sportwette zu regeln. Dabei sind nicht nur die in § 21 Abs. 1 S. 1 näher genannten Wettformen zu bestimmen, sondern auch die zu bewettenden Sportarten und die zur Wette erlaubten Abschnitte der betreffenden Sportereignisse zu bezeichnen. Wetten auf besonders **intransparente** oder **manipulationsanfällige Glücksspiele**, insbesondere dann, wenn sich das bewettete Sportereignis außerhalb der durch die Behörden bei pflichtgemäßer Aufsicht bestehenden Wahrnehmungsmöglichkeit seines Spielablaufs befindet, dürfen grundsätzlich durch die Konzessionsbehörde ausgeschlossen werden.

37   Der **Zuschnitt** der Sportwetten kann ferner durch einheitliche Bestimmungen über Beschränkungen des **Höchsteinsatzes** pro Sportwette geregelt werden. Beim Internetvertrieb gem. § 4 Abs. 5 Nr. 2 ist die Behörde zur Festsetzung solcher Höchstgrenzen in jedem Fall verpflichtet (→ § 4 Rn. 91). Auch können Regelungen zum **Annahmeschluss** festgelegt werden.

4. § 21 Abs. 2: Vermittlungsverbot in Spielhallen- oder Spielbankennähe

38   Aus dem Gesichtspunkt der Spielsuchtprävention hat der Gesetzgeber in Abs. 2 das **Verbot der Vermittlung** von Sportwetten in solchen Gebäuden oder Gebäudekomplexen eingeführt, in denen sich eine Spielhalle oder eine Spielbank befindet (amtl. Begr. LT-Drs. Bay 16/11995, 30). Diese auf einen **räumlichen Abstand** zielende Regelung ist dem hohen Suchtpotential geschuldet, dass mit dem Spielbetrieb in Spielhallen und Spielbanken einhergeht. Nach übereinstimmenden wissenschaftlichen Forschungsergebnissen (vgl. nur Meyer, Jahrbuch Sucht, 125 f. mwH) stellen Spieler an Geldspielautomaten mit 74,3% die größte Gruppe der pathologischen Glücksspieler in den Suchthilfeeinrichtungen dar. Nach den Ergebnissen der Suchtforschung ist die Verfügbarkeit bzw. **Griffnähe** der Glücksspiele ein wesentlicher Faktor der Entwicklung und des Auslebens von Spielsucht (Schmidt/Kähnert, Abschlussbericht an das Ministerium für Gesundheit, Soziales, Frauen und Familie des Landes Nordrhein-Westfalen, 2003; Hayer, Sucht aktuell 2010, 47 (49); Becker, Entwicklung eines pathologischen Spielverhaltens, S. 9). Das Vermittlungsverbot in der näheren Umgebung der Spielhallen und Spielbanken dient somit insbesondere dem Schutz der in hohem Maße suchtgefährdeten Personen durch eine räumlich Entzerrung unterschiedlicher Glücksspielgelegenheiten.

39   **a) Gebäude und Gebäudekomplexe.** Der Wortlaut der Norm ist unscharf und daher auslegungsbedürftig, die Gesetzesbegründung hierzu verunglückt. Ist nämlich die Bestimmung des Abs. 2 1. Alt. noch insoweit eindeutig, als ein Sportwettenvermittlungsverbot in solchen „**Gebäuden**" (vgl. die Legaldefinition für den Begriff des Gebäudes in den jeweiligen Landesbauordnungen, zB § 2 Abs. 2 LandesBauONW; → § 25 Rn. 10) besteht, in denen sich eine Spielhalle oder eine Spielbank befindet, so dürfte die räumliche Begrenzung eines „**Gebäudekomplexes**" gem. Abs. 2 2. Alt. auslegungsbedürftig sein. Der Begriff „Gebäudekomplex" ist nicht legaldefiniert (→ § 25 Rn. 10). Das BVerwG sieht ein **Einkaufszentrum** als Gebäudekomplex an, weil dort „Einzelhandelsbetriebe verschiedener Art und Größe räumlich konzentriert werden und die einzelnen Betriebe aus der Sicht der Kunden als aufeinander bezogen, als durch ein räumliches Konzept und durch

Kooperation miteinander verbunden in Erscheinung treten." (BVerwG 2007, 684). In der Architektur wird eine Gruppe oder einen Block von Gebäuden und architektonischen Räumen, die baulich miteinander verbunden sind und als **Gesamteinheit** wahrgenommen werden, als Gebäudekomplex verstanden. Auch Bahnhöfe oder Flughafengebäude sind danach Gebäudekomplexe, weil deren einzelne Gebäude regelmäßig miteinander baulich verbunden sind und aus Sicht des Nutzers der Eindruck einer Gesamtheit besteht. Die Größe solcher baulichen Räume kann allerdings stark variieren, sodass sich bei erheblichen räumlichen Abständen in einem Gebäudekomplex die Frage der **Verhältnismäßigkeit** des Verbotes stellen könnte. In derartigen Fällen dürfte eine verfassungskonforme Auslegung auf den intentionalen Kern der Verbotsnorm dahingehend angezeigt sein, dass der Begriff des Gebäudekomplexes im Lichte der spielsuchtpräventiven und spielerschützenden Funktion der Norm auszulegen ist.

Die Bannregelung des § 21 Abs. 2 ist weniger restriktiv, als jene für das Verbot **40** von Mehrfachkonzessionen bei Spielhallen gem. § 25 Abs. 1 und Abs 2. Dort gilt nämlich neben der Errichtungsbeschränkung in Gebäuden und Gebäudekomplexen auch eine solche im „baulichen Verbund". Gebäude und Gebäudekomplexe sind gem. § 25 Abs. 2 Regelbeispiele des „baulichen Verbundes" und beschreiben somit kleinere Gebäudeformen als dieser (→ § 25 Rn. 10). Als Gebäudekomplex ist daher in räumlicher Hinsicht eine Mehrzahl miteinander verbundener Gebäude zu verstehen, die als Gesamteinheit wahrgenommen wird und bei der die Möglichkeit besteht, sich von einem Gebäude in ein anderes Gebäude zu begeben, ohne dabei den Innenraum verlassen zu müssen (→ Def. in § 25 Rn. 10). **Eine** im Sinne der verfassungsrechtlich gebotenen Verhältnismäßigkeit angezeigte (und nach der Gesetzesbegründung intendierte → Rn. 41) **restriktive Auslegung** des Begriffes „Gebäudekomplex" **könnte** in funktionaler Hinsicht dadurch **erfolgen**, dass die Bannregelung des Abs. 2 solche Gebäudekomplexe nicht erfasst, bei denen **zwischen einer Spielhalle** oder einer Spielbank und einer beabsichtigten Sportwettenvermittlungsstätte ein derart weiter räumlicher Abstand besteht, dass ein **kurzläufiger Wechsel** oder ein **Sichtkontakt** von der einen zur anderen Spielbetriebsstätte ausgeschlossen ist (Ausschluss der „Griffnähe" (→ Rn. 38)). Ist allerdings ein kurzfristiger Ortswechsel möglich, zB weil die Räumlichkeit der Sportwettenvermittlung auf derselben Einkaufsebene, in kurzer räumlicher Distanz und in naher Fußläufigkeit oder lediglich eine Etage über oder unter der Spielhalle bzw. Spielbank gelegen ist, wird von einem Gebäudekomplex iS dieses Gesetzes auszugehen sein.

Die Gesetzesbegründung ist zur Auslegung dieser Frage nicht behelflich. Im **41** Gegenteil wird dort in unüberbrückbarem Widerspruch zum Gesetzestext von einem Verbot der Vermittlung von Sportwetten „in" Spielhallen und Spielbanken gesprochen. Wollte man diese Auslegung dem Gesetzeswortlaut zugrunde legen, wäre nur die Sportwettenvermittlung **innerhalb der Räumlichkeiten** der Spielhalle bzw. der Spielbank verboten, nicht aber in einem benachbarten Ladenlokal. Dem widerspricht jedoch der insoweit eindeutige Wortlaut des Gesetzestextes.

b) Kollisionsfälle. Die Neueinrichtung einer Spielhalle kann auf Grund der **42** Regelung in § 21 Abs. 2 zu einer Kollision mit der Fortführung einer alteingesessenen Wettvermittlungsstelle führen. Der Gesetzeswortlaut regelt allein den Fall der **Präexistenz** einer Spielhalle in dem betreffenden Bannbereich gem. § 21 Abs. 2. Nicht geregelt hingegen ist der umgekehrte Sachverhalt, bei dem sich eine Spielhalle in einem Bannbereich ansiedeln möchte, in dem bereits eine **Wettvermitt-**

lungsstelle existiert. Das Verbot des Abs. 2 könnte einem hierauf gerichteten Erlaubnisantrag nicht entgegengehalten werden, denn diese Norm untersagt im Kollisionsfall allein den Betrieb einer Sportwettenvermittlung, nicht aber den Betrieb einer Spielhalle. **Abstandsregelungen** sind im GlüStV 2012 ausschließlich für Spielhallen untereinander, nicht aber für Spielhallen im Verhältnis zu **Wettannahmestellen** vorgesehen (→ § 25 Rn. 2). Die nachträgliche Ansiedelung einer Spielhalle im Bannbereich des Abs. 2 könnte somit zu einer Kollision der Ansprüche des Spielhallenbetreibers auf Zulassung zu Lasten des eingerichteten und ausgeübten Gewerbebetriebes des Sportwettenvermittlers führen. Sollte es hierdurch zu Erlaubnisrücknahmen oder gar Untersagungsverfügungen in Bezug auf die Fortführung der älteren Sportwettenvermittlungsstelle kommen, könnte dies als entschädigungspflichtiger Eingriff in die Substanz des Eigentums auf Seiten des Betreibers anzusehen sein.

43   Zur Vermeidung einer solchen Kollisionslage erscheint es daher dringend geboten, dass die Bundesländer in ihren Spielhallengesetzen analoge Verbotsregelungen in Bezug auf die Ansiedlung von Spielhallen im Bannbereich bereits existierender Sportvermittlungsstellen aufnehmen.

5. § 21 Abs. 3: Organisation von Sportwetten

44   Die bereits in § 21 Abs. 2 S. 1 GlüStV 2008 enthaltene **Inkompatibilitätsregelung** betreffend die Veranstaltung und Vermittlung von Sportwetten einerseits und die Durchführung der Sportveranstaltung andererseits ist wörtlich in § 21 Abs. 3 S. 1 übernommen. Danach müssen Veranstaltung und Vermittlung von Sportwetten **organisatorisch, rechtlich, wirtschaftlich** und **personell** getrennt sein von der Veranstaltung oder Organisation der Sportereignisse und dem Betrieb von Einrichtungen, in denen Sportveranstaltungen stattfinden. Nach der Gesetzesbegründung soll mit Hilfe dieser Vorschrift die **Integrität des Sports** gesichert werden. Der Gesetzgeber geht davon aus, dass ein erhöhtes Missbrauchspotential besteht, wenn der für die Sportwette Verantwortliche gleichzeitig der Organisator der zu bewettenden Ereignisse ist. Dass diese Annahme nicht grundlos erfolgt und Personen, die Einfluss auf ein zu bewettendes Ereignis haben, im Einzelfall geneigt sein können, Manipulationen vorzunehmen, hat das Beispiel des DFB-Schiedsrichters Robert H. gezeigt (zur Strafbarkeit der Manipulation vgl. BGH ZfWG 2007, 35 sowie Adams/Rick, ZfWG 2010, 381). Weitere Beispiele für Manipulationen durch Verantwortliche oder Teilnehmer der bewettbaren Sportveranstaltungen finden sich vor allem im Bereich Tennis sowie in anderen europäischen Fußballligen (vgl. Rheinische Post v. 12.11.2007; Frankfurter Allgemeine Sonntagszeitung v. 11.11.2007; Süddeutsche Zeitung v. 1.9.2007, 37 zur Manipulation von UEFA-Cup-Spielen sowie FOCUS 10/2006, 248 zur belgischen Fußballliga)

45   Das Trennungsgebot dient auch der Suchtbekämpfung und dem Jugendschutz, da hierdurch eine Verknüpfung der Teilnahme an Vereinsveranstaltungen mit Wettangeboten ausgeschlossen und gewährleistet wird, dass Finanzierungsinteressen der Sporteinrichtungen nicht zu einer Ausweitung des Wettangebots führen. Nur eine konsequente Trennung der Sportvereinstätigkeit von der Sportwettenvermarktung kann verhindern, dass die Beteiligung am aktiven Vereinssport ausgenutzt wird, um Vereinsmitglieder einschließlich des Vereinsnachwuchses zum Wetten zu motivieren und sie damit der Suchtgefahr von Sportwetten auszusetzen (BVerwG ZfWG 2011, 96 Rn. 82).

Flankiert wird diese organisatorische Trennung der Sportwette von der Sport- **46**
veranstaltung durch das in § 21 Abs. 3 S. 2 eingefügte Verbot der Beteiligung
solcher Personen an den Sportwetten, die direkt oder indirekt Einfluss auf den
Ausgang eines Wettereignisses haben. Dieses **Beteiligungsverbot** ist ein klares
Signal des Gesetzgebers an alle Sportbeteiligten, sich der Teilnahme an Sportwetten auf die in ihrem Einflussbereich befindlichen Sportveranstaltungen zu enthalten. Hierdurch wird jedenfalls auch dem fälschlichen Eindruck einer Manipulation
durch die Protagonisten der Sportereignisse in der Öffentlichkeit entgegengetreten, wodurch ebenfalls das Vertrauen in die Integrität des Sports gefördert wird.
Ob dieses Wettverbot allerdings in der Praxis tatsächlich geeignet ist, die Wettbe-
teiligung eines zum Sportwettenbetrug Entschlossenen und am Spielbetrieb maßgeblich Mitwirkenden zu verhindern, muss angesichts der Möglichkeit einer idR
nicht belegbaren Beteiligung an Sportwetten durch die Einschaltung von Mittels-
männern bezweifelt werden.

In § 21 Abs. 3 S. 3 räumt der Gesetzgeber der zuständigen Behörde die Mög- **47**
lichkeit ein, weitere Maßnahmen zur Vermeidung von Wettmanipulationen zu
verlangen, wie zB die „Einrichtung eines **Frühwarnsystems**". Ungeachtet des
Gesetzeswortlauts wird es nicht auf die eigene „Einrichtung" eines solchen Systems ankommen, sondern die Beteiligung an einem etablierten und funktionsfähigen Frühwarnsystem (etwa dem von der FIFA eingerichteten „Early Warning
System") dürfte den gesetzlichen Anforderungen vollauf genügen. Eine Verpflichtung zur Nutzung eines Frühwarnsystemes stellt das Gesetz zwar nicht auf. Nach
der Gesetzesbegründung ist der Einsatz eines solchen Systems allerdings regelmäßig zu fordern.

6. § 21 Abs. 4 Vertriebs- und Werbeverbote

Durch § 21 Abs. 4 S. 1 folgt der Gesetzgeber dem Hinweis des BVerfG aus **48**
dessen Sportwettenurteil (NJW 2006, 1261 (1267)). Dort verlangte das Gericht
(Rn. 153) vom Gesetzgeber, **Vertriebswege** künftig so auszuwählen und einzurichten, dass Möglichkeiten zur Realisierung des **Spieler- und Jugendschutzes**
genutzt werden. Insbesondere eine „Verknüpfung von Wettmöglichkeiten mit
Fernsehübertragungen von Sportereignissen würde dem Ziel der Suchtbekämpfung zuwiderlaufen und die mit dem Wetten verbundenen Risiken verstärken",
so das BVerfG weiter.

a) Besondere Vertriebs- und Werbeverbote für Sportwetten. Das grund- **49**
sätzliche Verbot der **Fernsehwerbung** ist bereits in § 5 Abs. 3 geregelt (→ § 5
Rn. 62 ff.). Es gilt für die Veranstalter wie Vermittler jeglicher Arten von Glücksspielen gleichermaßen, daneben aber auch für die Fernsehveranstalter selbst.

Hinzu tritt in § 21 Abs. 4 S. 1 das an die gleichen Adressaten gerichtete Verbot, **50**
die Übertragung von **Sportereignissen in Rundfunk** (also auch im Radio)
und **Telemedien** mit der Veranstaltung oder Vermittlung von Sportwetten zu
verknüpfen.

Allerdings ist das bisher in § 21 Abs. 2 S. 3 GlüStV 2008 vorgesehene Verbot **51**
der **Wette über Telekommunikationsanlagen** nun in § 21 Abs. 4 S. 2 nicht
mehr enthalten. Damit sind solche Wetten über Telekommunikationsanlagen
zukünftig zulässig (kritisch zum Vertrieb über SMS VGH Hessen ZfWG 2011,
187, (191)). Gem. § 5 Abs. 3 S. 1 ist allerdings Werbung über Telekommunikationsanlagen ausnahmslos verboten (zur Problematik der Kollision des Abschlusses

von Wetten über Telekommunikationsanlagen mit deren Bewerbung über dieses Medium → § 5 Rn. 73).

52   Das bisher in § 21 Abs. 2 S. 2 GlüStV 2008 enthaltene Verknüpfungsverbot mit der Trikot- und Bandenwerbung für Sportwetten ist in der Novelle ebenfalls entfallen. Diese Werbeform ist daher nunmehr zulässig.

53   **b) Live-Wetten Verbot.** Wetten während des laufenden Sportereignisses, sog. **Livewetten**, waren bisher nach § 21 Abs. 2 S. 3 GlüStV 2008 uneingeschränkt verboten. Das Livewettenverbot wird in § 21 Abs. 4 S. 2 aufrecht erhalten. Dem Livewettenverbot unterliegt auch derjenige, welcher die Veranstaltung unerlaubter Livewetten in seinen Räumlichkeiten duldet (OVG Berlin-Brandenburg Beschl. v. 12.5.2012 - 1 S 150.11).

54   Die zuständige Erlaubnisbehörde (§ 9a Abs. 2 Nr. 3) kann allerdings gem. § 21 Abs. 4 S. 3 **Ausnahmen vom Livewettenverbot** in Bezug auf Endergebniswetten erteilen. Diese Ausnahmemöglichkeit ist der besonders großen Nachfrage solcher Livewetten bei den interessierten Verkehrskreisen und dem Zweck der zielgerichteten Kanalisierung zum legalen Glücksspiel (amtl. Begr. LT-Drs. Bay 16/11995, 30) geschuldet. Welche überragende Bedeutung das Angebot von Livewetten in der Praxis hat, wird beispielhaft aus den Unternehmensdaten der unter Geltung des GlüStV 2008 in Deutschland marktführend tätigen Sportwettenbieterin bwin deutlich, die in ihrem Geschäftsbericht für das Jahr 2009 den Anteil der Einsätze für Livewetten mit knapp 75 % vom Gesamtumsatz in Höhe von 3,05 Mrd. EUR und einem Wachstum von 2008 auf 2009 von 7,1 % angibt (http://issuu.com/boerseexpress/docs/bwin_gb09_de, S. 22).

55   Die Ausnahmeregelung vom Livewettenverbot gilt aber nur für Wetten auf das **Endergebnis** (→ Rn. 22). Livewetten als Ereigniswetten (→ Rn. 24) verursachen neben dem erhöhten Suchtpotential (amtl. Begr. LT-Drs. Bay 16/11995, 18) eine erhebliche Manipulationsgefahr für die bewetteten Sportereignisse, sodass der Gesetzgeber in § 21 Abs. 4 S. 3 2. Hs. nochmals – ungeachtet der ohnehin bereits nach § 21 Abs. 1 nicht bestehenden Erlaubnisfähigkeit – ausdrücklich den Ausschluss der Ereigniswetten von der Ausnahmeregelung hervorhebt.

56   Auch die gem. § 21 Abs. 1 S. 1 ausdrücklich zugelassenen Wetten auf Abschnitte von Sportereignissen sind nach dem Wortlaut des § 21 Abs. 4 S. 3 als Livewetten nicht erlaubnisfähig. Dies ergibt sich bereits aus der Formulierung der Ausnahmevorschrift, die sich ausschließlich auf „Wetten auf das Endergebnis", nicht aber auf das Ergebnis von „Abschnitten von Sportereignissen" bezieht. Obwohl bereits diese Formulierung ausgereicht hätte, betont der Gesetzgeber den Ausschluss anderweitiger Anknüpfungspunkte in § 21 Abs. 4 S. 3 2. Hs., wenn er dort „einzelne Vorgänge während des Sportereignisses" von der Erlaubnisfähigkeit als Livewette ausnimmt.

57   **c) Europarechtskonformität des Live-Wetten Verbotes.** Das Livewettenverbot steht ungeachtet eventueller europarechtlicher Bedenken an dem staatlichen Glücksspielmonopol (→ Systematische Einführung Rn. 17) auch nicht im Widerspruch zum Unionsrecht. Dieses Verbot ist nämlich nicht monopolakzessorisch und behält ungeachtet des Schicksals der Monopolregelungen seine Wirksamkeit. In Bezug auf das uneingeschränkte Livewettenverbot des § 21 Abs. 2 S. 3 GlüStV 2008 hat das OLG München (Urt. v. 29.03.2012 - 29 U 4332/11) festgestellt, dass es sich hierbei um eine eigenständige Regelung handelt, die schon für sich allein zur Förderung der mit dem Glücksspielstaatsvertrag verfolgten Ziele geeignet sei. Denn die Möglichkeit, auf Sportereignisse zu wetten, während diese

im Fernsehen übertragen werden, laufe dem Ziel der Suchtbekämpfung entgegen und verstärke die mit dem Wetten verbundenen Risiken (mit Hinweis auf BVerfG NJW 2006, 1261 Rn. 153; BayLT-Drs. 15/8486, S. 19). Ergänzend betont das OLG München, das Verbot der Livewetten diene auch dem Zweck der Vermeidung von Spielmanipulationen und dem Schutz der Spieler vor betrügerischen Machenschaften.

Diese Grundsätze dürften ungeachtet der nunmehr nach § 21 Abs. 4 S. 3 beste-   **58** henden Möglichkeit fortgelten, behördlicherseits Ausnahmen vom Livewettenverbot zuzulassen. Die Ausnahmemöglichkeiten sind nämlich zum einen auf Endergebniswetten und damit auf wenige einzelne Wettmöglichkeiten begrenzt. Zum anderen bestehen gerade bei solchen Ergebniswetten – im Gegensatz zu Ereigniswetten – nur geringe Möglichkeiten der Manipulation des Sportereignisses.

7. § 21 Abs. 5: Besonderes Teilnahmeverbot

a) Adressaten. Das **Teilnahmeverbot** für gesperrte Spieler in § 21 Abs. 5 S. 1   **59** richtet sich an Veranstalter und Vermittler gleichermaßen. Auch das BVerfG hat hier unter Hinweis auf die Ergebnisse der Suchtforschung (Hayer/Meyer Suchtmagazin 2004, 33 (40)) Vorkehrungen wie etwa die Möglichkeit der **Selbstsperre** des Spielers verlangt. Geboten seien Maßnahmen zur Abwehr von Suchtgefahren, die über das bloße Bereithalten von Informationsmaterial hinausgehen (BVerfG NJW 2006, 1261 (1265 f.)).

b) Identitätskontrolle. § 21 Abs. 5 S. 2 bestimmt weiter, wie das Verbot in   **60** der Praxis durchzusetzen ist, nämlich durch **Kontrolle des Ausweises** oder vergleichbaren **Identitätskontrolle** und den **Abgleich mit der Sperrdatei**. Nur durch eine Kundenkarte kann nach Auffassung des Gesetzgebers ein Abgleich mit der Sperrdatei (→ § 23 Rn. 2) gewährleistet werden. Bereits unmittelbar nach der Entscheidung des BVerfG v. 28.3.2006 (ZfWG 2006, 16) haben die nach § 10 Abs. 2 mit der Aufgabe der Herstellung eines ausreichenden Glücksspielangebots betrauten Unternehmen daher mit der Einführung von **Kundenkarten** begonnen. In allen Ländern war bereits zum 1.1.2008 die Teilnahme an der Sportwette ODDSET - ebenso wie die Teilnahme an **TOTO** und **KENO** - nur unter Vorlage einer Kundenkarte möglich. Diese Kundenkarte erhält nur, wer sich mittels Personalausweis oder durch ein vergleichbares Legitimationspapier ausweisen und zugleich seine **Volljährigkeit** nachweisen kann. Nach Abgleich mit der Sperrdatei und entsprechendem Negativtest wird die Kundenkarte ausgestellt.

c) Gesperrte Spieler. Die Pflichten von Veranstalter und Vertreiber zur   **61** Durchsetzung des Teilnahmeverbots gem § 21 Abs. 5 S. 1 erschöpfen sich mit den in § 21 Abs. 5 S. 2 vorgesehenen Maßnahmen. Voraussetzung für die Verpflichtung von Veranstalter oder Vermittler, das Teilnahmebegehren von Seiten eines volljährigen Spielinteressenten abzulehnen, ist somit der vorgelagerte Eintrag in die Sperrdatei (§ 23). Nur gesperrte Spieler sind vom Spielbetrieb auszuschließen. Selbst die Kenntnis von der **Überschuldung** des Spielers oder seiner Eigenschaft als **Hartz-IV-Empfänger** verpflichtet Veranstalter oder Vermittler nicht dazu, eine Spielteilnahme der betreffenden Person abzulehnen (OLG Köln Magazindienst 2011, 1004 (1006)). Solange das Sperrverfahren gem. § 8 nicht abgeschlossen ist, kann ein Spielverbot nicht – auch nicht vorläufig – ausgesprochen werden (OLG Köln Magazindienst 2011, 1004 (1007)). Allerdings haben die Veranstalter sicherzustellen, dass den für eine Überschuldung der Wettinteressierten sprechenden Umständen nachgegangen wird und daraus im Falle ihrer Bestätigung die gebotenen Konsequenzen gezogen werden. (→ § 8 Rn. 16)

62   Die gewerblichen Spielvermittler (→ § 19 Rn. 7 ff.) dürfen hinter diese Maßnahmen nicht zurückfallen, sondern müssen in gleichem Umfang den Spieler- und Jugendschutz sicherstellen, um die Bemühungen der Veranstalter hinsichtlich dieser Schutzgüter nicht zu unterlaufen. Ein Verstoß gegen Abs. 5 ist in den meisten Ausführungsgesetzen der Länder als **Ordnungswidrigkeit** sanktioniert (so zB in Art. 13 Abs. 1 Nr. 6 AGGlüStV Bay; § 17 Abs. 1 Nr. 12 AG GlüStV Bln; § 21 Abs. 1 Nr. 12 GlüStVAG M-V, gleich mehrere Tatbestände in § 15 Abs. 1 Nr. 24-26 GlüStV-Saar; in § 25 NGlüSpG und § 19 GlüG LSA finden sich zudem **Straftatbestände**).

8. Besondere landesrechtliche Vorschriften

63   Verschiedene Landesgesetze sehen einen **Annahmeschluss** vor Beginn des Sportereignisses für solche Sportwetten vor, welche nicht gem. § 21 Abs. 4 S. 3 während des Spieles abgeschlossen werden dürfen (zB § 9 Abs. 2 LGlüG RhPf mit 5 Minuten).

64   Auch beschränken die Landesgesetze gem. § 10a Abs. 5 (→ § 10a Rn. 25) für die jeweiligen Bundesländer die Zahl der dort zugelassenen Annahme- und Wettvermittlungsstellen (so explizit § 9 Abs. 7 AG GlüStV Bln mit einer **Beschränkung** auf 200 Wettvermittlungsstellen; § 4 Abs. 5 BbgGlüAG mit der Beschränkung auf 18 mögliche Wettvermittlungsstellen pro Konzessionsnehmer; § 8 Abs. 1 S. 1 HmbGlüÄndStVAG mit einer Beschränkung auf 200 Wettvermittlungsstellen; bzw in Form einer Verordnungsermächtigung §§ 13 Abs. 6, 22 Abs. 1 Nr. 3 AG GlüÄndStV NRW).

65   Die Landesgesetze treffen zudem Regelungen über **Mindestabstände** zu Wettannahmestellen (zB § 5 Abs. 4 S. 2 Nr. 1 BremGlüG wonach zwischen Wettannahmestellen ein Mindestabstand von 250m einzuhalten ist; § 7 Abs. 3 LGlüG RhPf mit einem Mindestabstand von 500m zwischen Wettvermittlungsstelle und Einrichtungen, welche überwiegend von Jugendlichen besucht werden; § 6 Abs. 5 ThürGlüG versagt das Betreiben der Wettvermittlungsstelle in „unmittelbarer Nähe" zu Jugendeinrichtungen, Suchtberatungsstellen oder vergleichbaren sozialen Einrichtungen).

66   Die Verteilung der **Spieleinsätze** findet eine landesrechtliche Ausgestaltung zB in § 8 HGlüG und sehr ausführlich in den §§ 13 ff. NGlüSpG. In § 9 Abs. 1 Nr. 1 SächsGlüStVAG ist zudem eine Gewinnausschüttung von mind. 40% des Spieleinsatzes festgeschrieben, wobei dies nach § 9 Abs. 2 auch in Form einer Sonderauslosung geschehen kann.

67   § 8 GlüG LSA regelt die Bildung von **Rücklagen** der Wettunternehmen.

§ 22 Lotterien mit planmäßigem Jackpot

(1) **Die Höhe planmäßiger Jackpots ist zur Erreichung der Ziele des § 1 in der Erlaubnis zu begrenzen. Lotterien mit planmäßigem Jackpot dürfen nicht häufiger als zweimal pro Woche veranstaltet werden. Die Veranstaltung von Lotterien mit planmäßigem Jackpot ist auch in Kooperation mit anderen Lotterieveranstaltern grenzüberschreitend zulässig. Die Auswirkungen auf die Bevölkerung sind mit einer wissenschaftlichen Begleituntersuchung zu evaluieren.**

(2) **Gesperrte Spieler dürfen an Lotterien der in § 10 Abs. 2 genannten Veranstalter, die häufiger als zweimal pro Woche veranstaltet werden, nicht teilnehmen. Die Durchsetzung dieses Verbots ist durch Kontrolle des Ausweises oder eine vergleichbare Identitätskontrolle und Abgleich mit der Sperrdatei zu gewährleisten.**

Ausführungsgesetze: §§ 2 Abs. 5 S. 2, 14 LGlüG BW; Art. 2 Abs. 4 S. 2 AGGlüStV Bay; §§ 7 Abs. 3 AG GlüStV Bln; § 3 Abs. 3 S. 2 BbgGlüAG; §§ 8 Abs. 5 BremGlüG; §§ 9 Abs. 3, 13 Nr. 4 HmbGlüÄndStVAG; § 9 Abs. 2 S. 2 HGlüG; §§ 5 Abs. 4 S. 2 GlüStVAG M-V, § 4 Abs. 6, § 8 NGlüSpG; § 4 Abs. 3 S. 1 AG GlüÄndStV NRW; § 18 Nr. 5 GlüG LSA; § 3 Abs. 1 Nr. 5, § 11 Abs. 1 Nr. 12 GlüÄndStV AG SchlH-E; § 14 Abs. 1 Nr. 3 ThürGlüG.

Literatur: DeBoer, Jackpot size and lotto sales: Evidence from Ohio, 1986—1987, Journal of Gambling Studies, 6/1990, 345 ff.; Diegmann, Rechtliche und rechtspolitische Fragen zur Spielsucht, ZRP 2007, 126 ff.; Wiss. Forum Glücksspiel, Mess- und Bewertungsinstrumente zur Feststellung des Gefährdungspotentials von Glücksspielprodukten, ZfWG 2008, 1 ff.

I. Grundlagen

§ 22 ist eine Sonderregelung für Lotterien mit planmäßigem **Jackpot.** Anders **1** als die Vorgängernorm unterscheidet die Bestimmung nicht mehr zwischen Lotterien mit planmäßigem Jackpot einerseits und Lotterien, die in einer **Spielabfolge** von mehr als zwei Veranstaltungen pro Woche angeboten werden, andererseits. Die letztgenannte Spielart ist nun weiteres Definitionskriterium für eine Lotterie mit planmäßigem Jackpot. Da nur mehr eine bestimmte Lotterieart von § 22 erfasst wird, hat der Gesetzgeber auch die Überschrift entsprechend angepasst und spricht nicht länger von Lotterien mit besonderem Gefährdungspotential sondern von Lotterien mit planmäßigem Jackpot.

Zur Begründung der Neufassung heißt es in der Gesetzesbegründung, dass es **2** sich um eine Fortentwicklung der Vorschrift über die Lotterien mit besonderem Gefährdungspotential handelt. Ziel der Regelung sei in Abs. 1 S. 1 wie bisher auch, die Höhe der Gewinne dieser Lotterieformen im Sinne der Suchtprävention auf gesetzlicher Grundlage zu begrenzen. Diesem Ziel dient auch die weitere Begrenzung auf höchstens zwei Veranstaltungen pro Woche. Weiter heißt es in der Gesetzesbegründung, dass es die Norm ermöglichen solle, Lotterien wie **Eurojackpot,** die in Kooperation mit anderen nationalen Lotterien veranstaltet werden, grundsätzlich zu ermöglichen. Der Gesetzgeber betont, dass auch diese Form der grenzüberschreitenden Lotterien mit den Zielen des Staatsvertrages vereinbar seien, weil ein attraktives Angebot an Lotterien Verschiebungen zu Glücksspielen mit einem höheren Suchtgefährdungspotential vorzuziehen sei. Abs. 1 S. 4 stellt darüber hinaus klar, was in der Gesetzesbegründung noch einmal wiederholt wird, dass Voraussetzung für die Zulassung solch neuer Lotterien eine **wissenschaftliche Begleitstudie** zu den Auswirkungen auf die Bevölkerung nach den vom Fachbeirat empfohlenen Rahmenbedingungen sei. Abs. 2 bleibt durch die Neufassung der Norm unberührt.

Trotz des Wechsels in der Begrifflichkeit bleibt es dabei, dass die Norm die von **3** Suchtexperten bestätigte allgemeine Gefahreneinschätzung für das Lotteriespiel bestätigt, die allein für die Lotterien des Dritten Abschnitts herabgesetzt ist (hierzu Diegmann ZRP 2007, 126 (127 mwN); VG Düsseldorf NWVBl. 2007, 358

(360 f. mwN); → § 12 Rn. 4). In Anlehnung an die Ergebnisse der Suchtforschung werden hierbei die potentiell hohen **Gewinnsummen** eines Jackpots (hierzu auch § 13 Abs. 2 Nr. 1 lit. c; zum Verbot von Jackpots im Gewerberecht § 9 Abs. 2 SpielVO) als besonders gefahrenträchtig eingestuft (hierzu etwa DeBoer Journal of Gambling Studies, 6/1990, 345; zusammenfassend Wiss. Forum Glücksspiel ZfWG 2008, 1; aus der Rspr. auch LG Hannover ZfWG 2007, 146) und wird diesem Gefahrmoment ein Verbot der raschen Spielfolge zur Seite gestellt (hierzu § 13 Abs. 2 Nr. 1 lit. a). Zugleich bekräftigt die Bestimmung auch in ihrer geänderten Fassung, dass Lotterien mit planmäßigem Jackpot, sofern sie an den Zielen des § 1 ausgerichtet werden und sowohl in ihrer Frequenz als auch bezüglich der **Jackpothöhe** begrenzt sind, innerhalb eines **Präventionskonzeptes** ihren legitimen Platz haben. Die Bereitstellung von Jackpot-Lotterien bleibt damit eine wesentliche Voraussetzung für die auch in einem Präventionskonzept unabdingbare Kanalisierung des Spieltriebes der Bevölkerung (→ § 1 Rn. 12 f.).

II. Einzelkommentierung

1. Abs. 1

4   Abs. 1 S. 1 ordnet unverändert und obligatorisch die Beschränkung der Gewinnhöhe planmäßiger Jackpots an. Hierdurch werden ein übermäßiges Anwachsen der Jackpots und damit eine zu große **Anlockwirkung** verhindert.

5   **a) Jackpot.** Der Begriff Jackpot leitet sich aus dem Pokerspiel ab (jack: Bube, pot: Topf). Nach der etwas versteckten Legaldefinition des Begriffs in § 13 Abs. 2 Nr. 1 lit. c liegt ein planmäßiger Jackpot dort vor, wo „Teile des vom Spieler zu entrichtenden Entgeltes zu dem Zweck angesammelt werden, Gewinne für künftige Ziehungen zu schaffen".

6   **b) Beschränkung der Jackpot-Höhe.** Eine Begrenzung des Jackpots existierte bereits nach früherem Recht für die Lotterie LOTTO 6aus49. Die Gewinnsumme war auf die nächst niedrigere Gewinnklasse zu übertragen, falls in 14 aufeinander folgenden Ziehungen kein Gewinner in der ersten Klasse ermittelt werden konnte. Für die Lotterie Eurojackpot gilt eine entsprechende Begrenzung, allerdings bereits ab 12 Ziehungen. Abs. 1 S. 1 schafft eine formalgesetzliche Grundlage für derartige Begrenzungen und ordnet diese obligatorisch an. Die inhaltlichen Maßstäbe für die Beschränkung ergeben sich aus den Zielvorgaben des § 1 und sind im Rahmen einer „nachvollziehenden Abwägung" durch die Erlaubnisbehörden zu konkretisieren (→ § 1 Rn. 19). Die administrative Konkretisierung der normativen Vorgaben im Rahmen des Erlaubnisverfahrens ist daher verfassungsrechtlich nicht zu beanstanden. Neben der Beschränkung der Höchstgewinne sollen dabei auch Regelungen denkbar sein, die Spieler bei größeren Einsätzen (Systemspiel) sperren (Erl. zum GlüStV 2008, S. 27).

7   **c) Beschränkung der Zahl der Ziehungen.** Abs. 1 S. 2 beschränkt die Zahl der zulässigen Ziehungen und damit die Zahl der Veranstaltungen auf zwei pro Woche. Die Beschränkung der Zahl der Ziehungen ist das Korrektiv für die Bildung planmäßiger Jackpots. Der Gesetzgeber geht hier zu Recht weiter davon aus, dass Glücksspielangebote mit hoher Ereignisfrequenz regelmäßig ein höheres Spielsuchtpotential aufweisen als die „langsameren" Glücksspielvarianten (so auch Gebhardt/Postel in Gebhardt/Grüsser-Sinopoli (Hrsg.) § 21 Rn. 9; DHO Rn. 380 ff.).

d) Länderübergreifende Abstimmung. Abs. 1 S. 3 stellt klar, dass die Veran- **8** staltung von Lotterien mit planmäßigem Jackpot auch in Kooperation mit anderen Lotterieveranstaltern grenzüberschreitend zulässig ist. Damit reagiert die Bestimmung auf den Umstand, dass die Gewinnsummen regelmäßig im Rahmen eines länderübergreifenden Zusammenwirkens der Anbieter nach § 10 Abs. 2 zusammenkommen („Pooling") und daher konsequenterweise Bundesländer übergreifend und auch Staaten übergreifend veranstaltet werden.

2. Abs. 2

a) Erfasste Lotterien. Abs. 2 erstreckt das Sperrsystem der §§ 8, 23 auf Lotte- **9** rien der in § 10 Abs. 2 genannten Veranstalter, die häufiger als zweimal pro Woche veranstaltet werden. Erfasst werden insb. tägliche Lotterien wie **KENO** sowie Minuten-Lotterien wie **Quicky**, denen vom Gesetzgeber ein der Veranstaltung von Spielbanken und Sportwetten vergleichbares Gefahrenniveau beigemessen wird (Erl. zum GlüStV 2008, S. 27), die aber nicht von Abs. 1 erfasst werden. Von Abs. 2 nicht erfasst werden die **Klassenlotterien;** dies auch dann nicht, wenn an jedem Tag eine Ziehung stattfindet. Da das Mitspiel auf eine mehrmonatige Veranstaltungsdauer bezogen ist und grundsätzlich nur zu bestimmten Zeiten im Jahr eine Spielteilnahme begonnen werden kann (→ § 3 Rn. 11), handelt es sich nicht um eine tägliche Veranstaltung iSd Norm. Ebenfalls nicht erfasst werden **Losbrief- und Rubbelloslotterien,** deren Veranstaltung sich auf eine über mehrere Wochen zu veräußernde Los-Serie bezieht (Erl. zum GlüStV 2008, S. 27).

b) Teilnahmeverbot. Hinsichtlich der von Satz 1 erfassten Lotterien ordnet **10** Abs. 2 S. 2 ein Teilnahmeverbot für gesperrte Spieler an. Das Verbot bezieht sich nicht auf Jackpot-Lotterien nach Abs. 1 und macht deutlich, dass der Gesetzgeber die Jackpot-Lotterien mit beschränkter Anzahl der Ziehungen im Vergleich zu anderen Lotterieveranstaltungen als weniger gefährlich einstuft (VG Düsseldorf Urt. v. 15.11.2011 – 27 K 6714/08). Die Durchsetzung des Verbotes ist durch Ausweiskontrolle oder eine vergleichbare Identitätskontrolle und Abgleich mit der Sperrdatei zu gewährleisten (→ § 20 Rn. 7). Die Frage der „Vergleichbarkeit" alternativer Identitätskontrollen, die keine „Gleichwertigkeit" voraussetzt, ist mit Blick auf die Eigenheiten des Spiels zu entscheiden und kann insoweit von den Anforderungen etwa im Spielbankensektor (→ § 20 Rn. 6 ff.) abweichen. So werden bei Lotterien nach Abs. 2 – vorbehaltlich ausführungsgesetzlicher Sonderregelungen – etwa auch Kundenkarten ohne Lichtbild, die nach Personenüberprüfung mit Altersverifikation erstellt wurden, eine hinreichende Durchsetzung des Verbotes gewährleisten. Denn da etwaige Gewinne notwendig an den Inhaber der jeweiligen Kundenkarte ausgezahlt werden, wird man davon ausgehen können, dass ein Interesse gesperrter Spieler an einem etwaigen Missbrauch derartiger Karten regelmäßig nicht besteht.

Sechster Abschnitt. Datenschutz

§ 23 Sperrdatei, Datenverarbeitung

(1) Mit der Sperrdatei, die zentral von der zuständigen Behörde des Landes Hessen geführt wird, werden die für eine Sperrung erforderlichen Daten verarbeitet und genutzt. Es dürfen folgende Daten gespeichert werden:

1. Familiennamen, Vornamen, Geburtsnamen,
2. Aliasnamen, verwendete Falschnamen,
3. Geburtsdatum,
4. Geburtsort,
5. Anschrift,
6. Lichtbilder,
7. Grund der Sperre,
8. Dauer der Sperre und
9. meldende Stelle.

Daneben dürfen die Dokumente, die zur Sperrung geführt haben, gespeichert werden.

(2) Die gespeicherten Daten sind im erforderlichen Umfang an die Stellen zu übermitteln, die Spielverbote zu überwachen haben. Die Datenübermittlung kann auch durch automatisierte Abrufverfahren erfolgen.

(3) Datenübermittlungen an öffentliche Stellen, insbesondere an Strafverfolgungsbehörden und Gerichte, sind nach den gesetzlichen Vorschriften zulässig.

(4) Erteilte Auskünfte und Zugriffe im elektronischen System sind zu protokollieren.

(5) Die Daten sind sechs Jahre nach Ablauf der Sperre zu löschen. Es ist zulässig, die Löschung am Ende des sechsten Jahres vorzunehmen.

(6) Soweit in diesem Staatsvertrag nichts anderes bestimmt ist, sind die jeweiligen Vorschriften für den Schutz personenbezogener Daten anzuwenden, auch wenn die Daten nicht in Dateien verarbeitet oder genutzt werden.

Ausführungsgesetze: § 5, § 6, § 25, § 45 LGlüG BW-E; Art. 6, Art. 8 Nr. 2, Art. 14 AGGlüStV Bay; § 3, § 4, § 19 Abs. 1 Nr. 2 AG GlüStV Bln; § 9, § 17 BbgGlüAG; § 8, § 17 BremGlüG; § 10 Abs. 2, § 12, § 13 S. 2, § 16 Nr. 5, HmbGlüStV AG; § 5, § 5a, § 21 HGlüG; § 17, § 18, § 22 Abs. 2, Abs. 3 GlüStV AG M-V; § 9, § 24 S. 1 Nr. 6, § 27 NGlüSpG; § 12, § 21 Abs. 3, § 22 Abs. 1 Nr. 4 AG GlüÄndStV NRW-E; § 3, § 17 Abs. 1 LGlüG RhPf; § 8, § 14 Abs. 9 Nr. 5 AG GlüStV-Saar; § 11, § 19a SächsGlüStVAG; § 14, § 18 Nr. 1 GlüG LSA; § 7, § 10 Nr. 2 GlüÄndStV AG SchlH-E; § 7 Abs. 5, § 12 Abs. 2, § 14 Abs. 1 Nr. 2 ThürGlüG.

Literatur: Pohl, Sperrsysteme zur Spielsuchtprävention, Universität Hohenheim, 2007.

I. Grundlagen

1   Im Rahmen der Anhörung zum GlüStV 2008 haben die im Gesetzgebungsverfahren beteiligten Datenschutzbeauftragten angeregt, die Datenverarbeitung

gesperrter Spieler gesetzlich zu normieren (Nagel Voraufl. § 23 Rn. 1). Diesem Anliegen trägt § 23 Rechnung, der die Regelungen des Bundesdatenschutzgesetzes bzw. der Datenschutzgesetze der Länder ergänzt (Nagel Voraufl. § 23 Rn. 1). Die Norm regelt in Abs. 1 die Aufgabe der Sperrdatei, die Stelle, welche die Sperrdatei zu führen hat, und welche persönlichen Daten der gesperrten Person gespeichert werden dürfen. § 23 Abs. 2 bildet die gesetzliche Grundlage für die Übermittlung der Daten an die erforderliche Stellen bzw. deren Zugriff auf die Sperrdatei. In Abs. 3 finden sich Vorschriften zur Datenübermittlung an öffentliche Stellen. § 23 Abs. 4 normiert eine Protokollpflicht. Gegenstand von Abs. 5 ist die Dauer der Aufbewahrung der Daten. Abs. 6 enthält eine Öffnungsklausel für die außerhalb des Staatsvertrags normierten Vorschriften für den Schutz personenbezogener Daten. § 23 entspricht weitestgehend der Vorgängervorschrift des § 23 GlüStV 2008. Die Erwägungen des Gesetzgebers, die bisherige Rechtsprechung und die in der Literatur vertretenen Ansichten zu § 23 GlüStV 2008 gelten daher auch für § 23.

II. Einzelkommentierung

1. § 23 Abs. 1 Sperrdatei

Nach § 23 Abs. 1 S. 1 werden mit der Sperrdatei die für eine Sperrung erforder- **2** lichen Daten verarbeitet und genutzt. Damit definiert die Vorschrift die Aufgabe der Sperrdatei, nämlich die Verarbeitung und Nutzung der erforderlichen personenbezogenen Daten der zu sperrenden Person für die in § 8 geregelte Spielersperre. Die Errichtung der Sperrdatei gewährleistet die Durchsetzung der gesetzlichen Teilnahmeverbote gesperrter Spieler, die danach am Spielbetrieb in Spielbanken (§ 20 Abs. 2 S. 1), an Sportwetten (§ 21 Abs. 5 S. 1), an Lotterien, die häufiger als zweimal pro Woche veranstaltet werden (§ 22 Abs. 2 S. 1), sowie an Pferdewetten zu festen Gewinnquoten (§ 27 Abs. 3 iVm § 21 Abs. 5) nicht teilnehmen dürfen. Die Durchsetzung dieser Verbote muss nämlich durch eine Identitätskontrolle zum Zeitpunkt der Spielteilnahme und einen Abgleich mit den Daten der Sperrdatei erfolgen, wie dies die gesetzlichen Teilnahmeverbote ausdrücklich vorschreiben.

Im Verhältnis zu der Vorgängervorschrift hat § 23 S. 1 eine maßgebliche Erwei- **3** terung erfahren. Die Norm regelt weitergehend, dass die Sperrdatei zentral von der zuständigen Behörde des Landes Hessen geführt wird. Diese Aufgabe oblag bislang den Spielbanken und den staatlichen oder staatlich beherrschten Veranstaltern iSd § 10 Abs. 2 GlüStV. Führten bislang also auch privatrechtlich organisierte Personen eine Sperrdatei, so soll künftig eine Ordnungsbehörde die Sperrdatei verwalten. Darüber hinaus ist nunmehr die Sperrdatei zentral zu führen (zum Unterschied zwischen einem dezentralen und einem zentralen Sperrsystem vgl. Pohl, Sperrsysteme zur Spielsuchtprävention, 2 ff.). Diese strukturelle Änderung ist deswegen sinnvoll, weil mittlerweile neben den Veranstaltern nach § 10 Abs. 2 und den Spielbanken auch weitere Veranstalter sowie Vermittler öffentlicher Glücksspiele verpflichtet sind, am Sperrsystem teilzunehmen (amtl. Begr. LT-Drs. Bay 16/11995, 27).

Welche Behörde des Landes Hessen für die Führung der Sperrdatei zuständig **4** ist, regelt § 5a HGlüG. Nach § 5a S. 1 HGlüG wird die Behörde durch die für das Glücksspielwesen in Hessen zuständigen Minister im Einvernehmen mit dem

Finanzminister durch Rechtsverordnung bestimmt. Gemäß § 5a S. 2 HGlüG kann der zuständigen Behörde in der Rechtsverordnung gestattet werden, dritte Personen mit dem Betrieb des Sperrsystems zu beauftragen. Diese Übertragungskompetenz ist durchaus kritisch zu bewerten. Sie ermöglicht letztlich, dass auch eine privatrechtlich organisierte Person das Sperrsystem betreibt. Damit würde die Intention des Gesetzgebers bei der Neuregelung des § 23 Abs. 1 S. 1 umgangen, der gerade eine staatliche Stelle mit der Führung der Sperrdatei betrauen wollte, um hierdurch die ordnungsrechtliche Verantwortung der Länder für einen aktiven Spielerschutz zu betonen (amtl. Begr. LT-Drs. Bay 16/11995, 27). Nach § 29 Abs. 3 S. 1 übernimmt die zuständige Behörde des Landes Hessen die Führung der Sperrdatei spätestens zum 1.7.2013. Wie bis dahin zu verfahren ist, regeln die weiteren Übergangsvorschriften des § 29 Abs. 3 und die Ausführungsgesetze der Länder (vgl. zB § 17 BremGlüG).

5   In § 23 Abs. 1 S. 2 ist im Einzelnen definiert, welche Daten der zu sperrenden Person für eine Sperre gespeichert werden dürfen. Satz 3 erlaubt daneben auch die Speicherung derjenigen Dokumente, die zur Sperrung geführt haben. § 23 Abs. 1 S. 2 und S. 3 sind abschließend hinsichtlich der Daten, die gespeichert werden dürfen. Die Eintragung der Daten in die Sperrdatei bewirkt die Spielersperre. Sie erfolgt nach § 8 Abs. 4 durch die an der Mitwirkung des übergreifenden Sperrsystems verpflichteten Veranstalter, also die Spielbanken und die Veranstalter von Sportwetten und Lotterien mit besonderem Gefährdungspotential. Diese Möglichkeit besteht grundsätzlich auch für Spielersperren, die von deutschen Spielbanken und von Spielbanken in einem anderen Mitgliedstaat der Europäischen Union oder in einem anderen Vertragsstaat des Abkommens über den Europäischen Wirtschaftsraum sowie der Schweiz übermittelt werden. Umgekehrt können aus der Sperrdatei iSd Abs. 4 iVm § 23 Abs. 1 S. 1 die in §§ 8, 23 Abs. 1 aufgeführten **Sperrdaten** an andere deutsche Spielbanken und an Spielbanken in einem anderen Mitgliedstaat der Europäischen Union oder in einem anderen Vertragsstaat des Abkommens über den Europäischen Wirtschaftsraum sowie der Schweiz übermittelt werden, falls die dafür erforderlichen rechtlichen Voraussetzungen vorliegen und Gegenseitigkeit gewährleistet ist.

2. § 23 Abs. 2 Datenübermittlung an Veranstalter / Vermittler

6   Die Vorschrift bestimmt, dass und an welche Stellen die nach Abs. 1 gespeicherten Daten übermittelt werden dürfen und müssen, nämlich an diejenigen Stellen, die Spielverbote zu überwachen haben. § 23 Abs. 2 bildet damit die erforderliche rechtliche Grundlage zur Überwachung und Realisierung der gesetzlichen Spielverbote. Durch § 23 Abs. 2 ist sichergestellt, dass die zur Überwachung der gesetzlichen Spielverbote verpflichteten Stellen, über die für diese Aufgabe erforderlichen Daten verfügen.

7   Die Norm nimmt Bezug auf § 8 und auf die nach dieser Regelung zur Mitwirkung an dem übergreifenden Sperrsystem verpflichteten Veranstalter und Vermittler. Dies sind nach § 8 Abs. 2 Spielbanken und Veranstalter von Sportwetten und Lotterien mit besonderem Gefährdungspotential sowie nach § 8 Abs. 6 die Vermittler von öffentlichen Glücksspielen. Des Weiteren zählen zu diesem Kreis die Veranstalter von Pferdewetten zu Festquoten, weil auch die Teilnahme gesperrter Spieler an dieser Art von Pferdewetten verboten ist (§ 27 Abs. 3 iVm § 21 Abs. 5). Die Daten gesperrter Spieler dürfen durch diese Stellen nur für die Kontrolle der Spielersperre verwendet werden (vgl. etwa § 8 Abs. 3 S. 1 BremGlüG).

3. § 23 Abs. 3 Datenübermittlung an öffentliche Stellen

Die Norm bestimmt, dass die Datenübermittlung an **öffentliche Stellen**, ins- **8** besondere an Strafverfolgungsbehörden und Gerichte, nach den gesetzlichen Vorschriften zulässig ist. Die Regelung stellt damit ausdrücklich klar, dass eine Verwendung der Daten nach Abs. 1 nicht ausschließlich zum Zweck der Sperre erfolgen darf, sondern dass die durch § 23 Abs. 3 legitimierten Stellen, die Daten zu deren Zwecken nutzen dürfen. Wer neben den in § 23 Abs. 3 ausdrücklich genannten Einrichtungen öffentliche Stelle ist, folgt aus § 2 BDSG.

4. § 23 Abs. 4 Protokollpflicht

Nach § 23 Abs. 4 sind erteilte Auskünfte und Zugriffe im elektronischen System **9** zu protokollieren. Die Vorschrift normiert damit eine **Protokollpflicht** der die Sperrdatei führenden Behörde.

5. § 23 Abs. 5 Löschung der Daten

§ 23 Abs. 5 S. 1 legt fest, dass die gespeicherten Daten sechs Jahre nach Ablauf **10** der Sperre zu löschen sind. Nach Satz 2 ist es zulässig, die Löschung am Ende des sechsten Jahres vorzunehmen. Ergänzend gilt § 20 Abs. 3 BDSG (Nagel Voraufl. § 23 Rn. 6). Danach tritt an die Stelle der **Löschung** die **Sperrung der Daten**, soweit der Löschung gesetzliche Aufbewahrungsfristen entgegenstehen oder Grund zu der Annahme besteht, dass durch eine Löschung schutzwürdige Interessen des Betroffenen beeinträchtigt würden.

6. § 23 Abs. 6 Anwendbarkeit anderer Datenschutzregelungen

§ 23 Abs. 6 enthält eine Öffnungsklausel für andere Datenschutzregelungen. **11** Die mit Daten nach Abs. 1 befassten Stellen haben danach, soweit dieser Staatsvertrag nichts anderes bestimmt, die jeweiligen Vorschriften für den Schutz personenbezogener Daten anzuwenden. Dies sind neben dem BDSG und den Datenschutzgesetzen der einzelnen Länder vor allen Dingen die spezifischen datenschutzrechtlichen Bestimmungen der jeweiligen Ausführungsgesetze (vgl. zB Art. 6 Abs. 1 S. 3 AGGlüStV Bay).

Siebter Abschnitt. Spielhallen

§ 24 Erlaubnisse

(1) **Unbeschadet sonstiger Genehmigungserfordernisse bedürfen die Errichtung und der Betrieb einer Spielhalle einer Erlaubnis nach diesem Staatsvertrag.**

(2) **Die Erlaubnis ist zu versagen, wenn die Errichtung und der Betrieb einer Spielhalle den Zielen des § 1 zuwiderlaufen. Sie ist schriftlich zu erteilen und zu befristen. Die Erlaubnis kann, auch nachträglich, mit Nebenbestimmungen versehen werden.**

(3) **Das Nähere regeln die Ausführungsbestimmungen der Länder.**

Ausführungs- und Spielhallengesetze: Art. 9 ff. AGGlüStV Bay; § 15 AG GlüStV Bln; §§ 1 ff. SpielhG Bln; § 1 ff; §§ 1 ff. BbG; BremSpielhG; § 1 Abs. 3 AG Hamburg nimmt Spielhallen ausdrücklich von der Geltung aus, HmbSpielhG-E, §§ 1 ff. HSpielhG; § 11 GlüSt-VAG M-V; § 10 NGlüSpG; §§ 16 f. AG GlüStV NRW; § 11 LGlüG RhPf; § 4 Abs. 1 S. 2 AG GlüStV-Saar; § 1 ff. SaarSpielhG; § 18a SächsGlüStVAG; §§ 1 ff. SpielhG LSA; §§ 1 ff. SpielhG SchlH; §§ 1 ff. ThürSpielhG

Literatur: Bühringer et al., Institut für Therapieforschung, Untersuchung zur Evaluierung der Fünften Novelle der Spielverordnung vom 17.12.2005 – Abschlussbericht v. 9.9.2010; Dietlein, Die Gesetzgebungszuständigkeit der Länder für das Spielhallenwesen, ZfWG 2008, 12 ff., 77 ff.; Ennuschat/Brugger, Gesetzgebungskompetenzen im Spielhallenrecht nach der Föderalismusreform, ZfWG 2006, 292 f.; Guckelberger, Die verschiedenen, insbesondere baurechtlichen Instrumente zur Steuerung des Spielhallenangebots, GewArch 2011, 177 ff.; Hecker, Glücksspielrecht und Grundfreiheiten, DVBl 2011, 1130 ff.; Hufen, Die Einschränkung des gewerblichen Geld-Gewinnspiels, Baden-Baden 2012; Jacob, Die bauplanungsrechtliche Zulässigkeit von Spielhallen und Wettbüros – Systematik und aktuelle Regelungsansätze städtebaulicher Innenentwicklung, ZfWG 2012, 153 ff.; Meyer, Glücksspiel – Zahlen und Fakten, in Jahrbuch Sucht 2012, Hrsg. Deutsche Hauptstelle für Suchtfragen e.V. 125 ff.; Odenthal in: Gebhardt/Grüsser-Sinopoli Hrsg., Glücksspiel in Deutschland, 2008, 399 ff.; Pagenkopf, Der neue Glücksspielstaatsvertrag – Neue Ufer, alte Gewässe, NJW 2012, 2918 ff; Pieroth, Das Berliner Spielhallengesetz und die Kompetenzordnung des Grundgesetzes, GewArch 2012, 1 ff.; Reekmann, Gewerbliches Automatenspiel am Scheideweg, ZfWG 2010, 229 ff.; Reekmann, Die Spielhallengesetzgebung der Länder – Chaos oder Gleichklang?, ZfWG 2012, 255 ff; Schneider, Zur Verfassungsmäßigkeit der Übergangsregelungen im neuen Spielhallenrecht der Länder, GewArch 2011, 457 ff.; Schneider, Das Recht der Spielhallen nach der Föderalismusreform, GewArch 2009, 265 ff., 343 ff.; Schönleiter, Föderalismusreform und Gewerberecht, GewArch 2005, 371; Stüer, Der Spielhallen-Boom: Planerische Steuerung von Vergnügungsstätten, ZfWG 2010, 386 ff.; Wild, Die Spielhallengesetze der Länder Berlin und Freie Hansestadt Bremen, ZfWG 2011, 385 ff.; Wild, Strengere Regulierung des gewerblichen Automatenspiels in Spielhallen und Gaststätten durch den neuen Glücksspielstaatsvertrag seit 1. Juli 2012, ZfWG 2012, 247 ff.; Wohlfahrt, Der Beginn einer Länderoffensive gegen ungebremstes Wachstum von Spielhallen, LKRZ 2012, 81 ff.

Übersicht

I. Allgemeines

1. Entstehungsgeschichte

Das Glücksspielrecht in der föderalistisch strukturierten Bundesrepublik leidet **1** unter einer historisch entwickelten Aufspaltung der Gesetzgebungskompetenzen (s. hierzu ausführlich: Odenthal in Gebhardt/Grüsser-Sinopoli Hrsg., 399 (400 ff.)). Bis zum Inkrafttreten der **Föderalismusreform** am 1.9.2006 unterlag das Recht der Spielhallen als Teil des Wirtschaftsrechts der konkurrierenden Gesetzgebung. Der Bund hatte insoweit von seiner Gesetzgebungskompetenz Gebrauch gemacht und das Recht der Spielhallen in §§ 33c ff. GewO geregelt. Mit der Föderalismusreform wurde sodann das „Recht der Spielhallen" aus dem Katalog der Gegenstände der konkurrierenden Gesetzgebung in Art. 74 Abs. 1 Nr. 11 GG herausgenommen. Somit steht nunmehr diese Regelungskompetenz den Ländern zu. Bis zur Inanspruchnahme einer entsprechenden Gesetzgebung durch die Länder, die mit dem 7. Abschnitt dieses Gesetzes zumindest teilweise erfolgt ist, gelten allerdings gem. § 125a Abs. 1 S. 2 GG die bisherigen spielhallenrechtlichen Vorschriften fort.

Bemerkenswert ist, mit welcher Zögerlichkeit die Länder in der Folgezeit mit **2** diesen ihnen neu eingeräumten **Kompetenzen** umgegangen sind. Bereits in dem Sportwettenurteil des BVerfG (ZfWG 2006, 16 (26 Rn. 100)) merkt der Senat an, dass nach derzeitigem Erkenntnisstand bei weitem die meisten problematischen Spieler an den nach der Gewerbeordnung betriebenen Automaten spielen. Somit hätte es nahe gelegen, dass die Länder im Rahmen ihrer neu gewonnenen Gesetzgebungskompetenz auch diesen Glücksspielbereich in den nach dem Sportwettenurteil des BVerfG bis zum 31.12.2007 abzuschließenden GlüStV 2008 regulatorisch aufnehmen. Dies ist aber angesichts einer offensichtlichen Unsicherheit über den Umfang der den Ländern übertragenen Regelungskompetenzen unterblieben. Daher verzichteten die Länder im GlüStV 2008 auf jegliche regulatorische Einflussnahme auf die Entwicklung in den Spielhallen und begründeten dies in den Amtl. Erläuterungen (A II Nr. 3 S. 8) mit dem Hinweis, es könnten im Staatsvertrag „keine Anforderungen an das gewerbliche Spiel aufgenommen werden", denn die Länder seien an „einer Regelung durch die abschließende Normierung des Bundes in der Gewerbeordnung und der Spielverordnung gehindert; die mit der Föderalismusreform übertragene Zuständigkeit für die Spielhallen umfasst nur die (räumlich radizierte) Spielhallenerlaubnis in § 33i GewO, nicht dagegen das gewerbliche Spielrecht der §§ 33c bis g GewO". Danach hätte es zwar nahe gelegen, unter Inanspruchnahme der nach ihrer Ansicht verbliebenen Gesetzgebungskompetenzen in Bezug auf die räumliche Ausgestaltung der Spielhallen entsprechende Regelungen einzuführen, was aber ebenfalls unterblieben ist. Vielmehr haben die Länder in der Begründung zum GlüStV 2008 eine ebenso unverbindliche wie fruchtlose Mahnung an den Bund adressiert, dass er "aus den Feststellungen im Urteil des Bundesverfassungsgerichts vom 28. März 2006 für das gewerbliche Spiel in Spielhallen und Gaststätten die Konsequenzen zieht und in gleicher Weise wie der vorliegende Staatsvertrag die notwendigen Bedingungen zum Schutz der Spieler und zur Vermeidung und Bekämpfung der Spielsucht sicherstellt".

3   Die Unsicherheit der Länder über den Umfang ihrer Regelungsmöglichkeiten aus dem Verfassungstitel des „Rechts der Spielhallen" ist angesichts der bis heute andauernden Diskussionen nachvollziehbar. So vertrat Schönleiter schon vor dem Inkrafttreten der Föderalismusreform die marginalisierende Theorie, man könne „unter dem „Recht der Spielhallen" nur die Möglichkeit verstehen [...], dass die Länder im Rahmen des derzeitigen § 33i GewO Gestaltungen für die Spielhalle selber regeln dürfen" (GewArch 2005, 371). Andere Regelungsbereiche, insbesondere „wo und in welchem Umfang Geldspielgeräte aufgestellt werden dürfen", also eine Verminderung der gem. § 3 SpielV höchstzulässigen Zahl von 12 Spielgeräten, seien der Kompetenz der Länder nicht zugänglich (so auch Hufen, S. 28).

4   Wollte man dieser Ansicht folgen, verbliebe den Ländern aus § 33i GewO tatsächlich nur die ihnen auch vor der Föderalismusreform obliegende ordnungsrechtliche Kompetenz, Erlaubnisse zum Betrieb einer Spielhalle zu befristen oder mit Auflagen zu versehen, „soweit dies zum Schutze der Allgemeinheit, der Gäste oder der Bewohner des Betriebsgrundstücks oder der Nachbargrundstücke vor Gefahren, erheblichen Nachteilen oder erheblichen Belästigungen erforderlich ist" (so § 33i Abs. 1 S. 1 GewO). In der schriftlichen Antwort des Bundesministers für Wirtschaft und Technologie auf eine Abgeordnetenanfrage in Bezug auf den Umfang der Gesetzgebungskompetenz der Länder für das Spielhallenwesen (Plenarprotokoll des Deutschen Bundestages 17/104 v. 13.4.2011, S. 11922; http://dip21.bundestag.de/dip21/btp/17/17104.pdf) heißt es: "Aus Sicht der Bundesregierung umfasst diese Gesetzgebungskompetenz alle Maßnahmen mit örtlichem Regelungsbezug und damit die gesamte bauliche und situative Ausgestaltung der Spielhallen. [...] Dem Bund verbleibt die Gesetzgebungskompetenz für gerätebezogene Regelungen". Aus dieser Stellungnahme der Bundesregierung, die allerdings ebenso wie jede andere Auslegung keinerlei Regelungsverbindlichkeit in Bezug auf den verfassungsrechtlich zu Gunsten der Länder eröffneten Kompetenzbereich besitzt, lässt sich entnehmen, dass nach dortiger Ansicht alle nicht gerätebezogenen Regelungsbereiche der Landeskompetenz unterliegen.

5   In Übereinstimmung damit konzedieren Ennuschat (ZfWG 2006, 292 (293)) und Wohlfahrt (LKRZ 2012, 81 (83)) den Ländern eine Regelungskompetenz im Bereich der Spielhallenerlaubnis nach § 33i und der darauf bezogenen Vorschriften der § 3 Abs. 2 SpielV und § 6 Abs. 4 S. 2 SpielV, sodass es den Ländern obliegt, die **Anzahl** der in einer Spielhalle zugelassenen Automaten (aA Pieroth GewArch 2012, 1 (4 f.); vgl. ausführlich Schneider GewArch 2009, 265 ff., 343 ff.) und Regelungen zum **Sichtschutz, Mindestabstand** etc. sowie Regelungen über die Anbringung der **Warnhinweise** vorzunehmen. Auch das Recht zur Schaffung eigener **Ordnungswidrigkeitentatbestände** gem. § 144 GewO geht auf die Länder über, soweit sie von ihrer Gesetzgebungskompetenz Gebrauch machen. Wesentlich weiter geht der Ansatz von Dietlein (ZfWG 2008, 12 (19)), der dem Landesgesetzgeber einen umfassenden **Handlungs- und Gestaltungsspielraum** zur Regulierung des Spielhallenwesens zubilligt. Diesen leitet er aus der Überlegung ab, dass die Kompetenznorm des Art. 74 Abs. 1 Nr. 11 GG einen autonomen Sach- und Lebensbereich beschreibt, der über den in § 33i GewO

konturierten Rechtsbegriff der „Spielhalle" hinausgeht (ZfWG 2008, 12 (16)).
Damit umfasst die Regelungskompetenz der Länder eine Ablösung nicht nur der
Inhalte des § 33i GewO, sondern sämtlicher spielhallenbezogenen Regelungen
der GewO und der SpielV (ZfWG 2008, 12 (19)).

In seinen auf die Rechtslage in Deutschland fokussierenden Urteilen vom **6**
8.9.2010 (iS EuGH C-316/07 – Markus Stoß ua, ZfWG 2010, 332; C-46/08 –
Carmen Media, ZfWG 2010, 344) hat der EuGH die Anforderungen an eine
systematische und kohärente Begrenzung von Glücksspielen konkretisiert.
In diesem Zusammenhang hat er deutlich gemacht, dass divergierende rechtliche
Regelungen in Bezug auf unterschiedliche Glücksspielarten, bei denen einzelne
einem staatlichen Monopol unterworfen, andere der gewerblichen Bewirtschaftung geöffnet sind, nicht dazu führen, dass die restriktiven Regelungen in Bezug
auf einzelne Glücksspiele ihre europarechtliche Rechtfertigung verlieren (EuGH
C-316/07 – Markus Stoß ua, ZfWG 2010, 332 Rn. 96). Erst – aber auch immer
– dann, wenn die Politik in Bezug auf die gewerblich bewirtschafteten Glücksspiele
eher darauf abzielt, zur Teilnahme an diesen Spielen zu ermuntern und diese
Politik zur Folge hat, dass das der Errichtung des Monopols zugrunde liegende
Ziel, Anreize zu übermäßigen Ausgaben für das Spielen zu vermeiden und die
Spielsucht zu bekämpfen, mit ihm nicht mehr wirksam verfolgt werden kann,
kann das staatliche Monopol in Bezug auf die restriktiv geregelten Glücksspielarten
nicht mehr als gerechtfertigte Beschränkung der Niederlassungs- oder Dienstleistungsfreiheit angesehen werden (EuGH C-316/07 – Markus Stoß ua, ZfWG
2010, 332 Rn. 106; C-46/08 – Carmen Media, ZfWG 2010, 344 Rn. 68). Diese
Entscheidungen des EuGH haben in Rechtsprechung und Literatur verbreitet zu
der Ansicht geführt, dass bereits das Nebeneinander (vgl. Nachweise bei Hecker
DVBl 2011, 1130 (1132)) der restriktiven Vorschriften des GlüStV 2008 in Bezug
auf die Sportwetten und Lotterien durch die Bundesländer und die liberalen
Regelungen einer gewerblichen Bewirtschaftung des Automatenspiels durch die
GewO und die SpielV zu einer Europarechtswidrigkeit der restriktiven landesrechtlichen Normen führt. Ob eine solche Inkohärenz tatsächlich vorliegt, ist
bislang nicht höchstgerichtlich geklärt. In mehreren vor dem BVerwG anhängigen
Revisionsverfahren (zB: BVerwG 8 C 10/12, sowie 8 C 13 bis 16/12) ist zu
prüfen, ob eine europarechtliche Inkohärenz erst dann vorliegt, wenn im Rahmen
einer Folgenabschätzung eine Wanderbewegung zu den liberaler geregelten
Glücksspielen festgestellt werden kann (hierzu ausführlich: Hecker DVBl 2011,
1130). Es kann daher nicht übersehen werden, dass die auf Expansion ausgerichtete liberale Politik des Bundes (Reekmann ZfWG 2010, 229 (231)) zu einem
bedenklichen faktischen Eingriff in die nach Art. 20 Abs. 3 GG garantierte verfas-
sungsmäßige Ordnung der Gesetzgebung führen kann. Hat nämlich die Spielhallenpolitik des Bundes zur Folge, dass die Länder aus europarechtlichen Gründen
nicht mehr in der Lage sind, das gem. Art. 30 GG und Art. 70 Abs. 1 GG als
Ordnungsrecht der konkurrierenden Gesetzgebung zugewiesene Glücksspielrecht
eigenständig zu regeln, wird in verfassungsrechtlich bedenklicher Weise in den
Kompetenzbereich der Länder eingegriffen (Hecker DVBl 2011, 1130 (1135 f.)).

Nicht nur die europarechtlichen Risiken für den Fortbestand der von den **7**
Bundesländern verfolgten restriktiven Glücksspielpolitik, sondern auch die Reak-
tionslosigkeit des Bundesgesetzgebers auf die Mahnung der Länder in der Begrün-
dung zum GlüStV 2008 (→ Rn. 2) und die desillusionierenden Ergebnisse der
IFT-Studie (Bühringer et al., Institut für Therapieforschung, Untersuchung zur
Evaluierung der Fünften Novelle der Spielverordnung vom 17.12.2005 –

Abschlussbericht v. 9.9.2010) dürften Anlass dafür gewesen sein, dass die Länder nunmehr die Spielhallen in den Regelungsbereich des GlüStV2012 einbezogen und deren Ausgestaltung den Regelungszielen des § 1 unterworfen haben. Neben den Allgemeinen Vorschriften haben die Länder in den §§ 24 bis 26 die Grundlagen für eine restriktivere Spielhallenpolitik gelegt, die aber im Einzelnen noch der Ausfüllung und Konkretisierung durch die Landesgesetzgebung bedürfen.

8   Allerdings haben bereits vor Inkrafttreten des neuen Staatsvertrages einige Bundesländer von den neu gewonnenen Kompetenzen durch die Föderalismusreform Gebrauch gemacht und einzelne Bereiche des Spielhallenbetriebes mehr oder minder restriktiven Regelungen unterworfen (SpielG Bln, in Kraft getreten am 20.5.2011, GVBl. 2011, 223, das § 33i durch Landesrecht ersetzt; BremSpielhG, in Kraft getreten am 2.6.2011, BremGBl. 2011, 327, das bis zum 30.6.2012 § 33i um weitere Versagungsgründe ersetzte und seit dem 1.7.2012 § 33i vollständig ersetzt (vgl. zu den Spielhallengesetzen Berlin und Bremen: Wild ZfWG 2011, 385); SpielHG SchlHolst v. 17.4.2012, GVOBl 2012, 431; SpielG HE v. 30.6.2012, GVBl 2012, 213; am 1.7.2012 ist in Sachsen-Anhalt das SpielHG LSA v. 25.6.2012 in Kraft getreten; s. zu allen: Wohlfahrt LKRZ 2012, 81; ausführlich: Wild ZfWG 2012, 247; Reekmann ZfWG 2012, 255).

2. Systematik

9   **a) Anwendungsbereich.** Der Begriff der Spielhalle ist in § 3 Abs. 7 legaldefiniert (→ § 3 Abs. 7 Rn. 21a). Dabei geht der Gesetzgeber von dem **weiten Spielhallenbegriff** aus, wie er in § 33i Abs. 1 S. 1 GewO beschrieben ist (→ § 33i Rn. 5 ff.). Die Legaldefinition erfasst damit auch solche Unternehmen, welche neben den Geld- und Warengewinnspielgeräten nach der GewO Spielgeräte ohne Gewinnmöglichkeit betreiben sowie Gaststätten (Schank- und Speisewirtschaften sowie Beherbergungsbetriebe) und Wettannahmestellen, soweit dort Geld- oder Warengewinnspielgeräte verfügbar sind (Wohlfahrt LKRZ 2012, 81). Diese bleiben jedoch gem. § 2 Abs. 3 vom Geltungsbereich des GlüStV ausgenommen (Wild ZfWG 2012, 247). Wenn sich auch die enumerative Aufzählung der Regelungszuweisung des § 2 Abs. 3 alleine an Spielhallen richtet, die zumindest auch Geld- oder Warengewinnspielgeräte nach der GewO anbieten, ohne die Spielhallen mit reinen Unterhaltungsautomaten von diesem Anwendungsbereich auszuschließen, kann daraus nicht gefolgert werden, dass die letztgenannten Spielhallen unter den verbleibenden Regelungskatalog des GlüStV 2012 fallen. Dem widersprechen zum einen die Amtl. Erläuterungen zum Siebten Abschnitt, die sich ersichtlich auf die erheblichen Suchtgefahren der Gewinnspielautomaten und nicht auf das ausdrücklich als ungefährlich bezeichnete Unterhaltungsspiel (Amtl. Erläuterungen zum GlüStV 2012, A II Nr. 7) beziehen. Zum anderen regeln die verbleibenden Normen des GlüStV 2012 die Veranstaltung, Durchführung und Vermittlung von öffentlichen „Glücksspielen". Solche Glücksspiele liegen gem. § 3 Abs. 1 dann vor, wenn sie mit einer Gewinnchance verbunden sind (→ § 33c Abs. 1 Rn. 5). Bei den Unterhaltungsautomaten bestehen aber solche Chancen auf Geld- oder Warengewinne nicht. Allerdings führt die Aufstellung bereits eines einzigen Geld- oder Warengewinnspielautomaten im Sinne der GewO in solchen Spielhallen ohne weiteres in den Anwendungsbereich des Spielhallenbegriffs nach § 3 Abs. 7.

10   Die Tatsache, dass der Gesetzgeber hier keine einheitliche Terminologie verwendet, sondern im Zusammenhang mit den Automatenspielen von „Gewinn-

möglichkeit" spricht, bei der Legaldefinition des Glücksspielbegriffs in § 3 Abs. 1 hingegen von „Gewinn**chance**" dürfte regelungstechnisch irrelevant sein.

Eine extensivere Regelung auch in Bezug auf Spielhallen, in denen ausschließ- **11** lich Unterhaltungsspiele ohne Gewinnmöglichkeit betrieben werden, können die Länder allerdings in ihren Ausführungsgesetzen vorsehen (so zB § 1 S. 1 SpielhG Bln).

b) Regelungsumfang. Der Gesetzgeber betont in der Begründung zu den **12** Vorschriften über das Gewerbliche Automatenspiel das erhebliche Suchtpotential, welches nach den Erkenntnissen der Evaluierung der 2006 novellierten SpielV von den Geldspielgeräten ausgeht (Amtl. Erläuterungen zum GlüStV, A II Nr. 7). Vermutlich angesichts der oben dargestellten (→ Rn. 2 f.) Unsicherheiten über den Umfang der den Ländern nach der Föderalismusreform zugewiesenen Kompetenzen verzichtet der Gesetzgeber allerdings auf eine umfassende Regelung der Rechtsmaterie des Gewerblichen Automatenspiels im GlüStV 2012 und überlässt die Konkretisierung der Normen nach §§ 24 bis 26 im Wesentlichen den Ländern.

Allerdings qualifiziert er die diesbezüglichen Vorschriften des GlüStV 2012 als **13** „zusätzliche Beschränkungen, [...] die die automatenbezogenen Regelungen des Bundes (SpielV) ergänzen und flankieren" (Amtl. Erläuterungen zum GlüStV 2012, A II Nr. 7). Obwohl damit eher eine additive als eine ersetzende Funktion dieser Normen vermutet werden könnte, macht der Gesetzgeber deutlich, dass er auch eine Modifizierung der derzeit noch dem Bundesrecht unterliegenden automatenbezogenen Vorschriften der SpielV anstrebt, indem er als Konsequenz seiner „ergänzenden und flankierenden" Regelungen einfordert, „dass dieses Spiel wieder stärker in Richtung seines Charakters als bloßes Unterhaltungsspiel akzentuiert [...] wird" (Amtl. Erläuterungen zum GlüStV, A II Nr. 7). Gleichzeitig mahnt der Gesetzgeber in der Fußnote zu dieser Feststellung eine entsprechende Änderung der SpielV durch den Bund an.

Wenn auch im Folgenden die Amtl. Erläuterungen festhalten, dass die Landes- **14** gesetzgebungskompetenz nach der Föderalismusreform sowohl „formelle Anforderungen an die Spielhallen", als auch „materielle Ge- und Verbote" erfasst, um auf diese Weise die Zahl der Spielhallen zu begrenzen und den Spieler- und Jugendschutz zu gewährleisten, so kann daraus nicht geschlossen werden, dass der Gesetzgeber damit einen abschließenden Katalog der Landeskompetenzen aufzeigen wollte. Es handelt sich bei den angesprochenen Regelungsbereichen vielmehr um die nach der wohl herrschenden Meinung (→ Rn. 3) den Ländern nach der Föderalismusreform jedenfalls zustehenden Kompetenzbereiche. Die in den Amtl. Erläuterungen deutlich gewordene Intention einer Rückführung des Automatenspiels zum „bloßen Unterhaltungsspiel" legt nahe, dass der Gesetzgeber des GlüStV 2012 eine selbstbewusste Auslegung der den Ländern eingeräumten Gesetzgebungskompetenz anmahnt.

Den Vorrang des Landesrechts betont der Gesetzgeber auch in den Amtl. Erläu- **15** terungen zu den §§ 24 bis 27, wenn er dort die Anwendbarkeit der Gewerbeordnung und der hierzu erlassenen Rechtsverordnungen nur mit der Maßgabe vorsieht, dass „dieses Gesetz" dem nicht entgegensteht. Auf die Frage, ob damit lediglich die hier getroffenen Regelungen gemeint sind oder auch die auf der Grundlage dieses Gesetzes erlassenen Ausführungsbestimmungen der Länder, gehen die Amtl. Erläuterungen nicht ausdrücklich ein. Allerdings blieben die allgemeinen Regelungen torsohaft, wollte man die diese konkretisierenden Ausführungsbestimmungen der Länder unter den Vorbehalt des Vorranges der Gewerbeordnung und der hierzu erlassenen Rechtsverordnungen stellen. Dem widerspricht auch die Ersetzungsbefugnis der Länder gem. Art. 125a Abs. 1 GG im Bereich der ihnen mit der Föderalismusreform übertragenen Gesetzgebungskompetenzen.

16 Bemerkenswert ist der Hinweis (Amtl. Erläuterungen zum GlüStV 2012, A II Nr. 7), dass diese Erwägungen auch für **Gaststätten** sowie **Wettannahmestellen** der Buchmacher gelten, soweit sie Geld- oder Warenspielgeräte mit Gewinnmöglichkeit bereithalten. Die Problematik des bundesweit flächendeckenden Angebots von Geldspielgeräten in Gastronomiebetrieben wird auch in den Amtl. Erläuterungen zu den §§ 24 bis 27 betont. Ungeachtet dessen beschränkt sich der Gesetzgeber in den diesbezüglichen §§ 24 bis 26 ausdrücklich auf Regelungen zum Recht der ca. 12.300 Spielhallen und spart hier weitergehende Regelungen zu den ca. 50.000 Gaststätten mit über 40 % der bundesweit aufgestellten Geldgewinnspielgeräten aus. Für Gaststätten sowie Wettannahmestellen der Buchmacher verbleibt es daher bei der Normenzuweisung in § 2 Abs. 4, wonach für diesen Bereich die §§ 1 bis 3, 4 Abs. 3 und 4, §§ 5 bis 7 sowie die Vorschriften des Neunten Abschnitts gelten.

17 Mit den §§ 24 bis 26 nehmen somit die Bundesländer erstmals länderübergreifend und ländereinheitlich ihre mit der Föderalismusreform über Art. 74 Abs. 1 Nr. 11 GG gewonnene Gesetzgebungskompetenz für „das Recht der Spielhallen" wahr. Sie beschränken sich allerdings darauf, eine zusätzliche und an den Zielen des § 1 orientierte Erlaubnispflicht für die Errichtung und den Betrieb von Spielhallen (§ 24), einen Mindestabstand zwischen Spielhallen (§ 25) und Rahmenbedingungen für die äußere Gestaltung der Spielhalle (§ 26 Abs. 1) sowie eine Mindestruhezeit von 3 Stunden (§ 26 Abs. 2) einzuführen. Zur Konkretisierung dieser Vorgaben verweisen die Normen auf den Landesgesetzgeber.

II. Einzelkommentierung

1. § 24 Abs. 1 Besondere Erlaubnispflicht

18 § 24 Abs.1 begründet eine eigenständige **Erlaubnispflicht** für die Errichtung und den Betrieb einer Spielhalle. Sie tritt neben § 4 Abs. 1 und alle sonstigen bundes- oder landesrechtlichen Genehmigungs- bzw. Erlaubniserfordernisse. Hier sind insbesondere zu nennen die Erlaubnisanforderungen nach §§ 33c, 33d, 33i GewO (→ § 33c Rn. 3 ff.; § 33d Rn. 4 ff.; § 33i Rn. 4 ff.), solche des Bau- und Bauplanungsrechts (Guckelberger GewArch 2011, 177; Jacob ZfWG 2012, 153; Stüer ZfWG 2010, 386) und der SpielV (sowie § 9 Abs. 2b des im Gesetzgebungsverfahren befindlichen Entwurfs eines „Gesetzes zur Stärkung der Innenentwicklung in den Städten und Gemeinden und weiteren Fortentwicklung des Städtebaurechts", www.bmvbs.de/.../baugesetzbuch-referentenentwurf-14-02-2012.pdf). Je nach Ausgestaltung der landesrechtlichen Ausführungsvorschriften können die Vorschriften des GlüStV 2012 und/oder der landesrechtlichen Normen bundesrechtliche Vorschriften modifizieren oder ersetzen. So erfährt beispielsweise die Erlaubnisnorm des § 33i GewO bereits durch die Vorschriften des GlüStV 2012 eine Einschränkung aufgrund der hier zwingend vorgesehenen Befristung der Erlaubnis gem. § 24 Abs. 2 S. 2 (→ Rn. 27) und das Verbot der Mehrfachkonzession in § 25 Abs. 1 (→ § 25 Rn. 3).

§ 24 Abs. 1 konkretisiert die allgemeine Erlaubnisvoraussetzung des § 4 Abs. 1. **19**
Der Betrieb einer Spielhalle stellt eine besondere Erscheinungsform der „Veranstaltung" bzw. „Vermittlung" eines Glücksspiels iSd § 4 Abs. 1 dar. Es handelt sich um die Kumulation von Glücksspielangeboten in einem unmittelbaren räumlichen Zusammenhang, wodurch ein besonderes Gefahrenpotential begründet wird (s. Bühringer et al., 108).

Neben dem Erlaubniserfordernis des § 4 Abs. 1 S. 1 für die „Veranstaltung und **20**
Vermittlung" von Glücksspielen bedarf es gem. § 24 Abs. 1 S. 1 Alt. 1 sowohl für die „**Errichtung**" als auch für den „Betrieb" einer Spielhalle der Erlaubnis. Der „**Betrieb** einer Spielhalle" entspricht sachlich der Veranstaltung eines Glücksspiels im Sinne des § 4 Abs. 1 S. 1.

Über den Betrieb einer Spielhalle hinaus erstreckt 24 Abs. 1 S. 1 Alt. 1 das **21**
Erlaubniserfordernis auch auf die „**Errichtung** einer Spielhalle". Damit wird deutlich von dem Erlaubnismodell des § 33i Abs. 1 GewO abgewichen, das sich nur personengebunden auf das Betreiben einer Spielhalle oder ähnlicher Unternehmen bezieht (→ § 33i Rn. 5 ff., 10). Das Erlaubniserfordernis in Bezug auf die „Errichtung einer Spielhalle" greift somit bereits in das Vorfeld der werbenden Betriebstätigkeit ein. Was "Errichtung" bedeutet, hat der Normgeber allerdings nicht definiert. Es bietet sich die Anlehnung an die baurechtliche Terminologie an, wonach ein „Errichten" stets die Herstellung eines neugeschaffenen Zustandes betrifft, etwa den Neubau, die erstmalige Herstellung einer Anlage oder deren Aufstellung (vgl. Löhr in BKL BauGB → § 29 Rn. 17), wie das etwa bei einem großen Spielcontainer der Fall sein kann. Der glücksspielrechtliche Begriff der „Errichtung" ist jedenfalls angesichts der überragenden Gemeinwohlziele in § 1 weit zu verstehen. Daher dürfte auch die Änderung einer bestehenden Anlage unter Umgestaltung der vorhandenen Substanz zum Zwecke des Betriebs einer Spielhalle (so etwa das Anbringen von Trennwänden in einer bisher nicht als Spielhalle genutzten Räumlichkeit) oder eine bloße Nutzungsänderung ohne eine derartige Substanzänderung (etwa das Hereinstellen und Anbringen von Spielautomaten) von dem weiten Errichtungsbegriff erfasst sein.

Auch die Ausführungsgesetze der Länder enthalten – soweit ersichtlich – trotz **22**
des ausdrücklichen Hinweises in den Amtl. Erläuterungen zu § 24 Abs. 1 keine Konkretisierung, welche Vorbereitungshandlungen in den erlaubnispflichtigen Bereich der Errichtung einer Spielhalle fallen. Ungeachtet dessen sehen die meisten Ausführungsgesetze konkrete Anforderungen an die Errichtung und Gestaltung von Spielhallen vor (zB § 2 SpielhG HE), ohne sie jedoch unter den Erlaubnisvorbehalt zu stellen.

Im Interesse der Betreiber einer Spielhalle dürften eine möglichst frühzeitige **23**
Information der zuständigen Erlaubnisbehörden und das Erwirken einer entsprechenden Erlaubnis angezeigt sein. Denn hierdurch werden der Behörde bereits in einer frühen Investitionsphase **Kontroll- und Einwirkungsmöglichkeiten** zur Sicherstellung der einschlägigen Vorschriften eingeräumt und mit der Erteilung einer Erlaubnis wird gleichzeitig eine entsprechende Selbstbindung der Behörde bewirkt. Je früher eine solche Beteiligung der Behörde erfolgt, desto sicherer können Kosten für behördlicherseits verfügte Änderungsauflagen bis hin zu Untersagungsverfügungen vermieden werden. Dies erscheint insbesondere angesichts der landesrechtlich unterschiedlichen Abstandsregelungen (zwischen 150 m in Sachsen und 500 m in Berlin) und den verschieden ausgestalteten Messmethoden (Fußweg oder Luftlinie) bereits bei der Standortwahl sinnvoll.

24   Mit dem Verweis auf das Erfordernis einer Erlaubnis nach diesem Staatsvertrag nimmt der Gesetzgeber Bezug auf die auf Spielhallen in § 2 Abs. 3 für anwendbar erklärte Norm des § 4 Abs. 1 S. 1. Danach bestimmt sich die für die Erlaubnis **zuständige Behörde** nach dem jeweiligen Landesrecht. Wie nach den Amtl. Erläuterungen zu § 24 Abs. 1 ausdrücklich als zulässig angesehen, haben die Bundesländer in den bisher bekannten Ausführungsbestimmungen die Zuständigkeit für die Erlaubniserteilung gem. § 24 Abs. 1 auf die nach § 33i Gewerberecht zuständigen Behörden übertragen (zB § 8 SpielhG LSA).

25   Aus der Gesetzesformulierung geht allerdings nicht ohne weiteres hervor, welche Rechtsfolgen das Vorliegen sämtlicher **Erlaubnisvoraussetzungen** aus den Vorschriften des allgemeinen Teils nach dem GlüStV2012 und der sonstigen einschlägigen Regelungen begründet. Denn im Gegensatz zur Regelung der – allerdings redaktionell wenig geglückten (→ Rn. 28) – Versagungsermächtigung in § 24 Abs. 2 S. 1, bleibt im gesamten Regelungsgefüge des § 24 offen, ob die Erteilung ein Akt der **gebundenen Verwaltung** ist, mit der Folge, dass ein zwingender Anspruch auf Erlaubniserteilung besteht, oder die Erlaubniserteilung noch Raum für die Ausübung von **behördlichem Ermessen** bietet. Für letzteres spricht, dass die Erlaubnis nach § 24 Abs. 2 S. 3 sowohl bei der Erlaubniserteilung, als auch nachträglich mit Nebenbestimmungen versehen und auf diese Weise eingeschränkt werden kann.

26   Offen bleibt allerdings die Frage, ob die Behörde zur Erteilung der Erlaubnis ohne Möglichkeit der Ausübung weiterer Ermessenserwägungen verpflichtet ist, wenn durch die Auferlegung entsprechender **Nebenbestimmungen** ein Zuwiderlaufen der Errichtung und des Betriebes der beantragten Spielhalle gegen die Ziele des § 1 vermieden werden kann. Mit der Formulierung, ein Verwaltungsakt „**kann** mit Nebenbestimmungen versehen werden" gewährt der Normgeber üblicherweise der Behörde ein Rechtsfolgeermessen.

27   Auch mit Blick auf die zu Art. 12 GG entwickelten strengen Anforderungen an die Zulässigkeit objektiver **Berufszulassungsvoraussetzungen** erscheint es nicht zwingend, dass ein Rechtsanspruch auf Erteilung der Erlaubnis bei Vorliegen aller Tatbestandsvoraussetzungen und somit keinerlei weitergehender Ermessensspielraum der Behörde – abgesehen von der Erteilung von Auflagen – besteht. Im sog. „Spielbanken-Beschluss" hat das BVerfG den strengen Grundrechtsschutz in solchen Fällen eingeschränkt, in denen „atypische Besonderheiten" vorliegen (BVerfGE 102, 197 Rn. 69). Der Betrieb einer Spielbank sei „eine an sich **unerwünschte Tätigkeit**, die der Staat gleichwohl erlaubt, um das illegale Glücksspiel einzudämmen, dem nicht zu unterdrückenden Spieltrieb des Menschen staatlich überwachte Betätigungsmöglichkeiten zu verschaffen und dadurch die natürliche Spielleidenschaft vor strafbarer Ausbeutung zu schützen". In solchen Fällen sieht das BVerfG es nicht als gerechtfertigt an, Eingriffe in das Recht der freien Berufsausübung nur „zum Schutz überragend wichtiger Gemeinschaftsgüter und zur Abwehr ihnen drohender schwerer Gefahren" zuzulassen. Vielmehr räumt das BVerfG bei solchen Sachverhalten dem Gesetzgeber einen breiteren Regelungs- und Gestaltungsspielraum ein und sieht einen wirksamen Grundrechtsschutz bereits dann gewahrt, wenn mit der „im Einzelfall beabsichtigten Beschränkung wichtige Gemeinwohlbelange verfolgt werden" (BVerfGE 102, 197 Rn. 70). Allerdings betont das BVerfG das Erfordernis einer strengen Beachtung des Verhältnismäßigkeitsgrundsatzes. Will man diese Rechtsprechung auf den Betrieb von Spielhallen übertragen, kann sich daraus ein weiterer Ermessensspielraum für die Erlaubnisbehörden ergeben.

2. § 24 Abs. 2 Versagungs- bzw. Erlaubnisvoraussetzungen

Nach dem Wortlaut in § 24 Abs. 2 S. 1 werden die Voraussetzungen für die **28** **Versagung der Spielhallenerlaubnis** festgelegt. Ohne Eröffnung eines Ermessensspielraums der Behörde (Akt der gebundenen Verwaltung) ist die Erlaubnis zu versagen, wenn deren Errichtung und Betrieb „den Zielen des § 1 zuwiderlaufen". Abweichend von § 33i GewO ist die Erlaubniserteilung an den Gemeinwohlzielen des § 1 GlüStV 2012 zu bemessen (Pagenkopf, NJW 2012, 2918 (2922). Wenn es in den Amtl. Erläuterungen zu § 24 Abs. 2 heißt, diese Vorschrift regele die „Erlaubnisvoraussetzungen", so handelt es sich bei dieser Formulierung offenbar um ein Redaktionsversehen. Denn nach dem eindeutigen Wortlaut des § 24 Abs. 2 S. 1 geht es um die Versagungsvoraussetzungen (Versagungsermächtigung).

§ 24 Abs. 2 S. 2 enthält eine weitere Abweichung von § 33i GewO, wenn hier **29** zwingend eine **Befristung** der Erlaubnis vorgesehen ist. Die Dauer der Befristung unterliegt gem. § 24 Abs. 3 den Regelungen in den Ausführungsgesetzen der Länder (→ Rn. 31 ff.).

Die Behörden haben bei der Prüfung, ob die Errichtung und der Betrieb der **30** Spielhalle gegen die Ziele des § 1 zuwiderlaufen, auch abzuwägen, ob diese Gefahren durch **Nebenbestimmungen** beseitigt werden können. In diesem Fall sind sie gem. § 24 Abs. 2 S. 3 – ggf. auch nachträglich - berechtigt, die Erlaubnis mit Nebenbestimmungen zu versehen. Derartige Nebenbestimmungen führen im Verhältnis zur Erlaubnis, also dem Hauptinhalt des Verwaltungsakts, zu einem minus, nicht zu einem aliud (vgl. Tiedemann in BeckOK VwVfG § 36 Rn. 7). Bei den zulässigen glücksspielrechtlichen Nebenbestimmungen handelt es sich gemäß dem Katalog in § 36 Abs. 2 VwVfG des jeweiligen Bundeslandes um eine **Befristung** (Nr. 1) – die gem. § 24 Abs. 2 S. 2 ohnehin zwingend vorgesehen ist (Brandenburg, Hessen, Sachsen-Anhalt, SchlHolst: max. 15 Jahre; Thüringen: nicht länger als 5 Jahre; Berlin: Befristung als Ermessensentscheidung), eine Bedingung (Nr. 2), einen Widerrufsvorbehalt (Nr. 3), eine Auflage (Nr. 4) oder den Vorbehalt der nachträglichen Aufnahme einer Änderung oder Ergänzung einer Auflage (Nr. 5). Mit diesem Instrumentarium wird die Behörde bereits präventiv in die Lage versetzt, den besonderen Gefahren des Spielhallenwesens zu begegnen.

3. § 24 Abs. 3 Ergänzende Regelungskompetenzen der Länder

Mit § 24 Abs. 3 wird den Ländern eine weitergehende Regelungskompetenz **31** eingeräumt. Der Umfang dieser Regelungskompetenz ist allerdings nicht näher bestimmt. Aufgrund der Tatsache, dass der Gesetzgeber dieser Kompetenzzuweisung einen eigenen Absatz im Normengefüge eingeräumt hat, kann zunächst unterstellt werden, dass sich die Konkretisierungsbefugnis der Länder gegenständlich sowohl auf den in Abs. 1 beschriebenen Anwendungsbereich und die nähere Ausgestaltung des Erlaubnisvorbehalts, als auch auf die in Abs. 2 geregelten Erlaubnisvoraussetzungen bezieht.

Inhaltlich dürfte sich die Kompetenz der Länder nicht lediglich auf eine Kon- **32** kretisierung der in Abs. 1 und 2 niedergelegten Regelungsgegenstände und -verfahren beschränken, wie es die Verwendung des Begriffs der „**Ausführungs**bestimmungen" nahelegen könnte. Denn die nach § 24 Abs. 2 S. 1 erforderliche und in das pflichtgemäße Ermessen der Länder gestellte Abwägung, ob „die Errichtung und der Betrieb einer Spielhalle den Zielen des § 1 zuwiderlaufen" und durch welche Maßnahmen diesen Gefahren begegnet werden kann, beinhaltet ein umfangreiches Spektrum möglicher Regelungen, sodass jedenfalls Verschärfungen unter Wahrung des Verhältnismäßigkeitsgrundsatzes (→ Rn. 25) unbedenklich, Erleichterungen der in § 24 Abs. 1 enthaltenen Restriktionen hingegen unzulässig sein dürften. So erscheint eine landesrechtliche Regelung bedenklich, welche den Verzicht auf die gem. § 24 Abs. 2 S. 2 zwingend vorgesehene Befristung der Erlaubnis einer Ermessensentscheidung der zuständigen Behörde anheim stellt (vgl. § 2 Abs. 2 S. 1 SpielhG Bln).

33   Hinsichtlich Inhalt und Ausgestaltung der Ausführungsbestimmungen sind durchaus gravierende Unterschiede zwischen den verschiedenen Ausführungsbestimmungen der Länder festzustellen. Besonders deutlich wird dies bei den Abstandsregelungen nach § 25 Abs. 1 S. 1 (→ § 25 Rn. 2). Nebenbestimmungen der Länder können allerdings auch geeignet sein, **Regelungslücken** im GlüStV zu schließen. So empfiehlt es sich, durch landesrechtliche Ausführungsbestimmungen die Erteilung einer Erlaubnis zur Errichtung und zum Betrieb einer Spielhalle in einem Gebäude oder Gebäudekomplex zu untersagen, in dem zulässigerweise eine Wettvermittlungsstelle für Sportwetten betrieben wird. Eine derartige Verbotsnorm stellt nämlich ein Korrektiv zu § 21 Abs. 2 dar, wonach „in einem Gebäude oder Gebäudekomplex, in dem sich eine Spielhalle oder eine Spielbank befindet, [...] Sportwetten nicht vermittelt werden" dürfen (→ § 21 Rn. 38 ff.). Da im GlüStV eine korrespondierende Regelung für die Ansiedlung einer Spielhalle für den Fall fehlt, dass zuvor im entsprechenden räumlichen Bereich eine Sportwetten-Vermittlungsstelle existiert, kann die nachträgliche Ansiedlung einer Spielhalle im Bannbereich des § 21 Abs. 2 eine Kollision zu Lasten eines älteren dort befindlichen Sportwettenvermittlers führen. Dieser wäre nämlich gem. § 21 Abs. 2 verpflichtet, seinen dort bestehenden Geschäftsbetrieb unverzüglich einzustellen (→ § 21 Rn. 42). Es dürfte allerdings den Zielen des § 1 zuwiderlaufen, wenn die Ausbreitung von Spielhallenbetrieben, welche das mit Abstand höchste Suchtgefährdungspotential aufweisen (Meyer, Jahrbuch Sucht 2012, 125 (132)), zu einer nicht zu verhindernden Verdrängung der weit weniger suchtgefährlichen Sportwettenangebote führt. Angesichts dieser Rechtslage erscheint es angezeigt, dass die Länder einer solchen Entwicklung durch entsprechende Ausführungsbestimmungen entgegentreten.

§ 25 Beschränkungen von Spielhallen

(1) **Zwischen Spielhallen ist ein Mindestabstand einzuhalten (Verbot von Mehrfachkonzessionen). Das Nähere regeln die Ausführungsgesetze der Länder.**

(2) **Die Erteilung einer Erlaubnis für eine Spielhalle, die in einem baulichen Verbund mit weiteren Spielhallen steht, insbesondere in einem gemeinsamen Gebäude oder Gebäudekomplex untergebracht ist, ist ausgeschlossen.**

(3) **Die Länder können die Anzahl der in einer Gemeinde zu erteilenden Erlaubnisse begrenzen.**

Ausführungsgesetze: §§ 41 ff. LGlüG BW-E; Art. 9 Abs. 2, Abs. 3 AGGlüStV Bay; § 2 Abs. 1 S. 3 SpielhG Bln; § 2 Abs. 2 Nr. 4, Nr. 5 BremSpielhG; § 2 Abs. 1, Abs. 2, Abs. 3 H SpielhG; § 11 Abs. 4, Abs. 5, Abs. 6 GlüStV AG M–V; § 10 Abs. 2 NGlüSpG; § 11 Abs. 1 S. 1 Nr. 3, Nr. 4, S. 2, Abs. 2 LGlüG RhPf; § 3 Abs. 2 SpielhG Saar; § 18a Abs. 4 SächsGlüStV AG; § 2 Abs. 4 Nr. 5, Nr. 6 SpielhG LSA; § 3 Abs. 1, Abs. 3 ThürSpielhG.

Literatur: Reeckmann, Die Spielhallengesetze der Länder – Chaos oder Gleichklang?, ZfWG 2012, 255 ff.; ders. (Hrsg.), Gewerbliches Automatenspiel am Scheideweg Zur Inkompatibilität von Glücksspiel und Gewerbefreiheit, ZfWG 2010, 229 ff.; Schneider, Bestandsschutz im Rechtsstaat. Zur Verfassungsmäßigkeit der Übergangsregelungen im neuen Spielhallenrecht der Länder, GewArch 2011, 457 ff.; Wild, Strengere Regulierung des gewerblichen Automatenspiels in Spielhallen und Gaststätten durch den neuen Glücksspielstaatsvertrag seit 1. Juli 2012, ZfWG 2012, 247 ff.; ders. (Hrsg.), Die Spielhallengesetze der Länder Berlin und Freie Hansestadt Bremen, ZfWG 2011, 385 ff.

I. Grundlagen

Die Norm gilt erstmals mit Inkrafttreten dieses Staatsvertrages. Allerdings sehen **1** manche, teilweise vor dem 1.7.2012 in Kraft getretenen Spielhallengesetze der Länder ähnliche oder gleichlautende Regelungen vor (vgl. zB § 2 Abs. 1 S. 3 SpielhG Bln). Die hierzu bereits ergangene Rechtsprechung gilt gleichermaßen für § 25. Die Vorschrift normiert verschiedene Beschränkungen von Spielhallen. Die Norm soll das Maß bestimmen, nach welchem der Betrieb von Spielhallen aus Sicht des Gesetzgebers ordnungspolitisch insbesondere mit den Zielen des § 1 noch vereinbar ist (amtl. Begr. LT-Drs. Bay 16/11995, 31). § 25 Abs. 1 regelt unter Verweis auf die Ausführungsgesetze der Länder den Mindestabstand von Spielhallen und statuiert damit das Verbot von Mehrfachkonzessionen. § 25 Abs. 2 schließt die Erteilung einer Erlaubnis für den Betrieb einer Spielhalle im baulichen Verbund mit weiteren Spielhallen aus. § 25 Abs. 3 ermöglicht es den Ländern, die Anzahl an Erlaubnissen für eine Spielhalle in einer Gemeinde zu begrenzen.

II. Einzelkommentierung

1. § 25 Abs. 1 Verbot von Mehrfachkonzessionen

Nach § 25 Abs. 1 S. 1 ist zwischen Spielhallen ein **Mindestabstand** einzuhal- **2** ten. Das bedeutet, dass im Radius des konkreten Mindestabstands zu einer Spielhalle keine weitere Spielhalle angesiedelt werden darf (Wild ZfWG 2011, 385 (388)). Die Norm konstituiert damit gleichzeitig das sog. **Verbot von Mehrfachkonzessionen** (Wild ZfWG 2012, 247 (249); → Rn. 3). § 25 Abs. 1 regelt nicht, wie groß der Mindestabstand zwischen den betroffenen Spielhallen zu sein hat, sondern überträgt diese Aufgabe dem spezifischen Landesrecht, wie aus § 25 Abs. 1 S. 2 folgt. Danach regeln die Ausführungsgesetze das Nähere. Die Vorschrift bildet damit die gesetzliche Grundlage und Verpflichtung, Mindestabstände zwischen Spielhallen im spezifischen Landesrecht konkret zu regeln.

Die Regelung verfolgt die Bekämpfung der Spielsucht und soll nach dem Willen **3** des Gesetzgebers das gewerbliche Spiel auf das Maß von Unterhaltungsspielen und damit als harmloses Zeitvergnügen zurückführen (amtl. Begr. LT-Drs. Bay 16/11995, 31). Diese Zielsetzung wird dadurch realisiert, dass die Norm des § 25 Abs. 1 gemeinsam mit § 25 Abs. 2 die Vermeidung sog. **Mehrfachkonzessionen** bedingt und die daraus resultierende Entstehung spielbankenähnlicher **Großspielhallen** verhindert (amtl. Begr. LT-Drs. Bay 16/11995, 31; Schneider GewArch 2011, 457 (461); VG Bremen Urt. v. 24.8.2011 – 5 K 988/09). Hintergrund ist, dass Spielhallenbetreiber zunehmend dazu übergegangen sind, mehrere, jeweils mit einer einzelnen Konzession betriebene Spielhallen in unmittelbarer räumlicher Nähe, teilweise gar in einem Gebäude oder räumlichen Verbund zu **Mehrfach-Spielhallen** zusammenzufassen (vgl. LT-Drs. Saar 15/15, 71; Odenthal in Gebhardt/Güsser-Sinopoli § 20 Rn. 28; Reeckmann ZfWG 2010, 229 (233 f.)). Ermöglicht hat die Ausnutzung von Mehrfachkonzessionen an einem Standort die Rechtsprechung des Bundesverwaltungsgerichts (GewArch 1985, 62 ff.). Aufgrund der Differenzierung zwischen dem gewerberechtlichen und baurechtlichen Spielhallenbegriff ist es nach dieser Rechtsprechung möglich, dass in einer bauplanungsrechtlich als ein Vorhaben einzuordnenden Vergnügungsstätte mehrere gewerberechtlich selbstständige Spielhallen betrieben werden (vgl. Reeckmann ZfWG 2010, 229 (234)). Gleichwohl ist der Betrieb solcher Mehrfachspielhallen insbesondere aufgrund der konkreten baulichen Ausgestaltung häufig umstritten (vgl. VG Ansbach Urt. v. 13.1.2010 – AN 9 K 09.01032; VG Berlin Urt. v. 21.7.2010 – VG 19 K 251/09; VG München Urt. v. 3.3.2008 – M 8 K 07.1827; VG München GewArch 2010, 36 ff.; VG Sigmaringen Urt. v. 9.9.2009 – 1 K 436/09, bestätigt durch VGH Mannheim Beschl. v. 19.10.2010 – 8S 2322/09; OLG Hamm Urt. v. 3.3.2009 – 4 U 186/08). Durch das Phänomen der Mehrfachkonzessionen wurde die Intention des Gesetzgebers unterlaufen, die Geldspielgeräte pro Standort zu begrenzen. Dieser hatte nach der bisherigen Rechtslage mit der Spielverordnung beabsichtigt, die maximale Anzahl der Spielgeräte in einer Halle auf die Höchstzahl von zwölf zu begrenzen (Reeckmann ZfWG 2010, 229 (234)). Durch die Zusammenfassung einzelner Konzessionen zu Mehrfachkonzessionen konnten jedoch regelrechte Entertainment-Center mit einer Vielfachen an Spielgeräten geschaffen werden, die kaum mehr vom kleinen Spiel in Spielbanken zu unterschieden sind und erhebliche Anreize für ein nicht mehr bewusst gesteuertes Weiterspielen bieten (vgl. LT-Drs. Saar 15/15, 71). Die entscheidende Wirkung des § 25 Abs. 1 und Abs. 2 ist, dass derartige Großspielhallen mit mehreren gebündelten Konzessionen nicht erlaubt werden können (Wild ZfWG 2011, 385 (388)). Durch das durch § 25 Abs. 1 und Abs. 2 gewährleistete Verbot von Mehrfachkonzessionen wird eine zentrale Forderung der Suchtexperten umgesetzt, weil dadurch eine Begrenzung und Reduzierung des Angebots an Geld- und Warenspielgeräten mit Gewinnmöglichkeiten erreicht wird (vgl. LT-Drs. Saar 15/15, 71). Weitere Zielsetzung der Mindestabstandsregelungen ist es, Ansammlungen von einzelnen Spielhallen in bestimmten Gebieten, wie zB Vergnügungsvierteln, aufzulockern und negative Auswirkungen von Spielhallenhäufungen auf das Wohnumfeld und das Stadtbild zu reduzieren (LT-Drs. LSA 6/914, 63). Außerdem soll hierdurch der Spielsucht entgegengewirkt werden. Dem Spieler bietet sich nicht sofort bei Verlassen einer Spielhalle wieder die Gelegenheit, erneut zu spielen (LT-Drs. LSA 6/914, 63).

4   Die einzelnen Bundesländer haben von der durch § 25 Abs. 1 S. 2 eingeräumten Kompetenz, die Mindestabstände zwischen Spielhallen zu regeln, in unterschiedlichem Umfang Gebrauch gemacht. Die konkreten Abstandsregeln der Länder variieren teilweise deutlich voneinander und reichen von 100 Metern Luftlinie in Niedersachsen (vgl. § 10 Abs. 2 S. 1 NGlüSp) bis zu 500 Metern Luftlinie (vgl. zB § 3 Abs. 1 ThürSpielhG). Für Sachsen-Anhalt bestimmt § 2 Abs. 4 Nr. 5 SpielhG LSA, dass die Erlaubnis zu versagen ist, wenn eine Spielhalle einen Mindestabstand von 200 Metern Luftlinie zu einer anderen Spielhalle unterschreitet. In Bayern darf nach Art. 9 Abs. 3 S. 1 AGGlüStV Bay ein Mindestabstand von 250 Metern Luftlinie zu einer anderen Spielhalle nicht unterschritten werden. Die gleichen Mindestabstände gelten in Bremen (vgl. § 2 Abs. 2 Nr. 4 BremSpielhG) und Sachsen (vgl. § 18a Abs. 4 S. 1 SächsGlüStV AG). § 2 Abs. 2 SpielhG

H schreibt vor, dass zwischen Spielhallen ein Mindestabstand von 300 Metern Luftlinie einzuhalten ist. In Berlin (vgl. § 2 Abs. 1 S. 3 SpielhG Bln), Mecklenburg-Vorpommern (vgl. § 11 Abs. 4 S. 1 GlüStVAG M-V), Rheinland-Pfalz (vgl. § 11 Abs. 1 S. 1 Nr. 4 LGlüG RhPf), im Saarland (§ 3 Abs. 2 Nr. 2 SpielhG Saar) und in Thüringen (vgl. § 3 Abs. 1 ThürSpielhG) ist zwischen Spielhallen ein Mindestabstand von 500 Meter Luftlinie einzuhalten.

Darüber hinaus sehen manche Länderregelungen vor, dass bei der Errichtung   5 von Spielhallen Mindestabstände nicht nur zwischen Spielhallen, sondern auch zu anderen bestimmten Einrichtungen einzuhalten sind. So regelt § 2 Abs. 4 SpielhG Sachsen-Anhalt, dass die Erlaubnis zu versagen ist, wenn eine Spielhalle einen Mindestabstand von 200 Metern Luftlinie zu Einrichtungen unterschreitet, die ihrer Art nach oder tatsächlich ausschließlich oder überwiegend von Kindern und Jugendlichen aufgesucht werden. Hierzu zählen insbesondere Kindertagesstätten, Kindergärten, Schulen und Berufsschulen. Ähnliche Regelungen unter Beibehaltung der spezifischen Mindestabstände zwischen Spielhallen untereinander finden sich in § 2 Abs. 1 S. 4 SpielhG Bln, § 11 Abs. 4 GlüStVAG M-V, § 11 Abs. 1 S. 1 Nr. 4 LGlüG RhPf und § 3 Abs. 2 ThürSpielhG.

Adressat der jeweiligen Normen sind in erster Linie die für die Erlaubniserteilung   6 zuständigen Behörden, die bei der Erlaubniserteilung die Abstandsregelungen zu berücksichtigen haben. Hält das für den Betrieb der Spielhalle vorgesehene Geschäftslokal den erforderlichen Mindestabstand zu einer bereits genehmigten Spielhalle nicht ein, so hat die Erlaubnisbehörde die Erlaubnis in der Regel zu versagen, wie dies teilweise in den Spielhallengesetzen der Länder auch ausdrücklich geregelt ist (vgl. zB § 2 Abs. 2 Nr. 4 BremSpielhG). Die Regelungen zu den Mindestabständen sind also als Versagungsgrund für die begehrte Erlaubnis einzustufen.

In den meisten Ländern ist vorgesehen, dass ausnahmsweise im Einzelfall von   7 dem gesetzlich vorgeschriebenen Mindestabstand abgewichen werden darf. So regelt beispielsweise Art. 9 Abs. 3 S. 2 AGGlüStV Bay, dass die zuständige Erlaubnisbehörde unter der Berücksichtigung der Verhältnisse im Umfeld des jeweiligen Standorts und der Lages des Einzelfalls Ausnahmen von dem nach Satz 1 festgesetzten Mindestabstand von 250 Metern zulassen kann. Ähnlich lautenden Vorschriften sehen § 2 Abs. 1 S. 5 SpielhG Bln, § 2 Abs. 3 SpielhG H, § 11 Abs. 1 S. 2 LGlüG RhPf, § 18a Abs. 4 S. 2 SächsGlüStV AG, und § 3 Abs. 3 ThürSpielhG vor. In Niedersachsen sind die Gemeinden befugt, die Mindestabstände eigenständig festzulegen. Nach § 10 Abs. 3 S. 3 NGlüSpG können die Gemeinden bei Vorliegen eines öffentlichen Bedürfnisses oder besonderer örtlicher Verhältnisse für ihr Gebiet oder Teile davon durch Verordnung einen geringeren Mindestabstand von mindestens 50 Metern oder einen größeren Mindestabstand von bis zu 500 Metern festlegen. Sinn und Zweck der Ausnahmeregelungen der Länder ist es, im Einzelfall, beispielsweise bei einer Neubeantragung einer Erlaubnis für eine bereits bestehende Spielhalle im Falle eines Betreiberwechsels, unbillige Härten vermeiden zu können, um dem Verhältnismäßigkeitsgrundsatz Rechnung zu tragen (LT-Drs. Bln 16/4027, 10).

2. § 25 Abs. 2 Verbot mehrerer Spielhallen in einem baulichen Verbund

Nach § 25 Abs. 2 ist die Erteilung einer Erlaubnis für eine Spielhalle, die in   8 einem baulichen Verbund mit weiteren Spielhallen steht, insbesondere in einem gemeinsamen Gebäude oder Gebäudekomplex untergebracht ist, ausgeschlossen. Gemeinsam mit § 25 Abs. 1 stellt die Norm das sog. **Verbot von Mehrfachkonzessionen** sicher (amtl. Begr. LT-Drs. Bay 16/11995, 31; → Rn. 3).

9   Im Verhältnis zu § 25 Abs. 1 ist § 25 Abs. 2 die speziellere Regelung (Reeckmann ZfWG 2012, 255 (258)). Sie greift bei der Errichtung einer Spielhalle unabhängig von der Beachtung etwaiger Mindestabstandsflächen nach § 25 Abs. 1 iVm dem spezifischen Landesrecht ein, wenn die neu zu errichtende Spielhalle in einem baulichen Verbund belegen sein soll, in dem sich bereits eine Spielhalle befindet. Damit gewinnt die Regelung insbesondere an Bedeutung bei der Errichtung von Spielhallen in großen Gebäudekomplexen wie Einkaufszentren oder Bahnhöfen, in denen im Hinblick auf die Mindestabstandsflächen nach § 25 Abs. 1 iVm den besonderen landesrechtlichen Regelungen grundsätzlich die Errichtung mehrerer Spielhallen zulässig wäre (Wild ZfWG 2012, 247 (249)).

10   Auf der Tatbestandsseite setzt die Regelung voraus, dass der Betrieb einer Spielhalle begehrt wird, die in einem **baulichen Verbund** mit weiteren Spielhallen sein soll. Der Begriff des baulichen Verbunds ist im GlüStV nicht definiert. Im Hinblick auf die bauspezifische Terminologie scheint der Gesetzgeber ein technisches Verständnis zugrundelegen zu wollen. Unter einem baulichen Verbund ist danach die bauliche Verbindung mehrerer Baukörper dergestalt zu verstehen, dass es möglich ist, sich von dem einen in den anderen Baukörper zu bewegen, ohne den Innenraum zu verlassen. Dabei ist „Innenraum" ein vor Witterungseinflüssen geschützter Raum, der größtenteils von Wänden oder Dachflächen umgeben ist, ohne vollständig eingeschlossen sein zu müssen. Ein solches Begriffsverständnis des baulichen Verbunds steht auch im Einklang mit der Systematik der Norm. Denn in § 25 Abs. 2 sind zur Konkretisierung beispielhaft und nicht abschließend zwei Unterarten des baulichen Verbunds genannt, nämlich das Gebäude und der Gebäudekomplex. Gerade ein Gebäudekomplex kann weitläufige bauliche Anlagen umfassen. Ein **Gebäude** ist nach der auch für diesen Staatsvertrag zugrundezulegenden gängigen Legaldefinition der Bauordnungen der Länder (vgl. zB § 2 Abs. 2 BauO NRW) eine selbständig benutzbare, überdeckte bauliche Anlage, die von Menschen betreten werden kann und geeignet ist, dem Schutz von Menschen, Tieren oder Sachen zu dienen. Hierzu zählen etwa Wohn- und Geschäftshäuser, aber auch Baracken, Lagerhallen oder Garagen, in denen ebenfalls der Betrieb einer Spielhalle denkbar ist. Ein **Gebäudekomplex** besteht aus mehreren einzelnen Gebäuden, die als Gesamteinheit wahrgenommen werden und in der Regel über eine gemeinsame Erschließung verfügen. Als Gebäudekomplex werden regelmäßig ein Einkaufszentrum (vgl. BVerwG ZfBR 2007, 684), ein Bahnhof oder ein Flughafengebäude anzusehen sein. Ohne Gebäude oder Gebäudekomplex zu sein, kann ein baulicher Verbund darüber hinaus vorliegen, wenn einzelne Gebäude oder Gebäudekomplexe baulich im vorgenannten Sinne miteinander verbunden sind, beispielsweise durch einen Fußgängertunnel, eine Passage oder eine U-Bahnstation. Angesichts der bei einem baulichen Verbund im Einzelfall möglichen weiten Abstände zwischen denkbaren Spielbetriebsstätten ist dann eine restriktive Auslegung zu erwägen (→ § 21 Rn. 39, 40). Eine solche steht auch mit der gesetzgeberischen Intention im Einklang, nämlich der Vermeidung von spielbankenähnlichen Zusammenschlüssen einzelner Spielhallen (→ Rn. 3).

11   Befindet sich in einem baulichen Verbund bereits eine Spielhalle, so bestimmt die Norm auf der Rechtsfolgenseite, dass dort die Erteilung einer Erlaubnis für eine weitere Spielhalle ausgeschlossen ist. Die Norm stellt damit einen besonderen Versagungsgrund für die Erlaubniserteilung dar und konkretisiert § 24. Adressat

von § 25 Abs. 2 ist zuvorderst die Erlaubniserteilungsbehörde, der bei Vorliegen der Tatbestandsvoraussetzungen kein Ermessen eingeräumt wird, sondern die für diesen Fall die Erlaubnis zwingend und ausnahmslos zu versagen hat. In diesem Punkt unterscheidet sich § 25 Abs. 2 von der Regelung nach § 25 Abs. 1, von der teilweise in den Spielhallen- und Ausführungsgesetzen der Länder Ausnahmen vorgesehen sind (→ Rn. 7).

3. § 25 Abs. 3 Erlaubnisbegrenzung in Gemeinden

Nach § 25 Abs. 3 können die Länder die Anzahl der in einer Gemeinde zu **12** erteilenden Erlaubnisse begrenzen. Ein bestimmtes Begrenzungskriterium gibt die Regelung nicht vor (Wild ZfWG 2012, 247 (249)). Von dieser Befugnis hat bislang (Stand: Oktober 2012) einzig Mecklenburg-Vorpommern Gebrauch gemacht (vgl. auch Reeckmann ZfWG 2012, 255 (260)). Nach § 11 Abs. 6 AGGlüStV M-V kann die zuständige Behörde die Anzahl der in einer Gemeinde für Spielhallen zu erteilenden Erlaubnisse durch Rechtsverordnung unter Zugrundelegung der Ziele des § 1 dieses Staatsvertrages, der Einwohnerzahl der Gemeinde und den zumutbaren Rahmenbedingungen für die Spielteilnehmer regeln. Die anderen Länder haben die von § 25 Abs. 3 eingeräumte Ermächtigung teilweise bewusst nicht umgesetzt. So gelangte beispielsweise der saarländische Gesetzgeber zu der Erkenntnis, dass eine Begrenzung der Anzahl der zu erteilenden Genehmigungen aus gewerberechtlicher Sicht abzulehnen sei (LT-Drs. Saar 15/15, 71).

§ 26 Anforderungen an die Ausgestaltung und den Betrieb von Spielhallen

(1) **Von der äußeren Gestaltung der Spielhalle darf keine Werbung für den Spielbetrieb oder die in der Spielhalle angebotenen Spiele ausgehen oder durch eine besonders auffällige Gestaltung ein zusätzlicher Anreiz für den Spielbetrieb geschaffen werden.**

(2) **Die Länder setzen für Spielhallen zur Sicherstellung der Ziele des § 1 Sperrzeiten fest, die drei Stunden nicht unterschreiten dürfen.**

Ausführungsgesetze: § 43, § 44, § 46, § 48 Abs. 1 Nr. 15, Nr. 17 ff. LGlüG BW-E; Art. 11 Abs. 2, Art. 13 Abs. 1 Nr. 8 AGGlüStV Bay; § 4 Abs. 1, § 5, § 7 Abs. 1 Nr. 3, Nr. 4 SpielhG Bln; § 5, § 6 Nr. 14, § 10 Abs. 1 Nr. 9, Nr. 23 BremSpielhG, § 2 Abs. 1 BremGastV; § 2 Abs. 4, Abs. 5, Abs. 6, § 4, § 12 Abs. 1 Nr. 1, Nr. 2, Nr. 3, Nr. 4, Nr. 7 HSpielhG; § 11a Abs. 1, Abs. 3, § 21 Abs. 1 Nr. 16 GlüStVAG M-V; § 1, § 2 NSperrzeitVO; § 11 Abs. 3, Abs. 8, § 16 Abs. 1 Nr. 17 LGlüG RhPf; § 4 Abs. 1 und Abs. 2, § 7, § 11 Abs. 1 Nr. 2, Nr. 9 SpielhG Saar; § 9 Abs. 1 S. 2 SächsGastG; § 5, § 6, § 10 Nr. 8, Nr. 9, Nr. 10 SpielhG LSA; § 3 Abs. 4, Abs. 8, § 6, § 7 Abs. 1 Nr. 3, Nr. 4, Nr. 7, Nr. 14 ThürSpielhG.

Literatur: Reeckmann, Die Spielhallengesetze der Länder − Chaos oder Gleichklang?, ZfWG 2012, 255 ff.; Wild, Strengere Regulierung des gewerblichen Automatenspiels in Spielhallen und Gaststätten durch den neuen Glücksspielstaatsvertrag seit 1. Juli 2012, ZfWG 2012, 247 ff.; ders. (Hrsg.), Die Spielhallengesetze der Länder Berlin und Freie Hansestadt Bremen, ZfWG 2011, 385 ff.

I. Grundlagen

1 Genau wie die übrigen Vorschriften des siebten Abschnitts ist auch § 26 erstmalig mit diesem Staatsvertrag in Kraft getreten. Dementsprechend existiert hierzu bislang – soweit ersichtlich – noch keine Rechtsprechung und auch in der juristischen Fachliteratur sind derartige Vorschriften kaum behandelt worden. Die Regelung normiert verschiedene Mindestanforderungen an die Ausgestaltung und den Betrieb von Spielhallen. § 26 Abs. 1 regelt die Anforderungen an die äußere Gestaltung der Spielhalle. In § 26 Abs. 2 wird ein Mindestmaß für Sperrzeiten festgesetzt. Beide Regelungen werden in den Ausführungsgesetzen oder eigenständigen Spielhallengesetzen der Länder konkretisiert und ergänzt. Die Tatsache, dass die Länder teilweise deutlich weitergehende Restriktionen geregelt haben, zeigt, dass es sich im Hinblick auf die Realisierung der in § 1 definierten Zielsetzung dieses Staatsvertrages bei den in § 26 getroffenen Maßgaben zur Ausgestaltung und zum Betrieb von Spielhallen um das absolute regulatorische Minimum handelt. In den Ausführungs- und Spielhallengesetzen der Länder sind weitestgehend auch Ordnungswidrigkeitentatbestände für den Fall der Nichtbeachtung dieser Vorschriften geregelt.

II. Einzelkommentierung

1. § 26 Abs. 1 Außengestaltung der Spielhalle

2 **a) Allgemeines.** Nach § 26 Abs. 1 darf von der äußeren Gestaltung der Spielhalle keine Werbung für den Spielbetrieb oder die in der Spielhalle angebotenen Spiele ausgehen oder durch eine besonders auffällige Gestaltung ein zusätzlicher Anreiz für den Spielbetrieb geschaffen werden. Die Regelungen sollen sicherstellen, dass von Spielhallen kein übermäßiger werblicher Anreiz zum Spielen ausgeht (amtl. Begr. LT-Drs. Bay 16/11995, 31; Reeckmann, ZfWG 2012 255 (258)). Die Norm enthält auf der Tatbestandsseite zwei Alternativen. Zum einen geht es um die Werbung für den Spielbetrieb oder die in der Spielhalle angebotenen Spiele aufgrund der äußeren Gestaltung; zum anderen um das Setzen eines zusätzlichen Anreizes für den Spielbetrieb durch eine allgemeine, außerhalb der Werbung nach der ersten Alternative stehende, besonders auffällige äußere Gestaltung der Spielhalle. Neben § 26 Abs. 1 gelten für Spielhallen über § 2 Abs. 3 auch die allgemeinen Beschränkungen des § 5 für Glücksspielwerbung (vgl. Reeckmann ZfWG 2012, 255 (258); Wild ZfWG 2012, 247 (249)). § 26 Abs. 1 ist im Verhältnis zu § 5 lex specialis (amtl. Begr. LT-Drs. Bay 16/11995, 31).

3 **b) Werbung für den Spielbetrieb.** § 26 Abs. 1 Alt. 1 verbietet **Werbung** für den Spielbetrieb oder die in der Spielhalle angebotenen Spiele durch die äußere Gestaltung der Spielhalle. Der Begriff der Werbung entspricht im Sinne eines einheitlichen Verständnisses dieses Staatsvertrages dem Werbebegriff des § 5. Nach dem zu § 5 geäußerten Willen des Gesetzgebers gilt damit der Werbebegriff nach Art. 2 Nr. 1 der **Irreführungsrichtlinie** (Richtlinie 84/450/EWG, ABl. L 250 v. 19.9.1984, 17 ff.). Danach ist Werbung jede Äußerung bei der Ausübung eines Handelsgewerbes, Handwerks oder freien Berufs mit dem Ziel, den Absatz von Waren oder die Erbringung von Dienstleistungen zu fördern (→ § 5 Rn. 33).

Die Norm untersagt jegliche Form der Werbung für den Spielbetrieb oder die **4**
in der Spielhalle angebotenen Spiele. Es wird also im sachlichen Anwendungsbereich der Norm nicht nach der inhaltlichen Qualität der Werbung differenziert.
Es kommt nicht darauf an, ob die Werbung besonders gefährdend oder anreizend
ist. § 26 Abs. 1 Alt. 1 statuiert vielmehr in seinem Anwendungsbereich ein Totalverbot für Werbung. Die Vorschrift geht damit deutlich über den Regelungsgehalt
von § 5 hinaus, wonach Werbung für öffentliches Glücksspiel im Grundsatz zulässig ist, sich aber hinsichtlich ihres Inhalts an die Maßgaben dieser Vorschriften zu
halten hat.

Die Vorschrift verbietet unter inhaltlichen Gesichtspunkten aber nicht jedwede **5**
Werbung des Betreibers einer Spielhalle. Verboten ist nur Werbung, die den Spielbetrieb oder die unmittelbar in der Spielhalle angebotenen Spiele zum Gegenstand
hat. Der Begriff des Spielbetriebs ist dabei in engem Zusammenhang mit der
Begrifflichkeit der dort angebotenen Spiele zu sehen. Umfasst ist nur Werbung
für den Betrieb in Gestalt des Glücksspielangebots. Denn das Glücksspiel bildet
letztlich den Gegenstand des Spielbetriebs einer Spielhalle und prägt diesen
wesentlich. Verboten sind also sämtliche Äußerungen, die mittelbar oder unmittelbar darauf hinweisen, dass in dem betroffenen Geschäftslokal die Teilnahme am
Glücksspiel angeboten wird. Unter das Werbeverbot fallen in erster Linie bildliche
Darstellungen der angebotenen Spiele oder deren namentliche Nennung. Aber
auch die Abbildung von typischen Spielgegenständen, die der Adressat mit Glücksspielen assoziiert, unterliegt dem Verbot. Hierzu zählen etwa die Darstellung eines
Roulette- oder Spieltischs sowie von Spielkarten oder Spielwürfeln. Gleiches gilt
für die typischen Symbole, die den Verbraucher an Glücksspiel denken lassen.
Dazu gehören etwa der Joker, das Kleeblatt oder das Glücksschwein. Des Weiteren
ist von dem Verbot die auch nur symbolische Darstellung von möglichen Gewinnen betroffen wie etwa die Abbildung von Geld, auch durch Dollar- oder Eurozei-
chen, von Goldbarren und dergleichen. Werbung für den Spielbetrieb - und damit
verboten - kann aber auch die vom Betreiber gewählte Bezeichnung der Spielstätte
sein. Dies gilt in jedem Fall für Bezeichnungen wie **Casino** oder **Spielbank** (amtl.
Begr. LT-Drs. Bay 16/11995, 31). Diese Begriffe stehen für eine Einrichtung, in
der Glücksspiel angeboten wird, und sind damit als werblicher Hinweis auf das
dort vorgehaltene Spielangebot zu qualifizieren. Etwas anderes soll für den rein
informativen Hinweis auf eine gewerbliche Spielhalle gelten, sofern hiervon aufgrund der Gestaltung kein Anlockeffekt ausgeht (LT-Drs. Saar 15/15, 72). Da
unter den weit gefassten Begriff der Werbung auch die bloße Verwendung von
Markennamen, Wort/Bildmarken oder Bildmarken fällt, können auch solche von
Spielhallenbetreibern oder von Spielautomatenherstellern verwendeten Kennzeichen dem Werbeverbot unterliegen. Dies zumindest dann, wenn die Kennzeichen
durch ihre Wort- oder Bildgestaltung von einem Glücksspielangebot zeugen oder
einen derartigen Bekanntheitsgrad für die von ihnen verkörperte Dienstleistung
besitzen, dass ein hinreichender Teil der angesprochenen Verkehrskreise hierin
den Hinweis auf ein Glücksspielangebot sieht. Nicht umfasst von dem Verbot
nach § 26 Abs. 1 Alt. 1 ist hingegen Werbung, die nicht das Glücksspielangebot
erkennen lässt, oder die für die von einer Werbung für das Spielangebot losgelöste
äußere Gestaltung der Spielhalle. Bei einer entsprechenden Ausgestaltung kann
insoweit aber die zweite Alternative von § 26 Abs. 1 einschlägig sein (→ Rn. 7).

Neben der inhaltlichen Einschränkung sieht die Norm eine weitere Einschrän- **6**
kung des Verbots hinsichtlich der Örtlichkeit der Werbung vor. Betroffen ist
lediglich die äußere Gestaltung der Spielhalle. Nur von dieser darf keine Werbung

ausgehen. Umfasst vom Begriff der äußeren Gestaltung ist etwa die Fassade des Geschäftslokals, aber auch der Bereich unmittelbar vor dem Geschäftslokal wie der öffentliche Gehweg. Das Verbot zielt also nur auf in diesem örtlichen Bereich befindliche Werbeträger, wie etwa angebrachte Außenplakate, Schriftzüge, Gehwegaufsteller, Fassadengestaltungen, Werbetafeln und -schilder oder Werbefahnen und -wimpel etc. Werbung außerhalb dieses Bereichs und damit vor allem auch im Inneren der Spielhalle lässt die Regelung hingegen unberührt. Solche Werbung unterliegt nur den allgemeinen Anforderungen des § 5. Etwas anderes gilt, wenn Werbung für das Glücksspiel im Inneren der Spielhalle aufgrund deren äußeren Gestaltung von außen wahrgenommen werden kann (vgl. auch Wild ZfWG 2011, 385 (391)). Dies ist auch der Fall, wenn Glücksspielautomaten von außen offen einsehbar sind und als solche wahrgenommen werden, weil von diesen ebenfalls eine Werbewirkung für den Spielbetrieb ausgeht. Daher kann eine transparente äußere Gestaltung der Spielhalle unter das Werbeverbot des § 26 Abs. 1 Alt. 1 fallen, sofern eine solche nicht ohnehin durch das spezifische Landesrecht verboten ist (vgl. zB § 4 Abs. 1 S. 1 SpielhG Bln; → Rn. 9).

7   **c) Sonstige besonders auffällige Gestaltung.** Die Regelung des § 26 Abs. 1 Alt. 2 ist sprachlich unvollständig. Die Norm ist unter Berücksichtigung der Zielsetzung des § 26 Abs. 1 so zu lesen, dass durch eine besonders auffällige Gestaltung der Spielhalle kein zusätzlicher Anreiz für den Spielbetrieb geschaffen werden darf. In den Anwendungsbereich des § 26 Abs. 1 Alt. 2 fallen sämtliche Maßnahmen, Äußerungen und Elemente im Zusammenhang mit der äußeren Gestaltung der Spielhalle, die nicht Werbung für den Spielbetrieb oder die in der Spielhalle angebotenen Spiele sind. Das Verbot nach § 26 Abs. 1 Alt. 1 ist damit im Verhältnis zur 2. Alternative lex specialis. Von der äußeren Gestaltung der Spielhalle ausgehende Werbung für den Spielbetrieb oder die in der Spielhalle angebotenen Spiele fallen unter das Totalverbot nach § 26 Abs. 1 Alt. 1 (→ Rn. 5). Alle übrigen Elemente der äußeren Gestaltung der Spielhalle unterliegen der weniger strikten Regelung des § 26 Abs. 1 Alt. 2. Die Bewerbung des Betriebs einer Spielhalle mit sämtlichen dort verfügbaren Dienstleistungsangeboten außerhalb des vorgehaltenen Glücksspielangebots ist also per se nicht verboten, sondern deren Zulässigkeit an den weiteren Voraussetzungen des § 26 Abs. 1 Alt. 2 zu messen. Hierunter fallen beispielsweise Werbung für den Getränkeausschank sowie Hinweise auf das Verbot oder die Erlaubnis des Konsums von Tabakerzeugnissen, auf klimatisierte Räume oder Öffnungszeiten usw. Gleiches gilt für die von einer Werbung für das Spielangebot losgelöste äußere Gestaltung der Spielhalle, zB eine durch Lichteffekte, besondere Farbgebung oder bildliche Motive auffallend gestaltete Außenfassade. Auch solche Gestaltungselemente treffen keine Aussage über das in der Spielhalle angebotene Glücksspiel.

8   Derartige Werbe- und Gestaltungsmaßnahmen sind nur dann verboten, wenn aufgrund ihrer besonders auffälligen Gestaltung ein zusätzlicher Anreiz für den Spielbetrieb geschaffen wird. Voraussetzung ist also zum einen eine besonders auffällige Gestaltung. Eine besonders auffällige Gestaltung liegt vor, wenn diese geeignet ist, die Aufmerksamkeit des Publikumsverkehrs zu wecken. Dies kann vor allem eine durch blickfangmäßige Gestaltung der einzelnen Elemente (vgl. auch amtl. Begr. LT-Drs. Bay 16/11995, 31) geschehen, etwa durch Verwendung besonders greller Farben, starker Farbkontraste, überproportionaler Schriftgröße, hervorstechender grafischer Motive oder dem Einsatz von Licht- und Beleuchtungselementen. Zum anderen muss diese besonders auffällige äußere Gestaltung

der Spielhalle einen zusätzlichen Anreiz für den Spielbetrieb schaffen. Wie aus dem Wort zusätzlich folgt, muss durch diese Gestaltung ein anderer Anreiz gesetzt werden als derjenige, der ohnehin vom dem Spielbetrieb, also dem vorgehaltenen Glücksspielangebot ausgeht. Der zusätzliche Anreiz kann regelmäßig schon durch die besonders auffällige Gestaltung begründet sein. Dies ist zumindest dann der Fall, wenn die äußere Gestaltung derart auffällig ist, dass sie geeignet ist, den Publikumsverkehr auf die Spielhalle aufmerksam zu machen und dass sich dieser mit dem Angebot befasst. Neben der Gestaltungsform kann der zusätzliche Anreiz auch aus dem Inhalt der Gestaltung hervorgehen, insbesondere bei Werbung für neben dem Spielbetrieb angebotene Dienstleistungen (→ Rn. 7), wie etwa kostenlosen Getränkeausschank.

d) Ausführungsgesetze der Länder. Manche Ausführungs- und Spielhallen- 9 gesetze der Länder enthalten Normen, die § 26 Abs. 1 wörtlich entsprechen (vgl. etwa § 2 Abs. 5 SpielhG H). Teilweise bleiben die Regelungen der Ausführungs- und Spielhallengesetze hinter dem Regelungsgehalt von § 26 Abs. 1 zurück. So bestimmt beispielsweise § 5 Abs. 2 BremSpielhG, dass das äußere Erscheinungsbild einer Spielhalle nicht durch Werbung zum Spielen auffordern oder anreizen darf. In diesen Fällen verschärft § 26 Abs. 1 das spezifische Landesrecht.

§ 26 Abs. 1 wird aber teilweise auch durch besondere landesrechtliche Regelun- 10 gen der Ausführungs- und Spielhallengesetze ergänzt. Manche Länder haben von ihrer Befugnis Gebrauch gemacht und weitergehende Regelungen zu den Anforderungen an die äußere Gestaltung oder Werbung für Spielhallen getroffen. So bestimmen manche landesrechtliche Normen, dass eine Spielhalle von außen nicht einsehbar sein darf (§ 4 Abs. 1 S. 1 SpielhG Bln; § 5 Abs. 1 BremSpielhG; § 11a Abs. 1 S. 1 GlüStVAG M-V; § 5 Abs. 2 S. 1 SpielhG LSA; § 3 Abs. 4 S. 1 Thür-SpielhG). In den einzelnen Gesetzgebungsverfahren hatte Uneinigkeit zu der Frage geherrscht, ob Spielhallen einsehbar sein sollten oder nicht – wie jetzt geregelt (vgl. Wild ZfWG 2011, 385 (391)). Für eine Einsehbarkeit wurde angeführt, dass das Automatenspiel dadurch seine Anonymität verliere und die höhere Transparenz der Anreizfunktion des Geheimen entgegensteuere. Für die nunmehr getroffene gesetzliche Regelung spricht, dass von offen sichtbaren, bunt blinkenden Spielgeräten eine starke Werbewirkung ausgeht und daraus eine hohe Anziehungskraft für Kinder, Jugendliche und diejenigen Spieler resultiert, die sich vor allem wegen eines problematischen oder gar pathologischen Spielverhaltens vom Glücksspiel fernhalten wollen (Wild ZfWG 2011, 385 (391)). Daneben sehen einige landesrechtliche Regelungen vor, dass als Bezeichnung des Unternehmens lediglich das Wort **„Spielhalle"** zulässig ist (vgl. zB § 2 Abs. 6 SpielhG H; § 5 Abs. 1 SpielhG LSA; § 3 Abs. 8 ThürSpielhG). Die Regelungen sollen auch Transparenz und eine klare Abgrenzung zwischen gewerblichem Spiel und Glücksspiel in Spielbanken schaffen (vgl. LT-Drs. 6/914 LSA, 65). In der Praxis bislang gängige Bezeichnungen wie **Casino** oder **Spielbank** sind damit im gesamten geschäftlichen Verkehr verboten, also etwa in Werbeanzeigen, auf Werbeflyern oder als Bestandteil der Firma auf Geschäftsbriefen (vgl. auch LT-Drs. 6/914 LSA, 65). Bei der äußeren Gestaltung der Spielhalle ergibt sich das Verbot solcher Bezeichnungen bereits aus § 26 Abs. 1 Alt. 1 (→ Rn. 5). Daneben gibt es in manchen Landesgesetzen Vorschriften, die den Werberestriktionen des § 5 und den Aufklärungspflichten des § 7 entsprechen (zB § 5 Abs. 3 BremSpielhG; § 4 Abs. 2 SpielhG Saar). Während der Geltungsdauer dieses Staatsvertrages kommt solchen Vorschriften kein eigenständiger Regelungsgehalt zu, weil § 5 und § 7 über § 2 Abs. 3

auch für Spielhallen gelten. Schließlich enthält § 4 Abs. 3 Nr. 1 SpielhG Saar das Verbot, mit einem **Jackpot** zu werben und geht damit über die allgemeinen Anforderungen an Werbung für öffentliches Glücksspiel nach diesem Staatsvertrag hinaus, wonach **Jackpot-Werbung** grundsätzlich zulässig ist.

11   Außerdem enthalten die Ausführungs- und Spielhallengesetze der Länder teilweise Ordnungswidrigkeitentatbestände. Danach handelt sinngemäß derjenige ordnungswidrig, der die Vorgaben zur äußeren Gestaltung der Spielhalle oder zur Werbung nicht einhält. So regelt etwa § 10 Abs. 1 Nr. 9 BremSpielhG, dass ordnungswidrig handelt, wer vorsätzlich oder fahrlässig entgegen § 5 die Vorgaben zur Ausgestaltung der Spielhalle oder zur Werbung nicht befolgt. Ähnliche Regelungen enthalten § 7 Abs. 1 Nr. 3, Nr. 4 SpielhG Bln, § 12 Abs. 1 Nr. 1 bis Nr. 4 SpielhG H, § 21 Abs. 1 Nr. 16 GlüStVAG M-V, § 16 Abs. 1 Nr. 17 LGlüG RhPf, § 11 Abs. 1 Nr. Nr. 2 SpielhG Saar, § 10 Nr. 8 SpielhG LSA und § 7 Abs. 1 Nr. 3, Nr. 4, Nr. 7 ThürSpielhG.

2. § 26 Abs. 2 Sperrzeiten

12   **a) Allgemeines.** Nach § 26 Abs. 2 setzen die Länder für Spielhallen zur Sicherstellung der Ziele des § 1 **Sperrzeiten** fest, die drei Stunden nicht unterschreiten dürfen. Die Vorschrift bestimmt eine Mindestsperrzeit für den Betrieb einer Spielhalle und begrenzt damit das zeitliche Angebot der Spielhallen, die über Geld- und Warenspielgeräte mit Gewinnmöglichkeiten verfügen. Die Norm nennt als Zielsetzung ausdrücklich die Sicherstellung der Ziele des § 1. Die Regelung ist nach den Erläuterungen des Gesetzgebers in erster Linie zum Zwecke der Spielsuchtprävention in den Staatsvertrag aufgenommen worden. Sperrzeiten für den Betrieb von Spielhallen sind sinnvoll, weil viele pathologische Spieler über extrem lange Zeiträume in Spielhallen verweilen und dieses dauerhafte Spielen mit einer allgemeinen Sperrzeit nachhaltig unterbrochen werden kann (amtl. Begr. LT-Drs. Bay 16/11995, 31). Die Spielhallen- und Ausführungsgesetze der Länder enthalten häufig Regelungen, welche die Sperrzeiten konkretisieren oder auch ausdehnen.

13   **b) Mindestsperrzeit.** Der Regelungsgehalt von § 26 Abs. 2 beschränkt sich in erster Linie auf die Statuierung einer **Mindestsperrzeit** von drei Stunden für den Betrieb von Spielhallen. Eine Spielhalle darf also maximal 21 Stunden am Stück geöffnet sein. Trotz des nicht eindeutigen Wortlauts entfaltet die Norm unabhängig davon, ob die Länder konkretisierende Regelungen treffen oder nicht, diesbezüglich unmittelbar Regelungs- und Verbotscharakter. Gleichzeitig verpflichtet die Norm die Länder dazu, Sperrzeiten festzusetzen. Die Länder sind also gehalten, den genauen Zeitraum der Mindestsperrzeit zu konkretisieren. Aus der Festlegung einer Mindestsperrzeit folgt gleichzeitig, dass es den Ländern offensteht, Sperrzeiten auszudehnen und daneben auch weitergehende Regelungen zu treffen (amtl. Begr. LT-Drs. Bay 16/11995, 31).

14   **c) Ausführungsgesetze der Länder.** Wie vom Gesetzeswortlaut ausdrücklich gefordert, haben weitüberwiegend die einzelnen Ländern in den Ausführungsgesetzen zu diesem Staatsvertrag oder in den eigenständigen Spielhallengesetzen Regelungen getroffen, welche die Vorgabe in § 26 Abs. 2 konkretisieren und die Sperrzeiten teilweise erweitern. Derartige Regelungen folgen teilweise aber auch aus anderen landesrechtlichen Vorschriften wie beispielsweise die BremGastV (vgl. auch Wild ZfWG 2011, 385 (391)). Daneben haben manche Länder für bestimmte Tage ein vollständiges Betriebsverbot für Spielhallen geregelt, sog. **Spielverbots-**

tage oder **spielfreie Tage**. Schließlich sind in den landesrechtlichen Regelungen häufig Ordnungswidrigkeitstatbestände vorgesehen, wenn Spielhallen zu den Sperrzeiten geöffnet bleiben. In Baden-Württemberg beginnt die Sperrzeit gem. § 46 Abs. 1 S. 1 LGlüG **15** BW um 0.00 Uhr und endet um 6.00 Uhr. In Einzelfällen kann der Beginn der Sperrzeit nach S. 2 vorverlegt oder dessen Ende hinausgeschoben werden. Die Spielhalle ist an Karfreitag, Allerheiligen, Totensonntag, am Volkstrauertag, an Heiligabend und dem ersten Weihnachtsfeiertag, sowie aus besonderem Anlass an weiteren Tagen zu schließen, § 46 Abs. 2 iVm § 29 Abs. 3 LGlüG BW. In Bayern beginnt nach Art. 11 Abs. 2 S. 1 AGGlüStV Bay die Sperrzeit für Spielhallen täglich um 3.00 Uhr und endet um 6.00 Uhr. Nach Satz 2 der Vorschrift können die Gemeinden die Sperrzeit bei Vorliegen eines öffentlichen Bedürfnisses oder besonderer örtlicher Verhältnisse durch Verordnung verlängern. In Berlin regelt § 5 SpielhG Bln die Sperrzeit und Spielverbotstage für Spielhallen. Nach § 5 Abs. 1 SpielhG Bln beginnt die Sperrzeit um 3.00 Uhr und endet um 11.00 Uhr, beläuft sich also auf acht Stunden. Nach § 5 Abs. 2 SpielhG Bln dürfen Spielhallen am Karfreitag, am Volkstrauertag, am Totensonntag sowie am 24.12. und 25.12. nicht geöffnet werden. An diesen Tagen ist das Spielen verboten. Das BremSpielhG sieht selbst keine Regelung für Sperrzeiten vor. Weitergehende Regelungen zu Sperrzeiten für Spielhallen in Bremen trifft aber § 2 Abs. 1 BremGastV. Danach beginnt die Sperrzeit für Spielhallen um 2.00 Uhr und endet um 6.00 Uhr. Nach § 4 Abs. 1 S. 1 SpielhG H darf eine Spielhalle nicht länger als 18 Stunden am Tag geöffnet sein. Nach Satz 2 ist die Sperrzeit zwischen 4.00 Uhr und 10.00 Uhr einzuhalten. Nach § 4 Abs. 2 SpielhG H ruht das Spiel am Karfreitag ganztags und am Karsamstag vom 0.00 Uhr bis 11.00 Uhr, am Volkstrauertag und am Totensonntag jeweils in der Zeit von 4.00 Uhr bis 24.00 Uhr, am 24.12. ab 4.00 Uhr und am 25.12. ganztags, an den übrigen Sonn- und Feiertagen in der Zeit von 4.00 Uhr bis 12.00 Uhr. § 11a GlüStVAG M-V setzt die Sperrzeit für Spielhallen auf die Zeit zwischen 2.00 Uhr und 8.00 Uhr fest. In Niedersachsen sind die Sperrzeiten für Spielhallen durch die SperrzeitVO näher komkretisiert. Nach § 1 SperrzeitVO beginnt die Sperrzeit für Spielhallen um 0.00 Uhr und endet um 6.00 Uhr. Nach § 2 SperrzeitVO kann die Sperrzeit unter Umständen für einzelne Betriebe verlängert, verkürzt oder aufgehoben werden. § 11 Abs. 8 S. 1 LGlüG RhPf bestimmt die Sperrzeit für Spielhallen auf die Zeit zwischen 0.00 Uhr und 6.00 Uhr. Nach Satz 2 der Vorschrift ist das Spiel in Spielhallen am Karfreitag, am Volkstrauertag und am Totensonntag jeweils ab 4.00 Uhr, am Allerheiligentag von 11.00 Uhr bis 20.00 Uhr, am 24.12. ab 11.00 Uhr und am 25.12. von 0.00 Uhr bis 24.00 Uhr nicht zugelassen. Im Saarland beginnt nach § 7 Abs.1 SpielhG Saar die Sperrzeit täglich um 4.00 Uhr und endet um 10.00 Uhr. Gemäß § 7 Abs. 2 SpielhG Saar kann die Sperrzeit im Einzelfall geändert werden. In Sachsen ist die Sperrzeit für Spielhallen in § 9 SächsGastG geregelt. Nach § 9 Abs. 1 S. 2 beginnt die Sperrzeit für Spielhallen um 23.00 Uhr und endet um 6.00 Uhr. Nach § 6 Abs. 1 SpielhG LSA dürfen am Karfreitag ganztägig, am Volkstrauertag ab 5.00 Uhr, am Buß- und Bettag ab 5.00 Uhr, am Totensonntag und am 24.12. ab 5.00 Uhr bis zum 26.12. 5.00 Uhr Spielhallen nicht geöffnet werden und das Spielen ist an diesen Tagen verboten. § 6 Abs. 2 SpielhG LSA ermächtigt das Wirtschaftsministerium durch Verordnung Sperrzeiten für Spielhallen festzulegen. In Thüringen regelt § 6 ThürSpielhG die Sperrzeit und die Spielverbotstage. Nach § 6 Abs. 1 ThürSpielhG ist die Sperrzeit für Spielhallen zwischen 1.00 Uhr und 6.00 Uhr. Nach § 6 Abs. 2 ThürSpielhG dürfen Spielhallen an den nach dem

Thüringer Feiertagsgesetz mit erhöhtem Schutz versehenen Tagen Spielhallen nicht geöffnet werden und das Spielen ist verboten.

16   Schließlich sehen die Landesgesetze teilweise Ordnungswidirgkeitentatbestände sinngemäß dann vor, wenn die Sperrzeiten oder die Spielverbotstage nicht eingehalten werden und in diesen Zeiten oder an diesen Tagen das Spiel ermöglicht wird. So regelt beispielsweise § 7 Abs. 1 Nr. 8 SpielhG Bln, dass ordnungswidrig handelt, wer vorsätzlich oder fahrlässig als Inhaber oder als Aufsichtsperson einer Spielhalle duldet, dass ein Gast innerhalb der Sperrzeit in den Betriebsräumen verweilt, oder zulässt, dass an Spielverbotstagen die Spielhalle geöffnet ist oder dort gespielt wird. Ähnliche Regelungen finden sich in Art. 13 Abs. 1 Nr. 8 AGGlüStV Bay, § 12 Abs. 1 Nr. 7 SpielhG H, § 21 Abs. 1 Nr. 16 GlüStVAG M-V, § 11 Abs. 1 Nr. 9 SpielhG Saar, § 10 Nr. 9, Nr. 10 SpielhG LSA und § 7 Abs. 1 Nr. 14 ThürSpielhG.

Achter Abschnitt. Pferdewetten

§ 27 Pferdewetten

(1) **Pferdewetten dürfen nur mit einer Erlaubnis nach dem Rennwett- und Lotteriegesetz veranstaltet oder vermittelt werden. Für die Vermittlung von Pferdewetten darf eine Erlaubnis nur erteilt werden, wenn die zuständigen deutschen Behörden den Abschluss dieser Pferdewetten im Inland oder den Betrieb eines Totalisators für diese Pferdewetten im Inland erlaubt haben. § 4 Abs. 2 Satz 1 und Abs. 3 sind anwendbar.**

(2) **§ 4 Absatz 4 ist anwendbar. Abweichend von Satz 1 kann das Veranstalten und Vermitteln von nach Absatz 1 erlaubten Pferdewetten im Internet unter den in § 4 Abs. 5 genannten Voraussetzungen im ländereinheitlichen Verfahren erlaubt werden.**

(3) **Auf Festquotenwetten finden § 8 Abs. 6 und § 21 Abs. 5 entsprechende Anwendung.**

Ausführungsgesetze: §§ 21-26 LGlüG BW-E; § 9a AG GlüStV Bln; Art. 5 Abs. 2 GlüÄStVG Bln; § 16 Abs. 5 HGlüG; § 1 Abs. 2 S. 2 NGlüSpG.

Literatur: Erbs/Kohlhaas, Strafrechtliche Nebengesetze, R 70. Rennwett- und Lotteriegesetz, 188. EL 2012; Gebhardt/Postel, Der weite Weg zur Kohärenz – Erste Anmerkungen zum neuen Glücksspielstaatsvertrag (Teil 1), ZfWG 2012, 1 ff.; Hecker, Quo Vadis Glücksspielstaatsvertrag? Zwischenbericht über den Entwicklungsstand eines ungeliebten Nasciturus, WRP 2012, 523 ff.; Klöck/Klein, Die Glücksspielentscheidungen des EuGH und die Auswirkungen auf den Glücksspielstaatsvertrag, NVwZ 2011, 22 ff.; Lippert, Das Kohärenzerfordernis des EuGH, EuR 2012, 90 ff.; Steegmann, Rennwett- und Lotteriegesetz, Kommentar, 2012; Thalmair, Deutsche Buchmacher: Wettgeschäft ohne Grenzen?, GewArch 1995, 274 ff.; Voigt, Anmerkungen zum Urteil des BVerwG vom 1.6.2011 – 8 C 5.10, MMR 2011, 848 ff.; Voßkuhle, Glücksspiel ohne Grenzen. Zur rechtlichen Zulässigkeit der grenzüberschreitenden Vermittlung von Pferderennwetten, GewArch 2001, 177 ff.; Windoffer, Die Neuregelung des Glücksspielrechts vor dem Hintergrund unions- und verfassungsrechtlicher Rahmenbedingungen, DÖV 2012, 257 ff.

Übersicht

I. Grundlagen

1 Bislang trafen weder der LottStV von 2004 noch der GlüStV von 2008 ausdrückliche Regelungen für Pferdewetten; diese fanden sich vielmehr im RennwLottG (→ Einl. RennwLottG Rn. 1 ff.). Nunmehr werden Pferdewetten durch die §§ 2 Abs. 5 und 27, 29 Abs. 5 GlüStV teilweise in den GlüStV einbezogen. Die Länder treffen in den Ausführungs- und Umsetzungsgesetzen des GlüStV ergänzende, teilweise über die Anforderungen des § 27 GlüStV hinausgehende Regelungen zu Pferdewetten (insbes. §§ 21 ff. LGlüG BW-E).

1. Wahrung der Kohärenz als Regelungshintergrund

2 Ziel der §§ 2 Abs. 5, 27, 29 Abs. 5 GlüStV ist die Wahrung der **Kohärenz** (zum Kohärenzerfordernis des EuGH siehe etwa Lippert EuR 2012, 90 ff.). Diese war bislang gefährdet durch nicht hinreichend aufeinander abgestimmte Regelungen der Länder zu Sportwetten und des Bundes zu Pferdewetten: Sportwetten waren noch unter Geltung des GlüStV 2008 einem Staatsmonopol unterstellt, während für Pferdewetten letztlich die Gewerbefreiheit galt. Diese Reibungsflächen hatte der EuGH in seinen Urteilen Markus Stoß und Carmen Media ausdrücklich in Bezug genommen (EuGH ZfWG 2010, 332 (337), Rn. 66, (340), Rn. 100); ZfWG 2010, 344 (347), Rn. 53, (348), Rn. 67). Die Diskrepanz wird durch den neuen GlüStV 2012 zum einen dadurch verkleinert, dass das Staatsmonopol für Sportwetten durch ein Konzessionsmodell ersetzt wird. Zum anderen sollen Pferdewetten in stärkerem Umfang als bisher mit dem Ziel der Gefahrenabwehr reguliert werden. Den historischen und tatsächlichen Besonderheiten der Pferdewetten Rechnung tragend, erfolgt allerdings keine vollständige Parallelisierung mit den sonstigen Sportwetten (s. Erl. zum GlüStV 2012).

2. Landesgesetzgebungskompetenz

3 Das Recht der Pferdewetten ist ein Unterfall des Rechts der Wirtschaft iSd Art. 74 Abs. 1 Nr. 11 GG und zählt damit zu den Gegenständen der konkurrierenden Gesetzgebung (dazu → Einl. RennwLottG Rn. 4, 11). Der Bund hat durch das RennwLottG von dieser Kompetenz Gebrauch gemacht, sodass die Länder gem. Art. 72 Abs. 1 GG an eigener Gesetzgebung gehindert sind.

4 Ausweislich der Begründung zum GlüÄndStV stützen die Länder die staatsvertraglichen Regelungen zu Pferdewetten auf eine **Öffnungsklausel** im RennwLottG. Diese wurde durch das Gesetz zur Besteuerung von Sportwetten (BGBl. I, S. 1424) als § 25 Abs. 3 in das RennwLottG eingefügt (→ Einl. RennwLottG Rn. 2). Danach können die Länder „Vorschriften über das Veranstalten und Vermitteln von Pferdewetten, das Vermitteln von Pferdewetten über das Internet und in das Ausland sowie Vorschriften über Regelungen zur Spielersperre, Spielwerbung und zum Schutz Minderjähriger erlassen. Die landesrechtlichen Vorschriften können auch Regelungen zum Schutz der Allgemeinheit, insbesondere der Gefahrenaufklärung der Öffentlichkeit, umfassen." Durch diese Öffnungsklausel verzichtet der Bundesgesetzgeber auf die vollständige Inanspruchnahme der konkurrierenden Gesetzgebungskompetenz und eröffnet damit den Ländern im Rahmen des § 25 Abs. 3 RennwLottG einen Spielraum für eigene Vorschriften.

Gegenüber dieser Öffnungsklausel werden verfassungsrechtliche Bedenken **5** angemeldet. Kritisiert wird, das angestrebte Kompetenzkonzept stehe im Widerspruch mit den Zielen der Föderalismusreform. Mit dieser habe der Gesetzgeber Mischformen aus Bundes- und Landesgesetzgebung gerade begrenzen wollen und insofern etwa die Rahmengesetzgebungskompetenz abgeschafft. Einfachgesetzliche Öffnungsklauseln seien daher nur in eng umgrenzten Ausnahmefällen möglich. § 25 Abs. 3 RennwLottG werde den Anforderungen, die insofern an eine Öffnungsklausel zu stellen seien, nicht gerecht, da Inhalt und Ausmaß der Ermächtigung zur Gesetzgebung nicht hinreichend deutlich festgelegt seien (zum Ganzen siehe die Stellungnahmen zum Entwurf unter http://www.bundestag.de/bundestag/ausschuesse17/a07/anhoerungen/2012/082/Stellungnahmen/index.html [Stand: 7/2012]). Auch die Bundesregierung sieht mit Blick darauf, dass die Länder über die neu gewonnene Gesetzgebungskompetenz wiederum eine bundeseinheitliche Regelung ohne Eingehen auf länderspezifische Besonderheiten anstreben, Friktionen mit den Zielen der Föderalismusreform (BT-Drs. 17/8494, 14).

Zu dieser Kritik sei Folgendes angemerkt: Das Ausmaß der Ermächtigung ist **6** durch die genannten Gegenstände (Spielersperre, Werbung, Minderjährigenschutz und Gefahrenaufklärung in der Öffentlichkeit) durchaus konturiert. Darüber hinaus liegt es im Wesen der konkurrierenden Gesetzgebung, dass Bund und Länder ihre Kompetenzen (auch) abgeschichtet wahrnehmen können – die Sperrwirkung der Kompetenzwahrnehmung durch den Bund reicht nur „soweit" er tätig wird (Art. 72 Abs. 1). Eine Aussparung der Bundeskompetenz zugunsten der Länder ist daher grds. zulässig (vgl. BVerfGE 35, 65 (73 f.): Regelungsvorbehalte zugunsten der Länder als „übliches Mittel der Gesetzgebungstechnik"). Das Spannungsverhältnis der Öffnungsklausel zu den Zielen der Föderalismusreform wird im Übrigen teils aufgelöst, indem die Länder über die Ausführungsbestimmungen zum GlüStV länderspezifische Besonderheiten berücksichtigen können.

3. Verhältnis zum bundesrechtlichen RennwLottG

§ 27 GlüStV stellt eine das RennwLottG **ergänzende ordnungsrechtliche 7 Regelung** dar, die die Regulierung der Pferdewetten in das Gesamtsystem eines ordnungsrechtlichen Glücksspielregimes einpasst. Die steuerlichen Regelungen des RennwLottG werden durch § 27 GlüStV hingegen nicht berührt.

4. Überblick über die Regelungen des GlüStV mit Aussagen zu Pferdewetten

§ 2 Abs. 5 GlüStV bestimmt, dass für Pferdewetten nur die §§ 1 bis 3, 5 bis 7 **8** GlüStV sowie die Vorschriften des Achten und Neunten Abschnitts des GlüStV gelten. Nach § 3 Abs. 1 GlüStV sind Pferdewetten „Wetten aus Anlass öffentlicher Pferderennen und anderer öffentlicher Leistungsprüfungen für Pferde" (dazu → § 3 GlüStV Rn. 1). § 5 Abs. 3 S. 2 GlüStV ermöglicht Landesregelungen, welche die Werbung für Pferdewetten im Internet und im Fernsehen zulassen (näher Hecker WRP 2012, 520 (529); → § 5 GlüStV Rn. 52). Die zentralen glücksspielstaatsvertraglichen Aussagen zu Pferdewetten finden sich in § 27 GlüStV. Nach § 29 Abs. 5 GlüStV gelten Buchmachererlaubnisse nach dem RennwLottG „im bisherigen Umfang" nur bis zum Ablauf eines Jahres nach Inkrafttreten des neuen GlüStV fort (→ Rn. 17; § 29 GlüStV Rn. 19 und § 2 RennwLottG Rn. 10).

5. Rechtslage in Schleswig-Holstein

9   Das GlüG SchlH vom 20.10.2011 (GVOBl. 280) trifft keine ausdrücklichen Regelungen für Pferdewetten, mit der Folge, dass allein die Regelungen des RennwLottG greifen. Da das GlüG SchlH für Sportwetten ebenfalls einen im Kern gewerberechtlichen Erlaubnisvorbehalt normiert, löst das Nebeneinander zweier Regelungssysteme für Sportwetten einerseits und Pferdewetten andererseits insoweit keine unüberwindbaren Bedenken hinsichtlich der Kohärenz aus (zur Frage der Kohärenz bei abweichenden Regelungen in einzelnen Ländern → Einführung Rn. 49 ff.).

II. Einzelkommentierung

1. § 27 Abs. 1 – Erlaubnis für die Veranstaltung und Vermittlung von Pferdewetten

10   **a) § 27 Abs. 1 S. 1 – Verweis auf die Erlaubnisse nach dem RennwLottG.** Gem. § 27 Abs. 1 S. 1 GlüStV dürfen Pferdewetten nur mit einer Erlaubnis nach dem RennwLottG veranstaltet oder vermittelt werden. § 27 Abs. 1 S. 1 schafft also keine eigenständige glücksspielstaatsvertragliche Erlaubnis (anders bei Online-Pferdewetten → Rn. 19 f.). Was **Pferdewetten** sind, bestimmt sich nach § 3 Abs. 1 S. 5 GlüStV (→ § 3 GlüStV Rn. 1): „Pferdewetten sind Wetten aus Anlass öffentlicher Pferderennen und anderer öffentlicher Leistungsprüfungen für Pferde." Dieses Verständnis knüpft an die traditionelle Begrifflichkeit des RennwLottG an und stellt klar, dass Pferdewetten Glücksspiele iSd GlüStV sind (Erl. zu § 3 Abs. 1 GlüStV 2012).

11   Unter **Veranstalten** ist die planmäßige Ausführung des gesamten Unternehmens selbst oder das durch andere ins Werk setzen und dabei das Spiel- und Wettgeschehen maßgeblich gestalten, zu verstehen (so Erl. zu § 27 Abs. 1 GlüStV 2012). Veranstalten ist insofern das Abschließen von Pferdewetten durch den Buchmacher iSd § 2 Abs. 1 RennwLottG bzw. der Betrieb eines Totalisators iSd § 1 RennwLottG.

12   **Vermittler** ist demgegenüber, wer die Spielverträge zwischen (Rennwett-)Veranstalter und Spieler übermittelt und in diesem Zusammenhang Dienstleistungen erbringt (vgl. BVerfG NVwZ 2007, 1297 ff.). Die Vermittlung erfolgt in erster Linie durch Buchmacher (§ 2 Abs. 1 1. Hs Var. 2 RennwLottG), kommt aber auch für Totalisatoren in Betracht.

13   Das RennwLottG kennt folgende **Erlaubnisse**: Die Erlaubnis für Totalisatoren gem. § 1 RennwLottG und die Erlaubnis für Buchmacher nach § 2 RennwLottG (→ § 1 RennwLottG Rn. 1 ff.; § 2 RennwLottG 1 ff.).

14   **b) § 27 Abs. 1 S. 2 – Beschränkungen für die Vermittlung von Pferdewetten.** Aus § 27 Abs. 1 S. 2 GlüStV folgen Beschränkungen für die Vermittlung von Pferdewetten, die das RennwLottG bislang nicht (jedenfalls nicht explizit) kannte. Das betrifft vor allem die **Vermittlung an ausländische Pferdewettanbieter**, welche über keine inländische Genehmigung verfügen.

Bisher ging die wohl herrschende Ansicht in Rspr. und Literatur davon aus, **15** dass die Buchmachererlaubnis nach § 2 RennwLottG auch die Vermittlung von Pferdewetten an einen ausländischen Buchmacher, welcher keine inländische Erlaubnis innehat, umfasse (OVG Hamburg GewArch 2004, 243; ausführlich Voßkuhle GewArch 2001, 177 ff.; Wache in Erbs/Kohlhaas RennwLottG § 2 Rn. 11; aA VG Saarlouis GewArch 2001, 197; Steegmann RennwLottG § 2 Rn. 4; Thalmair GewArch 1995, 274). § 27 Abs. 1 S. 2 GlüStV stellt nunmehr klar, dass die Vermittlung von Pferdewetten nur erlaubt werden darf, wenn die zuständigen deutschen Behörden den Abschluss dieser Pferdewetten oder den Betrieb eines Totalisators für diese Pferdewetten im Inland erlaubt haben. Insofern wird ein Gleichlauf mit der Regelung des § 4 Abs. 2 S. 2 GlüStV erzielt (vgl. Erl. zu § 27 Abs. 1 GlüStV 2012). Für die Totalisatoren ist seit der Einfügung des § 1 Abs. 4 RennwLottG durch das Gesetz zur Besteuerung von Sportwetten ein grenzüberschreitendes Agieren möglich, da eine inländische Erlaubnis für den Betrieb eines Totalisators aus Anlass öffentlicher Pferderennen im Ausland erteilt werden kann.

Die insoweit zu konstatierende Verschlechterung der Rechtsposition für Buch- **16** macher steht zunächst in einem Spannungsverhältnis zum verfassungsrechtlich gewährleisteten Vertrauensschutz aus Art. 12 Abs. 1 GG (und uU Art. 14 Abs. 1 GG). Vertrauensschutz kann allerdings durch entsprechende Übergangsregelungen, z. B. hinreichend lange Übergangsfristen erreicht werden (vgl Jarass in Jarrass/Pieroth Art. 14 Rn. 47), hierzu → Rn. 17. Der einfachrechtliche Vertrauenstatbestand nach § 1 Abs. 2 GewO ist aufgrund des § 6 Abs. 1 S. 2 GewO für Buchmacher nicht anwendbar. Selbst bei entsprechender Anwendung wäre indes zu beachten, dass Gesetzesänderungen mit Rückwirkungen auf bestehende Erlaubnisse mit diesem vereinbar sein können (BVerwGE 25, 204 [206]; Ennuschat in TWE GewO § 1 Rn. 104).

Für bestehende Buchmachererlaubnisse gilt die **Übergangsvorschrift** des § 29 **17** Abs. 5 GlüStV: Danach gelten Buchmachererlaubnisse nach dem RennwLottG im bisherigen Umfang noch ein Jahr nach Inkrafttreten des geänderten GlüStV fort. Gegenüber der nur einjährigen Übergangsregelung werden verfassungsrechtliche Bedenken geäußert. Sie sei mit Blick auf der erheblichen Grundrechtseingriffe (Art. 12 Abs. 1 GG und Art. 14 Abs. 1 GG) unverhältnismäßig kurz bemessen. Die Eigeninvestitionen der Buchmacher könnten, so wird geltend gemacht, in 12 Monaten kaum abgeschrieben werden (vgl. http://www.bundestag.de/bundestag/ausschuesse17/a07/anhoerungen/2012/082/Stellungnahmen/10-Dr__ Reichert.pdf [Stand: 7/2012]); ferner Schneider GewArch 2011, 457 ff.). Hingewiesen sei allerdings darauf, dass die Übergangsregelung des § 25 Abs. 6 GlüStV aF, die ebenfalls nur eine Jahresfrist vorsah, vom BVerfG augenscheinlich gebilligt wurde (BVerfG ZfWG 2008, 351 [358], hierzu auch Gebhardt/Postel ZfWG 2012, 1 (11 f.)). Dies spricht dafür, dass die Übergangsfrist des § 29 Abs. 5 GlüStV noch ausreichend lang bemessen ist, zumal – anders als in der vom BVerfG zu würdigenden Konstellation – die Rechtsänderung nicht das gesamte Geschäftsmodell hinfällig machte lässt und dadurch die gleichzeitige Möglichkeit der Legalisierung von Online-Angeboten (→ Rn. 19) die Rechtslage von Buchmachern in anderen Bereichen verbessert wird.

c) § 27 Abs. 1 S. 3 – Bindung der Erlaubniserteilung an die Ziele des **18** **§ 1 und insbesondere den Jugendschutz.** § 27 Abs. 1 S. 3 GlüStV verknüpft die Regulierung der Pferdewetten über § 4 Abs. 2 S. 1 GlüStV mit den allgemeinen Zielen des GlüStV, schafft damit einen glücksspielrechtlichen Versagungsgrund für die Erteilung der Erlaubnis (→ § 1 RennwLottG Rn. 5; § 2 RennwLottG Rn. 3) und unterstreicht so den gesetzgeberischen Willen zur Herstellung einer Gesamtkohärenz des Glücksspielregimes. Mit der Bezugnahme auf § 4 Abs. 3 GlüStV wird ebenfalls ein glücksspielrechtlicher Versagungsgrund geschaffen und sichergestellt, dass die Erfordernisse des Jugendschutzes gewahrt werden (näher hierzu → § 4 GlüStV Rn. 54 ff.). Auch damit wird das bislang gewerberechtlich verstandene Pferdewetten-Wesen dem ordnungsrechtlichen Regelungsregime für Sportwetten und Lotterien angenähert. Noch weiter als in § 27 GlüStV reicht die Koppelung der Erlaubniserteilung an die ordnungsrechtlichen Bestimmungen des GlüStV etwa im LGlüG BW-E: Dort werden in § 22 und § 23 die Einhaltung der Jugendschutzanforderungen, des Internetverbots, der Werbebeschränkungen und der Anforderungen des Sozialkonzepts sowie der Anforderungen über Suchtrisiken (§ 4 Abs. 3 und 4, §§ 5, 6, 7 GlüStV) zu Erlaubnisvoraussetzungen erklärt.

2. § 27 Abs. 2 – Veranstaltung und Vermittlung von Pferdewetten im Internet

19   Bislang gab es keine ausdrückliche gesetzliche Regelung zu **Online-Pferdewetten**. Nach der Rspr. des BVerwG ist der Einsatz des Internets von der Buchmachererlaubnis nach § 2 RennwLottG nicht mehr erfasst (BVerwG ZfWG 2011, 332 (337 f.), Rn. 37 ff.; im Anschluss hieran auch BGH ZfWG 2012, 23 (29), Rn. 58; Gleiches gilt nach einem Urteil des VG Düsseldorf für das Wettangebot von Totalisatoren (VG Düsseldorf Urt. v. 22.9.2011 – 27 K 4285/09, juris Rn. 229; → § 1 RennwLottG Rn. 8). Bislang durften Online-Pferdewetten damit an sich nicht offeriert werden (Erl. zum GlüStV 2012; siehe auch Windoffer DÖV 2012, 257 (259); aA Klöck/Klein NVwZ 2011, 22 (25); Voigt MMR 2011, 848).

20   § 27 Abs. 2 GlüStV erklärt nun in S. 1 zunächst das Internetverbot des § 4 Abs. 4 GlüStV für anwendbar, sieht in S. 2 jedoch eine Ausnahme für nach Abs. 1 erlaubte Pferdewetten vor, soweit die Voraussetzungen des § 4 Abs. 5 GlüStV vorliegen. Insofern stellt er einen Gleichlauf zu den Segmenten der Sportwetten und Lotterien her. Nach dem gesetzgeberischen Willen handelt es sich um ein Verbot mit Erlaubnisvorbehalt (siehe Erl. zu § 27 Abs. 2 GlüStV 2012). Gleichwohl wird sich dann, wenn ein Buchmacher eine Erlaubnis für Online-Pferdewetten erlangt haben sollte, aufgrund der Art. 12 Abs. 1 GG und Art. 3 Abs. 1 GG ein Anspruch auf Gleichbehandlung und damit auf Erlaubniserteilung ergeben. Zu den Voraussetzungen, unter denen ein Online-Angebot von Pferdewetten im ländereinheitlichen Erlaubnisverfahren gestattet werden kann, zählt nun insbesondere auch der Ausschluss minderjähriger und gesperrter Spieler (hierzu und zu den übrigen Voraussetzungen im Einzelnen → § 4 Rn. 57 ff.). Die Online-Erlaubnisse werden – anders als die Erlaubnisse nach §§ 1 f RWG, für die §§ 9 f. nicht gelten – im ländereinheitlichen Verfahren erteilt, § 9a Abs. 2 S. 1 GlüStV. Zuständig ist das Land Hessen (hierzu auch § 16 Abs. 5 HGlüG vom 28.6.2012, GVBl. 2012, S. 190). Diese Behörde ist gleichzeitig die Glücksspielaufsichtsbehörde für diese Erlaubnisinhaber (§ 9a Abs. 3 S. 1 GlüStV → § 9a GlüStV Rn. 10).

3. § 27 Abs. 3 – Sperrsystem und Spielersperre bei Festquotenwetten

Gem. § 27 Abs. 3 GlüStV sind § 8 Abs. 6 und § 21 Abs. 5 GlüStV auf Festquo- **21** tenwetten entsprechend anwendbar. **Festquotenwetten** (Oddset-Wetten) iSd § 27 Abs. 3 GlüStV sind Pferdewetten, bei dem vom Buchmacher feste Gewinnquoten vorgegeben werden. Nach den Erläuterungen zum neuen Staatsvertrag wird durch die Anwendbarkeit der Spielersperre auf Festquotenwetten im Bereich der Pferdewetten eine Annäherung mit den übrigen Sportwetten, die ebenfalls Festquotenwetten sind, erreicht (s. Erl. zu § 27 Abs. 3 GlüStV 2012). Die Normierung gilt damit ebenfalls der Herstellung der Kohärenz.

Totalisatorwetten sind im Gegensatz zu Festquotenwetten nicht von § 27 **22** Abs. 3 GlüStV erfasst. Hintergrund dieser differenzierenden Regulierung ist die Überlegung des Gesetzgebers, dass Totalisatorwetten spezielle Ausprägungen der Lotterien sind und für diese keine generelle Sperrverpflichtung greift (Erl. zu § 27 Abs. 3 GlüStV 2012).

§ 8 Abs. 6 S. 1 GlüStV verpflichtet die Vermittler von öffentlichen Glücksspie- **23** len – hier: von Pferdewetten –, an dem **Sperrsystem** iSd § 23 GlüStV mitzuwirken. Sie haben gem. S. 2 die bei ihnen eingereichten Anträge auf Selbstsperren unverzüglich an den Veranstalter nach § 10 Abs. 2 GlüStV, in dessen Geltungsbereich der Spielteilnehmer seinen Wohnsitz hat, zu übermitteln. Nach § 21 Abs. 5 S. 1 GlüStV dürfen gesperrte Spieler nicht an Wetten – hier: Pferdewetten – teilnehmen. Zur Durchsetzung des Verbots ist eine Identitätskontrolle und ein Abgleich mit der Sperrdatei durchzuführen (S. 2).

Neunter Abschnitt. Übergangs- und Schlussbestimmungen

§ 28 Regelungen der Länder

Die Länder erlassen die zur Ausführung dieses Staatsvertrages notwendigen Bestimmungen. Sie können weitergehende Anforderungen insbesondere zu den Voraussetzungen des Veranstaltens und Vermittelns von Glücksspielen festlegen. In ihren Ausführungsgesetzen können sie auch vorsehen, dass Verstöße gegen die Bestimmungen dieses Staatsvertrages mit Geldbuße oder Strafe geahndet werden.

I. Grundlagen

1. Transformation in Landesrecht

1   Der **Abschluss von (Staats-)Verträgen** zwischen den Ländern hat sich zu einer gängigen Staatspraxis entwickelt und kann insofern als **föderale Selbstverständlichkeit** betrachtet werden (Brugger ZfWG 2008, 20 (21) mwN). Zu den auch von den Ländern zu beachtenden rechtsstaatlichen Grundsätzen zählt es dabei, dass belastende Staatsakte einer gesetzlichen Grundlage bedürfen und dass dabei die wesentlichen Entscheidungen vom Parlament selbst zu treffen sind. Dazu gehört auch, dass sich eine normative Verpflichtung erkennbar und bestimmbar auf den Normsetzungswillen des Parlaments zurückführen lässt; das ist nicht informell möglich, verlangt vielmehr einen förmlichen Akt. Die **Umsetzung von Staatsverträgen in innerstaatliches Recht** unterscheidet sich von dem gewöhnlichen Gesetzgebungsverfahren dadurch, dass der **Norminhalt** regelmäßig in dem **Staatsvertrag** enthalten ist. Der Parlamentsbeschluss erteilt demgegenüber lediglich den Gesetzesbefehl für den außerhalb seiner selbst gelegenen Gesetzesinhalt. Insofern ist er es, der dem Norminhalt erst **innerstaatliche Verbindlichkeit** verleiht (vgl. BVerfGE 90, 60 (86)).

2   Mit dem bundesstaatlichen Prinzip, das in Art. 20 Abs. 1 GG niedergelegt, in Art. 79 Abs. 3 GG gegen Aufhebung und Aushöhlung durch verfassungsändernde Gesetze gesichert und in anderen Bestimmungen des GG näher ausgestaltet ist, lässt sich zwar eine Preisgabe der Eigenstaatlichkeit der Länder nicht vereinbaren (BVerfGE 87, 181 (196)). Diese Garantie richtet sich allerdings in erster Linie gegen den Bund, und zwar sowohl gegen den verfassungsändernden als auch gegen den einfachen Gesetzgeber. Die Länder sind daher in ihrer Entscheidung, ob sie sich auf eine **länderübergreifende staatsvertragliche Regelung** einlassen wollen oder nicht, insoweit grundsätzlich frei; weitergehende Grenzen der Vertragsschließungsfreiheit eines Landes können sich allenfalls aus den jeweiligen Landesverfassungen ergeben.

3   Dem GlüStV stimmten 14 Landtage innerhalb der in Art. 2 Abs. 1 Satz 2 Erster GlüÄndStV bestimmten Frist zu (ein – formell ordnungsgemäßer – Zustimmungsbeschluss in Bayern und 13 förmliche Zustimmungsgesetze in den anderen Ländern), so dass dem Norminhalt des Staatsvertrags in diesen Ländern innerstaatliche Verbindlichkeit verliehen wurde und die staatsvertraglichen Regelungen wie vorgesehen zum 1.7.2012 in Kraft getreten sind.

Diese **Zustimmungsakte** sind allerdings streng zu trennen von den jeweiligen   **4**
Ausführungsgesetzen der Länder, die die staatsvertraglichen Bestimmungen
ergänzen und ausgestalten. Regelmäßig wurden die Zustimmungs- und Ausführungsgesetze einschließlich etwaiger Änderungen im Spielbankenrecht
gemeinsam in einem **(Artikel-)Gesetz** erlassen. Darüber hinaus sind in einer
Vielzahl von Ländern die erforderlichen Zustimmungsakte zum Staatsvertrag über
die Gründung der GKL Gemeinsame Klassenlotterie der Länder (GKL-StV) sowie
eigenständige Spielhallengesetze als Bestandteile der Artikelgesetze erlassen worden. Parallel erfolgte schließlich mit einem **Artikelgesetz auf Bundesebene**
(dem Gesetz zur Besteuerung von Sportwetten) eine Änderung des Rennwett-
LottG und seiner Ausführungsbestimmungen sowie des Finanzausgleichsgesetzes.

2. Unmittelbare (Weiter-)Geltung als Landesrecht

Eine Besonderheit der Umsetzung der glücksspielstaatsvertraglichen Regelun-   **5**
gen liegt darin, dass im Rahmen der Ausführungsgesetzgebung – ähnlich wie
schon beim GlüStV aF (vgl. Postel Voraufl. GlüStV § 24 Rn. 4 f.; vgl. auch →
Art. 2 Rn. 3) – dafür Sorge getragen wurde, dem **Norminhalt des GlüStV**
aF in Abhängigkeit vom Gegenstandsloswerden iSd Art. 2 Abs. 1 Satz 2 Erster
GlüÄndStV (und trotz Art. 2 Abs. 4 Erster GlüÄndStV; → Art. 2 Rn. 13) weiterhin innerstaatliche Verbindlichkeit zu verleihen und **als (unmittelbares) Landes-**
recht fortgelten zu lassen (vgl. bereits BVerfG ZfWG 2008, 44 (45) zu Art. 1
§ 2 Abs. 2 Satz 2 ThürGlüStV; entsprechend nunmehr bspw. Art. 1 § 5 Satz 1
HmbGlüÄndStVG; Art. 7 Abs. 1 Satz 1 GlüÄndStVG LSA). Andere Länder haben
demgegenüber vorgesehen, wesentlichen Teilen des **Norminhalts des Ersten**
GlüÄndStV in Abhängigkeit vom Gegenstandsloswerden iSd Art. 2 Abs. 1 Satz 2
Erster GlüÄndStV **innerstaatliche Verbindlichkeit** zu verleihen und **keine**
Fortgeltung des GlüStV aF vorzusehen (vgl. bspw. Art. 1 Abs. 4 Satz 2 Glü-
ÄndStVG-Saar; Art. 1 § 2 Abs. 2 Satz 2 ThürGlüÄndStVG).

Darüber hinaus haben die Länder regelmäßig bestimmt, dass bei einem **Außer-**   **6**
krafttreten des GlüStV (§ 35 Abs. 2 Satz 1) sein Inhalt (oder jedenfalls weite
Teilen davon) bis zu einer neuen landesrechtlichen Regelung **als Landesrecht**
fortgilt (vgl. Art. 3 Abs. 4 Satz 1 GKL/GlüÄndStV BW; Art. 1 § 2 Abs. 1 Satz 1
GlüÄndStVG BbG; Art. 1 § 4 Satz 1 HmbGlüÄndStVG; Art. 1 Abs. 6 Satz 1 Glü-
ÄndStVG-Saar; Art. 8 Abs. 1 SächsGlüÄndStVG; Art. 7 Abs. 2 GlüÄndStVG
LSA; Art. 1 § 2 Abs. 3 Satz 1 ThürGlüÄndStVG). Dies dient bei Gegenstandslos-
werden der Vorsorge vor einem dann **verfassungs- und unionsrechtswidrigen**
Zustand und bei nicht rechtzeitigem neuen Landesrecht bei Außerkrafttreten des
GlüStV gilt grundsätzlich entsprechendes (vgl. bereits LT-Drs. SchlH 16/1566,
20).

II. Einzelkommentierung

1. Notwendige Bestimmungen

Die Staatsvertragsgeber haben sich mit dem § 28 Satz 1 verpflichtet, die **not-**   **7**
wendigen Bestimmungen zu erlassen. Dies setzt in formeller Hinsicht zunächst
unvermeidbar voraus, dass dem Norminhalt des Staatsvertrages in den jeweiligen
Ländern innerstaatliche Verbindlichkeit zukommt. Die Länder haben insoweit

ausnahmslos den Staatsvertrag selbst und damit in Gänze **in Landesrecht transformiert** und darauf verzichtet, (lediglich) den erforderlichen materiellen Regelungsinhalt in das schon bestehende Landesrecht einzupassen. In Anbetracht der Vielzahl von unterschiedlichen Zustimmungs-, Ausführungs- und Ergänzungsbestimmungen in den Ländern hätte die Einpassung des Regelungsinhalts zur Vermeidung von unübersichtlichen Regelungen durchaus nahegelegen.

8   Neben der Transformation gehören zu den notwendigen Bestimmungen jedoch auch **weitere Regelungen**, die zur Umsetzung und für den möglichen Vollzug des Staatsvertrages **unausweichlich** sind. Die staatsvertraglichen Regelungen sind – wie sich aus dem Wortlaut des § 28 und insbesondere den jeweiligen Gesetzesmaterialien ohne Weiteres ergibt – insofern lediglich ein **Rahmen**, der **zur Umsetzung** weitere landesrechtliche Ausführungsbestimmungen benötigt. Dies betrifft nicht nur die sportwett-, lotterie- und spielbankrechtlichen Bestimmungen, sondern aufgrund der Erweiterung des Anwendungsbereichs auch die durch den Staatsvertrag für die Spielhallen vorgegebenen notwendigen landesgesetzlichen Neuregelungen (vgl. § 24 Abs. 3; § 25 Abs. 1 Satz 2; § 25 Abs. 3; § 26 Abs. 2; § 29 Abs. 4 Satz 5; jeweils als „lex specialis" zu § 28 Satz 1). Ferner wenden sich einige staatsvertragliche Bestimmungen ausdrücklich an die „Länder", so dass auch solche Bestimmungen eine vertragliche Verpflichtung zur **notwendigen Ausgestaltung durch den Landesgesetzgeber** darstellen (vgl. § 4 Abs. 5; § 5 Abs. 3 Satz 2; § 5 Abs. 4 Satz 1; § 9 Abs. 3 Satz 1; § 10 Abs. 2 Satz 1; § 10 Abs. 4; § 10a Abs. 4 Satz 1; § 18). Zudem sind auch Bestimmungen hinsichtlich der Zuständigkeiten und Verfahren sowie des Systems der Spielersperrdatei erforderlich.

9   Darüber hinaus sind **ergänzende Bestimmungen** notwendig, sofern solche **verfassungsrechtlich geboten** sind und mit denen die Gesetzgeber in grundsätzlich hinzunehmender Weise das legitime Gemeinwohlanliegen verfolgen, die sachliche Behandlung von Altfällen mit derjenigen der Neufälle zu harmonisieren. Allerdings dürften zur Umsetzung eine über die über die über die staatsvertraglichen Übergangsregelungen (vgl. §§ 29 – 31) hinausgehende ausführungsgesetzliche Übergangsregelungen erforderlich sein, da solche weder wegen der Besonderheiten der nach dem GewG-DDR erteilten Erlaubnisse (vgl. dazu noch Postel Voraufl. GlüStV § 24 Rn. 9) noch für Spielhallen geboten sind, zumal die diesbezüglichen staatsvertraglichen Übergangsregelungen (§ 29 Abs. 4) vergleichsweise (vgl. BVerfG Beschl. v. 30.11.2010 – 1 BvL 3/07, Rn. 59 ff.) großzügig bemessen sind (zur Folge von zu großzügigen Übergangsregelungen vgl. KG Urt. v. 23.7.2009 - 1 Ss 541/08, Rn. 17 ff.; OVG Brandenburg Beschl. v. 4.12.2008 - 1 S 99.08, Rn. 34) und keine verfassungs- oder unionsrechtliche **Pflicht** zu einem **schonenderen Übergang** erkennbar ist (vgl. Gebhardt/Postel ZfWG 2012, 1 (11 f.); vgl. auch BVerfG Beschl. v. 4.2.2010 - 1 BvR 2918/09, Rn. 21 zum Vertrauensschutz im Zusammenhang mit der Diskussion um die Unionsrechtskonformität des deutschen Kehr- und Überprüfungsmonopols im Schornsteinfegerwesen).

10   Zu klären wird allerdings noch sein, ob die gegenseitige Verpflichtung der Länder (vgl. dazu BVerfGE 115, 276 (302)) zum Erlass notwendiger Bestimmungen auch unter hinreichender Einhaltung weiterer verfassungsrechtlicher, **namentlich spezifisch kompetenzrechtlicher Vorgaben** erfolgt ist. Ausgangspunkt ist die Tatsache, dass die Rechtsprechung zur Einhaltung oder ggf. Wiederherstellung einer hinreichend kohärenten Rechtslage wohl eher dazu neigen wird, über die Transformation des GlüStV hinausgehende glücksspielrechtliche Anfor-

derungen an Spielhallen zu stellen (Gebhardt/Postel ZfWG 2012, 1 (9)). Denn sowohl das bisher bundesgesetzlich geregelte **„Recht der Spielhallen"** als auch das **„Recht der Gaststätten"** iSd Art. 74 Abs. 1 Nr. 11 GG gilt gemäß Art. 125a Abs. 1 GG als Bundesrecht fort und kann (nur) durch Landesrecht ersetzt werden, sofern sich die „Ersetzung" hinreichend von einer nur teilweisen Änderung bei Fortbestand der bundesrechtlichen Regelung unterscheidet. Die Ersetzung des Bundesrechts erfordert, dass der Landesgesetzgeber die Materie, gegebenenfalls auch einen **abgrenzbaren Teilbereich**, in eigener Verantwortung regelt. Dabei ist es nicht zulässig, eine **Gemengelage von fortgeltendem Bundes- und Landesrecht** durch eine nur partielle Änderung einzelner Teilregelungen eines Gesetzes in Kraft zu setzen, wenn diese nicht für sich und ohne das fortgeltende Bundesrecht Bestand haben können. Vielmehr muss bei der ersten beabsichtigten Änderung auch nur von Teilen des fortgeltenden Rechts, dieses insgesamt als Landesgesetz neu in Kraft gesetzt werden, was zur Folge hat, dass der Landesgesetzgeber danach auch insgesamt die Verantwortung für die Gesamtregelung innehat (vgl. BVerfGE 111, 10 (29 ff.)). Das in Art. 125a Abs. 2 Satz 2 GG dem Bund eingeräumte Ermessen ist unter Berücksichtigung des **Grundsatzes bundes- und länderfreundlichen Verhaltens** (vgl. BVerfGE 104, 238 (247 f.); 110, 33 (52)) entsprechend eingeschränkt. Dabei ist auch zu berücksichtigen, dass die **Reichweite des „Rechts der Spielhallen"** zwar ebenfalls nicht abschließend geklärt ist, jedoch weder dem Wortlaut der Verfassungsnorm noch den unmittelbaren Gesetzesmaterialien eine Beschränkung auf den einfachgesetzlich normierten Norminhalt des § 33i GewO zu entnehmen ist (vgl. Dietlein Voraufl. GG Art. 70 ff. Rn. 14). Auch die Notwendigkeit einer Umsetzung europäischen Rechts allein verlangt keine Regelung durch den Bund; die Länder können jeweils eigenständig einer Verpflichtung zur Herstellung eines gleichen Mindestniveaus in den Regelungen nachkommen (vgl. BVerfG Beschl. v. 4.2.2010 – 1 BvR 2514/09, Rn. 20; BVerfG Beschl. v. 4.2.2010 – 1 BvR 2918/09, Rn. 13 zur Neuregelung des Schornsteinfegerrechts). Und sofern die Länder tatsächlich nur wegen der Pläne des Bundes (zur Änderung des Rennwett- und Lotterierechts und des „Spielgeräterechts") **Zurückhaltung** bei den erforderlichen **glücksspielrechtlichen Neuregelungen** geübt haben sollten, so wäre das (verfassungsrechtlich) die **falsche Reaktion** gewesen (vgl. Gebhardt/Postel ZfWG 2012, 1 (9)); denn auch eine Beeinträchtigung des gesamtstaatlichen Interesses an der Wahrung der Wirtschaftseinheit kann nur durch Lösungen seitens der Länder vermieden werden, die dem Bundesgesetzgeber zuvorkommen (vgl. BVerfGE 106, 62 (161)).

Die gegenseitige Verpflichtung der Länder (vgl. dazu BVerfGE 115, 276 (302)) **11** zum Erlass notwendiger Bestimmungen setzt schließlich auch die Einhaltung spezifisch **unionsrechtlicher Vorgaben** voraus. Dies gilt insofern insbesondere für die **Notifizierungspflichten** aus der Richtlinie 98/34/EG des Europäischen Parlaments und des Rates vom 22. Juni 1998 über ein Informationsverfahren auf dem Gebiet der Normen und technischen Vorschriften und der Vorschriften für die Dienste der Informationsgesellschaft in der durch die Richtlinie 2006/96/EG des Rates vom 20. November 2006 geänderten Fassung. Art. 1 Nr. 11 der Richtlinie ist dahin auszulegen, dass nationale Bestimmungen, die die Durchführung von Automatenspielen an anderen Orten als in Kasinos bzw. Spielbanken beschränken oder nach Ablauf einer Übergangsfrist unmöglich machen können, „technische Vorschriften" darstellen können, deren Entwürfe nach Art. 8 Abs. 1 Unterabs. 1 dieser Richtlinie übermittelt werden müssen, sofern feststeht, dass die genannten Bestimmungen Vorschriften darstellen, welche die Art oder die Vermarktung des betreffenden Erzeugnisses wesentlich beeinflussen können (EuGH Urt. v. 19.7.2012 – C-213/11, C-214/11 und C-217/11). Zwar wurde der Erste Glü-ÄndStV idS notifiziert, allerdings erscheint zweifelhaft, ob nicht jedenfalls aufgrund der vorgegebenen weitergehenden Ausgestaltung der spielhallenrechtlichen Bestimmungen in den Zustimmungs- und Ausführungsgesetzen (§ 28 Satz 1 iVm § 24 Abs. 3; § 25 Abs. 1 Satz 2; § 25 Abs. 3; § 26 Abs. 2; § 29 Abs. 4 Satz 5) eine **weitere Mitteilung** der spielhallenrechtlichen Ausführungsbestimmungen in der vorgenannten Art und Weise **erforderlich** gewesen wäre, da die Länder damit an dem notifizierten Entwurf einer technischen Vorschrift (des GlüStV) wesentliche Änderungen vornahmen, die Vorschriften hinzufügten oder verschärften (vgl. Art. 8 Abs. 1 Unterabs. 1 und 3 RL).

12   Im Zusammenhang mit oder in Ergänzung zu der erforderlichen Zustimmung zum Ersten GlüÄndStV wurde er, nicht zuletzt bedingt durch die unterschiedliche bisherige Ausgangsrechtslage in den Ländern, durch eine Neuregelung oder **Anpassung des bestehenden Landesrechts** in notwendigem Umfang umgesetzt (vgl. bereits BVerfG Beschl. vom 10.1.2006 – 1 BvR 939/05, Rn. 4). Nur in **Baden-Württemberg** ist entgegen § 28 Satz 1 keinerlei Ausführungsgesetzgebung zum 1.7.2012 in Kraft getreten (vgl. bereits Postel Voraufl. GlüStV § 24 Rn.11).

2. Weitergehende Anforderungen

13   Neben den notwendigen Bestimmungen räumt § 28 Satz 2 den Ländern eine umfassende Ermächtigung ein, um die Bestimmungen des Staatsvertrags zu ergänzen und erwähnt die „Voraussetzungen des Veranstaltens und Vermittelns von Glücksspielen" in diesem Zusammenhang nur beispielhaft („insbesondere").

14   Im Zusammenhang mit oder in **Ergänzung** zu der erforderlichen Zustimmung zum GlüStV wurde daher nicht nur eine Neuregelung oder Anpassung des bestehenden Landesrechts in notwendigen Umfang umgesetzt, sondern der GlüStV wurde auch durch landesgesetzliche Ausfüllung der in ihm vorgesehenen **Regelungsspielräume** ausgeführt (ebenso bereits BVerfG Beschl. v. 10.1.2006 – 1 BvR 939/05, Rn. 4).

15   Von der Ermächtigung zur Ausgestaltung haben die Länder – nicht nur in Bezug auf die Ausgestaltung der Erlaubnispflicht nach § 4 (vgl. dazu → § 4 Rn. 101) – umfangreich Gebrauch gemacht. Auch vor diesem Hintergrund ist für die Anwendung und Auslegung der neuen glücksspielrechtlichen Bestimmungen in jedem Fall das **Zusammenwirken** des **staatsvertraglichen Norminhalts** mit den jeweiligen notwendigen, aber auch den **weitergehenden landesgesetzlichen Ausgestaltungen** zu berücksichtigen (vgl. auch → § 4 Rn. 11).

16   Einer besonderen Bedeutung dürfte weiterhin den in den meisten Ausführungsgesetzen vorgesehenen Verordnungsermächtigungen zukommen (vgl. jedoch BVerfG Beschl. v. 20.3.2009 – 1 BvR 2410/08, Rn. 44). Sofern die Ausführungsgesetze Verordnungsermächtigungen vorsehen, beinhalten diese regelmäßig die nähere Ausgestaltung des Erlaubnisverfahrens, des Betreibens der Sperrdatei, der Festlegungen zur Anzahl und teilweise zum Einzugsgebiet und zu Räumlichkeiten und zu Anforderungen an das Personal der Annahmestellen oder auch Vorgaben zu Art und Umfang der Glücksspiele, zu Nachweisen zu Maßnahmen zur Gewährleistung eines ordnungsgemäßen Spielablaufs sowie auch für glücksspielähnliche Spiele (vgl. § 17 BremGlüG).

3. Bußgeld- und Strafbewehrung

§ 28 Satz 3 ergänzt die Sätze 1 und 2 lediglich deklaratorisch und hebt hervor, **17** dass die Länder in ihren Ausführungsgesetzen auch Bußgeld- und Strafbewehrungen vorsehen können. Damit geht der Satz 3 dem Wortlaut nach über seine Vorgängernorm in § 15 Satz 2 LottStV hinaus und erwähnt weiterhin ausdrücklich auch die Möglichkeit von Strafbestimmungen.

Sämtliche Landesausführungsgesetze sehen einen **Katalog von Bußgeldbe- 18 stimmungen** hinsichtlich einer Vielzahl von Verstößen gegen Gebote und Verbote vor, deren Umfang und auch Ausgestaltung sich allerdings stark unterscheidet. Die Mehrzahl der Länder beschränkt sich auf die Nennung von Verstößen gegen Bestimmungen des GlüStV; einige Länder haben jedoch auch Verstöße gegen landesrechtliche Ergänzungen mit einer Bußgeldandrohung belegt. Erstere nennen zumeist Verstöße gegen die Erlaubnisvorschrift und die jugendschutzrechtlichen Bestimmungen des § 4 und das Werbeverbot für unerlaubtes Glücksspiel in § 5. Die Bußgeldbewehrungen hinsichtlich der landesausführungsgesetzspezifischen Ergänzungen beschränken sich regelmäßig auf die Umsetzung des § 18.

In Niedersachsen und Sachsen-Anhalt sind **weiterhin Strafvorschriften** nor- **19** miert, die dem bisherigen Landesrecht entsprechen und keinen verfassungsrechtlichen Bedenken unterliegen (§ 25 NGlüSpG und § 19 GlüG LSA; vgl. jeweils BVerfG Beschl. v. 30.11.2010 – 1 BvL 3/07, Rn. 9 ff.; BVerfG Beschl. v. 14.10.2008 - 1 BvR 928/08, Rn. 7 f.; BVerfG, Beschl. v. 27.12.2007 - 1 BvR 2578/07; LVerfG LSA LKV 2007, 558 (560); OVG Lüneburg GewArch 2007, 339; OVG Magdeburg ZfWG 2006, 81 (83); aA Lüderssen NStZ 2007, 15 (18); vgl. auch BVerfG Beschl. v. 2.8.2007 – 1 BvR 1896/99 zur ehemaligen (Glücksspiel-)Rechtslage in Hessen; BVerfG Beschl. v. 6.10.2009 - 2 BvL 5/09, Rn. 37 ff. zur Schaffung von (Landes-)Strafvorschriften auf dem Gebiet des Denkmalschutzes).

§ 29 Übergangsregelungen

(1) **Die bis zum Inkrafttreten dieses Staatsvertrages erteilten Erlaubnisse der Veranstalter im Sinne des § 10 Abs. 2 und 3 und die ihnen nach Landesrecht gleichstehenden Befugnisse gelten - auch wenn im Bescheid eine kürzere Frist festgelegt ist - bis zum 31. Dezember 2012 als Erlaubnis mit der Maßgabe fort, dass die Regelungen dieses Staatsvertrages - abgesehen vom Erlaubniserfordernis nach § 4 Abs. 1 Satz 1 - Anwendung finden. Die Veranstalter nach § 10 Abs. 2 und 3 haben spätestens zum 1. Januar 2013 eine neue Erlaubnis nach § 4 Abs. 1 einzuholen. Abweichend von § 10 a Abs. 2 und 5 ist das gemeinsame Sportwettangebot der Veranstalter nach § 10 Abs. 2 und dessen Vermittlung durch Annahmestellen ein Jahr nach Erteilung der Konzessionen nach § 10a in Verbindung mit § 4c zulässig.**

(2) **Absatz 1 findet entsprechende Anwendung auf die Vermittler von erlaubten öffentlichen Glücksspielen (einschließlich der Lotterie-Einnehmer der Klassenlotterien und der gewerblichen Spielvermittler). Soweit Vermittler in die Vertriebsorganisation eines Veranstalters eingegliedert sind, stellt der Veranstalter den Antrag auf Erteilung der Erlaubnis nach § 4 Abs. 1 für die für ihn tätigen Vermittler.**

(3) Die zuständige Behörde übernimmt die Führung der Sperrdatei nach § 23 Abs. 1 Satz 1 spätestens zum 1. Juli 2013. Zu diesem Zweck übermitteln die bislang für die Führung der Sperrdatei der Veranstalter nach § 10 Abs. 2 zuständigen Stellen die bei ihnen gespeicherten Spielersperren im Sinne des § 8 Abs. 2. Bis zur Übernahme bleiben deren bislang bestehende Aufgaben unberührt; die Veranstalter nach § 10 Abs. 2 stellen die Berücksichtigung der nach § 8 Abs. 6 übermittelten Anträge auf Selbstsperren sicher. Die Veranstalter nach § 10 Abs. 2 übernehmen jeweils hinsichtlich der Spieler, deren Wohnsitz in ihrem Geltungsbereich liegt, die Aufgabe nach § 8 Abs. 5 Satz 2, wenn der Veranstalter, der die Sperre verfügt hat, seine Erlaubnis oder Konzession nicht mehr nutzt.

(4) Die Regelungen des Siebten Abschnitts finden ab Inkrafttreten dieses Staatsvertrags Anwendung. Spielhallen, die zum Zeitpunkt des Inkrafttretens dieses Staatsvertrags bestehen und für die bis zum 28. Oktober 2011 eine Erlaubnis nach § 33i Gewerbeordnung erteilt worden ist, deren Geltungsdauer nicht innerhalb von fünf Jahren nach Inkrafttreten dieses Vertrages endet, gelten bis zum Ablauf von fünf Jahren nach Inkrafttreten dieses Vertrags als mit §§ 24 und 25 vereinbar. Spielhallen, für die nach dem 28. Oktober 2011 eine Erlaubnis nach § 33i Gewerbeordnung erteilt worden ist, gelten bis zum Ablauf von einem Jahr nach Inkrafttreten dieses Staatsvertrags als mit §§ 24 und 25 vereinbar. Die für die Erteilung einer Erlaubnis nach § 24 zuständigen Behörden können nach Ablauf des in Satz 2 bestimmten Zeitraums eine Befreiung von der Erfüllung einzelner Anforderungen des § 24 Abs. 2 sowie § 25 für einen angemessenen Zeitraum zulassen, wenn dies zur Vermeidung unbilliger Härten erforderlich ist; hierbei sind der Zeitpunkt der Erteilung der Erlaubnis gemäß § 33i Gewerbeordnung sowie die Ziele des § 1 zu berücksichtigen. Das Nähere regeln die Ausführungsbestimmungen der Länder.

(5) Buchmachererlaubnisse nach dem Rennwett- und Lotteriegesetz gelten im bisherigen Umfang bis zum Ablauf eines Jahres nach Inkrafttreten dieses Staatsvertrages fort.

Ausführungsgesetze: §§ 13 Abs. 4 S. 2, 51 LGlüG BW-E; Art. 2 Abs. 6, Art. 8 Nr. 2, Art. 11 Abs. 1 S. 2, Art. 12 S. 1, Art. 14 Abs. 2 S. 1, Art. 15 Abs. 2 AGGlüStV Bay; §§ 9 Abs. 1 S. 2, 15 Abs. 5 12 AG GlüStV Bln; §§ 17 BbgGlüAG; §§ 17, 18 BremGlüG; § 13 HmbGlüÄndStVAG; §§ 6 Abs. 3 S. 3, 21, 13 HGlüG; §§ 3 S. 2, 7 Abs. 1, 11 Abs. 3 S. 5, 11b, 22 GlüStVAG M-V; § 27 NGlüSpG; §§ 18, 21, 24 AG GlüÄndStV NRW-E; § 11 Abs. 2, 17 LGlüG RhPf; § 8 Abs. 4, Abs. 5 Nr. 3, 14 Abs. 9 Nr. 5 AG GlüStV-Saar; §§ 18a Abs. 5 SächsGlüStVAG; §§ 4 Abs. 1 S. 5, Abs. 9 S. 2, 9 Abs. 2 S. 2 ff., 13 Abs. 6, 13 Abs. 10 S. 2, 14 Abs. 3 GlüG LSA; §§ 12, 14 Abs. 1 Nr. 2 ThürGlüG.

Literatur: Meyer/Hayer, Problematisches und pathologisches Spielverhalten bei Glücksspielen, Bundesgesundheitsblatt 2010, 296 f.; Wild, Die Spielhallengesetze der Länder Berlin und Freie Hansestadt Bremen, ZfWG 2011, 385 ff., ders., Strengere Regulierung des gewerblichen Automatenspiels in Spielhallen und Gaststätten durch den neuen Glücksspielstaatsvertrag seit Juli 2012, ZfWG 2012, 247 ff.; Reeckmann, Die Spielhallengesetzgebung der Länder – Chaos oder Gleichklang?, ZfWG 2012, 255 ff.

I. Allgemeines

1. Übergangsregelungen und Art 14 GG

Auch im Bereich des bisher weitgehend zersplitterten Glücksspielrechts, das **1** nunmehr durch den GlüStV 2012 in großen Teilen zusammengeführt wird, stellt sich das Problem des bereichsspezifischen Fortgeltens einzelner bisheriger Regelungszustände. **Übergangsregelungen**, die zum einen den bisherigen Rechtszustand für eine gewisse Zeit perpetuieren, andererseits aber den Übergang zu der neuen rechtlichen Situation vorbereiten und sicherstellen, sind seit jeher Gegenstand von Streitfragen geworden, die sich oft erst gerichtlich klären lassen. Wenn aus dem alten Rechtszustand grundrechtlich geschützte Rechtspositionen hervorgegangen sind, obliegt es dem Gesetzgeber meist auf der Ebene der verfassungsrechtlichen Rechtfertigung, die sich gegenüberstehenden Rechtspositionen abzuwägen und zu einem bestimmten Ergebnis zu kommen. Der Gesetzgeber unternimmt dies in Ausnutzung seines gesetzgeberischen Gestaltungsspielraums im Rahmen einer umfassenden Verhältnismäßigkeitsprüfung.

Wurde durch die alte Rechtslage eine dem **Eigentumsschutz** unterfallende **2** Rechtsposition geschaffen, so schließt das nicht aus, dass durch den Erlass neuer, für die Zukunft geltender Vorschriften i. S. d. Art. 14 Abs. 1 S. 2 GG subjektive Rechte entzogen oder gemindert werden, die der Einzelne aufgrund des alten Rechts erworben hatte (BVerfGE 25, 112 (121 f.); 52, 25 (28)). Durch eine bestehende Rechtslage kann der Gesetzgeber nicht gehindert sein, von seinem umfassenden gesetzgeberischen **Gestaltungsspielraum** Gebrauch zu machen und neuen Entwicklungen etwa im Bereich des Rechtsgüterschutzes Rechnung zu tragen. Dabei ist die Um- und Neugestaltung eines Rechtsgebiets und der vorhandenen Rechte – selbst wenn diese abgeschafft werden – keine Enteignung, sondern eine Inhaltsbestimmung (BVerfGE 42, 263 (294 f.)).

Wenn das neue Recht verfassungsmäßig ist, stellt sich nur die Frage, ob gerade **3** die Einwirkung des neuen Rechts auf das alte Recht verfassungsgemäß ist. Dabei ist anerkannt, dass der Gesetzgeber ein Interesse daran hat, eine neue Regelung alsbald auf den alten Rechtszustand zu erstrecken, um eine Parallelität zweier Rechtszustände tunlichst zu vermeiden (BVerfGE 58, 81 (121)). In einem solchen Fall berührt ein **Überleitungsrecht** zwar die Eigentumsgarantie des Art. 14 Abs. 1 S. 1 GG. Es müssen allerdings immer tragfähige Gründe dafür vorliegen, dass die neue Rechtslage auch für die alten Sachverhalte gilt. Sieht der Gesetzgeber eine Härteklausel vor, so ist eine veränderte Inhaltsbestimmung bezogen auf eine frühere Rechtsposition verfassungsrechtlich nicht zu beanstanden (vgl. etwa BVerfGE 83, 201 (211 f.)).

Bei Art. 14 ist im Übrigen zu beachten, dass es den Fachgerichten verwehrt **4** ist, unter Umgehung des einfachen Rechts unmittelbar auf der Grundlage der Verfassung Ansprüche zu gewähren, die von der Entscheidung des hierzu berufenen Gesetzgebers gar nicht gedeckt werden (vgl. BVerwGE 106, 228 (235 mwN.)).

2. Übergangsregelungen und Art. 12 GG

Eine andere Dimension hat der sog. **Bestandsschutz im Gewerberecht** und **5** Ordnungsrecht. Auch hier können bisher bestehende Rechtspositionen, die durch Art. 12 Abs. 1 GG geschützt sind, beschränkt oder gar entzogen werden. Geht es um den vom Normgeber bezweckten Schutz hochrangiger Gemeinschaftsgüter – wie bei den in § 1 genannten Zielen –, so steht eine die bisherige Rechtsposition einschränkende Regelung, die in den Schutzbereich des Art. 12 Abs. 1 GG fällt, in einem angemessenen Verhältnis zu den grundrechtlich geschützten Belangen der bisherigen Gewerbetreibenden. Wenn der Gesetzgeber in einem vergleichbaren Fall etwa die Ausnahmen von einem nächtlichen **Alkoholverkaufsverbot** für bestimmte privilegierte Verkaufsstellen vorsieht, weil er diesen gerade kein mit der Bekämpfung der vom Alkoholkonsum ausgehenden Gefahren bei Jugendlichen identisches Gefährdungspotential beimisst, dann sind Ausnahmen und Übergangsregelungen vom nächtlichen Verkaufsverbot für bestimmte privilegierte Verkaufsstellen zulässig (BVerfG Beschl. v. 29.9.2010 – 1 BvR 1789/10). Denn sämtlichen privilegierten Verkaufsstellen ist gemeinsam, dass dort regelmäßig nicht nur der Erwerb, sondern gerade der Konsum der alkoholischen Getränke in einem Umfeld stattfindet, welches einen höheren Grad an sozialer Kontrolle aufweist und teilweise auch der Kontrolle der anwesenden Ordnungskräfte unterliegt. Bei dem Erwerb von Alkoholika in Tankstellen und Supermärkten hingegen findet der Konsum jedoch häufig an Örtlichkeiten im kontrollfreien öffentlichen Raum statt und fördert so die Bildung von Szenetreffs und missbräuchlichem Alkoholkonsum sowie den damit verbundenen zeitlichen Begleiterscheinungen. Deshalb hat das BVerfG (Beschl. v. 29.9.2010 – 1 BvR 1789/10) das in § 3a des Gesetzes über die Ladenöffnung in Baden-Württemberg (LadÖG) enthaltene Verbot des Verkaufs von alkoholischen Getränken in Ladengeschäften aller Art in der Zeit von 22 Uhr bis 5 Uhr gebilligt.

6   Im Übrigen gilt hier die allgemeine Rechtsprechung des BVerfG, dass Regelungen der Berufsausübung verhältnismäßig sind, „wenn sie durch hinreichende Gründe des Gemeinwohls gerechtfertigt werden, wenn das gewählte Mittel zur Erreichung des verfolgten Zweckes geeignet und auch erforderlich ist und wenn bei einer Gesamtabwägung zwischen der Schwere des Eingriffs und dem Gewicht der ihn rechtfertigenden Gründe die Grenze der Zumutbarkeit gewahrt ist" (vgl. BVerfGE 68, 272 (282); 85, 360 (375 ff.)). Bei diesen **Berufsausübungsregelungen** besteht eine breite Skala von Möglichkeiten, der eine größere oder geringere Gestaltungsfreiheit auf der Seite des Normgebers entspricht: „Je einschneidender die Freiheit der Berufsausübung beengt wird, desto höher müssen die Anforderungen an die Dringlichkeit der öffentlichen Interessen sein, die zur Rechtfertigung solcher Beengung ins Feld geführt werden" (BVerfGE 11, 30 (42)). Was Sportwetten betrifft, so bestand bisher keine schutzwürdige Position der betreffenden, weitgehend illegal auf den Markt getretenen Veranstalter und Vermittler. Es galten bisher die Verbotsnormen aus § 4 Abs. 1 GlüStV 2008 und § 284 StGB. Eine legale private Veranstaltung und Vermittlung der Sportwetten durch Private war gesetzlich gar nicht vorgesehen.

7   Im Rahmen einer mit Art. 12 Abs. 1 GG verbundenen stufenspezifischen Verhältnismäßigkeitsprüfung (vgl. BVerfGE 46, 120 (145 ff.); 116, 202 (219 f.)) werden gesetzgeberische Wertungen und Prognosen nur einer eingeschränkten Überprüfung seitens des BVerfG unterzogen. Dabei werden Irrtümer des Gesetzgebers über voraussichtliche Geschehensabläufe in Kauf genommen (Mann in Sachs GG Art. 12 Rn. 145 mwN).

3. Übergangsregelung und Art. 3 GG

8   Soweit es um den Gleichheitssatz nach Art. 3 Abs. 1 GG geht, können einzelne Härtefälle infolge einer Neuregelung in gewissen Grenzen durchaus hingenom-

men werden (vgl. BVerfGE 84, 349 (360)). Allerdings kann sich auch das Gebot ergeben, mit Hilfe von normativen Härteklauseln und normativen Billigkeitsbestimmungen Extremfälle zu vermeiden (vgl. Osterloh in Sachs GG Art. 3 Rn. 111 mwN). Auch ist die Pflicht zur Schaffung angemessener Übergangsregeln für den Gesetzgeber in der Rechtsprechung des BVerfG anerkannt (BVerfGE 71, 364 (397 ff.)).

II. Einzelkommentierung

1. Inhaber von Alterlaubnissen

Nach § 29 Abs. 1 S. 1 können die Veranstalter und Vermittler, die bisher über **9** eine Erlaubnis verfügten, für eine kurze Übergangsfrist (nämlich bis zum 31.12.2012) aufgrund ihrer bisherigen nach altem Recht erteilten Erlaubnisse weiterhin tätig werden. Allerdings sind schon jetzt die Anforderungen des neuen GlüStV zu erfüllen, mit Ausnahme des Erlaubniserfordernisses nach § 4 Abs. 1 S. 1. Der GlüStV 2008 wird damit fortgeschrieben, um keinen erlaubnisfreien Zustand zu erhalten. Wegen der überragend wichtigen Gemeinwohlziele in § 1 wird damit nur ein zeitlich begrenzter Bestands- und Vertrauensschutz eingeräumt. Denn spätestens bis zum 1.1.2013 muss eine neue Erlaubnis nach § 4 Abs. 1 eingeholt werden.

2. Gemeinsames Sportwettenangebot

Das **gemeinsame Sportwettenangebot** nach § 10 Abs. 2 und dessen Vermitt- **10** lung durch Annahmestellen bleibt ein Jahr lang nach Erteilung der Konzession gem. § 10a i. V. m. § 4c aus Vertrauensschutzgründen zulässig. Die Abweichung von § 10a Abs. 2 und Abs. 5 wonach Sportwetten in der siebenjährigen Experimentierphase nur mit einer Konzession nach §§ 4a bis 4e veranstaltet werden, bzw. die Länder die Zahl der Wettvermittlungsstellen auf Erreichung der Ziele des § 1 begrenzen und auch die Vermittlung von Sportwetten in diesen Stellen einer Erlaubnis bedarf, gilt aus den genannten Bestandsschutzgründen für ein Jahr nicht.

3. Vermittlung von erlaubten öffentlichen Glücksspielen

Diese Übergangsregelung nach § 29 Abs. 1 gilt entsprechend, soweit es um die **11** Vermittlung von erlaubten öffentlichen Glücksspielen (einschließlich der Lotterieeinnehmer der Klassenlotterien und der gewerblichen Spielvermittler) geht. Falls der Vermittler in die Vertriebsorganisation eines Veranstalters eingegliedert ist, hat der Veranstalter den Antrag auf Erteilung der Erlaubnis nach dem neuen § 4 Abs. 1 für den ihm zugeordneten Vermittler zu stellen.

4. Führung der Sperrdatei

Die Führung der Sperrdatei gilt noch nicht vom Inkrafttreten des GlüStV 2012 **12** an. Aus verwaltungsorganisatorischen Gründen wird der neuen zentral zuständigen Behörde eine Übergangszeit bis zur Aufnahme ihrer Tätigkeit eingeräumt. Dasselbe gilt für die notwendigen datenschutzrechtlichen Regelungen, insbesondere für den Übermittlungsvorgang der bisher in der **Sperrdatei** der Veranstalter gespeicherten Spielersperren. Die Zuständigkeit der bisherigen Stellen bleibt bis zur Installation und Aufnahme der Arbeitsweise der neuen zuständigen Behörde bestehen. Die zur Sicherstellung eines ausreichenden Glücksspielangebots verpflichteten Länder können selbst oder durch eine von allen Vertragsländern gemeinsam geführte Anstalt oder durch juristische Personen des öffentlichen Rechts oder durch privatrechtliche Gesellschaften, die unmittelbar durch juristische Personen des öffentlichen Rechts beherrscht werden (§ 10 Abs. 2 S. 1), auf Grundlage der von den Spielvermittlern übermittelten, bei ihnen eingereichten Anträge selbst Sperren aussprechen (§ 8 Abs. 6). Dabei übernehmen diese in § 10 Abs. 2 näher bezeichneten Veranstalter auch die Aufgabe einer etwaigen Aufhebung der Spielersperre solcher Spieler, deren Wohnsitz im einschlägigen Zuständigkeitsbereich des Veranstalters liegt. Das gilt aber nur für den Fall, dass der ursprüngliche Veranstalter, der die Sperre erlassen hatte, seine Erlaubnis oder Konzession nicht mehr nutzt.

5. Bisher genehmigte Spielhallen

13   **a) Einbeziehung der Spielhallen.** Bezüglich des neu in den GlüStV eingefügten 7. Abschnitts über die Spielhallen regelt § 29 Abs. 4, dass die die Errichtung und den Betrieb von Spielhallen betreffenden Neuregelungen in §§ 24 bis 26 vom Inkrafttreten des neuen Rechts an anzuwenden sind. Das lässt sich ohne weiteres durch die besonderen Suchtgefahren, die mit dem Betrieb von Spielhallen verbunden sind, rechtfertigen. Übergangsrecht im Recht der Gefahrenabwehr ist besonders rechtfertigungsbedürftig. Das Ausmaß der Verschuldung ist bei den Benutzern der Geldspielautomaten in Spielhallen besonders hoch, ebenso das pathologische Spielverhalten (vgl. Meyer/Hayer, Bundesgesundheitsblatt 2010, 296 f.). Dass entscheidend die 5. **Novelle der Spielverordnung** vom 17.12.2005 zur übermäßigen Zunahme der gewerblichen Automatenspielgeräte und damit auch der Spielhallen beigetragen hat, ist der eindrucksvollen Bestandsaufnahme in der Rechtsprechung der verwaltungsgerichtlichen Obergerichte zu entnehmen (vgl. etwa VGH München Urt. v. 18.4.2012 – 10 BV 10.25/06 Rn. 39 bis 48 und OVG Münster Urt. v. 29.9.2011 – 4 A 17/08, 23 ff.).

14   **b) Sofortige Wirkung der Werberestriktionen.** Sofortige und uneingeschränkte Anwendung findet auf jede Spielhalle nunmehr § 26. Es darf damit ab 1.7.2012 von der äußeren Gestaltung als Spielhalle keine Werbung mehr für den Spielbetrieb oder die in der Spielhalle angebotenen Spiele ausgehen oder überhaupt eine auffällige Gestaltung als zusätzlicher Anreiz für den Spielbetrieb geschaffen werden. Sofort verpflichtend ist auch die Mindestsperrzeit von drei Stunden pro Spielhalle.

15   **c) Bestand von genehmigten Spielhallen vor dem 28.10.2012.** Spielhallen, die nach der neuen Rechtslage an sich einer vollständigen Genehmigungspflicht nach § 24 Abs. 1 unterliegen, sind, sofern sie am 1.7.2012 schon bestehen und für die bis zum 28.10.2011 eine Erlaubnis nach § 33i GewO erteilt wurde und soweit ihre Geltungsdauer nicht innerhalb von fünf Jahren nach dem 1.7.2012 endet, bis zum Ablauf von fünf Jahren seit diesem Datum als vereinbar mit den Regelungen in §§ 24 und 25 anzusehen („Spielhallen gelten ... als mit § 24 und 25 vereinbar"). Der Normgeber bedient sich hier also einer Fiktion. Ob eine fünfjährige Übergangsfrist notwendig ist, wird man angesichts des hohen Gefährdungspotentials der Spielhallen in Zweifel ziehen müssen, wenn man die oben beschriebenen Gefahren zeitnah abwehren will. Es kommt hinzu, dass der eigentli-

che Spielhallenaufschwung erst nach Änderung der Spielverordnung Ende 2005 eingetreten ist und deshalb eine besondere Schutzwürdigkeit „auch dieser unerwünschten" Spieltätigkeit nicht zu begründen ist.

d) Zweifel an einer zu langen Übergangsfrist. Wenn nach der Amtlichen **16** Begründung zu § 29 Abs. 4 (LT-Drs. Bay 16/11995, 32) insbesondere das Verbot von Mehrfachkonzessionen zum Schutz der Spieler und zur Bekämpfung der Spielsucht nach den Ergebnissen der Evaluierung der Spielverordnung und den sachverständigen Empfehlungen des Fachbeirats Glücksspielsucht erforderlich ist und gerade diese Konzessionsart die starke Zunahme der Zahl der Geldspielgeräte im gewerblichen Automatenspiel angetrieben und den Charakter des Spiels in Spielhallen grundlegend verändert hat, so erscheint eine fünfjährige Übergangsfrist mit den Zielen des § 1 kaum vereinbar. **Bestandsschutzinteressen,** die sich gerade auf eine an sich unerwünschte gewerbliche Tätigkeit beziehen, die mit besonderen Gefahren für Dritte verbunden ist, haben keinesfalls das gleiche Gewicht wie der im sonstigen Gewerberecht angelegte Bestandsschutz für einen normalen Gewerbetreibenden. Der 28.10.2011 ist deswegen als Stichtag genehmigt worden, weil von diesem Zeitpunkt an feststand, dass ein neuer Glücksspielstaatsvertrag geschaffen werden sollte und damit die Spielhallenbetreiber sich auf eine weitere Verminderung ihrer bisherigen Rechtsposition einstellen mussten.

e) Erst nach dem 28.10.2011 genehmigte Spielhallen. Für solche Spielhal- **17** len, die nach diesem Stichtag eine **Erlaubnis nach § 33i GewO** erhalten hatten, gilt eine kürzere Übergangsfrist. Solche Erlaubnisse gelten nämlich nur bis zum 30.6.2013 als mit §§ 24 und 25 vereinbar. Danach müssen die einschlägigen Betreiber die Spezialerlaubnis nach § 24 vorweisen und sind vollständig den Beschränkungen des § 25 (**Verbot der Mehrfachkonzession,** Ausschluss eines baulichen Verbundes und etwaige Begrenzung der in einer Gemeinde zu erteilenden Erlaubnisse) ausgesetzt (vgl. auch Wild ZfWG 2012, 247, (250)).

6. Erteilung einer Befreiung

Nach § 29 Abs. 4 S. 3 soll aus Gründen des „Vertrauens- und Bestandsschutzin- **18** teresses der Betreiber" nach Ablauf der genannten Fünf- bzw. Einjahresfrist die Möglichkeit der Erteilung einer Befreiung durch die nach § 24 zuständigen Behörden bestehen. Eine Befreiung soll von der Erfüllung einzelner Anforderungen des § 24 Abs. 2 und des § 25 „für einen angemessenen Zeitraum" zulässig sein, wenn dies „zur Vermeidung unbilliger Härten erforderlich ist". Mit dieser Befreiungsmöglichkeit wird das an feste Übergangsfristen orientierte Übergangsrecht aufgeweicht. Die Amtlichen Erläuterungen zeigen, dass hier eine typische Kompromissregelung vorliegt. Man will „unzumutbare Belastungen" der Spielhallenbetreiber verhindern, ohne aber die mit §§ 24 und 25 verfolgten Allgemeinwohlinteressen auf Dauer hintanzustellen (amtl. Begr. LT-Drs. Bay 16/11995, 32). Es liegt aber auf der Hand, dass die überragend wichtigen Gemeinwohlziele der Bekämpfung von Spielsucht sowie des Jugend- und des Spielerschutzes aus § 1 nicht einfach für einen längeren Zeitraum suspendiert werden können. Für eine Befreiung wird man verlangen müssen, dass gerade ein vom Schutzzweck dieser Norm abweichender Sonderfall vorliegt, wenn also die Ziele des § 1 durch einen Fortbetrieb der Spielhallen allenfalls in geringem Ausmaß gefährdet sein können. Der Hinweis in der Amtlichen Erläuterung auf die Möglichkeit der Länder, die Einzel-

heiten zum Befreiungstatbestand zu regeln und auch kürzere Übergangsfristen
nach den **Spielhallengesetzen** der Länder vorzusehen – unter Hinweis auf § 28
S. 1 – zeigt die geringe Bestandssicherheit der Übergangsregelungen in § 29 Abs. 4
(vgl. hierzu Wild ZfWG 2012, 247, (250 f)). Es ist zudem zu erwarten, dass zur
Klärung des unbestimmten Rechtsbegriffs der unbilligen Härte eine Vielzahl von
Verwaltungsrechtsstreitigkeiten geführt werden (vgl. auch Reeckmann ZfWG
2012, 255, (259)). Zur baldigen Erlangung einer rechtssicheren Position auch
der Spielhallenbetreiber wird diese Übergangsregelung auf absehbare Zeit nicht
beitragen können.

7. Buchmachererlaubnisse nach dem Rennwett- und Lotteriegesetz

19   § 29 Abs. 5 bestimmt ein Fortgelten der aufgrund des Rennwett- und Lotteriegesetzes erteilten **Buchmachererlaubnisse** im bisher genehmigten Umfang bis
zum Ablauf eines Jahres nach Inkrafttreten des GlüStV 2012, also bis zum
30.6.2013. Hier hat man nicht eine Differenzierung nach dem Datum der Erteilung dieser Erlaubnisse vorgenommen, wie sie in § 29 Abs. 4 bezüglich der für
die Spieler wesentlich gefahrträchtigeren Spielhallen vorgenommen wurde.
Ebenso wenig ist hier eine Befreiungsregelung in der Art nach § 29 Abs. 4 S. 3
eingeführt worden, obschon auch hier die Rechtsgütergefährdung, bezogen auf
§ 1 wesentlich geringer sein dürfte. Hierin dürften Probleme der verfassungsrechtlichen Rechtfertigung liegen, insbesondere bei Anwendung des Grundsatzes der
Verhältnismäßigkeit und damit des daraus abgeleiteten Kohärenzgebots. Allerdings
hat der EuGH zur Übergangsregelung in § 25 Abs. 6 GlüStV 2008 judiziert, dass
die damalige auf ein Jahr befristete Ausnahmeerlaubnis für die Veranstaltung und
Vermittlung von Glücksspielen im Internet aus Erwägungen der Rechtssicherheit
gerechtfertigt ist und die Eignung in Bezug auf die beabsichtigte Zielerreichung
nicht unangemessen ist (vgl. EuGH – C-46/08 – Carmen Media, ZfWG 2010,
344 (352) Rn. 108, 110).

§ 30 Weitere Regelungen

(1) **Die zuständige Behörde kann eine Lotterie, die bei Inkrafttreten
dieses Vertrages von mehreren Veranstaltern in allen Ländern durchgeführt wird und bei der der Reinertrag ausschließlich zur Erfüllung der in
§ 10 Abs. 5 genannten Zwecke verwandt wird, abweichend von § 12
Abs. 1 Satz 1 Nr. 3, § 13 Abs. 2, § 14 Abs. 1 Nr. 1 und § 15 Abs. 1 Satz 3
erlauben.**

(2) **Der Reinertrag von Veranstaltungen in der Form des Gewinnsparens
muss mindestens 25 vom Hundert der Entgelte betragen. Der Reinertrag
ist für gemeinnützige, kirchliche oder mildtätige Zwecke zu verwenden.
Erlaubnisse können allgemein erteilt werden.**

I. Grundlagen

1   Die Schlussbestimmung des § 30 beinhaltet kaum überzeugende **privilegierende Ausnahmevorschriften** mit der unspezifizierten Überschrift „Weitere
Regelungen", die bis auf redaktionelle Anpassungen dem bisherigen § 25 Abs. 4

und 5 entsprechen und auch bereits aus dem zuvor geltenden LottStV übernommen wurden (vgl. Gebhardt/Postel ZfWG 2012, 1 (5)).

II. Einzelkommentierung

1. Ausnahmeregelung für die Lotterie „Glücksspirale"

Abs. 1 (§ 25 Abs. 4 aF) wurde im Wesentlichen inhaltsgleich von § 16 Abs. 2 **2** LottStV übernommen und normiert eine **privilegierende Ausnahmeregelung** (Ennuschat ZfWG 2008, 83 (85)) für die „**Glücksspirale**", die von den staatlich beherrschten Unternehmen nach § 10 Abs. 2 veranstaltet wird.

(Wohl) nur diese Veranstaltung erfüllt die Voraussetzung des Abs. 1, nach der **3** es sich um eine Lotterie (§ 3 Abs. 3) handeln muss, die bei Inkrafttreten (auch) des GlüStV2012 von mehreren Veranstaltern in allen Ländern durchgeführt wird. Andere sog. **Soziallotterien** – etwa die Veranstaltungen „**Aktion Mensch**" oder „**Goldene Eins**" (vgl. BVerwG NVwZ 2011, 1319, Rn. 26; → § 12 Rn. 1 ff.; DHO Rn. 37) – werden nicht von mehreren Veranstaltern sondern lediglich bundesweit einheitlich durchgeführt (→ § 12 Rn. 24). Der Sicherstellungsauftrag des § 10 Abs. 5 (→ § 10 Rn. 27 ff.) wird durch das weitere Merkmal des Abs. 1 (mehr als) erfüllt, nach welchem der Reinertrag ausschließlich (und nicht nur „ein erheblicher Teil" iSd § 10 Abs. 5) zur Erfüllung der in § 10 Abs. 5 genannten Zwecke verwandt werden darf.

Einen darüber hinaus gehenden **persönlichen Anwendungsbereich** auch für **4** andere sog. Soziallotterien sieht der Abs. 1 daher nicht vor (aA Ennuschat ZfWG 2008, 83 (85) zu § 25 Abs. 4 aF). Auch die **gesetzgeberischen Motive** zum LottStV belegen dies ausdrücklich (Erl. zu § 16 LottStV).

Vor dem Hintergrund, dass die Veranstaltung der „**Glücksspirale**" (nur) den **5** in § 10 Abs. 2 genannten Veranstaltern erlaubt ist, erschließt sich allerdings nicht, aus welchem Grund erneut eine Abweichungsmöglichkeit von „§ 14 Abs. 1 Nr. 1" (es dürfte § 14 Abs. 1 Satz 1 Nr. 1 gemeint sein) normiert wird, denn bereits § 14 Abs. 1 Satz 2 befreit die in § 10 Abs. 2 (und Abs. 3) genannten Veranstalter von dem Erfordernis der Gemeinnützigkeit im Sinne des § 5 Abs. 1 Nr. 9 KStG.

Auch die **GKL** ist nicht vom persönlichen Anwendungsbereich des Abs. 1 **6** erfasst. Zwar sind die NKL und die SKL erst mit Inkrafttreten dieses GlüStV und des GKL-StV zu einem Veranstalter „fusioniert" (§ 12 Abs. 1 GKL-StV) und insofern handelte es sich zuvor auch um „mehrere Veranstalter". Zudem sollen die (Klassen-)Lotterien auch „in allen Ländern durchgeführt" worden sein (→ § 10 Rn. 22). Allerdings handelte es sich um zwei parallel stattfindende und nicht nur „eine" Lotterie.

Sachlich lässt der Abs. 1 mehrere **Abweichungen** von den Erlaubnisvorausset- **7** zungen des Dritten Abschnitts zu. Erlaubnisfähig nach § 4 Abs. 1, §§ 12 ff. sind somit die Verfolgung wirtschaftlicher Zwecke (§ 12 Abs. 1 Satz 1 Nr. 3), die Bekanntgabe von Ziehungsergebnissen öfter als zweimal wöchentlich, Höchstgewinne über zwei Million Euro, planmäßige Jackpots, die interaktive Teilnahme in Rundfunk und Telemedien mit zeitnaher Gewinnbekanntgabe (§ 13 Abs. 2), die mangelnde Gemeinnützigkeit des Veranstalters (§ 14 Abs. 1 Satz 1 Nr. 1) und ein Reinertrag und eine Gewinnsumme von unter 30% (§ 15 Abs. 1 Satz 3). Die Abweichungen decken sich damit inhaltlich mit denen des § 16 Abs. 2 LottStV. In sachlicher Hinsicht bleibt allerdings unklar, wie weit die **Privilegierung** reichen soll (Ennuschat ZfWG 2008, 83 (85)), denn es sind – im Gegensatz zu Abs. 2 – keinerlei **inhaltliche Begrenzungen** dieser generellen Abweichungsmöglichkeit gegeben. Dies erscheint schon deswegen verfassungsrechtlich bedenklich, weil wesentliche Aspekte wie Reinertrags- und Gewinnsummenquoten im Spielplan letztlich uneingeschränkt zur Disposition der Exekutive gestellt werden.

8   Da die staatsvertragliche Systematik darauf angelegt ist, dass die Veranstaltung von Lotterien mit geringerem Gefährdungspotenzial nach dem Dritten Abschnitt den in § 10 Abs. 2 genannten Veranstaltern zu denselben Bedingungen wie sog. privaten Veranstaltern erlaubt werden kann (vgl. Ruttig Voraufl. GlüStV § 14 Rn. 7; Dietlein/Postel Voraufl. GlüStV § 10 Rn. 45) und Abs. 1 eine davon abweichende **Sonderprivilegierung** darstellt, ergibt sich im Umkehrschluss, dass eine darüberhinausgehende Privilegierung in den Ausführungsgesetzen auch unter Berufung auf § 28 nicht überzeugt.

9   Auch die durch Abs. 1 (uneingeschränkt) ermöglichte Sonderprivilegierung und damit verbundene Ungleichbehandlung bedarf einer Rechtfertigung. Die Tatsache der staatlichen Beherrschung der Veranstalter (→ § 10 Rn. 13 ff.) allein dürfte sich kaum als Rechtfertigung anbieten, zumal dann ein Regelungsstandort im Zweiten oder Dritten Abschnitt nahegelegen hätte. Ein **gesetzgeberisches Motiv** für den Bedarf der in Abs. 1 formulierten Privilegierung der Veranstaltung „Glücksspirale" ist vor dem Hintergrund der im GlüStV (und in den Ausführungsgesetzen) im Einzelnen geregelten Erlaubnisvoraussetzungen (→ § 4 Rn. 43 ff., § 12 ff.) – auch für die staatlich beherrschten Unternehmen – ebenso wenig erkennbar wie eine **sachliche Rechtfertigung**. Dies gilt zumal vor dem Hintergrund, dass die Überarbeitung des gesamten GlüStV der erforderlichen Herstellung der unionsrechtlich gebotenen Kohärenz dienen soll und die Privilegierungen für die „Glücksspirale" schon bisher der Sache nach (nur) als **Übergangsregelung** bewertet wurden (vgl. Ruttig Voraufl. GlüStV § 12 Rn. 22). Gefahreinschätzungen sind nicht schlüssig, wenn identischen Gefährdungen in demselben Gesetz unterschiedliches Gewicht beigemessen wird (vgl. BVerfGE 107, 186, 197). (Auch) insofern erscheint es zweifelhaft, ob die Entscheidung zu einer bestimmten Einschätzung des Gefahrenpotenzials von bestimmten Lotterien und einem auf dieser Grundlage gewählten Regelungskonzepts (§§ 10, 12 ff.) mit den Befreiungsmöglichkeiten in Abs. 1 **folgerichtig** weiterverfolgt wird.

2. Ausnahmeregelung für Lotterien in der Form des Gewinnsparens

10   Abs. 2 (§ 25 Abs. 5 aF) wurde im Wesentlichen inhaltsgleich von § 16 Abs. 3 LottStV übernommen und normiert eine **privilegierende Ausnahmeregelung** für Lotterieveranstaltungen in der Form des **Gewinnsparens** (§ 12 Abs. 1 Satz 2; vgl. DHO Rn. 38 ff.).

11   Abs. 2 Satz 1 legt die **Reinertragsquote** beim Gewinnsparen abweichend von § 15 Abs. 1 Satz 3 auf (nur) mindestens 25% fest. Da § 14 Abs. 1 Satz 2 – parallel zu den in § 10 Abs. 2 genannten Veranstaltern – eine weitere Privilegierung enthält und Gewinnsparanbieter dadurch von dem Erfordernis der Gemeinnützigkeit im Sinne des § 5 Abs. 1 Nr. 9 KStG befreit sind, sieht Abs. 2 Satz 2 zur **Begrenzung** dieser Privilegierung sowie zur Erfüllung des Sicherstellungsauftrags in § 10 Abs. 5 (→ § 10 Rn. 27 ff.) – und parallel zur Privilegierung in Abs. 1 – vor, dass der Reinertrag von Veranstaltungen in der Form des Gewinnsparens für gemeinnützige, kirchliche oder mildtätige Zwecke zu verwenden ist. Für die Auslegung der

Zwecke kann auf die AO zurückgegriffen werden (→ § 10 Rn. 28). Die besonderen Anforderungen des Körperschaftssteuer- und Abgabenrechts (insbesondere die §§ 51 ff. AO) sollen für die anderen nach den §§ 12 ff. erlaubnisfähigen Anbieter sicherstellen, dass die beim Lotterieveranstalter anfallenden Einnahmen lediglich im Rahmen der besonderen **Zweckbestimmung** der Körperschaft verwendet werden und nicht sonstigen privaten oder gewerblichen Zwecken zufließen können (vgl. Ruttig Voraufl. GlüStV § 14 Rn. 3).

Das gesetzgeberische Motiv für die Privilegierung in Abs. 2 Satz 1 ist den Erläuterungen zum LottStV zu entnehmen, wonach die Privilegierungstatbestände mit Blick auf die **lange Tradition** und weil das Gewinnsparen aus ordnungsrechtlicher Sicht zu keinen grundsätzlichen Beanstandungen Anlass gegeben hat, aufgenommen wurden (DHO Rn. 41). Ob dieses Motiv weiterhin mehrere **Privilegierungstatbestände** (vgl. auch § 12 Abs. 1 Satz 2 mit der Erhöhung des Losanteils) rechtfertigt, erscheint **zweifelhaft** (vgl. bereits Adams/Tolkemitt ZBB 2000, 163; in diese Richtung DHO Rn. 42). Immerhin sind die Privilegierungen im Gegensatz zu den zahlreichen Privilegierungen in Abs. 1 sachlich begrenzt. **12**

Abs. 2 Satz 3 ermächtigt zur Erteilung einer **allgemeinen Erlaubnis** für das Gewinnsparen. Damit kann die nach § 4 Abs. 1 (auch) für das Gewinnsparen als spezielle Form der Lotterie erforderliche Erlaubnis (vgl. → § 4 Rn. 27) „allgemein" erteilt werden. Abs. 2 S. 3 stellt sich damit als Verfahrenserleichterung und für Gewinnsparlotterien speziellere Regelung des § 9 Abs. 4 (→ § 9 Rn. 52 ff.) dar, die ebenfalls durch das als geringer angesehene Gefahrenpotential von Gewinnsparlotterien motiviert sein dürfte. Möglich ist daher eine adressatenbezogene **Allgemeinverfügung** als ein Verwaltungsakt iSd § 35 S. 2 LVwVfG, der sich an einen nach allgemeinen Merkmalen bestimmten oder bestimmbaren Personenkreis richtet (vgl. → § 4 Rn. 35; → § 18 Rn. 5). Die vom Wortlaut des Begriffs „allgemein" wohl auch umfasste Auslegung einer Erteilung durch Rechtsnorm und nicht durch Allgemeinverfügung (s. etwa § 18 S. 2 GastG; vgl. VGH Kassel ZfWG 2011, 455; OVG Niedersachsen GewArch 1983, 163; Michel/Kienzle/Pauly Gaststättengesetz § 18 Rn. 12; Metzner Gaststättengesetz § 18 Rn. 83) ist wegen der für die Betroffenen verfahrensrechtlich ungünstigeren Regelung und möglichen Bedenken vor dem Hintergrund des § 284 Abs. 1 StGB (vgl. Gebhardt/Postel ZfWG 2012, 1 (11)) ersichtlich nicht gewollt. **13**

§ 31 Verhältnis zu weiteren staatsvertraglichen Regelungen für die Klassenlotterien

(1) **Soweit die Regelungen des Staatsvertrags zwischen den Ländern Baden-Württemberg, Bayern, Hessen, Rheinland-Pfalz, Sachsen und Thüringen über eine Staatliche Klassenlotterie vom 26. Mai 1992 (SKL-Staatsvertrag) oder die Regelungen des Staatsvertrages zwischen den Ländern Nordrhein-Westfalen, Niedersachsen, Schleswig-Holstein, Freie und Hansestadt Hamburg, Freie Hansestadt Bremen, Saarland, Berlin, Brandenburg, Mecklenburg-Vorpommern und Sachsen-Anhalt über eine Staatliche Klassenlotterie vom 30. Juni/1. September 2008 (NKL-Staatsvertrag) sowie die Regelungen des Staatsvertrages der Länder über die Gemeinsame Klassenlotterie vom [...] (GKL-Staatsvertrag) im Widerspruch zu Regelungen dieses Staatsvertrags stehen, sind die Regelungen dieses Staatsvertrags vorrangig anzuwenden.**

(2) **Mit Inkrafttreten dieses Staatsvertrages gehen die der Süddeutschen Klassenlotterie und der Nordwestdeutschen Klassenlotterie erteilten Erlaubnisse zur Veranstaltung von Klassenlotterien auf die Gemeinsame Klassenlotterie über.** Erlaubnisse nach § 4 werden den Klassenlotterien abweichend von den jeweiligen Staatsverträgen von der nach diesem Staatsvertrag zuständigen Behörde erteilt.

Ausführungsgesetze: § 9 Abs. 2 S. 2, Abs. 4 S. 4, Abs. 5, § 19 Abs. 1, 3, 4, § 47 Abs. 7 LGlüG BW-E; Art. 1 Abs. 4 AGGlüStV Bay; § 10 AG GlüStV Bln; § 4 Abs. 2, 3, § 6 HmbGlüStV AG; § 11 HGlüG; § 3 Abs. 1 GlüStV AG M-V; § 2 Abs. 2 NGlüSpG; § 3 Abs. 3, § 6 AG GlüÄndStV NRW-E; § 4 Abs. 1, 4 LGlüG RhPf; § 6 AG GlüStV-Saar; § 3 Abs. 3 SächsGlüStVAG; § 12 GlüG LSA; § 2 Abs. 4 GlüÄndStV AG SchlH-E; § 2 Abs. 2 ThürGlüG.

I. Grundlagen

1   § 31 regelt das Verhältnis zwischen dem GlüStV einerseits sowie den vertraglichen Regelungsgrundlagen zum Betrieb der Süddeutschen Klassenlotterie (SKL), der Nordwestdeutschen Klassenlotterie (NKL) und der neu errichteten Gemeinsamen Klassenlotterie (GKL) andererseits (eingehend zu den Klassenlotterien Rombach in Gebhardt/Grüsser-Sinopoli § 23 Rn. 1 ff.). Während die SKL seit ihrer Errichtung eine „Anstalt des öffentlichen Rechts" darstellt, wurde die NKL zunächst als sog. „Eigenbetrieb des öffentlichen Rechts" als Verbund der beteiligten Länder geführt, indes nachträglich durch Staatsvertrag ebenfalls als „Anstalt des öffentlichen Rechts" ausgestaltet. Auch die GKL wird als „Anstalt des öffentlichen Rechts" betrieben. Bei den in § 31 genannten Regelungsgrundlagen handelt es sich einerseits um den SKL-Staatsvertrag vom 26.5.1992 und den NKL-Staatsvertrag vom 30.6./1.9.2008, der die vorher bestehende NKL-Ländervereinbarung vom 23.12.1992 abgelöst hat, und andererseits um den GKL-Staatsvertrag vom 15.12.2011. Die Erweiterung des § 31 im Verhältnis zur Vorgängernorm des § 26 aF trägt dem zur Umsetzung des § 10 Abs. 3 erforderlichen GKL-Staatsvertrag zur Bildung einer Gemeinsamen Klassenlotterie Rechnung. Infolge der staatsvertraglichen Regelung des § 10 Abs. 3 dürfen Klassenlotterien ab dem Zeitpunkt der Errichtung der GKL freilich nur noch von dieser und nicht mehr von NKL und SKL veranstaltet werden. SKL und NKL verlieren insoweit ihren Status als Klassenlotterieveranstalter (vgl. BayLT-Drs. 16/11995, 29).

II. Einzelkommentierung

1. § 31 Abs. 1

2   Inhaltlich trifft § 31 Abs. 1 eine Konfliktregelung dahingehend, dass bei Regelungswidersprüchen zwischen dem GlüStV 2012 einerseits und den älteren Regelungsgrundlagen der beiden Klassenlotterien sowie dem neuen GKL-Staatsvertrag andererseits die Regelungen des GlüStV vorrangig anzuwenden sind (im Ergebnis ebenso Rombach in Gebhardt/Grüsser-Sinopoli § 23 Rn. 42, 50). Der Begriff des „Anwendungsvorranges" lehnt sich ersichtlich an die Dogmatik des europäischen Gemeinschaftsrechtes an. Hiernach sperrt das vorrangige Recht die Anwendung

des nachrangigen Rechts, setzt dieses aber nicht endgültig außer Kraft. Das Modell des Anwendungsvorranges hebt sich insoweit von der klassischen „lex posterior Regel" (lex posterior derogat legi priori) ab, das auf eine „Derogation" und damit ein (endgültiges) Außerkrafttreten des vorrangigen Rechts abzielt. Mithin gelten gemäß § 31 im Kollisionsfall zwar die Regelungsvorgaben des GlüStV, die Bestimmungen des SKL-/NKL-Staatsvertrages und des GKL-Staatsvertrages werden indes nicht außer Kraft gesetzt (tendenziell anders Rombach in Gebhardt/Grüsser-Sinopoli § 23 Rn. 50, 42, der wohl von einer Derogation der bisherigen Vorschriften ausgeht). Bedeutung gewinnt dieser Regelungsmechanismus für den Fall eines etwaigen späteren Außerkrafttretens des GlüStV. Dieses führte zu einem vollständigen Wiedererstarken auch der vormals im Konflikt zu den Bestimmungen des GlüStV stehenden Regelungsgrundlagen der Klassenlotterien. Staatsrechtlich ist die mit § 31 verbundene potentielle Sperrung der betreffenden vertraglichen Regelungsgrundlagen von SKL, NKL und GKL durch Landesgesetz nicht zu beanstanden.

2. § 31 Abs. 2

Aufgrund des neu eingefügten Abs. 2 Satz 1 werden mit Inkrafttreten des **3** GlüStV zum 1.7.2012 die der SKL und NKL erteilten Veranstaltungserlaubnisse auf die GKL übertragen. Sowohl der Wegfall der Veranstaltereigenschaft durch § 10 Abs. 3 als auch die Übertragung der Erlaubnisse erfolgt kraft Gesetzes, so dass es keiner exekutiven Umsetzungs- und Vollzugsakte mehr bedarf (BayLT-Drs. 16/11995, 33).

Abs. 2 Satz 2 formuliert eine Abweichung von den einschlägigen Rechtsgrundlagen der Klassenlotterien, indem die Erlaubniserteilung für die in Abs. 1 genannten Klassenlotterien im Wege eines ländereinheitlichen Verfahrens in die Hand der nach § 9a Abs. 1 zuständigen Glücksspielaufsichtsbehörde der Freien und Hansestadt Hamburg gelegt wird. Die in § 9a Abs. 1 genannte Behörde erteilt die Erlaubnisse für das Gebiet aller staatsvertragsschließenden Länder. Die Erlaubniserteilung erfolgt auch für das Land Schleswig-Holstein, da es bereits auf Grundlage des § 7 GlSpG SchlH (→ Einführung Rn. 7) dem GKL-Staatsvertrag beigetreten ist.

Auffällig an der Formulierung des Abs. 2 Satz 2 ist, dass die Norm nach dem **4** verwaltungsrechtlichen Sprachgebrauch eine objektive Rechtspflicht zur Erlaubniserteilung zu statuieren scheint („wird . . . erteilt"), was freilich in einem deutlichen Kontrast zu dem Repressivverbot des § 4 Abs. 2 Satz 3 steht (gegen einen derartigen Anspruch denn auch Postel → § 4 Rn. 51). Auf ausführungsgesetzlicher Ebene wurde ein solcher Anspruch auf Genehmigungserteilung bislang denn auch teilweise explizit verneint (§ 12 Abs. 1 Satz 3 GlüG LSA).

III. Besonderheiten der Länderausführungsgesetze

Sämtliche Landesausführungsgesetze tragen der in § 10 Abs. 3 GlüStV formu- **5** lierten Bestimmung (→ § 10 Rn. 22) Rechnung, dass Klassenlotterien ausschließlich von „einer von allen Ländern gemeinsam getragenen Anstalt des öffentlichen Rechts" veranstaltet werden dürfen. Dabei benennt der überwiegende Anzahl von Ländern die zu diesem Zweck durch den GKL-StV gegründete „GKL Gemeinsame Klassenlotterie der Länder" als die betreffende Anstalt des öffentlichen

Rechts (s. zB § 9 Abs. 2 S. 2 LGlüG BW-E; Art. 1 Abs. 4 AGGlüStV Bay; § 11 Hess GlüG; § 4 Abs. 4 GlüG RhPf; § 6 AG GlüStV Saar). Vor dem Hintergrund dieser ausschließlichen Berechtigung der GKL zur Veranstaltung von Klassenlotterien bestimmt die überwiegende Anzahl der Länder, dass die Erlaubnis zur Tätigkeit als Lotterieeinnehmer nur durch die oder im Auftrag der GKL beantragt werden kann (vgl. 19 Abs. 4 S. 1 LGlüG BW-E; § 6 Abs. 2, 3 NGlüSpG). Erlaubnisbehörde ist für das Gebiet aller Länder die Glücksspielbehörde des Landes, in dessen Gebiet die Anstalt ihren Sitz hat, also die Behörde für Inneres und Sport des Landes Hamburg (vgl. § 9a Abs. 1; → § 9a Rn. 4). § 6 Abs. 1 AG GlüÄndStV NRW stellt dies als einzige landesrechtliche Regelung ausdrücklich fest; die übrigen Länder bestätigen die Zuständigkeit der Glücksspielbehörde Hamburgs durch das jeweilige Zustimmungsgesetz zum GlüStV. Baden-Württemberg bestimmt für den Fall der Weitergeltung der Normen des GlüStV über die Geltungsdauer des StV hinaus eine eigene Behörde als Erlaubnisbehörde (vgl. § 47 Abs. 7 LGlüG BW-E: Regierungspräsidium Karlsruhe). Klarstellend formulieren zudem einige Ausführungsgesetze, dass ausschließlich Verkaufsstellen der GKL zur Lotterieeinnahme berechtigt sind (vgl. § 19 Abs. 3 LGlüG BW-E). Bremen und Sachsen treffen zwar keine Regelungen in ihren Ausführungsgesetzen. Dort ist jedoch aufgrund der Zustimmung zum GlüStV und des darin enthaltenen § 10 Abs. 3 ebenfalls ausschließlich die GKL für die Veranstaltung von Klassenlotterien zuständig. Das NGlüSpG ermächtigt darüber hinaus das Wirtschaftsministerium des Landes zu Rechtsverordnungen zur Begrenzung der Verkaufsstellen der GKL sowie zur Festlegung deren Standorte (§ 24 S. 1 Nr. 3) und klärt die Zuständigkeit der Aufsicht über die Verkaufsstellen (§ 23 Abs. S. 2 Nr. 3).

§ 32 Evaluierung

Die Auswirkungen dieses Staatsvertrages, insbesondere der §§ 4a bis 4e, 9, 9a und 10a, auf die Entwicklung und Ausbreitung von unerlaubten Glücksspielen in Schwarzmärkten, sind von den Glücksspielaufsichtsbehörden der Länder unter Mitwirkung des Fachbeirats zu evaluieren. Ein zusammenfassender Bericht ist fünf Jahre nach Inkrafttreten des Staatsvertrages vorzulegen.

Literatur: Blaue ZUM 2011, Der Glücksspielstaatsvertrag und dessen Evaluierung aus Sicht des privaten Rundfunks, S. 119 ff.; Dörr/Janich, Die verfassungsrechtliche Zulässigkeit einer Teilliberalisierung des deutschen Glücksspielmarktes, K&R 2010, Beil. Nr. 3, S. 1 ff.; Haltern, Der Fachbeirat nach § 10 Abs. 1 S. 2 GlüStV – Aufgaben, Verfahren und Stellung, ZfWG 2009, S. 313 ff.; Schweizerisches Institut für Rechtsvergleichung, Lausanne, „International vergleichende Analyse des Glücksspielwesens", Teile 1 – 4, insb. Teil 2: Rechtswissenschaftliche Studie, 2009.

I. Grundlagen

1   Die durch die Vorschrift angeordnete, federführend von den **Glücksspielaufsichtsbehörden der Länder** vorzunehmende **Evaluierung** dient (wie schon § 27 GlüStV 2008, → Rn. 2) dazu, die Entscheidung über eine weitere Verlängerung der Geltungsdauer des Staatsvertrags und über die Beibehaltung verschiedener Neuerungen gegenüber dem GlüStV 2008 vorzubereiten. Die Evaluierung

erfordert eine laufende Kontrolle sowie eine ex-post-Beurteilung der faktischen Auswirkungen des Staatsvertrags, vor allem der genannten Einzelbestimmungen, mit einem Fokus auf der Frage, ob die Ziele des Vertrags in der Praxis erreicht und ob sie von den Normadressaten akzeptiert worden sind („**retrospektive Gesetzesfolgenabschätzung**"). Vor allem soll rechtzeitig vor dem Außerkrafttreten des Staatsvertrags entschieden werden, ob sich das Experiment der grundsätzlichen Beibehaltung des staatlichen Monopols und einer konzessionierten Öffnung des Sportwettenangebotes bewährt hat und langfristig fortgesetzt werden soll. § 32 Satz 1 benennt ausdrücklich das Ziel der Evaluierung, die Auswirkungen auf die Entwicklung und Ausbreitung von unerlaubten Glücksspielen und Schwarzmärkten zu bewerten.

Bereits **§ 27 GlüStV 2008** enthielt eine auf die Auswirkungen des Staatsvertrags 2 bezogene Evaluierungsvorschrift; allerdings war der Vorschrift zufolge das Ergebnis der Evaluierung drei Jahre nach Inkrafttreten des Staatsvertrags vorzulegen. Dieser Zeitraum hat sich als zu knapp bemessen erwiesen (zur Evaluierung vgl. Blaue ZUM 2011, 119 ff.; Dörr/Janich K&R 2010, Beil. Nr. 3, 1 ff.). Der Bericht der Glücksspielaufsichtsbehörden der Länder zur Evaluierung des Glücksspielstaatsvertrags wurde am 1. September 2010 vorgelegt. Er kommt zu dem Ergebnis, dass sich die Regelungen des GlüStV im Wesentlichen bewährt haben (Evaluierungsbericht, 5, 7). Die Evaluierung nach § 27 GlüStV 2008 bildete neben Erkenntnissen aus Anhörungen Beteiligter sowie der Judikatur des Europäischen Gerichtshofs und des Bundesverfassungsgerichts eine der wesentlichen Grundlagen für die jüngste Änderung des GlüStV (zu den seitens der Europäischen Kommission vorgebrachten Bedenken wegen Fehlens einer vorherigen Folgenabschätzung s. Nagel Voraufl. § 27 Rn. 2; in ihrem Schreiben zum GlüÄndStV – Message 791 Communication from the Commission, SG(2012) D 50777 – hat die Kommission mehrfach auf die Notwendigkeit einer zeitnahen Evaluierung hingewiesen).

II. Einzelkommentierung

1. Gegenstand der Evaluierung

Gegenstand der Evaluierung sind die **Auswirkungen des Staatsvertrags**. Im 3 Fokus der Bewertung wird die Frage stehen, in welchem Umfang – auch unter Berücksichtigung der Situation vor und während der Geltungsdauer des GlüStV 2008 – die Ziele des Vertrags erreicht worden sind („Zielerreichungsgrad"). Dabei sind etwa die Verringerung der Anzahl der Spielsüchtigen sowie die Entwicklung der Zahl gesperrter Spieler einzubeziehen. Weitere Kriterien sind die Kosten einschließlich einer Kosten-Nutzen-Bewertung, die praktische Bewährung und die Akzeptanz der Bestimmungen des Staatsvertrags, die Entwicklung der Spieleinnahmen der staatlichen Veranstalter und der privaten Veranstalter und Vermittler, die Bezifferung der Einnahmen aus unerlaubtem Glücksspiel und die Auswertung strafrechtlicher Ermittlungsverfahren und Gerichtsentscheidungen wegen unerlaubten Glücksspiels. Insbesondere sollen die Auswirkungen der §§ 4a bis 4e, 9, 9a und 10a auf die **Entwicklung und Ausbreitung von unerlaubten Glücksspielen in Schwarzmärkten** evaluiert werden. Namentlich die „Experimentierklausel" in § 10a hinsichtlich der begrenzten Konzessionierung von Sportwettenveranstaltern wird hinsichtlich ihrer diesbezüglichen Bewährung zu bewerten sein.

4   Die Evaluierung erfolgt auf der Grundlage von **Informationen** aus unterschiedlichen Quellen; so können Daten zB bei den Glücksspielaufsichtsbehörden sowie den staatlichen und privaten Veranstaltern bzw. Vermittlern von Glücksspielen erhoben werden.

2. Beteiligung des Fachbeirats und der AG Suchthilfe

5   An der Evaluierung ist der **Fachbeirat Glücksspielsucht** zu beteiligen, der sich gemäß § 10 Abs. 1 Satz 3 aus Personen zusammensetzt, die im Hinblick auf die Ziele des § 1 über besondere wissenschaftliche oder praktische Erfahrung verfügen (eingehend Haltern ZfWG 2009, 313 ff.). Die Glücksspielaufsichtsbehörden der Länder und der Fachbeirat unterhalten eine **Gemeinsame Geschäftsstelle** zur Koordination vor allem der länderübergreifenden behördlichen Zusammenarbeit. Der Fachbeirat, der schon an der Evaluierung auf der Grundlage des § 27 GlüStV 2008 beteiligt gewesen ist, hat zuletzt 2011 einen Jahresbericht für das Jahr 2010 vorgelegt; die Länder haben auf Empfehlung des Beirats eine Studie „Pathologisches Glücksspielen und Epidemiologie" (PAGE) in Auftrag gegeben, deren Ergebnisse ebenfalls 2011 veröffentlicht worden sind. Im Rahmen der Evaluierung nach § 32 ist zu prüfen, ob diese PAGE-Studie fortzuschreiben bzw. zu wiederholen ist. Die AG Suchthilfe der Gesundheitsbehörden der Länder ist in Abstimmung mit dem Fachbeirat ebenfalls in die Evaluierung einbezogen.

3. Zeitraum der Evaluierung (Satz 2)

6   Nach Satz 2 ist ein zusammenfassender Bericht **fünf Jahre** nach Inkrafttreten des Staatsvertrags vorzulegen. Die in § 27 GlüStV 2008 normierte, zu knappe Frist von drei Jahren wurde damit verlängert. Adressaten der Vorlage sind die Ministerpräsidenten der Länder; nach § 34 Abs. 1 kann die Ministerpräsidentenkonferenz „aufgrund des Ergebnisses der Evaluierung (§ 32)" über die Aufhebung der Befristung der Experimentierklausel in § 10a Abs. 1 beschließen. Auch bei der Entscheidung über die Fortgeltung des Staatsvertrags nach § 34 Abs. 2 werden die Resultate der Evaluierung relevant werden, auch wenn dort – anders als noch in § 28 Abs. 1 GlüStV 2008 – nicht mehr ausdrücklich auf die Evaluierungsergebnisse Bezug genommen wird.

4. Vergleichende Untersuchungen des Glücksspielwesens

7   Im Rahmen der Evaluierung nach § 27 GlüStV 2008 haben die Ministerpräsidenten 2006 den Auftrag erteilt, eine **vergleichende Analyse** des Glücksspielwesens in den Mitgliedstaaten der Europäischen Union sowie in ausgewählten anderen Staaten im Hinblick auf gesellschaftliche, soziale, rechtliche und wirtschaftliche Entwicklungen zu erstellen. Die zwischenzeitlich federführend vom Schweizerischen Institut für Rechtsvergleichung durchgeführten und mit ihren Ergebnissen veröffentlichten vergleichenden Untersuchungen (vgl. den Bericht „International vergleichende Analyse des Glücksspielwesens", Teile 1 – 4, insb. Teil 2: Rechtswissenschaftliche Studie, 31. Juli 2009) werden als wichtige Erkenntnisquelle auch unter Geltung des § 32 sinnvoller Weise fortzuschreiben sein.

§ 33 Revision zum Bundesverwaltungsgericht

In einem gerichtlichen Verfahren kann die Revision zum Bundesverwaltungsgericht auch darauf gestützt werden, dass das angefochtene Urteil auf der Verletzung der Bestimmungen dieses Staatsvertrages beruhe.

I. Allgemeines

1. Anlehnung an § 48 RStV zur Revisibilität von Landesrecht

Die Amtliche Begründung zu § 33 (LT-Drs. Bay 16/11995, 33) führt lapidar **1** aus: „Die Revisionsbestimmung lehnt sich an § **48 RStV zur Revisibilität** von Landesrecht an." Der Staatsvertrag für Rundfunk und Telemedien (Rundfunkstaatsvertrag – RStV) in der Fassung der Bekanntmachung vom 27.7.2001 – zuletzt geändert durch Art. 3 des 15. Rundfunkänderungsstaatsvertrags vom 7.6.2011 (GVBl, 258) enthält eine gleichlautende Regelung für alle öffentlich-rechtlichen Streitigkeiten nicht verfassungsrechtlicher Art nach dem Rundfunkstaatsvertrag. Der RStV gilt gemäß § 1 Abs. 1 für die Veranstaltung und Verbreitung von Rundfunk in Deutschland in einem dualen Rundfunksystem; für Telemedien gelten nur die Abschnitte IV bis VI (§§ 48–61) sowie § 20 Abs. 2.

2. Erleichterte Klärung von Streitfragen auf Bundesebene

Im Recht des Rundfunkstaatsvertrages hat sich die Eröffnung der Revisibilität **2** bewährt. Es liegen verschiedene Entscheidungen des BVerwG vor, die zur Vereinheitlichung des Rundfunkrechts beigetragen haben (vgl. u.a. BVerwG NJW 1998, 1578; BVerwGE 106, 216; 138, 186). Durch die Eröffnung der Revision auch in landesrechtlichen Fragen konnten etliche Streitfragen aus dem Rundfunkrecht bundeseinheitlich geklärt werden. Hätte eine Revisionsklausel gefehlt, so wäre eine durchaus unterschiedliche Rechtsprechung der verschiedenen Oberverwaltungsgerichte und Verwaltungsgerichtshöfe der Länder möglich gewesen.

II. Einzelkommentierung

1. Organleihe eines Bundesgerichts nach Art. 99 GG

Mit der Formulierung „gerichtliches Verfahren" ist ein Verwaltungsstreitverfah **3** ren gemeint, bei dem der Rechtsweg zu den Verwaltungsgerichten gemäß § 40 Abs. 1 S. 1 VwGO eröffnet ist. Von sich aus haben die Landesgesetzgeber keine Kompetenz, ein Bundesgericht für die Auslegung ihres Landesrechts in Anspruch zu nehmen. Eine betreffende Kompetenznorm, die in gewisser Weise die **Organleihe eines Bundesgerichts** für die Auslegung und Anwendung von Landesrecht eröffnet, ist Art. 99 GG. Danach können den in Art. 95 Abs. 1 GG genannten obersten Gerichtshöfen des Bundes für den letzten Rechtszug die Entscheidungen in solchen Sachen zugewiesen werden, bei denen es sich um die Anwendung von Landesrecht handelt. Das BVerwG ist damit als einer der obersten Gerichtshöfe des Bundes nach entsprechender landesrechtlicher Zuweisung auch ermächtigt, Landesrecht anzuwenden und auszulegen.

2. Sicherung einer einheitlichen Rechtsentwicklung

4   Mit dieser Möglichkeit trägt § 33 entscheidend dazu bei, dass eine **einheitliche Rechtsentwicklung** im Bereich des vom Staatsvertrag erfassten Glücksspielrechts erfolgt. Insbesondere auch die erhebliche Ausweitung des Anwendungsbereichs nach § 2 – Einbeziehung der Spielbanken, Spielhallen, Gaststätten, Wettannahmestellen der Buchmacher und der Pferdewetten – erfordert eine einheitliche Linie in der Rechtsprechung. Sie wäre bei einer Irrevisibilität der Vorschriften des GlüStV bei der Zuständigkeit von 15 verschiedenen Oberverwaltungsgerichten und Verwaltungsgerichtshöfen in der Bundesrepublik nicht gewährleistet. Schon jetzt gibt es im Glücksspielrecht zahlreiche divergierende Entscheidungen der obersten Landesgerichte, die für eine einheitliche Handhabung des Glücksspielrechts schädlich sind.

3. Judizielle Absicherung des ländereinheitlichen Verwaltungsverfahrens

5   Die Revisionsklausel in § 33 stellt auch eine sinnvolle Ergänzung zur **Einführung des ländereinheitlichen Verfahrens** nach § 9a dar. Denn wenn nunmehr für bestimmte Entscheidungsbereiche jeweils eine bestimmte Landesbehörde für alle Länder zuständig ist, für die dann nach § 9a Abs. 5 bis 6 das Glücksspielkollegium entscheidet, so kann bei etwaigen Differenzen bei der Entscheidungsgewinnung eine einheitliche Linie bei der Auslegung und Anwendung des maßgeblichen Rechts durch die oberste Instanz der Verwaltungsgerichtsbarkeit erzielt werden. Wenn auf Verwaltungsebene das ländereinheitliche Verfahren dazu dient, eine Zersplitterung der Aufsichtsstrukturen durch die Einschaltung des Glücksspielkollegium zu verhindern, so besteht auch auf der Ebene der Rechtsprechung das Bedürfnis, zu einer einheitlichen rechtlichen Beurteilung zu gelangen. Würden möglicherweise verschiedene obere Landesgerichte für Handlungen des Glücksspielkollegiums bzw. der nach außen weiterhin zuständigen einzelnen Landesbehörden (vgl. amtl. Begr. LT-Drs. Bay 16/11995, 27 f.) abschließend entscheiden, so wäre ein effektives ländereinheitliches Verfahren selbst in Frage gestellt.

4. Enge Auslegung der Revisionsklausel

6   Die Revisionsklausel erstreckt sich allerdings nicht auf das neben dem GlüStV anzuwendende Landesrecht, insbesondere nicht auf die Ausführungsgesetze oder die einzelnen Spielhallengesetze eines Landes. Mit einer extensiven Auslegung der Revisionsklausel in § 33 durch das BVerwG ist nicht zu rechnen. Das ergibt sich aus der Rechtsprechung des BVerwG zum Rundfunkgebührenstaatsvertrag, der im Gegensatz zum Rundfunkstaatsvertrag keine Revisionsklausel vorsah und deshalb auch vom BVerwG als nicht revisibles Landesrecht (§ 137 Abs. 1 VwGO, § 562 ZPO i. V. m. § 173 VwGO) eingestuft wurde (BVerwG NJW 1998, 1578 Rn. 14).

5. Gewährleistung der Rechtsfortbildung und der Wahrung der Rechtseinheit

7   Das BVerwG kann damit als oberstes Bundesgericht auch im Bereich des GlüStV die grundlegenden Prozesszwecke im Revisionsrecht, nämlich die **Rechtsfortbildung und die Wahrung der Rechtseinheit**, zur Anwendung bringen. Bereits im Verfahren über die Nichtzulassungsbeschwerde gemäß § 133 und § 132 VwGO kann sich nunmehr die grundsätzliche Bedeutung der Rechtssache gerade aus spezifisch landesrechtlichen Fragen ergeben, die mit der Auslegung und Anwendung des GlüStV unmittelbar im Zusammenhang stehen. Bei der Rechtsprechung des BVerwG zum GlüStV 2008 (vgl. BVerwG NVwZ 2011, 349; 554) war aufgefallen, dass die Möglichkeit, auch irrevisibles Landesrecht einer revisionsgerichtlichen Überprüfung zu unterziehen, nicht wahrgenommen wurde. Nach ständiger Rechtsprechung des BVerwG kann nämlich auch ohne eine vorhandene Revisionsklausel durch das BVerwG nachgeprüft werden, ob das Berufungsgericht bei der Auslegung von Landesrecht das Gebot bundesrechtskonformer, insbesondere verfassungskonformer Auslegung beachtet hat (BVerwGE 106, 177 (180)). Damit wird auch der Inhalt der nicht revisiblen Vorschriften am Bundesrecht gemessen, insbesondere an den Grundrechten und den verfassungsrechtlichen Grundsätzen. Infolge der Regelung in § 33 bedarf es nicht mehr der Heranziehung solcher bundesrechtlichen Maßstäbe, um Landesrecht zu überprüfen. Das Landesrecht kann nunmehr wie Bundesrecht selbst in verfahrensrechtlicher und materiell-rechtlicher Hinsicht vollständig vom BVerwG überprüft werden.

§ 34 Sprachliche Gleichstellung

Personen- und Funktionsbezeichnungen in diesem Staatsvertrag gelten jeweils in männlicher und weiblicher Form.

§ 35 Befristung, Fortgelten

(1) Die Ministerpräsidentenkonferenz kann aufgrund der Ergebnisse der Evaluierung (§ 32) mit mindestens 13 Stimmen die Befristung der Experimentierklausel in § 10a Abs. 1 aufheben.

(2) Dieser Staatsvertrag tritt mit Ablauf des 30. Juni 2021 außer Kraft, sofern nicht die Ministerpräsidentenkonferenz mit mindestens 13 Stimmen das Fortgelten des Staatsvertrages beschließt. In diesem Fall gilt der Staatsvertrag unter den Ländern fort, die dem Beschluss zugestimmt haben.

(3) Der Staatsvertrag kann von jedem der Länder, in denen er fortgilt, zum Schluss eines Kalenderjahres gekündigt werden. Die Kündigung ist schriftlich gegenüber dem Vorsitzenden der Ministerpräsidentenkonferenz zu erklären. Die Kündigung eines Landes lässt das zwischen den übrigen Ländern bestehende Vertragsverhältnis unberührt, jedoch kann jedes der übrigen Länder das Vertragsverhältnis binnen einer Frist von drei Monaten nach Eingang der Benachrichtigung über die gegenüber dem Vorsitzenden der Ministerpräsidentenkonferenz erfolgte Kündigungserklärung zum selben Zeitpunkt kündigen.

I. Grundlagen

§ 35 ist den **Schlussbestimmungen** des Neunten Abschnitts des GlüStV zuge- 1
hörig. Seine Abs. 2 und 3 entsprechen in der Sache § 28 GlüStV aF und regeln –
entgegen seiner **missverständlichen Überschrift** und der unzutreffenden Über-

schrift des Art. 2 Erster GlüÄndStV – das **Außerkrafttreten** und (mögliche) Fortgelten sowie die **Kündigung** des GlüStV (als Art. 1 Erster GlüÄndStV). Abs. 1 sieht eine **spezielle Entfristungsmöglichkeit** der Experimentierklausel in § 10a (vgl. → § 10a Rn. 16) vor.

2   § 35 spiegelt in seiner Konzeption und Kasuistik das **föderative Spannungsgeflecht** des gesamten GlüStV und seiner erforderlichen Ausführungsgesetze (→ § 28 Rn. 7 ff.) wider. Er ist letztlich Ventil zwischen der Erkenntnis notwendiger Einigkeit zur verfassungs- und unionsrechtskonformen Fortentwicklung des glücksspielrechtlichen Regulierungssystems und der Vielzahl der jeweils spezifischen Länderinteressen sowohl in Bezug auf die Öffnung des bisherigen Sportwettenveranstaltungsmonopols durch § 10a als auch den Staatsvertrag als Ganzes.

3   Schon die Überschrift des § 35 macht deutlich, dass sich nicht nur die Experimentierklausel in § 10a sondern der Staatsvertrag als Ganzes – jedenfalls grundsätzlich (→ § 28 Rn. 5 f.) – als ein **Werk auf Zeit** darstellen soll. Auch wenn die Motive lediglich die Experimentierklausel in § 10a Abs. 1 als Begründung (auch) für die Befristung des Staatsvertrags als Ganzes ausweisen (vgl. LT-Drs. BY 16/ 11995, 33), ist der Hintergrund dieser rechtspolitischen Entscheidung schon der inhaltlichen Entwicklung der Schlussbestimmungen in den jeweiligen Vertragsentwürfen – auch schon der Entwürfe zum vorherigen Staatsvertrag – zu entnehmen. Die Ministerpräsidenten der Länder Rheinland-Pfalz, Baden-Württemberg und Schleswig-Holstein hatten sich bereits Mitte 2006 in einer Protokollnotiz zu einem Beschluss der MPK mittel- und langfristig für die Konzessionierung privater Anbieter ausgesprochen (vgl. BT-PlPr. 16/43, 4073). Und während Schleswig-Holstein nunmehr zunächst einen vollständig eigenständigen Weg wählte (→ Systematische Einführung Rn. 7), sich aber immerhin eine Beitrittsklausel (→ Art. 2 Rn. 8) erbat, gab es auch weitere Landesregierungen, die (nicht nur) der (Teil-)Öffnung der Monopolbestimmungen skeptisch gegenüberstanden, jedoch letztlich dem Ersten GlüÄndStV in der vorliegenden Fassung als einem Kompromiss zustimmten (vgl. etwa LT-PlPr. NI 16/135, 17473 ff.). Auch der Inhalt des § 35 stellt demnach in gewisser Weise eine Historie wesentlicher, jedoch beigelegter politischer **Streitpunkte der Staatsvertragspartner** dar.

II. Einzelkommentierung

1. Entfristung der Experimentierklausel

4   Abs. 1 steht in unmittelbarem Zusammenhang mit der nach § 4a Abs. 1 Satz 1 iVm § 10a Abs. 1 vorgesehenen **Experimentierklausel für Sportwetten**. Mit der Experimentierklausel soll der Glücksspiel"markt" **zeitlich** (sieben Jahre ab Inkrafttreten) und **inhaltlich** (zB Höchstzahl von 20 Konzessionen) begrenzt durch die Erteilung von Konzessionen für private Sportwettveranstalter geöffnet werden, um zu erproben, ob die Konzessionsregelung für den Bereich der Sportwetten angemessen und tauglich ist, die Ziele des § 1 besser zu erreichen (→ § 10a Rn. 15).

5   Abs. 1 ermöglicht durch einen – nicht einstimmigen – Beschluss der MPK, die in § 10a Abs. 1 vorgesehene **Befristung der Erprobungsphase** aufzuheben, setzt jedoch ausweislich des Wortlauts das Vorliegen der Ergebnisse der Evaluierung voraus. Die **zeitliche Begrenzung** der Erprobungsphase auf sieben

Jahre dient dazu, zunächst mittels der Evaluation (§ 32) belastbare Erkenntnisse über die Auswirkungen zu gewinnen, bevor gegebenenfalls über dauerhafte Regelungen entschieden werden soll (LT-Drs. BY 16/11995, 33). Die Aufhebung der Befristung ist demnach frühestens fünf Jahre nach Inkrafttreten möglich (vgl. § 32 Satz 2).

Durch die von den Gesetzgebern vorgenommene Transformation in Landes- **6** recht wird mit Abs. 1 der Verwaltung (MPK) die Möglichkeit gegeben, über einzelne Inhalte des GlüStV zu bestimmen. Die Bestimmung bezweckt, dass die Entfristung auch **gegen den Willen** von maximal drei Ländern möglich sein soll. Auch ohne einstimmigen Beschluss der MPK wird die Eigenstaatlichkeit der Länder damit nicht unzulässig preisgegeben (vgl. BVerfGE 87, 181 (196)), denn eine von allen (Vertrags-)Ländern zuvor gebilligte Vertragsregelung und deren parlamentarische Transformation in Landesrecht, die ein Abweichen vom **Einstimmigkeitsgrundsatz** erlaubt, liegt vor.

Außerhalb dieser Systematik des § 35 Abs. 1 liegt die mit der möglichen **Ent-** **7** **fristung** im unmittelbaren Zusammenhang stehende mögliche **Anpassung** der **inhaltlichen Begrenzung** der Erprobungsphase auf eine Höchstzahl von Konzessionen, die unter weitestgehend entsprechenden Voraussetzungen durch § 4a Abs. 3 Satz 2 ermöglicht wird (→ § 4a Rn. 10).

2. Laufzeit

Abs. 2 Satz 1 setzt inzident voraus, dass der Norminhalt des Staatsvertrages **8** **innerstaatliche Verbindlichkeit** erlangt hat (→ § 28 Rn. 1) und der Staatsvertrag als Ganzes nach seinem Art. 2 Abs. 1 Satz 1 **in Kraft** getreten ist (→ Art. 2 Rn. 4). Im Gegensatz zum LottStV (vgl. § 17 Abs. 1 Satz 1 LottStV) ist (auch) der neue GlüStV nicht auf unbestimmte Zeit geschlossen, sondern tritt grundsätzlich mit Ablauf des 30.6.2021 – also 9 Jahre nach seinem Inkrafttreten – außer Kraft. Als Ausnahme von dieser **Befristung** wird jedoch sogleich staatsvertraglich bestimmt, dass dies nicht gilt, sofern die MPK mit mindestens 13 Stimmen das **Fortgelten des Staatsvertrages** beschließt (zur Fortgeltung durch Ausführungsgesetz → Rn. 17).

Die Bestimmung bezweckt ähnlich wie in Abs. 1, dass der Staatsvertrag auch **9** **gegen den Willen** von maximal drei Ländern fortgelten soll. Dies ist verfassungsrechtlich unproblematisch, da Satz 2 klarstellt, dass sich die (Fort-)Geltung des Staatsvertrags in diesem Fall ausschließlich auf die Länder beziehen soll, die dem Beschluss zugestimmt haben. Insofern ist es den Staatsvertragsparteien unbenommen, das Vetopotential, das in dem Einstimmigkeitsprinzip beim Abschluss von Staatsverträgen liegt, zu umgehen, indem für das künftige Fortgelten des Staatsvertrags ein von allen (Vertrags-)Ländern **einstimmig vereinbartes Quorum** beschlossen wurde (siehe schon SH LT-Umdruck 16/2460, 32 mN).

Die in § 28 Abs. 1 Satz 1 GlüStV a. F. enthaltene zeitliche Vorgabe für einen **10** MPK-Beschluss ist ebenso entfallen wie die Bezugnahme auf die Evaluierung, so dass das Ergebnis der Evaluierung iSd § 32 für einen Fortgeltungsbeschluss iSd Abs. 2 Satz 1 dem Wortlaut nach – im Gegensatz zu Abs. 1 – nicht abgewartet werden muss und demnach auch schon vor Ablauf von fünf Jahren nach Inkrafttreten möglich ist.

Der GlüStV gilt nach einem **Fortgeltungsbeschluss der MPK** iSd Abs. 2 **11** Satz 1 – insoweit nicht ausdrücklich ausgesprochen – **auf unbestimmte Zeit.**

3. Kündigung

12   Staatsverträge enden ua durch Zeitablauf, Abschluss eines Aufhebungs- bzw. Änderungsvertrages oder durch Kündigung. Für den Fall der Kündigung sind vertraglich vereinbarte Ausschluss- und Kündigungsfristen zu beachten. Anders als der Vertragsschluss bedarf die Kündigung für die innerstaatliche Verbindlichkeit keines weiteren parlamentarischen Zustimmungsaktes. Das ursprüngliche Zustimmungsgesetz wird mit der Kündigung gegenstandslos und muss nicht gesondert aufgehoben werden.

13   Die Kündigung des Staatsvertrages kann nach Abs. 3 Satz 1 erstmals (ohne Frist) zum 31.12.2021 vorgenommen werden, da eine vorherige Kündigungsmöglichkeit nicht vorgesehen ist und Abs. 3 Satz 1 ausweislich seines Wortlauts nur auf einen **fortgeltenden** Staatsvertrag Anwendung findet.

14   Die Kündigungsvariante des Abs. 3 beinhaltet eine mindestens zwei Schritte umfassende formelle Abfolge. Der Kündigung eines Staatsvertragspartners bis zu einem bestimmten **Kündigungszeitpunkt** können andere Länder binnen einer Frist folgen. Soweit nicht mindestens fünfzehn Staatsvertragspartner die Kündigung mitvollziehen (wenigstens zwei Länder sind erforderlich, damit weiterhin von einer Vertragsbeziehung gesprochen werden kann), bleibt die gekündigte Regelung zwischen den übrigen Ländern bestehen (vgl. BVerwGE 60, 162 (193 ff.)). Dementsprechend hebt auch Abs. 3 Satz 3 ausdrücklich die **Kündigungswirkungen** als solche **inter partes** hervor, indem die Kündigung eines Landes „das zwischen den übrigen Ländern bestehende Vertragsverhältnis unberührt" lässt.

15   Da die **Primärkündigung** allerdings – entgegen sonst üblichen Bestimmungen in Staatsverträgen – keiner Frist unterliegt und damit Kündigung und Wirksamkeit der Kündigung zeitlich zusammenfallen können, kann eine darauf bezogene fristgerechte Anschlusskündigung eines weiteren Staatsvertragspartners (innerhalb von drei Monaten nach Abs. 3 Satz 3) dazu führen, dass die **Anschlusskündigung** rückwirkend wirksam wird, da Abs. 3 Satz 3 ausdrücklich normiert, dass die (Anschluss-)Kündigung zum selben Zeitpunkt wie die Primärkündigung erfolgen kann und diese wiederum nach Abs. 3 Satz 1 zum Schluss eines Kalenderjahres wirksam wird. Die Kündigungserklärung ist gegenüber dem Vorsitzenden der MPK, nicht etwa gegenüber sämtlichen anderen Staatsvertragspartnern, schriftlich abzugeben (Abs. 3 Satz 2). Eine Pflicht des MPK-Vorsitzenden, über den Eingang der Kündigungserklärung zu informieren, ist im Gegensatz zu Art. 2 Abs. 2, 2a Satz 3 (→ Art. 2 Rn. 5) in Abs. 3 nicht vorgesehen, so dass auch das kündigende Land selbst die anderen Länder über die Kündigungserklärung informieren kann. Die dreimonatige Frist des Satzes 3 beginnt mit Eingang der Benachrichtigung über die erfolgte Kündigungserklärung und demnach unabhängig davon, durch wen diese Benachrichtigung erfolgt. Die Unterscheidung zwischen der Benachrichtigung nach Abs. 3, der Mitteilung nach Art. 2 Abs. 2, der Unterrichtung nach Art. 2 Abs. 2a Satz 3 und der Anzeige nach Art. 2 Abs. 2a Satz 5 dürfte ein Redaktionsversehen sein und keine materiellen Unterschiede bezwecken. Inwieweit im gegebenen Fall einer Kündigung die Fortsetzung des gekündigten Staatsvertrages zwischen den verbleibenden Parteien von Dauer ist, mag dahingestellt bleiben.

4. Auswirkung auf weitere Staatsverträge

16   Durch die Kündigung des eigenständigen GlüStV (Art. 1 Erster GlüÄndStV) werden weitere Staatsverträge in ihrem Bestand grundsätzlich nicht beeinflusst.

Dies gilt auch für den GKL–StV und den Staatsvertrag über die Regionalisierung von Teilen der von den Unternehmen des Deutschen Lotto- und Totoblocks erzielten Einnahmen (RegStV), der nach seinem § 7 Abs. 2 Satz 1 erstmalig zum 30.6.2014 gekündigt werden kann. Vielmehr dokumentieren die jeweiligen Staatsverträge ihre **Eigenständigkeit** durch eigene Laufzeit- und Kündigungsregelungen. Allerdings sieht Art. 2 Abs. 3 Erster GlüÄndStV hinsichtlich des Bestands des RegStV eine eigenständige Regelung vor (→ Art. 2 Rn. 10 ff.).

III. Besonderheiten der Länderausführungsgesetze

Eine Besonderheit der Umsetzung der glücksspielstaatsvertraglichen Regelun- **17** gen liegt wie schon zuvor (vgl. Postel Voraufl. GlüStV § 24 Rn. 5 f.) darin, dass einige Landesgesetzgeber trotz der Detailliertheit und Kasuistik der in § 35 vorgesehenen Fortgeltungs- und Kündigungsregelung in den Ausführungsgesetzen – ähnlich wie schon beim GlüStV aF (vgl. Postel Voraufl. GlüStV § 24 Rn. 4 f.; vgl. auch → Art. 2 Rn. 13) – dafür Sorge getragen haben, dem **Norminhalt des GlüStV aF** in Abhängigkeit vom Gegenstandsloswerden iSd Art. 2 Abs. 1 Satz 2 Erster GlüÄndStV (und trotz Art. 2 Abs. 4 Erster GlüÄndStV; vgl. Art. 2 Rn. 13) weiterhin innerstaatliche Verbindlichkeit zu verleihen und **als (unmittelbares) Landesrecht fortgelten** zu lassen (vgl. bereits BVerfG, ZfWG 2008, 44, 45 zu Art. 1 § 2 Abs. 2 Satz 2 ThürGlüStV; entsprechend nunmehr bspw Art. 1 § 5 Satz 1 HmbGlüÄndStVG; Art. 7 Abs. 1 Satz 1 GlüÄndStVG LSA). Andere Länder haben **demgegenüber** vorgesehen, wesentlichen Teilen des **Norminhalts des Ersten GlüÄndStV** in Abhängigkeit vom Gegenstandsloswerden iSd Art. 2 Abs. 1 Satz 2 Erster GlüÄndStV **innerstaatliche Verbindlichkeit** zu verleihen und **keine Fortgeltung des GlüStV aF** vorzusehen (vgl. bspw. Art. 1 Abs. 4 Satz 2 GlüÄndStVG-Saar; Art. 1 § 2 Abs. 2 Satz 2 ThürGlüÄndStVG). Darüber hinaus haben die Länder regelmäßig bestimmt, dass bei einem **Außerkrafttreten** des GlüStV (§ 35 Abs. 2 Satz 1) sein Inhalt (oder jedenfalls weite Teilen davon) bis zu einer neuen landesrechtlichen Regelung **als Landesrecht fortgilt** (vgl. Art. 3 Abs. 4 Satz 1 GlüÄndStV BW; Art. 1 § 2 Abs. 1 Satz 1 GlüÄndStVG BbG; Art. 1 § 4 Satz 1 HmbGlüÄndStVG; Art. 1 Abs. 6 Satz 1 GlüÄndStVG-Saar; Art. 8 Abs. 1 SächsGlüÄndStVG; Art. 7 Abs. 2 GlüÄndStVG LSA; Art. 1 § 2 Abs. 3 Satz 1 ThürGlüÄndStVG; → § 28 Rn. 6).

Art. 2 GlüÄndStV Inkrafttreten, Außerkrafttreten, Neubekanntmachung

(1) **Dieser Staatsvertrag tritt am 1. Juli 2012 in Kraft. Sind bis zum 30. Juni 2012 nicht mindestens 13 Ratifikationsurkunden bei der Staatskanzlei des Landes Sachsen-Anhalt hinterlegt, wird der Staatsvertrag gegenstandslos.**

(2) **Die Staatskanzlei des Landes Sachsen-Anhalt teilt den Ländern die Hinterlegung der Ratifikationsurkunden mit.**

(2a) **Andere Länder können diesem Vertrag beitreten. Der Beitritt erfolgt durch schriftliche Erklärung des Beitritts gegenüber der Staatskanzlei des Landes Sachsen-Anhalt und, soweit die Zustimmung der gesetzgebenden Körperschaft des beitretenden Landes erforderlich ist,** mit deren Zustimmung. **Über den Eingang der Beitrittserklärung unterrichtet die Staatskanzlei des Landes Sachsen-Anhalt die übrigen vertragsschließenden Länder. Die Regelungen dieses Vertrags treten für das beitretende Land am Tage nach dem Eingang der Beitrittserklärung bei der Staatskanzlei des Landes Sachsen-Anhalt in Kraft. Soweit die Zustimmung der gesetzgebenden Körperschaft des beitretenden Landes erforderlich ist, treten die Regelungen für das beitretende Land am Tag nach dem Eingang der Anzeige dieser Zustimmung bei der Staatskanzlei des Landes Sachsen-Anhalt in Kraft.**

(3) **Mit Inkrafttreten dieses Staatsvertrages tritt der Staatsvertrag über die Regionalisierung von Teilen der von den Unternehmen des Deutschen Lotto- und Totoblocks erzielten Einnahmen in der Fassung der Bekanntmachung vom 20. Juni 2004 außer Kraft.**

(4) **Mit Inkrafttreten dieses Staatsvertrages endet die Fortgeltung der Regelungen des Staatsvertrages zum Glücksspielwesen in Deutschland (Glücksspielstaatsvertrag – GlüStV) vom 30. Januar 2007/31. Juli 2007 nach den Ausführungsgesetzen der Länder.**

I. Grundlagen

1   Art. 2 ist inhaltlich den **Schlussbestimmungen** des Staatsvertrags zugehörig. Sein Abs. 1 entspricht § 29 Abs. 1 GlüStV aF und legt die Regularien für das Inkrafttreten des Staatsvertrages fest. Die weiteren Absätze regeln den möglichen Beitritt weiterer Länder, das **Außerkrafttreten** des Staatsvertrages über die Regionalisierung von Teilen der von den Unternehmen des Deutschen Lotto- und Totoblocks erzielten Einnahmen (RegStV) und betreffen die Fortgeltungsregelungen des GlüStV aF in den Ländern. Entgegen seiner **Paragraphenüberschrift** finden sich keine Regelungen zu einer Neubekanntmachung.

2   Der GlüStV ist von sämtlichen Ländern (mit Ausnahme Schleswig-Holsteins) durch die Ministerpräsidenten am 15.12.2011 unterzeichnet worden. Nach Abs. 1 Satz 1 soll der Vertrag am 1.7.2012 in Kraft treten (→ Rn. 6). Dies setzte voraus, dass er bis zum 30.6.2012 – von mindestens 13 Ländern - ratifiziert worden ist, da die Regelungen in unterschiedliche Grundrechte eingreifen und schon deswegen die Zustimmung der jeweiligen gesetzgebenden Körperschaft erfordern. Die **Umsetzung von Staatsverträgen** in innerstaatliches Recht unterscheidet sich von dem gewöhnlichen Gesetzgebungsverfahren dadurch, dass der Norminhalt regelmäßig im Staatsvertrag enthalten ist. Der Parlamentsbeschluss erteilt demgegenüber lediglich den Gesetzesbefehl für den außerhalb seiner selbst gelegenen Gesetzesinhalte. Insofern ist er es, der dem Norminhalt erst **innerstaatliche Verbindlichkeit** verleiht (vgl. BVerfGE 90, 60 (86)).

3   Im Ausgangspunkt wenig überzeugend ist die Gestaltung des Vertrages als **Mantelstaatsvertrag**. Denn das Mantelgesetz ist eine Gestaltungsmöglichkeit, mit der **in einem Rechtsetzungsakt verschiedene Gesetze** geändert, neu geschaffen oder aufgehoben werden. Die Form des Mantelgesetzes muss insbesondere gewählt werden, wenn **mehrere Stammgesetze** von inhaltlich zusammenhängenden **Hauptänderungen** betroffen sind und deshalb die Form der Einzelnovelle mit Folgeänderungen nicht in Betracht kommt. Entgegen der Bezeichnung des Staatsvertrages (Erster GlüÄndStV) handelt es sich jedoch nicht um eine Ände-

rung eines geltenden Staatsvertrags und um keine Änderung damit im Zusammenhang stehender (Stamm-)Gesetze und daher auch nicht um einen **Änder**ungsstaatsve**rtrag,** sondern um einen **vollständig neuen Staatsvertrag,** da der GlüStV aF mangels Fortgeltungsbeschluss nach § 28 Abs. 1 Satz 1 GlüStV aF am 31.12.2011 außer Kraft getreten ist. In der Zwischenzeit seit dem 1.1.2012 galt (nur) der Inhalt des vorherigen Staatsvertrags in allen Ländern mit Ausnahme Schleswig-Holsteins als Landesrecht fort (vgl. Gebhardt/Postel, ZfWG 2012, 1 mwN; im Einzelnen VG Karlsruhe Urt. v. 26.4.2012 – 3 K 330/10, Rn. 21; aA (hinsichtlich der Anwendbarkeit) LG Bremen, Urt. v. 10.5.2012 – 9 O 476/12).

II. Einzelkommentierung

1. Inkrafttreten

Als Zeitpunkt des Inkrafttretens des GlüStV ist nach seinem Abs. 1 Satz 1 der **4** 1.7.2012 vorgesehen. Er begreift sich daher nicht als vorläufige Regelung für einen Übergangszeitraum im Sinne der Fortgeltungsanordnungen in den Ausführungsgesetzen zum GlüStV aF (vgl. Gebhardt/Postel ZfWG 2012, 1 mwN), sondern als grundsätzlich **endgültig gedachte (wenn auch befristete) Regelung.** Lediglich § 10a wird nicht als endgültige Regelung, sondern zunächst nur als Experimentierklausel bewertet, um mit dieser Erprobung Erfahrungen zu sammeln und die Ergebnisse der probeweisen Öffnung systematisch zu beobachten und auszuwerten, um auf dieser Grundlage dauerhafte normative Entscheidungen treffen zu können (LT-Drs. BY 16/11995, 19).

Die Bestimmung des Abs. 1 Satz 2 ordnet die **Gegenstandslosigkeit** des **5** Staatsvertrags an, sofern bis zum 30.6.2012 nicht mindestens 13 Ratifikationsurkunden bei der Staatskanzlei des Landes Sachsen-Anhalt hinterlegt sind. Die Bestimmung unterliegt nur dann keinen verfassungsrechtlichen Bedenken, sofern sich die Geltung des Staatsvertrags ausschließlich auf die Ratifikationsurkunden der Länder bezieht, in denen der Norminhalt des Staatsvertrags innerstaatliche Verbindlichkeit durch einen ordnungsgemäßen Zustimmungsakt des Parlaments erlangt hat (idS auch schon SchlH LT-Umdruck 16/2460, 32). Die konkrete Benennung der Staatskanzlei in Sachsen-Anhalt ist dem Umstand geschuldet, dass das Land Sachsen-Anhalt für die Erarbeitung des GlüStV auch über das Ende seines MPK-Vorsitzes hinaus federführend gewesen ist. Die Staatskanzlei des Landes Sachsen-Anhalt hat dementsprechend den anderen Ländern die Hinterlegung der Ratifikationsurkunden mitzuteilen (Abs. 2). Die Unterscheidung zwischen der Mitteilung nach Abs. 2, der Unterrichtung nach Abs. 2a Satz 3, der Anzeige nach Abs. 2a Satz 5 sowie der Benachrichtigung in § 35 Abs. 3 dürfte ein Redaktionsversehen sein und keine materiellen Unterschiede bezwecken.

Dem GlüStV stimmten 14 Landtage innerhalb der in Abs. 1 Satz 2 bestimmten **6** Frist zu (ein – formell ordnungsgemäßer – Zustimmungsbeschluss in Bayern und 13 förmliche Zustimmungsgesetze in allen anderen Ländern), so dass der Staatsvertrag in allen Ländern mit Ausnahme Nordrhein-Westfalens und Schleswig-Holsteins innerstaatliche Verbindlichkeit erhielt und die staatsvertraglichen Regelungen wie vorgesehen am 1.7.2012 in allen Ländern mit Ausnahme Nordrhein-Westfalens und Schleswig-Holsteins in Kraft getreten sind.

Durch die noch nicht erfolgte Ratifizierung in Nordrhein-Westfalen entsteht **7** für die in § 9a Abs. 2 Satz 1 Nr. 1 vorgesehene zentrale Aufgabenwahrnehmung

Nordrhein-Westfalens ein Zuständigkeitsvakuum, dem auch nicht durch die Ausführungsgesetze der Länder abgeholfen werden kann. Eine vorsorgliche Regelung für einen solchen Fall hätte im Ersten GlüÄndStV zwischen den Ländern vereinbart werden müssen (vgl. LT-Drs. NI 16/4795, 53).

2. Beitrittsklausel

8   Der Staatsvertrag ist zunächst von allen Ländern mit Ausnahme Schleswig-Holsteins geschlossen worden. Auf Initiative Schleswig-Holsteins wurde jedoch der Abs. 2a aufgenommen, nach dem andere Länder dem Vertrag beitreten können. Als „andere Länder" iSd Satzes 1 kommt daher nur Schleswig-Holstein in Betracht. Aktuelles Vorbild für die „Beitrittsklausel" des Abs. 2a ist Art. 9 Abs. 1 und 2 des Staatsvertrages über die Einrichtung einer Gemeinsamen elektronischen Überwachungsstelle der Länder (EAÜ-StV), der ursprünglich nur von vier Ländern geschlossen worden war, dem jedoch mittlerweile fast alle Länder beigetreten sind (vgl. LT-Drs. LSA 6/516). Auf eine dem Art. 9 Abs. 3 EAÜ-StV entsprechende Regelung zur Beteiligung beitretender Länder an den bereits vor dem Beitritt angefallenen Kosten ist verzichtet worden, obwohl Kostenregelungen bspw. in § 9a Abs. 7 Satz 2 iVm §§ 19, 20 VwV-GlüStV vorgesehen sind.

9   Die schriftliche Erklärung des Beitritts nach Abs. 2a Satz 2 ist − unabhängig vom Zeitpunkt - gegenüber der Staatskanzlei des Landes Sachsen-Anhalt und damit anders als die Kündigung nach § 35 Abs. 3 nicht gegenüber dem Vorsitzenden der MPK abzugeben. Sie entfaltet Wirkungen ab dem Datum des Zugangs der Beitrittserklärung oder - falls das Recht des beitretenden Landes ein Ratifikationsverfahren oder eine vergleichbare Zustimmung des Parlaments verlangt - mit Zugang der Anzeige, dass die Ratifikation oder vergleichbare Zustimmung erfolgt ist (Abs. 2a Satz 5). Da durch die Regelungen des GlüStV Grundrechte betroffen sind (vgl. etwa LT-Drs. LSA 6/914, 68), steht außer Zweifel, dass (auch) für den Beitritt eine Zustimmung des Parlaments erforderlich ist. Abs. 2a Satz 4 wird dementsprechend leer laufen und ein Inkrafttreten des GlüStV (bzw. des Ersten GlüÄndStV) in Schleswig-Holstein erfolgt am Tag nach dem Eingang der Anzeige der Zustimmung des schleswig-holsteinischen Landtags bei der Staatskanzlei des Landes Sachsen-Anhalt. Im Gegensatz zu § 35 Abs. 3 ist eine Unterrichtungspflicht der Staatskanzlei des Landes Sachsen-Anhalt gegenüber den anderen Ländern über den Eingang der Beitrittserklärung, die allerdings noch keine Wirkungen entfaltet, vorgesehen (Abs. 2a Satz 3). Eine Unterrichtungspflicht der Staatskanzlei des Landes Sachsen-Anhalt über den für das Inkrafttreten des GlüStV in Schleswig-Holstein wesentlichen Eingang der Anzeige der Zustimmung des schleswig-holsteinischen Landtags besteht demgegenüber nicht.

3. Außerkrafttreten des Regionalisierungsstaatsvertrages

10   Staatsverträge enden ua durch Kündigung oder Abschluss eines Aufhebungsvertrages. Einer Aufhebung des Vertrages müssen grundsätzlich alle Vertragsparteien zustimmen. Abs. 3 bestimmt vor diesem Hintergrund, dass mit Inkrafttreten des Ersten GlüÄndStV der RegStV außer Kraft tritt. Diese Regelung ist ausweislich der Motive Konsequenz einer Entscheidung des BGH, der entschieden habe, dass der RegStV nicht mehr anzuwenden sei (LT-Drs. BY 16/11995, 33). Zutreffend ist diese Annahme allerdings nur insoweit, als dass die Länder aus der Entscheidung des BGH offenbar schon bisher die Konsequenz gezogen haben, den RegStV nicht mehr anzuwenden.

Der BGH hatte (lediglich) vom Bundeskartellamt getroffene Abstellungsverfü- **11**
gungen bestätigt, nach denen den Gesellschaftern des DLTB nach § 32 GWB
untersagt wurde, den RegStV durchzuführen, soweit sie a) den Ländern den von
gewerblichen Spielvermittlern stammenden Anteil an der Summe der Spieleinsätze und der vereinnahmten Bearbeitungsgebühren getrennt für jede gemeinsame
Veranstaltung von Glücksspielen des DLTB sowie die auf diesen Anteil entfallende
Gewinnausschüttung und das Bearbeitungsentgelt für die Zwecke der Regionalisierung nach § 3 RegStV mitteilen, und b) die Pauschalen gemäß § 4 Abs. 1
Satz 1 Nr. 2 und 3 RegStV bei den Provisionsverhandlungen mit gewerblichen
Spielvermittlern berücksichtigen. In diesem Zusammenhang hat der BGH auch
keine Rechtsfehler an der Annahme des Bundeskartellamts erkennen können, dass
der Regionalisierungsstaatsvertrag (insoweit) gegen Art. 10 EGV iVm mit Art. 81
EGV verstoße. Denn das Verbot des Art. 10 EGV iVm Art. 81 EGV gilt auch für
staatlich veranlasste Wettbewerbsbeschränkungen, die in Gestalt von Ausgleichs-
zahlungen zwischen Ländern erfolgen. Zudem erfolgte die Regionalisierung der
Umsätze nicht ausschließlich aus ordnungsrechtlichen Gründen, um einer Ausuferung der gewerblichen Spielvermittlung zu begegnen, sondern schon die von der
Vorinstanz in seiner Entscheidung (OLG Düsseldorf Beschl. v. 8.6.2007 – Kart
15/06 (V)) wiedergegebenen Zitate belegten anschaulich, dass (jedenfalls zum
Zeitpunkt der Feststellung) fiskalische und wettbewerbsbeschränkende Zwecke
verfolgt wurden (vgl. im Einzelnen BGH Beschl. v. 14.8.2008 – KVR 54/07,
Rn. 157 ff.).

Soweit die Bestimmung des Abs. 3 bezwecken sollte, dass das Außerkrafttreten **12**
des von allen Ländern geschlossenen RegStV unabhängig von der parlamentarischen Zustimmung in allen Ländern gemeint ist – was der Regelungskontext
nahe legt –, dürften **verfassungsrechtliche Bedenken** an dieser Norm bestehen.
Eine Außerkrafttretensregelung eines Staatsvertrags gegen oder zumindest ohne
die Zustimmung sämtlicher zuständigen Landesgesetzgeber widerspricht dem
bundesstaatlichen Prinzip, das in Art. 20 Abs. 1 GG niedergelegt ist und mit dem
sich eine Preisgabe der **Eigenstaatlichkeit** der Länder nicht vereinbaren lässt
(BVerfGE 87, 181 (196)). Eine von allen Ländern zuvor gebilligte Vertragsregelung, die ein Abweichen vom Einstimmigkeitsgrundsatz erlauben würde, war
bisher nicht zustande gekommen.

4. Ende der Fortgeltung des Inhalts des GlüStV aF

Abs. 4 bestimmt, dass mit Inkrafttreten die Fortgeltung der Regelungen des **13**
GlüStV aF nach den Ausführungsgesetzen der Länder endet. In den Ausführungs-
gesetzen zum GlüStV aF hatten 2007 mit Ausnahme des Landes BW sämtliche
Länder gesetzlich bestimmt, dass **unabhängig** von einem **Außerkrafttreten** des
Staatsvertrages sein Inhalt (oder jedenfalls weite Teilen davon) bis zu einer neuen
landesrechtlichen Regelung **als Landesrecht fortgilt** (Art. 10 Abs. 2 GlüStV
Bay; Art. 1 § 2 Abs. 3 Satz 1 GlüStV Berlin; Art. 1 § 2 Abs. 2 Satz 1 GlüStV Bbg;
Art. 1 § 2 Abs. 3 Satz 1 BremGlüStV; Art. 1 § 3 Abs. 3 Satz 1 HmbGlüStV; § 2
Abs. 3 HGlüG; Art. 2 Abs. 3 GlüStV M-V; Art. 1 Abs. 6 NGlüStV; Art. 1 § 2
Abs. 3 Satz 1 GlüStV NRW-E; § 16 Abs. 4 Satz 2 LGlüG RhPf; Art. 1 Abs. 6
GlüStV S; Art. 4 Abs. 1 SächsGlüStV; Art. 5 Abs. 2 GlüStV LSA; § 2 Abs. 3 Satz 2
GlüStV AG SchlH; Art. 1 § 2 Abs. 3 Satz 1 ThürGlüStV). Als Motiv war den
Begründungen der jeweiligen Landesgesetze zu entnehmen, dass dies der Vorsorge
vor einem dann **verfassungs- und gemeinschaftsrechtswidrigen Zustand** bei

nicht rechtzeitigem neuen Landesrecht nach Außerkrafttreten des GlüStV aF diente (vgl. Postel Voraufl. GlüStV § 24 Rn. 6). BW modifizierte sein entsprechendes Landesgesetz Ende 2011 (Art. 1 des Änderungsgesetzes vom 29.11.2011 (GBl. S. 533)) ebenfalls dahingehend, dass der GlüStV aF als Landesrecht fortgilt (vgl. Gebhardt/Postel ZfWG 2012, 1 mwN). Die Fortgeltung konnten die zuständigen Gesetzgeber auch ohne Verstoß gegen das Rechtsstaats- oder Demokratieprinzip anordnen (vgl. VG Karlsruhe Urt. v. 26.4.2012 – 3 K 330/10, Rn. 21). Das Auslaufen der jeweiligen Fortgeltungsklausel sehen die Bestimmungen in den Ausführungsgesetzen weitestgehend bereits vor, sodass Abs. 4 insofern lediglich deklaratorischer Natur ist. Über die Vorgaben der bisherigen Ausführungsgesetze hinausgehende Regelungen des Abs. 4 haben jedoch eine konstitutive Wirkung. Soweit die Bestimmung des Abs. 4 bezwecken sollte, dass das Enden der Fortgeltung unabhängig von der parlamentarischen Zustimmung in allen Ländern eintritt, dürften die gleichen **verfassungsrechtlichen Bedenken** wie an Abs. 3 bestehen.

2. Rennwett- und Lotteriegesetz (RennwLottG)

Vom 8. April 1922 (BGBl. I S. 393), zuletzt geändert durch
Art. 1, Art. 4 Sportwetten-Besteuerungsgesetz vom 29.6.2012 (BGBl. I 1424)

Literatur: Bahr, Glücks- und Gewinnspielrecht, 2. Auflage, 2007; Birk, Sportwetten –
Steuerliche Aspekte, ZfWG 2011, S. 229 ff.; ders., Rechtsgutachten zur Besteuerung der Vermittlung von Sportwetten ins Ausland, erstattet im Auftrag der Staatlichen Lotterieverwaltung
München, 2006 (nicht veröffentlicht); Bruschke, Grunderwerbsteuer, Kraftfahrzeugsteuer und
andere Verkehrsteuern, 6. Auflage, 2011; Erbs/Kohlhaas, Strafrechtliche Nebengesetze, R 70.
Rennwett- und Lotteriegesetz, 188. EL 2012; Fanelsa, Regionalwirtschaftliche Effekte sportlicher Großveranstaltungen, 2003; Gebhardt/Postel, Der weite Weg zur Kohärenz – Erste Anmerkungen zum neuen Glücksspielstaatsvertrag (Teil 1), ZfWG 2012, S. 1 ff.; Hattig, Untersuchung
der Vereinbarkeit von nationalem Glücksspielrecht mit dem Europäischen Gemeinschaftsrecht
am Beispiel Schwedens, 1999; Hellwig, Das Rennwett- und Lotteriegesetz, 1922; Herzig/
Stock, Bemessungsgrundlage für Glücksspielabgaben – Rohertrag oder Spieleinsatz, ZfWG
2012, S. 12 ff.; Hettich, Neue Fragen des öffentlichen Glücksspielrechts, 2006; Hicks, Steuerbare
Tatbestände bei der Rennwett- und Lotteriesteuer, UVR 1991, S. 46 ff.; Kahle, Glücksspiele
im Steuerrecht, DStZ 2011, S. 520 ff.; ders., Die steuerliche Behandlung von Glücksspielen,
ZfWG 2006, S. 45 ff.; Kirchhof, Rechtsgutachten zur Frage einer gleichheitsgerechten Besteue-
rung von Glücksspielen, erstattet im Auftrag der Lotterie-Treuhandgesellschaft mbH Hessen,
2009 (nicht veröffentlicht); Klöck/Klein, Die Glücksspielentscheidungen des EuGH und die
Auswirkungen auf den Glücksspielstaatsvertrag, NVwZ 2011, S. 22 ff.; Koch, Gewinnspiele
im Steuerrecht, 2006; Laukemann/Junker, Neues Spiel, neues Glück? – Zur strafrechtlichen
Zulässigkeit von Lotterien und Ausspielungen im Internet, AfP 2000, S. 254 ff.; Leipold,
Anmerkungen zum Urteil des BFH vom 19.8.2009 – II R 16/07, HFR 2010, S. 138 f.; Lukes,
Rechtliche Schranken für Glücksspiele, Lotterien und Ausspielungen, in FS Stree/Wessels,
1993, S. 1013 ff.; Mende, Rennwett- und Lotteriegesetz, 1922; Mirre/Baumann, Das Rennw-
ett- und Lotteriegesetz, 2. Auflage, 1934; Möllinger, Die Steuerbefreiungen nach § 18
RennwLottG, UVR 1990, S. 175 ff.; ders., Zum Begriff lotteriesteuerbar, DVR 1979, S. 54 ff.;
Otto, Gewerbliche Lottospielgemeinschaften als Lotterie – Gesetzeswortlaut und teleologische
Auslegung –, JURA 1997, S. 385 ff.; Schmitz, Rennwett- und Lotteriesteuer für die Praxis,
1951; Sensburg, Oddset-Sportwetten: Veranstaltung im Inland oder Vermittlung ins Ausland?,
DStZ 2006, S. 189 ff.; ders. Die Neuentdeckung der Lotterie? – Grenzen der Lotteriesteuer-
pflichtigkeit bei Gewinnspielen, BB 2002, S. 128 ff.; Steegmann, Rennwett- und Lotteriegesetz,
Kommentar, 2012; Stenglein, Kommentar zu den strafrechtlichen Nebengesetzen des deutschen
Reiches, Band II, 5. Aufl. 1931; Tettinger/Ennuschat, Grundstrukturen des deutschen Lotterierechts, 1999; Voigt, Anmerkungen zum Urteil des BVerwG vom 1.6.2011 – 8 C 5.10, MMR
2011, S. 848 ff.; Volk, Glücksspiel im Internet, 2006; Vondenhoff/Welz, Lotteriesteuer: Steuerbare Tatbestände nach dem RennwLottG in Theorie und Praxis, UVR 2011, S. 373 ff.; Voßkuhle, Glücksspiel ohne Grenzen – Zur rechtlichen Zulässigkeit der grenzüberschreitenden
Vermittlung von Pferderennwetten, GewArch 2001, S. 177 ff.; Welz, Sportwetten – Rennwett-
und lotteriesteuerliche Aspekte, UVR 2012, S. 274 ff.; ders., Die Besteuerung von ausländischen und inländischen Lotterien nach dem Rennwett- und Lotteriegesetz, UVR 2010, 308 ff.

Vorbemerkung

1. Allgemeines

Das deutsche Glücksspielrecht ist im Fluss und weist doch erstaunliche Konti- **1**
nuitäten auf: Schon seit dem 8.4.1922 gilt das Rennwett- und Lotteriegesetz

(RGBl. 335, 393). Eine grundlegende Novellierung des RennwLottG ist seit längerem geplant (BT-Drs. 14/2271, 7), bislang aber ausgeblieben (zur Gesetzesänderung 2012 → Einl. Rn. 2 f.). Bemerkenswert ist namentlich der **Fortbestand der Normzwecke**: Ausweislich der Begründung zum Gesetzesentwurf von 1921 (RT-Drs. 1/2870; abgedruckt bei Mende RennwLottG, 8 ff.) zielt das RennwLottG darauf, „einerseits das Buchmacherunwesen zu bekämpfen, die Wettleidenschaft einzudämmen und in gewissermaßen legalisierte und einwandfreie Formen zu leiten", „andererseits die einmal vorhandene Wettleidenschaft für das Reich finanziell nutzbar zu machen". Der Weimarer Gesetzgeber stand Pferdewetten dabei aus Gründen der „Volksmoral" kritisch gegenüber und erkannte zudem in einem unkontrollierten Buchmacherwesen ordnungsrechtliche Gefahren. Dem RennwLottG kommt so die Gefahrenabwehraufgabe zu, der Wettleidenschaft der Bevölkerung ein Ventil zu geben, diese dabei möglichst einzudämmen und das Buchmachertum zu überwachen (OLG Frankfurt NJW 1951, 44 (45); Wache in Erbs/Kohlhaas RennwLottG Vorbem. Rn. 1; Tettinger/Ennuschat Grundstrukturen des deutschen Lotterierechts, S. 4; Volk Glücksspiel im Internet, S. 97). Damit ist seit 1922 ein Gesetzeszweck angesprochen, der noch heute § 1 GlüStV prägt.

2   Zuletzt wurde das RennwLottG durch das **Gesetz zur Besteuerung von Sportwetten** vom 29.6.2012 (BGBl. I, 1424) geändert, welches die Änderungen des GlüStV durch den GlüÄndStV flankiert (BT-Drs. 17/8494, 8). Die Modifikationen beziehen sich – wie der Gesetzestitel bereits angibt – primär auf die Steuervorschriften des RennwLottG. Darüber hinaus sind jedoch auch Anpassungen im Rahmen der Erlaubnisregelungen getroffen sowie eine Öffnungsklausel zugunsten der Ländergesetzgebung eingefügt worden (→ Einl. Rn. 6, § 3; § 27 GlüStV Rn. 4 ff.).

3   Die wichtigste steuerliche Neuregelung liegt in der **Neufassung des § 17 Abs. 2 RennwLottG**: Das Gesetz öffnet mit dieser Normierung das Steuerrecht für Sportwetten in- und ausländischer Veranstalter. Neben den bereits zuvor vom RennwLottG erfassten sog. Oddset-Wetten werden dabei künftig alle Arten von Sportwetten der Besteuerung unterworfen (BT-Drs. 17/8494, 8; → § 17 Rn. 22). Der Sportwettenbegriff des RennwLottG entfaltet damit eigenständige Bedeutung und geht über den Begriff des Ordnungsrechts hinaus (BT-Drs. 17/8494, 8; → § 17 Rn. 22). Der Steuersatz für Sportwetten beträgt künftig 5 vom Hundert des Nennwertes der Wettscheine bzw. des Spieleinsatzes (§ 17 Abs. 2 S. 2 RennwLottG; → § 17 Rn. 26 f.). Dementsprechend haben die Unternehmer des Totalisators und der Buchmacher nun ebenfalls eine Steuer von 5 vom Hundert der gewetteten Beiträge bzw. der abgeschlossenen Wette zu entrichten (§§ 10, 11 RennwLottG). Für Lotterieangebote bleibt es hingegen bei einem Steuersatz von 20 vom Hundert (§ 17 Abs. 1 RennwLottG; näher zu den unterschiedlichen Besteuerungen → § 17 Rn. 27). Die übrigen Novellierungen des steuerlichen Teils des RennwLottG sind überwiegend Folgeänderungen der Neufassung des § 17 RennwLottG.

2. Systematische Verortung des RennwLottG im Gefüge des deutschen Glücksspielrechts

4   Das RennwLottG stellt im deutschen Glücksspielrecht eine Besonderheit dar: Während das Gros der glücksspielrechtlichen Vorgaben in Deutschland auf Ebene des Landesrechts angesiedelt ist, gilt das RennwLottG gem. Art. 123 Abs. 1 GG

als **Bundesrecht** fort (BVerwGE 97, 12 (13); Tettinger/Ennuschat Grundstrukturen des deutschen Lotterierechts, 3). Die Zugehörigkeit zum Bundesrecht resultiert freilich nicht schon daraus, dass das RennwLottG als Reichsgesetz erlassen
worden ist. Maßgeblich sind vielmehr die Art. 124 ff. GG. Danach ergibt sich
die Fortgeltung als Bundesrecht aus Art. 125 Nr. 1 GG: Das RennwLottG galt
einheitlich innerhalb mehrerer Besatzungszonen und betrifft Gegenstände der
konkurrierenden Gesetzgebung. Soweit das RennwLottG die Zulassung von
Totalisatorunternehmen und Buchmachern betrifft, handelt es sich um Recht der
Wirtschaft iSd. Art. 74 Abs. 1 Nr. 11 GG (BVerwGE 97, 12 (13); Steegmann
RennwLottG Einl. Rn. 12 → § 27 GlüStV Rn. 3; kritisch mit Blick auf die
Gesetzgebungskompetenz für Totalisatoren Gebhardt/Postel ZfWG 2012, 1 (9)).
Hinsichtlich der Steuervorschriften folgt die konkurrierende Bundeskompetenz
aus Art. 105 Abs. 2 GG.

Das RennwLottG vereint zwei unterschiedliche Regelungsgegenstände: zum **5**
einen gewerberechtliche und steuerrechtliche Regelungen für Pferdewetten (§§ 1-
16 RennwLottG), zum anderen Steuervorschriften für Lotterien und Ausspielungen sowie Oddset-Wetten und andere Sportwetten (§§ 17-23 RennwLottG).

Die Vorschriften der §§ 1-16 RennwLottG gelten **nur für Pferderennwetten**, **6**
nicht – weder direkt noch analog – für andere Sportwetten, auch nicht etwa für
Wetten auf Formel 1-Rennen (Bahr Glücks- und Gewinnspielrecht, Rn. 222)
oder Hunderennen. Pferderennen haben eine lange Tradition und sind von fortbe-
stehender Relevanz für die Pferdezucht. Gleichfalls traditionell ist die Verknüpfung der Pferderennen mit Wetten (zum geschichtlichen Hintergrund und der
ökonomischen Bedeutung ausführlich Fanelsa Regionalwirtschaftliche Effekte
sportlicher Großveranstaltungen, S. 79 ff., ferner Wache in Erbs/Kohlhaas R 70
RennwLottG Vorbem. Rn. 1; Bahr Glücks- und Gewinnspielrecht, Rn. 26 ff.;
Hattig Untersuchung der Vereinbarkeit von nationalem Glücksspielrecht mit dem
Europäischen Gemeinschaftsrecht am Beispiel Schwedens, S. 87 f.; Voßkuhle
GewArch 2001, 177).

Entgegen seiner irreführenden Überschrift regelt das RennwLottG jedoch nicht **7**
das eigentliche Lotteriewesen (Wache in Erbs/Kohlhaas R 70 RennwLottG Vorbem. Rn. 2), das seine Vorgaben vielmehr im GlüStV sowie in den landesrechtlichen Ausführungsgesetzen findet. Insoweit bietet das RennwLottG lediglich steuerliche Regelungen, aber nicht nur für Lotterien, sondern seit dem
Änderungsgesetz vom 17.5.2000 (BGBl. I, S. 715 ff.) auch für Oddset-Sportwet-
ten und mit der jüngsten Novellierung durch das Gesetz zur Besteuerung von
Sportwetten nunmehr für alle Arten von Sportwetten in- und ausländischer
Anbieter (→ Einl. Rn. 2 f.). Nach Angaben der Bundesregierung betrug das
Gesamtaufkommen der Rennwett- und Lotteriesteuer, die gem. Art. 106 Abs. 2
Nr. 3 GG den Ländern zusteht, im Jahre 2011 insgesamt 1,42 Mrd. Euro (BT-
Drs. 17/9263, 23 f.).

Bislang standen der GlüStV und das bundesrechtliche RennwLottG nahezu **8**
beziehungslos nebeneinander. Das hat sich mit Inkrafttreten des GlüStV 2012
und der Novellierung des RennwLottG durch das Gesetz zur Besteuerung der
Sportwetten (→ Einl. Rn. 2) geändert. Nunmehr sieht der GlüStV in den §§ 2
Abs. 5, 27, 29 Abs. 5 GlüStV auch ergänzende Regelungen zu Pferdewetten vor,
um das Recht der Pferdewetten in das Gesamtsystem des ordnungsrechtlichen
Regelungsregimes einzupassen (→ § 27 GlüStV Rn. 7). Ermöglicht werden diese
Regelungen durch den neuen § 25 Abs. 3 RennwLottG (vgl. dort → § 25; § 27
GlüStV Rn. 4 ff.). Weitere Regelungen können und werden – gestützt auf diese

Öffnungsklausel – darüber hinaus auch in den Ausführungs- und Umsetzungsgesetzen der Länder getroffen (insbes. etwa in den §§ 21 ff. LGlüG BW-E).

9   Ergänzt wird das RennwLottG weiterhin durch auf § 25 Abs. 2 RennwLottG beruhenden **Ausführungsbestimmungen** (AB RennwLottG vom 16.6.1922), welche heute als Rechtsverordnung zu qualifizieren sind (siehe hierzu Art. 35, 72 des Gesetzes vom 21.8.2002, BGBl. I, S. 3322). Im Zuge der Novellierung des RennwLottG durch das Gesetz zur Besteuerung von Sportwetten (→ Einl. Rn. 2) haben auch diese einige Änderungen erfahren (siehe näher BT-Drs. 17/8494, 6 ff.).

I. Rennwetten

1. Allgemeine Vorschriften

§ 1 [Erlaubnis für Totalisatorunternehmen]

(1) **Ein Verein, der das Unternehmen eines Totalisators aus Anlaß öffentlicher Pferderennen und anderer öffentlicher Leistungsprüfungen für Pferde betreiben will, bedarf der Erlaubnis der nach Landesrecht zuständigen Behörde.**

(2) **Die Erlaubnis kann mit einer Befristung oder einem Vorbehalt des Widerrufs erteilt oder mit einer Auflage oder einem Vorbehalt einer nachträglichen Aufnahme, Änderung oder Ergänzung einer Auflage verbunden werden. Sie kann auf einzelne Veranstaltungen beschränkt werden.**

(3) **Die Erlaubnis darf nur solchen Vereinen erteilt werden, welche die Sicherheit bieten, daß sie die Einnahmen ausschließlich zum Besten der Landespferdezucht verwenden.**

(4) **Eine Erlaubnis für den Betrieb eines Totalisators aus Anlass öffentlicher Pferderennen im Ausland und anderer ausländischer Leistungsprüfungen für Pferde darf Vereinen erteilt werden, wenn sie die Sicherheit bieten, dass sie die Einnahmen daraus ebenfalls ausschließlich zum Besten der Landespferdezucht verwenden. Der Betrieb von Totalisatoren ist diesen Vereinen auch in Kooperation mit anderen Rennvereinen und Totalisatorveranstaltern grenzüberschreitend gestattet.**

1   Hinsichtlich der gewerberechtlichen Vorgaben unterscheidet das RennwLottG zwischen einer Totalisatorwette (§ 1 RennwLottG) und dem Wettabschluss bei einem Buchmacher (§ 2 RennwLottG). Bei der **Totalisatorwette** hat der Teilnehmer weder die Möglichkeit, seinen Einsatz frei zu bestimmen, seinen Gewinn durch persönliche Verhandlungen genau festzulegen oder zu steigern noch die Auszahlungsvoraussetzungen zu beeinflussen (Hettich Neue Fragen des öffentlichen Glücksspielrechts, 31). Denn bei dieser Wettform handelt es sich um eine **spezielle Ausprägung der Lotterie**, dh ein Glücksspiel, das nach einem im Voraus einseitig durch den Veranstalter bestimmten Plan betrieben wird (RGSt 60, 385 (386 f.); 67, 397 (398); OLG Braunschweig NJW 1954, 1777 (1778); Groeschke/Hohmann in MüKo StGB § 287 Rn. 5; Heine in Schönke/Schröder

StGB § 287 Rn. 2; Tettinger/Ennuschat Grundstrukturen des deutschen Lotterierechts, 4; Laukemann/Junker AfP 2000, 254 (255); Lukes FS Stree/Wessels, 1013
(1015); Otto JURA 1997, 385 (386)).

Erlaubnispflichtig ist ein Verein, der das Unternehmen eines Totalisators **2**
aus Anlass öffentlicher Pferderennen und anderer öffentlicher Leistungsprüfungen für Pferde betreiben will. Der Begriff „**Totalisator**" wird gesetzlich nicht
definiert (→ § 1 Rn. 1; § 3 GlüStV Rn. 7). Er leitet sich von dem französischen
Wort „totaliser" = zusammenzählen ab. Ein Totalisator iSd RennwLottG ist
eine Veranstaltung, bei welcher der Unternehmer Spieleinsätze an Bar entgegennimmt, um sie nach Abzug der Steuer und des Unternehmergewinns an die
Gewinner zu verteilen (Wache in Erbs/Kohlhaas RennwLottG § 1 Rn. 1). Unter
einem Totalisator wird zudem eine mechanische oder elektronische Wettma-
schine verstanden, die der Ermittlung der Gewinnquoten bei Pferderennen dient
(Kahle DStZ 2011, 520 (523); Koch Gewinnspiele im Steuerrecht, 7). Neben
der Erlaubnispflicht gem. § 1 Abs. 1 gilt im Übrigen auch die **Anzeigepflicht
nach § 14 Abs. 1 GewO**. Dies ist § 14 Abs. 2 GewO zu entnehmen, welcher
die Vorschrift für den Betrieb von Wettannahmestellen aller Art für anwendbar
erklärt.

Als mögliche **Erlaubnisinhaber** nennt **§ 1 Abs. 1 RennwLottG** nur Vereine. **3**
Da das Gesetz hinsichtlich der Rechtsform keine nähere Bestimmung trifft, können auch nicht-rechtsfähige Vereine eine Erlaubnis erlangen (Hettich Neue Fragen
des öffentlichen Glücksspiels, 185 mwN in Fn. 1005; Steegmann RennwLottG
§ 1 Rn. 2). Gem. § 2 Abs. 1 AB RennwLottG darf zum Betrieb eines Totalisators
nur ein **Renn- und Pferdezuchtverein** zugelassen werden. Aus der Vereinssat-
zung muss sich gem. § 2 Abs. 3 Satz 1 AB RennwLottG ergeben, dass ausschließlicher Vereinszweck die Förderung der Landespferdezucht, ua durch die Abhaltung
von Leistungsprüfungen für Pferde, ist. Hierfür tragen gem. § 2 Abs. 3 Satz 2 AB
RennwLottG die Vorstandsmitglieder und sonstigen leitenden Persönlichkeiten
des Vereins die Verantwortung. Auch Art und Umfang der beabsichtigten Rennen
haben diesem Zweck zu entsprechen (§ 2 Abs. 5 AB RennwLottG).

§ 1 Abs. 2 RennwLottG ermöglicht **Nebenbestimmungen** (vgl. § 36 Abs. 1 **4**
VwVfG): Die Erlaubnis kann nach § 1 Abs. 2 S. 1 mit einer Befristung, einem
Widerrufsvorbehalt, mit welcher der Unternehmer Spieleinsätze oder einem Vorbehalt einer nachträglichen
Aufnahme, Änderung oder Ergänzung einer Auflage versehen werden (zum
Widerrufsvorbehalt näher VGH Mannheim ZfWG 2009, 410 (411)). Nach § 1
Abs. 2 S. 2 RennwLottG besteht die Möglichkeit, die Erlaubnis auf einzelne Ver-
anstaltungen zu beschränken.

Als zentrale **Erlaubnisvoraussetzung** gibt **§ 1 Abs. 3 RennwLottG** vor, **5**
dass die Vereine nur dann eine Erlaubnis erhalten können, wenn sie die Sicherheit bieten, die Einnahmen zum Wohle der Landespferdezucht einzusetzen (§ 1
Abs. 3 RennwLottG). Die Erlaubnisbehörde trifft mithin eine zu dokumentie-
rende Prüfungspflicht (Steegmann RennwLottG § 1 Rn. 4). Die Erlaubnis ist
nach § 2 Abs. 2 Satz 1 AB RennwLottG jedem Verein einzeln zu erteilen und
darf sich nur auf eine bestimmte Rennbahn erstrecken. . Einen glücksspielrechtlichen **Versagungsgrund** bildet nunmehr § 27 Abs. 1 S. 3 GlüStV (→ § 27
GlüStV Rn. 18).

Wenn die Erlaubnisvoraussetzungen erfüllt sind, hat der Antragsteller vor dem **6**
Hintergrund der grundrechtlich abgesicherten Gewerbefreiheit nach Art. 12
Abs. 1 GG (nicht jedoch nach § 1 Abs. 1 GewO, welcher aufgrund des § 6 Abs. 1
S. 2 GewO nicht einschlägig ist) einen **Anspruch auf Erteilung der Erlaubnis**

(vgl. zum Buchmacher Wache in Erbs/Kohlhaas 70 RennwLottG § 2 Rn. 8). Dies wird auch mit Blick auf § 27 GlüStV deutlich, welcher zwar in S. 3 auf § 4 Abs. 2 S. 1 verweist, jedoch nicht auf die Regelung des § 4 Abs. 2 S. 3 GlüStV. Die Totalisatorerlaubnis fällt im Übrigen nicht in den Anwendungsbereich der Übergangsregelung des § 29 Abs. 5 GlüStV (→ § 27 GlüStV Rn. 8, 17; § 29 GlüStV Rn. 19).

7   Die **Aufhebung** einer Totalisatorerlaubnis richtet sich nach §§ 48 f. VwVfG. Der Betrieb kann dann nicht gem. § 15 Abs. 2 GewO behördlich geschlossen werden, da dieser aufgrund des § 6 Abs. 1 S. 2 GewO keine Anwendung findet (Ennuschat in TWE GewO § 6 Rn. 42). Einschlägig kann allerdings § 35 Abs. 1 GewO sein, der gemäß § 35 Abs. 9 GewO auch für den Betrieb von Wettannahmestellen aller Art gilt. Insofern rückt freilich die Anwendungssperre des § 35 Abs. 8 GewO in den Blick: Hiernach finden die § 35 Abs. 1–7 GewO keine Anwendung, soweit besondere, auf die Unzuverlässigkeit abstellende Untersagungs- oder Betriebsschließungsvorschriften bestehen oder eine Aufhebung der Erlaubnis infolge der Unzuverlässigkeit möglich ist. Die §§ 1 f. RennwLottG, 3 AB RennwLottG erinnern zwar hinsichtlich einzelner Elemente an den gewerberechtlichen Zuverlässigkeitsbegriff, geben aber keine Prüfung der gewerberechtlichen Zuverlässigkeit im eigentlichen Sinne vor. Damit bleibt es bei der Möglichkeit einer **Untersagung nach § 35 Abs. 1 GewO infolge fehlender gewerberechtlicher Zuverlässigkeit**. Zur Unzuverlässigkeit kann die Tätigkeit ohne Erlaubnis führen.

8   **Glücksspielrechtliche Aufsichtsinstrumente** sind nicht einschlägig, da § 2 Abs. 5 GlüStV nicht auf § 9 GlüStV verweist (anderes gilt für die Online-Pferdewetten → § 27 GlüStV Rn. 20). In Abweichung hiervon können die Länder in ihren Ausführungsgesetzen dennoch Aufsichtsinstrumente vorsehen (siehe etwa § 26 LGlüG BW-E: Ermächtigung der zuständigen Behörde, „alle erforderlichen Anordnungen und sonstigen Maßnahmen zu treffen").

9   **Online-Totalisatorwetten** waren bislang nicht von der Erlaubnis nach § 1 RennwLottG umfasst (VG Düsseldorf Urt. v. 22.9.2011 – 27 K 4285/09, juris Rn. 229; siehe auch BVerwG ZfWG 2011, 332 (337), Rn. 37 ff.; BGH ZfWG 2012, 23 (29), Rn. 58 zur Online-Tätigkeit von Buchmachern; → § 2 Rn. 11). Mit der Neufassung des GlüStV ist nach § 27 Abs. 2 nun aber das Veranstalten und Vermitteln von Online-Pferdewetten unter bestimmten Voraussetzungen zulässig (→ § 2 Rn. 11; § 27 GlüStV Rn. 19 f.).

10   Der **Absatz 4** wurde durch das Gesetz zur Besteuerung von Sportwetten in § 1 RennwLottG (→ Einl. Rn. 2) eingefügt. Hierdurch soll den Rennvereinen die Kooperation mit den ausländischen Zuchtverbänden und Rennvereinen sowie deren Totalisatoren ermöglicht werden (BT-Drs. 17/8494, S. 8).

11   § 2 Abs. 2 Satz 2 AB RennwLottG enthält die inhaltlichen Mindestvoraussetzungen des Erlaubnisantrags. Zur **Zuständigkeit** siehe zB für BW: § 47 Abs. 3 LGlüG; für Bayern: Art. 12 des G über Zust. und den Vollzug von Rechtsvorschriften im Bereich der Land- und Forstwirtschaft vom 24.7.2003, GVBl. Bayern 2003, S. 470, zuletzt geändert durch § 3 des Gesetzes vom 25.6.2012, GVBl. Bayern, S. 270; für Bremen: § 10 Abs. 5 S. 1 BremGlüG vom 12. Juni 2012, GVBl. Bremen, S. 255; für Hessen: § 5 Abs. 3 Nr. 11 LFN-Reformgesetz vom 22.12.2000, GVBl. I Hessen 2000, S. 589, 599. Zur **Gebührenpflichtigkeit** für die Erlaubniserteilung siehe für BW: Nr. 28 GebVO MLR vom 14.2.2007 iVm GebVerz MLR; GBl. BW vom 9.3.2007, S. 146, 166.

§ 2 [Buchmacherkonzession]

(1) **Wer gewerbsmäßig Wetten bei öffentlichen Leistungsprüfungen für Pferde abschließen oder vermitteln will (Buchmacher), bedarf der Erlaubnis der nach Landesrecht zuständigen Behörde.**

(2) **Der Buchmacher bedarf der Erlaubnis für die Örtlichkeit, wo die Wetten entgegengenommen oder vermittelt werden, und auch für die Personen, deren er sich zum Abschluß und zur Vermittlung von Wetten bedienen will. Die nach Landesrecht zuständige Behörde darf die Erlaubnis nur für die Örtlichkeiten ihres Landesgebiets erteilen. Die Erlaubnis kann mit einer Befristung oder einem Vorbehalt des Widerrufs erteilt oder mit einer Auflage oder einem Vorbehalt einer nachträglichen Aufnahme, Änderung oder Ergänzung einer Auflage verbunden werden.**

(3) **(aufgehoben)**

Buchmacher ist nach **§ 2 Abs. 1 S. 1 RennwLottG,** wer gewerbsmäßig Wet- 1 ten bei öffentlichen Leistungsprüfungen für Pferde abschließt oder vermittelt. Der Buchmacher kann selbstständig im eigenen Namen und für eigene Rechnung handeln, für einen Totalisator oder einen anderen Buchmacher Pferdewetten vermitteln oder im eigenen Namen, aber für fremde Rechnung abschließen (Wache in Erbs/Kohlhaas R 70 RennwLottG § 2 Rn. 2; Steegmann RennwLottG § 2 Rn. 1). Wer nur als Angestellter eines Buchmachers Wetten für diesen abschließt oder vermittelt, ist nicht selbst Buchmacher, sondern Buchmachergehilfe (§ 2 Abs. 2 Satz 1 RennwLottG, → § 2 Rn. 12; § 3 Abs. 2 AB RennwLottG; Wache in Erbs/Kohlhaas RennwLottG § 2 Rn. 2).

Dem Buchmacher steht die Möglichkeit offen, neben der Totalisatorwette auch 2 Wetten zu festen Quoten (Oddset-Wetten) und ohne vorher festgelegten Spielplan anzubieten (Hettich Neue Fragen des öffentlichen Glücksspiels, 30; Koch Gewinnspiele im Steuerrecht, S. 70). Bei einem setzt der Buchmacher gegen den Teilnehmer einen festen Wetteinsatz, den er bei Eintritt des vereinbarten Ereignisses auszubezahlen hat (Hettich Neue Fragen des öffentlichen Glücksspiels, S. 30 f.). Beim Buchmacher-System gibt jeder einzelne Buchmacher selbst die Gewinnwahrscheinlichkeit vor, während beim Totalisator alle Wetten gesammelt werden und so die Gewinnwahrscheinlichkeit bestimmt wird (Bahr Glücks- und Gewinnspielrecht Rn. 28).

Nach § 2 Abs. 1 RennwLottG benötigt der Buchmacher eine behördliche 3 Erlaubnis. Die Vorschrift enthält keine **Erlaubnisvoraussetzungen,** die explizit an die Person des Buchmachers anknüpfen (Hettich Neue Fragen des öffentlichen Glücksspielrechts, 183). Diese sind in den §§ 3 und 10 AB RennwLottG niedergelegt. Nach § 3 Abs. 1 AB RennwLottG hat der Buchmacher den Nachweis zu erbringen, dass er in seiner Person die Gewähr für eine einwandfreie Geschäftsführung bietet und die zur Ausübung des Buchmachergewerbes erforderliche kaufmännische Befähigung besitzt. Diese Voraussetzungen ähneln den Voraussetzungen der gewerberechtlichen Zuverlässigkeit (VGH Mannheim ZfWG 2009, 410 (411); Steegmann RennwLottG § 2 Rn. 2)), ohne eine Zuverlässigkeitsprüfung im eigentlichen Sinne vorzugeben. Einen glücksspielrechtlichen **Versagungsgrund** bildet nunmehr § 27 Abs. 1 S. 3 GlüStV (→ § 27 GlüStV Rn. 18). Im Übrigen ist der Buchmacher nach § 14 Abs. 1 GewO **anzeigepflichtig** (→ § 1 Rn. 2).

Zudem ist er zur Leistung einer Sicherheit nach § 3 Abs. 2-5 AB RennwLottG 4 verpflichtet. Die Anforderungen an die Durchführung der Wettannahme sind in

§ 10 Abs. 1 AB RennwLottG normiert. Zwar handelt es sich um keine unmittelbare Voraussetzung zur Erlaubniserteilung, der Buchmacherbetrieb muss aber zumindest im Stande sein, auch diese zu erfüllen (Hettich Neue Fragen des öffentlichen Glücksspielrechts, 183). Diese Vorschrift umfasst die Einsatzhöhe und die Formalia bei der Erstellung und Handhabung der Wettformulare.

5   Auch eine **juristische Person** des Privatrechts kann nach Auffassung der neueren Rechtsprechung eine Buchmachererlaubnis erhalten (BVerwGE 97, 12 ff.; aA noch OVG Münster GewArch 1993, 238; unter Bezugnahme auf die frühere Ansicht auch Hettich Neue Fragen des öffentlichen Glücksspielrechts, 183).

6   Die Vorschrift des § 2 Abs. 1 Satz 2 RennwLottG 1922 bestimmte ursprünglich, dass die Buchmachererlaubnis nur an deutsche Reichsangehörige erteilt werden durfte (hierzu OVG Hamburg GewArch 2004, 243 (244)). Nachdem das Erfordernis der deutschen Staatsangehörigkeit zunächst auf Angehörige anderer EU-Mitgliedstaaten ausgedehnt wurde, entfiel es schließlich durch das Zweite Rechtsbereinigungsgesetz ganz (2. Rechtsbereinigungsgesetz vom 16.12.1986, BGBl. I 2441).

7   Sind die Erlaubnisvoraussetzungen erfüllt, hat der Antragsteller einen **Anspruch auf Erteilung der Erlaubnis** (Wache in Erbs/Kohlhaas RennwLottG § 2 Rn. 8). **Nebenbestimmungen** sind nach § 2 Abs. 2 möglich (→ § 2 Rn. 12). Auf §§ 48 f. VwVfG kann ggf. eine **Aufhebung der Buchmachererlaubnis** gestützt werden. Zur Anwendbarkeit gewerberechtlicher und glücksspielrechtlicher Aufsichtsinstrumente → § 1 Rn. 8.

8   Umstritten war bisher, ob die Buchmachererlaubnis nach § 2 RennwLottG die **Vermittlung von Pferdewetten an einen ausländischen Buchmacher** umfasst, wenn letzterer über keine inländische Erlaubnis nach § 2 RennwLottG verfügt (dazu ausführlich: Marcks in Landmann/Rohmer GewO § 33h Rn. 18). Eine Ansicht sprach sich dagegen aus (VG Saarlouis GewArch 2001, 197; Steegmann RennwLottG § 2 Rn. 4; Thalmair GewArch 1995, 274; Wirtschaftsbehörde Hamburg Widerspruchbescheid vom 17.2.2000 GewArch 2000, 208). Da nach § 2 Abs. 1 RennwLottG derjenige, der gewerbsmäßig Wetten bei öffentlichen Leistungsprüfungen für Pferde abschließen oder vermitteln wolle (Buchmacher), der Erlaubnis der nach Landesrecht zuständigen Behörde bedürfe, unterliege auch der ausländische Buchmacher der Erlaubnispflicht, da er die von dem inländischen Kollegen vermittelte Wette abschließen solle. Ohne diese Erlaubnis sei daher die Vermittlung unzulässig. Die Gegenansicht (OVG Hamburg GewArch 2004, 243; Marcks in Landmann/Rohmer GewO § 33h Rn. 18; Wache in Erbs/Kohlhaas RennwLottG § 2 Rn. 11) vertrat, dass die Buchmachererlaubnis nach § 2 Abs. 1 RennwLottG auch die Vermittlung von Wetten ins Ausland umfasse, solange der ausländische Buchmacher keine Niederlassung in Deutschland begründe. Für diese Sichtweise sprach, dass der Wortlaut von RennwLottG und AB RennwLottG keine Beschränkung der Vermittlung auf inländische Wettanbieter vorsieht.

9   Nunmehr ist die landesrechtliche Regelung des § 27 Abs. 1 S. 2 GlüStV nF in die Betrachtung einzubeziehen. Durch diesen wird klargestellt, dass die Vermittlung von Pferdewetten (im In- oder Ausland) nur erlaubt werden darf, wenn die zuständigen deutschen Behörden den Abschluss dieser Pferdwetten (oder den Betrieb eines Totalisators für diese Pferdewetten) erlaubt haben. Insofern wird ein Gleichlauf mit der Regelung des § 4 Abs. 2 S. 2 GlüStV erzielt (vgl. Erl. zu § 27 Abs. 1 GlüStV 2012).

10   Teilt man die Sichtweise der in → § 2 Rn. 8 genannten Gegenansicht, bedeutet dies, dass § 27 Abs. 1 S. 2 GlüStV die bisherige Rechtsposition des Buchmachers

insoweit verkürzt (→ § 27 GlüStV Rn. 16). Zu beachten ist die Übergangsregelung des § 29 Abs. 5 GlüStV, wonach Buchmachererlaubnisse im bisherigen Umfang noch für ein Jahr fortgelten (→ § 27 GlüStV Rn. 8, 17; § 29 GlüStV Rn. 19).

Online-Pferdewetten sind nach Auffassung des BVerwG von der Buchma- **11** chererlaubnis gem. § 2 RennwLottG nicht erfasst (BVerwG ZfWG 2011, 332 (337 f.), Rn. 37 ff.; im Anschluss hieran auch BGH ZfWG 2012, 23 (29), Rn. 58). Zum einen deute bereits der Wortlaut der Vorschrift („Örtlichkeit") darauf hin, dass es um den Wettabschluss unter Anwesenden gehen solle. Zum anderen sei der erklärte Gesetzeszweck die Bekämpfung des sog. Winkelbuchmachertums und damit die Bekämpfung der Ubiquität des Wettangebotes. Das Internet sei jedoch gerade durch die Eigenschaft der Ubiquität gekennzeichnet. Bislang dürften Online-Pferdewetten damit nicht offeriert werden (aA Klöck/Klein NVwZ 2011, 22 (25); Voigt MMR 2011, 848). § 27 Abs. 2 GlüStV erklärt nunmehr allerdings Internet-Pferdewetten unter bestimmten Voraussetzungen für zulässig (→ § 27 GlüStV Rn. 19 f.).

§ 2 Abs. 2 RennwLottG bestimmt in Satz 1 Hs. 1 zunächst, dass die Erlaubnis **12** für den Buchmacher auf bestimmte Örtlichkeiten beschränkt ist. Satz 1 Hs. 2 bezieht sich auf den sog. Buchmachergehilfen, dh denjenigen, der nur als Angestellter eines Buchmachers Wetten abschließt oder vermittelt (→ § 2 Rn. 1; Steegmann RennwLottG § 2 Rn. 3). Satz 2 bestimmt, dass die nach Landesrecht zuständige Behörde die Erlaubnis nur innerhalb ihres Landesgebietes erteilen darf. Nach S. 3 können mit der Erlaubnis Nebenbestimmungen verbunden werden.

§ 3 [Ermächtigung zur Rechtsverordnung]

Das Bundesministerium für Ernährung, Landwirtschaft und Verbraucherschutz wird ermächtigt, durch Rechtsverordnung im Einvernehmen mit dem Bundesministerium für Wirtschaft und Technologie und mit Zustimmung des Bundesrates zum Zweck der Förderung der Tierzucht mit Pferden

1. die näheren Voraussetzungen für das Erteilen einer Erlaubnis nach § 1 Absatz 1 oder § 2 Absatz 1 in Verbindung mit Absatz 2,

2. die Tatbestände, auf die sich die Erlaubnis erstreckt,

3. das Verfahren für das Erteilen der Erlaubnis, einschließlich der Aufbewahrungspflichten,

4. das Beurkunden und Aufzeichnen abgeschlossener Wetten durch den Erlaubnisinhaber, einschließlich der Aufbewahrung der Urkunden und Bescheinigungen,

5. die Einzelheiten des Zuweisungsverfahrens und der Begrenzung der Höhe der Zuweisungen auf die Nettokosten nach § 16 Absatz 1 sowie die Zerlegung des zuweisungsfähigen Aufkommens der Buchmachersteuer nach den §§ 11 und 16

zu regeln.

Nach dem durch das Gesetz zur Besteuerung von Sportwetten neu gefassten § 3 RennwLottG wird das Bundesministerium für Ernährung, Landwirtschaft und Verbraucherschutz ermächtigt, zum Zweck der Förderung der Tierzucht mit Pferden Rechtsverordnungen zur Konkretisierung der Erlaubnisvoraussetzungen nach § 1 und § 2 RennwLottG und des Erlaubnisverfahrens sowie der Beurkundung und Aufzeichnung abgeschlossener Wetten durch den Erlaubnisinhaber, einschließlich der Aufbewahrung der Urkunden und Bescheinigungen, zu regeln. Soweit der Verordnungsgeber auf Bundesebene von der Ermächtigung keinen Gebrauch macht, eröffnet § 25 Abs. 2 RennwLottG den Ländern die Möglichkeit, entsprechende Regelungen vorzunehmen. Weitergehende Vorschriften über das Veranstalten und Vermitteln von Pferdewetten können die Länder über die Öffnungsklausel nach § 25 Abs. 3 erlassen (→ § 25; § 27 GlüStV Rn. 4 ff.). Die Ermächtigungsnormen der § 25 Abs. 2 und § 25 Abs. 3 stehen nebeneinander.

§ 4 [Wettschein und Wettbuch]

(1) Der Unternehmer des Totalisators und der Buchmacher haben über die Wette eine Urkunde (Wettschein) auszustellen. Welche Angaben der Wettschein enthalten muß, bestimmt das Bundesministerium für Ernährung, Landwirtschaft und Verbraucherschutz durch Rechtsverordnung mit Zustimmung des Bundesrates.

(2) Ist der Wettschein ausgehändigt, so ist die Wette für den Unternehmer des Totalisators und den Buchmacher verbindlich. Ein von dem Wettenden gezahlter Einsatz kann nicht unter Berufung auf § 762 des Bürgerlichen Gesetzbuchs zurückverlangt werden. Soweit der Einsatz nicht gezahlt ist, kann er von dem Gewinn abgezogen werden. Im übrigen bleiben die Vorschriften des Bürgerlichen Gesetzbuchs unberührt.

(3) Auf einem Rennplatz ist den Buchmachern nur das Legen von Wetten zu festen Odds für die dort am Renntag stattfindenden Rennen gestattet.

(4) Auf den Rennplätzen dürfen von den Buchmachern nur Wetteinsätze im Betrage von mindestens fünfzehn Euro angenommen werden.

1   **§ 4 Abs. 1 RennwLottG** legt fest, dass der Totalisatorunternehmer und der Buchmacher über die Wette eine Urkunde, den sog. Wettschein, auszustellen haben. Die Formalia der Erstellung und Handhabung der Wettscheine regeln insbesondere die §§ 9 und 10 AB RennwLottG. In Zusammenschau mit den Erlaubnisvoraussetzungen der §§ 1 und 2 RennwLottG und den maßgeblichen Ausführungsbestimmungen kann aus § 4 RennwLottG geschlossen werden, dass der Totalisator oder Buchmacher für die Erlangung einer Erlaubnis auch die Gewähr bieten muss, dass er einen Wettschein mit bestimmten Angaben ausstellen kann (Hettich Neue Fragen des öffentlichen Glücksspielrechts, 185).

2   **§ 4 Abs. 2 RennwLottG** stellt eine spezialgesetzliche Regelung zu den glücksspielrechtlichen Regelungen des BGB (§§ 762, 763 BGB) dar. Nach § 4 Abs. 2 S. 1 ist die Wette für den Unternehmer des Totalisators und den Buchmacher verbindlich, soweit der Wettschein ausgehändigt ist. Das Wettgeschäft wird also – abweichend von § 763 S. 1 BGB – nur für den Unternehmer des Totalisators bzw. den Buchmacher verbindlich (Steegmann RennwLottG § 4 Rn. 2; Habersack in MüKo BGB § 763 Rn. 11). Für den Teilnehmer greift § 762 BGB. Ein von ihm geleisteter Einsatz kann daher nicht zurückgefordert, ein noch nicht gezahlter Einsatz wird nicht geschuldet (Steegmann RennwLottG § 4 Rn. 2 mwN). § 4 Abs. 2 S. 3 RennwLottG bestimmt allerdings, dass, soweit der Einsatz nicht gezahlt ist, dieser von dem Gewinn abgezogen werden kann. Zum Schutz vor betrügerischen Machenschaften kann der Buchmacher AGB mit entsprechen-

den Vorbehalten und Bedingungen festlegen (Habersack in MüKo BGB § 763 Rn. 11).

Gem. § 2 RennwLottG steht es den Buchmachern grundsätzlich frei, ob sie 3 Totalisatorwetten oder Oddset-Wetten anbieten wollen (→ § 2 Rn. 1). Durch **§ 4 Abs. 3 RennwLottG** erfährt dies eine Einschränkung: Auf einem Rennplatz ist Buchmachern nur das Anbieten von Wetten zu festen Quoten für die dort aktuell stattfindenden Rennen und gem. **§ 4 Abs. 4 RennwLottG** zu einem Mindesteinsatz von 15 € gestattet.

§ 5 [Strafvorschriften]

(1) **Wer ohne Erlaubnis ein Totalisatorunternehmen betreibt oder gewerbsmäßig Wetten abschließt oder vermittelt, wird mit Freiheitsstrafe bis zu zwei Jahren oder mit Geldstrafe bestraft.**

(2) **(aufgehoben)**

Die Strafvorschriften der §§ 5 und 6 RennwLottG stellen **Spezialtatbestände** 1 **im Verhältnis zu § 287 Abs. 1 StGB** (unerlaubte Veranstaltung einer Lotterie oder einer Ausspielung) dar (OLG Düsseldorf GA 1963, 346; Thalmair GewArch 1995, 274 (275); Steegmann RennwLottG § 6 Rn. 1; Volk Glücksspiel im Internet, 96).

Gem. **§ 5 RennwLottG** wird mit Freiheitsstrafe bis zu zwei Jahren oder mit 2 Geldstrafe bestraft, wer ohne Erlaubnis ein Totalisatorunternehmen betreibt oder gewerbsmäßig Wetten abschließt oder vermittelt. Für das Betreiben eines Totalisatorunternehmens iSd § 5 RennwLottG ist der Einsatz einer Totalisatormaschine nicht erforderlich. Ebenso wenig muss der Betrieb öffentlich geschehen und der Täter gewerbsmäßig handeln (Koch Gewinnspiele im Steuerrecht, 70 f).

Während der Tatbestand des § 5 2. und 3. Alt. RennwLottG nach systematischer 3 Stellung und Gesetzeszweck nur Wetten im Zusammenhang mit öffentlichen Leistungsprüfungen für Pferde betrifft, besteht hinsichtlich des Betriebs eines Totalisatorunternehmens nach § 5 1. Alt. RennwLottG eine solche Einschränkung nicht. Damit unterliegt auch der unerlaubte Betrieb eines Totalisatorunternehmens anlässlich anderer Veranstaltungen wie Ruderregatten, Rad- und Autorennen der Strafandrohung des § 5 RennwLottG (so jedenfalls Mirre/Baumann RennwLottG § 5 Rn. 1; Koch Gewinnspiele im Steuerrecht, 71).

Eine strafbare Handlung beginnt, sobald der erste Wettvertrag am Totalisator 4 oder beim Buchmacher abgeschlossen bzw. die erste Wette erfolgreich vermittelt wurde, ohne dass in diesem Zeitpunkt eine wirksame behördliche Erlaubnis vorlag (Feisenberger in Stenglein Bd. II RennwLottG § 5 Rn. 5; aA Mirre/Baumann RennwLottG § 5 Rn. 3, die die Strafbarkeit bereits bejahen, wenn eine Einlassmöglichkeit des Publikums in die Wettstelle besteht). Eine spätere Erlaubniserteilung schließt die Strafbarkeit rückwirkend nicht aus (Wache in Erbs/Kohlhaas RennwLottG § 5 Rn. 4).

§ 6 [Gewerbsmäßige Wetten]

(1) **Wer gewerbsmäßig zum Abschluß oder zur Vermittlung von Wetten auffordert oder sich erbietet oder Angebote zum Abschluß oder zur Vermittlung solcher Wetten entgegennimmt, wird mit Freiheitsstrafe bis zu**

sechs Monaten oder mit Geldstrafe bis zu einhundertachtzig Tagessätzen bestraft. Unter dieses Verbot fallen nicht Aufforderungen, Erbieten und Angebote der zugelassenen Wettunternehmer sowie der Personen, deren sich die Wettunternehmer mit Genehmigung der nach Landesrecht zuständigen Behörde zum Abschluß und zur Vermittlung von Wetten bedienen, soweit diese Personen bei der Abwicklung von Wettgeschäften im Auftrag des Wettunternehmers handeln.

(2) (aufgehoben)

§ 6 RennwLottG kommt va eine **Auffangfunktion** zu (Koch Gewinnspiele im Steuerrecht, 72). Erfasst werden zB die sog. Schlepper der nicht zugelassenen Buchmacher, sofern diese nicht bereits als Täter oder Teilnehmer den Tatbestand des § 5 RennwLottG erfüllen (Hellwig RennwLottG § 6 Rn. 1; Mende RennwLottG § 6 Rn. 2a; Wache in Erbs/Kohlhaas RennwLottG § 6 Rn. 1). Die Schlepper sind der Beihilfe zu der Straftat nach § 5 schuldig, wenn es zum Abschluss oder zur Vermittlung von Wetten gekommen ist. Nach § 6 machen sie sich auch dann strafbar, wenn die genannten Voraussetzungen nicht erfüllt sind, weil der unerlaubte Wettabschluss oder die unerlaubte Wettvermittlung nicht vollendet worden ist oder der Nachweis der Vollendung nicht geführt werden kann (Wache in Erbs/Kohlhaas RennwLottG § 6 Rn. 1). Täter nach § 6 RennwLottG kann nur sein, wer nicht über eine Erlaubnis als Wettunternehmer oder Buchmachergehilfe verfügt (Feisenberger in Stenglein Bd. II RennwLottG § 6 Rn. 2).

§ 7 [Bußgeldvorschriften]

(1) Ordnungswidrig handelt, wer als Buchmacher oder dessen Gehilfe außerhalb der Örtlichkeiten, für welche die Erlaubnis erteilt ist (§ 2 Abs. 2), Wetten abschließt oder vermittelt oder Angebote dazu entgegennimmt.

(2) Ordnungswidrig handelt ferner, wer
1. ohne zugelassener Unternehmer eines Totalisators oder zugelassener Buchmacher zu sein, außerhalb der Örtlichkeiten des Totalisatorunternehmens oder der Örtlichkeiten, für welche die Erlaubnis erteilt ist (§ 2 Abs. 2), öffentlich oder durch Verbreiten von Schriften, Ton- oder Bildträgern, Abbildungen oder Darstellungen zum Abschluß von Wetten auffordert,
2. gegen Entgelt Voraussagen über den Ausgang von Rennen verbreitet oder
3. in seinen Räumen, die für das Unternehmen eines Totalisators oder eines Buchmachers nicht zugelassen sind, den Abschluß oder die Vermittlung von Wetten duldet.

(3) Absatz 2 Nr. 2 gilt nicht für redaktionelle Veröffentlichungen in einer periodisch erscheinenden Druckschrift, soweit diese nicht ausschließlich oder überwiegend der Verbreitung von Voraussagen dient.

(4) Die Ordnungswidrigkeit kann mit einer Geldbuße bis zu fünftausend Euro geahndet werden.

Die Ordnungswidrigkeiten-Vorschrift des § 7 RennwLottG fasst verschiedene Handlungen zusammen, die früher mit Strafe bedroht waren. Die Norm des

§ 7 umfasst den Wettabschluss und die Aufforderung zu diesem außerhalb der genehmigten Örtlichkeiten (§ 7 Abs. 1 und 2 RennwLottG), die Abgabe von Rennprognosen gegen Bezahlung (§ 7 Abs. 2 Nr. 2 RennwLottG), sowie das Dulden des Abschlusses oder der Vermittlung von Wetten eines Dritten in seinen eigenen Räumen (§ 7 Abs. 2 Nr. 3 RennwLottG; ausführlich dazu Wache in Erbs/Kohlhaas RennwLottG § 7 Rn. 1 ff.; Steegmann RennwLottG § 7 Rn. 1 ff.). Die Geldbuße beträgt mindestens fünf (§ 17 Abs. 1 OWiG), höchstens 5.000 € (§ 7 Abs. 4 RennwLottG).

2. Steuervorschriften

§ 10 [Steuersatz für Totalisatorwetten]

(1) **Von den am Totalisator gewetteten Beträgen hat der Unternehmer des Totalisators eine Steuer von 5 vom Hundert zu entrichten.**

(2) **Diese Steuer ist auch dann zu entrichten, wenn ausschließlich Mitglieder bestimmter Vereine zum Wetten zugelassen werden.**

(3) **Die Steuerschuld entsteht mit dem Schlusse der Annahme von Wetteinsätzen.**

Die „Steuervorschriften" des RennwLottG beginnen in § 10 Abs. 1 mit der **1** Regelung der **Rennwettsteuer**. Gegenstand der Steuer ist die Rennwette, worunter man jede aus Anlass öffentlicher Leistungsprüfungen für Pferde abgeschlossene Wette versteht, vgl. §§ 1 Abs. 1, 2 Abs. 1 RennwLottG. Dabei wird dem Teilnehmer für seinen Einsatz eine Gewinnchance verschafft, was den Hauptzweck des Vertrages darstellt. Damit deckt sich die Wette nach dem RennwLottG nicht mit derjenigen des § 762 BGB, wo hauptsächlich den aufgestellten Behauptungen Nachdruck verliehen werden soll und die Gewinnvereinbarung nur sekundär ist. Im Unterschied zur Wette nach § 762 BGB betrifft die Rennwette außerdem keine vergangenen, sondern künftige Ereignisse (Sprau in Palandt § 762 BGB Rn. 3).

Bei Rennwetten entscheidet der Ausgang von Leistungsprüfungen für Pferde **2** (**Pferderennen**) über den Gewinn. Wetten über Leistungsprüfungen anderer Art wie Brieftaubenflüge oder Hunderennen unterliegen nicht der Rennwettsteuer (BFH HFR 2005, 1206 m. Anm. Klenk; Huschens in Vogel/Schwarz UStG § 4 Nr. 9 Rn. 133 Stand: November 2010; Klenk in Rau/Dürrwächter UStG § 4 Nr. 9 Rn. 138 Stand: Oktober 2011; Mößlang in Sölch/Ringleb UStG § 4 Nr. 9 Rn. 35 Stand: März 2012). Sie können nun aber als Sportwette nach § 17 Abs. 2 S. 1 RennwLottG steuerpflichtig sein (ebenso Welz UVR 2012, 274 (279); → § 17 Rn. 22). Obwohl in §§ 1, 2 RennwLottG von öffentlichen Leistungsprüfungen für Pferde die Rede ist, fällt Rennwettsteuer auch bei nicht-öffentlichen Leistungsprüfungen an, § 10 Abs. 2 RennwLottG (Bruschke Grunderwerbsteuer, Kraftfahrzeugsteuer und andere Verkehrsteuern, 401). Absatz 3 stellt klar, dass die Steuerschuld erst mit dem Annahmeschluss der Wetteinsätze entsteht.

Schuldner der Rennwettsteuer nach § 10 Abs. 1 RennwLottG ist der **Tota-** **3** **lisatorunternehmer** (→ § 13 Rn. 1). Daher wird die Steuer auch als „Totalisatorsteuer" bezeichnet (vgl. § 16 Abs. 1 S. 1 RennwLottG). Sie wird dabei auf die am Totalisator gewetteten Beträge erhoben. **Bemessungsgrundlage** ist damit der

Wetteinsatz. Der **Steuersatz** beträgt nunmehr (seit 01.07.2012) 5 von Hundert, nachdem er zuvor noch 16 2/3 von Hundert betragen hat.

§ 11 [Steuersatz bei Buchmacherwetten]

(1) **Der Buchmacher hat von jeder bei ihm abgeschlossenen Wette eine Steuer von 5 vom Hundert des Wetteinsatzes zu entrichten.**

(2) **Die Steuerschuld entsteht, wenn die Wette verbindlich geworden ist (§ 4 Abs. 2), spätestens jedoch mit der Entscheidung des Rennens, auf das sich die Wette bezieht.**

1   Der Rennwettsteuer unterliegen nach § 11 Abs. 1 RennwLottG auch beim **Buchmacher** abgeschlossene Wetten. Buchmacher ist gem. § 2 Abs. 1 RennwLottG derjenige, der gewerbsmäßig Wetten bei öffentlichen Leistungsprüfungen für Pferde abschließt oder vermittelt. Die Steuerschuld entsteht gemäß Absatz 2 erst mit der Verbindlichkeit der Wette. Dies ist nach § 4 Abs. 1 S. 1 RennwLottG der Fall, wenn der Wettschein ausgehändigt wurde.

2   Die bloße **Vermittlung** von Rennwetten in fremdem Namen und für fremde Rechnung unterliegt nicht der Rennwettsteuer. Stattdessen ist der Buchmacher in solchen Fällen mit seiner Provision umsatzsteuerpflichtig (Huschens in Vogel/Schwarz UStG § 4 Nr. 9 Rn. 132; Klenk in Rau/Dürrwächter § 4 Nr. 9 UStG Rn. 142). Wer im eigenen Namen, aber für fremde Rechnung handelt, ist nicht rennwettsteuerpflichtig (Bruschke Grunderwerbsteuer, Kraftfahrzeugsteuer und andere Verkehrsteuern, 402). Zudem ist die Provision von der Umsatzsteuer befreit (EuGH, Urt. v. 14.07.2011 – C-464/10).

3   Die Leistungen **ausländischer Buchmacher**, die in Deutschland zugelassen sind und hier ihr Wettbüro haben, fallen ebenfalls unter das RennwLottG, soweit es sich nicht um eine bloße Vermittlungstätigkeit handelt. Bei der Ausführung für einen inländischen Wettunternehmer ist die bloße Vermittlung nach § 3a Abs. 2 UStG (Art. 44 MwStSysRL) umsatzsteuerbar, während sich die Umsatzsteuerpflicht für die Ausführung an einen nichtunternehmerischen Wettteilnehmer aus § 3a Abs. 3 Nr. 4 UStG (Art. 46 MwStSysRL) ergibt. Bei einer bloßen **Vermittlung ins Ausland** ist ebenso zu differenzieren. In der Regel erfolgt die Vermittlung an einen Wettunternehmer. Die Leistung gilt nach § 3a Abs. 2 UStG als im Ausland ausgeführt, sodass die Umsätze in Deutschland nicht umsatzsteuerbar sind (Klenk in Rau/Dürwächter UStG § 4 Nr. 9 Rn. 147). Erfolgt die Vermittlung hingegen an einen nichtunternehmerischen Wettteilnehmer, soll der Ort der ausgeführten Umsätze nach § 3a Abs. 3 Nr. 4 UStG mit dem Ansässigkeitsort des Wettbüros übereinstimmen (Klenk in Rau/Dürwächter UStG § 4 Nr. 9 Rn. 147). In dem Fall ist der Buchmacher umsatzsteuerpflichtig.

4   Sog. **Ablegewetten** unterliegen nicht der Rennwettsteuer (RFH RStBl. 1925, 93; Huschens in Vogel/Schwarz UStG § 4 Nr. 9 Rn. 134; Klenk in Rau/Dürrwächter UStG § 4 Nr. 9 Rn. 146; Weymüller in Hartmann/Metzenmacher UStG § 4 Nr. 9 Rn. 259 Stand: Mai 2006). Dabei handelt es sich um Wettverträge zwischen Buchmachern, die nicht um des Spielens willen sondern zur finanziellen Absicherung geschlossen werden. Gerade um das eigene Risiko zu verringern, überträgt hier ein Buchmacher einen Teil seiner Publikumswetten auf einen anderen Buchmacher (RFH RStBl. 1925, 93; RStBl. 1932, 383). Diese Wetten sind jedoch umsatzsteuerpflichtig.

Schuldner der Rennwettsteuer nach § 11 Abs. 1 RennwLottG ist der Buchma- 5
cher (→ § 13 Rn. 2). Insofern spricht man von der Buchmachersteuer (vgl. § 16
Abs. 1 S. 1 RennwLottG). Der Buchmacher hat auch hier nunmehr 5 von Hundert des Wetteinsatzes zu entrichten.

§ 12 [Entstehen der Steuerschuld]

**Die Steuerschuld entsteht ohne Rücksicht darauf, ob das Totalisatorun-
ternehmen erlaubt oder der Buchmacher zugelassen war.**

Die Regelung in § 12 RennwLottG, wonach selbst bei fehlender Erlaubnis des
Totalisatorunternehmens oder bei fehlender Zulassung des Buchmachers Rennwettsteuer anfällt, hat lediglich klarstellende Bedeutung. Bereits aus § 40 AO ergibt
sich, dass für die Besteuerung ein Verstoß gegen ein gesetzliches Verbot – hier
§ 4 Abs. 1 S. 2 GlüÄndStV bzw. § 284 StGB – unerheblich ist. § 12 RennwLottG
kann allerdings nicht die Voraussetzungen des Grundtatbestandes ersetzen. Insofern muss es sich um Leistungsprüfungen für Pferde handeln. Wer hingegen Wetten auf Radrennen anbietet, unterfällt nicht der Rennwettsteuer (anders Mirre/
Baumann RennwLottG, 45).

§ 13 [Steuerschuldner, Fälligkeit]

(1) **Steuerschuldner ist der Unternehmer des Totalisators (§ 1) oder der
Buchmacher (§ 2). Die Steuer ist innerhalb einer Woche nach Ablauf jedes
halben Kalendermonats zu entrichten, sofern sie nicht durch Verwendung
und Entwertung von Stempelzeichen erhoben wird.**

(2) **Der Reichsminister der Finanzen bestimmt, wie die Steuer entrichtet wird, insbesondere ob und in welcher Weise Stempelzeichen zu verwenden sind.**

Obschon sich aus den Tatbeständen der §§ 10 Abs. 1, 11 Abs. 1 RennwLottG 1
jeweils der Schuldner der Rennwettsteuer ergibt, normiert § 13 Abs. 1 S. 1
RennwLottG ausdrücklich den Unternehmer des Totalisators sowie den Buchmacher als jeweiligen Steuerschuldner.

Unter einem **Totalisatorunternehmer** versteht das RennwLottG nach 2
§ 1 Abs. 1 einen Verein, der aus Anlass von öffentlichen Leistungsprüfungen für
Pferde einen Totalisator betreibt. Dies wiederum ist eine mechanische Wettein-
richtung, die Wetten entgegennimmt, sie mit Wettscheinen quittiert und die
Gewinnquoten berechnet (Klenk in Rau/Dürrwächter UStG § 4 Nr. 9 Rn. 139;
Hicks UVR 1991, 46 (47); Kahle ZfWG 2006, 45 (46); ders. DStZ 2011, 520
(523)). Sein Betrieb bedarf gem. § 1 Abs. 1 RennwLottG der Erlaubnis durch die
zuständige Behörde. Eine solche kann neuerdings mit Einführung des § 1 Abs. 4
RennwettLottG auch dann erteilt werden, wenn die öffentliche Leistungsprüfung
für Pferde im Ausland stattfindet. Fehlt es jedoch an einer Erlaubnis, fällt dennoch
Rennwettsteuer an, § 12 RennwLottG (→ § 12).

Buchmacher ist gem. § 2 Abs. 1 RennwLottG derjenige, der gewerbsmäßig 3
Wetten bei öffentlichen Leistungsprüfungen für Pferde abschließt oder vermittelt.
Auch der Buchmacher bedarf einer Konzession (§ 2 RennwLottG), die aber nicht
Voraussetzung für das Entstehen der Steuerpflicht ist (§ 12 RennwLottG). Buch-

macher sind beispielsweise die in den Ländern ansässigen Gesellschaften, die das Rennquintett betreiben (Klenk in Rau/Dürrwächter UStG § 4 Nr. 9 Rn. 141).

4   § 13 Abs. 1 S. 2 RennwLottG regelt überdies die **Fälligkeit** der Rennwettsteuer. Diese ist innerhalb einer Woche nach Ablauf jedes halben Kalendermonats zu entrichten. Von dieser gesetzlichen Regelung wurde aber gestützt auf die Ermächtigung in Absatz 2 durch die §§ 17 Abs. 1, 18 Abs. 1 S. 1, Abs. 2 S. 1 AB RennwLottG abgewichen. Vereine, die einen Totalisator betreiben, müssen im Wege eines Abrechnungsverfahrens Nachweisungen innerhalb von drei Tagen nach dem Renntag beim Finanzamt einreichen und die Steuer entrichten. Für Buchmacher gilt eine halbmonatliche Frist mit weiteren ausdifferenzierten Regelungen.

§ 14 (aufgehoben)

§ 15 (aufgehoben)

§ 16 [Totalisator]

(1) Die Rennvereine, die einen Totalisator betreiben, erhalten vorbehaltlich des Absatzes 2 eine Zuweisung in Höhe von bis zu 96 vom Hundert des Aufkommens der Totalisatorsteuer nach § 10 und der Buchmachersteuer nach § 11. Sie haben die Beträge zu Zwecken der öffentlichen Leistungsprüfungen für Pferde zu verwenden. Die nach Landesrecht zuständigen Behörden setzen die Anteile der Rennvereine fest und treffen die erforderlichen Bestimmungen. Die Anteile können für die einzelnen Rennvereine unterschiedlich bemessen werden. Sie dürfen nicht über das hinausgehen, was erforderlich ist, um die Nettokosten der Durchführung der öffentlichen Leistungsprüfungen für Pferde durch den jeweiligen Rennverein zu decken.

(2) Absatz 1 findet keine Anwendung auf das Aufkommen der Totalisatorsteuer nach § 10, das mittels Erlaubnissen nach § 1 Absatz 4 erzielt wird und auf das Aufkommen der Buchmachersteuer nach § 11, das durch den Abschluss oder die Vermittlung von Wetten aus Anlass von Pferderennen ins Ausland erzielt wird.

1   Nach § 16 Abs. 1 S. 1 RennwLottG werden Rennvereine, die ein Totalisatorunternehmen betreiben, **am Aufkommen der Rennwettsteuer beteiligt.** Die Beteiligung bezieht sich auf die Totalisatorsteuer gemäß § 10 RennwLottG und nun auch auf die Buchmachersteuer gemäß § 11 RennwLottG. Diese Änderung findet ihren Ursprung in einer Forderung der Europäischen Kommission und wurde damit begründet, dass die Buchmacher in ihrer beruflichen Ausübung genauso wie die Totalisatorunternehmer von Pferderennen abhängig sind (vgl. Bericht des Finanzausschusses, BT-Drs. 17/10168, 6). Allerdings findet nach Absatz 2 eine **Steuerrückvergütung** nicht in Auslandsfällen statt. Das rückvergütete Aufkommen ist nach § 16 Abs. 1 S. 2 RennwLottG nicht frei verfügbar, sondern zweckgebunden für öffentliche Leistungsprüfungen für Pferde zu verwenden. Die Zweckbindung dient der Pferdezucht (Kahle, ZfWG 2006, 45 (46)), damit dem Tierschutz, der eine Subventionierung der Rennvereine rechtfertigen soll (Hicks UVR 1991, 46). Neu ist auch, dass die zuständigen Behörden des jeweiligen *Landes* die Anteile festlegen und die hierzu erforderlichen Bestimmungen erlassen können (S. 3). Zudem wird verdeutlicht, dass die Anteile für die Rennvereine nicht gleich bemessen sein müssen (S. 4), jedoch in der Höhe nicht über die Deckung der erforderlichen Nettokosten hinausgehen dürfen (S. 5).

Zu beachten ist, dass die Rückvergütung der Rennwettsteuer an die Rennvereine die Voraussetzungen einer **staatliche Beihilfe** nach Art. 107 Abs. 1 AEUV erfüllt (BT-Drs. 17/8494, 12; vgl. zum Begriff der Beihilfe: Kühling in Streinz Art. 107 AEUV Rn. 28 ff). Da die bisherige Regelung des § 16 S. 1 RennwLottG a. F. jedoch schon vor Inkrafttreten des EWG-Vertrages bestand, ist sie als **bestehende** Beihilferegelung zu klassifizieren (vgl. Kühling in Streinz Art. 108 AEUV Rn. 5). Wird diese nachträglich **umgestaltet**, handelt es sich jedoch um eine **neue** Beihilfe (Kühling in Streinz Art. 108 AEUV Rn. 7), sodass die Kommission hiervon zu unterrichten ist, Art. 108 Abs. 3 S. 1 AEUV (Notifizierungspflicht). Voraussetzung einer Umgestaltung ist eine auf die „**Wettbewerbseffekte der Maßnahme bezogene materielle Änderung ihres Regelungsinhalts**" (Kühling in Streinz Art. 108 AEUV Rn. 7). Anknüpfungspunkt der als Beihilfe einzuordnenden Rückvergütung ist zunächst § 10 Abs. 1 RennwLottG. Eine Rückvergütung ist schließlich nur möglich, wenn Rennwettsteuer gezahlt werden muss. Ob bereits die Änderung des Steuersatzes zu einer materiellen Änderung des Regelungsinhalts führt, ist fraglich, da die Rückvergütung sich nur nominal, nicht prozentual verändert und die bloße Verringerung der bestehenden Beihilfe nicht genügen soll (Kühling in Streinz Art. 108 AEUV Rn. 7). Fraglich ist auch die Annahme einer Änderung des Regelungsinhalts aufgrund der Einführung des § 1 Abs. 4 RennwLottG, der nur die materiellen Zulassungsvoraussetzungen eines Totalisatorunternehmens und damit **den Kreis der Beihilfebezieher** ändert. Schließlich nimmt § 16 Abs. 2 RennwLottG die Auslandssachverhalte nach § 1 Abs. 4 RennwLottG vom Anwendungsbereich der Steuerrückvergütung aus. Eine Umgestaltung der bestehenden Beihilfe ist jedenfalls in der Erweiterung auf Buchmacherwetten sehen, sodass es für die 2012 erfolgte Gesetzesänderung einer Notifizierung als Beihilfe bedarf, Art. 108 Abs. 3 S. 1 AEUV.

Eine **Genehmigung** kann erteilt werden, wenn die Beihilfe unter Art. 107 **3** Abs. 3 AEUV fällt. Nach Buchstabe b) können Beihilfen zur **Förderung wichtiger Vorhaben von gemeinsamem europäischem Interesse** mit dem Binnenmarkt vereinbar angesehen werden. Hierunter fallen u.a. Vorhaben, die die Ziele des Art. 3 EUV fördern (Cremer in Calliess/Ruffert Art. 107 AEUV Rn. 54). Hierbei ist zwar nicht der Tierschutz, wohl aber der Umweltschutz aufgeführt, Art. 3 Abs. 3 EUV. Der Tierschutz wird aber nicht als Unterfall des Umweltschutzes verstanden (Leitlinien für staatliche Umweltschutzbeihilfen, ABl. 2008 C 82/1). Zweifelhaft ist auch, ob man die Beihilfe in Anbetracht der bisherigen Entwicklung unter lit. c) als **sektorale** oder **horizontale Beihilfe** fassen kann (s. Kühling in Streinz Art. 107 AEUV Rn. 125 ff). Möglich bleibt auch eine **Beschlussfassung** durch die Kommission nach lit. e). Trotz dieser Ungewissheit steht eine Genehmigung durch die Europäische Kommission in Aussicht, nachdem die bisherigen Einwände berücksichtigt wurden (vgl. BT-Drs. 17/10168, 6 f.). Art. 108 Abs. 3 S. 3 AEUV stellt hierbei heraus, dass ein Mitgliedstaat seine beabsichtigten Maßnahmen bis zur Entscheidung der Europäischen Kommission nicht vollziehen darf. Daher treten die Neuregelungen in § 16 RennwLottG erst mit der Genehmigung in Kraft (vgl. Art. 4 Abs. 3 S. 1 Änderungsvorschrift RennwLottG).

II. Besteuerung von Lotterien, Ausspielungen und Sportwetten

§ 17 [Steuerpflicht]

(1) Im Inland veranstaltete öffentliche Lotterien und Ausspielungen unterliegen einer Steuer. Eine Lotterie oder Ausspielung nach Satz 1 gilt als öffentlich, wenn die für die Genehmigung zuständige Behörde sie als genehmigungspflichtig ansieht. Die Steuer beträgt 20 vom Hundert des planmäßigen Preises (Nennwert) sämtlicher Lose ausschließlich der Steuer.

(2) Wetten aus Anlass von Sportereignissen (Sportwetten), die nicht als Rennwetten nach Abschnitt I dieses Gesetzes besteuert werden, unterliegen einer Steuer, wenn
1. die Sportwette im Inland veranstaltet wird oder
2. der Spieler eine natürliche Person ist und bei Abschluss des Wettvertrages seinen Wohnsitz oder gewöhnlichen Aufenthalt im Geltungsbereich dieses Gesetzes hat, oder, wenn er keine natürliche Person ist, bei Abschluss des Wettvertrages seine Geschäftsleitung oder seinen Sitz im Geltungsbereich dieses Gesetzes hat. Dies gilt nicht, wenn der Spieler sich bei Abschluss des Wettvertrages außerhalb des Geltungsbereiches dieses Gesetzes aufhält und die zur Entstehung des Wettvertrages erforderlichen Handlungen dort vorgenommen werden.
Die Steuer beträgt 5 vom Hundert des Nennwertes der Wettscheine beziehungsweise des Spieleinsatzes.

Übersicht

I. Regelungsgegenstand der Vorschrift

1   Wer im Inland öffentliche Lotterien oder Ausspielungen veranstaltet, unterliegt nach § 17 Abs. 1 RennwLottG mit seinen Umsätzen der **Lotteriesteuer**. Bisher waren von der Lotteriesteuer Sportwetten nur erfasst, wenn es sich um Wetten zu festen Quoten (**Oddset-Wetten**) handelte. Nunmehr hat der Gesetzgeber

einen eigenständigen Tatbestand in § 17 Abs. 2 RennwLottG geschaffen, in denen alle Wetten aus Anlass von Sportereignissen (Sportwetten) einer Steuer unterliegen. Die **Sportwettensteuer** ist eine von der Lotteriesteuer zu unterscheidende eigenständige Steuer. Zwar findet sich im RennwLottG keine Bezeichnung für diese Steuer, vielmehr wird lediglich von „einer" oder „der Steuer" gesprochen (vgl. §§ 17 Abs. 2, 19 Abs. 2, 20 Abs. 1, 2 Nr. 7, 24 Abs. 1, 2 RennwLottG). Betrachtet man allerdings die Systematik, wonach Lotterien und Ausspielungen einerseits sowie Sportwetten andererseits voneinander tatbestandlich getrennt werden und beide jeweils „einer Steuer" unterliegen sollen, so spricht dies dafür, dass mit der Gesetzesänderung auch eine neue Steuer für Sportwetten geschaffen werden sollte. Dafür spricht auch der unterschiedliche Steuersatz, der bei Lotterien und Ausspielungen zwanzig vom Hundert des planmäßigen Preises sämtlicher Lose, bei den Sportwetten währenddessen fünf vom Hundert des Nennwertes der Wettscheine bzw. des Spieleinsatzes beträgt, § 17 Abs. 1 S. 3, Abs. 2 S. 2 RennwLottG. Hinzu kommt, dass das Gesamtaufkommen der Steuer für Sportwetten gemäß § 24 RennwLottG eine eigene Zerlegung erfährt. Dass die Sportwetten nunmehr Gegenstand einer eigenständigen Steuer sind, lässt sich auch aus den Ausführungsbestimmungen zum Rennwett- und Lotteriesteuergesetz (AB RennwLottG) entnehmen, wonach in den §§ 29, 37 Abs. 1 S. 1 AB RennwLottG von der **Sportwettensteuer** (→ § 13 Rn. 20) gesprochen wird.

II. Lotteriesteuer

1. Steuertatbestand (Abs. 1 S. 1)

Den **Haupttatbestand** der Lotteriesteuer bildet § 17 Abs. 1 S. 1 RennwLottG. **2** Lotteriesteuerpflichtig sind danach öffentliche Lotterien und Ausspielungen, wenn sie im Inland veranstaltet werden. Im Gegensatz zur Besteuerung der Sportwetten hat der Gesetzgeber bei Lotterien und Ausspielungen darauf verzichtet, den Tatbestand auch auf Veranstaltungen im Ausland auszuweiten (vgl. aber → § 21 Rn. 1). In der Praxis ist die Lotterie im Vergleich zur Ausspielung seltener Gegenstand der Lotteriesteuer, da bei klassischen Lotterien das Spielkapital (Summe aller Einsätze eines Spiels) vielfach höher und damit die erforderliche Erteilung einer Genehmigung schwieriger ist (Vondenhoff/Welz UVR 2011, 373 (375)).

a) Lotterien und Ausspielungen. § 3 Abs. 3 S. 1 Erster GlüÄndStV definiert **3** die **Lotterie** als ein Glücksspiel, „bei dem einer Mehrzahl von Personen die Möglichkeit eröffnet wird, nach einem bestimmten Plan gegen ein bestimmtes Entgelt die Chance auf einen Geldgewinn zu erlangen". Damit weitgehend übereinstimmend ist in den Worten des BFH (und auch schon des Reichsgerichts) eine Lotterie ein Glücksspiel, bei dem sich der Anbieter für eigene Rechnung einem anderen, dem Spielteilnehmer, gegenüber schuldrechtlich verpflichtet, nach einem festgelegten Plan beim Eintritt eines ungewissen, wesentlich vom Zufall abhängigen Ereignisses dem anderen einen bestimmten Geldgewinn zu gewähren, während der andere unbedingt einen bestimmten Geldbetrag, den Einsatz, zu zahlen hat (RGZ 77, 341 (344); BFH/NV 1997, 68). Nur Leistungen des Veranstalters **gegenüber den Teilnehmern** sind lotteriesteuerpflichtig. Die Lieferungen und sonstige Leistungen des Veranstalters **gegenüber der Annahmestelle** oder den Lotterieeinnehmern unterliegen der Umsatz- und nicht der Lotteriesteuer (RFHE 31, 78; Klenk in Rau/Dürrwächter UStG § 4 Nr. 9 Rn. 181.1). Die eigene Verlosung von Gewinnen ist jedoch nicht Tatbestandsmerkmal einer Lotterie (BFH/NV 2008, 1276 (1278)).

4   Die **Ausspielung** unterscheidet sich von der Lotterie nur dadurch, dass der Gewinn in Sachwerten statt in Geld besteht (Huschens in Vogel/Schwarz UStG § 4 Nr. 9 Rn. 138). Wenn sowohl Geld als auch Sachwerte zu gewinnen sind, liegt ebenfalls eine Ausspielung vor. Die am häufigsten auftretende Art der Ausspielung ist die Tombola (Vondenhoff/Welz UVR 2011, 373 (375 f.) mit zahlreichen Beispielen für eine Tombola).

5   **aa) Bestimmter Spielplan.** Das entscheidende Abgrenzungskriterium der Lotterie und Ausspielung gegenüber den sonstigen Glücksspielen ist die Existenz eines **festgelegten Spielplans.** Ein Spielplan in diesem Sinne regelt den Spielbetrieb im Allgemeinen und bestimmt die Bedingungen, unter denen eine Mehrzahl von Personen die Möglichkeit der Beteiligung erhält (Klenk in Rau/Dürrwächter UStG § 4 Nr. 9 Rn. 157). Abzugrenzen ist der Spielplan von bloßen Spielregeln (und damit vom sonstigen, nicht der Lotteriesteuer unterliegenden Glücksspiel im engeren Sinne), wobei nach der Rechtsprechung der Spielplan einen gewissen Detailliertheitsgrad aufweisen muss: Er muss zwar die Regeln nicht bis in die letzten Einzelheiten darlegen, eine skizzenhafte Schilderung genügt jedoch nicht (BFH BStBl. II 1977, 495 (496)). Beispielsweise wird beim **Roulettespiel** mangels festgelegten Spielplans nicht von einer Lotterie ausgegangen (BFH BStBl. II 1969, 118). Hier kann der Teilnehmer selbst entscheiden, welchen Betrag er einsetzt, wie hoch ein eventueller Gewinn ausfällt und welches Risiko er eingeht. Entsprechendes gilt für das **Kartenglücksspiel** (BFH DStZ 1969, 214).

6   **bb) Mehrzahl von Personen.** Dem Erfordernis, dass einer Mehrzahl von Personen die **Möglichkeit der Beteiligung** eröffnet werden muss, ist auch genüge getan, wenn nur ein Spieler von dieser grundsätzlich gegebenen Option Gebrauch macht (Klenk in Rau/Dürrwächter UStG § 4 Nr. 9 Rn. 156).

7   **cc) Einsatz.** Bei Lotterie und Ausspielung wird außerdem die Gewinnchance gegen ein bestimmtes Entgelt, den **Einsatz,** gewährt. Dieser spielt auch für die Bemessungsgrundlage eine Rolle, da sich die Lotteriesteuer nach dem planmäßigen Preis (§ 17 Abs. 1 S. 2 RennwLottG) richtet, wozu der geleistete Einsatz des Spielers gehört (BFH/NV 2010, 363 (364)).

8   Bei einem Einsatz können die Höhe des Preises und damit auch Risiko und Gewinnhöhe vom Teilnehmer nicht beeinflusst werden. Sie sind vom Veranstalter im Spielplan festgelegt. Der Spieler kann seine Gewinnchance allein durch mehrfaches Spielen quantitativ erhöhen (BFH BStBl. II 1968, 829 (830); Huschens in Vogel/Schwarz § 4 Nr. 9 UStG Rn. 138; Klenk in Rau/Dürrwächter UStG § 4 Nr. 9 Rn. 161). Lässt sich der Einsatz ohne weiteres – in der Regel durch die Bezahlung – feststellen, spricht man von einem **offenen Einsatz** (FG Rheinland-Pfalz EFG 2009, 2051 (2052); BFH BStBl. III 1962, 166 (167)).

9   **dd) Verdeckter Einsatz bei gemischten Leistungen.** Ein besonderes Problem ergibt sich, wenn die Lotterieleistung im Zusammenhang mit einer anderen Leistung erbracht wird und das Entgelt für beides gezahlt wird. Es kann dann ein **verdeckter Einsatz** vorliegen. Dies ist der Fall, wenn „der Erwerb des Gegenstandes objektiv unabdingbare Voraussetzung für die Teilnahme an der Lotterie ist" und subjektiv „ein nennenswerter Teil der Teilnehmer in der von ihm zu erbringenden Leistung zugleich eine Voraussetzung für den Erwerb der gebotenen Gewinnaussicht erblickt" (FG Rheinland-Pfalz EFG 2009, 2051 (2052); krit. zum subjektiven Tatbestandsmerkmal Leipold HFR 2010, 138 (139)). Der Erwerb

eines Gegenstandes soll insbesondere dann eine objektiv unabdingbare Voraussetzung für die Teilnahme an einer Lotterie darstellen, wenn ein einheitliches Angebot vorliegt, da es nicht zulässig sei, ein einheitliches Angebot in ein Kaufangebot
und ein Angebot einer Gewinnhoffnung aufzuteilen (FG Rheinland-Pfalz EFG
2009, 2051 (2052); RFHE 21, 267 (269); BFH BStBl. II 1969, 46 (47)) .

Wird demnach ein Rubbellos-Adventskalender zu einem einheitlichen Kauf-   **10**
preis ohne Hinweis auf die Möglichkeit eines getrennten Erwerbs von Kalender
und Losen angeboten, ist vom objektiven Empfängerhorizont eines durchschnittlichen Erwerbers aus von einem einheitlichen Angebot auf Abschluss eines Lotterie-
vertrages auszugehen, während der Adventskalender lediglich als verkaufsför-
dernde Verpackung angesehen werden kann (FG Rheinland-Pfalz EFG 2009,
2051 (2052 f.)). Interne für den durchschnittlichen Erwerber nicht erkennbare
Vorgänge wie die Trennung in der Abrechnung von Losen und Kalender sowie
die Nichterhebung von Provision für die Rubbellose können nicht dazu führen,
eine subjektive Vorstellung des Erwerbers vom Abschluss zweier Verträge – Kauf-
vertrag und Lotterievertrag – anzunehmen, sodass der gesamte Kaufpreis als verdeckter Einsatz anzusehen ist (FG Rheinland-Pfalz EFG 2009, 2051 (2052 f.)).
Dementsprechend unterfällt der gesamte Kaufpreis des Rubbellos-Adventskalen-
ders der Lotteriesteuer, von der Umsatzsteuer ist er hingegen nach § 4 Nr. 9b)
UStG befreit.

Wird allerdings darauf hingewiesen, dass auch ein getrennter Erwerb von Losen   **11**
und Kalender möglich ist, stellt einerseits der Erwerb des Kalenders objektiv keine
unabdingbare Bedingung für die Teilnahme an der Lotterie dar, andererseits ist
davon auszugehen, dass ein nennenswerter Teil der Teilnehmer in der von ihm
zu erbringenden Leistung keine Voraussetzung für den Erwerb der gebotenen
Gewinnaussicht erblickt (FG Rheinland-Pfalz EFG 2009, 2051 (2052 f.)). Hier
ist das Entgelt aufzuteilen: Der Anteil, der auf den Warenkaufpreis (hier: Kalender)
entfällt, ist umsatzsteuerpflichtig, der Preis für die Gewinnchance (hier: Los) hingegen lotteriesteuerpflichtig und folglich gem. § 4 Nr. 9 b) UStG von der Umsatzsteuer befreit (Klenk in Rau/Dürrwächter UStG § 4 Nr. 9 Rn. 162 mit Verweis
auf BFH BStBl. III 1951, 166).

Wird hingegen eine Zeitschrift verkauft, die als Glücksspiel lediglich ein Preis-   **12**
rätsel enthält, so liegt in der Regel kein verdeckter Einsatz vor, sodass der Lotterie-
steuertatbestand nicht erfüllt ist. Vielmehr ist der Kaufpreis der Zeitschrift im
Ganzen umsatzsteuerpflichtig (BFH BStBl. III 1961, 220; Weymüller in Hart-
mann/Metzenmacher UStG § 4 Nr. 9 Rn. 239). Zur Begründung wird teilweise
darauf abgestellt, dass der Erwerb der Zeitschrift keine unabdingbare Voraussetzung für die Teilnahme an der Gewinnmöglichkeit beim Preisrätsel sei, da auch
derjenige, der die Zeitschrift nicht kaufe, seine richtige Lösung einsenden könne,
ohne einen Einsatz zahlen zu müssen (Sensburg BB 2002, 126 (128)). Der BFH
hat hingegen in einer früheren Entscheidung darauf verwiesen, dass ein nennenswerter Teil von Teilnehmern die Zeitschrift nicht wegen des Preisausschreibens
erwerbe, zumal diese in der Regel erst durch die Lektüre der Zeitschrift auf das
Preisausschreiben aufmerksam werde und am Gewinn interessierte Teilnehmer bei
anderen Spielmöglichkeiten höhere Gewinnchancen hätten (BFH BStBl. III 1960,
176 (177)). In Anlehnung an das Urteil des FG Rheinland-Pfalz kann schließlich
angeführt werden, dass wegen der völlig untergeordneten Rolle des Preisausschreibens vom objektiven Empfängerhorizont eines durchschnittlichen Erwerbers aus
allein von einem einheitlichen Angebot auf den Abschluss eines Kaufvertrages
auszugehen ist.

13   In Fällen, in denen die Zeitschrift nicht von dem Lotterieveranstalter selbst, sondern von einem dazwischen geschalteten Unternehmer erworben worden ist, kann ein von dem Warenkauf isolierter Lotterievertrag mit dem Veranstalter bestehen. Die Aufteilung des Entgelts bereitet dann keine Probleme. Ist ein selbständiger Lotterievertrag zu verneinen, liegt eine einseitige Auslobung des Veranstalters nach § 661 BGB vor. Dann fehlt es aber auch an einem selbständigen Lotterieumsatz, und das Geschäft unterliegt im Ganzen der Umsatzsteuer (Klenk in Rau/Dürrwächter UStG § 4 Nr. 9 Rn. 162).

14   An einem (verdeckten) Einsatz fehlt es im Übrigen, wenn ein Teilnehmer an einem Gewinnspiel nach dem Erwerb eines Loses als Gewinn ein Freilos erhält, das zur erneuten Teilnahme berechtigt, nicht aber einen Anspruch auf Auszahlung des durch das Freilos ersparten Einsatzes begründet (BFH/NV 2010, 363 (364)).

15   **ee) Verschaffen einer Gewinnmöglichkeit und Zufallsabhängigkeit.** Als allgemeine Begriffsmerkmale des Glücksspiels sind Zufallsabhängigkeit und das Verschaffen einer Gewinnmöglichkeit auch Elemente des Lotterie- und Ausspielungsbegriffs. Wo allein die Möglichkeit besteht, den eingesetzten Betrag wieder zurückzuerhalten, ist keine echte Gewinnchance und somit auch keine Lotterie gegeben (Klenk in Rau/Dürrwächter UStG § 4 Nr. 9 Rn. 163). Die Zufallsabhängigkeit muss im Spielplan vorgesehen sein (RGSt 60, 385 (387); Klenk in Rau/Dürrwächter UStG § 4 Nr. 9 Rn. 164). Hier kann die Abgrenzung zu Geschicklichkeitsspielen Schwierigkeiten bereiten. Bei Preisausschreiben in Zeitungen etwa nehmen regelmäßig nur diejenigen an der Auslosung teil, die das Rätsel zutreffend gelöst haben. Es ist also eine Leistung zu erbringen, bevor überhaupt eine Gewinnchance erlangt wird. Je nachdem, wie umfangreiche Kenntnisse die Lösung voraussetzt, ist von einem Geschicklichkeits- oder von einem Glücksspiel auszugehen (zum Ganzen s. Sensburg BB 2002, 126 (128); BFH BStBl. III 1961, 553 (554)). Der BFH stellt darauf ab, ob der Durchschnitt der Spieler in der Lage ist, den Spielausgang zu beeinflussen. Je größer also gewissermaßen die „intellektuelle Exklusivität", desto geringer auch das Zufallselement, und desto weniger ist von einer Lotterie auszugehen (→ § 3 GlüStV Rn. 4).

16   **b) Öffentlichkeit.** § 17 Abs. 1 RennwLottG setzt außerdem voraus, dass die Lotterie oder Ausspielung öffentlich ist. Nach § 17 Abs. 1 S. 2 RennwLottG ist hiervon stets auszugehen, wenn die Genehmigungsbehörde die Lotterie als genehmigungspflichtig ansieht. Das Finanzamt ist an die die **Genehmigungspflicht** bejahenden Verwaltungsakte der Lotterieaufsichtsbehörde gebunden. Verneint die Behörde die Genehmigungspflicht, so folgt daraus hingegen nicht die Nichtöffentlichkeit (BFH BStBl. III 1953, 258 (258 f.); Klenk in Rau/Dürrwächter UStG § 4 Nr. 9 Rn. 197). Öffentlichkeit ist auch zu bejahen, wenn die Lotterie nicht lediglich in einem privaten Kreis durchgeführt wird, sondern entweder einem **unbegrenzten Publikum** oder einem begrenzten, aber nicht in besonderen persönlichen Beziehungen zueinander stehenden Kreis von Teilnehmern zugänglich ist (Huschens in Vogel/Schwarz UStG § 4 Nr. 9 Rn. 139). Spiele im Rahmen großer Vereine sind auch dann öffentlich iSv § 17 RennwLottG, wenn die Teilnahme auf Vereinsmitglieder beschränkt ist, sofern der Beitritt zum Verein für Außenstehende unter leichten Bedingungen möglich ist (RFHE 8, 179 (180 f.); BFH BStBl. III 1953, 258 (259)). Sofern nichtöffentliche – und daher nicht lotteriesteuerbare – Lotterien im Rahmen einer nachhaltigen Tätigkeit iSd § 2 Abs. 1 S. 3 UStG veranstaltet werden, fällt Umsatzsteuer an (Klenk in Rau/Dürrwächter UStG § 4 Nr. 9 Rn. 180).

c) Veranstaltung im Inland. Lotteriesteuer wird schließlich auch nur **17** geschuldet, wenn die Lotterie oder Ausspielung im Inland veranstaltet wird, § 17 Abs. 1 S. 1 RennwLottG. Inland meint das gesamte Gebiet der Bundesrepublik Deutschland, schließt damit die sog. Ausnahmegebiete in § 1 Abs. 2 UStG mit ein (Bruschke Grunderwerbsteuer, Kraftfahrzeugsteuer und andere Verkehrsteuern, 417). Entscheidend ist, wo die Losziehung stattfindet, mithin dort wo die Gewinnhoffnung erworben wird (Möllinger DVR 1979, 54 (55); Hicks UVR 1991, 46 (49); Kahle DStZ 2011, 520 (526)).

2. Steuerbemessung (Abs. 1 S. 3)

Bemessungsgrundlage der Lotteriesteuer ist gem. § 17 Abs. 1 S. 3 RennwLottG **18** der **planmäßige Preis**, dh der Nennwert sämtlicher Lose, was alle für den Erwerb der Lose notwendigen Leistungen, insbesondere Schreib- und Kollektionsgebühren, mit einschließt, § 37 Abs. 1 S. 1 AB RennwLottG. Schwierig wird eine genaue Bestimmung der Bemessungsgrundlage bei verdeckten Einsätzen (→ § 17 Rn. 9 ff.).

Um eine Übermaßbesteuerung zu vermeiden, hat der BFH die Vorschrift verfassungskonform interpretiert und erfasst nur den Gesamtbetrag der auf der Grundlage der jeweiligen Bedingungen der Lotterie für die Lose tatsächlich erzielten Kaufpreise nach Abzug der Steuer, sog. Netto-Kaufpreise (BFH/NV 2012, 67 (69); BFH/NV 2012, 71 (73)).

Offen war bisher, ob auch sog. **Absprunggewinne** einzubeziehen sind. Gibt **19** nämlich der Käufer eines Loses einer Staatlichen Lotterie dieses vor Abschluss der Lotterie zurück und erwirbt ein Dritter dieses Los nach den Vorgaben der amtlichen Lotteriebestimmungen zum vollen Kaufpreis, so muss der Lotterieeinnehmer allein den vollen Kaufpreis an den Veranstalter abführen, während ihm der anteilige Kaufpreis des Ersterwerbers als sog. Absprunggewinn verbleibt (BFH/NV 2012, 67 (68); BFH/NV 2012, 71 (72)). Mit dem Verweis auf § 37 Abs. 3 AB RennwLottG hat der BFH nunmehr entschieden, dass auch der Absprunggewinn zum planmäßigen Preis zählt und in die Bemessungsgrundlage einzubeziehen ist (BFH/NV 2012, 67 (69 f.); BFH/NV 2012, 71 (72 f.)).

Gleiches gilt für sog. **Lagerlosgewinne**. Diesen liegt die Konstellation zugrunde, dass ein Lotterieeinnehmer – beispielsweise mangels Absatzes – ein Los in sein Lager aufnimmt, ohne es an den Veranstalter zurückzugeben, in der Folge voll gewinnberechtigt ist und damit den Kaufpreis für das Los an den Veranstalter schuldet (BFH/NV 2012, 67 (68)). Verkauft der Lotterieeinnehmer nach Beginn der Ziehung das Los an einen Dritten weiter, muss dieser gemäß den amtlichen Lotteriebestimmungen den vollen Kaufpreis zahlen, der Lotterieeinnehmer muss im Gegenzug jedoch insgesamt nur diesen vollen Kaufpreis an den Veranstalter abführen, sodass er „im Ergebnis für die Klassen, für die er das Los im eigenen Lager hatte und gewinnberechtigt war, den an sich von ihm persönlich geschuldeten Kaufpreis nicht an den Veranstalter zahlen muss" (BFH/NV 2012, 67 (68)). Ein solcher Lagerlosgewinn ist in die Bemessungsgrundlage einzubeziehen, da der Lotterieeinnehmer durch die eigene Gewinnberechtigung anderen Spielteilnehmern gleich steht und damit das im Lager einbehaltene Los von § 46 Abs. 2 S. 1 AB RennwLottG erfasst wird, während der Weiterverkauf dem § 17 Abs. 1 S. 3 RennwLottG iVm § 37 Abs. 3 AB RennwLottG unterfällt (BFH/NV 2012, 67 (70)).

20 Der Steuersatz der Lotteriesteuer beträgt **20 von Hundert des Nettopreises** der Lose. Der Steuersatz auf Lotterien und Ausspielungen ist damit höher als auf Renn- und Sportwetten.

III. Sportwettensteuer

21 Mit dem Gesetz zur Besteuerung von Sportwetten hat der Gesetzgeber die steuerlichen Rahmenbedingungen der Sportwette maßgeblich geändert und in § 17 Abs. 2 eine Sportwettensteuer eingeführt. Anlass hierzu war die Verabschiedung des Ersten Glücksspieländerungsstaatsvertrags, in dem der Sportwettenmarkt mit Hilfe einer Experimentierklausel auch für private inländische wie ausländische Veranstalter geöffnet wurde (→ § 10a GlüStV Rn 6).

1. Steuertatbestand (Abs. 2 S. 1)

22 Bis zum 30.6.2012 gab es keine allgemeine Sportwettensteuer, vielmehr unterfielen § 17 S. 1 RennwLottG aF allein **Oddset-Wetten** (→ vgl. § 17 Rn. 1) der Lotteriesteuerpflicht, und zwar nur dann, wenn sie im Inland veranstaltet wurden. Bei diesen ist die Gewinnauszahlungsquote vom Veranstalter bereits bei Abschluss des Wettvertrages festgelegt, während der Teilnehmer die Höhe seines Einsatzes und damit – im Unterschied zur Lotterie – auch die Höhe seines Risikos selbst bestimmen kann (BFH/NV 1997, 68 (70)).

23 Die Beschränkung auf im Inland veranstaltete Wetten führte dazu, dass zahlreiche Wettanbieter die Veranstaltung ins Ausland verlagerten und im Inland nur als **Wettvermittler** auftraten. Dadurch entgingen dem Fiskus nicht nur Steuereinnahmen, bisweilen wurde auch der Einwand erhoben, eine solche Besteuerung habe vor dem Gleichheitssatz nur Bestand, wenn inländische Veranstalter mit Sitz im Inland und Ausland in gleicher Weise belastet würden (Kirchhof Rechtsgutachten zur Frage einer gleichheitsgerechten Besteuerung von Glücksspielen, 42; krit. dazu Birk ZfWG 2011, 229 (233 f.)). In der im Grundsatz vorgenommenen differenzierten Besteuerung der Vermittlung von Oddset-Wetten mit Umsatzsteuer und der Veranstaltung von Oddset-Wetten mit Lotteriesteuer wurde hingegen – trotz der unterschiedlichen Steuerlasten – keine Verletzung der Gleichmäßigkeit der Besteuerung (Art. 3 Abs. 1 GG) gesehen (Birk Rechtsgutachen zur Besteuerung der Vermittlung von Sportwetten ins Ausland, 43 ff.).

24 **a) Begriff der Sportwette.** Nach der **Legaldefinition** in § 17 Abs. 2 S. 1 RennwLottG ist als Sportwette jede Wette aus Anlass von Sportereignissen anzusehen. Die Beschränkung auf Wetten zu festen Quoten ist entfallen, sodass nunmehr auch Wetten zu variablen Quoten, bei denen die Gewinnauszahlungsquote erst nach Ende des Sportereignisses feststeht, möglich sind.

25 Die steuerrechtliche Begriffsbestimmung der Sportwette ist weiter als die Definition in § 3 Abs. 1 S. 4 Erster GlüÄndStV, die unter Sportwetten nur Wetten zu einer festen Quote auf den Ausgang von Sportereignissen oder Abschnitten von Sportereignissen versteht. Neben einer Wette zu einer variablen Quote fällt beispielsweise auch die Wette, wer in einem Fußballspiel das nächste Tor erzielt, unter § 17 Abs. 2 Satz 1 RennwLottG, nicht jedoch unter den GlüÄndStV (ebenso Welz UVR 2012, 275 (276)). Angesichts der Legaldefinition in § 17 Abs. 2 S. 1 RennwLottG ist es jedoch unerheblich, ob Sportwetten als Glücksspiele anzusehen sind.

b) Im Inland veranstaltet (Abs. 2 S. 1 Nr. 1). Der Wortlaut „Sportwette **26** im Inland veranstaltet" stellt maßgeblich auf den Ort der Veranstaltung ab. Insoweit wird der Steuertatbestand zugleich mit dem Steuersubjekt verknüpft, wonach allein der Veranstalter einer Sportwette Schuldner der Sportwettensteuer ist, § 19 Abs. 2 S. 1 RennLottG. Dies ist derjenige, der die **planmäßige Ausführung** des Unternehmens selbst oder durch andere **ins Werk setzt** (RFHE 10, 218; BFH BStBl. II 1971, 193; Sensburg DStZ 2006, 189). Aufgrund der überragenden Bedeutung der Quote für den Gewinn des Anbieters, soll in erster Linie das Bestimmen der Wettquote für das „Ins-Werk-Setzen" entscheidend sein (BFH/ NV 2005, 1379 (1380)). **Prägendes Merkmal** der Veranstaltung von Sportwetten ist also das **Festlegen der Wettquote,** dies wird idR dort stattfinden, wo der Veranstalter unternehmerisch tätig ist. Tritt das Wettbüro lediglich als **Vermittler** eines im Ausland ansässigen Veranstalters auf, so ist die Sportwette nicht gemäß § 17 Abs. 2 S. 1 Nr. 1 RennwLottG im Inland veranstaltet. Der Inlandsbezug kann nicht allein über den Belegenheitsort der Betriebsmittel hergestellt werden (aA FG Bremen Urt. v. 15.1.2010 - 2 K 64/09 (1), Rn. 72, das darauf abstellt, dass der Veranstalter im Inland Hard- und Software zur Verfügung stellt und die Wettscheine ausgefüllt werden). Die Zuordnung von Betriebsmitteln eines ausländischen Veranstalters an das inländische Wettbüro kann jedoch zur Annahme einer Betriebsstätte (§ 12 AO) bzw. eines ständigen Vertreters (§ 13 AO) im Inland führen (dazu Birk ZfWG 2011, 229 (234); ders. Rechtsgutachten zur Besteuerung der Vermittlung von Sportwetten ins Ausland, 16 ff.).

c) Auslandsbezug (Abs. 2 S 1 Nr. 2). Die ab 1.7.2012 geltende neue Sport- **27** wettensteuer erfasst auch Sachverhalte mit Auslandsbezug. Voraussetzung für die Anwendung des § 17 Abs. 2 S. 1 Nr. 2 RennwLottG ist zunächst, dass der Spieler (natürliche Person) seinen Wohnsitz (§ 8 AO) oder gewöhnlichen Aufenthalt (§ 9 AO) oder – soweit er keine natürliche Person ist – seine Geschäftsleitung (§ 10 AO) oder seinen Sitz (§ 11 AO)) im Geltungsbereich des Gesetzes hat. Der Spieler muss sich ferner bei Abschluss des Wettvertrags im Geltungsbereich des RennwLottG aufhalten und die zur Entstehung des Wettvertrages erforderlichen Handlungen dort vornehmen, § 17 Abs. 2 S. 1 Nr 2, S. 2 RennwLottG. Ausweislich der Gesetzesbegründung soll hiermit dem **Territorialitätsprinzip** Rechnung getragen werden (BT-Drs. 17/8494, 8), welches eine Besteuerung nur rechtfertigt, wenn die Umsätze aus Sportwetten durch die Vornahme der für den Wettvertrag erforderlichen Handlungen im Inland eine besondere Verbindung zum deutschen Hoheitsgebiet aufweisen (vgl. zu § 49 EStG, Birk StR Rn. 676).

Der Gesetzgeber hat allerdings darauf verzichtet, eine Anrechnungsmöglichkeit **28** für eine bereits im Ausland gezahlte Steuer zu schaffen. Die in Fällen mit Auslandsbezug möglicherweise eintretende steuerliche Doppelbelastung führt zu einer steuerlichen Diskriminierung der ausländischen Veranstalter gegenüber ihren inländischen Konkurrenz und ist insoweit mit der Dienstleistungsfreiheit aus Art. 56 Abs. 1 AEUV nicht zu vereinbaren (krit. auch Kahle DStZ 2011, 520 (532); auf diese Bedenken wird auch in der Stellungnahme der BReg hingewiesen, BT-Drs. 17/8494, 13; dazu auch Welz UVR 2012, 274 (280), der der Auffassung ist, dass der Ansässigkeitsstaat und nicht der Staat, in dem der Spieler die Wette abschließt, zur Anrechnung verpflichtet sei).

2. Steuerbemessung (Abs. 2 S. 2)

Bemessungsgrundlage der Sportwettensteuer ist nach § 17 Abs. 2 S. 2 **29** RennwLottG der **Nennwert** der Wettscheine bzw. des Spieleinsatzes. Bleibt aber der Ausgang der Wette unberücksichtigt, birgt die Steuerbemessung für den Veranstalter ein betriebswirtschaftliches Risiko, das er in der Regel auf den Spieler überwälzen wird (Herzig/Stock ZfWG 2012, 12 (13 f.)). Damit nimmt die Attraktivität des Wettangebots für Veranstalter und Spieler ab.

30   Betrug der Steuersatz auf Oddset-Wetten bisher noch zwanzig vom Hundert des Nennwerts der Wettscheine, § 17 S. 3 RennwLottG aF, und war damit an die Lotterien und Ausspielungen angeglichen, so liegt er nunmehr bei Sportwetten generell bei **5 vom Hundert des Nennwertes** der Wettscheine bzw. des Spieleinsatzes, § 17 Abs. 2 S. 2 RennwLottG. Dies hat zur Konsequenz, dass Sportwetten niedriger besteuert werden als Lotterien und Ausspielungen. Der Gesetzgeber begründet diese Abweichung nach unten mit dem europäischen/internationalen Besteuerungsniveau sowie damit, dass nur durch eine mäßige Besteuerung ein Anreiz zur Überführung des bisherigen illegalen Wettangebotes in die Legalität besteht (BT-Drs. 17/8494, 9).

§ 18 [Befreiuungen]

Von der Besteuerung ausgenommen sind
1. Ausspielungen,
  a) bei denen Ausweise nicht erteilt werden oder
  b) bei denen der Gesamtpreis der Lose einer Ausspielung den Wert von 650 Euro nicht übersteigt,
  es sei denn, daß der Veranstalter ein Gewerbetreibender oder Reisegewerbetreibender im Sinne des Gewerberechts ist oder daß die Gewinne ganz oder teilweise in barem Geld bestehen;
2. von den zuständigen Behörden genehmigte Lotterien und Ausspielungen, bei denen der Gesamtpreis der Lose einer Lotterie oder Ausspielung
  a) bei Lotterien und Ausspielungen zu ausschließlich gemeinnützigen, mildtätigen oder kirchlichen Zwecken den Wert von 40.000 Euro,
  b) in allen anderen Fällen den Wert von 240 Euro
nicht übersteigt.

1   § 18 RennwLottG stellt eine Steuerbefreiungsvorschrift dar, wonach Ausspielungen und zum Teil auch Lotterien unter bestimmten Bedingungen nicht der Lotteriesteuer unterliegen. Für Ausspielungen gilt dies zunächst für den Fall, dass Ausweise nicht erteilt werden (Nr. 1a). Unter einem Ausweis ist jeder Gegenstand zu verstehen, der geeignet und bestimmt ist, über die Beteiligung am Spiel und dem Anrecht auf Gewinn Beweis zu erbringen (RFHE 30, 138 (141); § 27 Abs. 2 AB RennwLottG). Hierzu zählen zB Lose, Losröllchen, Spielmarken (Bruschke Grunderwerbsteuer, Kraftfahrzeugsteuer und andere Verkehrsteuern, 418). Erteilt ist ein solcher Ausweis, wenn er dem Ausspielungsteilnehmer ausgehändigt ist (RFH RStBl. 1934, 60). Die Steuerbefreiung gilt auch, wenn der Gesamtpreis der Lose eine Freigrenze von 650 EUR nicht übersteigt (Nr. 1b). Negativvoraussetzung ist beiderseits, dass der Veranstalter weder Gewerbetreibender noch Reisegewerbetreibender ist. Außerdem darf der Gewinn nicht ganz oder teilweise in barem Geld bestehen. Da Ausspielungen sich aber nur auf Gewinne in Sachwerten beziehen, ansonsten eine Lotterie vorliegt (→ § 17 Rn. 4), ist diese Gesetzesfassung verfehlt (Bruschke Grunderwerbsteuer, Kraftfahrzeugsteuer und andere Verkehrsteuern, 418).

Die Steuerbefreiung gilt nach § 18 Nr. 2a RennwLottG auch für genehmigte **2** Lotterien und Ausspielungen, bei denen der Gesamtpreis der Lose zu ausschließlich gemeinnützigen, mildtätigen oder kirchlichen Zwecken den Wert von 40.000 EUR nicht übersteigt. Für das Vorliegen eines solchen Zwecks kann an die Definitionen in §§ 52-54 AO angeknüpft werden. Es genügt aber, wenn die eingespielten Mittel dem Zweck entsprechend tatsächlich verwendet werden (RFHE 18, 79). Die Mildtätigkeit ist nachzuweisen, § 33 AB RennwLottG. Bei der Berechnung des Gesamtpreises können zuvor auf der Einnahmenseite die Kosten abgezogen werden, die mit der Lotterie zusammenhängen (Bruschke Grunderwerbsteuer, Kraftfahrzeugsteuer und andere Verkehrsteuern, 419). Sinkt allerdings der Betrag, der den begünstigten Zwecken zukommt, unter 25 von Hundert des Gesamtpreises der Lose, ist die Steuerfreiheit zu versagen, sofern dies zur Bedingung der Genehmigung gemacht ist (BFH BStBl. III 1954, 244).

§ 18 Nr. 2b) RennwLottG hingegen greift nicht nur bei Lotterien und Ausspie- **3** lungen ein, die nicht nach Nr. 2a) steuerbefreit sind, sondern auch bei Ausspielungen, die allein wegen des Vorliegens der Negativvoraussetzungen nicht § 18 Nr. 1 RennwLottG unterliegen (Möllinger UVR 1990, 175 (179)). Voraussetzung ist dann, dass der Gesamtpreis der Lose 240 EUR nicht übersteigt.

Gestaltungsmöglichkeiten sind dem Veranstalter insofern eröffnet, als dass er mehrere Lotterien auch hintereinander oder nebeneinander unter jeweiliger Einhaltung der Freigrenzen durchführen kann, um in den Genuss der Steuerfreiheit zu kommen (ausführlich Bruschke Grunderwerbsteuer, Kraftfahrzeugsteuer und andere Verkehrsteuern, 419 f.).

§ 19 [Steuerschuldner, Fälligkeit]

(1) Die Steuer für Lotterien und Ausspielungen (§ 17 Absatz 1) schuldet der Veranstalter. Die Steuerschuld entsteht mit der Genehmigung, spätestens aber in dem Zeitpunkt, zu dem die Genehmigung hätte eingeholt werden müssen. Die Steuer für Lotterien und Ausspielungen ist von dem Veranstalter zu entrichten, bevor mit dem Losabsatz begonnen wird.

(2) Die Steuer für Sportwetten (§ 17 Absatz 2) schuldet der Veranstalter. Die Steuerschuld entsteht, wenn die Wette verbindlich geworden ist. § 4 Absatz 2 gilt entsprechend. Die Steuer für Sportwetten ist am 15. Tag nach Ablauf des Anmeldungszeitraums fällig.

(3) Der Veranstalter nach Absatz 2 hat, soweit er seinen Wohnsitz oder seinen Sitz nicht in einem Mitgliedstaat der Europäischen Union oder einem Vertragsstaat des Abkommens über den Europäischen Wirtschaftsraum hat, einen steuerlichen Beauftragten im Inland zu benennen. Steuerlicher Beauftragter kann sein, wer seinen Geschäftssitz im Inland hat, gegen dessen steuerliche Zuverlässigkeit keine Bedenken bestehen und der – soweit er nach dem Handelsgesetzbuch oder der Abgabenordnung dazu verpflichtet ist – ordnungsmäßig kaufmännische Bücher führt und rechtzeitig Jahresabschlüsse aufstellt. Der steuerliche Beauftragte hat die Pflichten des im Ausland ansässigen Veranstalters nach diesem Gesetz als eigene zu erfüllen. Er hat die gleichen Rechte und Pflichten wie der Veranstalter. Der steuerliche Beauftragte schuldet die Steuer nach Absatz 2 neben dem Veranstalter.

(4) **Wurde ein steuerlicher Beauftragter im Sinne des Absatzes 3 benannt, ist das Finanzamt örtlich zuständig, in dessen Bezirk der steuerliche Beauftragte seinen Geschäftssitz hat.** Ergibt sich für Sportwetten **keine Zuständigkeit im Inland, kann das Bundesministerium der Finanzen durch Rechtsverordnung mit Zustimmung des Bundesrates ein zuständiges Finanzamt bestimmen.**

1   Steuerschuldner der **Lotteriesteuer** sowie der **Sportwettensteuer** ist der **Veranstalter** der Lotterie oder Ausspielung, § 19 Abs. 1 S. 1 und § 19 Abs. 2 S. 1 RennwLottG, also derjenige, der die planmäßige Ausführung des Unternehmens selbst oder durch andere ins Werk setzt (RFHE 10, 218; BFH BStBl. II 1971, 193; Sensburg DStZ 2006, 189). Ins Werk gesetzt wird eine Lotterie oder Ausspielung vor allem vom Inhaber der erforderlichen Genehmigung, der auf deren Grundlage die Abhaltung des Glücksspiels ermöglicht und das Spiel- und Wettgeschehen in tatsächlicher oder rechtlicher Hinsicht maßgeblich gestaltet (BFH/NV 2005, 1379 (1380)). Es kommt auf den tatsächlichen Geschehensablauf nicht darauf an, ob der Zweck eines Unternehmens im Gesellschaftsvertrag bloß auf die Vermittlung von Spielgemeinschaften und Spielverträgen angelegt ist (BFHE 221, 256 (264 f.)). Veranstalter ist der **geistige Urheber** des Glücksspiels und nicht etwa derjenige, der nur für dessen reibungslosen Ablauf zuständig ist (Kahle ZfWG 2006, 45 (47); ders. DStZ 2011, 520 (523)).

2   Im Falle von Sportwetten hat der BFH die Eigenschaft des Veranstalters dahingehend präzisiert, dass dieser die Regeln, den Inhalt der Wette und die Gewinnquote bestimmt (BFH/NV 2005, 1379 (1380)). Bei der Vermittlung von Sportwetten ins Ausland ist entscheidend, ob die Vermittlungtätigkeit den Steuertatbestand erfüllt, ob also der inländische Wettanbieter (Mit-)Veranstalter der Wetten ist. Dies ist der Fall, wenn der Vermittler wesentliche Beiträge zur planmäßigen Ausführung des Wettablaufs nicht als Hilfsperson für den ausländischen Wettanbieter, sondern im eigenen Interesse erbringt. Handelt er im Fremdinteresse als ständiger Vertreter des ausländischen Wettanbieters, wird damit Letzterer zum inländischen Veranstalter (Sensburg DStZ 2006, 189 (193); Birk ZfWG 2011, 229 (234 f.)).

3   Nur Veranstalter von Sportwetten, die ihren Wohnsitz oder Sitz **nicht** in einem Mitgliedstaat der Europäischen Union oder einem Vertragsstaat des Abkommens über den Europäischen Wirtschaftsraum haben, müssen gemäß § 19 Abs. 3 S. 1 RennwLottG zusätzlich einen **steuerlichen Beauftragten** im Inland benennen. Im ursprünglichen Gesetzesentwurf war diese Pflicht noch auf alle Veranstalter, die weder Wohnsitz noch Sitz im Geltungsbereich des Gesetzes haben, vorgesehen (BT-Drs. 761/11 (B), 4). Der steuerliche Beauftragte hat die gleichen Rechte wie der Veranstalter, aber auch die gleichen Pflichten, die er im Übrigen als eigene erfüllen muss, § 19 Abs. 3 S. 3, 4 RennwLottG. Absatz 3 Satz 5 sieht zudem vor, dass der steuerliche Beauftragte die Sportwettensteuer neben dem Veranstalter als Gesamtschuldner (§ 44 AO) schuldet. In Verbindung mit den umfassenden Aufzeichnungspflichten nach § 20 RennwLottG soll dadurch der Steuervollzug sichergestellt werden.

§ 20 [Aufzeichnungspflichten]

(1) **Der Veranstalter einer Sportwette (§ 17 Absatz 2) ist verpflichtet, zur Feststellung der Steuer und der Grundlagen ihrer Berechnung Auf-**

zeichnungen zu führen. **Soweit ein steuerlicher Beauftragter gemäß § 19 Absatz 3 benannt ist, hat der Veranstalter diesem die Aufzeichnungen nach Satz 1 monatlich zu übermitteln.**

(2) Aus den Aufzeichnungen müssen insbesondere zu ersehen sein:
1. Name und Anschrift des Spielers;
2. Beschreibung der Sportwette, der Art der Sportwette, des Sportereignisses, auf das sich die Sportwette bezieht;
3. vereinbarter Einsatz für die jeweilige Sportwette;
4. Zahlungen des Spielers, auch wenn keine Sportwette zustande gekommen ist;
5. die jeweilige Bemessungsgrundlage für die Steuer;
6. Zeitpunkt der Vereinnahmung des Spieleinsatzes und der Gewinnauszahlung;
7. Höhe der Steuer.

§ 20 RennwLottG wurde durch das Gesetz zur Besteuerung von Sportwetten neu eingeführt. Nach Absatz 1 Satz 1 treffen den Veranstalter von Sportwetten die in Absatz 2 näher bestimmten Aufzeichnungspflichten, um die Ermittlung der Besteuerungsgrundlagen und die Steuerfestsetzung sicher zu stellen. Nach der Regelung in § 20 Abs. 1 S. 2 RennwLottG hat der Veranstalter zudem seine Aufzeichnungen dem steuerlichen Beauftragten zu übermitteln, damit dieser seinen Pflichten nach § 19 Abs. 3 S. 3–5 RennwLottG nachkommen kann (BT-Drs. 17/8494, 10).

§ 21 [Ausländische Lose]

(1) **Die Steuer für ausländische Lose und Ausweise über Spieleinlagen beträgt 0,25 Euro für je einen Euro vom planmäßigen Preise; ein angefangener Euro wird für voll gerechnet.**

(2) **Ausländische Werte sind nach den Vorschriften über die Berechnung der Umsatzsteuer in Euro umzurechnen.**

(3) **Die Steuerschuld entsteht, sobald die Lose oder Ausweise in das Inland eingebracht werden; Steuerschuldner ist, wer Lose oder Ausweise in das Inland verbringt oder als Erster im Inland empfängt.**

(4) **Die Steuer ist, bevor mit dem Vertrieb begonnen wird, spätestens binnen drei Tagen nach dem Tage des Einbringens oder des Empfanges zu entrichten.**

§ 21 ermöglicht einen **Zugriff auf ausländische Lose und Ausweise** über **1** Spieleinlagen, die **ins Inland** eingebracht werden. § 21 Abs. 1, 3 Hs. 1 RennwLottG wird deshalb auch als **Nebentatbestand** (Welz UVR 2010, 308 (310)) zu § 17 Abs. 1 RennwLottG bezeichnet, der nur im Inland veranstaltete Lotterien und Ausspielungen der Lotteriesteuer unterwirft. Für die Einbringung ins Inland genügt es, dass sie tatsächlich ins Inland gelangen. Nicht erforderlich ist es, dass sie auch im Inland gespielt werden. (Mirre/Baumann RennwLottG, 67). Für die Steuerpflicht ist zudem irrelevant, ob die Lose oder Ausweise zum Absatz im Inland bestimmt sind. Bereits die Durchfuhr genügt (Mirre/Baumann RennwLottG, 67).

Steuerschuldner ist nach § 21 Abs. 3 Hs. 2 RennwLottG derjenige, der die **2** Lose oder Ausweise in das Inland verbringt oder aber als Erster im Inland in

Empfang nimmt. Von einem Einbringen kann aber nur bei Kenntnis des Vorhandenseins der Lose gesprochen werden, sodass derjenige, der von dem Vorhandensein der Lose nichts weiß, keine Lotteriesteuer schuldet (Mirre/Baumann RennwLottG, 67). Demgegenüber knüpft der Empfang an die tatsächliche Inbesitznahme an (Mirre/Baumann RennwLottG, 67).

3   **Bemessungsgrundlage** ist nach § 21 Abs. 1 RennwLottG der planmäßige Preis, auf dessen Grundlage der Einbringer oder Empfänger 25 von Hundert pro Euro zu zahlen hat. Damit werden ausländische Lose höher besteuert. Soweit dies Lose aus EU-Mitgliedsstaaten betrifft, verstößt die Regelung gegen Art. 110 Abs. 1 AEUV (ex Art. 90 EGV) (Bedenken auch bei Kahle ZfWG 2006, 45 (48)).

§ 22 [Entrichtung der Steuer]

Der Reichsminister der Finanzen bestimmt, wie die Steuer zu entrichten ist, insbesondere ob und in welcher Weise Stempelzeichen zu verwenden sind.

§ 22 RennwLottG ermächtigt ebenso wie die Vorschriften der §§ 13 Abs. 2, 16 S. 3, 24 Abs. 3 S. 4 RennwLottG den Reichsminister (heute Bundesminister) für Finanzen, nähere Regelungen zur Steuerentrichtung zu treffen.

§ 23 [Hinterziehung]

Wegen Hinterziehung wird auch bestraft, wer im Inland den Vertrieb unversteuerter (§ 21) ausländischer Lose oder ausländischer Ausweise über Ausspielungen besorgt.

§ 23 RennwLottG knüpft an die Lotteriesteuerpflicht ausländischer Lose nach § 21 RennwLottG an und ergänzt den Straftatbestand der Steuerhinterziehung nach § 370 AO um die Strafbarkeit desjenigen, der im Inland den Vertrieb **unversteuerter** ausländischer Lose oder ausländischer Ausweise über Ausspielungen besorgt.

III. Schlußvorschriften

§ 24 [Aufzeichnungspflichten]

(1) **Das Gesamtaufkommen der Steuer nach § 17 Absatz 2 wird bis zum Jahr 2019 nach den Absätzen 2 und 3 zerlegt.**

(2) **Die Zerlegungsanteile der einzelnen Länder am Gesamtaufkommen der Steuer nach § 17 Absatz 2 sind nach den folgenden Zerlegungsmaßstäben zu ermitteln:**
1. **zu 50 vom Hundert entsprechend den Anteilen am im Jahr 2010 erzielten Aufkommen der Steuern nach dem Rennwett- und Lotteriegesetz,**
2. **zu 50 vom Hundert entsprechend dem Einwohneranteil der Bundesländer.**

Dabei sind jeweils die am 1. Mai beim Statistischen Bundesamt verfügbaren neuesten Daten des dem Zerlegungsjahr folgenden Jahres zugrunde zu legen.

(3) **Die Zerlegung wird von einer für die Finanzverwaltung zuständigen obersten Landesbehörde durchgeführt. Dabei sind Abschlagszahlungen unter Berücksichtigung des jeweiligen Vorjahresergebnisses festzusetzen, die am 15. März, 15. Juni, 15. September und 15. Dezember des Jahres zu leisten sind. Bis zur Festsetzung der Zerlegungsanteile für das Vorjahr sind die Abschlagszahlungen vorläufig in bisheriger Höhe zu entrichten. Das Bundesministerium der Finanzen kann durch Rechtsverordnung mit Zustimmung des Bundesrates die Aufgabe der Zerlegung einer für die Finanzverwaltung zuständigen Finanzbehörde übertragen.**

Nach Art. 106 Abs. 2 Nr. 3 GG steht den Ländern das Aufkommen aus den nach dem RennwLottG erhobenen Steuern zu (Siekmann in Sachs Art. 106 GG Rn. 11). Für die Verteilung gilt Art. 107 Abs. 1 S. 1 GG, wonach den vereinnahmenden Ländern grundsätzlich das örtliche Steueraufkommen zusteht, das nach Satz 3 auf der Grundlage eines Bundesgesetzes auch zerlegt werden kann. Eine solche Zerlegung regelt § 24 für das Aufkommen aus der Sportwettensteuer. Hintergrund ist vor allem die gesetzliche Neuordnung der Sportwetten, die häufig ortsungebunden über das Internet vorgenommen werden (BT-Drs. 17/8494, 10). Die Befristung der Zerlegung in Absatz 1 RennwLottG resultiert aus der auf sieben Jahre begrenzten Experimentierklausel für Sportwetten nach § 10a Abs. 1 Erster GlüÄndStV.

Die Modalitäten der Zerlegung sind in § 24 Abs. 2 RennwLottG beschrieben, wonach eine hälftige Aufteilung nach den Anteilen am Steueraufkommen des RennwLottG (Nr. 1) sowie nach den Einwohneranteilen der Bundesländer (Nr. 2) stattfindet. Absatz 3 enthält nähere Verfahrensregelungen, insbesondere eine Verordnungsermächtigung für das Bundesministerium der Finanzen (S. 4).

§ 25 [Ausführungsbestimmungen]

(1) **Die Bestimmungen zur Ausführung dieses Gesetzes erläßt der Reichsminister der Finanzen...**

(2) **Die Landesregierungen werden ermächtigt, Rechtsverordnungen nach den §§ 3 und 4 Abs. 1 Satz 2 zu erlassen, soweit das Bundesministerium für Ernährung, Landwirtschaft und Verbraucherschutz von seiner Befugnis keinen Gebrauch macht. Sie können diese Befugnis auf oberste Landesbehörden übertragen.**

(3) **Die Länder können über Rechtsverordnungen nach den §§ 3 und 4 und nach Absatz 2 hinaus weitergehende Vorschriften über das Veranstalten und Vermitteln von Pferdewetten, das Vermitteln von Pferdewetten über das Internet und in das Ausland sowie Vorschriften über Regelungen zur Spielersperre, Spielwerbung und zum Schutz Minderjähriger erlassen. Die landesrechtlichen Vorschriften können auch Regelungen zum Schutz der Allgemeinheit, insbesondere die Gefahrenaufklärung der Öffentlichkeit, umfassen.**

§ 25 RennwLottG ist die einzige Schlussvorschrift. In Abs. 1 wird die Zuständigkeit für die Bestimmungen zur Ausführung des Gesetzes bestimmt – die Ausführung wird in das Ressort des Finanzministers gelegt. Abs. 2 legt die Ermächtigung der Rechtsverordnungen nach §§ 3, 4 Abs. 1 S. 2 RennwLottG fest (→ § 3, → § 4 Rn. 1). In Abs. 3 findet sich seit der Novellierung durch das Gesetz zur Besteuerung von Sportwetten eine **Öffnungsklausel für ländergesetzliche Regelungen** (→ § 27 GlüStV Rn. 4 ff.).

§ 26 [Offenbarung geschützter Verhältnisse]

Die Offenbarung der nach § 30 der Abgabenordnung geschützten Verhältnisse des Betroffenen durch die Finanzbehörde gegenüber der zuständigen Glücksspielaufsichtsbehörde ist zulässig, soweit es dem Verfahren der Glücksspielaufsicht dient.

Nach § 30 Abs. 1 AO haben Amtsträger das Steuergeheimnis zu wahren. Dies gilt jedoch nicht uneingeschränkt. Ausweislich des § 30 Abs. 4 Nr. 2 AO ist eine Offenbarung der erlangten Kenntnisse zulässig, soweit sie durch Gesetz ausdrücklich zugelassen ist. Auf dieser Grundlage hat der Gesetzgeber in § 26 RennwLottG die Offenbarung der geschützten Verhältnisse des Betroffenen durch die Finanzbehörde gegenüber der zuständigen Glücksspielbehörde ermöglicht, soweit es dem Verfahren der Glücksspielaufsicht dient. Unter einem **geschützten Verhältnis** sind „alle Merkmale, die eine Person von ihrer Umwelt abheben und zum Individuum machen" zu verstehen (Drüen in Tipke/Kruse AO § 30 Rn. 12 Stand: Januar 2012). Hierzu zählen alle persönlichen, wirtschaftlichen, rechtlichen sowie öffentlichen und privaten Verhältnisse einer Person (FG München EFG 2006, 386; Drüen in Tipke/Kruse AO § 30 Rn. 12 m. w. N.). Der Gesetzgeber hat hierbei steuerliche Pflichtverletzungen im Blick, da diese bei der Beurteilung der Zuverlässigkeit des Sportwettenanbieters nach § 4a Abs. 4 Nr. 1b) HS. 1 Erster GlüÄndStV Berücksichtigung finden (BT-Drs. 17/8494, S. 10).

Die zu offenbarenden Kenntnisse sind jedoch auf das begrenzt, was dem Verfahren der Glücksspielaufsicht dient. Insofern ist der **Umfang** der Offenbarung auf das für das Verfahren Erforderliche **begrenzt** („soweit").

Der Wortlaut des § 26 spricht allein von der Zulässigkeit der Offenbarung, regelt jedoch nicht, ob die Finanzbehörden hierzu verpflichtet sind. Insofern ist von einem **Ermessen** der Finanzbehörden auszugehen (vgl. Drüen in Tipke/Kruse AO § 30 Rn. 73).

§ 27 [Mitteilungspflichten]

Die für Glücksspielaufsicht zuständige Behörde ist verpflichtet, erlangte Kenntnisse gegenüber der Finanzbehörde mitzuteilen, soweit die Kenntnisse der Durchführung eines Verfahrens in Steuersachen dienen.

§ 27 regelt eine **Auskunftspflicht** für die zuständige Behörde der Glücksspielaufsicht. Hintergrund ist der Vollzug der tatsächlichen Herstellung der Belastungsgleichheit im Bereich der Sportwettenbesteuerung (BT-Drs. 17/8494, 10)

3. Gewerbeordnung (GewO)

idF der Bekanntmachung v. 22. Februar 1999 (BGBl. I 202), zuletzt geänd.
durch Art. 3 des Gesetzes vom 15. Dezember 2011 (BGBl. I 2714)

– Auszüge –

Literatur: Backherms, Die Spielhallenerlaubnis – Grundstrukturen und neuere Entwicklung, GewArch 1984, S. 49 ff.; Backherms, Spielhallen in Gaststätten, GewArch 1982, S. 78 ff.; Bahr, Glücks- und Gewinnspielrecht, 3. Auflage, 2010; Baumann, Die öffentliche Ordnung im Polizei- und Ordnungsrecht, DVP 2008, S. 450 ff.; Becker/Baumann, Glücksspiel im Umbruch, 2007; Benischke, Die Zulassung industriell hergestellter Geschicklichkeitsspielgräte mit Gewinnmöglichkeit – Ein Konflikt zwischen gesetzgeberischem Willen und behördlicher Entscheidungspraxis, ZG 1997, S. 369 ff.; Berg, Verbot und Erlaubnismöglichkeit für Glücksspiele in geschlossenen Gesellschaften, GewArch 1976, S. 249 ff.; Bolay, Internet-Geschicklichkeitsspiele – Zulassungsfrei, durch den RStV beschränkt oder nach der GewO genehmigungspflichtig?, ZfWG 2010, S. 88 ff.; Brückner/Scheel, Ausgezockt? – Zur verfassungs- und gemeinschaftsrechtlichen Zulässigkeit des staatlichen Sportwettenmonopols in Deutschland, in: Sander/Sasdi (Hrsg.), Sport im Spannungsfeld von Recht, Wirtschaft und europäischen Grundfreiheiten, 2009, S. 77 ff.; Dahs/Dierlamm, Unterhaltungsautomaten ohne Gewinnmöglichkeit mit Ausgabe von Weiterspielmarken – unerlaubtes Glücksspiel?, GewArch 1996, S. 272 ff.; Dickersbach, Der Geschicklichkeitsautomat als Problem des gewerblichen Spielrechts, GewArch 1998, S. 265 ff.; Dickersbach, Probleme des gewerblichen Spielrechts, WiVerw 1985, S. 23 ff.; Diegmann/Hoffmann/Ohlmann, Praxishandbuch für das gesamte Spielrecht, 2008; Dietlein, Die Gesetzgebungszuständigkeit der Länder für das Spielhallenwesen – Kompetenzielle und materielle Fragen des neuen Art. 74 I Nr. 11 GG (Teil 1), ZfWG 2008, S. 12 ff.; Dietlein, Die Gesetzgebungszuständigkeit der Länder für das Spielhallenwesen – Kompetenzielle und materielle Fragen des neuen Art. 74 I Nr. 11 GG (Teil 2), ZfWG 2008, S. 77 ff.; Dietlein, „Verfassungsrecht als abstrahiertes Verwaltungsrecht"? – Die Gesetzgebungszuständigkeit für das Spielhallenrecht in und nach der Föderalismusreform, in: Festschrift für Herbert Bethge, 2009, S. 3 ff.; Dietlein/Hüsken, Spielerschutz im gewerblichen Automatenspiel – Rechtsprobleme der Bauartzulassung neuartiger Geldspielgeräte, in: Jahrbuch Heinrich-Heine-Universität Düsseldorf 2010, S. 593 ff. (online abrufbar unter: www.uni-duesseldorf.de/Jahrbuch/2010); Dürr, Änderungsbedarf der Spielverordnung, GewArch 2011, S. 99 ff.; Dürr, Änderungsbedarf der Spielverordnung, GewArch 2011, S. 142 ff.; Ennuschat/Brugger, Gesetzgebungskompetenzen im Spielhallenrecht nach der Föderalismusreform, ZfWG 2006, S. 292 f.; Erdemir, Killerspiele und gewaltbeherrschte Medien im Fokus des Gesetzgebers, K&R 2008, S. 223 ff.; Fischer, Aktuelle Fragen des Gewerberechts – Vollzug in Bayern, GewArch 2005, S. 62 ff.; Fuchs, Sitzung des Bund-Länder-Ausschusses „Gewerberecht", GewArch 1998, S. 60 ff.; Fuchs/Demmer, Sitzung des Bund-Länder-Ausschusses „Gewerberecht", GewArch 1996, S. 62 ff.; Gallwas, § 13 Spielverordnung auf dem Prüfstand der Rechtsstaatlichkeit, in: Festschrift für Herbert Helmrich, 1994, S. 933 ff.; Guckelberger, Die verschiedenen, insbesondere baurechtlichen Instrumente zur Steuerung des Spielhallenangebots, Teil 1, GewArch 2011, S. 177 ff.; Guckelberger, Die verschiedenen, insbesondere baurechtlichen Instrumente zur Steuerung des Spielhallenangebots, Teil 2, GewArch 2011, S. 231 ff.; Hahn, Das Wirtschaftsverwaltungsrecht in der Rechtsprechung des Bundesverwaltungsgerichts ab 1999, GewArch 2002, S. 41 ff.; Hahn, Das Wirtschaftsverwaltungsrecht in der Rechtsprechung des Bundesverwaltungsgerichts ab August 2005, GewArch 2005, S. 1 ff.; Hahn, Das Wirtschaftsverwaltungsrecht in der Rechtsprechung des Bundesverwaltungsgerichts ab Dezember 2006, GewArch 2008, S. 265 ff.; Hahn, Neuregelungen zum gewerblichen Spielrecht, GewArch 2007, S. 89 ff; Hambach/Berberich, Kostenlose Online-Pokerschulen – „Werbung" für unerlaubtes Glücksspiel? – Zugleich Kommentar zu VG München, Beschl. vom 7.9.2009 – M 22 S 09.3403, K&R 2010, S. 237 ff.; Hambach/Hettich/Kruis, Verabschiedet sich Poker aus dem Glücksspielrecht? – Eine Besprechung der aktuellen verwaltungs- und strafrechtlichen Rechtslage zur Pokervariante Texas Hold'em, MR-Int 2009, S. 41 ff.; Hambach/Münstermann, 50-Cent-Gewinnspiele: Im TV erlaubt, im Internet verboten? – Zugleich Kommentar zu LG Köln, Urteil vom 7.4.2009 – 33 O 45/09, K&R 2009, S. 457 ff.; Hauth, 3 = 1? Zum Problem von Mehrfachspielhallen, BauR 2009, S. 1223 ff; Höfling/Rixen, Die Landes-Gesetzgebungskompetenzen im Gewerberecht nach der Föderalismusreform, GewArch 2008, S. 1 ff.; Holznagel, Poker – Glücks- oder Geschicklichkeitsspiel?, MMR 2008, S. 439 ff.; Hüsken, Das Verhältnis zwischen glücksspielstaatsvertraglichem Glücksspielbegriff gemäß § 3 Abs. 1 GlüStV und rundfunkstaatsvertraglichem Gewinnspielbegriff gemäß § 8 a Abs. 1 RStV – Echte Konkurrenz oder kollisionsloser Gleichlauf, ZfWG 2009, S. 153 ff.; Hüsken, Die Auswirkungen des Welthandelsrechts (WTO-Recht) auf die deutsche Glücksspielregulierung – GATS versus Online-Glücksspielverbot gemäß § 4 Abs. 4 GlüStV?, GewArch 2010, S. 49 ff.; Hüsken, Die verwaltungsrechtliche Zulässigkeit von Gewinnspielen im Internet – Glücksspielrechtliche, rundfunkrechtliche und gewerberechtliche Aspekte, GewArch 2010, S. 336 ff.; Hüsken, Zur Zulässigkeit von Turnierpokerveranstaltungen nach dem Glücksspielstaatsvertrag und dem gewerblichen Spielrecht – Zugleich Anmerkung zum Urteil des VG Trier vom 03.02.2009, 1 K592/08.TR, ZfWG 2009, S. 66 ff. -, ZfWG 2009, S. 77 ff.; Jacob, Die bauplanungsrechtliche Zulässigkeit von Spielhallen und Wettbüros – Systematik und aktuelle Regelungsansätze städtebaulicher Innenentwicklung, ZfWG 2012, S. 153 ff.; Kaldewei, Der Konzentrationsprozess des Spielhallenmarktes – Fluch oder Segen der städtebaulichen Entwicklung, BauR 2009, S. 1227 ff.; Kim, Das Ende der Fun Games – Die neue Spielverordnung, ZfWG 2006, S. 1 ff.; Klestil/ Volino, Der ZfWG-Fall: Bau- und gewerberechtliche Fragen bei Mehrfachspielhallen, ZfWG 2010, S. 297 ff.; Kramer, Das Verbot von die Menschenwürde gefährdenden Spielen, NVwZ 2004, S. 1083 ff.; Kraus, Spielhallen im Bauplanungsrecht – Steuerungsmöglichkeiten in Bezug auf die Ansiedlung von Spielhallen, UPR 2011, S. 288 ff.; Kretschmer, Poker – ein Glücksspiel?, ZfWG 2007, S. 93 ff.; Krewer/Unsteller, Spielhallengesetze zwischen Enteignung und Inhalts- und Schrankenbestimmungen, ZfWG 2012, S. 320 ff.; Krewer/Wagner, Staatliches und gewerbliches Glücksspiel nach den Entscheidungen des EuGH vom September 2010 – Eine Schicksalsgemeinschaft?, ZfWG 2011, S. 90 ff.; Laubinger/Repkewitz, Die gewerbliche Unzuverlässigkeit und ihre Folgen, VerwArch 1998, S. 609 ff.; Lesch/Wallau, Glücksspiel trotz fehlender Gewinnmöglichkeit?, GewArch 2002, S. 447 ff.; Lieber, Genehmigung und planungsrechtliche Steuerung von Spielhallen – Die baurechtliche und gewerberechtliche Behandlung eines aktuellen Problems, VBlBW 2011, S. 6 ff.; Liesching, Anmerkung zu VG Berlin, Beschl. vom 17.08.2009, VG 4 L 274.09, MMR 2009, S. 795 f.; Liesching, Internetcafes als „Spielhallen" nach Gewerbe- und Jugendschutzrecht, NVwZ 2005, S. 898 ff.; Lippstreu, Gewerbe- und sicherheitsrechtliche Zulassung von „Laserdromes", GewArch 1993, S. 311 ff.; Lober/Neumüller, Verkehrte Gewinnspielwelt? Zulässigkeit von Geschicklichkeits- und Glücksspielen in Internet und Rundfunk, MMR 2010, S. 295 ff.; Mailänder, Haus im Glück Hausgewinne bei Internetspielen – wenn überhaupt dann nur mit Geschick!, ZfWG 2009, S. 395 ff.; Marcks, Das Spielhallenproblem, WiVerw 1986, S. 22 ff.; Meyer/Hayer, Poker – Glücksspiel mit Geschicklichkeitsanteil und Suchtpotential, ZfWG 2008, S. 153 ff.; Mohr, Unterhaltungsspielautomaten mit Rückerstattung des Geldeinsatzes – unerlaubtes Glücksspiel?, GewArch 2000, S. 190 ff.; Odenthal, Das „Billard-Cafe" – Eine Betriebsart des Gaststättenrechts?, NVwZ 1988, S. 1107 ff.; Odenthal, Das gewerbliche Spielrecht, in: Gebhardt/Grüsser-Sinopoli (Hrsg.), Glücksspiel in Deutschland, 2008, § 20; Odenthal, Das Recht der Spielhallen nach dem Ersten Glücksspieländerungsstaatsvertrag, GewArch 2012, S. 345 ff.; Odenthal, Die Strafbarkeit der regelwidrigen Veranstaltung gewerberechtlich erlaubter Spiele, GewArch 1989, S. 222 ff.; Odenthal, Gaststättenerlaubnis in Spielhallen, GewArch 1985, S. 105 ff.; Odenthal, Rechtsfragen der Geeignetheitsbestätigung nach § 33c Abs. 3 GewO, GewArch 1988, S. 183 ff.; Odenthal, Rechtsprobleme der neuen Spielverordnung, ZfWG 2006, S. 286 ff.; Odenthal, Virtuelle Geldspielgeräte im Internet – Anmerkung zum Beschluss des Amtsgerichts Wiesbaden vom 9.8.2005, GewArch 2005, 485, GewArch 2006, S. 58 ff.; Orlob, Spielhallen–Erlaubnispflicht und Erlaubnisfähigkeit, GewArch 1983, S. 126 ff.; Orlob, Spielhallen-Gaststätten, GewArch 1984, S. 255 ff.; Otto, Die Zulassung von Spielhallen: Planungsrecht vs. Spielhallenrecht, DVBl. 2011, S. 1330 ff.; Pauly/Brehm, Aktuelle Rechtsfragen des Gewerberechts – Vollzug in Baden-Württemberg –, GewArch 2003, S. 57 ff.; Peter, Zur Änderung des gewerblichen Spielrechts, GewArch 1994, S. 187 ff.; Peters, Das Spiel an den Geldspielgeräten der Spielhallen, ZfWG 2011, S. 1 ff.; Peters, Die Spielverordnung, ZRP 2011, S. 134 ff.; Pfeifer/Fischer, Aktuelle Fragen des Gewerberechts – Vollzug in Bayern, GewArch 2002, S. 232 ff.; Pfeifer/Fischer, „Glücksspiel trotz fehlender Gewinnmöglichkeit?", GewArch 2003, S. 21 ff.; Pieroth/Lammers, Das Berliner Spielhallengesetz und die Kompetenzordnung des Grundgesetzes, GewArch 2012, S. 1 ff.; Postel, Spielhallen im Internet? – Zugleich Anmerkung zum Urteil des VG Halle vom 26.03.2009, ZfWG 2009, S. 246 ff.; Postel, Zur Regulierung von öffentlichen Glücksspielen, WRP 2005, S. 833 ff.; Rausch, Sind Sportwettbüros „Vergnügungsstätten" im Sinne der Baunutzungsverordnung?, DÖV 2009, S. 667 ff.; Reeckmann, Die Spielhallengesetzgebung der Länder – Chaos oder Gleichklang, ZfWG 2012, S. 255 ff.; Reeckmann, Gewerbliches Automatenspiel auf dem Scheideweg – Zur Inkompatibilität von Glücksspiel und Gewerbefreiheit, ZfWG 2010, S. 229 ff.; Reeckmann, Zur Zulässigkeit des Pokerspiels außerhalb konzessionierter Spielbanken, ZfWG 2008, S. 296 ff.; Richter, Stellungnahme zum Positionspapier zur Entwicklung des Marktes für Geldspielgeräte, ZfWG 2012, S. 103 ff.; Rock/Fiedler, Die Empirie des Online-Pokers – Bestimmung des Geschicklichkeitsanteils anhand der kritischen Wiederholungshäufigkeit, ZfWG 2008, S. 412 ff.; Ruttig, Anmerkung zum Urteil des Bundesverwaltungsgerichts vom 31.03.2010, Az. BVerwG 8 C 12.09, ZfWG 2010, S. 274 f; Schaeffer, Erlaubnisfähige andere Spiele im Sinne des § 33d Abs 1 GewO und Glücksspiele im Sinne des § 284 StGB, GewArch 1980, S. 112 ff.; Scheidler, Möglichkeiten behördlichen Einschreitens gegen Laserdrome- und Paintballanlagen, GewArch 2005, S. 312 ff.; Scheidler, Verstoßen Tötungsspiele gegen die Menschenwürde?, JURA 2009, S. 575 ff.; Schilling, Zur Abgrenzung von Zufall und Geschicklichkeit bei „anderen Spielen" mit Gewinnmöglichkeiten (§ 33d GewO), GewArch 1995, S. 318 ff.; Schmidt, Das Ende des staatlichen Glücksspielmonopols (?), WRP 2004, S. 576 ff.; Schmitt, Geldspielgeräte im Internet – nicht erlaubnisfähig nach der GewO, verboten durch den GlüStV?!, ZfWG 2010, S. 235 ff.; Schneider, Bestandsschutz im Rechtsstaat – Zur Verfassungsmäßigkeit der Übergangsregelungen im neuen Spielhallenrecht der Länder, GewArch 2011, S. 457 ff.; Schneider, Das Recht der Spielhallen nach der Föderalismusreform – Zur Auslegung von Art. 74 Abs. 1 Nr. 11 GG und zur Vereinbarkeit darauf gestützter Beschränkungen des gewerblichen Spielbetriebs mit Art. 12 Abs. 1 GG, 2009; Schneider, Das Recht der „Spielhallen" nach der Föderalismusreform – Zur Auslegung von Art. 74 Abs. 1 Nr. 11 GG – Teil 1, GewArch 2009, S. 265 ff.; Schneider, Das Recht der „Spielhallen" nach der Föderalismusreform – Zur Auslegung von Art. 74 Abs. 1 Nr. 11 GG – Teil 2, GewArch 2009, S. 343 ff.; Schönleiter, Föderalismusreform und Gewerberecht, GewArch 2006, S. 371 ff.; Schönleiter, Herbstsitzung 2004 des Bund-Länder-Ausschusses „Gewerberecht", GewArch 2005, S. 236 ff.; Schönleiter/Kopp, Herbstsitzung 2001 des Bund-Länder-Ausschusses „Gewerberecht", GewArch 2002, S. 56 ff.; Schönleiter/Sprafke, Frühjahrssitzung 2010 des Bund-Länder-Ausschusses „Gewerberecht", GewArch 2010, S. 294 ff.; Schönleiter/Stenger, Herbstsitzung 2009 des Bund-Länder-Ausschusses „Gewerberecht", GewArch 2010, S. 61 ff.; Schütze/Kalke, Die Spielverordnung – die rechtliche, suchtmedizinische und politische Diskussion über die Geldspielautomaten, ZfWG 2009, S. 235 ff.; Schulze-Werner, Zulässigkeit von Nebenbestimmungen im Bereich der genehmigungsbedürftigen, stehenden Gewerbe (§§ 30 bis 34 c, 36 GewO), GewArch 2004, S. 9 ff.; Schumacher, Eindämmung des Spielhallengewerbes – Die isolierte und synergetische Wirkung rechtlicher Steuerungsinstrumente am Beispiel der Spielhallen, 1997; Spindler, Online-Spiele auf dem Prüfstand des Gewerberechts – Zur Anwendbarkeit der §§ 33c, 33 d GewO auf Online-Spiele, K&R 2010, S. 450 ff.; Steegmann, Sportwetten zu festen Gewinnquoten als Glücksspiele im Sinne des § 284 StGB, ZfWG 2007, S. 410 ff.; Stober, Zur staatlichen Regulierung der gewerblichen Spielvermittlung, GewArch 2003, S. 305 ff.; Strohmeier, Die Spielhallen-Urteile des Bundesverwaltungsgerichts – Auswirkungen und Folgerungen, BayVBl. 1985, S. 649 ff.; Strohmeier, Zur gewerberechtlichen Erlaubnis benachbarter Spielhallen, NVwZ 1984, S. 422 ff.; Stüer, Der Spielhallen-Boom: Planerische Steuerung von Vergnügungsstätten, ZfWG 2010, S. 386 ff.; Stühler, Alte Probleme im neuen Gewand – das Bauplanungsrecht und die Genehmigung von Mehrfachspielhallen, BauR 2009, S. 54 ff.; Stühler, Zur planungsrechtlichen Zu- und Unzulässigkeit von Mehrfachspielhallen – Antwort an die Kritiker, BauR 2011, S. 54 ff.; Tarner, Die Steuerung der Ansiedlung von Vergnügungsstätten mit den Mitteln des Bauplanungsrechts unter besonderer Berücksichtigung des § 9 Abs. 2a BauGB, BauR 2011, S. 1273 ff.; Teßmer/Küpper, Ist die legale „Hausverlosung" möglich? – Teil 1, jurisPR-StrafR 17/2009, Anm. 1; Teßmer/Küpper, Ist die legale „Hausverlosung" möglich? – Teil 2, jurisPR-StrafR 18/2009, Anm. 1; Tuttlewski/Lange, Zur bauplanungsrechtlichen Zulässigkeit von Wettbüros, ZfWG 2009, S. 163 ff.; Wiedmann, Das gewerbliche Spielrecht – Aktuelle Rechtslage, KommunalPraxis spezial 2009, S. 157 ff.; Wiedmann, Die Genehmigung von Spielhallen aus gewerberechtlicher Sicht, KommP BY 2011, S. 2 ff.; Wild, Die Spielhallengesetze der Länder Berlin und Freie Hansestadt Bremen, ZfWG 2011, S. 385 ff.; Wild, Strengere Regulierung des gewerblichen Qutomatenspiels in Spielhallen und Gaststätten durch den neuen Glücksspielstaatsvertrag seit 1. Juli 2012, ZfWG 2012, S. 247 ff.; Wohlfarth, Der Beginn der Länderoffensive gegen ungebremstes Wachstum von Spielhallen, LKRZ 2012, S. 81 ff.

Vorbemerkung

1. Überblick

1   Das **gewerbliche Spielrecht** der §§ 33c bis i GewO betrifft **nur zum Teil** genuines **Glücksspiel.** Zu nennen sind allein die sog. „Spielgeräte mit Gewinnmöglichkeit" iSd § 33c GewO, während es sich bei den „anderen Spielen" iSd § 33d GewO sowie den Unterhaltungsspielen ohne Gewinnmöglichkeit (§ 33i GewO) per definitionem nicht um Glücksspiele handelt. Aus dem Gewerberecht ausgeklammert sind gemäß § 33h GewO ebenso die klassischen Glücksspielsektoren des Lotterie-, Sportwetten- und Spielbankenwesens. Gleichwohl sind gerade die Spielgeräte mit Gewinnmöglichkeit im Zuge der Debatten um das Sportwettenrecht in den Fokus des Interesses getreten. So hat das BVerfG in seiner Grundsatzentscheidung vom 28.3.2006 (BVerfG ZfWG 2006, 16 ff.), nachdrücklich darauf hingewiesen, dass „bei weitem die meisten Spieler mit problematischem oder pathologischem Spielverhalten . . . nach derzeitigem Erkenntnisstand an **Automaten** (spielen), die nach der Gewerbeordnung betrieben werden dürfen" (BVerfG ZfWG 2006, 16 (26)). In der Folge hat auch der EuGH in den Entscheidungen vom 8.9.2010 klargestellt, dass eine gemeinschaftsrechtskonforme Glücksspielregulierung unter dem Gesichtspunkt des Grundsatzes der Gesamtkohärenz eine Einbeziehung des gewerblichen Automatenglücksspiels erfordert (EuGH ZfWG 2010, 332 – Stoß ua; ZfWG 2010, 344 – Carmen Media; hierzu Krewer/Wagner ZfWG 2011, 90 ff.). Dem sind die Landesgesetzgeber im Rahmen der ihnen zustehenden Gesetzgebungskompetenzen durch partielle Einbeziehung der in Spielhallen, Gaststätten und Beherbergungsbetrieben aufgestellten Geldspielgeräte in das Regelungsgefüge des GlüStV (hierzu Wild ZfWG 2012, 247 ff.; Reeckmann ZfWG 2012, 255 ff.; Odenthal GewArch 2012, 345 ff.) nachgekommen (§§ 2, 24 bis 26 GlüStV). Einige Bundesländer (darunter Berlin und Bremen) sind durch Erlass eigenständiger Landesspielhallengesetze teilweise über die Vorgaben des GlüStV hinausgegangen (hierzu VG Bremen ZfWG 2011, 446; Wild ZfWG 2011, 385 ff.; Schneider GewArch 2011, 457 ff.; Pieroth/Lammers GewArch 2012, 1 ff.; Wohlfarth LKRZ 2012, 81 ff.; Hufen Die Einschränkung des gewerblichen Geld-Gewinnspiels, 2012). Nicht abschließend geklärt ist bislang freilich die genaue Verteilung der **Gesetzgebungszuständigkeiten** im Bereich des gewerblichen Spielrechts. Mit der Föderalismusreform I haben die Länder die Gesetzgebungszuständigkeit über das **Spielhallenwesen** erhalten. Diese umfasst nach hiesiger Auffassung sämtliche schwerpunktmäßig auf Spielhallen bezogenen Regelungen und kann nicht nach Maßgabe des einfachen Rechts auf den bisherigen Regelungsinhalt des § 33i GewO reduziert werden (→ Einführung Rn. 13). Aktuelle bundesrechtliche Bestrebungen, die Regelungen des gewerblichen Spielrechts an die vorgenannte Rechtsprechung des EuGH anzupassen, finden sich im Hinblick auf die SpielV im Diskussionsentwurf zur sechsten Verordnung zur Änderung der SpielV vom 8.2.2012 (hierzu → Vorb. SpielV Rn. 1; § 3 SpielV Rn. 2; § 13 SpielV Rn. 2) sowie im Hinblick auf die §§ 33c bis i GewO in einem Gesetzentwurf der Bundesregierung zur Änderung der Gewerbeordnung und anderer Gesetze vom 10.8.2012 (BR-Drs. 472/12). Beabsichtigt ist neben redaktionellen Änderungen im Wesentlichen, in § 33c GewO zwei zusätzliche Versagungsgründe aufzunehmen. Hiernach wäre die Aufstellerlaubnis zu versagen, wenn der Antragsteller keine ausreichenden Kenntnisse im Spieler- und Jugendschutz nachweist und/oder über kein Sozialkonzept verfügt. § 33f GewO soll eine zusätzliche Ermächtigungsgrundlage für die verordnungsrechtliche Einführung personenungebundener Identifikationsmittel erhalten, die den Spielbetrieb überhaupt erst ermöglichen (genannt wird eine sog. Spielerkarte). Des Weiteren sollen Spielhallen, die ausschließlich Unterhaltungsspiele ohne Gewinnmöglichkeit (genannt werden insbesondere Computer mit Spielmöglichkeit) bereithalten, nicht mehr der Erlaubnispflicht des § 33i GewO unterfallen. Die Entwurfsbegründung benennt hier als Zielgruppe in erster Linie sog. Internetcafes. Der Gesetzentwurf ist in Kreisen der Suchtexperten bereits als nicht weitgehend genug kritisiert worden. Insbesondere die fehlende Personengebundenheit der geplanten Spielerkarte erscheint hinsichtlich des erklärten Ziels der Spielsuchtprävention fraglich.

2. Die Systematik der §§ 33c bis i GewO

Die einzelnen Tatbestände der §§ 33c bis i GewO stellen keine jeweils in sich **2** abgeschlossenen Regelungen dar, sondern sind vielfältig miteinander verflochten.

Die Vorschrift des § 33c GewO regelt das gewerbsmäßige Aufstellen von Spielgeräten mit Gewinnmöglichkeit und unterstellt es einem Erlaubnisvorbehalt. Zu beachten ist, dass die Spielgeräte mit der Aufstellerlaubnis allein nicht betrieben werden dürfen, sondern zusätzlich über eine Bauartzulassung (BAZ) der Physikalisch-Technischen Bundesanstalt (PTB) verfügen müssen, deren Erteilung sich nach § 33e GewO und der auf Grundlage des § 33f GewO erlassenen SpielV richtet. Sollen die Spielgeräte darüber hinaus in Spielhallen oder ähnlichen Unternehmen aufgestellt werden, bedarf es außerdem einer Erlaubnis nach § 33i GewO.

In § 33d GewO findet sich die Regelung betreffend der Veranstaltung anderer Spiele mit Gewinnmöglichkeit, welche ebenfalls unter einen Erlaubnisvorbehalt gestellt ist. Die Erteilung der Veranstaltererlaubnis wird vom Vorhandensein einer durch das Bundeskriminalamt (BKA) erteilten Unbedenklichkeitsbescheinigung (UB) für das jeweilige Spiel abhängig gemacht. Die Voraussetzungen der Erteilung der UB sind ebenso wie die der BAZ in § 33e GewO näher geregelt. Zusätzlich sind die Voraussetzungen der SpielV sowie der UnbBeschErtV zu beachten, welche kraft der Ermächtigung in § 33f GewO erlassen worden sind. Zur Veranstaltung anderer Spiele mit Gewinnmöglichkeit in Spielhallen und ähnlichen Unternehmen ist wie im Falle des § 33c GewO zusätzlich eine Erlaubnis nach § 33i GewO einzuholen.

Die Vorschrift des § 33e GewO normiert – wie den vorstehenden Ausführungen zu entnehmen ist – die Tatbestandsvoraussetzungen hinsichtlich der Erteilung und Aufhebung von BAZ und UB.

§ 33f GewO enthält die zentrale Verordnungsermächtigung, auf deren Grundlage die Durchführungsbestimmungen der SpielV (→ Vorb. SpielV Rn. 1; § 13 SpielV Rn.1) und der UnbBeschErtV erlassen wurden.

In § 33g GewO ist ebenfalls eine Verordnungsermächtigung enthalten, die die Einschränkung der Erlaubnispflicht für Spiele iSd § 33d GewO und die Ausdehnung der Erlaubnispflicht in Fällen der §§ 33c und d GewO für die nicht gewerbsmäßige Aufstellung bzw. Veranstaltung betreffen.

§ 33i GewO unterstellt das Betreiben einer Spielhalle bzw. eines ähnlichen Unternehmens ebenfalls der Erlaubnispflicht. Hervorzuheben ist hier, dass die Erlaubnis nach § 33i GewO nicht die Erlaubnisse zum Aufstellen von Spielgeräten gemäß § 33c GewO bzw. zum Veranstalten anderer Spiele gemäß § 33d GewO ersetzt. Die genannten Genehmigungen sind vielmehr kumulativ zur Spielhallenerlaubnis einzuholen. Die spielhallenbezogenen Bestimmungen des GlüStV nebst Ausführungsgesetzgebung sowie die in einigen Ländern bestehenden Landesspielhallengesetze treten neben die Vorgaben des § 33i GewO, soweit sie diese nicht vollständig ersetzen (→ § 33i Rn. 3; § 2 GlüStV Rn. 15 f.; § 24 GlüStV Rn. 1 ff.).

§ 33c Spielgeräte mit Gewinnmöglichkeit

(1) **Wer gewerbsmäßig Spielgeräte, die mit einer den Spielausgang beeinflussenden technischen Vorrichtung ausgestattet sind, und die die Möglichkeit eines Gewinnes bieten, aufstellen will, bedarf der Erlaubnis der zuständigen Behörde. Die Erlaubnis berechtigt nur zur Aufstellung von Spielgeräten, deren Bauart von der Physikalisch-Technischen Bundesanstalt zugelassen ist. Sie kann mit Auflagen, auch im Hinblick auf den Aufstellungsort, verbunden werden, soweit dies zum Schutze der Allgemeinheit, der Gäste oder der Bewohner des jeweiligen Betriebsgrundstücks oder der Nachbargrundstücke oder im Interesse des Jugendschutzes erforderlich ist; unter denselben Voraussetzungen ist auch die nachträgliche Aufnahme, Änderung und Ergänzung von Auflagen zulässig.**

(2) **Die Erlaubnis ist zu versagen, wenn Tatsachen die Annahme rechtfertigen, daß der Antragsteller die für die Aufstellung von Spielgeräten erforderliche Zuverlässigkeit nicht besitzt. Die erforderliche Zuverlässigkeit besitzt in der Regel nicht, wer in den letzten drei Jahren vor Stellung des Antrages wegen eines Verbrechens, wegen Diebstahls, Unterschlagung, Erpressung, Hehlerei, Betruges, Untreue, unerlaubter Veranstaltung eines Glücksspiels, Beteiligung am unerlaubten Glücksspiel oder wegen Vergehens nach § 12 des Jugendschutzgesetzes rechtskräftig verurteilt worden ist.**

(3) **Der Gewerbetreibende darf Spielgeräte im Sinne des Absatzes 1 nur aufstellen, wenn ihm die zuständige Behörde schriftlich bestätigt hat, daß**

der Aufstellungsort den auf der Grundlage des § 33f Abs. 1 Nr. 1 erlassenen Durchführungsvorschriften entspricht. Sollen Spielgeräte in einer Gaststätte aufgestellt werden, so ist in der Bestätigung anzugeben, ob dies in einer Schank- oder Speisewirtschaft oder in einem Beherbergungsbetrieb erfolgen soll. Gegenüber dem Gewerbetreibenden und demjenigen, in dessen Betrieb ein Spielgerät aufgestellt worden ist, können von der zuständigen Behörde, in deren Bezirk das Spielgerät aufgestellt worden ist, Anordnungen nach Maßgabe des Absatzes 1 Satz 3 erlassen werden.

Übersicht

1. Grundlagen

Die Vorschrift des § 33c GewO gestattet das Aufstellen von Spielgeräten mit **1** Gewinnmöglichkeit, die mit einer den Spielausgang beeinflussenden technischen Vorrichtung versehen sind und über eine Bauartzulassung (BAZ) der Physikalisch-Technischen Bundesanstalt (PTB) verfügen. Da der Spielerfolg von technischen Vorrichtungen gesteuert und damit – jedenfalls für den maßgeblichen Durchschnittsspieler – vom Zufall abhängt, handelt es sich bei den **Gewinnspielgeräten** iSd § 33c GewO um **echte Glücksspiele** (so auch BVerwG GewArch 1983, 60; EuGH EuZW 2000, 148 – Läärä; Hahn GewArch 2007, 89 (90); Marcks in Landmann/Rohmer GewO § 33c Rn. 4; Hahn in Friauf GewO § 33c Rn. 5; aA Bahr Glücks- und Gewinnspielrecht Rn. 231, der ausschließlich die unter das Spielbankenrecht der Länder fallenden Automatenspiele als Glücksspiele ansieht). Neben der allgemeinen Aufstellerlaubnis gemäß § 33c Abs. 1 GewO ist zum Betreiben der Spielgeräte zusätzlich die auf den Aufstellungsort bezogene Geeignetheitsbestätigung der zuständigen Behörde gemäß § 33c Abs. 3 Satz 1 GewO einzuholen.

Die Aufstellung von Gewinnspielgeräten im Reisegewerbe richtet sich nach **2** den Regelungen in § 60a GewO. Für die Aufstellung von Warenspielgeräten im Reisegewerbe ist angesichts der fehlenden Bezugnahme auf § 33c Abs. 3 GewO keine Geeignetheitsbestätigung erforderlich.

2. § 33c Abs. 1 GewO Voraussetzungen und Inhalt der Erlaubnis

3   **a) Gewerbsmäßigkeit.** Von der Genehmigungspflicht des § 33c GewO erfasst ist nur die **gewerbsmäßige** Geräteaufstellung. Diese muss also von einer gewissen **Dauerhaftigkeit** und auf **Gewinnerzielung** gerichtet sein. Allein das Ziel, erzielte Einkünfte zu Wohltätigkeitszwecken einzusetzen, dürfte die Gewerbsmäßigkeit noch nicht ausschließen (vgl. zu hier aufkommenden Abgrenzungsfragen VGH Kassel GewArch 1991, 343). Eine Ausdehnung der Genehmigungspflicht auf die nichtgewerbsmäßige Aufstellung von Spielgeräten wird durch die Verordnungsermächtigung des § 33g Nr. 2 GewO ermöglicht, von der bisher kein Gebrauch gemacht wurde (hierzu Berg GewArch 1976, 249 ff.).

4   **b) Begriff des Spielgeräts mit Gewinnmöglichkeit.** Spielgeräte iSd § 33c GewO sind dadurch gekennzeichnet, dass in das Spielgerät eine technische Vorrichtung eingebaut ist, die den Spielerfolg maßgeblich zu beeinflussen vermag (vgl. BVerwG NJW 1960, 1684 (1685); BVerwG GewArch 1967, 31; BVerwG NVwZ 2002, 862). Bei den betreffenden Spielen handelt es sich wegen der **Zufallsabhängigkeit** von Gewinn und Verlust um Glücksspiele (Hahn GewArch 2007, 89 (90); Dickersbach WiVerw 1985, 23 (24); Papier FS Stern, S. 543 (546); aA anscheinend Becker in Becker/Baumann Glücksspiel im Umbruch, 1 (3)). Dem steht nicht entgegen, dass der Spieler durch Betätigen von Stopp- und Risikotasten eine theoretische Möglichkeit der Spielbeeinflussung haben kann. Denn das Spielergebnis wird jedenfalls für den maßgeblichen Durchschnittsspieler entscheidend durch die Programmsteuerung bestimmt (so auch Meßerschmidt in BeckOK GewO § 33c Rn. 4). Dabei ist zu beachten, dass die Spielmöglichkeiten moderner Spielgeräte nicht nur durch die verwendete Hardware, sondern maßgeblich auch durch die Software bestimmt werden (vgl. OVG Münster NVwZ-RR 2007, 522). Erfasst werden neben **Geldspielgeräten** auch **Warenspielgeräte,** soweit sie über den erforderlichen Zufallsgenerator verfügen. Hängt der Gewinnerfolg entscheidend von der Geschicklichkeit des (Durchschnitts-)Spielers ab, handelt es sich ggf. um ein anderes Spiel iSd § 33d GewO.

5   § 33c GewO erfasst nur Spielgeräte mit **Gewinnmöglichkeit.** Der Gewinn kann aus Geld, Waren oder geldwerten Vorteilen bestehen. Unerheblich ist, ob der Gewinn unmittelbar durch das Gerät selbst ausgereicht wird oder durch den Aufsteller bzw. einen Dritten (Hahn in Friauf GewO § 33c Rn. 6). Die in der Vergangenheit vieldiskutierte Frage, ob auch die Erlangung von **Freispielen** einen Gewinn darstellt (zur rechtlichen Beurteilung von **Fun-Games** Dahs/Dierlamm GewArch 1996, 272 ff.; Lesch/Wallau GewArch 2002, 447 ff.; Mohr GewArch 2000, 190 ff.), hat sich durch das Verbot derartiger Spiele im Rahmen der Novellierung der SpielV (§ 6 a SpielV) erledigt (zu dieser Problematik Odenthal ZfWG 2006, 286 ff.). Bereits vor der Neufassung wurden diese Spielgeräte als Geldspielgeräte iSd § 33c GewO eingeordnet, welche allerdings aufgrund fehlender BAZ nicht genehmigungsfähig waren (vgl. BVerwG NVwZ 2006, 600 (602); BVerwG GewArch 2006, 153; BVerwG NVwZ 2007, 1092; OVG Hamburg GewArch 2007, 82; Hahn GewArch 2007, 1 (3); ausführlich zum früheren Streitstand Marcks in Landmann/Rohmer GewO § 33c Rn. 6 f. mwN; Meßerschmidt in BeckOK GewO § 33c Rn. 5 ff.). Bedingt durch die Novelle der SpielV im Jahr 2006 sind in der Vergangenheit, nicht zuletzt durch Normierungsdefizite des Verordnungsgebers, neue Spielgeräteklassen (Multigamer Geldspielgeräte mit geldäquivalenten Betragsangaben) entwickelt und seitens der PTB mit Bauartzulassungen versehen worden, welche die durch § 13 SpielV vorgegebenen Einsatz-, Gewinn- und Verlustgrenzen unterlaufen (hierzu unten § 13 SpielV Rn. 9; Schütze/Kalke ZfWG 2009, 235 ff.; Dietlein/Hüsken Jhrb. HHUD 2010, 593 ff. mwN; Reeckmann ZfWG 2010, 229 (231 f.); Peters ZfWG 2011, 1 ff.; Peters ZRP 2011, 134 ff.; Dürr GewArch 2011, 99 ff. und 142 ff.; Sachverständigen-Positionspapier vom 18.04.2011 ZfWG 2011, 393 ff.; Richter ZfWG 2012, 103 ff.). Dem entgegenwirkende Maßnahmen in Bezug auf eine Änderung des § 13 SpielV sind im Rahmen der erneuten Novellierungsbestrebungen bislang nicht erkennbar.

Online-Spielkonstellationen im Internet mit virtuellen Geldspielgeräten, die den körperlichen Geldspielgeräten optisch nachempfunden sind, unterfallen nicht dem sachlichen Anwendungsbereich des § 33c GewO. Der Genehmigungstatbestand erfasst ausweislich des Wortlautes („aufstellen") nur die stationäre Aufstellung von Geldspielgeräten und ist auf Online-Sachverhalte ersichtlich nicht zugeschnitten (OVG Lüneburg ZfWG 2010, 430 (434); Hüsken GewArch 2010, 336 (339); Spindler K&R 2010, 450 (452 ff.); Schmitt ZfWG 2010, 235 (236 ff.); TWE GewO § 33c Rn. 18). Bei virtuellen Automatenspielen im Internet handelt es sich damit um Online-Glücksspiele iSv § 3 GlüStV und § 284 StGB, deren Veranstaltung im Internet nach § 4 Abs. 4 GlüStV ausnahmslos verboten ist (vgl. LG Köln ZfWG 2010, 149 ff.; OVG Magdeburg GewArch 2006, 163 f.; Postel ZfWG 2009, 246 (248 ff.); Hüsken GewArch 2010, 336 (338 ff.); Schmitt ZfWG 2010, 235 (236)).

Computer als moderne Multifunktionsgeräte sind grundsätzlich keine Spielgeräte iSv § 33c GewO, wenn sie neben dem Spielen auch für andere Tätigkeiten genutzt werden (vgl. Meßerschmidt in BeckOK GewO § 33c Rn. 4.3; sie stellen dann allenfalls Unterhaltungsspiele mit Gewinnmöglichkeit dar; hierzu BVerwG NVwZ 2005, 961; → § 33i GewO Rn. 2, 7). Wenn Computer indes tatsächlich für den Betrieb von Gewinnspielen eingesetzt werden, sind sie als Spielgeräte anzusehen und unterfallen der Genehmigungspflicht des § 33c GewO (vgl. Meßerschmidt in BeckOK GewO § 33c Rn. 4.3, 4.4 mwN; OVG Münster NVwZ-RR 2007, 522).

Terminals und Automaten zur Annahme von Sportwetten sind mangels einer den Spielausgang beeinflussenden technischen Vorrichtung keine Spielgeräte iSv § 33c GewO (VG Kassel ZfWG 2011, 227 LS; VG Augsburg Urt. v. 18.7.2007 – Au 4 K 06.1474)

c) Aufstellen. Aufsteller eines Gewinnspielgerätes ist derjenige, der das unter- 6 nehmerische Risiko trägt und auf dessen Namen das Gewerbe betrieben wird (vgl. Meßerschmidt in BeckOK GewO § 33c Rn. 6; TWE GewO § 33c Rn. 20). Wer lediglich eigene Räumlichkeiten für die Aufstellung fremder Geräte zur Verfügung stellt, ist nicht Aufsteller. Eine Mitunternehmerschaft ergibt sich freilich, wenn neben eine Gewinnbeteiligung auch eine Verlustbeteiligung tritt. In diesem Fall bedürfen sowohl der Rauminhaber als auch der Geräteaufsteller bzw. -eigentümer einer **Aufstellerlaubnis** (hierzu Pauly/Brehm GewArch 2003, 57 (58)). Vom Begriff des Aufstellens wird sowohl die Installation des Gerätes als auch das konkrete Betreiben des Spieles umfasst (OLG Jena GewArch 2000, 486). Aufsteller ist daher auch derjenige, der ein von einem Dritten bereits aufgestelltes Gerät zwecks gewerblichen Weiterbetreibens übernimmt.

7   **d) Erteilung und Inhalt der Erlaubnis.** Die Aufstellerlaubnis gemäß § 33c Abs. 1 GewO ist **personengebunden** und gestattet ihrem Inhaber im Rahmen der Vorgaben des Abs. 3 die Aufstellung beliebig vieler Geräte im Geltungsbereich der GewO. Die Erlaubnis kann neben natürlichen auch juristischen Personen erteilt werden (hinsichtlich der Stellvertretungsmöglichkeiten siehe §§ 45 ff. GewO). Bei Personengesellschaften ohne eigene Rechtspersönlichkeit (OHG und KG) benötigt jeder geschäftsführende Gesellschafter eine Aufstellerlaubnis (vgl. VG Düsseldorf GewArch 1983, 222 (223)). Auf die Erteilung besteht ein Rechtsanspruch, wenn die gesetzlichen Voraussetzungen des Abs. 2 erfüllt sind (Präventivverbot mit Erlaubnisvorbehalt). Aufgestellt werden dürfen nur solche Geräte, die über eine BAZ der PTB gemäß § 33e GewO verfügen. Ferner bedarf es für Aufstellung und Betrieb einer ortsgebundenen Geeignetheitsbestätigung gemäß § 33c Abs. 3 GewO. Die Erlaubnis nach § 33c Abs. 1 GewO wird insbesondere nicht durch die Spielhallenerlaubnis gemäß § 33i GewO ersetzt.

8   **e) Beifügung von Nebenbestimmungen.** § 33c Abs. 1 Satz 3 GewO eröffnet die Möglichkeit, die Aufstellerlaubnis zur Sicherung der in Satz 3 genannten Gemeinwohlziele mit Auflagen zu verbinden. Ferner kann eine Auflage als milderes Mittel gegenüber der Erlaubnisversagung dem Zweck dienen, etwaige Versagungstatbestände auszuräumen (VGH Mannheim NVwZ-RR 2003, 555; TWE GewO § 33c Rn. 28; Marcks in Landmann/Rohmer GewO § 33c Rn. 17). Auflagen können auch nachträglich erteilt, geändert oder ergänzt werden. Soweit die Auflagenerteilung nach Satz 3 auch im Hinblick auf den Aufstellungsort erfolgen darf, ist zu beachten, dass angesichts des allgemeinen Charakters der Aufstellerlaubnis auch die beigefügten Auflagen nur allgemeine Regelungen für die Aufstellung von Spielgeräten formulieren dürfen (so zB die Auflage, Spielgeräte nur so aufzustellen, dass sie vom Gewerbetreibenden zwecks Kontrolle der Spieler gut eingesehen werden können). Individuelle, dh konkret auf den Aufstellungsort bezogene Anordnungen sind dagegen nur im Rahmen der Geeignetheitsbestätigung und damit auf Grundlage des Abs. 3 Satz 3 zulässig. Neben der Möglichkeit einer Auflagenerteilung ist auch die Beifügung anderer Nebenbestimmungen nach Maßgabe des § 36 Abs. 1 2. Alt. VwVfG denkbar (so auch TWE GewO § 33c Rn. 27; Marcks in Landmann/Rohmer GewO § 33c Rn. 19; aA Meßerschmidt in BeckOK GewO § 33c Rn. 11; ausführlich Schulze-Werner GewArch 2004, 9 ff.).

9   **f) Aufhebung der Aufstellerlaubnis.** Auf die Rücknahme und den Widerruf der Aufstellerlaubnis finden mangels spezialgesetzlicher Normierung die allgemeinen Aufhebungsvorschriften der §§ 48, 49 VwVfG Anwendung.

3. § 33c Abs. 2 GewO Versagung der Erlaubnis

10   Die Erlaubnis nach § 33c Abs. 1 GewO ist zu versagen, wenn Tatsachen die Annahme einer Unzuverlässigkeit des Antragstellers iSd Abs. 2 rechtfertigen. **Unzuverlässig** ist, wer keine Gewähr dafür bietet, dass er sein Gewerbe ordnungsgemäß ausüben wird (BVerwGE 65, 1 f.), wobei die Unzuverlässigkeit konkret auf die Tätigkeit der Spielgeräteaufstellung beziehen muss. Ein definitiver Nachweis drohender Pflichtverletzungen ist nicht erforderlich, vielmehr bedarf es einer **dynamischen Gefahrenprognose,** was im Falle eines höheren Schadensausmaßes zur Folge haben kann, dass bereits beachtliche Zweifel an der Zuverlässigkeit eine Erlaubnisversagung rechtfertigen können (VGH Mannheim GewArch

1993, 416). In jedem Fall muss die Unzuverlässigkeitsprognose an konkrete Tatsachen geknüpft sein; sie ist **gerichtlich voll nachprüfbar.** Eine etwaige Unzuverlässigkeit derjenigen Person, in deren Räumen die Geräte aufgestellt werden, bleibt grundsätzlich unberücksichtigt (anders bei § 33d Abs. 2 GewO; → § 33d GewO Rn. 12). Allerdings kann die Zusammenarbeit mit unzuverlässigen Dritten, ebenso wie die Duldung rechtswidriger Aktivitäten Dritter in den Aufstellungsräumen (hierzu VGH Kassel GewArch 1992, 336), im Einzelfall die Annahme einer Unzuverlässigkeit des Antragstellers begründen (vgl. auch Hahn in Friauf GewO § 33c Rn. 24).

a) Regelvermutungen hinsichtlich der Unzuverlässigkeit § 33c Abs. 2 **11** **Satz 2 GewO.** Abs. 2 Satz 2 benennt einige Tatbestände, welche die Unzuverlässigkeit des Antragstellers in der Regel indizieren (Regelbeispiele). Aus dem **Regelbeispielcharakter** folgt, dass nicht jeder der genannten Fälle zwingend zur Unzuverlässigkeit führen muss, andererseits aber auch andere Tatsachen eine Unzuverlässigkeitsprognose rechtfertigen können.

Nach Satz 2 besitzt die erforderliche Zuverlässigkeit in der Regel nicht, wer in **12** den letzten drei Jahren vor Stellung des Erlaubnisantrages wegen eines Verbrechens (siehe hierzu die Legaldefinition in § 12 Abs. 1 StGB) oder eines der genannten Vergehen rechtskräftig verurteilt worden ist. Anzuknüpfen ist hierbei an die rechtskräftige Verurteilung, so dass ua auch die Strafaussetzung zur Bewährung und der Erlass eines Strafbefehls (vgl. § 410 Abs. 3 StPO) diesem Erfordernis genügen. Die Dreijahresfrist beginnt mit dem Zeitpunkt der rechtskräftigen Verurteilung. Probleme kann die Kollision der in § 33c Abs. 2 Satz 2 GewO genannten Dreijahresfrist mit dem Verwertungsverbot des § 51 Abs. 1 BZRG bereiten. Nach teilweise vertretener Auffassung soll die Frist des § 33c Abs. 2 Satz 2 GewO spätestens mit Eintritt des Verwertungsverbotes enden (Marcks in Landmann/Rohmer GewO § 33c Rn. 29). Richtigerweise dürfte § 33c Abs. 2 Satz 2 GewO indes als lex specialis anzusehen sein, welche sich gegenüber dem Verwertungsverbot durchsetzt (TWE GewO § 33c Rn. 45; Hahn in Friauf GewO § 33c Rn. 30).

b) Unzuverlässigkeit des Antragstellers nach § 33c Abs. 2 Satz 1 GewO. **13** Ist keines der Regelbeispiele des Satz 2 einschlägig, kann sich die Unzuverlässigkeit des Antragstellers gleichwohl aus der Grundnorm des Satz 1 ergeben. Die hier zu berücksichtigenden **bisherigen Verstöße** müssen allerdings insgesamt **von erheblichem Gewicht** sein, um die Versagung der Erlaubnis zu rechtfertigen (Beispiele hierzu bei Marcks in Landmann/Rohmer GewO § 33c Rn. 26 f.). Stellt die Behörde die Unzuverlässigkeit aufgrund Satz 1 oder Satz 2 fest, steht ihr nach dem eindeutigen Gesetzeswortlaut kein Ermessensspielraum hinsichtlich der Genehmigungsversagung zu. Die Erlaubnis darf in dem Fall nicht erteilt werden.

4. § 33c Abs. 3 GewO Bestätigung des Aufstellungsortes

a) Zweck der Geeignetheitsbestätigung. Im Gegensatz zur Erlaubnispflicht **14** des § 33c Abs. 1 und 2 GewO, die eine subjektive Berufszulassungsregelung darstellt, handelt es sich bei der Geeignetheitsbestätigung nach Abs. 3 sowie der nach Abs. 1 ebenfalls erforderlichen BAZ um eine bloße **Berufsausübungsregelung** (so ua auch Hahn in Friauf GewO § 33c Rn. 42). § 33c Abs. 3 Satz 1 GewO sieht vor, dass Spielgeräte nur aufgestellt werden dürfen, wenn der Aufsteller über eine behördliche Bestätigung verfügt, welche die Übereinstimmung des Aufstellungsortes mit den auf Grundlage des § 33f Abs. 1 Nr. 1 GewO erlassenen Durchführungsvorschriften – namentlich der SpielV – bescheinigt. Die Bescheinigung bedarf der **Schriftform.** Sie dient der Schaffung von Rechtsklarheit, indem sie den Gewerbetreibenden von der Verantwortung für die Geeignetheit des Aufstellungsortes freistellt und etwaige rechtliche Zweifel bereits im Vorhinein ausräumt.

15   **b) Rechtsnatur und Inhalt der Geeignetheitsbestätigung.** Die Bestätigung stellt einen **feststellenden VA** dar (Odenthal GewArch 1988, 183 (184); VGH Mannheim NVwZ-RR 1993, 410). Sie bezieht sich nicht auf das einzelne aufzustellende Spielgerät, sondern auf den Aufstellungsort insgesamt. Damit ist unabhängig von der Zahl der aufzustellenden Spielgeräte für den jeweiligen Ort nur **eine** Geeignetheitsbestätigung erforderlich. Auf die Erteilung des VA besteht bei Vorliegen der einschlägigen Voraussetzungen ein **Rechtsanspruch.**

16   Die für Geld- und Warenspielgeräte geeigneten Aufstellorte lassen sich den §§ 1 und 2 SpielV entnehmen (beispielhafte Aufzählung bei Meßerschmidt in BeckOK GewO § 33c Rn. 26 ff.). Sofern die Spielgeräte in einer Gaststätte aufgestellt werden sollen, ist gemäß § 33c Abs. 3 Satz 2 GewO in der Bestätigung die Betriebsart derselben anzugeben.

17   Auch Betreiber einer Spielhalle, welche bereits über die Erlaubnisse nach §§ 33c Abs. 1, 33 i Abs. 1 GewO verfügen, bedürfen zusätzlich der Geeignetheitsbestätigung (BVerwG NVwZ 1989, 560). Ob die Bestätigung darüber hinaus auch verbindlich festzustellen vermag, ob und wie viele Spielgeräte in einer Spielhalle aufgestellt werden dürfen, erscheint fraglich (gegen eine verbindliche Feststellung BVerwG NVwZ 1992, 665 (666); Hahn in Friauf GewO § 33c Rn. 43; aA Marcks in Landmann/Rohmer GewO § 33c Rn. 38; Odenthal GewArch 1988, 183 (187)).

18   **c) Beifügung von Nebenbestimmungen.** § 33c Abs. 3 Satz 3 GewO gestattet der zuständigen Behörde, Anordnungen nach Maßgabe des § 33c Abs. 1 Satz 3 GewO zu erlassen. Adressat dieser Anordnungen können sowohl der Geräteaufsteller als auch der jeweilige Betriebs- bzw. Rauminhaber sein. Die Maßgabeverweisung betrifft richtigerweise die Eingriffsvoraussetzungen des Abs. 1 Satz 3, nicht aber die dort genannten rechtstechnischen Handlungsinstrumentarien. Dies zeigt sich zumal mit Blick auf Anordnungen gegenüber dem Betriebsinhaber, die nicht Nebenbestimmung zu einem anderweitigen Hauptverwaltungsakt sein können, sondern ihrerseits **selbstständige Verwaltungsakte** darstellen. Allerdings werden gegenüber dem Geräteaufsteller vorrangig **Nebenbestimmungen** zur Bestätigung nach Abs. 3 in Betracht kommen.

19   Im Unterschied zu Abs. 1 Satz 3 ermöglicht Abs. 3 Satz 3 auch konkrete auf den Aufstellungsort bezogene Regelungen, so zB die Anordnung des exakten Aufstellplatzes am Aufstellort, um eine bessere Einsicht der Geräte zu Zwecken des Jugendschutzes sicherzustellen (vgl. TWE GewO § 33c Rn. 59). Entgegen dem missverständlichen Normwortlaut („aufgestellt worden ist") wird man die Anordnung bereits als Nebenbestimmung zur Bestätigung für zulässig erachten müssen (vgl. auch Hahn in Friauf GewO § 33c Rn. 49; aA Odenthal GewArch 1988, 183 (185); TWE GewO § 33c Rn. 60: nur nachträglich). Eine Befristung dürfte allerdings im Hinblick auf § 36 Abs. 3 VwVfG nicht in Betracht kommen, da sie dem grundsätzlich bestehenden Rechtsanspruch auf Erteilung der Geeignetheitsbestätigung zuwiderliefe (vgl. Marcks in Landmann/Rohmer GewO § 33c Rn. 35; TWE GewO § 33c Rn. 63; Hahn in Friauf GewO § 33c Rn. 51). Gleiches wird man für die Nebenbestimmung des Widerrufsvorbehalts anzunehmen haben (so auch Hahn in Friauf GewO § 33c Rn. 51; aA TWE GewO § 33c Rn. 62; Marcks in Landmann/Rohmer GewO § 33c Rn. 35).

d) Aufhebung der Bestätigung. Widerruf und Rücknahme der Geeignet- **20** heitsbestätigung richten sich wie die Aufhebung der Aufstellerlaubnis nach §§ 48, 49 VwVfG (hierzu VG Gießen NVwZ-RR 2009, 107; VG Gießen GewArch 2010, 452; VG Bremen ZfWG 2012, 75). Die Feststellungswirkung der Geeignetheitsbestätigung entfällt ausnahmsweise, ohne dass es ihrer vorherigen Aufhebung bedarf, wenn der Betriebsinhaber einen von der Geeignetheitsbestätigung abweichenden Betrieb führt (OVG Berlin-Brandenburg ZfWG 2011, 130, spielhallenähnlicher Betrieb anstelle eines Gaststättenbetriebes; ebenso VGH Kassel ZfWG 2011, 183).

5. Rechtsfolgen einer Zuwiderhandlung gegen § 33c GewO

Verstöße gegen § 33c GewO können gemäß der Vorschrift des § 144 Abs. 1 **21** Nr. 1 lit. d GewO, welche die möglichen Verstöße dezidiert aufführt, als Ordnungswidrigkeiten mit einer Geldbuße belegt werden. Unter den zusätzlichen Voraussetzungen des § 148 GewO kann sogar im Einzelfall eine Straftat im Raume stehen.

Neben den genannten Bußgeld- und Strafvorschriften kommt § 284 StGB nicht **22** mehr zur Anwendung. Der Anwendungsbereich des § 284 StGB ist allenfalls beim Betreiben eines nicht zulassungsfähigen Glücksspielgerätes eröffnet (hierzu ausführlich Marcks in Landmann/Rohmer GewO § 33c Rn. 44 mwN sowie Odenthal GewArch 1989, 222 ff.).

§ 33d Andere Spiele mit Gewinnmöglichkeit

(1) **Wer gewerbsmäßig ein anderes Spiel mit Gewinnmöglichkeit veranstalten will, bedarf der Erlaubnis der zuständigen Behörde. Die Erlaubnis kann mit einer Befristung erteilt und mit Auflagen verbunden werden, soweit dies zum Schutze der Allgemeinheit, der Gäste oder der Bewohner des Betriebsgrundstücks oder der Nachbargrundstücke oder im Interesse des Jugendschutzes erforderlich ist; unter denselben Voraussetzungen ist auch die nachträgliche Aufnahme, Änderung und Ergänzung von Auflagen zulässig.**

(2) **Die Erlaubnis darf nur erteilt werden, wenn der Antragsteller im Besitz einer von dem Bundeskriminalamt erteilten Unbedenklichkeitsbescheinigung oder eines Abdruckes der Unbedenklichkeitsbescheinigung ist.**

(3) **Die Erlaubnis ist zu versagen, wenn Tatsachen die Annahme rechtfertigen, daß der Antragsteller oder der Gewerbetreibende, in dessen Betrieb das Spiel veranstaltet werden soll, die für die Veranstaltung von anderen Spielen erforderliche Zuverlässigkeit nicht besitzt. § 33c Abs. 2 Satz 2 gilt entsprechend.**

(4) **Die Erlaubnis ist zurückzunehmen, wenn bei ihrer Erteilung nicht bekannt war, daß Tatsachen der in Absatz 3 bezeichneten Art vorlagen. Die Erlaubnis ist zu widerrufen, wenn**
1. **nach ihrer Erteilung Tatsachen der in Absatz 3 bezeichneten Art eingetreten sind,**

2. das Spiel abweichend von den genehmigten Bedingungen veranstaltet wird oder

3. die Unbedenklichkeitsbescheinigung zurückgenommen oder widerrufen worden ist.

(5) **Die Erlaubnis kann widerrufen werden, wenn bei der Veranstaltung des Spieles eine der in der Erlaubnis enthaltenen Auflagen nicht beachtet oder gegen § 8 des Jugendschutzgesetzes verstoßen worden ist.**

1. Grundlagen

1   Die Vorschrift des § 33d GewO unterstellt das gewerbsmäßige Veranstalten „anderer" Spiele mit Gewinnmöglichkeit der Erlaubnispflicht. Anders als bei § 33c GewO handelt es sich bei den anderen Spielen iSd § 33d GewO um solche, die nicht vorrangig durch Zufall, sondern durch Geschicklichkeit entschieden werden, wobei auf den „Durchschnittsspieler" abzustellen ist (→ § 3 GlüStV Rn. 4). Es handelt sich daher um **keine** Glücksspiele (arg. e § 33h Nr. 3 GewO).

2   Für die Erlaubniserteilung ist ferner eine Unbedenklichkeitsbescheinigung (UB) des Bundeskriminalamtes (BKA) bzw. deren Abdruck gemäß §§ 33d Abs. 2, 33e GewO für das entsprechende Spiel erforderlich. Zudem müssen der Antragsteller und der Inhaber der Räume, in denen das andere Spiel veranstaltet wird, gemäß § 33d Abs. 3 GewO über die erforderliche Zuverlässigkeit für das Veranstalten anderer Spiele verfügen.

3   Die Veranstaltung anderer Spiele im Reisegewerbe richtet sich nach § 60a Abs. 2 GewO.

2. § 33d Abs. 1 GewO Voraussetzungen und Inhalt der Erlaubnis

4   **a) Gewerbsmäßigkeit.** Vom Anwendungsbereich des § 33d GewO wird nur die gewerbsmäßige Veranstaltung anderer Spiele erfasst (siehe zur Gewerbsmäßigkeit die Ausführungen bei → § 33c GewO Rn. 3). Bei einmalig stattfindenden geschicklichkeitsdominierten Gewinnspielen im Internet (zB Hausverlosung) ist hinsichtlich der Beurteilung der Gewerbsmäßigkeit der Veranstaltung grundsätzlich nicht auf den einzelnen Gewinn, sondern auf den über einen längeren Zeitraum erfolgenden Verkauf einer Vielzahl von Gewinnchancen abzustellen (so VG Berlin MMR 2009, 794 (795) zur Verlosung eines Pachtvertrages für einen Gaststättenbetrieb nebst Inventar; Hüsken GewArch 2010, 336 (340)). Die Durchführung unentgeltlicher Spiele zu Werbezwecken dürfte grundsätzlich nicht dem Anwendungsbereich des § 33d GewO unterfallen. Diese sind genehmigungsfrei, so dass auch eine UB nicht erteilt werden kann (so BLA Gewerberecht, dargestellt bei Schönleiter/Sprafke GewArch 2010, 294 (296)).

5   **b) Andere Spiele mit Gewinnmöglichkeit.** Im Rahmen einer Negativeingrenzung sind als andere Spiele solche anzusehen, die erstens nicht dem Anwendungsbereich des § 33c Abs. 1 Satz 1 GewO unterfallen und zweitens keine Glücksspiele iSd § 284 StGB darstellen (so auch Odenthal GewArch 2006, 58 (59)). Damit beschränkt sich der Anwendungsbereich des § 33d GewO in erster Linie auf **Geschicklichkeitsspiele** (zum Begriff des Geschicklichkeitsspiels umfassend → § 3 GlüStV Rn. 4). Nicht ganz eindeutig erscheint, ob vom sachlichen Anwendungsbereich des § 33d GewO auch solche zufallsabhängigen Spiele erfasst werden, die lediglich mangels eines „erheblichen Einsatzes" keine strafbe-

wehrten Glücksspiele isv § 284 StGB darstellen (hierfür OVG Koblenz ZfWG 2009, 413 (416); VG Trier ZfWG 2009, 66 (68 f.); OVG Münster ZfWG 2008, 204 (205 f.); Reeckmann ZfWG 2008, 296 (297 f.)). Geht man davon aus, dass die Erheblichkeitsschwelle lediglich eine „Strafwürdigkeitsschwelle" festlegt, nicht aber die Qualität eines Spiels als Glücksspiel betrifft, müssten derartige Spiele konsequenterweise dem Anwendungsbereich des GlüStV zugeordnet werden, da § 3 Abs. 1 GlüStV für die Glücksspieleigenschaft nur ein „Entgelt" verlangt (Hüsken ZfWG 2009, 77 (78 f.); → § 3 GlüStV Rn. 5 f.; § 33h GewO Rn. 6). Soweit man **Turnierpoker** entgegen der hiesigen Auffassung (→ § 3 GlüStV Rn. 4) als Geschicklichkeitsspiel einordnen wollte (hierzu OVG Bautzen ZfWG 2012, 194), scheitert dessen Zulässigkeit jedenfalls an dem Umstand, dass die nach § 33d Abs. 2 GewO erforderliche Unbedenklichkeitsbescheinigung deshalb nicht erteilt werden kann, weil durch leichte Veränderungen der Spielbedingungen der Übergang zu einem Glücksspiel möglich ist (§ 33e Abs. 1 Satz 2 GewO; vgl. VG Hamburg NVwZ-RR 2009, 63 (64 f.); Hüsken ZfWG 2009, 77 (79 f.); Reeckmann ZfWG 2008, 296 (298); vgl. zur Glücksspieleigenschaft von Online-Poker BGH GRUR 2012, 201). Auch **Sportwetten** einschließlich des **Toto** und der **Pferdewetten** sind klassische Glücksspiele (BGH GewArch 2003, 352; eingehend Steegmann ZfWG 2007, 410 mwN). Auch das sog. **Hütchenspiel** wird regelmäßig als Glücksspiel einzustufen sein (VG Frankfurt NVwZ 1994, 720; auf den Spielverlauf abstellend VG Berlin ZfWG 2011, 379). Ein online veranstaltetes Mau-Mau-Spiel mit Teilnahmeentgelt von 0,50 Euro ist als Glücksspiel anzusehen (VG Düsseldorf ZfWG 2011, 378 LS). Bei **Hausverlosungen** über das Internet handelt es sich je nach konkreter Ausgestaltung ebenfalls überwiegend um Glücksspiele (vgl. hierzu OVG Berlin-Brandenburg ZfWG 2012, 137; VGH München ZfWG 2012, 132; VG Potsdam ZfWG 2011, 140; VG Regensburg ZfWG 2011, 281; VG Ansbach ZfWG 2011, 287). **Sportveranstaltungen** selbst werden dagegen regelmäßig nicht dem gewerblichen Spielrecht unterfallen (vgl. Hahn in Friauf GewO § 33d Rn. 2).

Der sachliche Anwendungsbereich des § 33d GewO ist im Gegensatz zu dem des § 33c GewO (→ § 33c GewO Rn. 6) bereits nach seinem Wortlaut („veranstalten" statt „aufstellen") nicht auf Offline-Konstellationen mit räumlich stationären Spielen beschränkt, sondern erfasst grundsätzlich auch Online-Konstellationen, dh die Veranstaltung anderer Spiele mit Gewinnmöglichkeit über das Internet, etwa Hausverlosungen, soweit im Einzelfall keine Glücksspieleigenschaft vorliegt etc. (vgl. ohne nähere Begründung VG Berlin MMR 2009, 794 (795); Odenthal GewArch 2006, 58 (60); eingehend Hüsken GewArch 2010, 336 (338 ff.); BLA Gewerberecht, dargestellt bei Schönleiter/Stenger GewArch 2010, 61 (64); TWE GewO § 33d Rn. 13 ff.; differenzierend Bolay ZfWG 2010, 88 (90 ff.); offenlassend Postel ZfWG 2009, 246 (249); Mailänder ZfWG 2009, 395 (397 ff.); Teßmer/Küpper jurisPR-StrafR 18/2009, Anm. 1; Ambs in Erbs/Kohlhaas § 33d GewO Rn. 9; aA Spindler K&R 2010, 450 (454 ff.); Liesching MMR 2009, 795 (796); Lober/Neumüller MMR 2010, 295 (298 f.); wohl auch Hambach/Hettich/Kruis MR-Int 2009, 41 (48)). Sofern es sich im Einzelfall um geschicklichkeitsdominierte Gewinnspiele mit einem Teilnahmeentgelt von bis zu 0,50 Euro handelt, sind die Regelungen der §§ 8a Abs. 1, 58 Abs. 4 RStV innerhalb ihres sachlichen Anwendungsbereiches (→ § 2 GlüStV Rn. 26 f.) gegenüber der Vorschrift des § 33d GewO als lex specialis anzusehen (BLA Gewerberecht, dargestellt bei Schönleiter/Stenger GewArch 2010, 61 (64); Hüsken GewArch 2010, 336 (342); Hüsken ZfWG 2009, 153 (161 f.); TWE GewO § 33d Rn. 17).

6   Weiteres konstitutives Merkmal des anderen Spiels iSd § 33d Abs. 1 GewO ist die Gewinnmöglichkeit. Der Gewinn kann in Geld oder Waren bestehen; näheres hierzu ist in den §§ 4 und 5 SpielV geregelt (vgl. im Übrigen die Ausführungen zur Gewinnmöglichkeit → § 33c GewO Rn. 5). Der Betrieb eines **Laserdromes** unterfällt regelmäßig mangels Gewinnmöglichkeit nicht dem § 33d GewO, kann aber wegen Gefährdung der öffentlichen Ordnung polizei- oder ordnungsrechtlich untersagt werden (OVG Münster NWVBl 2001, 94; BVerwG GewArch 2007, 247; EuGH NVwZ 2004, 1471; vgl. auch → § 33i GewO Rn. 9).

7   **c) Veranstalten.** Der Begriff des Veranstaltens entspricht bei stationären Spielvarianten im Wesentlichen dem des Aufstellens, weshalb auf die Ausführungen zu § 33c GewO verwiesen werden kann (→ § 33c GewO Rn. 6). Bei § 33d GewO ist jedoch die konkrete Veranstaltung des Spiels erlaubnispflichtig, nicht das Veranstalten als solches (TWE GewO § 33d Rn. 20).

8   **d) Inhalt und Inhaber der Erlaubnis.** Die erforderliche Erlaubnis ist natürlichen oder juristischen Personen seitens der Behörde zu erteilen, wenn sie über die nach Abs. 2 erforderliche UB des BKA bzw. deren Abdruck verfügen, die erforderliche Zuverlässigkeit nach Abs. 3 besitzen und die Vorgaben der §§ 4 ff. SpielV eingehalten sind. Es handelt sich demgemäß um einen gebundenen **personen- und sachbezogenen VA.** Im Gegensatz zur allgemeinen Aufstellerlaubnis des § 33c GewO gestattet die Erlaubnis nach § 33d GewO nur die Veranstaltung eines **bestimmten** Spiels an einem bestimmten Ort. Verändert sich eine der Komponenten, greift die Erlaubnis ins Leere (vgl. Marcks in Landmann/Rohmer GewO § 33d Rn. 13). Auch die Erlaubnis nach § 33d GewO ist selbstständiger Natur. Sie wird nicht durch andere Erlaubnisse, insbesondere die gemäß § 33i GewO, entbehrlich.

9   **e) Beifügung von Nebenbestimmungen.** Die Erlaubnis gemäß § 33d Abs. 1 Satz 2 GewO kann mit Befristungen erteilt und mit Auflagen verbunden werden. Die genannten Zwecke sind mit den in § 33c Abs. 1 Satz 3 GewO genannten identisch. Eine **Befristung** kommt regelmäßig in Anlehnung an die Geltungsdauer der UB in Betracht. Auflagen können sich im Unterschied zu § 33c Abs. 1 Satz 3 GewO auch auf konkrete Umstände des Betriebes beziehen (Hahn in Friauf GewO § 33d Rn. 32). Inhalt der **Auflage** kann etwa die Festlegung des Veranstaltungsraumes oder die Anordnung einer ständigen Kontrolle der Spiele durch eine Aufsichtsperson sein (Marcks in Landmann/Rohmer GewO § 33d Rn. 15).

10   Die Beifügung **weiterer Nebenbestimmungen** nach Maßgabe des § 36 Abs. 1 2. Alt. VwVfG ist grundsätzlich zulässig. Allein für die Anordnung eines Widerrufsvorbehalts und einer auflösenden Bedingung besteht im Hinblick auf § 33d Abs. 4 und 5 GewO kein Raum (hierzu ausführlich Schulze-Werner GewArch 2004, 9 (13 f.)).

3. § 33d Abs. 2 und 3 GewO objektive und subjektive Erlaubnisvoraussetzungen

11   In objektiver Hinsicht bedarf es für die Erlaubniserteilung der vom BKA ausgestellten UB bzw. bei serienmäßig hergestellten Spielen eines Abdrucks derselben (vgl. § 33e Abs. 1 und 4 GewO). Diese ist ihrer Rechtsnatur nach VA und bezieht sich allein auf das konkret zu veranstaltende Spiel. Weiter müssen die räumlichen Voraussetzungen der §§ 4 ff. SpielV erfüllt sein. Geldgewinnspiele sind danach etwa ausschließlich in Spielhallen und ähnlichen Unternehmen zulässig. Aus diesem Grund ist die Veranstaltung von geschicklichkeitsdominierten Gewinnspielen im Internet, soweit diese nicht dem rundfunkstaatsvertraglichen Gewinnspielrecht der §§ 8a Abs. 1, 58 Abs. 4 RStV unterfällt, zwar nach § 33d Abs. 1 Satz 1 GewO genehmigungsbedürftig, jedoch nicht genehmigungsfähig nach § 33d Abs. 2, § 33e Abs. 1 GewO, weil die abschließenden Vorschriften der §§ 4 ff. SpielV das Internet nicht als zulässigen Veranstaltungsort vorsehen (vgl. VG Berlin MMR 2009, 794 (795); VG Wiesbaden GewArch 2007, 490 (491); BLA Gewerberecht, dargestellt bei Schönleiter/Stenger GewArch 2010, 61 (64); Hüsken GewArch 2010, 336 (338 ff.); differenzierend Bolay ZfWG 2010, 88 (90 ff.)).

Subjektiv muss der Antragsteller über die für die Veranstaltung anderer Spiele **12** erforderliche **Zuverlässigkeit** verfügen. Anders als bei § 33c Abs. 2 GewO ist auch die Zuverlässigkeit des Betriebsinhabers erforderlich (zu den Rechtsschutzmöglichkeiten des Betriebsinhabers gegen die Versagung der Erlaubnis siehe TWE GewO § 33d Rn. 32; Hahn in Friauf GewO § 33d Rn. 30; Marcks in Landmann/Rohmer GewO § 33d Rn. 23). Wegen des Verweises in Abs. 3 Satz 2 auf die Regelbeispiele des § 33c Abs. 2 Satz 2 GewO wird auf die dortigen Ausführungen verwiesen (→ § 33c GewO Rn. 11 f). Greift keine der Regelvermutungen, kann die Unzuverlässigkeit gleichwohl nach Abs. 3 Satz 1 gegeben sein.

4. § 33d Abs. 4 und 5 GewO Rücknahme und Widerruf der Veranstaltererlaubnis

Im Gegensatz zu § 33c GewO verfügt § 33d GewO in den Abs. 4 und 5 über **13** eigene Rücknahme- und Widerruftatbestände. Diese verschließen nicht per se den Rückgriff auf die allgemeinen Vorschriften der §§ 48, 49 VwVfG, sondern sind nur innerhalb ihres Regelungsbereiches als lex specialis anzusehen. Es kann somit von einer **partiellen Modifikation** der §§ 48, 49 VwVfG gesprochen werden (Hahn in Friauf GewO § 33d Rn. 40; Marcks in Landmann/Rohmer GewO § 33d Rn. 28; TWE GewO § 33d Rn. 45; aA jedoch Laubinger/Repkewitz VerwArch 1998, 337 (354 f.)). Zu unterscheiden ist zwischen obligatorischen Rücknahme- und Widerrufsgründen in Abs. 4 („ist") und fakultativen Widerrufsgründen in Abs. 5 („kann").

a) Obligatorische Rücknahme- und Widerrufsgründe § 33d Abs. 4 14 GewO. Nach Abs. 4 Satz 1 ist die Erlaubnis notwendig zurückzunehmen, wenn der Behörde bei ihrer Erteilung nicht bekannt war, dass Antragsteller oder Gewerbetreibender unzuverlässig iSd Abs. 3 sind. Einen Nachteilsausgleich, wie er durch § 48 Abs. 3 VwVfG gewährt wird, sieht § 33d Abs. 4 GewO nicht vor. Da der Rücknahmegrund des § 33d Abs. 4 GewO in der Risikosphäre des unrechtmäßigen Erlaubnisinhabers begründet liegt, besteht für die entsprechende Anwendung des § 48 Abs. 3 VwVfG kein Anlass (aA TWE GewO § 33d Rn. 35). Ebensowenig beansprucht die Jahresfrist des § 48 Abs. 4 VwVfG entsprechende Anwendung. Nicht einschlägig ist der Rücknahmetatbestand, wenn der Behörde die zur Unzuverlässigkeit führenden Tatsachen zwar bekannt waren, sie diese aber falsch gewürdigt und dennoch eine Erlaubnis erteilt hat (TWE GewO § 33d Rn. 34). Allerdings wird man für diesen Fall einen Rückgriff auf die allgemeine Rücknahmeregelung des § 48 VwVfG für zulässig erachten müssen (wie hier Laubinger/Repkewitz VerwArch 1998, 337 (350) und Hahn in Friauf GewO § 33d Rn. 37). Im Gegensatz zu § 33d GewO verlangt § 48 Abs. 1 Satz 1 VwVfG freilich eine Ermessensentscheidung der Behörde; ferner ist im Rahmen der Auffangnorm die Jahresfrist des § 48 Abs. 4 VwVfG zu beachten.

15   Abs. 4 Satz 2 enthält einen Katalog zwingender Widerrufsgründe. Eine Entschädigungsregelung wie § 49 Abs. 6 VwVfG enthält die Vorschrift nicht. Da die aufgeführten Widerrufsgründe letztlich in der Risikosphäre des Gewerbetreibenden begründet liegen, kommt eine entsprechende Anwendbarkeit des § 49 Abs. 6 VwVfG nicht in Betracht (aA TWE GewO § 33d Rn. 37).

16   **b) Fakultative Widerrufsgründe § 33d Abs. 5 GewO.** Abs. 5 stellt die Entscheidung über den Erlaubniswiderruf unter bestimmten Voraussetzungen in das Ermessen der Behörde. Dies dann, wenn in der Erlaubnis enthaltene Auflagen nicht beachtet werden oder gegen § 8 JÖSchG (der dem heutigen § 6 JuSchG im Wesentlichen entspricht) verstoßen wurde. Soweit der Verstoß gegen § 6 JuSchG gemäß § 27 JuSchG eine Straftat darstellt, greift nach rechtskräftiger Aburteilung allerdings ggf. der zwingende Widerrufsgrund des Abs. 4 Satz 2 Nr. 1, Abs. 3 Satz 2 iVm § 33c Abs. 2 Satz 2 GewO. Auch iRd Abs. 5 besteht für eine integrierte Anwendung des § 49 Abs. 6 VwVfG kein Anlass (aA TWE GewO § 33d Rn. 44).

17   **c) Konkurrenzverhältnis zur Gewerbeuntersagung.** Umstritten ist die Frage der Anwendung des § 35 GewO neben den Abs. 4 und 5 (dafür TWE GewO § 33d Rn. 46 mwN; dagegen OVG Münster GewArch 1979, 330). Ob eine parallele Anwendbarkeit damit begründet werden kann, dass die Abs. 4 und 5 von der Rechtsfolgenseite her die Erlaubnis lediglich eines **bestimmten** Spieles betreffen, nicht aber – wie § 35 GewO – die Ausübung eines Gewerbes iSe (abstrakten) Gewerbeart, erscheint durchaus fraglich.

5. Rechtsfolgen einer Zuwiderhandlung gegen § 33d GewO

18   Verstöße gegen die Vorschrift des § 33d GewO können als Ordnungswidrigkeiten nach § 144 Abs. 1 Nr. 1 lit. d, Abs. 2 Nr. 3, Abs. 4 GewO bzw. bei beharrlicher Wiederholung als Straftaten gemäß § 148 GewO sanktioniert werden. Insoweit gilt das zu § 33c GewO Gesagte entsprechend (→ § 33c GewO Rn. 21 f.). § 284 StGB kommt neben den gewerberechtlichen Bestimmungen grundsätzlich nicht zur Anwendung, es sei denn, es wird ein Spiel veranstaltet, das nicht für unbedenklich erklärt werden kann (hierzu ausführlich Marcks in Landmann/Rohmer GewO § 33d Rn. 31 mwN).

§ 33e Bauartzulassung und Unbedenklichkeitsbescheinigung

(1) **Die Zulassung der Bauart eines Spielgerätes oder ihrer Nachbaugeräte und die Unbedenklichkeitsbescheinigung für andere Spiele (§§ 33c und 33d) sind zu versagen, wenn die Gefahr besteht, daß der Spieler unangemessen hohe Verluste in kurzer Zeit erleidet. Für andere Spiele im Sinne des § 33d kann die Unbedenklichkeitsbescheinigung auch versagt werden, wenn das Spiel durch Veränderung der Spielbedingungen oder durch Veränderung der Spieleinrichtung mit einfachen Mitteln als Glücksspiel im Sinne des § 284 des Strafgesetzbuches veranstaltet werden kann. Ein Versagungsgrund im Sinne des Satzes 2 liegt insbesondere dann vor, wenn**
1. **es sich um ein Karten-, Würfel- oder Kugelspiel handelt, das von einem Glücksspiel im Sinne des § 284 des Strafgesetzbuches abgeleitet ist, oder**
2. **das Spiel nach den zur Prüfung eingereichten Bedingungen nicht wirtschaftlich betrieben werden kann.**

(2) **Die Zulassung und die Unbedenklichkeitsbescheinigung sind zurückzunehmen oder zu widerrufen, wenn Tatsachen bekannt werden, die ihre Versagung rechtfertigen würden, oder wenn der Antragsteller zugelassene Spielgeräte an den in dem Zulassungsschein bezeichneten Merkmalen verändert oder ein für unbedenklich erklärtes Spiel unter nicht genehmigten Bedingungen veranstaltet.**

(3) **Die Zulassung und die Unbedenklichkeitsbescheinigung können mit einer Befristung erteilt und mit Auflagen verbunden werden.**

(4) **Bei serienmäßig hergestellten Spielen nach § 33d genügt es, wenn die Unbedenklichkeitsbescheinigung für das eingereichte Spiel und für Nachbauten ein Abdruck der Unbedenklichkeitsbescheinigung erteilt wird.**

1. Grundlagen

Regelungsinhalte der Vorschrift sind die für die Erlaubnis nach § 33c GewO **1** erforderliche Bauartzulassung (BAZ) des Spielgerätes durch die Physikalisch-Technische Bundesanstalt (PTB) sowie die Erteilung der nach § 33d GewO erforderlichen Unbedenklichkeitsbescheinigung (UB) durch das Bundeskriminalamt (BKA). Das Erteilungsverfahren folgt den Vorgaben der nach Maßgabe des § 33f GewO erlassenen SpielV und der UnbBeschErtV. Die Spielverordnung (siehe hierzu Kommentierung zur SpielV) regelt die Erteilungsvoraussetzungen für BAZ und UB sowie Verfahrensvoraussetzungen für die Erteilung der BAZ. Das Verfahren zur Erteilung von UBen ist in der UnbBeschErtV geregelt.

2. § 33e Abs. 1 GewO Anforderungen an die Erteilung von Bauartzulassung und Unbedenklichkeitsbescheinigung

BAZ und UB werden nur **auf Antrag** erteilt. Die Entscheidung über den **2** Antrag auf BAZ obliegt der PTB, über den Antrag auf UB-Erteilung entscheidet das BKA. Die Behörden entscheiden in beiden Fällen im gegenseitigen Benehmen (vgl. § 11 SpielV; § 1 UnbBeschErtV), ohne dass der Antragsteller aus einem fehlenden Benehmen eine Rechtsverletzung herleiten könnte (vgl. TWE § 33e GewO Rn. 4, 8).

Die Antragstellung erfolgt hinsichtlich der BAZ ausschließlich durch den Her- **3** steller, bei der UB kann sie durch Hersteller oder späteren Veranstalter erfolgen. Der Antragsteller hat einen Rechtsanspruch auf Erteilung, sofern kein Versagungsgrund nach Abs. 1 vorliegt (BVerwG NVwZ 2002, 862). Die Erteilung von BAZ und UB ist ein VA und ergeht regelmäßig in schriftlicher Form.

a) Gemeinsamer Versagungsgrund für BAZ und UB bei der „Gefahr 4 unangemessen hoher Verluste in kurzer Zeit" § 33e Abs. 1 Satz 1 GewO. Zentrale Zielvorgabe beider Erlaubnisvorbehalte ist die Vermeidung der Gefahr **unangemessen hoher Verluste** in kurzer Zeit. Besteht eine solche Gefahr, dürfen BAZ und UB nicht erteilt werden. Bei der Gefahrenbewertung ist ein einheitlicher Bewertungsmaßstab anzulegen, der sich – auch für Spiele iSd § 33d GewO – an den Vorgaben zu orientieren hat, welche die §§ 13, 14 SpielV für Geld- und Warenspielgeräte iSd § 33c GewO vorsehen (vgl. BVerwG NVwZ 2002, 862 (863); Hahn GewArch 2002, 41 (42); Hahn GewArch 2007, 89 (96)). Es ist insbesondere nicht auf den theoretischen Maximalverlust, sondern auf den **realistischerweise möglichen Verlust** abzustellen (BVerwG NVwZ 1985, 829), wobei auch durchschnittlich zu erwartende (Abschnitts-)Gewinne in die Berechnung einzubeziehen sind (BVerwG GewArch 1983, 60 (62)). Als Grenzwerte für die anderen Spiele iSd § 33d GewO sind in Anlehnung an die explizite Normierung für Geldspielgeräte iSd § 33c GewO folgende Grenzwerte zugrundezulegen (hierzu ausführlich Marcks in Landmann/Rohmer GewO § 33e Rn. 3, der auch auf die alte Rechtslage vor Novellierung der SpielV eingeht): Kurzfristiger Höchstverlust pro Stunde 80 Euro (vgl. § 13 Abs. 1 Nr. 3 SpielV) und langfristiger Dauerverlust pro Gerät 33 Euro (vgl. § 12 Abs. 2 lit. a SpielV).

Nach Novellierung der SpielV im Jahr 2006 hat die PTB für neuentwickelte Geldspielgeräte (Multigamer Spielgeräte mit geldäquivalenten Betragsangaben) BAZen erteilt, obwohl beim Spielbetrieb an den Geräten die Einsatz-, Gewinn-, und Verlusthöchstgrenzen des § 13 SpielV unterlaufen werden (→ § 13 SpielV Rn. 9; Schütze/Kalke ZfWG 2009, 235 ff.; Dietlein/Hüsken Jhrb. HHUD 2010, 593 ff. mwN; Reeckmann ZfWG 2010, 229 (231 f.); Peters ZfWG 2011, 1 ff.; Peters ZRP 2011, 134 ff.; Dürr GewArch 2011, 99 ff. und 142 ff.; Sachverständigen-Positionspapier vom 18.4.2011 ZfWG 2011, 393 ff.; Richter ZfWG 2012, 103 ff.). Zur Verhinderung einer derartigen Genehmigungspraxis hat der Fachbeirat nach § 10 Abs. 1 Satz 2 GlüStV (vgl. zur Rechtsnatur des Fachbeirates Manthey ZfWG 2011, 167 ff.; Manthey/Rubin ZfWG 2010, 324 ff.) mit Beschluss vom 12.3.2008 die Aufnahme eines speziellen Versagungsgrundes für die BAZ von Geldspielgeräten in § 33e Abs. 1 GewO vorgeschlagen, der das erhebliche Suchtpotenzial dieser Spiele zwingend bereits auf formellgesetzlicher Ebene berücksichtigt. Der Änderungsvorschlag ist bislang nicht umgesetzt worden, eine entsprechende Bundesratsinitiative der Länder unterblieben.

5   **b) Spezieller Versagungsgrund für die UB § 33e Abs. 1 Satz 2 und 3 GewO.** Der weitere Versagungsgrund des Abs. 1 Satz 2 bezieht sich ausschließlich auf die für andere Spiele iSd § 33d GewO erforderliche UB. Er wird durch die Regelbeispiele des Satz 3 konkretisiert, die keinen abschließenden Charakter haben. Inhaltlich geht es um Fälle der **präventiven Gefahrenabwehr.** Vermieden werden soll, dass unbedenkliche Spiele iSd § 33d GewO nach Erteilung der UB unter geänderten Bedingungen als **illegale Glücksspiele** veranstaltet werden. Auf die im Einzelfall bestehende Wahrscheinlichkeit einer Gefahrenrealisierung durch Manipulation der Spielbedingungen oder Spieleinrichtungen kommt es nicht an. Der Versagungsgrund des Abs. 1 Satz 2 ist nach stRspr. ebenso obligatorisch wie derjenige des Satz 1. Entgegen der missverständlichen Formulierung des Satz 2 („kann versagt werden") handelt es sich demnach um eine **gebundene Entscheidung** (BVerwG GewArch 1997, 287; VGH Kassel GewArch 1995, 198). Für diese Auslegung spricht, dass der in Satz 2 formulierte Tatbestand in Satz 3 explizit als „Versagungsgrund" bezeichnet wird. Die Regelung genügt als sog. „Berufsausübungsbeschränkung" den verfassungsrechtlichen Bestimmtheitsanforderungen (BVerwG GewArch 1997, 287).

6   Die UB ist zu versagen, wenn das Spiel durch Veränderung der Spielbedingungen oder Spieleinrichtungen mit einfachen Mitteln als Glücksspiel iSd § 284 StGB veranstaltet werden kann. Ein die Versagung nach Satz 2 rechtfertigendes Regelbeispiel liegt nach Satz 3 Nr. 1vor, wenn es sich um ein von einem **Glücksspiel** iSd § 284 StGB **abgeleitetes Karten-, Würfel- oder Kugelspiel** handelt (vgl. zur Glücksspieleigenschaft von Online-Poker BGH, GRUR 2012, 201). Erfasst werden danach etwa die von **Roulette, Black Jack oder Baccara** abgeleiteten Spiele. Soweit entgeltlich angebotenes **Turnierpoker** entgegen hier vertretener

Auffassung (→ § 33d GewO Rn. 5) nicht als Glücksspiel erfasst wird (so Kretschmer ZfWG 2007, 93; hierzu auch OVG Bautzen ZfWG 2012, 194), wäre es als vom **Poker** abgeleitetes Spiel jedenfalls nach § 33e GewO unzulässig (VG Hamburg NVwZ-RR 2009, 63 (64 f.)). Unentgeltliches Turnierpoker kann nach Lage des Einzelfalles eine rechtswidrige Werbung für illegales Glücksspiel enthalten (→ § 3 GlüStV Rn. 6; hierzu auch VG München MMR 2010, 59 f.; Hambach/Berberich K&R 2010, 237 ff., zur Werbung für eine kostenlose Pokerschule).

Eine (unwiderlegbare) **Missbrauchsvermutung** ergibt sich nach Satz 3 Nr. 2 **7** für Spiele, die nach den eingereichten Spielbedingungen **nicht wirtschaftlich** zu betreiben sind. Wirtschaftlich ist ein Spiel nur dann zu betreiben, wenn es Gewinne erwarten lässt. Dies setzt neben einem wirtschaftlichen Verhältnis von Einsatz und Gewinnerwartung auch voraus, dass das Spiel unter den eingereichten Spielbedingungen das Interesse potenzieller Spieler finden wird. Die diesbezüglichen Bewertungen der Behörde unterliegen voller gerichtlicher Nachprüfung („nachvollziehende Abwägung"); ein eigener behördlicher Beurteilungsspielraum besteht nicht. Auch wenn keines der genannten Regelbeispiele einschlägig ist, ist die UB bei Vorliegen der tatbestandlichen Voraussetzungen des Satz 2 zu versagen.

c) Anforderungen der SpielV. Einzelheiten zur Erteilung von BAZ und UB **8** regeln die §§ 13, 14 und 18 SpielV (→ Einl. SpielV Rn. 2). Zu beachten ist, dass durch die gemäß § 33f GewO erlassene SpielV die Anforderungen des § 33e GewO nicht verschärft werden dürfen und die Vorgaben der SpielV daher am Maßstab des § 33e GewO auszulegen sind (BVerwG GewArch 1968, 81; VGH Mannheim NVwZ-RR 2003, 555). Es handelt sich insoweit bei der Verordnungsermächtigung des § 33f Abs. 1 Nr. 3 GewO lediglich um einen Ausgestaltungs-, nicht jedoch um einen Einschränkungsvorbehalt (Gallwas FS Helmrich, 935 f.).

3. § 33e Abs. 2 GewO Rücknahme und Widerruf von BAZ und UB

§ 33e Abs. 2 GewO formuliert zwingende Rücknahme- und Widerrufstatbe- **9** stände für BAZ und UB, die insoweit den allgemeinen Ermessensvorschriften der §§ 48, 49 VwVfG vorgehen. Ein ergänzender Rückgriff auf die §§ 48, 49 VwVfG bleibt etwa dort möglich, wo Tatsachen, die die Versagung rechtfertigen, bereits von Anfang an bekannt waren, indes zunächst unzutreffend gewürdigt wurden. Da die Aufhebungsgründe des Abs. 2 durchgängig in der Risikosphäre des Erlaubnisinhabers verortet sind, gibt es für eine „integrierte" Anwendung der Entschädigungsregelungen der §§ 48 Abs. 3, 49 Abs. 6 VwVfG keine Veranlassung (aA TWE GewO § 33e Rn. 24). Anderes gilt selbstverständlich, soweit subsidiär unmittelbar auf die §§ 48, 49 VwVfG zurückgegriffen werden muss. Auch die Jahresfrist des § 48 Abs. 4 VwVfG ist im Rahmen des Abs. 2 nicht anwendbar (hierzu ausführlich Hahn in Friauf GewO § 33e Rn. 35). Im Gegensatz zur Erteilung ist für die Aufhebung von BAZ und UB ein Benehmen von PTB und BKA nicht erforderlich.

4. § 33e Abs. 3 GewO Beifügung von Nebenbestimmungen

BAZ und UB als VAe können gemäß Abs. 3 mit Befristungen erteilt und mit **10** Auflagen verbunden werden. Andere Nebenbestimmungen sind nach Maßgabe des § 36 Abs. 1 2. Alt. VwVfG zulässig, soweit sie der Sicherstellung der gesetzlichen Erteilungsvoraussetzungen des VA dienen.

5. § 33e Abs. 4 GewO Abdruck der UB

11 Abs. 4 lässt für serienmäßig hergestellte Spiele iSd § 33d GewO einen Abdruck der UB ausreichen und dient damit der Verwaltungsvereinfachung. Der Hersteller erhält demgemäß für Nachbauten Abdrucke der UB, die er dem Veranstalter zum Zwecke der Einholung einer Erlaubnis gemäß § 33d Abs. 1 und 2 GewO weiterreicht.

6. Rechtsfolgen einer Zuwiderhandlung gegen § 33e GewO

12 Verstöße gegen auf Grundlage des § 33e Abs. 3 GewO erteilte Auflagen können gemäß § 144 Abs. 2 Nr. 3, Abs. 4 GewO als Ordnungswidrigkeit sanktioniert werden.

§ 33f Ermächtigung zum Erlass von Durchführungsvorschriften

(1) **Das Bundesministerium für Wirtschaft und Technologie kann zur Durchführung der §§ 33c, 33d, 33e und 33i im Einvernehmen mit den Bundesministerien des Innern und für Familie, Senioren, Frauen und Jugend und mit Zustimmung des Bundesrates durch Rechtsverordnung zur Eindämmung der Betätigung des Spieltriebs, zum Schutze der Allgemeinheit und der Spieler sowie im Interesse des Jugendschutzes**
1. **die Aufstellung von Spielgeräten oder die Veranstaltung von Spielen auf bestimmte Gewerbezweige, Betriebe oder Veranstaltungen beschränken und die Zahl der jeweils in einem Betrieb aufgestellten Spielgeräte oder veranstalteten anderen Spiele begrenzen,**
2. **Vorschriften über den Umfang der Befugnisse und Verpflichtungen bei der Ausübung des Gewerbes erlassen,**
3. **für die Zulassung oder die Erteilung der Unbedenklichkeitsbescheinigung bestimmte Anforderungen an**
   a) **die Art und Weise des Spielvorganges,**
   b) **die Art des Gewinnes,**
   c) **den Höchsteinsatz und den Höchstgewinn,**
   d) **das Verhältnis der Anzahl der gewonnenen Spiele zur Anzahl der verlorenen Spiele,**
   e) **das Verhältnis des Einsatzes zum Gewinn bei einer bestimmten Anzahl von Spielen,**
   f) **die Mindestdauer eines Spieles,**
   g) **die technische Konstruktion und die Kennzeichnung der Spielgeräte,**
   h) **die Bekanntgabe der Spielregeln und des Gewinnplans sowie die Bereithaltung des Zulassungsscheines oder des Abdruckes des Zulassungsscheines, des Zulassungsbeleges, der Unbedenklichkeitsbescheinigung oder des Abdruckes der Unbedenklichkeitsbescheinigung**
   stellen,
4. **Vorschriften über den Umfang der Verpflichtungen des Gewerbetreibenden erlassen, in dessen Betrieb das Spielgerät aufgestellt oder das Spiel veranstaltet werden soll.**
(2) **Durch Rechtsverordnung können ferner**

1. **das Bundesministerium für Wirtschaft und Technologie im Einvernehmen mit dem Bundesministerium des Innern und mit Zustimmung des Bundesrates**
   a) **das Verfahren der Physikalisch-Technischen Bundesanstalt bei der Prüfung und Zulassung der Bauart von Spielgeräten sowie bei der Verlängerung der Aufstelldauer von Warenspielgeräten, die auf Volksfesten, Schützenfesten oder ähnlichen Veranstaltungen aufgestellt werden sollen, und die ihrer Konstruktion nach keine statistischen Prüfmethoden erforderlich machen, regeln und**
   b) **Vorschriften über die Gebühren und Auslagen für Amtshandlungen der Physikalisch-Technischen Bundesanstalt erlassen;**
2. **das Bundesministerium des Innern im Einvernehmen mit dem Bundesministerium für Wirtschaft und Technologie und mit Zustimmung des Bundesrates**
   a) **das Verfahren des Bundeskriminalamtes bei der Erteilung von Unbedenklichkeitsbescheinigungen regeln und**
   b) **Vorschriften über die Gebühren und Auslagen für Amtshandlungen des Bundeskriminalamtes erlassen.**

1. Grundlagen

§ 33f GewO ermächtigt zum Erlass von **Rechtsverordnungen** zur Durchfüh- 1
rung und Konkretisierung der §§ 33c, d, e und i GewO. § 33f Abs. 1 GewO zielt
auf verordnungsgeberische Präzisierungen zur Aufstellung von Spielgeräten und
der Veranstaltung von anderen Spielen. Demgegenüber betrifft § 33f Abs. 2 GewO
die Regelung des Verfahrens bei Physikalisch-Technischer Bundesanstalt (PTB)
und Bundeskriminalamt (BKA) zur Erteilung von Bauartzulassung (BAZ) und
Unbedenklichkeitsbescheinigung (UB) sowie die dementsprechende Festsetzung
von Gebühren. Gemäß § 60a Abs. 2 Satz 4 GewO findet die Bestimmung des
§ 33f GewO für die Veranstaltung von Spielen im Reisegewerbe entsprechende
Anwendung. Verfassungsrechtliche Bedenken gegen die Verordnungsermächtigung bestehen nicht (so ausdrücklich für § 33f Abs. 1 Nr. 1 GewO BVerfG NVwZ
1987, 1067; zum selben Ergebnis für die übrigen Verordnungsermächtigungen
des § 33f GewO Hahn in Friauf GewO § 33f Rn. 5; TWE GewO § 33f Rn. 2).

2. § 33f Abs. 1 GewO Verordnungsermächtigung zur Durchführung der §§ 33c, d, e und i GewO

Abs. 1 stellt den Erlass der Verordnung in das Ermessen des zuständigen BMWT, 2
das hierbei im Einvernehmen mit dem BMI sowie dem BMFSFJ zu handeln hat.
Das Ermessen ist entsprechend dem Zweck der Ermächtigung auszuüben; dieser
besteht in dem Ziel der **Eindämmung des Spiels**, dem **Schutz der Allgemeinheit** und **der Spieler** sowie dem **Schutz der Jugend**. Von der Ermächtigung
hat das BMWT durch Erlass der Verordnung über Spielgeräte und andere Spiele
mit Gewinnmöglichkeit (**Spielverordnung** – SpielV) Gebrauch gemacht.

a) Systematischer Überblick. Die SpielV präzisiert die materiell-rechtlichen 3
Anforderungen, die bei der Aufstellung von Spielgeräten bzw. dem Veranstalten
anderer Spiele einzuhalten sind; darüber hinaus regelt sie die Verfahrens- und
Gebührenregelungen zur Erteilung der BAZ durch die PTB.

4   Demgegenüber enthält die auf Grundlage des § 33f Abs. 2 Nr. 2 GewO erlassene UnbBeschErtV allein die Verfahrens- und Gebührenregelungen für die Erteilung der UB durch das BKA.

5   **b) Systematik der SpielV.** Eine Darstellung der Systematik der SpielV sowie
eine Kommentierung der zentralen Vorschriften der SpielV findet sich im nachfolgenden Kapitel SpielV (→ Einl. SpielV Rn. 2).

6   **c) Systematik der UnbBeschErtV.** Die gemäß der Verordnungsermächtigung in § 33f Abs. 2 Nr. 2 GewO erlassene Unbedenklichkeitsbescheinigungserteilungsverordnung (UnbBeschErtV) regelt das Verfahren (§§ 1–5 UnbBeschErtV)
und die Gebührenerhebung (§ 6 UnbBeschErtV) für die Erteilung von UBen,
folgt in ihrer Regelungssystematik aber den Grundsätzen des in der SpielV geregelten Verfahrens hinsichtlich der BAZ.

3. § 33f Abs. 2 GewO Verordnungsermächtigung zur Verfahrens- und Gebührenregelung bei PTB und BKA

7   Abs. 2 Nr. 1 ermächtigt das BMWT im Einvernehmen mit dem BMI sowie
mit Zustimmung des Bundesrates zum Erlass von Verfahrens- und Gebührenregelungen für das BAZ-Erteilungsverfahren bei der PTB. Dieser Regelungssystematik
folgend ermächtigt Abs. 2 Nr. 2 das BMI, im Einvernehmen mit dem BMWT
und mit Zustimmung des Bundesrates die erforderlichen Verfahrens- und Gebührenregelungen für die Erteilung von UBen durch das BKA zu erlassen. Die entsprechenden Regelungen für das Verfahren bei der PTB finden sich in der SpielV,
diejenigen für das Verfahren beim BKA in der UnbBeschErtV.

4. Rechtsfolgen einer Zuwiderhandlung gegen auf Grundlage des § 33f GewO ergangene Bestimmungen

8   Zuwiderhandlungen gegen die auf Grundlage des § 33f Abs. 1 Nr. 1, 2, 4
GewO erlassene SpielV können gemäß § 144 Abs. 2 Nr. 1, Abs. 4 GewO iVm
§ 19 SpielV als Ordnungswidrigkeiten geahndet werden. Eine Strafbarkeit kann
sich im Falle konkreter Gefährdungen für Leib, Leben und Sachen von bedeutendem Wert nach § 148 Nr. 2 GewO ergeben.

§ 33g Einschränkung und Ausdehnung der Erlaubnispflicht

**Das Bundesministerium für Wirtschaft und Technologie kann im Einvernehmen mit den Bundesministerien des Innern und für Familie,
Senioren, Frauen und Jugend mit Zustimmung des Bundesrates durch
Rechtsverordnung bestimmen, daß**
**1. für die Veranstaltung bestimmter anderer Spiele im Sinne des § 33d
   Abs. 1 Satz 1 eine Erlaubnis nicht erforderlich ist, wenn diese Spiele
   überwiegend der Unterhaltung dienen und kein öffentliches Interesse
   an einer Erlaubnispflicht besteht,**
**2. die Vorschriften der §§ 33c und 33d auch für die nicht gewerbsmäßige
   Aufstellung von Spielgeräten und für die nicht gewerbsmäßige Veranstaltung anderer Spiele in Vereinen und geschlossenen Gesellschaften
   gelten, in denen gewohnheitsmäßig gespielt wird, wenn für eine solche
   Regelung ein öffentliches Interesse besteht.**

1. Grundlagen

§ 33g GewO gewährt die Möglichkeit einer Flexibilisierung der Erlaubnis- **1** pflichten im Sinne eines effektiven Spielerschutzes. Nr. 1 ermöglicht es, die Veranstaltung bestimmter anderer Spiele iSd § 33d Abs. 1 Satz 1 GewO unter näher bestimmten Voraussetzungen von der grundsätzlich bestehenden Erlaubnispflicht freizustellen. Demgegenüber eröffnet Nr. 2 die Möglichkeit, die Erlaubnispflicht unter näher bezeichneten Voraussetzungen auf das nicht gewerbsmäßige Aufstellen von Spielgeräten iSd § 33c GewO und nicht gewerbsmäßige Veranstalten anderer Spiele iSd § 33d GewO auszudehnen. Kraft der Verweisung in § 60a Abs. 2 Satz 4 GewO ist die Verordnungsermächtigung im Reisegewerbe anwendbar. Kompetenzielle Bedenken ergeben sich mit Blick auf Nr. 2 insofern, als die Ermächtigungsnorm explizit den **nicht-wirtschaftlichen Bereich** erfasst und somit allenfalls im Sinne einer Annexregelung auf Art. 74 Abs. 1 Nr. 11 GG gestützt werden kann. Im Kern dürfte es sich um eine **ordnungsrechtliche Materie** handeln.

2. § 33g Nr. 1 GewO Einschränkung der Erlaubnispflicht

Das BMWT kann im Einvernehmen mit dem BMI und BMFSFJ sowie mit **2** Zustimmung des Bundesrates die Erlaubnispflicht für bestimmte andere Spiele iSd § 33d Abs. 1 Satz 1 GewO einschränken, wenn diese überwiegend der Unterhaltung dienen und kein öffentliches Interesse an einer Erlaubnispflicht besteht. Der Beschränkung auf „bestimmte" andere Spiele entspricht, dass eine generelle Freistellung von der Erlaubnispflicht nicht zulässig ist (Hahn in Friauf GewO § 33g Rn. 3). Als Spiele idS kommen von vornherein nur **Geschicklichkeitsspiele** und **Ausspielungen** in Betracht, nicht hingegen Glücksspiele iSd § 284 StGB (arg. e § 33h Nr. 2 und 3 GewO). Trotz nicht erforderlicher UB muss gewährleistet sein, dass der Spieler nicht übervorteilt wird und insbesondere keine unangemessen hohen Verluste in kurzer Zeit erleidet (Marcks in Landmann/Rohmer GewO § 33g Rn. 2; Meßerschmidt in BeckOK GewO § 33g Rn. 2).

Von der Ermächtigungsnorm hat der Verordnungsgeber in **§ 5a SpielV** **3** Gebrauch gemacht. Die Freistellung erfasst entsprechend dem Regelungsbereich der GewO nur das gewerbliche Spiel. Eine gewerbliche Betätigung ist allerdings auch dann zu bejahen, wenn die Veranstaltung des Spieles zwar nicht aus sich heraus, wohl aber durch beabsichtigte Umsatzsteigerungen bei begleitenden Angeboten (zB Getränkeumsatz) Einkünfte generieren soll.

3. § 33g Nr. 2 GewO Ausdehnung der Erlaubnispflicht

Im Gegensatz zur Nr. 1 betrifft die Verordnungsermächtigung in Nr. 2 sowohl **4** Spielgeräte iSd § 33c GewO als auch Spiele iSd § 33d GewO. Nach dem gleichen Verfahren wie in Nr. 1 kann das BMWT die Erlaubnispflicht der §§ 33c und d GewO auf das nicht gewerbsmäßige Aufstellen von Spielgeräten und Veranstalten anderer Spiele in Vereinen und geschlossenen Gesellschaften ausdehnen, in denen gewohnheitsmäßig gespielt wird, sofern hierfür ein öffentliches Interesse besteht. **Gewohnheitsmäßig** wird eine Tätigkeit ausgeübt, wenn sie ohne Gewinnabsicht zu einer dauernden oder wenigstens wiederkehrenden Beschäftigung führt (vgl. Marcks in Landmann/Rohmer GewO § 33g Rn. 5).

Von der Verordnungsermächtigung in Nr. 2 wurde bislang kein Gebrauch **5** gemacht. Da somit eine Erlaubnis jenseits der gewerblichen Betätigung gesetzlich ausgeschlossen ist, greift für als Glücksspiel zu qualifizierende Gewinnspielgeräte iSd § 33c GewO (→ § 33c GewO Rn. 4 f.) die Verbotsnorm des § 284 StGB (vgl. Marcks in Landmann/Rohmer GewO § 33g Rn. 5; sowie ausführlich zu dieser Problematik Berg GewArch 1976, 249 ff.).

4. Rechtsfolgen einer Zuwiderhandlung gegen auf Grundlage des § 33g GewO ergangene Bestimmungen

6   § 5a SpielV ist weder bußgeld- noch strafbewehrt (Marcks in Landmann/Rohmer GewO § 33g Rn. 6). Für eine etwaige Verordnung gemäß § 33g Nr. 2 GewO sind in §§ 144 Abs. 2 Nr. 1, 145 Abs. 2 Nr. 1 GewO Bußgeldblankettvorschriften enthalten.

§ 33h Spielbanken, Lotterien, Glücksspiele

Die §§ 33c bis 33g finden keine Anwendung auf
1. die Zulassung und den Betrieb von Spielbanken,
2. die Veranstaltung von Lotterien und Ausspielungen, mit Ausnahme der gewerbsmäßig betriebenen Ausspielungen auf Volksfesten, Schützenfesten oder ähnlichen Veranstaltungen, bei denen der Gewinn in geringwertigen Gegenständen besteht,
3. die Veranstaltung anderer Spiele im Sinne des § 33d Abs. 1 Satz 1, die Glücksspiele im Sinne des § 284 des Strafgesetzbuches sind.

1. Grundlagen

1   Die Bestimmung des § 33h GewO nimmt die in Nr. 1 bis 3 genannten Regelungsbereiche vom Anwendungsbereich der §§ 33c bis g GewO aus. Sie trägt damit der grundgesetzlichen Zuständigkeitsverteilung für die Regulierung des Glücksspielwesens Rechnung (→ Einführung Rn. 8 ff.). Als einfachrechtlicher Regelung kommt § 33h GewO freilich keine konstitutive, sondern nur eine beschreibende Wirkung hinsichtlich der grundgesetzlichen Kompetenzverteilung zu. Spätestens mit der Sportwettenentscheidung des BVerfG vom 28.3.2006 ist deutlich geworden, dass je nach der gesetzgeberischen Gefahreneinschätzung durchaus unterschiedliche Zuordnungen denkbar sind (→ Einführung Rn. 8). So hat das BVerfG die kompetenzielle Möglichkeit einer wirtschaftsrechtlichen (liberalisierten) Regulierung des Sportwettenrechts durch Bundes- und Landesrecht in Erinnerung gerufen. Umgekehrt bliebe es kompetenziell möglich, bislang gewerberechtlich regulierte Segmente des Glücksspielrechts bei veränderter Gefahrenbewertung in eine ordnungsrechtliche Regulierung zu überführen. In letztgenanntem Sinne wird im Sinne der vielbeschworenen **Konsistenzdebatte** namentlich zu prüfen sein, ob das in § 33c GewO normierte Glücksspiel weiterhin in dem bisherigen Umfang in den gewerberechtlichen Regelungskontext passt. Zudem hat die Föderalismusreform I mit der Zuweisung der künftigen **Spielhallengesetzgebung** an die Länder (Art. 74 Abs. 1 Nr. 11 GG) eine deutliche Akzentverschiebung gebracht, deren Folgewirkungen allerdings noch nicht abschließend geklärt sind (→ Einführung Rn. 13). Mit der partiellen Erweiterung des sachlichen Anwendungsbereiches des GlüStV auf die gewerberechtlichen Spielhallen und die Geld- und Warenspielgeräte in Gaststätten und Wettannahmestellen sowie der teilweisen Einführung von Landesspielhallengesetzen (→ § 2 GlüStV Rn. 20) im Zuge der europarechtlichen Kohärenzdebatte haben die Länder nunmehr von der ihnen zustehenden Gesetzgebungszuständigkeit für das

Spielhallen- und Gaststättenwesen Gebrauch gemacht. Soweit § 33h GewO bestimmte Ordnungsbereiche von der Geltung der GewO ausnimmt, können die zugehörigen (Glücks-)Spiele notwendigerweise nicht gewerberechtlich legitimiert werden.

2. § 33h Nr. 1 GewO Spielbanken

Das Spielbankenrecht stellt ein klassisches Segment der (materiellen) **Polizeige-**   2 **setzgebung** der Länder dar (Art. 70 Abs. 1 GG) und unterliegt folgerichtig nicht der GewO. Der Regelung der **Nr. 1** kommt insoweit lediglich **deklaratorische Wirkung** zu. Der Ausschluss des Spielbankenwesens vom Anwendungsbereich der GewO hat zur Folge, dass die §§ 33c bis g GewO auch dann unanwendbar bleiben, wenn in einer Spielbank Spielgeräte iSd § 33c GewO aufgestellt sind oder Spiele iSd § 33d GewO veranstaltet werden (Bahr Glücks- und Gewinnspielrecht Rn. 249; auch Meßerschmidt in BeckOK GewO § 33c Rn. 8; aA wohl Fröhler/ Kormann § 33h GewO Rn. 1). Dies bedeutet, dass insoweit auch Erlaubnisse, Bauartzulassung (BAZ) und Unbedenklichkeitsbescheinigung (UB) entfallen, wenn das Landesrecht nichts Gegenteiliges bestimmt (vgl. Hahn in Friauf GewO § 33h Rn. 9). Dabei wird die Unanwendbarkeit der GewO regelmäßig durch den Erlass behördlicher Spielordnungen kompensiert, mit denen die Spielabläufe in den Spielbanken im Einzelnen geregelt werden (hierzu Bahr Glücks- und Gewinnspielrecht Rn. 253).

Der Begriff der Spielbank ist in der GewO nicht legaldefiniert. Als Spielbank ist ein Unternehmen anzusehen, in dem in Erfüllung eines ordnungsrechtlichen Kanalisierungsauftrages sowie unter strenger staatlicher Kontrolle Gelegenheit zum öffentlichen Glücksspiel gegeben wird (hierzu auch → § 2 GlüStV Rn. 12; → § 20 GlüStV Rn. 1; Ennuschat in BeckOK GewO § 33h Rn. 7 ff.). Spielbanken stellen somit einen vom Staat eröffneten „**Raum für riskantes Handeln**" dar und heben sich damit von den Spielhallen ab, deren Betrieb jedermann als gewerbliche Betätigung offen steht und die letztlich dem Bereich der Unterhaltung zugeordnet sind. Aus diesem Unterschied ergibt sich als Konsequenz, dass in Spielbanken, anders als in Spielhallen, hohe Geldeinsätze möglich und zulässig sind (vgl. DHO Praxishandbuch Spielrecht, Rn. 222).

Grundsätzlich findet die Vorschrift des § 33h Nr. 1 GewO auch Anwendung auf sog. „Online-Casinos", dh auf Onlineangebote staatlich konzessionierter Spielbanken. Derartige Spielbankangebote über das Internet sind allerdings seit Inkrafttreten des GlüStV, der partiell gemäß § 2 Abs. 2 GlüStV auch für Spielbanken gilt, grundsätzlich ausnahmslos gemäß § 4 Abs. 4 GlüStV verboten (hierzu und zu etwaigen Ausnahmen → § 2 GlüStV Rn. 13).

3. § 33h Nr. 2 GewO Lotterien und Ausspielungen

a) Allgemeines. Nach Nr. 2 1. Hs. finden die §§ 33c bis g GewO ebenfalls   3 keine Anwendung auf die Veranstaltung von **Lotterien** und **Ausspielungen**. Diese sind folglich nach dem bundesrechtlich geregelten gewerblichen Spielrecht grundsätzlich nicht erlaubnisfähig (vgl. Hahn in Friauf GewO § 33h Rn. 13); ihre verwaltungsrechtliche Zulässigkeit richtet sich ausschließlich nach den Regelungen des GlüStV. Eine **Rückausnahme** für spezielle Ausspielungen findet sich in Nr. 2 2. Hs. Danach verbleiben Ausspielungen im Anwendungsbereich der §§ 33c bis g GewO, wenn sie gewerbsmäßig auf **Volksfesten, Schützenfesten** oder ähnlichen Veranstaltungen betrieben werden und der Gewinn in geringwertigen Gegenständen besteht. Zur Bestimmung der Begriffe Lotterie und Ausspielung kann auf die entsprechenden Legaldefinitionen in § 3 Abs. 3 GlüStV zurückgegriffen werden (→ § 3 GlüStV Rn. 10 ff.; vgl. auch Ennuschat in BeckOK GewO § 33h Rn. 15 f. mwN).

4   b) Lotterien. Die Bereichsausnahme für das Lotterierecht ist umfassend zu verstehen. Ihr unterfallen zunächst die Veranstaltung und Vermittlung von Lotterien; dies gilt auch für die sog. **gewerbliche Spielvermittlung,** die kein Gewerbe iSd GewO darstellt (vgl. auch Postel WRP 2005, 833 (842); aA Stober GewArch 2003, 305 (312); Schmidt WRP 2004, 576 (584)). Eine entsprechende Sichtweise liegt auch dem Kammerbeschluss des BVerfG vom 27.9.2005 (BVerfG NVwZ 2006, 326 ff.) zugrunde, wenn das Gericht den Ländern hier die grundsätzliche Befugnis zum Erlass von Erlaubnisvorbehalten für die gewerbliche Spielvermittlung zuerkennt. Ebendies nämlich ist mit Blick auf das gewerberechtliche Grundprinzip der Gewerbefreiheit als Gewerbezulassungsfreiheit (§ 1 GewO) nur unter der Voraussetzung möglich, das die gewerbliche Spielvermittlung kein Gewerbe iSd GewO darstellt.

Von der Veranstaltung und Vermittlung von Lotterien ist der isolierte Vertrieb von Lotterielosen zu unterscheiden. Letzterer wird vom Anwendungsbereich der GewO gemäß § 6 Abs. 1 Satz 2 GewO nur insoweit teilweise erfasst, als dies gesetzlich ausdrücklich bestimmt ist (vgl. §§ 14 Abs. 2, 35 Abs. 9, 56 Abs. 1 Nr. 1 lit. h GewO).

5   c) Ausspielungen. Ausspielungen bieten im Gegensatz zu den auf Geldgewinnen bezogenen Lotterien die Aussicht auf den Gewinn sonstiger vermögenswerter Gegenstände („Tombola"). Hinsichtlich der sog. Ausspielungen differenziert Nr. 2 zwischen Ausspielungen im allgemeinen und solchen Ausspielungen, die auf Volksfesten, Schützenfesten und ähnlichen Veranstaltungen gewerbsmäßig betrieben werden und bei denen der Gewinn aus geringwertigen Gegenständen besteht. Letztere verbleiben im Anwendungsbereich der GewO. Die Rückausnahme bezieht sich allein auf Ausspielungen; Lotterien werden von ihr nicht erfasst. Auch wenn daher Lotterien an den genannten Orten veranstaltet werden, unterliegen sie dennoch den einschlägigen landesrechtlichen Vorschriften. Zum Tatbestandsmerkmal der Gewerbsmäßigkeit kann auf die entsprechenden Ausführungen iRd § 33c GewO verwiesen werden (→ § 33c GewO Rn. 3). Geringwertigkeit iSd § 33h Nr. 2 2. Hs. GewO liegt entsprechend der Anlage zu § 5a SpielV Nr. 4 vor, wenn die Gestehungskosten eines Gewinnes 60 Euro nicht überschreiten (Marcks in Landmann/Rohmer GewO § 33h Rn. 7; Hahn in Friauf GewO § 33h Rn. 18; Ennuschat in BeckOK GewO § 33h Rn. 20; TWE GewO § 33h Rn. 78). Soweit ferner die Voraussetzungen des § 5a SpielV inkl. der dazugehörigen Anlage erfüllt sind, entfällt für die konkrete Ausspielung die Erlaubnisbedürftigkeit gemäß § 33d Abs. 1 Satz 1 GewO, § 60a Abs. 2 Satz 2 GewO (vgl. Hahn in Friauf GewO § 33h Rn. 19; Ennuschat in BeckOK GewO § 33h Rn. 20; TWE GewO § 33h Rn. 78).

4. § 33h Nr. 3 GewO Glücksspiele iSd § 284 StGB

6   Gemäß § 33h Nr. 3 GewO finden die §§ 33c bis g GewO keine Anwendung auf die Veranstaltung anderer Spiele iSd § 33d Abs. 1 Satz 1 GewO, die Glücksspiele iSd § 284 StGB sind. Mithin macht § 33h Nr. 3 GewO deutlich, dass allein Geschicklichkeitsspiele, nicht aber Glücksspiele nach § 33d GewO genehmigungsfähig sind (vgl. → § 33d GewO Rn. 5; TWE GewO § 33h Rn. 79; Ennuschat in BeckOK GewO § 33h Rn. 21). Zur Abgrenzung Glücksspiel – Geschicklichkeitsspiel kann auf die Ausführungen zu § 33d GewO und § 3 GlüStV verwiesen werden (→ § 33d GewO Rn. 5 sowie → § 3 GlüStV Rn. 4). Zweck des § 33h Nr. 3 GewO ist es, die anderen Spiele iSd § 33d Abs. 1 Satz 1 GewO – nachdem für Ausspielungen schon eine selbständige Regelung in § 33h Nr. 2 GewO besteht – von den Glücksspielen abzugrenzen, die der Gesetzgebungskompetenz der Länder unterstehen (BT-Drs. 8/1863, 11).

Zur Einordnung von zufallsabhängigen Spielen, die mangels „erheblichen Einsatzes" keine Glücksspiele iSd § 284 StGB darstellen, siehe oben → § 33d GewO Rn. 5. Der praktische Anwendungsbereich der Kollisionsregel § 33h Nr. 3 GewO ist seit Inkrafttreten des GlüStV als gering anzusehen.

Zu den gewerberechtlich nicht erfassten Glücksspielen zählen namentlich das traditionelle Toto sowie die neueren **Sportwetten zu festen Quoten**, die gemäß § 3 Abs. 1 Satz 3 GlüStV dem Anwendungsbereich des GlüStV unterliegen. Als Bundesrecht gilt das ausschließlich Pferdewetten erfassende RennwLottG vom 8.4.1922 parallel neben der GewO und dem GlüStV fort. Durch die partielle Erweiterung unterfallen Pferdewetten jedoch nunmehr in dem von § 2 Abs. 5 GlüStV und § 27 GlüStV angeordneten Umfang ergänzend dem glücksspielstaatsvertraglichen Regelungsregime (→ § 2 GlüStV Rn. 21 ff.; § 27 GlüStV Rn. 7).

Umstritten ist, ob Turnierpokerveranstaltungen, bei denen von den Spielteilnehmern Unkostenbeiträge verlangt werden, dem gewerblichen Spielrecht oder dem GlüStV unterfallen. Für eine Zuordnung zum gewerblichen Spielrecht wird teilweise die angebliche Deckungsgleichheit der Glücksspielbegriffe iSv § 3 Abs. 1 GlüStV und § 284 StGB sowie die Abgrenzungsfunktion des § 33h Nr. 3 GewO angeführt (vgl. OVG Koblenz ZfWG 2009, 413 (415 ff.); VG Trier ZfWG 2009, 66 (68 f.); Reeckmann ZfWG 2008, 296 (297)). Für eine Zuordnung zum Länderglücksspielrecht spricht indes die ausdrückliche Divergenz der Glücksspielbegriffe iSv § 3 Abs. 1 GlüStV und § 284 StGB sowie die umfassende Geltung des GlüStV (→ § 33d Gewo Rn. 5; § 3 GlüStV Rn. 4 ff.; Hüsken ZfWG 2009, 77 (78 f.)).

In Vereinen und geschlossenen Gesellschaften ist die Veranstaltung von Glücks- **7** spielen nicht genehmigungsfähig (hierzu Marcks in Landmann/Rohmer GewO § 33h Rn. 21; Hahn in Friauf GewO § 33h Rn. 22; vgl. auch die parallele Formulierung in § 3 Abs. 2 GlüStV), zumal § 284 Abs. 2 StGB auch Glücksspiele innerhalb der genannten Örtlichkeiten als „öffentliche" Glücksspiele iSd § 284 Abs. 1 StGB qualifiziert, sofern diese dort gewohnheitsmäßig veranstaltet werden.

§ 33i Spielhallen und ähnliche Unternehmen

(1) **Wer gewerbsmäßig eine Spielhalle oder ein ähnliches Unternehmen betreiben will, das ausschließlich oder überwiegend der Aufstellung von Spielgeräten oder der Veranstaltung anderer Spiele im Sinne des § 33c Abs. 1 Satz 1 oder des § 33d Abs. 1 Satz 1 oder der gewerbsmäßigen Aufstellung von Unterhaltungsspielen ohne Gewinnmöglichkeit dient, bedarf der Erlaubnis der zuständigen Behörde. Die Erlaubnis kann mit einer Befristung erteilt und mit Auflagen verbunden werden, soweit dies zum Schutze der Allgemeinheit, der Gäste oder der Bewohner des Betriebsgrundstücks oder der Nachbargrundstücke vor Gefahren, erheblichen Nachteilen oder erheblichen Belästigungen erforderlich ist; unter densel-**

ben Voraussetzungen ist auch die nachträgliche Aufnahme, Änderung und Ergänzung von Auflagen zulässig.

(2) Die Erlaubnis ist zu versagen, wenn

1. die in § 33c Abs. 2 oder § 33d Abs. 3 genannten Versagungsgründe vorliegen,

2. die zum Betrieb des Gewerbes bestimmten Räume wegen ihrer Beschaffenheit oder Lage den polizeilichen Anforderungen nicht genügen oder

3. der Betrieb des Gewerbes eine Gefährdung der Jugend, eine übermäßige Ausnutzung des Spieltriebs, schädliche Umwelteinwirkungen im Sinne des Bundes-Immissionsschutzgesetzes oder sonst eine nicht zumutbare Belästigung der Allgemeinheit, der Nachbarn oder einer im öffentlichen Interesse bestehenden Einrichtung befürchten läßt.

Spielhallenbezogene Regelungen in den Landesausführungsgesetzen zum GlüStV: § 41 LGlüG BW-E; Art. 9 AGGlüStV Bay; § 15 AG GlüStV Bln; §§ 11, 11a GlüStVAG M-V; § 10 NGlüSpG; § 16 AG GlüÄndStV NRW-E; § 11 LGlüG RhPf; § 18a Sächs-GlüStVAG

Spielhallenbezogene Regelungen in den Landesspielhallengesetzen: § 2 SpielhG Bln; § 2 BbgSpielhG-E; § 2 BremSpielhG; § 2 HmbSpielhG-E; § 2 HSpielhG; §§ 2, 3 SpielhG Saar; § 2 SpielhG LSA; §§ 2, 3 SpielhG SchlH; § 2 ThürSpielhG

Übersicht

1. Grundlagen

1   Die nach § 33i Abs. 1 Satz 1 GewO zum gewerbsmäßigen Betreiben einer Spielhalle oder eines ähnlichen Unternehmens erforderliche **Erlaubnis** tritt kumulativ zu der nach § 33c Abs. 1 Satz 1, Abs. 3 Satz 1 GewO erforderlichen Aufstellerlaubnis und Geeignetheitsbestätigung bzw. zu der Veranstaltererlaubnis nach § 33d Abs. 1 Satz 1 GewO hinzu. Die genannten Erlaubnisse müssen also jeweils zusätzlich zur Spielhallenerlaubnis eingeholt werden. § 33i Abs. 1 Satz 1 GewO entfaltet **keine Konzentrationswirkung** (zum Verhältnis zu Baugeneh-

migungen auch OVG Münster GewArch 1995, 124 (125)). Darüber hinaus müssen die Spielgeräte und anderen Spiele über eine Bauartzulassung (BAZ) bzw. Unbedenklichkeitsbescheinigung (UB) gemäß § 33e GewO verfügen.

In Spielhallen und ähnlichen Unternehmen können gemäß dem Gesetzeswortlaut neben der Aufstellung von Spielgeräten iSd § 33c GewO bzw. Veranstaltung anderer Spiele isd § 33d GewO auch **Unterhaltungsspiele ohne Gewinnmöglichkeit** aufgestellt werden. Derartige Unterhaltungsspiele unterliegen keinem zusätzlichen Erlaubnisvorbehalt. Der Begriff des Unterhaltungsspiels wird im Gesetz nicht näher definiert; es kann sich nach dem Wortlaut um beliebige Spiele handeln. Da § 33i GewO von der „Aufstellung" derartiger Spiele spricht, wird man allerdings einen „stationären" **Charakter** voraussetzen müssen (so auch BVerwG NVwZ 2005, 961). Als stationäres Unterhaltungsspiel kommen auch Computer in Betracht, sofern sie dem Publikum zu Spielzwecken angeboten werden (BVerwG NVwZ 2005, 961; → Rn. 7). Nicht unter die Unterhaltungsspiele fallen dagegen genuin **sportliche Betätigungsangebote (Tischtennishallen** sowie **Kegel- und Bowlingbahnen).** **Billard** kann sowohl zu sportlichen als auch zu Unterhaltungszwecken angeboten werden. In der Regel wird ein Billardstudio aufgrund des schwerpunktmäßig sportlichen Charakters nicht der Erlaubnispflicht nach Abs. 1 Satz 1 unterliegen (vgl. VGH München GewArch 1993, 349 (350)).

Infolge des stationär-räumlichen Bezuges der Vorschrift findet § 33i GewO keine Anwendung auf Online-Spielveranstaltungen im Internet, etwa in Form virtueller Geldautomatenspiele (→ § 33c Rn. 5). Daher kann eine Spielhallenerlaubnis für Online-Spielveranstaltungen von vornherein nicht erteilt werden (so LG Köln ZfWG 2010, 149 (150 f.), zur Nichtigkeit einer Spielhallenerlaubnis zum Anbieten von virtuellen Geldautomatenspielen über das Internet; ebenfalls Postel ZfWG 2009, 246 (247 f.); Hüsken GewArch 2010, 336 (343); TWE GewO § 33i Rn. 11).

Über den Verweis in § 60a Abs. 3 Satz 2 GewO gilt § 33i GewO für den Betrieb **3** von Spielhallen oder ähnlichen Unternehmen im Reisegewerbe entsprechend.

Der Regelungskomplex des Rechts der Spielhallen ist mit der Föderalismusreform I in die Länderzuständigkeit übergegangen (→ Einführung Rn. 13). Die Landesgesetzgeber haben durch die in § 2 Abs. 3 GlüStV enthaltene partielle Erweiterung des glücksspielstaatsvertraglichen Anwendungsbereiches und die spielhallenbezogenen Regelungen der Länderausführungsgesetze von ihrer Gesetzgebungszuständigkeit nach Art. 74 Abs. 1 Nr. 11 GG Gebrauch gemacht. Einige Länder haben zusätzlich - gegenüber den Regelungen des GlüStV teilweise weitergehende bzw. restriktivere - Landesspielhallengesetze erlassen (hierzu Wohlfarth LKRZ 2012, 81 ff.; Wild ZfWG 2011, 385 ff.; Schneider GewArch 2011, 457 ff.; Pieroth/Lammers GewArch 2012, 1 ff.). Für Spielhallen, die Geld- und/oder Warenspielgeräte bereithalten, gelten gemäß § 2 Abs. 3 GlüStV ergänzend die in der Vorschrift in Bezug genommenen allgemeinen und besonderen glücksspielstaatsvertraglichen Regelungen (eingehend → § 2 GlüStV Rn. 16). Insbesondere tritt die durch §§ 24 Abs. 1 und 2 iVm 4 Abs. 1 GlüStV angeordnete Erlaubnispflicht neben die gewerberechtlichen Erlaubnispflichten der §§ 33c und i GewO, wobei § 29 Abs. 4 GlüStV für bestehende Spielhallenerlaubnisse Übergangsbestimmungen vorsieht (→ § 2 GlüStV Rn. 16; § 29 GlüStV Rn. 16).

Spielhallen iSv § 33i GewO, die ausschließlich andere Spiele mit Gewinnmöglichkeit iSv § 33d GewO und/oder Unterhaltungsspiele ohne Gewinnmöglichkeit bereithalten, unterfallen nicht dem Anwendungsbereich des GlüStV (→ § 2

GlüStV Rn. 15; § 3 GlüStV Rn. 22). Soweit jedoch einzelne Landesspielhallengesetze einen weitergehenden Anwendungsbereich auch für solche Spielhallen mit einem Angebot von anderen Spielen mit Gewinnmöglichkeit iSv § 33d GewO und/oder Unterhaltungsspielen ohne Gewinnmöglichkeit vorsehen (so ua § 1 SpielhG Bln; § 1 BremSpielhG), gelten freilich die durch entsprechendes Landesrecht angeordneten zusätzlichen Restriktionen.

Die spielhallenbezogenen bundesrechtlichen Regelungen der GewO gelten gemäß Art. 125a Abs. 1 GG neben den diesbezüglichen Vorschriften des GlüStV fort, da sie durch diese nicht vollständig ersetzt werden. Sofern jedoch einzelne Landesspielhallengesetze bestimmte bundesrechtliche Vorschriften vollständig ersetzen, gilt im Umfang der Ersetzung allein das jeweilige Landesrecht (→ § 2 GlüStV Rn. 16; § 24 GlüStV Rn. 8; Wild ZfWG 2011, 385 (387 f.) zu den verfassungsrechtlichen Anforderung an eine Ersetzung BVerfGE 111, 10 (29 ff.)). Die Vorschrift des § 33i GewO wird in einigen Bundesländern gemäß der ausdrücklichen Bestimmung in den jeweiligen Landesspielhallengesetzen vollständig ersetzt (vgl. § 9 Abs. 1 SpielhG Bln; § 5 Abs. 1 Hmb SpielhG-E; § 10 Abs. 1 Thür SpielhG, wohl auch § 8 Abs. 1 BremSpielhG), so dass sich Erlaubnisvorbehalt und Versagungsgründe in diesen Ländern nunmehr ausschließlich nach den betreffenden Landesspielhallengesetzen richten (so auch Wild ZfWG 2011, 385 (387); Wild ZfWG 2012, 247 (252 f.)).

2. § 33i Abs. 1 GewO Voraussetzungen und Inhalt der Erlaubnis

4   **a) Gewerbsmäßigkeit.** Das Betreiben von Spielhallen und ähnlichen Unternehmen muss gewerbsmäßig erfolgen (zum Begriff der Gewerbsmäßigkeit → § 33c GewO Rn. 3).

5   **b) Spielhalle und ähnliches Unternehmen. aa) Spielhalle.** Abs. 1 Satz 1 definiert die Spielhalle als Unternehmen, welches ausschließlich oder überwiegend der Aufstellung von Spielgeräten mit Gewinnmöglichkeit, der Veranstaltung anderer Spiele mit Gewinnmöglichkeit oder der Aufstellung von Unterhaltungsspielen ohne Gewinnmöglichkeit dient. Der lange schwelende Streit darüber, ob der **Spielhallenbegriff** „betriebsbezogen" oder „raumbezogen" zu interpretieren ist, wurde von der Rspr. in letztgenanntem Sinne entschieden (BVerwG NVwZ 1985, 269; BVerwG GewArch 1985, 64; BVerwG GewArch 1985, 65; BVerwG GewArch 1989, 264; BVerwG GewArch 1990, 244). Ihr folgt die hM (Dickersbach WiVerw 1985, 23 (39); Odenthal GewArch 1985, 257; Orlob GewArch 1985, 41; Hahn in Friauf GewO § 33i Rn. 7; differenzierend TWE GewO § 33i Rn. 10). Nach dem raumbezogenen Spielhallenverständnis kann Spielhalle auch ein einzelner Raum sein, der ausschließlich oder überwiegend der Aufstellung/Veranstaltung der in § 33i Abs. 1 Satz 1 GewO genannten Spielgeräte/Spiele dient. Vollauf überzeugen kann diese Rechtsauslegung nicht. Zwar ist die Möglichkeit von Gesetzesumgehungen durch die Novellierung des § 3 SpielV partiell zurückgedrängt worden. Hiernach bestimmt sich die Anzahl zulässiger Spielgeräte nicht mehr nach Maßgabe der jeweiligen Spielhallenerlaubnis, sondern nach Maßgabe der „bespielten" Grundfläche. Dennoch verbleiben namentlich unter teleologischen Aspekten erhebliche Probleme. So ermöglicht die Erteilung von **Mehrfachkonzessionen** Spielhallenkomplexe, die sich ihrem Charakter nach den klassischen Spielbanken annähern und damit ein **hohes Suchtpotenzial** entfalten (krit. auch Marcks WiVerw 1986, 22 (28)). Auch kann die durch § 3

SpielV festgelegte Grenze von maximal 12 Automaten je Spielhalle ihre Funktion letztlich nicht erfüllen, wenn diese Höchstzahl durch den Betrieb weiterer Spielhallen in benachbarten Räumen beliebig überschritten werden kann (so auch der BLA Gewerberecht Beschl. vom 23./24.5.2007).

Ungeachtet der Diskussion über das bundesrechtliche Verständnis des Spielhallenbegriffes haben die Länder auf Grundlage der ihnen seit 2006 zukommenden ausschließlichen Gesetzgebungskompetenz für das Spielhallenrecht mit dem in **§ 25 Abs. 1 und 2 GlüStV** ivm der Länderausführungsgesetzgebung normierten **Verbot von Mehrfachkonzessionen** eine klare Abkehr vom raumbezogenen, zugunsten des betriebsbezogenen Spielhallenbegriffes vollzogen (→ § 2 GlüStV Rn. 15; § 24 GlüStV Rn. 6; § 25 GlüStV Rn. 3). Flankierend enthalten auch die **Landesspielhallengesetze** – soweit vorhanden (s. Wohlfarth LKRZ 2012, 81 ff.) – Verbote hinsichtlich der Mehrfachkonzessionierung von Spielhallen in einem Gebäudekomplex. Diesbezüglich bedienen sich die bestehenden Landesspielhallengesetze einer differenzierten Regelungssystematik (→ § 24 GlüStV Rn. 19; Wild ZfWG 2011, 385 (388 ff.)) in Gestalt von Versagungsgründen (so ua § 2 BremSpielhG; zur Verfassungsmäßigkeit dieser Regelung VG Bremen ZfWG 2011, 446) und/oder Mindestabstandsregelungen (so ua § 2 Abs. 1 SpielhG Bln). Infolge der ausdrücklichen Abkehr vom raumbezogenen Spielhallenverständnis ist von einer landesrechtlichen „Ersetzung" iSv Art. 125a Abs. 1 GG zugunsten des betriebsbezogenen Spielhallenbegriffes auszugehen. Er gilt uneingeschränkt für Erlaubnisanträge neu zu genehmigender Spielhallen. Freilich entfaltet das betriebsbezogene Spielhallenverständnis für Spielhallen, die im Zeitpunkt des Inkrafttretens von GlüStV und Landesspielhallengesetzen bereits über eine Erlaubnis nach § 33i GewO verfügen, in praktischer Hinsicht erst nach Ablauf der in § 29 Abs. 4 GlüStV und – soweit vorhanden – in den Landesspielhallengesetzen aus Gründen des Bestandsschutzes enthaltenen Übergangsbestimmungen Wirkung. Aus diesem Grund ist die bundesrechtliche Auslegung des Spielhallenbegriffes in § 33i GewO für bestandsgeschützte Spielhallen befristet bis zum zeitlichen Ablauf der Übergangsbestimmungen weiter von Relevanz.

Auch in **bauplanungsrechtlicher Hinsicht** sind die Mehrfachkonzessionen in die Diskussion geraten. Hierbei wird die bundesverwaltungsgerichtliche Rechtsprechung zur Agglomeration von Einkaufszentren teilweise auf die Entstehung von Mehrfachspielhallenkomplexen übertragen mit der Folge, dass derartige Spielhallenkomplexe in Mischgebieten oder älteren Gewerbe- und Industriegebieten als eine kerngebietstypische Großspielhalle anzusehen und damit in den genannten Plangebieten bauplanungsrechtlich unzulässig sind; ähnliches gilt für Mehrfachspielhallen in Kern- oder Gewerbegebieten (hierzu im Einzelnen VG Neustadt adW GewArch 2009, 257; Stühler BauR 2009, 54 (63 f.); aA Hauth BauR 2009, 1223 (1224 ff.); Kaldewei BauR 2009, 1227 (1231 ff.), wonach räumlich getrennte Spielhallen insbesondere bei jeweils selbstständigen Bauanträgen bauplanungsrechtlich nicht zusammengerechnet werden könnten; vgl. zur bauplanungsrechtlichen Steuerung von Spielhallen im Übrigen: VGH Mannheim ZfWG 2010, 424; VG Münster ZfWG 2011, 454; TWE GewO Vor §§ 33c ff. Rn. 15 ff.; Jacob ZfWG 2012, 153 ff.; Stüer ZfWG 2010, 386 ff.; Stühler BauR 2011, 54 ff.; Guckelberger GewArch 2011, 177 ff. und 231 ff.; Lieber VBlBW 2011, 6 ff.; Tarner BauR 2011, 1273 ff.; Kraus UPR 2011, 288 ff.; Otto DVBl. 2011, 1330 ff.; vgl. ferner zur bauplanungsrechtlichen Zulässigkeit von Sportwettbüros VG Neustadt adW ZfWG 2011, 227; VG Neustadt adW ZfWG 2010, 438; Rausch DÖV 2009, 667 ff.; Tuttlewski/Lange ZfWG 2009, 163 ff.).

6   Unabhängig von dieser Diskussion ist auch auf der Grundlage des bislang vorherrschenden bundesrechtlichen raumbezogenen Spielhallenbegriffs iSv § 33i GewO eine gesonderte Genehmigung einzelner Räume eines Gebäudekomplexes nur zulässig, wenn diese rechtlich und tatsächlich eine **unabhängige Betriebsstätte** darstellen. Hierzu müssen die jeweiligen Betriebsstätten auch optisch gesondert in Erscheinung treten und in ihrer Betriebsfähigkeit losgelöst von dem Bestand paralleler Betriebsstätten sein (vgl. BVerwG GewArch 1985, 62 (63); VG München GewArch 2010, 36 sowie Strohmeier BayVBl. 1985, 649). In baulicher Hinsicht ist entsprechend dem Beschluss des Bund-Länder-Ausschusses Gewerberecht zu verlangen, dass „jede Spielhalle für sich einen von außen zugänglichen Eingang aufweisen muss; darüber hinaus dürfen interne Verbindungstüren zwischen zwei oder mehreren Spielhallen ausschließlich für Servicefunktionen oder das Personal zur Verfügung stehen, nicht jedoch für den Publikumsverkehr genutzt werden" (Beschl. des BLA Gewerberecht vom 23./24.5.2007). An der erforderlichen Eigenständigkeit fehlt es auch bei der Einrichtung einer gemeinsamen Außenreklame (VGH Mannheim GewArch 1985, 334), einer gemeinsamen Aufsichtskanzel (BVerwG NVwZ-RR 1993, 545), sowie dort, wo Trennwände nicht bis zur Decke hochgezogen sind (VGH Mannheim GewArch 1985, 334).

7   Schwierige Abgrenzungsfragen ergeben sich auch bei der Beurteilung **kombinierter Betriebe,** namentlich solcher Gewerbebetriebe, in denen neben einem Spielangebot auch ein Speisen- und Getränkeangebot besteht (Kombination Spielhalle - Gaststätte; hierzu Backherms GewArch 1982, 78 ff.; Odenthal GewArch 1985, 105 ff.; Orlob GewArch 1984, 255 ff.). Wird das Spielangebot nur in den Nebenräumen einer Gaststätte bereit gehalten, können diese als Spielhalle erlaubnispflichtig iSd § 33i Abs. 1 Satz 1 GewO sein. Dies wird dann der Fall sein, wenn sie der ausschließlichen oder überwiegenden Spielnutzung dienen und das „typische Spielhallenfluidum" aufweisen (BayObLG NVwZ-RR 1992, 553; Schumacher Eindämmung des Spielhallengewerbes, 30; TWE GewO § 33i Rn. 17). Eine zusätzliche Erfüllung der vom BVerwG für benachbarte Spielhallen entwickelten Kriterien bzgl. der eigenständigen Betriebsstätte wird man hierbei allerdings nicht verlangen können (wie hier Schumacher Eindämmung des Spielhallengewerbes, 30; aA Marcks in Landmann/Rohmer GewO § 33i Rn. 7). Werden beide Angebote in der gleichen Räumlichkeit bereitgestellt, was nach dem Gesetzeswortlaut des § 33i GewO („überwiegend") grundsätzlich möglich ist (vgl. BVerwG NVwZ 1989, 51; BVerwG NVwZ 2005, 961; Marcks in Landmann/Rohmer GewO § 33i Rn. 9; Martinez in BeckOK GewO § 33i Rn. 7; Odenthal GewArch 1985, 105; aA Orlob GewArch 1983, 126; VGH Mannheim GewArch 1986, 160; OVG Hamburg GewArch 1987, 59), entscheidet der **Schwerpunkt der gewerblichen Tätigkeit** über die Spielhalleneigenschaft und damit die Erlaubnispflichtigkeit nach § 33i Abs. 1 Satz 1 GewO (Hahn in Friauf GewO § 33i Rn. 19). Zur Annahme der Spielhalleneigenschaft muss das Spielangebot klar im Vordergrund stehen. Speisen und Getränke dürfen nur als Nebenleistung angeboten werden. Entsprechendes gilt für die Kombination von Spielhallen mit anderen Gewerbebetrieben (zB Videotheken; hierzu Fischer GewArch 2005, 62 (63 f.)). Sog. **Internetcafes** sind dann Spielhallen iSd § 33i GewO, wenn die Gesamtumstände darauf schließen lassen, dass die Betriebsräume hauptsächlich dem Spielzweck gewidmet sind (zum PC als Unterhaltungsspiel → Rn. 2) und die anderweitige Nutzung des Computer dahinter zurücktritt (BVerwG NVwZ 2005, 961 (962)). Hierzu wird maßgeblich auf die

Ausstattung der Räumlichkeiten, auf die Programmierung der Computer sowie auf die Außendarstellung des Unternehmens abzustellen sein. Steht eine abweichende Nutzung der Computer im Vordergrund, sind die Voraussetzungen des § 33i GewO nicht erfüllt. Allerdings kann sich ein ursprünglich anders ausgerichtetes Unternehmen auch durch das Kundenverhalten in Richtung einer Spielhalle fortentwickeln, wenn sich ergibt, dass die Computer von den Kunden vorrangig zu Spielzwecken verwendet werden (BVerwG NVwZ 2005, 961 (962)).

bb) Ähnliches Unternehmen. Die Erfassung „ähnlicher Unternehmen" in **8** Abs. 1 Satz 1 dient dem Zweck, eine Umgehung der Erlaubnispflicht zu verhindern. Die Rechtsprechung wendet den Begriff dort an, wo ohne die für Spielhallen notwendige räumliche Komponente ein für Spielhallen typisches Fluidum geschaffen wird (VGH Mannheim VBlBW 2004, 34); hierbei kann es sich etwa um Unterhaltungsbereiche in Flughäfen handeln (TWE GewO § 33i Rn. 19; aA Martinez in BeckOK GewO § 33i Rn. 8).

cc) Exkurs: Laserdrome. Nicht unter den Spielhallenbegriff des § 33i GewO **9** fallen sog. „Laserdrome" oder „Quasar"-Anlagen. Selbst wenn man die angebotenen, möglichst realitätsnah gestalteten Kriegs- bzw. Tötungsspiele als „Unterhaltungsspiele ohne Gewinnmöglichkeit" qualifizieren wollte (so LG Stuttgart NJW-RR 1994, 427 (428)), fehlt es jedenfalls an dem erforderlichen „stationären Charakter" des Spielangebotes (→ Rn. 2; VGH München NVwZ-RR 1995, 32; OVG Koblenz NVwZ-RR 1995, 30; Hahn in Friauf GewO § 33i Rn. 15; TWE GewO § 33i Rn. 31; Marcks in Landmann/Rohmer GewO § 33i Rn. 12 c; Lippstreu GewArch 1993, 311 ff.; Schumacher Eindämmung des Spielhallengewerbes, S. 38). In materieller Hinsicht verstoßen die Spielangebote freilich gegen das **Menschenbild des Grundgesetzes** (Art. 1 GG). Der Betrieb der Laserdrome unterfällt damit bereits nicht dem Gewerbebegriff der GewO (so auch der BLA Gewerberecht, 73. Tagung, 11./12.5.1993; teilweise anders VGH München GewArch 1994, 376; LG Stuttgart NJW-RR 1994, 427). Entsprechende Betätigungen können folgerichtig über die polizei- und ordnungsrechtlichen Befugnisnormen unterbunden werden (BVerwG GewArch 2007, 247; BVerwG NVwZ 2002, 598; EuGH NVwZ 2004, 1471 – Omega; OVG Koblenz NVwZ-RR 1995, 30; OVG Münster GewArch 2000, 71; OVG Münster GewArch 1995, 470; Hahn in Friauf GewO § 33i Rn. 15; vgl. insgesamt zur Problematik auch Kempen NVwZ 1997, 243 (247); Kramer NVwZ 2004, 1083 ff.; Scheidler GewArch 2005, 312 ff.; Scheidler JURA 2009, 575 ff.; Baumann DVP 2008, 450 ff.). Ob und inwieweit sich entsprechende Wertungen auf andere Veranstaltungen wie etwa sog. „Gotcha"- oder „Paintball"-**Spiele** erstrecken lassen, ist streitig (hierfür TWE GewO § 33i Rn. 31; hiergegen VG Dresden NVwZ-RR 2003, 848).

c) Betreiben. Betreiber der Spielhalle ist derjenige, in dessen Namen und auf **10** dessen Rechnung die Spielhalle geführt wird. Regelmäßig wird der Betreiber zugleich Aufsteller bzw. Veranstalter sein. Zwingend ist dies freilich nicht (siehe dazu VGH Kassel GewArch 1976, 267).

d) Zulässige Spiele und Spielgeräte. In einer Spielhalle können die in Abs. 1 **11** Satz 1 genannten Spielgeräte und Spiele zulässigerweise aufgestellt bzw. veranstaltet werden. Zulässig ist danach die Aufstellung von Geld- und Warenspielgeräten iSd § 33c Abs. 1 Satz 1 GewO (je 12 qm ein Gerät, pro Spielhalle höchstens 12 Geräte, § 3 Abs. 2 SpielV), die Veranstaltung anderer Spiele iSd § 33d Abs. 1 Satz 1 GewO (allerdings sind nur Geldgewinne gestattet, die Höchstzahl der Spiele ist auf drei begrenzt, § 4 SpielV) sowie die Aufstellung von **Unterhaltungsspielen ohne Gewinnmöglichkeit.** Zu letzteren Spielen zählen etwa „**Flipper**", **Tischfußball- und Tischhockeyspiele, Ballautomaten** und **elektrische Schießstände.** Auch **Kriegsspielgeräte,** bei denen der Spieler an einer simulierten Kampfsituation am Bildschirm teilnehmen kann, werden von der Rechtsprechung hierzu gerechnet (vgl. VGH München NJW 1981, 1001). Ähnlich dem Kriegsspiel „Quasar" dürften sich freilich auch hier Grenzen für die gewerberechtliche Zulässigkeit derartiger Spiele ergeben (zurückhaltend TWE GewO § 33i Rn. 30). Spätestens aber ergibt sich eine Unzulässigkeit im Falle von **Gewalt- oder Kriegsverherrlichungen** nach § 131 StGB oder § 118 OWiG iVm dem einschlägigen Landesordnungsrecht (hierzu ausführlich Hahn in Friauf GewO § 33i Rn. 14; teilw. aA Erdemir K&R 2008, 223 ff., der eine Anpassung des § 131 StGB für Computerspiele vorschlägt). Eine gesetzgeberische Initiative zum Verbot „virtueller Killerspiele" (§ 131a StGB) ist bislang ohne Erfolg geblieben (Erdemir K&R 2008, 223 ff.).

12   **e) Die Erlaubnis und ihr Inhalt.** Der Erlaubnisvorbehalt stellt eine Berufszulassungsregelung dar, die den berufsgrundrechtlichen Anforderungen genügt (BVerwG NVwZ 2005, 961 (963)). Sofern keine Versagungsgründe iSd § 33i Abs. 2 GewO gegeben sind, hat der Antragsteller einen Anspruch auf Erlaubniserteilung (BVerwG NVwZ-RR 1993, 545; BVerwG NVwZ 2005, 961; BVerwG NVwZ 2006, 600). Erlaubnispflichtiger ist der Betreiber der Spielhalle. Betreiber ist derjenige, der das unternehmerische Risiko trägt. Als Erlaubnisnehmer kommen sowohl natürliche als auch juristische Personen in Betracht. Bei Personengesellschaften bedarf jeder geschäftsführende Gesellschafter einer eigenen Erlaubnis. Die Erlaubnis ist aus Gründen der Nachprüfbarkeit schriftlich zu erteilen (Hahn in Friauf GewO § 33i Rn. 27). Da die Erlaubnis sowohl an die Person des Betriebsinhabers als auch an betriebliche Aspekte (Räume und Betriebsart) anknüpft, handelt es sich um eine **personen- und sachgebundene Erlaubnis** (VGH Mannheim GewArch 1984, 417; BVerwG NVwZ 2005, 961 (962)). Sie ist grundsätzlich nicht übertragbar und erlischt, wenn sich eine der aufgeführten Bezugsgrößen ändert (VGH Mannheim GewArch 1984, 417). Die Fortführung des Betriebes durch einen Dritten bzw. eine Stellvertretung ist nur unter den engen Voraussetzungen der §§ 46, 47 GewO möglich.

Zusätzliche landesrechtliche Erlaubnisvorbehalte enthalten §§ 24 Abs. 1 und 2 iVm § 4 Abs. 1 GlüStV sowie die dementsprechenden Regelungen der Länderausführungsgesetze und – soweit vorhanden – die Landesspielhallengesetze (vgl. → § 2 GlüStV Rn. 16; § 24 GlüStV Rn. 32; Wild ZfWG 2012, 247 ff.; Reeckmann 2012, 255 ff.; Odenthal GewArch 2012, 345 ff.). Sofern § 33i GewO durch einzelne Landesspielhallengesetze vollständig ersetzt wird (siehe § 9 Abs. 1 SpielhG Bln; § 9 Abs. 1 HmbSpielhG-E; § 10 Abs. 1 ThürSpielhG; wohl auch § 8 Abs. 1 BremSpielhG), gilt abgesehen von bestehenden Übergangsbestimmungen allein der landesrechtliche Erlaubnisvorbehalt.

13   **f) Aufhebung der Erlaubnis.** Mangels spezialgesetzlicher Aufhebungsvorschriften richten sich Rücknahme und Widerruf der Erlaubnis nach den allgemeinen Vorschriften der §§ 48, 49 VwVfG.

14   **g) Beifügung von Nebenbestimmungen.** Die Spielhallenerlaubnis iSd Abs. 1 Satz 1 kann gemäß Abs. 1 Satz 2 mit Nebenbestimmungen versehen wer-

den. Die Ermächtigung ist vor dem Hintergrund des § 36 Abs. 1 1. Alt. VwVfG zu sehen, nach dem ein VA, auf den ein Anspruch besteht, nur mit Nebenbestimmungen versehen werden darf, wenn dies durch Rechtsvorschrift ausdrücklich zugelassen ist. Darüber hinaus können Nebenbestimmungen nur nach Maßgabe des § 36 Abs. 1 2. Alt. VwVfG beigefügt werden. Abs. 1 Satz 2 gestattet es, die Erlaubnis mit Befristungen, Auflagen und nachträglichen Auflagen zu versehen, sofern einer der dort aufgeführten Zwecke einschlägig ist. Als solche nennt das Gesetz den **Schutz der Allgemeinheit, der Gäste, der Bewohner** des Betriebsgrundstücks oder der Nachbargrundstücke vor Gefahren, erheblichen Nachteilen oder erheblichen Belästigungen. Darüber hinaus können Nebenbestimmungen als milderes Mittel beigefügt werden, um etwaige gemäß Abs. 2 (insbesondere Nr. 3) gegebene Versagungstatbestände auszuräumen (vgl. BVerwG NVwZ-RR 1996, 20; BVerwG GewArch 1996, 22; Hahn in Friauf GewO § 33i Rn. 44; Hahn GewArch 2007, 1 (3); speziell für die Auflage VGH Mannheim NVwZ-RR 2003, 555 (556)). Die Beifügung der Nebenbestimmungen muss im konkreten Fall erforderlich sein.

(1) Befristung. Eine Befristung der Spielhallenerlaubnis kommt insbesondere **15** dann in Betracht, wenn keine abschließende Klarheit darüber besteht, ob durch den Betrieb die Schutzgüter des Abs. 1 Satz 2 bzw. Abs. 2 Nr. 3 beeinträchtigt werden und diese Beeinträchtigungen durch Auflagen nicht ausgeschlossen werden können. Dies kann bei der Eröffnung einer Spielhalle an einem **Kriminalitätsbrennpunkt** der Fall sein (OVG Münster GewArch 1977, 303). Eine nachträgliche Befristung ist nach dem Gesetzeswortlaut nicht zulässig (hierzu ausführlich Schulze-Werner GewArch 2004, 9 (12); Hahn in Friauf GewO § 33i Rn. 40; aA TWE GewO § 33i Rn. 43 unter Hinweis auf OVG Münster GewArch 1969, 273).

(2) Auflage. Auflagen können gemäß Abs. 1 Satz 2 entweder direkt mit der **16** Spielhallenerlaubnis verbunden oder nachträglich erteilt werden. In einer Vielzahl der Fälle dienen Auflagen dazu, den Versagungsgrund des Abs. 2 Nr. 3 auszuräumen (vgl. zur Unzulässigkeit einer nachträglichen Auflage hinsichtlich der Entfernung eines EC-Cash-Terminals VGH Mannheim NVwZ-RR 2011, 814). Namentlich unter dem Aspekt des **Jugendschutzes** kommen Auflagen in Betracht, etwa hinsichtlich der Gestellung von Aufsichtspersonal (siehe hierzu ua OVG Münster GewArch 1986, 369; OVG Koblenz NVwZ-RR 1991, 295; das BVerwG NVwZ-RR 1992, 470 hält die Anwesenheit einer Aufsichtsperson für grundsätzlich ausreichend) oder der Durchführung von Personalausweiskontrollen (vgl. VGH Mannheim NVwZ 1983, 298). Auflagen zur **Verhinderung einer übermäßigen Ausnutzung des Spieltriebs** kommen nur insoweit in Betracht, als die SpielV keine abschließenden Regelungen trifft. Ausgeschlossen bleiben folglich Regelungen zur Anzahl der zulässigen Geräte in einer Spielhalle (§§ 3 und 4 SpielV) oder – nach der Novellierung der SpielV – zu den einzuhaltenden Abständen zwischen Geld- und Warenspielgeräten sowie zu Sichtblenden (§ 3 Abs. 2 Satz 2 SpielV; hierzu Hahn GewArch 2007, 89 (94)). Ein weiteres Anwendungsfeld besteht demgegenüber weiterhin für Spiele iSd § 33d Abs. 1 Satz 1 GewO. Eine Auflage zur Entfernung von **Kriegsspielgeräten** ist angezeigt, soweit die Aufstellung eine Gefahr für die öffentliche Ordnung darstellt. Soweit die Schwelle des § 131 StGB überschritten wird, ergibt sich die Unzulässigkeit derartiger Spiele unmittelbar aus dem Gesetz (so auch Hahn in Friauf GewO § 33i Rn. 53).

3. § 33i Abs. 2 GewO Gründe für die Versagung der Erlaubnis

17   Abs. 2 regelt abschließend die Tatbestände, bei deren Vorliegen die Spielhallenerlaubnis zu versagen ist. Liegt keiner der aufgeführten Versagungsgründe vor, muss die Erlaubnis erteilt werden (gebundene Entscheidung). Der Versagungsgrund der Nr. 1 ist personenbezogen, die Gründe in Nr. 2 und Nr. 3 sind hingegen betriebs- bzw. raumbezogen.

Ein Rechtsanspruch auf Erteilung der erforderlichen glücksspielrechtlichen Erlaubnis besteht, sofern keine Versagungsgründe entgegenstehen, auch nach dem einschlägigen Landesrecht (§§ 24 Abs. 1 und 2 iVm § 4 Abs. 1 GlüStV). Gleiches gilt gemäß dem Verweis in § 24 Abs. 3 GlüStV für die Länderausführungsgesetze. Auch die Landesspielhallengesetze folgen − soweit vorhanden − hinsichtlich des Rechtsanspruches auf Erlaubniserteilung keiner abweichenden Regelungssystematik (→ § 24 GlüStV Rn. 32). Sie enthalten zusätzliche Versagungsgründe, die zu den Tatbeständen des § 33i Abs. 2 GewO hinzutreten, soweit sie diese nicht gar vollständig ersetzen (so § 9 Abs. 1 iVm § 2 SpielhG Bln).

18   **a) § 33i Abs. 2 Nr. 1 GewO Versagungsgründe der § 33c Abs. 2 und § 33d Abs. 3 GewO.** Kraft des Rechtsfolgenverweises in Abs. 2 Nr. 1 auf § 33c Abs. 2 GewO und § 33d Abs. 3 GewO ist die Spielhallenerlaubnis zu versagen, sofern der Antragsteller nicht die für den Betrieb einer Spielhalle erforderliche **Zuverlässigkeit** besitzt. Hinsichtlich des Begriffs der Zuverlässigkeit kann auf die entsprechenden Ausführungen zu §§ 33c und d GewO (→ § 33c GewO Rn. 10 ff. und § 33d GewO Rn. 12) verwiesen werden. Die Zuverlässigkeit kann auch fehlen, wenn in einer Spielhalle ausschließlich (erlaubnisfreie) Unterhaltungsspiele ohne Gewinnmöglichkeit aufgestellt sind. Eine parallele Anwendbarkeit von § 33c Abs. 2 GewO oder § 33d Abs. 3 GewO ist also nicht verlangt (so auch Marcks in Landmann/Rohmer GewO § 33i Rn. 25; Hahn in Friauf GewO § 33i Rn. 69). Die Erwähnung des § 33d Abs. 3 GewO neben § 33c Abs. 2 GewO begründet sich daraus, dass § 33d Abs. 3 GewO neben der Zuverlässigkeit des Antragstellers auch die Zuverlässigkeit eines etwa personenverschiedenen Betriebsinhabers voraussetzt. Die Unzuverlässigkeit des Spielhallenbetreibers kann sich daneben auch aus dem Einsatz nicht geeigneter Aufsichtspersonen ergeben (OLG Hamm GewArch 1973, 121), ferner aus mangelnder Aufsicht über das eingesetzte Personal (VGH Kassel NVwZ-RR 1993, 139), aus der Duldung von Rauschgifthandel in der Spielhalle (VGH Kassel NVwZ-RR 1993, 139; OVG Koblenz NVwZ-RR 1999, 244), dem Betrieb einer Spielhalle ohne Erlaubnis (OVG Hamburg GewArch 1992, 424) oder dem „Anheizen" von Geldspielgeräten und nachfolgendem Verkauf der hochgespielten Spielbeteiligungen zwecks Umgehung der in § 13 SpielV normierten Einsatz-, Gewinn-, und Verlusthöchstgrenzen (vgl. → § 13 SpielV Rn. 20; Dietlein/Hüsken Jhrb. HHUD 2010, 593 (605 f.)).

19   **b) § 33i Abs. 2 Nr. 2 GewO Beschaffenheit und Lage der Räume.** Die Erlaubnis ist nach Nr. 2 auch dann zu versagen, wenn die zum Betrieb der Spielhalle genutzten Räumlichkeiten nach ihrer Beschaffenheit und Lage nicht den polizeilichen Anforderungen genügen. Beschaffenheit zielt auf die **innere Ausgestaltung** und den **inneren Zustand** der Betriebsräume. Demgegenüber bezieht sich das Merkmal der Lage auf den **Standort** der Betriebsräume in der konkreten Umgebung (vgl. VG Düsseldorf GewArch 1982, 331). Dabei reichen nach Auffassung des BVerwG bereits potenzielle Gefährdungen etwa durch das Aufeinander treffen der Spielhallen mit anderen bereits vorhandenen Einrichtungen, zB Bahnhöfen (BVerwG GewArch 1985, 64; BVerwG GewArch 1989, 138), während etwa das OVG Münster (GewArch 1987, 159) tatsächliche Anhaltspunkte für das Bestehen einer Gefahr verlangt. Vom Begriff der polizeilichen Anforderungen werden landes- und bundespolizeiliche Anforderungen jeder Art erfasst, so etwa bau- (siehe hierzu ausführlich Marcks in Landmann/Rohmer GewO § 33i Rn. 27 mwN; zur Frage, ob auch bauplanungsrechtliche Bestimmungen zu den polizeilichen Anforderungen zählen siehe Hahn in Friauf GewO § 33i Rn. 74), feuer-, sicherheitspolizeiliche etc. (vgl. BVerwG NVwZ-RR 1993, 545). Maßgeblich für die Beurteilung des Vorliegens der polizeilichen Anforderungen ist der polizeirechtliche Gefahrenbegriff, wobei das Vorliegen einer abstrakten Gefahr ausreicht (VG Gelsenkirchen GewArch 1982, 24; TWE GewO § 33i Rn. 59).

c) § 33i Abs. 2 Nr. 3 GewO Gefährdung der Jugend, übermäßige Ausnutzung des Spieltriebs, schädliche Umwelteinwirkungen, sonst unzumutbare Belästigung. Nr. 3 fasst höchst heterogene Versagungsgründe zusammen, die zuvörderst den Jugend- und Spielerschutz betreffen, aber auch umweltbzw. nachbarrechtliche Aspekte.   **20**

Die Erlaubnis ist zunächst zu versagen, wenn der Spielhallenbetrieb eine **Gefährdung für die Jugend** darstellt. Zu beachten ist insoweit namentlich § 6 Abs. 1 JuSchG, wonach Kindern und Jugendlichen die Anwesenheit in öffentlichen Spielhallen oder ähnlichen Unternehmen nicht gestattet werden darf. Im Übrigen kann etwa zu befürchtenden Jugendgefährdungen nicht selten durch die Erteilung entsprechender Auflagen gemäß Abs. 1 Satz 2 entgegengetreten werden (zur Auflage einer Personalausweiskontrolle etwa VGH Mannheim NVwZ 1983, 298; OVG Münster GewArch 1986, 369; OVG Koblenz NVwZ-RR 1991, 295).   **21**

Weiterhin ist die Erlaubnis zu versagen, wenn der Spielhallenbetrieb eine **übermäßige Ausnutzung des Spieltriebs** befürchten lässt. Die durch die SpielV geregelten Aspekte sind dabei grundsätzlich keiner weiteren Berücksichtigung zugänglich (BVerwG GewArch 1993, 323). Entsprechend dem herrschenden raumbezogenen Spielhallenbegriff (→ Rn. 5) soll das besondere Gefährdungspotenzial einer Zusammenballung mehrerer Spielhallen außer Betracht bleiben (BVerwG GewArch 1985, 64). Die mit dieser Auslegung hervorgerufenen Schutzdefizite sind evident und in Teilen des Schrifttums zu Recht auf Kritik gestoßen (Marcks in Landmann/Rohmer GewO § 33i Rn. 29; TWE GewO § 33i Rn. 68). Konsequent erschiene es daher, auch die Gesamtzahl der in einem Spielhallenkomplex vorhandenen Geldspielgeräte bei der Prüfung des Versagungsgrundes zu berücksichtigen. Da eine solche Gesamtbetrachtung durch die SpielV nicht vorgenommen wird, stünde diese einer entsprechenden Auslegung nicht im Wege. Im Hinblick auf die landesrechtlichen Verbote der Mehrfachkonzessionierung und der eindeutigen Abkehr vom raumbezogenen zugunsten des betriebsbezogenen Spielhallenbegriffes (→ Rn. 5) kommt dieser Überlegung praktische Bedeutung freilich nur noch für solche Spielhallen zu, die bereits vor Inkrafttreten der landesrechtlichen Bestimmungen über eine Erlaubnis nach § 33i GewO verfügten und den diesbezüglichen Übergangsbestimmungen unterfallen (zu bauplanungsrechtlichen Aspekten der Genehmigung von Mehrfachspielhallen → Rn. 5).   **22**

Schlussendlich gestattet Abs. 2 Nr. 3 die Versagung der Erlaubnis wenn der Spielhallenbetrieb **schädliche Umwelteinwirkungen** iSd BImSchG oder eine sonst nicht zumutbare Belästigung der Allgemeinheit, der Nachbarn oder einer im öffentlichen Interesse bestehenden Einrichtung befürchten lässt. Zum Begriff   **23** der schädlichen Umwelteinwirkungen kann auf die Legaldefinition des § 3 Abs. 1 BImSchG verwiesen werden. Zu den im öffentlichen Interesse bestehenden Einrichtungen zählen ua Schulen, Kirchen und Krankenhäuser, wobei zu ihnen ein räumlicher Kontakt bestehen muss. Eine reine Blickverbindung ist grundsätzlich nicht ausreichend (siehe dazu OVG Bremen NVwZ 1990, 780). Abs. 2 Nr. 3 ist im Hinblick auf den Nachbarschutz drittschützende Wirkung beizumessen (so auch TWE GewO § 33i Rn. 73).

4. Rechtsfolgen einer Zuwiderhandlung gegen § 33i GewO

24   Das Betreiben einer Spielhalle ohne Erlaubnis kann gemäß § 144 Abs. 1 Nr. 1 lit. d, Abs. 4 GewO als Ordnungswidrigkeit mit einer Geldbuße belegt werden (siehe hierzu BayObLG NVwZ-RR 1992, 553; ferner OLG Jena NStZ-RR 1997, 315). Bei beharrlicher Wiederholung liegt eine Straftat gemäß § 148 GewO vor. Die Zuwiderhandlung gegen eine vollziehbare Auflage nach § 33i Abs. 1 Satz 2 GewO kann gemäß § 144 Abs. 2 Nr. 3, Abs. 4 GewO ebenfalls als Ordnungswidrigkeit mit einer Geldbuße belegt werden. Eine Ordnungswidrigkeit nach § 28 Abs. 1 Nr. 7 JuSchG begeht, wer Kindern oder Jugendlichen die Anwesenheit in einer öffentlichen Spielhalle gestattet. Unter den Voraussetzungen des § 27 Abs. 2 Nr. 2 JuSchG kann ggf. eine Straftat im Raum stehen.

4. Spielverordnung (SpielV)

idF der Bekanntmachung vom 27. Januar 2006 (BGBl. I 280)

– Auszüge –

Literatur: Brückner/Scheel, Ausgezockt? – Zur verfassungs- und gemeinschaftsrechtlichen Zulässigkeit des staatlichen Sportwettenmonopols in Deutschland, in: Sander/Sasdi (Hrsg.), Sport im Spannungsfeld von Recht, Wirtschaft und europäischen Grundfreiheiten, 2009, S. 77 ff.; Dickersbach, Die Änderung des Spielrechts durch die Verordnung zur Änderung der Spielverordnung vom 11.12.1985, NVwZ 1986, S. 452 f.; Dietlein, Die Gesetzgebungszuständigkeit der Länder für das Spielhallenwesen (Teil 1), ZfWG 2008, S. 12 ff.; Dietlein, „Verfassungsrecht als abstrahiertes Verwaltungsrecht"? – Die Gesetzgebungszuständigkeit für das Spielhallenrecht in und nach der Föderalismusreform, in: Festschrift für Herbert Bethge, 2009, S. 3 ff.; Dietlein/Hüsken, Spielerschutz im gewerblichen Automatenspiel, Rechtsprobleme der Bauartzulassung neuartiger Geldspielgeräte, in Jahrbuch Heinrich-Heine-Universität Düsseldorf 2010, S. 593 ff. (online abrufbar unter www.uni-duesseldorf.de/Jahrbuch/2010); Dürr, Änderungsbedarf der Spielverordnung, GewArch 2011, S. 99 ff.; Dürr, Änderungsbedarf der Spielverordnung, GewArch 2011, S. 142 ff.; Gallwas, § 13 Spielverordnung auf dem Prüfstand der Rechtsstaatlichkeit, in: Festschrift für Herbert Helmrich, 1994, S. 933 ff.; Hahn, Neuregelungen zum gewerblichen Spielrecht, GewArch 2007, S. 89 ff.; Kim, Das Ende der Fun Games – Die neue Spielverordnung, ZfWG 2006, S. 1 ff.; Kummer, Zur Reform des gewerblichen Spielrechts, GewArch 1985, S. 108 ff.; Marcks, Das Spielhallenproblem, WiVerw 1986, S. 22 ff.; Meyer, Glücksspiel – Zahlen und Fakten, in: Deutsche Hauptstelle für Suchtfragen e.V. (Hrsg.), Jahrbuch Sucht 10 (2010), S. 120 ff.; Odenthal, Das gewerbliche Spielrecht, in: Gebhardt/Grüsser-Sinopoli (Hrsg.), Glücksspiel in Deutschland, 2008, § 20; Odenthal, Die Veranstaltung erlaubnisfreier Spiele, GewArch 1990, S. 165 ff.; Odenthal, Rechtsfragen der Geeignetheitsbestätigung nach § 33c Abs. 3 GewO, GewArch 1988, S. 183 ff.; Odenthal, Rechtsprobleme der neuen Spielverordnung, ZfWG 2006, S. 286 ff.; Peters, Das Spiel an den Geldspielgeräten der Spielhallen, ZfWG 2011, S. 1 ff.; Peters, Die Spielverordnung, ZRP 2011, S. 134 ff.; Pfeifer/Fischer, Aktuelle Fragen des Gewerberechts – Vollzug in Bayern, GewArch 2002, S. 232 ff.; Richter, Stellungnahme zum Positionspapier zur Entwicklung des Marktes für Geldspielgeräte, ZfWG 2012, S. 103 ff.; Ruttig, Anmerkung zum Urteil des Bundesverwaltungsgerichts vom 31.03.2010, Az. BVerwG 8 C 12.09, ZfWG 2010, S. 274 f.; Schneider, Das Recht der Spielhallen nach der Föderalismusreform – Zur Auslegung von Art. 74 Abs. 1 Nr. 11 GG und zur Vereinbarkeit darauf gestützter Beschränkungen des gewerblichen Spielbetriebs mit Art. 12 Abs. 1 GG, 2009; Schneider, Das Recht der „Spielhallen" nach der Föderalismusreform – Zur Auslegung von Art. 74 Abs. 1 Nr. 11 GG – Teil 1, GewArch 2009, S. 265 ff.; Schneider, Das Recht der „Spielhallen" nach der Föderalismusreform – Zur Auslegung von Art. 74 Abs. 1 Nr. 11 GG – Teil 2, GewArch 2009, S. 343 ff.; Schönleiter, Die neue SpielVO – ein langer Weg, in: Hess/Wieland (Hrsg.), Taschenbuch der Unterhaltungsautomatenwirtschaft 2006/2007, S. 72 ff.; Schütze/Kalke, Die Spielverordnung – die rechtliche, suchtmedizinische und politische Diskussion über die Geldspielautomaten, ZfWG 2009, S. 235 ff.

Vorbemerkung

1. Einleitung

Die SpielV wurde auf Grundlage der Verordnungsermächtigungen in § 33f **1** Abs. 1, Abs. 2 Nr. 1 GewO sowie § 33g Nr. 1 GewO (→ § 33f GewO Rn. 2 ff.;

§ 33g GewO Rn. 2 f.) erstmals in den Jahren 1984/1985 erlassen. Als Ergebnis
der Entbürokratisierungsbemühungen von Bund und Ländern führte sie zu einer
Vereinheitlichung der bis dato einzeln bestehenden Durchführungsvorschriften
des gewerblichen Spielrechts. In ihr wurden namentlich die SpielV vom 6.2.1962
(BGBl. I 153), die Verordnung über unbedenkliche Spiele vom 26. 11.1963
(BGBl. I 849) und die Spielgerätezulassungsverordnung vom 6.2.1962
(BGBl. I 165) zu einer einheitlichen Verordnung zusammengeführt (zur Entwicklung ausführlich Marcks in Landmann/Rohmer GewO Vor SpielV
Rn. 1 f.). Die letzte **umfassende Novellierung** der SpielV erfolgte durch die
fünfte Neubekanntmachung vom 27.1.2006 (BGBl. I 280). In diesem Rahmen
wurden vor allem Änderungen bezüglich des Einsatzes, des Höchstgewinnes und
der Spieldauer vorgenommen. Die **Zahl der Gewinnspielgeräte** in Spielhallen
wurde auf maximal zwölf, die an den in § 3 Abs. 1 SpielV genannten Orten
auf maximal drei angehoben. Durch Warnhinweispflichten und Hinweise auf
Beratungsmöglichkeiten nach § 6 SpielV wurde die suchtpräventive Ausrichtung
klarer konturiert. Die sog. **Fun-Games** wurden grundsätzlich verboten (eingehend Schönleiter Taschenbuch der Unterhaltungsautomatenwirtschaft, 72 ff.).
Die Novellierung der SpielV hat neben den suchtpräventiven Neuerungen indes
auch neue Probleme mit sich gebracht. So hat die Physikalisch-Technische Bundesanstalt (PTB) nach Inkrafttreten der Novelle für neue Geldspielgeräteklassen
(sog. Multigamer) die Spielerschutzregelungen der SpielV teilweise durch for-
malistische Norminterpretationen leerlaufen lassen und Bauartzulassungen
(BAZ) erteilt, bei denen die vorgesehenen Einsatz-, Gewinn- und Verlustgrenzen deutlich überschritten bzw. umgangen werden (hierzu Dietlein/Hüsken
Jhrb. HHUD 2010, 593 ff. mwN; Reeckmann, ZfWG 2010, 229 (231 f.); Peters
ZfWG 2011, 1 ff.; Peters ZRP 2011, 134 ff.; Dürr GewArch 2011, 99 ff. und
142 ff.; Sachverständigen-Positionspapier vom 18.4.2011 ZfWG 2011, 393 ff.;
Richter ZfWG 2012, 103 ff.; Schütze/Kalke ZfWG 2009, 235 ff.; Meyer Jahr-
buch Sucht 10, 120 (124 f.); → § 13 Rn. 2). Auch der aktuelle Diskussionsentwurf zur sechsten Verordnung zur Änderung der SpielV (Stand: 8.2.2012) –
SpielV-DE – tritt dieser Problematik nicht grundlegend entgegen. Zwar sollen
ua durch § 8 SpielV-DE das sog. „Vorheizen" bzw. „Hochladen" von Punkten
durch das Spielstättenpersonal unterbunden werden und durch § 12 Abs. 1 Nr. 2
SpielV-DE geldäquivalente Betragsangaben beim Punktespiel von mehr als 1000
Euro nicht mehr zulässig sein. Das unter suchtmedizinischen Gesichtspunkten
gefährliche Punktespiel wird indes keinen weiteren verordnungsrechtlichen Kor-
rekturen unterworfen, sondern soll lediglich durch eine Herstellererklärung
begrenzt werden. Der Verordnungsgeber konstatiert insoweit in deutlichem
Kontrast zu dem Votum der Suchtexperten, dass ein Verbot des Punktespiels
nicht gewollt ist.

2. Teleologie und Systematik der SpielV

2   Die SpielV konkretisiert die **spielerschutzrechtlichen Zielvorgaben** der
GewO (hierzu zuletzt auch OVG Münster ZfWG 2008, 122). **Abschnitt I** der
SpielV (§§ 1–3a SpielV) befasst sich mit dem Aufstellungs- und Höchstzahlbegrenzungen für Geld- und Warenspielgeräte iSd § 33c GewO. Hervorzuheben ist
§ 3a SpielV, welcher neben dem Aufsteller auch einem etwa personenverschiedenen Betriebsinhaber die Pflicht zur Beachtung der einschlägigen Vorschriften der
SpielV auferlegt. In **Abschnitt II** (§§ 4–5a SpielV) finden sich Regelungen zu

den Aufstellplätzen und Höchstzahlbegrenzungen für andere Spiele iSd § 33d
GewO. Die auf Grundlage des § 33g Nr. 1 GewO erlassene Regelung des § 5a
SpielV stellt bestimmte andere Spiele von der Erlaubnispflicht frei. **Abschnitt III**
(§§ 6–10 SpielV) formuliert sonstige Pflichten, die bei der gewerblichen Betäti-
gung zu beachten sind (vgl. § 9 SpielV ua OVG Lüneburg ZfWG
2009, 424, zu Freispieltestcoupons für Geldspielgeräte in Zeitungsannoncen; AG
Sigmaringen GewArch 2010, 84, zur Anwendbarkeit auf Spielgeräte ohne
Gewinnmöglichkeit). Hervorzuheben ist ua der neue § 6a SpielV (vgl. hierzu
OVG Lüneburg NVwZ-RR 2008, 460; VGH Mannheim NVwZ-RR 2008,
461; OVG Bautzen Beschl. v. 4.10.2007 – 3 BS 128/06; OVG Münster NVwZ-
RR 2007, 390; OVG Münster GewArch 2007, 288; VGH Kassel GewArch 2007,
290; OVG Lüneburg GewArch 2006, 434; VG Stuttgart GewArch 2007, 254;
VG Dresden GewArch 2006, 476), welcher die Aufstellung und den Betrieb
sog. Fun-Games untersagt (vgl. zur Verfassungsmäßigkeit der Bestimmung Hahn
GewArch 2007, 89 (96 f.) sowie BVerfG (K) GewArch 2006, 121, welches eine
gegen § 6a SpielV gerichtete Verfassungsbeschwerde nicht zur Entscheidung angenommen hat). Damit hat sich auch die Diskussion iRd § 33c GewO, ob Weiter-
spielmöglichkeiten bzw. Freispiele Gewinne darstellen, im Wesentlichen erledigt
(s. hierzu ausführlich Meßerschmidt in BeckOK GewO § 33c Rn. 5–5.2). Die
Abschnitte IV (§§ 11–17 SpielV) und **V** (§ 18 SpielV) regeln die Voraussetzungen, die von PTB und BKA bei der Erteilung von BAZ (§§ 13, 14 SpielV; zum
neuen § 13 SpielV ausführlich Hahn GewArch 2007, 89, (91 f.); Dietlein/Hüsken
Jhrb. HHUD 2010, 593 ff. mwN; Reeckmann ZfWG 2010, 229 (231 f.); Peters
ZfWG 2011, 1 ff.; Peters ZRP 2011, 134 ff.; Dürr GewArch 2011, 99 ff. und
142 ff.; Sachverständigen-Positionspapier vom 18.4.2011 ZfWG 2011, 393 ff.;
Richter ZfWG 2012, 103 ff.) und UB (§ 18 SpielV) zu beachten sind. Hinsichtlich
der BAZ-Erteilung liefert die SpielV zugleich die einschlägigen Verfahrens- und
Gebührenregelungen mit (§§ 11, 12, 15 –17 SpielV). In **Abschnitt VI** (§ 19
SpielV) befindet sich schließlich ein die §§ 144, 145 GewO konkretisierender
Ordnungswidrigkeitentatbestand.

Nachfolgend sollen die für die Anwendung der §§ 33c ff. GewO relevanten **3**
Regelungsaussagen der **§§ 1–5a, 6a SpielV** einer Übersichtskommentierung, und
die für die BAZ von Geldspielgeräten zentrale Vorschrift des **§ 13 SpielV** einer
eingehenden Kommentierung unterzogen werden. Zur Erläuterung der übrigen
Vorschriften der SpielV wird auf die Kommentierung von Marcks in Landmann/
Rohmer GewO verwiesen.

§ 1 [Aufstellung von Geldspielgeräten]

(1) **Ein Spielgerät, bei dem der Gewinn in Geld besteht (Geldspielgerät),
darf nur aufgestellt werden in**
1. **Räumen von Schank- oder Speisewirtschaften, in denen Getränke oder
   zubereitete Speisen zum Verzehr an Ort und Stelle verabreicht werden,
   oder in Beherbergungsbetrieben,**
2. **Spielhallen oder ähnlichen Unternehmen oder**
3. **Wettannahmestellen der konzessionierten Buchmacher.**
(2) **Ein Geldspielgerät darf nicht aufgestellt werden in**
1. **Betrieben auf Volksfesten, Schützenfesten oder ähnlichen Veranstaltungen, Jahrmärkten oder Spezialmärkten,**
2. **Trinkhallen, Speiseeiswirtschaften, Milchstuben oder**

3. **Schank- oder Speisewirtschaften oder Beherbergungsbetrieben, die
sich auf Sportplätzen, in Sporthallen, Tanzschulen, Badeanstalten,
Sport- oder Jugendheimen oder Jugendherbergen befinden, oder in
anderen Schank- oder Speisewirtschaften oder Beherbergungsbetrieben, die ihrer Art nach oder tatsächlich vorwiegend von Kindern oder
Jugendlichen besucht werden.**

1   Die Vorschrift des § 1 SpielV bezieht sich auf § 33c Abs. 3 GewO (→ § 33c
Rn. 14 ff.) und regelt die Frage, an welchen Orten Geldspielgeräte iSd § 33c
Abs. 1 GewO zulässigerweise aufgestellt werden dürfen. Die Bestimmung dient
der Eindämmung des Spieltriebes im Allgemeinen ebenso wie dem Spieler- und
Jugendschutz im Besonderen. In systematischer Hinsicht formuliert Abs. 1 einen
abschließenden Katalog („nur") zulässiger Aufstellorte. Die Begrifflichkeiten
sind nach Maßgabe der jeweiligen Spezialgesetze zu interpretieren (zB GastG).
Als Schank- oder Speisewirtschaft iSd Abs. 1 Nr. 1 (zum Begriff VG Bremen
ZfWG 2011, 454) kommen damit etwa auch erlaubnisfreie Fast-Food-Betriebe
nach § 2 Abs. 2 GastG in Betracht. Stets zu prüfen bleibt allerdings, ob die Anwen-
dung des Abs. 1 durch spezialgesetzliche **„Ausschlusstatbestände"** nach Abs. 2
gehindert wird. Besondere Bedeutung kommt hierbei der Ausschlussregelung des
Abs. 2 Nr. 3 zu, die neben Gaststätten im Zusammenhang der dort genannten
Sport- und Freizeiteinrichtungen (nicht aber im Zusammenhang von Zelt- und
Campingplätzen im Allgemeinen) vor allem solche Gaststätten erfasst, die „ihrer
Art nach oder tatsächlich vorwiegend von **Kindern oder Jugendlichen** besucht
werden". Zu letzteren können unter Berücksichtigung der Umstände des Einzelfalles vor allem Restaurants von Fast-Food- oder Kaffeehaus-Ketten zählen, aber
auch sonstige Gaststätten im besonderen Einzugsbereich von Schulen oder Freizeiteinrichtungen. In Anlehnung an Abs. 2 Nr. 2 werden in Rechtsprechung und
Literatur daneben auch solche Betriebe als ungeeignet angesehen, die keine **Voll-
gaststätten** sind, sondern Speisen und Getränke lediglich als untergeordnete Leistung anbieten. Hierzu zählen Imbissangebote in Lebensmittelläden, Fleischereien,
Bäckereien, Videobetrieben, Friseurgeschäften (Marcks in Landmann/Rohmer
GewO § 1 SpielV Rn. 2), aber auch Tankstellenshops (VG Kassel GewArch 2010,
310; Pauly/Brehm GewArch 2002, 57 (59)) und Warenhausgaststätten (VGH
Mannheim GewArch 1997, 294; für eine Zulässigkeit aber Marcks in Landmann/
Rohmer GewO § 1 SpielV Rn. 2; Odenthal GewArch 1988, 183(186)), nicht
dagegen die vom GastG freigestellten Betriebskantinen und Betreuungseinrich-
tungen von Polizei und Armee (§ 25 Abs. 1 Satz 1 GastG). Dagegen zählen Imbiss-
stuben seit 1976 nicht mehr generell zu unzulässigen Standorten (VG Minden
GewArch 1985, 333). Mangels **stationärem Betrieb** fallen Gaststätteneinrich-
tungen etwa in Eisenbahnen, Bussen und Schiffen aus dem Anwendungsbereich
des § 1 Abs. 1 Nr. 1 heraus.

2   Für die Frage, ob es sich um einen zulässigen Aufstellort für Geldspielgeräte
handelt, kommt es auf den tatsächlichen Betriebscharakter an, nicht hingegen auf
den formalen Inhalt der erteilten Konzession (vgl. BVerwG GewArch 1964, 9).

§ 2 [Aufstellung von Warenspielgeräten]

**Ein Spielgerät, bei dem der Gewinn in Waren besteht (Warenspielgerät),
darf nur aufgestellt werden**

1. **in Räumen von Schank- oder Speisewirtschaften, in denen Getränke oder zubereitete Speisen zum Verzehr an Ort und Stelle verabreicht werden, oder in Beherbergungsbetrieben mit Ausnahme der in § 1 Abs. 2 Nr. 2 und 3 genannten Betriebe,**
2. **in Spielhallen oder ähnlichen Unternehmen,**
3. **in Wettannahmestellen der konzessionierten Buchmacher oder**
4. **auf Volksfesten, Schützenfesten oder ähnlichen Veranstaltungen, Jahrmärkten oder Spezialmärkten.**

§ 2 SpielV bezieht sich ebenfalls auf § 33c Abs. 3 GewO und präzisiert die **1** zulässigen Aufstellorte für die dort neben den Geldspielgeräten geregelten **Warenspielgeräte.** Im Gegensatz zur abgestuften Systematik des § 1 SpielV statuiert § 2 SpielV ausschließlich einen **Positivkatalog** zulässiger Aufstellorte. Begrifflich und systematisch betreffen die Nrn. 1–3 ausschließlich das **stehende Gewerbe,** während Nr. 4 als Sonderregelung für das **Reisegewerbe** zu verstehen ist. Die in § 2 Nrn. 1–3 SpielV genannten Örtlichkeiten entsprechen im Wesentlichen denen des § 1 Abs. 1 Nrn. 1–3 SpielV.

Der wesentliche Unterschied zur Regelung des § 1 SpielV besteht darin, dass **2** Warenspielgeräte gemäß § 2 Nr. 4 SpielV auch auf Volksfesten, Schützenfesten, oder ähnlichen Veranstaltungen, Jahrmärkten oder Spezialmärkten aufgestellt werden dürfen. Mangels näherer Eingrenzung der zulässigen Betriebsarten im Rahmen der genannten Reisegewerbeformen ist davon auszugehen, dass eine Aufstellung von Warenspielgeräten dort nicht nur in Gastronomie- und Spielhallenbetrieben in Betracht kommt, sondern grundsätzlich in **jeglichem Schaustellerbetrieb** (s. Marcks in Landmann/Rohmer GewO § 2 SpielV Rn. 1).

§ 3 [Gerätehöchstzahlen]

(1) In Schankwirtschaften, Speisewirtschaften, Beherbergungsbetrieben und Wettannahmestellen der konzessionierten Buchmacher dürfen höchstens drei Geld- oder Warenspielgeräte aufgestellt werden. Der Gewerbetreibende hat bei bis zu zwei aufgestellten Geräten durch eine ständige Aufsicht, bei drei aufgestellten Geräten durch zusätzliche technische Sicherungsmaßnahmen an den Geräten die Einhaltung von § 6 Abs. 2 des Jugendschutzgesetzes sicherzustellen. Die Zahl der Warenspielgeräte, die auf Volksfesten, Schützenfesten oder ähnlichen Veranstaltungen, Jahrmärkten oder Spezialmärkten aufgestellt werden dürfen, ist nicht beschränkt.

(2) In Spielhallen oder ähnlichen Unternehmen darf je 12 Quadratmeter Grundfläche höchstens ein Geld- oder Warenspielgerät aufgestellt werden; die Gesamtzahl darf jedoch zwölf Geräte nicht übersteigen. Der Aufsteller hat die Geräte einzeln oder in einer Gruppe mit jeweils höchstens zwei Geräten in einem Abstand von mindestens 1 Meter aufzustellen, getrennt durch eine Sichtblende in einer Tiefe von mindestens 0,80 Meter, gemessen von der Gerätefront in Höhe mindestens der Geräteoberkante. Bei der Berechnung der Grundfläche bleiben Nebenräume wie Abstellräume, Flure, Toiletten, Vorräume und Treppen außer Ansatz.

(3) In Spielhallen oder ähnlichen Unternehmen, in denen alkoholische Getränke zum Verzehr an Ort und Stelle verabreicht werden, dürfen höchstens drei Geld- oder Warenspielgeräte aufgestellt werden.

1. Normzweck

1   Während die Aufstellererlaubnis nach § 33c GewO ihrem Regelungsgehalt nach auf die Aufstellung beliebig vieler Automaten gerichtet ist (→ § 33c GewO Rn. 7), gestattet § 33f Abs. 1 Nr. 1 GewO die verordnungsgeberische Beschränkung der Zahl der in einem Betrieb aufgestellten Spielgeräte. Die auf dieser Grundlage ergangene Regelung des § 3 SpielV dient in besonderer Weise dem **Spielerschutz**, da die Anreize für den Spieler umso geringer sind, „je weniger Geldspielgeräte in einer Spielhalle aufgestellt sind" (BVerfG NVwZ 1987, 1067). Die Bestimmung richtet sich nicht speziell an den Aufsteller, sondern an den „Gewerbetreibenden", was zB eine Bindung auch des Gastwirtes einschließt (Odenthal ZfWG 2006, 286). Verfassungsrechtliche Bedenken gegen die geltende Rechtslage bestehen nicht. Für den Bereich der Spielhallen und der spielhallenähnlichen Unternehmen (Abs. 2) ist von einer Regelungszuständigkeit der Länder auszugehen (eingehend → Einführung Rn. 13).

2. § 3 Abs. 1 SpielV Gerätehöchstzahlen in Gaststätten, Wettannahmestellen und auf Volks- und Schützenfesten

2   § 3 Abs. 1 SpielV statuiert Höchstzahlbegrenzungen für die in § 1 Abs. 1 Nr. 1 und 3 SpielV und § 2 Nr. 1, 3 und 4 SpielV aufgeführten Örtlichkeiten. Die Sätze 1 und 2 der Vorschrift beziehen sich dabei allein auf das stehende Gewerbe, Satz 3 hingegen auf das Reisegewerbe. In Schank- und Speisewirtschaften, Beherbergungsbetrieben sowie in Wettannahmestellen konzessionierter Buchmacher können bis zu drei Geld- oder Warenspielgeräte aufgestellt werden (Satz 1). Hinsichtlich der Beurteilung zulässiger Aufstellungsorte ist auf eine natürliche Betrachtungsweise abzustellen (VG Gießen GewArch 2011, 81(82)). Die Gerätehöchstzahlen dürfen nicht umgangen werden, zB durch das Nebeneinanderliegen von Gaststätte und Spielhalle nebst Verbindungstür (VG Gießen GewArch 2011, 355).

Durch § 3 Abs. 1 SpielV-DE ist verordnungsgeberisch aus Gründen des Spieler- und Jugendschutzes eine Absenkung der maximal zulässigen Geld- und Warenspielgeräte von drei auf zwei geplant.

3   Satz 2 dient der Sicherstellung des § 6 Abs. 2 JuSchG, wonach Personen unter 18 Jahren die Benutzung von Geldspielgeräten nicht gestattet ist; Warenspielgeräte dürfen allein an den Örtlichkeiten iSd § 2 Nr. 4 SpielV von Jugendlichen bespielt werden. Zwecks Einhaltung der **jugendschutzrechtlichen Vorgaben** hat der Gewerbetreibende bei der Aufstellung von bis zu zwei Spielgeräten eine ständige Aufsicht zu stellen, bei drei Spielgeräten müssen sämtliche Geräte zusätzlich mit technischen Sicherungsmaßnahmen gegen die Benutzung von Jugendlichen versehen werden. Zuvörderst wird hierbei an elektronische Frei- oder Abschaltvorrichtungen zu denken sein (zu technischen Einzelheiten vgl. Marcks in Landmann/Rohmer GewO § 3 SpielV Rn. 2; vgl. auch Odenthal ZfWG 2006, 286). Satz 3 betrifft allein die Aufstellung von Warenspielgeräten im Reisegewerbe, enthält indes für die Örtlichkeiten iSd § 2 Nr. 4 SpielV keine Höchstzahlbegrenzungen. Auf Volksfesten etc. können Warenspielgeräte daher in unbegrenzter Anzahl aufgestellt werden. Weil vom Anwendungsbereich des § 6 Abs. 2 JuSchG ohnehin nicht erfasst, sind die Jugendschutzregelungen des Satzes 2 nicht zu beachten.

3. § 3 Abs. 2 SpielV Gerätehöchstzahlen in Spielhallen und ähnlichen Unternehmen

§ 3 Abs. 2 SpielV regelt die zulässige Höchstzahl von Spielgeräten in Spielhallen **4** und ähnlichen Unternehmen. Abs. 2 Satz 1 sieht vor, dass in den genannten Örtlichkeiten jeweils nur ein Geld- oder Warenspielgerät je 12 qm Grundfläche aufgestellt werden darf. Die Gesamtgeräteanzahl darf pro Spielhalle zwölf Geräte nicht übersteigen (sog. **„12/12er Regelung"** – zu den Folgewirkungen der Neuregelung auf bereits erteilte Spielhallenerlaubnisse vgl. Odenthal ZfWG 2006, 286 f. mwN). Abs. 2 versteht sich als ein auf den **Gesamtbetrieb** bezogener **Berechnungsmodus,** nicht als eine auf das jeweilige Spielgerät bezogene „Abstandsregelung". Die Frage, wie Spielgeräte in den Räumlichkeiten konkret zu platzieren sind, bestimmt sich nach Abs. 2 Satz 2. Hiernach darf der Aufsteller die Geräte ausschließlich einzeln oder in Zweiergruppen aufstellen. In beiden Fällen ist ein Mindestabstand von einem Meter zwischen den Geräten einzuhalten. Überdies sind die Geräte mit einer 80 cm tiefen **Sichtblende** zu versehen, womit der Mehrfachbespielung vorgebeugt werden soll. Nach vielfach vertretener Auffassung soll die Verpflichtung zur Sichtblendeninstallation entfallen, wenn zwischen den Geräten ein Mindestabstand von drei Metern besteht oder die Geräte vom Spieler nicht eingesehen werden können (Marcks in Landmann/Rohmer GewO § 3 SpielV Rn. 5 unter Verweis auf BR-Drs. 655/05, 16). Mangels normativer Grundlage bleibt diese Sichtweise freilich – gerade auch unter suchtpräventiven Gesichtspunkten – mit Unsicherheiten behaftet.

In die Höchstzahlberechnung mit einzubeziehen sind auch **Reservegeräte 5** (einschl. abgedeckter Geräte – vgl. BVerwG GewArch 1985, 266) sowie sog. **Fun-Games** (→ § 33c GewO Rn. 5; § 6a SpielV Rn. 1 ff.), deren (Weiter-)Betrieb jedoch durch den neu eingefügten § 6a SpielV mittlerweile grundsätzlich verboten ist (vgl. OVG Hamburg GewArch 2004, 246; OVG Hamburg GewArch 2004, 299). Reine **Erprobungsgeräte,** welche ausschließlich dazu dienen, die Akzeptanz beim Spieler zu testen, und nicht gegen Einsatz betrieben werden können, bleiben dagegen nach herrschender, allerdings nicht unumstrittener Auffassung von der Höchstzahlberechnung ausgeschlossen (Pfeifer/Fischer GewArch 2002, 232 (234); Marcks in Landmann/Rohmer GewO § 3 SpielV Rn. 3; aA OLG Köln GewArch 2009, 206, für im „Kennenlernmodus" betriebene Geldspielgeräte bei denen weder Einsätze noch Gewinne erzielt werden können; zu den genauen Modalitäten der Höchstzahlberechnung s. Marcks in Landmann/Rohmer GewO § 3 SpielV Rn. 4); gleiches gilt für defekte Spielgeräte, die nicht mit wenigen Handgriffen wieder betriebsbereit gemacht werden können (so OLG Köln GewArch 2009, 206).

Abs. 2 Satz 3 regelt die Berechnung der maßgeblichen Grundfläche, die sich **6** letztlich aus der dem **Spielbetrieb dienenden Grundfläche** der Spielhalle ergibt (Dickersbach NVwZ 1986, 452; Marcks in Landmann/Rohmer GewO § 3 SpielV Rn. 7). Folgerichtig klammert die Norm Nebenräume wie Flure, Toiletten, Treppen uä aus. Die genannten Nebenräume haben Beispielcharakter („wie"). Unter teleologischen Aspekten ebenfalls auszuklammern bei der Berechnung der Grundfläche sind Räumlichkeiten für das Personal (einschl. Aufsicht), Cafeterien sowie – selbstverständlich – lediglich „pro forma" angemietete Geschosse (Marcks in Landmann/Rohmer GewO § 3 SpielV Rn. 7). Aus dem 12 qm-Erfordernis ergibt sich, dass in Spielhallen mit weniger als 12 qm keine Geld- oder Warenspielgeräte aufgestellt werden dürfen (so ua auch BVerwG NVwZ 1992, 665; BVerwG NVwZ 1987, 1094).

4. § 3 Abs. 3 SpielV Spielhallen und ähnliche Unternehmen mit Ausschank alkoholischer Getränke

7   Gemäß § 3 Abs. 3 SpielV dürfen in Spielhallen und ähnlichen Unternehmen, in denen alkoholische Getränke ausgeschenkt werden, höchstens drei Geld- oder Warenspielgeräte aufgestellt werden. Die Regelung **verhindert** eine **Umgehung** des § 3 Abs. 1 SpielV und richtet sich der Sache nach weniger an Spielhallen als vielmehr an Gaststätten (zutr. Marcks in Landmann/Rohmer GewO § 3 SpielV Rn. 10). Sie schließt aus, dass zusätzlich zur Gaststättenerlaubnis eine Spielhallenerlaubnis beantragt wird, um dadurch infolge der günstigeren Regelung in § 3 Abs. 2 SpielV mehr Spielgeräte als in § 3 Abs. 1 SpielV vorgesehen aufstellen zu können. Werden hingegen ausschließlich nichtalkoholische Getränke sowie Speisen als Nebenleistung angeboten, greift Abs. 3 nach seinem ausdrücklichen Wortlaut nicht ein. In diesem Fall bleibt es bei der günstigeren Regelung des Abs. 2 (BVerwG NVwZ 1989, 51; Marcks WiVerw 1986, 22 (40 f.)).

§ 3a [Fremdaufstellung von Spielgeräten]

Der Gewerbetreibende, in dessen Betrieb das Spielgerät aufgestellt werden soll, darf die Aufstellung nur zulassen, wenn die Voraussetzungen des § 33c Abs. 3 Satz 1 der Gewerbeordnung und des § 3 im Hinblick auf diesen Betrieb erfüllt sind.

1   Durch § 3a SpielV wird der Inhaber eines Betriebes, in dessen Räumen Geräte aufgestellt werden, verpflichtet, bei der Spielgeräteaufstellung durch einen Dritten darauf zu achten, dass die Voraussetzungen des § 33c Abs. 3 Satz 1 GewO (Geeignetheitsbestätigung; → § 33c GewO Rn. 14 ff.) sowie des § 3 SpielV für den eigenen Betrieb erfüllt sind. Die Vorschrift zeigt Relevanz allein bei einer **Fremdaufstellung** von Gewinnspielgeräten, namentlich also für den Bereich der Automatenaufstellung in Gastwirtschaften. Wird ein Gastwirt oder Spielhallenbetreiber allerdings bereits in eigener Person als Geräteaufsteller tätig, ist er in dieser Funktion unmittelbar zur Wahrung der gesetzlichen Vorgaben verpflichtet; § 3a SpielV kommt in diesem Falle nicht zum Zuge (Marcks in Landmann/Rohmer GewO § 3a SpielV).

§ 4 [Veranstaltung anderer Spiele mit Geldgewinn]

Die Erlaubnis für die Veranstaltung eines anderen Spieles im Sinne des § 33d Abs. 1 Satz 1 der Gewerbeordnung (anderes Spiel), bei dem der Gewinn in Geld besteht, darf nur erteilt werden, wenn das Spiel in Spielhallen oder ähnlichen Unternehmen veranstaltet werden soll. In einer Spielhalle oder einem ähnlichen Unternehmen dürfen höchstens drei andere Spiele veranstaltet werden.

1   Die Vorschrift betrifft Durchführung und Veranstaltungsorte anderer Spiele iSd § 33d Abs. 1 Satz 1 GewO (→ § 33d GewO Rn. 4 ff.), bei denen die Möglichkeit eines Geldgewinns besteht. Gemäß § 4 SpielV dürfen andere Spiele, bei denen

der Gewinn in Geld besteht, ausschließlich in Spielhallen und ähnlichen Unternehmen veranstaltet werden, wobei jedes einzelne Spiel erlaubnispflichtig ist (→ § 33d GewO Rn. 8). Der Rekurs auf die genannten Örtlichkeiten impliziert, dass sich die Vorschrift allein auf das **stehende Gewerbe** bezieht und somit im Reisegewerbe keine Anwendung finden kann (vgl. Marcks in Landmann/Rohmer GewO § 4 SpielV). Mangels ausdrücklicher Nennung scheidet das Internet als zulässiger Veranstaltungsort iSv § 4 SpielV aus (VG Wiesbaden GewArch 2007, 490 (491); VG Berlin MMR 2009, 794 (795); Hüsken GewArch 2010, 336 (341) mwN). Die Höchstzahl für die Veranstaltung anderer Spiele mit Geldgewinn ist auf drei begrenzt. Hauptbedeutung erlangt § 4 SpielV vor allem für spielhallenähnliche Unternehmen in Form sog. „Spielkasinos", wenngleich deren Betätigungsfeld durch § 33e GewO deutlich eingeschränkt wird (hierzu Marcks in Landmann/Rohmer GewO § 4 SpielV).

§ 5 [Veranstaltung anderer Spiele mit Warengewinn]

Die Erlaubnis für die Veranstaltung eines anderen Spieles, bei dem der Gewinn in Waren besteht, darf nur erteilt werden, wenn das Spiel auf Volksfesten, Schützenfesten oder ähnlichen Veranstaltungen, Jahrmärkten oder Spezialmärkten oder in Schank- oder Speisewirtschaften oder Beherbergungsbetrieben mit Ausnahme der in § 1 Abs. 2 Nr. 2 und 3 genannten Betriebe veranstaltet werden soll. Im Übrigen gilt § 3 Abs. 1 entsprechend.

§ 5 SpielV statuiert abschließend die zulässigen Veranstaltungsorte und Höchst- **1** zahlbegrenzungen für die Veranstaltung anderer Spiele, bei denen die Möglichkeit eines **Warengewinns** besteht. Mangels ausdrücklicher Nennung scheidet das Internet als zulässiger Veranstaltungsort iSv § 5 SpielV aus (VG Wiesbaden GewArch 2007, 490 (491); VG Berlin MMR 2009, 794 (795); Hüsken GewArch 2010, 336 (341) mwN). Im Gegensatz zu § 4 SpielV vermeidet § 5 SpielV eine ausdrückliche Bezugnahme auf § 33d GewO, so dass die Norm auch Raum für die Einbeziehung gewerbsmäßiger **Ausspielungen** auf Volksfesten, Schützenfesten und ähnlichen Veranstaltungen iSd § 33h Nr. 2 GewO belässt, die aufgrund ihres Glücksspielcharakters nicht ohne Weiteres unter § 33d GewO subsumiert werden können. Miterfasst werden nach hM ferner Spiele mit einem möglichen Gewinn von **Dienstleistungen** (Marcks in Landmann/Rohmer GewO § 5 SpielV Rn. 1). Als zulässige Veranstaltungsorte benennt die Norm vorrangig Volksfeste, Schützenfeste oder ähnliche Veranstaltungen, aber auch Jahrmärkte und Spezialmärkte. Eine Eingrenzung der zulässigen Betriebsformen erfolgt – ebenso wie in § 2 Nr. 4 SpielV – nicht. Außer im Rahmen der genannten Reisegewerbe können andere Spiele mit Warengewinn im stehenden Gewerbe in Schank- oder Speisewirtschaften sowie Beherbergungsbetrieben veranstaltet werden, wobei nach Satz 1 letzter Halbsatz die **jugendschutzrechtlichen Ausnahmeregelungen** des § 1 Abs. 2 Nr. 2 und 3 SpielV entsprechende Anwendung finden (→ § 1 SpielV Rn. 1). Auch bleibt zu beachten, dass im Rahmen eines stehenden Gewerbes gewerbsmäßig betriebene Ausspielungen nicht zulässig sind (§ 33h Nr. 2 GewO); hier bleiben damit nur reine Geschicklichkeitsspiele denkbar.

Hinsichtlich der **Höchstzahl** der erlaubnisfähigen anderen Spiele mit Warenge- **2** winn normiert § 5 Satz 2 SpielV eine entsprechende Anwendung des § 3 Abs. 1 SpielV. Folglich dürfen in Schank- und Speisewirtschaften sowie in Beherbergungsbetrieben höchstens drei andere Spiele veranstaltet werden. Hierbei sind erlaubnisfreie Spiele iSd § 5a SpielV mit einzubeziehen, da § 5a SpielV lediglich als Dispens zur grundsätzlichen Erlaubnispflicht des § 33d GewO bzw. § 60a Abs. 2 Satz 2 GewO zu verstehen ist (wie hier Marcks in Landmann/Rohmer GewO § 5 SpielV Rn. 2; aA Kummer GewArch 1985, 108; Odenthal GewArch 1990, 165). Die Zahl der im Reisegewerbe veranstalteten Spiele ist entsprechend § 33 Abs. 1 Satz 3 SpielV nicht beschränkt.

3   Die Verweisung des § 5 Satz 2 SpielV erstreckt sich dem Wortlaut nach auch auf § 3 Abs. 1 Satz 2 SpielV, der besondere **jugendschutzrechtliche Aufsichtspflichten** normiert. Da sich zumindest der zweite Halbsatz der Bestimmung indes ersichtlich speziell auf Geldspielgeräte bezieht, erscheint eine entsprechende Anwendung insoweit kaum möglich. Ob diese Besonderheit es rechtfertigt, eine entsprechende Anwendbarkeit des Satzes 2 insgesamt zu verneinen (so Marcks in Landmann/Rohmer GewO § 5 SpielV Rn. 3, der von einem „technischen Versehen" spricht), erscheint allerdings nicht eindeutig. Kein Argument dürfte jedenfalls in dem Hinweis darauf liegen, dass die jugendschutzrechtlichen Zielsetzungen bereits durch die Einschränkungen des § 5 Satz 1 SpielV letzter Satzteil weitgehend sichergestellt seien. Denn die hiermit angesprochene Begrenzung der Aufstellungsorte gilt unstreitig auch im originären Anwendungsbereich des § 3 Abs. 1 Satz 2 SpielV. Gegen die Annahme eines technischen Versehens dürfte nicht zuletzt der Umstand sprechen, dass § 3 Abs. 1 Satz 2 SpielV neben Geld- auch Warenspielgeräte erfasst.

§ 5a [Erlaubnisfreie Spiele]

Für die Veranstaltung eines anderen Spieles ist die Erlaubnis nach § 33d Abs. 1 Satz 1 oder § 60a Abs. 2 Satz 2 der Gewerbeordnung nicht erforderlich, wenn das Spiel die Anforderungen der Anlage erfüllt und der Gewinn in Waren besteht. In Zweifelsfällen stellt das Bundeskriminalamt oder das zuständige Landeskriminalamt fest, ob diese Voraussetzungen vorliegen.

Anlage (zu § 5a SpielV)

1. Begünstigt nach § 5a sind
   a) Preisspiele und Gewinnspiele, die in Schank- oder Speisewirtschaften, Beherbergungsbetrieben, auf Volksfesten, Schützenfesten oder ähnlichen Veranstaltungen, Jahrmärkten oder Spezialmärkten,
   b) Ausspielungen, die auf Volksfesten, Schützenfesten oder ähnlichen Veranstaltungen, Jahrmärkten oder Spezialmärkten und
   c) Jahrmarktspielgeräte für Spiele, die auf Volksfesten, Schützenfesten oder ähnlichen Veranstaltungen, Jahrmärkten oder Spezialmärkten veranstaltet werden.
2. Preisspiele sind unter Beteiligung von mehreren Spielern turniermäßig betriebene Geschicklichkeitsspiele, bei denen das Entgelt für die Teilnahme höchstens 15 Euro beträgt.
3. Gewinnspiele sind unter Beteiligung von einem oder mehreren Spielern betriebene, auf kurze Zeit angelegte Geschicklichkeitsspiele, bei denen die Gestehungskosten eines Gewinns höchstens 60 Euro betragen.
4. Ausspielungen sind auf den in Nummer 1 Buchstabe b genannten Veranstaltungen übliche Glücksspiele, bei denen die Gestehungskosten eines Gewinns höchstens 60 Euro betragen. Mindestens 50 vom Hundert der Gesamteinsätze

müssen als Gewinn an die Spieler zurückfließen, mindestens 20 vom Hundert der Gewinnentscheide müssen zu Gewinnen führen.

5. Jahrmarktspielgeräte sind unter Steuerungseinfluss des Spielers betriebene Spielautomaten mit beobachtbarem Spielablauf, die so beschaffen sind, dass Gewinnmarken nicht als Einsatz verwendet werden können und ausgewiesene Gewinne nicht zum Weiterspielen angeboten werden. Die Gestehungskosten eines Gewinns betragen höchstens 60 Euro. Mindestens 50 vom Hundert der Einsätze fließen an den Spieler zurück.

Die Norm stellt eine **Sonderregelung** hinsichtlich des grundsätzlichen **1** **Erlaubniserfordernisses** für andere Spiele nach §§ 33d Abs. 1 Satz 1, 60a Abs. 2 Satz 2 GewO dar. Sie dient der Entbürokratisierung. Der vorgesehene Dispens erstreckt sich auch auf die Pflicht zur Vorlage einer UB des BKA bzw. LKA (→ § 33d GewO Rn. 8; eingehend Marcks GewArch 1984, 354). Die Verordnungsermächtigung findet sich in § 33g Nr. 1 sowie § 60a Abs. 2 Satz 4 GewO. Die Freistellung von dem Erlaubniserfordernis setzt voraus, dass der Gewinn allein in Waren besteht, wobei nach hM auch ein Gewinn in Dienstleistungen zulässig ist (Marcks in Landmann/Rohmer GewO § 5a SpielV Rn. 4 mwN). Ferner müssen die in der Anlage zu § 5a SpielV formulierten Anforderungen erfüllt sein. § 5a SpielV formuliert **keine abgeschlossene Regelung** innerhalb der Systematik der SpielV, so dass die übrigen Vorschriften der SpielV (zB zu den Veranstaltungsorten oder zum Teilnahmeverbot für den Veranstalter, § 8 SpielV) weiterhin anwendbar bleiben (Marcks in Landmann/Rohmer GewO § 5a SpielV Rn. 2; aA Odenthal GewArch 1990, 165). Erst recht rechtfertigt die erlaubnisbezogene Sonderregelung keine Ausklammerung der betroffenen Spiele bei der Höchstzahlberechnung des § 5 Satz 2 SpielV (str. → § 5 SpielV Rn. 2).

Satz 2 eröffnet dem Spielveranstalter die Möglichkeit, die Erlaubnisfreiheit eines **2** konkreten Spiels in Zweifelsfällen durch eine **Voranfrage beim BKA** bzw. – im Reisegewerbe – beim LKA überprüfen zu lassen.

Zu den Einzelheiten der Anlage eingehend Marcks in Landmann/Rohmer § 5a **3** SpielV Rn. 6 ff.

§ 6a [Grundsätzliches Verbot sog. Fun-Games]

Die Aufstellung und der Betrieb von Spielgeräten, die keine Bauartzulassung oder Erlaubnis nach den §§ 4, 5, 13 oder 14 erhalten haben oder die keiner Erlaubnis nach § 5a bedürfen, ist verboten,
a) wenn diese als Gewinn Berechtigungen zum Weiterspielen sowie sonstige Gewinnberechtigungen oder Chancenerhöhungen anbieten oder
b) wenn auf der Grundlage ihrer Spielergebnisse Gewinne ausgegeben, ausgezahlt, auf Konten, Geldkarten oder ähnliche zur Geldauszahlung benutzbare Speichermedien aufgebucht werden.
Die Rückgewähr getätigter Einsätze ist unzulässig. Die Gewährung von Freispielen ist nur zulässig, wenn sie ausschließlich in unmittelbarem zeitlichen Anschluss an das entgeltliche Spiel abgespielt werden und nicht mehr als sechs Freispiele gewonnen werden können.

§ 6a SpielV ist iRd fünften Novelle vom 27.1.2006 in die SpielV eingefügt **1** worden und formuliert ein grundsätzliches **Verbot sog. Fun-Games** (→ § 33c GewO Rn. 5 mwN). Erfasst wird nicht nur die **(Neu-)Aufstellung** der betroffenen Spielgeräte, sondern auch der **weitere Betrieb** bereits aufgestellter Geräte. Die Bestimmung reagiert auf die mittels der sog. Fun-Games zunehmend ins Werk gesetzte Umgehung der gewerberechtlichen Vorgaben für die Aufstellung von klassischen Geldspielgeräten (zur rechtlichen Einordnung der mit Chips oder Token agierenden Fun-Games als Geldgewinnspiele, die der Zulassung der PTB bedürfen → § 33c GewO Rn. 5). Nach dem drastischen Anstieg derartiger Spielgeräte hat sich der Verordnungsgeber zu einem grundsätzlichen Verbot derartiger Spiele entschieden, wobei das Verbot das Spielen mit Weiterspielmarken in jeglicher Form erfasst; unzulässig ist auch die Aufstellung sog. „Token-Manager" (Kim ZfWG 2006, 1 (2)). Die Bestimmung genügt verfassungsrechtlichen Anforderungen (vgl. BVerfG (K) GewArch 2006, 121; Hahn GewArch 2007, 89 (96 f.)).

2   Nach der nunmehrigen Regelung dürfen Fun-Games, die keine Erlaubnis nach §§ 4 und 5 SpielV erhalten haben, über keine BAZ der PTB gemäß §§ 13, 14 SpielV verfügen oder die gemäß § 5a SpielV erlaubnisfrei zulässig sind, nur betrieben werden, wenn die in § 6a SpielV genannten **Ausschlusskriterien** nicht greifen (hierzu Marcks in Landmann/Rohmer GewO § 6a SpielV Rn. 2). Demnach dürfen die Geräte gemäß Satz 1 lit. a als Gewinne keine Weiterspielberechtigungen bzw. sonstige Gewinnberechtigungen oder Chancenerhöhungen anbieten (zB Weiterspielmarken, Token; hierzu eingehend Odenthal ZfWG 2006, 286 (287 f.); vgl. OVG Münster NVwZ-RR 2007, 390, zu spielzeitverlängernden Punkten als Weiterspielberechtigung; OVG Lüneburg NVwZ-RR 2008, 460, zum Verbot unbegrenzten Weiterspielens durch gewonnene Punkte; VGH Mannheim NVwZ-RR 2008, 461, zur Freispielgewährung durch Punkte, die noch während des entgeltlichen Spiels abgespielt werden können und dabei die Chance bieten, weitere Punkte zu erzielen; OVG Berlin-Brandenburg GewArch 2011, 157 (158), zu Spielgeräten ohne Einsatzrückgewähr bei denen hinzugewonnene Punkte erneut eingesetzt werden können, bis das Punktekonto erschöpft ist). Darüber hinaus verbietet Satz 1 lit. b den Betrieb derartiger Geräte, wenn auf Grundlage der Spielergebnisse Gewinne ausgegeben, ausgezahlt, auf Konten, Geldkarten oder ähnliche zur Geldauszahlung benutzbare Speichermedien aufgebucht werden (zB Chipkartensysteme; vgl. VGH Mannheim NVwZ-RR 2008, 461, zum Verbot des Aufaddierens von Punkten auf „Highscore"-Konten und dadurch bedingter Möglichkeit späterer Geldauszahlung; OVG Bautzen Beschl. v. 4.10.2007 - 3 BS 128/06, zum Verbot von Spielgeräten, die den Spielgewinn nur am Gerät anzeigen, der nachfolgend separat vom Spielhallenbetreiber bzw. Spielaufsteller ausgezahlt wird; OVG Berlin-Brandenburg GewArch 2011, 157 (158), zu Hinterlegungsspeichern im Gerät, die das Spielergebnis in einer Weise festhalten, die abrufbar bleibt und ohne Weiteres eine Umrechnung in Geld und dessen Auszahlung ermöglicht).

3   Im Umkehrschluss bedeutet dies, dass die in Rede stehenden Spielgeräte zulässigerweise nur als **reine Unterhaltungsspielgeräte** betrieben werden dürfen, die weder Gewinne noch geldwerte Vorteile gewähren (Marcks in Landmann/Rohmer GewO § 6a SpielV Rn. 2). Ob sich aus den strengen Regelungsvorgaben für Fun-Games zugleich ein Verbot für die nach § 5a SpielV privilegierten Spielgeräte mit Warengewinnchance ergibt (hierfür Marcks in Landmann/Rohmer GewO § 6a SpielV Rn. 2), erscheint nicht ganz eindeutig.

4   Den Sätzen 2 und 3 kommt im Wesentlichen klarstellende Bedeutung hinsichtlich vor Einführung des § 6a SpielV umstrittener Rechtsfragen zu. Satz 2 legt fest, dass die **Rückgewähr getätigter Einsätze** eine Form der Gewinnausschüttung darstellt (hierzu schon OVG Hamburg GewArch 2005, 252) und damit bei Fun-

Games nach § 6a SpielV nicht zulässig sein kann. **Freispiele** werden nach Satz 3 nur dann nicht als Geldgewinn angesehen, wenn maximal sechs Freispiele zu gewinnen sind und diese ausschließlich in unmittelbarem Anschluss an das entgeltliche Spiel abgespielt werden können (zur Anwendung auf Punktegewinne Odenthal ZfWG 2006, 286 (288)). Die Gewährung von (weiteren) Freispielen im Freispiel dürfte vom Wortlaut des § 6a SpielV nicht mehr gedeckt sein (Ziff. 6 SpielVwV; für die Zulässigkeit, soweit die Grenze von sechs Spielen nicht insgesamt überschritten ist, Odenthal ZfWG 2006, 286 (288)).

Zur Feststellung des Vorliegens der Voraussetzungen von § 6a SpielV für Neu- wie für Altgeräte vgl. Marcks in Landmann/Rohmer GewO § 6a SpielV Rn. 3 mwN; Odenthal ZfWG 2006, 286 (288 f.). **5**

§ 13 [Bauartzulassung für Geldspielgeräte]

(1) **Die Physikalisch-Technische Bundesanstalt darf die Bauart eines Geldspielgerätes nur zulassen, wenn folgende Anforderungen erfüllt sind:**

1. **Die Mindestspieldauer beträgt fünf Sekunden; dabei darf der Einsatz 0,20 Euro nicht übersteigen und der Gewinn höchstens 2 Euro betragen.**

2. **Bei einer Verlängerung des Abstandes zwischen zwei Einsatzleistungen über fünf Sekunden hinaus bis zu einer Obergrenze von 75 Sekunden darf der Einsatz um höchstens 0,03 Euro je volle Sekunde erhöht werden; bei einer Verlängerung des Abstandes zwischen zwei Gewinnauszahlungen über fünf Sekunden hinaus bis zu einer Obergrenze von 75 Sekunden darf der Gewinn um höchstens 0,30 Euro je volle Sekunde erhöht werden. Darüber hinausgehende Erhöhungen von Einsatz und Gewinn sind ausgeschlossen.**

3. **Die Summe der Verluste (Einsätze abzüglich Gewinne) darf im Verlauf einer Stunde 80 Euro nicht übersteigen.**

4. **Die Summe der Gewinne abzüglich der Einsätze darf im Verlauf einer Stunde 500 Euro nicht übersteigen.**

5. **Nach einer Stunde Spielbetrieb legt das Spielgerät eine Spielpause von mindestens fünf Minuten ein, in der keine Einsätze angenommen und Gewinne gewährt werden. Der Beginn der Spielpause darf sich so lange verzögern, wie Gewinne die Einsätze deutlich übersteigen.**

6. **Die Speicherung von Geldbeträgen in Einsatz- und Gewinnspeichern ist bei Geldannahme vom Spieler in der Summe auf 25 Euro begrenzt. Höhere Beträge werden unmittelbar nach der Aufbuchung automatisch ausgezahlt. Es ist eine Bedienvorrichtung für den Spieler vorhanden, mit der er vorab einstellen kann, ob aufgebuchte Beträge unbeeinflusst zum Einsatz gelangen oder jeder einzelne Einsatz durch Betätigung geleistet wird. Darüber hinaus gibt es eine nicht sperrbare Bedienvorrichtung zur Auszahlung, mit der der Spieler uneingeschränkt über die aufgebuchten Beträge, die in der Summe größer oder gleich dem Höchsteinsatz gemäß Nummer 1 sind, verfügen kann.**

7. **Der Spielbetrieb darf nur mit auf Euro lautenden Münzen und Banknoten und nur unmittelbar am Spielgerät erfolgen.**

8. **Das Spielgerät beinhaltet eine Kontrolleinrichtung, die sämtliche Einsätze, Gewinne und den Kasseninhalt zeitgerecht, unmittelbar und**

auslesbar erfasst. Die Kontrolleinrichtung gewährleistet die in den Nummern 1 bis 5 Satz 1 aufgeführten Begrenzungen.

9. Das Spielgerät und seine Komponenten müssen der Funktion entsprechend nach Maßgabe des Standes der Technik zuverlässig und gegen Veränderungen gesichert gebaut sein.

10. Das Spielgerät muss so gebaut sein, dass die Übereinstimmung der Nachbaugeräte mit der zugelassenen Bauart überprüft werden kann.

(2) Zur Sicherung der Prüfbarkeit und Durchführung der Bauartprüfung kann die Physikalisch-Technische Bundesanstalt technische Richtlinien zum Vollzug der in Absatz 1 angeführten Kriterien herausgeben und anwenden.

1. Grundlagen

1   § 13 SpielV ist die zentrale Vorschrift zur Erteilung der Bauartzulassung (BAZ) von Geldspielgeräten durch die Physikalisch-Technische Bundesanstalt (PTB). Sie dient der Konkretisierung und Präzisierung des in § 33e Abs. 1 Satz 1 GewO enthaltenen allgemeinen Versagungsgrundes bezogen auf die Erteilung der BAZ für Spielgeräte iSv § 33c Abs. 1 Satz 1 GewO und beruht auf der formellgesetzlichen **Verordnungsermächtigung des § 33f Abs. 1 Nr. 3 GewO**. Soweit die Verordnungsermächtigung des § 33f Abs. 1 GewO Zwecksetzungen enthält, welche über die in § 33e Abs. 1 Satz 1 GewO genannte Vermeidung der Gefahr unangemessen hoher Verluste in kurzer Zeit hinausgeht, versteht sie sich lediglich als Ausgestaltungs- und nicht als Einschränkungsvorbehalt (Gallwas FS Helmrich, 935). Demnach dürfen die in § 33e Abs. 1 Satz 1 GewO enthaltenen Anforderungen nicht auf Grundlage des § 33f Abs. 1 Nr. 3 GewO verschärft werden, so dass die Vorgaben des § 13 SpielV allein am Maßstab des erstgenannten allgemeinen Versagungsgrundes auszulegen sind (vgl. BVerwGE 29, 82 (85); VGH Mannheim NVwZ-RR 2003, 555; → § 33e GewO Rn. 8). Gemessen an diesen Voraussetzungen hält sich § 13 SpielV in seiner derzeitigen Ausgestaltung innerhalb der formellgesetzlich vorgegebenen Grenzen, da sämtliche in § 13 SpielV festgelegten Anforderungen dazu dienen, die Spielanreize der Geräte in einem akzeptablen Rahmen zu halten und unangemessen hohe Verluste der Spieler in kurzer Zeit zu verhindern (Meßerschmidt in BeckOK GewO § 33e Rn. 13.3; Dietlein/Hüsken Jhrb. HHUD 2010, 593 (606 ff.); aA Peters ZfWG 2011, 1 (3 ff.); Peters ZRP 2011, 134 (135 ff.)).

2   Im Zuge der **fünften Novelle vom 27.1.2006** ist § 13 SpielV im Vergleich zur Vorgängernorm grundlegend **umgestaltet** worden. Während der Verordnungsgeber in § 13 SpielV aF als maßgebliches Kriterium für die BAZ von Geldspielgeräten noch auf konkrete Vorgaben für ein Einzelspiel abgestellt hat, knüpft er nunmehr an Höchstgrenzen für Gewinne und Verluste je laufender Stunde an (BR-Drs. 655/05, 23; Hahn GewArch 2007, 89 (91); Marcks in Landmann/Rohmer GewO § 13 SpielV Rn. 1). Im Rahmen der derzeit in Diskussion befindlichen **sechsten Novelle** der SpielV (Stand: 8.2.2012) sind keine grundlegenden Veränderungen des § 13 SpielV geplant; insbesondere ein Verbot von Multigamer-Geldspielgeräten ist nicht vorgesehen (konkrete Vorschläge zur suchtpräventiven Umgestaltung der Regelungsvorgaben finden sich bei Dürr GewArch 2011, 99 ff. und 142 ff.; Sachverständigen-Positionspapier vom 18.4.2011 ZfWG 2011, 393 (400 ff.)). § 13 Nr. 5 SpielV-DE enthält in Ergänzung der fünfminütigen Spielpause ein Verbot für gewinnfreie Probe- oder Animationsspiele und sonstige Ani-

mationen. Ferner soll mit § 13 Nr. 5a SpielV-DE nach dreistündiger Betriebszeit eine vollständige Spielpause des Gerätes herbeigeführt werden, in der es in den Ruhezustand versetzt wird. Die Speicherung von Geldbeträgen soll durch § 13 Nr. 6 SpielV-DE von 25 auf 10 Euro reduziert werden. Der neue § 13 Nr. 7a und 7b SpielV-DE enthält Vorgaben für Mehrplatzspielgeräte. Im Übrigen ist geplant die Absatzbezeichnung „(1)" zu streichen. Die in § 13 Abs. 2 SpielV enthaltene Befugnis der PTB zum Erlass technischer Richtlinien soll aufgehoben und in einen neuen, erweiterten § 12 Abs. 4 SpielV-DE überführt werden. Ferner soll das „Vorheizen" bzw. „Vorladen" durch das Spielstättenpersonal verordnungsgeberisch durch § 8 Abs. 1 SpielV-DE unterbunden werden.

2. Einzelkommentierung

a) § 13 Abs. 1 SpielV. § 13 Abs. 1 SpielV enthält zwingende Anforderungen, **3** die ein Geldspielgerät erfüllen muss, um seitens der PTB eine BAZ zu erhalten. Die aufgestellten Anforderungen müssen bei jedem Gerätetyp kumulativ vorliegen. Soweit bereits eine der festgelegten Vorgaben nicht erfüllt ist, wird das Vorliegen des Versagungsgrundes in § 33e Abs. 1 Satz 1 GewO indiziert und die BAZ ist zu versagen bzw. unter den Voraussetzungen des § 33e Abs. 2 GewO aufzuheben, sofern sie bereits erteilt worden ist (Dietlein/Hüsken Jhrb. HHUD 2010, 593 (608 f.)). **Adressat der Vorschrift** ist ausweislich des Wortlautes in erster Linie die **PTB** als zuständige Bauartzulassungsbehörde. Gleichzeitig richtet sich § 13 Abs. 1 SpielV mittelbar an die Gerätehersteller, weil die Vorschrift die Mindestvorgabe des § 33e Abs. 1 Satz 1 GewO konkretisiert.

aa) § 13 Abs. 1 Nr. 1 SpielV. Nach § 13 Abs. 1 Nr. 1 SpielV beträgt die **Min- 4 destspieldauer** fünf Sekunden, wobei der Einsatz beim Fünfsekundenspiel 0,20 Euro nicht übersteigen und der Gewinn höchstens 2 Euro betragen darf.
Im Gegensatz zu § 13 SpielV aF hat der Verordnungsgeber mit der Neuregelung zwar die Einsatz- und Gewinngrenzen beibehalten, allerdings die Mindestspieldauer von zwölf auf fünf Sekunden abgesenkt. Eine derartige Absenkung ist aus suchtmedizinischer Sicht bedenklich, da die Spielfrequenz ein maßgebliches Kriterium für die Entstehung von Spielsucht darstellt (vgl. Dietlein/Hüsken Jhrb. HHUD 2010, 593 (596 f.) mwN). Die Höchstgrenzen für **Einsätze und Gewinne** im Sekundenspiel sind gegenüber § 13 SpielV aF bewusst unverändert geblieben (BR-Drs. 655/05, 24).
Ein weiterer Unterschied zu § 13 SpielV aF besteht darin, dass Beginn und **5** Ende des Spiels in der Altfassung mittelbar legaldefiniert waren (vgl. Hahn GewArch 2007, 89 (91)). Nach § 13 Nr. 3 SpielV aF mussten vom Beginn eines Spieles bis zum Beginn des nächsten Spieles mindestens 12 Sekunden vergehen. Das **Fehlen einer eingrenzenden Legaldefinition des Spiels** wird seitens des Verordnungsgebers mit der Konzeption neuartiger computergesteuerter Geldspielgeräte begründet, bei denen Beginn und Ende eines Spiels infolge multipler Computerprozesse nicht mehr eindeutig feststellbar seien (BR-Drs. 655/05, 23). Infolge dessen stellt die Neufassung nicht mehr auf ein Spiel mit definiertem Anfang und ggf. definiertem Ende ab, sondern auf Zeitabschnitte in denen die Einsätze und Gewinne bzw. Verluste beschränkt sind. Die Mindestspieldauer versteht sich daher nach Auffassung des Verordnungsgebers als der kürzeste zeitliche Abstand zwischen zwei Einsatzleistungen und zwischen zwei Gewinnauszahlungen (BR-Drs. 655/05, 23). Eine derartige Sichtweise bringt jedoch nicht hinrei-

chend zum Ausdruck, dass Einzelspiele in der Mehrzahl der Fälle mit Verlusten enden. Richtigerweise ist die Spielzeit daher im Falle des Verlustes durch den Zeitraum zwischen Abbuchung des Einsatzes für das Spiel und der nächsten Abbuchung für das darauf folgende Spiel sowie im Falle des Gewinnes durch den Zeitraum zwischen Abbuchung des Einsatzes und Aufbuchung des Gewinnes auf dem Gewinnspeicher zu definieren (Marcks in Landmann/Rohmer GewO § 13 SpielV Rn. 3).

6   Sofern seitens der Gerätehersteller Spielgeräte entwickelt werden, bei denen die Spielergebnisse nicht unmittelbar und ausschließlich in Geldbeträgen, sondern auch oder ausschließlich in geldäquivalenten Betragsangaben angezeigt werden (zB bei Multigamer-Geldspielgeräten mit integriertem Bargeld-Punkte-Umbuchungssystem, die eingezahlte Geldbeträge in Punkte etc. umrechnen; zur technischen Funktionsweise Dietlein/Hüsken Jhrb. HHUD 2010, 593 (595 f.); vgl. zur Problematik der Multigamer-Geldspielgeräte auch das Sachverständigen-Positionspapier vom 18.4.2011 ZfWG 2011, 393 (396 ff.), sowie die Entgegnung von Richter ZfWG 2012, 103 ff.), gelten für die Bestimmung der Begriffe Mindestspieldauer, Einsatz und Gewinn die nachfolgenden **Modifikationen**:
      Insoweit ist kumulativ zu berücksichtigen, dass der Verordnungsgeber den Geräteherstellern im Rahmen der Novellierung allein aus den oben genannten computerspezifischen Gründen eine freiere Gestaltung der Spielabläufe ermöglichen wollte, ohne dass hierdurch die Gefahr erhöhter Verluste für die Spieler herbeigeführt werden sollte. Aus diesem Grund sind etwaige Unterschreitungen und Umgehungen der Mindestspieldauer, die aus bestimmten Spielgestaltungen heraus begründet werden können, ausnahmslos verboten, um unkontrollierten Fehlentwicklungen, wie den nunmehr durch § 6a SpielV verbotenen Fun-Games, vorzubeugen (vgl. BR-Drs. 655/05, 12, 24; Marcks in Landmann/Rohmer GewO § 13 SpielV Rn. 4).

7   Daher ist die **Mindestspieldauer** bei Verwendung geldäquivalenter Betragsangaben nicht als zeitlicher Mindestabstand zwischen zwei Bargeldübergabeprozessen zwischen Spieler und Spielgerät, sondern spielablaufbezogen bei **Verlust** als Mindestabstand zwischen zwei geldäquivalenten Einsatzleistungen bzw. bei **Gewinn** als Mindestabstand zwischen der geldäquivalenten Einsatzleistung und der Speicherung des geldäquivalenten Gewinnes im Gewinnspeicher zu definieren. Nur so kann verhindert werden, dass die PTB als Zulassungsbehörde und die Hersteller die Umbuchung der Bargeldbeträge in geldäquivalente Betragsangaben sowie die Rückumwandlung derartiger Betragsangaben in Bargeld als einzigen durch Nr. 1 reglementierten Prozess für die Bestimmung der Mindestspieldauer ansehen und in der Konsequenz ein von den Mindestvorgaben der Norm losgelöstes Spiel ermöglicht wird. Anderenfalls stünde es den Herstellern frei, irgendwie geartete Spielabläufe als Spiel zu qualifizieren, solange nur der tatsächliche Geldfluss die Zeit- und Betragsgrenzen der Norm einhält, obwohl die Spielentscheidungen mit geldäquivalenten Betragsangaben tatsächlich im Zwei- bis Dreisekundentakt und mit höheren Einsatzleistungen und Gewinnen vollzogen werden. Zwecks Bestimmung der Mindestspieldauer ist demzufolge nicht auf die dem Spielgeschehen vor- oder nachgelagerten Geldumwandlungs-, einzahlungs- und auszahlungsprozesse, sondern auf die tatsächlichen Spielabläufe abzustellen (so auch BFH ZfWG 2012, 182 (183 f.), bezüglich der Besteuerung nach dem Hamburger Spielvergnügungssteuergesetz). Sofern das tatsächliche Spielgeschehen erst in einem vom Hersteller gewählten Spielmodus mit geldäquivalenten Betragsanga-

ben stattfindet, sind allein diese Abläufe für die Bestimmung der Mindestvorgaben der Nr. 1 maßgebend (Dietlein/Hüsken Jhrb. HHUD 2010, 593 (598 ff.)). Gleiches gilt für die in Nr. 1 enthaltenen **Einsatz- und Gewinnhöchstgren-** **8** **zen** im Fünfsekundenspiel. Sofern das konkrete Geldspielgerät einen Spielmodus mit geldäquivalenten Betragsangaben enthält, ist hinsichtlich der Beurteilung der Begriffe Einsatz und Gewinn auf das Spielgeschehen im jeweiligen Spielmodus abzustellen. Die notwendig vor- und nachgelagerten Umwandlungsprozesse von Bargeld in geldäquivalente Betragsangaben stellen sich bereits begrifflich nicht als Einsatz bzw. Gewinn dar, da die bewusste Entscheidung des Spielers, einen geldäquivalenten Betrag zur Erlangung eines Gewinnes einzusetzen, erst im geldäquivalenten Spielmodus getroffen und etwaige Gewinne in geldäquivalenten Betragsangaben erzielt werden (Dietlein/Hüsken Jhrb. HHUD 2010, 593 (598 ff.); wohl auch BFH ZfWG 2012, 182 (183 f.), bezüglich der Besteuerung nach dem Hamburger Spielvergnügungssteuergesetz).

Seitens der PTB sind unter Geltung des novellierten § 13 SpielV in der Vergan- **9** genheit Multigamer Geldspielgeräte mit integriertem Bargeld-Punkte-Umbuchungssystem zugelassen worden, bei denen im Punktemodus die Spielentscheidungen im Zwei- bis Dreisekundentakt fallen und geldäquivalente Punktebeträge eingesetzt und gewonnen werden können, welche die Einsatz- und Gewinnhöchstgrenzen der Nr. 1 übersteigen. Allein die vor- und nachgelagerten Umbuchungsprozesse von Bargeld in Punkte und umgekehrt vollziehen sich unter formaler Einhaltung der in Nr. 1 genannten Vorgaben. Die Erteilung derartiger BAZ widerspricht infolge zweckwidriger Verordnungsinterpretation durch die PTB den Anforderungen der Nr. 1 und stellt sich als Umgehung dar (iErg wohl auch das Sachverständigen-Positionspapier vom 18.4.2011 ZfWG 2011, 393 (396 ff.)). Bereits erteilte bestandskräftige BAZ sind daher als rechtswidrig zu qualifizieren und bedürfen der Rücknahme.

bb) § 13 Abs. 1 Nr. 2 SpielV. § 13 Abs. 1 Nr. 2 SpielV erlaubt ausdrücklich **10** die **Verlängerung** der in Nr. 1 genannten **Mindestspieldauer** über fünf Sekunden hinaus. Der Hauptanwendungsbereich von Nr. 2 erstreckt sich auf langsamer laufende Spiele wie Black Jack, Roulette und Bingo, die im Gegensatz zu den schnell laufenden Spielen der Nr. 1 stärker auf den Unterhaltungsaspekt abstellen (Marcks in Landmann/Rohmer GewO § 13 SpielV Rn. 5). Bei einer Verlängerung der Mindestspieldauer bis zu einer absoluten Obergrenze von 75 Sekunden darf der Einsatz nur um höchstens 0,03 Euro und der Gewinn nur um höchstens 0,30 Euro pro voller Sekunde erhöht werden. Bei einem Spiel von 75 Sekunden kann der Höchsteinsatz daher maximal 2,30 Euro und der Höchstgewinn maximal 23 Euro betragen. Zwar sind auch darüber hinausgehende Spieldauerverlängerungen zulässig, allerdings dürfen über die Obergrenze von 75 Sekunden hinaus keine Einsatz- und Gewinnerhöhungen mehr erfolgen (Hahn GewArch 2007, 89 (92); Marcks in Landmann/Rohmer GewO § 13 SpielV Rn. 5). Hervorzuheben ist, dass der Verordnungsgeber mit der Deckelung der Einsatz- und Gewinngrenzen auf maximal 2,30 Euro bzw. 23 Euro einen Dämpfungsfaktor eingezogen hat, so dass die Höchsteinsätze und -gewinne nicht linear entsprechend der Zeit gesteigert werden können (vgl. BR-Drs. 655/05, 24 f.; Kim ZfWG 2006, 1(3)). Spiele nach Nr. 1 und Nr. 2 können auch auf demselben Gerät angeboten werden, allerdings muss beim Wechsel vom kurzen zum langen Spiel der dem jeweils geleisteten Einsatz entsprechende Zeitraum abgewartet werden (vgl. Marcks in Landmann/ Rohmer GewO § 13 SpielV Rn. 5).

Sofern längere Spiele iSd Nr. 2 auf einem Geldspielgerät mit geldäquivalenten Betragsangaben angeboten werden (zB Multigamer Spielgerät mit integriertem Bargeld-Punkte-Umbuchungssystem), gelten die zu Nr. 1 dargelegten Modifikationen hinsichtlich der Bestimmung von Mindestspieldauer, Einsatz- und Gewinnhöchstgrenzen entsprechend (→ Rn. 7 ff.; Dietlein/Hüsken Jhrb. HHUD 2010, 593 (601)).

11   **cc) § 13 Abs. 1 Nr. 3 SpielV.** § 13 Abs. 1 Nr. 3 SpielV bestimmt die **Höchstgrenze des zulässigen Stundenverlustes**. Danach darf die Summe der Verluste (Einsätze abzüglich Gewinne) im Verlauf einer Stunde 80 Euro nicht übersteigen. Hierbei handelt es sich um die kurzfristigen Verluste pro Stunde, der zulässige langfristige Durchschnittsverlust ist gemäß § 12 Abs. 2 Satz 1 lit. a SpielV auf 33 Euro pro Stunde beschränkt (vgl. Marcks in Landmann/Rohmer GewO § 13 SpielV Rn. 6, § 12 SpielV Rn. 2 mwN). Die Summe der zulässigen kurzfristigen Stundenverluste ist gegenüber § 13 SpielV aF von vormals 60 Euro auf derzeit 80 Euro erhöht worden.

Da der kurzfristige Stundenhöchstverlust durch zwingend vorgegebene Subtraktion der Gewinne von den geleisteten Einsätzen zu ermitteln ist, wird die Verlustbegrenzung idR auch von Geldspielgeräten mit geldäquivalenten Betragsanzeigen eingehalten. Hinsichtlich der Verlustermittlung ist auf die geldäquivalenten Beträge im jeweiligen Spielmodus (zB Punktemodus) abzustellen, weil nur sie das tatsächliche Spielgeschehen darstellen (Dietlein/Hüsken Jhrb. HHUD 2010, 593 (602)).

Soweit von vereinzelten rechtswidrigen Praktiken berichtet wird, Spielteilnahmen auf höherem geldäquivalenten Betragsniveau an Spieler zu verkaufen, können diese im Bauartzulassungsverfahren nicht berücksichtigt werden, berechtigen die Gewerbeaufsichtsbehörden aber unter den Voraussetzungen der §§ 33c Abs. 2, 33i Abs. 2 GewO zur Entziehung der Aufstell- bzw. Spielhallenerlaubnis wegen Unzuverlässigkeit. Im Rahmen der geplanten sechsten Novelle der SpielV soll insoweit ein ausdrückliches Verbot in § 8 Abs. 1 SpielV-DE aufgenommen werden.

12   **dd) § 13 Abs. 1 Nr. 4 SpielV.** In § 13 Abs. 1 Nr. 4 SpielV werden die zulässigen **Stundenhöchstgewinne** einer Normierung zugeführt. Die Summe der Gewinne abzüglich der Einsätze darf im Verlauf einer Stunde 500 Euro nicht übersteigen. Die Nettogewinnsumme ergibt sich nach dem eindeutigen Wortlaut durch vorherige Subtraktion der geleisteten Einsätze. Der zulässige Höchstgewinn liegt mit 500 Euro um 100 Euro unter der nach § 13 SpielV aF möglichen Gewinnobergrenze von 600 Euro. Bei der Berechnung des zulässigen Höchstgewinns ist zu beachten, dass dieser nicht auf einmal, sondern nur durch Summierung der Gewinne aus den jeweiligen Einzelspielen erzielt werden darf. In einem Fünfsekundenspiel dürfen daher entsprechend der Vorgaben in Nr. 1 höchstens 2 Euro und in einem 75 Sekundenspiel gemäß Nr. 2 maximal 23 Euro gewonnen werden. Die Gesamtgewinnsumme von 500 Euro kann zulässigerweise nur durch eine Vielzahl von Einzelspielen erzielt werden; andere Spielgestaltungen sind unzulässig (vgl. Marcks in Landmann/Rohmer GewO § 13 SpielV Rn. 7 mwN zu Sonder- und Risikospielen).

Bei **Geldspielgeräten mit geldäquivalenten Betragsanzeigen** ist hinsichtlich der Gewinnermittlung entsprechend der Ausführungen zu Nr. 1 (→ Rn. 9) nicht auf die Geldübergabe- und umbuchungsprozesse, sondern ausschließlich auf die tatsächlichen Spielabläufe im jeweiligen Spielmodus abzustellen. Als Gewinn idS ist ausschließlich das positive Ergebnis eines bewusst vom Spieler getätigten

Spieleinsatzes anzusehen (wohl auch BFH ZfWG 2012, 182 (183 f.), bezüglich der Besteuerung nach dem Hamburger Spielvergnügungssteuergesetz). Derart bewusste Spielentscheidungen werden seitens des Spielers indes nicht schon durch Bargeldzuführung, sondern erst im eigentlichen Spielmodus mit geldäquivalenten Betragsanzeigen getätigt. Sofern im jeweiligen Spielmodus pro Stunde geldäquivalente Beträge von über 500 Euro gewonnen werden können, stellt dies eine unzulässige Umgehung der in Nr. 4 normierten Maximalgewinngrenze dar und muss zur Versagung der BAZ führen. Gleichfalls ist zu berücksichtigen, dass der Maximalgewinn von 500 Euro auch im Spielmodus mit geldäquivalenten Beträgen nur durch eine Vielzahl von Einzelspielentscheidungen und nicht durch eine einmalige Spielentscheidung gewonnen werden darf, da ansonsten ein Verstoß gegen Nrn. 1 und 4 vorliegt (vgl. eingehend unter Bezugnahme auf Multigamer Spielgeräte Dietlein/Hüsken Jhrb. HHUD 2010, 593 (602 f.)).

ee) § 13 Abs. 1 Nr. 5 SpielV. Gemäß § 13 Abs. 1 Nr. 5 Satz 1 SpielV muss **13** das Spielgerät nach einstündigem Spielbetrieb eine **Spielpause** von mindestens fünf Minuten einlegen, in der keine Einsätze angenommen und keine Gewinne gewährt werden dürfen. Nach Nr. 5 Satz 2 darf sich der Beginn der Spielpause solange verzögern, wie Gewinne die Einsätze deutlich übersteigen (kritisch zu Satz 2 Hahn GewArch 2007, 89 (92)). Nr. 5 Satz 2 erfasst indes nicht den Fall, dass vom Spieler erzielte Gewinne, die auf dem Gewinnspeicher aufgebucht worden sind, die bislang getätigten Einsätze deutlich übersteigen (Marcks in Landmann/Rohmer GewO § 13 SpielV Rn. 9). Die Spielpause ist als ausnahmslos einzuhaltende Zwangspause zu verstehen, die vom Verordnungsgeber iSe „Abkühlphase" aus **Spielerschutzgründen** in den Verordnungstext aufgenommen wurde, um die Spielanreize zu vermindern (vgl. BR–Drs. 655/05, 26). Nr. 5 wird ergänzt durch die Vorschrift des § 12 Abs. 2 lit. c SpielV, wonach bei Beginn der erzwungenen Spielpause alle auf dem Münz- und Gewinnspeicher aufgebuchten Beträge, bis auf unter 0,20 Euro liegende Restbeträge, automatisch ausgezahlt werden müssen. Aus einer etwa gewonnenen Serie in der Schlussphase vor der Zwangspause aufgelaufene Gewinne dürfen jedoch noch ausgezahlt und etwaige Freispiele abgespielt werden, um dem Spieler die aus einer Serie zu erwartenden hohen Gewinne, die er nach vorangegangenem, möglicherweise verlustreichem Spiel zu erwarten hat, nicht durch das Abschalten des Gerätes zu nehmen (Marcks in Landmann/Rohmer GewO § 13 SpielV Rn. 9). Während der fünf Minuten andauernden Zwangspause darf am Gerät kein Spielvorgang ablaufen, um den Dämpfungseffekt für den Spieler zu verstärken. Infolge des vom Verordnungsgeber intendierten Dämpfungseffektes dürfen während der Zwangspause insbesondere **keine Freispiele** gewährt werden (Dietlein/Hüsken Jhrb. HHUD 2010, 593 (604 f.); wohl auch Kim ZfWG 2006, 1 (4)). Durch § 13 Nr. 5 SpielV-DE soll über die fünfminütige Spielpause hinaus ein Verbot für gewinnfreie Probe- oder Animationsspiele und sonstige Animationen eingefügt werden sowie durch § 13 Nr. 5a SpielV-DE nach dreistündiger Betriebszeit eine vollständige Spielpause des Gerätes herbeigeführt werden, in der es in den Ruhezustand versetzt wird.

ff) § 13 Abs. 1 Nr. 6 SpielV. Zur weiteren Absicherung der spielerschützen-   **14** den Intention des Verordnungsgebers begrenzt § 13 Abs. 1 Nr. 6 Satz 1 SpielV die **Speicherung von Geldbeträgen** in Einsatz- und Gewinnspeichern bei der Geldannahme vom Spieler in der Summe auf 25 Euro. Sofern das Spielgerät über je einen Einsatz/Münz- und einen Gewinnspeicher verfügt, dürfen nicht etwa in jedem der Speicher maximal 25 Euro, sondern in beiden Speichern zusammen nicht mehr als 25 Euro enthalten sein, was sich aus der eindeutigen Formulierung „in der Summe" im Verordnungstext ergibt (so auch Marcks in Landmann/Rohmer GewO § 13 SpielV Rn. 10). Das Spielgerät muss so eingerichtet sein, dass stets die Inhalte von Einsatz und Gewinnspeicher addiert werden und das Ergebnis die Münzannahme determiniert (Hahn GewArch 2007, 89 (92)).

Nr. 6 Satz 2 sieht vor, dass 25 Euro übersteigende Beträge unmittelbar nach der Aufbuchung automatisch ausgezahlt werden müssen, unabhängig davon, auf welchem Speicher sie enthalten sind. Dies gilt bei Geldspielgeräten mit geldäquivalenten Betragsanzeigen (zB Punkte) auch für in der Summe 25 Euro übersteigende geldäquivalente Beträge, um etwaigen Umgehungspraktiken vorzubeugen.

Nach Nr. 6 Sätze 3 und 4 müssen am Spielgerät Einrichtungen vorhanden sein, die dem Spieler eine Einzelvorlage für jedes Spiel und darüber hinaus jederzeit die Rückzahlung der im Speicher noch vorhandenen Einsätze oder Gewinne ermöglichen. Zwecks Verhinderung der automatischen Bespielung mehrerer Geräte darf die Bedieneinrichtung nicht sperrbar sein (vgl. BR-Drs. 655/05, 26). § 13 Nr. 6 SpielV-DE sieht eine Reduktion der maximal in Einsatz- und Gewinnspeichern zulässigerweise gespeicherten Geldbeträge von 25 auf 10 Euro vor, was eine Verlangsamung des Spiels herbeiführen und eine Eindämmung der Mehrfachbespielung bewirken soll.

15   **gg) § 13 Abs. 1 Nr. 7 SpielV.** Gemäß § 13 Abs. 1 Nr. 7 SpielV darf der Spielbetrieb nur mit auf Euro lautenden **Münzen und Banknoten** und nur unmittelbar **am Spielgerät** erfolgen. Die Anordnung, dass der Spielbetrieb (Geldannahme, Geldausgabe, Einsatzleistung und Gewinnauszahlung) nur unmittelbar am Spielgerät erfolgen darf, dient augenscheinlich der Verhinderung etwaiger Umgehungen der Einsatz- sowie Gewinn- und Verlusthöchstgrenzen.

Mögliche Umgehungen können darin bestehen, dass seitens der Spielhallenbetreiber Wertmarken in beliebiger, die zulässigen Einsätze übersteigender Höhe an die Spieler verkauft und entsprechend gewonnene Wertmarken wieder zurückgekauft werden (hierzu Marcks in Landmann/Rohmer GewO § 13 SpielV Rn. 11). Nr. 7 verdeutlicht indes unmissverständlich, dass **geldersetzende Wertmarken** nicht verwendet werden dürfen und die Umrüstung eines Spielgerätes auf Wertmarken nach erfolgter BAZ unzulässig ist (vgl. Hahn GewArch 2007, 89 (92)). Damit stellt die Regelung eine Ergänzung des in § 6a SpielV enthaltenen Verbots sog. Fun-Games dar.

16   Ein mögliches „**Anheizen**" von Multigamer-Geldspielgeräten im Spielmodus mit geldäquivalenten Betragsangaben **durch Vorspiele** und eine nachfolgende Veräußerung von Spielteilnahmen auf höherem geldäquivalenten Betragsniveau an potentielle Spieler verstieße mangels unmittelbar am Spielgerät erfolgter Einsatzleistung formell gegen Nr. 7, kann jedoch im Bauartzulassungsverfahren keine Berücksichtigung finden. Derartige Verhaltensweisen können durch technische Einrichtungen am Spielgerät nicht verhindert werden, führen jedoch zur Unzuverlässigkeit des Spielhallenbetreibers und rechtfertigen einen nachträglichen Widerruf der Spielhallenerlaubnis nach § 33i Abs. 2 GewO.

Die Verwendung geldäquivalenter Betragsangaben bei Multigamer Geräten stellt für sich genommen keinen Verstoß gegen das Unmittelbarkeitsgebot der Nr. 7 dar. Der Begriff Spielbetrieb meint allein die isolierte Inbetriebnahme des Gerätes, nicht jedoch die Spielabläufe mit geldäquivalenten Betragsangaben. Insoweit will die Regelung sicherstellen, dass die Inbetriebnahme allein durch Eurobargeld erfolgt.

Der neue § 13 Nr. 7a und 7b SpielV-DE enthält Vorgaben für Mehrplatzspielgeräte, die bislang ausschließlich in den von der PTB herausgegebenen technischen Richtlinien niedergelegt waren und nunmehr auf Verordnungsrang angehoben werden sollen

hh) § 13 Abs. 1 Nr. 8 SpielV. § 13 Abs. 1 Nr. 8 Satz 1 SpielV schreibt vor, **17** dass die Geldspielgeräte über eine **Kontrolleinrichtung** verfügen müssen, die sämtliche Einsätze, Gewinne und den Kasseninhalt zeitgerecht, unmittelbar und auslesbar erfasst. Nach Nr. 8 Satz 2 soll sie primär die Einhaltung der in Nrn. 1 bis 5 enthaltenen Begrenzungen gewährleisten. Sofern Nr. 8 auch steuerliche Zielsetzungen verfolgt, ist dies im Hinblick auf die Reichweite der in § 33f Abs. 1 Nr. 3 GewO enthaltenen Verordnungsermächtigung solange unbedenklich, wie die steuerlichen Aspekte neben der Einhaltung der spielerschützenden Mindestvorgaben nur einen untergeordneten Nebenzweck einnehmen (insoweit offen Marcks in Landmann/Rohmer § 13 SpielV Rn. 12). Allerdings ist die ausdrückliche Regelung des § 12 Abs. 2 lit. d SpielV, wonach beim Geldspielgerät die Möglichkeit vorhanden sein muss sämtliche Einsätze, Gewinne und Kasseninhalte für steuerliche Erhebungen zu dokumentieren, vor dem Hintergrund der Reichweite des § 33f Abs. 1 Nr. 3 GewO nicht unproblematisch (vgl. Hahn GewArch 2007, 89 (92); Odenthal ZfWG 2006, 286 (291)).

ii) § 13 Abs. 1 Nr. 9 SpielV. Nach § 13 Abs. 1 Nr. 9 SpielV müssen das Geld- **18** spielgerät und seine Komponenten der Funktion entsprechend nach Maßgabe des Standes der Technik **zuverlässig** und **gegen Veränderungen gesichert** gebaut sein. Die Regelung soll nachträgliche, nach BAZ von dem Hersteller oder einem Dritten vorgenommene Manipulationen an den Spielgeräten verhindern, die auf etwaige Umgehungen der in Abs. 1 enthaltenen Mindestvorgaben abzielen. Damit dient die Bestimmung der Betriebssicherheit und der Manipulationsfestigkeit (vgl. BR-Drs. 655/05, 27).

jj) § 13 Abs. 1 Nr. 10 SpielV. Letztlich muss das Spielgerät gemäß § 13 Abs. 1 **19** Nr. 10 SpielV so gebaut sein, dass die Übereinstimmung der Nachbaugeräte mit der zugelassenen Bauart überprüft werden kann. Diese Vorgabe kann nach dem Willen des Verordnungsgebers beispielsweise durch Einbau einer standardisierten Schnittstelle sichergestellt werden und soll die in § 7 Abs. 1 bis 3 SpielV angeordnete spätere Nachprüfung der Geräte ermöglichen (vgl. BR-Drs. 655/05, 27). Als Schnittstelle ist ein Anschluss anzusehen, über den Signale übertragen werden, die es ermöglichen, durch den Einsatz eines Prüfgeräts den Inhalt des Kontrollmoduls zu überprüfen (Marcks in Landmann/Rohmer § 13 SpielV Rn. 14).

b) § 13 Abs. 2 SpielV. Durch § 13 Abs. 2 SpielV wird die **PTB** ausdrücklich **20** ermächtigt, **technische Richtlinien** zur Sicherung der Prüfbarkeit und Durchführung der Bauartprüfung und zum Vollzug der in § 13 Abs. 1 SpielV angeführten Kriterien herauszugeben und anzuwenden. Hiermit wollte der Verordnungsgeber die bereits vor der Novellierung bestehende Praxis der PTB, die gesetzlichen Vorgaben der SpielV durch technische Richtlinien zu konkretisieren, auf eine ausdrückliche rechtliche Grundlage stellen (BR-Drs. 655/05, 27). Rechtsdogmatisch handelt es sich bei den herausgegebenen technischen Richtlinien um **Verwaltungsvorschriften**, die keine normative (Außen-) Wirkung entfalten. Durch sie soll den Herstellern eine verordnungskonforme Entwicklung der Geldspielgeräte ermöglicht werden. Mangels Rechtsnormqualität der Richtlinien und fehlender Rechtsetzungskompetenz der PTB ist es Letzterer nicht erlaubt, mittels

Herausgabe technischer Richtlinien eigenmächtige Verordnungsinterpretationen vorzunehmen, die von den materiell-rechtlichen Vorgaben des § 13 Abs. 1 SpielV abweichen und zu etwaigen Umgehungen führen können. Im Rahmen der sechsten Novelle der SpielV soll die in § 13 Abs. 2 SpielV enthaltene Befugnis der PTB zum Erlass technischer Richtlinien aufgehoben und mit geringfügigen Erweiterungen in einen neuen § 12 Abs. 4 SpielV-DE überführt werden.

Sachverzeichnis

Die Verweise beziehen sich auf Paragraphen/Artikel (fett gedruckt) und Randnummern (mager gedruckt).

Sachverzeichnis

Sachverzeichnis

Sachverzeichnis

Sachverzeichnis

Sachverzeichnis

Fette Zahlen = §§

Sachverzeichnis

Sachverzeichnis

Sachverzeichnis

Sachverzeichnis

Sachverzeichnis

Sachverzeichnis

Sachverzeichnis

Sachverzeichnis

Sachverzeichnis